JORGE LORING, S. I.

PARA SALVARTE

ENCICLOPEDIA DEL CATÓLICO

54ª edición.

UNISEX

1.230.000 ejemplares
vendidos en España

CON ÍNDICE DE MATERIAS Y ONOMÁSTICO

Conforme al
CATECISMO OFICIAL DE LA IGLESIA CATÓLICA

EDIBESA

Madre de Dios, 35 bis -28016 MADRID
Tel.: 91 345 1992 - FAX: 91 350 5099

2001

CON LAS DEBIDAS LICENCIAS

© EDIBESA
Madre de Dios, 35 bis - 28016 Madrid
Tel.: 91 345 19 92 - 91 350 34 57
Fax: 91 350 50 99
http://www3.planalfa.es/edibesa
E-mail: edibesa@planalfa.es

I.S.B.N.: 84-85662-96-2
Depósito Legal: M-32485-2001

Impreso en España por:
M.G. Comunicación Gráfica
C/ Aldea del Fresno, 27 - 28045 Madrid
Tel. y Fax: 91 473 60 00

Para mayores de 16 años.

«Yo estoy contigo
PARA SALVARTE»
(Profeta Jeremías, **30**:11)

«¡Qué hermosos son, sobre los montes,
los pies del que anuncia la paz,
del que trae la buena nueva,
del que anuncia la salvación!»
(Profeta Isaías, **52**:7)

«Hemos de trabajar por nuestra salvación»
(San Pablo: Carta a los Filipenses, **2**:12)

«Corred de manera que alcancéis el premio»
(San Pablo: Primera Carta a los Corintios, **9**:24)

«Hermanos míos: si alguno de vosotros se extravía de la verdad,
y alguien le vuelve al camino,
sabed que el que endereza a un pecador del error de su camino,
salvará su alma de la muerte y cubrirá multitud de pecados».
(Carta de Santiago,**5**:19s.)

«El Pueblo de Dios tiene derecho a que se le explique,
sin ambigüedades ni reducciones,
las verdades fundamentales de la fe cristiana».
(Juan Pablo II)

«No deforméis vuestra conciencia. Llamad por su nombre al bien y al mal». (Juan Pablo II a los jóvenes en Santiago de Compostela).

«Los ateos estudian nuestra Religión Católica para combatirla.
¿Por qué no la estudiamos nosotros para defenderla?»
(Sardá y Salvany).

PRÓLOGO

Doy gracias a Dios por la gran difusión que este libro está teniendo, tanto entre jóvenes como entre casados, entre obreros y entre estudiantes. Aunque la primera edición de este libro se hizo para los soldados de Aviación que oyeron mis conferencias semanales.

Que el Señor siga bendiciendo este libro con el bien espiritual que hace en las almas.

El 25 de junio de 1992 el Papa **Juan Pablo II** aprobó el **Nuevo Catecismo de la Iglesia Católica**, fruto de un largo trabajo realizado por miles de especialistas del mundo entero. A lo largo de seis años, presentaron 24.000 sugerencias. El Papa **Juan Pablo II** dijo el 11 de Octubre de 1992: «Este Nuevo Catecismo es un texto de referencia seguro y auténtico para la enseñanza de la doctrina católica». «QUE LA LUZ DE LA VERDADERA FE LIBRE A LA HUMANIDAD DE LA IGNORANCIA Y DE LA ESCLAVITUD DEL PECADO PARA CONDUCIRLA A LA única libertad digna de este nombre: la de la vida en Jesucristo, bajo la guía del Espíritu Santo» (Juan Pablo II: Final de la *Fidei Depositum* (11 de Octubre de 1992), con ocasión de la publicación del **Nuevo Catecismo de la Iglesia Católica.**

En esta 53 edición de PARA SALVARTE se han incluido más de trescientas citas de este **Nuevo Catecismo de la Iglesia Católica.**

Jorge Loring, S.I.

Yo, ¿para qué nací? Para salvarme.
Que tengo que morir, es infalible.
Dejar de ver a Dios y condenarme,
triste cosa será, pero posible.

¡Posible! ¿Y río, y duermo, y quiero holgarme?
¡Posible! ¿ Y tengo amor a lo visible?
¿Qué hago? ¿En qué me ocupo? ¿En qué me encanto?
Loco debo ser, pues no soy santo.

Pedro de los Reyes, O.F.M.

PUBLICACIONES DEL P. JORGE LORING, S.I.

• **PARA SALVARTE.-** Compendio de las verdades fundamentales de la Religión Católica y normas para vivirlas

- LIBRO: 54 ediciones. MÁS DE UN MILLÓN DE EJEMPLARES.
- CUATRO CINTAS CASETES. Veinte temas del libro grabados con la voz de su autor. Precio, 2.200 ptas.

En INTERNET: www.arconet.es/loring

• **LA SÁBANA SANTA DE TURÍN.-** Invalidez de la prueba del Carbono -14.

- LIBRO: Octava edición. Cincuenta fotos en color. Precio, 2.000 ptas.
- CINTA CASETE: Precio, 600 ptas.
- VÍDEO: Introducción y diapositivas. Duración una hora: 4.000 ptas.

Sistemas Beta y VHS en PAL, SECAM y NTSC para América.

• **ANÉCDOTAS DE UNA VIDA APOSTÓLICA.** Precio, 1000 ptas.

• **CONFERENCIAS EN VÍDEO.-**
Sistemas, Beta y VHS en PAL, SECAM Y NTSC para América.

1.- La autenticidad de la SÁBANA SANTA DE TURÍN.
2.- La SÁBANA SANTA y el Carbono -14: invalidez de esta prueba.
3.- La SÁBANA SANTA y el Santo Sudario de Oviedo.
4A.- El Santo Grial de Valencia, ¿es el cáliz de la Ultima Cena?
4B.- Milagros eucarísticos
5A.- El «LIGNUM CRUCIS» de Santo Toribio de Liébana (Cantabria). El mayor fragmento que se conserva en el mundo de la cruz de Cristo.
5B.- El valor de sufrimiento.
6.- Ateísmo y ciencia de hoy.
7.- Razones para ser católico.
8.- El origen del hombre a la luz de la ciencia actual y de la Biblia.
9.- Salida de emergencia: el perdón de los pecados sin sacerdote.

10.- La tumba de San Pedro en el Vaticano: identificación científica de la tumba y de los restos del Primer Papa de la Iglesia Católica.

11.- La astronomía lleva a Dios. La conquista de la Luna por el hombre. (Con diapositivas del archivo de la N.A.S.A. americana).

12.- El aborto: asesinato de inocentes.

13.- El divorcio no es solución (En preparación).

14.- Armonía conyugal.

15.- El éxito en el noviazgo.

16.- La droga: suicidio juvenil (En preparación)

17A.- El pecado: la gran bajeza, la gran primada, la gran canallada.

17B.- Jesús misericordioso, el Gran Perdonador.

18A.- Cielo: la felicidad de amar.

18B.- Infierno: el fracaso definitivo.

19.- Cómo ayudar a los difuntos.

20.- Cristo, el más grande.

21.- María, Madre.

22.- Estudio científico del misterio de la Virgen de Guadalupe mejicana.

23.- La Virgen de Garabandal: testimonios de testigos.

24.- La Virgen de Medjugorie (Yugoslavia).

25.- Por la tierra de Jesús (Vídeo documental de Tierra Santa).

26.-Mis intervenciones en distintas televisiones.

27.- Cómo cambiar el mundo: el poder de la oración.

28A.- Sobre la alegría.

28B.- El arte de criticar.

29.- Lo que a nadie le gusta oír:Distribución de la riqueza.(En preparación)

30.- Salvemos la Naturaleza:Vídeo ecológico. (En preparación).

31.- Las sectas desenmascaradas: entrevista a Pilar Salarrullana.

32A.- El hombre "descafeinado": vacío de valores.

32B.- Pedagogía de la fe.

33.- ¿Existe el diablo?: Debate en la Televisión vasca

Duración de cada vídeo, una hora. Precio, 4.000 ptas.

• **40 CONFERENCIAS.-** Grabadas al ser pronunciadas.

- LIBRO. Precio, 2.000 ptas.
- CINTAS CASETES. Precio, 600 ptas. unidad.
- Las señaladas con * se pueden adquirir también en vídeo: sistemas Beta y VHS en PAL, SECAM y NTSC para América.

Temario:

*1.- Ateísmo y ciencia de hoy. (Conferencia pronunciada en la Universidad de Deusto. Bilbao)

*2A.- La astronomía lleva a Dios: La conquista de la Luna por el hombre. (Conferencia pronunciada en el cine PAX. Zaragoza.)

2B.- La ciencia y la fe frente frente. (Conferencia pronunciada en el Salón de la Caja de Ahorros del Círculo Católico de Obreros de Burgos).

3.- Ciencia y fe. (A catedráticos de la Universidad de Ponce.Puerto Rico).

*4.- Razones para ser católico.(Conferencia pronunciada en la Universidad de Deusto. Bilbao).

5.- Historicidad de los Evangelios. (Conferencia pronunciada a matrimonios en Santa Cruz de Tenerife).

*6.- Cristo, el más grande. (A montañeros de Santa María en Zaragoza).

7A.- Siete Palabras. (Un Viernes Santo en Puerto Rico).

7B.- María, luz y guía. (Por el P. Gabriel Mª. Verd, S.I.).

*8.- La autenticidad de la Sábana Santa de Turín. (Conferencia pronunciada en la Facultad de Ciencias de la Universidad Autónoma de Madrid).

*9.- La Sábana Santa y el carbono-14: invalidez de esta prueba. (Conferencia pronunciada en el Salón Borja de los PP. Jesuitas de Madrid).

*10.- La Sábana Santa y el Santo Sudario de Oviedo: información sobre el Congreso Científico Internacional celebrado en Oviedo en Octubre de 1994.

*11A.-El SANTO GRIAL de Valencia, ¿es el cáliz de la Última Cena?

*11B.- Milagros eucarísticos: Daroca, El Escorial, Alboraya, Lanciano.

*12A.- El «LIGNUM CRUCIS» de Santo Toribio de Liébana (Cantabria). El mayor fragmento que se conserva en el mundo de la cruz de N.S. Jesucristo.

*12B.- El valor del sufrimiento.(Al Apostolado de la Oración de Cádiz).

13A.-Vía Crucis. (Predicado en Calpe. Alicante).

13B.- Meditaciones sobre el Corazón de Cristo. (Por el P. Verd, S.I.).

*14.- Por la tierra de Jesús. (Doce días en Tierra Santa).

*15.- Cómo cambiar el mundo: el poder de la oración. (Conferencia pronunciada en la Casa de la Cristiandad de Puebla. Méjico).

*16A.- Sobre la alegría. (Al Apostolado de la Oración de Cádiz).

*16B.- El arte de criticar. (Al Apostolado de la Oración de Cádiz).

17A.- Quince minutos con Jesús Sacramentado.

17B.- ¿Qué es el Apostolado de la Oración?.(Conferencia pronunciada en el Salón de los PP. Jesuitas de Cádiz).

18A.- Novena al Sagrado Corazón de Jesús.

18B.- Novena a la Inmaculada Concepción.

19.- El Rosario. (Por el P. Martínez Puche, O.P.).

*20.- María, Madre. (A los Montañeros de Santa María en Zaragoza).

*21.- Estudio científico del misterio de la Virgen de Guadalupe mejicana. (Conferencia pronunciada en el Salón de la Caja de Ahorros de Toledo).

22.- La verdadera Iglesia de Cristo. (Conferencia pronunciada a matrimonios en Santa Cruz de Tenerife).

*23.- La tumba de San Pedro en el Vaticano: identificación científica de la tumba y de los restos de San Pedro. (En la Colegiata de Belmonte. Cuenca).

*24.- El origen del hombre a la luz de la ciencia actual y de la Biblia. (Conferencia pronunciada en el Cine Avenida de Cuenca).

*25.- Salida de emergencia: el perdón de los pecados sin sacerdote. (En la Escuela de Magisterio de Son Serra. Palma de Mallorca).

*26A.- Cielo: la felicidad de amar. (Conferencia pronunciada en la Escuela de Enfermeras de Salus Infirmorum. Madrid).

*26B.- Infierno: el fracaso definitivo. (Conferencia pronunciada en la Escuela de Enfermeras de Salus Infirmorum. Madrid).

*27.- Jesús misericordioso, el Gran Perdonador. (En Durango. Méjico)

*28A.- El pecado: la gran bajeza, la gran locura la gran primada y la gran canallada. (Conferencia pronunciada a jóvenes en Zaragoza).

*28B.- Cómo ayudar a los difuntos. (En el Patronato D.Y.A. Zaragoza).

29.- Lo que a nadie le gusta oír: la distribución de la riqueza. (Conferencia pronunciada en el Casino de Beniaján. Murcia)

30.- Drogas: suicidio juvenil. (Conferencia pronunciada a la juventud en el Casino de Torrevieja. Alicante).

*31.- El éxito en el noviazgo. (A jóvenes en Zaragoza).

32.- Elección acertada. (En la Parroquia de Santa Engracia. Zaragoza).

33.- Conocimiento mutuo. (En la Parroquia de Santa Engracia.Zaragoza).

34.- Amor y lujuria. (En la Parroquia de Santa Engracia. Zaragoza).

35A.- Vida consagrada. (Escuela de Magisterio de Antequera. Málaga)

35B.-¿Por qué vamos a misa?(Escuela Magisterio de Antequera. Málaga)

36A.-El divorcio no es solución. (Conferencia pronunciada en la Escuela de Magisterio de Son Serra. Palma de Mallorca).

*36B.- El aborto: asesinato de inocentes. (Conferencia pronunciada en la Escuela de Magisterio de Son Serra. Palma de Mallorca).

*37.- Armonía conyugal. (Conferencia pronunciada en el "Conventions Center" de Los Ángeles. California. Estados Unidos).

38.- La parapsicología frente a los hechos sobrenaturales. (Conferencia pronunciada en la Casa de la Cultura de El Puerto de Santa María. Cádiz).
*39.-Las sectas desenmascaradas. (Entrevista a Pilar Salarrullana).
*40A.-Pedagogía de la fe. (Al Apostolado de la Oración de Cádiz).
*40B.- El hombre "descafeinado": un vacío de valores. (Conferencia pronunciada en el Ingall Auditorium de Los Ángeles.California.Estados Unidos).
*41.- ¿Existe el diablo?: Debate en la Televisión vasca

VÍDEOS DE OTROS AUTORES

(Los textos de estos vídeos se pueden adquirir en cinta de audio)

• **P. José O'Callaghan, S.I.**
* Identificación científica del Papiro 7Q5 de Qumrán.
Contiene un texto del Evangelio de San Marcos anterior al año 50 de nuestra era. Conferencia pronunciada en el Salón de la CAI de Zaragoza, el 14 de Enero de 1993.

• **P. Ramón Cué, S.I.**
* Cómo llora Sevilla. (Dos cintas).
* Ojos que vieron a Cristo. (Dos cintas).
* Mi Cristo roto. (Dos cintas).
* Yo creo en la alegría. (Dos cintas).

•**José MªPemán- Cristóbal Halfter- Miguel Mª Sagües,S.I.**
* LUZ Y SONIDO en Javier

• **ESTUDIO - 10**
* SEMANA SANTA en Cádiz.

EJERCICIOS ESPIRITUALES EN VÍDEO

* Ocho días.
* Ocho cintas de dos horas cada una
* Cuatro meditaciones diarias de media hora cada una.
* Precio de cada colección, 25.000 ptas.
* Sistemas Beta y VHS en PAL, SECAM y NTSC para América.

Autores

Carlos Glz. Vallés, S.I.
Carlos Landecho, S.I.
Jorge de la Cueva, S.I.
Jorge Carrera, M.D.
Carlos Valverde, S.I.
Ángel Mª. Rojas, S.I.
José Ramón Bidagor, S.I.
Jorge Loring, S.I. (Adaptación de sus vídeos a ocho días de Ejercicios Espirituales).

N.B.: Con este material se pueden hacer EJERCICIOS DE MES repitiendo cada día la misma meditación en cuatro autores distintos.

Dedicatoria.

Este libro lo he escrito para ti: joven, estudiante, soldado, empleado, obrero, profesional, casado, mujer.

Otros libros te enseñarán cosas útiles para la vida. Éste te enseñará a vivir felizmente. Te enseñará a vivir felizmente, porque te enseñará a vivir cristianamente, y nadie es en este mundo más feliz que el buen cristiano.

Ni el placer, ni el dinero, son capaces de hacer feliz una conciencia intranquila.

Pueden existir personas llenas de cosas materiales, pero si carecen de fe les falta razones para vivir. Sin ilusión y sin esperanza, no se puede ser feliz en la vida.

Muchos son desgraciados porque no conocían lo que aquí se dice; o si lo conocían, no lo quisieron practicar.

Pero, además, este libro no sólo te hará feliz en esta vida, sino también en la otra.

Jesucristo nos dice en su Evangelio que de nada le sirve al hombre ganar todo el mundo y gozarlo todo, si después se condena eternamente.

Si te salvas, serás feliz eternamente. Si te condenas, serás eternamente desgraciado. En tus manos está lo uno y lo otro.

La salvación eterna es el asunto más importante que hay que resolver en este mundo. Para ayudarte a ello, he escrito este libro.

Pero este libro no sólo te sirve a ti. Servirá también a tus hijos.

Si quieres que tus hijos te respeten, te obedezcan y no te hagan amarga la vida, no dejes de enseñarles cuanto se dice aquí.

Por eso creo que el mejor obsequio que puedo hacerte es darte aquí todo lo que es necesario para ser un buen cristiano.

Este libro es actual en el sentido de que ha procurado recoger las enseñanzas, orientaciones y prácticas pastorales que en el seno de la Iglesia han llegado a una maduración. No se trata de divulgar las corrientes de pensamiento que, aunque puedan ayudar en un proceso de clarificación, todavía no han obtenido una madurez en el Magisterio de la Iglesia. Este libro quiere ser totalmente fiel al Magisterio de la Iglesia.

Por otra parte no olvides que tú eres una célula del Cuerpo Místico de Cristo, que es la Iglesia. Si tu vida espiritual es pujante, enriqueces la santidad de la Iglesia; en cambio, viviendo en pecado eres una célula cancerosa, serás como un tumor en el seno de tu Madre. El que peca, no sólo se hace daño a sí mismo, sino que perjudica también a los demás. Y el que se santifica, no sólo se aprovecha él, sino que ayuda también a los demás.

Este libro puede ayudarte mucho. No te contentes con leerlo de corrida. Léelo una y otra vez, y pon en práctica lo que te enseña. Si así lo haces, serás más feliz en esta vida, y después también en la otra.

Que el Señor te bendiga, como yo te lo deseo.

Jorge Loring, S.I.

DIOS

Origen del cosmos.

Las cosas no se hacen solas; es decir, alguien tiene que hacerlas. Tanto la mesa y la casa, como el Sol, la Tierra y las estrellas han sido hechos por alguien. La mesa ha sido hecha por el carpintero, la casa ha sido hecha por el albañil.

1.- EL SOL, LA TIERRA Y LAS ESTRELLAS HAN SIDO HECHOS POR DIOS.

1. Si paseas por la playa un día que ha bajado la marea, conoces, por las huellas en la arena, si lo que pasó por allí antes que tú fue un hombre, un perro o un pájaro. Lo mismo vamos a hacer nosotros para averiguar la existencia de Dios.

A Dios no le podemos ver, porque es espíritu[1]; y el espíritu no se ve con los ojos de la cara. *«A Dios no lo ha visto nadie»*[2].

Pero vamos a conocer a Dios por **las huellas** que ha dejado en la creación. Dice **San Pablo** que Dios es cognoscible con la razón a través de las criaturas[3].

Empecemos por la huella que Dios ha dejado en el cielo.
Tú sabes que aquellas huellas en la arena no se han hecho solas.
Pues mira el cielo. ¿Puedes contar las estrellas?

El Atlas del cosmos, que ya se ha empezado a publicar, constará de veinte volúmenes, donde figurarán unos quinientos millones de estrellas. El número total de las estrellas del Universo se calcula en unos 200.000 trillones de estrellas: ¡un número de veinticuatro cifras![4].

---

[1] Evangelio de SAN JUAN, capítulo **4**, versículo 24
[2] Evangelio de SAN JUAN, **1**:18
[3] SAN PABLO: Carta a los Romanos, **1**:20
[4] ANTONIO DÚE, S.I.: *Vida y muerte del cosmos, II.* Ed. FAX, Madrid

Orden del cosmos

El Sol tiene diez planetas: Mercurio, Venus, la Tierra, Marte, Júpiter, Saturno, Urano, Neptuno, Plutón, (descubierto en 1931 por **Percival Lowell**[1]), y el décimo que se acaba de descubrir. Unos le llaman el planeta X[2]. El **Dr. John Murray,** de la *Open University*, lo llama *Némesis.*[3]

Nuestra galaxia, la Vía Láctea, tiene cien mil millones de soles[4]. Y galaxias como la nuestra se conocen cien mil millones[5].

En nuestra galaxia hay mil millones de **púlsares** que son estrellas de neutrones en rotación, que dan seiscientas cincuenta vueltas por segundo, y su densidad es de mil millones de toneladas por centímetro cúbico[6].

Los púlsares provienen de la explosión de supernovas[7]. Emiten haces de radiación como un faro costero, con pulsaciones de periodicidad perfecta. Por eso, en un principio, se creyó que se debían a civilizaciones extraterrestres[8].

La Nebulosa de Andrómeda consta de doscientos mil millones de estrellas.

Pues, si unos hoyos en la arena no se pueden haber hecho solos, ¿se habrán hecho solos los millones y millones de estrellas que hay en el cielo?

Alguien ha hecho las estrellas. A ese Ser, Causa Primera de todo el Universo, llamamos Dios.

La observación del cielo interesa al hombre desde tiempos remotísimos. Podríamos decir que la Historia de la Astronomía[9], prescindiendo de los chinos, empezó con los babilonios, egipcios, griegos y árabes.

A los babilonios se debe la división del día en veinticuatro hora,s y éstas en sesenta minutos, y éstos en sesenta segundos.

Los griegos dieron nombre a muchas constelaciones y planetas, que después latinizaron los romanos.

Los árabes dieron nombre a muchas estrellas.

Voy a dar algunos datos.

---

1 RICARDO MORENO: *Historia breve del universo, II,15.* Ed. Rialp. Madrid. 1998.

2 Diario YA del 22-VI-88, pg. 23.

3 Noticias de la Ciencia y la Tecnología en INTERNET:15-X-1999

4 MANUEL CARREIRA, S.I.: Profesor de Física y Astronomía en la Universidad de Cleveland (EE.UU.); *Antropocentrismo científico y religioso.* Ed. A.D.U.E. Madrid, 1983

5 MANUEL CARREIRA, S.I.: *Metafísica de la materia, VIII.* Universidad de Comillas. Madrid. 1993.

6 DANY P. PAGE: en INTERNET, www.astroscu.unam.mx/hipercurso/EG/PSR/pulsares.html

7 TOMÁS ALFARO: *El Señor del azar, I, 5, d.* Ed. San Pablo. Madrid. 1997.

8 PATRICIO DÍAZ PAZOS: *Estrellas de neutrones,* en INTERNET,www.civila.com/chile/astrocosmo

9 RICARDO MORENO: *Historia breve del universo, I,1.* Ed. Rialp. Madrid. 1998.

2. La Luna, está a 384.000 kilómetros de la Tierra. El Sol a 150.000.000 kilómetros. Plutón a 6.000.000.000 de kilómetros[1]. Fuera del sistema solar, Sirio, la estrella más brillante del firmamento[2], a ocho años luz; Arturo a treinta y seis años luz.

La luz, a 300.000 kilómetros. por segundo, recorre en un año una distancia igual a 200 millones de vueltas a la Tierra. En kilómetros son unos diez billones de kilómetros[3]. Para caer en la cuenta de lo que es un billón, pensemos que un billón de segundos son casi treinta y dos mil años.

La velocidad de la Luz, según las leyes de la Física, no puede superarse[4]. La velocidad de la luz es tope, como demostró matemáticamente **Einstein**; pues según la ecuación $e=mc^2$ a esa velocidad la masa se haría infinita[5].

Fuera de nuestra galaxia, la nebulosa de Andrómeda, que es la más cercana a nuestra galaxia de la Vía Láctea, está a dos millones de años-luz[6].

Coma de Virgo a 200 millones de años-luz.

Y el Cúmulo de Hidra a 2.000 millones de años-luz[7].

Éste es el límite de percepción de los telescopios ópticos[8].

Pero los radiotelescopios profundizan más.

El astro más lejano detectado es el Quásar PKS 2.000-330, está a quince mil millones de años-luz[9].

Los quásares son radio-estrellas que emiten ondas hertzianas. Se detectaron por vez primera en 1960[10].

3. Es posible que haya otros **astros habitados**, pero nada sabemos; pues Dios nada nos ha dicho, y no hemos podido conectar con ellos.

La existencia de la vida inteligente extraterrestre es algo probable que no ofrece ninguna dificultad, ni a la Ciencia ni a la Religión.

Pero, a pesar de todos los esfuerzos realizados, los científicos no han logrado captar ninguna señal clara de seres inteligentes extraterrestres.

---

[1] BERNARD LOWELL, Director del Observatorio de Radioastronomía e Jodrell Bank: *Conocimiento actual del universo, II* Ed. Labor. Barcelona, 1975

[2] RICARDO MORENO: *Historia breve del universo, III,8.* Ed. Rialp. Madrid. 1998.

[3] MANUEL CARREIRA, S.I.: *El creyente ante la Ciencia, II, 3,* Cuadernos BAC, n. 57. Madrid 1982

[4] Revista INVESTIGACIÓN Y CIENCIA, n. 45 (VI-80), pg.. 78.

[5] STEPHEN W. HAWKING: *Historia del tiempo, II.* Ed. Crítica. Barcelona, 1988

[6] STEPHEN WEINBERG: *Los tres primeros minutos del Universo, II.* Alianza Editorial, Madrid, 19

[7] FRED HOYLE: *El Universo inteligente, pg. 169.* Ed. Grijalbo, 1984

[8] PASCUAL JORDAN: *Creación y Misterio, I, 2.* EUNSA. Pamplona, 1978

[9] Revista INVESTIGACIÓN Y CIENCIA, n.80 (V-83), pg.. 61

[10] ABC de Madrid del 14-VIII-95, pg.42

Cuando estuve en Puerto Rico, para pronunciar conferencias en la Universidad Católica de Ponce, visité el radiotelescopio de Arecibo, que es el mayor del mundo[1]. Su reflector tiene trescientos cinco metros de diámetro (mil pies), y es capaz de detectar la llama de una vela sobre la Luna[2]. Desde él se lanzan todos los años señales al espacio buscando civilizaciones extraterrestres. Aunque estas señales se pueden detectar más allá de nuestra galaxia[3], no hemos recibido respuesta[4]. El mensaje se ha emitido en un código binario, que es el habitual en las computadoras. En este mensaje se describen algunas características de la vida de la Tierra, de lo que es el hombre, y del radiotelescopio que emite el mensaje.

En mi visita al Observatorio de Radioastronomía de Arecibo me facilitaron una copia cifrada de este mensaje, que conservo en mi poder.

El Prof. **Heinrich K. Erben** de la Universidad de Bonn, reduce drásticamente la posibilidad de vida inteligente en algún otro lugar del Universo[5]. Después de veinticinco años de iniciado el proyecto **OZMA** no se ha conseguido captar rastro alguno de señales inteligentes procedentes de otros mundos[6].

«No tenemos datos sobre la existencia de vida inteligente fuera del sistema solar. Pero es verdad que la opinión científica ha evolucionado en los últimos veinte años en el sentido de considerar cada vez más difícil el que se haya dado en otros lugares el conjunto de condiciones que se dieron en nuestro planeta, y que influyeron decisivamente en la habitabilidad y en el desarrollo de la vida hasta el hombre»[7].

Por eso parece que no existe vida inteligente en otro lugar de nuestra galaxia[8]. Y desde luego no hay esperanza de encontrar vida inteligente en otro planeta del sistema solar[9].

Juan Oró, eminencia bioquímica mundial, Profesor de la Universidad de Houston (EE.UU.), y uno de los principales investigadores de la NASA, ha dicho: «No tenemos noticia de vida inteligente fuera de la Tierra».

«La opinión científica sobre la vida extraterrestre ha cambiado en los últimos diez o veinte años. De un optimismo que esperaba encontrar planetas habitados en todo el Universo, casi alrededor de cada estrella, a un realismo más bien pesimista. Parece difícil esperar que se hayan dado en otro sitio todas las

---

[1] ISAAC ASIMOV: Diario EL DIA de San Juan de Puerto Rico, 19-III-89, pg. 60

[2] Revista BLANCO Y NEGRO del 4-X-92, pg. 71

[3] Noticias de ciencia y tecnologia, Vol. I, nº 91 (19-XI-1999).Manuel Montes <mmontes@ctv.es>

[4] Revista IBÉRICA de actualidad científica, n. 202 (VII-79), 277

[5] Diario YA de Madrid, 6-I-86, pg. 6

[6] Diario YA de Madrid, 24-III-85, pg. 12

[7] MANUEL CARREIRA, S.I., Profesor de Física y Astronomía en la Universidad de Cleveland (EE.UU.) : *Metafísica de la materia, IX*. Universidad de Comillas. Madrid. 1993.

[8] Revista MUNDO CIENTÍFICO: 42(XII-84), 1.197.

[9] Revista MUNDO CIENTÍFICO: 42(XII-84), 1.191.

condiciones, en el momento preciso y en la forma precisa, para que aparezca la vida y tenga la posibilidad de desarrollarse hasta donde se desarrolló aquí en la Tierra»[1]

«El paleontólogo **Peter Ward** y el astrónomo **Donald Brownlee** han examinado los procesos químicos por los que se pudo originar la vida en la Tierra, y los factores ambientales que protegieron este planeta y que crearon las condiciones para que esa vida evolucione a formas complejas, algo raro en el universo. (...)

»La Tierra es un planeta tan raro que no se parece a ningún otro cuerpo espacial. Condiciones para que la vida se haga más compleja: distancia adecuada al Sol para que el agua se mantenga líquida; masa adecuada del planeta para retener la atmósfera y los océanos, un vecino masivo como el planeta Júpiter que nos salva de los asteroides más peligrosos, la justa cantidad de carbono que permita el desarrollo de la vida, etc. Demasiadas casualidades para ser optimista»[2]

Según el astrónomo chileno **Patricio Díaz Pazos,** la probabilidad de vida extraterrestre es de: 0, 000 000 000 000 000 000 000 000 000 000 000 1 «como requisito para la existencia de algún tipo de ser viviente, en las circunstancias que conocemos»[3].

Repetidas veces la prensa se ha hecho eco del avistamiento de OVNIS (Objetos Voladores No Identificados), como si fueran naves extraterrestres. Pero la mayoría de las veces todo se explicó sin necesidad de acudir a su origen extraterrestre. Incluso la CIA norteamericana ha reconocido haber atribuido a los OVNIS lo que eran aviones espías[4].

Otras veces la aparición de OVNIS se ha explicado después como de origen humano (globos sonda, fragmentos de satélites artificiales, etc.).

Fueron famosos unos círculos enigmáticos que aparecieron al sur de Inglaterra, en la década de los ochenta, en unas plantaciones de cereales. Después, en 1991, **Doug Bower** y **Dave Chorley**, dos amigos de Southampton, se confesaron autores de la broma[5]

4. En el cielo hay millones y millones de estrellas **muchísimo mayores** que la

[1] MANUEL M. CARREIRA, S.I. Profesor de Física y Astronomía en la Universidad de Cleveland (EE.UU.): *Antropocentrismo científico y religioso.* Ed. A.D.U.E., Madrid, 1983

[2] Diario LA RAZÓN, 20-I-2000, pg.36

[3] PATRICIO DÍAZ PAZOS: en INTERNET,www.civila. com/ chile/astrocosmo

[4] DIARIO DE CÁDIZ, 5-VIII-97, pg. 46

[5] CARL SAGAN: *El mundo y sus demonios, IV.* Ed. Planeta. Barcelona. 1997.

Tierra.

La Tierra, que pesa seis mil trillones de toneladas[1] , es una bola de 40.000 km de perímetro (meridiano).

El Sol es un millón trescientas mil veces mayor que la Tierra.

En la estrella Antares, de la constelación de Escorpión, caben 115 millones de soles[2] .

Alfa de Hércules, que está a 1.200 años-luz, y es la mayor de todas las estrellas conocidas, es ocho mil billones de veces mayor que el Sol[3] .

Para aclarar un poco estos volúmenes descomunales, diremos que la órbita de la Luna dando vueltas alrededor de la Tierra, de ochocientos mil kilómetros de diámetro, cabe dentro del Sol; y que el radio de Antares es el diámetro de la órbita de la Tierra, es decir, de trescientos millones de kilómetros; y que el diámetro de la órbita de Plutón, que es de doce mil millones de kilómetros, es la décima parte del radio de Alfa de Hércules.

Todo esto me lo ha calculado un astrónomo.

La mayor radio-estrella conocida es DA-240 que tiene el diámetro de seis millones de años-luz[4] . El diámetro de esta radio-estrella es sesenta veces mayor que el diámetro de nuestra galaxia, la **Vía Láctea**, que es de cien mil años de luz.

5. Estas bolas gigantescas van a **enormes velocidades**.

La Tierra va a cien mil kilómetros por hora, es decir a treinta kilómetros. por segundo[5] . El Sol va a trescientos kilómetros por segundo, hacia la Constelación de Hércules. La Constelación de Virgo se aleja de nosotros a mil kilómetros por segundo[6] . El Cúmulo de Boyero se desplaza a cien mil kilómetros por segundo[7].

Por el desplazamiento hacia el rojo de las rayas del espectro se ha calculado que hay estrellas que se alejan de nosotros a 276.000 kilómetros por segundo. Es decir, al 92 % de la velocidad de la luz.

6. El movimiento de las estrellas es tan exacto que se puede hacer el almanaque con muchísima anticipación. El almanaque pone la salida y la puesta del Sol de cada día, los eclipses que habrá durante el año, el día que serán, a qué hora, a

---

[1] RICARDO MORENO: *Historia breve del universo, II, 1.* Ed. Rialp. Madrid. 1998.

[2] IGNACIO PUIG, S.I.: *Astronomía popular, v.6*

[3] Revista IBÉRICA de actualidad científica, n.371 (15-II-58), 156

[4] GABRIEL LORENTE: *Un espectador del progreso científico, XXIX, 3.* Ed. UNED. Madrid. 2000.

[5] STEPHEN WEINBERG: *Los tres primeros minutos del Universo, II.* Alianza Editorial. Madrid, 1980

[6] STEPHEN WEINBERG: *Los tres primeros minutos del Universo, III.* Alianza Editorial.Madrid, 1980

[7] COLIN A. ROMÁN: *Secretos del Cosmos, V.2.* Ed. Salvat. RTV. Madrid.

qué minuto, a qué segundo, cuánto durarán, qué parte del Sol o de la Luna se ocultará, desde qué punto de la Tierra será visible, etc.

El 30 de junio de 1973, España entera estuvo pendiente del eclipse parcial de Sol del cual la prensa venía hablando varios días.

El 2 de octubre de 1959, fue visible desde la islas Canarias, un eclipse total de Sol, a las 12 del mediodía, tal como se había previsto desde mucho antes. Por eso se instaló en la Punta de Jandía en Fuerteventura un puesto de observación en el que se reunieron científicos del mundo entero.

El anterior eclipse de Sol contemplado desde Canarias, fue el 30 de agosto de 1905, y se sabe «que habrá que esperar hasta pasado el siglo XXII para ver otro eclipse total de Sol dentro de nuestras fronteras»[1].

El año 2005 podremos observar un eclipse anular desde Cádiz[2].

El cometa Halley (llamado así en honor del astrónomo **Edmundo Halley**, contemporáneo y amigo de **Isaac Newton**) que como se había previsto el siglo pasado, pasó junto a nosotros en el año 1910, volvió a pasar cerca de la Tierra en marzo de 1986 según se había anunciado. Todos los periódicos del mundo hablaron de él.

Halley (1656-1742) que observó el cometa en 1682 calculó su órbita y predijo que aparecería de nuevo cada setenta y seis años, y así ha sucedido[3].

Volverá a verse el año 2062. Cuando pasó junto a la Tierra en 1986 fue fotografiado por la sonda europea Giotto, que se acercó al núcleo del cometa a una distancia de 500 kilómetros[4]. La longitud de la cola del cometa Halley es de cincuenta millones de kilómetros y está formada por gases enrarecidos[5].

Cuando estuve en Santa Cruz de Tenerife con ocasión de unas conferencias que tuve en la Residencia de Paso Alto, en enero de 1991, tuve ocasión de visitar el Observatorio de Astrofísica del Teide, donde tenemos el telescopio de microondas más sensible del mundo, y donde se estudian las oscilaciones del Sol, etc. Allí hice amistad con el astrónomo inglés **Mark Kidger**, especialista en el estudio del cometa Halley. Me dio algunos datos que pueden ser interesantes:

El núcleo del cometa está formado por gases sólidos a 100 grados centígrados bajo cero. Sus dimensiones son de 7'50 por 8'50 por 18 kilómetros.

Aunque los chinos ya lo conocían mil años antes de **Cristo** y ha dado miles de vueltas alrededor del Sol, terminará por desaparecer, pues cada vez que se acerca al Sol pierde peso al volatilizarse por el calor, parte de los gases sólidos del núcleo. La cola del cometa no va hacia atrás, como la estela de un avión de reacción, sino que arrastrada por el viento solar se desplaza en el sentido opuesto

[1] M. LÓPEZ ARROYO, Astrónomo del Observatorio de Madrid: Diario YA de Madrid, 26-VI-73

[2] Diario YA del 11-VII-91, pg.44

[3] GEORGE GAMOW: *Materia, Tierra y Cielo, XVIII.* Universidad de Colorado (Estados Unidos).

[4] Revista IBÉRICA de Actualidad Científica, n.274, (II-86)54

[5] JUAN LUIS RUIZ DE LA PEÑA: *Alma y cerebro.* Revista COMMUNIO, III, 87, pg.223

al Sol, como el humo de una locomotora en marcha, que se desplaza lateralmente si hace un viento fuerte.

7. La precisión del movimiento de los astros sería imposible conocerlo si **el orden** del movimiento de los astros no fuera calculable matemáticamente.

Por eso **James Jeans**, ilustre matemático y Presidente de la Real Sociedad Astronómica de Inglaterra y Profesor de la Universidad de Oxford, uno de los más grandes astrónomos contemporáneos, en su libro *Los misterios del Universo*[1] afirma que el Creador del Universo tuvo que ser un gran matemático. Y **Einstein**: «La Naturaleza es la realización de las ideas matemáticas de Dios»[2].

Paul Dirac, Catedrático de Física Teórica de la Universidad de Cambridge y uno de los científicos más sobresalientes de nuestra generación, dijo en la revista *Scientific America:* «Dios es un matemático de alto nivel»[3].

8. Todo este orden maravilloso requiere una **gran inteligencia** que lo dirija. ¿Qué pasaría en una plaza de mucho tránsito -como la Cibeles de Madrid- si los conductores quedaran repentinamente paralizados y los vehículos, sin inteligencia, abandonados a su propio impulso? En un momento tendríamos una horrenda catástrofe.

9. Cuanto más complicado y perfecto sea el orden, mayor debe ser la inteligencia ordenadora. Construir un reloj supone más inteligencia que construir una carretilla.

Si un día naufragas en alta mar, y agarrado a un madero llegas a una isla desierta, aunque allí no encuentres rastro de hombre, ni un zapato del hombre, ni un trapo de hombre, ni una lata de sardinas vacía, nada; pero si paseando por la isla desierta encuentras una cabaña, inmediatamente comprendes que en aquella isla antes que tú estuvo un hombre. Comprendes que aquella cabaña es fruto de la inteligencia de un hombre. Comprendes que aquella cabaña no se ha formado al amontonarse los palos caídos de un árbol. Comprendes que aquellas estacas clavadas en el suelo, aquellos palos en forma de techo y aquella puerta giratoria son fruto de la inteligencia de un hombre.

Pues si unos palos en forma de cabaña requieren la inteligencia de un hombre, ¿no hará falta una inteligencia para ordenar los millones y millones de estrellas que se mueven en el cielo con precisión matemática?

Isaac Newton (1642-1727) **y Johannes Kepler** (1571-1631) formularon matemáticamente las leyes que rigen el movimiento de las estrellas del Universo;

[1] JAMES JEANS: *Los misterios del universo, pg.175*

[2] DESIDERIO PAPP: *Einstein, 3º, XIII, 7.* Ed. Espasa Calpe. Madrid, 1979

[3] Revista INVESTIGACIÓN Y CIENCIA, V, 1.963, pg.53

pero **Newton y Kepler** no hicieron esas leyes, porque las estrellas se movían según esas leyes muchísimos años antes de que nacieran **Newton y Kepler**. Luego hay alguien autor de esas leyes que rigen el movimiento matemático de las estrellas.

Por eso el cosmonauta **Borman** dijo desde la Luna:«Nosotros hemos llegado hasta aquí gracias a unas leyes que no han sido hechas por el hombre». Y **Newton**: «El conjunto del Universo no podía nacer sin el proyecto de un Ser inteligente»[1] .«Me basta -ha dicho **Alberto Einstein**- reflexionar sobre la maravillosa estructura del Universo, y tratar humildemente de penetrar siquiera una parte infinitesimal de la sabiduría que se manifiesta en la Naturaleza»[2]. Dijo también: «Dios no juega a los dados»[3]

La inteligencia que ordena las estrellas en el cielo y dirige con tanta perfección la máquina del Universo es la inteligencia de Dios.

Por eso dice la Biblia: *«Los cielos cantan la gloria de Dios»* [4].

Las criaturas son dedos que me señalan a Dios. Pero hay gente que se queda mirando el dedo y no ve más allá.

«Nada menos que **André Gide** dijo: "No creer en dios es mucho más difícil de lo que se piensa. Para seguir haciéndolo es necesario abstenerse de mirara la Naturaleza y de reflexionar sobre lo que vemos»[5] .

Resulta ridículo que **Salvatore Quasimodo** dijera, cuando los soviéticos lanzaron el *Sputnik*, en octubre de 1957: «El hombre le está haciendo la competencia a Dios en el dominio del espacio».

Puede ser interesante mi vídeo titulado: *La astronomía lleva a Dios*[6].

10. No es lo mismo **Astronomía** que **Astrología**. La Astronomía es ciencia; la Astrología, en la que se basan los **horóscopos,** cuento. Así opinan **Shawn Carlson**, Físico de los Laboratorios **Lawrence Berkeley** (California) y **Andrew Fraknoi**, responsable de la Sociedad Astronómica del Pacífico[7].

Recientemente doscientos cincuenta y ocho científicos del mundo entero han firmado un manifiesto a la prensa para desengañar al pueblo crédulo que se fía de la Astrología, debido a la propaganda que hacen de ella los medios de

[1] ISAAC NEWTON: *Scholium Generale* de sus *Philosophiae Naturalis Principia Mathematica.*

[2] ANTONIO DÚE, S.I. : *El cosmos en la actualidad científica, I, 5.* Ed. FAX. Madrid

[3] MAX BORN: *Ciencia y conciencia de la Era Atómica, 1º, IX.* Alianza Editorial. Madrid, 1971

[4] Salmo, 19:2

[5] VITTORIO MESSORI:*Algunas razones para creer, XIV.*Ed. Planeta+Testimonio.Barcelona.2000

[6] Pedidos al autor: Apartado 2546. 11080-Cádiz. Tel.: (956) 222 838. FAX: (956) 229 450

[7] Diario YA del 22-VI-88, pg.23

comunicación. Entre otras cosas, en este manifiesto se dice lo siguiente:

«Es simplemente un error imaginar que las fuerzas ejercidas por las estrellas y los planetas en el momento del nacimiento, pueden, de alguna forma, determinar nuestro futuro. Tampoco es verdad que la posición de los objetos celestes hagan que ciertos días o períodos de tiempo sean más favorables para emprender algún tipo de actividad, o que el signo bajo el que uno ha nacido determine la compatibilidad de su relación con otras personas...

»Creemos llegado el momento de rechazar vigorosamente las afirmaciones pretensiosas de los astrólogos charlatanes. Quienes continúan teniendo fe en la astrología lo hacen a pesar de que no hay ninguna base científica para sus creencias, y sí una fuerte evidencia de lo contrario»[1].

La prueba de que los astros no determinan el futuro de las personas se confirma por el hecho de que dos hermanos gemelos, que nacieron con la misma estrella, uno tiene una muerte trágica de niño, y el otro tiene una vida larga, próspera y feliz.

El profesor **Stanley L. Jaki** de la Universidad de Seton Hall de New Jersey (EE.UU.) manifestó que la astrología carece de fundamento científico[2].

Creer en los horóscopos es pura superstición. Lo que ocurre es que cuando disminuye la fe en Dios aumenta la credulidad en las supersticiones.

Lo mismo podríamos decir de los **futurólogos.**

En agosto de 1999 todos los medios de comunicación se hicieron eco de la profecía de **Nostradamus,** según la cual el fin del mundo sería el próximo día 11. La profecía fue un fracaso. Por eso hoy seguimos vivos.

Doce personas se suicidaron por miedo a lo que iba a pasar el 11 de agosto[3].

Para esa misma fecha otros anunciaron una catástrofe en París, hasta el punto de que el célebre diseñador **Rabanne** clausuró sus tiendas en París[4]. Tampoco pasó nada catastrófico.

11. **La máquina fotográfica** fue un descubrimiento transcendental para la cultura de los hombres. Antes, sólo se podía conocer lo que se veía con los propios ojos. Desde que se inventó la fotografía es posible conocer los paisajes, los monumentos, las obras de arte y los grandes personajes del mundo entero sin salir del lugar en que se ha nacido.

El invento de la máquina fotográfica supone una gran inteligencia, y los hombres han tardado muchos años en descubrirla. No se descubrió hasta el siglo pasado.

Sin embargo, mucho antes de que los hombres inventasen la máquina

---

[1] ANDRÉS BRITO: *Ciencia "versus" Astrología*. La Gaceta de Canarias, 9-IX-90, pg.39

[2] Diario YA del 3-I-92, pg.23

[3] DIARIO DE CÁDIZ del 12-VIII-99, pg.9.

[4] Diario ABC de Madrid del 19-V-99, pg.96.

fotográfica -desde el principio de la humanidad- ya estaba inventado el ojo humano, maravillosa máquina fotográfica, que saca diez fotos por segundo, no es necesario pasar el carrete y además se enfoca sola gracias a la maravillosa constitución del cristalino. El inventar el ojo supone todavía más inteligencia que el inventar la máquina fotográfica.

El Catedrático de la Facultad de Ciencias de la Universidad de Clermont-Ferrand y de la de París, y Presidente de la Academia de Ciencias de Francia en 1967, el **Dr. Pierre-Paul Grassé**, demuestra en un documentado estudio que el ojo no puede ser el resultado del azar, sino fruto de una inteligencia ordenadora[1].

«El corazón late unas setenta veces por minuto.

»A lo largo de una vida lo ha hecho unas tres o cuatro mil millones de veces.

»Por cada contracción aspira y riega un decilitro de sangre, lo que supone 18.000 litros al día, cuatro millones de litros al año, y 250 millones de litros en una vida de setenta años»[2].

¿Qué máquina hecha por el hombre puede hacer esto, sin mantenimiento ni recambios?

La hoja verde es una fábrica de oxígeno.

Con la luz del Sol la función clorofílica de las plantas transforma el anhídrido carbónico que exhalamos al respirar en oxígeno.

Unos científicos de la Universidad de Sevilla han logrado repetir el en laboratorio lo que hacen las plantas.

La célula es una fábrica de productos químicos.

La cadena del ADN es el manual de instrucciones para fabricar estos productos cuando los necesita.

Este manual está escrito solamente con cuatro letras (C,G,A,T) que representan cuatro bases diferentes.

Las distintas combinaciones de estas bases forman los genes. Cada gen es un trozo del ADN[3].

Uno de los grandes adelantos de la aviación moderna es el **piloto automático** con el cual un avión puede volar sin ningún hombre que lleve los mandos.

Pero los hombres no han inventado todavía ni inventarán jamás, un avión que no sólo vuele sin piloto, sino que además se busque él solo la gasolina, se haga él solo el hangar y, lo que es más, fabrique él solo otros aviones como él, que a su vez hacen otros aviones, y así indefinidamente.

Este avión maravilloso que nos parece imposible que se invente jamás, existe

[1] Revista IBÉRICA de Actualidad Científica. La evolución y el azar, n.163 (I-76), 18

[2] MANUEL QUIRELL: *Tras los pasos de Dios, VI.* Ed. Monte Casino. Zamora. 1997.

[3] TOMÁS ALFARO: *El Señor del azar, 1ª, II, 2.* Ed. San Pablo. Madrid. 1997.

desde tiempos remotísimos: son los pájaros.

El pájaro es un avión que vuela solo, se busca él solo la gasolina (alimento), se hace él solo el hangar (nido), unas veces con ramajes y otras con cemento (nido de golondrinas).

¿Y cómo se fabrica este avión?

¡Con sólo calentar un huevo!

Con poner un huevo de gallina a cuarenta grados centígrados de temperatura, durante veintiún días, sale un pollito saltando y piando.

En el huevo frito que te ponen delante en la mesa, ¿me quieres decir dónde está el pico, los ojos, las plumas?

¿Cómo se forma todo esto en el pollito?

Con sólo calentar el huevo un poco.

¡Qué invento tan maravilloso es el del huevo!

¡Qué inteligencia tan grande supone inventar el huevo!

En el huevo, lo mismo que en la Naturaleza toda, hay leyes que rigen su evolución.

Pero los hombres no saben inventar un huevo artificial que poniéndolo en una incubadora saque un pollito, el cual ponga a su vez otros huevos de los que nazcan nuevos pollitos, y así sucesivamente. El hombre no lo sabe, pero lo sabe Dios que es el inventor de la Naturaleza.

El colibrí sabe volar hacia atrás: se acerca a la flor a chuparle el néctar con su largo pico, y luego retrocede. Nuestros aviones no pueden volar hacia atrás.

En 1966 estuve dando conferencias en la Sociedad Hullera Vasco-Leonesa, y me quedé asombrado al ver allí un ordenador IBM que podía realizar tres mil operaciones por segundo.

Hoy hay ordenadores que pueden realizar veintidós millones de operaciones por segundo[1].

Recientemente la IBM ha presentado el ordenador más rápido y potente del mundo: el *Pacific Blue*, capaz de calcular tres trillones de operaciones por segundo[2].

Pero la calculadora no tiene inteligencia.

La inteligencia está en el que la inventó.

Aunque parece una máquina inteligente, sin embargo, no progresa por sí misma, no es consciente de sus propios actos.

La máquina no sabe lo que hace, ni por qué debe hacerlo así, y no de otra manera.

La máquina sólo puede resolver mecánicamente el tipo de problemas para los

[1] Diario ABC de Madrid, 10-V-89, pg.57

[2] INTERNET: Boletín SOI, 13-XI-98

que la ha preparado de antemano un ser inteligente[1].

«Ninguna máquina es capaz de plantearse problemas que no le hayan sido previamente planteados»[2].

El robot no puede programarse a sí mismo[3].

Dice **D. Salvador de Madariaga**: «La máquina es un pensamiento cristalizado; jamás se vio una máquina que no fuera consecuencia de un pensamiento»[4].

La máquina no piensa por sí misma, no fabrica ninguna información nueva, es incapaz de un pensamiento creador, se limita a ejecutar el programa que ha recibido.

El pensamiento creador y la iniciativa pensante está en el hombre[5].

«Una máquina muy perfeccionada podría hacer muchas cosas, pero nunca podrá sustituir al hombre»[6].

El cerebro tiene catorce mil millones de neuronas.

En el organismo humano hay alrededor de sesenta billones de células.

Todas estas células evolucionan según un plan determinado[7].

«Una máquina electrónica abarca una serie de acciones planificadas.

»La señal de comienzo de una acción depende de los resultados de la acción precedente.

»Los animales "funcionan" de acuerdo con líneas similares.

»En respuesta a un estímulo condicionado ejecutan un movimiento reflejo (...)

Las máquinas electrónicas operan de acuerdo con programas estrictos y detallados, de los cuales no pueden desviarse ni un ápice.

Una máquina lo único que puede hacer es ejecutar su propio programa.

No introduce en el proceso ningún elemento creativo»[8].

Hoy se habla impropiamente de **inteligencia artificial. D. Ramón López de Mántaras**, doctor en Físicas, Profesor de Investigación del Consejo Superior de Investigaciones Científicas, y Premio al Mejor Trabajo Europeo de Inteligencia Artificial, reconoce que «no es posible fabricar máquinas realmente inteligentes.

---

[1] LUIS MIRAVITLLES: *Visado para el futuro, II, 4.* Libros RTV. nº3, 1969
[2] YELENA SAPÁRINA: *El hombre, animal cibernético, V, 11.* Ed. Planeta. Barcelona, 1972
[3] Revista IBÉRICA de Actualidad científica, n.160 (X-75), 349
[4] SALVADOR DE MADARIAGA: *Dios y los españoles, 2º, III.* Ed. Planeta. Barcelona, 1975
[5] CLAUDE TRESMONTANT: *El problema del alma, II, 5.* Ed. Herder. Barcelona, 1974
[6] VINTILA HORIA: *Viaje a los centros de la Tierra, 2º, II, 3.* Ed. Plaza y Janés. Barcelona, 1971
[7] CLAUDE TRESMONTANT: *El problema del alma, II, 1. f.* Ed. Herder. Barcelona, 1974
[8] YELENA SAPÁRINA: *El hombre, animal cibernético, IV, 1.* Ed. Planeta. Barcelona, 1972

Por eso habría que cambiar la expresión de "inteligencia artificial»[1].

12. Los animales tienen **Instintos** maravillosos.

Según las investigaciones del **Dr. Walter Frese**, del Instituto **Max Planck**, las palomas mensajeras se orientan en sus vuelos gracias a una especie de brújula biomagnética que tienen[2].

Los tiburones se orientan durante las migraciones sirviéndose del campo magnético terrestre[3].

Las abejas utilizan para orientarse la polarización de la luz y ven el ultravioleta[4]

Los elefantes se comunican por infrasonidos. Los investigadores americanos **Payne y Poole** han logrado identificar más de treinta modulaciones diferentes entre las comunicaciones entre elefantes[5].

La serpiente de cascabel posee un magnífico detector de rayos infrarrojos de exquisita sensibilidad para advertir la presencia de su presa en la oscuridad[6].

Hay mariposas que ven con rayos ultravioleta, como nuestros científicos modernos.

Los delfines localizan los obstáculos sumergidos en el agua por medio de una sonda acústica como los barcos modernos[7].

Según los investigadores **Ott** y **Schaeffel** el ojo del camaleón le permite medir con precisión la distancia de su presa, como un moderno aparato de telemetría[8]

Recientemente, la empresa norteamericana, *AIR TASER*, de Arizona, ha difundido una pistola eléctrica, de defensa personal, que deja electrocutado temporalmente al agresor. Esto es lo que hace el pez «Raya eléctrica del Pacífico», que para cazar a su presa le lanza una descarga eléctrica de 220 voltios y 20 amperios. Este pez habita en las aguas de la Baja California, y fue clasificado por **Ayres** en 1855[9].

Un murciélago sin ojos vuela sin tropezar en una habitación cruzada por cables en todas direcciones.

¿Cómo se guía?

El murciélago no lo sabe, pues no tiene inteligencia; pero lo sabe Dios que es quien ha hecho el murciélago y le ha dotado de una especie de radar que emite ondas ultrasonoras, según los estudios de los norteamericanos **Griffin y**

---

[1] Revista MUY interesante, n.113 (X-90) pg.140

[2] Revista IBÉRICA de Actualidad Científica: El Biomagnetismo, n.197, (II-79),66.

[3] Revista MUNDO CIENTÍFICO, n.40 (X-94) 946.

[4] MANUEL M. CARREIRA, S.I.Profesor de Física y Astronomía en la Universidad de Cleveland (EE.UU.): *El creyente ante la Ciencia.* Cuadernos BAC, n.57, I, 1. Madrid, 1982.

[5] Diario ABC de Madrid, 6-III-91, pg. 63.

[6] Revista INVESTIGACIÓN Y CIENCIA, V-82, pg.88.

[7] Revista IBÉRICA de Actualidad Científica, n.36 (VI-65),219.

[8] ABC cultural 173 (24-II-95) 55

[9] INTERNET: http://encarta.msn.com

Galambos[1]

¡Qué inteligencia tan grande tiene el inventor de la Naturaleza!

13. Toda la Naturaleza está **llena de maravillas**:
Las golondrinas en sus migraciones recorren al año quince mil kilómetros.
Las ocas rebasan el Himalaya a seis mil metros de altura.
Las arañas producen al mes tres kilómetros de hilo.
La mariposa tiene veinte mil ojos.
La abeja reina pone tres mil huevos al día.
La malva produce al año veinticinco millones de peces.

Dios es más maravilloso en lo pequeño que en lo grande.

En 1989, con ocasión de un trabajo de investigación que estaba haciendo un equipo de ingenieros sobre el Sudario de Oviedo, para confirmar la autenticidad de la Sábana Santa de Turín, estuve en el Laboratorio de Investigación de Hidroeléctrica Española, donde trabajan estos ingenieros. Allí pude contemplar en un microscopio electrónico de barrido *(scaner)*, (que puede llegar hasta los doscientos mil aumentos), la estructura de un grano de polen, un pelo de mosca, maravillosamente contorneado, el alvéolo de un ojo de mosquito, etc. etc. ¡Algo impresionante!

No sabe uno que admirar más, si las maravillas grandes o las pequeñas.

Si las velocidades de las estrellas, o la rapidez de la mosca moviendo sus alas 480 veces por segundo.

Si el tamaño de los astros, o la maravillosa constitución del átomo compuesto de electrones, protones, neutrones y demás partículas subatómicas de existencia efímera[2] en el que los electrones giran alrededor del núcleo, que representa al resto del átomo lo que una pulga a un estadio de fútbol[3].

«El átomo es la porción indivisible de un elemento químico. Si lo dividimos en partículas subatómicas, deja de ser ese elemento químico. (...) Y está prácticamente vacío. Si el núcleo fuera del tamaño de una canica, los electrones estarían a una distancia de un kilómetro»[4]. El núcleo del átomo mide una billonésima de centímetro[5].

«En el seno de los laboratorios de física, y en las profundidades de enormes

[1] P. RIAZA, S.I. : *Ciencia moderna y Filosofía, n.54*. BAC. Madrid.
[2] MANUEL M.CARREIRA,S.I.: *Metafísica de la materia, VII, 1.* Universidad de Comillas. Madrid.
[3] PATRICIO DÍAZ PAZOS: *Las supercuerdas* en INTERNET, www.civila.com/chile/astrocosmo
[4] TOMÁS ALFARO: *El Señor del azar, 1ª, I, 1,b.* Ed. San Pablo. Madrid. 1997.
[5] MANUEL QUIRELL: *Tras los pasos de Dios, VII.* Ed. Monte Casino. Zamora. 1977.

aceleradores, comenzaron a descubrirse nuevos elementos y partículas, cada vez más pequeñas, hasta llegar a los «quark», que parecen ser verdaderamente los últimos componentes de la naturaleza»[1].

No sabe uno qué admirar más, si la exactitud del movimiento de los astros, o el prodigioso instinto de las abejas para hacer las celditas exagonales de su panal con la perfección con que podría calcularlas el mejor de los ingenieros: la forma exagonal permite la máxima capacidad con el mínimo material, uniendo la resistencia al aprovechamiento del espacio intermedio. Las abejas realizan en sus colmenas un difícil problema de estereometría con más precisión que el célebre matemático **König**, que al hacer el cálculo se equivocó por una errata en la tabla de logaritmos[2].

Los sapientísimos instintos de los animales, y las leyes todas del Universo están diciendo a voces que han sido hechos por una gran inteligencia.

Precisamente es muy reciente el nacimiento de una nueva ciencia, la **Biónica**, que se basa en el estudio de los seres vivos para hacer aplicaciones por los ingenieros[3]. El nombre de Biónica es contracción de biología y electrónica.

La Naturaleza ha conseguido cosas de técnica superior a la del hombre. El hombre no ha llegado al vuelo en zig-zag como la mosca, ni a la bioluminiscencia de algunos gusanos y peces de las profundidades abisales que emiten luz de su cuerpo.

14. **La evolución** misma que hoy se estudia en distintos campos de la ciencia, responde a unas leyes que rigen ese proceso evolutivo, y que armonizan todas las evoluciones del Universo.

La razón suficiente de las leyes que rigen esta evolución es la inteligencia de Dios[4].

Antes se consideraba la Naturaleza actual como obra directa e inmediata de Dios.

Hoy la consideramos más bien como el resultado de unas leyes que Dios ha puesto en la misma Naturaleza, y que han regido la evolución que nos ha llevado a lo que hoy contemplamos.

---

[1] RAFAEL RODRÍGUEZ DELGADO: *Del Universo al ser humano, I, 2, a.* Ed. McGraw-Hill. Madrid. 1997

[2] JESÚS SIMÓN, S.I.: *A Dios por la Ciencia, XIV.* Ed. Codesal. Sevilla. Este interesantísimo libro, da mucha cultura sobre las maravillas de la Naturaleza, y engrandece la sabiduría de Dios, Autor de ella.

[3] MIGUEL RUBIO: *La Biónica.* Revista IBÉRICA de Actualidad Científica, n.16 (X-63) 400-402.

[4] ADOLF HAAS: *Evolución y Biblia, II.* Ed. Herder. Barcelona, 1965

No puede haber leyes si alguien no las hace.

La ley supone un legislador inteligente, distinto de ella. Todo el mérito de la ley es de quien la ha puesto.

El Dr. Bermudo Meléndez, presidente de la Real Sociedad Española de Historia Natural y Catedrático de Paleontología de la Universidad Complutense de Madrid, dice en la Revista IBÉRICA[1], en un artículo titulado *Estado actual de la teoría de la evolución:* «Cuanto más investigamos el mecanismo del proceso de la evolución, tanto más comprendemos la realidad de la existencia de una inteligencia infinita capaz de haberlo programado todo».

El Padre Teilhard de Chardin, que es actualmente el jesuita de más fama internacional en el terreno de la evolución, dice que «la evolución, como todos los procesos naturales, es un proceso sujeto a una ley que señala una dirección»[2].

Newton, hablando del cosmos dijo: «Hay que reconocer la voluntad y el dominio de un Ser Inteligente y poderoso»[3].

Y en otro sitio: «¿De dónde proviene todo ese orden y belleza que vemos en el mundo? ¿Fue el ojo ideado sin ingenio en materia de óptica? ¿No parece claro que existe un Ser Inteligente?»[4].

Einstein escribió en *The World as I see it*: «La ley del cosmos revela una inteligencia de tal superioridad que comparada con ella todo pensar humano es insignificante».

El Premio Nobel de Física **Alfredo Kastler** declaraba en agosto de 1968: «La idea de que el mundo, el Universo material, se ha creado él mismo, me parece absurda.

»Yo no concibo el mundo sino con un Creador, por consiguiente, Dios. Para un físico, un solo átomo es tan complicado, supone tal inteligencia, que un Universo materialista carece de sentido».

Toda organización supone un organizador. Si en la Naturaleza hay seres organizados, es inevitable reconocer la existencia de una inteligencia organizadora.

El gran filósofo inglés **David Hume,** dice al final de su obra *Historia natural de*

[1] Revista. IBÉRICA de Actualidad Cien tífica, n.138 (X-73)551

[2] FOTHERGILL: *Evolución, marxismo y cristianismo en Teilhard de Chardin, II.* Ed. Plaza.Barcelona.

[3] ANTONIO ROMAÑÁ, S.I.:*Estado actual de la cosmología. Epílogo.* Publicaciones del Observatorio del Ebro. Tortosa, 1966.

[4] ISAAC NEWTON: *Optics,* 3° edición. London 1721, pg. 344s.

la Religión : «La organización de la naturaleza, en su totalidad, nos habla de un Autor inteligente»[1].

15. Es absurdo pensar que la Naturaleza se ha hecho **sin la intervención** de una inteligencia.

¿Te parece posible que un mono tecleando en una máquina de escribir componga este libro que tienes en las manos?

Pues esto es mucho más probable que suponer que no ha intervenido una inteligencia en la formación del ojo humano (maravillosa máquina fotográfica), la agilidad de una mosca en el aire, o la función clorofílica de una hoja verde, que es un auténtico laboratorio químico.

Las plantas son sensibles al aire, al Sol, a la luz, a la oscuridad, a la electricidad, al magnetismo, etc.; sintetizan sustancias y fabrican oxígeno[2]: las plantas con la luz del Sol, desprenden oxígeno del agua, y absorben el anhídrido carbónico para sintetizar glucosa.

En 1976 un grupo de científicos españoles de la Universidad de Sevilla ha logrado en el laboratorio repetir lo que hacen las plantas. Es decir, que este fenómeno se realiza en las plantas según unas reacciones de leyes determinadas. Donde hay ley, orden, organización, hay inteligencia.

Azar es lo que sucede sin ser dirigido por una inteligencia[3].

No es lo mismo «azar» que «falta de información».

El que salga «cara» o «cruz» al tirar una moneda al aire, más que azar es falta de información.

Si conociéramos todas las variables que intervienen, podríamos saber si iba a salir cara o cruz.

Lo mismo habría que decir de la cara que queda arriba al tirar un dado. El que no sepamos predecirlo no significa que no se deba a leyes determinadas.

Por eso, muchas cosas que atribuimos al azar es por falta de información.

En cambio, el ciego azar es totalmente aleatorio, como sería que un mono, tecleando en una máquina de escribir, sacara el libro que tienes en las manos.

Lo casual no se repite **varias veces seguidas**.

Lo que sale por casualidad no es repetible a voluntad todas las veces que se desee, por ejemplo el Premio Gordo de la lotería; en cambio, lo que es fruto de la inteligencia, sí se puede repetir a voluntad.

---

[1] GARRIGOU-LAGRANGE: *DIOS, su existencia, II, 2.* Ed. Palabra. Madrid. 1976.

[2] SALVADOR DE MADARIAGA: *Dios y los españoles, 2°, V,* Ed. Planeta. Barcelona, l975.

[3] JOSÉ ANTONIO GALINDO: *Dios no ha muerto, IV, 6, 5, a.* Ed. San Pablo. Madrid. 1996.

Por eso el hecho científico puede repetirse a discreción, pues siempre se pueden conseguir los mismos efectos al poner las mismas causas.

Pero lo que sale por azar no puede repetirse a voluntad.

Las letras que forman este libro han necesitado muchas horas de trabajo para que digan lo que dicen.

Si yo meto en un cubo todas estas letras y las tiro al suelo, hay una probabilidad contra miles de millones de que las letras salgan en el orden que tienen en mi libro.

Y desde luego todo el mundo comprenderá que no saldría cincuenta veces seguidas.

Las cincuenta ediciones de mi libro no hubieran salido con meter las letras en un cubo y tirarlas al suelo cincuenta veces.

Este libro tiene un millón de letras sin contar puntos y comas.

Al tirarlas al suelo, ni siquiera caerían derechas y en línea recta.

Para que las letras se ordenen formando palabras, y las palabras se ordenen formando frases, hace falta una inteligencia ordenadora.

Evidentemente, el orden que las letras tienen en este libro es uno de los órdenes posibles.

Pero la probabilidad de que caigan las letras en este orden es **una** contra un número que tiene **tres millones de cifras**. El cálculo se ha hecho con calculadora.

El número es tan grande que si lo nombráramos por su nombre propio, pocas personas lo entenderían: el número de permutaciones es de quinientos milillones (500.000 grupos de seis cifras).

Para escribirlo con números del tamaño de las letras de este libro necesitaríamos una tira de papel de seis kilómetros de larga.

Es decir, **la probabilidad** de que salga este libro al tirar las letras del cubo al suelo es **prácticamente nula**. Y menos aún que salga cincuenta veces seguidas.

La prueba es que si alguien se apostara un millón de pesetas de que lo conseguiría, cincuenta veces seguidas, como las ediciones de este libro, aceptaríamos encantados la apuesta, seguros de ganarla.

Pues si para hacer este libro hace falta una inteligencia ordenadora, ¿se habrán formado sin inteligencia ordenadora las moscas, las flores, los pájaros y el cosmos de precisión matemática?

Orden del cosmos

Dice **Paul Davies** en su libro *La mente de Dios* : «Cuesta trabajo creer que este intrincado universo exista por casualidad»[1].

El que contemplando el mundo sólo ve materia, es como el que entra en la Biblioteca Nacional de Madrid y sale diciendo que allí sólo hay papeles manchados con tinta de imprenta.

Salvador de Madariaga dice: «Creo que la atribución del Universo y de la vida a la copulación del azar con la necesidad es un disparate de tal envergadura, que no hay intelecto humano medianamente ejercitado que lo pueda sostener en serio; y que la prueba de la existencia de un Creador es cosa al alcance de cualquier cabeza sana»[2].

«El azar es algo inconsistente y poco creíble»[3] . El azar no explica nada. Es tan sólo la razón de nuestra ignorancia. Llamamos azar al suceso que no hemos podido prever[4].

El hecho de que al echar los dados no podamos prever qué cara quedará arriba, no significa que eso no se deba a una porción de combinaciones de fuerzas que no conocemos de antemano, pero que existen.

Por eso dijo **Jules-Henri Poincaré,** Profesor de Física Matemática en la Universidad de París: «El azar no es más que la medida de nuestra ignorancia»[5]. Y **Monod** reconoce que su tesis del azar es «una declaración de ignorancia»[6].

Dice **Wenher von Siemens:** «Cuanto más penetro en el reino de las fuerzas de la naturaleza, tanto más sube mi admiración de la Sabiduría que resplandece en la Creación»[7].

«El estudio objetivo de la Naturaleza, en su complejidad, no puede contentarse con el azar, estando ausente la inteligencia; sino debe admitirse que la Naturaleza reclama una Mente Superior»[8].

Y **Kastler,** Premio Nobel, afirma: «Querer admitir que el azar haya creado el ser

---

[1] PAUL DAVIES: *La mente de Dios.* Ed. Interamericana de España. Madrid. 1976.

[2] SALVADOR DE MADARIAGA: *Dios y los españoles, Introducción.* Ed. Planeta. Barcelona.

[3] MANUEL QUIRELL: *Tras los pasos de Dios, VIII.* Ed. Monte Casino. Zamora. 1997.

[4] JOSÉ M. RIAZA, S.I.: *Azar, Ley, Milagro, II, 1.* Ed. BAC. Madrid, 1964

[5] JOSÉ M. CIURANA: *Pruebas racionales de la existencia de Dios, V.C.* Difusora del libro. Madrid.

[6] JUAN LUIS RUIZ DE LA PEÑA: *Teología de la creación, 2ª, VIII, 3, 3.* Ed. Sal Terrae. Santander

[7] MANUEL QUIRELL: *Tras los pasos de Dios, II.* Ed. Monte Casino. Zamora. 1997.

[8] JOSÉ M. RIAZA, S.I.: *La Iglesia en la Historia de la Ciencia, 2ª, XIII, 3, g.* Ed. BAC. Madrid. 1999.

viviente me parece absurdo»[1].

16. Que la Naturaleza **se rige** según unas leyes es algo indiscutible.

Estas leyes de la Naturaleza, son la base de la Ciencia.

«El hombre de Ciencia sabe que idénticos efectos en idénticas circunstancias presuponen idénticas causas»[2].

Sin tales premisas la Ciencia resultaría imposible.

Aunque es verdad que algunas veces intervienen tantos factores que es muy difícil predecir de antemano lo que ocurrirá: como si saldrá cara o cruz al echar una moneda al aire.

Entonces se acudirá al «cálculo de probabilidades» y estadísticas. De ahí el «principio de indeterminación» de **Heisenberg** en la microfísica donde tanto desconocemos; pero esto no niega que el resultado se deba a leyes determinadas[3].

Admirar la Naturaleza e ignorar a Dios sería como admirar una máquina automática por la perfección de su funcionamiento e ignorar la inteligencia del ingeniero que ha hecho posible esa máquina.

Por eso la Biblia dice que los que no conocen a Dios a través de la Naturaleza son unos necios[4].

Afirma la Biblia: «*Dijo el necio: No hay Dios*»[5] .Y en otro lugar: «*Los cielos cantan la gloria de Dios*»[6] «*Dios se hace visible a través de sus obras, por eso quienes no le glorifican no tienen excusa*»[7].

El Concilio Vaticano I condena a los que nieguen que la razón humana no pueda demostrar con certeza la existencia de Dios: «La misma Santa Madre Iglesia sostiene y enseña que Dios, principio y fin de todas las cosas, puede ser conocido con certeza por la luz natural de la razón humana partiendo de las cosas creadas». [8].

---

[1] A. KASTLER: Revista *La Civiltá Cattolica, 136 (1985) 144.*

[2] JOSÉ M. RIAZA, S.I.: *Azar, Ley, Milagro, X, 7.* Ed. BAC. Madrid.

[3] JOSÉ M. CIURANA: *La existencia de Dios ante la razón,3°, II, A, b.* Ed. Bosch. Barcelona, 1976.

[4] Libro de la Sabiduría, **1 3**:1-10; SAN PABLO: Carta a los romanos, **1** :20-23.

[5] Salmo **1 4**:1.

[6] Salmo **1 9**:2.

[7] SAN PABLO: Carta a los Romanos, **1** :19ss.

[8] DENZINGER: *El Magisterio de la Iglesia, n° 1785,1806.* Ed. Herder Barcelona.

la Física de las Partículas, dice: «Hablar del origen del mundo lleva a pensar en la Creación... Para mí está claro que esto no puede ser consecuencia de la casualidad»[1].

17. **A ese ser tan inteligente**, que ha hecho la Naturaleza y ha puesto en ella esas leyes tan maravillosas que rigen su funcionamiento, **llamamos DIOS**[2]

Dice **Paul Davies,** Profesor de Física Matemática en la Universidad de Adelaida (Australia):

«A través de mi labor científica he llegado a creer más y más fuertemente que el universo físico está ensamblado con una dosis de ingenio tan sorprendente que no puedo aceptarlo simplemente como un hecho brutal. Ha de haber, pienso, un nivel más profundo de explicación. si uno quiere llamar "Dios" a ese nivel es una cuestión de definición»[3].

«Los propios hombres de ciencia dan por supuesto que vivimos un un cosmos racional, ordenado, sometido a leyes precisas que pueden ser descubiertas por el razonamiento humano»[4].

Los científicos hablan hoy del **Principio antrópico,** según el cual «las leyes del universo son exactamente las precisas para que pueda aparecer el hombre sobre la **Tierra.** Si hubieran sido otras, no estaríamos aquí»[5].

Después de lo dicho resulta ridícula la propaganda atea del comunismo.

En el libro *Sputnik ateísta"*(Moscú 1961, pg. 365) se dice: «A partir de la astronáutica ya no es posible creer en la existencia de Dios. Los *sputniks* no han descubierto a Dios en su morada celeste»[6].

¿Es que pensaban detectar a Dios con el *sputnik*? El *sputnik* no detecta a Dios, pero nuestra inteligencia sí.

Las realidades espirituales no se detectan con instrumentos materiales. Los aparatos pueden estudiar el tejido de un lienzo y la composición química de los colorantes, pero no la ilusión y la alegría con que se ha pintado el cuadro.

---

[1] Revista ECCLESIA, n.2498 (20-X-1990) pg. 7.

[2] PARENTE: *De Dios al hombre, II, 4.* Ed. Atenas, Madrid.

[3] PAUL DAVIES: *La mente de Dios, Introducción.* Ed. Interamericana de España. Madrid. 1996

[4] PAUL DAVIES: *La mente de Dios, I,2* . Ed. Interamericana de España. Madrid. 1996

[5] RICARDO MORENO: *Historia breve del universo, V, 6.* Ed. Rialp. Madrid. 1998.

[6] RUDOLF LIEBIG: *La otra revelación, II, B, b.* Ed. Sal Terrae. Santander, 1977.

Dios no es, como dice **Feuerbach**, discípulo de **Hegel**, «el producto imaginativo de la indigencia y los deseos del hombre», sino que la afirmación de la existencia de Dios es consecuencia de la búsqueda intelectual al hombre que investiga la razón suficiente de las leyes del cosmos, que suponen la existencia de un Creador inteligente.

«Nada existe sin razón suficiente.

»Si una piedra que estaba en la calle la vemos en lo alto de un edificio, sabemos que no está allí sin "razón suficiente": alguien la subió.

»Nada existe sin causa adecuada.

»Esa relación causa-efecto es la base de la medicina y de la técnica. Dios es la causa explicativa del cosmos»[1].

No se trata de probar la existencia de Dios por la ciencia; pues la ciencia se basa en hechos experimentales, y Dios no es el resultado de un trabajo de laboratorio. Pero es deducción de los hechos científicos.

La Filosofía razona sobre los datos que da la ciencia, y así podemos llegar al conocimiento de Dios.

«La ciencia de hoy da al hombre moderno materiales para que crea razonablemente» (**Profesor Taltavull**).

El conocimiento científico tiene un valor, pero no podemos olvidarnos del sentido común. Cuando **Descartes** dice «pienso, luego existo», su razonamiento es perfectamente válido.

La Ciencia responde al «cómo» ocurren las cosas; pero no al «por qué». Esto es propio de la Filosofía.

«El hombre siempre ha sido filósofo y científico al mismo tiempo»[2].

«La racionalidad científica debe abrirse a la racionalidad filosófica, y viceversa: así lo demandan hoy científicos como **Prigogine** y **d'Espagnat**, filósofos realistas como **Zubiri** y **Guitton**, y, en fin, filósofos de la ciencia, entre los que tal demanda es hoy un auténtico clamor. (...) Se trata de que no vuelva a producirse la situación humorísticamente descrita por **Gilson** en estos términos: "nada iguala la ignorancia de los filósofos modernos en cuestiones de ciencia, excepto la ignorancia de los científicos modernos en cuestiones de filosofía"»[3].

18. Además de las leyes de la Naturaleza, como dice el Catedrático de la Universidad de Madrid, **D. Juan Zaragüeta** en ABC, **las leyes de la**

[1] JUAN HUARTE: *Evolución y problema religioso, pg. 303.* Unión Editorial. Madrid, 1984.

[2] LAÍN ENTRALGO: *El cuerpo humano, pg. 228.* Madrid. 1989.

[3] JUAN LUIS RUIZ DE LA PEÑA: *Crisis y apología de la fe, 3ª, VII, 2.* Ed. Sal Terrae.Santander.1995

conciencia, que mandan practicar el bien y evitar el mal, también nos hablan de la existencia de Dios, «pues nadie se manda a sí mismo, sino que la conciencia recibe las órdenes de un Ser Superior a ella, que es precisamente Dios»[1].

Kant escribió: «Hay dos cosas que llenan mi mente de admiración y respeto, el cielo estrellado, encima de mí, y la ley moral, dentro de mí. Para mí son pruebas de que hay un Dios por encima de mí y dentro de mí»[2].

«La Ley moral, la obligación de hacer el bien y evitar hacer el mal, es una ley universal impuesta a todos los hombres: sólo Dios está por encima del hombre y puede imponerle la ley moral»[3] grabando en su conciencia esta obligación y el consiguiente remordimiento en caso de incumplirla.

«En lo profundo de la conciencia, descubre el hombre una ley que no se da él a sí mismo, pero a la que debe obedecer; y cuya voz resuena oportunamente en los oídos de su corazón invitándole siempre a amar y obrar el bien, y a evitar el mal: "haz esto, evita aquello". Porque el hombre lleva en su corazón una ley escrita por Dios»[4]. Todos los hombres llevan escrito en sus corazones lo que Dios manda o prohíbe, y de ello es testigo la conciencia[5]. El remordimiento de conciencia es superior a nosotros mismos.

El remordimiento de conciencia, es prueba de la existencia de Dios, pues se impone el reconocimiento de un Ser Superior que nos impone la ley del bien y del mal en nuestro interior. Por eso nos remuerde un asesinato aunque no lo sepa nadie, y nadie pueda enterarse. La conciencia es la voz de Dios que me impone el imperativo moral de hacer el bien y evitar el mal[6].

¿Quién, sino Dios, puede entrar hasta lo más íntimo del hombre para aplaudirle cuando obra el bien y flagelar su alma con el remordimiento cuando ha obrado el mal, aunque no lo haya visto nadie[7]?

19. También podemos conocer a Dios por la fe.
Él mismo nos dice quién es, lo que ha hecho, lo que nos ha dado, lo que nos promete, lo que nos enseña, lo que le agrada, lo que quiere de nosotros, etc[8].

---

[1] ABC, enero 1972.

[2] J. GAARDER: *El mundo de Sofía, 408*. Siruela. Madrid.

[3] JOSÉ M. CIURANA: *Pruebas racionales de la existencia de Dios, II, C. a.* Ed. Difusora del libro. Madrid, 1977.

[4] CONCILIO VATICANO II: Gaudium et Spes: Constitución pastoral sobre la Iglesia en el mundo actual, n.16; San Pablo: Carta a los Romanos, 2:15

[5] ABC, enero 1972

[6] **Nuevo Catecismo de la Iglesia Católica, n.1.777**

[7] JESÚS MARÍA GRANERO, S.I.: *Credo, 1º, IV.* Ed. ESCELICER. Cádiz.

[8] CARLOS M. BUELA: *Catecismo de los Jóvenes, 1º, I, 2.* Ed. Cruzamante. Buenos Aires, 1976.

2.- A Dios no lo ha hecho nadie.

1. **Dios no ha empezado nunca a existir**. Siempre ha existido y nunca dejará de existir.

Es decir, que no ha tenido principio ni tendrá fin. Dios es eterno.

Boecio definió la eternidad como «la posesión total y simultánea de una vida interminable»[1].

Sería un absurdo decir que hubo un tiempo en el que no existía absolutamente nada. En ese caso, jamás podría haber empezado nada a existir: no existirían seres de ninguna clase. No creados por otro -pues hemos supuesto que en un principio no existía absolutamente nada-, ni tampoco creados por sí mismos, pues sería un absurdo decir que una cosa que no existe pueda hacer algo[2].

«Nada puede ser causa de sí mismo, porque para causar es necesario existir»[3].

Luego si en algún momento no existió nada, nada existiría ahora; pues el primer ser no tuvo modo de empezar a existir[4]. Nada hubiera empezado a existir.

«Si en un momento dado nada hay, nada habrá durante toda la eternidad»[5].

Como dice el conocido filósofo francés **Claude Tresmontant**: «Si en un momento dado nada existe, nada existiría eternamente. La nada absoluta no puede producir ningún ser»[6]. Si no hubo nada, nunca nada hubiera podido empezar a existir[7].

«Si actualmente existen seres, es necesario que desde siempre haya existido algo»[8].

Es así que nosotros existimos en un mundo y estamos rodeados de seres de todas clases, luego por fuerza tiene que haber existido, desde toda la eternidad, un Ser que no ha tenido principio y que ha dado origen a todos los seres que hoy existen[9]. Ese Ser, que existe desde toda la eternidad, y es causa de todo lo que existe, es DIOS.

---

[1] FRANCISCO DE MIER: *Apuesta por lo eterno, VII, 11, b.* Ed. San Pablo. Madrid. 1997.
[2] JOSÉ Mª. CIURANA: *Pruebas racionales de la existencia de Dios, IV, B.* Difusora del Libro. Mad.
[3] R. GARRIGOU-LAGRANGE: *DIOS, su existencia, III, 37.* Ed. Palabra. Madrid. 1976.
[4] CLAUDE TRESMONTANT: *Ciencias del Universo y problemas metafísicos, I.* Ed. Herder. Barna
[5] R. GARRIGOU-LAGRANGE: *DIOS, su existencia, II, 3ª, 21.* Ed. Palabra. Madrid. 1976.
[6] CLAUDE TRESMONTANT: *Cómo se plantea hoy el problema de la existencia de Dios, pg. 79.* Ed. Herder. Barcelona.
[7] JOSÉ Mª. CIURANA: *La existencia de Dios ante la razón, 2º, I, 1.* Ed. Bosch. Barcelona, 1976.
[8] R. GARRIGOU-LAGRANGE: *DIOS, su existencia, III, 35.* Ed. Palabra. Madrid. 1976.
[9] JOSÉ Mª. CIURANA: *Pruebas racionales de la existencia de Dios, II.* Difusora del Libro. Madrid.

Dice **Lindner,** Profesor de Química Técnica en la universidad alemana de Karlsruhe: «Es necesario aceptar una causa anterior al mundo material»[1].

Allan Sandage ayudante de **Hubble**, hasta la muerte de éste en 1953, y que hoy trabaja en el Observatorio de Monte Wilson, Pasadena, California, dice: «Dios es la explicación de que haya algo en vez de nada»[2]. Es la única respuesta a la pregunta de **Heidegger**[3].

2. «Es conveniente definir los dos modos de seres posibles:

a) Ser **contingente** es aquel que no tiene la existencia por sí mismo, sino que la ha recibido de otro.

b) Ser **necesario** es aquel ser que no ha recibido la existencia de otro, sino que la tiene por sí mismo. Como no depende de otro para existir (...) existe necesariamente, o sea, no puede menos de existir y nunca dejará de existir»[4].

Dios es el único ser eterno e increado que existe necesariamente. Dios es el Ser Necesario que existe desde siempre, que no puede dejar de existir, que es eterno, porque su esencia es existir, no depende de nadie para existir, por eso es increado.

El cosmos es limitado en el tiempo y en el espacio, es decir, es contingente.

La materia se transforma continuamente, es extensa, limitada, compuesta y divisible, es decir, es contingente.

Todo ser limitado es contingente, porque toda limitación supone una carencia. Y lo contingente -como se demuestra en Filosofía- es metafísicamente imposible que sea increado.

Se llaman **seres contingentes**, aquellos que pueden existir o no existir, existir antes o después, existir de una manera o de otra. Todo lo que nace y muere, todo lo que cambia de tamaño, forma o lugar, como el hombre, la flor o la Tierra, es un ser contingente. Y lo contingente no tiene en sí mismo la razón de su existencia. Los seres contingentes deben su existencia a otro[5].

Por ejemplo: un año antes de que tú nacieras, no eras nada, y nada podías hacer para existir. Como eres un ser contingente tu existencia no dependía de ti. Eras nada, y en nada te hubieras quedado toda la eternidad, si alguien distinto de ti (tus padres) no te hubieran traído a la existencia: la nada, dejada a sí misma,

---

[1] LINDNER: *Facing Reality, III, 1,2.* Ed. Lindner Verlag. Karlsruhe. 1997.

[2] Diario EL PAÍS, 15-V-91, Futuro, pg. 4

[3] BALDOMERO JIMÉNEZ DUQUE: *Dios y el hombre, I.* Ed. Fundación Universitaria Española.

[4] JOSÉ ANTONIO GALINDO: *Dios no ha muerto, V.* Ed. San Pablo. Madrid. 1996.

[5] JOSÉ Mª. CIURANA: *La existencia de Dios ante la razón, 2º, I, A.* Ed. Bosch, Barcelona, 1976

permanece siempre en nada.

Lo mismo que te ha ocurrido a ti, ha ocurrido con tus padres, tus abuelos, etc. Todos recibieron la existencia de otro. No podían existir por sí mismos.

«Todo lo que no tiene en sí mismo la razón suficiente de existir, debe recibir de otro la existencia...El ser contingente podría no existir, porque su esencia no exige la existencia...Lo que es mudable es contingente, y todo ser contingente exige, como causa suficiente última, un SER NECESARIO: DIOS.

»Que la materia es esencialmente mutable no es discutible...

»Así llegamos a la afirmación del Universo como contingente y, por lo tanto, creado, porque tiene que recibir su existencia de un SER no material»[1].

Dios es el único Ser Necesario.

Ser Necesario es el que existe por sí mismo, que no recibe de otro la existencia, que no depende de nada para existir. Existe siempre, sin principio ni fin. Todos los seres existentes se dividen en necesarios o contingentes, según existan por sí mismos o por otros .

Como el ser contingente es indiferente para existir, no existe necesariamente. Por lo tanto necesita una razón para pasar de la no existencia a la existencia.

Esta razón suficiente no puede ser una serie infinita de seres contingentes, pues una carencia no se remedia con otros seres que tienen la misma carencia: una colección de ciegos no ve más que un sólo ciego. ¿Es que creemos que reuniendo ceros podemos conseguir la unidad?

La razón de la existencia de los seres contingentes hay que buscarla en un ser que no sea contingente, es decir, en un ser que no necesite de otro para existir, de un ser que exista por sí mismo, porque su esencia es existir. Ése es Dios[2]. Es un ACTO PURO, es decir el ACTO DE EXISTIR[3].

3. Las cosas que vemos en el mundo **vienen** unas a otras. Un hombre viene de otro hombre, una flor de otra flor, una estrella de otra estrella.

Si suponemos una larga serie de libros en la que uno proviene de ser copia del anterior, necesariamente tenemos que admitir la existencia del escritor del primero[4].

Cada ser existente de este mundo es como un anillo de una cadena. Cada anillo está colgado de otro anillo, que es quien lo sostiene, quien lo ha puesto en la existencia.

[1] MANUEL CARREIRA, S.I.: *Metafísica de la materia, VIII.* Universidad de Comillas. Madrid. 1993.

[2] J. HAAS, S.I.: *Biología y fe, II, 2.* Ed. ELER. Barcelona

[3] JOSÉ MOINGT, S.I.: *El hombre que venía de Dios, 2º, Epílogo, 1.* Ed. Desclée. Bilbao.

[4] PAUL DAVIES: *La mente d Dios, VII, 4.* Ed. Mc.Graw-Hill. Interamericana. Madrid. 1996.

Si subimos por esa cadena de seres existentes llegaremos al primer anillo. ¿Quién sostiene el primer anillo? No puede ser otro anillo, pues entonces no sería el primero, sería el segundo. Pero el primer anillo, ¿estará colgado en el aire? Entonces toda la cadena caería en el fondo de la nada. Si la cadena de seres que han venido a la existencia no cae en el fondo de la nada, es porque la sostiene alguien que está fuera de la cadena y no necesita de otro para existir.

Ese Ser, que sostiene la cadena de seres existentes, que no necesita de otro para existir y que por lo tanto tiene que existir por sí mismo, ése es Dios.

Dios sostiene todos los seres en la existencia, lo mismo que el Sol sostiene la vida en la Tierra. Si apagas el Sol, desaparece la luz y el calor en la Tierra. Sin la luz del Sol, la Luna tampoco se ve, y la Tierra estaría a oscuras; y sin calor las aguas de los ríos y mares no se evaporan. Consiguientemente desaparecen las nubes y las lluvias. Las fuentes y ríos terminarían por vaciarse en el mar y se secarían. Las plantas morirían por falta de agua, y los animales se morirían de frío. El aire se envenenaría, pues no habría plantas para restituir el oxígeno. Es decir, que el Sol sólo con su presencia, hace posible la vida en la Tierra.

Lo mismo ocurre con Dios. Él sostiene toda la cadena de seres existentes.

Si veo una chaqueta colgada en la pared, dice **Sheed**, aunque no vea el clavo que la sostiene, no digo que la chaqueta desafía las leyes de la gravedad. Comprendo que tiene que haber un clavo que la sostiene.

Si en un paso a nivel ves pasar, desde tu coche, un largo tren de mercancías en que un vagón tira de otro, comprendes que tiene que haber una locomotora que tire de todo el tren. Aunque tú no la veas.

Lo mismo: hay que pensar en un primer Ser eterno al ver que unos seres hacen a otros, y por lo tanto todos necesitan de otro para existir; menos el primero que tiene que ser eterno.

Dios es ese Primer Ser que no necesita de otro para existir, sino que existe por sí mismo, es decir, que su esencia es existir, que no puede dejar de existir, que existe necesariamente, que siempre ha existido y nunca dejará de existir. Por eso decimos que Dios es ese primer Ser Eterno. Dios el el único ser eterno.

3. El cosmos no es eterno.

1. «El cosmos no puede haber existido desde la eternidad»[1].

---

[1] PASCUAL JORDAN: *El hombre de ciencia ante el problema religioso III, 12.* Ed. Guadarrama.Mad

Es dogma de fe que el cosmos no es eterno, sino que ha sido creado por Dios en el principio del tiempo.

Dice **San Pablo** que Dios es *«el Creador de todas las cosas. Él existe antes que todas las cosas»* [1].

«**El ateísmo marxista** se basa en la eternidad de la materia. Afirma que la materia ha existido desde toda la eternidad, y de este modo no necesitan a Dios-Creador. Pero la "eternidad de la materia" es una afirmación, no una demostración. Físicamente es inverificable, y filosóficamente es inaceptable. Pero los marxistas, que se precian de no admitir en su doctrina teórica y práctica sino los hechos que la Ciencia ha demostrado ser ciertos, esta afirmación de "la eternidad de la materia" la admiten sin demostración alguna. La imponen, sin más, como un postulado base de su ateísmo»[2]. «Los marxistas-leninistas no demuestran la eternidad de la materia y por eso no consiguen desplazar la necesidad de un Dios, causa primera de todo cuanto existe»[3].

«Casi por todas partes -informa *Le Monde*- el materialismo dialéctico como instrumento de análisis histórico está en retroceso. Si puede decirse que **Marx** ha muerto ya en el Este, el marxismo apenas resulta operativo en la historiografía occidental»[4].

«**Marx** era rabiosamente ateo, pero no por convicciones racionales, sino por motivos emocionales y psicológicos... El psicólogo no tiene más remedio que reconocer en **Marx** un odio personal hacia el cristianismo casi idéntico al que sentía **Freud**... Tanto **Marx** como **Freud** -ambos judíos- decían que rechazaban el cristianismo en nombre de la Ciencia; pero lo verdaderamente innegable es que aquel rechazo provenía de un elemento emotivo»[5].

«Para **Marx** el ateísmo no era una consecuencia de ninguna clase de demostración. Era un postulado no sujeto a demostración, y del que había que partir»[6].

«La idea materialista-marxista de una materia eterna es totalmente anticientífica. Está en contradicción palmaria con todos los datos de la Ciencia moderna»[7].

Por el contrario «la Ciencia moderna le niega al Universo una existencia eterna, sea en el pasado, sea en el futuro»[8].

«Modernamente, como consecuencia de los nuevos descubrimientos científicos, el principio de la eternidad de la materia, ha resultado ser completamente falso

---

[1] SAN PABLO: Carta a los Colosenses,**1**:16s.

[2] CARLOS STAEHLIN, S.I.: *Ateísmo marxista, 4.* Ed. EAPSA. Madrid.

[3] B. ORTONEDA, S.I.: *Principios fundamentales del marxismo-leninismo, pg. 712.* Espasa Calpe.

[4] Revista PALABRA n. 245 (XII, 1985)31.

[5] LEPP: *Ateísmo en nuestro tiempo, pg. 56-60.* Ed. Mc Millan. New York, 1966.

[6] VITTORIO MESSORI: *Algunas razones para creer, XIII.* Ed Planeta +Testimonio. Barcelona.2000

[7] MANUEL Mª. CARREIRA, S.I.:Profesor de Física y Astronomía de la Universidad de Cleveland (EE.UU.): *Antropocentrismo científico y religioso.* Ed. A.D.U.E. Madrid, 1983.

[8] ROBERTO JASTROW: *Until the Sun dies, pg. 30.* Norton, New York, 1977.

según reconocen, con rara unanimidad, los propios hombres de ciencia quienes afirman que la materia comenzó en un momento determinado, hace algunos miles de millones de años»[1].

«Si el cosmos comenzó necesitó de un Ser distinto del cosmos que lo puso en la existencia. De la nada absoluta, nada sale. A este Ser Creador del cosmos, le llamamos Dios. Por eso el materialismo marxista es imposible»[2].

Le oí decir en una conferencia a **D. Angel González Alvarez**, Rector de la Universidad Complutense de Madrid, y Catedrático de Metafísica y Miembro de la Real Academia de Ciencias Morales y Políticas: «El ateo afirma que Dios no existe, pero no tiene pruebas para demostrarlo, porque no las hay. El ateísmo es una profesión de fe en la NO existencia de Dios».

Nietzsche y **Sartre,** cuando hablan de la «muerte de Dios», no tienen argumentos para demostrar la NO existencia de Dios. Lo que tienen es el deseo de que Dios no exista, porque «si Dios no existe, todo está permitido»[3].

«La **inexistencia** de Dios no ha podido nunca demostrarse, ni se podrá demostrar jamás»[4].

Dijo **Pascal:** «Prefiero equivocarme creyendo en un Dios que no existe, que equivocarme no creyendo en un Dios que existe. Porque si después no hay nada, nunca lo sabré; pero si hay algo, tendré que dar cuenta de mi rechazo». «El ateo nunca podrá estar seguro de que la verdad no está en esa fe que él rechazó» [5].

El científico italiano **Antonio Chiichichi**, dice en *Il Tempo* de Roma: «El ateísmo no tiene a sus espaldas ni la ciencia ni la razón. El ateísmo es también un acto de fe. La única diferencia es que el ateo tiene fe en la nada, y el cristiano la tiene en Dios. Quien quiera profesar la fe en la nada, que continúe siendo ateo; pero a condición de que no pretenda que su opción esté motivada por razones científicas»[6].

«El pretendido principio de la eternidad de la materia, está en abierta contradicción con los resultados que nos ofrece la ciencia moderna . El que quiera estar de acuerdo con los últimos descubrimientos científicos que señalan una edad en la existencia de la materia, no tiene más remedio que negar la eternidad de la materia, pues las pruebas que los científicos aducen son concluyentes»[7].

«Hoy sabemos que ninguna estrella puede brillar un tiempo infinito. Se le

---

[1] JOSÉ Mª CIURANA: *En busca de las verdades fundamentales, Apéndice.* Ed. Bosch. Barcelona 1988. Breve pero excelente libro que responde acertadamente a su título.

[2] CLAUDE TRESMONTANT: *Ciencia del Universo y problemas metafísicos, pgs.33, 52, 57 y 73.* Ed. Herder. Barcelona, 1978.

[3] SANTIAGO MARTÍN: *¿Para qué sirve la fe?, 4s.* Ed. Temas de hoy. Madrid. 1995.

[4] EUSTAQUIO GUERRERO,S.I.: *Jesucristo, la mejor prueba de la fe católica, VII, 2.* Ed. Mensajero

[5] VITTORIO MESSORI: *Algunas razones para creer, II.* Ed. Planeta+Testimonio. Barcelona. 2000.

[6] Diario YA del 31-III-87,pg. 6.

[7] JOSÉ Mª. CIURANA: *Fin del materialismo ateo, IV, C.* Ed. Bosch. Barcelona, 1974.

acabaría el combustible. Un universo eterno es incompatible con la existencia de procesos físicos irreversibles»[1].

Existen algunas discrepancias entre las cifras que se dan como **edad de la materia**. Pero lo importante es que todo el mundo está de acuerdo en aceptar una edad para la materia. Si la materia ha tenido un principio, no puede ser eterna[2].

«Antes, cuando en los siglos XVIII y XIX, Ciencia y Religión se hallaban en conflicto, a nosotros, los católicos, nos llamaban retrógrados, ignorantes y obscurantistas. Ahora, por una curiosa ironía de los tiempos, estos "cariñosos" adjetivos, los podemos dirigir con mucha mayor razón, a los ateos recalcitrantes, que realmente dan muestras de atraso e ignorancia, cuando se empeñan en seguir defendiendo la eternidad de la materia, a pesar de que la ciencia moderna, con pruebas experimentales, nos indica bien claramente que la materia tiene una edad y un principio en el existir»[3].

«La vida finita del cosmos es algo científicamente probado. El científico que se para aquí, y dice que no sabe del origen del cosmos, es por pura pereza intelectual, pues donde no llega la Física llega la Metafísica. Basta ser hombre y tener sentido común para comprender que el origen finito del Universo debe tener una causa adecuada fuera del mismo Universo»[4].

Esta causa no es otra sino Dios.

La eternidad de la materia **no se puede demostrar** porque es un absurdo.

En efecto: la materia tiene una existencia sucesiva[5], es decir, con un antes y un después; es decir, medible por el tiempo. Las sucesivas transformaciones de la materia y los cambios de la Naturaleza se van midiendo por el paso de los días, de las horas y de los minutos. Y todo lo que es medible por el tiempo, tiene una existencia temporal y limitada, no eterna.

El tiempo es la duración del movimiento[6]. «El tiempo no existe como algo independiente de los seres sucesivos. (...) Se basa en el movimiento de las cosas»[7]. En los cambios de la materia.

Y lo eterno no cambia. No tiene principio ni fin. Está siempre en el momento presente. No está sujeto al paso del tiempo.

---

[1] PAUL DAVIES: *La mente de Dios, II, 4.* Ed. McGraw-Hill. Madrid.1996

[2] JOSÉ Mª. CIURANA: *Fin del materialismo ateo, IV, C, c.* Ed. Bosch. Barcelona, 1974. Excelente libro para razonar las sinrazones del ateísmo

[3] JOSÉ Mª. CIURANA: *Fin del materialismo ateo, IV, E.* Ed. Bosch. Barcelona, 1974.

[4] GIAN CARLO CAVALIERI: Revista PALABRA, n. 235 (XI, 1985)32

[5] ANTONIO DÚE, S.I.: *Dios y la Ciencia, XIII.* Granada

[6] ANTONIO ROYO MARÍN, O.P.: *Teología de la salvación, 2ª, III, 149.* Ed. B.A.C. Madrid.

[7] JESÚS MARÍA GRANERO, S.I.: *Credo, 1º, XII.* Ed. Escelicer. Cádiz.

Si la materia en evolución fuera eterna querría decir que ha pasado por una serie infinita de momentos sucesivos[1]. Y si no se llega al principio desde aquí hasta allá, tampoco se puede llegar desde allá hasta aquí, pues la distancia es la misma.

Efectivamente, la misma distancia hay de Madrid a Barcelona, que de Barcelona a Madrid.

El mismo tiempo hay del día de hoy al primero de enero de 1950, que desde ese día hasta hoy.

Si por más que subiéramos por la escalera del tiempo no llegaríamos nunca al principio del cosmos, tampoco llegaríamos nunca del principio del cosmos al día de hoy, si ese principio estuviera en la eternidad.

Es así que hoy existe el cosmos actual que vivimos, luego si hemos llegado hasta hoy, también desde hoy, subiendo por la escalera del tiempo, podemos llegar, con el entendimiento, al principio del cosmos, por lejano que esté.

Es decir, que el principio del cosmos no está en la eternidad: el cosmos no es eterno.

Si **el cosmos no es eterno**, es necesario otro Ser que sea eterno, pues todo lo que empieza necesita de otro para empezar a existir.

2. **El único Ser eterno es Dios**, porque Dios es el único Ser por el que no pasa el tiempo, que está totalmente fuera de la medición del tiempo.

El tiempo es la duración del movimiento, y Dios es inmutable, es pura actualidad. En Él no hay antes ni después.

Es un presente permanente.

Todo esto se demuestra en Filosofía.

«Nosotros vivimos en el tiempo y no podemos concebir un ser que exista fuera del tiempo... Alguna intuición podemos tener de lo que es existir fuera del tiempo, cuando pensamos en las esencias, por ejemplo, en la esencia del triángulo: la triangularidad. No tiene sentido preguntar cuándo empezó a existir, ni cuanto tiempo lleva existiendo. La triangularidad no dura, simplemente es»[2].

Todo esto puede ser difícil de entender para personas que no están acostumbradas a cuestiones filosóficas.

Es como pedirle a un matemático que explique en dos palabras la resolución de las ecuaciones diferenciales o de las integrales elípticas; o, sencillamente, el uso de las tablas de logaritmos, a quien no ha estudiado matemáticas. Esto es imposible sin dedicar primero muchas horas, y aun años, a explicar multitud de

---

[1] FRANCISCO DE LA VEGA, S.I.: *Apuntes de Filosofía, 5º curso.* Colegio de El Palo. Málaga

[2] JUAN LÓPEZ PEDRAZ, S.I. *Cuando se está perdiendo la fe, III, A, 4.* Ed. Sal Terrae. Santander.

conceptos preliminares indispensables.

Y desde luego, no se debe buscar en esto una evidencia, como el axioma «el todo es mayor que su parte» y «dos cosas iguales a una tercera son iguales entre sí». Pero es interesante la afirmación de **Lindner,** Profesor de Química Técnica en la universidad alemana de Karlsruhe: «La Ciencia afirma que el cosmos es finito, que la materia no es eterna y que por lo tanto existe un Creador»[1].

3. No se trata de demostrar la existencia de Dios científicamente, pues el estudio de Dios no es objeto de la Ciencia, sino de la Teología.

El objeto de la Ciencia no es estudiar a Dios.

La Ciencia estudia la Naturaleza.

A Dios lo estudia la Teología.

Por eso no tiene sentido buscar argumentos científicos para demostrar la existencia de Dios.

La Ciencia se limita a responder a «cómo» se realizan las cosas.

El «porqué» y «para qué» es propio de la Filosofía.

Sin embargo la Ciencia sí nos da datos que nos hacen razonable la creencia de Dios.

Esto es lo que dijo el Papa **Juan Pablo II** en su audiencia general del 10 de julio de 1985:

«Cuando se habla de pruebas de la existencia de Dios debemos subrayar que no se trata de pruebas de orden científico experimental.

»La pruebas científicas en el sentido moderno de la palabra, valen sólo para las cosas perceptibles por los sentidos, dado que solamente sobre éstos pueden ejercitarse los instrumentos de la indagación y de la verificación de los que se sirve la Ciencia.

»Querer una prueba científica de la existencia de Dios significa hacer descender a Dios a las filas de los seres de nuestro mundo y, por lo tanto, equivocarse metodológicamente sobre lo que es Dios; la Ciencia debe reconocer sus límites y su impotencia para alcanzar la existencia de Dios; no puede ni afirmar ni negar esta existencia.

»Pero de todo esto no debe sacarse la conclusión de que los científicos sean incapaces de hallar en sus estudios científicos motivos válidos para admitir la existencia de Dios.

»Si la Ciencia como tal no puede alcanzar a Dios, el científico, que posee una inteligencia cuyo objeto no está limitado a las cosas sensibles, puede descubrir en el mundo las razones para afirmar un Ser que lo supera.

---

[1] LINDNER: *Facing Reality, IV,* Ed. M.Lindner Verlag. Karlsruhe.1997.

»Muchos científicos han realizado este descubrimiento.

»Quien con espíritu abierto reflexiona sobre aquello que está implicado en la existencia del Universo, no puede impedir el llegar al problema del origen. Instintivamente cuando somos testigos de ciertos acontecimientos nos preguntamos cuáles son las causas del mismo.

»Una hipótesis científica como **la expansión del Universo** hace descubrir más claramente el problema: si el Universo se encuentra en continua expansión, ¿no debería llegar en el tiempo hasta lo que se podría llamar el "momento inicial", aquel en el que la expansión comenzó?

»Cualquiera que sea la teoría adoptada sobre el origen del Universo, esa cuestión más fundamental no puede ser eludida.

»Este Universo en constante movimiento postula la existencia de una causa que, dándole el ser, le ha comunicado este movimiento y continúa alimentándolo.

»Sin tal Causa Suprema, el mundo y todo el movimiento que en él existe quedaría inexplicado e inexplicable, y nuestra inteligencia no podría quedar satisfecha.

»El espíritu humano pide recibir una respuesta a sus interrogantes sólo admitiendo un Ser que ha creado el mundo con todo su dinamismo, y que continúa sosteniéndolo en su existencia...

»A todas estas indicaciones sobre la existencia de Dios-Creador, algunos oponen las virtudes de la casualidad o de los mecanismos propios de la materia. Hablar de casualidad para el Universo que presenta una organización tan compleja en los elementos, y un finalismo tan maravilloso en la vida, significa renunciar a la búsqueda de una explicación del mundo.

»En realidad esto equivale a querer admitir los efectos sin causa. Se trata de una aplicación de la inteligencia humana que renunciaría así a pensar y a buscar una solución a sus problemas.

»En conclusión, miles de indicios empujan al hombre, que se esfuerza por comprender el Universo en que vive, a orientar la propia mirada hacia el Creador. Las pruebas de la existencia de Dios son **múltiples y convergentes**. Ellas atribuyen a demostrar que la fe no mortifica a la inteligencia humana, sino que la estimula a reflexionar y le permite entender mejor todos los "porqués" puestos ante la observación de la realidad»[1].

Por eso las pruebas de la existencia de Dios hay que fundarlas, principalmente, en el campo de la filosofía, de la metafísica[2].

Los sentidos nos engañan. Las ideas, no.

La Luna parece más grande en el horizonte que en el cenit. Y no es que haya cambiado de tamaño, pues es una bola de piedra. Es un fenómeno óptico de refracción.

En cambio, un razonamiento filosófico puede ser indiscutible: el efecto siempre

---

[1] Revista ECCLESIA, nº 2.230 (20-VII-85)6

[2] GARRIGOU-LAGRANGE: *Dios: su existencia, II, 7.* Ed. Palabra. Madrid. 1976.

es posterior a su causa. Un hijo nunca puede ser más viejo que su madre.

La necesidad de un Dios Creador se impone a la inteligencia por la contingencia de la materia (ver **2**,2).

«En el simple plano de las razones y de las pruebas, podríamos decir que las posibilidades de la existencia de Dios son incomparablemente mucho más grandes que las de su no existencia; y los hombres lo adivinan así. Su ateísmo no es un ateísmo especulativo, sino un ateísmo práctico»[1].

Cuando uno, consciente o inconscientemente está interesado en rechazar la fe, se siente inclinado a encontrar más y más dificultades, y a no parecerle satisfactorias las soluciones que se le dan. No acepta una fe razonable y acepta un ateísmo que es indemostrable.

Si Dios nos ha dado la razón es para que la usemos.

Debemos ser creyentes bien formados, que sabemos lo que creemos y por qué lo creemos[2].

4. Hace algún tiempo se habló de la teoría de **Frederick Hoyle** sobre el origen del Universo. Se llama **Universo estacionario.**

Sir Fred Hoyle era hijo de padres ateos y en su vida tampoco había sitio para Dios. Sin embargo, en 1983 sorprendió al mundo publicando un libro sensacional: *El Universo inteligente*, donde apunta la necesidad de la existencia de Dios.

La revista norteamericana *TIME,* en un artículo de **Arthur White** lo anunciaba con este título: *El astrónomo que ha visto la LUZ.* La LUZ con mayúsculas, se refiere a Dios.

El subtítulo era «Según **Hoyle**, una inteligencia superior guía la Naturaleza»[3].

En este libro, **Fred Hoyle** reconoce las dificultades de su teoría hasta el punto de abandonarla, como afirma el profesor de Astronomía de la Universidad de Harvard (EE.UU.) **Donald H. Menzel**[4].

La teoría del Universo estacionario de **Fred Hoyle** no cuenta con ninguna prueba experimental hasta el presente[5].

---

[1] IVES CONGAR, O.P.: *Dios, el Hombre y el Cosmos, XVI, 3.* Ed. Guadarrama. Madrid.

[2] MONS. CRISTIANI: *Nuestras razones de creer, I, 2.* Ed. Casal i Vall. Andorra.

[3] Revista TIME, 5-II-79.

[4] DONALD H. MENZEL: *Astrnomy, XVIII, 7.* Ed. Chanticleer Press. New York.

[5] IAN G. BARBOUR: *Problemas sobre Religión y Ciencia, 3º, XII, 1.* Ed.Sal Terrae. Santander, .

Este modelo está hoy abandonado por las insalvables dificultades encontradas[1]. Está hoy tan abandonado, que **Nigel Henbest** astrónomo inglés de la universidad de Oxford en su libro *El Universo en explosión* titula uno de los capítulos: «Muerte de la teoría del Universo estable»[2].

La teoría del Universo estacionario de **Fred Hoyle** debe ser abandonada.

Hoy en día casi todo el mundo supone que el Universo comenzó con el Big-Bang...

Roger Perose y yo -dice **Hawking-** mostramos cómo la teoría de la relatividad general de **Einstein** implicaba que el Universo debía tener un principio»[3].

Dice **Robert Jastrow**, investigador, astrónomo y cosmólogo norteamericano contemporáneo:

«Prácticamente está eliminada la teoría del Universo estacionario de **Fred Hoyle**, obligándonos a aceptar la de la gran explosión inicial»[4].

Esta teoría se llama del **Big-Bang** o del **Universo en expansión**.

La desviación hacia el rojo en el espectro de la luz de las galaxias demuestra que el Universo está en continua expansión.

Lo mismo que cuando una locomotora se acerca pitando el sonido sube hacia los más agudos, y cuando se aleja baja hacia los más graves, «cuando una fuente de luz se acerca la frecuencia de sus ondas se acerca al violeta, y cuando se aleja disminuye la frecuencia de la onda, es decir, hay una mayor longitud entre onda y onda, y el corrimiento se produce hacia el rojo»[5].

Esta expansión de las galaxias, como la explosión de una bomba, nos lleva a pensar que estas galaxias debieron partir de un punto común[6].

Esta teoría tiene a su favor tantos datos experimentales que hoy es aceptada, casi sin excepción, por todos los físicos y astrónomos contemporáneos[7].

Cabe incluso hacer una especie de cuenta atrás hasta el momento en que el Universo nació.

«La mayoría de los cosmólogos están de acuerdo en que el Universo se inició

---

1 Revista INVESTIGACIÓN Y CIENCIA, 58 (VII-1981) 116.

2 NIGEL HENBEST: *El Universo en explosión*. Ed. Debate. Madrid, 1982.

3 STEPHEN W. HAWKING; *Historia del tiempo, pg.75, 78 y 57*. Ed. Crítica. Barcelona, 1988.

4 VINTILA HORIA: *Viaje a los centros de la Tierra, 2º, II, 2.* Ed. Plaza y Janés. Barcelona, 1971.

5 MANUEL QUIRELL: *Tras los pasos de Dios, III.* Ed. Monte Casino. Zamora. 1997.

6 JOSÉ Mª. CIURANA: *En busca de las verdades fundamentales, Apéndice, B, b.* Ed. Bosch. Barcelona. 1988. Breve pero excelente libro que responde acertadamente a su título.

7 MANUEL Mª. CARREIRA, S.I.: *La creación del Universo en la Ciencia moderna*, 1983.

con una gran explosión hace unos 15.000 millones de años»[1].

Por eso **la mayoría de los astrónomos** aceptan el Big-Bang, como lo llaman los anglosajones.

Es decir, la gran explosión en el comienzo del cosmos.

Después del Big-Bang la radiación se condensó en partículas, y éstas al unirse formaron protones y neutrones que después formaron los átomos de hidrógeno, helio, etc.

«La teoría de que el Universo nació en una gigantesca explosión o Big-Bang, ya no es una simple hipótesis académica, cada vez se hace más difícil prescindir de ella si se quiere dar cuenta de las propiedades fundamentales del Universo como hoy se observa.

El extraordinario éxito de la teoría del Big-Bang está relacionado con su poder de predicción y con las brillantes confirmaciones que las observaciones han aportado a sus predicciones»[2].

«La teoría del Big-Bang ha adquirido categoría de ciencia»[3]

«La teoría del Big-Bang, ha pasado, de hipótesis estrafalaria, a ser respetada teoría científica, merecedora de la más preciada distinción para los físicos de hoy»[4].

«**Hawking** reconoce que hoy casi todo el mundo supone que el universo comenzó con el Big-Bang»[5].

Esta teoría la defienden los astrofísicos más acreditados, como **Allan Sandage** del Observatorio de Monte Palomar (California), especialista en la investigación sobre los quásares y radiogalaxias[6] ; **Chushiro Hayashi**, Profesor de Astrofísica de la Universidad de Tokyo (Japón); **Arthur Code**, Director del proyecto OAO-II de la NASA, y **Yakov Zeldovitch**, de la Academia de Ciencias de la URSS[7] . Y también por **Martin Ryle**, catedrático de Radio-Astronomía en la Universidad de Cambridge, y Premio Nobel de Física en 1974.

---

[1] Revista INVESTIGACIÓN Y CIENCIA, 83 (VIII, 1983)58

[2] Revista MUNDO CIENTÍFICO, 34 (III, 1984)326.

[3] Revista MUNDO CIENTÍFICO, 34 (III, 1984)338.

[4] JULIO A. GONZALO, Catedrático de Física de la Universidad Autónoma de Madrid: *Física y Religión en perspectiva, V. 2.* Ed. Rialp. Madrid, 1991.

[5] JUAN LUIS RUIZ DE LA PEÑA: *Crisis y apología de la fe, 2ª, III, 1.* Ed. Sal Terrae. Santander. 1995

[6] PIERRE ROUSSEAU: *L' Astronomíe, XI, 12.* Librairie Generale Francaiçe. París.

[7] Revista IBÉRICA de Actualidad Científica, n.90 (XII, 1969)435

Radio Nacional de España el 7 de octubre de 1983 a las 7´30 de la tarde en el espacio *Directo, directo*, que la teoría del Big-Bang **es una confirmación** de la creación del cosmos por Dios.

«Esta teoría del origen del Universo es aceptada por la inmensa mayoría de la comunidad científica, porque es la que mejor se ajusta a lo que se puede observar en la realidad»[1].

Los primeros indicios del Big-Bang ya fueron anunciados por el célebre astrónomo **Edwin Hubble**[2] .

«Prácticamente todos los astrónomos aceptan hoy la teoría de que el Universo apareció en un instante de creación mediante la violenta explosión de una bola de fuego, hace unos 15 o tal vez 20 mil millones de años»[3]

«El "Universo estacionario" de **Hoyle** también exige un comienzo de materia (creación).

»**Yakov Zeldovitch** afirma que es ineludible admitir que el Universo ha tenido un comienzo.

»El proceso de la NADA a la existencia de la materia solamente nos es posible describirlo con la palabra CREACIÓN ...

»Para que la materia comience a existir se requiere un agente no material de infinito poder: UN CREADOR»[4] .

«Físicos y astrónomos apuntan a la conclusión de que el Universo fue creado en una inmensa explosión (Big-Bang) hace unos 20.000 millones de años»[5]. Para hacernos una idea de lo que es todo este tiempo, si reducimos la historia del universo a un año, el nacimiento de **Cristo** hace dos mil años, sucedería en el último minuto del último día del año.

El astrónomo **Phillip Morrison** confesaba en una intervención ante la BBC de Londres:

«Me gustaría poder rechazar la teoría del Big-Bang, pero tengo que rendirme a la evidencia»[6].

---

[1] JOSÉ MANUEL NIEVES: ABC del 8-IV-90, pg.74

[2] Revista TIME, 29-III-99, pg.76.

[3] Revista TIME, 5-II-79, pg.51

[4] MANUEL Mª. CARREIRA, S.I.: *Metafísica de la materia, VIII.* Universidad de Comillas. Madrid.

[5] JULIO A. GONZALO, Profesor de Física en la Universidad Autónoma de Madrid: *Física y Religión en perspectiva, V, 2.* Ed. Rialp. Madrid, 1991

[6] ROBERT JASTROW: New York Times Magazine, 28-VI-78

Precisamente el Premio Nobel de Física de 1978 se concedió a los radioastrónomos **Arno Penzias y Robert Wilson**, especialistas en microondas, por haber recogido por primera vez en la historia el eco que queda de la gigantesca explosión que tuvo lugar en el comienzo de la creación del cosmos[1].

El catedrático de Física Teórica de la Universidad Complutense de Madrid, **D. Alberto Galindo**, califica este hallazgo como «uno de los más importantes de la astrofísica del siglo XX, sobre el comienzo de la creación del cosmos»[2].

«Gracias a esta radiación de fondo sabemos que hubo una creación instantánea»[3].

«El profesor **F. Graham Smith**, astrónomo real británico y director del Observatorio del Jodrell Bank, manifiesta que el ruido cósmico captado proviene del Big-Bang, la gran explosión que dio origen al Universo»[4].

El 23 de Abril de 1992 un equipo de investigadores, dirigidos por **Jorge Smoot,** anunciaba el descubrimiento de fluctuaciones en el fondo cósmico de radiación, detectadas por medio del satélite COBE (*Cosmic Background Explorer*)...Este fondo de radiación refleja el momento de la expansión del universo en el que tuvo lugar el acoplamiento entre materia y energía[5].

El mismo **Jorge Smoot**, astrofísico de la Universidad de Berkeley (California), dijo en una conferencia de prensa en la Sociedad de Físicos de Estados Unidos en Washington: «Lo que hemos hallado es una prueba del comienzo del Universo. Ha sido como ver a Dios»[6].

«La teoría del Big-Bang es actualmente la más aceptada por los científicos para explicar el origen del cosmos, especialmente tras la presentación por parte de **Jorge Smoot**, de unas fotografías de la "explosión inicial" que puede considerarse como una imagen del Big-Bang»[7].

Por eso a **Jorge Smoot** se le ha llamado «el hombre que fotografió el nacimiento del Universo con el satélite COBE»[8].

El COBE ha fotografiado con distintos colores fluctuaciones de temperaturas de

---

[1] MANUEL CARREIRA, S.I.: *El hombre en el cosmos,III,2.* Ed. Sal Terrae. Santander. 1997

[2] Diario YA, 2-XI-78, pg.17

[3] J. L. COMELLAS: *Astronomía, XXIV.* Ed. Rialp. Madrid. 1.987

[4] J. L. COMELLAS: *Astronomía, XXIV.* Ed. Rialp. Madrid, 1987

[5] JULIO A. GONZALO, Catedrático de la Universidad Autónoma de Madrid.ABC,6-XII-92,pg.88.

[6] DIARIO DE CÁDIZ del 25-IV-92, pg.43

[7] DIARIO DE CÁDIZ del 8-IX-92, pg.56

[8] Diario YA del 5-IX-92, pg.20

irradiación situadas hace 15.000 millones de años luz[1].

Todo esto **confirma** la teoría de la expansión del Universo expuesta por primera vez por el sacerdote científico belga **Jorge Lemaître**[2], por los años 30 de este siglo.

Según la revista científica *Science* el universo sigue en expansión[3].

Los días 26 y 27 de octubre de 1990 asistí en Madrid a un Simposium sobre Física y Religión. Uno de los científicos que habló allí fue **Julio A. Gonzalo**, Catedrático de Física de la Universidad Autónoma de Madrid. Hizo esta afirmación: «El Big-Bang ha pasado de ser hipótesis a ser teoría científica».

«Las observaciones del satélite COBE indican que no hay una teoría alternativa al Big-Bang sobre el origen del Universo»[4].

El astrónomo **John Mather** explicó en la reunión anual de la Sociedad Astronómica Americana que las informaciones obtenidas por el satélite COBE no dejan dudas de que el Universo surgió a partir de una gigantesca explosión (Big-Bang)[5].

La teoría del **Universo pulsante**, de sucesivas expansiones y contracciones, es «puro parto de la fantasía». No tiene ninguna confirmación científica. Mientras que la teoría del Big-Bang, del Universo en expansión, tiene multitud de comprobaciones científicas[6].

El 29 de agosto de 1985 asistí en León a una conferencia del **Profesor Carlos Sánchez del Río**, Catedrático de Física de la Universidad Complutense de Madrid, y dijo:

«La expansión del Universo está confirmada por multitud de datos científicos experimentales, pero hoy no tenemos ningún dato científico experimental para afirmar que en el cosmos después de una expansión vendrá una contracción».

Que a la expansión no sucederá una contracción se puede ver siguiendo los pasos que da el Catedrático de la Universidad de Roma, Director del Observatorio Armellini, que podríamos resumir diciendo:

«Las galaxias no volverán nunca a caer hacia atrás, pues su velocidad de fuga

---

[1] ENRIQUE BORREGO, S.I.: Revista PROYECCIÓN 167 (X-XII-93) 327

[2] JORGE GAMOW, Profesor de Física Teórica en la Universidad de George Washington: *La Creación del Universo, II, 2.* Ed. Espasa Calpe. Madrid

[3] Diario ABC de Madrid del 8-VI-1996. Pág.82

[4] Diario ABC de Madrid del 30-VI-1993. Pág.75.

[5] Diario ABC de Madrid del 9-I-1993. Pág. 67.

[6] VICENZO ARCIDIACONO: *La creación del Universo, VI.* Revista SILLAR n.24(X-XII,1986)427

es tres veces mayor que la velocidad crítica»[1].

Hay procesos irreversibles: un huevo frito jamás puede volver a ser un huevo crudo.

«Es físicamente sin sentido el hablar de volver al pasado»[2].

La hipótesis de que después de la expansión del cosmos vendrá una contracción ha sido descartada por los astrofísicos que han participado en la reunión de la Sociedad Americana de Astronomía celebrada en Washington en Enero de 1998[3]

Lo mismo creen los científicos que controlan el observatorio espacial ISO, quienes han medido la cantidad de materia que existe en el Universo para concluir que ésta es insuficiente para frenar, mediante la gravedad, su ritmo de expansión[4]

Un equipo de astrofísicos del Laboratorio Nacional Lawrence Berkeley de Hawai, dirigidos por **Perlmutter,** estudiando la velocidad de expansión de la supernova *Albironi,* que está a 18.000 millones de años de luz, ha llegado a la conclusión de que la expansión del universo es irreversible, es decir, que seguirá expandiéndose indefinidamente, sin contracción futura[5].

Rafael Rebolo, profesor del Consejo Superior de Investigaciones Científicas, investigador del Instituto de Astrofísica de Canarias, y Premio Iberdrola de Ciencia y Tecnología, afirma que el universo seguirá expandiéndose indefinidamente[6].

El astrónomo **James Jeans**, «uno de los mayores genios de la época actual» dice: «Un universo cíclico está en completo desacuerdo con el principio bien establecido de la Segunda Ley de la Termodinámica que nos enseña que el universo cíclico es imposible. (...) Al remontarnos hacia atrás en el tiempo llegaremos por necesidad al momento antes del cual no existía el universo presente»[7].

Además esta hipótesis del «universo pulsante» no excluye la idea de creación, pues en estas sucesivas expansiones y contracciones, siempre hay pérdida de energía, es decir, antes o después se llegará al final.

---

[1] JOSÉ M. RIAZA, S.I.: *El comienzo del mundo, n.87.* Ed. BAC. Madrid, 1959, pg.575s.

[2] MANUEL Mª CARREIRA, S.I.: *Metafísica de la materia, IX.* Universidad de Comillas. Madrid. 1993.

[3] ABC CULTURAL, 324 (16-I-98) 54

[4] Noticias de Ciencia y Tecnología en INTERNET del 12-III-99:
http://www.amazings.com/ciencia/index.html

[5] Diario ABC de Madrid del 19-XII-98, pág. 50

[6] DIARIO DE CÁDIZ del 28-IV-2000, pg. 38.

[7] IGNACIO PUIG, S.I.: *Cómo y cuándo acabará el mundo, I.* Ed. Betis. Barcelona

«Cuando en pleno siglo XX, los científicos teóricos y los experimentadores descubrieron la necesidad de admitir un **principio del Universo,** los sabios materialistas bregaron como verdaderos diablos..., pues saben muy bien que si logra imponerse la tesis del principio del Universo, el fin del materialismo habrá llegado»[1].

«Si la Astrofísica conduce a admitir que el Universo ha comenzado alguna vez..., entonces el ateísmo no sería admisible»[2].

La Ciencia explica cómo fue el origen del cosmos.

Pero «en el instante inmediatamente anterior al *Big-Bang* no hay Universo; no existe el objeto de la Ciencia Física. Ésta no puede, por consiguiente, entender de lo que es ajeno a su jurisdicción.

»Como dice **Cloud**, "de dónde puede haber provenido la bola, cuya explosión dio origen al Universo, es una cuestión que trasciende los límites de la Ciencia...; pertenece a la Metafísica y a la Teología"»[3].

Entre otros muchos, existe un libro científico que trata sobre el origen del cosmos. Se titula *Los tres primeros minutos*[4]; es una vista moderna del origen del Universo, por **Steven Weinberg**, Profesor de Ciencias de la Universidad de Harvard, Premio Nobel de Física 1980.

De este libro dice el Premio Nobel de Física **T. D. Lee**: «Este libro presenta el tema con claridad y gran precisión científica».

Y un comentarista del *New Yorker*, afirma: «Cuando antes se creía que era una locura pensar en la creación, después de leer este libro lo que parece locura es no aceptar la creación».

El estudio de **Weinberg** ha sido muy bien recibido en el mundo científico, según se deduce del artículo de **Michel D. Lemonick** en la famosa revista norteamericana *TIME*[5].

«Los científicos del Laboratorio Europeo de Física de Partículas (CERN), de Suiza, han "recreado" las circunstancias en que se produjo el *Big-Bang*»[6].

Robert Jastrow, científico y autor internacionalmente reconocido, que es el fundador del Instituto Goddard para Estudios Espaciales de la NASA, Profesor de

---

[1] CLAUDE TRESMONTANT: *Ciencia del Universo y problemas metafísicos, pg.32.* Ed. Herder. Bar.

[2] ÁNGEL SANTOS RUIZ: *Vida y espíritu ante la ciencia de hoy, XIX.* Ed. Rialp. Madrid, 1970

[3] JUAN LUIS RUIZ DE LA PEÑA : *Teología de la creación, 2ª, VIII, 1,2.* Ed. Sal Terrae. Santander

[4] STEVEN WEINBERG: *Los tres primeros minutos del Universo.* Alianza Editorial. Madrid, 1980

[5] Revista TIME del 29-III-1999, pg.76.

[6] ABC de Madrid del 10 de febrero del 2000.

Astronomía y Geología en la Universidad de Columbia, y Profesor de Ciencias de la Tierra en el *Dartmouth College*, que ha sido una figura relevante en el Programa Espacial Norteamericano desde su comienzo, y fue el Presidente del Comité de Exploración Lunar de la NASA, dice:

«El repentino nacimiento del Universo es un hecho científico probado... Fue literalmente el momento de la Creación»[1].

Y en su libro *Dios y los Astrónomos* dice: «Cuando el astrónomo llega a la cumbre de sus conocimientos del origen del cosmos, le dan la bienvenida los teólogos que estaban allí desde hace muchísimos siglos».

Los teólogos han dicho siempre lo que hoy dicen los astrónomos: que el cosmos comenzó por un acto de creación.

El P. **Antonio Romañá, S.I.** treinta años Director del Observatorio de Astrofísica del Ebro, que tenemos los jesuitas en Tortosa, me dijo a mí, y yo lo dije en Televisión Española[2] citándole a él: «Hoy en Astrofísica nadie excluye la idea de creación».

«Es evidente que el Universo ha tenido un principio»[3].

«En Ciencia, al igual que en la Biblia, el cosmos empieza con un acto de creación... Todo esfuerzo para hablar de un Universo eterno con materia eterna se estrella contra los datos científicos»[4].

«No supone ninguna falacia afirmar que el tiempo comenzó con el Big-Bang junto con el espacio que nuestro Universo ocupa»[5]

El astrónomo chileno **Patricio Díaz Pazos** dice: «Observaciones astronómicas apoyan el hecho de que nuestro universo tuvo un origen concreto»[6]

Ian Barbour, profesor de Ciencias en Carleton enseña que el Big-Bang del Universo es una forma de creación divina[7].

El Big-Bang es el grito del Universo al nacer.

Que el Universo tuvo principio en un momento dado está confirmado por el mayor acelerador de partículas del mundo (LEP) inaugurando el 13 de noviembre

---

[1] ROBERT JASTROW: *El telar mágico, I*. Ed. Salvat. Barcelona, 1985

[2] Televisión Española. Segunda cadena. Espacio LLAMADA.

[3] ROBERT JASTROW: *Dios y los astrónomos, VI*. Ed. Norton, New York, 1978

[4] ROBERT JASTROW: *Until the Sun dies*. Norton and Co. New York, 1977

[5] NIGEL HENBEST: *El universo en explosión*. Ed. Debate. Madrid, 1982

[6] PATRICIO DÍAZ PAZOS: *Historia sin fin* en INTERNET, www. civila.com/chile/astrocosmo

[7] ABC de Madrid del 27-XII-91, pg.53

de 1989 para simular las condiciones que dieron origen al universo[1].

5. Otro de los argumentos para demostrar que la materia no puede ser eterna, es la transformación de unos elementos radiactivos en otros.

Si la materia fuera eterna, ya no quedaría potasio-40, ni rubidio-87, ni uranio-235, pues ya se habrían transformado en argón-40, en estroncio-87, y en plomo-207 respectivamente[2].

Por el punto de **desintegración** de los cuerpos radiactivos podemos afirmar que la materia no es eterna, pues si la materia fuese eterna ya se habrían transformado totalmente.

Si hoy queda en el mundo potasio y uranio radiactivos es porque todavía no han transcurrido los miles de años necesarios para que se transformen en argón y plomo respectivamente.

Es cosa sabida que la mitad del uranio que contiene una roca se transforma en plomo al cabo de 4.000 millones de años.

También es sabido que si todavía hay uranio es señal que no existe desde hace una eternidad, pues en ese caso todo se habría convertido en plomo y ya no quedaría uranio en el mundo[3].

«La materia tuvo que aparecer en un momento determinado», dice el conocido físico francés **Jean E. Charon**[4].

Y añade: «La radiactividad natural proporciona un método sumamente preciso para fechar el nacimiento de la materia»[5].

El hidrógeno que consta de un protón y un electrón, es la base de todos los demás elementos más estables que él.

No se retrocede de un elemento más estable a otro menos estable.

Es imposible que el Universo sea eterno: no quedaría nada de hidrógeno[6].

Es cosa sabida que el hidrógeno se convierte en helio en un proceso continuo e irreversible.

---

[1] Diario YA del 14-IX-89, PG.19

[2] JOSÉ Mª CIURANA:*En busca de las verdades fundamentales,Apéndice, B, a.* Ed. Bosch. Barcelona. 1988. Breve pero excelente libro que responde acertadamente a su título.

[3] CLAUDE TRESMONTANT:*Ciencias del Universo y problemas metafísicos,pg.55.*Ed.Herder.Bar.

[4] JEAN E. CHARON: *Los grandes enigmas de la Astronomía, pg. 46.* Ed. Plaza. Barcelona.

[5] JEAN E. CHARON: *Los grandes enigmas de la Astronomía, pg. 37s.* Ed. Plaza. Barcelona.

[6] MANUEL CARREIRA, S.I.: El hombre en el cosmos, III, 1. Ed. Sal Terrae. Santander. 1997

Si esto sucediera desde toda la eternidad ya se habría gastado todo el hidrógeno que todavía se quema en las estrellas[1], pues la cantidad de hidrógeno del universo es limitada, y lo que se pierde no se repone.

Ésta fue la explicación que dio el astrónomo soviético **Fessenkov** en la Academia de la Unión Astronómica Internacional, celebrada en Roma en 1952, hablando sobre el origen de las estrellas:

«No pueden ser eternas, sino que han tenido que producirse en un momento dado».

La Ciencia moderna encuentra cada día nuevos datos que **confirman** la doctrina católica de que el cosmos no es eterno.

Por métodos radiactivos se puede calcular la edad de los astros cuyos astrolitos han caído en nuestro suelo.

También se ha calculado que la edad de la Tierra es de 4.500 millones de años[2]

En la Naturaleza nada se crea ni se destruye; todo se transforma.

Pero esto supone una creación previa de la Naturaleza.

La conservación del binomio materia-energía, es una ley de la Naturaleza que no tiene sentido antes de la creación del cosmos.

«La ley de la **conservación de la energía** se entiende de la suma total de energía de todo orden que el cosmos encierra: mecánica, química, eléctrica, calorífica, etc. Pero la energía calorífica se llama energía degradada porque no puede transformarse íntegramente en otra energía.

»La energía mecánica puede transformarse enteramente en energía calorífica, pero no al revés.

»La energía calorífica crece continuamente en el Universo y como, en su mayor parte, no es apta para producir de nuevo un trabajo útil, resulta que la energía utilizable disminuye incesantemente.

»Este proceso de degradación de la energía, se llama entropía. La entropía crece sin interrupción hasta llegar a la muerte térmica del Universo»[3].

«Ahora bien, es evidente que si el Universo debe acabar, ha debido también comenzar; porque de otro modo, si el Universo hubiera existido desde toda la eternidad, ya se hubiera transformado toda la energía y habríamos llegado ya al fin»[4].

---

[1] Revista INVESTIGACIÓN Y CIENCIA, (V,1983)64

[2] P. RIAZA, S.I.: *El comienzo del mundo, n.57 y 76.* Madrid

[3] MANUEL Mª. CARREIRA, S.I.: *Dios, el hombre y el Universo, VI.* Madrid, 1976.

[4] ANTONIO ROMAÑÁ,S.I.: *Origen del mundo ante la Ciencia y la Fe.* Ed. Litúrgica Española. Barc.

Paul Davies, Profesor de Matemáticas del *King's College* de Londres, dice que: «El fin del cosmos se calcula para dentro de cien mil millones de años»[1].

Esta continua degradación de la energía, expresada en la ley de la entropía, ha hecho que los científicos abandonen la teoría del Universo pendular, pulsante, oscilante, cíclico.

Dice, entre otros, **Jean E. Charon**, científico francés: «No hay evolución cíclica. La evolución del Universo es lineal»[2].

Como el agua que cae desde una cascada produce una energía (mover una turbina), pero ese agua ya no puede volver arriba por sí misma.

«El Sol se está apagando.
»Su hidrógeno se convierte en helio a un ritmo de seiscientas treinta toneladas por segundo.
»Como conocemos su masa, podemos calcular la vida del Sol en cien mil millones de años.
»Como ya lleva existiendo cinco mil millones, quiere decir que le quedan de vida todavía noventa y cinco mil millones de años»[3].

Arthur Eddington, considerado como «uno de los más grandes astrofísicos de los últimos tiempos»[4], habla en su libro *The Nature of the Physical World* de la muerte térmica del Universo: es la ley de la **entropía.**

Pero no hay duda de que «el Universo se está descargando... No encuentro ninguna dificultad en aceptar las consecuencias de la teoría científica actual por lo que concierne al porvenir: la muerte térmica del Universo. Quizás sea dentro de billones de años, pero el reloj de arena se vacía lenta, pero inexorablemente... Debemos fijar su carga en alguna época...
»El principio del proceso mundial presenta dificultades insuperables, a no ser que convengamos en considerarlo como sobrenatural»[5].
Son palabras de **Eddington.**

Dice **P. Carreira, S.I.**, Profesor de Física y Astronomía en la Universidad de Cleveland (EE.UU.): «Tenemos una perfecta concordancia entre la ciencia

---

[1] PAUL DAVIES: *El Universo desbocado, X.* Ed. Salvat. Barcelona, 1988.
[2] JEAN E. CHARON: *De la materia a la vida, pgs.167, 172, 313 y 404.* Ed. Guadarrama. Madrid.
[3] TOMÁS ALFARO: *El Señor del azar, 1ª, I, 6, b.* Ed. San Pablo. Madrid. 1997.
[4] P. RIAZA, S.I.: *Comienzo del mundo, pg.636.* Ed. BAC. Madrid
[5] ARTHUR EDDINGTON: *The Nature of the Physical World, pgs.89-91.* 1947.

moderna y la idea bíblica y cristiana de la creación.

»El Universo comienza por creación.

»El concepto de creación está en perfecto acorde con la Física y la Astrofísica modernas»[1].

«La ciencia moderna lleva naturalmente, por las medidas experimentales, y también por el desarrollo teórico de la Astrofísica, a la idea de un Universo creado. La ciencia moderna afirma, como dato científico, que el Universo tiene una edad limitada, que hay un tiempo máximo de las estructuras que observamos, y que antes no hay estructura material que se pueda describir por las leyes físicas»[2].

Pío XII les dijo a los científicos del mundo entero reunidos el 22 de noviembre de 1951, que «la Ciencia de hoy ha confirmado con la exactitud propia de las pruebas físicas, que nuestro Universo es obra de un CREADOR»[3].

«¿Por qué existimos?

»¿Por qué existe el universo?

»Son dos preguntas que el hombre se ha hecho desde el albor de su existencia. (...) En el siglo XX estas preguntas se han hecho con las herramientas que facilita la física moderna. (...)

»En esta época que nos ha tocado vivir, la física responde, mediante la aplicación del método científico, a preguntas que antes se hacían la filosofía o la teología»[4].

«El físico británico **Chris Isham,** experto en cosmología cuántica, al analizar la realidad de una singularidad, demostrada matemáticamente, expresa su convicción: "No hay duda de que la existencia de este punto singular invita a la idea de un Creador"»[5].

«El astrónomo americano **Harthaway** ha dicho: "El cosmos es un vasto conjunto de creación y orden. Esta creación y este orden sólo pueden ser debidos a dos causas: o a una casualidad o a un plan. Pero cuanto más complejo y difícil es un orden, más remota es la posibilidad d que sea casual". (...) El azar es el caos, la ausencia de toda norma o ley. en este sentido ha quedado para la historia la frase de **Einstein:** "Dios no juega a los dados"."Toda la historia de la ciencia consistido en una comprensión gradual de que los hechos no ocurren de una forma arbitraria, sino que reflejan un orden subyacente" son palabras de **Stephen**

---

[1] MANUEL Mª. CARREIRA, S.I.: *El hombre, centro del Universo*. A.D.U.E. Madrid, 1983

[2] MANUEL Mª.CARREIRA, S.I.: *El hombre, centro del Universo.* A.D.U.E. Madrid, 1983.

[3] Acta Apostolicae Sedis, 25, I, 1952, pg.31

[4] JUAN PÉREZ MARCADER en el PRÓLOGO al libro de PAUL DAVIES:*La mente de Dios.*

[5] MANUEL QUIRELL: *Tras los pasos de Dios, III.* Ed. Monte Casino. Zamora. 1997.

W. Hawking en su libro *Historia del tiempo* »[1].

A.C. Morrison, que fue Presidente de la Academia de Ciencias de Nueva York, publicó un libro titulado *El hombre no está solo* , que batió todos los records de venta en el mundo entero. De él extractamos lo siguiente: "Apoyándonos en leyes matemáticas irrefutables, hay que llegar a admitir que el Universo, necesariamente, ha sido ideado y hecho por una Inteligencia Superior". El Universo, se mire por donde se mire, tanto en su origen como en su evolución, se rige por unas leyes precisas y determinadas. (...) La tendencia universal de la materia a organizarse, culminando con la vida, nos habla que todo este proceso no puede ser algo que resulta por pura casualidad. Por otra parte, la Ciencia nunca podrá contestar a preguntas como: ¿De dónde procede la energía primera para la creación del Universo? ¿Qué había antes de la explosión originaria? ¿Quién pudo poner orden en aquella metralla cósmica? Son preguntas imposibles de responder si no se recurre a la idea de Dios»[2].

El prestigioso físico actual, **Wheleer,** se pregunta, «¿por qué existe algo más bien que nada?[3] Evidentemente que la respuesta explicativa es: DIOS CREADOR. Si no hubiese existido un Creador eterno, nada hubiese empezado a existir. Si pnsamos un momento hipotético que no existe NADA, NI DIOS, nunca nada pudo comenzar. LA NADA, NADA PUEDE HACER.

6. **C. Rubbia**, Premio Nobel de Física, dice: «Hemos descubierto una precisa imagen de nuestro mundo. Para mí está claro que esto no puede ser consecuencia de la casualidad. Hay evidentemente alguien haciendo las cosas como son»[4].

En 1973, **Jean Heidmann**, Astrónomo titular del Observatorio de París, publicó un libro titulado *Introducción a la Cosmología*, en el que después de muchas páginas de fórmulas matemáticas termina hablando del origen de la materia y dice esta frase: «Esto es en toda su sencillez el *fiat lux*, expresión bíblica del momento de la Creación»[5]. Son muchos los científicos creyentes. No sólo del pasado, como **Volta** y **Ampère,** que eran creyentes[6], sino también científicos actuales, algunos Premios Nobel.

En el XXI Congreso de Premios Nobel celebrado en Lindau (Alemania), habló el Profesor de la Universidad de Cambridge, **Paul Dirac**, Premio Nobel de Física, que murió en octubre de 1984[7] , «uno de los físicos más destacados del siglo XX», en frase del también célebre científico británico **Fred Hoyle**[8].

Está considerado como uno de los fundadores de la mecánica ondulatoria, y

[1] MANUEL QUIRELL: *Tras los pasos de Dios, IV.* Ed. Monte Casino. Zamora. 1997.

[2] MANUEL QUIRELL: *Tras los pasos de Dios, IV.* Ed. Monte Casino. Zamora. 1997.

[3] MANUEL CARREIRA, S.I.: *El creyente ante la Ciencia, I,3.* Ed. BAC. Madrid. 1982.

[4] Diario YA del 20-VII-85, pg.8

[5] JEAN HEIDMANN: *Introdution a la Cosmologíe, pg. 231.* Presses Universitaires de France,

[6] VITTORIO MESSORI: *Algunas razones para creer, XIV.* Ed. Planeta+Testimonio. Barcelona. 2000.

[7] Diario YA, 24-X-84, pg.34

[8] FRED HOYLE: *El Universo inteligente, pg.176.* Ed. Grijalbo. Madrid, 1984

descubridor de la antimateria, al intuir la existencia del positrón (electrón positivo) que más tarde fue descubierto por **David Anderson**[1] también Premio Nobel.

Más tarde, otro Nobel **Emilio Segre** descubrió el antiprotón (protón negativo)[2].

El choque de materia y antimateria libera una energía mil veces superior a la energía nuclear convencional.

Esto tendría enorme aplicación en el campo de las naves espaciales que podrían volar a cien mil kilómetros por segundo[3].

Dirac afirmó que es necesario admitir la existencia de Dios en la creación del Universo, pues atribuirlo **a la casualidad**, no es científico[4].

«Hoy a muchos hombres cultos y entregados a la investigación científica, la fe religiosa no les parece inconciliable con las certezas científicas»[5].

«Es falso creer que la fe es algo perteneciente al pasado más remoto de nuestra civilización. Yo sostendría lo contrario. Hoy día la mayor parte de los científicos, empezando por los físicos nucleares, tienen una actitud muy respetuosa ante la Religión, o son ellos mismos cristianos practicantes.

»**Bernard Lowell**, el astrónomo de Jodrell Bank, me decía que nadie se atreve hoy a formular teorías de tipo positivista o materialista sobre el origen o el fin del universo»[6].

Rafael Pascual, profesor de Filosofía de la Ciencia, en el Congreso Internacional celebrado en Roma del 23 al 24 de noviembre, de 1999, citando un reciente artículo publicado por la revista estadounidense, *"Scientific American"* (septiembre, 1999), dijo: «El famoso científico **Fred Hoyle** ha reconocido que sería increíble un universo tan bien armonizado, sin la existencia de Dios.

»Además, preguntó **Pascual,**¿qué se puede decir de hombres como **Copérnico, Galileo, Newton, Planck o Einstein** que declararon creer en la divinidad?»[7].

El doctor **Pascual Jordán**, español de nacimiento, Catedrático de Física Atómica en la Universidad de Hamburgo, varias veces candidato a Premio Nobel de Física[8], especialista en cuestiones cosmológicas y biofísicas, colaborador de **Einstein y Max Planck** en las teorías de la relatividad y mecánica cuántica, es en la actualidad uno de los científicos de mayor prestigio internacional. Recientemente ha publicado un libro en el que afirma que «la Física Moderna no sostiene ya más un concepto materialista del Universo basado en la negación de

---

[1] PIERO PASOLINI: *Las grandes ideas que han revolucionado la Ciencia en el último siglo, II, 3.* Ed. Ciudad Nueva. Madrid, 1981

[2] ABC cultural, 219 (12-I-96)50

[3] PATRICIO DÍAZ PAZOS: *Antimateria,* en INTERNET, www.civila.com/chile/astrocosmo

[4] Revista ECCLESIA, n.1.554(14-VIII-71)30

[5] IGNACIO LEPP: *Psicoanálisis del ateísmo moderno, IV.* Ed. Lohle. Buenos Aires

[6] VINTILA HORIA: Diario YA, El ateísmo político

[7] ZENIT, Boletín informativo del Vaticano en INTERNET: ZS99112407.

[8] VINTILA HORIA: *Fe cristiana y Cultura Humana, II.* Ed. A.D.U.E. Madrid, 1983

la existencia de Dios»[1].

Max Planck, Premio Nobel de Física, Profesor de Física Teórica y Director del Instituto Físico en la Universidad de Berlín, «indiscutible patriarca de la Física de nuestro siglo»[2] y llamado con razón el padre de la Física moderna[3], dice: «Lo que nosotros tenemos que mirar como la mayor maravilla es el hecho de que la conveniente formulación de esta ley produce, en todo hombre imparcial, la impresión de que la Naturaleza estuviera regida por una voluntad inteligente»[4].

El hombre puede conocer cómo fue el origen del cosmos, pero la explicación del «cómo» no excluye el «por qué». Es decir, siempre queda en pie la necesidad de un Ser Inteligente, Autor de las leyes del cosmos. «Todo esto acontece como si este Universo nuestro fuera la obra de un compositor»[5].

Alberto Einstein, muerto en 1965, uno de los mayores físicos y matemáticos de nuestro tiempo, Premio Nobel de Física en 1921, que demostró matemáticamente que la velocidad de la luz es velocidad límite y no se puede superar[6], era creyente[7]. Reconoció su humilde admiración hacia un espíritu superior e ilimitado[8].

Afirmaba que «el hombre de ciencia tiene que ser profundamente religioso»[9]. Decía con frecuencia: «La Ciencia sin Religión es coja, y la Religión sin Ciencia es ciega»[10].

Edmundo Whittaker, Profesor de la Universidad de Edimburgo, se convirtió «al catolicismo como fruto de sus investigaciones sobre el origen del Universo»[11].

Como dijo el famoso físico **John Wheeler:** «La ciencia debe proponer un mecanismo para que el universo entre en la existencia». «La creación del universo es el origen último del mundo físico»[12].

Según CIRM, sociedad especializada en estudios de opinión, una encuesta realiza a cuatrocientos catorce científicos manifiesta que el 75% de ellos está convencido de la existencia de Dios[13].

---

[1] Revista ECCLESIA, n.1.208 (5-IX-64)29

[2] PEDRO LAÍN ENTRALGO: *Alma, Cuerpo, Persona, 2ª, IV, 5, 2.* Ed. Galaxia. Barcelona. 1995

[3] PIERO PASOLINI: *Las grandes ideas que han revolucionado la ciencia en el último siglo, I.* Ed. Ciudad Nueva. Madrid, 1981

[4] MAX PLANCK: *Religión y Ciencias Naturales, pg. 24.* Leipzig

[5] CRUSAFONT: *La evolución en las ciencias positivas, pg.48.* B.A.C. Madrid

[6] PIERO PASOLINI: *Las grandes ideas que han revolucionado la ciencia en el último siglo, III, 4.* Ed. Ciudad Nueva. Madrid, 1981

[7] Revista IBÉRICA de Actualidad Científica, n.186(II-78)43

[8] ÁNGEL SANTOS RUIZ: *Vida y espíritu ante la ciencia de hoy, XX.* Ed. Rialp. Madrid, 1970

[9] MIGUEL CRUSAFONT: *Ciencia y síntesis, III.* Ed. BAC. Madrid

[10] DR. VENANCIO GARCÍA RODRÍGUEZ: *Hombre, materia, evolución y vida, XXXVIII, 5.* Ed. Plaza y Janés. Barcelona

[11] ANTONIO DÚE, S.I.: Rev ista PENSAMIENTO, 11(1965)190-194

[12] PAUL DAVIES: *La mente de Dios, II, 1.* Ed. McGraw-Hill. Madrid. 1996.

[13] ZENIT: Boletín informativo del Vaticano en INTERNET: ZE980430-4

7. Prescindo de lumbreras de la antigüedad como **San Agustín, Santo Tomás o Miguel Ángel,** que siempre rezaba de rodillas antes de empezar a trabajar en su obra de arte.

Lo mismo que **Newton**, era creyente **Kepler**. **Leverrier**, descubridor del planeta Neptuno, fue ferviente católico.

Laplace murió como fervoroso cristiano asistido por un sacerdote.

Incluso **Galileo**, a pesar de su lamentable proceso, murió como buen cristiano en 1642.

Copérnico (a quien debemos el sistema heliocéntrico) y **Lemaître**, muerto en 1966 (autor de la teoría de la expansión del universo hoy en boga), fueron sacerdotes.

«Un destacado historiador -**Deunert-** tan sólo ha hallado en el campo de las Ciencias Naturales un 2% de científicos de fama que se declaren materialistas y ateos.

Entre 8.847 nombres de sabios citados por **Poggendorff** en su *Dictionaire des Sciencies Exactes* la inmensa mayoría son creyentes e incluso un 10% son sacerdotes o religiosos»[1].

El 1° de febrero de 1976 murió en Munich a los 74 años de edad **Werner Heisenberg**, que está considerado como el físico más grande de todos los tiempos[2], Premio Nobel por sus investigaciones sobre Física Nuclear.

Él formuló matemáticamente la teoría unificadora de los campos energéticos, gravitatorio, electromagnético y nuclear (fuerte y débil), que son las energías que conocemos[3]; lo cual, **Einstein** no consiguió a pesar de sus esfuerzos[4].

En abril de 1969 pasó por Madrid. En una entrevista que hizo para la prensa, dijo entre otras cosas: «Lo que sí creo es en Dios, y que de Él viene todo. Las partículas atómicas tienen un orden, que tiene que haber sido impuesto por alguien».

Heisenberg le dijo a **Vintila Horia**: «La teoría de un mundo creado, es más probable que la contraria, desde el punto de vista de las ciencias naturales. La mayor parte de los hombres de ciencia que yo conozco han logrado llegar a Dios»[5].

En un ABC dominical leí que **Werner von Braun**, «padre» de la astronáutica y

[1] ÁNGEL Mª. ROJAS, S.I.: *Espiritualidad del estudiante, II, A, 2, 5.* EDAPOR. Madrid. 1984.

[2] VINTILA HORIA: *Fe cristiana y cultura humana, III.* Ed. A.D.U.E. Madrid. 1983.

[3] MANUEL CARREIRA, S.I.: *El hombre en el cosmos, I.* Ed.Sal Terrae. Santander. 1997.

[4] JOSÉ LUIS COMELLAS: *Astronomía, XXIV, C.* Ed. Rialp.Madrid. 1987.

[5] VINTILA HORIA: *Viaje a los centros de la Tierra, 2ª, I, 3.* Ed. Plaza y Janés. Barcelona. 1971.

«cerebro» de los vuelos espaciales que han llevado el hombre a la Luna, manifestaba que era creyente y que todos los días oraba a Dios[1] . Decía: «El hombre tiene necesidad de fe como tiene necesidad de agua y de aire. Tenemos necesidad de creer en Dios»[2] .

Dice **Salvador de Madariaga** que «los hombres más eminentes en la vanguardia de la ciencia no vieron que hubiera nada en su actitud científica que les impidiera creer en Dios»[3].

Y **Alexis Carrel**, muerto en 1944, Premio Nobel de Medicina, dice: «Yo creo todo aquello que la Iglesia Católica quiere que creamos. Y, para hacer esto, no encuentro ninguna dificultad, porque no encuentro en la verdad de la Iglesia ninguna oposición real con los datos seguros de la Ciencia»[4].

Manuel M. Carreira, S.I., Doctor en Ciencias Físicas y Profesor de Filosofía de la Ciencia en la Universidad de Cleveland (EE.UU.), dice: «Ni por ser sacerdote he tenido que viciar un razonamiento científico, ni fue preciso nunca que cerrase mis ojos a la ciencia para mantener la fe»[5].

El Premio Nobel **Paul Sabatier**, muerto en 1941, ha dicho: «Contraponer la Ciencia con la Religión es cosa de gente poco experta en uno y otro tema»[6].

El **Dr. Juan Oró**, nacido en Lérida, que es uno de los más prestigiosos bioquímicos de Estados Unidos y que trabaja para la NASA, afirma: «Para mí no hay contradicción entre Fe y Ciencia»[7].

El Profesor **Baltasar Rodríguez-Salinas**, Catedrático de Teoría de Funciones en la Facultad de Ciencias Matemáticas de Madrid, en un discurso que pronunció en la Academia de Ciencias, comenzó con una cita del genial matemático **Cauchy**: «Yo soy cristiano, es decir, yo creo en la divinidad de **Jesucristo**, con **Tycho-Brahe, Copérnico, Descartes, Newton, Kepler, Fermat, Leibniz, Pascal, Grimaldi, Euler, Gauss, Guidin, Boscowich, Gerdil**, con todos los grandes astrónomos, todos los grandes físicos, todos los grandes matemáticos de los siglos pasados.

»Yo también soy católico como la mayor parte de ellos; y si se me pregunta la

---

[1] Diario ABC del 18-V-1969.

[2] Revista PALABRA, 95 (VII-73) 35.

[3] SALVADOR DE MADARIAGA: *Dios y los españoles, 2ª, IV.* Ed. Planeta. Barcelona. 1975.

[4] Revista PALABRA, 95 (VII-73) 33

[5] MANUEL Mª.CARREIRA, S.I.: *Dios el hombre y el universo, I, 1.* Madrid. 1976.

[6] Revista MUY interesante, 55 (XII-85) 13

[7] Diario YA dominical del 8-I-87, pág. 20.

razón, diré que mis convicciones son el resultado, no de prejuicios de nacimiento, sino de un examen profundo»[1].

Muchísimos científicos son católicos, como **Pasteur, De Broglie, Schrödinger, Pauli, y Max Planck** que se convirtió al catolicismo al final de su vida, como afirmó el Profesor **Stanley L. Jaki,** húngaro, Profesor de varias Universidades de Estados Unidos, en el Congreso sobre Física y Religión celebrado en Madrid en Octubre de l990[2].

Angel Santos Ruiz, Catedrático de Bioquímica de la Universidad Complutense de Madrid, dice: «Ningún hecho científico, plenamente confirmado, ha tenido que rechazarse por estar enfrentado con la doctrina revelada»[3].

«De hecho, ningún físico, químico, biólogo, etc., ha tenido que renunciar nunca a sus convicciones sobre Dios, el alma, la Ley Moral y lo sobrenatural, porque fueran incompatibles con su ciencia»[4].

El 23 de agosto de 1985 le oí decir al Rector de la Universidad de Santander, y Catedrático de Física, **D. Francisco González de Posada**, en unas conferencias que pronunció en Laredo: «La Ciencia de hoy no le da al ateo ningún dato que le confirme en su ateísmo».

D. Santiago Ramón y Cajal, Premio Nobel 1906, «jamás dudó de la existencia de Dios», en frase de su hermano **Pedro**; quien además afirma que si él hubiera llegado a tiempo, su hermano «**Santiago** hubiera muerto con los sacramentos»[5].

Leonardo Torres Quevedo, que murió en Madrid, el 18 de Diciembre de 1936, a los 84 años de edad, fue ingeniero y matemático. Inventó en 1895 una máquina de calcular ecuaciones que es precursora de las computadoras electrónicas de hoy[6].

El 25 de octubre de 1906, en la ría de Bilbao hizo evolucionar un bote, sin tripulantes, por ondas hertzianas, gracias al **telekino**, desde la terraza del Club Náutico.

El bote avanzó, retrocedió, viró en redondo, sorteó otras embarcaciones que había en el puerto y llegó a la escala del vapor Elcano, donde se hallaba la

[1]Diario YA del 6-XII-84, pág. 10.
[2] Varios Autores: *Física y Religión en perspectiva, Apéndice 4.* Ed. Rialp. Madrid. 1991.
[3] ÁNGEL SANTOS RUIZ: *Vida y espíritu ante la ciencia de hoy, XX.* Ed Rialp. Madrid. 1970.
[4] MARIANO ARTIGAS: *Ciencia, Razón y Fe, VI, 6.* Libros M. C. Madrid. 1985.
[5]GARCÍA DURÁN: *Cajal, 2ª, I, 1.* Institución Fernando el Católico. Zaragoza.
[6]Diario YA del 28-XII-52.

representación oficial[1].

El telekino es precursor de los cohetes teledirigidos de hoy.

El 10 de febrero de 1916 se inauguró en las Cataratas del Niágara el transbordador que **Torres Quevedo** proyectó y se adjudicó en concurso internacional, y sigue funcionando en la actualidad.

El Ayuntamiento de Camargo (Santander) organizó en el mes de agosto de 1991 una exposición en Maliaño con ocasión del 75 aniversario del transbordador del Niágara, obra de **Torres Quevedo**, nacido en Santa Cruz de Iguña (Cantabria), el 28 de Diciembre de 1852.

En esta exposición vi una réplica de este transbordador que en 75 años no ha tenido ni un accidente ni una avería grave.

En América lo llaman el «aerocar español».

Va sostenido por seis cables y anclaje con contrapesos, con lo cual se mantiene constante la tensión de los cables, independientemente del peso, según la barquilla estuviera más o menos cargada de gente; y le proporciona un alto coeficiente de seguridad.

Antes de construirlo en el Niágara, lo instaló en el Monte Ulía de San Sebastián en 1907 para probarlo. Fue el primer tranvía aéreo del mundo.

En 1914 inventó el ajedrecista mecánico, que siempre gana.

Es una máquina precursora de los robots de hoy.

Se conserva en la Escuela de Ingenieros de Caminos.

En 1951 fue presentado, por **Gonzalo Torres Quevedo** (hijo del inventor, ayudante suyo y colaborador), en París, en un Coloquio Internacional de Cibernética, y dio mate a **Tartakower**, entonces campeón del mundo de ajedrez. La máquina anunçia por un altavoz al contrincante cuando hace trampa o se equivoca. A la tercera se enfada y no juega más[2].

En 1976 estuve en Toledo predicando conferencias cuaresmales, y entonces tuve la satisfacción de conocer a **Valentina Torres Quevedo**, hija del inventor, que me facilitó los recortes de periódicos que cito. Ella me dijo que su padre murió como un buen cristiano, como había vivido: comulgaba todos los Primeros Viernes de mes.

Según «uno de los comentaristas de los acontecimientos internacionales mejor informados de nuestro país, la gran mayoría de los investigadores y técnicos de la navegación espacial no sólo de los Estados Unidos, sino también de la Unión Soviética, confiesan, cuando la conversación ha alcanzado un determinado clima de intimidad, su fe en Dios.

»Es más, casi sin excepción, admiten y añaden que su fe surge como

[1] 70 años de ABC.

[2] Revista SEMANA del 30-I-51.

consecuencia de sus mismas investigaciones científicas»[1].

«Un número cada vez mayor de científicos se está declarando creyente en Dios»[2] .Dos mil trescientos miembros de la Asociación Norteamericana de Científicos admiten ser creyentes[3] .

«Según recientes encuestas el 80% de los científicos se declaran creyentes»[4].

El Premio Nobel de Física 1985, **Carlos Rubbia**, Director del Centro Europeo de Investigaciones Nucleares (CERN) que ha descubierto una nueva forma de generar energía nuclear por fisión, que es más barata, limpia y segura, y no sirve para fabricar bombas atómicas[5], y recientemente ha inventado un modo de destruir los residuos radiactivos de alta actividad[6] , ha dicho: «La Ciencia más avanzada se acerca a la Religión»[7].

Y **Pío XII**: «La ciencia moderna descubre a Dios detrás de cada nueva puerta que abre»[8] .

Juan Pablo II, dijo en la Universidad de Madrid: «La Ciencia y la Fe no son opuestas, sino convergentes en el descubrimiento de la realidad integral que tiene su origen en Dios».
"Las realidades profanas y las de fe tienen su origen en un mismo Dios"[9].

Dijo el Concilio Vaticano I: "Ninguna verdadera disensión puede darse jamás entre la fe y la razón porque el mismo Dios que revela los misterios e infunde la fe puso dentro del alma humana la luz de la razón; y Dios no puede negarse a sí mismo, y la verdad no puede contradecir jamás a la verdad"[10] .

El filósofo alemán contemporáneo **Martín Heidegger** dijo en una entrevista a la revista alemana *Der Spiegel* en 1966: «La literatura actual, en su mayoría, es destructiva. Sólo Dios puede salvarnos todavía. Frente a la ausencia de Dios, nos

---

[1] Revista ECCLESIA, 1295 (11-VI-1966) 4
[2] Boletín informativo del Vaticano en INTERNET: ZENIT 980225-4
[3] ABC de Madrid del 27-XII-91.Pág. 53
[4] M. BERNABÉ IBÁÑEZ: *El Evangelio olvidado, X.* Ed. P.P.C. Madrid. 1987.
[5] Revista BLANCO Y NEGRO del 2-I-94.Pág. 46
[6] ABC de Madrid del 14-III-97.Pág.77
[7] Diario YA del 20-VII-1985. Pág.8
[8] Acta Apostolicae Sedis, 44 (1952) 31.
[9] ÁNGEL SANTOS RUIZ: *Vida y espíritu ante la Ciencia de hoy, XX.* Ed. Rialp. Madrid. 1970
[10] DENZINGER: *Magisterio de la Iglesia, nº 1797.* Ed. Herder. Barcelona

hundimos»[1].

Boris Yeltsin, Presidente de Rusia, declaró que «el comunismo intentó durante 70 años imponer el ateísmo, pero no lo ha logrado»[2]

El soviético **Alejandro Solzchenitsyn**, Premio Nobel 1970, que estudió Matemáticas y Física en la Universidad Rostov y luego cursó los estudios de Literatura en el Instituto de Filosofía de la URSS, se manifiesta creyente. Es muy conocida la oración que escribió: «¡Qué maravilla es vivir contigo, Señor! ¡Qué fácil me es creer en Ti! Tú me envías la clara certidumbre de tu existencia»[3].

Chabanis después de entrevistar a varios pensadores ateos, afirma: «Pensaba encontrar en ellos un ateísmo riguroso y bien fundamentado, pero lo que había era ausencia de búsqueda de la Verdad Absoluta»[4].

Dijo **Pascal:** "Muchos están siempre dispuestos a negar todo aquello que no comprenden".

La increencia de muchas personas tiene su origen en su ignorancia religiosa. A nadie le puede convencer lo que no conoce. Yo no puedo opinar sobre la comida de Kenya, pues no sé lo que allí se come.

Sería interesante contar las páginas que ese ateo ha leído de su profesión y las que ha leído de cultura religiosa.

Seguramente la diferencia es enorme.

¿Cuál sería su información profesional si invirtiéramos los números?

¿Nos vamos a extrañar de su ignorancia religiosa?

Olegario González de Cardedal, Catedrático de la Universidad Pontificia de Salamanca, Académico de la Real Academia de Ciencias Morales y Políticas, y uno de los teólogos españoles de más prestigio habla de la crisis del ateísmo:

«Sus viejas murallas se resquebrajan, a través de sus grietas entra una luz que ilumina a los que viven dentro de la ciudad amurallada que empiezan a preguntarse por la conveniencia de asomarse al ancho mundo exterior.

»El sujeto histórico ha vuelto a preguntar por Dios, e incluso reclamarlo. (...)

»Se trata de una especie de insatisfacción colectiva con el proyecto de hombre, de sociedad y de historia que proceden del ateísmo. Un impulso vital, incoercible, lleva a preguntar por Dios, a contar con Él. (...)

»El ateísmo está minado en sus cimientos. (...)

---

[1]Diario YA del 10-III-1977. Pág.25.

[2] Revista ECCLESIA, 2560,(28-XII-91),20.

[3]Revista IBÉRICA de Actualidad Científica, 103 (I-1971) 41

[4]Diario YA del 7-IV-1991.Pág. 6.

»Una mujer recién preñada no ofrece ningún signo externo de diferencia, y sin embargo todo es distinto; llegándole los días dará a luz y surgirá una nueva criatura»[1].

Monseñor **Elías Yáñez,** Presidente de la Conferencia Episcopal Española, presentó el 11 de diciembre de 1998, una Instrucción Pastoral en la que se decía que «el ser humano es religioso por naturaleza. (...)

»El ateísmo no está en el origen del hombre. Es más bien un fenómeno surgido de diferentes causas».

CIUDAD DEL VATICANO, 10 feb (ZENIT).- El profesor **Antonino Zichichi**, presidente de la *World Federation of Scientists* (Federación Mundial de Científicos) entregó esta mañana a **Juan Pablo II** el ejemplar número cien mil de su libro *«Por qué creo en el que ha hecho el mundo»* [2]

8. El ateísmo **deja sin resolver** muchas más cosas que todos los misterios que acepta la fe. Por eso **Alexis Carrel**, Premio Nobel de Medicina, dijo: «No soy lo suficientemente crédulo, para ser incrédulo».

Según una encuesta del Centro de Investigaciones Sociológicas, el 75% de los españoles creen en Dios[3].

Y según otra del Instituto Gallup, el 94% de los norteamericanos cree en Dios, y el 58% en el infierno[4].

Ya dijo **Berdiaef** que «el hombre es un ser incurablemente religioso».

Y **Max Scheler**: «el hombre o cree en Dios o se fabrica un ídolo. Este ídolo será la raza, el Estado, una mujer o el dinero; pero el hombre no puede vivir sin adorar algo»[5].

«No se conoce ningún pueblo, ninguna cultura, sin religión.

»Otra cosa distinta es que todos los individuos de ese pueblo hayan sido religiosos.

»Pero el conjunto, en cuanto tal, sí lo ha sido. (...)

»Los estudiosos de la historia de las religiones, de entre los cuales **Mircea**

---

[1] OLEGARIO G. CARDEDAL: *La entraña del cristianismo, 1ª, 1, II, 2.* Sec. Trinitario. Salamanca. 1997.

[2] ZENIT, Boletín informativo del Vaticano en INTERNET: ZS00021003.

[3] Diario YA, 2-X-88, pg.21

[4] Diario EL MUNDO de San Juan de Puerto Rico, 19-III-89, pg. 27

[5] JOSÉ M. CIURANA: *La verdad del Cristianismo, I, B, c.* Ed. Bosch. Barcelona, 1980. Magnífico libro para demostrar que la Iglesia Católica es la única fundada por Cristo-Dios

Eliade fue uno de los grandes maestros y pioneros, coinciden en afirmar que el hombre de todas las épocas, desde que abandonó la categoría de "mono", es un hombre creyente»[1].

El agnóstico se escapa con un «no sé» por no querer reconocer lo razonable que es un Dios Creador.

La fe complementa la razón como el telescopio complementa al ojo.
Con el telescopio veo estrellas que no veo a simple vista.
Con la fe obtengo respuestas a muchas cosas para las que la ciencia no tiene respuesta:
¿Qué sentido tiene la vida del hombre?
¿De dónde viene?
¿A dónde va?
¿Qué hay después de la muerte?

Todo hombre racional tiene que plantearse la cuestión del sentido de nuestra existencia y de si hay algo después de la muerte.
Quien tiene la respuesta de la fe vive con ilusión y esperanza.
Quien no sabe responder vive con la angustia de la duda, pues nadie puede estar seguro de que no hay nada después de la muerte.

Ya dijo **Bacón:** «Poca filosofía aparta de la religión, pero mucha filosofía conduce a ella»[2].

Los caminos que llevan al ateísmo pueden ser:
a) La rebelión contra el mal en el mundo.
b) La ignorancia religiosa.
c) Una formación religiosa infantil.
d) Un apego desordenado a los goces de este mundo.
e) El mal ejemplo de algunos creyentes.
f) Un ambiente hostil a la religión.
g) Un equivocado temor de Dios que no conoce la misericordia y bondad divinas[3]

Puede ser interesante mi vídeo: *Ateísmo y ciencia de hoy*[4].

La **Madre Angélica** cuenta en su libro la siguiente anécdota[5]:

---

[1] SANTIAGO MARTÍN: *Para qué sirve la fe, I,1.* Ed. Temas de hoy. Madrid.1995.
[2] Citado por BALMES en *El criterio, XXI, 14.* Ed. BAC. Madrid.
[3] **Nuevo Catecismo de la Iglesia Católica, nº 29**
[4] Pedidos al autor: Apartado 2546. 11080-Cádiz. Tel.: (956) 222 838. FAX: (956) 229 450
[5] MADRE ANGÉLICA: *Respuestas, no promesas, X,9.* Ed. Planeta+Testimonio. Barcelona. 1999.

Un soldado norteamericano, al ser interrogado, para su ficha, por su religión, contestó: CATÓLICO.

Y no era verdad. Pero él había observado que en la hora de la muerte los católicos morían con una gran esperanza, y él quería lo mismo para su muerte.

Esto fue el comienzo de su conversión al catolicismo.

En una ocasión. un ateo le dijo a un sacerdote:

- Demuéstreme que hay Dios y me convertiré en un cristiano.

El sacerdote le contestó:

- Demuéstreme Vd. que no hay Dios y me convertiré en un ateo.

- No puedo, replicó el ateo.

- ¿Y en una cosa tan trascendental, de la cual depende toda la eternidad, Vd. se arriesga a seguir una ideas que no se pueden probar? ¡Menudo disparate! Yo tengo muchas razones que apoyan mi fe en Dios[1] .

«El ateísmo podrá esforzarse en querer demostrar que la religión es falsa, pero nunca podrá demostrar que él es verdadero»[2].

Es mucho **más razonable** creer en Dios que ser ateo.

El ateo no sólo no puede demostrar que no hay Dios, sino que desde el ateísmo no se pueden resolver los grandes interrogantes de la vida.

¿De dónde viene?

¿A dónde va?

¿Qué pasa después de la muerte?

¿Qué sentido tiene la vida?

¿Cómo saciar el apetito de felicidad?, etc., etc.

El ateo se condena a vivir en la angustia, en la duda, en la desesperación. A no ser que prefiera dejar de ser hombre y vivir de espaldas a todo pensamiento transcendente.

El animal no puede hacerse preguntas trascendentes.

El hombre sí.

Y sólo con Dios encuentra respuestas.

Como dice el Concilio Vaticano II[3], sin Dios quedan sin respuesta los problemas más agudos de la existencia humana como son el sentido de la vida y de la muerte, de la culpa y del dolor.

Y estos problemas son insoslayables.

No hay nadie que, al menos en ciertos momentos de su vida, deje de planteárselos.

---

[1] MADRE ANGÉLICA: *Respuestas, no promesas, I,6.* Ed. Planeta+Testimonio. Barcelona. 1999.

[2] VITTORIO MESSORI: *Algunas razones para creer, XIII,* Ed. Planeta+Testimonio. Barcelona.2000

[3] Concilio Vaticano II: *Gaudium et Spes:* Constitución sobre la Iglesia en el mundo actual, n.21

El materialismo dice que todo lo que existe es material, porque todo lo que se ve, se toca, se mide, etc., es material.

Esto es tan simple como el pescador que niega que haya peces más pequeños que los que sus redes pescan, porque los más pequeños se le escapan por los agujeros[1].

El hecho de que haya tantos hombres de ciencia creyentes es prueba de que la Ciencia no es obstáculo para creer.

Si lo fuera, todos los científicos serían ateos; y, como hemos visto, muchos hombres de ciencia se declaran creyentes.

El hecho de que haya científicos ateos habrá que explicarlo por otros caminos, pero no por el hecho de ser científicos[2].

Evidentemente que la ciencia no demuestra la existencia de Dios, pues la ciencia estudia las leyes de la naturaleza, no a Dios. A Dios lo estudia la teología.

Pero la ciencia da datos que apoyan la fe del creyente.

«La ciencia no prueba la existencia de Dios-Creador, pero sí sienta las bases para un raciocinio metafísico que lleva lógicamente a Él»[3].

«El problema del hombre contemporáneo es la fraudulenta y persistente manipulación a que ha sido sometido por el racionalismo materialista que le asegura que "La Ciencia" ha demostrado la no existencia de Dios»[4].

No hay ningún argumento científico que demuestre que no hay Dios[5]. Por el contrario, hay muchos datos científicos que confirman la fe del creyente: desde lo que dicen los astrónomos sobre el origen del cosmos (ver nº **3**), hasta los estudios científicos realizados en la Sábana Santa de Turín[6].

El 13 de octubre de 1988 se hizo público que el resultado del **análisis del carbono-14 sobre la Sábana Santa**, deduce que el tejido es de la Edad Media, es decir que la Sábana Santa no pudo cubrir el cuerpo de **Cristo** en el siglo I, por lo tanto es falsa.

Esta noticia fue rechazada por todos los especialistas en la Sábana Santa. No se podían ignorar las anteriores investigaciones en los campos de la Historia, Medicina, Bioquímica, Numismática, Palinología, Arqueología, etc. que confirmaban la autenticidad de la Sábana Santa.

---

[1] MARIANO ARTIGAS: *Ciencia, Razón y Fe, III, 2.* Libros M.C. Madrid, 1985

[2] JUAN LÓPEZ PEDRAZ,S.I.; *¿De veras que el cristianismo no convence?* Ed.Sal Terrae.Santand.

[3] MANUEL CARREIRA, S.I.: *El hombre en el cosmos, VI,2.* Ed. Sal Terrae. Santander. 1997

[4] JUAN HUARTE: *Evolución y problema religioso, pg. 305.* Unión Editorial. Madrid, 1984

[5] JUAN HUARTE: *Evolución y problema religioso, IX, 3, A.* Unión Editorial. Madrid, 1984

[6] JORGE LORING, S.I.: *La autenticidad de la Sábana Santa de Turín.* Sexta edición. Madrid, 1990.

3,8

De hecho se han celebrado varios Congresos Científicos Internacionales, donde se han invalidado las pruebas del Carbono-14 en la Sábana Santa.

En las palabras de clausura del Congreso de Cagliari, dijo el **Dr.Baima Bollone**, Presidente del Centro Internacional de Sindonología de Turín: «La tónica general del Congreso ha sido la inaceptabilidad de la prueba del carbono-14 en la Sábana Santa».

En este Congreso se presentaron veintisiete trabajos de investigación.

Yo tuve el honor de presentar en este Congreso un trabajo de investigación en nombre del Centro Español de Sindonología, que fue muy bien acogido, como expresó el Presidente de la Mesa.

En la sexta edición de mi libro de la Sábana Santa hago un resumen de este Congreso y del trabajo de investigación que allí presentó España Lo mismo en mi vídeo sobre la Sábana Santa[1].

Con todo, no hay que desorbitar el valor del conocimiento científico experimental. También es válido el conocimiento histórico y metafísico.

El conocimiento científico experimental no es el único modo de conocer. Hay realidades que se escapan al conocimiento experimental.

El razonamiento filosófico no es científico. Cuando **Renato Descartes** dice: «Pienso, luego existo», hace un razonamiento válido; y sin embargo no es científico, sino filosófico.

La Ciencia no lo explica todo. Hay cosas que se le escapan. Lo mismo que una red de trama grande no puede capturar peces pequeños, pero no por eso dejan de existir boquerones y chanquetes.

Hay cosas inalcanzables para la ciencia experimental. La ciencia no sirve para demostrar la existencia de Dios, como tampoco sirve para demostrar el amor de una madre o la fidelidad de un esposo, aunque todo esto sea una realidad.Sin embargo, no hay duda de que la ciencia nos aporta datos válidos que confirman la existencia de Dios[2].

La ciencia explica «cómo» funciona la naturaleza, no alcanza el «por qué». Esto es objeto de la filosofía[3].

Las razones para creer son suficientes, pero no evidentes como un axioma; pues Dios quiere que el hombre le acepte libremente y no a la fuerza. Las verdades de la fe son razonables y ciertas. Las podemos creer con toda firmeza, pero no se nos imponen con una evidencia aplastante[4], pues entonces la fe no sería meritoria, y Dios ha dispuesto que en esta vida merezcamos con la virtud de la fe. Decir «el

[1] Pedidos al autor: Apartado 2546. 11080-Cádiz. Tel.: (956) 222 838. FAX: (956) 229 450

[2] MANUEL CARREIRA, S.I.: *El hombre en el cosmos, VI. 2.* Ed. Sal Terrae. Santander. 1997

[3] RENÉ LAURENTIN: *Creo en Dios, VII.* Ed. San Pablo. Madrid. 1995

[4] JUAN HUARTE: *Evolución y problema religioso, pg.304.* Unión Editorial. Madrid, 1984

todo es mayor que su parte» es tan evidente que el aceptarlo no tiene mérito ninguno.

«La oscuridad de la fe es absolutamente necesaria para que el acto de fe sea libre. Y la libertad de la fe es imprescindible para hablar de valores religiosos en ella»[1].

«La fe es suficientemente oscura para que la adhesión a ella sea libre; y al mismo tiempo bastante clara como para que la dicha adhesión sea razonable»[2].

Pascal lo dijo también: «La fe es suficientemente clara para que el creer sea razonable, y suficientemente oscura para que el creer sea libre»[3].

La fe es segura y oscura al mismo tiempo. Segura porque se basa en la palabra de Dios, y oscura por la limitación de nuestro entendimiento. Por eso decía **Santa Teresita del Niño Jesús:**«Señor, no te entiendo nada; pero te creo todo, porque me fío de Ti».

Hoy, en algunos ambientes, está de moda **el agnosticismo**; personas que prescinden de Dios. No les interesa Dios. Se instalan en el mundo como si no hubiera nada al otro lado de la muerte.

Adoptar el cómodo «no sabe, no contesta» está bien cuando no se tienen datos para opinar.Pero cuando se trata de rechazar las razones que hay para opinar, por prejuicios personales, esto no es razonable[4].

Lo primero que hay que decir es que negar a Dios, no es destruirle; y el que piense que no hay nada más allá de la muerte, se va a enterar en cuanto se muera. Pues las cosas son como Dios ha dicho que son, no como nos puedan parecer a nosotros. Y si Dios ha dicho que seguiremos vivos más allá de la muerte, esto es así aunque haya quien no lo acepte.

Algunos piensan que por no creer en el infierno son más libres. Pero no es así. Lo que son es más inconscientes. Cerrar los ojos ante la verdad no enriquece al hombre, lo empobrece. La prudencia no está es ignorar un riesgo, sino en estudiarlo y prevenirlo. Cerrar los ojos ante un riesgo es señal de inconsciencia.

El agnosticismo es un riesgo.

Cuando se trata de un riesgo grave como el morir electrocutado o la condenación eterna, hay que ser muy prudentes. Nadie toca un cable de alta tensión aunque tenga el 90% de probabilidades de que no pasa nada.

Pues el ateo tiene el 99% de probabilidades de equivocarse. Son muchísimas

---

[1] CÁNDIDO POZO, S.I.: *Valor religioso del acto de fe, V.* Universidad de Granada

[2] ALFONSO AGUILÓ: *Interrogantes en torno a la fe, I, 2.* Ed. Palabra. Madrid. 1994

[3] VITTORIO MESSORI: *El gran milagro, 1ª, X.* Ed. Planeta+Testimonio. Barcelona.1999.

[4] JUAN LUIS RUIZ DE LA PEÑA: *Crisis y apología de la fe, 1º, II, 5.* Ed.Sal Terrae. Santander. 1995.

más las razones para creer en Dios que para convencerse de que no hay Dios.

Hay realidades que pueden dejarme indiferente. Por ejemplo, si en Marte hay vida o no.

Pero hay otras realidades a las que no puedo estar indiferente, pues es mucho lo que me juego. Por ejemplo, si el avión en que voy a viajar está o no en condiciones de volar. Procuro tener unas razonables garantías de seguridad.

Esto es lo que pasa con la Religión.

La Iglesia Católica dice que Dios existe, que **Cristo** es Dios, y que después de la muerte hay una vida eterna en el cielo o en el infierno.

Yo tengo opción de aceptar o rechazar todo esto.

Pero para rechazar algo tan importante, tengo que estar muy seguro de que todo esto no es cierto, pues es mucho lo que me juego. No basta tener dudas. Las dudas y dificultades no son argumentos probativos. Yo puedo tener dificultades sobre una cosa que es una realidad.

Por el contrario, para aceptar un bien me basta una razonable probabilidad. Yo acepto una medicina con una probable esperanza de me ayudará, aunque no tenga seguridad absoluta de su eficacia.

Pero para optar por la Religión no bastan las ideas. Hace falta que la Religión sea para mí el supremo de los valores. Yo puedo saber que el tabaco es malo para la salud. Pero si yo valoro el tabaco más que la salud, seguiré fumando.

Hay personas que buscan la verdad, les guste o no.

Pero otras personas buscan lo que les gusta, sea verdad o no.

El entendimiento se decide por razones.

Pero la voluntad se decide por valores.

Es muy importante que para mí la Religión sea el supremo de los valores.

La fe es aceptar lo que no entiendo porque me fío del que me lo dice. Pero la fe es razonable. Si no lo fuera, los creyentes seríamos unos necios. Y nadie, con cultura, puede decir que fueron necios unas lumbreras de la humanidad como un **San Agustín** o un **Santo Tomás de Aquino.**

Por eso la fe no es un salto en el vacío, a lo loco. Es muy razonable aceptar lo que no entiendo, si puedo fiarme del que entiende y me lo dice.

La fe en Dios es perfectamente razonable. Hay muchas más razones para creer que Dios existe que para dudar de su existencia.

Pero hay que rechazar, tanto el racionalismo que sólo acepta lo que se puede demostrar (los misterios son indemostrables), como el **fideísmo** que desprecia la razón, y pretende que la fe sea «un salto en el vacío», sin ningún motivo de credibilidad. El fideísmo es absurdo pues pretende que creamos en Dios sin tener fundamento racional de la fe.

Si la fe no tuviera ninguna motivación de tipo racional no sería responsable ni humana. Por eso la teología católica ha defendido siempre la capacidad natural que tiene el hombre para llegar con la luz de la razón a conocer la existencia de Dios-Creador. Así lo define el Concilio Vaticano I[1].

«La misma Santa Madre Iglesia sostiene y enseña que Dios, Principio y Fin de todas las cosas, puede ser conocido con certeza por la luz natural de la razón humana partiendo de las cosas creadas»[2]. Dijo **San Pablo**: *«Lo invisible de Dios, desde la creación del mundo , se deja ver a la inteligencia a través de sus obras»*[3]

Sin embargo, aunque la razón me indica que hay motivos serios para creer, la razón no causa la fe. Sólo cuando el corazón humano se rinde a la gracia en un acto de humildad y sencillez es cuando nace la fe. La razón tiene que ir acompañada de la oración humilde. Es preciso tener un corazón limpio para creer en Dios. No podemos olvidar que Dios sólo se manifiesta a los humildes[4].

La ciencia que tiene por objeto la exposición de los motivos de credibilidad, o sea, las razones y argumentos que demuestran ser la fe razonable, se llama **Apologética**[5]. **El Cardenal Newman**, que era protestante, se convirtió al catolicismo por puro raciocinio.

Dice el Cardenal **Daneels**, Arzobispo de Malinas, «la supresión de toda sana apologética es un funesto servicio prestado a la causa de la evangelización»[6].

En Mayo de 1935 se convirtió al catolicismo **Marchant**, Ministro de Instrucción Pública de Holanda. Al ser interrogado por un miembro de la izquierda del Senado, contestó: «Creo, porque reflexiono»[7].

Pero no se trata de convencer a nadie a base de pruebas, sino de hacer ver lo razonable que es creer. Derramar luz sobre las verdades de la fe. Tal es el papel de la Apologética. Pero no olvidemos que la conversión no nace **sólo** tras haber sido convencido, sino tras una iluminación de mi entendimiento y adhesión de la voluntad a Dios, acogiendo las verdades reveladas y acomodando todo mi ser a esa iluminación. Los motivos de credibilidad constituyen un preámbulo racional de

---

[1] CONCILIO VATICANO I: Constitución *Dei Filius, II.* DENZINGER-S, n.3.004; 3.026.

[2] **Nuevo Catecismo de la Iglesia Católica, nº 510**. DENZINGER: nº1.785.

[3] SAN PABLO: Carta a los Romanos, **1**:20.

[4] JOSÉ A. SAYÉS: *Dios existe, V, 3.* Ed. EDAPOR, 1982. Libro breve, pero precioso. Ayuda a ver lo razonable que es creer

[5] ANTONIO ROYO MARÍN, O.P.: *Jesucristo y la vida cristiana, n.66.* Ed. BAC. Madrid. 1961.

[6] Revista ECCLESIA, n.2251 (4-11, I, 86)37.

[7] KOLB: *Sin Cristo, VIII.* Ed. Euramérica. Madrid. 1958.

la fe. El acto de fe constituye esencialmente un asentimiento a estas verdades porque Dios las ha revelado. Y por supuesto que no basta **asentir** a las verdades reveladas por Dios; es preciso **vivir** de acuerdo con ellas. Para el que tiene fe, mil objeciones no le hacen dudar; y al que no tiene fe, mil pruebas no le convencen.

«La decisión de creer no es la conclusión de una argumentación. Uno jamás está obligado a creer por las leyes de la lógica. (...) Al acabar una operación de cálculo, no puedo por menos que adherirme al resultado obtenido. (...) Entre la clara evidencia y la fe interviene un acto voluntario, perfectamente libre. Del mismo modo que ya pueden mostrarme del modo más convincente y persuasivo que alguien merece ser amado. No por eso lo amaré. No se puede amar de mala gana, ni creer de mala gana. Es lo que ya decía **San Agustín** en su comentario a **San Juan**: *nemo credit nisi volens,* es decir, nadie cree sino de buen grado[1].

Dice **Octavio Rodríguez** en *Preámbulo epistemológico del acto de fe:* «Realizamos un juicio cuando consideramos que son suficientes las pruebas que nos han de llevar a una conclusión» (...) «Si llegamos a convencernos de una conclusión, la afirmamos sin reserva» (nº 2). «Los argumentos no obligan a nadie a creer, igual que los argumentos a favor de la virtud no obligan a nadie a ser virtuoso» (nº 7)[2].

El hombre se convence por razones, pero es la voluntad la que elige las razones que quiere que le convenzan.

Por eso no basta dar razones que van sólo al entendimiento. Hay que presentar valores que mueven a la voluntad: bondad, belleza, importancia, utilidad o necesidad para el hombre en cuanto tal.

«Nuestra propia voluntad puede "forzar" al intelecto para que le presente sólo las razones que ella desea, o para buscar argumentos -aunque sean falsos- que apoyen su determinación»[3].

La fe es razonable, pero las razones no bastan para creer.

Hace falta un acto de voluntad. Y la voluntad no se decide por razones lógicas, sino por motivos y valores[4].

No es lo mismo estar convencido que convertido.

Las razones van al entendimiento, pero son los valores los que mueven la voluntad. Un hombre puede saber que el tabaco produce cáncer; pero mientras para él el valor del tabaco sea superior al de la salud, seguirá fumando.

No basta **saber** el valor de una cosa, es necesario **sentir** lo que esa cosa vale, para que ese valor mueva nuestra voluntad.

---

[1] JOSEF PIEPER: *La fe hoy, IX.* Ed. Palabra. Madrid.

[2] ARBIL. Revista de pensamiento y crítica, nº 35.

[3] JUAN IGNACIO BAÑARES: *39 Cuestiones doctrinales, V, 1.* Ed. Palabra. Madrid. 1990.

[4] JUAN LÓPEZ PEDRAZ, S.I.: *Cuando se está perdiendo la fe, 2º, XII.* Ed. Sal Terrae.Santander.

El hombre, además de la razón, tiene un corazón, y con frecuencia éste manda sobre la razón. Las obras salen más del corazón que de la razón. Ya lo dijo **Jesucristo:** *Del corazón sale todo lo que mancha al hombre*[1].

«Nuestra afectividad elige las razones para convencernos que es verdadero lo que nos es querido, y falso lo que nos es odiado»[2].

Es necesario dar razones al entendimiento, pero no es menos necesario ganarse el corazón. Y el corazón se gana con el atractivo personal.

Si le caes bien a una persona, ya has conseguido el 50% para convencerla.

Si uno considera al cristianismo como un antivalor por los sacrificios que exige, es muy difícil que crea.

Pero si considera el cristianismo como un valor superior a todo sacrificio, porque garantiza una eternidad feliz, empieza a poner la base de una posible fe; si al mismo tiempo tiene la oportunidad de conocer suficientemente las razones en que se apoya la credibilidad del cristianismo.

Un hombre que sinceramente quiere la salud acepta encantado una medicina que le ofrece garantías de curación, aunque suponga costosos sacrificios.

Para tomarla basta que ofrezca esperanza razonable de curación.

Pero negarse a tomarla porque no hay seguridad absoluta de su eficacia, es absurdo.

«La fe cristiana pone en nuestra vida claridad, seguridad, y fortaleza invencible»[3]

El ateo es como el que está en su cuarto con la ventana cerrada, y sólo ve lo poco que alumbra la bombilla de su mesa de trabajo. Si abriera la ventana, entraría la espléndida luz del Sol, que lo ilumina todo. Es la diferencia entre el ateo y el creyente.

Dijo **Ortega y Gasset:** "La barbarie del especialista es que una persona muy sabia en una materia se permite opinar en cuestiones que ignora, con la misma autoridad con que se pronuncia en su campo de especialidad"[4].

No te deslumbres, con estas afirmaciones que a veces se oyen de labios poco documentados: «La Ciencia moderna contradice a la Fe». Porque puedes tener la seguridad de que la verdadera ciencia no ha contradicho nunca, ni contradirá jamás a los dogmas de fe, porque Dios, la misma Verdad, es el Autor de la Ciencia

[1] Evangelio de SAN MATEO, **1 5**:19

[2] EUSTAQUIO GUERRERO,S.I.: *Jesucristo, la mejor prueba de la fe católica, XII, 1.* Ed. Mensajero

[3] MONS. PEINADO: *Exposición cristiana de la fe, 2ª, II, 26.* Ed. BAC. Madrid. 1975.

[4] Diario YA del 26-XII-88. Pg. 13

y de la Fe; y no puede contradecirse.

Efectivamente, la Ciencia es el conocimiento de las leyes que Dios ha puesto en la Naturaleza que son la base de la Ciencia; y Fe es el conocimiento de las verdades que Dios ha revelado.

Dios, Sabiduría infinita, es Autor tanto de las verdades científicas como de las verdades religiosas: luego estos principios jamás pueden ser incompatibles entre sí.

Cuando parezca que hay incompatibilidad, se debe a los hombres que han rebasado o mal interpretado las verdades de la Ciencia o de la Fe[1]. Dice el Concilio Vaticano II: «Las realidades profanas y las realidades de la fe tienen su origen en el mismo Dios»[2]

Hay que tener en cuenta que no es ciencia indiscutible la hipótesis de trabajo de un científico.

Así como tampoco es verdad revelada la teoría personal de un teólogo.

Cuando hablo de Ciencia, hablo de ciencia indiscutible, no de la hipótesis de trabajo de un científico.

Y cuando hablo de Fe hablo de verdades dogmáticas, no de una norma disciplinar de la Iglesia, como ocurrió en el caso **Galileo** (ver nº **39**,1).

Pero entre ciencia indiscutible y dogmas de fe jamás ha habido contradicción, ni la habrá en el futuro, por lo que acabo de decir.

Muchas de las dificultades que algunos creen encontrar en aparentes contradicciones entre la Fe y la Ciencia, o bien provienen de haber tomado como verdades reveladas afirmaciones que bien examinadas no gozan de tal garantía, o bien provienen de mirar como verdades científicas adquiridas definitivamente cosas que más tarde se verá no pasan de simples hipótesis o teorías, que con el tiempo, se han de ir retocando[3].

«No sólo no hay contradicción entre Ciencia y Fe, sino que mutuamente se ayudan y complementan»[4].

Dice el Concilio Vaticano I: «La razón y la fe, no sólo no se contradicen, sino que se ayudan mutuamente»[5].

---

[1] Concilio Vaticano II: *Gaudium et Spes:* Constitución sobre la Iglesia en el mundo actual, nº 36

[2] Concilio Vaticano II: *Gaudium et Spes:* Constitución sobre la Iglesia en el mundo actual, nº 36

[3] ANTONIO ROMAÑÁ, S.I.: *Estado actual de la Cosmología. Apéndice.* Publicaciones del Observatorio del Ebro. Tortosa, 1966

[4] MANUEL Mª. CARREIRA, S.I.: Doctor en Ciencias Físicas y Profesor de Filosofía de la Ciencia en la Universidad de Cleveland, EE.UU.: *El creyente ante la Ciencia, II, 4.* Cuadernos BAC, n.57. Madrid

[5] DENZINGER: *Magisterio de la Iglesia, nº1799.* Ed. Herder. Barcelona

«La Física ha cambiado mucho durante los últimos cien años, y las posiciones radicalmente materialistas de algunos físicos del siglo XIX resultan hoy insostenibles.

»Muchos ideólogos influyentes, sin embargo, han permanecido anclados en el pasado, y habrán de pasar muchos años hasta que desaparezcan los prejuicios antirreligiosos, supuestamente científicos, que propagaron los ilustrados del siglo XVIII»[1].

Max Planck, Premio Nobel de Física dijo: «No se da contradicción alguna entre la Religión y las Ciencias Naturales; ambas son perfectamente compatibles entre sí»[2].

Rudolf Kippenhahns, Director del Instituto de Astrofísica Max Planck de Munich, dice: «Me preguntan una y otra vez en mis conferencias, si en la concepción científica del universo queda lugar todavía para Dios... Cuanto más pienso sobre ello, menos entiendo que los conocimientos científicos deban suprimir las ideas de la fe»[3].

Como dice el profesor de la Universidad de Navarra, doctor en Ciencias Físicas, **Mariano Artigas**: «la Ciencia nunca se ha opuesto a la Religión, y nunca se podrá oponer, porque no hay oposición real». Es más, añadió: «Hoy se puede afirmar como un hecho patente que los grandes científicos, prácticamente sin excepción, están de acuerdo en que **no hay oposición real** entre Ciencia y Religión»[4].

La verdadera Ciencia no sólo **no se opone** a la Religión, sino que la **confirma** cada vez más con sus nuevos descubrimientos.

Por eso **Pío XII** dijo en su discurso a la Academia Pontificia de Ciencias en 1951: «La verdadera Ciencia encuentra a Dios detrás de cada nueva puerta que abre»[5].

Es más, la Historia nos enseña que cuando una teoría se opone a lo que la fe sostiene como cierto y como seguro, esta teoría ciertamente es falsa.

Antes o después será desbancada por otra nueva teoría.

---

[1] Varios Autores: *Física y Religión en perspectiva: Introducción*. Ed. Rialp. Madrid, 1991

[2] WERNER HEISENBERG: *Diálogos sobre Física Atómica, VII*. Ed. BAC. Madrid, 1972

[3] RUDOLF KIPPENHAHNS: *Luz del confín del Universo*. Ed. Salvat. Barcelona, 1989

[4] MARIANO ARTIGAS, Doctor en Ciencias Físicas y Profesor de la Universidad de Navarra: *Física y Religión en perspectiva, Apéndice 4*. Ed. Rialp. Madrid, 1991

[5] PASCUAL JORDAN: *El hombre de Ciencia ante el problema religioso, III, 15*. Ed. Guadarrama. Madrid, 1972

Así ha sucedido siempre. Y es natural: porque esa teoría se debe a un hombre que se puede equivocar; en cambio la fe se debe a Dios, que no puede equivocarse.

Dios no puede equivocarse, porque es infinitamente sabio. Y no puede engañarnos porque es infinitamente bueno.

Pero hombres **a quienes estorba** la Religión se agarran ansiosos a estas teorías mal demostradas como si fueran dogmas de fe, para desechar los verdaderos dogmas de fe que les estorban.

No porque en los dogmas de la Religión haya misterios -como decíamos antes, la vida está llena de misterios, y eso a nadie extraña-; lo que ellos tienen contra la Religión no son dificultades científicas, sino prejuicios y dificultades morales.

Si la Religión no obligara a tener a raya las pasiones, nadie tendría dificultades contra la Religión.

Y si los preceptos morales dependieran de las verdades de la Física, muchos negarían la Física en lugar de negar la Religión[1].

«Las creencias religiosas pueden ser alteradas y deformadas por la voluntad y el mal uso de la libertad, así como por la incoherencia práctica. O se vive como se piensa y cree, o se termina por pensar y creer como se vive»[2].

No hay nada que ciegue más que obstinarse en el pecado. Lo dijo **Jesucristo:** *«el que obra mal odia la luz»*[3].

Ya dijo **Bacón:** «Sólo niega a Dios aquel a quien conviene que no exista».

Y **Juan Jacobo Rousseau:** «Mantened vuestra alma en estado de desear que Dios exista, y no dudaréis nunca de Él»[4]

Con todo, conviene observar que el ateísmo va en retroceso.

Paul Paupard, Presidente del Pontificio Consejo para los No Creyentes, dijo en Madrid que el ateísmo técnico está disminuyendo en el mundo.

En España sólo se declara ateo el 7% de los españoles[5].

No negamos que un ateo pueda ser honrado, pero evidentemente le falta motivación.

---

[1] STAUDINGER: *La vida eterna, I, 1.* Ed. Herder. Barcelona.

[2] MANUEL GUERRA GÓMEZ: *39 Cuestiones doctrinales, I, 1.* Ed. Palabra. Madrid. 1990.

[3] Evangelio de SAN JUAN: **3** :20

[4] ANTONIO ROYO MARÍN, O.P.: *Dios y su obra, 1º, 1ª, III, nº 40.* Ed. BAC. Madrid

[5] Diario YA del 6-VII-92, pg.22.

Cuando el hombre arranca a Dios de su vida se vuelve contra sus hermanos los hombres.

Es lo que expresó **Hobbes** con frase cruda: *«El hombre es lobo para el hombre»*.

Si prescindimos del mandamiento de **Jesús**, la solidaridad humana es frágil. Fácilmente el otro termina por ser un extraño, un rival o un enemigo.

Si no se respeta a Dios, ¿qué otra cosa se puede respetar?

Las consecuencias, a la larga, son funestas.

Si a un árbol se le cortan las raíces, tendrá algunas reservas, pero para poco tiempo. Terminará por secarse y troncharse. La raíz de nuestro pueblo está en el cristianismo.

Dijo el Papa **Juan Pablo II** en Liubliana (Eslovenia): "Un mundo construido sin Dios acaba por alzarse contra el hombre"[1].

La fe ilumina al hombre el camino para que se realice a sí mismo en servicio de los demás.

La fe ayuda a la razón. Dice el Concilio Vaticano I[2]: «Podemos conocer a Dios por la razón natural». Es una certeza que excluye toda duda razonable, pero no se trata de una evidencia axiomática. La fe es un acto de la voluntad tras el examen, por la razón, de los motivos de credibilidad. Por eso la razón prepara la fe, no la impone. Para dar este paso al frente es necesaria la gracia de Dios.

Por eso hay que pedir a Dios el don de la fe.

La fe es un don en el sentido de que Dios nos ayuda para que nuestra razón no se vea entorpecida por obstáculos psíquicos, morales, culturales, ambientales, etc., que le impidan su correcto funcionamiento.

Los fundamentos de la fe hacen la fe razonable. La fe complementa la razón, pero no la destruye.

«La razón no es causa de la fe, que es un puro don de Dios; pero es condición indispensable para que la fe sea responsable, humana y no arbitraria. Si la fe no fuera razonable los creyentes seríamos unos estúpidos»[3].

«El motivo de creer no radica en el hecho de que las verdades reveladas aparezcan como verdaderas e inteligibles a la luz de la razón natural.

»Creemos a causa de la autoridad de Dios que revela y que no puede engañarse ni engañarnos. Sin embargo, Dios ha querido darnos motivos de credibilidad que muestran que el asentimiento de la fe no es un movimiento ciego

[1] Diario ABC de Madrid del 19-V-96, pg.63

[2] DENZINGER-SCHRON, nº 3004

[3] JOSÉ ANTONIO SAYÉS: *Cristología fundamental, VIII, 2, b.* Ed. CETE. Madrid, 1985.

del espíritu»[1].

El fideísmo, que es creer sin pruebas, es de raíz netamente protestante (**Barth, Bultmann**).

Ha hecho presa en algunos teólogos católicos que han olvidado el mandato de **Pedro**[2] de dar razón de su esperanza.

Las consecuencias han sido nefastas.

Pues no se puede fundamentar la fe sobre la duda y la inseguridad.

Hoy está de moda hablar del «riesgo» de la fe, del túnel...

Pero no puede existir una pastoral convincente si no se razona la fe[3].

A nadie le atrae dar un salto en el vacío sin garantías.

En las cosas importantes todos queremos seguridad.

Nadie pone su dinero en un Banco que está en el borde de la quiebra. Nadie toma un alimento putrefacto con peligro de intoxicarse.

Como dice **Juan Pablo II** en su encíclica sobre la Ciencia y la Fe: «Ni fe sin razón, ni razón sin fe». Según el Santo Padre, la fe se ve dinámicamente enriquecida por la filosofía y la filosofía descubre nuevos horizontes gracias a la fe. Se trata de un enriquecimiento mutuo[4].

Como dice el **P. López Pedraz, S.I.**: «La evidencia para cada uno es el resultado final de un esfuerzo de atención, de interés, de voluntad, que antecede a la admisión clara.

»¿Admitiríamos la sinceridad del que justifica su desinterés con el pretexto de no ver claro desde el principio?

»En la raíz del no ver puede estar un fallo de la voluntad. En tal caso la oscuridad no excusa, acusa; y la ceguera final es culpable (...).

»La ceguera voluntaria puede llegar a constituir el irremisible pecado contra el Espíritu Santo, contra el que se estrellan todas las manifestaciones luminosas, incluso las más conformes al gusto del interesado (...).

»Hace falta limpiar los ojos.

»No basta con querer ver: los judíos querían ver y muchos terminaron por no ver. Se requiere disponibilidad o receptibilidad para lo que aparezca, sin interponer condiciones que enturbian o tapan visión.

»Purificación de prejuicios.

»Purificación de sentimientos.

---

[1] **Nuevo Catecismo de la Iglesia Católica, nº 156**

[2] Primera Carta de SAN PEDRO: **3**:15.

[3] JOSÉ ANTONIO SAYÉS: *Cristología fundamental. Introducción, 2.* Ed. CETE. 1985.

[4] ZENIT: Boletín informativo del Vaticano en INTERNET, ZE980916-1

»¿Cuántas veces no dedicamos la atención debida a una persona o a un asunto porque se interponen ciertos resabios de simpatía o antipatía, oscuramente nacidos en nosotros, o contagiados por el ambiente, que nos impiden no solamente ver claro sino interesarnos por ver? (...).

»Si un minero, atrapado al derrumbarse la mina, a oscuras, y en trance angustioso de asfixia, ve aparecer por una grieta una luminosidad, por tenue que sea, esto le basta y le sobra para ponerse alerta por si aquello que viene del otro lado de las rocas, donde hay más luz, le anuncia una esperanza de salvación. Dará voces para comunicar su presencia a los posibles salvadores. Si se inhibiese diciendo: "esto no me basta, no hago nada hasta que tenga más luz y señales más claras", podría quedar sepultado para siempre».

9. **También hace falta orar**.

¿Cómo puede orar un ateo, que no sabe si hay Dios?

¿Puede caer en ceguera culpable por no orar?

¿Esto es una paradoja inadmisible?

No: el que se encuentra perdido en un bosque, sin saber lo que hay en el entorno, grita pidiendo auxilio.

¿A quién grita? A nadie. A quien sea.

Grita por si hay alguien.

Pues bien, ningún ateo consecuente podrá eliminar, en conciencia, al menos, la sospecha de que haya Alguien[1].

Ya dijo **Pascal:** «No hay más que dos clases de personas a las que se puede llamar razonables: aquellos que sirven a Dios con todo su corazón, porque lo conocen; y aquellos que buscan a Dios con todo su corazón, porque no lo conocen»[2]

Lo religioso es una dimensión necesaria, constitutiva del hombre.

No es algo accidental u opcional, como puede ser la afición al tenis o a coleccionar mariposas.

El increyente, es, sin duda, un ser psicológicamente mutilado. El hombre no puede despreocuparse impunemente de Dios.

«Pero no es menos cierto que creer es un acto auténticamente humano»[3] . «En la fe la inteligencia y la voluntad humanas cooperan con la gracia divina»[4] .

---

[1] Mons. GUERRA CAMPOS: *Ateísmo, hoy, 3º, III, 2.* Ed.Fe Católica. Madrid, 1978.

[2] PASCAL: *Pensamientos, nº11.*

[3] **Nuevo Catecismo de la Iglesia Católica, nº 154**

[4] **Nuevo Catecismo de la Iglesia Católica, nº 155**

«Dios da una respuesta definitiva y sobreabundante a las cuestiones que el hombre se plantea sobre el sentido y la finalidad de su vida»[1].

Es una pena la ignorancia religiosa. La fe es lo más importante de la vida, porque es lo único que responde a las verdades fundamentales.

Todo ser racional, alguna vez en su vida, es lógico que se pregunte:

¿Qué sentido tiene la vida? ¿Qué será de mí después de la muerte?.

El agnóstico no sabe responder. En la tumba de un ateo se lee: «He vivido en medio de dudas, y muero en la incertidumbre. No sé a dónde voy».

¿De qué me sirve saber el número de mis cromosomas o las vibraciones de la luz ultravioleta si no sé el sentido de mi vida? Sólo la fe tiene ante el dolor explicación y consuelo. Para el ateo sólo hay tinieblas y desesperación. La fe da rectitud, alegría y esperanza. El hombre tiene un dimensión religiosa que no se puede apagar. El hombre añora lo religioso.

Setenta años de ateísmo militante en la U.R.S.S. no han podido acabar con la fe del pueblo ruso que ha resurgido con fuerza mientras rodaban por el suelo las estatuas de **Lenin y Stalin.**

El alma humana tiende naturalmente a Dios, y es imposible ir contra la naturaleza:

Si tiras una piedra hacia arriba, al cesar el impulso, terminará por caer a tierra.

Si soplas sobre el fuego para que el humo vaya hacia abajo, cuando dejes de soplar el humo se irá hacia arriba.

El barco tiende a flotar. Sólo se quedará en el fondo del agua si está agujereado.

El alma que no siente su destino hacia arriba es que está rota, destrozada.

Por eso naufraga como un barco agujereado.

El que tiene fe ve a Dios detrás de todo lo mundano. Como el que sabe que detrás de los nubarrones está el Sol.

10. **La fe es un don de Dios**[2].

Es una gracia de Dios, que debemos pedir sin descanso. Incluso el que cree que no tiene fe, debe orar. Al menos podría decir: «Señor, si existes, concédeme el don de la fe». Como es cierto que existe, será oído y obtendrá la fe.

Carlos de Foucauld (1858-1916), oficial del ejército francés encontró la fe, a los 28 años, después de llevar una vida desordenada, repitiendo: «Dios mío, si existes, haz que te conozca»[3]

[1] **Nuevo Catecismo de la Iglesia Católica, nº 68**

[2] SAN PABLO: Carta a los Efesios, **2**:8. **Nuevo Catecismo de la Iglesia Católica, nº 153**

[3] ANDRÉS LEONARD: *Razones para creer, IX, 3.* Ed. Herder Barcelona. 1990.

Dios sale siempre al encuentro del que sinceramente le busca[1]. «*Dios está cerca de los que lo buscan sinceramente*»[2].

«Dios no rechaza jamás al que hace lo que puede para acercarse a Él»[3].

«La fe es un don sobrenatural de Dios. Para creer, el hombre necesita los auxilios interiores del Espíritu Santo»[4].

Con ella profundizamos en el conocimiento de la Religión y vemos cosas insospechadas para el que no la tiene. Es la diferencia entre la contemplación de la partitura de un concierto hecha por un profano o por un gran músico.

El espíritu de fe nos hace juzgar de todas las cosas según las normas de la fe, desde el punto de vista de Dios. Esta iluminación hay que pedírsela al Espíritu Santo.

La fe ilumina la noche. Pero no suprime la noche.

Como las luces que señalan al piloto la pista de aterrizaje. Le señalan el camino, pero no iluminan las tinieblas. Vamos viendo según vamos avanzando. Como con la linterna que alumbra nuestros pasos.

La fe ilumina la Verdad. Nos da a conocer cosas insospechadas, y nos lleva a aceptar la Verdad y a adherirnos a la Persona que nos la transmite.

Se une a ella como dos ríos en uno solo.

Es una opción por Algo y por Alguien. Dios no se impone. Quiere ser elegido libremente. Dios se me ofrece en una declaración de amor, y espera mi respuesta.

La fe nos adhiere a Dios y nos impulsa a adherirnos cada vez más perfectamente a Él por la gracia. Precisamente nos hace ver que en realidad sólo podremos estar reunidos a Él si estamos en gracia.

11. En la fe «el hombre se entrega entera y libremente a Dios, le ofrece el homenaje total de su entendimiento y voluntad, asintiendo libremente a lo que Dios revela»[5]. La fe no debe ser sólo intelectiva, seca fría, sin palpitación vital. Debe ser alegre, optimista, ardiente, que brote de las entrañas del espíritu, y vivifique todo nuestro ser y nuestro obrar. Fe que se ilumine con la cabeza, y se caliente con el corazón. La fe da optimismo para llevar esta vida tan llena de calamidades. Es como el pájaro que oye crujir la rama sobre la que está, al ser zarandeada por vendaval: él no teme, porque tiene alas.

---

[1] Canon IV de la Misa

[2] Salmo **145**:18

[3] ANTONIO ROYO MARÍN, O.P.: *La fe de la Iglesia, 1ª, VI, 1.* Ed. BAC. Madrid

[4] **Nuevo Catecismo de la Iglesia Católica, nº 179.**

[5] Concilio Vaticano II: *Dei Verbum*: Constitución Dogmática sobre la Divina Revelación, n.5.

4.- DIOS HA HECHO EL COSMOS DE LA NADA

1. Hacer algo de la nada es crear. «Crear es dar existencia, hacer que un ser comience a existir»[2].

«Nada existe sin razón suficiente». Es un principio filosófico. **J. A. Wheeler,** uno de los más prestigiosos físicos actuales[3], se pregunta: «¿Por qué existe ALGO en lugar de NADA? La respuesta es evidente. Porque un SER ETERNO creó de la NADA todo lo que existe.

«El interrogante de por qué existe el ser y no la nada, parece haber sido planteado por primera vez por **Leibniz.** La fe cristiana responde: *el mundo ha sido creado por Dios»*[4]. Entendemos por *mundo* todo lo que existe fuera de Dios.

La creación es el acto por el cual Dios da existencia a todo lo que existe fuera de Él[5]. Antes de la creación no existía nada fuera de Dios. Por eso, Dios crea todo de la nada. Porque nada ni nadie existía antes de la creación del Universo, a excepción de Dios. Por eso decimos que Dios hizo de la nada todo lo que existe fuera de Él.

La palabra hebrea *"bará"* significa creación de la nada. Por eso en la Biblia se aplica sólo a Dios, porque los hombres no creamos, sólo fabricamos, transformamos la materia.

Dice la Biblia: Dios es Autor de todo lo que existe, y por tanto anterior a toda la creación[6]. El Universo es obra de Dios[7]. «Dios es causa primera de todo lo que existe»[8]. Esto es lo que quiere decir el «Credo» con las palabras: «Creador del cielo y de la tierra».

5.- Los hombres no pueden hacer las cosas de la nada[9].

---

[1] Concilio Vaticano I. DENZINGER: *Magisterio de la Iglesia, nº 1805.* Ed. Herder, 1963
[2] KAROL WOJTYLA: *Ejercicios Espirituales para jóvenes, 1ª, I.* Ed. BAC POPULAR. Madrid.
[3] MANUEL CARREIRA, S.I.: *El hombre en el cosmos, VI,1.* Ed. Sal Terrae. Santander. 1997
[4] JUAN LUIS RUIZ DE LA PEÑA: *Teología de la creación, 1ª, IV, 1, 1.* Ed. Sal Terrae. Santander
[5] **Nuevo Catecismo de la Iglesia Católica, nº 290**
[6] Segundo Libro de los Macabeos, **7**:28
[7] Génesis, **1**:1
[8] **Nuevo Catecismo de la Iglesia Católica, nº 300**
[9] **Nuevo Catecismo de la Iglesia Católica, nº 317**

1. Hacer las cosas de la nada **es crear**. El único que puede crear es Dios[1] . El hombre no puede crear, porque para hacer algo necesita materias primas: el carpintero necesita madera; el panadero, harina, etc.

El hombre solamente transforma la materia. Algunas veces estas transformaciones son tan originales que las llamamos «creaciones», pero este modo de hablar no es adecuado.

Dios ha creado el Universo, porque lo ha hecho de la nada.

6.- Dios hizo algunos seres sirviéndose de otros ya existentes.

1. Lo mismo que un carpintero se sirve de la sierra para hacer la mesa.

Los padres son meros instrumentos de Dios. Ellos no saben si el hijo será listo o tonto, alto o bajo, sano o enfermo.

Normalmente, más que hacer las cosas directamente, «Dios hace que se hagan»[2]. "La creación no salió plenamente acabada de las manos del Creador"[3] .

«La expresión "al principio" no sugiere que el mundo, tal como hoy lo vemos, haya salido entero de Dios en un momento dado. No hay ningún reparo en admitir una lenta evolución de los seres en su aparición, y progreso constante hacia formas cada vez más perfectas. Lo que se afirma es que el comienzo de todo, el arranque inicial, está en Dios. Ese momento en que se pasó del no existir nada de lo que vemos, al primer existir de las cosas es lo que llamamos creación. La idea de creación tiene un matiz muy preciso que la distingue de los similares de "producción" o "construcción". Es un hacer absolutamente nuevo y original, un partir de cero, en el que no se presupone nada preexistente, sino es el Hacedor mismo. No hay materia previa, no hay instrumentos, sólo existe la posibilidad pura. Sobre esta posibilidad se vuelca el acto amoroso de Dios, que decide sacar a la luz este mundo. La evolución subsiguiente también es obra de Dios. Con esta diferencia: en su primer momento todo es creación; en los momentos posteriores es un desarrollo, un despliegue de la creación inicial»[4].

2. Además de este mundo visible, hay también un mundo invisible al que se extiende igualmente la acción creadora de Dios, como profesamos en el Credo. En el *Credo del Pueblo de Dios* de **Pablo VI** se precisa explícitamente que bajo el nombre de «cosas invisibles» han de entenderse los «espíritus puros que reciben

[1] ANTONIO DÚE, S.I.: *La acción de Dios y la Ciencia, I, 2.* Ed. Escelicer. Cádiz

[2] SANTIAGO LOREN: *Del electrón a Dios, VI, pg. 416.* Ed. Plaza y Janés. Barcelona

[3] **Nuevo Catecismo de la Iglesia Católica, nº 302**

[4] Libro básico del creyente hoy, II, 2. Ed. PPC. Madrid, 1970

también el nombre de ángeles» confirmando la interpretación tradicional[1]. El Concilio Vaticano I habló de los dos órdenes de criaturas, corporal y espiritual, como equivalentes a mundo y ángeles[2].

Hablando de los ángeles dice el **Nuevo Catecismo de la Iglesia Católica**:

«Son criaturas puramente espirituales, tienen inteligencia y voluntad: son criaturas personales»[3].

«Jesús menciona a los ángeles como seres reales y activos»[4]. Por eso la existencia de los ángeles es dogma de fe[5]. Fue expresamente definido por el Concilio IV de Letrán[6].

«La existencia de los ángeles está testimoniada por innumerables pasajes de la Sagrada Escritura, si bien es poco lo que se conoce de sus funciones y naturaleza. Son "mensajeros" de Dios en momentos extraordinarios de la Historia de la Salvación. Conocemos algunos nombres relacionados con la función para la que son elegidos, como los de **Miguel, Rafael, Gabriel**.

Se da por entendido que son muchísimos en número, distribuidos en jerarquías: Tronos, Dominaciones, Potestades, Querubines, Serafines, Arcángeles, etc.

Fueron sometidos a una prueba. Algunos sucumbieron por haberse declarado en rebeldía contra Dios: son los demonios que fueron condenados al infierno. Desde entonces su existencia parece concentrarse en odiar a Dios y en tentar a los hombres[7].

Entre los ángeles buenos, está el llamado «Ángel de la Guarda», que Dios da a cada hombre en este mundo para conducirle por el camino del bien[8].

«Se deduce de la Sagrada Escritura, según interpretación de los Santos Padres, que Dios ha dado a cada hombre un ángel para su particular defensa y protección»[9].

Dice la Biblia: "*Dios te ha encomendado a sus ángeles para que te guarden en todos tus caminos"*[10].

En el Evangelio [11] encontramos este testimonio: «*Dijo Jesús: "mirad que no despreciéis a uno de estos pequeños, porque en verdad os digo que sus ángeles*

[1] **Nuevo Catecismo de la Iglesia Católica, nº 350**

[2] DENZINGER: *Magisterio de la Iglesia, nº 1.783.* Ed. Herder. Barcelona

[3] **Nuevo Catecismo de la Iglesia Católica, nº 330**

[4] LEON-DUFOUR, S.I.: *Vocabulario de Teología Bíblica,* Voz "ángeles". Ed. Herder. Barcelona

[5] MICHAEL SCHMAUS: *Teología dogmática, nº 118.* Ed. Rialp. Madrid

[6] DENZINGER: *Magisterio de la Iglesia, n.428.* Ed. Herder. Barcelona

[7] Evangelio de SAN MATEO,**13**:38s

[8] **Nuevo Catecismo de la Iglesia Católica, nº 336**

[9] FELIPE CALLE, O.S.A.: *Razona tu Fe, XIV, 3.* Ed. Religión y Cultura. Madrid

[10] Salmo **91**:11

[11] Evangelio de SAN MATEO, **18**:10

ven de continuo en el cielo la cara de mi Padre"»[1].

3. Dice **Sertillanges** que la obra maestra de **Satanás** ha sido hacer creer a los hombres que él no existe[2].

La existencia de Satanás es dogma de fe. Está definido en el Concilio Lateranense IV. El **P. Justo Collantes,S.I.,** Catedrático de Teología en la Facultad de Granada dice que las palabras utilizadas en este capítulo son «una profesión de fe»[3] .Dice el Concilio Lateranense IV: «Creemos firmemente y confesamos sinceramente que (...) el diablo y demás demonios fueron creados por Dios buenos, mas ellos, por sí mismos, se hicieron malos»[4].

«Por lo tanto no se puede negar la existencia real de un ser creado por Dios»[5].

El pecado del demonio fue de soberbia[6].

La Biblia dice que Dios creó los ángeles y que algunos pecaron y fueron condenados para siempre[7] : éstos son los demonios. «Los demonios son ángeles caídos»[8].

Por eso, **Javier Ibáñez,** en su obra *La fe divina y católica de la Iglesia,* califica la existencia del diablo **de fe divina y católica definida**[9]**.**

La existencia del demonio también lo ha confirmado recientemente la Iglesia[10]

El cardenal **Jorge Arturo Medina Estévez** Prefecto de la Congregación para el Culto Divino, dijo en Rueda de Prensa, El 26 de enero de 1999: «Sabemos que hay católicos que ponen en duda la existencia del diablo, pero esta realidad pertenece a la fe y a la doctrina de la Iglesia Católica. **Quien diga que el diablo no existe no está ya en la fe**. La doctrina católica nos enseña que los demonios son ángeles caídos a causa de su pecado, seres espirituales de gran inteligencia y poder; la potencia de Satanás sin embargo no es infinita. No es más que una criatura, potente por el hecho de ser espíritu puro, pero siempre una criatura: no puede impedir la edificación del Reino de Dios».

A propósito de Satanás, el cardenal **Medina** subrayó «que el influjo nefasto del demonio y de sus secuaces se ejerce habitualmente a través del engaño, la

---

[1] Libro básico del creyente hoy, II, 3. Ed. PPC. Madrid, 1970

[2] LUIS CREUS VIDAL: *Introducción a la Apologética, 2ª, 32.* Ed. La Hormiga de Oro. Barcelona

[3] JUSTO COLLANTES, S.I.: *La fe de la Iglesia Católica, nº 208.* Ed. BAC. Madrid. 1983

[4] DENZINGER: *Magisterio de la Iglesia, n.428.* Ed. Herder. Barcelona

[5] ANGELO SCOLA: *Sectas satánicas y fe cristiana, V.* Ed. Palabra. Madrid.1998.

[6] SAN PABLO: Primera Carta a Timoteo, **3** :6

[7] Segunda Carta de SAN PEDRO, **2** :4; SAN JUDAS, 6

[8] **Nuevo Catecismo de la Iglesia Católica, n.414**

[9] JAVIER IBÁÑEZ: *La fe divina y católica de la Iglesia, V,22.* Ed. Magisterio Español. Zaragoza

[10] Documento de la Sagrada Congregación para la Doctrina de la Fe. Revista ECCLESIA, nº 1.753(16,III,75)1.057

6,3

mentira y la confusión. Si **Jesús** es la Verdad, el diablo es mentiroso por excelencia. Desde siempre, desde el principio, la mentira ha sido su estrategia preferida. Engaña a los hombres haciéndoles creer que la felicidad se encuentra en el dinero, en el poder, en la concupiscencia carnal. Engaña a los hombres persuadiéndoles de que no tienen necesidad de Dios y de que son autosuficientes, sin necesidad de la gracia y de la salvación. Incluso engaña a los hombres disminuyendo, es más, haciendo desaparecer el sentido del pecado, sustituyendo la ley de Dios como criterio de moralidad por las costumbres y las convenciones de la mayoría. Persuade a los niños de que la mentira es un modo apto para resolver los diversos problemas, y así poco a poco se crea entre los hombres un atmósfera de desconfianza y de sospecha. Tras las mentiras y engaños, que llevan la imagen del Gran Mentiroso, se desarrollan las incertezas, las dudas, un mundo en el que no hay ya seguridad, ni Verdad y donde, en cambio, reina el relativismo y la convicción de que la libertad consista en el hacer lo que se quiere; así no se entiende ya que la verdadera libertad es la identificación con la voluntad de Dios, fuente del bien y de la única felicidad posible»[1].

El demonio es un ser inteligente, no humano, que induce a los hombres al mal[2]. Pero al demonio se le puede vencer con la ayuda de Dios[3].

Al demonio se le pinta con cuernos y con rabo; pero ya se comprende que el diablo ni tiene cuernos ni rabo, pues es espíritu. Se le representa así para expresar que es un espíritu malo.

En la Biblia parece clara la existencia del demonio en la tentación de **Eva**, en las pruebas de **Job**, etc.; y sobre todo en el Evangelio[4]. **Cristo** para rechazar a **Pedro** que le proponía huir de la cruz le dice:*«Apártate de mí, Satanás»*[5]. Es decir, **Cristo** supone que **Satanás** es alguien[6]. Si no, ese modo de hablar no tendría sentido.

Dice el **Nuevo Catecismo de la Iglesia Católica** que el demonio es persona[7]. Así lo considera **Cristo** pues supone que tiene deseos: le dice a **Pedro** que *«Satanás quiere cribaros como al trigo»*[8]. Y **San Pedro** llama a **Satanás** nuestro adversario y afirma que anda buscando el modo de hacernos daño[9].

En otra ocasión **Cristo** afirma que Él expulsa al demonio[10].

---

[1] ZENIT: Boletín informativo del Vaticano en INTERNET, ZS99012615

[2] Evangelio de SAN MATEO, **13**:38s

[3] SAN PABLO: Primera Carta a los Corintios, **10**:13

[4] MICHEL SCHMAUS: *Teología dogmática, 2º, 2º, I.* Ed. Rialp. Madrid

[5] Evangelio de SAN MATEO, **16**:23

[6] Declaración de la Sagrada Congregación para la Doctrina de la Fe. Revista ECCLESIA, nº. 1.753(16-23,VIII,75)

[7] **Nuevo Catecismo de la Iglesia Católica, nº.2851.**

[8] Evangelio de SAN LUCAS, **22**:31

[9] SAN PEDRO: Primera Carta, **5**,8

[10] Evangelio de SAN MATEO, **12**:29

D. Salvador Muñoz Iglesias, Profesor de Sagrada Escritura en el Seminario de Madrid, en el espacio de Televisión *El pulso de la fe*, dijo: «Quien niegue la existencia real de **Satanás** tiene que admitir que **Cristo** o se equivocó o nos engañó. Si un cristiano no puede admitir ninguna de estas dos cosas, tendrá que aceptar la existencia real de **Satanás**».

«Si hay algo claro en una lectura de las páginas del Nuevo Testamento, es que para **Jesús** y los Apóstoles, el demonio es una realidad, una realidad viva; y no una simple figuración o un fantasma»[1].

Pablo VI dijo: «Quien rehusa reconocer la existencia de **Satanás** se sale del marco de la enseñanza bíblica y eclesiástica»[2].

Dice **Monden:** «No se puede eliminar de la Escritura la existencia del demonio como ser personal sin alterar el mensaje cristiano en su misma esencia»[3].

A veces se dan casos, aunque rarísimos, de posesión diabólica.

Hay que distinguir entre la auténtica posesión diabólica y los enfermos mentales que se creen poseídos del demonio.

Para las auténticas posesiones diabólicas la Iglesia tiene sacerdotes especializados que practican exorcismos para expulsar los demonios.

También hay que distinguir entre el verdadero exorcismo, realizado por un sacerdote especializado con el ritual de la Iglesia, y las oraciones de liberación que puede hacer cualquier cristiano[4].

El demonio «es el tentador que busca nuestra desgracia y quiere cerrarnos las puertas del cielo»[5].

«Sin embargo, el poder de **Satanás** no es infinito. No es más que una criatura»[6] «El diablo no tiene poder sobre la salvación eterna del hombre, si éste no se lo permite»[7]. «Aunque el diablo es capaz de tentarnos no puede arrancarnos nuestro consentimiento»[8].

Dice la Biblia que el demonio nos tienta porque nos tiene envidia[9] , pues siendo

[1] JOSÉ LUIS MARTÍN DESCALZO: *Vida y misterio de Jesús de Nazaret, 1º, XV, 1.* Ed. Sígueme. Salamanca, 1987

[2] PABLO VI: L'Osservatore Romano (Edición española) del 19-XI-72. Pg. 3.

[3] L. MONDEN: *Milagro. Signo de salud, pg. 127.* Ed. San Pablo. Madrid.1997.

[4] GABRIEL AMORTH: *Habla un exorcista, III.* Ed. Planeta+Testimonio. Barcelona.1998.

[5] Conferencia Episcopal Alemana: *Catecismo Católico para Adultos, 1º, III, 2.* Ed. BAC. Madrid.

[6] **Nuevo Catecismo de la Iglesia Católica, nº 395.**

[7] ANGELO SCOLA: *Sectas satánicas y fe cristiana, V.* ed. Palabra. Madrid. 1998.

[8] Sagrada Congregación de la Doctrina de la Fe. Revista ECCLESIA, 1753(1975)1057-1065.

[9] Libro de la Sabiduría, **2**:24

la naturaleza humana inferior a la angélica, nosotros podemos salvarnos y él no. Por eso quiere impedir nuestra salvación eterna[1].

Dice **San Pablo** que el diablo nos tienta[2].

Y para tentarnos, nos engaña. **San Juan** le llama «mentiroso»[3].

En el Nuevo Testamento se habla del demonio más de cien veces[4].

El hecho de que la Biblia mencione en el Apocalipsis el 666 como el número de la Bestia, «para algunos es el signo de Satán, y es un número maldito»[5].

En nuestros días la presencia del diablo se da principalmente en las prácticas de espiritismo y el el juego de la «ouija».[6] Y también en las sectas satánicas y en las posesiones diabólicas[7].

Puede ser interesante mi vídeo: *¿Existe el diablo?* con mi intervención en un debate de la televisión vasca (ETB)[8].

4. «Nos interesa muchísimo conocer cuándo fue creado el mundo, en qué época apareció el hombre, cuál fue la cuna de la Humanidad; pero de nada de esto nos habla la Biblia, pues no es un libro científico sino religioso, y lo único que le interesa decirnos es que el mundo es obra de Dios, y que Dios intervino de modo especial en la creación del hombre»[9].

El **P. Antonio Romañá, S.I.**, en el discurso pronunciado al ser admitido en la Real Academia de Ciencias de Madrid, cita esta frase de **San Agustín**: «Dios en la Biblia no nos ha querido enseñar cómo va el cielo, sino cómo se va al cielo»[10].

«La Sagrada Escritura no tiene como fin fundamental comunicar enseñanzas sobre ciencias profanas, sino guiar a los hombres hacia su salvación eterna»[11].

Con todo, los descubrimientos arqueológicos confirman los relatos bíblicos.

Kenyon que fue director del Museo Británico de Londres, señala que la investigación arqueológica moderna ha corroborado la verdad de las

---

[1] ANTONIO ROYO MARÍN, O.P.: *Teología de la salvación, 1ª, III, nº 64.* Ed. BAC.Madrid.

[2] SAN PABLO : Carta a los Efesios, **6** :11

[3] Evangelio de SAN JUAN: **8** :44

[4] JOSÉ A. SAYÉS: *El pecado original, IV, 3, 1.* Folleto J.R.C. nº13. EDAPOR. Madrid, 1988.

[5] MARIE-MICHÈLE BOURRAT: *¿Existe el diablo?, II, 6.* Ed. Mensajero. Bilbao.

[6] JOSÉ ANTONIO SAYÉS: *El demonio, ¿realidad o mito? VI, 3,a.* Ed.San Pablo. Madrid. 1997.

[7] JOSÉ ANTONIO SAYÉS: *El demonio, ¿realidad o mito? VI, 3,b.* Ed.San Pablo. Madrid. 1997.

[8] Pedidos al autor: Apartado 2546. 11080-Cádiz. Tel.: (956) 222 838. FAX: (956) 229 450

[9] LUIS ARNALDICH,O.F.M.: *El origen del mundo y del hombre según la Biblia, 1.* Ed. Rialp.Madrid

[10] ANTONIO ROMAÑÁ, S.I.: *Estado actual de la Cosmología. Apéndice.* Publicaciones del Observatorio del Ebro. Tortosa.

[11] ÁNGEL SANTOS RUIZ: *Vida y espíritu ante la Ciencia hoy, XVIII.* Ed. Rialp. Madrid, 1970.

Escrituras[1]. «Puedo afirmar categóricamente que jamás hallazgo arqueológico alguno ha desmentido una referencia bíblica. Docenas y docenas de descubrimientos arqueológicos realizados han venido a confirmar asertos históricos de la Biblia»[2].

En 1957 el Profesor de la Universidad Complutense, **Alejandro Díez-Macho**, descubrió en la Biblioteca Vaticana el **Codex Neophyti I,** que es un manuscrito del Pentateuco bíblico en arameo, que era la lengua que se utilizaba en tiempos de **Jesús**. Este manuscrito ha sido editado en cinco tomos por el Consejo Superior de Investigaciones Científicas[3].

5. La Biblia nos cuenta en el Libro del Génesis cómo creó Dios el mundo.

La Biblia habla de siete días. Pero la palabra hebrea *«yom»*, día, también significa un período largo de duración[4].

«Tampoco se puede insistir en el orden que se atribuye a los seres creados. (...) Busquemos en ellos, no un orden cronológico sino un orden lógico y artificial.

»Pongamos un ejemplo:

»Quiere un escritor narrarnos la Historia de España durante la Edad Media.

»Dedica el primer capítulo al reino de Asturias; otro capítulo al de León; otro al reino de Castilla. Es natural que en esta distribución lógica y geográfica, se complique la cronología. En el primer capítulo nos darán hechos posteriores a ciertos hechos de los capítulos siguientes»[5].

Nuestro modo de hablar, moderno y occidental es distinto del de la Biblia, primitivo y oriental, al que se acomodó Dios en sus revelaciones. La Biblia se expresa en un estilo sencillo y figurativo, adaptado a la mentalidad de aquel tiempo. El teólogo tiene que distinguir el contenido del mensaje revelado, del contexto en el que ha sido expresado. Hay que tener en cuenta que la Biblia lo que pretende es transmitir una enseñanza religiosa. Su misión no es enseñar ciencia ni historia[6].

«La Biblia no se propuso ninguna finalidad científica. Por lo mismo, tampoco nosotros debemos buscar en la Biblia solución científica a los problemas que plantea la ciencia moderna»[7]. En el modo de hablar se acomoda al modo de pensar y expresarse del pueblo al que se dirigía. No es lo mismo decir una cosa,

---

[1] Sir FREDERIK KENYON: *The Biblie and Arqueology, pg. 279.* New York.

[2] NELSON GLUECK: *Rivers in the desert, pg. 31.* New York.

[3] ALEJANDRO DÍEZ MACHO: *Manuscrito Neophyti, 1.* Consejo Superior de Investigaciones Científicas. Madrid.

[4] A. MARTÍNEZ TORNERO, S.I.: *¿Por qué soy católico?, I.* Ed. Fe Católica. Madrid.

[5] JESÚS MARÍA GRANERO, S.I.: *Credo, 1º, XIII.* Ed. ESCELICER. Cádiz.

[6] JUAN HUARTE: *Evolución y problema religioso, IX, 2, B.* Unión Editorial. Madrid, 1984.

[7] LUIS ARNALDICH, O.F.M.: *La Biblia y la evolución, I.* Ed. BAC. Madrid

que afirmarla. Al decirla, me acomodo al modo de hablar. Al afirmarla, la quiero enseñar. Cuando a un niño se le dice que la cigüeña le ha traído un hermanito (aunque este modo de hablar no sea recomendable como lo digo en el nº **66**,4) no se afirma que sea ése el modo de nacer de los niños; se emplea un modo de hablar metafórico y figurativo, erróneo y equivocado, pero el que lo emplea lo considera el más adecuado para hacerse entender[1].

6. **No puede haber contradicción** entre Ciencia y Fe, pues las dos vienen de Dios. En efecto, Ciencia es el conocimiento de las leyes que Dios ha puesto en la Naturaleza, y Fe el conocimiento de las verdades religiosas que Dios ha revelado. Con todo hay que tener en cuenta, que la Ciencia mira la creación desde el punto de vista de las causas naturales, y por ello se interesa directamente de su desarrollo en el tiempo, y del orden exacto de ese desarrollo. La Biblia, en cambio, mira la creación desde el punto de vista de Dios, como Causa Primera y Universal; por eso no atiende en su narración al desarrollo temporal objetivo, sino que toda ella está atenta a la afirmación de la causalidad divina en cada uno de los elementos de la creación. Y en cuanto al orden y duración del proceso creativo escogió un modo de hablar que se acomoda a lo que aparentemente tenía lugar en el cielo -tal como se contemplaría desde la Tierra-, y a una verdad que tiene sumo empeño en inculcar: la sabiduría divina en crear, que se muestra en proceder en orden ascendente, es decir, de lo más imperfecto a lo más perfecto[2]; aunque la valoración la haga conforme a las apariencias sensibles y al modo corriente de hablar sobre estas cosas en su época. Lo más importante en la Biblia es el mensaje que quiere enseñar, y no el modo de hablar que usa para enseñarla.

Hay que tener en cuenta que su lenguaje es **sencillo y popular**. Acomodado al pueblo al que se dirigía[3]. Por eso, el orden que sigue en sus primeros capítulos, como en no pocos otros, no es precisamente el cronológico, sino un determinado orden lógico, y viendo las cosas desde la Tierra. Habla de un modo popular, según las apariencias, no según los principios científicos[4]. Por eso dice que el murciélago es un ave[5], y es un mamífero; y que el Sol da vueltas alrededor de la Tierra, pues **Josué** mandó detenerse al Sol: «... *y el Sol se paró en medio del cielo*»[6]. También hoy en día, incluso en los libros científicos se dice que el Sol sale y el Sol se pone; como si fuera el Sol quien da vueltas alrededor de la Tierra.

[1] JUAN LÓPEZ PEDRAZ,S.I.:*¿De veras que el cristianismo no convence?, I, 50.* Ed.Sal Terrae. Santander,1972. Este libro es interesantísimo para estudiar los distintos caminos que llevan al ateísmo

[2] LUIS ARNALDICH, O.F.M.: *La Biblia y la evolución, II.* Ed. BAC. Madrid

[3] DENZINGER: *Magisterio de la Iglesia, nº 2127.* Ed. Herder. Barcelona

[4] BIRNGRUBER: *Teología dogmática para seglares, nº 7.* Ed. Litúrgica Española. Barcelona

[5] Levítico, **11**:19

[6] JOSUÉ, **10**:13

Y todos sabemos que el Sol, ni sale ni se pone, sino que es la Tierra la que, en su rotación, presenta a los rayos solares diversas partes de su superficie. Es que hablamos de las cosas del cielo tal como se ven desde aquí; y aunque este modo de hablar no es exacto ni científico, todos entendemos lo que queremos decir.

Igualmente, cuando en el primer capítulo del Génesis emplea la palabra «día» al relatar la creación del mundo, no hay que entenderla como un día de veinticuatro horas, sino como un espacio de tiempo[1].

El hablar de los seis días de la creación tiene un fundamento litúrgico: inculcar el descanso sabático. Presenta a Dios antropológicamente, trabajando seis días y descansando el séptimo[2].

«Teje una narración escalonada hasta llegar al hombre, como culminación»[3].

7. En lo que enseña la Biblia **no cabe error alguno**, pues es un libro inspirado por Dios[4]; pero la inerrancia aneja a cada uno de sus libros es la que cuadra con el género literario a que pertenece.

Hay que distinguir entre el género alegórico del Apocalipsis, y «el género histórico de los dos Libros de Samuel, que pueden considerarse como el nacimiento de la historiografía»[5].

Cada género literario en la Biblia tiene su tipo de verdad. Como en un periódico una es la verdad de un artículo editorial, otra es la verdad de la noticia de una agencia, y otra la verdad del lenguaje hiperbólico de un anuncio: «Mejores no hay», «Superior al mejor», etc. Así, una es la verdad propia de la parábola, en la cual sólo se pretende enseñar una verdad sin afirmar cada uno de los elementos ornamentales que la hacen pedagógica; otra la verdad de un canto lírico que, en lo concerniente a su sentido y realidad, debe ser juzgado conforme a las leyes de la lírica; otra la verdad de un relato. En éstos puede su autor querer afirmar la realidad histórica de lo que narra, tanto en lo substancial como en los pormenores. Pero puede también afirmar sólo la substancia del hecho, sin privarse, por motivos pedagógicos y artísticos (la Historia entre los antiguos tenía no poco de arte), de añadir a lo substancial otros elementos cuya realidad histórica no asegura.

«Hay que tener en cuenta que en una mentalidad oriental no es faltar a la verdad ampliar la narración con la adición de detalles no históricos en sí mismos, pero que contribuyen a poner de relieve el suceso central que se trata de transmitir. Distinguir entre la base histórica y los detalles ornamentales no es tarea que pueda realizar cualquier particular, sino personas preparadas para ello con doble

---

[1] DENZINGER: *Magisterio de la Iglesia, nº 2128*. Ed. Herder. Barcelona

[2] ANTONIO ROYO MARÍN, O.P.: *Dios y su obra, 3º, 1ª, IV, nº 439*. Ed. BAC. Madrid

[3] JOSÉ MARÍA RIAZA S.I.: *La Iglesia en la historia de la ciencia, 2ª, XI, 2*. BAC. Madrid.1999.

[4] Concilio Vaticano II: *Dei Verbum:* Constitución Dogmática sobre la Divina Revelación, n. 9

[5] PIERRE DE GUIBERT, S.I.: *Así se escribió la Biblia, II,2*. Ed. Mensajero. Bilbao. 1997.

preparación científica y teológica. La Biblia es un libro que se debe a la acción conjunta e indivisible de Dios y del hombre, su instrumento, a quien Dios comunicó su inspiración. Su realidad divina exige, para interpretarla, preparación teológica; y su realidad humana, preparación científica: entre estas dos no puede haber verdadero conflicto si se ejercitan con lealtad y rigor intelectual»[1].

«Los datos numéricos de la Biblia, al igual que los de todos los antiguos documentos orientales, no hay que entenderlos en sentido aritmético, porque se basan en el simbolismo numérico del Antiguo Oriente»[2]. «Los números tienen un valor convencional y sagrado; no pueden tomarse siempre en sentido propio»[3]. El conocido especialista bíblico **Alejandro Díez Macho** dice: «lo de menos es el valor matemático, cuantitativo. Son números simbólicos»[4].

La interpretación de la Biblia no es un quehacer que haya que forjarse a base **únicamente** de ciencia y competencia, sino ante todo mediante la adhesión a la fe y la aceptación humilde de la palabra de Dios. De aquí que su lectura suponga una cierta preparación religiosa, bien distinta del mero espíritu de crítica o curiosidad. Por encima de las interpretaciones particulares está el juicio de la Iglesia, a la que **Cristo** confió la inteligencia del verdadero significado de los libros santos, conservado por los Santos Padres, y transmitido por la Tradición y el Magisterio de la Iglesia.

La recta interpretación de los pasajes de la Biblia pertenece a la autoridad de la Iglesia, que es la que ha recibido de **Cristo** la misión de enseñar. Los individuos particulares pueden equivocarse al interpretar algunos pasajes oscuros. De ahí la multitud de interpretaciones equivocadas y opuestas entre sí de los protestantes, que admiten la libre interpretación personal[5]. Ya dijo **San Pedro** que en la Biblia hay pasajes difíciles de entender[6].
La libre interpretación de la Biblia que hacen los protestantes lleva a la confusión. No pueden ser verdad todas las distintas opiniones contradictorias entre sí. De ahí la necesidad de una autoridad infalible que interprete correctamente la verdad que nos enseña la Biblia[7].

«El oficio de interpretar auténticamente la palabra de Dios escrita o transmitida, ha sido confiado únicamente al Magisterio vivo de la Iglesia, cuya autoridad se

[1] Para entender la Biblia es indispensable leer antes algún libro que nos prepare a ello. Es magnífico el de DANIEL ROPS, *¿Qué es la Biblia?*. Ed. Casal i Vall. Andorra

[2] JOSÉ MARÍA RIAZA, S.I.: *La Iglesia en la Historia de la Ciencia, 2ª, XI, 3,b.* Ed. BAC.Madrid.1999.

[3] ARNALDICH: Revista *Cultura bíblica* 9 (1952) 112.

[4] ALEJANDRO DÍEZ MACHO: Revista *Estudios Bíblicos* 21 (1962) 216s.

[5] Cristo en Casa. Curso Fundamental, XXII. Fe Católica. Maldonado, 1. Madrid

[6] Segunda carta de SAN PEDRO, **3**:16.

[7] JUAN RIVAS, L. C.:*Evangelio y Fe*. En INTERNET: www.hombrenuevo.org

ejerce en el nombre de **Jesucristo**»[1].

En los Evangelios, por debajo de los relatos en que se narran los hechos reales de **Jesús**, en sentido oculto, en segundo nivel, como en un código secreto, suele haber un contenido teológico encerrado en esos relatos[2]. Por ejemplo: la multiplicación de los panes representa la Eucaristía; las Bodas de Caná, la mediación de María, etc.

Por eso «según una antigua tradición se pueden distinguir dos sentidos en la Sagrada Escritura: el sentido literal y en sentido espiritual»[3].

«Para comprender exactamente lo que el autor propone en sus escritos hay que tener en cuenta el modo de pensar, de expresarse, de narrar, que se usaba en los tiempos del escritor, y también las expresiones que entonces se usaban en la conversación ordinaria»[4]. Cada lengua tiene su modo de hablar. Un español dice «me duele la cabeza», y un francés «tiene mal en la cabeza»; un español «se bebe un vaso de cerveza» y un alemán, la cerveza «que sale de un vaso».

En la Biblia hay que distinguir el estilo propio de cada **género literario:** no es lo mismo el género lírico que el épico o el histórico. Cada uno debe interpretarse como corresponde. Teniendo en cuenta que «no hay divisiones estancas entre los géneros literarios. Dentro del mismo relato pasa fácilmente de los recuerdos de la historia a los arrebatos poéticos»[5].

Aun admitiendo los géneros literarios no podemos negar que los Evangelios relatan hechos reales. «No se puede decir que hayan falseado la Historia o la hayan inventado»[6].

Cada versículo de la Escritura nos obliga a conocer el medio cultural en que se desenvuelve el autor. Los recientes hallazgos de las Ciencias Auxiliares de la exégesis nos han proporcionado un conocimiento más profundo del mundo bíblico. Este conjunto de conocimientos auxiliares no es, sin embargo, lo esencial en la lectura e interpretación de la Biblia. Ante todo, es preciso tener siempre en cuenta que la mejor manera de entender la Palabra de Dios es explicar la Biblia por la Biblia: una enseñanza que tal vez se encuentra expuesta en un pasaje de modo fragmentario, incompleto, encuentra frecuentemente su complemento y su equilibrio gracias a otros textos más claros, más desarrollados y coherentes. Y junto con el recurso al mismo texto sagrado, es menester prestar atención a las interpretaciones de los Santos Padres de la Iglesia. Estos santos vivieron en condiciones humanas, sociales, religiosas, etc., muy semejantes a las del mundo del Evangelio y poseyeron también un sentido cristiano más agudo y más puro que

---

[1] CONCILIO VATICANO II: *Dei Verbum*: Constitución Dogmática sobre la Divina Revelación, n. 10

[2] SECUNDINO CASTRO: *El sorprendente Jesús de Marcos.* REVISTA DE ESPIRITUALIDAD, 47(1988)10

[3] **Nuevo Catecismo de la Iglesia Católica, nº 115**

[4] Concilio Vaticano II: *Dei Verbum:* Constitución Dogmática sobre la Divina Revelación, n. 12

[5] PIERRE GRELOT: *Introducción a los Libros Sagrados, 1ª, A, II, 1.* Ed. Stella. Buenos Aires.

[6] SALVADOR MUÑOZ IGLESIAS: *Los evangelios de la infancia, tomo IV, Epílogo.* Ed. BAC. Mad.

el nuestro.

Dijo **Juan Pablo II** en un discurso a la Academia Pontifica de Ciencias: «La Biblia nos habla del origen del universo y de su constitución no para facilitarnos un tratado científico, sino para declarar que el mundo ha sido creado por Dios. (...) La Biblia no quiere enseñar cómo ha sido hecho el cielo, sino cómo se va al cielo»[1].

8. **La Iglesia reconoce como sagrados** todos los libros de la Biblia porque «habiendo sido escritos bajo la inspiración del Espíritu Santo, tuvieron a Dios como Autor, pues los autores inspirados escribieron todo y sólo lo que Dios quería. Por eso hay que confesar que los libros de la Escritura enseñan firmemente con fidelidad y sin error la verdad que Dios quiso consignar en las Sagradas Escrituras para nuestra salvación»[2]. La Biblia es el «Libro de Dios».

La Iglesia, en la Biblia, «no recibe solamente una palabra humana, sino la Palabra de Dios»[3] , pues «las verdades que se contienen en la Sagrada Escritura se consignaron por inspiración del Espíritu Santo»[4].

Aun cuando las diversas partes que la componen hayan sido redactadas por distintos autores, Dios es el Autor principal de toda ella[5].

La lista de los libros inspirados está en el «canon» que de ellos ha publicado la Iglesia[6]. Esta lista de libros inspirados de la Biblia fue promulgada oficialmente por el Concilio de Trento, en 1546, basándose en la Tradición de la Iglesia. Ya en el año 393, en el Concilio de Hipona, se hizo la primera lista[7]. Cuando el Emperador Constantino dio paz al mundo cristiano se emprendió la obra de juntar las varias partes de las Escrituras, todo con el empuje del Papa.

Cuando la Iglesia afirma la inspiración de la Biblia, no comete un «círculo vicioso».: Ella se funda en la Biblia en la biblia para considerarse infalible, y Ella es la que dice que la Biblia está inspirada. La argumentación es en espiral: se demuestra la historicidad de la Biblia y de ella se deduce la infalibilidad de la Iglesia. «No estamos basando la inspiración de la Biblia en la infalibilidad de la Iglesia y la infalibilidad de la Iglesia en la palabra inspirada de la Biblia;eso sería precisamente un circulo vicioso. Lo que hemos hecho se llama argumento en espiral: por un lado hemos argumentado sobre la confiabilidad de la Biblia como texto meramente histórico; de allí sabemos que **Jesús** fundó una Iglesia infalible, y

---

[1] Acta Apostolicae Sedis, 73 (1981) 669s

[2] Concilio Vaticano II: *Dei Verbum*: Constitución Dogmática sobre la Divina Revelación, n.11

[3] **Nuevo Catecismo de la Iglesia Católica, nº 104**

[4] **Nuevo Catecismo de la Iglesia Católica, nº 105**

[5] DENZINGER: *Magisterio de la Iglesia, nº 1787*. Ed. Herder. Barcelona

[6] DENZINGER: *Magisterio de la Iglesia, nº 784, 1809*. Ed. Herder. Barcelona

[7] DANIEL GAGNON: *No todo el que dice Señor, Señor,...*Ed. Paulinas. México.

sólo entonces tomamos la palabra de esa Iglesia infalible que nos enseña que la palabra que nos transmite la Biblia es una palabra inspirada, Palabra de Dios. No se trata de un "circulo vicioso", ya que la conclusión final (la Biblia es la Palabra de Dios) no es el enunciado del cual partimos (la Biblia es un libro históricamente confiable), y este enunciado inicial no está basado en absoluto en la conclusión final. Lo que hemos demostrado es que, si excluimos a la Iglesia, no tenemos suficientes motivos para afirmar que la Biblia es la Palabra de Dios»[1] .

La inspiración divina es un influjo sobrenatural de Dios sobre la razón y la voluntad del escritor sagrado en la redacción de los escritos bíblicos. El autor inspirado es el instrumento de Dios, pero dotado de razón: tiene características personales. La inspiración, ese «soplo divino», respeta la libertad y el modo de expresarse propio de cada autor sagrado, que conservando su personalidad realiza un trabajo de reflexión y de redacción para comunicar lo que Dios desea que escriba. Como un secretario que escribe una carta según las ideas recibidas.

Inspiración es «la acción que el Espíritu Santo ha ejercido sobre los escritores sagrados para que escriban las verdades que quería manifestar»[2] .

A pesar de la inspiración de Dios, cada autor deja su sello personal en el escrito[3] . «Lo hicieron según su estilo y cultura, reflejando la mentalidad propia de su tiempo. (...) Por eso al exponer las cosas y acontecimientos en conformidad con los criterios y conocimientos propios de su época, pueden dar lugar a "errores científicos". (...) Y siendo la historia de un pueblo no siempre santo y ejemplar, no todo lo que está recogido y descrito en la Biblia es perfecto y edificante»[4] .

La diversidad de autores de los libros sagrados da variedad a los estilos. Lo mismo que el trazo de un escrito varía según se haga con pluma, bolígrafo o rotulador: pero la idea siempre es del autor.

La inspiración comunica el mensaje, la idea; pero las palabras, el modo de expresar el mensaje, son obra del autor inspirado.

Por ejemplo:

Una madre le puede decir a su niño que se calle de tres maneras:

a) «Te he dicho que te calles».

b) «¿No has oído que te calles?».

c) «Por milésima vez te lo digo: cállate».

Son tres modos distintos de decir lo mismo: afirmativamente, interrogativamente, hiperbólicamente. Pero en los tres casos se dice lo mismo.

De este modo, por encima de las diferencias literarias existentes entre los

[1] Catholic Answers en INTERNET: Apologética Católica: http://catholic-church.org

[2] Diccionario de Teología Católica (DTC). Tomo 7, col. 2068.

[3] MIGUEL PEINADO: *Exposición de la Fe Cristiana, 2ª, II, 24.* Ed. BAC. Madrid. 1975.

[4] AMÉRICO M. VEIGA: *Creer hoy, II, 3.* Ed. Perpetuo Socorro. Madrid. 1984.

diversos libros sagrados, Dios continúa siendo su Autor. La Biblia, es un libro divino[1].

Dice **San Pablo;** *Toda la Escritura está inspirada*[2].

Como dice **Pío XII** en su encíclica *Divino afflante Spiritu* «el autor sagrado es instrumento del Espíritu Santo» pero «instrumento vivo y dotado de razón», es decir, dejando su huella personal: carácter, personalidad, mentalidad etc.

«El Espíritu Santo dictó lo que quería que se escribiera. Fue un dictado interno y silencioso. El escritor redactaría según su estilo de expresión propio. Incluso sin percatarse de estar escribiendo bajo la influencia de la divina inspiración. Sin embargo, el Espíritu Santo quería cada rasgo de su pluma»[3].

El estudio de la Sagrada Escritura abarca dos campos: **la exégesis y la hermenéutica.**

La exégesis estudia el significado de las palabras, y la hermenéutica interpreta el sentido de los textos.

9. **Los Testigos de Jehová** se sirven de la ignorancia de los oyentes para tergiversar las Fuentes de la Revelación. Tienen su propia traducción de la Biblia: *New World Traslation.*

El texto de esta traducción difiere de un modo radical de las demás versiones cristianas, tanto católicas como protestantes.

Sacan conclusiones teológicas diametralmente opuestas a las del cristianismo tradicional.

Introducen palabras que cambian el sentido de los textos originales.

Esta traducción ha recibido la repulsa unánime de todos los exégetas, incluso protestantes.

«Este volumen es una prueba clara de cómo no debe hacerse una traducción», dice **H.H. Rowley.**

Y **A. Hoekema**: «No es una versión objetiva del texto sagrado, sino una obra llena de prejuicios que han metido de contrabando en el texto de la Biblia»[4].

En el libro *Proceso a la Biblia de los Testigos de Jehová* escrito por el pastor protestante **Danyans** se dice en la presentación: «Los **Testigos de Jehová** han torcido las Escrituras y han puesto en circulación una Biblia falseada y adaptada a sus prejuicios...

»Ésta es una Biblia sectaria, y como tal es la negación misma del espíritu bíblico

[1] CESLAO SPICQ, O.P.: *La Biblia, Palabra de Dios.* Conferencia en el Instituto Aquinas de Estudios de Teología para Seglares

[2] SAN PABLO: Segunda carta a Timoteo, **3**:16

[3] LEO J. TRESE: *La fe explicada, I, 3.* Ed Rialp. Madrid, 1981. Sexta edición.

[4] PRUDENCIO DAMBORIENA, S.I.: Revista IGLESIA-MUNDO. Documentación nº8(12,XI,71)

genuino»[1].

«Ante este cúmulo de arbitrariedades rayanas en el sacrilegio, por tratarse de la Palabra de Dios, no queda sino esta disyuntiva: los traductores de la Biblia de los Testigos han fallado en su cometido por ignorancia o por malicia.

»Si no sabían griego y la tradujeron así, pecaron por ignorancia: nunca debieron meterse a traductores de la Biblia.

»Si, en cambio, sabían muy bien el griego y tradujeron mal, entonces pecaron contra la luz.

»No es extraño, por tanto, que esta traducción haya merecido las más severas críticas»[2].

El **P. Giuseppe De Rosa, S.I.** ha publicado en la revista *«Civiltà Cattolica»* de los jesuitas de Roma un artículo titulado «Los Testigos de Jehová no son cristianos», donde dice que la traducción de la Biblia de los **Testigos de Jehová** falsifica cosas esenciales para decir lo que la Biblia no dice, o lo contrario de lo que dice[3].

Por eso la Iglesia Católica quiere que las traducciones de la Biblia se publiquen con censura eclesiástica, para asegurar al lector la fidelidad de la traducción. Y estas traducciones, manda el Concilio Vaticano II, deben tener notas explicativas[4]

[1] .E. DANYANS: *Proceso a la Biblia de los Testigos de Jehová.* Ed. Clie. Barcelona, 1971.

[2] AGUSTÍN PANERO, Redentorista: *NO a los Testigos de Jehová, II, 8.* Ed. Perpetuo Socorro. Madrid, 1973. Estupendo folleto, que en su brevedad, expone y refuta muy bien los errores de los Testigos de Jehová

[3] ZENIT, Boletín informativo del Vaticano en INTERNET: ZS99073007.

[4] Concilio Vaticano II: *Dei Verbum*: Constitución Dogmática sobre la Divina Revelación, n.25.

10. **Dios es el Autor de la vida**. Incluso en una hipótesis evolucionista hay que aceptar unas leyes que dirijan esta evolución.

Estas leyes son obra de Dios.

Juan Oró, uno de los españoles que investigan en los Estados Unidos para la NASA, que está al frente del equipo que analizó las muestras lunares que trajeron los astronautas, y cuya opinión fue definitiva para afirmar que en Marte no hay vida, opina que la vida surgió a merced de un proceso de evolución química gradual que conduce a la generación progresiva según leyes determinadas, «aunque todavía estamos lejos de tener una clara comprensión de las leyes que rigen la evolución de las partículas elementales»[1].

El biólogo soviético **Alejandro Oparin**, explica así el origen de la vida: «En la atmósfera terrestre primitiva, a partir de algunos compuestos relativamente sencillos, principalmente metano, amoníaco, vapor de agua y ácido sulfúrico, y bajo la acción de las descargas eléctricas y rayos ultravioleta se formaron numerosas y variadas sustancias orgánicas de molécula compleja. Estos productos pasaron a formar parte de la hidrosfera, al ser arrastrados por la lluvia, y una vez allí, sufrieron posteriores modificaciones, y un incremento ulterior de su complejidad»[2].

En abril de 1985 la revista norteamericana *News Week* se hacía eco de la presentación, por parte de un grupo de bioquímicos de la NASA americana, de unas pruebas según las cuales la arcilla sirvió como catalizador en la formación de los primeros compuestos orgánicos.

Podría ser una explicación de aquello de la Biblia de que la vida nació del barro[3]

Recientemente **Leslie Orgel**, uno de los mayores expertos mundiales en la materia, demuestra en la revista científica *Nature* que el origen de la vida pudo aparecer en terreno arcilloso[4].

---

[1] YA Dominical, 20-V-79, pg.5

[2] ALEJANDRO OPARIN: *Origen de la vida sobre la Tierra, V.* Ed. Tecnos. Madrid, 1970

[3] Revista ALGO (VII, 1985)23

[4] Diario ABC de Madrid, 2-V-96, pg.63

De hecho **Stanley Miller** y **Harold Urey**, en 1953, haciendo pasar una descarga eléctrica a través de una mezcla de metano, amoníaco, nitrógeno y vapor de agua, lograron sintetizar aminoácidos constitutivos de las proteínas[1].

El Doctor en Ciencias Químicas, **D. José Sánchez-Real**, Catedrático en Valencia, opina que la reacción que **Oparin** sitúa en la superficie de la Tierra debió darse en altas capas de la atmósfera[2].

En todo caso, como el mismo **Oparin** expone en su obra con multitud de fórmulas y reacciones químicas, todo esto supone unas leyes, y las leyes una inteligencia. A esta inteligencia la llamamos DIOS.

Por eso decimos que Dios es el Autor de la vida.

El mismo **Oparin** reconoció en Barcelona (junio 1973), en la IV Conferencia Internacional sobre el Origen de la Vida: «El origen de la vida no es ocasional. Se ajusta en todo a las leyes de la Naturaleza».

Y **Stuart Mill**: «Las leyes de la Naturaleza no pueden, por sí mismas, ofrecer una explicación de su propio origen»[3].

John B. Haldane, famoso fisiólogo genetista británico, Profesor de la Universidad de Cambridge, afirma que el origen de la vida es imposible sin un Ser Inteligente preexistente[4].

«La vida no se ha formado por casualidad, sino que se basa en leyes bien precisas»[5].

Dice **Salvador de Madariaga**: «El mundo vivo no puede ni siquiera concebirse sino como la ejecución de un proyecto que le es anterior»[6].

El paso de las micromoléculas a las macromoléculas se realiza según unas reglas y leyes[7].

Marco Bersanelli, Director del Programa de la Agencia Espacial Europea que estudia el Big-Bang, ha manifestado que «cada vez es más evidente que la estructura del Universo y las etapas de su historia están dispuestas , hechas a propósito, para conseguir que surgiera la vida en su interior»[8].

Fred Hoyle, célebre científico inglés, a quien en 1972 le fue otorgado el título de *Caballero* por sus trabajos científicos, afirma: «La vida no puede haberse producido por casualidad»[9].

---

[1] FRED HOYLE: *Universo inteligente, pg.20.* Ed. Grijalbo. Barcelona, 1984

[2] Revista IBÉRICA de Actualidad Científica, 150(XI,1974)452

[3] JOSÉ M. CIURANA: *Pruebas racionales de la existencia de Dios, V, D.* Difusora del Libro. Madrid.

[4] MARIANO VIGANO, S.I.:Revista LA CIVILTÁ CATTOLICA, 3.051(6-26,VIII,1977)

[5] IVAN EFREMOV: *Naves de estrellas, II.* Ed. Bruguera. Barcelona, 1971

[6] SALVADOR DE MADARIAGA: *Dios y los españoles, pg.37.* Ed. Planeta. Barcelona, 1975

[7] VINTILA HORIA: *Viaje a los centros de la Tierra, 2º, III, 6.* Ed. Plaza y Janés. Barcelona, 1971

[8] ABC Cultural, nº280 (14-III-97) 60

[9] FRED HOYLE: *El Universo inteligente, I, 1.* Ed. Grijalbo. Barcelona, 1984

11. **La base de la vida**, está en los ácidos nucleicos y aminoácidos. Los aminoácidos son los componentes de las proteínas[1].

Las proteínas son los ladrillos de las células[2].

Estas macromoléculas son esenciales en todo ser con vida[3].

«Hay una ley que desde los primeros aminoácidos y nucleótidos formados en las aguas primitivas han conducido a través de millones de años de evolución hasta la formación del DNA humano»[4].

La molécula del ácido desoxirribonucleico (DNA) componente fundamental de los cromosomas, es portador de la información genética.

Cada célula puede poseer docenas de cromosomas. Cada cromosoma posee cientos de genes. Los genes son cadenas de ácido desoxirribonucleico (DNA)[5].

Harada sintetizó aminoácidos, que son los componentes estructurales de las proteínas[6] sometiendo a una temperatura de mil grados centígrados amoníaco, vapor de agua y gas metano: tres derivados volcánicos que probablemente eran muy abundantes en la atmósfera primitiva.

Sin embargo la complejidad de la proteína lejos de ser un desorden, es un orden supremo. Es decir, siempre hemos de admitir unas leyes que dirigen la evolución[7]

El **Dr.Jorge Wald**, biólogo de la Universidad Norteamericana de Harvard, Premio Nobel, dijo en el Congreso Internacional sobre el Origen de la Vida celebrado en Barcelona en junio de 1973: «No hay ninguna oposición entre la aceptación de la explicación científica del origen de la vida y la creencia en Dios, pues éste es el Autor de las leyes que rigen el proceso biológico»[8].

«Hoy, no pocos científicos, al menos entre los occidentales, admiten consecuentemente una tendencia finalista en el desarrollo de las formas. Efectivamente, los últimos descubrimientos, de modo particular los realizados en el sector de las estructuras vivientes, van demostrando la existencia de leyes en los fenómenos vitales, donde el simple azar queda excluido, aun por el mismo cálculo de probabilidades»[9]. «La vida y la evolución tienen un sentido, no es puro azar»[10].

El mismo **Oparin** reconoce que las leyes de la Naturaleza no pueden ser producto de la casualidad, pero no se pregunta cuál es el origen de estas leyes.

Reconocer la existencia de leyes en la Naturaleza y no preguntarse por el origen

---

[1] JUAN RAMÓN LACADENA: *Manipulación genética, 2, 2, 1.* Universidad de Comillas. Madrid

[2] J. ALCÁZAR GODOY: *El origen del hombre, II, 1. a.* Ed. M.C. Madrid, 1986

[3] DR. JIMÉNEZ VARGAS: *El origen de la vida, I, 4.* Madrid

[4] PIERO PASOLINI: *Las grandes ideas que han revolucionado la Ciencia en el último siglo, I, 4.* Ed. Ciudad Nueva. Madrid, 1981

[5] PASCUAL JORDAN: *Creación y misterio, VI, 3.* Ed. EUNSA. Pamplona, 1978

[6] Revista IBÉRICA de Actualidad Científica, n.187(III, 1978)91

[7] G. ELLIOT, S.I.: *Evolución, marxismo y cristianismo, I.* Ed. Plaza y Janés. Barcelona

[8] Entrevista presentada por Televisión Española el 21-VI-73 en el espacio "24 horas"

[9] SEBASTIÁN BARTINA, S.I.: *Hacia los origenes del hombre, I, 1.* Ed. Garriga. Barcelona

[10] JOSÉ BASABE.Catedrático de la Universidad de Barcelona: *El origen de la vida en la Historia del Mundo.* Ed. Salvat. Barcelona, 1970

de ellas es quedarse a mitad de camino. Sin nos preguntamos por el origen último de estas leyes llegaremos a Dios[1].

12. La vida **pudo comenzar** en el mundo en un momento determinado, según las leyes puestas por Dios en la Naturaleza. Parece que fue hace unos 3.000 millones de años[2]. Comenzó de modo muy elemental, y poco a poco fue evolucionando hasta el hombre, que es la suprema manifestación de la vida en la Tierra.

La evolución de la vida en la Tierra supone unas leyes que la han dirigido.

La selección natural de la evolución se produce por mutaciones de los caracteres hereditarios en los genes de los cromosomas.

Pero este proceso ha seguido unas leyes que han dirigido la línea de la evolución.

«Todo el proceso ha estado programado para que al final apareciese el hombre...Ha existido una dirección privilegiada, una finalidad. Sin duda, esta finalidad está en plano superior al puramente material de la evolución»[3]

El que la vida haya comenzado en la Tierra o haya venido de otro astro, es indiferente para explicar las causas del origen de la vida.

El que la vida haya venido de otro astro no excluye que la vida se haya originado según unas leyes.

Por otra parte, no se ha demostrado la existencia de seres inteligentes extraterrestres.

A los ovnis se les encuentran explicaciones que no los hacen necesariamente extraterrestres[4].

El hecho de que la vida haya comenzado en la Tierra o haya venido de otra galaxia es lo de menos, pues «tan sólo pospone la cuestión a otro tiempo y lugar», afirma el célebre astrónomo norteamericano **Dr. Robert Jastrow**[5].

Aparte de que los rayos cósmicos hubieran acabado con la posible vida en los viajes interplanetarios.

---

[1] JOSÉ A. SAYÉS: *Dios existe, II, 1, b.* Ed. EDAPOR. Madrid, 1982

[2] C. LEURRIEE: *El origen de la vida, III.* Ed. Istmo. Madrid, 1971

[3] DR. BERMUDO MELÉNDEZ, Catedrático de Paleontología en la Universidad Complutense de Madrid: *Las bases científicas del evolucionismo, pg. 89.* Ed. ADUE. Madrid

[4] RODOLFO LIEBIG: *La otra revelación, III, 1. a.* Ed. Sal Terrae. Santander, 1977

[5] ROBERT JASTROW: *El telar mágico.* Ed. Salvat. Barcelona, 1985

13. Un grupo internacional de científicos, dirigidos por el investigador **Russell Ciochon,** de la Universidad de Iowa (EE.UU.) ha descubierto en China restos humanos de dos millones de años[1].

En 1972 el científico norteamericano **Dr. Richard Leakey** descubrió en Tanzania, cerca del Lago Rodolfo, en la frontera con Kenya, unos restos humanos. Datan de hace unos dos millones quinientos mil años[2].

En noviembre de 1974 el antropólogo **Donald Johanson** descubrió en Etiopía un esqueleto de una hembra, al parecer del género homínido. Es el más antiguo, más completo y mejor conservado de los esqueletos pertenecientes a un antepasado del hombre actual. Se trata de un homínido bípedo, de tres millones y medio de años de antigüedad. Se le bautizó con el nombre de *Lucy*[3].

En 1994 un equipo de la Universidad de Berkeley en colaboración con expertos de la Universidad de Tel Aviv, en Israel, han encontrado en la cuenca seca del río etíope Awash una colección de fósiles humanos contemporáneos de *Lucy*[4].

Recientemente, **Maeve Leakey,** esposa de **Richard Leakey,** ha descubierto en Kenya un homínido, el *australopitecus anamensis* , de cuatro millones de años de antigüedad. Se le considera el «padre» de *Lucy*[5] .Científicos de la Universidad de Witwastersand de Johanesburgo dirigidos por **Rom Clarke** descubrieron, en diciembre de 1998, en una cueva de Sterkfontein en Sudáfrica, un cráneo y unos huesos de un *Australopitecus* de más de tres millones de años de antigüedad[6].

Parece que los restos humanos más antiguos son los descubiertos por **Brigitte Senut** y **Martin Pickford,** en Kenia, en el año 2000, y que tienen seis millones de años de antigüedad[7].

Los restos humanos más antiguos de Europa los tenemos en España[8]. En Atapuerca (Burgos), **José Manuel Bermúdez,** ha encontrado restos humanos

---

[1] Diario ABC, 6-XI-95, pg.78

[2] DR. EMILIANO AGUIRRE: *Homínidos fósiles.* Revista IBÉRICA, nº160(X-1975)331

[3] Revista IBÉRICA de Actualidad Científica, nº248(X-83)360

[4] Diario ABC, 1-IV-94, pg.62.

[5] Diario ABC, 17-VIII-95, pg.60

[6] Diario ABC, 10-XII-98, pg.39

[7] Diario LA RAZÓN, 5-XII-2000, pg. 39

[8] Diario ABC, 5-IX-95, pg.49

de 800.000 años de antigüedad[1]. Y **José Gibert** opina que el *Hombre de Orce* (Granada), vivió hace un millón de años[2]. El arqueólogo **Isidro Toro** opina que la presencia humana en Orce puede remontarse a un millón y medio de años[3] .

Según **Rafael Puyol,** Rector de la Universidad Complutense de Madrid, Atapuerca «es el yacimiento paleontológico más importante del mundo»[4].

Si pusiéramos en un año la historia del cosmos, el Big-Bang estaría al empezar el primero de enero, y toda la historia del hombre ocuparía tan sólo el último minuto del 31 de diciembre, de este hipotético año en que cada día equivaldría a 50 millones de años. Y **Cristo** aparecería el 31 de Diciembre a las 11 horas, 59 minutos y 50 segundos.

Voy a poner aquí las fechas más importantes de la historia de la Tierra:

15.000 millones de años: El Big-Bang (Origen del cosmos).

5.000 millones de años: Origen de la Tierra.

3.000 millones de años: Origen de la vida.

63 millones de años: Desaparición de los dinosaurios.

3 millones de años: Aparición del hombre.

2,5 millones de años: El hombre comienza a hablar[5] .

200.000 años: El hombre utiliza el fuego.

15.000 años: Pinturas de Altamira.

5.500 años: Aparece la escritura[6]

2.000 años antes de Cristo: Abrahám.

1.250 años antes de Cristo: Moisés.

700 años antes de Cristo: Isaías.

Hace 2.000 años, Dios se hace hombre en la Tierra y muere en la cruz para redimir a la humanidad.

14. La Biblia cuenta la creación del **primer hombre**: de su cuerpo material y de su alma espiritual e inmortal[7].

Por eso no se puede decir que el hombre viene del mono, así, simplemente. Es

---

[1] Diario ABC, 14-VIII-95, pg. 47

[2] Diario ABC, 5-IX-95, pg.49.

[3] Diario ABC, Andalucía, del 13-VIII-99, pg.9

[4] Diario ABC de Madrid del 22-XII-98, pg.30.

[5] DIARIO DE CÁDIZ del 22-VI-99, pg. 37

[6] Diario ABC de Madrid del 5-V-99, pg.59.

[7] Génesis, **2** :7

necesario admitir la especial intervención de Dios[1].

El cuerpo puede venir por evolución; pero no el alma, que es espiritual.

El alma humana ha sido infundida por Dios en el momento de la concepción[2]. Nunca el espíritu puede venir por evolución de la materia[3]. El salto de la materia al espíritu sólo puede darse por la intervención de Dios. Entre el mono y el hombre hay un abismo. Este abismo es la inteligencia. La inteligencia es de orden espiritual[4].

Dijo el Premio Nobel de Medicina **John C. Eccles** en el prólogo de *Las fronteras del evolucionismo* lo siguiente: «Cada alma es una nueva creación divina. Me permito decir que ninguna otra explicación es sostenible»[5].

La Iglesia siempre ha insistido en el hecho de que siendo espiritual el alma humana sólo puede existir por haber sido creada, y no es posible que proceda de un animal inferior por evolución[6].

«La fe católica nos obliga a retener que el alma humana ha sido creada inmediatamente por Dios», dice **Pío XII** en la Encíclica *Humani generis, nº 29*[7].

Con todo, **no hay dificultad** en admitir, dentro de la doctrina católica, que Dios infundió el alma espiritual en un mono antropomorfo[8]. Un cuerpo animal no es más indigno que un pedazo de barro para percibir el soplo espiritual de Dios.

En la historia bíblica de la formación del primer hombre « lo que se quiere destacar es que el hombre proviene de Dios... »[9].

La intervención de Dios en la infusión del alma espiritual en el hombre se explica en la Biblia con las palabras: *"Hagamos al hombre a nuestra imagen y semejanza..."*. Y "*Dios Creó al hombre a imagen suya"*[10]. El hombre es imagen de Dios sólo en el alma espiritual, pues Dios-Creador no tiene cuerpo material. Dios es espíritu puro.

«"Alma" significa el principio espiritual del hombre»[11].

«El llevar en sí la imagen y semejanza de Dios lo debe el hombre, no a su figura corporal, sino a su alma espiritual, dotada de entendimiento y voluntad. Sin duda alguna, la palabra hebrea *bará* (creó) indica una acción especial divina»[12].

---

[1] BALDOMERO JIMÉNEZ DUQUE: *Dios y el hombre, IV.* Ed. Fundación Universitaria Española.
[2] ANTONIO ROYO MARÍN,O.P.: *Dios y su obra,3º, 1ª, V, A, nº 445.* Ed, BAC. Madrid.
[3] IAN G. BARBOUR: *Problemas sobre Religión y Ciencia, 3ª, XII, 2, 1.* Ed. Sal Terrae. Santander.
[4] PARENTE: *De Dios al hombre, VI, 4.* Ed. Atenas. Madrid.
[5] MARIANO ARTIGAS: *Las fronteras del evolucionismo.* Ed. Epalsa. Madrid, 1985
[6] E.C. MESSENGER: *El Génesis y el origen del hombre, I, 6.* Ed. Guadarrama. Madrid
[7] Acta Apostolicae Sedis, 42(1.950)575
[8] ANTONIO ROYO MARÍN, O.P.: *Dios y su obra, 3º, 1ª, V, B, nº 447.* Ed. BAC. Madrid.
[9] ÁNGEL SANTOS RUIZ: *Vida y espíritu ante la Ciencia, hoy, XVIII.* Ed. Rialp, Madrid, 1970.
[10] Génesis, 1:26s
[11] **Nuevo Catecismo de la Iglesia Católica, nº 363**
[12] SEBASTIÁN BARTINA, S.I.: *Hacia los origenes del hombre, III, 1.* Ed. Garriga. Barcelona.

Significa «sacar algo de la nada»[1].

«El verbo *bará* en todo el Antiguo Testamento sólo se dice de la acción divina»[2].

«El hombre es la cumbre de la obra de la creación»[3]. «Por haber sido hecho a imagen de Dios, el ser humano tiene la dignidad de persona: no es algo, es alguien»[4].

«En la evolución del Universo y de la vida, llegó un momento en que, superando las energías materiales y vitales inferiores, apareció en la Tierra una energía de una calidad eminentemente superior: la energía psíquica humana»[5].

Darwin tuvo la intuición de cómo pudo ser el origen del hombre, pero en su tiempo «los fósiles correspondientes a los homínidos eran prácticamente desconocidos»[6]. Así lo afirma el **Dr.Bermudo Meléndez,** Catedrático de Paleontología en la Universidad Complutense de Madrid.

Es decir, en aquel tiempo la teoría evolucionista de **Darwin** era una hipótesis sin comprobación empírica. Por eso la Iglesia, que es muy prudente, no acepta todas la hipótesis científicas inmediatamente; sino que espera a que esa hipótesis de trabajo se consolide y se estudie su armonía con la Revelación de Dios.

15. Esta teoría de que Dios se sirvió del cuerpo de un mono para hacer al primer hombre se llama **evolucionismo**. Hay muchos teólogos católicos que defienden esta teoría, que no está condenada por la Iglesia. Desde la fe y la filosofía no hay inconveniente en admitir la teoría de la evolución. La última palabra la tiene la Ciencia. Pero la teoría de la evolución no elimina la necesidad de una inteligencia ordenadora. Admitir el orden de este mundo y no preguntarse por su causa, es como encontrarse un televisor en lo alto de un monte y atribuirlo a la casualidad[7]. Los textos de la Biblia[8] no tratan de darnos una explicación científica del modo cómo fueron hechos **Adán y Eva**, sino algo mucho más profundo: el hombre es obra de Dios y la mujer de la misma naturaleza que el hombre[9].

El Génesis es una narración simbólica del origen de la humanidad.

La Biblia está llena de **antropomorfismos** que hay que saber interpretar. Con la imagen del «soplo» quiere decir que el hombre recibió de Dios algo que lo

---

[1] MARIANO DELGADO: *Adán y Eva y el hombre prehistórico, III.* Folletos Mundo Cristiano.

[2] HERBERT HAAG: *Evolución y Biblia, II.* Ed. Herder. Barcelona.

[3] **Nuevo Catecismo de la Iglesia Católica, nº 343**

[4] **Nuevo Catecismo de la Iglesia Católica, nº 357**

[5] MARTÍN BRUGAROLA, S.I.: *Sociología y Teología de la Técnica, 3ª, XIX, 4.* Ed. BAC. Madrid.

[6] DR. BERMUDO MELÉNDEZ, Catedrático de Paleontología en la Universidad Complutense de Madrid: *Las bases científicas del evolucionismo, pg.88.* Ed. A.D.U.E. Madrid, 1983.

[7] JOSÉ SAYÉS: *Dios existe, II, 1, e.* Ed. EDAPOR. Madrid, 1982

[8] Génesis, **2**:7, 21ss

[9] FLICK, S.I. y ALSZEGHY, S.I.: *Los comienzos de la salvación, II, B, 9.* Ed. Sígueme. Salamanca

convirtió en un hombre. A ese «algo» nosotros llamamos «alma espiritual».

Y cuando dice que **Eva** era de una costilla de **Adán** quiere decir que la mujer es de la misma naturaleza que el hombre[1]. La formación de la mujer de la costilla del varón quiere expresar que la dignidad de aquélla es igual a la de éste[2].

Pío XII afirma en la Encíclica *Humani generis* (1950) sobre la evolución: «La Iglesia deja la doctrina de la evolución como una cuestión abierta, mientras las especulaciones se limiten al desarrollo del cuerpo humano a partir de otra materia viviente ya existente».

Es posible, que el hombre y el mono actual vengan de un tronco común; pero aunque el cuerpo del hombre pueda venir por evolución de un mono antropomorfo, no por eso vamos a decir que el hombre es un «mono desnudo». También la gallina procede de un huevo, y no decimos que la gallina es un «huevo con plumas». El hombre es mucho más que un animal. Prescindir de la vertiente espiritual del hombre es una visión equivocada de lo que es realmente el hombre.

El hombre es algo más que un simple animal. En el hombre hay un alma espiritual que no puede venir por evolución de la materia, sino por creación de Dios. «El hombre es algo más que el resultado de una evolución biológica»[3].

«Por simple evolución no es posible franquear el abismo que existe entre el reino animal y el hombre. Con las solas fuerzas naturales, ningún animal pudo evolucionar y llegar a un grado de perfección tal que le permitiera salir del círculo de la especie animal y entrar en el de la especie humana. El primer hombre no es, ni pudo ser, el resultado supremo de una evolución animal, sino un ser que existe porque Dios lo creó. Dios está en el origen del hombre; y sin su acción especialísima, el hombre no hubiera llegado a existir»[4].

El efecto no puede ser superior a la causa que lo produce. De una piedra no puede salir una flor, hace falta una semilla. La semilla tiene vida, la piedra no. Nadie da lo que no tiene. Si yo sólo tengo quinientas pesetas en el bolsillo, no puedo darte mil.

Esta misma idea la expresó el catedrático de Fundamentos de Filosofía y de Metafísica en la madrileña Universidad Complutense, **Antonio Millán Puelles** con estas palabras: «Sigue siendo por completo inadmisible que el espíritu venga de donde no lo hay, y ello por la muy obvia y fundamental razón de que nadie da lo que no tiene»[5].

«Que lo espiritual es producido por la materia, desde el punto de vista de la lógica, es inadmisible»[6]. «Si el alma no puede venir de la materia, su existencia

---

[1] LUIS ARNALDICH, O.F.M.: *La evolución, pg. 807.* Ed. BAC. Madrid

[2] ÁNGEL SANTOS RUIZ: *Vida y espíritu ante la Ciencia hoy, XVIII.* Ed. Rialp. Madrid, 1970

[3] Conferencia Episcopal Alemana: *Catecismo Católico para Adultos, 1ª, III, 3, 2.* Ed. BAC. Madrid

[4] LUIS ARNALDICH, O.F.M.: *La Biblia y la evolución, III.* Ed. BAC. Madrid

[5] Entrevista en ARVO titulada *¿ANTROPOLOGÍA O ZOOLOGÍA?* en INTERNET: <mmori@ctv.es>

[6] JOSÉ M. CIURANA: *Fundamentos racionales de la existencia del alma, III, A, c.* Ed. Bosch. Barcelona, 1978

sólo se explica por la intervención creadora de Dios»[1]

Que las almas son inmediatamente creadas por Dios es un punto de vista que la fe católica nos impone[2].

Pío XII añade en su Encíclica *Humani generis:* «La fe católica manda defender que las almas son creadas inmediatamente por Dios»[3].

Pero admite que «para formar el cuerpo del primer hombre pudo haber utilizado el cuerpo de un mono antropomorfo»[4].

Puede ser interesante mi vídeo: *El origen del hombre a la luz de la Ciencia actual y de la Biblia*[5].

Hace tiempo, la Iglesia recibió **con recelo** la teoría evolucionista. No por culpa de **Darwin**, padre de la teoría, que era creyente[6], y aceptaba a Dios como Autor de las leyes que rigen la evolución[7], como hoy admitimos. Fue por culpa de **Huxley** que era materialista y excluía a Dios del proceso evolutivo[8], haciendo de la evolución «una nueva religión»[9].

«Algunos de los partidarios del evolucionismo presentaban la teoría como sucedáneo de la religión»[10].

Charles Robert Darwin (1809-1882) empezó la carrera eclesiástica, aunque después la dejó para dedicarse a su pasión: la Historia Natural. «Él quiso siempre tratar el argumento sólo desde el punto de vista científico sin ponerlo nunca en conflicto con sus convicciones religiosas».

Darwin pensaba que la evolución se ha debido a «leyes generales impuestas por el Creador»[11]. Dice **Darwin** al final de su libro *Origen de las Especies* aparecido en 1859: «Es grandioso el espectáculo de las fuerzas variadas de la vida que Dios infundió en los seres creados haciéndoles desarrollarse en formas cada vez más bellas y admirables»[12].

Darwin escribe a **Marx** en 1880 rechazando la dedicatoria de la edición inglesa

---

[1] JOSÉ ANTONIO SAYÉS: *Razones para creer, I, 3.* Ed. Paulinas. Madrid. 1992.

[2] IAN G. BARBOUR: *Problemas de Religión y Ciencia, 3ª, XII, 2, 1.* Ed. Sal Terrae. Santander, 1971

[3] DENZINGER: *Magisterio de la Iglesia, nº 2.327.* Ed. Herder. Barcelona.

[4] ANTONIO ROYO MARÍN, O.P.: *La fe de la Iglesia, 2º, IV, 123.* Ed. BAC. Madrid, 1979.

[5] Pedidos al autor: Apartado 2546. 11080-Cádiz. Tel.: (956) 222 838. FAX: (956) 229 450

[6] JUAN HUARTE: *Evolución y problema religioso. Introducción.* Unión Editorial. Madrid, 1984.

[7] IAN G. BARBOUR: *Problemas de Religión y Ciencia, 1ª, IV, 2, 1.* Ed. Sal Terrae. Santander, 1971

[8] IAN G. BARBOUR: *Problemas de Religión y Ciencia, 3ª, XII, 5, 1.* Ed. Sal Terrae. Santander, 1971

[9] J. HUXLEY: *Religion without Revelation.* Harper and Brothers. New York.

[10] JOHANNES HÜRZELER: *Evolución y Biblia, III.* Ed. Herder. Barcelona.

[11] PIERO PASOLINI: *Las grandes ideas que han revolucionado la Ciencia en el último siglo, I.* Ed. Ciudad Nueva. Madrid, 1981

[12] CHARLES DARWIN: *Origenes de las especies. Recapitulación.* Imprenta José de Rojas. Madrid. Traducción de la sexta edición inglesa por Enrique Godínez

de *El capital* por su materialismo[1].

En 1975 el biólogo y matemático **Jorge Salet,** en su libro *Azar y certeza,* se opone a que el origen de la vida haya sido obra del azar. Afirma: «No hay más remedio que admitir que LA INTELIGENCIA ES ANTERIOR A LA VIDA»[2].

Y **Luis Vialleton,** biólogo, Profesor y Decano de la Facultad de Medicina de Montpellier, y miembro de la Academia de París, ha escrito: «La tesis evolucionista es absolutamente incapaz de explicar el origen de la vida. La palabra creación, que fue eliminada del lenguaje biológico, debe volver para explicar el hecho indudable de que el mundo nos es dado como un conjunto coordinado y planificado»[3].

16. Conviene advertir que el hecho de la evolución es una **hipótesis**; no algo científicamente indiscutible. Se afirma, pero no se prueba[4].

Cada día son más los adversarios de la evolución. Algunos científicos (**Luis Bounonre, Hermann Nielsen, Herbert Nilsson, etc.**) opinan que el evolucionismo no es posible, pues la evolución sólo se da dentro de una especie; pero no es posible el paso de una especie a otra[5].

«La teoría científica de la evolución de las especies está hoy en crisis. Los hallazgos más recientes y serios de la biología demuestran que los cromosomas de todos los hombres son iguales: no hay, por tanto, nada más que una familia humana. Por otra parte, los cromosomas de los primates más parecidos al hombre son totalmente distintos: por lo tanto el hombre no procede de los primates»[6].

Son muchos los científicos que rechazan el evolucionismo darwinista. El **Prof. Wilder Smith** investigador en Bioquímica, ha publicado un libro documentado y contundente contra la evolución biológica[7].

G. Sermonti, Profesor de Genética de la Universidad de Perugia y **R. Fondi**, Profesor de Paleontología en la Universidad de Siena, han escrito juntamente un libro en el que niegan todo valor determinante a la selección natural darwinista[8].

El famoso científico contemporáneo **Sir Fred Hoyle**, en su libro *El Universo*

---

[1] E.M. UREÑA: *Marx and Darwin.* History of Political Economy. IX(1977)555

[2] MANUEL QUIRELL: *Tras los pasos de Dios, V.* Ed. Monte Casino. Zamora. 1997.

[3] MANUEL QUIRELL: *Tras los pasos de Dios, V.* Ed. Monte Casino. Zamora. 1997.

[4] MARIANO ARTIGAS: *Las fronteras del evolucionismo, IV, 2s.* Ed. Epalsa. Madrid, 1985

[5] JOSÉ M. CIURANA: *El fin del materialismo ateo, III, C, d.* Ed. Bosch. Barcelona

[6] BALDOMERO JIMÉNEZ DUQUE: *Llamada y existencia, III.* Ed. Encuentro. Madrid. 1982.

[7] WILDER SMITH: *Die Naturwisenschaften Kennen Keine Evolution Basel.* Stuttgart. Schwabe

[8] SERMONTI-FONDI: *Dopo Darwin.* Crítica del evoluzionismo. Rusconi. Milano, 1980

inteligente ha escrito: «La teoría darwinista es errónea»[1].

El periódico italiano *Corriere della Sera* del 25 de Agosto de 1992 da cuenta de una intervención del especialista británico **Richard Milton** en el Congreso de la Asociación Británica para el Progreso de la Ciencia en la que afirmó: «el mito del darvinismo ha quedado hecho pedazos».

Michael Danton, Director del Centro de Investigaciones en Genética Humana de Sidney (Australia), opina que **Darwin** estaba equivocado.

Pierre Paul Grassé, Miembro de la Academia Francesa y considerado como el primer zoólogo del mundo, dice que el darvinismo encierra importantes falacias, y advierte: «Hay que hacer reflexionar a los biólogos sobre la ligereza de las interpretaciones y extrapolaciones que los doctrinarios presentan como verdades demostradas»[2].

Recientemente el célebre biólogo y matemático **Jorge Salet** en su libro *Azar y certeza*[3], demuestra matemáticamente la imposibilidad de una evolución progresiva. Afirma que desde el origen de la vida, que se calcula ocurrió hace tres mil millones de años, no ha habido tiempo para que la primera célula viva evolucione hasta el hombre, pues el número de probabilidades es del orden de diez elevado a menos cien (10^{-100}). Es decir una probabilidad tan mínima, que para los científicos es prácticamente imposible.

Lo mismo afirmó **Murray Eden** en el Simposio que tuvo lugar en 1966 en el afamado Instituto Wistar de Philadephia[4].

17. Se presenta el problema de si fue una sola pareja o fueron muchas las que Dios transformó en hombres. La primera teoría se llama **monogenismo**. La segunda, **poligenismo**.

La teología del pecado original se ha expresado siempre bajo la concepción monogenista del origen del hombre. Actualmente los teólogos han realizado serios intentos para buscar una explicación del pecado original en la hipótesis del poligenismo[5], pero no han llegado a una solución plenamente satisfactoria.

Con todo el monogenismo no puede ser considerado como una doctrina revelada o infaliblemente enseñada por la Iglesia[6] ; pero es una doctrina considerada por buenos teólogos como próxima a la fe.

Con todo **Karl Rahner** dice que el poligenismo no es incompatible con el

---

[1] FRED HOYLE: *El Universo inteligente, pg.48.* Ed. Grijalbo. Barcelona, 1984

[2] P. GRASSÉ: *Evolución de lo viviente, pg.27.* Madrid, 1984

[3] SALET: *Azar y certeza.* Ed. Alhambra. Madrid, 1975

[4] Moorehead, P. S., y Kaplan, M. M., editores: Mathematical challenges to the Neo-darwinian interpretation of Evolution. Wistar Institute Press, Philadelphia.Pensylvania 1967.

[5] FLICK, S.I. y ALSZEGHY, S.I.: *Antropología Teológica.* Ed. Sígueme. Salamanca, 1970

[6] RUDOLF LIEBIG: *La otra revelación, III, 5, b.* Ed. Sal Terrae. Santander

dogma del pecado original.

De hecho **Pablo VI,** en su discurso al Simposium de teólogos católicos sobre el pecado original, no ha cerrado totalmente las puertas a la visión poligenista de la humanidad, con tal de que se salven los elementos esenciales del dogma católico del pecado original[1].

El Sumo Pontífice **Pío XII** dice a este propósito: «mas cuando se trata de otra hipótesis, la del llamado poligenismo, los hijos de la Iglesia no gozan de la misma libertad. Porque los fieles no pueden abrazar la sentencia de los que afirman: o que después de **Adán** existieron en la Tierra verdaderos hombres que no procedieron de aquél como del primer padre de todos por generación natural, o que **Adán** significa una especie de muchedumbre de primeros padres. No se ve por modo alguno cómo puede esta sentencia conciliarse con lo que las fuentes de la verdad revelada y los documentos del Magisterio de la Iglesia proponen sobre el pecado original, que procede del pecado verdaderamente cometido por un solo **Adán** y transmitido a todos por generación»[2]

Pío XII no dice que el poligenismo no pueda conciliarse con la fe, sino que «no se ve cómo pueda conciliarse». Deja abierta la posibilidad de una conciliación.

La hipótesis del monogenismo tiene una confirmación científica, pues según el profesor **Francisco Grande Covián**, la información genética del DNA mitocondrial confirma que toda la humanidad viene de la misma madre[3].

Lo mismo ha afirmado el **P. Ángel Serra, S.I.** Catedrático de Genética Humana en la Universidad de Roma[4].

Un grupo de genetistas de la Universidad de Berkeley encabezado por **A.C.Wilson,** estudiando el DNA mitocondrial sugiere el origen monogenético de la humanidad[5]. «Todos los hijos, machos o hembras, tienen mitocondrias exactamente iguales a las de la madre»[6]. Las mitocondrias son estructuras celulares situadas en el citoplasma que rodea al núcleo.

«**Luigi Luca Cavalli-Sforza,** Profesor de Genética en la Universidad de Stanford, y responsable del Proyecto Genoma Humano, programa científico internacional que se propone catalogar el ADN de todas las etnias de todos los continentes, dice: "En la actualidad muchos biólogos creen que la vida en la Tierra tiene un origen único"»[7].

---

[1] Revista ECCLESIA, 1966, pg.2003.

[2] PÍO XII: Encíclica *Humani generis, nº 30*

[3] Diario ABC, 16-III-88, pg. 3

[4] Boletín informativo del Vaticano en INTERNET: ZENIT 980224-3

[5] Diario ABC CULTURAL DEL 25-VI-1993, pg. 54.

[6] TOMÁS ALFARO: *El Señor del azar, 2ª, IV, 3.* Ed. San Pablo. Madrid. 1997.

[7] VITTORIO MESSORI: *Algunas razones para creer, XV.* Ed. Planeta+Testimonio. Barcelona.2000

7. El hombre se diferencia del animal en que tiene un alma inteligente.

1. Dice el Concilio Vaticano I: «Desde el principio del tiempo creó Dios de la nada la criatura espiritual y corporal, esto es, la angélica y la mundana, y luego la humana constituida de espíritu y cuerpo»[1].

«El alma humana fue creada por Dios directamente de la nada»[2].

Dice la Biblia que Dios creó al hombre a su imagen y semejanza. «Al hombre se le llama imagen de Dios por razón de su espíritu»[3].

«El hombre vive por su alma»[4]. El alma vivifica al cuerpo. El alma es la fuente de la vida del hombre[5]. El alma es el principio vital del hombre[6]. Esto pertenece al depósito de la fe. Ha sido definido expresamente por la Iglesia[7].

La existencia del alma es una cosa tan clara que no se puede dudar de ella en sana Filosofía. «Cada vez es mayor el número de científicos que, en el tratamiento de la realidad existencial del alma humana, se alejan del dogma materialista que prohíbe terminantemente el hablar siquiera de ella, bajo el pretexto de que está demostrado "científicamente" su no existencia»[8].

El alma es «el principio espiritual del hombre»[9]. **El alma es la parte espiritual del hombre** que sobrevive al cuerpo, y es la sede de las operaciones espirituales como, por ejemplo, el raciocinio.

Que la dualidad alma-cuerpo sea de origen platónico no excluye que también sea doctrina revelada. **San Pablo**[10] desglosa el ser humano en los elementos que lo componen. La *psijé* (alma) aparece como distinta del cuerpo *(soma)*[11].

Es de advertir que la palabras hebreas «basar» (carne) y «nefesh» (alma) expresan dos aspectos de la misma persona humana en su conjunto. Y es que en el hebreo bíblico no se pueden buscar términos filosóficos propios de una antropología posterior[12].

---

[1] DENZINGER: *Magisterio de la Iglesia nº 1.783.* Ed. Herder. Barcelona.
[2] ANTONIO ROYO MARÍN, O.P.: *La fe de la Iglesia, 2ª, IV ,nº 122.* Ed. BAC. Madrid, 1979.
[3] HERBERT HAAG: *Evolución y Biblia, II.* Ed. Herder. Barcelona.
[4] JUAN HUARTE: *Evolución y problema religioso, pg.157.* Unión Editorial. Madrid, 1984.
[5] Conferencia Episcopal Alemana: *Catecismo para Adultos, 3º, III, 3.* Ed. BAC. Madrid, 1988.
[6] ANTONIO ROYO MARÍN,O.P.: *Teología de la salvación, 3ª, I, 164.* Ed.. B.A.C. MADRID.
[7] DENZINGER: *Magisterio de la Iglesia, nº 481.* Ed. Herder. Barcelona.
[8] JUAN HUARTE: *Evolución y problema religioso, V.* Unión Editorial. Madrid, 1984.
[9] **Nuevo Catecismo de la Iglesia Católica, nº 363**
[10] SAN PABLO: Primera Carta a los Tesalonicenses, **5** :23
[11] JOSÉ ANTONIO SAYÉS: *Más allá de la muerte, IV, 2.* Ed. San Pablo. Madrid. 1996.
[12] JOSÉ ANTONIO SAYÉS: *Más allá de la muerte, IV, 1.* Ed. San Pablo. Madrid. 1996

«El alma es parte de un todo que muestra su composición dual por la diversidad de funciones con mutuas influencias, pero con resultados inconfundibles y propios de cada parte (...). Es una realidad no material responsable de la actividad consciente y libre del hombre»[1]

«**Karl Popper**, una de las primeras figuras de la moderna Filosofía de la Ciencia, que estuvo enrolado en movimientos marxistas hasta que llegó al convencimiento de que el marxismo era una doctrina pseudocientífica y antihumana, afirma que el lenguaje humano implica una capacidad de razonar que debe ser considerada superior al conocimiento de los animales.

»Y **John Eccles**, Premio Nobel de Neurofisiología, por sus investigaciones acerca del cerebro, comparte con **Popper** el rechazo del materialismo y admite la existencia en el hombre de un alma espiritual»[2] .

«Personalmente me veo forzado a creer que existe algo que podríamos llamar el origen sobrenatural de mi irrepetible autoconsciente, o de mi irrepetible individualidad o alma»[3] . «Tenemos que reconocer que el Yo es el efecto de una creación sobrenatural, de eso que en el sentido religioso se llama alma»[4] .

«El alma es la "forma", la estructura óntica del hombre. Aquello que le hace ser, precisamente, hombre. Es algo real; es decir, como indica la definición de real: existencia efectiva y verdadera»[5].

Llamamos alma al principio vital. Por eso, en absoluto, se podría hablar de alma vegetativa en las plantas, de alma sensitiva en los animales y de alma racional en el hombre. Pero la costumbre ha reducido el nombre de «alma» al principio vital del hombre, que es intelectual, espiritual e inmortal.

«El concepto de alma es irrenunciable para toda antropología humanista desde el momento en que se convenga en designar con dicho concepto la diferencia cualitativa, entitativa, que destaca al hombre de cualquier otra realidad mundana»[6].

Yo me siento la misma persona que cuando era niño. Sin embargo la mayor parte de los elementos materiales de mi cuerpo han variado y se han transformado. Pero hay algo en mí que da continuidad a mi ser. Es el alma que da

---

[1] MANUEL Mª. CARREIRA, S.I.: *Metafísica de la materia, IX.* Universidad de Comillas. Madrid. 1993

[2] MARIANO ARTIGAS: *Las fronteras del evolucionismo, III, 10s.* Ed. Epalsa. Madrid, 1985

[3] JOHN ECCLES: *El cerebro y la mente, III, 4, d.* Ed. Herder. Barcelona, 1985

[4] F. WALSHE: *Mind and Brain, pg.132s.* Talafous. New York

[5] JUAN HUARTE: *Evolución y problema religioso, V.* Unión Editorial. Madrid, 1984

[6] JUAN LUIS RUIZ DE LA PEÑA: *Las nuevas antropologías, IV, 2.* Ed. Sal Terrae. Santander

conciencia de mi «yo» por la cual pienso y quiero con libre albedrío[1].

Dice **Julián Marías**[2] :«El alma es lo que designa la persona. No es lo mismo quién soy yo que la materia que constituye mi cuerpo mortal».

«Parece que algunos no se atreven ya a hablar del alma. Algunos sacerdotes evitan la respetable fórmula del catecismo como si nos encontráramos ante un elemento de la filosofía griega, extraño a la revelación; ante una descomposición de la realidad humana, de hecho indivisible...

Evidentemente toda una parte de la enseñanza de la Iglesia se encuentra de este modo comprometida, y se desvanecen varios aspectos esenciales de la fe a falta de la idea de alma que les daba consistencia y expresión... La existencia del alma, principio espiritual, inaccesible a toda corrupción, forma parte de la doctrina de la fe»[3].

El hecho de que la dualidad alma-cuerpo responda a una mentalidad griega no significa que no pueda responder también a la verdad revelada. «No puede suponerse que sólo las categorías semíticas sean instrumento apto para la revelación de Dios. Dios ha hablado en la Sagrada Escritura *"muchas veces y de muchas maneras"*[4]. Si en un libro de la Sagrada Escritura se encontrara el mensaje de Dios expresado en categorías helénicas, este libro no tendría, por ello, menor autoridad que los libros que la expresan en categorías semíticas»[5].

Por otra parte, «este esquema cuerpo-alma como realidades que constituyen al hombre, pero que son separables entre sí, se encuentra en las palabras de **Jesucristo**: *No tengáis miedo de los que pueden matar el cuerpo, pero no pueden matar el alma*[6]. Aquí se da una respuesta clara»[7].

Dice el teólogo alemán **Ratzinger**, Prefecto de la Congregación Vaticana para la Doctrina de la Fe: «Me parece que ya es tiempo de llegar a una rehabilitación en la teología de los tabuizados conceptos de "inmortalidad" y "alma". Ciertamente no están faltos de problemática..., pero arrojarlos a la vía, es ingenuo»[8].

Como dice **Malebranche** «el hombre tiene un cuerpo, pero no es un cuerpo».

---

[1] JOSÉ Mª. CIURANA: *En busca de las verdades fundamentales, II, B, c, b´*. Ed. Bosch. Barcelona. 1988. Breve pero excelente libro que responde acertadamente a su título.

[2] JULIÁN MARÍAS: Revista *Alfa y Omega, 101(10-IV-99)9*

[3] CARDENAL GARRONE: *Lo que hemos de creer, III, 5.* Ed. Paulinas. Madrid

[4] Carta a los Hebreos: **1** :1

[5] CÁNDIDO POZO, S.I.: *La venida del Señor en la Gloria, IV, 4.* Ed. EDICEP. Valencia. 1993.

[6] Evangelio de SAN MATEO, **10** :28

[7] CÁNDIDO POZO, S.I.: *La venida del Señor en la Gloria, V, 2.* Ed. EDICEP. Valencia. 1993.

[8] JOSÉ RATZINGER: Revista SELECCIONES DE TEOLOGÍA, nº 51(1974)210

El sujeto que posee es diferente a la cosa poseída[1]. El hombre es algo más que su cuerpo. «Es el espíritu el que nos hace personas. Sin él no seríamos más que materia. Seríamos puros animales»[2].

Uno de los hombres más eminentes de la ciencia británica contemporánea es **Sir Francis Walshe**, dice: «Creo que tenemos que volver al antiguo concepto de alma espiritual: esa parte integral de la naturaleza del hombre que es algo inmaterial, incorpóreo, sin la cual no se es persona humana».

Y **C. S. Lewis**, Profesor de la Universidad de Oxford, dice: «La naturaleza es absolutamente incapaz de producir el pensamiento... Ese elemento sobrenatural en el hombre, demuestra que existe algo más por encima y más allá de la Naturaleza»[3].

El neurólogo australiano **John C. Eccles,** Premio Nobel, dice: «Los fenómenos mentales trascienden claramente los fenómenos de la Fisiología y la Bioquímica»[4]

El 17 de mayo de 1979, la Sagrada Congregación para la Doctrina de la Fe, publicó una carta en la que se reafirman datos esenciales de la fe católica sobre el más allá. El Papa **Juan Pablo II** aprobó previamente el texto de la carta que tiene así el valor de magisterio auténtico papal. Allí se dice textualmente: «La Iglesia afirma que un elemento espiritual sobrevive después de la muerte. Un elemento dotado de conciencia y voluntad, de suerte que el mismo "ser humano" subsiste. Para designar este elemento la Iglesia usa la palabra "alma", término usado en el lenguaje de la Biblia y la Tradición. Y aunque este vocablo tiene varios significados en la Biblia, la Iglesia piensa que no hay razones válidas para prescindir de esta palabra. Por otra parte, la Iglesia considera que es absolutamente indispensable el uso de alguna palabra para transmitir el dato de la fe de una supervivencia entre la muerte y la resurrección final»[5].

G. Deutzenberg ha demostrado que la palabra griega *psigé* tiene que ser traducida por «alma», y no por «vida»[6].

Finalmente dice **San Pablo** que el hombre está compuesto de cuerpo y alma[7].

2. **El alma no se ve**. Pero hay cosas que existen aunque no se vean ni se sientan, como la presión atmosférica.

El alma no se ve porque es espíritu, y no todo se ve con los ojos de la cara. Tampoco se ve el espacio y el tiempo, sino que sólo se pueden ver las cosas que

---

[1] CLAUDE TRESMONTANT: *El problema del alma, I, 17.* Ed. Herder. Barcelona, 1974

[2] JOSÉ ANTONIO SAYÉS: *Moral de la Sexualidad, II, A, 1.* Ed. Tau. Avila, 1988

[3] C.S.LEWIS: *Miracles, pgs.25-29.* McMillan. New York, 1977

[4] ALFONSO AGUILÓ: *Interrogantes en torno a la fe, III, 3.* Ed. Palabra. Madrid. 1994.

[5] CÁNDIDO POZO, S.I.: *Teología del más allá, 2º, III.* Ed. BAC. Madrid, 1980, segunda edición

[6] CÁNDIDO POZO, S.I.: *Teología del más allá, 2º, III, 8.* Ed. BAC. Madrid

[7] SAN PABLO: Primera Carta a los Tesalonicenses, **5** : 23.

ocupan el espacio, y las cosas que cambian con el tiempo. Pero podemos conocer la existencia del alma por sus actos.

Para saber si por un cable pasa la corriente eléctrica, intercalas una bombilla. Si se enciende, entonces conoces, por los efectos luminosos, la existencia de la corriente; pero tú no has visto la corriente.

Si detrás de una tapia ves una columna de humo, sabes que allí hay fuego; tú no ves el fuego, pero lo conoces por su efecto: el humo.

Al ver un río pienso en la existencia de un manantial sin verlo. **Rutherford y Bohr** conocieron el átomo sin verlo, por los datos obtenidos.

La existencia del alma la conocemos **por sus efectos**.

El alma humana es la base de la vida y de la inteligencia. Si no tuviéramos alma inteligente, no habría cultura, ni ciencia, ni artes, ni técnica, ni aviones, ni ferrocarriles, ni radio, ni televisión, etc. El alma es lo que más vale de la persona humana. El valor material del cuerpo humano no llega a veinticinco pesetas.[1]

3. El alma, **para pensar**, se sirve del cerebro como de un instrumento[2] ; pero el cerebro sin alma que lo vivifique, no hace nada; está muerto. Es una bombilla sin corriente. Si el cerebro piensa, es por el alma. La diferencia entre el cerebro de un muerto y el de un vivo es que uno tiene alma y el otro no[3] .

El buril que graba en la piedra una sentencia filosófica es un instrumento necesario, pero no es la causa de la sabiduría de la sentencia.

El cerebro es condición para el raciocinio. La condición es necesaria, aunque no sea causa. Como la ventana es condición necesaria para que la luz del Sol entre en la habitación. Pero la causa de la luz no es la ventana sino el Sol. La causa del raciocinio es el alma. El cerebro es tan sólo la condición, el instrumento.

El cuadro de las lanzas de **Velázquez** no se debe al pincel. Se debe al artista, al pintor, a **Velázquez**. Es verdad que **Velázquez** con una escoba no lo hubiera pintado. **Velázquez** necesitó el instrumento del pincel. Pero el autor del cuadro no es el pincel, sino el artista. El cerebro es instrumento del alma. Por eso el cerebro para pensar necesita del artista, el alma. Y si el cerebro está lesionado, el alma no funciona bien. El alma y el cerebro se influyen mutuamente[4] .

Wilder Penfield de la Universidad de Montreal, que se dedicó toda su vida, como neurólogo y neurocirujano, al estudio de la persona y del cerebro humano[5] , dice: «El cerebro se parece mucho a un ordenador. Sin embargo, la mente, el espíritu, es algo independiente del cerebro. La mente no es un producto del cerebro. La mente no es algo físico. Depende del cerebro pero no es el cerebro, no

---

[1] TIHAMER TOTH: *Creo en Dios, III,1,B.* Ed. Atenas. Madrid.

[2] JOSÉ RATZINGER: Revista COMMUNIO, pg.283, VI, 1980

[3] KURT SANSGRUBERG: *El átomo y el alma, VI, 5.* Ed. Herder. Barcelona

[4] JOSÉ MªCIURANA: *En busca de las verdades fundamentales, II, 8, c, d'.* Ed. Bosch. Barcelona

[5] JOHN ECCLES: *El cerebro y la mente, III, 3.* Ed. Herder. Barcelona, 1985

es algo fisiológico. Ningún científico ha logrado demostrar que la mente tiene explicación material»[1]

«El espíritu, inteligencia o mente, no es una producción material»[2].

«No está decidido, ni filosófica ni científicamente, que la mente sea el cerebro. Filósofos como **Popper**, y entre nosotros **Zubiri**, y neurólogos tan altamente cualificados como **Eccles, Penfield,Sperry** y otros, se oponen firmemente a la reducción de la una al otro»[3].

«Si es cierto que el cerebro puede ser comparado a una máquina provista de todos los dispositivos electrónicos más perfectos y los conmutadores mejor ajustados, es necesario, sin embargo, que le añadamos un operador: el alma»[4].

En la corteza cerebral hay treinta mil millones de células nerviosas[5]. Querer comprender la mente humana estudiando sólo el cerebro, es como pretender entender un programa de televisión estudiando sólo los transistores y los circuitos integrados del interior del televisor. El programa de televisión supone muchas horas de pensar de técnicos, programadores, realizadores, etc.

Hoy se habla de la, mal llamada, «inteligencia artificial» de los ordenadores, hasta el punto de que **Minsky** ha dicho que «el cerebro es una máquina de carne»[6].

«Sólo se le puede llamar de ese modo por un parecido con alguna de las funciones razonadoras de quien sí es inteligente. Con su ayuda, la inteligencia puede ejecutar razonamientos en tiempos imposibles para el ser humano por sí solo. La inteligencia artificial, más que inteligencia, es instrumento de la inteligencia. (...) Lo de las computadoras no es inteligencia, porque no van más allá de lo que se les programa. No tienen realmente capacidad de analizar, sino sólo de comparar lo que se les entrega como dato o situación con modelos que también se les han dado para que ejecuten, o no, una operación u otra, según las instrucciones también definidas previamente»[7].

La máquina puede calcular mejor que el hombre, pero es incapaz de sentimientos, y de reproducirse[8].

Una **computadora electrónica** puede diagnosticar una enfermedad e incluso programar un tratamiento, pero no puede captar factores psicológicos del enfermo, como el temor, la ansiedad, la frustración, etc., que el médico puede captar y tener

---

[1] VINTILA HORIA: *Viaje a los centros de la tierra, 2ª, III, 3.* Ed. Plaza y Janés. Barcelona. 1971.

[2] PAUL CHAUCHARD: *El cerebro y la conciencia, IV, 9.* Ed. Martínez Roca. Barcelona

[3] JUAN LUIS RUIZ DE LA PEÑA: *Crisis y apología de la fe,2º,IV,3.* Ed.Sal Terrae.Santander.1995.

[4] MIGUEL CRUSAFONT: *La evolución en las ciencias positivas, IX.* Ed. BAC. Madrid

[5] PEDRO LAÍN ENTRALGO: *Alma, Cuerpo, Persona, 2ª, IV, 4, 2.* Ed. Galaxia. Barcelona.1995

[6] JUAN LUIS RUIZ DE LA PEÑA: *Crisis y apología de la fe, 2ª, IV, 1.* Ed.Sal Terrae.Santander.1998

[7] LUIS G. DEL VALLE: En INTERNET, *Inteligencia o herramienta artificial.*<ldelvalle@spin.com.mx>

[8] JUAN LUIS RUIZ DE LA PEÑA: *Crisis y apología de la fe, 2ª, IV, 1.* Ed.Sal Terrae.Santander.1998

en cuenta. El ordenador no siente cariño, ni alegría, ni remordimientos. El ordenador archiva datos, pero no tiene conciencia ni iniciativa. Un magnetófono graba lo que se le dice, pero es indiferente a lo que se le diga. Lo mismo se queda si se le cuenta un chiste que si se le insulta. La persona humana, no.

«Los procesos psíquicos no poseen ninguna de las propiedades que observamos en la materia... Por otra parte, la materia no presenta ninguna de las propiedades de lo psíquico... El hombre aúna ambas clases de procesos: su cuerpo se compone de materia, y su vivencia consciente es de naturaleza inmaterial, psíquica»[1].

El célebre investigador cerebral del Hospital «Ramón y Cajal» de Madrid, el **Dr. Rodríguez Delgado**, Director del Centro de Estudios Neurobiológicos, Académico de la Real Academia de Doctores, dijo por Radio Nacional de España, el lunes 12 de marzo de 1984, a las 11:30 de la mañana, entrevistado por **Silvia Arlet**, que el cerebro y el alma son dos cosas distintas. El cerebro se palpa, se pesa, se mide; y el alma no. Hay que distinguir entre las funciones cerebrales y el cerebro. La memoria, -dijo el **Dr. Rodríguez Delgado**- está en el cerebro pero no es el cerebro. «El cerebro y el alma son cosas distintas», dijo este eminente investigador del cerebro.

«La mente ostenta unas propiedades y unas facultades funcionales que rebasan lo puramente biológico y fisiológico, y con mayor razón lo físico»[2]. Reducir el pensamiento al cerebro material es como en un cuadro de **Goya** examinar el lienzo y los colores yuxtapuestos, pero desconocer el arte, que es de orden espiritual. Lo mismo que un libro es algo más que papel y tinta. Lo importante son las ideas que transmite. Y esto es espiritual.

Recientemente se ha descubierto la antimateria, pero ésta no debe confundirse con el espíritu. La antimateria es materia de signo contrario: electrón positivo y protón negativo. Los actos espirituales están en otro plano.

8.- Sin alma inteligente no podríamos progresar.

1. **El hombre progresa** porque tiene inteligencia. El animal no progresa porque no la tiene.

La vida de las abejas que describió **Virgilio** hace dos mil años, era exactamente lo mismo que la de hoy[3].

Las golondrinas construyen sus nidos hoy lo mismo que hace dos mil quinientos

---

[1] H. ROHRACHEZ: Revista IBÉRICA de Actualidad Científica, 237(X-1982)363

[2] JUAN LUIS RUIZ DE LA PEÑA: *Alma y cerebro*. Revista COMMUNIO, III, 87, pg. 223

[3] VIRGILIO: Libro IV de las *Geórgicas*

años, según la descripción que entonces hizo **Heródoto**[1].

En cambio, el hombre, que empezó viviendo en cuevas, luego construyó chozas y cabañas, y después casas, palacios y rascacielos. ¿ Qué diría un sabio de la civilización antigua si resucitara hoy y se encontrara con inventos como el avión y el submarino, la radio y la televisión, la corriente eléctrica y los «rayos X» ?

Con todo, es evidente que el progreso técnico tiene un límite.

Hoy se ha llegado a medir tiempos de millonésima de segundo, y espacios millones de veces más pequeños que el diámetro de un cabello; pero es evidente que alguna vez se llegará a un límite.

La proeza técnica y científica más portentosa de nuestra generación ha sido el alunizaje del **Apolo XI** norteamericano con los cosmonautas **Neil Armstrong, Edwin Aldrin** y **Michael Collins,** el 21 de Julio de 1969, cuando por primera vez en la historia de la humanidad el hombre puso el pie en la Luna.

Menos espectacular, pero también muy interesante, desde el punto de vista técnico, y científico fue el lanzamiento del **Lunik III** soviético que, rodeando la Luna, fotografió su cara oculta, que jamás nadie había visto en toda la historia de la humanidad. La razón de esto es que en la Luna coinciden los períodos de rotación y traslación[2], es decir, que la Luna tarda el mismo tiempo en dar la vuelta alrededor de su eje que alrededor de la Tierra. Por lo tanto siempre ofrece a la Tierra la misma cara. Para verla por detrás había que llegar hasta ella y rodearla, y eso es lo que hizo por primera vez el la historia el **Lunik III** soviético.

El hombre -como tiene alma inteligente-, ve, observa, discurre y deduce. El animal -como no la tiene- ve, pero no deduce nada. No sabe discurrir. El animal obra a ciegas. Sigue los instintos que Dios le ha puesto, sin saber por qué.

El instinto es como una máquina automática. Funciona siempre igual.

«Lo que impropiamente solemos llamar inteligencia animal es su capacidad para moverse entre estímulos»[3]. El animal responde de la misma manera a los mismos estímulos que excitan sus instintos. En cambio el hombre puede modificar sus respuestas al estímulo. Los animales aprenden cosas por asociación de imágenes y sentimientos; pero no son capaces de hacer un silogismo, un raciocinio. Se amaestran a base de palo y golosinas.

Los instintos animales tienen una memoria sensitiva que les impide repetir los mismos errores.

La memoria sensitiva es mera yuxtaposición de imágenes. Es algo muy distinto

[1] OLIVER SANDBOW, O.S.B.: *Dios en un espejo, IX, 17.* Ed. Mateu. Barcelona

[2] MICHAEL R. PORCELLINO: *En busca de las estrellas, XII, 1.* Ed. McGraw-Hill. Madrid. 1992.

[3] XAVIER ZUBIRI: REVISTA DE OCCIDENTE, nº 16(VII, 1964)146-173

del raciocinio humano en el que se afirma la correspondencia de dos ideas[1].

Pero la memoria sensitiva de los animales no tiene nada que ver con la memoria espiritual, propia del raciocinio humano, que permite al hombre pasar de lo conocido a lo desconocido, y así hacer posible el progreso, ausente en los animales.

2. La inteligencia humana **nos permite pasar** de lo conocido a lo desconocido.

En un iceberg los ojos sólo ven la novena parte de la montaña de hielo: debajo del agua hay 8/9 partes que no se ven, pero que puedo conocerlas por mi inteligencia.

En 1846 **Leverrier** descubre y localiza con exactitud, sin haberlo visto jamás, el planeta Neptuno, calculando la desviación de la órbita de Urano[2], que había sido descubierto en 1781 por **William Herschel.** El astrónomo alemán **Galle** dirigió su telescopio al lugar donde **Leverrier** le indicaba y allí se encontró con Neptuno[3]

En 1915 del mismo modo, estudiando las irregularidades en la órbita de Neptuno, **Lowell** descubrió a Plutón que no pudo ser visto hasta el 12 de marzo de 1930[4] por **Clyde Tombaugh** que murió a los noventa años en Mesilla Park (Nuevo Méjico) el 17 de Enero de 1997[5].

Actualmente se busca el Planeta X, que se supone a unos diez mil millones de kilómetros del Sol[6].

La estructura del átomo, formado por neutrones y protones en el núcleo, y electrones en la órbita, fue descubierta por **Bohr** y **Rutherford** mucho antes de que el átomo pudiera ser visto. En la EXPO de Sevilla de 1993 pudimos ver un átomo de hidrógeno aumentado mil millones de veces.

«El mesón y el neutrino fueron previstos más de una década antes de haber sido observados»[7].

Paul Dirac, Premio Nobel de Física, predijo la existencia de los electrones positivos antes de su descubrimiento experimental realizado por el norteamericano **Anderson** en 1932[8].

En enero de 1972 se descubrió en la Sierra de Güéjar (Granada) un yacimiento

---

[1] GARRIGOU-LAGRANGE: *DIOS, su existencia, II, 18, c.* Ed. Palabra. Madrid. 1976.

[2] JOSÉ M. RIAZA, S.I.: *El comienzo del mundo, nº 60.* Ed. BAC. Madrid.

[3] TIHAMER TOTH: *Padre nuestro, V,2.* Ed. Atenas. Madrid.

[4] J. HERRMANN: *La Astronomía, IV, 8.* Círculo de Lectores

[5] DIARIO DE CÁDIZ, 20-I-97, pg. 38

[6] ROBIN KERROD: *Las estrellas y planetas, pg. 101.* Ed. Fontalba. Barcelona, 1984.

[7] GEORGES J. BENÉ: *La fe hoy, XVII.* Ed. Palabra. Madrid.

[8] JUAN IGARTUA,S.I.:*La Resurrección de Cristo y su Cuerpo,Apéndice, II,4.* Ed.Mensajero. Bilbao

de fósiles marinos de una antigüedad de más de treinta millones de años, y a una altura de más de mil metros. Esto indica que esas alturas estuvieron un día cubiertas por el mar. Los ojos sólo nos dan la existencia de los fósiles, pero la inteligencia nos dice que esos fósiles sólo el mar pudo dejarlos ahí.

En 1769 **James Watt**, al ver levantarse intermitentemente la tapadera de una olla puesta al fuego, dedujo la fuerza expansiva del vapor de agua e inventó la máquina de vapor. Más tarde, en 1814, **Stephenson** construye la primera locomotora del mundo.

¿Cuándo un gato ha inventado una locomotora por ver levantarse la tapa del puchero? Ningún animal inventa nada. El hombre se diferencia del animal en que gracias a su inteligencia domina a la Naturaleza: domina el frío y el calor con el aire acondicionado, acorta la distancia con los medios de locomoción, aumenta el poder de la visión del ojo con el microscopio, y el alcance del oído con la radio, etc.

Sin embargo los animales superan al hombre en la perfección de los sentidos: el águila ve más que el hombre, el perro tiene mejor olfato que el hombre, y el mulo, más fuerza. Incluso «algunos animales oyen infrasonidos (por debajo de los 20 ciclos), que el hombre no capta. Así se explica el desasosiego de muchos animales poco antes de que se produzca un terremoto, pues captan las vibraciones de baja frecuencia que preceden a la sacudida sísmica

»Con experimentos muy sencillos se puede comprobar que las abejas ven el ultravioleta, un "color" totalmente indetectable e inimaginable para nosotros. Y ciertas especies de serpientes ven el infrarrojo, igualmente inexistente para nuestros ojos»[1].

9.- Sin alma inteligente no podríamos comprender las ideas abstractas, ni sentir el deber y la virtud.

1. En el hombre hay algo que no es materia; ilusión, esperanza. Tenemos capacidad para lo no material[2].

Los animales al no captar ideas abstractas no pueden preocuparse de los **problemas filosóficos o religiosos**, que son exclusivos del hombre.

El hombre, por tener alma inteligente, comprende lo abstracto, lo que no se ve ni se toca, lo que no es cuadrado ni redondo, lo que no tiene sabor ni color: la honradez, la gratitud, el deber. Pues, ¿crees que te haría mucho caso un burro si le hablaras del deber?

[1] MANUEL CARREIRA, S.I.: *El creyente ante la Ciencia, I,2* Ed. BAC. Madrid. 1982.

[2] ANTONIO ROYO MARÍN, O.P.: *Teología de la salvación, 2ª, I, 123.* Ed. BAC. Madrid, 1965

El burro sólo obedece al palo. El animal nada sabe del deber, pues el deber no se ve ni se toca; se entiende. Y el animal no tiene alma inteligente: ve y siente, pero no entiende nada. El animal sólo tiene vida sensitiva. Se le puede educar y amaestrar, pero a base de palo y golosinas. No entiende de razonamientos. No capta relaciones de ideas. Sólo capta sensaciones: si tú te haces amigo del perro de tu cuñado, el perro terminará por conocerte al verte, al olerte, o al oír tu voz. Por sensaciones. Por los sentidos. Pero nunca te conocerá como cuñado de su dueño. El animal sólo tiene conocimientos sensitivos, no puede captar ideas.

«Mientras que nuestros sentidos son comunes con los animales, el entendimiento capaz de raciocinio abstracto es propio del hombre»[1].

Si no tuviéramos alma espiritual, **capaz de captar ideas**, ante un escrito nos quedaríamos igual que el que no entiende el telégrafo morse, ante una tira de puntos y rayas, que se queda lo mismo si la noticia recibida es buena o es mala.

«Fuera de la especie humana no conocemos ningún animal capaz de hacer razonamientos abstractos... La actividad mental humana basada en conceptos abstractos es cualitativamente diferente a los procesos bioeléctricos que ocurren en el cerebro... Existe en nosotros un ente no material capaz de razonamientos abstractos»[2].

Si un profesor de matemáticas traza una circunferencia en la pizarra y señala el centro la define así: «La circunferencia es una curva cerrada en la que todos los puntos equidistan de otro llamado centro».

El alumno que le ha escuchado comprueba la correspondencia entre la definición que ha escuchado y el dibujo que tiene delante. Pero un hipotético gato presente en la clase ha oído lo mismo y ve el mismo dibujo, pero es incapaz de comprobar nada.

Los animales sólo se mueven por el instinto de conservación del individuo y de la especie: reproducción y supervivencia (alimentación y defensa de la vida).

Al hombre le gusta celebrar grandes acontecimientos de su vida: nacimientos, bodas, muertes, aniversarios, etc. Los animales no entienden de celebraciones.

El Premio Nobel de Medicina, **Alexis Carrel**, dice: «el alma es el aspecto de nosotros mismos que es específico de nuestra naturaleza, y que distingue al hombre de los demás animales»[3].

Los animales tienen modo de comunicarse. Pero esto no es prueba de inteligencia. Esta comunicación entra en el campo de los instintos. Un canario puede emitir un conjunto de sonidos instintivos, pero es incapaz de interpretar la partitura de una sinfonía de **Beethoven**.

«Entre el lenguaje humano y la comunicación de los animales existe un foso insalvable. Los animales son capaces de expresar distintos estados afectivos: amistad, temor, sorpresa, etc.; pero son incapaces de expresar juicios. Algunos

[1] MANUEL CARREIRA, S.I.: *El creyente ante la Ciencia, I,4* Ed. BAC. Madrid. 1982.

[2] Revista IBÉRICA de Actualidad Científica, 196(I-1979)24

[3] ALEXIS CARREL: *La incógnita del hombre, pg. 132.* Ed. Ibérica. Barcelona

chimpancés pueden repetir palabras sencillas, pero son incapaces de construir frases»[1] . A pesar de que un chimpancé tiene un aparato vocal capaz de pronunciar toda clase de palabras, después de seis años de instrucción, sólo se consiguió que pronunciara seis palabras; mientras que un niño en ese tiempo es capaz de conocer y pronunciar más de dos mil. Es que no se trata de voz, sino de inteligencia. «La posesión de un lenguaje articulado es prueba evidente de la supremacía del hombre. El lenguaje de los animales, cualesquiera que sean sus modalidades, no va más allá de un encadenamiento de automatismos»[2].

2. Nuestra alma inteligente es el gran abismo que nos separa de los animales. Gracias a Dios, los hombres somos algo más que animales. Tenemos un alma inteligente, espiritual e inmortal, destinada a conocer a Dios y a gozar de la gloria por toda la eternidad.

10.- Nuestra alma inteligente es además espiritual e inmortal.

1. Se prueba que el alma es espiritual porque realiza actos intelectuales con los que **capta lo que no impresiona a los sentidos**[3] , lo que no se ve ni se toca, lo que no tiene color, ni forma, ni peso; lo que no es material: el deber, la justicia, la nobleza, el honor, la virtud, el heroísmo. Los sentimientos de envidia, odio, venganza, avaricia, ambición, orgullo, son de carácter espiritual. Lo mismo que la amabilidad, generosidad, bondad, etc..

Los conceptos abstractos no están sujetos al tiempo y al espacio. Son de ayer y de hoy, de aquí y de allí. No como la flor que veo aquí y ahora. Ayer era capullo y mañana se secará. En cambio, los conceptos abstractos son invariables en el espacio y en el tiempo. El concepto de triangularidad se aplica exactamente igual a todos los triángulos posibles de todos los tiempos y de todas las formas: sean equiláteros, isósceles o escalenos.

Cuando yo digo «madre», «hijo», «hermano», además del proceso físico y fisiológico de ondas sonoras y nerviosas que llegan de mis cuerdas vocales a tu tímpano, y de tu oído al cerebro, hay algo muy distinto de la materia que sale de tu corazón y se traslada donde está tu madre, tu hijo o tu hermano. Decir «te amo» y «I love you» suenan de modo totalmente diferente. Sin embargo el español y el inglés entienden la misma idea. El proceso físico-biológico de ondas sonoras y sensitivas es distinto. Pero la idea que expresan es la misma. Lo que pertenece al

[1] JOSÉ LUIS PINILLOS: *La frontera entre la comunicación animal y el lenguaje humano.* Revista IBÉRICA, de Actualidad Científica, 151(XII-1974)515

[2] T. CARBÓ: *El origen del lenguaje.* Revista IBÉRICA de Actualidad Científica, 129(III-1973)118

[3] JOSÉ Mª. CIURANA: *En busca de las verdades fundamentales, II, A, c.* Ed.Bosch. Barcelona.

orden material es distinto, pero la idea que se capta con el alma espiritual es la misma.El alma compara dos ideas y ve su conformidad o disconformidad.

Si yo escribo en una pizarra «el azúcar es rojo y el clavel es dulce», tú captas la desconexión de las ideas; pues lo rojo no es el azúcar sino el clavel, y lo dulce no es el clavel sino el azúcar. Esto lo captas porque tienes una potencia espiritual que capta las ideas. El proceso físico-fisiológico de la pizarra a la retina y al cerebro es igual en los dos casos. Si alguien insulta a tu madre, te duele; pero si la frase va dirigida a un magnetófono, éste graba la frase pero no se ofende.

Una computadora puede hacer operaciones matemáticas. Pero solamente las operaciones para las que ha sido previamente programada.

Por otra parte la máquina es incapaz de sentir responsabilidad, pundonor, agradecimiento, amor, odio, miedo, tristeza, pena, vergüenza, remordimiento, arrepentimiento, etc.[1]. Estos son sentimientos de rango espiritual superiores a lo meramente material[2].

«El espíritu existe en el hombre, porque la ciencia no puede explicar el raciocinio, ni tampoco el libre albedrío... El ser humano conoce, además de los objetos concretos, las nociones abstractas y universales, lo que solamente puede conseguirse con un imponderable principio espiritual»[3].

Un animal puede distinguir por los sentidos cosas concretas, por ejemplo, un triángulo equilátero de otro isósceles o escaleno. Pero nunca podrá captar la idea de «triangularidad» que es de orden espiritual.

Ahora bien, **el efecto no puede ser de naturaleza superior a la causa que lo produce**: un huevo de gallina no puede salir de un pino. Nadie da lo que no tiene. Si tú no tienes mil pesetas no puedes prestármelas. Si el alma es capaz de actos espirituales es porque es espiritual[4]. Lo espiritual no puede salir de la materia. El alma espiritual es superior a la materia, no puede salir de la materia. La materia engendra sólo materia. El espíritu no está sujeto a las leyes de la materia. Un juicio, un raciocinio o un acto de voluntad no se pueden ver, oler o pesar.

2. El alma produce operaciones espirituales, luego es espiritual[5].

Es más, «el hombre puede conocer su propio potencial psíquico; puede darse cuenta de que piensa y de que sabe. La conciencia y el juicio no son un simple cambio de grado o calidad con respecto al instinto animal, sino un cambio absoluto

[1] RUDOLF LIEBIG: *La otra revelación: la fe cristiana en diálogo con la Ciencia moderna, IV, 2, d.* Ed. Sal Terrae. Santander. 1977

[2] Revista MUNDO CIENTÍFICO, 53(XII-1985)1.195

[3] Dr. ÁNGEL SANTOS RUIZ, Catedrático de Bioquímica en la Universidad de Madrid, Jefe del Departamento de Bioquímica del Consejo Superior de Investigaciones Científicas: *Vida y espíritu ante la Ciencia de hoy, XIV.* Ed. Rialp. Madrid, 1970

[4] ANTONIO ROYO MARÍN, O.P.: *Teología de la salvación, 2ª, I, nº 129, 2.* Ed. BAC. Madrid, 1965

[5] JOSÉ Mª. CIURANA: *En busca de las verdades fundamentales, II,D,c,c´.* Ed. Bosch. Barcelona.

de naturaleza y de estado»[1].

Los animales conocen; pero no saben que conocen. El hombre es el único que puede reflexionar y darse cuenta de que sabe[2].

«Sólo el hombre, entre todos los vivientes de la Tierra, conoce su propio conocer: sabe que sabe»[3].

Por eso, mejor que llamar al hombre «animal racional» como dijo **Aristóteles**, sería más exacto decir que «el hombre es un animal reflexivo». El hombre no es sólo un «ser que sabe» sino también un «ser que sabe que sabe». Lo que caracteriza al hombre es la **conciencia reflexiva**.

«El hombre es un ser que se pregunta por el último sentido de lo que hace y de lo que es. Ésta es una pregunta que no se hace el animal»[4].

El hombre es un ser que se plantea problemas. Por esto se distingue de los otros seres que componen el Universo.

Lo lógico del hombre es que se haga preguntas transcendentes: «Es irrenunciable que el hombre se pregunte sobre el origen del Universo... La negativa a razonar sobre este problema es irracional: contradice la propia esencia de la razón»[5]

«La materia inerte no se plantea ninguna cuestión sobre sí misma. La mesa es lo que es, sin inquietarse por lo que es, o lo que debe ser. El animal tampoco discurre. Vive, ejerce sus apetitos y sus instintos, pero sin reflexionar, sin interrogarse sobre ellos: sobre su objeto y sobre su valor.

El hombre, por el contrario, es capaz de reflexionar, de volver sobre sí y sobre sus actos. «En la interrogación y en la reflexión, nacen y maduran nuestras acciones auténticamente humanas»[6]

Le oí decir al **Padre Pilón, S.I.**, en un Congreso de Parapsicología en Toledo el 28 de febrero de 1988, que la conciencia es totalmente distinta de las sensaciones propias del mundo animal. Estas sensaciones pueden medirse materialmente, pero no así la percepción de la conciencia.

A propósito de la diferencia entre el alma y el cuerpo le oí decir a **Julián Marías** en una conferencia que pronunció en el Colegio Oficial de Médicos en Madrid,

---

[1] VENANCIO GARCÍA RODRÍGUEZ: *Hombre, materia, evolución y vida, XXXIII, 4.* Ed. Plaza y Janés. Barcelona

[2] SANTIAGO LOREN: *Del electrón a Dios, VI.* Ed. Plaza y Janés. Barcelona

[3] MANUEL CARREIRA, S.I.: *El creyente ante la Ciencia, i,2* Ed. BAC. Madrid. 1982.

[4] JOSÉ SAYÉS: *Dios existe, I, 1.* Ed. EDAPOR. Madrid, 1982. Este libro es muy bueno para razonar la fe en Dios, hoy muy necesaria para no caer en el fideísmo que es tan malo como el agnosticismo. Fe fideísta es la del que se entrega a un Dios de cuya existencia no le consta. Es un lanzarse al vacío. El fideísmo responde al agnosticismo que también ignora a Dios. Ambas posturas son signo de la enfermedad mental de nuestro tiempo: el escepticismo que profesa la imposibilidad de conocer la verdad.

[5] JUAN HUARTE: *Evolución y problema religioso, pg. 314.* Unión Editorial. Madrid, 1984

[6] ALBERT DOSIDEYNE: *Dios, el Hombre y el Cosmos, I, 5.* Ed. Guadarrama. Madrid

estas ideas:

El cuerpo me dice qué soy, pero no quién soy. El quién es propio del alma. El cuerpo me dice que estoy hecho de carbono, oxígeno, nitrógeno, calcio, hierro, etc. Pero la personalidad, la simpatía, la cordialidad, la amabilidad, la sinceridad, el orgullo, la soberbia, la mentira, el odio, la venganza, son defectos y virtudes espirituales. Un chequeo médico descubre mi cuerpo enfermo: que soy diabético, que tengo colesterol, o que soy miope; pero al mismo tiempo mi espíritu, mi ánimo, mi alegría, mi optimismo pueden ser muy saludables. Aunque haya cierto influjo entre el cuerpo y el alma, evidentemente que el hombre no se reduce a lo que es su cuerpo, sino que es más importante quién es su persona: esto es algo que trasciende la materia.

Vivimos ajetreados. Queremos hacer muchas cosas y no tenemos tiempo para nada. Giramos en círculo y no avanzamos. Y es que no hay horizonte. Muchos ignoran el sentido de la vida. Ignoran el porqué y para qué de la vida. Sin embargo todo ser racional debería preguntarse; ¿Qué hago en la vida? ¿A dónde voy? ¿Qué hay después de esta vida?[1]

Sólo quien tenga una respuesta clara puede vivir con optimismo. Esa idea clara, segura, optimista, sólo la proporciona la fe.

3. La espiritualidad del alma se prueba, además, porque **el hombre es libre**. Que el hombre tiene libertad es dogma de fe[2].

«Libertad significa autodeterminación. Ausencia de determinación tanto interna como externa[3].

Nuestra libertad podrá verse influenciada por diversas circunstancias externas o internas a nosotros mismos.

La Endocrinología estudia, por ejemplo, el influjo del tiroides en el psiquismo[4].

Pero siempre quedará en pie que, en condiciones normales, tenemos libertad. Y lo probamos con la propia experiencia.

Yo soy consciente de que tengo libertad para rascarme la nariz, o cualquiera de las dos orejas, indistintamente. En cambio, sé que no puedo detener libremente las palpitaciones de mi corazón.

Tampoco soy libre para dejar de tener hambre, si dejo de comer.

Es decir, nadie puede discutirme que soy libre para algunas cosas, aunque no para todo.

Y la prueba de que todos los hombres creemos en la libertad humana, es que nos indignamos ante ciertas acciones monstruosas que suponen libertad y responsabilidad: un hijo que apuñala a su madre para robarle. En cambio, si la

[1] JUAN PABLO II: Encíclica *Fe y Razón, nº1*

[2] DENZINGER: *Magisterio de la Iglesia, nº 815*. Ed. Herder. Barcelona

[3] JOSÉ ANTONIO SAYÉS: *Antropología y moral, III, 1,c.* Ed. Palabra. Madrid. 1997.

[4] ALEJANDRO ROLDÁN, S.I.: *El carácter, VIII, 1,b.* Ed. Fe Católica. Madrid.

acción se hace sin libertad (el que apuñala a su madre estaba loco) esto no provoca indignación, sino que da lástima.

Si el hombre no es libre, es tan impotente para modificar su conducta, como lo es para modificar la ruta del Sol. En este caso, no tienen sentido ni las sanciones ni las condecoraciones. Si las hay, es porque todo el mundo está de acuerdo en que el hombre es libre y responsable de algunos de sus actos.

Si el hombre tiene libertad es porque es algo más que materia. La materia no tiene libertad: obedece indefectiblemente a las leyes físicas. «Es materia, dice **Weizsäcker,** lo que se atiene a las leyes físicas»[1] . La libertad humana trasciende las leyes físicas. Una máquina responde siempre de la misma manera a los mismos estímulos, en las mismas circunstancias. Si el motor de la moto no arranca, no es porque no quiera. Será que no tiene gasolina, o que no tiene la bujía en condiciones. Pero si no arranca, no la castigas; porque sabes que no tiene libertad. Buscas la causa y la remedias, porque sabes que si todo está es condiciones el motor arranca necesariamente. En cambio, el hombre puede obrar con libertad. Por eso al asesino se le mete en la cárcel; pero no se encarcela a una máquina que ha triturado a un hombre, pues no tiene responsabilidad.

4. **Los animales tampoco tienen libertad**[2] . Sus movimientos espontáneos se deben a los impulsos de sus diversos instintos de conservación del individuo y de la especie: buscar alimento, defender su vida y reproducirse.

El hombre, al ser libre, puede escoger lo que quiera entre dos cosas. El animal, como no es libre, no puede escoger. Sigue necesariamente lo que más atrae su sensibilidad: el estímulo más fuerte de sus instintos. El hombre puede renunciar a su apetito. El animal no[3] . El animal no puede subordinar lo placentero a lo honesto. El hombre, sí. El hombre puede oponerse a las inclinaciones de sus instintos para servir a un ideal[4].

«Dice un famoso texto de **Scheler** que el hombre es "el único animal capaz de decir NO a la satisfacción de sus apetencias instintivas"»[5] .

No es lo mismo libertad que libertinaje.
La libertad es un bien.
El libertinaje, un mal.
La libertad se convierte en libertinaje cuando se olvida de los derechos de los

---

[1] JUAN LUIS RUIZ DE LA PEÑA: *Teología de la creación, 2ª, IX, 1, 1.* Ed. Sal Terrae. Santander.

[2] Dr. BERMUDO MELÉNDEZ. Catedrático de Paleontología en la Universidad Complutense de Madrid: *Las bases científicas del evolucionismo, pg. 90.* Ed. A.D.U.E. Madrid, 1983.

[3] JOSÉ MIGUEL PERO-SANZ: *Ateísmo, hoy, I, 2.* Colección RTV, nº 9. 1975

[4] VICTOR MARCOZZI, S.I.: *Los orígenes del hombre según la Ciencia, la Filosofía y la Religión, V, 7.* Ed. Studium. Madrid

[5] PEDRO LAÍN ENTRALGO: *Alma, cuerpo, persona, 2ª, II.*Ed.Galaxia Gutenberg.Barcelona.1995

demás.

La libertad personal debe estar siempre subordinada al bien común.

La libertad, lo mismo que el fuego o el agua, son buenos cuando están controlados. Pero cuando actúan sin control, lo devoran todo.

Eulogio López, en la revista *Hispanidad* de INTERNET[1] , señala tres niveles del modernismo:

a) Lo que es real, debe ser legal: uniones de hecho, homosexualidad.

b) Lo que es legal es bueno: aborto, eutanasia.

c) Lo que no está en la ley, no existe: la justicia no lo puede perseguir: satanismo.

5. Pero además, la existencia del alma espiritual **es algo que se percibe**.

Dice **San Pablo**: *«Siento en mi cuerpo bajos instintos contrarios a mi espíritu. Me encuentro prisionero de la ley del pecado que está en mi cuerpo. Por eso actúo no como yo quiero, sino según el pecado que llevo dentro. El bien que quiero hacer, no lo hago; el mal que no quiero hacer, eso es lo que hago. Cuando quiero hacer lo bueno, me encuentro con lo malo en mis manos»*[2] .

Dice **Ovidio**: *«Video meliora proboque, deteriora sequor»*: Veo lo mejor y lo apruebo, pero hago lo peor[3] .

«El hombre debe seguir la ley moral que le impulsa a hacer el bien y evitar el mal.

Esta ley resuena en su conciencia.

Pero herido en su naturaleza por el pecado original, está sujeto al error e inclinado al mal en el ejercicio de su libertad»[4] .

Todos notamos en nuestro ser dos partes: una baja y otra alta; una que prefiere lo cómodo, y otra que prefiere lo heroico; una que se inclina al placer, y otra que frena ante lo que está prohibido; una que huye ante el dolor, y otra que se enfrenta con la misma muerte cuando lo exige el deber.

Ahora bien, **el instinto de conservación** es esencial a toda naturaleza.

La planta se agarra con sus raíces a la tierra; los animales se defienden como fieras.

---

[1] INTERNET: www.hispanidad.com

[2] SAN PABLO: Carta a los Romanos, **7**:15-23

[3] OVIDIO: *Metamorphosis, VII, 20s*

[4] **Nuevo Catecismo de la Iglesia Católica, nº 1713ss**

En cambio, el hombre, cualquiera que sean su religión y sus ideas, estima que hay ocasiones en las que vale la pena dar la vida por otros valores no materiales. Y los que así lo hacen son llamados héroes.

Esto significa que el hombre es algo más que materia. Si el hombre fuera exclusivamente materia, el bien supremo del hombre sería la vida terrena, y vemos que no lo es[1].

La motivación del actuar es triple:

a) Por placer: propio de los animales que siguen sus instintos.

b) Por utilidad: propio de las personas inteligentes que no hacen cosas inútiles.

c) Por moralidad: propio de las personas virtuosas que procuran agradar a Dios[2]

Por otra parte, en el hombre tiene más importancia lo que pertenece al espíritu que lo que pertenece al cuerpo.

Una bofetada en público duele más por lo que tiene de humillación que por el dolor físico que produce.

El remordimiento de una mala acción se siente en el alma. El cuerpo puede quedarse satisfecho, y el alma no.

Si Dios es justo, no pueden estar igual el terrorista que ha puesto una bomba que sus víctimas inocentes.

Y sabemos que Dios es justo.

Pero vemos que en el mundo no hay justicia: muchos malos triunfan, y muchos buenos no reciben la recompensa de sus buenas obras. Luego tiene que haber después otra vida, donde Dios dé a cada uno el premio o el castigo que mereció[3]. Es decir, que el alma tiene que sobrevivir al cuerpo.

Si el alma sobrevive al cuerpo, es porque no necesita del cuerpo para existir[4], es decir, porque es espiritual.

Se llama espiritual todo lo que no depende intrínsecamente de la materia para existir.

Todo lo que puede existir separado de la materia, como ocurre con el alma, es espiritual.

En 1972, el jesuita español, **P. Oscar González de Quevedo**, Profesor de Parapsicología en las facultades de Anchieta en San Paulo (Brasil) y en la Pontificia Universidad Católica de Río de Janeiro, estuvo en España dando cursillos de Parapsicología. Dio conferencias y realizó pruebas en las que resulta

[1] ANTONIO ROYO MARÍN, O.P.: *Teología de la Salvación, 2, I, 129, 2, b.* Ed. BAC. Madrid.

[2] R. GARRIGOU-LAGRANGE: *Dios, su existencia, III, 39.* Ed. Palabra. Madrid.1976.

[3] JOSÉ Mª. CIURANA: *En busca de las verdades fundamentales, II,C,c.* Ed Bosch. Barcelona.

[4] ANTONIO ROYO MARÍN, O.P.: *Teología de la Salvación, 2, I, 128, 3, b.* Ed. BAC. Madrid.

clara la existencia del alma espiritual. Por eso en uno de sus libros hace esta afirmación: «Hoy no hay en ninguna parte del mundo un parapsicólogo materialista»[1].

Todos saben que tenemos alma espiritual.

La psiquiatra suiza, doctora **Elizabeth Kübler-Ross**, tanatóloga, es decir, especialista en el estudio de la muerte, que ha entrevistado a más de veinte mil moribundos, muchos de los cuales han sido reanimados después de una muerte clínica, afirma que la realidad de otra vida, después de la muerte, es algo absolutamente cierto[2].

Es curioso el libro del doctor norteamericano médico-psiquiatra **Raymond A. Moody**, titulado *Vida después de la vida*, donde recoge los relatos de un centenar de personas, que estuvieron clínicamente muertas, y después volvieron a la vida. Exponen unas interesantes experiencias en las que se vieron fuera de su cuerpo físico, hablando con seres queridos ya difuntos, y sobre todo, en contacto con un ser luminoso que les interroga amorosamente sobre su vida pasada. Uno de ellos termina diciendo: «Después de aquello ya no tengo dudas. Sé que hay vida después de la muerte». Expresiones similares se repiten frecuentemente en estos relatos[3].

6. El alma es también inmortal **porque es espiritual**.

Lo espiritual no tiene partes como la materia.

Por lo tanto lo que es espiritual no puede morir, ni por descomposición y corrupción de sus partes (que no tiene por ser espiritual), ni por corrupción del cuerpo (del que no necesita para existir)[4].

La Iglesia afirma la supervivencia y la subsistencia del alma después de la muerte[5], de un elemento espiritual[6] que está dotado de conciencia y de voluntad, de manera que subsiste el mismo yo humano[7].

Además, Dios nos ha dado a todos los hombres un ansia tal de felicidad que

---

[1] OSCAR GONZÁLEZ DE QUEVEDO, S.I.: *¿Qué es la Parapsicología?, XIX.* Ed. Columbia. Buenos Aires, 1971

[2] P. LINDE, S.I.: *Fundamentos de la Religión, XX, 2.* Ed. Fomento de Cultura. Valencia

[3] RAYMOND A. MOODY: *Vida después de la vida, 2, XVI.* Ed. EDAF. Madrid, 1977

[4] ANTONIO ROYO MARÍN, O.P.: *Teología de la Salvación, 2ª, I, nº 127.* Ed. BAC. Madrid.

[5] **Nuevo Catecismo de la Iglesia Católica, nº 366 y 997**

[6] DENZINGER: *Magisterio de la Iglesia, nº 738.* Ed. Herder. Barcelona

[7] Carta de la Conferencia de la Doctrina de la Fe sobre algunas cuestiones referentes a la escatología del 17-V-79

exige la inmortalidad[1].

Felicidad que se acaba, no es verdadera felicidad: si a un ciego le devolvieran la vista sólo por un día, y si a un prisionero le pusieran en libertad sólo una hora, ni el ciego ni el prisionero serán felices sólo con esto.

Les atormentaría el pensamiento de que pronto se les acabaría esa felicidad.

La felicidad, para que sea completa, debe serlo para siempre.

Como dice **Aristóteles**, todos los hombres queremos ser felices y en el grado máximo.

Sin embargo, en este mundo nadie es totalmente feliz.

Todos tenemos nuestras penas.

En unos serán dificultades materiales.

En otros, enfermedades.

En otros, disgustos morales.

Pero todos tenemos en la vida nubes que nos oscurecen ese sol de la felicidad que tanto ansiamos.

Es que nuestra alma está hecha para el cielo, y sólo allí encontrará esa felicidad infinita y eterna que la sacie por completo[2].

Dice **Enrique Rojas** en ABC: «El hombre es un ser descontento. Su existencia es una toma de conciencia permanente de sus limitaciones. **Ortega** decía que la esencia del hombre era la soledad. Para **Zubiri,** la inquietud. Para **Unamuno,** el sentimiento trágico. Para **Heidegger** y **Kierkegaard,** la angustia. Para **Sartre,** la náusea. Todo lo humano es deficitario, indigente»[3].

El investigador español **Dr. Manuel Losada,** Profesor de la Universidad de Sevilla, el 10 de Junio del 2001, a las 10:30 de la mañana, dijo en televisión (Canal Sur), en una entrevista que le hizo **José Mª Javierre:** «Para **Ramón y Cajal,** uno de los mayores talentos de nuestra generación, había que partir de dos postulados: la existencia de Dios y la inmortalidad del alma».

Si Dios ha puesto en el alma humana esta **tendencia irresistible de felicidad**, es porque está dispuesto a darnos los medios de poder satisfacerla[4]. Lo contrario iría contra su Sabiduría y su Bondad. Es así que la felicidad que apetecemos exige la inmortalidad, y nuestro cuerpo es mortal, luego nuestra alma tiene que ser inmortal.

El Concilio Vaticano II dice: «El afirmar la espiritualidad e inmortalidad del alma no es un espejismo ilusorio, sino una profunda realidad»[5].

---

[1] STAUDINGER: *Vida eterna, IV, 6.* Ed. Herder. Barcelona

[2] STAUDINGER: *La vida eterna, I, 2.* Ed. Herder. Barcelona

[3] ABC de Madrid, 11-V-96) Pg.52

[4] JOSÉ Mª. CIURANA: *En busca de las verdades fundamentales, II, C, b.* Ed. Bosch. Barcelona.

[5] Concilio Vaticano II: *Gaudium et Spes*: Constitución sobre la Iglesia en el mundo actual, n.14

La Sagrada Congregación de la Fe, el 17 de mayo de 1979, publicó un documento sobre cuestiones de escatología en cuyo nº 3 se dice: «La Iglesia afirma la continuación tras la muerte de un elemento espiritual del Yo que carece, durante este tiempo, del complemento corporal»[1].

La inmortalidad del alma es **dogma de fe**[2]

7. **Los Testigos de Jehová** niegan la inmortalidad del alma porque la palabra del Génesis *néphesh* significa principio vital común a los animales y a los hombres[3].

Pero en el salmo **49,**16 se dice que Dios librará al *néphesh* del justo del *sheol*. «La palabra *néphesh* que había significado hálito vital, vida, toma así el significado de alma, núcleo personal del justo, que Dios toma consigo cuando el justo muere»[4]

Es que la revelación del mensaje bíblico es progresiva. Dios se acomodaba a la mentalidad del pueblo al que se dirigía.

«En su revelación a los hombres, Dios sigue una lenta pedagogía. (...) Era importante la exclusión de un culto a los muertos (...) paralelo al que tenían los pueblos paganos vecinos, en el que se incluía una cierta "divinización" de los muertos.

»Se explica, por ello, que Dios haya levantado a Israel muy poco a poco el velo que cubre los misterios del más allá»[5].

La distinción entre alma y cuerpo no aparece hasta **Daniel**, en el siglo II antes de Cristo[6].

Después, en el Libro de la Sabiduría ya aparece clara la idea de inmortalidad: «*Dios creó al hombre para la inmortalidad*»[7].

El cuerpo se muere y desaparece.

Lo que permanece es el alma[8].

Por eso **Saúl** habla con el espíritu de **Samuel**, que ya había muerto[9].

---

[1] Acta Apostolicae Sedis, 73 (1979) 941

[2] DENZINGER: *Magisterio de la Iglesia, nº 530s, 738*. Ed. Herder. Barcelona.

[3] JORGE AUZOU: *En un principio creó Dios el mundo, IV*. Ed. Verbo Divino. Estella, 1978.

[4] CÁNDIDO POZO, S.I.: *Vida más allá de la muerte, II, 1*. Cuadernos BAC. nº78. Madrid. 1984.

[5] CÁNDIDO POZO, S.I.: *Vida más allá de la muerte, II, 1*. Cuadernos BAC. nº78. Madrid. 1984.

[6] ALEJANDRO DÍEZ MACHO, Catedrático de Literatura Hebrea en la Universidad Complutense de Madrid: *La resurrección de Jesucristo y la del hombre en la Biblia, 2ª, I, 3*. Ediciones Fe Católica. Madrid, 1977.

[7] Libro de la Sabiduría, **2**:23

[8] G. HERBERT, S.I.: *Los Testigos de Jehová, su historia y su doctrina, V, 4*. Ed. PPC. Madrid, 1973. Este es uno de los mejores libros para refutar la doctrina de los Testigos de Jehová.

[9] Primer Libro de SAMUEL, **28**:3-25

Dijo **Jesucristo**: *«No temáis a los que solamente pueden matar el cuerpo; temed más bien al que puede perder el alma en el infierno»*[1]. *«Quien cree en Mí, aunque muera vivirá; quien cree en Mí, no morirá jamás»*[2].

Con estas palabras **Jesús** confirma el pensamiento que tenían los judíos de que el alma seguiría viva después de la muerte[3].

8. Últimamente ha circulado una teoría de que la separación alma-cuerpo era un dualismo de origen platónico, y que por lo tanto el hombre resucita en el momento de la muerte.

«Pero no debe olvidarse que tan categorías humanas son las semíticas como las helenísticas, y en este sentido son igualmente aptas para ser instrumento de la revelación de Dios»[4].

Eso de que la resurrección es **inmediatamente** después de la muerte, es una doctrina rechazada por la mayor parte de los teólogos católicos, e incluso por los protestantes de la talla de **Oscar Cullmann**, Profesor de la Universidad de París, y una de las primeras figuras de la teología protestante[5].

A su vez el **Cardenal Ratzinger**, Prefecto de la Congregación Vaticana para la Doctrina de la Fe, afirma: «La hipótesis de una resurrección en el momento de la muerte no se puede probar ni lógica ni bíblicamente»[6].

9. **Cristo** habla de que el hombre sigue vivo más allá de la muerte: la parábola de **Lázaro** y el rico **Epulón** habla de la realidad del infierno después de la muerte[7]; y al buen ladrón le promete el paraíso después de la muerte[8].

Antes había dicho: *«Si quieres entrar en la vida eterna, guarda los mandamientos»*[9]. *«Los impíos irán al suplicio eterno, y los justos a la vida eterna»*[10]

[1] Evangelio de SAN MATEO, **10**:28

[2] Evangelio de SAN JUAN, **11**:25s

[3] ALEJANDRO DÍEZ MACHO: *La resurrección de Jesucristo y la del hombre en la Biblia, 2ª, II, D,*. Ed. Fe Católica. Madrid, 1977,

[4] CÁNDIDO POZO, S.I.: *Teología del más allá, 2, III, 10.* Ed. BAC. Madrid, 1980

[5] OSCAR CULLMANN: *La inmortalidad del alma, IV.* Ed. Studium. Madrid, 1970

[6] JOSÉ RATZINGER: *Escatología, II, 5, 5.* Ed. Herder. Barcelona, 1980

[7] Evangelio de SAN LUCAS, **16**:19-31

[8] Evangelio de SAN LUCAS, **23**:42s

[9] Evangelio de SAN MATEO, **19**:17

[10] Evangelio de SAN MATEO, **25**:46

. «*Alegraos y regocijaos, porque es grande vuestra recompensa en el cielo*»[1] .

El Evangelio dice que el Dios de **Abrahán**, de **Isaac** y de **Jacob**, no es Dios de muertos sino de vivos[2] . Luego si **Abrahán**, **Isaac** y **Jacob** están vivos es porque su alma es inmortal.

También **San Pablo** dice que en esta vida conocemos a Dios imperfectamente, pero que en la gloria lo veremos cara a cara[3] ; y añade: «*deseo morir y estar con* ***Cristo*** *lo cual es muchísimo mejor*»[4] . «*Es indescriptible la felicidad del cielo*»[5] .

Es decir, está claro que seguiremos vivos más allá de la muerte.

El Papa **Juan Pablo II** les dijo a los jóvenes en Vancouver (Canadá) el 18 de Septiembre de 1984:«No dejéis que nadie os engañe acerca del verdadero sentido de la vida. La vida viene de Dios. Dios es la fuente y la meta de vuestras vidas.

»En el Evangelio **Jesús** nos avisa de que en el mundo hay ladrones que vienen a robar[6] .

» Encontraréis estos ladrones que intentan engañaros.

»Os dirán que el sentido de la vida está en el mayor número de placeres posibles. Intentarán convenceros de que este mundo es el único que existe, y que debéis atrapar todo lo que podáis ahora.

»Habrá quien os diga que vuestra felicidad está en acumular dinero y disfrutar de la vida. Nada de esto es verdadero.

»Nada de esto proporciona la auténtica felicidad de la vida. La auténtica felicidad de la vida no se encuentra en las cosas materiales.

»La auténtica vida se encuentra en Dios. Y vosotros descubriréis a Dios en la persona de **Jesucristo.**

» Amadle y servidle ahora para que pueda ser vuestra la plenitud de la vida eterna»[7] .

10. **Tenemos alma inmortal**. Nos guste o no nos guste.

Esto es una verdad indudable.

Y además, dogma de fe. Y el que no lo crea, se va a enterar, porque se va a morir. Negar que tenemos alma es como el que niega que tiene hígado porque no

[1] Evangelio de SAN MATEO, **5**:12

[2] Evangelio de SAN MATEO, **22**:32

[3] SAN PABLO: Primera Carta a los Corintios, **13**:12

[4] SAN PABLO: Carta a los Filipenses, **1**:2ss

[5] SAN PABLO: Segunda Carta a los Corintios, **2**:9

[6] Evangelio de SAN JUAN, **10**:10

[7] Revista MARÍA MENSAJERA, 183 (IV-96) 6

lo ve o no lo siente.

Somos como somos, independientemente de cómo quisiéramos ser.

Dentro de mil millones de años estaremos todavía vivos: felices en el cielo, o sufriendo en el infierno; pero vivos.

Y vivos para siempre.

Y para siempre felices, o para siempre sufriendo.

Y esta felicidad o este tormento, depende de los años de vida en este mundo.

Por otra parte, ante la afirmación de Cristo-Dios, de que el hombre sigue vivo más allá de la muerte, es lógico y prudente tener esto en cuenta.

Si voy por la carretera y me encuentro un letrero que dice «Carretera cortada después de la curva: puente hundido», lo lógico es frenar. Tomar esa curva a toda velocidad es suicida.

Quien vive en esta vida sin preocuparse de la otra es un loco. Lo lógico, lo racional, lo inteligente, es vivir aquí pensando en lo que ciertamente ha de venir después de la muerte.

Nos preocupamos de mantener la salud, la buena presencia física, el capital, etc. Por conservar o mejorar todo esto hacemos esfuerzos, sacrificios y gastamos dinero. ¿Y abandonamos la salvación del alma?

Si la perdemos, lo hemos perdido todo y para siempre.

Si la salvamos, nos hemos salvado para siempre.

La preocupación por nuestra salvación nos impedirá vivir en pecado mortal, pues una muerte repentina nos llevaría a una condenación eterna.

Son frecuentísimas las muertes repentinas: accidentes, enfermedades inesperadas y fulminantes, etc.

¿Quién dormiría tranquilo con una víbora en su cama?

Muchos habrá en el infierno que dejaron su conversión para después, y ese después no llegó nunca porque ellos murieron antes.

Jesucristo nos lo avisa repetidas veces en el Evangelio: «*No sabéis el día ni la hora*»[1].

Y nos lo jugamos todo a una sola carta, pues sólo se muere una vez.

No hay segunda oportunidad. Y todo a cara y cruz.

No hay término medio entre salvarse y condenarse. O cielo o infierno. Y esto para toda la eternidad. El equivocado en el momento de morir, jamás podrá rectificar su yerro.

[1] Evangelio de SAN MATEO, **25**: 10-13; de SAN MARCOS, **13**: 35ss; de SAN LUCAS, **12**: 20.

Una persona consecuente aprovecha esta vida para hacer todo el bien posible. En la hora de la muerte nos arrepentiremos no sólo del mal que hayamos hecho, sino también del bien que pudimos hacer y tontamente no hicimos.

No debemos hacer las cosas porque nos gustan, sino porque nos conviene para el bien del alma y del cuerpo; y para bien de los demás.

Cada día deberíamos hacer una buena acción. Y cada día hacer también una cosa que no me apetece, sobre todo si es en bien del prójimo.

Si alguien estuviera cierto que pronto sería trasladado a otro lugar para el resto de sus días, ¿no sería lógico que trasladase allí todos los bienes que pudiera? Por lo mismo el cristiano procura atesorar para el cielo[1].

11. El dogma de la inmortalidad del alma no tiene nada que ver con la hipótesis de la **reencarnación**, propia del hinduismo y del budismo, que es inaceptable para un católico (ver n. **104**,3).

Tampoco hay que confundir el orar por los difuntos o la invocación a los santos como mediadores ante Dios con la evocación a los espíritus, propia del **espiritismo,** que repetidas veces ha sido condenada por la Iglesia[2]. No es lícito «evocar las almas de los muertos, recibir respuestas, descubrir cosas lejanas y desconocidas,etc»[3].

«Hay una diferencia fundamental entre invocación y evocación: ésta pretende siempre una comunicación perceptible; aquélla no es más que una forma de oración o súplica»[4]

El Sr. Obispo de Stockton, California, (EE.UU), **Donald W. Montrose** publicó una Carta Pastoral interesantísima sobre el ocultismo, el satanismo y las supersticiones. En ella empieza diciendo: «Por "ocultismo" entendemos una influencia suprahumana o sobrenatural que no es de Dios y comúnmente lo asociamos con lo que tiene influencia demoníaca»[5].

En el juego de la «ouija» consta de las intervenciones diabólicas.

El sacerdote exorcista de la novela histórica con este nombre dijo por la televisión mejicana que la posesión tuvo lugar jugando a la «ouija».

Así me lo dijo a mí en Méjico quien lo oyó directamente.

---

[1] TOMÁS MORO: *Diálogo de la fortaleza, 3ª, XV.* Ed Rialp. Madrid. 1988.

[2] Concilio Vaticano II: *Constitución LUMEN GENTIUM, nº 49, nota 148.*

[3] DENZINGER-S,nº 2825,

[4] CÁNDIDO POZO, S.I.: *La venida del Señor en la gloria, VII, 2.* Ed. EDICEP. Valencia. 1993

[5] DONALD W. MONTROSE: *El ocultismo.* En INERNET: Apologética católica, www.aciprensa.com

11.- Dios es omniperfecto.

1. «Dios posee todas la perfecciones posibles. Su perfección no tiene límites.

»Tampoco tiene mezcla de imperfección, de suerte que es imposible concebir nada que lo pueda hacer mejor»[1].

Dios es el Ser Necesario (ver nº**2**). El Ser Necesario tiene la plenitud de la existencia, porque su esencia es existir. Por eso Dios tiene todas las perfecciones posibles en grado infinito, y no puede tener ningún defecto. Si no, no sería Dios.

Los seres contingentes que existen unos por otros, exigen un ser que no exista por otro; es decir, que exista por sí mismo, que tiene que ser eterno, que no puede comenzar a existir, que existe necesariamente, que no pueda no existir, que su esencia sea existir, que tiene la plenitud de la existencia, que tiene la existencia sin limitación, que tiene toda la perfección existente en su grado máximo: es decir, que es omniperfecto. Ése es Dios.

El Ser omniperfecto es inmutable. Todo ser que cambia o se mueve es carente de algo (de esa nueva modalidad). Luego el ser omniperfecto es inmutable.

«Dios es la plenitud del SER»[2] .

Dios, como posee por naturaleza la plenitud de la existencia, no puede crecer; es por lo tanto infinito. Y el ser infinito es único, puesto que no pueden existir dos seres infinitos distintos; ya que ninguno de los dos poseería lo que pertenece al otro, y en consecuencia podrían crecer los dos. En este caso no serían infinitos como habíamos supuesto.«Es imposible que haya dos seres infinitos. No puede haber más de un ser infinito. El ser infinito necesariamente es único»[3] .

Todo esto se demuestra ampliamente en Filosofía.

12.- DIOS LO PUEDE TODO.

[1] GARRIGOU-LAGRANGE: *Dios: su existencia, I,4.* Ed. Palabra. Madrid.1976.

[2] **Nuevo Catecismo de la Iglesia Católica, nº 213**

[3] JOSÉ ANTONIO GALINDO: *Dios no ha muerto, V,5,1.* Ed. San Pablo. Madrid. 1996.

1. El hombre puede hacer grandes cosas:

En la antigüedad levantó hermosas catedrales con la colaboración de todo el pueblo[1] ; y gigantescas pirámides, como la de Keops, en Gizeh, donde, según **Breasted,** trabajaron cien mil hombres durante treinta años, y emplearon 2.300.000 bloques de piedra de dos toneladas de peso cada uno. Con esa piedra se podría haber construido un muro de dos metros de altura desde Lisboa a Varsovia[2] .

Actualmente el hombre fabrica superpetroleros gigantescos de varios cientos de miles de toneladas, aviones supersónicos, submarinos atómicos, satélites artificiales, etc.; pero el hombre no puede hacer el Sol ni el Universo. Dios sí puede hacer el Sol y el Universo, porque lo puede todo. *«Nada es imposible para Dios»*[3] .

Todo aquello que puede ser hecho, lo puede Dios. «Dios puede hacer todo lo que no es contradictorio»[4] .Pero lo que no puede ser hecho, lo absurdo, lo contradictorio, es imposible que nadie lo haga, ni siquiera Dios: por ejemplo un círculo cuadrado. Un círculo no puede ser cuadrado porque dejaría de ser círculo. Por eso un círculo cuadrado es un absurdo; y Dios no hace absurdos.

«Lo absurdo es absolutamente imposible»[5] .

13.- DIOS LO SABE TODO.

1. Dios conoce todos los secretos de la Naturaleza, y todos los acontecimientos de la Historia, tanto los pasados como los venideros. *«Dios conoce todas las cosas antes de que sucedan»*[6] . Para Dios todo es presente. Para Dios no hay tiempo.

Dios también conoce todos tus pecados, no sólo los de obra, sino también los de deseo y pensamiento[7] .Pero Dios también conoce perfectamente -y te lo recordará el día del premio- todas tus buenas obras y hasta tus buenos deseos[8] .

Ten esto presente, porque te ayudará a practicar el bien.

---

[1] C. ENLART: *Manuel d´archeologie.* Ed. Picard. París.

[2] H. PINARD DE LA BOULLAYE, S.I.: *Jesús Luz del mundo, III, nota 29.* Ed. Razón y Fe. Madrid

[3] Evangelio de SAN LUCAS, **1** :37

[4] PEDRO LAÍN ENTRALGO: *Alma, Cuerpo, Persona. Epílogo,II,1, a.* Ed. Galaxia. Madrid. 1995.

[5] R. GARRIGOU-LAGRANGE: *DIOS, su existencia, II, 3ª, 24.* Ed. Palabra. Madrid. 1976.

[6] Profeta DANIEL, **13**:42

[7] 1ª Paralipómenos, **28**:9

[8] ANTONIO ROYO MARÍN, O.P.: *Teología de la salvación, 3ª, II, nº 209s.* Ed. BAC. Madrid

14.- DIOS LO VE TODO.

1. Un muchacho, que salió triunfante ante una ocasión de pecar, decía que el pensamiento que le había salvado era éste: «¿Qué diría mi madre si se enterara?». Pues Dios no sólo se entera, sino que te está viendo. ¿No te da vergüenza? Piensa esto cuando te asalte la tentación. Te ayudará a no pecar.

15.- DIOS ES NUESTRO PADRE, QUE ESTÁ EN EL CIELO: CREADOR Y SEÑOR DE TODAS LAS COSAS, QUE DARÁ SU MERECIDO A LOS BUENOS Y A LOS MALOS.

1. Dice **San Pablo** que *«cada uno recibirá el premio o castigo que le corresponda por sus obras durante su vida mortal»*[1].

Dios es el Padre de todos los hombres, a quienes ama infinitamente. Por eso para que nos animemos a ser buenos, premia a los buenos dándoles el cielo y castiga a los malos con el infierno. Lo mismo que un buen padre premia a su hijo bueno, y debe castigar a su hijo que no se porta bien. Con todo, Dios -por su gran bondad- prefiere perdonarnos, si le pedimos perdón. Si alguna vez hace justicia es cuando no tiene más remedio por la obstinación del hombre que no quiere pedir perdón, y cuya libertad Dios se ha comprometido a respetar. Dios, como es infinitamente misericordioso, perdona todo y del todo. Dios no es vengativo. No debemos sentir angustia. Debemos confiar en su Bondad. Dios perdona siempre a quien le pide perdón. Pero como también es infinitamente justo, no puede perdonar a quien no le pide perdón. Sería una monstruosidad impropia de la justicia de Dios.

«**Jesús** habló de "la blasfemia contra el Espíritu Santo" como de un pecado imperdonable. Este pecado es imperdonable porque es un rechazo obstinado a convertirse al amor misericordioso de Dios Padre»[2]. Es no querer arrepentirse. Y Dios no puede perdonar al que no quiere arrepentirse[3].

2. La expresión «**castigo de Dios**» es bíblica[4].
Pero necesita ser entendida rectamente.

---

[1] SAN PABLO: Segunda Carta a los Corintios, **5**:10

[2] CONFERENCIA EPISCOPAL ESPAÑOLA: *Esta es nuestra fe, 2º, III, 2, 4, c.* EDICE. Madrid

[3] ANTONIO ROYO MARÍN, O.P.: *Teología de la salvación, 1ª, IV, nº 87-93.* Ed. BAC. Madrid

[4] Libro Segundo de SAMUEL, **12**. Libro de la Sabiduría, **5**:20-23; Evangelio de SAN MATEO, **25**:41ss. LEON-DUFOUR: *Vocabulario de Teología Bíblica,* voz: castigo. Ed. Herder. Barcelona.

No es que Dios mande un castigo. Sino que el castigo es algo intrínseco a la culpa.

Por eso el castigo es obra del hombre, no de Dios. Dios se limita a manifestar la situación del hombre impenitente. Como el catedrático se limita a manifestar que el alumno no es apto. El catedrático no suspende, es el alumno el que se suspende a sí mismo al no estar bien preparado. Se supone que el catedrático obra con justicia. Dios permite el castigo, por necesario; pero no lo quiere. Lo mismo que no quiere el pecado[1].

Lo evidente es lo siguiente:

a) Dios quiere que todos los hombres se salven[2].

b) Para ello nos ayuda de mil maneras.

c) Pero respeta nuestra libertad, y el que quiere rechazar a Dios, puede hacerlo.

d) El que así lo hace, elige el infierno, en contra de lo que Dios hubiera querido: «*Dios no quiere la muerte* (eterna) *del pecador, sino que se convierta y viva* (para siempre)»[3].

e) El infierno es consecuencia del pecado.

3. El temor a Dios debe ser filial, no servil: más que miedo es respeto amoroso. El temor de hijo, que teme ofender, no amar lo suficiente. El que teme no amar bastante, es una forma superior de amor[4].

16.- Dios está en todas partes.

1. Lo mismo que el perfume llena la habitación, Dios lo llena todo: está en todas partes.

Pero de un modo más perfecto.

Cuando decimos que Dios está en el cielo, queremos indicar que allí se manifiesta su gloria más particularmente.

Antes de la creación Dios no podía estar en las cosas, porque todavía no existían. Desde toda la eternidad Dios estaba presente en sí mismo[5].

17.- A Dios no le vemos porque es espíritu puro.

---

[1] JOSÉ RUIZ DE LA PEÑA: *La otra dimensión: escatología cristiana, VIII,3.* Ed. Sal Terrae. Santand.

[2] SAN PABLO: Primera Carta a Timoteo, **2** :4

[3] Primera Carta de SAN JUAN: **4** :8

[4] Biblia de Jerusalén, nota de la pg. 1631

[5] ANTONIO ROYO MARÍN, O.P.: *Dios y su obra, 1ª, 2º, II, 6, nº 75,a.* Ed, BAC. Madrid

15,2

1. Por la limitación de los ojos de nuestro cuerpo, no podemos ver ni lo muy pequeño, ni lo muy lejano. Por eso nos valemos del microscopio y del telescopio.

Tampoco se ve el viento y la luz, si no que vemos tan sólo las cosas iluminadas por la luz y las hojas movidas por el viento.

Nuestros ojos tampoco pueden ver a Dios, porque es espíritu.

Con todo, los que están en el cielo ven a Dios «con los ojos del alma», pues reciben para ello un auxilio especial.

2. Dios es **inefable.** Es imposible decir adecuadamente lo que es Dios.

No hay palabras adecuadas.

Tenemos que hablar de Él antropomórficamente..

Y esto es rebajarle hasta las realidades humanas.

Pero no tenemos otro modo de expresarnos.

Aunque nos demos cuenta de que estas expresiones dan lugar a equívocos. Pero es que Dios está más allá de todo lo que podamos decir de Él[1].

[1] JEAN DANIELOU: *Dios y nosotros, II.* Ed. Taurus. Madrid

TRINIDAD

18.- HAY UN SOLO DIOS VERDADERO.

1. «La Santa Iglesia Católica, Apostólica y Romana cree y confiesa que hay un solo Dios verdadero»[1].

Dice la Biblia: «*Así habla Yahvé...; no hay otro Dios fuera de mí*»[2].

Y **San Pablo**: «Sabemos que hay un solo Dios»[3].

Sólo puede haber un Dios verdadero. Si hubiera más, o uno mandaría sobre los demás -y éste sería el único Dios verdadero-, o serían independientes unos de otros.

Pero esto es imposible, porque el Dios verdadero tiene que tener dominio absoluto sobre todo lo que existe fuera de Él.

Si no, no lo podría todo. Y Dios -como demuestran los filósofos- lo puede todo[4] (Ver nº **11**).

19.- EN DIOS HAY TRES PERSONAS DISTINTAS.

1. Un solo Dios verdadero en tres personas distintas. Donde se revela claramente el misterio Trinitario es en: «Id y enseñad a todas las gentes, bautizándolas en el nombre del Padre y del Hijo y del Espíritu Santo»[5].

Dios es uno en esencia y trino en personas.

No es lo mismo «esencia» que «persona».

Esencia es aquello por lo que algo «es lo que es», sin lo cual sería otra cosa, no

---

[1] DENZINGER: *Magisterio de la Iglesia, nº 1782.* Ed. Herder. Barcelona.

[2] ISAÍAS, **44**:6; Deuteronomio, **6**:4;SAN PABLO: Primera carta a los Corintios, **8**:6, etc.

[3] SAN PABLO: Primera Carta a los Corintios, **8**,4

[4] En el número **11** te he puesto otra explicación de que sólo puede haber un Dios verdadero

[5] Evangelio de SAN MATEO:**28**, 19.

sería ese ser.

Si ese ser es inteligente, es una persona.

Que en un ser haya tres personas es un misterio, pero no una contradicción.

La contradicción sería ser un solo Dios y tres dioses al mismo tiempo.

«"Dios es amor", por eso es trinitario; porque el amor reclama alteridad, necesita otra persona a quien amar. Por eso en Dios hay tres personas»[1].

«La persona supone relación»[2].

20.- LAS TRES PERSONAS SON: PADRE, HIJO Y ESPÍRITU SANTO.

1. El Padre nos ama y nos ha hecho sus hijos.

El Hijo nos ha salvado muriendo por nosotros.

El Espíritu Santo nos ayuda con su gracia a ser buenos cristianos.

2. Con la sola razón podemos llegar a conocer algo de Dios: su eternidad, su omniperfección. Pero no la vida íntima de Dios (la Trinidad)[3].

«Como el Padre no tiene cuerpo, el Hijo sólo puede proceder del Padre de una manera espiritual. (...) En el Credo *Niceno-constantinopolitano* que utiliza frecuentemente la liturgia de la Iglesia, y que procede del siglo IV, confesamos que el Hijo es (...) «engendrado, no creado» .(...) Con esto se quiere dar a entender que el Hijo procede del ser del Padre, y no como todas las demás cosas (...) que son criaturas, creadas en el tiempo»[4].

«El Credo de los Apóstoles se compuso en los primerísimos tiempos de la Iglesia, cuando se quiso retener claramente lo que constituye la fe de los cristianos»[5].

La Tercera Persona es el Amor que brota entre las dos Primeras Personas.

El Padre, conociéndose a sí mismo, da lugar al Hijo; y del amor entre ambos procede el Espíritu Santo.

Sin embargo las tres Personas son simultáneas en el tiempo, porque las Tres son eternas.

---

[1] JUAN LUIS RUIZ DE LA PEÑA: *Teología de la creación, 1ª, IV, 2, 1.* Ed. Sal Terrae. Santander

[2] JULIÁN MARÍAS: *Persona, II.* Ed. Alianza. Madrid. 1996.

[3] ANTONIO ROYO MARÍN, O.P.: *Jesucristo y la vida cristiana, cap. preliminar.* Ed. BAC. Madrid.

[4] JUAN LUIS LORDA: *39 Cuestiones doctrinales, I, 6.* Ed. Palabra. Madrid. 1990.

[5] ELEONOR BECK: *Yo creo, XIV.* Ed. KIRCHE IN NOT. Alemania. 2000.

21.- EL PADRE ES DIOS.

22.- EL HIJO ES DIOS.

1. La Segunda Persona de la Santísima Trinidad procede del Padre, pero no es posterior a Él en el tiempo.

Es procedencia de origen, no de tiempo.

Podemos ilustrarlo con un ejemplo. Si yo enciendo la luz de mi cuarto, de noche, veo simultáneamente mi mano y la sombra de ella sobre la mesa. La sombra está originada por mi mano, pero veo las dos simultáneamente.

No hay prioridad en el tiempo. La sombra y la mano aparecen ante mis ojos simultáneamente, aunque la sombra está originada por la mano.

El Hijo procede del Padre por «una generación puramente espiritual, como es la generación del entendimiento»[1].

Lo mismo que del entendimiento brotan la idea y la palabra. Por eso al Hijo se le llama Verbo = Palabra.

2. **Los Testigos de Jehová** que no creen que el Hijo sea Dios como el Padre, engañan a los incautos que les escuchan diciendo que si el Hijo es engendrado por el Padre es posterior al Padre y no eterno como Él.

Es que ignoran la distinción filosófica entre prioridad de origen y de tiempo.

Por ejemplo: el fuego da origen a la luz; pero la luz no es posterior al fuego, sino que surge simultáneamente con el fuego.

Lo mismo ocurre en Dios con el Padre y el Hijo.

23.- EL ESPÍRITU SANTO ES DIOS.

1. Dijo **Cristo**: *«Os es conveniente que yo me vaya, porque si no me voy no vendrá con vosotros el Consolador; pero si me voy, os lo enviaré»*[2].

La realidad del Espíritu Santo está patente en el Evangelio:

---

[1] JESÚS MARÍA GRANERO, S.I.: *Credo, 1º, XI.* Ed. Escelicer. Cádiz.

[2] Evangelio de SAN JUAN, **16**:7

Jesús fue concebido por el Espíritu Santo en el seno de **María**[1].

Iluminó a **Isabel** y **Simeón** a descubrir a **Jesús** como Mesías[2].

Llevó a **Jesús** al desierto[3].

Jesús promete enviárnoslo[4].

Etc., etc.

El Espíritu Santo es también una Persona Divina, por lo tanto debe recibir la misma adoración y honor que las otras dos.

Los Testigos de Jehová niegan que el Espíritu Santo sea Persona Divina; sin embargo, la Sagrada Escritura da al Espíritu Santo atributos de Dios: Omnisciencia[5], omnipresencia[6], omnipotencia[7].

El Espíritu Santo es el poder activo de Dios; es Dios en acción[8].

Dice **Jesucristo** que el Espíritu Santo nos inspira[9], nos enseña[10] y nos guía[11].

Y **San Lucas** que el Espíritu Santo nos ordena[12], y que mentir al Espíritu Santo es mentir a Dios[13].

San Juan dice que nos inspira[14], y nos consuela[15].

San Pablo dice que es dador de la vida[16], que nos santifica[17] e intercede por nosotros[18].

El Espíritu Santo nos ayuda a comprender mejor lo que **Jesús** nos dijo, y nos da fuerza para seguir al Señor.

En el Credo del Concilio Niceno-Constantinopolitano se dice que el Espíritu Santo procede del Padre: *ex Patre.* Esta fórmula significa que tiene la misma naturaleza del Padre, es decir, que es Dios como el Padre.

---

[1] Evangelio de SAN LUCAS, **1**:35; de SAN MATEO, **1**, 18-20

[2] Evangelio de SAN LUCAS, **1**:41-43: **2**:26

[3] Evangelio de SAN LUCAS, **4**:1

[4] Evangelio de SAN JUAN, **14**:26

[5] SAN PABLO, Primera Carta a los Corintios, **2**:10

[6] Salmo **139**:7

[7] ZACARÍAS, **4**:6; JOB, **32**:8; **33**:4

[8] Jueces, **14**:6; Evangelio de SAN JUAN, **14**:17,26; **15**:26; **16**:8,13; Hechos, **1**:6; **8**:29; **13**:2, 4

[9] Evangelio de SAN MATEO, **10**:19s

[10] Evangelio de SAN JUAN, **14**:26

[11] Evangelio de SAN JUAN, **16**:13

[12] SAN LUCAS: Hechos de los Apóstoles, **11**:12

[13] Hechos de los Apóstoles, **5**:3s

[14] Evangelio de SAN JUAN, **3**:8

[15] Evangelio de SAN JUAN, **14**:16

[16] SAN PABLO: Carta a los Romanos, **8**:11

[17] SAN PABLO: Carta a los Romanos, **15**:16

[18] SAN PABLO: Carta a los Romanos, **8**:26

Cuando vivimos en gracia de Dios, tenemos la gracia santificante que nos hace **templos vivos** del Espíritu Santo[1]. Él habita en nosotros y nos llena de sus dones. Sin su inspiración y ayuda, nada bueno podemos hacer.

Dice **Jesucristo** que el pecado contra el Espíritu Santo no se perdona. Los teólogos lo interpretan como la voluntad de no querer arrepentirse. Y Dios no puede perdonar a quien no quiere arrepentirse[2].

Quien «rechaza la gracia de Dios y voluntariamente se obstina en su maldad, es imposible que, mientras permanezca en esas disposiciones, se le perdone su pecado»[3].

«Semejante endurecimiento puede conducir a la condenación final y a la perdición eterna»[4].

2. El Catecismo habla de los Dones del Espíritu Santo, que son disposiciones permanentes que hacen al hombre dócil para seguir los impulsos del Espíritu Santo. Son siete:

Don de Sabiduría: Es un gusto especial para lo espiritual.

Don de Entendimiento: Es una gracia del Espíritu Santo para comprender la Palabra de Dios y profundizar en las verdades reveladas.

Don de Consejo: Es una luz para saber en cada momento lo que es la voluntad de Dios. Nos ayuda a obrar rectamente.

Don de Ciencia: Nos hace saber distinguir entre lo verdadero y lo falso en orden a la vida eterna.

Don de Fortaleza: Es una fuerza especial para obrar valerosamente lo que Dios quiere de nosotros, y sobrellevar las contrariedades de la vida.

Don de Piedad: Es un afecto filial a Dios como Padre, y a los hermanos como hijos del mismo Padre.

Don de Temor de Dios: Es una humilde actitud de temor a ofender a Dios, reconociendo nuestra debilidad.

«Los dones del Espíritu Santo son unas gracias especiales y permanentes que potencian nuestras virtudes cristianas y nos hacen reaccionar más en sintonía con Dios»[5].

Además de los dones del Espíritu Santo, están los frutos. Son: amor, alegría, paz, bondad, etc.

---

[1] SAN PABLO: Primera Carta a los Corintios, **6**:19

[2] ANTONIO ROYO MARÍN,O.P.: *Teología de la salvación, nn.87-93.* Ed.B.A.C. Madrid.

[3] JUAN ANTONIO GONZÁLEZ LOBATO: *Razones de la Fe, V, 6.* Ed. EMESA. Madrid. 1980.

[4] **Nuevo Catecismo de la Iglesia Católica, nº 1864**

[5] JUAN ESQUERDA BIFET: *Creo en el Espíritu Santo, VIII.* Cuadernos BAC nº 79. Madrid.

24.-LAS TRES PERSONAS NO SON TRES DIOSES IGUALES, SINO UN SOLO DIOS VERDADERO EN TRES PERSONAS DISTINTAS[1].

1. Aunque se trata de un misterio no es algo contradictorio, pues las tres personas se identifican en la naturaleza y se distinguen en la personalidad que son puntos de vista distintos.

Las tres Personas son distintas, porque el Padre no es el Hijo ni el Espíritu Santo, y el Hijo y el Espíritu Santo se distinguen del Padre y entre sí.

Pero las tres Personas **tienen la misma y única naturaleza divina**. La misma grandeza, poder, sabiduría, bondad, santidad, el mismo querer y el mismo obrar, etc. Lo que hace una Persona lo hacen las tres; sin embargo, ciertas actividades parecen más apropiadas a una Persona que a otra: la Creación al Padre, la Redención al Hijo, y la Santificación al Espíritu Santo[2].

«Conviene no olvidar que estas operaciones, creadora, redentora y santificadora son comunes a las Tres Personas Divinas. Es decir, toda la Trinidad crea, redime y santifica al hombre»[3].

«Las personas divinas, inseparables en su ser, son también inseparables en su obrar. Pero en la única operación divina cada una manifiesta lo que le es propio en la Trinidad»[4].

No es que entre las tres Personas se repartan la divinidad, el poder, la sabiduría, etc., sino que cada una de las tres Personas tiene toda la divinidad, todo el poder, toda la sabiduría, etc.

Un hijo tiene la misma naturaleza que su padre. Incluso puede tener el mismo nombre y apellido. Pero son dos personas distintas.

Aunque en la Santísima Trinidad, el Hijo y el Padre son consubstanciales, como dice el Credo Niceno-Constantinopolitano.

Esto es un misterio profundo, pero estamos seguros de que es así, porque Dios mismo lo ha dicho, y Dios no puede engañarse ni engañarnos.

La Trinidad es un misterio de amor. El amor es un darse mutuamente para formar **un** nosotros. En la Trinidad, las Tres Personas se funden por el amor formando una sola naturaleza.

2. **Los Testigos de Jehová** también niegan la Trinidad, diciendo que esta

---

[1] **Nuevo Catecismo de la Iglesia Católica, nº.253**

[2] JEAN DANIELOU: *Dios y nosotros, IV.* Ed. Taurus. Madrid.

[3] JOSÉ MORALES: *39 Cuestiones doctrinales, INTRODUCCIÓN.* Ed. Palabra. Madrid. 1990.

[4] **Nuevo Catecismo de la Iglesia Católica, nº.267**

palabra no aparece en la Biblia.

Es verdad que no está la palabra «Trinidad», pero está la doctrina, que se deduce de todo el Evangelio, y que **Cristo** condensó cuando dijo que había que bautizar en el nombre del Padre y del Hijo y del Espíritu Santo[1].

Precisamente por expresar esta fórmula la Trinidad, los **Testigos de Jehová** la eliminan en la administración de su bautismo con lo cual desobedecen a lo que **Cristo** dijo[2]

«La palabra "persona" no está en la Biblia a propósito de Dios. Pero lo que esa palabra significa se encuentra repetidamente en la Sagrada Escritura»[3].

Tampoco está en la Biblia el nombre de **Jehová.**

La escritura hebrea no tenía vocales, y el nombre de Dios lo escribían sólo con consonantes: **YHWH,** conocidas como **tetragramatón.**

Para poder pronunciarlo, los copistas masoretas le intercalaron las vocales de *Adonai* = «Señor», que es como llamaban a Dios los hebreos[4], pues por respeto a Dios no pronunciaban su nombre.

Las vocales de *Adonai* son a, o, ai. En sentido inverso, pues los hebreos escribían de derecha a izquierda: ai, o a. Como «ai» suena «e», resultó **YEHOWAH = Jehová.**

Aunque YHWH se escribía sin vocales, sabemos que se pronunciaba YAHWEH por la tradición oral de los rabinos judíos.

Los Testigos de Jehová dicen que el Misterio de la Santísima Trinidad lo hemos copiado del hinduismo, en que las tres divinidades Brahama, Vishnú y Shiva forman una trinidad. Sin embargo, el **Padre Ceferino Santos, S.I.**, explica en su Cátedra de Filosofía Oriental de la Universidad de Comillas en Madrid, que aunque estas tres divinidades se nombran en el Mahabarata y en algunos Puranas antes de **Jesucristo**, eran divinidades independientes entre sí, e incluso opuestas[5]. La trimurti hindú (triple forma de la divinidad) es algo totalmente diferente de la Trinidad de la fe cristiana[6]. La trimurti hindú nunca llega a ser una trinidad en sentido cristiano[7].

Estas divinidades hindúes se relacionan como trimurti a partir del siglo V después de **Cristo**, probablemente por el influjo de la predicación del apóstol **Santo Tomás** en la India. Hay testimonios que se remontan al siglo III, de

---

[1] Evangelio de SAN MATEO, **28**:19

[2] BENJAMÍN MARTÍN SÁNCHEZ: *¿Quiénes son los Testigos de Jehová?, X.* Ed. Montecasino. Zamora, 1971. Breve pero estupendo folleto que refuta los errores de los Testigos de Jehová.

[3] CHARLES JOURNET: *El dogma, camino de la fe, VI,2.* Ed. Casal i Vall. Andorra.

[4] JUAN RIVAS, L.C.: *Fe y Evangelio.* En INTERNET: hombrenuevo.org

[5] H. ZIMMER: *Mythes et Symboles dans l´Indie, pg. 125.* P.U.F. Payot. París, 1951

[6] P. FALLON: *Religious Hinduism, VII, E.* St. Paul Publications, Allahabad (India) 1968

[7] FRANZ KASTBERGER: *Léxico de Filosofía Hindú, pg. 291s.* Buenos Aires, 1954

24,2

distintas procedencias, de que **Santo Tomás** evangelizó por la India. Allí fue muerto y su cuerpo está enterrado en la Catedral de Madrás (India).

Es decir, que la verdad histórica es totalmente al revés de lo que andan diciendo los **Testigos de Jehová** engañando a los incautos que se fían de ellos.

No debes hablar de religión con los **Testigos de Jehová**, porque con sus mentiras y sofismas pueden hacerte daño. Quien toma veneno se envenena. Ya nos advierte **San Juan** que no recibamos en nuestra casa al que viene con una doctrina que no es la de **Jesucristo**[1].

[1]Segunda Carta de SAN JUAN, Vers. 10

3. «Misterio es toda realidad que desborda nuestras posibilidades de comprender»[1] .En nuestra Santa Religión hay algunos misterios incomprensibles para el corto entendimiento humano, pero que debemos creerlos porque han sido revelados por Dios. Y Dios no enseña falsedades. Además, los filósofos y los teólogos demuestran que los misterios de la fe son superiores al entendimiento humano, pero **no contrarios a la razón**[2] , es decir, que no son imposibles y absurdos.

Así lo afirmó el Concilio Vaticano I[3] . Ocurre con ellos lo que con otras muchas cosas de la vida, que las usamos continuamente y no sabemos lo que son: el magnetismo nos ofrece no pocos misterios[4].

«Las ecuaciones de **Maxwell**, con ser tan portentosas, no nos dicen qué son en sí mismos el magnetismo y la electricidad, sino cómo se comporta la materia, magnética y eléctricamente»[5] .

Nadie sabe lo que es la luz. Se la define como «agente físico que hace visible los objetos» pero su naturaleza es desconocida. Su actuación se explica por la doble teoría, corpuscular de **Newton** y ondulatoria de **Huygens,** y la teoría del corpúsculo con onda asociada de **Schrödinger**[6] . Pero la naturaleza de la luz es un tanto misteriosa.

Lo mismo ocurre con la gravedad: la atracción mutua de las masas materiales. Desconocemos su naturaleza[7] . El mismo **Newton**, que expresó esta atracción en una sencilla fórmula matemática, confesó que él conocía las leyes de la atracción[8] pero no sabía lo que era la esencia de tal atracción[9] .

Recientemente **William Hamilton** y **Warren Johnson**, de la Louisiana State University, andan en busca de las ondas gravitatorias: son un ente teórico, pero los científicos están convencidos de que existen. Ahora sólo falta detectarlas. Nunca se han medido. Nadie las ha visto. Pero los físicos dicen que deben existir. La

---

[1] JEAN LECERF: *Y tú, ¿por qué eres cristiano?, III,2.* Ed. Mensajero. Bilbao. 1996.

[2] LUIS CREUS VIDAL: *Introducción a la Apologética, 2ª, 16.* Ed. La Hormiga de Oro. Barcelona.

[3] **Nuevo Catecismo de la Iglesia Católica, nº. 480**

[4] **Nuevo Catecismo de la Iglesia Católica, nº. 481**

[5] PEDRO LAÍN ENTRALGO: *Alma, Cuerpo, Persona, 2ª, IV, 5, 1.* Ed. Galaxia. Barcelona.

[6] JOSÉ M. MÉNDEZ: *Finito e infinito, II, 7.* Ed. Estudios de Axiología. Madrid, 1981.

[7] JOSÉ LUIS COMELLAS: *Astronomía, XXIV, C.* Ed. Rialp. Madrid, 1987.

[8] JESÚS SIMÓN, S.I.: *A Dios por la Ciencia, II, 11.* Ed. Codesal. Sevilla.

[9] IAN G. BARBOUR: *Problemas de Religión y Ciencia, 1º, III, 1.* Ed. Sal Terrae. Santander.

búsqueda y detección de las ondas gravitatorias es una de las tareas más interesantes de la física moderna[1].

La Física sólo nos habla de los hechos. Nada nos dice de la esencia de las cosas y de sus últimas causas.

Hay verdades que se conocen por demostración: los ángulos del triángulo valen dos rectos. Pero otras cosas sólo se pueden conocer por el testimonio de autoridad: el misterio de la Santísima Trinidad.

La vida está llena de misterios. ¿Vamos a extrañarnos de que también los haya en un Dios infinito, que sobrepasa tan totalmente nuestra capacidad intelectual? Ni la inmensidad del mar cabe en nuestro ojo, ni la de Dios en nuestro entendimiento. Si Dios cupiera en nuestro entendimiento, sería limitado. Dejaría de ser Dios, pues Dios tiene que ser infinito. Nosotros no podemos conocer a Dios del todo con ciencia adecuada y perfecta[2].

Sería absurdo creer que sólo puede ser verdad lo que cabe en nuestro pequeño entendimiento. Cuando creemos en los misterios, hacemos un acto de humildad reconociendo que Dios sabe más que nosotros.

Niels Bohr, uno de los primeros científicos que descubrió la estructura del átomo, discutiendo con **Einstein**, también creyente, le dijo: «No es, ni puede ser, tarea nuestra ordenar a Dios cómo debe Él regir el mundo»[3]. Algunos se dejan llevar de un exceso de racionalismo, que rechaza todo lo que supera la razón.

Los misterios, ni son exclusivos de la Religión, ni son obstáculo para creer.

Y lo mismo que en las demás ciencias, cuando no entendemos una cosa, nos fiamos de lo que nos dicen los que entienden de esa ciencia, así en cosas de Religión debemos fiarnos de lo que Dios dice en la Revelación, obra de Dios, aunque nuestro pequeño entendimiento no alcance a comprenderlo perfectamente. Tampoco una hormiga entiende el ajedrez, y sin embargo el juego del ajedrez es una realidad.

En la Física hay cosas inexplicables, como las supercuerdas[4], y no por eso el físico reniega de la Física; y en la Medicina hay casos que no tienen solución, y no por eso el médico reniega de la Medicina.

Es decir, en la Religión hay cosas que superan nuestro entendimiento, pero debemos fiarnos de Dios que nos las comunica.

Como aquel negrito del África ecuatorial que no había visto nunca el hielo y por eso no creía al misionero cuando éste le decía que con el frío, a veces, el agua se endurece de tal forma que puede un hombre andar sobre ella sin hundirse.

---

[1] MANUEL MONTES: *Noticias de Ciencia y Tecnología* en INTERNET del 7-V-99.mmontes@ctv.es

[2] JOSÉ SÁNCHEZ COVALEDA, S.I.: *Breviario Teológico de la Salvación, 1º, III, 1.* Salamanca.

[3] WERNER HEISENBERG: *Diálogos sobre Física Atómica, VI.* Ed. BAC. Madrid.

[4] PATRICIO DÍAZ PAZOS: *Las supercuerdas.* INTERNET: www. civila.com/chile/astrocosmo

El negrito no comprendía cómo esto puede ocurrir, pero si le constaba de la honradez del misionero y de que éste sabía lo que decía, debía fiarse de él, aunque su entendimiento no lo comprendiera.

Lo mismo nosotros debemos creer los misterios de la Religión que Dios nos enseña por medio de la Iglesia, divinamente asistida por Él.

«Creo firmemente lo que no veo, porque creo a Aquel que lo ve todo» (**Bossuet**).

Es decir, que aunque está bien que busquemos las razones que hacen nuestra fe razonable, sin embargo, no creemos porque a nosotros nos parezca razonable, sino porque nos fiamos de la Ciencia y Veracidad de Dios, y aceptamos confiadamente todo cuanto Él nos diga. Con todo, en el cielo entenderemos claramente todos los misterios que ahora no entendemos.Quizás nuestro entendimiento no sepa resolver algunas cosas, pero eso no significa que no tengan explicación.

«El movimiento se demuestra andando».

Los sabios griegos **Parménides** y **Zenón** decían que el veloz **Aquiles** nunca atraparía la tortuga, pues en el tiempo que él tardaba en llegar a ella, ésta ya se había desplazado algo. Y así sucesivamente. Pero la experiencia demostró su falacia.

Y es que hay cosas que son verdad, aunque no sepamos explicarlas.Nos ocurre como a una persona que sólo conoce superficies planas e ignora lo que es una esfera: no puede comprender que avanzando por el meridiano de una esfera, sin retroceder, se llega al punto de partida.

Es ridículo negar una realidad porque supera nuestro nivel de conocimiento.

«**Aristóteles** describía las estrellas como agujeros por los cuales se divisaba la luz resplandeciente del empíreo»[1] .

4. El misterio de que hay un solo Dios y tres Personas distintas se llama Misterio de la Santísima Trinidad.

Aunque no podamos entenderlo perfectamente, podemos, sin embargo, aclararlo con comparaciones.

El agua puede estar en tres estados (sólido, líquido y gaseoso) sin perder su misma naturaleza: H_2O.

Tres cerillas unidas tienen una sola llama: cada cerilla tiene llama, pero no son tres llamas, sino una sola.

En un triángulo cada ángulo abarca todo el triángulo, sin embargo los tres ángulos son distintos.

Etc., etc., etc.

[1] RAFAEL RODRÍGUEZ DELGADO: *Del Universo al ser humano, I,2,b.* Ed.McGraw-Hill.Madri.1997

ENCARNACIÓN

25.- DE LAS TRES PERSONAS DE LA SANTÍSIMA TRINIDAD, SE HIZO HOMBRE LA SEGUNDA, QUE ES EL HIJO.

1. «El Hijo Único del Padre, sin perder la naturaleza divina, asumió la naturaleza humana»[1].

26.- JESUCRISTO ES EL HIJO DE DIOS HECHO HOMBRE, QUE NACIÓ DE LA VIRGEN MARÍA.

1. «**Jesucristo** es verdadero Dios y verdadero Hombre en la unidad de su Persona Divina»[2].

«**Jesucristo** posee dos naturalezas, la Divina y la Humana, unidas en la única Persona del Hijo de Dios»[3].

En el año 431, el Concilio de Éfeso condenó a **Nestorio** por decir que en **Cristo** había dos Personas.

Y en el año 451 el Concilio de Calcedonia condenó a **Eutiques** por decir que en **Cristo** había una sola naturaleza: a sus partidarios se les llama herejes «monofisitas».

El año 336 murió **Arrio,** condenado en el Concilio de Nicea (325) por negar la divinidad de **Cristo.** El arrianismo se extendió mucho en la Iglesia, y fue una auténtica crisis para el catolicismo. Pero la verdad siempre triunfa, y hoy el arrianismo ha dejado de ser problema.

27.-JESUCRISTO ES DIOS, PORQUE ES HIJO DE DIOS.

1. **Jesucristo** se dejaba llamar Hijo de Dios.

---

[1] **Nuevo Catecismo de la Iglesia Católica, nº 479**

[2] **Nuevo Catecismo de la Iglesia Católica, nº 480**

[3] **Nuevo Catecismo de la Iglesia Católica, nº 481**

Cuando **Pedro** se lo dice, **Cristo** contesta que eso se lo ha revelado el Padre que está en los cielos[1]

28.-JESUCRISTO ES HOMBRE, PORQUE TAMBIÉN ES HIJO DE LA VIRGEN MARÍA, en cuyas entrañas formó Dios su cuerpo humano.

1. Aunque la comparación sea inexacta, también nosotros llevamos el primer apellido de nuestro padre y el segundo de nuestra madre.

Jesucristo es Dios y Hombre.

Dios porque es Hijo de Dios.

Y Hombre, porque también es Hijo de la Virgen María.

Cristo es una sola Persona, pero en Él hay dos naturalezas, la divina y la humana compuesta de cuerpo y alma.

Como tenía naturaleza humana, a veces padeció hambre y sed.

Como su persona era divina, podía igualarse con el Padre[2].

2. Hay que distinguir entre naturaleza y persona. La naturaleza responde al ¿qué es?. La persona al ¿quién es?

La naturaleza es el conjunto de características comunes a los individuos de la misma especie, que los distingue de otras especies: piedra, flor, hombre.

La persona es el conjunto de características propias del «yo» que lo diferencian de los demás individuos de la misma especie: Pedro, Juan, Antonio. La persona es única e intransferible[3].

La persona «es mi "yo" incomunicable. Mi "yo" no lo puedo cambiar por nadie. Puede trasplantarse un órgano, pero no el "yo"»[4].

La persona se refiere siempre a una naturaleza intelectual[5].

Persona es el sujeto de una naturaleza intelectual. Persona «es el ser individual autónomo que se realiza en la posesión consciente y en la libre disposición de sí mismo»[6].

«La persona subsiste en el alma»[7].

3. El Concilio de Nicea en el año 325 define como dogma de fe la divinidad de **Jesús**; y en el año 451 el Concilio de Calcedonia define su plena humanidad[8].

[1] Evangelio de SAN MATEO, **16**:17ss

[2] H. PINARD DE LA BOULLAYE, S.I.: *La Persona de Jesús, II.* Ed. Razón y Fe. Madrid

[3] ANTONIO ROYO MARÍN, O.P.: *La Virgen María, 2ª, V, 1.* Ed. BAC. Madrid, 1968

[4] RENÉ LAURENTIN: *Creo en Dios, X, XI.* Ed. San Pablo. Madrid. 1995

[5] ANTONIO ROYO MARÍN, O.P.: *Jesucristo y la vida cristiana, nº 38.* Ed. BAC. Madrid, 1961

[6] EMERICH CORETH: *¿Qué es el hombre?* Ed. Herder. Barcelona

[7] RONALD A. KNOX: *Conferencias religiosas de Oxford, XVII.* Ed. APSA. MADRID.

[8] DENZINGER: *Magisterio de la Iglesia, nº 148.* Ed. Herder. Barcelona

29.- LA SANTÍSIMA VIRGEN MARÍA ES LA MÁS SANTA DE TODAS LAS CRIATURAS, LLENA DE GRACIA Y VIRTUDES, CONCEBIDA SIN PECADO ORIGINAL, QUE ES MADRE DE DIOS Y MADRE NUESTRA, Y ESTÁ EN EL CIELO EN CUERPO Y ALMA.

1. El Papa **Pío XII**, en la Bula *Munificentissimus Deus,* del 1º de Noviembre de 1950, proclamó solemnemente el dogma de la Asunción de María al cielo: «Pronunciamos, declaramos y definimos ser dogma divinamente revelado que la Inmaculada Madre de Dios, siempre Virgen María, cumpliendo el curso de su vida terrena, fue asunta en cuerpo y alma a la gloria celeste»[1].

2. **María** es la criatura más excelsa salida de la manos de Dios.

Podemos imaginarnos cómo será **María** que es la mujer proyectada y realizada por un Dios Omnipotente, para ser su propia madre. Por eso fue dotada de tantas gracias y privilegios. Ya en el siglo II se decía: «**María,** por encima de Ti, sólo Dios; por debajo de Ti, todo lo que no sea Dios»[2].

30.- DECIMOS QUE LA VIRGEN MARÍA ES MADRE DE DIOS, PORQUE DE ELLA NACIÓ JESUCRISTO QUE ES VERDADERO DIOS Y VERDADERO HOMBRE.

1. **María** es la Madre de **Jesucristo**, pues ella le dio un cuerpo humano. Pero como **Jesucristo**, además de ser Hombre, es Dios, **María Santísima** es también Madre de Dios[3]. **María** es madre de un hombre que tiene Persona Divina.

Ocurre lo mismo que si a uno le hacen alcalde. Su madre sería la madre del alcalde. Ella no le ha dado la alcaldía, pero, por haberle dado el cuerpo, es su madre; y al ser su madre es madre de todo lo que él es: madre del alcalde.

Pero **María Santísima** es Madre de Dios todavía con más razón; porque **Jesucristo** es Dios desde el momento de su concepción, por lo tanto la Persona que nace de **María** es Dios, y por lo mismo **María** es Madre de Dios.

---

[1] DENZINGER: *Magisterio de la Iglesia, nº 2333*. Ed. Herder. Barcelona.

[2] JOSÉ A. DE ALDAMA,S.I.: *Temas de Teología Mariana, IV, 3.* Ed. Apostolado de la Prensa. Madrid

[3] Concilio Vaticano II: *Lumen Gentium*: Constitución Dogmática sobre la Iglesia, nº 53

Dice **San Pablo**: «*Al llegar la plenitud de los tiempos envió Dios a su Hijo nacido de una mujer*»[1].

Que **María** es Madre de Dios es dogma de fe. Fue definido por el Concilio de Éfeso en el año 431[2].

La misma Biblia llama a **María** Madre de Dios cuando dice **Isabel**: «*¿Cómo es que viene a verme la Madre de mi Señor?*»[3]. Evidentemente que aquí «Señor» se refiere a Dios.

Jesús fue concebido, no por obra de varón, sino milagrosamente, por virtud del Espíritu Santo. Dice **San Mateo**: «*El nacimiento de **Jesucristo** fue de esta manera: desposada **María** con **José**, sin haber estado juntos, se halló que ella había concebido por obra del Espíritu Santo*»[4].

San Lucas dice: «*Lo que nacerá de ti se llamará Hijo de Dios*»[5].

«Según la mentalidad semítica, el nombre dado o atribuido a alguien correspondía a una realidad. (...) De ahí que "llamarse" Hijo de Dios equivalía a serlo estrictamente por naturaleza»[6].

María estaba desposada con **José**, aunque todavía no vivían juntos.

Los desposorios entre los judíos equivalían a nuestra boda, aunque no eran nupcias definitivas. Si después de los desposorios ella era infiel a su marido se la consideraba adúltera; y si éste moría, a ella se la consideraba viuda[7].

«Los desposorios judíos suponían un compromiso tan real que al prometido se le llamaba "marido"»[8]. Aunque **María** no vivía todavía con **San José**, ya era su legítima esposa[9]. Por eso el ángel llama a **María** esposa: «***José**, no temas aceptar a **María**, tu esposa*»[10].

El teólogo protestante de fama internacional **Max Thurian** dice que los que niegan la concepción virginal de **Cristo** no son fieles a la Biblia: «La virginidad de **María** constituye un indudable dato objetivo del texto del Nuevo Testamento»[11].

Max Thurian murió, a los 75 años, el 15 de Agosto de 1996, en Ginebra, su ciudad natal. Se convirtió al catolicismo en 1987. Sus estudios bíblicos le llevaron a descubrir el papel de **María** en la Iglesia[12].

Dios formó en las entrañas purísimas de **María Santísima** un cuerpo como el nuestro y creó un alma como la nuestra. A este Ser Humano, en el instante de su concepción, se unió el Hijo de Dios, es decir, la Segunda Persona de la Santísima

---

[1] SAN PABLO: Carta a los Gálatas, **4**:4

[2] DENZINGER: *Magisterio de la Iglesia, nº 111ss.* Ed. Herder. Barcelona

[3] Evangelio de SAN LUCAS, **1**:43

[4] Evangelio de SAN MATEO, **1**:18

[5] Evangelio de SAN LUCAS, **1**:35

[6] JOSÉ MARÍA CARDA PITARCH: *El misterio de María, 2ª, VI, 1.* Ed. Atenas. Madrid. 1986.

[7] IGNACIO LARRAÑAGA: *El silencio de María, II, 2, 3.* Ed Paulinas . Madrid.

[8] JOSÉ SAYÉS: *Jesucristo Nuestro Señor, II, 1, nº 985.* Ed. EDAPOR. Madrid, 1985

[9] B. MANZANO, S.I.: *Vida de Jesucristo, nº 17*

[10] Evangelio de SAN MATEO, **1**:20

[11] MAX THURIAN: *María, Madre del Señor y Figura de la Iglesia, pgs. 43s.* Ed. Hechos y Dichos. Zarag.

[12] Revista ECCLESIA, 2805 (7-IX-96) 17

Trinidad, y así el que era Hijo de Dios quedó hecho Hombre sin dejar de ser Dios. Éste es el misterio de la Encarnación.

En la genealogía del Evangelio de **San Mateo** se dice siempre: Fulano engendró a Zutano. Y al llegar a **José**, no dice que engendró a **Jesús,** como en los casos anteriores, sino que dice: *«**Jacob** engendró a **José,** esposo de **María,** de la que nació Jesús»*[1], dando a entender que **José** no engendró a **Jesús**, sino que su concepción fue virginal.

Y **San Lucas** dice de **Jesús** *«que se pensaba que era hijo de **José**»*[2], dando a entender que en la realidad no lo era en el sentido que la gente creía.

Dice **San Mateo** : *«Sin que **José** hubiera tenido relación con **María,** ella dio a luz un hijo»*[3].

Las mismas **dudas de José confirman la concepción virginal de María**, pues cuando él vio las señales externas del embarazo de su mujer, sabiendo que aquello no era suyo, pues él no había hecho nada para dejarla embarazada, le entraron tremendas dudas ante lo que sus ojos le evidenciaban y la virtud que él conocía de **María**[4].

Al no poder armonizar las dos cosas, estaba en una duda angustiosa hasta que el ángel le tranquilizó afirmándole que lo de su mujer era obra del Espíritu Santo[5].

«La virginidad no tenía en el judaísmo ninguna aureola. Al contrario, todas las honras eran para la mujer fecunda»[6], pues tenía esperanza de que El Mesías saliera de su descendencia.

2. **La Virgen María** tuvo un solo hijo, que fue **Jesucristo**. Cuando el Evangelio habla de los hermanos de **Jesús**[7], se refiere a los primos hermanos y parientes, que, entre los judíos, también se llamaban hermanos[8]. En hebreo no había palabra para decir «primo»[9]. La palabra «hermano» abarcaba varios grados de parentesco[10]. «Se llamaban "hermanos" a parientes y allegados»[11].

El mismo **San Juan**[12] llama «hermana» de **María** a la mujer de **Cleofás,** el hermano de **San José,** que propiamente era su cuñada. Pero **San Juan** la llama «hermana», porque para él los hermanos son los parientes, en general.

Los Testigos de Jehová para hacer creer a la gente que **María Santísima** no fue virgen, sino que tuvo muchos hijos, enseñan el texto del Evangelio donde

---

[1] Evangelio de SAN MATEO, **1**:16

[2] Evangelio de SAN LUCAS, **3**:23

[3] Evangelio de SAN MATEO, **1**:25

[4] MIGUEL PEINADO: *Exposición de la fe cristiana, 3ª, I, 36.* Ed. BAC. Madrid. 1975.

[5] Evangelio de SAN MATEO, **1**:20

[6] HANS URS von BALTHASAR: *Puntos Centrales de la Fe, 2ª, VI, 2.* Ed. BAC. Madrid. 1985.

[7] Evangelio de SAN MATEO, **13**:55. Evangelio de SAN MARCOS, **6**:3

[8] M. DAIBER: *Manual de estudios bíblicos católicos, XXX, 8.* Librería Salesiana. Barcelona

[9] SANTOS SABUGAL, O.S.A.: *Credo, 1ª, II, 2, 3, a.* Ed. Monte Casino. Zamora

[10] Revista ECCLESIA, 2806 (14-IX-96) 24

[11] MAX MEINERTZ: *Teología del Nuevo Testamento, 1ª, IV, 5.* Ed. FAX. Madrid

[12] Evangelio de SAN JUAN: **19**:25

dice que **Santiago** y **José** eran hermanos de **Jesús**[1]. Pero aquí, como en otros muchos de sus engaños, presentan el texto que puede complicar, y ocultan el texto que puede aclarar.

Efectivamente, el mismo Santo Evangelio dice que al pie de la cruz estaba la Madre de **Jesús**[2], y junto a ella la madre de **Santiago** y **José**[3]. Era la mujer de **Cleofás**[4], hermano de **San José**[5]. **Cleofás**[6] es el mismo nombre en griego que **Alfeo** en arameo. Son los dos nombres que se daban al hermano mayor de **José**, esposo de la Virgen. Era el padre de **Santiago el Menor**[7] y **José**, y estaba casado con la otra **María** que estaba al pie de la cruz junto a la Virgen.

Se casó con ella después de enviudar de su primer matrimonio del que nacieron **Simón** y **Judas Tadeo**.

Luego la madre de **Santiago** y **José** es distinta de la madre de **Jesús**. Entonces, ¿por qué dice el Evangelio que **Santiago** y **José** eran hermanos de **Jesús**? Porque eran parientes, y éstos entre los hebreos se llamaban hermanos. Efectivamente, sabemos por la Biblia que **Abrahán** era tío de **Lot**[8]. Sin embargo, **Lot** y **Abrahán** se llaman entre sí «hermanos» cinco veces[9].

En otro sitio dice que **Labán** era tío de **Jacob**[10]. Y después dice que **Labán** llama hermano a **Jacob**[11].

A **Rebeca** su madre la llama «hermana»[12].

La Biblia llama «hermanos» a los de la misma raza[13].

El mismo **Jesús** llamó «hermanos» a los discípulos[14], y a todo el que hiciera la voluntad del Padre[15].

Si la **Virgen María** hubiera tenido otros hijos, **Jesús** en la cruz no se la hubiera encargado a **Juan**, sino a ellos[16]. «Es evidente que **María** no tuvo otros hijos que velaran por ella»[17].

Es decir, **María Santísima** tuvo un solo hijo: **Jesús**. Cuando el Evangelio lo llama «primogénito» afirma que es el primer hijo; pero eso no significa, según el

---

[1] Evangelio de SAN MATEO, **13**:55
[2] Evangelio de SAN JUAN, **19**:25
[3] Evangelio de SAN MATEO, **27**:56; Evangelio de SAN MARCOS, **6**:3; **15**:40
[4] Evangelio de SAN JUAN: **19**:25
[5] MAX MEINERTZ: *Teología del Nuevo Testamento, 1ª, IV, 5.* Ed. FAX. Madrid
[6] Evangelio de SAN JUAN, **19**:25
[7] Evangelio de SAN MATEO, **10**:3
[8] Génesis, **11**:27; **12**:5
[9] Génesis, **13**:8; **14**:14,16, etc
[10] Génesis, **29**:10
[11] Génesis, **29**:15
[12] Génesis, **24**:60
[13] Éxodo, **2**:11
[14] Evangelio de SAN JUAN, **20**:17s
[15] Evangelio de SAN MATEO, **12**:50
[16] SANTOS SABUGAL,O.S.A.: *Credo, 1ª, II, 2, 3, a.* Ed. Monte Casino. Zamora
[17] MAX MEINERTZ: *Teología del Nuevo Testamento, 1ª, V, 5.* Ed. FAX. Madrid

modo de hablar de entonces, que siguieran otros hijos después. «Primogénito» significa «no precedido de otro». Prescinde de la existencia de otros posteriores.

Hace poco se ha descubierto una inscripción sepulcral de una madre joven hebrea que «murió al dar a luz a su hijo primogénito»[1]. Es decir, a su hijo primogénito no siguieron otros.

Se trata de un epitafio, de una mujer llamada **Arsinoe,** descubierto en la necrópolis judía de Tell el Yehudieh, que lleva fecha del 28 de enero del año 5 antes de **Cristo,** y que dice así: «Los dolores del parto de mi hijo primogénito me condujeron a la muerte»[2].

«A este propósito dice **San Jerónimo** que "todo unigénito es primogénito, pero no todo primogénito es unigénito"»[3].

Cuando los **Testigos de Jehová** van engañando a los incautos que les escuchan diciendo que **María** tuvo muchos hijos, saben que no es así, pues presumen de conocer la Biblia. Enseñan el texto oscuro que he citado y se callan el texto claro. Esto no es honrado, pero es su modo de proceder.

Algunos opinan que los llamados por el Evangelio «hermanos de **Jesús**» eran hijos de **San José** de un anterior matrimonio, pues era viudo, según el escrito apócrifo del siglo II *Protoevangelio de Santiago*[4].

Pero es preferible la explicación que yo he dado anteriormente.

La virginidad de **María** es dogma de fe. Fue definido en el año 649[5], en el Concilio I de Letrán.

La Iglesia enseña, desde el siglo V, que **María** fue virgen antes del parto, en el parto y después del parto[6].

«La "virginidad en el parto" es fe de toda la Iglesia desde el siglo IV»[7]. Fue confirmada por el Concilio Vaticano II[8]. Por eso la llama «la siempre **Virgen María**»[9].

Es de fe que **María Santísima** permaneció siempre virgen[10].

«La traducción literal de "hasta que" admite en castellano "después sí". Pero en la Biblia no acepta cambio de situación posterior»[11].

En el Segundo Libro de Samuel se dice[12]: *«Mical, hija de Saúl, nunca tuvo hijos hasta su muerte».* Naturalmente esto no quiere decir que después de su

---

[1] JOSÉ ANTONIO DE SOBRINO, S.I.: *Así fue Jesús, II, 12, b.* Ed. BAC. Madrid, 1984

[2] DANIEL GAGNON: *No todo el que dice Señor, Señor.* Ed. Paulinas. México.

[3] FELIX CALLE,O.S.A.: *Razona tu Fe, XXI, 4.* Ed. Religión y Cultura. Madrid

[4] JOHN P. MEIER: *Un judío marginal, X,1,2.* Ed. Verbo Divino. Estella. (Navarra). 1998.

[5] CÁNDIDO POZO, S.I.: *María en la Obra de la Salvación, 3ª, VI, 2, 3, f.* Ed. BAC. Madrid, 1974

[6] MIGUEL PEINADO: *Exposición de la fe cristiana, 3ª, I, 36.* Ed. BAC. Madrid. 1975

[7] SANTOS SABUGAL, O.S.A.: *Credo, 1ª, II, 2, 3, a.* Ed. Monte Casino. Zamora

[8] Concilio Vaticano II: *Lumen Gentium.* Constitución Dogmática sobre la Iglesia, nº 57

[9] **Nuevo Catecismo de la Iglesia Católica, nº 510.** DENZINGER, nº 256

[10] ANTONIO ROYO MARÍN,O.P.: *Teología Moral para Seglares,2ª,2º,VII,nº461,a,2.* Ed.BAC.Madrid

[11] CÁNDIDO POZO: *María en la Escritura y en la Fe, IV, b.* Ed. BAC. Madrid, 1981.

[12] Segundo Libro de Samuel, **6**:23

muerte sí los tuviera.

Jesús emplea la palabra «mujer» para dar solemnidad a lo que dice, pues en hebreo «mujer» equivale a «Señora».

Puede ser interesante mi vídeo: *María, madre de Dios y de los hombres*[1].

3. La **Santísima Virgen** es nuestra Madre del cielo.

María es nuestra madre, pues es madre de **Jesucristo**, que es cabeza del Cuerpo Místico de Cristo[2]. La madre de la cabeza, es también madre de todos los miembros del mismo cuerpo. Y nosotros somos los miembros del Cuerpo Místico de **Cristo**. Por eso **María** es madre nuestra[3]. **Pablo VI** el año 1964 en el discurso de clausura de la 3ª Sesión del Concilio Vaticano II la proclamó Madre de la Iglesia.

«Lo que el título "Madre de la Iglesia" expresa (...) se refiere, no a cada individuo, sino al organismo completo, al Cuerpo Místico de Cristo, al pueblo cristiano, al pueblo de Dios, a la Iglesia como familia divina en la Tierra, con sus fieles y sus pastores»[4].

Que **Jesús** encargue a **Juan** que se ocupe de su Madre es perfectamente normal; lo que no es normal es el encargo paralelo a **María** diciéndole que cuide con cariño de **Juan**. Esto parece innecesario. Si **Juan** se va a encargar de **María** la correspondencia de ella era evidente. Insistir en ello parece superfluo y poco delicado. Toda mujer normal no necesita que se lo digan. Lo hace espontáneamente. El encargo de **Jesús** supone un contenido teológico trascendental. En **Juan** estamos todos representados. Además, allí presente estaba la madre de **Juan**. Encargar **Juan** a **María** sería ofensivo para su madre **María Salomé.** No hay duda de que en las palabras de **Jesús** hay un sentido más profundo de lo que parecen indicar: **Jesús** entrega una MADRE a la HUMANIDAD. Estas palabras tienen un sentido trascendental, dicen relación a todos los hombres, tienen sentido universal[5].

María es madre física de **Jesús** y madre espiritual de los hombres[6]. Debemos amar a **María** y honrarla de todo corazón. Así daremos gusto al Señor que, como todo hijo bien nacido, se alegra de ver a su Madre Santísima honrada y amada[7].

Para valorar las cualidades de **María**, bastaría caer en la cuenta de que **Cristo** pudo hacer a su Madre a su gusto. ¿Cómo hubieras tú dotado a tu madre si esto hubiera estado en tu mano? **Cristo** pudo hacerlo y era omnipotente.

---

[1] Pedidos al autor: Apartado 2546. 11080-Cádiz. Tel.: (956) 222 838. FAX: (956) 229 450

[2] SAN PABLO: Carta a los Efesios, **1**:22

[3] JUAN RIVAS, L.C.: *Fe y Evangelio.* En INTERNET, www.hombrenuevo.org

[4] JOSÉ A. ALDAMA, S.I.: *Temas de Teología Mariana, IV, 5.* Ed. Apostolado de la Prensa. Madrid.

[5] IGNACIO LARRAÑAGA: *El silencio de María, IV, 3.* Ed. Paulinas. Madrid.

[6] ANTONIO ROYO MARÍN, O.P.: *La Virgen María, 2ª, VI.* Ed. BAC. Madrid.

[7] Concilio Vaticano II: *Lumen Gentium:* Constitución Dogmática sobre la Iglesia, nº 66

La Santísima Virgen es la mujer más grande que ha existido en el mundo[1] **María Santísima** es la criatura más excelsa que ha salido de las manos de Dios.

Por eso dice la Biblia que es *«bendita entre todas las mujeres»*[2] , y que la *«llamarán bienaventurada todas las generaciones»*[3].

Debemos acudir a la Santísima Virgen en todas nuestras penas y tentaciones. Ella lo puede todo, pues Dios todo se lo concede[4] , porque es la Madre de **Cristo**, y porque nunca tuvo pecado, ni siquiera el original. «**María** ha permanecido pura de todo pecado personal a lo largo de toda su vida»[5] .

Por eso **San Lucas** la llama «llena de gracia»[6] .

El hecho de que **María Santísima** haya sido preservada del pecado original desde el primer instante de su concepción, en el seno de su madre **Santa Ana**, es lo que queremos expresar al decir la **«Inmaculada Concepción».**

La Iglesia celebra la fiesta de la Inmaculada Concepción de María desde el siglo VII[7] .

El pueblo español veneraba a la Inmaculada Concepción muchos años antes de ser definida. El mismo **Murillo** pintó sus treinta cuadros de la Virgen Inmaculada, trescientos años antes de la definición dogmática[8] .

El mismo pueblo español, siglos antes de que se definiese el dogma de la Inmaculada, cantaba:

«Si quiso y no pudo, no es Dios;
Si pudo y no quiso, no es Hijo;
Digamos, pues, que pudo y quiso».

Y **Escoto,** con estilo conciso, dijo: *«Potuit, decuit, ergo fecit»*: «Pudo hacerlo, convino hacerlo, luego lo hizo»[9] .

El dogma de la Concepción Inmaculada de **María** fue definido, el 8 de diciembre de 1854[10] , por el Papa **Pío IX.**

«El crecimiento de **María,** que partió ya de una santidad superior a la de toda otra simple criatura, y que no sufrió interrupción, alcanzó al final de su vida terrena, un ritmo asombroso y una cumbre altísima»[11] .

La redención de **María** fue preventiva en atención a que iba a ser Madre de Dios[12] .

---

[1] ANTONIO ROYO MARÍN,O.P.: *Teología de la salvación, nº111.* Ed. B.A.C. Madrid.
[2] Evangelio de SAN LUCAS, **1** :42
[3] Evangelio de SAN LUCAS, **1** :48
[4] ANTONIO ROYO MARÍN,O.P.: *Teología de la salvación, nº111.* Ed. B.A.C. Madrid.
[5] **Nuevo Catecismo de la Iglesia Católica, nº 494**
[6] Evangelio de SAN LUCAS, **1** :28
[7] FELIPE CALLE, O.S.A.: *Razona tu Fe, XVI, 4.* Ed. Religión y Cultura. Madrid
[8] TIHAMER TOTH: *La Virgen María, III, 3, a.* Ed. Rialp. Madrid
[9] JESÚS Mª GRANERO, S.I.: *Credo - Jesucristo, XV.* Ed. Cerón. Cádiz. 1943
[10] DENZINGER: *Magisterio de la Iglesia, nº 1641.* Ed. Herder. Barcelona
[11] JOSÉ MARÍA CARDA PITARCH: *El misterio de María, 2ª, V, 5.* Ed. Atenas. Madrid. 1986.
[12] ANTONIO ROYO MARÍN, O.P.: *Jesucristo y la vida cristiana, n.199.* Ed. BAC. Madrid

Lo mismo que hay medicinas curativas y otras preventivas, que evitan contraer la enfermedad. La redención de **María** fue preventiva, pues la preservó de todo pecado.

Dios pudo haber hecho que **Jesucristo** apareciese en el mundo en edad adulta, pero no quiso. Se lo entregó a **María**. Lo puso en sus manos. Dios ha querido servirse de ella en la encarnación, en la redención y en la salvación de todos los hombres[1].

Cristo nos lleva al Padre: «*Nadie va al Padre sino por Mí*»[2]. **Cristo** es el mediador con el Padre[3]. Así lo dice **San Pablo** en su carta a **Timoteo**.

Pero como dijo el Papa **Juan Pablo II** en su tradicional audiencia de los miércoles, el 1° de Octubre de 1997, las palabras de **Pablo** excluyen toda mediación paralela, no una mediación subordinada, como es la de **María**[4].

Cristo es mediador principal, porque nos ha redimido por sus propios méritos. Sin dependencia de otra persona. **María** es el camino para llegar a **Cristo**. En Belén lo presentó a pastores y reyes, en Caná es intercesora, al pie de la cruz es corredentora, y en el cenáculo ora por todos.

María es la mediadora secundaria, subordinada a **Cristo**[5]. Es mediadora porque intercede por nosotros. El Concilio Vaticano II dice de **María** que «su múltiple intercesión nos obtiene los dones de la salvación eterna»[6].

4. En las iglesias suele haber muchas **imágenes** de la Virgen: del Carmen, del Rosario, de los Dolores, de las Angustias, de los Remedios, del Socorro, de la Consolación, de la Misericordia, de la Paz, etc. Es que **María Santísima** tiene muchos títulos y prerrogativas. Cada pueblo tiene su Virgen, su Patrona. Pero todas son imágenes o retratos de la única y verdadera **Virgen María**, que está en el cielo en cuerpo y alma[7]. Esta elevación de **María** al cielo en cuerpo y alma se llama **Asunción**. La Asunción fue declarada dogma de fe, por el Papa **Pío XII**, el 1° de noviembre de 1950 por la bula "Munificentissimus Deus", con estas palabras:

«Pronunciamos, declaramos y definimos que es dogma revelado de fe católica: que la Inmaculada Madre de Dios siempre Virgen María, concluido el tiempo de su vida terrena, fue llevada en cuerpo y alma a la celeste gloria».

«"Ser llevada" se dice en latín *"assumi"*, de donde procede el término "Asunción", de significado pasivo, para distinguirla de "Ascensión" que tiene significado activo, y es el misterio de **Jesucristo,** quien "subió" a los cielos por su propia virtud, mientras que **María** "fue llevada".

»La **Asunción de María** tiene dos significados: El uno es, NEGATIVO, en cuanto supone que su cuerpo santísimo no sufrió la corrupción del sepulcro; y otro POSITIVO, que significa la glorificación del mismo cuerpo, la cual a su vez supone

---

1 Concilio Vaticano II: *Lumen Gentium:* Constitución Dogmática sobre la Iglesia, nº 62

2 Evangelio de SAN JUAN , **14**:6

3 SAN PABLO: Primera Carta a Timoteo, **2**:5

4 Boletín informativo del Vaticano en INTERNET del 1-X-97 (ZE971001-6)

5 ANTONIO ROYO MARÍN, O.P.: *La Virgen María, 2ª, VIII, 146.* Ed. BAC. Madrid

6 Concilio Vaticano II: *Lumen Gentium*: Constitución Dogmática sobre la Iglesia, nº 60ss

7 **Nuevo Catecismo de la Iglesia Católica, nº 974**

la resurrección anticipada»[1].

«La Iglesia profesó desde los primeros siglos la fe en la **Asunción de María Santísima** en cuerpo y alma a los cielos. Esto lo podemos comprobar por la liturgia de la Iglesia desde el principio y por los documentos de los Padres y Doctores de la Iglesia»[2]. La fiesta de la Asunción se celebraba ya el 15 de agosto por los años 500 después de **Cristo**.

5. Una de las mejores devociones a la Santísima Virgen es el rezo del **Santo Rosario**. Si puedes rezarlo en una iglesia, mejor. Si no, rézalo en cualquier rato libre, o mientras te viene el sueño. Te aconsejo que hagas un esfuerzo por rezarlo, pues es un obsequio muy agradable a la Virgen, como ella misma lo ha dicho en Lourdes y Fátima. Y mejor todavía si lo rezas en familia. Es ésta una práctica muy cristiana. Procura introducir en tu casa esta costumbre, si no la tenéis ya; pues une mucho a la familia. Al final de este libro, en los Apéndices, tienes el modo de rezarlo. Rezado en una iglesia o en común, tiene indulgencia plenaria.

Si rezarlo entero te resulta largo, reza un misterio cada día.

«El cristiano que tiene el Rosario en una mano, la Biblia en la otra y a Cristo en su corazón es un cristiano invencible»[3].

El rezar a la Virgen es una devoción muy bonita. **María** es la mujer más digna de amor que ha existido jamás. Es un amor que dignifica y engrandece. Su dulce recuerdo puede protegerte contra tentaciones que están en el extremo opuesto de la pureza.

Otra recomendable devoción a la Virgen es el **Santo Escapulario**. Fue una revelación a **San Simón Stock,** General de los Carmelitas, en el siglo XIII. La Virgen le prometió que quien muera llevando el Escapulario del Carmen no se condenaría. Este escapulario debe ser impuesto por un sacerdote, y hay que rezar diariamente tres Avemarías. El escapulario de tela puede ser sustituido por una medalla que lleve por un lado la imagen del Corazón de Jesús y por el otro una imagen de la Virgen[4]. Así lo concedió el Papa.

6. Tener devoción a **María** es prenda de salvación. Todo el que rece diariamente en su honor **tres Avemarías** conseguirá una ayuda especial para tener una buena muerte, según revelación de Dios a **Santa Matilde**[5], y como lo demuestra una larga experiencia.

«Recuerden, pues, los fieles que la verdadera devoción a **María** no consiste ni en un afecto estéril y transitorio, ni en vana credulidad; sino que procede de la fe verdadera por la que somos conducidos a conocer la excelencia de la Madre de Dios y somos excitados a un amor filial hacia nuestra Madre y a la imitación de sus virtudes»[6]. Sobre todo su amor a **Cristo,** su fe firme en la Anunciación, y su

[1] INTERNET en CHURCH-FORUM: *Doctrina Cristiana.* www.churchforum.org.mx/Info

[2] OSCAR PUEBLA, S.H.M.: *La Asunción de María.* Revista HOGAR DE LA MADRE,77(VII-97)25

[3] JUAN RIVAS, L. C.: *FE Y EVANGELIO.* En INTERNET: www.hombrenuevo.org

[4] JESÚS MARTÍNEZ GARCÍA: *Hablemos de la Fe, X, 10.* Ed. Rialp. Madrid. 1992.

[5] ANTONIO ROYO MARÍN, O.P.: *La Virgen María, nº 437.* Ed. BAC. Madrid

[6] Concilio Vaticano II: *Lumen Gentium:* Constitución Dogmática sobre la Iglesia, nº 67

fidelidad hasta la cruz.

Los protestantes nos acusan a los católicos de que adoramos a la **Virgen María**, pero esto es una calumnia. Todos los católicos sabemos que la Virgen no es Dios. Y la adoración es exclusiva de Dios. Nosotros no adoramos a la Virgen Santísima, sino que la honramos y veneramos porque es Madre de Dios. Por eso en el Avemaría decimos «ruega por nosotros». En las letanías del Rosario, cuando nos dirigimos a Dios decimos «ten misericordia de nosotros». En cambio, cuando nos dirigimos a la Virgen decimos «ruega por nosotros». Acudimos a **María** para que Ella nos lleve a Dios.

A Dios se le tributa un culto de «latría», que es adoración. A los santos un culto de «dulía«, que es veneración. El culto a **María** es de «hiperdulía», porque ella está por encima de todos los santos[1]

[1] JOSÉ ANTONIO DE ALDAMA, S.I.: *Temas de Teología Mariana, V,1.* Ed. Apostolado de la Prensa. Madrid.

31.- **SAN JOSÉ** ES EL ESPOSO VERDADERO DE LA VIRGEN MARÍA Y, POR LO TANTO, PADRE LEGAL DE JESUCRISTO, y encargado de educarlo y sustentarlo.

1. **San José** vivió con la Santísima Virgen en perfecta castidad, sin usar del matrimonio, como si fueran hermanos.

Pero como era el verdadero esposo de **María**, es también padre de **Jesucristo**; aunque no según la carne, sino según la ley.

Jesucristo no tuvo padre carnal.

Según un trabajo del **P. Sebastián Bartina, S.I.**, Catedrático de Ciencias Bíblicas, que ha publicado en la *Revista de Estudios Josefinos*, San José era heredero legal del rey **David**.

Por ser descendiente directo, le correspondían los derechos reales.

La familia real de **José** fue a esconderse a Nazaret, huyendo de **Herodes**, el usurpador del trono, que no era de raza judía, sino idumeo.

Al ser **Jesús** hijo legal de **José**, era rey de Israel, no sólo espiritualmente, sino también legalmente.

«En el ambiente judío, la genealogía de un niño se trazaba a través de su progenitor varón, fuera o no su padre biológico. Esto difiere sobremanera de nuestra idea de paternidad. A los ojos de los modernos occidentales, el padre biológico, no el adoptivo, es el verdadero padre. Para el Antiguo Testamento, el padre legal era el verdadero padre, hubiese procreado físicamente o no al hijo[1] .

Providencialmente, el letrero que **Pilatos** puso en la cruz expresaba una realidad: *«Jesús Nazareno Rey de los Judíos»*.

El Evangelio llama **José** «*hombre justo*»[2] , que en el modo de hablar hebreo significa «hombre santo».

San José fue carpintero de Nazaret.

Fue modelo de trabajador.

Por eso la Iglesia lo ha nombrado Patrono de todos los obreros.

Murió entre **Jesús** y **María**.

Por eso también es el Patrono de la buena muerte.

---

[1] JOHN P. MEIER: *Un judío marginal, VIII, 2, 3.* Ed. Verbo Divino. Estella (Navarra). 1998.

[2] Evangelio de SAN MATEO, **1** ,19

Cuando fundes un hogar, escoge por Patrono a **San José**, que también supo lo que significa la preocupación de mantener un hogar.

Dice **Santa Teresa** que nunca pidió una cosa a **San José** y que el Santo no se la concediera.

Y a los que no lo crean, les dice que hagan la prueba[1].

2. Para conocer bien a **San José** te recomiendo la obra de **Bonifacio Llamera, O.P.**: *Teología de San José*[2].

De esta obra dice el gran teólogo español **Antonio Royo Marín, O.P.**: «Esta obra es, con mucho, la mejor que se ha escrito hasta hoy de **San José** en el mundo entero»[3].

---

[1] SANTA TERESA DE JESÚS: *Vida, VI, 6-8*

[2] BONIFACIO LLAMERA, O.P.: *Teología de San José.* Ed. BAC. Madrid

[3] ANTONIO ROYO MARÍN, O.P.: *La Virgen María, nº 406.* Ed. BAC. Madrid

32.- Jesucristo vivió más de treinta y tres años[1].

1. La Historia de **Jesús** no empezó con su nacimiento. Muchos siglos antes de que naciera hablaron de Él los profetas.

Miqueas, 730 años antes de nacer, dice dónde nacerá (**5**:2).

Isaías, 734 años antes de nacer, dice que nacerá de una virgen (**7**:14), y describe su Pasión (**53**:3-8): que sería tratado como un malhechor (**53**:12), azotado (**50**:6) y condenado a muerte (**53**:8).

Zacarías, 520 años antes de nacer, dice que será vendido por 30 monedas (**11**:12s) con las cuales se comprará el campo de un alfarero.

Los Salmos predicen que sortearán su túnica (**22** (21):19).

«**Jesús** no nació, como suele decirse, en el año primero de la Era Cristiana. El sabio benedictino **Dionisio el Exiguo**, que en el año 533 empezó por vez primera a contar los años a partir del nacimiento del Señor, sustituyendo la antigua numeración que partía de la fundación de Roma, se equivocó en 6 años»[2]. Él hizo coincidir el 1° de enero el año uno, con el 1° de enero del año 754 de la fundación de Roma, en vez de escoger el 748 que hoy se considera como exacto. Por lo tanto, debemos colocar el nacimiento de **Cristo** seis años antes de la Era Cristiana.

Según los historiadores, **Herodes el Grande** murió el año 4 antes de nuestra Era. Como él mandó matar los niños de Belén menores de dos años, podemos suponer que **Jesús** nació dos años antes, es decir, el 6 antes de nuestra Era[3]. Esto se confirma porque según el matemático y astrónomo **Kepler**, el año del nacimiento de **Cristo**, hubo una conjunción de Júpiter y Saturno[4], es decir, se pusieron uno detrás del otro, lo cual provoca una luz intensa, muy visible en el firmamento estrellado y a la altura de las palmeras. ¿Sería esto la estrella de Belén?

En el crepúsculo, la intensa luz podía verse al mirar hacia el Sur, de modo que los Magos de Oriente, al caminar de Jerusalén a Belén, la tenían en frente.

Esta conjunción de Júpiter y Saturno en la constelación de Piscis, visible claramente en el área mediterránea, en la fecha del nacimiento de **Jesús**, está confirmada por una tablilla babilónica de arcilla que actualmente está en el Museo

---

[1] JUAN LEAL, S.I.: *Sinopsis de los cuatro Evangelios, 1ª, VII, 1.* Ed. BAC. Madrid

[2] VITTORIO MESSORI: *Hipótesis sobre Jesús, IV, 11.* Ed. Mensajero. Bilbao, 1978

[3] JUAN MANUEL IGARTUA, S.I.: *Los Evangelios ante la Historia, I, 12, b.* Ed. Acervo. Barcelona

[4] RICARDO MORENO: *Historia breve del universo, I,1.* Ed. Rialp. Madrid. 1998.

Estatal de Berlín[1].

Fue descubierta en 1925, por el erudito alemán **P. Schnabel** que descifró anotaciones neobabilonias de escritura cuneiforme acuñadas en una tabla encontrada entre las ruinas de un antiguo templo del sol, en la escuela de astrología de Sippar, antigua ciudad que se encontraba en la confluencia del Tigris y el Éufrates, a unos cien kilómetros al norte de Babilonia.

El **P. Severiano del Páramo, S.I.,** Profesor de Sagrada Escritura en la Universidad de Comillas (Santander), opina que la estrella de Belén fue un meteoro luminoso creado por Dios para este fin[2].

Del día del año del nacimiento de **Jesús** no nos dicen nada los Evangelios, pero desde el siglo I se celebra el 25 de diciembre[3].

La historicidad de esta fecha está confirmada por un documentado estudio de **Tommaso Federici,** Profesor de Teología Bíblica[4].

Jesús nació en Belén, pues el censo de **Quirino** mandó que todos se empadronaran en su lugar de origen, y tanto **María** como **José** eran oriundos de Belén, la ciudad de David.

Con el nombre de «Censo de Quirino» se incluía en aquel tiempo una porción de censos anteriores que culminaron en el de **Quirino**, como nos explicó el Profesor **Joaquín González Echegaray,** del Instituto Español Bíblico y Arqueológico de Jerusalén, en un cursillo sobre el Evangelio de **San Lucas** en el Seminario de Monte Corbán de Santander, en Julio de 1995.

El día de la muerte de **Jesús** se piensa que quizás fuera el 14 de Nisán[5], del año 785 de la fundación de Roma que corresponde al viernes 3 de abril del año 33[6], que fue Primer Viernes de mes. Otros opinan que fue el 7 de abril del año 30[7].

Probablemente **Jesús** al morir tenía 39 años[8].

Recientes estudios astronómicos efectuados por **Colin Humphreys** y **W.G. Waddington**, de la Universidad de Oxford, publicados en la revista científica *Nature*[9] han revelado que un eclipse parcial oscureció visiblemente el cielo de Jerusalén el 3 de abril del año 33, que corresponde al 14 de Nisán del calendario judío, que es el día que murió **Jesucristo**. Así se explican *«las tinieblas que cubrieron la Tierra»* aquel día, según el Evangelio[10].

Sin excluir la posibilidad de que fuera un milagro, también es posible que fuera un fenómeno natural previsto por Dios por su simbolismo.

El Sol pudo oscurecerse por una espesa nube de polvo y arena levantada por

---

[1] ZENIT: Boletín informativo del Vaticano en INTERNET (ZE-980104-3)

[2] JOSÉ MARÍA RIAZA, S.I.: *La Iglesia en la Historia de la Ciencia, 2ª, XI,5.* Ed. BAC. Madrid. 1999.

[3] JOSÉ LUIS MARTÍN DESCALZO: *Vida y misterio de Jesús de Nazaret, VI,7.* Ed.Sígueme. Salam.

[4] Revista 30 DÍAS: Año XIX - nº 11 del 2000.

[5] Revista 30 DÍAS,77 (1994) 61

[6] MANUEL CARREIRA, S.I.: Revista BIBLIA Y FE, 72(IX-XII,98)93

[7] JOHN P. MEIER: *Un judío marginal, XI,3.* Ed. Verbo Divino. Estella. (Navarra).1998.

[8] JEAN-CHARLES THOMAS: *El Credo, V,1.* Ed. Mensajero. Bilbao.1995.

[9] Revista NATURE, 306 (22-29, XII, 1983) 743-746.

[10] MARIA GRAZIA SILIATO: *El Hombre de la Sábana, XIV.* Ed. BAC. Madrid, 1987.

el fuerte viento siroco, como ocurre a veces en ese lugar[1].

Sin embargo, otros sostienen como la fecha más probable de la muerte de **Cristo** la Pascua del año 32.

«Por estas oscuridades vemos que los evangelistas no pretendían publicar ningún "Diario de la vida de Jesús". La determinación exacta de las fechas y lugares no les interesa especialmente. Con frecuencia dicen en términos generales *"en aquel tiempo"*; y muchas veces sigue una descripción muy indeterminada del lugar: *"subió a un monte"*.

»Los Evangelios quieren transmitir las predicaciones de la fe de los Apóstoles, y dibujar una imagen suficiente de **Cristo**, a fin de que cada uno pueda convencerse de la verdad de la fe. Ninguno de ellos pretende contar todo; al contrario, cada uno se toma la libertad de reunir lo que le parece a él más importante, y ordenarlo según sus determinados puntos de vista»[2]

Para conocer bien Tierra Santa en sus aspectos arqueológico, histórico, católico y teológico puede ser interesante mi vídeo: *Por la Tierra de Jesús: vídeo documental de Tierra Santa*[3].

Para hacer este vídeo me fui allí con dos técnicos de TV para que tomaran las imágenes. El texto es de los padres jesuitas **Bartina** y **Manzano,** Catedrático de Ciencias Bíblicas y especialista en Tierra Santa, respectivamente. Yo sólo he puesto la voz.

2. De **Jesucristo** nos hablan los historiadores paganos de la época.

Plinio el Joven, (61-113) que fue gobernador romano de Bitinia (Asia Menor) el año 112, en carta al emperador **Trajano,** hablando de los cristianos que se negaban a ofrecer sacrificios al emperador, dice que «se reunían al amanecer para cantar himnos a **Cristo**, su Dios»[4].

Flavio Josefo, (37-100) que participó en la guerra de los judíos entre los años 66 y 70, escribe en el año 93 del siglo I: «Por aquel tiempo apareció **Jesús**, hombre excepcional, si le podemos llamar hombre, pues realizó prodigios sorprendentes... Tanto entre los judíos como entre los griegos tenía muchos discípulos que le seguían. Por denuncia de los jefes del pueblo, **Pilato** le hizo condenar al suplicio de la cruz. Pero ello no impidió que sus discípulos continuarán amándolo como antes. A los tres días de su muerte apareció vivo»[5].

Este texto, que algunos han querido atribuirlo a la interpolación de un amanuense cristiano, es considerado como auténtico por **John P. Meier,** «uno de los más relevantes investigadores bíblicos de nuestra generación», Profesor de Nuevo Testamento en Washington[6].

Cayo Suetonio (70-140) historiador de los césares desde **Augusto** hasta

[1] MANUEL GARCÍA BLÁZQUEZ: *La búsqueda científica de Dios, VII.* Ed. Azahara. Granada.1996

[2] BRUGGEBOES: *Jesucristo, introducción práctica al Evangelio, V.* Ed. Verbo Divino. Estella.

[3] Pedidos al autor. Apartado 2564. 11080-Cádiz. Tel.: (956) 222.838. FAX: (956) 229.450

[4] C. PLINIO. Epist, X, 97

[5] FLAVIO JOSEFO:*Antiquitates Judaeorum, 18, III, 3*

[6] JOHN P. MEIER: *Un judío marginal, III.* Ed. Verbo Divino. Estella (Navarra). 1998.

Domiciano, en su «*Vida de los doce Césares*» compuesta entre los años 110 y 120 alude dos veces a los cristianos. Una en la vida de **Nerón** (nº.16) y otra en la **Claudio** (nº.25).

También habla de los cristianos **Cornelio Tácito**, (55-118) gran historiador, discípulo de **Plinio el Viejo**. Al relatar el año 100 el incendio de Roma por orden de **Nerón** el año 64, dice: «... se imputó a los cristianos que toman su nombre de **Cristo**, el cual durante el imperio de **Tiberio**, había sido condenado a muerte por el Procurador **Poncio Pilato**»[1].

Incluso el **Talmud** judío, aunque en actitud claramente ofensiva contra **Jesús,** dice: «En la víspera de la Pascua fue colgado **Jesús de Nazareth**»[2].

3. Pero sobre todo nos hablan de **Jesucristo** los Santos Evangelios.
Los evangelistas son: **San Mateo, San Marcos, San Lucas y San Juan.**
Se les suele representar así:
A **Mateo**: por un ángel.
A **Marcos:** por un león.
A **Lucas:** por un toro.
A **Juan:** por un águila.

Jesús enseñó de viva voz. No escribió ningún libro.
En aquel tiempo la instrucción se confiaba a la memoria. La memoria era su libro. La memoria se desarrolla inversamente proporcional a la escritura. Muchos se sabían la Biblia de memoria y la trasmitían de viva voz de generación en generación[3].

Pero muy pronto se puso por escrito la predicación de **Jesús.** Probablemente el primer Evangelio que se escribió fue el de **San Marcos,** transmitiendo la predicación de **San Pedro**. **San Mateo** y **San Lucas** quizás lo utilizaron para escribir el suyo, además de otras fuentes. El último Evangelio que se escribió fue el de **San Juan.**

Evangelio significa «buena noticia»[4]. La «buena noticia» es la venida de **Jesús**, Salvador de los hombres. La palabra «evangelio» no significa primeramente un texto, un libro. Sino que, por su etimología y su uso bíblico, designa originariamente un «feliz mensaje», un «anuncio que hace feliz»[5]. El Evangelio fue, pues, primeramente la palabra de **Jesús**. Nadie había hablado como Él[6].

El Evangelio, antes de ser escrito fue predicado; antes de ser leído fue oído; antes de ser libro fue palabra. Pero al ampliarse el círculo del cristianismo se ve la

---

[1] TÁCITO:*Anales, XV, 44*

[2] JOSÉ ANTONIO SAYÉS: *Compendio de Teología fundamental, 2ª, I, 1, b.* Ed.EDICEP. 1998.

[3] J. HUBY, S.I.: *El Evangelio y los Evangelios, I, 4.* Ed. PAX. San Sebastián.

[4] JUAN LEAL,S.I.: *Valor histórico de los Evangelios, I,1.* Ed. Facultad Teológica,S.I. Granada.

[5] SAN PABLO: Carta a los Romanos, **1 0**:15

[6] Evangelio de SAN JUAN, **7** :46

necesidad de fijar por escrito las palabras y los hechos de **Jesús.**

«La palabra "Evangelio" para designar una relación de escritos de la vida de **Cristo** se encuentra ya a mediados del siglo II»[1].

Los Evangelios son libros escritos entre los años 40 y 100 por «testigos oculares»[2] que cuentan lo que vieron y oyeron[3]; o por quienes estuvieron en contacto con testigos presenciales. Dice **San Juan**: «*Lo que hemos oído, lo que hemos visto con nuestros ojos... os lo anunciamos*»[4].

San Mateo y **San Juan** fueron apóstoles de **Jesús**.

San Marcos no fue apóstol, pero conoció a **Jesús**, y acompañó a **San Pedro** en su apostolado.

San Lucas entrevistó a quienes conocieron a **Jesús.** Dice al principio de su Evangelio: «*Puesto que muchos se han dedicado a componer un relato de los acontecimientos, tales como nos los han transmitido quienes desde el principio fueron los testigos oculares y los servidores de la palabra, me ha parecido también a mí, que he investigado cuidadosamente todo desde los orígenes, hacer una narración ordenada*»[5].

4. Las teorías del profesor protestante **Rudolph Bultmann**, que durante algún tiempo han orientado las interpretaciones de los textos bíblicos del Nuevo Testamento, están hoy desprestigiadas gracias a las investigaciones de los especialistas hebreos. Sobre todo por los trabajos del Profesor de la Universidad de Jerusalén **David Flusser**[6], el más importante especialista judío del Nuevo Testamento[7], y **Geza Vermes**[8], Profesor de Historia del cristianismo antiguo en la Universidad judía de Jerusalén, que han llegado a la conclusión que detrás de estas afirmaciones de **Bultmann** sobre los textos bíblicos había mucha ideología filosófica alemana. **Geza Vermes,** «investigador de reconocido prestigio internacional»[9], llega a decir: «El mito de **Jesús** sólo ha existido en algunas mentes alemanas». Los estudios históricos del judaísmo del siglo I, permiten rescatar nuevos aspectos del **Jesús** histórico. Sin embargo la oposición a las teorías de **Bultmann** comenzó entre sus mismos discípulos, como son **Ernst Käsemann**[10] y **Günther Bornkann**[11].

Los seguidores de Bultmann dicen que los Evangelios no fueron escritos por los evangelistas, sino que fueron una elaboración idealizada de los primeros cristianos. Pero si hubiera sido así, se habrían evitado las discrepancias en

[1] J. HUBY, S.I.: *El Evangelio y los Evangelios, I, 5.* Ed. PAX. San Sebastián.
[2] Evangelio de SAN LUCAS, **1**:2
[3] Concilio Vaticano II: *Dei Verbum*: Constitución Dogmática sobre la Divina Revelación, nº 19
[4] Primera Carta de SAN JUAN, **1**:1-3
[5] Evangelio de SAN LUCAS, **1**:1ss
[6] DAVID FLUSSER: *Jesús en sus palabras y en su tiempo.* Ed. Cristiandad. Madrid, 1975
[7] VITTORIO MESSORI: *Padeció bajo Poncio Pilato, VI.* Ed. Rialp. Madrid. 1994.
[8] GEZA VERMES: *Jesús el judío.* Ed. Muchnik. Barcelona, 1980
[9] VITTORIO MESSORI: *Padeció bajo Poncio Pilato, XVI.* Ed. Rialp. Madrid. 1994.
[10] ERNST KÄSEMANN: *Essays on the New Testament.* London, 1954
[11] G. BORNKANMM: *Gesú di Nazareth.* Ed. Claudiana. Torino, 1977

algunos puntos, y no habrían incluido las negaciones de **Pedro,** ni el funesto personaje de **Judas.**

Como dice el erudito escritor israelí **Shalom ben Chorin** «un personaje de estas características habría sido tan molesto para la primitiva comunidad cristiana que nunca se le habría ocurrido inventarlo».

Lo mismo dice el italiano **Pietro Martinetti**: «La primitiva comunidad cristiana que veneraba a los Apóstoles como santos, no habría inventado que del propio Colegio Apostólico hubiera salido un traidor».

Y **Charles Guignebert,** Profesor de la Universidad La Sorbona de París dice: «Debemos destacar que la tradición no hubiera podido inventar un delito tan horrible por parte de un Apóstol (...) No apetece inventar una leyenda que choca de raíz con los intereses de sus propios creadores»[1].

5. El Concilio Vaticano II afirma la historicidad de los Evangelios[2] : «La Santa Madre Iglesia firme y constantemente ha creído y cree, que los cuatro Evangelios, cuya historicidad afirma sin vacilar, transmiten fielmente lo que **Jesús**, Hijo de Dios, viviendo entre los hombres, hizo y enseñó realmente».

La historicidad de los Evangelios, además de ser clara para los críticos, es para los católicos una verdad de fe divina y católica[3] .

La genuinidad y autenticidad de los Evangelios, es decir, que fueron escritos por los mismos autores a quienes se les atribuye, se remonta al siglo II[4] .

«La Iglesia, al salir de las catacumbas, lleva en sus manos los cuatro Evangelios canónicos, reconocidos por todos como obras de los apóstoles y de los discípulos de los apóstoles.

»Lo afirma **Eusebio de Cesarea**, el padre de la Historia Eclesiástica, y con él todos sus contemporáneos.

»**Eusebio** sobresale por su erudición y espíritu crítico. (...) Pudo utilizar la famosa biblioteca de Cesarea, (...) donde se reunieron los mejores códices de la primitiva literatura cristiana. (...)

»**Eusebio** recoge en su Historia Eclesiástica las principales noticias y tradiciones sobre el origen y autores de los cuatro Evangelios canónicos»[5] .

San Ireneo, nacido en Asia Menor, que llegó a ser Obispo de Lyon y había sido discípulo de **San Policarpo**[6] obispo de Esmirna, y éste del evangelista **San Juan**, es decir, que es una de las figuras más representativas del siglo II, dice: «**Mateo** publicó un Evangelio escrito para los hebreos y en su lengua (...). **Marcos**, discípulo de **San Pedro**, nos transmitió también por escrito las cosas predicadas por **Pedro**; **Lucas**, discípulo de **Pablo**, puso en forma de libro el Evangelio predicado por su maestro. Más tarde, **Juan**, discípulo del Señor (...)

---

[1] VITTORIO MESSORI: *Padeció bajo Poncio Pilato, V.* Ed. Rialp. Madrid. 1994.

[2] Concilio Vaticano II: *Dei Verbum*: Constitución Dogmática sobre la Divina Revelación, nº 19

[3] F. VIZMANOS, S.I.: *Teología Fundamental, pg. 297.* Ed. B.A.C. Madrid. 1963

[4] JUAN LEAL, S. I.: *Valor histórico de los Evangelios, II, 2.* Ed. Escelicer. Cádiz.

[5] JUAN LEAL, S. I.: *Valor histórico de los Evangelios, II, 4.* Ed. Escelicer. Cádiz.

[6] CÁNDIDO POZO, S.I.: *Resucitó de entre los muertos,pg.5.* Cuadernos BAC,nº93. Madrid.1985

también publicó un Evangelio durante su estancia en Éfeso»[1].

Tenemos otros dos documentos del siglo II:

Papías, Obispo de Hierápolis, ciudad de Asia Menor y discípulo del apóstol **San Juan**[2], dice que **Mateo** escribió su Evangelio en hebreo[3], y que **Marcos** fue intérprete de la evangelización de **Pedro.** Escribió con diligencia cuanto recordaba. Pero no con el orden con que fueron dichos y hechos por el Señor[4].

El otro documento es el **Canon de Muratori,** que expone el pensamiento oficial de la Iglesia[5] del siglo II[6], en el que se habla de **San Lucas** como autor del tercer Evangelio, y de **San Juan** como del cuarto[7].

El **Canon de Muratori** recoge en el siglo II los libros inspirados, según la Tradición oficial de la Iglesia. El nombre de **Muratori** se debe a su descubridor el historiador y arqueólogo italiano **Ludovico Antonio Muratori.** Se trata de un códice escrito en letras unciales.

Posteriormente «el canon del Nuevo Testamento fue establecido por el Concilio de Roma en el año 382 durante el papado de Dámaso I»[8].

En el siglo II vivió **Clemente de Alejandría.** Nació en Atenas de padres gentiles. «Conoció la religión y filosofía de su tiempo en Grecia, Palestina y Egipto. (...) Convertido al cristianismo alzó cátedra de Filosofía Cristiana en Alejandría, emporio del saber helénico. (...) Desde el año 180 hasta su muerte enseñó allí como maestro. (...) Su propósito constante fue dar base científica a la doctrina cristiana. (...) En su Comentario a la Sagrada Escritura nos cuenta el origen de los cuatro Evangelios y el orden con que se escribieron. Los primeros que se escribieron fueron los tres sinópticos. Después el de **San Juan**. (...) A los críticos acatólicos que atribuyen la composición del cuarto Evangelio a un segundo **Juan**, no apóstol, les dice expresamente **Clemente** que el autor del cuarto Evangelio fue **Juan el Apóstol»**[9].

«Tertuliano fue contemporáneo de **Clemente.** (...) Nace en Cartago hacia el año 160 y se convierte al cristianismo hacia el 195. (...) Estudió la carrera de Derecho y se hizo abogado. (...)

»Sus testimonios en favor de la genuinidad de los Evangelios son célebres y decisivos por su amor a la tradición. La autoridad de los Evangelios dice que (...) estriba precisamente en la tradición de todas las Iglesias fundadas por los Apóstoles, en el consentimiento universal de la Iglesia. Las Iglesias todas testimonian en favor del Evangelio de **Juan** y de **Mateo.** El de **Marcos** se llama de **Pedro.** El de **Lucas** se atribuye a **Pablo.**

---

[1] SAN IRENEO: *Adversus Haereses, III, 11, 8*

[2] P. VACCARI, S.I.: Revista BIBLICA, 20 (1939) 413s

[3] PIERRE GRELOT: *Introducción a los libros sagrados, 3ª, XV, I, 3, c.* Ed. Stella. Buenos Aires.

[4] JUAN LEAL, S. I.: *Valor histórico de los Evangelios, IV,1.* Ed. Escelicer. Cádiz.

[5] ALFREDO WIKENHAUSER: *Introducción al Nuevo Testamento, 1ª, VI, 2.* Ed. Herder. Barcelona

[6] J. HUBY, S.I.: *El Evangelio y los Evangelios, III, 1.* Ed. PAX. San Sebastián.

[7] BEUMEN: *El camino de la Fe, III,1.* Ed. FAX. Madrid

[8] JAMES AKIN: *Escritura y Tradición.* En INTERNET: Apologética Católica.

[9] JUAN LEAL, S. I.: *Valor histórico de los Evangelios, II, 7.* Ed. Escelicer. Cádiz.

»La razón, pues, única, por la cual **Tertuliano** admite los Evangelios como obras auténticas y apostólicas es la tradición, el haberlo así oído y recibido como doctrina que arrancaba de la época apostólica»[1].

A fines del siglo II nace **Orígenes** de padres cristianos. Su padre **Leónidas** murió mártir el año 202.

Orígenes fue sucesor de **Clemente de Alejandría** en la cátedra de Alejandría. En su comentario al Evangelio de **San Mateo** «trata expresamente del origen de los cuatro Evangelios, afirmando expresamente que se deben a dos apóstoles, **Mateo** y **Juan,** y a dos discípulos de los apóstoles, **Marcos** y **Lucas**»[2]

En el siglo IV, **San Jerónimo,** autor de la BIBLIA VULGATA, en la que «unificó las traducciones latinas que corrían entre los cristianos (...) conforme a los mejores y más antiguos códices griegos, (...) recoge algunos datos de los cuatro evangelistas»[3] :

«**Mateo,** el publicano, por sobrenombre **Leví,** escribió el Evangelio en Judea y en hebreo, atendiendo, principalmente, a los judíos que habían creído en **Jesús.**

»**Marcos,** intérprete del apóstol **Pedro,** (...) escribió lo que había oído predicar a su maestro.

»**Lucas,** el médico, natural de Antioquía de Siria, discípulo del apóstol **Pablo,** (...) escribió más lo que oyó que lo que vio.

«**Juan** fue apóstol y evangelista. (...) El único que mereció oír desde la cruz: *He aquí a tu madre»*.

«**San Juan** sobre historiador, es teólogo. Busca siempre en su Evangelio probar la divinidad del Mesías. Por eso sus narraciones son premisas en la argumentación teologal»[4].

»Los cuatro fueron profetizados mucho antes, como prueba el libro de **Ezequiel**.

»El rostro de hombre representa a **Mateo** que empieza su libro con la generación humana de **Cristo.**

»El león representa a **Marcos** que da comienzo por la voz como de león que clama en el desierto.

»El toro representa a **Lucas** que empieza su libro por el sacerdote **Zacarías.**

»El águila es figura de **Juan** que se remonta hasta el Verbo de Dios»[5].

El **P. Vaccari, S.I.,** especialista de la Biblia, de talla internacional, afirma que hasta la campaña de los protestantes racionalistas del siglo pasado, nadie había dudado de que los Evangelios fueran de **Mateo, Marcos, Lucas y Juan**[6].

El **Dr. John A.T. Robinson**, Catedrático en Cambridge, ha publicado en

---

[1] JUAN LEAL, S. I.: *Valor histórico de los Evangelios, II, 8.* Ed. Escelicer. Cádiz.

[2] JUAN LEAL, S. I.: *Valor histórico de los Evangelios, II, 6.* Ed. Escelicer. Cádiz.

[3] JUAN LEAL, S. I.: *Valor histórico de los Evangelios, II, 5.* Ed. Escelicer. Cádiz.

[4] FROILÁN HERRERA, O.C.D.: *Los milagros del Redentor, XXVII.* Ed. Aldecoa. Burgos.

[5] SAN JERÓNIMO: *Prologus in Mt.* MIGNE: *Patrología Latina, XXVI, 18s.*

[6] VACCARI, S.I.: *La Sacra Biblia. Introducción a los Evangelios.* Ed. Salani.

1977 un libro titulado *Redating the New Testament,* donde afirma[1] que todos los libros del Nuevo Testamento exceptuando a **San Juan**, se escribieron antes del año 70, y que los nombres de los autores **Mateo** y **Juan** corresponden a los Apóstoles de **Jesús. Marcos** y **Lucas** estuvieron en contacto directo e inmediato con los testigos[2], y manejaron documentos de contemporáneos[3]. Dice **San Lucas** que él escribe su Evangelio «*después de haber investigado todo diligentemente desde los orígenes*»[4].

6. Además, estos libros se escribieron para contemporáneos de **Jesús**[5]. Los hechos que narran eran conocidos de todos; bien por haberlos visto personalmente[6], bien por haberlos oído a quienes los vieron[7]. No pudieron, por lo tanto, desfigurar nada de la realidad. En este caso hubieran sido desmentidos, y no hay huella alguna de rectificaciones[8].

«Los tres primeros Evangelios fueron escritos, ciertamente, cuando aún vivían muchos de los que presenciaron los sucesos allí narrados, y que estaban en condiciones de contradecir sus afirmaciones, si lo tenían a bien»[9].

Si los evangelistas hubieran dicho lo que no es verdad, sus Evangelios hubieran sido rechazados por aquella generación que era testigo de los hechos[10]. No existe ningún documento que muestre este rechazo[11].

En cambio los **Evangelios Apócrifos**, que carecen de rigor histórico, fueron comúnmente rechazados[12]. Son relatos fantasiosos e inverosímiles[13]. Contienen errores en la geografía de Palestina, y les falta fidelidad al marco histórico[14].

Los Evangelios falsarios llamados «Evangelios Apócrifos» nunca han sido aceptados por la Iglesia, por no estar contenidos en el **Canon de Muratori** que es una lista de los libros inspirados que hizo la Iglesia en el siglo II[15].

El canon del Nuevo Testamento fue establecido por el Concilio de Roma en el año 382 durante el papado de Dámaso I. Los presentes en el Concilio de Roma incluyeron en el canon todos los libros verdaderos y sólo los verdaderos[16].

---

[1] JOSÉ LUIS CARREÑO, S.D.B: *El último reportero, VIII, 6.* Pamplona, 1977.

[2] JUAN LEAL, S.I.: *Nuestra confianza en los Evangelios, nº 13.* Ed. EAPSA. Madrid.

[3] MANUEL GONZÁLEZ GIL, S.I.: *Cristo, el Misterio de Dios, 1ª, 1º, III, 5.* Ed. BAC. Madrid, 1976.

[4] Evangelio de SAN LUCAS, **1**:3

[5] ALEJANDRO DÍEZ MACHO: *La resurrección de Jesucristo y la del hombre en a Biblia, pg. 26.* Ed. Fe Católica. Madrid, 1977

[6] Primera Carta de SAN JUAN, **1**:1-4

[7] Evangelio de SAN LUCAS, **1**:2-4

[8] PARENTE: *De Dios al hombre, VIII, 2.* Ed. Atenas. Madrid.

[9] RONALD A. KNOX: *Conferencias religiosas de Oxford, V.* Ed. Apostolado de la Prensa. Madrid.

[10] JUAN LEAL, S. I.: *Valor histórico de los Evangelios, VIII, 5.* Ed. Escelicer. Cádiz.

[11] JOSÉ M. CIURANA: *La verdad del cristianismo, III, A, a', c'', 2º.* Ed. Bosch. Barcelona.

[12] JUAN MANUEL IGARTUA, S.I.: *Los Evangelios ante la Historia, II, 3, a.* Ed. Acervo. Barcelona.

[13] JOSÉ Mª. CIURANA: *En busca de las verdades fundamentales, III, A, b.* Ed Bosch. Barcelona.

[14] JOHANNES BEUMER: *Camino de la Fe, III, 2.* Ed. FAX. Madrid

[15] JOSÉ ANTONIO DE SOBRINO, S.I.: *Así fue Jesús, IV, 2.* Ed. BAC. Madrid, 1984

[16] JAMES AKIN, del sitio en INTERNET: The Nazareth Apologetics, Bible and Theology Page

Los datos que dan los Evangelios sobre la geografía del país, situación política y religiosa, y sobre las costumbres, concuerdan con lo que sabemos de todo esto por otras fuentes. Además, los evangelistas murieron por defender la verdad de lo que decían; y nadie da su vida por lo que sabe que es mentira.

Aparte de que como están inspirados por Dios no pueden equivocarse ni mentir. El Concilio Vaticano II dice que la Biblia entera está inspirada por Dios[1]. Y **San Pablo**: «*La Escritura está inspirada por Dios*»[2].

«Los evangelistas han visto lo que escriben y mueren por confesar lo que han visto. Mueren mártires confesando los hechos y la doctrina de **Jesús.** A quien ve lo que escribe, y después se deja matar por mantener lo que ha escrito, ya se le puede creer»[3].

7. Por otra parte, los cuatro Evangelios narran los mismos hechos, coincidiendo en lo fundamental y diferenciándose en lo accidental. Si cada uno por su lado se hubiera propuesto engañar, no hubieran coincidido tanto; y si se hubieran puesto de acuerdo para engañar, se hubieran evitado las diferencias llamativas[4]. Cada uno ha narrado sinceramente los hechos recogiendo los detalles que a él más le habían impresionado. Cada evangelista hizo su selección de materiales y acontecimientos, e incluso la sucesión de los hechos, según su finalidad catequética. «Cada evangelista presenta desde un ángulo de visión personal la figura y doctrina de **Jesús**»[5]. «El Evangelio de **Mateo**, dirigido a una comunidad cristiana proveniente del judaísmo, y el Evangelio de **Lucas** dirigido a una comunidad proveniente de la gentilidad, muestran enfoque diverso»[6].

«Las narraciones evangélicas son diversas, los detalles de cada uno son diferentes, sin que ninguno falte a la verdad. Lo narrado por cada uno es armonizable con el relato de los demás»[7].

Los Evangelios ofrecen **diferencias** debidas a que no siempre citan textualmente las palabras de **Jesús**, ni cuentan las cosas con la exactitud rigurosa que exigimos modernamente.

Cada uno cuenta lo que recuerda a su modo, según su punto de vista, el fin que pretende y según su propio estilo: unos se limitan a lo esencial, otros se extienden más en los detalles, sin destacar claramente los elementos esenciales; unos tienen una narración más abstracta, otros más concreta o popular, etc.

Varía mucho la narración de un hecho según la psicología del narrador, de su modo de observar, de su memoria, de su imaginación, de su carácter y del auditorio al que se dirige. Teniendo en cuenta que no se trata de observadores o

---

[1] Concilio Vaticano II: *Dei Verbum*: Constitución Dogmática sobre la Divina Revelación, nº11

[2] SAN PABLO: Segunda Carta a Timoteo, **3**:16

[3] JUAN LEAL, S.I.: *Valor histórico de los Evangelios, VIII, 3.* Ed.Escelicer. Cádiz.

[4] JOSÉ ANTONIO SAYÉS: *Cristología fundamental, Introducción, V, c.* Ed. C.E.T.E. Madrid.

[5] JOSÉ CABA, S.I.: *De los Evangelios al Jesús histórico, 2ª, IX.* Ed. BAC. Madrid, 1971

[6] JOSÉ CABA, S.I.: *De los Evangelios al Jesús histórico, II, 4, c, 3, c.* Ed. BAC. Madrid, 1971

[7] EUSTAQUIO GUERRERO,S.I.: *Jesucristo, la mejor prueba de la fe católica, VIII, 2, C, c.* Ed. FAX.

narradores de psicología occidental y moderna de hoy día, sino de un mundo antiguo, de cultura y mentalidad muy simple, en que domina más el elemento imaginativo.

Pero como son libros inspirados, todo lo que dicen tiene la aprobación de Dios, que respeta la peculiaridad del escritor-instrumento, y no le dicta como a un mecanógrafo las cosas que tiene que decir, sino que respeta su modo de hablar, y tan sólo le detiene ante el error[1].

«Al llegar **Cristo** tres lenguas sirven de medio de expresión al pueblo judío:

a) El hebreo en los ambientes muy cultos, y para la lectura sinagogal de la Escritura.

b) El arameo para el uso cotidiano.

c) El griego para el comercio y los intercambios internacionales»[2].

Por eso los Evangelios se ponen en griego.

El Evangelio de **San Mateo** se escribe para los judíos, por eso se insiste en que **Jesús** es el Mesías profetizado en el Antiguo Testamento, y alude con frecuencia a los modos de hablar y vivir de los judíos[3]. Tiene expresiones típicamente hebreas y da por conocidas costumbres judías.

«El Evangelio arameo de **San Mateo** podría haber sido compuesto entre los años 40 y 50. Desde luego fue escrito antes de la destrucción de Jerusalén por los romanos el año 70, pues constata que todos conocían el campo del alfarero, y el año 70 la caída de Jerusalén «ocasionó la completa destrucción de la ciudad y su total despoblación: los supervivientes fueron deportados»[4].

Su traducción griega fue posterior al Evangelio de **Marcos**, al que utiliza»[5].

El Evangelio de **San Marcos,** probablemente el primero que se escribió, refleja la catequesis en Roma de **San Pedro,** a quien acompañaba. Probablemente escribe en Roma para los no judíos, y por eso traduce vocablos arameos y explica muchas costumbres y tradiciones judías a los que no lo son[6].

La familia de **Marcos** era propietaria del huerto de Getsemaní y del Cenáculo[7].

El Evangelio de **San Lucas,** compañero de **San Pablo,** «por lo menos a partir del año 49»[8], deja traslucir la doctrina del Apóstol de las Gentes[9]. Escribe para comunidades de cristianos de mentalidad griega, procedentes del paganismo, por eso se insiste en que **Jesús** es el Salvador de todos los pueblos.

---

[1] CARDENAL BEA: *La historicidad de los Evangelios, 2º, II.* Ed. FAX. Madrid.

[2] PIERRE GUIBERT, S. I.: *Así se escribió la Biblia, 2ª, I, 3.* Ed. Mensajero. Bilbao. 1997.

[3] J. HUBY, S.I. *El Evangelio y los Evangelios, II, 2.* Ed. PAX. San Sebastián.

[4] VITTORIO MESSORI: *Padeció bajo Poncio Pilato, IV.* Ed. Rialp. Madrid. 1994.

[5] PIERRE GRELOT: *Introducción a los libros sagrados, 3ª, XV, 4, f 1.* Ed. Stella. Buenos Aires.

[6] J. HUBY, S.I. *El Evangelio y los Evangelios, III, 2.* Ed. PAX. San Sebastián.

[7] PIERRE GRELOT: *Introducción a los libros sagrados, 3ª, XV, 4, c, 3.* Ed. Stella. Buenos Aires.

[8] PIERRE GRELOT: *Introducción a los libros sagrados, 3ª, XV, 4, d.* Ed. Stella. Buenos Aires.

[9] J. HUBY, S.I. *El Evangelio y los Evangelios, IV, 2.* Ed. PAX. San Sebastián.

El Evangelio de **San Juan** es el último que se escribe. Por eso completa a los otros tres[1], y cuenta cosas que los otros omitieron; es el más teológico de los cuatro.Se centra en la persona de **Jesús**,como Hijo de Dios.

«Los tres primeros Evangelios están estrechamente emparentados. Se los puede poner en columnas paralelas para abarcar sus textos de un solo vistazo.De ahí viene su nombre de "sinópticos"»[2]. Se pueden leer simultáneamente.

Hay quien opina que el autor del cuarto Evangelio no es **San Juan,** el apóstol. Lo atribuyen a **Juan el Anciano** «un griego que jamás conoció el entorno directo de **Jesús**»[3]. Pero esta opinión es inaceptable, pues el autor del cuarto Evangelio se declara testigo de los hechos que narra[4], reconoce que era el discípulo predilecto de **Jesús**[5], que en la cena reclinó su cabeza sobre el pecho de **Jesús**[6], que estuvo con **María Santísima** al pie de la cruz[7], que junto a **San Pedro** fue a la tumba del Señor, y al ver la sábana tendida en el suelo, y doblado aparte el sudario que estuvo sobre la cabeza *vio y creyó*[8].

Es mucho más lógico aplicar todo esto al apóstol **San Juan** que introducir un nuevo personaje, también llamado **Juan**, que se reclinó sobre el pecho de **Jesús** en la Última Cena, con lo cual «a la Cena asistieron catorce personas»[9].

Pero los Evangelios dicen que a la cena con **Jesús** sólo se sentaron los doce[10].

Por otra parte[11] en los otros tres Evangelios al apóstol **Juan** se le nombra diecisiete veces veces, en cambio en el cuarto no se le nombra ni una. Siempre se le llama «el Discípulo Amado». Esta sustitución se explica si el apóstol **Juan** y el «Discípulo Amado» son la misma persona.

«De hecho la tradición juzgó siempre que el discípulo amado era el apóstol **San Juan**, y el mismo cuarto Evangelio[12] atestigua que su autor fue el apóstol **Juan**»[13].

Además en el cuarto Evangelio se habla repetidas veces de la amistad entre **San Pedro** y el «Discípulo Amado», y **San Lucas** en los *Hechos de los Apóstoles* dice que el amigo de **San Pedro** era el apóstol **San Juan.**

La introducción de otro **Juan,** distinto del apóstol, no tiene sentido.

«El autor del cuarto Evangelio se identifica, sin equívoco, con el discípulo amado de **Jesús**, uno de los Doce. (...) Desde el siglo II se atribuye el cuarto Evangelio al apóstol **Juan.** (...) Desde su primera difusión la Iglesia recibió el

---

[1] JOHANNES BEUMER: *Camino de la Fe, III,2.* Ed. FAX. Madrid.

[2] PIERRE GRELOT: *Introducción a los libros sagrados, 3ª, XV, 4, a.* Ed. Stella. Buenos Aires.

[3] PEPE RODRÍGUEZ: *Mentiras de la Iglesia católica, III, 11.* Ed. ZETA. Barcelona.

[4] Evangelio de SAN JUAN, **3**:11;**19**:35; **21**:24; Primera Carta, **1**:1s

[5] Evangelio de SAN JUAN, **21**:7 y 20

[6] Evangelio de SAN JUAN, **13**:25

[7] Evangelio de SAN JUAN, **19**:26

[8] Evangelio de SAN JUAN, **20**:2-8

[9] PEPE RODRÍGUEZ:*Mentiras de la Iglesia católica, I, 2, c.* Ed. ZETA. Barcelona.

[10] Evangelio de SAN MATEO, **26**:20; de SAN MARCOS, **14**: 17

[11] JUAN LEAL, S.I.: *Valor histórico de los Evangelios, VI, 4.* Ed.Escelicer. Cádiz.

[12] Evangelio de SAN JUAN, **21**:24

[13] ALFREDO WIKENHAUSER: *Introducción al Nuevo Testamento, 3ª, I, 28, 3.* Ed. Herder.Barna.

cuarto Evangelio como de **Juan**, el apóstol»[1] : entre otros, **Tertuliano,** el canon Muratoriano, **Clemente de Alejandría** y **San Ireneo de Lyon,** discípulo de **San Policarpo,** que fue amigo del apóstol **San Juan.**

Dice **San Ireneo**[2] que **San Juan** dictó su Evangelio en Éfeso, siendo ya anciano. Esto explicaría el distinto estilo entre el Evangelio y el Apocalipsis, pues el amanuense pudo ser una persona culta que mejoró el griego de **San Juan**.

Los que atribuyen el cuarto Evangelio a **Juan el Anciano** dicen que el apóstol **San Juan** murió martirizado con su hermano **Santiago.** Pero esto es inadmisible pues **San Lucas** cuenta el martirio de **Santiago** en el capítulo XII de los *Hechos de los Apóstoles* sin hacer ninguna mención de **Juan.** Este silencio no es posible si hubieran muerto los dos hermanos juntamente. Además «nos muestra después, en el capítulo XV, al apóstol **San Juan** tomando parte en la asamblea de Jerusalén en fecha ciertamente posterior a la muerte de **Santiago**[3].

¿No será **Juan el Anciano** el mismo apóstol **Juan** que era ya muy anciano cuando dictó su Evangelio en Éfeso? El mismo apóstol **San Juan** se designaba a sí mismo con este nombre en sus cartas[4] .

8. «Los Evangelios no son obras de historia, en el sentido moderno de esta palabra»[5] .

«Los evangelistas no escribieron sus libros como un historiador actual puede describir un hecho histórico investigado por él»[6] con fechas concretas e itinerarios exactos. «Los Evangelios no son una sucesión de hechos cronológicamente narrados, sino una catequesis para la fiel trasmisión de la verdad cristiana»[7]

Mateo yuxtapone milagros y parábolas que han tenido lugar en momentos muy diferentes. Y **Lucas** ordena todo en un viaje a Jerusalén.

«Los Evangelios no tienen forma histórica, sino de mensaje. Los evangelistas no pretenden relatar los acontecimientos en orden exactamente cronológico, sino presentar la persona, la doctrina, la obra redentora de **Jesús,** a los hombres con el fin de que crean»[8] .

«Los Evangelios son relatos fragmentarios y esquemáticos, selecciones y resúmenes. Por otra parte, han tenido siempre la finalidad práctica de la predicación: pretenden ser una enseñanza, transmitir un mensaje que hemos de acoger y vivir en la fe; no pretenden tanto darnos una información, cuanto contribuir a la formación de un mundo nuevo, nacido de la obra redentora de **Cristo**; presentan al Señor **Jesús,** para que uno se encuentre con Él y se haga su

[1] J. HUBY, S.I. *El Evangelio y los Evangelios, V, I.* Ed. PAX. San Sebastián.
[2] SAN IRENEO: *Adversus haereses, 3ª, I, 3*
[3] J. HUBY, S.I.: *El Evangelio y los Evangelios, Epílogo.* Ed. PAX. San Sebastián.
[4] JUAN LEAL, S.I.: *Valor histórico de los Evangelios, IV, 1.* Ed.Escelicer. Cádiz.
[5] JOHN P. MEIER: *Un judío marginal, II.* Ed. Verbo Divino. Estella (Navarra). 1998.
[6] Conferencia Episcopal Española: *Catecismo escolar, 7º EGB, I.* Madrid, 1984,
[7] JUSTO COLLANTES,S.I.: *La Iglesia de la Palabra, 1º, 3ª, Esc.IX, 3.* Ed. BAC. Madrid.
[8] GUARINI: *El Señor, 1º, XI.* Ed. Rialp. Madrid.

discípulo»[1].

Los evangelistas no pretendieron hacer una exposición sistemática de la doctrina de **Jesús**[2].

«Los Evangelios no son ni un diario ni una biografía en el sentido moderno de la palabra. Son síntesis de la predicación apostólica. Cuanto más se penetra en los métodos propios de los evangelistas, en su fin y en su plan, más se convence uno del carácter episódico y fragmentario que los distingue, y cuán poco les interesaba a ellos muchas cosas pequeñas que a nosotros nos pueden parecer hoy problemas casi substanciales. Los evangelistas pretenden cimentar la fe de sus lectores, y para ello les basta escoger algo de lo más saliente de la vida y doctrina del Señor. El marco topográfico y cronológico no era necesario y, por lo mismo, lo descuidan. Muchos hechos y muchas palabras están fuera de su marco histórico»[3]

Generalmente, el evangelista, no tiene ningún interés cronológico. A veces acumula parábolas, milagros o controversias con los judíos con una palabra de enlace (*«entonces», «enseguida», «después»*); aunque hayan ocurrido en momentos muy distantes. «La intención de los evangelistas fue inculcar una forma de vida, una enseñanza religiosa. Lo histórico es base de la narración, pero no como nosotros entendemos hoy la historia»[4].

Los Evangelios son libros históricos porque relatan acontecimientos que han ocurrido realmente, aunque la historia no la entiendan al modo actual. No todo lo que cuentan aconteció exactamente como se narra. El estilo de aquel tiempo da libertad al historiador para que ilustre la narración. Puede añadir detalles ornamentales, no históricos, pero que enriquecen la narración.

El estilo de aquel tiempo permite al historiador incorporar en su narración todo lo que ayude, aunque no haya sido real. Son recursos narrativos accidentales para dar amenidad o interés a la narración. Por eso los evangelistas narran la historia cada uno a su modo, sin preocuparse de la exactitud de los detalles.

A ellos les bastaba la historicidad del fondo de la narración.

Hoy pedimos historicidad en todos los detalles, pero entonces no era así.

Por ejemplo, cuando **San Mateo** dice que en la multiplicación de los panes había cinco mil hombres, sin contar mujeres y niños, se refiere a una gran multitud, no precisamente a cinco o diez mil personas; pues en aquella zona en aquel tiempo era casi imposible reunir tanta gente.

También nosotros decimos: «Te lo he repetido mil veces», y lo que queremos decir es «muchas veces».

Pero su estilo describiendo lugares y encajando personajes históricos en su tiempo, dan a entender claramente que no pretenden hacer una obra de ficción. A veces, aunque no siempre, señalan con exactitud el día y la hora, y dan una porción de detalles que muestran la voluntad de describir hechos reales[5].

El Evangelio es «histórico» en el sentido vulgar, corriente. Así lo creyó siempre

[1] JORGE AUZOU: *La tradición bíblica, XII, 1.* Ed. FAX. Madrid.

[2] JUAN LEPPICH, S.I.: *Breviario de un ateo, X,5.* Ed. Studium. Madrid. 1970.

[3] JUAN LEAL, S.I.: *Sinopsis de los cuatro Evangelios, 1ª, I, 2.* Ed. BAC. Madrid

[4] SALVADOR MUÑOZ IGLESIAS: *Los géneros literarios de la Biblia, 1º, XI.* Casa de la Biblia. Madrid

[5] JUAN MANUEL IGARTUA, S. I.: *Los Evangelios ante la Historia, II, 1, a.* Ed. Acervo. Barcelona.

32,8

la Iglesia: los Padres y los fieles[1]. Es evidente que no fueron «inventados».

«Aunque es incontestable que los evangelistas quisieron hacer un trabajo de historiadores, no era ésa su única preocupación. Lo que ellos querían era prolongar la enseñanza de Aquél a quien la resurrección transformó en viviente»[2].

Los evangelistas afirman que lo que narran es la verdad[3]

San Lucas al principio de su evangelio garantiza a los lectores de «la certeza» de su narración, pues son *«cosas verdaderas y auténticas»*.

Dice **San Lucas**[4] que se ha determinado escribir los acontecimientos recientemente ocurridos *«después de haber investigado con exactitud todos esos sucesos desde su origen»*[5].

Y **San Juan** afirma que lo que él narra es *«lo que vieron sus ojos y oyeron sus oídos»*[6]. *«Aquel que lo ha visto da testimonio de ello , y su testimonio es cierto: y él sabe que dice la verdad a fin de que vosotros creáis»*[7].

«Los Evangelios refieren fielmente los hechos y dichos de **Jesús.** Lo prueba suficientemente el concepto de "testimonio", "testigo", "testimoniar" que ocurre más de ciento cincuenta veces en el Nuevo Testamento y que los mismos Apóstoles se aplican a sí mismos. (...) Podemos afirmar, sin género ninguno de duda, que el principio *"quod traditum est"* [lo que hemos recibido] era reconocido en todas las Iglesias como el canon para distinguir las doctrinas falsas de las verdaderas»[8].

«Los Evangelios aparecen, escritos sin verdadera preocupación apologética, en el sentido moderno de la palabra, sino con el fin de transmitir, tal cual, el hecho de que dan testimonio (...). Los Evangelios no son una especulación doctrinal, sino la atestación de un hecho (...). Los autores no sólo no hacen su propio elogio, sino que hasta desaparecen detrás de su obra. No se inciensa a los Apóstoles, se les presenta sin inteligencia, ambiciosos, pendencieros, cobardes, traidores. Se presenta a **Cristo** abandonado del Padre (...). Los milagros están descritos con una sobriedad que los distingue inmediatamente de los relatos no evangélicos»[9].

«El origen apostólico, directo o indirecto, y la génesis literaria de los Evangelios justifican su valor histórico. Derivados de una predicación oral que se remonta a los orígenes de la comunidad primitiva, tienen en su base la garantía de testigos oculares. Indudablemente ni los Apóstoles ni los demás predicadores y narradores evangélicos trataron de hacer historia en el sentido técnico de esta palabra; su propósito era menos profano y más teológico; hablaron para convertir y edificar, para inculcar e ilustrar la fe, para defenderla contra los adversarios. Pero lo hicieron apoyándose en testimonios verídicos y controlables, exigidos tanto por la probidad de su conciencia como por el afán de no dar pie a refutaciones hostiles (...) Si los Evangelios no son "libros de historia", no es menos cierto que no tratan

---

[1] BALDOMERO JIMÉNEZ DUQUE: *Volver a lo esencial,XVI.* Ed,TAU.Ávila.1985.

[2] PIERRE GUIBERT, S. I.: *Así se escribió la Biblia, 2ª, III, 4.* Ed.Mensajero. Bilbao. 1997.

[3] Evangelio de SAN LUCAS, **1**:4

[4] Evangelio de SAN LUCAS, **1**:1-4

[5] Evangelio de SAN LUCAS, **1**:3

[6] Evangelio de SAN JUAN, **3**:11; Primera Carta, **1**:1

[7] Evangelio de SAN JUAN, **1 9**:35

[8] SEVERIANO DEL PÁRAMO,S.I.:*La verdad histórica de los Evangelios, I.* Ed.Comillas.Santander.

[9] ROBERT FEUILLET:*Introducción a la Biblia: Nuevo Testamento vol. II, pg.309s.* Ed. Herder. Bar.

de ofrecer nada que no sea histórico»[1].

«El valor histórico de los Evangelios, aparte de ser cierto para el crítico, es para el católico una verdad de fe»[2].

«Los Evangelios no son un simple libro doctrinal que ofrece unas ideas sobre Dios, el hombre y el mundo; sino un auténtico anuncio del Reino de Dios, manifestado en **Jesucristo.**

»La historicidad de que están revestidos no puede llevar a ver los Evangelios nada más que como una venerable documentación y reliquia del pasado. El Evangelio hay que sentirlo vivo y actual, situarlo en el presente más inmediato. No fueron palabras y hechos que se dijeron y realizaron ayer. Es mensaje intemporal, y buena noticia que anuncia la salvación.

»Los Evangelios no son tanto para leer cuanto para vivir. No son un libro de referencia técnica para entender, sino de revelación divina y de ejemplaridad. (...) Interpelan la fe, y son una insistente llamada a la conversión»[3].

Se han hecho **estudios comparativos** de todas las copias que conservamos de cada uno de los evangelistas[4].

Hort, «uno de los más seguros críticos del siglo XIX»[5] resume sus investigaciones de veinticinco años, y las de su colega **Wescott,** en su edición crítica del original griego del Nuevo Testamento con estas palabras: «las variantes que tocan a la sustancia del texto son muy poco numerosas, y pueden ser valuadas en menos de la milésima parte del texto»[6].

«La inmensa mayoría de la variantes se refieren únicamente a la forma exterior: ortografía, orden de las palabras y términos sinónimos»[7].

De las ciento cincuenta mil variantes, sólo quince son de importancia, y ni una sola toca a la fe de la Iglesia[8].

Eso da idea del esmero con que se copiaron[9].

Aquella generación cristiana que había presenciado los hechos que se narran en los Evangelios, los encontraban tan correctamente relatados, que los copiaban a mano (entonces no había imprenta) y los transmitían de generación en generación, de modo que hoy tenemos de los Evangelios más copias que de ningún otro libro de aquel tiempo.

«Ningún otro autor, ni religioso, ni profano, de aquellos tiempos, puede presentar la cantidad de papiros, de códices, de citas de autores de aquel tiempo o de inmediatamente después, como los libros del Nuevo Testamento pueden

[1] Biblia de Jerusalén. Introducción a los Evangelios sinópticos, I. Ed. Desclée. Bilbao.

[2] FRANCISCO VIZMANOS,S.I.: *Teología fundamental para seglares, nº. 229.* Ed. B.A.C. Madrid.

[3] CARLOS AMIGO: *Cien repuestas para tener fe, II,13.* Ed. Planeta+Testimonio. Barcelona.1999.

[4] JOSÉ MANUEL HERNÁNDEZ:*¡Jesucristo existió!*.Publicaciones ACU.Ed.Sal Terrae.Santander.

[5] JESÚS MARTÍNEZ GARCÍA: *Hablemos de la Fe,I,5.* Ed. Rialp. Madrid. 1992.

[6] JESÚS Mª GRANERO,S.I.: *Credo-Jesucristo, I.* Ed. Escelicer. Cádiz. 1943.

[7] JOHANNES BEUMER: *Camino de la Fe, III,3.* Ed. FAX. Madrid.

[8] JUAN MANUEL IGARTUA, S.I.: *Los Evangelios ante la Historia. Apéndice, 2.*Ed.Acervo, Madrid.

[9] JOSÉ ANTONIO LABURU, S.I.: *Incredulidad o fe, 1º, II.* Ed. EAPSA. Madrid.

ofrecer».[1]

Puede ser interesante mi vídeo: *Razones para ser católico,* donde hablo de la historicidad de los Evangelios[2].

«En favor de la autenticidad de los Evangelios existe tal tradición literaria como no existe de ningún otro escrito de la antigüedad. Una tradición antiquísima, pública, universal, constante. No tiene ni la menor comparación con la de ciertos escritores profanos cuyas obras nadie pone en tela de juicio»[3].

A nadie se le ocurre dudar de la **autenticidad** de las obras de los clásicos latinos **César, Cicerón, Horacio y Virgilio**. A pesar de que -aunque todos ellos vivieron tan sólo 50 años antes de **Jesucristo**- no conservamos, ni con mucho, las pruebas que conservamos de los Evangelios.

El autor clásico contemporáneo de **Jesucristo** de quien conservamos mejores documentos es **Virgilio**. Pues bien, de **Virgilio**, sólo tenemos tres códices unciales. En cambio de los Evangelios tenemos doscientos doce. ¡Superioridad aplastante![4].

De **Platón** los manuscritos que conservamos son 1500 años posteriores a él[5]. De **Aristóteles** que vivió 300 años antes de **Cristo**, cuyo *Tratado de Lógica* sigue siendo hoy día la base de todo razonamiento filosófico, el manuscrito más antiguo que conservamos es 1400 años posterior a él.

Nuestro gran historiador contemporáneo de fama mundial, **Menéndez Pidal**, Premio March, que murió en 1968, en su *Historia de España*[6], en treinta tomos, de la Editorial Espasa Calpe, fundamenta algunas de sus afirmaciones en la obra *Germania* del historiador romano **Tácito**, posterior a **Cristo**, pues murió el año 120. Pues bien, de la *Germania*, de **Tácito**, el códice más antiguo que se conserva es 1340 años posterior a él[7].

Del historiador griego **Polibio**, que murió 120 años antes de **Cristo**, y de quien **Mommsen**, Catedrático de Historia Antigua de la Universidad de Berlín y Premio Nobel, dice que «a él es a quien deben las generaciones posteriores, incluso la nuestra, los mejores documentos acerca de la marcha de la civilización romana»[8], el manuscrito más antiguo que de él conservamos es 1067 años posterior a su muerte[9].

[1] BALDOMERO JIMÉNEZ DUQUE: *Dios y el hombre, III.* Ed.Fundación Universitaria Española.
[2] Pedidos al autor: Apartado 2546. 11080-Cádiz. Tel.: (956) 222 838. FAX: (956) 229 450
[3] JUAN LEAL, S.I.: *Valor histórico de los Evangelios, I,5.* Ed. Escelicer. Cádiz.
[4] JUAN LEAL, S.I.: *El valor histórico de los Evangelios, I, 5.* Ed. Escelicer. Cádiz
[5] VITTORIO MESSORI: *Hipótesis sobre Jesús, VI, 11.* Ed. Mensajero. Bilbao, 1978
[6] MENÉNDEZ PIDAL: *Historia de España, Tomo I, vol. 3, pg.267*
[7] LUIS CONDE, S.I.:*Los manuscritos del Nuevo Testamento.* Rev.PROYECCIÓN,27 y 28. Gr.
[8] TEODORO MOMMSEN: *Historia de Roma, 1º, XIII.* Ed. Aguilar. Madrid
[9] JUAN IRIGOIN: Revista *Scriptorium*, XIII, 2, (1959) 177-209

En cambio, de los Evangelios conservamos manuscritos muy próximos a ellos.

El Evangelio de **San Juan** se escribió el año 95[1] ; pues bien, en 1935 se descubrió el papiro **Rylands** (P.52) sobre este Evangelio, que se conserva en Manchester. Fue encontrado en Egipto en 1920 por el científico británico **B.P.Granfell** para el librero **John Rylands**[2] . Según los especialistas se escribió hacia el año 130[3] . Tan sólo 35 años después. ¡Esto es maravilloso!

El papiro **Bodmer II**, que se conserva en la Biblioteca de Cologny, en Ginebra, y que contiene casi en su totalidad el Evangelio de **San Juan**, es 100 años posterior a él[4] . En 1956 fue publicado por **V. Martín**[5]

De los tres siglos posteriores a **Jesucristo** se conservan treinta papiros[6] . Esto es un caso único en toda la historiografía grecorromana.

En 1972 el Padre **José O´Callaghan**, jesuita español papirólogo, Profesor de la Universidad Gregoriana de Roma, y Decano de la Facultad Bíblica del Pontificio Instituto Bíblico de Roma, y de la Facultad Teológica de Barcelona, descifró unos fragmentos de papiros encontrados en la cueva 7 del Qumrán (Mar Muerto). Se le identifica así 7Q5. Se trata del texto de **San Marcos, 6**:52s.

En once cuevas aparecieron seiscientos rollos de pergaminos. En estos manuscritos, que se descubrieron en 1947, han aparecido textos del Éxodo, Isaías, Jeremías, etc. De casi todos los libros del Antiguo Testamento.

Estos manuscritos han sido estudiados por **E. L. Sukenik,** de la Universidad Hebrea de Jerusalén, que consiguió adquirirlos para la biblioteca de la Universidad[7].

El texto descifrado por el **P. O´Callaghan** es un fragmento del Evangelio de **San Marcos** enviado a Jerusalén por la cristiandad de Roma y que los esenios escondieron en esa cueva en ánforas, una de las cuales tiene el nombre de ROMA en hebreo[8] .

Probablemente esto ocurrió cuando la invasión de Palestina por los romanos, antes de la ruina de Jerusalén del año 70.

En concreto cuando se aproximaban las tropas de **Vespasiano** el año 68[9] .

Este descubrimiento ha sido considerado como el más importante de este siglo sobre el Nuevo Testamento[10] . En 1991 se ha publicado una edición facsímil con 1.787 fotografías de estos manuscritos[11] .

La identificación del **P.O'Callaghan** es tan seria que **Orsolina Montevecchi**,

---

[1] LEON-DUFOUR, S.I.: *Los Evangelios y la historia de Jesús, IV, 1.* Ed. Estela. Barcelona

[2] B. MANZANO, S.I.: *La vida de Jesucristo, nº 427.* Zaragoza

[3] FRANCISCO VIZMANOS, S.I.: *Teología fundamental para seglares, nº432.* Ed. BAC. Madrid

[4] VICENTE ZAFORAS: *Un testigo más.* Revista PROYECCIÓN nº12. Granada

[5] FRANCISCO LAMBASI: *El Jesús histórico, V, 1.* Ed. Sal Terrae. Santander, 1985

[6] S. BARTINA, S.I.: *Catálogo de los Papiros Neotestamentarios.* Revista CULTURA BÍBLICA, 17(1960)214-22

[7] FLORENTINO GARCÍA MARTÍNEZ: *QUMRÁN, 1ª, I, 1.* Ed. Trotta. Madrid. 1993.

[8] JOSÉ O´CALLAGHAN, S.I.: *Los papiros griegos de la cueva siete del Qumrán.* Ed. BAC. Madrid

[9] B. MANZANO, S.I.: *Por los caminos de Jesús, IV, 68.* Ed. Verbo Divino. Estella, 1984

[10] Diario YA, 16-III-72

[11] Diario YA, 21-XI-91, pg. 28

Presidenta de la Asociación Internacional de Papirología, ha pedido a sus colegas que se incluya el 7Q5, como se llama a este manuscrito, en la lista oficial de los papiros del Nuevo Testamento[1].

Esta interpretación del **P. O´Callaghan** ha sido recientemente confirmada por el eminente Profesor alemán de la Universidad de Oxford, **Carsten Peter Thiede**, en la prestigiosa revista internacional BIBLICA[2] . **Thiede**, dice textualmente: «Conforme a las reglas del trabajo paleográfico y de la crítica textual, resulta cierto que 7Q5 es **Marcos, 6**:52s».

Thiede ha publicado un estudio apoyando al **P. O´Callaghan** titulado *El manuscrito más antiguo de los evangelios?*[3]

«Son cada vez más los que aceptan esta identificación», ha dicho el **P. Ignacio de La Potterie, S.I.,** como se ha visto en el Simposio Internacional celebrado del 18 al 20 de octubre de 1991 en Eichstät[4], donde apoyaron esta opinión los expertos en papirología **Hunger,** de la Universidad de Viena, y **Riesenfeld,** de la Universidad de Úpsala (Suecia).

El texto 7Q5 ha sido estudiado en ordenador por IBICUS de Liverpool, y se ha demostrado que esa combinación de letras, en la Biblia, sólo se encuentra en **Marcos 6**:52s, que es el 7Q5[5].

«El Profesor **Herbert Hunger,** Director de la colección de papiros de la Biblioteca Nacional Austríaca, y Profesor de Papirología d la Universidad de Viena, ha dicho: "La identificación del papiro de Qumrán con **Marcos** resulta convincente"»[6].

El paleógrafo inglés **Roberts**, de la Universidad de Oxford, primera autoridad mundial en paleografía griega, antes de que se descifraran estos papiros, estudiando la grafía, afirmó que eran anteriores al año 50 después de **Cristo**[7], es decir, unos 20 años después de la muerte de **Jesús**, y 10 años después que **Marcos** escribiera su Evangelio. Sin duda es anterior al año 68 en que fueron selladas las cuevas del Qumrán, con los papiros dentro, antes de huir de las tropas de **Vespasiano**, que invadieron aquel territorio el año 68[8] . Se trata, por lo tanto,del manuscrito más cercano a **Jesús** de todos los conocidos[9].

«El descifrador de estos documentos ha manifestado que ya no puede afirmarse que el Evangelio sea una elaboración de la antigua comunidad cristiana, y que tuvo un período más o menos prolongado de difusión oral antes de ser escrito, sino que tenemos ya la comprobación de los hechos a través de fuentes inmediatas».

Este descubrimiento ha dado al traste con las teorías de **Bultmann**. La proximidad de este manuscrito al original echa por tierra la hipótesis de **Bultmann**, según la cual los Evangelios son una creación de la comunidad primitiva que transfiguró «el **Jesús** de la historia» en «el **Jesús** de la fe».

---

[1] ABC de Madrid, 13-X-96, pg.71

[2] Revista BÍBLICA, vol. 65(1984)538-559

[3] Revista 30 DÍAS 45(1991)14

[4] Revista 30 DÍAS: 61(1992)76 y Civiltá Cattolica: II (1992) 464-473

[5] ABC de Madrid, 1-VI-95, pg. 64

[6] VITTORIO MESSORI: *Padeció bajo Poncio Pilatos, XXXVII.* Ed. Rialp. Madrid. 1994.

[7] B. MANZANO, S.I.: *Vida de Jesucristo, nº5.* Zaragoza

[8] Revista BIBLICA: 53 (1972)

[9] JUAN MANUEL IGARTUA, S.I.: *Los Evangelios ante la Historia, I, 5.* Ed. Acervo. Barcelona, 1981

Este descubrimiento confirma científicamente lo que la Iglesia ha enseñado durante diecinueve siglos: la historicidad de los Evangelios.

Más tarde, el mismo **O´Callaghan,** descubrió otro fragmento de la misma gruta que encajaba perfectamente en el texto de la Primera Carta de **San Pablo** a **Timoteo**[1]

La ofensiva contra la historicidad de los Evangelios comenzó con **Friedrich Strauss** en 1835. La renovó **Ernest Renán** en 1863. Modernamente **Rudolf Bultmann** afirma que «no podemos saber nada sobre la vida de **Jesús,** pues los Evangelios son la idealización de una leyenda de generaciones posteriores». Si el 7Q5 es del año 50, esta idealización no es posible en contemporáneos.

El célebre teólogo protestante **Oscar Cullmann**, seguidor un tiempo de **Bultmann**, reconoce que se separó de **Bultmann** por la interpretación que éste hacía de la Biblia. Para **Bultmann** «el único elemento histórico de los Evangelios que quedaría a salvo es la cruz. El resto, incluida la resurrección, sería un mero símbolo»[2].

Uno de los seguidores de **Bultmann** ha dicho de este descubrimiento del 7Q5: «Habrá que echar al fuego siete toneladas de erudición germánica»[3].

«El lapso de tiempo que transcurre entre los acontecimientos y la composición de los Evangelios es tan breve, que no permite la formación de un mito contrario a la historia»[4].

Recientemente el **Dr. Carsten Peter Thiede** ha publicado en la revista alemana *Zeitschrift Für Papyrologie* , especializada en papirología, haber descubierto un papiro con un fragmento del capítulo veintiséis del Evangelio de **San Mateo**, escrito en el siglo I de nuestra Era. «**Thiede** estableció su datación como anterior al año 66 de la era cristiana»[5].

Se trata del *Magdalen Cr.* de Roma 17, por encontrase en la Biblioteca del Colegio de la Magdalena de Oxford. Fue donado a este Colegio por el papirólogo Rvdo. **Charles B. Huleat**, antiguo alumno de este Colegio, que había sido capellán de la Iglesia Británica de Luxor, en Egipto[6]. Allí se lo compró a un anticuario[7]. «En la Navidad de 1994 la noticia salta a la primera página del *The Times* . Hace unos meses **Thiede** ha publicado un libro sobre el tema: *Testigo ocular de Jesús* . Su lectura es un verdadero placer intelectual y espiritual»[8].

No es claro cuál de los Evangelios se escribió primero. Unos opinan que fue el de **San Marcos,** otros que fue el texto hebreo de **San Mateo,** que más tarde se

---

[1] VITTORIO MESSORI: *Padeció bajo Poncio Pilatos, XXXVII.* Ed. Rialp. Madrid. 1994.

[2] IL SABATO, 20-II-1993

[3] J. BEUMER, S.I.: *El camino de la fe, III, 2.* Ed. FAX. Madrid

[4] Revista TIME, mayo 1972

[5] BRAULIO MANZANO, S.I.: Revista TIERRA SANTA 728 (IX,X-1997) 262

[6] Revista EL SEMANAL, 385 (12-III-95) 50-54

[7] Revista 30 DÍAS, 88 (1995) 61ss

[8] EDUARDO GARCÍA DE ENTERRÍA: Diario ABC de Madrid, 18-IX-96, pg.3

tradujo al griego[1].

El Padre **B. Manzano, S.I.**, que es un especialista en temas de Palestina, da estas fechas en las que probablemente se escribieron los tres Evangelios sinópticos.

El Evangelio de **San Mateo**, entre el 37 y el 42.
El Evangelio de **San Marcos**, entre el 40 y el 45.
El Evangelio de **San Lucas**, entre el 47 y el 56.
El Evangelio de **San Juan**, como dije antes, se escribió en el año 95

H.J. Schultz, Profesor de la Universidad de Würtzburg (Alemania) afirma que ningún Evangelio sinóptico fue escrito después del año 70. Esta opinión ha sido apoyada por el célebre exégeta **Rudolf Schnackenburg** «por el peso de las argumentaciones presentadas»[2].

Algunos piensan que si los Evangelios se escribieron varios años después de la muerte de **Cristo**, quizás no reflejaran con exactitud los dichos de **Jesús**, sino que tal vez sean una libre reconstrucción. Pero hay que tener en cuenta la costumbre de los hebreos de memorizar la Biblia, el Talmud, la Torá, etc. «De este modo podemos tener la garantía de que los textos evangélicos nos acercan al verdadero pensamiento de **Jesús** y a su propia palabra»[3].

En el siglo II, los Evangelios son confirmados por **Papías**, discípulo de **San Juan**; por **Clemente Romano**, discípulo de **San Pedro**, y Papa del año 91 al año 100; por **San Ignacio de Antioquía**, también discípulo de **San Juan**; por **San Justino, San Ireneo**, Obispo de Lyon y discípulo de **San Policarpo**, amigo de **San Juan**; por **Orígenes, Tertuliano, Clemente de Alejandría, el pastor Hermas, etc. etc.** Todos ellos del siglo II.

El texto de los Evangelios **se nos ha transmitido** literalmente en lo esencial. Es cierto que no poseemos los originales. Pero lo mismo ocurre con todos los escritores de aquel tiempo[4]. Esto se debe a la fragilidad del material sobre el que entonces se escribía.

El texto sagrado se copiaba con tanto interés y se guardaba con tanto cariño, que por eso no existe ningún libro de aquel tiempo que se le pueda comparar en número y calidad de manuscritos.

Es, además, excepcional el **estado de conservación**. De los autores latinos las obras completas más antiguas que conservamos son posteriores al siglo VIII. En cambio, códices evangélicos completos, de los siglos IV al VI, se conservan setenta y ocho.

Y los Evangelios se citaban con tal frecuencia que solamente con las citas que existen en las obras de siete escritores de los siglos II al VI (**Justino, Ireneo, Clemente, Orígenes, Tertuliano, Hipólito y Eusebio**) se podrían reconstruir

[1] JUAN LEAL, S.I.: *Valor histórico de los Evangelios, IX,6.* Ed. Escelicer. Cádiz.
[2] Revista 30 DÍAS,77 (1994)60
[3] JOSÉ LUIS MARTÍN DESCALZO: *Vida y misterio de Jesús de Nazaret, 2º, VI, 2.* Ed. Sígueme.
[4] BIRNGRUBER: *Teología dogmática para seglares, 6, B.* Ed. Litúrgica Española. Barcelona

Manuscritos de los Evangelios

en toda su integridad los cuatro evangelios: se conservan de ellos 26.487 citas[1] .Por todo esto, el gran crítico inglés en literatura clásica[2] , **B.H.Streeter**, confiesa que los Evangelios (en cuanto a su autenticidad) tienen la posición más privilegiada que existe entre todas las obras de la antigüedad.

Por tanto, quien no admite lo que dicen los Evangelios, **no tiene derecho** a creer en nada de la Historia Antigua, pues las cosas que nos dicen los Evangelios nos constan con mucho más rigor que muchísimas de las cosas que admite la Historia de la Antigüedad.

«Quien dude o niegue la historicidad de los Evangelios debe, lógicamente, dudar o negar la historicidad de todo libro histórico, es decir, debe ser escéptico universal en materia de historia»[3].

Una de las cosas en que más insisten los Evangelios es en los milagros que **Cristo** hizo para probar que era Dios.

9. Nada nos dice el Evangelio sobre el **aspecto externo de Jesús**. No era costumbre en los historiadores de aquel tiempo.

El primer historiador que describe a sus personajes fue **Plutarco** en sus *Vidas paralelas,* y los Evangelios son anteriores a **Plutarco.**

Por eso los cuatro evangelistas guardaron silencio sobre su estatura, el color de sus ojos, el tono de su voz y los rasgos de sus facciones.

Sabemos que su mirada era irresistible: una mirada capaz de hacer, con sólo su fuerza, que los hombres lo abandonaran todo por seguirle. Una mirada profunda, tierna, penetrante. Una mirada llena de bondad, de un Ser que era todo bondad. De un Ser que recorrió haciendo el bien las tierras de Judea, Galilea, Samaría..., curando enfermos, consolando a los desheredados del mundo..., dándose a todos, apiadándose de todos, amando a todos... Del Ser que pronunciara las palabras más dulces que jamás tomaron forma en unos labios humanos: «*Venid a mí todos los fatigados y agobiados, y Yo os aliviaré*»[4].

Dice **F. Dostoieski:** «Creo que no existe nada más bello, más profundo, más atractivo, más viril y más perfecto que **Cristo**»[5].

En la Biblioteca Nacional de Madrid he leído un incunable en el que el cónsul romano **Léntulo** habla de cómo fue **Jesucristo**. Dice: «En nuestro tiempo apareció un tal **Jesús**, de gran fortaleza, rostro venerable, ojos serenos y abundante barba. Sus discípulos le llamaron Hijo de Dios, pues resucitó muertos y curó enfermedades»[6].

---

[1] Cristo en Casa. Curso fundamental, I, 9. Ed. Fe Católica. Madrid

[2] JOSEPH HUBY, S.I.: *El Evangelio y los Evangelios, IV,2.* Ed. PAX. San Sebastián

[3] JUAN LEAL, S.I.: *Valor histórico de los Evangelios, IX,6.* Ed. Escelicer. Cádiz.

[4] Evangelio de SAN MATEO, 11:28

[5] DOSTOIESKI: *Epistolario, I, pg. 168.*

[6] Biblioteca Nacional, Incunable nº 970

Los Evangelios nos describen a un ser excepcional, a un hombre que en sólo tres años de vida pública, en un radio de acción de escasos kilómetros, trastornó al mundo, de modo que el tiempo se divide en los siglos que le esperaron y los que siguen a su venida[1].

Cristo iluminó con su doctrina la vida del hombre con visión de eternidad, y transformó los valores del pensamiento humano.

Jesucristo ha sido el hombre más grande de la historia. Genios como **Calderón de la Barca** y **Miguel Ángel**, militares como **César** y **Napoleón**, después de su muerte, han sido admirados; pero no amados. **Jesucristo** es el único hombre que ha sido amado más allá de su tumba. A los dos mil años de su muerte, legiones de hombres y mujeres, dejando su familia paterna y su familia futura, sus riquezas y su Patria, despojándose de todo, han vivido sólo para Él.

Jesucristo ha sido amado con heroísmo. Millares y millares de mártires dieron por Él su sangre. Millares y millares de santos centraron en Él su vida.

Santos de todos los tiempos, de todas las edades, de todas las clases sociales. Unos con corona de reyes, y otros con los pies descalzos; unos con hábito de monje, y otros con cinturón de soldado; unos con chaqueta y corbata, y otros con manos encallecidas de obrero; muchachos de corazón puro, y muchachas de mirada limpia y andar recatado. Todos éstos le amaron heroicamente y alcanzaron la corona de la inmortalidad.

Jesús ha sido también el hombre más combatido de la humanidad. ¿Qué tendrá este hombre que murió hace dos mil años y hoy molesta a tantos vivos?

Jesucristo «hubiera quedado ignorado para siempre si de él no hubiera salido el cristianismo. (...)Su tentativa hubiera quedado para siempre en silencio, si no hubiera llegado a ser la Iglesia»[2].

Puede ser interesante mi vídeo: *CRISTO, el más grande*[3].

10. **Jesús** vivió la mayor parte de su vida como un obrero, ganando su sustento con el sudor de su frente y el trabajo de sus manos. Ejercía el oficio de carpintero en un taller humilde y alegre de Nazaret. De este modo dignificó y ennobleció el trabajo.

Cristo, como dice la Biblia: *«se hizo igual al hombre en todo menos en el pecado»*[4]. Cuando **San Pablo** dice que **Cristo** *«se hizo pecado por nosotros»*[5] se refiere a que tomó sobre sí la pena debida por nuestros pecados; pero no la culpa, lo cual sería incompatible con la infinita Bondad de Dios.

Recientemente ha circulado la blasfemia de que **Jesucristo** tuvo relaciones sexuales con la **Magdalena**. Incluso homosexuales con **San Juan.** Esta monstruosidad sólo se le puede ocurrir a maníacos sexuales que no conciben el amor de amistad, sin sexo. Es inconcebible que haya mentes tan perversas.

---

[1] Cristo en Casa. Curso fundamental, II. Ed. Fe Católica. Madrid

[2] PIERRE GRELOT: *Introducción a los libros sagrados, 3ª, XIII, 1, a.* Ed. Stella. Buenos Aires.

[3] Pedidos al autor: Apartado 2546. 11080-Cádiz. Tel.: (956) 222 838. FAX: (956) 229 450

[4] Carta a los Hebreos, **4**:15

[5] SAN PABLO: Segunda Carta a los Corintios, **5**:21

La vida y doctrina de **Jesucristo** son para nosotros un ejemplo de lo que tenemos que hacer para alcanzar el Reino de los Cielos, es decir, para salvarnos. Él nos enseña el camino del cielo.

Cuando **Jesucristo** tenía unos treinta años comenzó a predicar su doctrina. Sanó milagrosamente a muchísimos enfermos y remedió a necesitados. Su vida pública puede resumirse en estas palabras de **San Pedro**: «*Pasó haciendo el bien*»[1].

Por eso muchos le seguían como discípulos. De entre ellos eligió doce para formarlos especialmente y para que, al faltar Él, continuaran su obra.

Pero la clase dirigente judía no podía tolerar que un desconocido, no educado con ellos, les desplazara del favor popular. Creció la envidia y con ella el odio. Se cegaron hasta no ver las cosas más claras. «Este hombre -decían- hace muchos milagros y todos se van con él». Lo lógico hubiera sido que, ya que reconocían los milagros, se rindieran ante ese testimonio de Dios, y le siguieran. Pero no: se obcecaron y no pararon hasta que lo prendieron y lo entregaron a la autoridad romana, arrancándole la sentencia de muerte en cruz, que es la muerte más afrentosa que entonces se conocía.

Hoy hay un acercamiento de los judíos a la persona de **Jesús.** Se han escrito varios libros de judíos en este sentido. Uno de los más conocidos es el de **Joseph Klausmer** titulado: *Jesús von Nazaret*, publicado en Jerusalén.

Actualmente hay trescientas cincuenta comunidades de judíos, principalmente en Estados Unidos e Israel, que creen que **Jesús** es el Mesías prometido por Dios a Israel. Se llaman «judíos mesiánicos»[2]. En Estados Unidos se ven jóvenes con camisetas en las que se lee: *Jews for Jesus,* «los judíos por **Jesús**».

Recientemente han pasado al catolicismo del judaísmo personas eminentes, como el historiador **Ludovico Pastor,** el gran rabino de Roma **Eugenio Zolli**[3] y la filósofa alemana **Edith Stein** (1891-1942), mujer polifacética, que fue judía, atea, cristiana, carmelita, mártir y santa. Se convirtió al catolicismo a los 30 años de edad, en 1922, se hizo carmelita a los 40, en 1934, en Colonia, y murió en la cámara de gas del campo de Auschwitz, el 9 de agosto de 1942, durante la Segunda Guerra Mundial[4]. Ha sido canonizada por **Juan Pablo II,** el 11 de octubre de 1998, y es la primera santa de origen judío que la Iglesia Católica sube a los altares. Nació en Breslau, el 12 de octubre de 1891, y estudió filosofía con **Edmundo Husserl,** del que fue discípula predilecta. La lectura de **Santa Teresa** la llevó primero al catolicismo y después a las Carmelitas Descalzas[5].

En Medina Sidonia (Cádiz) está enterrada **Simi Cohen**, hija de padres judíos, residentes en Gibraltar, que huyó de su hogar paterno, a los dieciséis años, para

---

[1] Hechos de los Apóstoles, **1** 0:38

[2] ZENIT: Boletín informativo del Vaticano en INTERNET: ZS98111002

[3] Revista 30 DÍAS, 42(1991)pg.62.

[4] ANDRE LEONARD: *Razones para creer, IX, 18.* Ed. Herder. Barcelona. 1990.

[5] ABC de Madrid del 23-V-97. Pg. 75

hacerse católica. Llegó a Medina Sidonia donde se consagró a Dios tomando los hábitos de las Agustinas Recoletas. Allí llevó una vida santa muriendo en 1887 a los 85 años. Va camino de los altares. Se ha introducido su causa de beatificación[1]

Hermann Cohen, judío prusiano, educado en el seno de una familia de banqueros de Hamburgo, músico famoso, discípulo predilecto de **Liszt,** se convirtió al catolicismo ya adulto, ingresó en los Carmelitas Descalzos, y fundó la Adoración Nocturna[2].

Recientemente se ha convertido al catolicismo la artista de cine, de origen judío, **Nadiuska**[3]

Recientemente también se ha convertido al catolicismo el célebre **Dr. Bernard Nathanson,** que era judío y ateo. Después de ser un gran abortista, se hizo anti-abortista y se convirtió al catolicismo recibiendo el bautismo el 9 de Diciembre de 1996 de manos del Cardenal **O'Connor** de Nueva York. Escribió su conversión en el libro *La mano de Dios*[4] .

Fue muy notable la conversión del también judío **André Frossard**, comunista e hijo de comunista. Fue hijo del Primer Secretario General del Partido Comunista Francés que entró ateo en una iglesia y salió católico. Así lo cuenta él en su libro: *Dios existe, yo me lo encontré,* un éxito mundial.

«**Karl Herzfeld,** físico eminente, abrazó la fe católica a partir del judaísmo, y la vivió hasta su muerte con sinceridad y profundidad»[5].

Los medios de información han hablado de la conversión de **Bob Dylan,** famoso cantautor norteamericano, de origen judío, que en el concierto ante el Papa **Juan Pablo II,** en Bolonia, en Septiembre de 1997, con ocasión de la clausura del Congreso Eucarístico Nacional italiano, tuvo que interrumpir su intervención estallando en lágrimas[6] .

11. Los evangelistas escriben desde su fe en que **Jesús** es Hijo de Dios. Así lo afirma **Marcos** al principio de su Evangelio[7], y **San Juan** al final del suyo[8].

La expresión «Hijo de Dios» no siempre supone divinidad, según el uso de esta expresión entre los judíos. Pero el Profesor de la Universidad Gregoriana de Roma, **José Caba, S.I.**, demuestra, en uno de sus libros, cómo en algunos pasajes de los Evangelios se expresa claramente la divinidad de Cristo[9].

Jesucristo se presenta como Dios[10]. Ningún otro fundador de religiones ha tenido tal osadía. **Buda** (siglo VI antes de Cristo), **Zarathustra (Zoroastro)** (siglo VI antes de Cristo), **Lao-Tse** (VI antes de Cristo), **Confucio** (siglo V antes

[1] DIARIO DE CÁDIZ, 24-XI-95, pg. E2

[2] Revista ROCA VIVA, 280(VII-91)323

[3] Diario EL CORREO ESPAÑOL-EL PUEBLO VASCO del 4-VIII-1986. Pg. 8

[4] Revista ECCLESIA, nº 2828 (15-II-97) Pg. 19

[5] MANUEL CARREIRA, S.I.: *El creyente ante la Ciencia, I.* Ed. BAC. Madrid. 1982.

[6] Boletín informativo del Vaticano en INTERNET del 29-IX-97 (ZE970929)

[7] Evangelio de SAN MARCOS, **1**:1.

[8] Evangelio de SAN JUAN, **20**:31.

[9] JOSÉ CABA, S.I.: *El Jesús de los Evangelios*, *IV, VII, X.* Ed. BAC. Madrid, 1977.

[10] Evangelio de SAN JUAN, **5**:18; **10**:32s.

de Cristo), **o Mahoma** (siglo VI después de Cristo)[1] presentaron una religión más o menos moralizante, pero ninguno de ellos pretendió ser Dios[2]. **Buda** fue bueno y misericordioso con los hombres, (...) pero jamás se dio por Hijo del Eterno. (...) Fue un filósofo, (...) nada más»[3].

Jesucristo dijo que Él era Dios.

Si esto no fuera verdad, hubiera sido una locura. Proclamarse Dios en Roma o en Grecia, que eran politeístas, no hubiera sido problema. Un dios más en el Panteón no tenía importancia. Pero proclamarse Dios ante los judíos, que eran monoteístas, era una locura. Al hacerlo ante Caifás le costó la vida por blasfemo.

Repetidas veces se presentaba a sí mismo como Dios: *«Yo no soy de este mundo»*[4]; *«Yo existía antes que el mundo existiese»*[5]; *«Quien me ve a Mí, ve al Padre*[6]; *«El Padre y Yo somos una misma cosa»*[7]. Es como decir: «los dos somos de la misma naturaleza. Yo soy Dios como el Padre».

En el Credo rezamos: «Sentado a la derecha del Padre», es decir, con el mismo poder del Padre.

Los textos en que **Jesucristo** muestra su inferioridad respecto al Padre, son siempre refiriéndose a su naturaleza humana.

Como **Cristo** tenía dos naturalezas, de Dios y de hombre, los textos del Evangelio unas veces se refieren a **Jesucristo** como Dios, y otras a **Jesucristo** como hombre. Que **Jesucristo** fue verdadero hombre es clarísimo: pasaba hambre y por eso se acercaba a la higuera a ver si tenía higos[8]; pasaba sed y le pedía a la samaritana que le diera agua del pozo[9]; se cansaba y se quedaba dormido en la barca[10], etc. etc.

Jesucristo también tenía naturaleza divina como se deduce de multitud de textos. Repetidas veces se llama Hijo de Dios[11].

Pero esta filiación divina de **Jesucristo** es de distinta manera que la del resto de los hombres. Por eso hace esta distinción: *«Mi Padre y vuestro Padre»*[12]. Mientras los hombres somos hijos adoptivos[13], **Jesucristo** es Hijo natural, es decir, de la misma naturaleza del Padre: tiene la misma naturaleza divina.

---

[1] JUAN MANUEL IGARTUA, S.I.: *El Mesías: Jesús de Nazaret, III.* Ed. Mensajero. Bilbao, 1986

[2] JOSÉ Mª CIURANA: *La verdad del cristianismo, III, B.* Ed. Bosch. Barcelona, 1980.

[3] PINARD DE LA BOULLAYE, S.I.: *La persona de Jesús, VI, 1.* Ed. Razón y Fe. Madrid.

[4] Evangelio de SAN JUAN, **8**:23.

[5] Evangelio de SAN JUAN, **17**:5; **8**:58.

[6] Evangelio de SAN JUAN, **12**:45; **14**:9.

[7] Evangelio de SAN JUAN, **10**:30; **5**:18.

[8] Evangelio de SAN MARCOS, **11**:12s.

[9] Evangelio de SAN JUAN, **4**:6ss.

[10] Evangelio de SAN MATEO, **8**:24.

[11] Evangelio de SAN LUCAS, **1**:35; Evangelio de SAN JUAN, **1**:34; **20**:31, Primera Carta de SAN JUAN, **4**:15, etc.

[12] Evangelio de SAN JUAN, **20**:17.

[13] SAN PABLO: Carta a los Gálatas, **4**:5.

Los hijos siempre tienen la misma naturaleza que sus padres: el hijo de un pez es pez, el hijo de un pájaro es pájaro, el hijo de un hombre es hombre, el hijo de Dios es Dios.

Nosotros somos hijos por adopción[1]. **Jesucristo** lo es por generación. Por eso se llama «*Hijo Unigénito*»[2]. Dice **San Pablo** que «*Cristo siendo de naturaleza divina no alardeó de su dignidad, sino que prescindiendo de su categoría de Dios tomó naturaleza de hombre*»[3]. Y añade **San Pablo** que «*Jesucristo no consideró usurpación el ser igual a Dios*»[4], pues ya lo era por naturaleza. Por eso, al hacerse también semejante a los hombres, «*se anonadó a sí mismo*»[5], es decir, se rebajó al asumir la naturaleza de hombre siendo Dios como era.

Jesucristo se llamaba a sí mismo **El Hijo del Hombre**. Así aparece ochenta y dos veces en los Evangelios; y siempre en boca de **Jesús**. Es una alusión al nombre que el profeta **Daniel** daba al Mesías[6].

Los discípulos le llamaban «Señor» (*Kyrios*). Era una referencia a **Yahvé**, el Dios de Israel, inspirados en el salmo 110 que llamaba así al Mesías[7].

12. El Apóstol **Santo Tomás** llamó a **Jesús**: «*Señor mío y Dios mío*»[8]. **Jesús** no le hizo rectificar como si aquello fuera una exageración.

El Concilio II de Constantinopla declara autorizadamente que **Cristo** ha sido llamado Dios en este pasaje[9].

San Pablo afirma repetidas veces que **Cristo** es Dios: dice que es «*de condición divina*»[10]; que «*en Él reside toda la plenitud de la divinidad*»[11]; le llama «*Dios bendito*»[12] y «*gran Dios*»[13]. **San Pablo** transmite la creencia de la primera comunidad cristiana. De lo contrario los otros Apóstoles hubieran protestado[14]. Por el contrario, todos decían lo mismo.

San Pedro lo llama Dios[15] antes de recibir las llaves del Reino de los Cielos[16] y al principio de su Segunda Carta llama a **Jesús**, Dios y Salvador.

---

[1] SAN PABLO: Carta a los Romanos, **8**:14s; **9**:4.

[2] Evangelio de SAN JUAN, **1**:14,18; **3**:16.

[3] Biblia de Jerusalén, Filipenses, **2**:6ss.

[4] SAN PABLO: Carta a los Filipenses, **2**:6.

[5] SAN PABLO: Carta a los Filipenses, **2**:7.

[6] BALDOMERO JIMÉNEZ DUQUE: *Dios y el hombre, III.* Ed.Fundación Universitaria Española.

[7] MIGUEL PEINADO: *Exposición de la fe cristiana, 3ª, VII, 97.* Ed. Bac. Madrid

[8] Evangelio de SAN JUAN, **20**:28.

[9] DENZINGER: *Magisterio de la Iglesia, nº224.* Ed. Herder. Barcelona. JUSTO COLLANTES, S.I: *La fe de la Iglesia católica, nº307.* Ed. BAC. Madrid, 1983.

[10] SAN PABLO: Carta a los Filipenses, **2**:6.

[11] SAN PABLO: Carta a los Colosenses, **2**:9.

[12] SAN PABLO: Carta a los Romanos, **9**:5.

[13] SAN PABLO: Carta a Tito, **2**:13.

[14] JUAN LÓPEZ PEDRAZ,S.I.:*Cuando se está perdiendo la fe, 1º,IV,c,2,3.*Ed.Sal Terrae.Santand.

[15] JUAN MANUEL IGARTUA, S.I.: *El Mesías, 3º, II, 2.* Ed. Mensajero. Bilbao, 1988.

[16] Evangelio de SAN MATEO, **16**:16.

San Juan dice que Cristo es «*Hijo Único de Dios*»[1], «*verdadero Dios*»[2].

San Pablo afirmaba: «*Tanto ellos como yo, esto es lo que predicamos*»[3].

Si los Apóstoles no hubieran creído que **Cristo** es Dios no hubieran dado la vida por Él, pues nadie da la vida por lo que sabe que es mentira.

Los Testigos de Jehová niegan la divinidad de **Cristo,** y para ello han hecho una traducción de la Biblia que llaman del *Nuevo Mundo,* donde introducen palabras que no están en el texto original y que cambian el sentido de las frases en que se habla de la divinidad de **Cristo**.

Esta introducción de palabras que cambian el sentido del texto original es un auténtico fraude.

Esta Biblia de los Testigos **de Jehová** es una Biblia falsaria (ver nº **6**,9).

13. Los judíos entendieron que **Jesús** se tenía por Dios, por eso querían quitarle la vida, por hacerse «igual a Dios»[4].«*Te apedreamos por blasfemo, porque siendo hombre te haces Dios*»[5]. «*Debe morir porque se hace Hijo de Dios*»[6].

El pueblo judío era monoteísta y no concebía otro Dios que Yahvé. **Cristo** afirmaba claramente su divinidad. Por eso le llamaban blasfemo[7].

También a **Caifás** le sonó a blasfemia la respuesta de **Jesús** en el Sanedrín afirmando que Él era Hijo de Dios.

Y por blasfemo lo condenaron a muerte[8].

Si **Cristo** se hubiera llamado Hijo de Dios del mismo modo que Dios era Padre del resto de los hombres, aquello no tendría por qué haber sonado a blasfemia. Pero **Cristo** se identificaba con el Padre[9], pues tenía su misma naturaleza de Dios.

Todos los textos que los **Testigos de Jehová** citan para quitar a los católicos la fe en Cristo-Dios, se refieren a Cristo-Hombre.

Ignorar los textos en que se afirma la divinidad de **Cristo** es no conocer la Biblia; o querer engañar, que es peor.

Los **Testigos de Jehová** no tienen derecho a llamarse cristianos, pues no creen que **Cristo** sea Dios.

Por eso son excluidos del Consejo Mundial de las Iglesias Cristianas[10].

Dice **San Juan**: «*Todo el que niega al Hijo tampoco posee al Padre. Quien*

---

[1] Primera Carta de SAN JUAN, **4**:9.

[2] Primera Carta de SAN JUAN, **5**:20.

[3] SAN PABLO: Primera Carta a los Corintios, **15**:11.

[4] Evangelio de SAN JUAN, **5**:18; **19**:7.

[5] Evangelio de SAN JUAN, **10**:33.

[6] Evangelio de SAN JUAN, **19**:7.

[7] Evangelio de SAN JUAN, **10**:33.

[8] Evangelio de SAN MATEO, **26**:63-66. Evangelio de SAN MARCOS, **14**:61-64.

[9] Evangelio de SAN JUAN, **14**:9.

[10] Conseil Oecumenique des Eglises. Rapport de la Troisieme Assamblèe, pg.391. Neuchâtel.

confiesa al Hijo posee también al Padre»[1].

El **P. Giuseppe De Rosa, S.I.** ha publicado en la revista *«Civiltà Cattolica»* de los jesuitas de Roma un artículo titulado «Los Testigos de Jehová no son cristianos», pues niegan la Trinidad y la divinidad de **Cristo**[2].

Jesús estaba convencido de ser Hijo de Dios en un sentido especial, único. **Jesucristo** llama a Dios su Padre de un modo familiar. Utilizaba la palabra *abbá* que equivale a «papá».

El investigador alemán **Joaquín Jeremías,** «uno de los mayores expertos del siglo XX en el *Jesús de la historia*» [3] en su opúsculo *La oración del Señor* y en su libro *El mensaje esencial del Nuevo Testamento* da mucha importancia al término *abbá*. Dice que «hasta hoy nadie ha podido aducir un solo caso dentro del judaísmo palestinense en que Dios sea invocado como "mi padre" por un individuo.

»Para la mentalidad judía hubiera sonado a irreverencia. Lo que hacía inimaginable el llamar a Dios con ese término coloquial.

»Es algo nuevo, excepcional, de lo que nunca se había tenido siquiera una sospecha.

»Nos hallamos frente a algo nuevo e inaudito, que rompe los moldes del judaísmo»[4].

Urs von Balthasar dice que la palabra *abbá* (papaíto, papi) es cariñosa y exclusiva: «es impensable que **Jesús** hubiera dado este tratamiento primero a otro hombre llamado **José**»[5].

Cristo es Hijo de Dios en un sentido real. No figurado: hombre santo, pero no de naturaleza divina.

Por eso escribe **San Agustín**: «A quienes dicen que **Jesucristo** es Hijo de Dios en cuanto que es un hombre tan santo que merece ser llamado Hijo de Dios, a estos tales los expulsa de nuestra comunidad la institución católica»[6]

Algunos quieren rebajar la divinidad de **Cristo**.

Para ellos **Jesús** sería un hombre «divinizado» en el sentido afectivo, no efectivo.

Por eso en lugar de hablar de la divinidad «de» **Cristo**, prefieren hablar de la presencia de la divinidad «en» **Cristo.**

Como si **Cristo** no fuera verdadero Dios, sino tan sólo un hombre en el que Dios resplandeció de modo excepcional. Pero si leemos el Evangelio sin prejuicios como dice **Greeley**, está claro que **Cristo** se siente unido al Padre de un modo excepcional y único: *«Quien me ve a Mí ve al Padre»*, pone **San Juan** en boca

[1] Primera Carta de SAN JUAN, **2**:22.

[2] ZENIT, Boletín informativo del Vaticano en INTERNET: ZS99073007

[3] JOHN P. MEIER: *Un judío marginal, I,2.* Ed. Verbo Divino.Estella (Navarra). 1998.

[4] GREELEY: *El mito de Jesús, V.* Ed. Cristiandad. Madrid, 1973.

[5] HANS URS von BALTHASAR: *Puntos Centrales de la Fe, 2ª, XII, 2.* Ed. BAC. Madrid.1985

[6] SAN AGUSTÍN: *De agone christiano, 17, 19.* MIGNE: *Patrología Latina, 40, 300.*

de **Jesús**[1].

Es más, **Jesús** se siente con autoridad para cambiar el Antiguo Testamento. Los Profetas de la Antigüedad apoyaban sus palabras en al autoridad de Dios. Decían: «Así habla el Señor».

Jesús habla en nombre propio, y se atreve a corregir la ley mosaica, por considerarse superior a ella. Habla por derecho propio. «*Se dijo a los antiguos, pero Yo os digo*»[2]

Lo mismo, cuando perdonó los pecados al paralítico de Cafarnaún dio a entender su divinidad, atribuyéndose un poder divino, pues sólo Dios puede perdonar pecados en nombre propio[3].

Jesús habló con la suficiente claridad para que pudiéramos descubrir su divinidad, pero de un modo velado para no escandalizar a aquel pueblo, esencialmente monoteísta, que no podía aceptar a otro Dios que a Yahvé.

Por eso **Jesús** descubrió su divinidad paulatinamente[4] . Afirmarla de golpe hubiera provocado escándalo.

Sólo al final de su vida desvela el misterio de su personalidad divina. **Jesús** respondió a **Caifás** que le preguntaba por su divinidad: «*Tú lo has dicho*», que es un modo de hablar, que significa: «Así es como tú dices»[5].

Para ser cristiano es necesario creer que **Jesucristo** es el Hijo de Dios[6].

14. **Jesucristo** demostró con sus milagros que lo que decía era verdad: porque sólo con el poder de Dios se pueden hacer milagros[7].

El milagro supera las leyes de la Naturaleza, y esto sólo puede hacerse con el poder de Dios[8] .

Jesucristo había dicho muchas veces: «*Si no creéis en mis palabras, creed en mis obras*»[9] ; «*Mis obras dan testimonio de Mí*»[10] ; «*Si no hubiera hecho entre ellos obras tales, cuales ningún otro ha hecho, no tendrían culpa*»[11] .

Jesucristo aludía a los milagros que hacía para que creyésemos en Él[12] .

Jesucristo hacía los milagros en nombre propio. Le dice al viento: *Yo te lo*

---

[1] Evangelio de SAN JUAN, **1 4**:9.

[2] Evangelio de SAN MATEO, **5**:21s.

[3] Evangelio de SAN MARCOS, **2**:1-12

[4] JESÚS MARTÍNEZ GARCÍA: *Hablemos de la fe, i, 7.* Ed. Rialp. Madrid. 1992.

[5] JOSÉ LUIS MARTÍN DESCALZO: *Vida y misterio de Jesús de Nazaret, 1º, XVIII, 5, K.* Ed. Sígueme. Salamanca.

[6] Primera Carta de SAN JUAN, **2**:23.

[7] Evangelio de SAN JUAN, **3**:2; **5**:36; **9**:16; **1 0**:25, 37s.

[8] RONALD KNOX: *El torrente oculto, XI.* Ed. Rialp. Madrid.

[9] Evangelio de SAN JUAN, **1 0**:36ss

[10] Evangelio de SAN JUAN, **1 0**:25

[11] Evangelio de SAN JUAN, **1 5**:24

[12] Evangelio de SAN JUAN, **5**:36

digo, párate; y el viento se para. Y al mar: *Yo te lo digo, cálmate;* y el mar se calma. Y al paralítico: *Yo te lo digo, levántate*; y el paralítico se levanta[1].

Jesucristo hacía siempre los milagros en nombre propio: *Yo te lo digo.*

En cambio **San Pedro** los hacía en nombre de **Jesucristo**[2].

15. **El milagro** es una obra, un hecho visible y perceptible por los sentidos, que supera las fuerzas de la Naturaleza[3]; y que se hace por Dios, bien directamente, bien por medio de los ángeles o de los hombres.

Dios hace milagros siempre con un fin bueno: como un signo de salvación[4].

«**San Juan** al referirnos los milagros de **Jesús** los llama "signos"»[5].

El milagro es el sello de Dios.

Todo lo que lleva el sello del milagro es verdad, porque Dios no puede respaldar con su autoridad una mentira.

La fuerza del milagro está en que Dios es el único que puede cambiar las leyes de la Naturaleza, (pues las ha puesto Él y pudo haber puesto otras) y en que Él es la Suma Verdad.

Por lo tanto el milagro realizado para confirmar una afirmación de labios humanos, es una aprobación de Dios a la afirmación del hombre; y Dios no puede aprobar el error ni la mentira.

Aunque el autor del verdadero milagro siempre es Dios, Dios puede conceder ese poder a los hombres[6].

Los milagros ayudan la fe, pero no la fuerzan, pues el acto de fe debe ser libre. Si no, no sería meritorio.

La fe trasciende las razones, pero es razonable. Si la fe no fuera razonable los creyentes seríamos estúpidos (ver nº **3**,8).

No son milagros los hechos extraordinarios que provienen de ciertas habilidades de los hombres o de intervenciones del demonio.

No es lo mismo milagro que prodigio.

Un prodigio puede ser obra de un prestidigitador o un fenómeno parapsicológico.

Un prestidigitador que se saca palomas de la manga, o un radiestesista encontrando manantiales de agua no tienen nada de milagroso.

Se trata de trucos, habilidades, cualidades excepcionales.

Pero nada de esto supera las leyes de la Naturaleza.

El milagro es un rompimiento de las leyes de la Naturaleza: si tiro un ladrillo por la ventana, cae, no sube; si pongo agua al fuego, se evapora, no se hace hielo.

---

[1] Evangelio de SAN MARCOS, **2**:11

[2] Hechos de los Apóstoles, **3**:6; **9**:34

[3] ANTONIO ROYO MARÍN, O.P.: *Dios y su obra, 3º,2ª, III, 2, nº 565.* Ed. BAC. Madrid

[4] JOSÉ ANTONIO SAYÉS: *Cristología fundamental, V, 4, 4, c.* Ed. C.E.T.E. Madrid

[5] MIGUEL PEINADO: *Exposición de la fe cristiana, 3ª II, 42.* Ed. BAC. Madrid. 1975

[6] SANTO TOMÁS: *Suma Teológica, III, q.9, a.43.*

El milagro se realiza en un contexto religioso[1].

Dios puede cambiar las leyes de la Naturaleza, que son obra suya[2]. Pero Dios no puede hacer un círculo cuadrado, pues esto es absurdo, y Dios no hace absurdos[3].

Hay fenómenos que todavía **no conocemos bien**, como la radiestesia, la telepatía, la telergia, la telequinesia, la precognición, etc.

«Aunque hay un constante rechazo por la práctica totalidad del mundo científico de todas las afirmaciones de la Parapsicología acerca de la capacidad de influir en la materia por medios subjetivos; tanto en la predicción de resultados aleatorios como en la telequinesia»[4].

Pero el milagro es algo que sabemos supera las fuerzas de la Naturaleza: como resucitar a un muerto de cuatro días que ya está en estado de putrefacción.

Quizás no sepamos hasta dónde puedan llegar, en algunos casos, las leyes de la Naturaleza[5].

Pero hay cosas que ciertamente comprendemos que la Naturaleza no puede hacer[6]: un hombre tan alto que toque la Luna con su mano, obtener oro uniendo hidrógeno y oxígeno, o sacar rosas sembrando un grano de trigo.

Hay cosas que superan evidentemente las posibilidades de los hombres, como dijo **Rabindranath Tagore,** Premio Nobel de Literatura: «Tú puedes apagar de un soplo una vela; pero es imposible apagar el Sol a fuerza de soplidos»[7].

Un cerdo, por mucho que se le entrene, nunca podrá competir con un caballo de carreras; a lo más llegará a ser un cerdo veloz.

«Hoy la ciencia médica obtiene curaciones estupendas, pero valiéndose de medios adecuados, con frecuencia complicados y largos.

»En esto no hay prodigio, sino técnica y uso inteligente de medios proporcionados al fin.

»Pero si un hombre cura a un ciego, o aun leproso, con una simple palabra entonces la ciencia y la razón quedan eliminadas, y es preciso buscar la causa del hecho fuera de las leyes y los medios naturales»[8].

16. Algunas personas **se resisten** a creer en los milagros de **Jesucristo**. Niegan el milagro porque dicen que eso es imposible. Pero esta negación no tiene

---

[1] XAVIER LEON-DUFOUR: *Los milagros de Jesús, pg. 343.* Ed. Cristiandad. Madrid, 1979.

[2] RONALD KNOX: *El torrente oculto, XI.* Ed. Rialp. Madrid.

[3] ANTONIO ROYO MARÍN, O.P.: *Dios y su obra, 3º, 2ª, III, nº 570.* Ed. BAC. Madrid.

[4] MANUEL Mª. CARREIRA, S.I.: *Metafísica de la materia, IX.* Universidad de Comillas. Madrid. 1993.

[5] JESÚS Mª GRANERO, S.I.: *Credo - Jesucristo, II.* Ed. Escelicer. Cádiz. 1943.

[6] JOSÉ ANTONIO SAYÉS: *Cristología fundamental, V, 3, 4.* Ed. C.E.T.E. Madrid, 1985.

[7] JESÚS MARÍA GRANERO, S.I.: *Credo, 1º, VI.* Ed. Escelicer. Cádiz.

[8] PARENTE: *De Dios al hombre, III, 6.* Ed. Atenas. Madrid.

32,15

valor ninguno.

Si se prueba que son hechos reales, hay que darles alguna explicación.

Las curaciones de las enfermedades quieren atribuirlas a procedimientos ocultos y desconocidos; y cuando esto les resulta demasiado absurdo, entonces se limitan a negar tranquilamente el hecho. Este procedimiento es muy cómodo, pero resulta poco científico.

Hay tres clases de imposibilidad:

a) La imposibilidad metafísica o absoluta como es el absurdo: ser y no ser al mismo tiempo.

Por ejemplo, un círculo cuadrado.

Esto es absurdo porque no puede ser al mismo tiempo círculo y cuadrado. Sería una contradicción, un absurdo.

Esto no la hace ni Dios, porque Dios no hace absurdos.

b) La imposibilidad física o natural: la que va contra las leyes de la naturaleza.

Esto es imposible para el hombre, pero no para Dios que es el autor de la leyes de la naturaleza, y por lo tanto puede cambiarlas.

Quizás no sepamos hasta dónde pueden llegar las leyes de la naturaleza. Para una persona del siglo XVI hubiera sido impensable la radio y la televisión.

Pero sí podemos saber hasta dónde no pueden llegar las leyes de la naturaleza: un hombre tan alto que con los pies en el suelo toque la Luna con su mano; o resucitar, de una voz, un muerto en estado de putrefacción.

c) Finalmente está la imposibilidad moral u ordinaria: lo que no va contra ninguna ley de la naturaleza, pero que no suele suceder.

Va contra el sentido común.

Por ejemplo, que tirando al suelo un millón de letras de un cubo, salga un libro.

La fuerza de los milagros de **Jesucristo** es que superan la imposibilidad física, y esto sólo se puede hacer con el poder de Dios.

«La teología de la secularización ha querido eliminar el aspecto apologético del milagro.

Bultmann denomina"mito" a toda intervención de Dios en el mundo»[1]

Sin embargo, la fuerza de **Jesucristo** está en que confirmó su doctrina con milagros que nos consta se realizaron por la historicidad de los Evangelios, y que por exceder a todo poder humano son una confirmación divina.

«Una vez admitida la actividad taumatúrgica como un dato indudable de la vida de **Cristo**, no hay fundamento para hacer una selección entre los milagros de los Evangelios, admitiendo unos como históricos y rechazando otros como legendarios...

[1] JOSÉ ANTONIO SAYÉS: *Compendio de Teología fundamental, 2ª, III.* Ed. EDICEP. Valencia. 1998

»De la historicidad de los milagros, no puede dudarse»[1].

La mejor fuente histórica es lo que dijeron del hecho del contemporáneos que lo vieron o lo oyeron de quienes fueron testigos.

Pues bien, los milagros de **Jesucristo** nos los refieren quienes los vieron con sus propios ojos y murieron por defender la verdad de lo que decían.

Dice **San Juan**: «*Lo que mis ojos vieron y oyeron mis oídos, de esto doy testimonio*»[2].

Hasta los mismos enemigos de **Jesús** no podían negar los hechos milagrosos que **Jesús** hacía, y por eso los atribuían a Satanás[3].

Incluso deciden matarlo porque: *«Este hombre hace muchos milagros. Si lo dejamos, todos creerán en él»*[4].

Y el mismo **San Pedro** en su discurso de Jerusalén, el día de Pentecostés, dijo: *«Israelitas, escuchadme: Dios acreditó entre vosotros a Jesús el Nazareno con los milagros que hizo»*[5].

«En los Evangelios se describen detalladamente más de cuarenta milagros operados personalmente por **Jesús**»[6].

Dice **Ricciotti** que la historicidad de los Evangelios, los milagros de **Cristo** y su divinidad son los tres eslabones de nuestra fe en **Cristo**[7].

«**San Juan** designa a los milagros de **Jesús** con el término de "signo"»[8].

17. La *Carta a los Hebreos* define la fe como «la garantía de lo que esperamos y la seguridad de lo que no se ve»[9].

«Fe es la aceptación de la palabra de una persona fidedigna. Creer lo que no se ve porque nos lo asegura otro que lo lo ve o que lo sabe»[10].

La fe personal en **Jesucristo** es la aceptación de su propio testimonio hasta la adhesión y la entrega total a su divina Persona[11].

No es la mera aceptación de que Él existe y vive entre nosotros tan realmente como cuando vivió en Palestina; ni tampoco una adhesión de sólo el entendimiento a las verdades que el Evangelio nos propone, según la autorizada interpretación del Magisterio de la Iglesia.

Es algo mucho más existencial y totalizante.

---

[1] MANUEL GONZÁLEZ GIL, S.I.: *Cristo, misterio de Dios, 2º, XI, 3, C.* Ed. BAC. Madrid, 1976.

[2] Evangelio de SAN JUAN, **3**:11; Primera Carta de SAN JUAN, **1**:1s

[3] Evangelio de SAN MARCOS, **3**:22

[4] Evangelio de SAN JUAN, **11**:47s

[5] Hechos de los Apóstoles, **2**:22

[6] EUSTAQUIO GUERRERO, S.I.: *Jesucristo, la mejor prueba de la fe católica, VII, 1.* Ed. Mensajero

[7] RICCIOTTI: *Vida de Jesucristo, nº 194.* Ed. Miracle. Barcelona. 1978.

[8] JOSÉ ANTONIO SAYÉS: *Compendio de Teología Fundamental, 2ª, III, 3, 1.* Ed. EDICEP. 1998.

[9] Carta a los Hebreos, **11**:1

[10] FELIPE CALLE, O.S.A.: *Razona tu fe, III.* Ed. Religión y Cultura. Madrid

[11] **Nuevo Catecismo de la Iglesia Católica nº 176**

Dice el Concilio Vaticano I: «La Iglesia Católica enseña infaliblemente que la fe es esencialmente un asentimiento sobrenatural del entendimiento a las verdades reveladas por Dios»[1].

Pero la fe no sólo es aceptar una verdad con el entendimiento, sino también con el corazón.

Es el compromiso de nuestra propia persona con la persona de **Cristo** en una relación de intimidad que lleva consigo exigencias a las que jamás ideología alguna será capaz de llevar. Para que se dé fe auténtica y madura hay que pasar del frío concepto al calor de la amistad y del decidido compromiso.

Por eso una fe así en **Jesucristo** es la que da fuerza y eficacia a una vida cristiana plenamente renovada, como la que quiere promover el Concilio Vaticano II.

Lo esencial de la fe es aceptar una verdad por la autoridad de Dios que la ha revelado.

El que para creer que **Jesucristo** está en la eucaristía exige una demostración científica, no tiene fe en la eucaristía.

Lo único que sí es razonable es buscar las garantías que nos lleven a aceptar que realmente esa verdad ha sido revelada por Dios.

Ésos son los motivos de credibilidad[2].

Entre éstos está la definición infalible de la Iglesia que me confirma que una verdad determinada está realmente revelada por Dios[3].

«Cuando la Iglesia, ya sea por definición dogmática, ya sea por su Magisterio ordinario y universal, propone a los fieles alguna verdad para ser creída como revelada por Dios, no puede fallar en virtud de la asistencia especial del Espíritu Santo que no puede permitir que la Iglesia entera yerre en alguna doctrina relativa a la fe o las costumbres»[4].

«Creer no consiste tan sólo en asentir a un texto muerto; consiste en someterse a un ser vivo»[5].

«La fe no es sólo la aceptación de unas fórmulas sino también la adhesión personal a **Cristo**»[6]. La fe, más que creer en algo que no vemos es creer en alguien que nos ha hablado[7].

Más que «un acto intelectual es una actitud, un comportamiento vital que implica toda la persona. La fe es, ante todo, adhesión a la persona que revela, seguridad en la fidelidad y lealtad de Dios que nos habla»[8].

La fe no es sólo aceptar unos conceptos sino, sobre todo, vivir fielmente según unos principios. No es sólo: «acepto...», sino : «me fío de ti...».

---

[1] DENZINGER: *Magisterio de la Iglesia, nº 1789.* Ed. Herder. Barcelona

[2] ANTONIO ROYO MARÍN,O.P.: *La fe de la Iglesia, 1ª, III, 26.* Ed. BAC. Madrid. 1996

[3] ANTONIO ROYO MARÍN, O.P.: *La fe de la Iglesia, 1ª, III, 3.* Ed. BAC. Madrid. 1996

[4] ANTONIO ROYO MARÍN,O.P.: *La fe de la Iglesia, 1ª, IV, 1.* Ed. BAC. Madrid. 1996

[5] RAÚL PLUS, S.I.: *Irradiar a Cristo, 2º, I.* Ed. Librería Religiosa. Barcelona

[6] Conferencia Episcopal Española: *Unidos en la fe,2º, II, 3.* EDICE. Madrid

[7] **Nuevo Catecismo de la Iglesia Católica nº 177**

[8] MIGUEL RIVILLA: *Los jóvenes y la fe, I,III.* Ed. Publicator. Alcorcón. Madrid. 1991

Fe quiere decir «tener algo por real y verdadero en virtud del testimonio de otro», porque nos fiamos de su ciencia y veracidad.

La fe sobrenatural me da la suprema de las certezas, pues no me fío de la aptitud natural del entendimiento humano para conocer la verdad, ni de la veracidad de un hombre, sino de la ciencia y veracidad de Dios.

Porque creo en **Cristo**, me fío de su palabra. Acepto a **Cristo** como norma suprema, y todo lo valoro como lo valora Él.

Los hechos son la expresión del nivel de fe de una persona.

No hay posible aceptación del programa de **Jesús** si no es mediante el lenguaje de los hechos.

Seguir a **Jesús** quiere decir escuchar sus palabras, asimilar sus actitudes, comportarse como Él, identificarse plenamente con Él.

«No se trata, claro está, de un seguimiento en el sentido material; hay que andar tras Él con pasos espirituales: con el corazón, con el alma, con la **entrega personal.**

»"Seguir", en este caso, equivale a creer, aceptar sus palabras, convertirse, obedecer sus consignas, hacerse discípulo suyo»[1]

«Los que siguen a **Jesús** de verdad quieren parecerse a Él, se esfuerzan en pensar como Él, haciendo las cosas que le gustan a Él. Desean obrar bien, ayudar a los demás, perdonar, ser generosos y amar a todos»[2].

Tener fe lleva consigo un estilo de vida, un modo de ser.

«La fe es la respuesta del hombre a Dios que se revela»[3].

«La fe es esencialmente la respuesta de la persona humana al Dios personal, y por lo tanto el encuentro de dos personas.

»El hombre queda en ella totalmente comprometido.

»La fe es cierta, no porque implica la evidencia de una cosa vista, sino porque es la adhesión a una persona que ve.

»La transmisión de la fe se verifica por el testimonio (...)

»Un cristiano da testimonio en la medida en que se entrega totalmente a Dios y a su obra (...)

»Normalmente, la verdad cristiana se hace reconocer a través de la persona cristiana»[4].

El que no tiene fe no entiende al que la tiene, y sabe estimar los valores eternos.

Es como hablarle a un ciego de colores.

---

[1] MIGUEL PEINADO: *Exposición de la fe cristiana, 3ª, IV, 68, 3.* Ed. BAC. Madrid

[2] Conferencia Episcopal Española: Catecismo Escolar, 4º EGB, nº 17

[3] **Nuevo Catecismo de la Iglesia Católica nº 26**

[4] JEAN MOUROUX: *Creo en Ti, II, 5.* Ed. Flors. Barcelona

18. Hoy está de moda insistir en que la fe es algo inseguro.

Esto tiene algo de verdad, pues la fe no se nos presenta con una seguridad metafísica, como un axioma filosófico.

Pero la fe es muy razonable, como hemos visto en páginas precedentes (nº **3**,8).

Y esto nos da seguridad a los creyentes.

Esta seguridad no hay que menospreciarla.

Los psicólogos afirman que la seguridad es uno de los elementos indispensables para el ser humano, de tal manera que su falta es fuente de neurosis.

El deseo de seguridad es inherente a la naturaleza humana: nadie pone su dinero en un Banco donde tiene peligro de perderlo, nadie come alimentos podridos que puedan intoxicarle, un alpinista que escala una pared no se agarra a un clavo mientras éste no esté bien afirmado.

El deseo de seguridad es innato a la naturaleza humana, como lo es el deseo de felicidad o el deseo de ser querido y de ser aceptado.

Dice **Juan Pablo II** en su encíclica *Fe y Razón:* «El hombre no puede fundar su vida sobre la duda»[1].

«Necesitamos afirmaciones, no dudas. (...)

»La duda no es para instalarse en ella, sino para superarla.

»Hoy está de moda provocar dudas (...) con audacias hereticoides. (...)

»Si se hiciere adrede sería un pecado monstruoso. (...)

»Hay que ser fieles a la verdad»[2].

La fe es iluminadora, optimista y esperanzadora; porque es razonable.

Algunos hablan de una fe oscura, vaga, difusa, nebulosa.

«La Iglesia y la experiencia nos hacen sonreír ante este razonamiento ramplón, fruto del complejo de inferioridad que tienen hoy algunos creyentes, aun de los que escriben y enseñan.

»El seguimiento de **Cristo** exige un esfuerzo por ir asumiendo las actitudes fundamentales que dieron sentido a toda su vida: creer lo que Él creyó, dar importancia a lo que Él se la dio, defender lo que Él defendió, vivir y morir por lo que Él vivió y murió»[3].

El hombre sin valores es un hombre inmaduro, cambiante, se mueve según el viento que corre, carece de responsabilidad[4].

Hoy está de moda la tolerancia.

Pero la tolerancia no siempre es virtud.

Puede deberse a cobardía o falta de principios.

Todo le da igual, porque no cree en nada. Por eso es indiferente a todo.

---

[1] JUAN PABLO II: Encíclica *Fe y Razón, nº 28.*

[2] BALDOMERO JIMÉNEZ DUQUE: *Dios y el hombre, Prólogo.* Fundación Universitaria Española.

[3] Conferencia Episcopal Española: *Unidos en la fe,2º, II, 3.* EDICE. Madrid.

[4] Dr.ENRIQUE ROJAS: *Remedios para el desamor, IX, 11.* Ed. Temas de Hoy. Madrid.1991

Muchos tolerantes, lo son, porque no tienen convicciones ni valores.

«Para convivir hay que saber tolerar. Pero también hay que saber lo que se puede tolerar.

»Tolerarlo todo es una estupidez.

»Pero no tolerar nada es soberbia. (...)

»Lo sustancial es inmutable, y por lo tanto intocable.

»Pero no todo es esencial.

»Y por supuesto, que no es lo mismo ser tolerantes con las personas que transigir con los errores.

» Con el error no se puede transigir»[1].

Cristo le dijo a **Pilatos** que vino a dar testimonio de la verdad[2].

Pero hoy, al que cree en la verdad se le llama, despectivamente, «integrista». Lo que está de moda es la duda y el «todo vale».

San Pedro dijo que «debemos dar razón de nuestra esperanza»[3].

«Muchos cristianos piensan que el respeto a los demás consiste, no en buscar una "fraternidad en la fe" sino una "comunidad en la duda"»[4].

Hoy muchos se creer inteligentes porque dudan de todo; y se creen sabios porque no tienen ninguna certeza.

La verdad une. La opinión separa.

Hoy se habla mucho de dialogar con el mundo.

Pero estos diálogos deben ser para llevar el mundo a Dios; porque si son para mundanizar a la Iglesia, esto sería traicionar la misión que tiene la Iglesia de evangelizar el mundo.

N.B.: Puede ser interesante mi vídeo: *El hombre «descafeinado»: vacío de valores.* Todos los sistemas[5].

---

[1] MELCHOR ESCRIVÁ S.I.: *Medicina de la personalidad, 2ª, XLIX.* Ed. Sal Terrae. Santander.

[2] Evangelio de SAN JUAN: **18**:37

[3] SAN PEDRO: Primera Carta, **3**,15

[4] VITTORIO MESSORI: *Algunas razones para creer, VII.* Ed. Planeta+Testimonio.Barcelona.2000.

[5] Pedidos al autor: Apartado 2546. 11080-Cádiz. Tel.: (956) 222 838. FAX: (956) 229 450

REDENCIÓN

33.- DIOS SE HIZO HOMBRE PARA REDIMIRNOS DEL PECADO Y DARNOS LA VIDA ETERNA.

1. Redimir del pecado es rescatar a precio.

Desde el pecado original que cometieron **Adán y Eva**[1], las puertas del cielo estaban cerradas y nadie podía entrar allí.

Por los méritos de la Redención de **Jesucristo** se nos perdonan todos nuestros pecados y se nos abren las puertas del cielo.

Dios envió a su Hijo para redimir a los hombres[2]: *«Habéis sido rescatados..., con la preciosa sangre de **Cristo**»*[3]. *«Habéis sido comprados a gran precio»*[4]. *«Él salvará a su pueblo de sus pecados»*[5]. *«**Jesucristo** se dio a sí mismo como rescate para todos»*[6]. *«El Hijo del Hombre vino a dar su vida para redención de todos»*[7]. *«**Cristo** murió por nosotros»*[8]. San Pablo atribuye a la muerte de Cristo la reconciliación de los pecadores con Dios[9].

Cristo murió por todos[10]. *«El Padre envió a su Hijo para ser Salvador del mundo»*[11].

Y **San Pedro** dice que **Jesús** es «el único Salvador del mundo»[12].

«Muchos» en la Biblia significa «todos»[13].

Dios ha muerto por todos, pero para que la redención se aplique a cada hombre

---

[1] ver números **41-43**

[2] SAN PABLO: Carta a los Gálatas, **4**:5

[3] Primera Carta de SAN PEDRO, **1**:18

[4] SAN PABLO: Primera Carta a los Corintios, **6**: 20

[5] Evangelio de SAN MATEO, **1**:21

[6] SAN PABLO: Primera Carta a Timoteo, **2**:6; Evangelio de SAN MARCOS, **10**:45

[7] Evangelio de SAN MATEO, **20**:28

[8] SAN PABLO: Carta a los Romanos,**5**:8

[9] SAN PABLO: Carta a los Romanos, **5**:10

[10] SAN PABLO: Segunda Carta a los Corintios, **5**:15

[11] Primera Carta de SAN JUAN, **4**:14

[12] Hechos de los Apóstoles, **4**:12

[13] HANS URS von BALTHASAR: *Puntos Centrales de la Fe, 2ª, XI,3.* Ed. BAC. Madrid. 1985.

depende de que él quiera aprovecharse de ella[1]. Dijo **San Agustín**: «Dios que te ha creado sin ti, no te salvará sin ti».

Pero para salvarnos hace falta creer en las verdades reveladas por Dios y hacer buenas obras: «*El que creyere, se salvará; y el que no creyere, será condenado*»[2], «*Si quieres entrar en la vida eterna, guarda los mandamientos*»[3].

2. Iba el filósofo franciscano irlandés **Duns Scoto** paseando por un camino y se encontró con un labrador que, sudoroso, hundía la reja del arado en la tierra dura. Empiezan a hablar de Dios. A las pocas palabras el labriego le interrumpe:

- ¿Me permite hacerle una pregunta?
- Vamos a ver.
- Dios lo sabe todo. Dios es infalible. No se puede equivocar.

En este instante Dios sabe si me voy a salvar o si me voy a condenar.

Ahora bien, si Dios sabe que me voy a salvar, por más que peque, me salvaré; en cambio, si Dios sabe que me voy a condenar, por más que me esfuerce, me condenaré. Por tanto, ¿para qué me voy a preocupar de hacer buenas obras?

- Dios conoce si te salvarás o condenarás, del mismo modo que conoce si este año recogerás una cosecha espléndida o lo perderás todo en una helada.

Según tu razonamiento, como Dios ya sabe lo que ocurrirá con tu cosecha, y Dios no se puede equivocar, es inútil que te esfuerces en arar y sembrar la tierra. Recoge tu arado, vete a tu casa y espera a ver qué pasa.

Y abriendo su libro de rezos, siguió su paseo por el camino adelante.

El labriego se quedó sin saber qué decir.

A pesar de la ciencia infalible de Dios, si él no sembraba, era cierto que no recogería cosecha.

Y es que el recoger o no recoger cosecha, el que yo me salve o me condene, no ocurre porque Dios ya lo sabe; sino que Dios ya lo sabe desde ahora porque, de hecho, ocurrirá después.

Si tú dejas caer una piedra desde tu ventana, antes de que llegue al suelo, sabes que dará un golpe.

Efectivamente, a los pocos segundos oyes el golpe.

Pero el golpe no ocurrió porque tú lo sabías, sino que tú lo sabías porque de hecho iba a ocurrir necesariamente.

La diferencia está en que nosotros sólo podemos conocer el futuro cuando éste depende de las leyes físicas necesarias, en cambio, Dios conoce también el futuro de los seres libres; pues por Él no pasa el tiempo.

Dios conoce ya la película de tu vida, y sabe cómo va a terminar.

Pero la película la haces tú, libre y voluntariamente.

Saldrá lo que tú quieras.

Si yo veo grabado en vídeo un partido de fútbol, al que he asistido personalmente, sé de antemano el resultado, pero no por eso soy responsable de

---

[1] ANTONIO ROYO MARÍN,O.P.: *¿Se salvan todos? 2ª, V.* Ed. BAC. Madrid. 1995

[2] Evangelio de SAN MARCOS, **16**:16

[3] Evangelio de SAN MATEO, **19**:17

la goleada. Dios conoce mi futuro, pues para Él todo es presente; pero mi futuro depende de mí.

El que se condena es porque no ha querido cooperar a las gracias que Dios le ha dado: «*os he llamado y no me habéis escuchado*»[1] ; «*tú eres culpable de tu perdición*»[2] .

3. Preguntaron a un niño en la escuela:
- ¿Quién creó los demonios?
Respondió:
- Dios los hizo ángeles; pero ellos se hicieron demonios.
Bien respondido. Lo mismo ocurre con nosotros.
Dios nos crea para el cielo; pero nosotros nos hacemos merecedores del infierno, si morimos en pecado.

Dios no te condena. Eres tú quien te condenas por no cumplir.
Lo mismo que no es correcto decir que el profesor suspende. Es el alumno el que se suspende al responder mal.
El profesor justo lo único que hace es declarar que el alumno está mal preparado.
Lo mismo Dios. Él te crea para que te salves, desea que te salves; pero si no cumples, tendrá que declarar que no eres apto para la salvación, sino para el infierno.

34.- JESUCRISTO NOS REDIMIÓ OFRECIENDO EL SACRIFICIO DE SU VIDA EN LA CRUZ, para perdonarnos nuestros pecados y devolvernos la gracia y amistad de Dios.

1. La muerte de **Jesucristo** clavado en la cruz es el hecho más grande que ha visto la historia.

Para la reparación del género humano, en plan de justicia estricta y perfecta (condigna), fue absolutamente necesario la Encarnación y Redención de Cristo[3] .
La ofensa aumenta con la dignidad del ofendido.
Al ser el pecado ofensa a un Dios infinito, su malicia es infinita.
No podía reparase por un mero hombre.
Por eso Dios se hizo hombre para ser Hombre-Dios y así reparar la ofensa del hombre[4] .

«**Jesús** es Dios y hombre. En cuanto Dios, todas sus acciones, incluso las

[1] Proverbios, **1**:26
[2] Profeta OSEAS, **13**:9
[3] ANTONIO ROYO MARÍN, O.P.: *Jesucristo y la vida cristiana, nº 29.* Ed. BAC. Madrid, 1961.
[4] JESÚS Mª GRANERO, S.I.: *Credo - Jesucristo, V.* Ed. Escelicer. Cádiz. 1943.

acciones humanas más pequeñas, tienen un valor infinito. En cuanto hombre, hecho hermano nuestro y cabeza de la humanidad, puede ofrecer a Dios en nuestro nombre y en nuestro favor todo cuanto hace. De ahí que ofrezca su obediencia hasta la muerte de cruz como reparación de nuestra desobediencia.

Y al hacer esto, Él mismo se convierte en reconciliación entre el Dios ofendido por la soberbia humana, y los hombres que son los ofensores. Por eso es su sangre derramada en la cruz la que pacifica todas las cosas»[1].

«Por la humanidad de **Jesucristo** entra la Persona del Verbo en solidaridad con el género humano. Formamos con Él un todo. Él es uno de nosotros. Así puede verificarse la Redención satisfactoria. Nosotros ofendimos a Dios, y Él paga por todos. (...) **Cristo** es un eslabón que une lo sumo con lo ínfimo. Levanta la humanidad a las alturas de la divinidad y como que inclina la divinidad a nuestro barro»[2].

Dice **San Gregorio el Magno**: «El haberse abajado Dios hasta la humanidad sirve para elevar al hombre hasta la divinidad»[3].

La gran prueba de la divinidad de **Cristo** es la resurrección, y para esto primero tenía que morir[4]. Pero la muerte en cruz fue para demostrar su amor a nosotros.

Dios pudo haber mandado al infierno a todos los hombres que hubieran pecado mortalmente; pero -por el mucho amor que nos tiene- no hizo eso, sino que, al contrario, quiso hacerse hombre para redimirnos. Y aunque hubiera bastado para esto una sola lágrima de sus ojos o una palabra de sus labios[5], quiso sufrir tormentos tan espantosos y muerte tan cruel, para que veamos el valor de nuestra alma y tengamos horror al pecado, para darnos prueba de su amor a nosotros, y para servirnos de ejemplo en nuestros trabajos y penalidades.

Al **Marqués de Comillas,** que va camino de los altares por las muchas buenas obras que hizo al disponer de una gran fortuna, se le atribuyen estos versos:

Sufre, pues por ti sufrí.
Y cuanto adverso te viene,
sabe que así te conviene;
pues todo nace de mí.
Mi bondad me puso aquí.
Tu ingratitud me clavó.
Nadie como yo sufrió.
Y pues todo es por tu bien,
bebe una gota, por quien
un cáliz por ti bebió[6].

---

[1] LUCAS F. MATEO-SECO: *39 Cuestiones doctrinales, I, 7.* Ed. Palabra. Madrid. 1990.

[2] JESÚS Mª GRANERO, S.I.: *Credo - Jesucristo, III.* Ed. Escelicer. Cádiz. 1943.

[3] SAN GREGORIO MAGNO: *Homilia II in Ev., nº 2.* ML 76, 1082.

[4] M.BERNABÉ IBÁÑEZ: *El Evangelio olvidado, VIII.* Ed. P.P.C. Madrid.1987.

[5] LEEN, C.S.Sp.: *¿Por qué la cruz?, 2ª, I.* Ed. Rialp. Madrid.

[6] JUAN RIVAS, L.C.: *Fe y Evangelio.* En INTERNET: www.hombrenuevo.org

2. **Jesús** quiere que correspondamos al amor que nos tiene. Por eso, en muchas de sus imágenes, nos enseña su corazón, pidiendo que nosotros le amemos también a Él y le consagremos y le dediquemos todos los actos de nuestra vida, principalmente los que más nos cuestan. El dolor y el sufrimiento son un tesoro, si se saben aprovechar para la otra vida ofreciéndolos a Dios.

La vida cristiana, aun en sus más mínimas acciones, posee una riqueza de valor inapreciable, debido a la unión de todo bautizado con **Cristo**, de cuya misión y méritos redentores participa.

Todo ese valor y precio puede ofrecerse a Dios para reparar los pecados y colaborar en salvar el mundo; y aun para conseguir de la omnipotencia de Dios gracias y favores en beneficio propio y ajeno.

El Apostolado de la Oración, es una Obra de la Iglesia que asocia a treinta y siete millones de personas, unidas en **Cristo**, para vivir los grandes intereses de su Reino, mediante el sincero ofrecimiento del valor redentor de todas sus acciones, sufrimientos, alegrías y oraciones.

La Dirección en España del Apostolado de la Oración está en Núñez de Balboa 115, 1° E. Madrid-28006, Telf.: 91 562 80 49. FAX: 91 562 17 85

Hay que **santificar el trabajo**. Hacer las cosas lo mejor que podamos, por amor de Dios.

El seglar no puede santificarse a base de largos rezos y tremendas penitencias. Algo debe rezar siempre, pero no podrá rezar mucho. Algo tendrá que sacrificarse siempre, aparte de los muchos sacrificios que la vida trae consigo.

Pero lo constante, lo que será de todos los días, y de todos los momentos de cada día, es hacer bien lo que se está haciendo; y eso para complacer a Dios, cumpliendo su santa voluntad. En esto ha de buscar el seglar su auténtica santidad[1].

Para facilitarte el ofrecimiento de tus obras, te pongo en los Apéndices el Ofrecimiento de Obras del Apostolado de la Oración, que te recomiendo reces todos los días.

Este ofrecerte a ti mismo a **Jesucristo**, y contigo todas tus cosas, en correspondencia a su Amor Infinito y en reparación de los pecados y ofensas que continuamente recibe, se llama culto al **Sagrado Corazón de Jesús**.

Este culto, que lleva consigo la veneración de la imagen del Corazón Herido por la lanza del soldado, es un verdadero compendio de nuestra Santa Religión y el mejor modo de vivir nuestra fe, porque nos brinda la manera práctica de entregarnos a **Cristo** y al prójimo, amándolos de verdad y reparando los pecados.

La religiosidad popular, hoy revaluada, con su sentido concreto y sensible, encuentra en el corazón de **Cristo** el camino más fácil de llegar al amor de Dios.

La devoción al Sagrado Corazón no es una devoción más. Es la respuesta a **Cristo** porque me ama. Es toda una espiritualidad.

Tenemos que caer en la cuenta del amor enorme que nos tiene Dios. Por eso se hizo hombre, y murió por salvarnos. Por eso después de esta vida nos prepara otra

[1] **Nuevo Catecismo de la Iglesia Católica, n° 901**

maravillosa. Y ese amor lo simboliza en su Corazón.

¡Dios nos quiere como el mejor Padre! Sólo el cristiano llama Padre a Dios.

Veamos el amor de Dios en todas las circunstancias que nos rodean: buenas o malas. Confiemos plenamente en ese inmenso amor de nuestro Padre: «**Corazón de Jesús,** en Ti confío, porque creo que me amas»[1].

Es muy consolador saber que Dios no me ama por mis méritos. Aunque es cierto que «obras son amores y no buenas razones», Dios lo que más desea es un corazón humilde, contrito y amante.

3.La devoción al **Sagrado Corazón de Jesús**, nos consigue grandes beneficios por Él prometidos; sobre todo nuestra salvación eterna, si comulgamos nueve Primeros Viernes de mes seguidos, como Él mismo prometió a **Santa Margarita María de Alacoque**.

El Papa Juan Pablo II, el 5 de Octubre de 1986, dijo en Paray le Monial que se siga difundiendo la práctica de los **Nueve Primeros Viernes de mes**, y que se ayude a los fieles a la participación en los sacramentos[2].

La razón de la devoción de los Nueve Primeros Viernes de mes, podría ser que **Cristo** murió un Primer Viernes de abril[3], y estuvo nueve meses en el seno de **María.** Se conmemoran así dos grandes hechos de la Redención: la Encarnación y la Muerte.

Es evidente que quien hace los Primeros Viernes y después, fiado de esta promesa, se dedica a pecar a sus anchas, se está burlando del **Corazón de Jesús**; y **no** parece éste el mejor camino para alcanzar el cumplimiento de la promesa. Dijo **San Pablo** que de Dios no se ríe nadie[4].

Si alguien comulgase presuntuosamente, es decir, sin propósito de enmienda, pensando pecar después, está claro que su comunión sería sacrílega, no válida, y no ganaría la promesa.

La promesa del **Corazón de Jesús** no es un seguro de salvación para los que quieran llevar una vida de pecado. El Concilio de Trento condena -y es de fe- a los que presumen de tener seguridad absoluta de salvarse. A no ser que hayan tenido revelación especial de ello[5].

No podemos tener una certeza infalible y de fe, pero sí podemos tener una certeza moral; pues nadie pierde la gracia si no peca mortalmente, y nadie peca mortalmente si no es responsable de lo que hace.

Lo que ocurre es que hay hechos de los que no somos responsables, pero sí somos responsables de las causas remotas: hoy no vemos, porque la vista la perdimos poco a poco voluntariamente, y por lo tanto responsablemente.

También puede ocurrir que el acto lo cometí libre y voluntariamente, y después

---

[1] JOSÉ LUIS DE URRUTIA, S.I.: *Espiritualidad del Sagrado Corazón.* Ed. Sal Terrae. Santander, 1972. Magnífico libro que expone de un modo teológico y posconciliar la auténtica devoción al Corazón de Jesús

[2] Diario ABC de Madrid, 6-X-86, pg. 13

[3] JOSÉ RICCIOTTI: *Vida de Jesucristo, nº 181.* Ed. Miracle. Barcelona

[4] SAN PABLO: Carta a los Gálatas, **6**:7

[5] DENZINGER: *El Magisterio de la Iglesia, nº 805 y 826.* Ed. Herder. Barcelona

me olvido del grado de voluntariedad que tuve.

Por eso es conveniente terminar las confesiones diciendo:«Me arrepiento además de todos los pecados de mi vida pasada y de aquellos de los que me haya olvidado».

Hay que tener en cuenta que la promesa del **Corazón de Jesús** sólo sirve para los que quieran salvarse; pues esta promesa no aniquila nuestra libertad.

Quien se empeñe en ir por el camino del infierno, y no quiera rectificar, se condenará aunque haya hecho los Primeros Viernes.

Pero a quien los ha hecho bien, y tiene voluntad de ir por el camino de salvación, aunque tanga caídas por fragilidad, hay muy sólidos fundamentos para creer que Dios se encargará de protegerle con una Providencia especial para que muera en estado de gracia.

Deberías tener en tu casa una imagen, cuadro o placa del Sagrado Corazón, pues Él también ha prometido que bendecirá las casas en las que su imagen esté expuesta y sea honrada.

Harías bien en consagrar tu casa al Sagrado Corazón. En los Apéndices te pongo una fórmula para que puedas hacerlo estando la familia reunida.

35.- JESUCRISTO DESPUÉS DE SU MUERTE RESUCITÓ Y SE FUE AL CIELO.

1. **Jesucristo**, después de ser crucificado, estuvo muerto y enterrado, y al tercer día[1] resucitó juntando su cuerpo y su alma gloriosos para nunca más morir[2].

Por tanto, **Jesucristo** está ahora en el cielo en cuerpo y alma.

La resurrección de **Cristo** es **dogma de fe.** Está definido en el IV Concilio de Letrán (1215): «Creemos y confesamos que **Jesucristo** resucitó de entre los muertos y subió al cielo en cuerpo y alma»[3].

La resurrección de **Cristo** es «el dogma fundamental del cristianismo»[4].

La expresión del Credo: «subió al cielo y está sentado a la derecha del Padre» significa que tiene el mismo poder de Dios-Padre.

«La expresión de **San Mateo** atribuye a **Jesús** sepultado una duración de "tres días y tres noches"[5]. Pero tal expresión venía a ser idéntica a la duración hasta el tercer día, al juzgarse el día como una unidad de día-noche. El decir "tres días y tres noches" es un modismo equivalente a "al tercer día"»[6].

Jesucristo murió un viernes por la tarde y resucitó un domingo por la mañana: es decir que estuvo en el sepulcro un día entero y dos medios días. Pero para el

---

[1] Evangelio de SAN MATEO, **2 0**:19

[2] Evangelio de SAN MATEO,**2 8**:6s; de SAN LUCAS, **2 4**:36-43; de SAN JUAN, **2 0**:19-29

[3] DENZINGER: *Magisterio de la Iglesia, n ° 429.* Ed. Herder Barcelona.

[4] SANTOS SABUGAL, O.S.A.: *Credo, 2ª, II, 4, 19.* Ed. Monte Casino. Zamora.

[5] Evangelio de SAN MATEO, **1 2**:40

[6] JUAN MI. IGARTUA, S.I.: *La Resurrección de Jesús y su Cuerpo, IV, 5.* Ed. Mensajero, Bilbao.

modo de hablar hebreo esto equivale a tres días[1], o lo que es lo mismo, «al tercer día». Dijo **San Pedro**: *«resucitó al tercer día»*[2].

Antes de morir **Jesús** había profetizado varias veces su resurrección[3]. Por lo tanto, al resucitar por su propio poder, demostraba nuevamente, y con la prueba más convincente, que era Dios.

Dice **San Mateo**, que los fariseos mandaron a sus soldados que habían estado guardando la tumba, que dijeran: «Sus discípulos vinieron de noche estando nosotros dormidos y lo robaron»[4]. **San Agustín** dio a esto una respuesta definitiva: «Si estaban durmiendo, no pudieron ver nada. Y si no vieron nada, ¿cómo pueden ser testigos?»[5].

Los teólogos modernos buscan diversas explicaciones al hecho de la resurrección de **Cristo**. Pero cualquiera que sea la interpretación debe incluir la revivificación del cuerpo, si no se quiere hundir la teología de la resurrección[6].

Para el protestante **Bultmann,** la resurrección de **Cristo** es un mito[7]. Pero para el **Nuevo Catecismo de la Iglesia Católica,** la resurrección de **Cristo** es un acontecimiento real[8].

Algunos dicen que la resurrección de **Cristo** no es un hecho histórico, pues no hay testigos. Este modo de hablar es ambiguo y puede confundir; pues «no histórico» puede confundirse con «no real». Por eso no debe emplearse, como recomienda el padre **José Caba, S.I.**, Catedrático de la Pontificia Universidad Gregoriana de Roma, en su libro *Resucitó Cristo, mi esperanza*[9]. La resurrección de **Cristo** es un hecho que ha sucedido en la realidad.

«Aunque no haya habido propiamente ningún testigo del hecho de la resurrección, en cuanto tal, es histórica en razón de las huellas dejadas en nuestro mundo y de las que dan testimonio los Apóstoles»[10].

Si aparece un coche en el fondo de un barranco y está destrozado el pretil de la curva que hay en ese sitio, no necesito haber visto el accidente, para comprender lo que ha pasado.

De la misma manera puedo conocer la resurrección de **Jesucristo**.

Para otros sí se puede considerar como hecho histórico, pues puede localizarse en el espacio y en el tiempo; y según **Pannemberg** es histórico todo suceso que puede ser colocado en unas coordenadas de espacio y tiempo[11].

---

[1] JESÚS Mª GRANERO, S.I.: *Credo - Jesucristo, XXVII.* Ed. Escelicer. Cádiz

[2] SAN LUCAS: Hechos de los Apóstoles, **10:** 40

[3] Evangelio de SAN MATEO, **12**:39s; **16**:21; **17**:22; **20**:19; de SAN LUCAS, **9**:22

[4] Evangelio de SAN MATEO, **28**:13

[5] SAN AGUSTÍN: *Enarratio in psalmum, 63(64)* MIGNE: *Patrología Latina, 36.767*

[6] BALDOMERO JIMÉNEZ DUQUE: *Volver a lo esencial, XXXVIII.* Ed. Tau. Ávila, 1985

[7] JOSÉ ANTONIO SAYÉS: *Compendio de Teología Fundamental., 2ª, IV, 1. nota 4.* Ed.EDICEP.

[8] **Nuevo Catecismo de la Iglesia Católica, nº 639.**

[9] JOSÉ CABA, S.I.: *Resucitó Cristo, mi esperanza, IX, 1, 4º, 2.* Ed. BAC. Madrid, 1986

[10] JOSÉ ANTONIO SAYÉS: *Cristología fundamental, VII, 2, 1.* Ed. C.E.T.E. Madrid, 1985

[11] CÁNDIDO POZO, S.I.: *Teología del más allá, pg. 69.* Ed. BAC. Madrid, 2ª ED.1980

«Con otras palabras: es histórico todo lo que ha sucedido en un determinado momento y en un determinado sitio»[1].

Por eso para el **P.Ignacio de La Potterie, S.I.,** que es uno de los mejores especialistas en el mundo del Evangelio de **San Juan**, la resurrección de **Cristo** tuvo una realidad física, histórica[2] Dice **Max Meinertz:** «La resurrección entra en el campo de la realidad histórica»[3].

La resurrección de **Cristo** la refiere **San Pablo** en carta a los Corintios, el año 57, es decir, a contemporáneos de los hechos: «***Cristo** murió por nuestros pecados, fue sepultado y resucitó al tercer día*»[4].

Y lo atestigua **San Pedro**: «*De **Jesús** resucitado todos nosotros somos testigos*»[5].

San Lucas lo afirma enfáticamente: «*El Señor ha resucitado verdaderamente*»[6]

2. **Cristo estaba muerto en la cruz**[7].

Por eso los verdugos no le partieron las piernas como solían hacer para rematar a los crucificados.

Si no hubiera estado muerto, le hubiera matado la lanzada que le abrió la aurícula derecha del corazón.

La cantidad de sangre que salió después de la lanzada, según el relato de **San Juan,** que estaba allí presente, dicen los médicos, sólo se explica porque la lanza perforó la aurícula derecha que en los cadáveres está llena de sangre líquida[8].

Al tercer día el sepulcro estaba vacío: no estaba el cuerpo de **Cristo.**

La fe en la resurrección de **Jesucristo** parte del sepulcro vacío. **Oscar Cullmann**, protestante, de la Universidad de Basilea, dice: «la tumba vacía seguirá siendo un acontecimiento histórico»[9].

Los Apóstoles «no habrían creído en la resurrección de **Jesús** de haber encontrado su cadáver en el sepulcro»[10]. Los cuatro evangelistas relacionan el sepulcro vacío con la resurrección de **Cristo**.

a) **San Mateo**: «*No está aquí, pues ha resucitado*»[11]

b) **San Marcos**: «*Ha resucitado, no está aquí*»[12].

---

[1] CÁNDIDO POZO, S.I. *Resucitó de entre los muertos, I, 1.* Cuadernos BAC, nº 93. Madrid. 1985.

[2] IGNACIO DE LA POTTERIE,S.I.: Revista 30 DÍAS, 62(1992)76.

[3] MAX MEINERTZ: *Teología del Nuevo Testamento, 1ª, IV, 5.* Ed. FAX. Madrid

[4] SAN PABLO Primera Carta a los Corintios, **15**:3s

[5] Hechos de los Apóstoles, **2**:32

[6] Evangelio de SAN LUCAS, **24**:34

[7] Evangelio de SAN MATEO, **27**:50; de SAN MARCOS, **15**:37; de SAN LUCAS, **23**:46; de SAN JUAN, **19**:30

[8] JORGE LORING, S.I.: *La autenticidad de la Sábana Santa de Turín.* Madrid, 1990. Sexta edición.

[9] JOSÉ LUIS CARREÑO, O.S.B.: *El último reportero, XVII.* Ed. Don Bosco. Pamplona, 1975

[10] JOSÉ ANTONIO SAYÉS: *Cristología fundamental, VIII, 3, 1, e.* Ed. C.E.T.E. Madrid, 1985

[11] Evangelio de SAN MATEO, **28**:6

[12] Evangelio de SAN MARCOS, **16**:6

c) **San Lucas**: «*No está aquí, sino que ha resucitado*»[1].

d) **San Juan** al ver la tumba vacía y la disposición de los lienzos «*vio y creyó*»[2] que había resucitado; pues si alguien hubiera robado el cadáver, no hubiera dejado los lienzos tan bien puestecitos.

San Juan vio la sábana, que había cubierto el cadáver de **Jesús**, yaciendo en el suelo, y doblado aparte el sudario que había estado sobre su cabeza.

Según los especialistas[3] la palabra *ozonia* usada por **San Juan** debe traducirse por «lienzos» y no por «vendas» como hacen algunos equivocadamente. Es verdad que las vendas son lienzos, pero no todos los lienzos son vendas.

El sepulcro vacío sólo tiene dos explicaciones. O alguien se llevó el cadáver o **Cristo** resucitó.

El cadáver no lo robaron los enemigos de **Cristo**, pues al correrse la noticia de la resurrección la mejor manera de refutarla hubiera sido enseñar el cadáver. Si no lo hicieron, es porque no lo tenían[4].

Tampoco lo tenían sus amigos, pues los Apóstoles murieron por su fe en **Cristo** resucitado, y nadie da la vida por lo que sabe es una patraña.

Se puede dar la vida por un ideal equivocado, pero no por defender lo que se sabe que es mentira. Dice **Pascal:** «Creo de buena gana las historias cuyos testigos se dejan matar para defenderlas»[5].

Es evidente que los Apóstoles no escondieron el cadáver.

Luego si **Cristo** estaba muerto, y el sepulcro estaba vacío, y nadie robó el cadáver, sólo queda una explicación: **Cristo** resucitó[6].

San Pablo nos habla también de la resurrección de **Cristo** en la Primera Carta a los Tesalonicenses del año 51 de nuestra era[7]: *Jesús murió y resucitó*[8]; y en la Primera Carta a los Corintios del año 55: *Cristo resucitó al tercer día*[9].

Una confirmación de la resurrección de **Cristo** es la Sábana Santa de Turín donde ha quedado grabada a fuego su imagen por una radiación en el momento de la resurrección. No hay explicación más aclaratoria.

Sobre la Sábana Santa yo he hecho tres vídeos titulados: *La autenticidad de la Sábana Santa, La Sábana Santa y el Carbono-14, La Sábana Santa y el Sudario de Oviedo.* Los tres se complementan, aunque algunas cosas se repiten.

La resurrección de Jesucristo es totalmente distinta de la resurrección de **Lázaro** o de la del hijo de la viuda de Naín: éstos resucitaron para volver a morir, pero **Cristo** resucita para nunca más morir[10]. «***Cristo** resucitado de entre los*

---

[1] Evangelio de SAN LUCAS, **24**:6

[2] Evangelio de SAN JUAN, **20**:8

[3] M.BALAGUÉ: Revista ESTUDIOS BÍBLICOS del C.S.de Investigaciones C. 25(1966)169-192.

[4] JOSÉ MOINGT, S.I.: *El hombre que venía de Dios, 2º, V, 3.* Ed. Desclee. Bilbao.

[5] JOSEPH HUBY, S.I.: *El Evangelio y los Evangelios, II,2.* Ed. PAX. San Sebastián.

[6] JOSÉ CABA, S.I.: *Resucitó Cristo mi esperanza, 3ª, IX, pg. 349.* Ed. BAC. Madrid, 1986

[7] JOHANNES BEUMER: *El camino de la Fe, IV, 3.* Ed. FAX. Madrid.

[8] SAN PABLO: Primera Carta a los Tesalonicenses, **4**:14

[9] SAN PABLO: Primer a Carta a los Corintios, **15**:3s

[10] **Nuevo Catecismo de la Iglesia Católica, nº 646**

muertos, ya no vuelve a morir»[1].

La resurrección de **Cristo** no fue una reviviscencia para volver a morir, como le pasó a **Lázaro;** tampoco fue una reencarnación, propia del budismo y del hinduismo; menos aún fue el mero recuerdo de **Jesús** en el ánimo de sus discípulos.

Fue el encuentro con **Jesús** resucitado lo que provocó la fe de los discípulos en la resurrección, y no viceversa. «La resurrección no fue la consecuencia, sino la causa de la fe de los discípulos. (...) **Jesucristo** fue restituido con su humanidad a la vida gloriosa, plena e inmortal de Dios. (...) Se trata de la transformación gloriosa del cuerpo»[2].

Después de resucitar subió a los cielos. «La expresión "subir a los cielos" es un recurso literario muy en consonancia con la cultura de aquellos hombres. También nosotros expresamos nuestros anhelos levantando hacia el cielo nuestras manos»[3].

Después de resucitar, antes de subir al cielo con su Padre[4], estuvo varios días apareciéndose a los Apóstoles[5].

Estas apariciones las expresa el Nuevo Testamento con la palabra griega «ófze», que significa «se mostró», «se hizo ver», «se dio a ver», lo que da a entender que se trataba de un cuerpo real[6].

Los apóstoles comieron[7] con Él y le palparon con sus propias manos.

Los fantasmas no comen ni se dejan palpar.

Cristo resucitado cenó con los Apóstoles[8] y se dejó palpar por **Santo Tomas**[9]. Decía **Cristo**: «*Soy Yo. Tocadme y ved. Un espíritu no tiene carne y hueso, como veis que Yo tengo»*[10].

San Pedro lo recuerda: «*Nosotros hemos comido y bebido con Él después que resucitó de entre los muertos»*[11].

La resurrección de **Cristo** está confirmada por sus apariciones a **San Pedro** y **San Pablo** después de las cuales cambiaron radicalmente[12].

En una ocasión se apareció a más de quinientos estando reunidos. Así nos lo cuenta **San Pablo** escribiendo a los Corintios, y añadiendo que muchos de los que lo vieron, todavía vivían cuando él escribía aquella carta[13], en los años 55-56 de nuestra Era[14].

---

[1] SAN PABLO: Carta a los Romanos, **6**:9

[2] VV. AA.: *El Salvador del mundo, VI, 3s.* Ed. B.A.C. Madrid. 1996.

[3] MIGUEL PEINADO: *Exposición de la fe cristiana, 3ª, VII, 96.* Ed. BAC. Madrid.

[4] Evangelio de SAN MARCOS, **16**:19

[5] Hechos de los Apóstoles, **1**:3

[6] CÁNDIDO POZO, S.I.: *La venida del Señor en la gloria, I, 2, 2.* Ed. EDICEP. Valencia. 1993.

[7] Hechos de los Apóstoles, **10**:41

[8] Evangelio de SAN LUCAS, **24**:41ss

[9] Evangelio de SAN JUAN, **20**:27

[10] Evangelio de SAN LUCAS, **24**:39

[11] Hechos de los Apóstoles, **10**:41

[12] EDUARDO MALVIDO: *Creo en Jesús, el resucitado, I,3.* Ed. San Pío X. Madrid. 1997.

[13] SAN PABLO: Primera Carta a los Corintios, **15**:4ss

[14] JOHANNES BEUMER: *Camino de la Fe, IV, 3.* Ed. FAX. Madrid

El verbo empleado por **San Pablo** excluye una interpretación subjetiva del término, «aparición»[1].

Las apariciones de **Jesús** son un motivo de credibilidad en la resurrección de **Cristo**[2].

Jesús resucitado tiene un cuerpo glorioso con propiedades distintas a las de un cuerpo material[3].

En la Biblioteca Nacional de Madrid he leído un incunable en el que **Poncio Pilato** escribe al emperador **Tiberio** sobre **Cristo**. Dice: «Después de ser flagelado, lo crucificaron. Su sepultura fue custodiada por mis soldados. Al tercer día resucitó. Los soldados recibieron dinero de los judíos para que dijeran que los discípulos robaron su cadáver. Pero ellos no quisieron callar y testificaron su resurrección»[4].

«Sabemos con certeza que existieron unas actas oficiales de **Poncio Pilato**, Procurador de Judea, al Emperador **Tiberio**, como era obligación y costumbre en el Imperio»[5] por testimonio de **Tertuliano** (siglo III)[6].

36.- LA ÚNICA RELIGIÓN VERDADERA ES LA DE JESUCRISTO.

1.-La palabra «religión» viene de la palabra latina«religare», que significa «atar fuertemente».

Por eso la religión es el lazo que une al hombre con Dios[7].

El camino para llegar a Dios es el que Él mismo nos ha señalado revelándonos una religión.

La religión verdadera sólo puede ser una, pues las religiones se contradicen entre sí, y la verdad sólo puede estar en uno de los dos campos: si sobre un punto concreto, y desde un mismo punto de vista, unos dicen que sí y otros que no, no pueden los dos tener la razón al mismo tiempo.

Si uno dice que **Cervantes** nació en España y otro dice que nació en Inglaterra, es evidente que no pueden tener los dos razón al mismo tiempo. Uno de los dos se equivoca.

Los católicos decimos que **Cristo** es Dios. Otros lo niegan. Es claro que no

---

[1] JOSÉ CABA, S.I.: *Resucitó Cristo mi esperanza, 2ª, II, 2, 4, 3.* Ed. BAC. Madrid, 1986

[2] JOSÉ CABA, S.I.: *Resucitó Cristo mi esperanza, 3ª, VIII, pg. 316.* Ed. BAC. Madrid, 1986

[3] **Nuevo Catecismo de la Iglesia Católica, nº 645**

[4] Biblioteca Nacional de Madrid, Incunable nº 970

[5] JUAN M. IGARTUA,S.I.:*La Resurrección de Jesús y su Cuerpo,2º, I,Nota 1.* Ed.Mensajero. Bilbao

[6] *Apologeticum, 21.* MIGNE: Patrología Latina, I., 289-292

[7] FELIPE CALLE, O.S.A.: *Razona tu fe, I,1.* Ed. Religión y Cultura. Madrid.

podemos tener todos la razón.

Por eso **sólo hay una religión verdadera**.

Pero para conocerla no hace falta estudiar todas las religiones.

Basta conocer los motivos de credibilidad del cristianismo para saber que es la religión verdadera.

Sería absurdo pensar que Dios ha revelado varias religiones contradictorias entre sí.

La única religión verdadera es la que Dios ha revelado, y la podemos conocer por señales ciertas, como son los milagros de **Jesucristo**.

La religión católica ha sido fundada por **Cristo-Dios**.

Todas las demás religiones han sido fundadas por hombres. Ni **Buda,** ni **Confucio,** ni **Mahoma,** ni **Lutero,** etc., pretendieron ser Dios.

Jesucristo afirmó repetidas veces en su vida que Él era Dios (ver nº **32**).

La ocasión más solemne fue ante el sanedrín cuando la interpelación de **Caifás.**

Caifás ante esta afirmación de **Cristo** le llama blasfemo y le condena a muerte. La blasfemia se castigaba con la pena de muerte entre los hebreos.

Para confirmar que era verdad lo que decía, **Jesucristo** hizo varios milagros. Sobre todo su propia resurrección (ver nº **35**).

2. Antes de resucitar a **Lázaro**, dirigió a su Padre celestial esta breve oración: «*Gracias te doy, Padre mío, porque me has oído. Ya sé que siempre me oyes, pero lo digo por el pueblo que me rodea, para que crean que Tú me has enviado*»[1].

Los milagros de **Jesucristo** nos constan por la historicidad y autenticidad de los Evangelios, que se demuestran científicamente muchísimo mejor que la de otros libros de los que no duda ninguna persona culta.

«El prejuicio sistemático de sospecha que ha recaído sobre los Evangelios, durante casi un siglo, recae actualmente, gracias al estudio de los criterios de autenticidad, sobre quienes niegan su autenticidad.

»Esta inversión de las posiciones no es un retorno a la ingenuidad crítica, sino la consecuencia de que los Evangelios han encontrado de nuevo crédito a los ojos de la crítica histórica»[2].

---

[1] Evangelio de SAN JUAN, **11**:41ss

[2] RENÉ LA TOURELLE: Revista SELECCIONES DE TEOLOGÍA, 15(IV-VI,1976)118

IGLESIA

37.- La Iglesia Católica ha sido fundada por Jesucristo para la salvación de toda la humanidad.

1. **Cristo** fundó su Iglesia para que continuara su misión salvadora en la Tierra hasta el fin del mundo[1] . «La hizo depositaria de toda su doctrina y de los demás medios de salvación que quiso dar a los hombres»[2] .

La Iglesia Católica **es la única** fundada por **Cristo-Dios**. Todas las demás Iglesias y religiones han sido fundadas por hombres.

La perpetuidad de la Iglesia Católica puede considerarse como un auténtico milagro. Podría decirse que es un milagro que un pobre aldeano, como era **Jesucristo**, sin más ayuda humana que doce pescadores ignorantes, y sin armas de ninguna clase, transformara un imperio tan poderoso como el Imperio Romano, derribara sus ídolos falsos, acabara con sus costumbres y con sus vicios, y lo hiciera caer de rodillas adorando a un judío ajusticiado en un patíbulo.

El Imperio Romano ha sido el imperio más poderoso que ha conocido la Historia. El dominio universal de Roma duró 1.200 años. Pues bien, en el momento cumbre de su poderío, no sólo no pudo evitar que se extendiera el cristianismo, sino que a pesar de sus diez sangrientas persecuciones -que duraron, con altibajos, 249 años y en las que murieron más de 100.000 mártires[3] -, había el cristianismo adquirido tanta fuerza que en el Edicto de Milán (febrero del año 313), el paganismo dejó de ser la religión oficial del Imperio Romano y se concedió la paz a la Iglesia.

Más tarde, el Emperador **Teodosio el Grande**, español de nacimiento, en el 380[4] constituyó el cristianismo en religión oficial del Imperio Romano. ¿No es esto maravilloso y único?

Y esto predicando una doctrina completamente opuesta a las pasiones

---

[1] Evangelio de SAN MATEO, **16**:18; **28**:20

[2] JESÚS MARTÍNEZ GARCÍA: *hablemos de la Fe, II,1.* Ed. Rialp. Madrid. 1992.

[3] En el año 1944 el sabio Profesor P. Luis Hertling, S.I. especialista en la Historia de la Iglesia de los primeros tiempos, publicó artículo en la revista de la Universidad Gregoriana de Roma, en el cual demuestra que el número de mártires de las persecuciones romanas, hasta el año 313, fue por encima de los cien mil (Daniel Ruiz: Acta de los Mártires, introducción, 3. Ed. BAC. Madrid)

[4] BERNARDINO LLORCA, S.I.: *Historia de la Iglesia Católica, 1º, 4ª, VII, 2, 1.* Ed. BAC . Madrid

humanas. La Iglesia Católica predica el perdón, el desprendimiento de los bienes materiales y la pureza de costumbres[1].

Hoy, «terminada la persecución sangrienta del comunismo, la hostilidad persiste por parte de ciertas mayorías parlamentarias y de muchos medios de comunicación que, a través de algunas leyes, de la prensa, del arte y de las pantallas de todo tamaño, inculcan a las multitudes cristianas y no cristianas criterios, valores y conductas diametralmente opuestas a las enseñanzas seculares de la IGLESIA. Y ésta, inexplicablemente, sobrevive, se purifica y se expande hoy como ayer»[2].

Con razón **León XIII** llama a la Iglesia, en su encíclica *Inescrutabili*, "Madre de la Civilización" pues no hay ninguna institución en el mundo, en el campo de la cultura, que merezca tanta gratitud de la Humanidad como la Iglesia Católica. Y **Fallmeyer:** "La Europa occidental es creación de la Iglesia latina"[3].

La abolición de la esclavitud comienza con la carta de **San Pablo** a **Filemón.** En aquel tiempo era inconcebible que alguien tratara a un esclavo como a un hermano, como recomienda **San Pablo.**

A partir del año 313, cuando el cristianismo pasa a ser la religión oficial del Imperio Romano, aparecen las primeras leyes a favor de los esclavos; y fue durante la Cristiandad de la Edad Media cuando la esclavitud que se había conocido hasta entonces fue dando paso a la servidumbre del sistema feudal.

No hay en el mundo **nada más grande** que la Iglesia Católica.

A pesar de las terribles persecuciones que ha padecido, en los casi dos mil años que lleva de existencia, siempre ha triunfado. No ha habido religión más perseguida, ni tampoco más victoriosa. Los grandes imperios y los crueles perseguidores han pasado, pero ella sigue en pie.

Es que **Cristo** le prometió que duraría hasta el fin del mundo, y que los poderes del infierno nunca podrían vencerla[4]. La Iglesia podrá ser combatida, pero jamás será vencida.

La promesa de la protección de **Cristo** se refiere no sólo de los enemigos externos, sino también de los internos, como serían las desviaciones doctrinales.

Muchos perseguidores de la Iglesia han afirmado que acabarían para siempre con ella. Sin embargo, ellos fueron los que acabaron; no la Iglesia. Lo mismo ocurrirá con todos los perseguidores del presente y del futuro.

Los emperadores romanos, **Nerón, Decio y Diocleciano,** martirizaron a miles de cristianos. Ellos tres están en la tumba, y el cristianismo sigue en pie dos mil años después.

---

[1] JOSÉ Mª RODRÍGUEZ IZQUIERDO, S.I.: *Valor apologético de la vida de la Iglesia.* Proyección , 38 (X,1963) 178-187

[2] ENRIQUE MORENO: *Jesús y su Iglesia, IV.* En INTERNET: .http://home.earthlink.net/~emoreno/jyli/jyli.htm

[3] TIHAMER TOTH: *Cristo y los cristianos, 3ª, II, 4.* Ed. Atenas. Madrid

[4] Evangelio de SAN MATEO, **1 6**:18; **2 8**:20

También **Hitler y Stalin** quisieron acabar con el catolicismo. Ellos están en la tumba, y la Iglesia Católica sigue en pie.

Lo mismo pasará con los que hoy combaten a la Iglesia en España. Todos ellos irán a la tumba y la Iglesia quedará en pie, pues **Cristo** ha prometido que ella durará hasta el fin de los tiempos; y contra Dios no puede nadie.

«Es aterrador contemplar que la mayoría de los hombres viven al margen de sus deberes religiosos. Muchísimos lo niegan con descaro; otros muchos lo olvidan.

» ¿Cuántos son los hombres que ponen a Dios en su sitio?

»¿Cuántos son los que le aman sobre todas las cosas, como manda el primer mandamiento?[1].

»La mayoría de los hombres no tienen para con Dios otra cosa que frialdad, apatía e indiferencia.

»Incluso se llega a combatir a Dios, a declararle abiertamente la guerra. Se intenta destronarlo y arrancarlo de las inteligencias y de los corazones. Se hace burla de Él y de sus leyes. Se le insulta y se le blasfema»[2].

El que odia a Dios le niega con los labios y le confiesa con el corazón; porque lo que no existe no se puede odiar. **Lenin** decía que él odiaba a Dios como a un enemigo personal[3].

En Rusia, después de 70 años de comunismo ateo en el poder,«persiste la fe religiosa de millones de seres contra quienes se ha usado toda suerte de métodos para arrancársela: muerte, prisión, Gulag, ucases, propaganda, educación y coacciones sociales y políticas en carreras, empleos y promociones»[4].

Solamente el 20% de la juventud se reconoce atea[5].

«La tercera parte de los ciudadanos de la URSS practican, en cierta medida, el cristianismo»[6].

Incluso **Stalin**, que ha sido uno de los más feroces perseguidores de la idea de Dios en nuestro tiempo, no pudo evitar el que se hiciera cristiano el número uno del Kremlin, **Georggi Malenkov**[7].

Y que su hija **Svetlana** se bautizara en 1962, a los 38 años de edad, y que dijera: «Cuando me hice mayor me di cuenta de que es muy triste vivir sin Dios en el corazón»[8]. Desde 1993 es religiosa en Italia[9].

Eduardo Shevardnadze, antiguo Ministro de Asuntos Exteriores de la URRS y ateo, como cualquier comunista, se ha convertido al cristianismo y se ha

[1] Evangelio de SAN MATEO, **22**:37s

[2] ANTONIO ROYO MARÍN, O.P.: *Dios y su obra, Apéndice, III, 6, nº 658.* Ed. BAC. Madrid. 1963

[3] CELSO COLLAZO: Revista GEO, 17 (VI-88) 126

[4] Revista ECCLESIA, 2354 (16-I-88) 5

[5] KOLOGRIVOF: *Suma Católica contra los sindiós, I, 2.* Ed. Litúrgica Española. Barcelona

[6] Revista ECCLESIA, 1546 (19-VI-1971) 37

[7] VITTORIO MESSORI: *Hipótesis sobre Jesús, IX, 9.* Ed. Mensajero. Bilbao, 1978

[8] Diario YA del 3-XI-84, pg.2 y del 12-X-87, pg.21

[9] Revista ECCLESIA, 2775 (10-II-96)

bautizado. Ha colocado en su despacho un icono de la Santísima Virgen[1].

Según el diario soviético *«Sovietsa Ya Kirghizia»* la persistencia de los sentimientos religiosos en la URSS comienza a ser un serio problema político. «La favorable acogida de la religión por parte de los comunistas y la juventud del Komsomol suscita particular inquietud»[2].

Ya en 1986 el Dr. **Luka Brajnovic** dijo: «A pesar de la propaganda ateísta generalizada, existe un renacimiento religioso, especialmente entre los jóvenes». El propio Director del Instituto del Ateísmo Científico de la Academia de Ciencias de Moscú, **Víctor Ivanovich Gorodash**, reconoce que «últimamente ha aumentado notablemente el número de creyentes con título universitario y académico. La gente joven cada vez se interesa más por las cuestiones religiosas. Las iglesias en nuestro país están frecuentadas por muchos jóvenes y personas cultas, signo evidente de que la fe religiosa, a los 70 años de la revolución de octubre, y contrariamente a todas las previsiones, no se ha apagado»[3]

Tatiana Gorisschewa, Catedrática de Filosofía en la Universidad de Leningrado, y militante del Partido Comunista ruso, se convirtió al catolicismo al conocer que Dios es Padre Perdonador.

Fue muy curiosa la foto que publicó ABC[4] en la que el ex-presidente de la URSS, **Mijail Gorbachov,** está besando a su esposa **Raisa,** recién fallecida, y sobre el cadáver de ella hay un icono de la Santísima Virgen. Este detalle indica la fe que lucía en el fondo de sus corazones, a pesar de los muchos años que este matrimonio vivió bajo el régimen comunista ateo.

Recientemente, en los años 1990-1991, **hemos visto derrumbarse** el comunismo en todas las naciones del Este Europeo, y resurgir la religión después de setenta años de persecución religiosa sangrienta en la Unión Soviética. Durante la revolución bolchevique fueron asesinados 200.000 religiosos[5].

Según **Curtois** en su libro *El libro negro del comunismo,* las víctimas directas del comunismo llegaron a ochenta y cinco millones[6].

En la guerra civil española (1936-39) de los «casi diez mil mártires» (pg. 193), «casi siete mil eclesiásticos y unos tres mil seglares» (pg.356) asesinados por los marxistas, doscientos veintinueve han sido beatificados por **Juan Pablo II**[7].

El 11 de marzo del año 2001 **Juan Pablo II** beatificó otros 233 nuevos mártires de la persecución religiosa del año 1936 en España.

Vicente Cárcel ha publicado una documentada historia de esta persecución.

---

[1] Revista ECCLESIA, 2623 (13-III-93) 17

[2] Diario YA del 19-I-82 pg.26

[3] Diario YA del 4-VI-86, pg.42

[4] ABC de Madrid del24-IX-99, pg.6

[5] Informe Oficial elaborado en Moscú el 27-XI-95. Revista ECCLESIA, 2766 (9-XII-95) 27

[6] S. CURTOIS: *El libro negro del comunismo. Crímenes, terror y represión.* Ed. Planeta. 1998.

[7] VICENTE CÁRCEL: *La gran persecución. Historia de cómo intentaron aniquilar a la Iglesia católica en España los socialistas, comunistas y masones, 76.* Ed. Planeta+Testimonio. Barcelona. 2000.

Todos estos mártires fueron asesinados por ser católicos. Ninguno luchó con armas contra nadie. Fueron testigos de la fe, pues sufrieron el martirio a causa de su fe. Otros fueron víctimas de una represión política y venganzas personales.

«La persecución religiosa fue anterior al 18 de julio de 1936, no sólo por la quema de iglesias y conventos en mayo de 1931, sino también por el asesinato de sacerdotes y religiosos en la revolución comunista de Asturias en octubre de 1934» (pg. 16).

»La prensa de aquellos años demuestra que quienes empezaron los atentados fueron los socialistas» (pg.17). «Los rojos pretendían descristianizar a España»: Cardenal Tarancón (pg.275).

La saña antirreligiosa de los milicianos llegó a aberraciones como fusilar la imagen del Sagrado Corazón del Cerro de los Ángeles en Madrid, y la exhibición pública de ataúdes abiertos con los esqueletos de las monjas salesas en Barcelona. Estas fotos las publicó la prensa mundial (pg.236).

Con la expulsión de los jesuitas Azaña «consiguió evitar la disolución de las órdenes religiosas entregando sólo a los jesuitas al paladeo de los masones», dijo el ministro republicano Claudio Sánchez Albornoz (pg.72).

El cardenal **Swiatek** arrestado por la KGB, encerrado en la prisión de Minsk y diez años de trabajos forzados en Siberia dice: **Stalin** eliminó el 90% de los sacerdotes[1]. Por orden de **Stalin** siete millones de ucranianos murieron de hambre, sólo por el hecho de ser católicos[2].

En la Rusia soviética se cerraron catorce mil templos[3].

En Moscú, sólo en un año, (1935), se imprimieron once millones de libros ateos[4].

Pero el comunismo no ha podido con la fe. Contra Dios, no puede nadie.

El 3 de Septiembre de 1997 se inauguró en Moscú la nueva catedral de El Salvador, en el mismo lugar donde estaba la que dinamitó **Stalin** en 1931 en su campaña contra la religión. La nueva catedral, copia perfecta de la antigua, se ha levantado en dos años y medio, mientras que la antigua se tardó en construir cuarenta y cuatro años[5].

«El gran error del marxismo fue creer que la actitud religiosa no era más que un fenómeno del medio. (...) Sin embargo, en setenta años, las nuevas condiciones del medio [en la Unión Soviética] no han podido hacer desaparecer el fenómeno religioso. (...) Porque no es del medio sino de las entrañas de la persona de donde procede el fenómeno religioso»[6].

2. No hay que confundir lo que llamamos la iglesia del pueblo (que es el templo, es decir, el lugar donde se reúnen los católicos para sus actos religiosos),

[1] Revista Proyección Mundial, 38(1995)62. México. D.F.

[2] Revista MIR, 6(1995)8 . Tijuana. México.

[3] TIHAMER TOTH: *Cristo y los cristianos, 3ª, III, 2.* Ed. Atenas. Madrid.

[4] TIHAMER TOTH: *Cristo y los cristianos, 3ª, IV, 6.* Ed. Atenas. Madrid.

[5] Boletín informativo del Vaticano en INTERNET del 4-IX-97

[6] JOSEPH MEURERS: *La fe hoy, XVIII.* Ed. Palabra. Madrid.

con la Iglesia Católica (que es el Pueblo de Dios formado por el conjunto de todos los católicos del mundo entero bajo la autoridad del Romano Pontífice)[1].

Los católicos formamos una gran familia porque, por la fe y el bautismo, hemos sido hechos hijos de Dios y hermanos de **Jesucristo**.

3. **Jesucristo** fundó una sola Iglesia: «*Habrá un solo rebaño y un solo Pastor*»[2]
Esta Iglesia es la Iglesia Católica, Apostólica y Romana.
Todas las demás Iglesias y religiones están equivocadas.
Unas, porque no reconocen al verdadero Dios -como el Budismo-; otras, porque se separaron de la Iglesia verdadera -como el Protestantismo-.

Debemos rezar por los no católicos, para que se conviertan, y ellos y nosotros nos unamos en la única y verdadera Iglesia de **Cristo** que es la Católica.

En el decreto del Concilio Vaticano II sobre el **ecumenismo**, en el que se dan normas a los católicos para que traten con comprensión y cordialidad a los hermanos separados, se dice que el deseo de unión no debe llevarnos a callar o disimular las discrepancias:
«Es totalmente necesario que se exponga con claridad toda la doctrina. Nada es tan ajeno al ecumenismo como el falso irenismo que pretendiera desvirtuar la pureza de la doctrina católica, y oscurecer su genuino y verdadero sentido»[3].

Por eso vamos a ver aquí las razones por las cuales creemos que la Iglesia Católica es la que **Cristo** fundó, mientras que las Iglesias Protestantes no reúnen las condiciones necesarias para ello. No con ánimo de ofender a los que son protestantes, sino con el deseo de exponer a todos la verdad.

Según el Primer Concilio de Constantinopla, celebrado el año 381, la Iglesia, tal como la fundó **Jesucristo,** tiene cuatro notas características, es decir, cuatro señales distintivas, que son cuatro propiedades esenciales que, todas juntas, son exclusivas y manifestativas de la verdadera Iglesia de **Jesucristo**.

Estas señales distintivas, estos atributos, son: unidad, santidad, catolicidad y apostolicidad[4].

4. Es decir, según la mente de **Cristo**, su Iglesia debe ser:

UNA: **Jesucristo** no fundó más Iglesia, que la que fundó sobre **San Pedro**: «*Tú eres **Pedro** y sobre esta piedra **(San Pedro)** edificaré mi Iglesia*»[5].
Jesucristo habla en singular, es decir, de una sola Iglesia.

[1] **Nuevo Catecismo de la Iglesia Católica, nº752**

[2] Evangelio de SAN JUAN, **10**:16

[3] Concilio Vaticano II: *Unitatis Redintegratio:* Decreto sobre el Ecumenismo, nº 11

[4] **Nuevo Catecismo de la Iglesia Católica, nº 811**

[5] Evangelio de SAN MATEO, **16**:18

En la lengua aramea, que **Jesús** hablaba, **Pedro** y piedra se dicen con la misma palabra: *Kefá*. **Jesús** hace un juego de palabras para expresar que **Pedro** es la piedra fundamental de su única Iglesia.

Como dice **San Jerónimo, Mateo** escribió en arameo, y en arameo *Kefá* significa roca. Se trata, naturalmente, de una piedra grande, de una roca; pues sobre una piedrecita no se puede edificar nada.

La autenticidad de estas palabras ha sido negada de diversas maneras por críticos protestantes. Pero recientemente el célebre teólogo protestante **Oscar Cullmann**, la ha confirmado de la manera más convincente[1]

«Nadie acepta hoy la teoría de la interpolación posterior, por su carácter semítico y porque aparece en todos los códices»[2].

Cristo cambió a **Pedro** su nombre de **Simón** por el de **Pedro**, piedra, roca *(kefá)* porque lo iba a hacer fundamento de su Iglesia. Cuando en la Biblia Dios cambia el nombre de alguien es porque esta mutación es efectiva de lo que el nombre significa[3].

Jesucristo quiere ser el único Pastor del único rebaño que es su Iglesia[4].

Este rebaño se lo entregó a **San Pedro** antes de partir de este mundo[5].

Y ya nos advirtió Él que todo reino desunido no subsistirá, se arruinará[6]; es decir, que si la Iglesia debe permanecer hasta el final de los siglos, debe permanecer una.

SANTA: Santificar -o dar la vida de gracia- fue el primer objetivo de la venida de **Cristo**[7], y por lo tanto santificar es el primer objetivo de la Iglesia[8], que lo hace por medio de los sacramentos.

Dice **San Pablo** que «***Cristo** amó a su Iglesia y se sacrificó por ella para santificarla..., para hacerla santa*»[9]. «***Cristo** nos eligió para que seamos santos*»[10]. «*Ésta es la voluntad de Dios, vuestra santificación*»[11]. El mismo **Jesucristo** dijo que Él había venido «*para que el mundo se salve*»[12]. «*He venido,* dice el Señor, *no para juzgar al mundo, sino para salvarlo*»[13].

Al enviar a sus Apóstoles por el mundo les dijo: «*Id y enseñad a todas las gentes, bautizándolas en el nombre del Padre y del Hijo y del Espíritu Santo, y*

---

[1] M. OSCAR CULLMANN: *San Pedro, discípulo, apóstol, mártir.* Ed. Delachaux et Nestlé. Pgs. 154ss

[2] JOSÉ ANTONIO SAYÉS: *Compendio de Teología Fundamental, 2ª, VII, 2, 1.* Ed. EDICEP. 1998.

[3] JUSTO COLLANTES, S.I.: *La Iglesia de la Palabra, 1º, 3ª, XII, 2, a.* Ed. BAC. Madrid. 1972

[4] Evangelio de SAN JUAN, **1 0**:16

[5] Evangelio de SAN JUAN, **2 1**:15ss

[6] Evangelio de SAN MATEO, **1 2**:25

[7] Evangelio de SAN JUAN, **1 0**:10; SAN PABLO: Carta a Tito, **3**:4-7

[8] **Nuevo Catecismo de la Iglesia Católica, nº 824**

[9] SAN PABLO: Carta a los Efesios, **5**:26s

[10] SAN PABLO: Carta a los Efesios, **1**:4

[11] SAN PABLO: Primera Carta a los Tesalonicenses, **4**:3

[12] Evangelio de SAN JUAN, **3**:17

[13] Evangelio de SAN JUAN, **1 2**: 47

enseñándoles a guardar todas las cosas que Yo os he mandado»[1]. *«Predicad a todas las criaturas: el que creyere y se bautizare, se salvará; pero el que no creyere, será condenado»*[2].

La Iglesia fundada para llevar los hombres a la gloria debe ser santa, porque el camino de la salvación es la santificación.

CATÓLICA: El nombre de **católica** se remonta a principios del siglo II[3]. La empleó **San Ignacio de Antioquía,** discípulo del apóstol **San Juan.**

«Católica» significa «universal»[4]: **Jesucristo** fundó su Iglesia para todos los hombres y para todos los tiempos: *«Predicad a todas las gentes»*[5], *«por todo el mundo»*[6], *«Yo estaré con vosotros hasta el fin de los tiempos»*[7].

Esto evidentemente supone que los Apóstoles tendrían sucesores, pues ellos, en su corta vida, ni podían predicar por todo el mundo y a todas las criaturas, ni iban a vivir hasta el fin del mundo.

APOSTÓLICA: La Iglesia verdadera tiene que entroncar con los Apóstoles, en quienes **Cristo** fundó su Iglesia[8]. A ellos dio su potestad: *«Yo os envío a vosotros»*[9], *«quien a vosotros oye a Mí me oye»*[10]

5. Evidentemente **Jesucristo** fundó su Iglesia para que permaneciera hasta el fin de los tiempos: *«Yo estaré con vosotros hasta la consumación de los siglos»*[11]

Esto quiere decir que la Iglesia fundada por **Cristo** es indefectible.

Durará hasta el último día, y permanecerá tal como fue constituida por **Cristo**. Si ella llegara a desaparecer, o si se transformara en otra distinta, la asistencia de **Cristo** habría faltado, o **Cristo** habría sido impotente.

Pues, bien, la Iglesia Católica es la única que tiene las cuatro señales distintivas que **Cristo** puso en su Iglesia.

6. La Iglesia Católica es **UNA** en su doctrina, en su gobierno y en sus sacramentos[12].

---

[1] Evangelio de SAN MATEO, 28:19

[2] Evangelio de SAN MARCOS, 16:15

[3] H. PINARD DE LA BOULLAYE, S.I.: *Jesús, luz del mundo, IV,3.* Ed. Razón y Fe. Madrid

[4] **Nuevo Catecismo de la Iglesia Católica, nº 830**

[5] Evangelio de SAN MATEO, 28:19

[6] Evangelio de SAN MARCOS, 16:15

[7] Evangelio de SAN MATEO, 28:20

[8] **Nuevo Catecismo de la Iglesia Católica, nº 863**

[9] Evangelio de SAN JUAN, 20:21

[10] Evangelio de SAN LUCAS, 10:16

[11] Evangelio de SAN MATEO, 28:20

[12] **Nuevo Catecismo de la Iglesia Católica, nº 815**

Unidad de fe: nuestro Credo es el mismo desde hace dos mil años.

Unidad de doctrina, creída unánimemente por los mil millones de católicos, de todas las razas, culturas, lenguas y regiones del mundo entero.

Unidad de gobierno, con una Cabeza Universal: el Romano Pontífice.

Unidad de sacramentos, que son exactamente los mismos para los católicos de todo el mundo.

Unidad de doctrina de todos los Obispos unidos al Papa.

Esta unidad no se rompe aunque algunos la abandonen.

La unidad está en los unidos a la **Cátedra de Pedro.**

La unidad en lo esencial no impide la variedad en lo accidental.

«Los hermanos separados, sin embargo, ya particularmente, ya sus comunidades y sus Iglesias, no gozan de aquella unidad que **Cristo** quiso dar a los que regeneró y convivificó en un cuerpo y en una vida nueva»[1].

«Estas Iglesias y comunidades eclesiales, por la diversidad de su origen, de su doctrina y de su vida espiritual, discrepan bastante, y no solamente de nosotros, sino también entre sí»[2].

La libre interpretación de la Biblia de los protestantes, lleva naturalmente a multitud de errores, herejías y a la desunión. De ahí que haya más de 2.000 denominaciones protestantes, catalogadas en el *Oxford University Press World Christian Encyclopedia*[3].

La interpretación individual de la Biblia lleva a un subjetivismo arbitrario que hace prácticamente imposible la unidad de doctrina.

Entre ellos reina un tremendo desbarajuste doctrinal sobre lo que hay que creer o no creer[4].

En cambio, el Magisterio de la Iglesia, lleva a la unión.

Esta unión de doctrina se lleva a cabo mediante la autoridad infalible del Papa y de los Concilios. Todos los Concilios son doctrina de la Iglesia; pero el Concilio Vaticano II es especialmente el Concilio de la Iglesia, porque hizo de la Iglesia el objeto central de sus deliberaciones.

Por lo mismo el Concilio Vaticano I fue el Concilio del Papa, Trento el de la Contrarreforma, Éfeso el de la Virgen y Calcedonia el de **Cristo**.

Las denominaciones protestantes son independientes unas de otras.

Los **Testigos de Jehová** se separaron de los Adventistas, y éstos de los Bautistas, y éstos de los Anglicanos.

Las Iglesias Protestantes de hoy vienen de **Lutero, Enrique VIII y Calvino**[5]

Hay muchísimas divisiones en la determinación de cuáles son los puntos fundamentales que hay que creer. No se ponen de acuerdo ni en el número de los sacramentos, ni en la eternidad del infierno , ni siquiera en la divinidad de

---

[1] Concilio Vaticano II: *Unitatis Redintegratio*: Decreto sobre el Ecumenismo, nº 3

[2] Concilio Vaticano II. *Unitatis Redintegratio*: Decreto sobre el Ecumenismo, nº 19

[3] JAMES AKIN del sitio en INTERNET: The Nazareth Apologetics, Bible and Theology Page

[4] ANTONIO ROYO MARÍN, O.P.: *La fe de la Iglesia, III, 29.* Ed. BAC. Madrid, 1979

[5] JOSÉ Mª CIURANA: *En busca de las verdades fundamentales, VI, D, c.* Ed. Bosch. Barcelona.1988. Breve pero excelente libro que responde acertadamente a su título.

Jesucristo[1].

Recientemente se ha despertado en el protestantismo un movimiento de unión, pues comprenden que **Cristo** estableció la unidad de su Iglesia.

Ha surgido en ambientes protestantes el deseo de un Magisterio que unifique la enorme disparidad de opiniones entre los protestantes.

Así se lo oí en una conferencia en El Puerto de Santa María, el 10 de Enero de 1998 al **P. Eduardo López Azpitarte, S.I.** Profesor de la Facultad Teológica de Granada.

Este movimiento suscitado en el protestantismo hay que agradecerlo a Dios, porque puede ser el camino eficaz para llegar a la unidad que **Cristo** pidió al Padre para su Iglesia[2]. El Concilio ha reconocido que es un movimiento «inspirado por el Espíritu Santo»[3]

Debemos orar mucho para que pronto sea una realidad el deseo de **Jesús**: que todos los que creemos en Él formemos *«un solo rebaño con un solo pastor»*[4].

En la Alta Iglesia Anglicana se cree que la Santísima Virgen es Madre de Dios, tienen imágenes de Ella en sus iglesias, y se le canta la misma Salve que los católicos.

Recientemente ha habido una aproximación entre católicos y luteranos.

El día 2 de noviembre de 1999 firmaron en Augsburgo, el Cardenal **Edward Cassidy**, en nombre de la Iglesia católica, y el obispo luterano **Christian Krause**, en nombre de la Federación Luterana Mundial, un documento conjunto sobre la doctrina de la justificación.

En él se dice en ANEXO, 2, c:

«c) La justificación tiene lugar sólo por gracia». Pero: «La obra de la gracia de Dios no excluye la acción humana».

Y en el texto de la DECLARACIÓN:

»27. En la interpretación católica también se considera que la fe es fundamental en la justificación. Porque sin fe no puede haber justificación.

»37. Juntos confesamos que las buenas obras, una vida cristiana de fe, esperanza y amor, surgen después de la justificación y son fruto de ella. (...) Tanto Jesús como los escritos apostólicos amonestan al cristiano a producir las obras del amor.

»38. Según la interpretación católica, las buenas obras, posibilitadas por obra y gracia del Espíritu Santo, contribuyen a crecer en gracia para que la justicia de Dios sea preservada y se ahonde la comunión en Cristo. Cuando los católicos afirman el carácter "meritorio" de las buenas obras, por ello entienden que, conforme al testimonio bíblico, se les promete una recompensa en el cielo. Su intención no es cuestionar la índole de esas obras en cuanto don, ni mucho menos negar que la justificación siempre es un don inmerecido de la gracia, sino poner el

---

[1] CAMILO CRIVELLI, S.I.: *El mundo protestante; Sectas, XVIII, 12.* Ed. Atenas. Madrid

[2] Evangelio de SAN JUAN, **1 7**:20ss

[3] Concilio Vaticano II: *Unitatis Redintegratio*:Decreto sobre el Ecumenismo, nº 4

[4] Evangelio de SAN JUAN, **1 0**:16

énfasis en la responsabilidad del ser humano por sus actos.

»40. La interpretación de la doctrina de la justificación expuesta en la presente declaración demuestra que entre luteranos y católicos hay consenso respecto a los postulados fundamentales de dicha doctrina»[1].

El Papa **Juan Pablo II,** en su tradicional cita dominical con los miles de peregrinos reunidos en la plaza de San Pedro, dijo de este documento: «Si bien la declaración no resuelve todas las cuestiones relativas a la enseñanza de la doctrina de la justificación, expresa un consenso sobre verdades fundamentales de esta doctrina»[2].

«La unidad de la Iglesia no excluye en ella una legítima diferenciación»[3].

«Dentro de la comunión eclesiástica existen, legítimamente, Iglesias particulares que gozan de tradiciones propias»[4], permaneciendo fieles al Magisterio de la Iglesia; pues ha habido algunas disensiones en el seno de la Iglesia que han producido rupturas de la comunión eclesial. «Los fieles deberían apartarse de los pastores que se desviaran»[5].

7. La Iglesia Católica es **SANTA** en su doctrina, en su moral, en sus medios de santificación -los sacramentos- y en sus frutos. No quiere esto decir que todos los católicos sean santos. Esto es imposible, dada la libertad humana[6].

La Iglesia condena la mala conducta de toda persona. Precisamente los malos, lo son por no cumplir lo que manda la Santa Iglesia Católica. No se puede atribuir a la Iglesia los pecados de los malos católicos. No es la fruta podrida caída de un árbol sino la madura que cuelga de sus ramas lo que manifiesta la bondad de ese árbol. «**Cristo** no fundó su Iglesia para reunir santos, sino para formarlos»[7].

Si para entrar en la Iglesia católica hubiera que ser santo, pocos podrían entrar.

Dice **San Cipriano**: «Aunque la cizaña aparece en la Iglesia (...) nosotros debemos procurar ser grano bueno, a fin de que cuando llegue el momento de recoger el grano bueno en los graneros del Señor, recibamos una recompensa apropiada»[8].

«En la historia de la Iglesia se entrecruzan luces y sombras. La Iglesia ha reconocido siempre que ella, a pesar de ser una comunidad santa, acoge en su seno a hombres pecadores. Todos los miembros de la Iglesia están sometidos a la tentación, a la infidelidad y al pecado»[9].

Los malos católicos no son malos por ser católicos, pues la Iglesia quiere que sean buenos.

---

[1] ZENIT: Boletín informativo del Vaticano en INTERNET, 2 de noviembre de 1999

[2] ZENIT: Boletín informativo del Vaticano en INTERNET, ZE980628-1

[3] JOSÉ ANTONIO SAYÉS: *La Iglesia de Cristo, 2ª, VI, 1, b.* Ed. Palabra. Madrid. 1999.

[4] Concilio Vaticano II: *Lumen Gentium,* Constitución Dogmática sobre la Iglesia,nº 13.

[5] JOSÉ ANTONIO SAYÉS: *La Iglesia de Cristo, 2ª, VI, 4.* Ed. Palabra. Madrid. 1999.

[6] JOSÉ ANTONIO LABURU, S.I.: *La Iglesia en los momentos actuales, II.* EAPSA. Madrid.

[7] PINARD DE LA BOULLAYE, S.I.: *Jesús, viviente en la Iglesia, VI,6.* Ed, FAX. Madrid.

[8] SAN CIPRIANO: *Epístola LIV, nº 3.* Migne Latino, IV, 344.

[9] Conferencia Episcopal Española: *Ésta es nuestra fe, 1ª, IV, 2.* EDICE. Madrid 1986.

«La finalidad de la Iglesia es hacer santos»[1], por eso los que han vivido la plenitud del catolicismo han sido unos santos, unos héroes, unos bienhechores de la humanidad. Basta citar nombres como **San Vicente de Paúl, San Raimundo de Peñafort, San Pedro Nolasco, San Pedro Claver, San Juan de Dios, San Juan Bosco ...,** y tantos otros miles de santos que la Iglesia venera en los altares. La Iglesia Católica es admirable por la grandeza de sus santos, el celo de sus misioneros, y el heroísmo de sus mártires.

La Iglesia Católica es la institución del mundo que, a lo largo de la historia, ha hecho más obras de caridad (asilos de ancianos y huérfanos, atención a enfermos y leprosos,etc.), y ha tenido más personas que han consagrado su vida totalmente a Dios (sacerdotes y religiosas), y ha ofrecido más sangre por amor a **Cristo** (centenares de miles de mártires).

No negamos que pueda haber **protestantes virtuosos** de buena fe, porque los hay ; pero el principio protestante de que las buenas obras no son necesarias para salvarse, lleva, naturalmente, al indiferentismo y frialdad religiosa.

Los protestantes dicen que la Iglesia Católica se corrompió a partir de **Constantino** hasta que llegó **Lutero** con su reforma.

A parte de que esto no es cierto, aun admitiendo defectos en elementos de la Iglesia, si fuera verdad que la Iglesia Católica dejó de ser la verdadera Iglesia de **Cristo,** entonces Él hubiera faltado a su promesa: *«Yo estaré con vosotros hasta el fin de los tiempos, y las puertas del infierno no prevalecerán»*[2].

La promesa de **Cristo** garantiza que la Iglesia no puede fallar cuando señala el camino de la salvación.

Cristo no dijo que en su Iglesia no habría defectos, sino que vencería al MAL. El MAL no podría contra ella.

8. La Iglesia Católica es **UNIVERSAL**, no tiene fronteras, está abierta a todos los hombres. Su mensaje de salvación se dirige a todas las gentes.

«El primero en aplicar el adjetivo de «**católica**» a la Iglesia, al principio del siglo II, fue **San Ignacio de Antioquía**»[3].

La Iglesia Católica se ha extendido por todas las regiones de la Tierra.

El catolicismo es practicado por gente de todas las razas y de todas las nacionalidades. En el Concilio Vaticano II (1962-1965) se reunieron más de dos mil quinientos Obispos de cien nacionalidades distintas[4] .No hay lugar en el mundo donde no haya alguna obra de arte o símbolo del catolicismo.

Para pertenecer a la Iglesia Católica no es necesario ser de un determinado pueblo, civilización, raza o clase social. En la Iglesia Católica no hay razas, ni «color», ni naciones, ni partidos, ni clases sociales.

La Religión Católica es la más universal. Está a la cabeza de todas las religiones del mundo.Según la última estadística de la Iglesia Católica (I.C.I.A., Roma), ésta es la pertenencia a las religiones más numerosas:

---

[1] JOSÉ ANTONIO SAYÉS: *Razones para creer, XI, 2.* Ed. Paulinas. Madrid. 1992.

[2] Evangelio de SAN MATEO, **16**:18; **28**:20

[3] JOSÉ ANTONIO SAYÉS. *Compendio de Teología Fundamental, 2ª, VIII, 3.* Ed. EDICEP.1998.

[4] Revista ECCLESIA, 1111(27-X-62)

Católicos:	1.000 millones
Musulmanes:	920 "
Hindúes:	705 "
Protestantes:	669 "
Budistas:	323 "
Confucianos:	321 "
Ortodoxos:	200 "
Judíos:	18 "

De los seis mil millones de habitantes de la Tierra[1], el 18% son católicos.

En Europa asciende al 40%, y en América del Sur al 89%[2].

«La Iglesia Católica no está todavía suficientemente implantada en todos los pueblos de la Tierra.

La voluntad de **Cristo** es, sin embargo, que se establezca en ellos para que todos los hombres y mujeres de todos los pueblos tengan acceso a la salvación. Por eso la Iglesia tendrá que ser siempre misionera, y todos los cristianos están obligados a colaborar en esta acción misionera evangelizadora de la Iglesia»[3].

Las Iglesias protestantes son de escasas proporciones comparadas con la Iglesia Católica. Una Iglesia pequeña no puede ser la verdadera Iglesia de **Cristo**.

9. La Iglesia Católica es **APOSTÓLICA**, tiene sus raíces en los Apóstoles. El Papa -nuestro Jefe- entronca en perfecta y jamás interrumpida concatenación con **San Pedro** -Jefe de los Apóstoles-.

Los Papas han sido legítimamente elegidos por la Iglesia con la garantía de su fidelidad a la fe recibida de los Apóstoles[4].

El Papa es el legítimo sucesor de **San Pedro**.

El **Cardenal John Newman** († 1890), que era protestante, se convirtió al catolicismo al estudiar a fondo este punto.

En cambio, el protestantismo nació con **Lutero** 1500 años después de **Cristo**. **Martín Lutero** nació en Eisleben, pequeña ciudad de Turingia, el 10 de noviembre de 1483. Murió el 18 de febrero de 1546 en su ciudad natal.

Herejías ha habido siempre. Pero han sido independientes unas de otras.

Aunque algunas hayan coincidido en algunos de sus errores, no por eso han dejado de ser independientes entre sí.

Basta estudiar su historia para ver que no han tenido unidad en su doctrina, ni continuidad en su gobierno, ni han formado una sola comunidad en el tiempo. En lo único en que coinciden todas es en haberse separado de la verdadera doctrina de **Cristo**, y de la autoridad del legítimo sucesor de **San Pedro**.

En la historia de la Iglesia Católica hay célebres predicadores de los siglos I y II,

[1] Diario ABC de Madrid del 12-VII-98, pg.90

[2] Diario YA del 10-VI-92, pg. 21

[3] Conferencia Episcopal Española: *Ésta es nuestra fe, 2ª, I, 9, 2*, Ed. EDICE. Madrid, 1986

[4] YVES CONGAR: *Propiedades esenciales de la Iglesia, IV, I, 2.* Mysterium Salutis, IV, I. Ed. Cristiandad. Madrid 1973

como **Clemente Romano** (año 96), **Ignacio de Antioquía** (año 107), **Policarpo de Esmirna** (año 110), **Ireneo de Lyon** (año 185), etc. . Ninguna Iglesia protestante puede presentar documentación de su presencia en aquellos primeros siglos del cristianismo.

Voy a poner aquí el nombre, el lugar de origen, el fundador y la fecha de las principales Iglesias Protestantes:

NOMBRE	ORIGEN	FUNDADOR	AÑO
Luteranos	Alemania	Martín Lutero	1517
Anglicanos	Inglaterra	Enrique VIII	1534
Presbiterianos	Escocia	Juan Knox	1560
Bautistas	Amsterdam	Juan Smyth	1605
Episcopalianos	EE.UU.	S. Seabury	1785
Metodistas	Oxford	J. Wesley	1739
Mormones	EE.UU.	José Smith	1830
Adventistas	EE.UU.	William Miller	1860
Teosofismo	EE.UU.	Blavatski-Steel	1875
Testigos de Jehová	EE.UU.	Carlos Russell	1879

El Cisma de Oriente se consumó en 1054 por obra de **Cerulario** que murió en 1058. La había iniciado **Focio,** Patriarca de Constantinopla, en el año 863. **Focio** murió el año 897. Quisieron establecer en Constantinopla el Primado de la Iglesia al trasladar allí su corte **Constantino.**

10. Si la Iglesia Católico-Romana **es la única** que tiene estas señales distintivas de unidad, santidad, catolicidad y apostolicidad[1], ella será la única realmente fundada por **Cristo**.

Ahora bien, **Cristo** fundó su Iglesia sobre **Pedro**, como piedra fundamental. Si **Pedro** es el fundamento, él debe vivir en sus sucesores.

El fundamento no puede desaparecer sin que se derrumbe el edificio que soportaba. El tiempo que dure la Iglesia será igual al tiempo que ella permanezca sobre su fundamento[2].

Por eso dijo **San Ambrosio**: «Donde esté **Pedro**, ahí está la Iglesia de **Cristo»**[3] . «Lo que **Cristo** instituyó en el **Apóstol Pedro**, es menester que dure perpetuamente en la Iglesia»[4]. Ese fundamento es la **autoridad**.

Una sociedad sin autoridad se desintegra. «Sin autoridad se frustra la sociedad»[5] .«La autoridad es un elemento esencial en toda sociedad; la cual, sin

---

[1] **Nuevo Catecismo de la Iglesia Católica, nº 870**

[2] CHARLES BOYER, S.I.: *Razones de ser católico, V, 3s.* Ed. Mensajero. Bilbao

[3] MIGNE: *Patrología Latina, XIV, 1082*

[4] DENZINGER: *Magisterio de la Iglesia, nº 1821.* Ed. Herder. Barcelona.

[5] BALTASAR PÉREZ ARGOS, S.I. *Política básica, 1ª, II, 1.* Ed. Fe Católica. Madrid.

ella, se desmorona y acaba por desaparecer en la anarquía»[1]. Todo grupo, para subsistir, necesita organizarse.

Y toda organización necesita una autoridad al servicio del bien común[2].

La autoridad da unidad, cohesión y eficacia a todo grupo humano[3].

Dice **Ortega y Gasset**: «sin alguien que mande, y en la medida que ello falte, reina en la humanidad el caos»[4]. (...) «Obedecer no es envilecerse, sino, al contrario, estimar al que manda y seguirlo solidarizándose con él»[5].

«Toda sociedad se compone de un conjunto de seres racionales y libres que de una manera estable, y bajo la dirección de una autoridad, se propone la realización de un fin. En toda sociedad es necesaria la autoridad que la dirija para poder conseguir el fin para el cual fue constituida. Puesto que Dios ha creado a los hombres sociables por naturaleza, y como ninguna sociedad puede subsistir sin autoridad que la dirija al bien común, esta autoridad emana de la naturaleza, y por la tanto viene de Dios»[6].

A **Pedro, Jesús** le hace fundamento dándole una autoridad suprema, universal y plena[7]:

«Lo que ates en la Tierra quedará atado en el cielo»[8]. «El poder de atar y desatar es una metáfora que significa poder de mandar, permitir o prohibir. Es el poder de legislar»[9].«"Atar y desatar" es una fórmula rabínica que denota poderes autoritarios de dar leyes o dispensar de ellas, y manifiesta poderes autoritativos de gobierno y organización»[10].

Dijo también **Jesucristo:** *«Yo te daré las llaves del Reino de los cielos»*[11]

La entrega de llaves es signo de transmisión de poder[12] y autoridad[13].

Por eso en el cuadro de la rendición de Breda de **Velázquez**, el Príncipe holandés **Justino de Nassau,** entrega las llaves de la ciudad al general español **Marqués de Spínola.**

Igualmente en el cuadro de la Rendición de Granada de **Pradilla,** el rey moro **Boabdil** está también entregando las llaves de Granada a los Reyes Católicos.

El símbolo de la rendición es la entrega de las llaves: es transmisión de autoridad. Las ciudades antiguas estaban rodeadas de murallas, y las llaves de la puerta estaba en poder de la autoridad.

Los protestantes, como rechazan la autoridad del Papa, dicen que este pasaje

---

[1] JOSÉ Mª CIURANA: *En busca de las verdades fundamentales, VI, E.* Ed. Bosch. Barcelona. Breve pero excelente libro que responde acertadamente a su título.

[2] *Con vosotros está, 3ª, XLVI.* Madrid, 1976

[3] **Nuevo Catecismo de la Iglesia Católica, nº 1919**

[4] JOSÉ ORTEGA Y GASSET: *La rebelión de las masas, 2ª, XIV, 1, 4.* Ed. Espasa Calpe. Madrid.

[5] JOSÉ ORTEGA Y GASSET: *La rebelión de las masas, 2ª, XIV, 4.* Ed. Espasa Calpe. Madrid.

[6] JOSÉ Mª CIURANA: Revista ROCA VIVA, 318 (I-95) 6ss

[7] Concilio Vaticano II: *Lumen Gentium:* Constitución Dogmática sobre la Iglesia, nº 22

[8] Evangelio de SAN MATEO, **18**:18

[9] JESÚS MARTÍNEZ GARCÍA: *Hablemos de la Fe, II,5.* Ed. Rialp. Madrid. 1992.

[10] ERNESTO BRAVO, S.I.: *Esto es ser cristiano, V.* Ed. Fe Católica. Madrid. 1973.

[11] Evangelio de SAN MATEO, **16**:19

[12] **Nuevo Catecismo de la Iglesia Católica, nº 553**

[13] JUSTO COLLANTES, S.I.: *La Iglesia de la Palabra, 1º, 3ª, XIII, 2, b.* Ed. BAC. Madrid. 1972

es una interpolación. Pero «esta teoría no es válida porque este texto del primado de **Pedro** no falta en ninguno de los 4.000 códices anteriores al siglo IX; ni en los códices de las versiones hechas durante los primeros siglos, ni en la primera "Armonía Evangélica" de Taciano (70), ni en los Padres de la Iglesia anteriores al siglo IV. Además en la antigua iconografía cristiana y en la liturgia siempre se representa a Pedro con las llaves, alusión clara del texto de Mateo»[1].

Cristo ha hecho a la Iglesia jerárquica, no democrática[2] .La Iglesia es una sociedad organizada jerárquicamente, por el mismo **Cristo**[3] .El poder de los jerarcas no proviene de la comunidad de los fieles. Afirmar lo contrario es herético[4]

«Mientras en la sociedad civil todo es opinable y discutible, en la Iglesia, en las verdades fundamentales, no es posible la libre opinión, puesto que hay que sujetarse a la doctrina revelada»[5] . Como dijo **Juan Pablo II** el 20 de noviembre de 1998: «La verdad revelada no es el producto de una Iglesia democrática, sino que es un don que viene de "lo alto", de Dios»[6].

Hoy algunos quieren acomodar la doctrina católica a «los signos de los tiempos». Pero los «signos de los tiempos» no son Fuente de Revelación, sino consecuencia de las opiniones de los hombres; por eso debe ser al contrario: hay que examinar «los signos de los tiempos» a la luz de la Revelación para ver si son aceptables o no. «No se puede sustituir el mensaje divino por palabras humanas, por muy sabias que éstas sean. Pretenderlo ha dado origen a muchas herejías»[7] .

La Iglesia de **Cristo** ha de durar hasta el fin de los siglos tal como Él la instituyó[8] , por lo tanto también el Pontificado -que es su fundamento- durará hasta entonces. Luego allí se encuentra la verdadera Iglesia de **Cristo**, donde se encuentre este Sumo Pontificado. Este Pontificado sólo se encuentra en los Papas de la Iglesia Católica. Durante casi dos mil años, hasta el Papa actual, tenemos los católicos una serie de más de doscientos sesenta Papas legítimos sucesores de **San Pedro. Juan Pablo II** hace el 268. En algún momento conflictivo hubo «antipapas», pero enseguida se recuperó la línea legítima. ¿Qué sociedad hay en el mundo que tenga esta antigüedad, esta tradición, esta unidad?

El Primado de **Pedro** es dogma de fe. Está definido en el Concilio Vaticano I.

Cristo instituyó en **Pedro** un principio perpetuo de unidad y fundamento visible de la Iglesia[9] .

Los protestantes **no tienen papado** luego no están en la Iglesia fundada por **Jesucristo.** Están engañados: unos sabiéndolo y otros sin saberlo; pero equivocados. **Cristo** está donde está **Pedro;** y hoy **Pedro** está en el Papa de Roma.

---

[1] INTERNET en CHURCH-FORUM: *Doctrina cristiana.* www.churchforum.org.mx/INFO

[2] BERNARDO MONSEGÚ,C.P.: *La Iglesia que Cristo quiso, VII,5; VIII,5; IX.* Ed.Roca Viva. Madrid.

[3] DENZINGER: *Magisterio de la Iglesia, nº 966s.* Ed. Herder. Barcelona.

[4] DENZINGER: *Magisterio de la Iglesia, nº 1502.* Ed. Herder. Barcelona.

[5] JOSÉ Mª CIURANA: Revista ROCA VIVA, 318 (I-95) 6ss

[6] ZENIT: Boletín informativo del Vaticano en INTERNET, ZS98112006.

[7] BERNARDO MONSEGÚ, C.P.: *La Iglesia que Cristo quiso, I, 7.* Ed. Roca Viva. Madrid.

[8] Evangelio de SAN MATEO, **28**:20

[9] DENZINGER: *Magisterio de la Iglesia, nº 1821ss.* Ed. Herder. Barcelona.

37,10

Enseñar otra cosa es error o mala voluntad.

El Sínodo General de la Iglesia Anglicana, reunido en Londres del 13 al 15 de febrero de 1985, ha aprobado por mayoría absoluta (238 votos a favor, 38 en contra y 25 abstenciones) el informe final sobre la unidad con los católicos en el que se reconoce al Papa como cabeza suprema de las dos Iglesias[1].

Y **Robert Runcie**, Arzobispo anglicano de Canterbury, con ocasión de su visita al **Papa Juan Pablo II**, en septiembre de 1989, dijo: «Empezamos a reconocer en el Papa al Primado de Pedro»[2].

LONDRES, 12 mayo 1999 (ZENIT).- La capital de Inglaterra fue testigo esta mañana de un nuevo paso en el diálogo entre católicos y anglicanos sobre el decisivo tema del ejercicio de la autoridad en la Iglesia.

En la histórica abadía de Westminster, se presentó un nuevo documento elaborado por la Comisión mixta internacional de católicos y anglicanos.

Al presentar el texto que lleva el significativo título de «El don de la autoridad», los dos presidentes de la Comisión, el obispo católico de Arundel and Brighton y el anglicano de Birmingham subrayaron el significado simbólico de este gesto que tiene lugar en una abadía que se remonta a una época anterior a las divisiones, con el deseo de que este documento contribuya a superarlas.

El documento llega a encontrar un acuerdo en lo que se refiere a la autoridad del obispo de Roma.

El texto de la comisión presentado en Westminster constituye una consecuencia «del reconocimiento del primado del obispo de Roma»[3].

LONDRES, 13 mayo 1999 (ZENIT).- **George Carey**, arzobispo de Canterbury, la máxima autoridad de la Iglesia de Inglaterra, ha acogido positivamente el documento «El don de la autoridad» (*«The Gift of Authority»*), en el que representantes católicos y anglicanos reconocen el primado del obispo de Roma sobre las Iglesias cristianas[4]

Precisamente la razón por la cual la Basílica Vaticana en Roma se construyó ahí, fue porque debajo está la tumba de **San Pedro**.

Son interesantísimos los estudios realizados para la identificación científica de la tumba y de los restos de **San Pedro**[5]. Los arqueólogos han encontrado la tumba y los huesos de **San Pedro**.

Sobre este tema yo he hecho un vídeo: *La tumba de San Pedro en el Vaticano. Identificación científica de la tumba y de los restos de San Pedro en una necrópolis bajo la Basílica Vaticana*[6].

Para hacer este vídeo he estado un mes en Roma hablando con los

---

[1] Revista ECCLESIA, nº 2210 (23-II-85) 28 Diario YA del 22-IX-89, pg. 16. Revista ECCLESIA, 2210 (23-II-85) 28

[2] Diario YA del 22-IX-89, pg. 16

[3] ZENIT: Boletín Informativo del Vaticano en INTERNET del 12-V-99 (ZS99051207)

[4] ZENIT: Boletín Informativo del Vaticano en INTERNET del 13-V-99 (ZS99051303)

[5] JORGE LORING, S.I.: *La Tumba de San Pedro*: Identificación científica de la tumba y los restos del Primer Papa de la Iglesia Católica

[6] Pedidos al autor: Apartado 2546. 11080-Cádiz. Tel.: (956) 222 838. FAX: (956) 229 450

arqueólogos y recogiendo documentación: ahí está la piedra fundamental sobre la que **Cristo** fundó su única Iglesia. El que está encima es su legítimo sucesor.

El que quiera estar en la Iglesia que **Cristo** fundó en **Pedro**, tiene que estar en la Iglesia Católica, dirigida por **Juan Pablo II**, el 268 legítimo sucesor de **San Pedro**.

Voy a poner aquí la lista de los 21 Concilios Ecuménicos celebrados por la Iglesia Católica a través de los siglos:

1º.- El Concilio de Nicea I se celebró el año 325
2º............................Constantinopla I..............381
3º............................Éfeso.............................431
4º............................Calcedonia......................451
5º............................Constantinopla II...........553
6º............................Constantinopla III...........680-81
7º............................Nicea II...........................787
8º............................Constantinopla IV..........869-70
9º............................Letrán I..........................1123
10º..........................Letrán II.........................1139
11º..........................Letrán III........................1179
12º..........................Letrán IV........................1215
13º..........................Lyón I.............................1245
14º..........................Lyón II............................1274
15º..........................Vienne (Francia)............1311-12
16º..........................Constanza.......................1414-18
17º..........................Ferrara-Florencia...........1438-45
18º..........................Letrán V..........................1512-17
19º..........................Trento.............................1545-63
20º..........................Vaticano I........................1869-70
21º..........................Vaticano II.......................1962-65

He aquí la lista de los Papas de la Iglesia Católica[1] :
Algunas listas no coinciden en el número de los Papas.

Se debe a que algunos murieron después de haber sido elegidos y antes de haber tomado posesión.

En unas listas están porque fueron elegidos, y en otras no porque no llegaron a tomar posesión.

Otro problema es el de Benedicto IX que abdicó dos veces y gobernó tres. Unos lo ponen una sola vez y otros tres.

Asunto desagradable es el de la **Papisa Juana**. Se trata de una una leyenda medieval[2] según la cual a **Juan VIII**, debido a sus modales afeminados[3] , el pueblo le llamaba «La Papisa».

---

[1] Gran Enciclopedia RIALP.

[2] LUDOVICO PASTOR: *Historia de los Papas, vol. 22, 1º, VIII.* Ed. Gustavo Gili. Barcelona. 1941.

[3] Diccionario de Ciencias Eclesiásticas, VI. Ed. Subirana. Barcelona.

1.- San Pedro (33-67)
2.- San Lino (67-76)
3.- San Cleto (76-88)
4.- San Clemnte, I (88-97)
5.- San Evaristo (97-105)
6.- San Alejandro I (105-115)
7.- San Sixto, I (115-125)
8.- San Telesforo (125-136)
9.- San Higinio (136-140)
10.- San Pío I (140-155)
11.- San Aniceto (155-165)
12.- San Sotero (165-175)
13.- San Eleuterio (175-189)
14.- San Victor I (189-199)
15.- San Ceferino (199-217)
16.- San Calixto I (217-222)
17.- San Urbano I (222-230)
18.-San Ponciano (230-235)
19.- San Antero (235-236)
20.- San Fabián (236-250)
21.- San Cornelio (251-253)
22.- San Lucio I (253-254)
23.- San Esteban I (254-257)
24.- San Sixto II (257-258)
25.- San Dionisio (259-268)
26.- San Felix I (269-274)
27.-San Eutiquiano (275-283)
28.- San Cayo (283-296)
29.-San Marcelino (296-304)
Sede Vacante (304-308)
30.-San Marcelo I (308-309)
31.- San Eusebio (309-310)
32.- San Melquiades (311-314)
33.-SanSivestre I (314-335)
34.- San Marcos (336)
35.- San Julio I (337-352)
36.- San Liberio (352-366)
37.- SanDámaso I (366-384)
38.- San Siricio (384-399)
39.- San Anastasio I (399-401)
40.- San Inocencio I (401-417)
41.- San Zósimo (417-418)
42.- San Bonifacio I (418-422)
43.- San Celestino I (422-432)
44.- San Sixto III (432-440)
45.- San León I (440-461)
46.- San Hilario (461-468)

47.- San Simplicio (468-483)
48.- San Félix III (483-492)
49.- San Gelasio I (492-496)
50.- San Anastasio II (496-498)
51.- San Símaco (498-514)
52.- San Hormisdas (514-523)
53.- San Juan I (523-526)
54.- San Félix IV (526-530)
55.- Bonifacio II (530-532)
56.- Juan II (532-535)
57.- San Agapito I (535-536)
58.- San Silverio (536- 537)
59.- Virgilio (537-555)
60.- Pelagio I (556-561)
61.- Juan III (561-574)
62.- Benedicto I (575-579)
63.- Pelagio II (579-590)
64.-San Gregorio I (590-604)
65.- Sabiniano (604-606)
66.- Bonifacio III (607)
67.- San Bonifacio IV (608-615)
68.-San Deodato I (615-618)
69.- Bonifacio V (619-625)
70.- Honorio I (625-638)
Sede vacante (639-640)
71.- Severino (640)
72.- Juan IV (640-642)
73.- Teodoro I (642-649)
74.- San Martín I (649-653)
75.-San Eugenio I (654-657)
76.- San Vitaliano (657-672)
77.- San Deodato II (672-676)
78.- Domino I (676-678)
79.- San Agatón (678-681)
80.- San León II (682-683)
81.- San Benedicto II (684-685)
82.- Juan V (685-686)
83.- Conón (686-687)
84.- San Sergio I (687-701)
85.- Juan VI (701-705)
86.- Juan VII (705-707)
87.- Sisinio (708)
88.- Constantino (708-715)
89.- San Gregorio II (715-731)
90.- San Gregorio III (731-741)
91.-San Zacarías (741-752)
92.- Esteban II (752)

93.- San Esteban III (752-757)
94.-San Paulo I (757-767)
95.- Esteban IV (768-772)
96.- Adriano I (772-795)
97.- San León III (795-816)
98.- Esteban V (816-817)
99.- SanPascual I (817-824)
100.- Eugenio II (824-827)
101.- Valentín (827)
102.- Gregorio IV (827-844)
103.- Sergio II (844-847)
104.- San León IV (847-855)
105.- Benedicto III (855-858)
106.-San Nicolás I (858-867)
107.- Adriano II (867-872)
108.- Juan VIII (872-882)
109.- Martín II (882-884)
110.- San Adriano III (884-885)
111.- Esteban VI (885-891)
112.- Formoso (891-896)
113.- Bonifacio VI (896)
114.- Esteban VII (896-897)
115.- Romano (897)
116.- Teodoro II (897)
117.- Juan IX (898-900)
118.- Benedicto IV (900-903)
119.- León V (903)
120.- Cristóbal (903-904)
121.- Sergio III (904-911)
122.- Anastasio III (911-913)
123.- Landón (913-914)
124.- Juan X (914-928)
125.- León VI (928)
126.- Esteban VIII (928-931)
127.- Juan XI (931-935)
128.- León VII (936-939)
129.- Esteban IX (939-942)
130.- Martín III (942-946)
131.- Agapito II (946-955)
132.- Juan XII (955-963)
133.- León VIII (963-964)
134.- Bendicto V (964-965)
135.- Juan XIII (965-972)
136.- Benedicto VI (973-974)
137.- Bendicto VII (974-983)
138.- Juan XIV (983-984)
139.- Juan XV (985)

140.- Juan XVI (985-996)
141.- GregorioV (996-999)
142.- Silvestre II (999-1003)
143.- Juan XVII (1003)
144.- Juan XVIII (1003-1009)
145.- Sergio IV (1009-1012)
146.- Benedicto VIII (1012-1024)
147.- Juan XIX (1024-1032)
148.- Benedicto IX, 1ª vez (1033-1044)
149.- Juan XX (1045)
150.- Benedicto IX, 2ª vez (1045)
151.- Gregorio VI (1045-1046)
152.- Clemente II (1046-1047)
153.- Benedicto IX, 3ª vez (1047-1048)
154.- Dámaso II (1048)
155.- San León IX (1049-1054)
156.- Victor II (1055-1057)
157.- Esteban X (1057-1058)
158.- Nicolás II (1059-1061)
159.- Alejandro II (1061-1073)
160.- San Gregorio VII (1073-1085)
161.- Victor III (1086-1087)
162.- Urbano II (1088-1099)
163.- Pascual II (1099-1118)
164.- Gelasio II (1118-1119)
165.- Calixto II (1119-1124)
166.- Honorio II (1124-1130)
167.- Inocencio II (1130-1143)
168.- Celestino II (1143-1144)
169.- Lucio II (1144-1145)
170.- Eugenio III (1145-1153)
171.- Anastasio IV (1153-1154)
172.- Adriano IV (1154-1159)
173.- Alejandro III (1159-1181)
174.- Lucio III (1181-1185)
175.- Urbano III (1185-1187)
176.- Gregorio VIII (1187)
177.- Clemente III (1187-1191)
178.- Celestino III (1191-1198)
179.- Inocencio III (1198-1216)
180.- Honorio III (1216-1227)
181.- Gregorio IX (1227-1241)
182.- Celestino IV (1241)
Durante dos años hubo SEDE VACANTE[1]
183.- Inocencio IV (1243-1254)
184.- Alejandro IV (1254-1261)

[1] RICARDO Gª VILLOSLADA, S.I.: *Historia de la Iglesia Católica, Edad Media, 2ª, VII, 2.* Ed. BAC.Mad.

185.- Urbano IV (1261-1264)
186.- Clemente IV (1265-1268)
Durante dos años hubo SEDE VACANTE[2]
187.- Gregorio X (1271-1276)
188.- Inocencio V (1276)
189.- Adriano V (1276)
190.- Juan XXI (1276-1277)
191.- Nicolás III (1277-1280)
192.- Martín IV (1281-1285)
193.- Honorio IV (1285-1287)
194.- Nicolás IV (1288-1292)
Durante dos años hubo SEDE VACANTE[3]
195.- San Celestino V (1294)
196.- Bonifacio VIII (1294-1303)
197.- Benedicto XI (1303-1304)
198.- Clemente V (1305-1314)
Durante dos años hubo SEDE VACANTE[4]
199.- Juan XXII (1316-1334)
200.- Benedicto XII (1334-1342)
201.- Clemente VI (1342-1352)
202.- Inocencio VI (1352-1362)
203.- Urbano V (1362-1370)
204.- Gregorio XI (1370-1378)
205.- Urbano VI (1378-1389)
206.- Bonifacio IX (1389-1404)
207.- Inocencio VII (1404-1406)
208.- Gregorio XII (1406-1409)
209.- Alejandro V (1409-1410)
Concilios de Pisa y Constanza[5]
210.- Martín V (1417-1431)
211.- Eugenio IV (1431-1447)
212.- Nicolás V (1447-1455)
213.- Calixto III (1455-1458)
214.- Pío II (1458-1464)
215.- Paulo II (1464-1471)
216.- Sixto IV (1471-1484)
217.- Inocencio VIII (1484-1492)
218.- Alejandro VI (1492-1503)
219.- Pío III (1503)
220.- Julio II (1503-1513)
221.- León X (1513-1521)
222.- Adriano VI (1522-1523)
223.- Clemente VII (1523-1534)

---

[2]RICARDO Gª VILLOSLADA, S.I.: *Historia de la Iglesia Católica, Edad Media, 2ª, VIII, 1.* Ed.BAC.Mad.
[3]RICARDO Gª VILLOSLADA, S.I.: *Historia de la Iglesia Católica, Edad Media, 2ª, VIII, 6.* Ed.BAC.Mad.
[4]RICARDO Gª VILLOSLADA, S.I.: *Historia de la Iglesia Católica, Edad Nueva, 1ª, II, 1.* Ed.BAC.Mad.
[5] RICARDO Gª VILLOSLADA, S.I.: *Historia de la Iglesia Católica, Edad Nueva, 1ª, VIII.* Ed.BAC.Mad.

224.- Paulo III (1534-1549)
225.- Julio III (1550-1555)
226.- Marcelo II (1555)
227.- Paulo IV (1555-1559)
228.- Pío IV (1559-1565)
229.- San Pío V (1566-1572)
230.- Gregorio XIII (1572-1585)
231.- Sixto V (1585-1590)
232.- Urbano VII (1590)
233.- Gregorio XIV (1590-1591)
234.- Inocencio IX (1591)
235.- Clemente VIII (1592-1605)
236.- León XI (1605)
237.- Paulo V (1605-1621)
238.- Gregorio XV (1621-1623)
239.- Urbano VIII (1623-1644)
240.- Inacencio X (1644-1655)
241.- Alejandro VII (1655-1667)
242.- Clemente IX (1667-1669)
243.- Clemente X (1670-1676)
244.- Inocencio XI (1676-1689)
245.- Alejandro VIII (1689-1691)
246.- Inocencio XII (1691-1700)
247.- Clemente XI (1700-1721)
248.- Inocencio XIII (1721-1724)
249.- Benedicto XIII (1724-1730)
250.- Clemente XII (1730-1740)
251.- Benedicto XIV (1740-1758)
252.- Clemente XIII (1758-1769)
253.- Clemente XIV (1769-1774)
254.- Pío VI (1775-1799)
255.- Pío VII (1800-1823)
256.- León XII (1823-1829)
257.- Pío VIII (1829-1830)
258.- Gregorio XVI (1831-1846)
259.- Pío IX (1846-1878)
260.- León XIII (1878-1903)
261.- San Pío X (1903-1914)
262.- Benedicto XV (1914-1922)
263.- Pío XI (1922-1939)
264.- Pío XII (1939-1958)
265.- Juan XXIII (1958-1963)
266.- Paulo VI (1963-1978)
267.- Juan Pablo I (1978)
268.- Juan Pablo II (1978-

11. Hoy vivimos tiempos de **ecumenismo** en los que todos ansiamos la unión de todos los cristianos en una sola Iglesia. Pero la unión con los protestantes, decía **Juan XXIII**, no puede venir del sacrificio de parte de la verdad, sino de un profundizar más en el conocimiento de la verdad. No podemos sacrificar un dogma de nuestro patrimonio doctrinal para buscar una unión engañosa[1].

La declaración sobre la libertad religiosa del Concilio Vaticano II advierte que no es lo mismo practicar una religión que otra. No todas son igualmente buenas, pues son contradictorias entre sí[2].

«Todos los hombres están obligados a buscar la verdad, sobre todo, en lo que se refiere a Dios y a su Iglesia, y, una vez conocida, abrazarla y practicarla»[3]. Dice el Concilio Vaticano I: «Nadie tiene causa justa para dejar la Iglesia Católica»[4].

«Aunque fuera de la Iglesia Católica pueda encontrarse parte de virtud y parte de verdad»[5], la «única y verdadera religión está en la Iglesia Católica»[6]. Aunque añade que todos los que han recibido el Bautismo y tienen fe en **Cristo**, de alguna manera también pertenecen a la Iglesia de **Cristo** en un sentido amplio. Pero en sentido estricto «la Iglesia de **Cristo** subsiste hoy en la Iglesia Católica»[7].

Ésta es la razón por la cual la Sagrada Congregación del Clero en su Directorio dice: «Propóngase los argumentos en favor de la doctrina católica con caridad a la vez que con la debida firmeza»[8].

Dice el Concilio que la **libertad religiosa** consiste en inmunidad de coacción[9] es decir, que a nadie se le puede imponer por la fuerza la práctica de una religión, ni tampoco impedírsela[10], ni en público ni en privado[11].

"El derecho a la libertad religiosa no es ni la permisión moral de adherirse al error, ni un supuesto derecho al error; sino un derecho natural

[1] JOSÉ Mª CIURANA: *En busca de las verdades fundamentales, VI,E.* Ed. Bosch. Barcelona. Breve pero excelente libro que responde acertadamente a su título.

[2] Concilio Vaticano II: *Dignitatis Humanae:* Declaración sobre la libertad religiosa, nº 36

[3] Concilio Vaticano II: *Dignitatis Humanae*: Declaración sobre la libertad religiosa, nº1. Nuevo código de Derecho Canónico, nº748, 1

[4] DENZINGER: *Magisterio de la Iglesia, nº1815. Sesión 3ª del 24,IV,1870.* Ed. Herder. Barcelona.

[5] Concilio Vaticano II: *Lumen Gentium*: Constitución Dogmática sobre la Iglesia, nº8

[6] Concilio Vaticano II: *Dignitatis Humanae:* Declaración sobre la Libertad Religiosa, nº1

[7] Concilio Vaticano II: *Lumen Gentium*: Constitución Dogmática sobre la Iglesia, nº8

[8] Sagrada Congregación del Clero: Directorio General de Pastoral Catequética, II, 27. Madrid.

[9] Concilio Vaticano II: *Dignitatis Humanae*: Declaración sobre la Libertad Religiosa, nº2. Nuevo Código de Derecho Canónico, nº748, 2

[10] **Nuevo Catecismo de la Iglesia Católica, nº 2106**

[11] **Nuevo Catecismo de la Iglesia Católica, nº 2137**

de la persona humana a la inmunidad de coacción exterior en materia religiosa"[1].

El hombre tiene derecho a practicar lo que él cree que es verdad.

Pero el ejercicio público de la religión, debe subordinarse al «justo orden público»[2], que consiste en la recta ordenación del bien común, en «la salvaguarda efectiva de los derechos de todos los ciudadanos..., el interés proporcionado por la auténtica paz pública..., y una adecuada tutela de la moralidad pública»[3].

Puede ser interesante mi vídeo *Las sectas desenmascaradas*[4].

12. La plenitud de los medios salvíficos se encuentra en la Iglesia Católica, pero algunos actos de los hermanos separados, pueden también producir la gracia[5]. En los hermanos separados se puede encontrar también virtud y parte de verdad[6]. Los católicos deben reconocer con gozo «los tesoros verdaderamente cristianos que, procedentes del patrimonio común, se encuentran en nuestros hermanos separados»[7].

«El cristiano, lejos de juzgar o de condenar a los que están fuera de la Iglesia, deberá ofrecerles su ayuda y su amor. Si él es feliz por encontrar la salvación dentro de la Iglesia, también está seguro que la bondad de Dios salva, por **Cristo**, a todas las almas generosas y de buena fe que, sin pertenecer visiblemente a la Iglesia, siguen lealmente los dictados de su conciencia»[8]. «Aquellos que con seriedad intentan en su corazón hacer todo lo que Dios exige de ellos no están excluidos de la esperanza de la vida eterna»[9].

Dice el Concilio Vaticano II: «El propósito divino de salvación abarca a todos los hombres: y aquellos que, ignorando sin culpa el Evangelio de **Cristo** y su Iglesia, buscan, sin embargo, a Dios con corazón sincero, y se esfuerzan, bajo el influjo de la gracia, por cumplir con obras su voluntad, conocida por el dictamen de la conciencia, ellos también, en un número que sólo Dios conoce, pueden conseguir la salvación eterna. La Divina Providencia no niega los auxilios necesarios para la salvación a los que, sin culpa por su parte, no llegaron todavía a un claro conocimiento de Dios y,

---

[1] **Nuevo Catecismo de la Iglesia Católica, nº 2108**

[2] Concilio Vaticano II: *Dignitatis Humanae*: Declaración sobre la Libertad Religiosa, nº3

[3] Concilio Vaticano II: *Dignitatis Humanae*: Declaración sobre la Libertad Religiosa, nº7

[4] Pedidos al autor: Apartado 2546. 11080-Cádiz. Tel.: (956) 222 838. FAX: (956) 229 450

[5] Concilio Vaticano II: *Unitatis Redintegratio*: Decreto sobre el Ecumenismo, nº3

[6] Concilio Vaticano II: *Dignitatis Humanae*: Declaración sobre la Libertad Religiosa, nº4

[7] Concilio Vaticano II: *Unitatis Redintegratio*: Decreto sobre el Ecumenismo, nº4

[8] Secretariado Pontificio para los no Cristianos: *Presentación de la Fe cristiana, nº32.* Ed.PPC. Mad

[9] RONALD LAWLER, O.F.M.: *La Doctrina de Jesucristo, XIII, 6, b.* Ed. Galduria, Jódar (Jaén)1986

sin embargo, se esfuerzan, ayudados por la gracia divina, en conseguir una vida recta»[1] . Es decir, que los no creyentes de buena fe, que siempre cumplieron con su conciencia, pueden salvarse.

Dice **Martins Veiga:** «Constituye una gran alegría pensar que hay mucha gente de buena voluntad que se salva sin pertenecer a la Iglesia. Sin embargo, no deja de ser un hecho doloroso el que haya tantos hombres que no conozcan ni vivan el misterio de la Iglesia en su integridad, porque sin ella nunca podrán alcanzar su plena y total realización en Dios»[2] .

La conocida frase «fuera de la Iglesia no hay salvación» se remonta a **Orígenes** y ha sido muy repetida. Incluso se ve incorporada en el Concilio IV de Letrán[3]. Pero hay que entenderla en su contexto. Va dirigida a los que conociéndola la rechazan[4]. No a los que inculpablemente no la conocen.

«Para comprender bien su significado quizás sea mejor decir: "Fuera de la Iglesia no hay **medio** de salvación"»[5] .

Pero «quienes sabiendo que la Iglesia Católica fue instituida por **Jesucristo** como necesaria, desdeñaran entrar o no quisieran permanecer en ella, no podrían salvarse»[6].

Con todo, para la salvación eterna, no basta estar en la Iglesia, hay que estar en gracia. «La Iglesia es medio de salvación, no causa»[7] .

13. **Los milagros** de hoy día son una prueba a favor de la Iglesia Católica. Agudamente dice **San Agustín:** Si en la Iglesia Católica hay milagros es porque es verdadera; y si no hay milagros, es enorme milagro que sin milagros haya creído en ella el Imperio Romano[8] .

El Concilio Vaticano I[9] afirma tres cosas de los milagros:

a) que son posibles,

b) que pueden ser conocidos con certeza,

c) que con ellos se prueba legítimamente el origen divino de la Religión Cristiana.

Desde 1882 funciona en Lourdes una Oficina de Comprobaciones Médicas. Hasta 1955 habían desfilado por esta Oficina 32.663 médicos. Esta Oficina acepta la inscripción de todo médico que lo solicite,

[1] Concilio Vaticano II: *Lumen Gentium:* Constitución Dogmática sobre la Iglesia, nº16

[2] AMÉRICO MARTINS VEIGA: *Creer hoy,VI, 3, 1.* Ed. Perpetuo Socorro. Madrid.

[3] DENZINGER: *Magisterio de la Iglesia, nº 430 (802)*

[4] JUSTO COLLANTES,S.I.: *La Iglesia de la Palabra,2º, 4ª, XVI, 3, b.* Ed. BAC. Madrid.

[5] RONALD KNOX: *El torrente oculto,XIV.* Ed. Rialp. Madrid.

[6] Concilio Vaticano II: *Lumen Gentium*: Constitución Dogmática sobre la Iglesia, nº14

[7] BERNARDO MONSEGÚ, C.P.: *La Iglesia que Cristo quiso, V, 7.* Ed. Roca Viva. Madrid.

[8] SAN AGUSTÍN: *La Ciudad de Dios, 1ª, XXII, 5.* ML, 41, 756s.

[9] DENZINGER: *Magisterio de la Iglesia, nº 3034.* Ed. Herder. Barcelona.

cualesquiera que sean sus creencias religiosas, nacionalidad, etc. De hecho los ha habido católicos, protestantes, judíos, hindúes, y hasta ateos racionalistas. En miles de casos han declarado que la curación fue inexplicable desde el punto de vista médico.

El enfermo fue examinado por los médicos antes y después de la curación. La existencia de la enfermedad tiene que constar antes de la curación con pruebas clínicas: radiografías, biopsias, encefalogramas, análisis bacteriales, etc., según lo demande la naturaleza de la enfermedad. Quedan excluidas de antemano todas las enfermedades que sean puramente nerviosas. Tiene que tratarse de enfermedades orgánicas, no puramente funcionales. La curación debe ser científicamente inexplicable, por no haberse aplicado tratamiento adecuado, instantánea y duradera. Se somete al enfermo a observación durante un año. Sólo entonces la Oficina de Comprobación afirma que la curación es inexplicable, científicamente hablando.

Por Lourdes han pasado trescientos millones de personas[1] . En los archivos de la Oficina Médica de Lourdes hay 3.184 expedientes de curaciones inexplicables por la Medicina. De éstos la Comisión Eclesiástica en 19 años de trabajo sólo ha aceptado cincuenta y cuatro casos como auténticos milagros [2]. No es que los demás no sean milagros. Es que la Iglesia es rigurosísima antes de declarar un hecho como milagroso, y un hecho milagroso auténtico puede no ser reconocido como tal por la Iglesia por falta de algún requisito. Dios no hace milagros para que sean comprobados científicamente, sino como respuesta a la oración de las personas que se lo piden con fe, aunque falten requisitos para una comprobación científica. El rigor de la Iglesia en aceptar hechos milagrosos nos debe dar confianza en los casos que la Iglesia acepta como milagros.

Es famoso el caso de la enferma **Marie Bayllie Ferrant**, que fue examinada por **Alexis Carrel**, Premio Nobel de Medicina.

Él mismo cuenta el caso en su libro *Viaje a Lourdes.*

Acompañaba por curiosidad una peregrinación de enfermos a Lourdes. Era escéptico. Entre los enfermos escogió a **Marie Bayllie** por parecerle que era el caso más desesperado. Llegó a decir: «Si esta enferma se cura, sería un milagro verdadero. Entonces yo creería». La enferma tenía peritonitis tuberculosa en último grado. Él mismo la había desahuciado como un caso perdido. Sin embargo en Lourdes, ante los ojos atónitos de **Alexis Carrel**, aquel abdomen voluminoso descendió instantáneamente a su volumen normal. Él examinó a la enferma y la encontró curada. Cumplió

[1] RENÉ LAURENTIN: *Lourdes, Crónica de u n misterio, Prólogo.* Ed.Planeta+Testimonio.Barna.´99

[2] JUAN LÓPEZ PEDRAZ, S.I.: *Cuando se está perdiendo la fe, 1ª, IX, 3.* Ed. Sal Terrae. Santander

su palabra. Se convirtió al catolicismo, y murió católico[1]. El doctor **Leuret**, Jefe de la Oficina Médica de Lourdes ha publicado un libro, traducido al español por la Editorial FAX titulado *Curaciones milagrosas modernas,* donde se narran varios casos con los nombres de los enfermos, reproducciones de las radiografías, etc., y las firmas de los médicos que certifican las curaciones inexplicables desde el punto de vista científico.

Voy a dar cuenta aquí de dos «hechos milagrosos» de los cuales tengo en mi poder acta notarial.

Miguel Juan Pellicer, de 23 años, labriego de profesión, regresando del campo, se cae del carro, una rueda le pasa sobre una pierna y se la tienen que cortar. Le ponen una «pata de palo», y así está dos años y medio pidiendo limosna en la puerta de la Basílica del Pilar de Zaragoza. Todo Zaragoza le conoce como el Cojo de Calanda. Calanda era su pueblo.

Él le pedía a la Virgen del Pilar que no quería ser mendigo toda su vida, y una mañana amanece con las dos piernas. Todo Zaragoza que le había visto durante dos años y medio con la pierna cortada y la «pata de palo», lo ve ahora con las dos piernas.

De esto hay acta notarial, firmada por veinticinco testigos. El original está en el despacho del Alcalde de Zaragoza. Cuando yo estuve en Zaragoza dando conferencias en la Parroquia de Santa Engracia, un día me fui al Ayuntamiento a ver este acta notarial, y el secretario del Alcalde, amablemente, me regaló una edición facsímil que tengo en mi poder.

Sobre este milagro ha escrito un libro titulado *El gran milagro* el conocido escritor italiano **Vittorio Messori.** En este libro dice los siguiente: «En total, las actas del proceso contienen un total de ciento veinte nombres, ilustres o humildes, entre jueces, notarios, procuradores, alguaciles, testigos "de prueba", testigos "de abonatorio", médicos, enfermeros, sacerdotes, posaderos, campesinos, carreteros...»[2].

Y más adelante: «Gracias a los trasuntos y protocolos, el milagro de Calanda aparece documentado con una seguridad tal que satisface incluso las exigencias de la crítica más exigente. (...) La inmensa mayoría de los hechos del pasado (incluso los más sobresalientes) están atestiguados con una certeza documental y unas garantías públicas mucho menores»[3].

Vittorio Messori contestó en una entrevista que le hizo **José Ángel Agejas** para el boletín informativo católico ZENIT en INTERNET:

«Quienes me conocen saben que yo soy un converso, que no nací cristiano. Desde que, tras haber estudiado en la universidad laica, en Turín, descubrí la fe, el cristianismo, siempre he tratado de razonar sobre el

[1] JUAN LÓPEZ PEDRAZ, S.I.: *Cuando se está perdiendo la fe, 1ª, IX,* Ed. Sal Terrae. Santander

[2] VITTORIO MESSORI: *El gran milagro, II,20.* Ed. Planeta+Testimonio. Barcelona. 1999.

[3] VITTORIO MESSORI: *El gran milagro, II,25.* Ed. Planeta+Testimonio. Barcelona. 1999.

Evangelio, de buscar los motivos de credibilidad de la fe. Pues bien, en esta investigación sobre las razones de la fe, me he ocupado también de los milagros, esos signos de credibilidad. Por ejemplo, he estudiado mucho, entre otros, los hechos de Lourdes. Me convencí así de que el Dios cristiano tenía un estilo, una estrategia: la de respetar la libertad de sus creaturas. Para decirlo con la expresión de **Pascal**, "el Dios cristiano da siempre suficiente luz para creer, pero deja suficiente sombra para dudar". Lo que significa que la fe no es una imposición, sino una propuesta, de modo que también en los milagros, Dios deja sitio para la duda, precisamente para respetar nuestra libertad, para no obligarnos a creer»[1].

Otro caso es de **Manuela Cortés Colmillo**, a quien yo conocí personalmente. Vivía en un cortijo cerca de El Puerto de Santa María, en Cádiz. No tenían luz eléctrica. Se alumbraban con candiles de carburo. Un día le reventó en las manos un candil y le quemó los ojos. Estuvo seis meses con los ojos «como los de una pescadilla frita» en frase de la familia. La trataba el **Dr. D. José Pérez-Llorca**. A los seis meses, ante una pregunta de la hija que acompañaba a la enferma, el doctor certifica que la ceguera era irreversible. Al volver a casa, ella desconsolada, le pide a la Virgen de Fátima: «Madre mía Santísima, tú que eres tan milagrosa, por mis nueve hijos, que yo vea». En ese instante recuperó la vista.

En un taxi se fueron a ver al médico. Éste, que a las doce del mediodía había diagnosticado ceguera irreversible, y a las tres de la tarde se le presenta la mujer con los ojos como nosotros, repetía: «Esto no tiene explicación».

De este hecho tengo un acta notarial donde firman treinta y dos testigos: hijos, nueras, yernos, vecinos y, sobre todo, el médico que la trató, **D. José Pérez-Llorca**, Miembro de la Real Academia de Medicina, Presidente de la Sociedad Oftalmológica Española, General Inspector del Cuerpo de Sanidad de la Armada. Este doctor, treinta años catedrático de oftalmología y uno de los más prestigiosos de España en Oftalmología Clínica, firmó ante notario: «Me quedé sorprendido de aquella repentina e inexplicable curación de aquella ceguera que yo acababa de diagnosticar irreversible».

También tengo copia del Acta notarial de **D. Leonardo Herrero Miranda** Notario de Picasent (Valencia) en que se narra la curación de la Hermana **Remedios Pagant Coloma**, a quien conocí personalmente. Al final, la firma del Notario va acompañada de la firma de veinte testigos.

En el texto de este Acta se dice «que a los 30 años tuvo un tumor en el

[1] ZENIT: Boletín informativo del Vaticano en INTERNET: (ZS99100704)

hígado con ictericia negra del cual sólo se salvan el 1% de los que la padecen. Sufrió cinco operaciones. La última fue para abrir y cerrar, pues el hígado estaba deshecho. No querían llevarla a Lourdes porque temían se muriera en el camino. El Arzobispo de Valencia **D. Marcelino Olaechea** dijo: «Estos son los enfermos que hay que llevar a Lourdes».

Por fin se decidieron a llevarla. En el camino entró en coma, asegurando que desde Sagunto a Lourdes no se enteró absolutamente de nada.

En el viaje iba con gotero y dos enfermeras continuamente a su lado para hacerse cargo del cadáver, porque esperaban la muerte de un momento a otro. Llevaban todos los papeles arreglados para poder trasladar el cadáver.

Al llegar a Lourdes le quitaron el gotero para poder meterla en la piscina. Nada más tocar con los pies el agua, vio como una luz y sintió como si le quitaran «diez arrobas de peso de encima, y como pasar de un morir a un resucitar». Son palabras textuales de ella. Inmediatamente se le quitaron los dolores que tenía desde hacía seis años. Dolores tan fuertes que a veces perdía el conocimiento y tenían que administrarle morfina y Pantopón. Llegando a tener a veces hasta 42 grados de fiebre.

La metieron en la piscina entre dos personas y salió sola por sus propias fuerzas. Se le quitó de repente la fiebre que en aquellos momentos era de 40 grados. Al salir tenía 36'5º de temperatura.

Inmediatamente pidió comer pollo, que hacía años que no lo probaba.

Desde aquel momento se encontró perfectamente hasta hoy, que a los 23 años de la curación, se encuentra ágil y sana. Trabaja de cocinera en un colegio. Del hígado jamás volvió a tener nada. Le han hecho 25 placas y no hay señal alguna de tumor.

La trataron durante seis años los catedráticos del Aparato Digestivo de Valencia, **Doctores. D. Francisco Gómez y D. Fernando Carbonell.**

El historial de este caso está en la Oficina Médica de Lourdes».

Los milagros **confirman** nuestra fe en **Cristo**, en la Virgen y en la Iglesia Católica.

14. Una confirmación de que la Iglesia Católica es la verdadera, es la cantidad enorme de convertidos que se han pasado al catolicismo desde el protestantismo y desde el ateísmo, después de un detenido estudio de la religión católica.

Por dar algunos nombres citaremos al célebre historiador **Ludovico Pastor,** a **Scott,** pastor protestante, que se convirtió al catolicismo como fruto de sus estudios bíblicos[1], y a **Enrique Shlier**, gran exégeta luterano alemán, discípulo de **Martín Heidegger, Karl Barth,** y **Rudolf**

[1] JUAN RIVAS, L.C.: *Fe y Evangelio, III.* Ed. Hombre Nuevo. P.O.Box 5445. Los Ángeles.EE.UU.

Bultmann, que es actualmente catedrático de Nuevo Testamento en la Universidad de Bonn (Alemania) y es un conocedor de **San Pablo** de los mejores del mundo. Su comentario a la Carta de los Efesios es el mejor que existe. Se convirtió al catolicismo estudiando la fe de la Iglesia Católica, y comprobar que es idéntica a la de los Padres de la Iglesia[1] . Fue recibido en la Iglesia Católica el 24 de Octubre ce 1953. Lo que le condujo a la Iglesia Católica fue «la imparcialidad de una leal investigación histórica»[2]

Del 2 al 9 de noviembre del 2000 se celebró en Roma el Jubileo de los convertidos a la Iglesia Católica. Participaron más de setecientos. Quinientos provenían del protestantismo y cien del anglicanismo[3].

Es notable el número de conversiones al catolicismo de anglicanos[4] .

Fue célebre la conversión al catolicismo de **John Henry Newman**. Era un culto ministro del anglicanismo que abrazó el catolicismo el 9 de octubre de 1845. Se ordenó sacerdote católico en 1847. **León XIII** lo nombró cardenal en 1879, y murió el 11 de agosto de 1890. En 1991 **Juan Pablo II** ha iniciado su beatificación[5]. También fue notable la conversión de los célebres escritores **Chesterton** y **Graham Greene,** y hasta la Duquesa de **Kent**, prima de la reina de Inglaterra, bautizada el 14 de enero de 1994 por el Cardenal **Hume**[6] .

También se han convertido recientemente al catolicismo dos ministros del gobierno británico: **John Gumer** y **Ann Widdecombe**[7] y el obispo anglicano de Londres, el **Dr. Graham Leonard**[8] . Un párroco anglicano de la localidad inglesa de Bath, **Michael Fountaine,** de 34 años de edad, se pasó al catolicismo con todos sus feligreses[9]

Lo mismo hizo **Leslie Hamlet,** Vicario Anglicano de St. John's Church de Stoke-on-Trent (Inglaterra), que se convirtió al catolicismo con todos sus feligreses[10] . A principios de 1991 se han convertido al catolicismo cuatro pastores protestantes[11] En octubre de 1996 el Cardenal **Hume** ordenó sacerdotes católicos a diez pastores anglicanos[12] .

Tras la decisión de la Iglesia anglicana de ordenar sacerdotes a mujeres,

[1] JOSÉ ANTONIO SAYÉS: *Razones para creer, III, 1.* Ed. Paulinas. Madrid. 1992.
[2] Revista 30 DÍAS, 93 (1995) 63
[3] ZENIT: Boletín del Vaticano en INTERNET, ZS00092608.
[4] Revista PALABRA, 241-242 (VIII-IX-1985)18; 243(X,1985)13.
[5] ZENIT: Boletín del Vaticano en INTERNET, ZS01021804.
[6] ABC de Madrid del 15-I-94. Pg.7.
[7] Revista ECCLESIA, 2675 (12-III-94) 24.
[8] ABC de Madrid del 27-IV-94. Pg.8.
[9] ABC de Madrid del 5-II-94. Pg. 67.
[10] Diario YA del 23-IX-83, pg. 4.
[11] Revista ECCLESIA, 2521, (30-III-91)17.
[12] ABC de Madrid del 19-X-96. Pg.69

más de un centenar de pastores anglicanos se han convertido al catolicismo y muchos de ellos han recibido la ordenación sacerdotal en el seno de la Iglesia católica. Entre ellos, se encuentra **Graham Leonard**, quien fue obispo de Londres de la Iglesia de Inglaterra y tercero en la jerarquía de la Iglesia anglicana[1].

«En un año, más de once mil anglicanos de Gran Bretaña han pedido entrar en la Iglesia Católica»[2]. «Se calcula que más de veinticinco mil anglicanos han pedido la admisión dentro de la Iglesia Católica. Entre ellos varios obispos y decenas de pastores anglicanos; algunos de ellos acompañados de la práctica totalidad de los fieles de sus parroquias»[3].

Recientemente se ha convertido al catolicismo **Charles Moore**, un converso ilustre, director del «*Daily Telegraph*» el diario con más difusión en el Reino Unido[4]

También es notable la conversión de **Herald Riesenfeld**, luterano sueco,[5] profesor de Nuevo Testamento de la Universidad de Úpsala[6], **Eric Peterson**, uno de los mejores conocedores de la Antigüedad Cristiana, y **Luis Bouyer**, Profesor del Instituto Católico de París y autor de varias obras exegéticas.

Recientemente se ha convertido al catolicismo el célebre escritor alemán **Ernest Jünger**. Dos años antes de su muerte, el 17 de febrero 1998 cuando ya tenía casi 103 años, el escritor alemán pasó de la Iglesia protestante a la católica. La fuente de esa noticia es el párroco de Wilflingen, el **P. Roland Niebel**, durante una conversación con **Heimo Schwilk**, un investigador que desde hace tiempo está preparando una biografía de **Jünger**. Para **Schwilk** el testimonio del párroco viene confirmado por la celebración en la Iglesia católica de los ritos fúnebres del escritor. Todavía no se conocen los motivos por los que tuvo lugar la conversión. Posiblemente la respuesta está en algunos diarios de **Jünger** que todavía no han sido publicados. (La República, 19/2/99)»[7].

38.- Jesucristo fundó la Iglesia Católica para comunicarnos por ella las ayudas necesarias para ser mejores y salvaros eternamente. Para ello la hizo depositaria de su doctrina y de todos los medios de salvación.

[1] ZENIT: Boletín informativo del Vaticano en INTERNET: ZE980604-3

[2] VITTORIO MESSORI: *Los desafíos del católico, V, 8.* Ed. Planeta+Testimonio. Barcelona 1997.

[3] Diario LA RAZÓN, 29-I-2000, pg,42.

[4] ZENIT: Boletín informativo del Vaticano en INTERNET: ZS00021706

[5] VITTORIO MESSORI: *Padeció bajo Poncio Pilatos, XXXVII.* Ed. Rialp. Madrid. 1994.

[6] Revista 30 DÍAS, 45(1991)pg.16.

[7] ZENIT: Boletín informativo del Vaticano en INTERNET del 20-II-99.

1. Dice la Carta a los Hebreos:«*Dios ha hablado a los hombres*»[1] .

«Dios quiso que lo que había revelado para la salvación de todos los pueblos se conservara para siempre íntegro, y fuera trasmitido a todos los tiempos»[2] . «La Revelación concluyó con los Apóstoles»[3].

La misión de la Iglesia es señalar el camino de la **salvación eterna** de los hombres por medio de la doctrina de **Cristo** y los sacramentos por Él instituidos.

Jesucristo estuvo en la Tierra pocos años. Para que su obra redentora pudiese continuar a través del tiempo, dejó una institución que cuidara de su doctrina, y ayudara a los hombres a conseguir la salvación eterna[4] . Como **San Pedro** y los Apóstoles iban a vivir un número limitado de años, para que la Iglesia durara hasta el final de los tiempos como **Cristo** prometió[5] ellos necesitaban tener sucesores.

Cristo dio a **San Pedro** autoridad para «*atar y desatar.* esto es, obligar en conciencia»[6] . «**Jesús** ha querido valerse de los hombres, como ministros suyos, para llevar adelante su obra redentora»[7] .

2. El hombre no puede conocer bien a Dios, si Dios no se manifiesta al hombre. A esta manifestación se le llama **Revelación**[8] . Por ejemplo, el dogma de la Santísima Trinidad el hombre sólo lo conoce por revelación[9] .

La Revelación es la manifestación que Dios ha hecho a los hombres de Sí mismo y de aquellas otras verdades necesarias o convenientes para la salvación eterna. «Al revelarse Dios a sí mismo quiere hacer a los hombres capaces de responderle, de conocerle y de amarle más allá de lo que ellos serían capaces por sus propias fuerzas»[10] .

«La revelación presupone los hechos y palabras exteriores, que percibimos por los sentidos, pero acontece fundamentalmente en el corazón del hombre. Los hechos exteriores necesitan de una luz interior; el mensaje que desde fuera nos es ofrecido necesita pulsar nuestro corazón con una fuerza que permita a nuestra libertad abrirse con alegría a sus

[1]: Carta a los Hebreos, **1** :1-3

[2] Concilio Vaticano II: *Dei Verbum:*Constitución Dogmática sobre la Divina Revelación, nº7

[3] JOSÉ ANTONIO SAYÉS: *Compendio de Teología Fundamental, 1ª, VIII, 4.* Ed. EDICEP. 1998.

[4] JOSÉ Mª CIURANA:*¿Cuál es la Iglesia verdadera?, I, E.* Ed. Bosch. Barcelona 1982.

[5] Evangelio de SAN MATEO, **2 8**:20.

[6] PINARD DE LA BOULLAYE, S.I.: *Jesús, viviente en la Iglesia, III, 1.* Ed. FAX. Madrid.

[7] MIGUEL PEINADO: *Exposición de la fe cristiana, 3ª, IV, 65.* Ed. BAC. Madrid. 1975.

[8] FELIPE CALLE, O.S.A.: *Razona tu fe, V.* Ed. Religión y Cultura. Madrid.

[9] RONALD A. KNOX: *El torrente oculto, Vi.* Ed. Rialp. Madrid.

[10] **Nuevo Catecismo de la Iglesia Católica, nº 52**

exigencias. Por ello la revelación tiene su expresión correlativa en la fe, que es igualmente don divino»[1] .

La doctrina revelada por Dios se encuentra en la Sagrada Escritura y en la Tradición, que nos ha transmitido las verdades de la fe oralmente.

No todas las verdades de la fe están en la Biblia. Algunas las conocemos sólo por la Tradición. Por ejemplo: todos sabemos que **Jesucristo** fue soltero, pero esto no está en ningún versículo de la Biblia.

Por eso el principio protestante de «sólo la Escritura» no es válido. Pues además esto supone que cada uno tiene su Biblia para poder leerla e interpretarla, y esto no fue posible para los cristianos durante 1.400 años, antes de inventarse la imprenta. La imprenta la inventó **Guttemberg** en 1450. Los primeros cristianos recibieron la fe por la palabra predicada, no por la escrita. Muchos no sabían leer, y pocos podían tener un manuscrito de la Biblia. Y, para total seguridad, era necesario dominar la lengua original del autor. Es decir, resulta evidente que el principio protestante de «solo la Escritura», no es válido.

Es verdad, como dice **San Pablo**[2] , que la Biblia es necesaria, pero eso no excluye que también es necesaria la Tradición. Si yo digo que el agua es necesaria para vivir, no quiero decir que baste el agua para vivir.

«Escritura y Tradición enlazan directamente con los Apóstoles y gozan de la misma autoridad. (...) La Escritura y la Tradición son las fuentes que nos dan acceso a la Revelación.»[3] .

La Biblia y la Tradición proceden de la misma fuente. Son los dos canales por los que nos llega el contenido de la Revelación.

La Biblia y la Tradición están íntimamente unidas y tienden a un mismo fin; por eso los pasajes oscuros de la Sagrada Escritura se iluminan con la Tradición. Esto lo expresa el Concilio Vaticano II con estas palabras: «La Iglesia no saca exclusivamente de la Escritura la certeza acerca de todo lo revelado; por eso la Sagrada Escritura y la Tradición se han de recibir y respetar con el mismo espíritu de devoción». «La Sagrada Tradición y la Sagrada Escritura constituyen un solo depósito sagrado de la palabra de Dios, confiado a la Iglesia»[4] .

La Sagrada Biblia nos transmite la palabra de Dios escrita.

La Tradición nos transmite las enseñanzas orales, transmitidas de viva voz de una generación a la siguiente[5] .

«La tradición apostólica era la clave para el canon de los libros inspirados, diciéndonos qué doctrinas deben enseñar (o no enseñar) los libros

[1] OLEGARIO GONZÁLEZ DE CARDEDAL: *La entraña del cristianismo,3ª,XI,3,a.* Salamanca.1997.

[2] SAN PABLO. Segunda Carta a Timoteo, **3 :**16s

[3] JEAN DANIELOU: *Dios y nosotros, V.* Ed. Taurus. Madrid.

[4] Concilio Vaticano II: *Dei Verbum:* Constitución Dogmática sobre la Divina Revelación, nº9s

[5] JESÚS MARTÍNEZ GARCÍA: *Hablemos de la Fe, I, 10.* Ed. Rialp. Madrid. 1992

apostólicos, y diciéndonos qué libros fueron escritos por los apóstoles y sus compañeros. Irónicamente los protestantes, que normalmente se burlan de la tradición en favor de la Biblia, ellos mismos están usando una Biblia basada en la tradición»[1].

La Tradición es más amplia que la Escritura. Las dos transmiten lo que proviene de la palabra de Dios; proceden de una misma fuente y son los dos canales por lo que nos llega el contenido de la Revelación. Por tanto entre Escritura y Tradición hay una íntima relación.

Los Apóstoles enseñaron principalmente de palabra, como ellos habían sido enseñados por Nuestro Señor. **Cristo** no escribió nada. Se limitó a predicar. Y a los Apóstoles no les dijo «escribid», sino «predicad»[2].

Jesús dijo: *«El que a vosotros oye, a mí me oye»*[3]. *«Id y haced discípulos de todos los pueblos»*[4].Por eso *«la fe viene por la predicación»*[5].

Jesús les enseñó muchas cosas que no están en la Sagrada Escritura, pero han llegado hasta nosotros transmitidas de viva voz de generación en generación por la Tradición oral de la Iglesia: **San Pablo**, escribiendo a los de Tesalónica les dice: *«Hermanos, sed constantes y guardad firmemente las enseñanzas que habéis recibido de nosotros, ya de palabra, ya por escrito»*[6] . *«Cuando recibisteis la palabra de Dios, que nosotros predicamos, la aceptasteis no como palabra de hombre, sino cual realmente es palabra de Dios, que obra en vosotros los creyentes»*[7] .

. A **Timoteo** le dice: *«Conserva viva la doctrina que has oído de mí»*[8]. *«Lo que has oído de mí, trasmítelo a otros, para que a su vez lo enseñen a otros»*[9]. **San Pablo** alaba *«a los que conservan las tradiciones tal como él las transmitió»*[10]. Todo esto está indicando que la doctrina evangélica se trasmite por la predicación oral, es decir, por la tradición.

Hay que distinguir entre la Tradición Apostólica, con mayúscula, objeto de fe, y las tradiciones humanas, con minúscula, que no afectan a la fe:

---

[1] JAMES AKIN del sitio en INTERNET: The Nazareth Apologetics, Bible and Theology Page.

[2] AGUSTÍN PANERO, Redentorista: *NO a los Testigos de Jehová, IV, 12, 4*. Ed. Perpetuo Socorro. Madrid. Este breve, pero acertado folleto es muy útil para conocer y refutar los errores de los Testigos de Jehová

[3] Evangelio de SAN LUCAS, **10**:16

[4] Evangelio de SAN MATEO, **28**:19

[5] SAN PABLO: Carta a los Romanos, **10**:17

[6] SAN PABLO: Segunda Carta a los Tesalonicenses, **2**:15

[7] SAN PABLO: Primera Carta a los Tesalonicenses, **2**:13

[8] SAN PABLO: Segunda Carta a Timoteo, **1**:13

[9] SAN PABLO: Segunda Carta a Timoteo, **2**:2

[10] SAN PABLO: Primera Carta a los Corintios, **11**:2

son costumbres.

Cuando decimos «Sagrada Tradición» entendemos las enseñanzas de **Jesús** y, después de Él, de los Apóstoles a quienes envió a enseñar[1]. Estas enseñanzas han sido entregadas a la Iglesia Es necesario para los cristianos creer y seguir firmemente esta Tradición, lo mismo que la Biblia. Dijo **Cristo**: *«El que os escucha a vosotros me escucha a mí; y el que os rechaza a vosotros, a mí me rechaza»*[2] La Iglesia está protegida por el Espíritu Santo, que la preserva de todo error[3].

La Sagrada Escritura está contenida en la Biblia.

La Biblia consta de setenta y tres libros divididos entre el Antiguo Testamento y el Nuevo Testamento.

La Tradición apostólica hizo discernir a la Iglesia qué escritos constituyen la lista de los Libros Santos. Esta lista integral es llamada "Canon de las Escrituras". Canon viene de la palabra griega "kanon" que significa «medida, regla». El Canon comprende para el Antiguo Testamento cuarenta y seis escritos, y veintisiete para el Nuevo.

Éstos son: Génesis, Éxodo, Levítico, Números, Deuteronomio, Josué, Jueces, Rut, los dos libros de Samuel, los dos libros de los Reyes, los dos libros de las Crónicas, Esdras y Nehemías, Tobías, Judit, Ester, los dos libros de los Macabeos, Job, los Salmos, los Proverbios, el Eclesiastés, el Cantar de los Cantares, la Sabiduría, el Eclesiástico, Isaías, Jeremías, las Lamentaciones, Baruc, Ezequiel, Daniel, Oseas, Joel, Amós, Abdías, Jonás, Miqueas, Nahúm, Habacuc, Sofonías, Ageo, Zacarías, y Malaquías, para el Antiguo Testamento.

Para el Nuevo Testamento, los Evangelios de Mateo, de Marcos, de Lucas y de Juan, los Hechos de los Apóstoles, las Epístolas de Pablo a los Romanos, la primera y segunda a los Corintios, a los Gálatas, a los Efesios, a los Filipenses, a los Colosenses, la primera y segunda a los Tesalonicenses, la primera y segunda a Timoteo, a Tito, a Filemón, la Epístola a los Hebreos, la Epístola de Santiago, la primera y segunda de Pedro, las tres Epístolas de Juan, la Epístola de Judas y el Apocalipsis.

Lo que divide estas dos colecciones de libros es la Persona de **Jesucristo**. Lo que se escribió antes de Él, es el Antiguo Testamento. Lo que se escribió después de Él, es el Nuevo Testamento.

Para facilitar la búsqueda de los pasajes, el texto se ha dividido en capítulos, y dentro de éstos se han numerado los párrafos (versículos). Estas divisiones son posteriores a los evangelistas. La división en capítulos se debe a **Esteban Langton**, en el siglo XIII, y la división en versículos a

[1] Evangelio de SAN MATEO, **28**:20

[2] Evangelio de SAN LUCAS, **10**:16

[3] Evangelio de SAN JUAN, **14**:16

Roberto Estienne, en el siglo XVI.

Los salmos tienen dos numeraciones debido a la diferente numeración de la Biblia hebrea y la griega, en las que se dividen en dos los salmos 9 y 147, respectivamente[1].

Jesucristo ha encargado a la Iglesia la interpretación y vigilancia sobre la Sagrada Escritura y Tradición, para evitar el error[2].

Por eso no se pueden leer todas las traducciones de la Biblia, sino sólo aquellas que tienen aprobación eclesiástica, y por lo tanto nos consta que no contienen errores. Hay pasajes de la Biblia que son difíciles de entender, como advirtió **San Pedro**[3].

«Para descubrir lo que el autor sagrado quiere afirmar hay que tener en cuenta la forma de pensar y de hablar de su tiempo»[4].

«El oficio de interpretar auténticamente la palabra de Dios escrita o transmitida ha sido confiado únicamente al Magisterio vivo de la Iglesia, cuya autoridad se ejerce en el nombre de **Jesucristo**. Este Magisterio, evidentemente, no está sobre la Palabra de Dios, sino que la sirve, enseñando solamente lo que le ha sido confiado. Por mandato divino y con asistencia del Espíritu Santo, la oye con piedad, la guarda con exactitud y la expone con fidelidad; y de este único depósito de la fe saca lo que propone como verdad revelada por Dios que se ha de creer»[5]

La libre interpretación de la Biblia de los protestantes da lugar a multitud de interpretaciones equivocadas y opuestas entre sí, pues no todo el mundo está preparado para conocer los géneros literarios de los distintos pasajes bíblicos, ni para entender la lengua en que se escribió el texto bíblico original.

Hay que tener en cuenta los modos de pensar y de expresarse que se usaba en tiempos del escritor[6]. Por eso hace falta un magisterio entendido, que oriente con autoridad en la interpretación bíblica.

Dijo **Cristo** que, «*la verdad nos hará libres*»[7].

Quien está en la verdad objetiva pisa firme, se siente seguro. Quien piensa que la verdad es relativa, que cada cual tiene su verdad, está en un error. La verdad tiene un valor absoluto. Quien no se ajusta a la verdad objetiva está en un error. La verdad objetiva no depende de nuestro parecer ni de nuestros deseos.

---

[1] PIERRE GUIBERT, S.I.: *Así se escribió la Biblia, II,4,b.* Ed. Mensajero. Bilbao. 1997.

[2] Concilio Vaticano II: *Dei Verbum*: Constitución Dogmática sobre la Divina Revelación, nº10

[3] Segunda Carta de SAN PEDRO, **3**:16

[4] Concilio Vaticano II: *Dei Verbum*: Constitución Dogmática sobre la Divina Revelación, nº12

[5] Concilio Vaticano II: *Dei Verbum*: Constitución Dogmática sobre la Divina Revelación, nº10

[6] Concilio Vaticano II: *Dei Verbum*: Constitución Dogmática sobre la Divina Revelación, nº12

[7] Evangelio de SAN JUAN, **8**:32

38,2

Por deseo de ser conciliador y tolerante, no puedo decir que la verdad es el término medio de dos opiniones distintas. Si uno dice que la capital de España es Madrid y otro que es Barcelona, yo no puedo decir que es Zaragoza porque está equidistante entre Madrid y Barcelona.

Cuando se trata de valores subjetivos cada uno puede tener su verdad. Pero cuando se trata de valores objetivos, la verdad objetiva es la misma para todos. Por ejemplo: uno puede dormir mejor con la ventana de la habitación abierta y otro con ella cerrada. La temperatura ideal para dormir puede variar según las personas. Pero las temperaturas de la evaporación del agua y su solidificación son siempre 100º y 0º centígrados respectivamente.

Ha dicho el Cardenal **Ratzinger:** «La tolerancia que todo lo acepta se despreocupa de la verdad»[1].

Frente a los múltiples errores, hay una verdad objetiva. Frente a la verdad objetiva no somos libres. Tenemos obligación de someternos a la verdad objetiva. Todos los médicos tienen obligación de decir que el órgano de la visión es el ojo, ninguno puede decir que vemos por la nariz. Todos los químicos del mundo tienen la obligación de decir que el agua es H_2O, ninguno puede decir que es ClNa. Todos los matemáticos del mundo tienen obligación de decir que π es la relación de la circunferencia a su diámetro, una constante, que en el sistema decimal es 3'141592... y no 8'2432...

Si a un niño le dan un mapa con todas las ciudades de Europa para que señale las capitales de cada nación, y él elige las ciudades que más le gustan por su nombre, esto no cambia la verdad. Las capitales seguirán siendo las que son independientemente del parecer del niño.

La verdad no me permite opinar libremente lo que yo prefiera.

La verdad orienta la libertad, no la quita. Como las vías del tren que orientan la ruta del tren, pero no le impiden avanzar, sino que le ayudan. Un tren fuera de la vía, se despeña. Subordinar la verdad a mi libertad es ridículo. La mentira no interesa a nadie con sentido común: queremos café de verdad, no agua sucia; medicinas de verdad, no pócimas ineficaces; amistad de verdad, no traidores. Todo esto es indiscutible para una persona normal. Lo mismo pasa con la verdad religiosa. El bien de la libertad religiosa no es el tener libertad para elegir el error, sino elegir libremente la verdad sin sentirse coaccionado.

La verdad objetiva es dogmática, invariable. El error es libre. Para encontrar la verdad hay un sólo camino. Para equivocarse hay muchísimos.

En la estación del ferrocarril un sólo tren me lleva a mi destino.Todos los demás me pierden. Hoy algunos cambian la verdad objetiva por la opinión personal («eso para mí no es pecado»), la belleza estética por la

[1] Diario LA RAZÓN del 6-IX-2000, pg.31

moda (moda de pantalones tejanos sucios y rotos), y la bondad ética por el placer (libertinaje sexual). Pero siempre quedará en pie que los tres grandes valores del ser son la verdad, la belleza y el bien.

Incluso en cosas accidentales no siempre podemos cambiarlas a nuestro capricho. El orden de las letras del abecedario es el que es, y yo no puedo alterarlo a mi capricho, aunque en absoluto podría ser otro. Pero así está establecido para todos. No depende de la voluntad de cada uno.

La fe es libre, no en el sentido de que dé lo mismo creer que no creer; sino que al no ser axiomática no se impone a la razón, sino que ésta queda en libertad para aceptarla o rechazarla a pesar de que sea razonable[1]. Aunque la fe sea oscura. Ya lo dice la Biblia: *La fe es garantía de lo que se espera y convicción de las realidades que no se ven*[2].

Es oscura, porque no es evidente. Sin embargo es cierta porque son verdades reveladas por Dios, que no puede engañarse ni engañarnos.

Y los motivos de credibilidad la hacen razonable[3].

Puede ser interesante mi libro *Motivos para creer* editado por Planeta, o mi otro libro de conferencias. Pedidos al autor:

Apartado 2564, 11080-Cádiz (España). Tel.: 956·222·838. FAX: 956·229·450. Correo electrónico (e. mail): jorgeloring@eresmas.net

3. «**Dogma** es una verdad que se apoya en la autoridad de Dios, por eso tenemos obligación de creerla»[4].

A veces la Iglesia define algunas verdades **dogmas de fe**. No es que esas cosas empiecen entonces a ser verdad. Son verdades que siempre han existido; pero que su creencia ha empezado a ser obligatoria al definirse. La definición de una doctrina no es su invención, sino la declaración autoritativa de que ha sido revelada por Dios, es decir, que forma parte del conjunto de verdades que constituyen la Revelación cristiana. Algunas veces la aparición de nuevos errores obliga a la Iglesia a definir y declarar más lo que siempre ha sido verdad, pero que las circunstancias del momento reclaman aclaración.

Los dogmas no son verdades que la Iglesia impone arbitrariamente. Son iluminaciones de la verdad objetiva. No son muros para nuestra inteligencia. Son ventanas a la luz de la verdad.

Algunos dicen: «La vida es movimiento. Estancarse es morir. Las ideas

---

[1] ANTONIO ROYO MARÍN, O.P.: *La fe de la iglesia, 1ª, VI, 4.* ED. BAC. Madrid 1996

[2] Carta a los Hebreos, **11**,1

[3] ANTONIO ROYO MARÍN, O.P.: *La fe de la iglesia, 1ª, VI, 2,b.* ED. BAC. Madrid 1996

[4] ALFONSO TORRES, S.I.: *JESUCRISTO, SU PERSONA Y SU DOCTRINA, IV.* T.Católica.Madrid.

petrificadas no hacen avanzar a la humanidad». Esto es verdad sólo en parte. Hay verdades definitivas -y los dogmas lo son- que cambiarlas no es avanzar sino retroceder. Quien quiera cambiar que «la suma de los ángulos de un triángulo vale dos rectos», no avanza, sino que retrocede al error.

El norteamericano **Fukuyans,** de origen japonés, pretende que la Iglesia Católica renuncie a declarar que su doctrina es la verdad absoluta, y se vuelva tolerante contentándose con ser una opinión más en la sociedad, igual que las otras[1]. Esto es tan ridículo como pedirle a un químico que sea tolerante y acepte que el agua es NH_3 en lugar de H_2O; o pedirle a un matemático que sea tolerante y acepte que π es 8,2014 en lugar de 3,1416.

El contenido de los dogmas es inmutable, pero la formulación de ese contenido se puede desarrollar para acomodarse mejor al modo de hablar de los tiempos. El Magisterio de la Iglesia puede ir mejorando el modo de expresar las verdades que creemos[2] . Toda formulación dogmática puede ser mejorada, ampliada y profundizada[3]. Pero ninguna formulación dogmática del futuro puede contradecir el sentido de anteriores formulaciones, sino solamente completar lo que ya ha sido expresado por ellas.

Otras veces **un estudio cada vez más profundo** nos hace progresar en nuestro conocimiento de la Revelación, y nos hace ver más claramente verdades que antes no parecían tan claras[4] .

La Iglesia, asistida por el Espíritu Santo, penetra cada vez más profundamente en el contenido de la Revelación Divina, descubriendo nuevos aspectos en ella implícitos, como son los dogmas de la Inmaculada Concepción y de la Asunción.

La Revelación fue un hecho histórico, y no puede crecer el número de verdades reveladas contenidas en el depósito de la Revelación que es la Sagrada Escritura y la Tradición, porque este depósito, quedó cerrado con la muerte del último Apóstol[5] .

«Ninguna verdad puede añadirse a la fe católica que no esté contenida, explícita o implícitamente, en este depósito revelado. (...) Lo único que cabe es una mayor explicación de los dogmas, pero conservando el mismo

---

[1] ALFREDO SÁEZ. S.I.: *El hombre moderno, XIII.* Ed. APC. Guadalajara (Jalisco). 1999.

[2] JESÚS MARTÍNEZ GARCÍA: *Hablemos de la Fe, I, 10.* Ed. Rialp. Madrid. 1992

[3] CONFERENCIA EPISCOPAL ALEMANA: *Catecismo Católico para Adultos, 1ª, I, 4.* BAC.Madrid

[4] Concilio Vaticano II: *Dei Verbum*: Constitución Dogmática sobre la Divina Revelación, nº 8

[5] DENZINGER: *Magisterio de la Iglesia, nº 1836; 2021.* Ed. Herder. Barcelona.

sentido, que es definitivo e indeformable una vez definido por la Iglesia»[1].

Sí puede y debe crecer continua y armónicamente nuestro conocimiento del dogma, pasando de lo implícito a lo explícito. Y la Iglesia, al crecer con el tiempo los conocimientos humanos, puede aprobar infaliblemente este progreso. No es esto crear nuevas verdades reveladas: es descubrir lo que se encerraba en el viejo legado de los Apóstoles. Lo mismo que las estrellas del firmamento descubiertas últimamente existían mucho antes, pero nosotros hasta ahora no las hemos conocido.

«No podemos decir que nuestras formulaciones de fe sean las mejores posibles. Están sujetas a perfeccionamiento. Pero sin contradecir nunca u olvidar el sentido primitivo»[2].

«Los enunciados dogmáticos, aun reflejando, a veces, la cultura del período en que se formulan, presentan una verdad estable y definitiva»[3].

Para que una cosa sea dogma de fe es necesario que haya sido revelada por Dios, y que la Iglesia así lo declare[4]. Bien sea por una declaración solemne o por la enseñanza de su Magisterio Ordinario.

«Pero el ámbito de las verdades de fe es mucho más amplio que el de las verdades expresamente definidas. Hay verdades que llamamos 'de fe divina' porque se encuentran en la Sagrada Escritura o en la Tradición, que han de ser igualmente creídas, pero que no han sido nunca definidas, como es el caso de la resurrección de **Cristo**. Nadie ha negado en la historia esta verdad; y por eso la Iglesia no ha sentido la necesidad de definirla»[5].

El Depósito de la Revelación Pública **acabó** con la muerte del último Apóstol[6]. Cualquier otra revelación es enteramente privada, y no puede tener valor, a no ser que esté de acuerdo con la única Revelación Pública que Dios ha hecho a los Apóstoles. «La fe cristiana no puede aceptar 'revelaciones' que pretenden corregir la Revelación de Cristo. Es el caso de ciertas religiones no cristianas, y también de ciertas sectas recientes»[7].

La Revelación ha terminado pero «nosotros debemos usar nuestra inteligencia para explorar el dato revelado, deduciendo verdades que a primera vista no aparecen claramente explícitas en el mismo, pero que no por eso dejan de estar contenidas virtualmente en él. (...) La garantía de lo que así descubrimos está en la Iglesia, portadora de toda la Tradición cristiana e intérprete autorizado de la Escritura Santa. (...) Es función del

[1] ANTONIO ROYO MARIN, O.P.: *La fe de la iglesia, 1ª, IV, 1s.* Ed. BAC. Madrid. 1996

[2] JOSÉ ANTONIO SAYÉS: *Compendio de Teología Fundamental, 1ª, VIII, 4.* Ed. EDICEP. 1998.

[3] JUAN PABLO II: Encíclica *Fe y Razón, VII, nº 95*

[4] JOSÉ Mª CIURANA: *En busca de las verdades fundamentales, V,B,f.* Ed. Bosch. Barcelona. Breve pero excelente libro que responde acertadamente a su título.

[5] JOSÉ ANTONIO SAYÉS: *Razones para creer, XII, 5,1.* Ed.Paulinas. Madrid. 1992.

[6] JESÚS MARTÍNEZ GARCÍA: *Hablemos de la Fe, I, 9.* Ed. Rialp. Madrid. 1992.

[7] **Nuevo Catecismo de la Iglesia Católica, nº 67**

Magisterio definir los contenidos de la Revelación. (...) La teología no debe suplantar al Magisterio. (...) La última palabra la tiene el Magisterio»[1].

«Algunos teólogos que critican la doctrina del Magisterio de la Iglesia, después quieren que sus opiniones personales sean doctrina infalible»[2].

A propósito de esto dijo el Papa **Pablo VI** a los participantes en el Primer Congreso Internacional de Teología del Concilio Vaticano II, el 1º de Octubre de 1966: «Los teólogos deben investigar el dato revelado para iluminar los artículos de la fe; pero sus aportaciones quedan sujetas a la enseñanza del Magisterio auténtico. (...) Su preocupación ha de ser proponer la verdad universal creída en la Iglesia bajo la guía del Magisterio más que sus ideas personales».

Al Magisterio de la Iglesia hay que obedecerle, no sólo cuando se trata de verdades de fe, sino también cuando se refiere a opiniones que pueden desorientar al pueblo de Dios; pues también en estos casos está protegido por la autoridad recibida de Dios, cosa que el teólogo, como tal, no tiene, por mucha ciencia que tenga[3]. Por eso dice el Sínodo de los Obispos de 1967: «No les corresponde a ellos la función de enseñar auténticamente».

La Conferencia Episcopal Española ha hecho una llamada a «la responsabilidad de los teólogos» para que acaten los planteamientos de la encíclica *Veritatis Splendor* sobre las cuestiones fundamentales de la moral y su enseñanza. En el documento titulado *Nota sobre la enseñanza de la moral* alude a los teólogos «que disienten públicamente de la enseñanza del Magisterio. (...) Es necesario evitar esta actitud que empobrece y esteriliza el trabajo teológico y lo vuelve contraproducente para la misión evangelizadora de la Iglesia»[4].

«Los que ejercitan el Magisterio de la Iglesia son exclusivamente el Papa y los Obispos, porque a ellos solamente ha confiado **Jesucristo** la potestad de enseñar»[5]. «Fuera de los legítimos sucesores de los Apóstoles (que son el Papa y los Obispos) no hay otros Maestros de derecho divino en la Iglesia de Cristo»[6]. Cuando el Papa habla en una encíclica enseña como auténtico Maestro y no como un doctor más. Por eso no es válido apelar a la autoridad de otro teólogo para sostener lo contrario de lo que el Papa ha enseñado.

«Los fieles católicos han de aceptar las enseñanzas del Magisterio de la Iglesia con obediencia religiosa, sabiendo que les obliga en conciencia»[7].

---

[1] BERNARDO MONSEGÚ, C.P.: *La Iglesia que Cristo quiso, II, 2.* Ed. Roca Viva. Madrid

[2] BERNARDO MONSEGÚ, C.P.: *La Iglesia que Cristo quiso, I, 2.* Ed. Roca Viva. Madrid

[3] BERNARDO MONSEGÚ, C.P.: *La Iglesia que Cristo quiso,II, 4.* Ed. Roca Viva. Madrid

[4] DIARIO DE CÁDIZ del 5-IX-97, pg.27

[5] Concilio Vaticano II: *Lumen Gentium:* Constitución Dogmática sobre la Iglesia, nº 25

[6] PÍO XII, el 31 de mayo de 1954

[7] Concilio Vaticano II: *Lumen Gentium:* Constitución Dogmática sobre la Iglesia, nº 25

«La misión del Magisterio de la Iglesia es velar para que el Pueblo de Dios permanezca en la verdad»[1].

La Iglesia se compone de Pueblo de Dios y Jerarquía: pluralidad en los súbditos y autoridad que unifica mirando por el bien común de todos[2], pues hay que armonizar el pluralismo en lo accidental con la unidad en lo esencial. No son dos Iglesias, sino dos partes de una única Iglesia. Separar estas dos partes sería la muerte de la Iglesia; como es la muerte de una persona separar el cuerpo del alma.

Un católico tiene que aceptar todos los dogmas de fe revelados por Dios. No puede rechazar ni uno. O se es católico del todo, o se deja de ser católico. No se puede ser «casi católico», lo mismo que no se puede estar «casi vivo», porque eso es estar muerto. Si «casi» me toca la lotería, no tengo derecho a cobrar el premio: o me toca el número entero o no me ha tocado. El «casi» me toca, no vale. «Esta sumisión al Santo Padre es exigida también a los sacerdotes y teólogos. Quienes instruyen a otros en la fe, tienen que enseñar el mensaje auténtico de la Iglesia. El católico tiene derecho a ser enseñado por un sacerdote que esté de acuerdo con el Papa»[3]. Quien desobedece a la Jerarquía Eclesiástica desobedece al mismo **Jesucristo**. Él nos dijo: *«El que a vosotros escucha, a Mí me escucha; el que a vosotros desprecia, a Mí me desprecia. Y el que me desprecie a Mí desprecia a Aquél que me ha enviado»*[4].

La fe de la Iglesia está condensada en el Credo de los Apóstoles. Se le suele llamar *símbolo,* que es una profesión de fe abreviada.

El Credo de los Apóstoles fue retocado por los Concilios de Nicea y Constantinopla para aclarar la doctrina revelada frente a las herejías que entonces empezaban a aparecer. En los Apéndices tienes las dos fórmulas.

«El Romano Pontífice y los Obispos, como maestros auténticos, predican al Pueblo de Dios la fe que debe ser creída y aplicada a las costumbres. A ellos corresponde también pronunciarse sobre las cuestiones morales que atañen a la ley natural y a la razón»[5].

4. La Iglesia es **nuestra Madre** que procura nuestro bien, no sólo en esta vida, sino también en la otra.

La Iglesia es nuestra Madre, pues en su seno somos engendrados como «hijos de Dios» y Ella nos alimenta espiritualmente, y nos ayuda a crecer

[1] **Nuevo Catecismo de la Iglesia Católica, nº 890**

[2] BERNARDO MONSEGÚ, C.P.: *La Iglesia que Cristo quiso, V, 3.* Ed. Roca Viva. Madrid

[3] RONALD LAWLER, O.F.M.: *La Doctrina de Jesucristo, XIV, 7.* Ed. Galduria. Jódar (Jaén) 1986

[4] Evangelio de SAN LUCAS, 1 0:16

[5] **Nuevo Catecismo de la Iglesia Católica, nº 2050**

para que estemos maduros para el «Reino de los cielos».

La doctrina que la Iglesia enseña **es santa**, y haría el mundo mejor si los hombres le hiciesen caso.

Pero, desgraciadamente, son muchos -también entre los que se dan el nombre de cristianos- los que la desobedecen por seguir sus pasiones y egoísmos. La Iglesia ilumina al mundo con la luz contenida en el mensaje de **Cristo.** Si hay quien rechaza esta luz, no es por culpa de la Iglesia, sino de los hombres que la rechazan. La virtud y el camino del cielo son a veces costosos a nuestra naturaleza caída en el pecado. Pero ya dijo **Jesucristo** que el camino del cielo no es fácil, ancho y cuesta abajo, sino que es estrecho, costoso y cuesta arriba. Lo que mucho vale, mucho cuesta[1] . Con todo, a pesar de los pecados de **los malos cristianos**, la santidad de la Iglesia y su doctrina queda en pie, porque son muchos los que por ella se han hecho santos. No son las manzanas podridas caídas del árbol, sino las que cuelgan de sus ramas, las que dicen que el árbol es bueno. La Iglesia siempre condena el pecado, aunque no pueda privar de la libertad de pecar. Cuando la Iglesia manda o prohíbe, no pretende de ninguna manera molestarnos ni hacernos la vida menos agradable. La Iglesia en todo busca nuestro bien, por eso prohíbe lo que nos daña, aunque nos gustaría hacerlo. Tampoco los buenos padres que educan bien a sus hijos les conceden todo lo que ellos quieren.

«Hay que obedecer las leyes de la Iglesia con toda fidelidad porque están dadas con la autoridad de **Cristo**, que Él comunicó a los Apóstoles»[2] .

La Iglesia Católica es la institución que **más ha contribuido** al progreso moral de la humanidad. Ella regeneró al individuo, libertándolo de la esclavitud; regeneró a la mujer, devolviéndole su dignidad; regeneró la familia, exigiendo para ella todos los derechos que le corresponden; regeneró la sociedad, transformando el Estado déspota y tirano en el Estado que recibe su autoridad de Dios y que sólo puede ejercerla en bien de sus súbditos. La Iglesia Católica es Madre de la civilización occidental. Ella ha inspirado la arquitectura medieval, la pintura del Siglo de Oro, la escultura de todos los tiempos y hasta las grandes obras musicales. Es imposible enseñar historia, arte o pensamiento prescindiendo de la Iglesia.

La Iglesia fundó los primeros hospitales, asilos y orfanatos de la Historia. Las primeras escuelas de Europa nacieron a la sombra de los conventos de religiosos, y las universidades más célebres han sido fundadas por Papas. De las cincuenta y dos universidades europeas anteriores anteriores a 1400, cuarenta fueron fundadas por los Papas. Así París, Montpellier, Oxford, Cambridge, Heidelberg, Leiptzig, Colonia,

---

[1] **Nuevo Catecismo de la Iglesia Católica, nº 2015**

[2] JOSÉ RIVERA-IRABURU:*Síntesis de Espiritualidad Católica, XXVII,5.* Ed. Gratis Date. Pamplona

Varsovia, Cracovia, Vilna, Lovaina, Roma, Padua, Bolonia, Pisa, Ferrara, Alcalá, Salamanca, Valladolid, etc.[1]

Europa ha llegado a lo que es por el cristianismo. Si permitimos que se descristianice, se derrumbará. Ya lo dijo **Dostoieski**: «El occidente ha perdido a **Cristo** y por eso perecerá».

«Dios no concede a nadie privilegios de validez eterna. Si un pueblo deja de cumplir su voluntad, el Señor llama a otro pueblo y le confía esa misión, dejando que el anterior baje a la tumba que él mismo se cavó»[2].

Algunos censuran las **riquezas de la Iglesia**.

Es verdad que el Museo Vaticano vale mucho dinero. Pero eso no se puede vender. Es patrimonio de la humanidad, aunque esté en manos de la Iglesia.

Lo mismo que el gobierno español no puede vender el Museo del Prado para remediar una situación económica ruinosa.El Museo del Prado es propiedad de todas las generaciones de españoles, no sólo de la nuestra.

Por otra parte la Iglesia contribuye mucho a remediar las necesidades de la humanidad. A parte de lo que hacen privadamente los católicos y las Órdenes Religiosas, el Vaticano, en 1966, dedicó setecientos millones a ayuda humanitaria[3]

Y en el Vaticano hay más de cien organizaciones que se dedican a repartir limosnas a los pobres de todo el mundo.

«En el último ejercicio, el Óbolo de San Pedro ha recogido 52.456.054,37 dólares. Según ha podido saber «Zenit», en este año, Juan Pablo II ha destinado ha destinado 1.720.000 dólares a las poblaciones afectadas por calamidades y para proyectos de promoción cristiana; 1.313.000 dólares para las comunidades indígenas, mestizas, afroamericanas y campesinos pobres de América Latina; 1.800.000 dólares para la lucha contra la desertización y la carencia de agua en el Sahel. La gran mayoría de las ayudas del Papa son cantidades menos consistentes, de miles o cientos de miles de dólares, que no sólo pretenden ofrecer un remedio concreto, sino también estimular la solidaridad y caridad»[4].

En 1999 el Vaticano dio treinta millones de dólares en ayudas[5].

Cáritas Española invirtió en 1998 más de 19.000 millones de pesetas en

---

[1] TIHAMER TOTH: *Cristo y los cristianos, 3ª, II, 3.* Ed. Atenas. Madrid

[2] TIHAMER TOTH: *Cristo y los cristianos, 3ª, II, 9.* Ed. Atenas. Madrid

[3] Diario ABC de Madrid, 14-II-1997, pg.73

[4] ZENIT: Boletín del Vaticano en INTERNET: ZE980618-3

[5] ZENIT: Boletín del Vaticano en INTERNET: ZS00030810

38,3

la lucha contra la pobreza[1].

Hay quienes dividen a los católicos en «conservadores» y «progresistas». Esta división es muy simplista. Todos debemos ser, al mismo tiempo, conservadores y progresistas. Debemos conservar la verdad y ser fieles a ella. Pero también debemos progresar en la profundización de su conocimiento.

Si no conservamos bien la verdad, se corrompe; como un alimento mal conservado. Pero también debemos avanzar en su conocimiento.

Lo funesto sería avanzar por un camino equivocado: terminaríamos en el error[2]

«Hoy está de moda el ser contestatario. Sin embargo al Papa le corresponde vigilar la doctrina y la buena marcha de la Iglesia[3]. Oponer nuestro criterio al Magisterio de la Iglesia, ridiculizar toda ascética de renuncias desde la mortificación voluntaria del cuerpo hasta la renuncia del propio criterio, etc., es desconocer los valores cristianos que son locura para el mundo, pero que tienen la consistencia de la sabiduría de la cruz. No podemos olvidar que el camino de la Encarnación terminó en el Calvario. Un cristianismo sin cruz, será muy humano, pero no es el de **Jesús**»[4].

«Hay muchos -incluso cristianos- que se portan como enemigos de la cruz de **Cristo**. Muchos a quienes la predicación de la cruz parece una necedad. Muchos que huyen de la cruz como el diablo; para quienes la palabra "mortificación" es ininteligible; para quienes la penitencia es algo que pertenece a lo que reputan mentalidad estrecha y un tanto supersticiosa del pasado. Éstos, generalmente, si es que no lo han perdido, tienen considerablemente atrofiado el sentido del pecado y de la responsabilidad, y además demuestran una ignorancia del cristianismo comparable tan sólo a su propia falta de solidaridad con el que es el "primogénito de los hermanos" y cabeza del Cuerpo al que, por ser cristianos, pertenecen. (...) Hay una relación muy precisa y directa entre la capacidad de amor y la capacidad de sufrimiento. Quien no es capaz de sufrir, no es capaz de amar. Si los santos han deseado ardientemente el sufrimiento es porque su amor a **Cristo** les llevaba a padecer con Él. Si nosotros no lo deseamos, antes al contrario, lo rehuimos, es síntoma de que todavía nos queremos demasiado a nosotros mismos. Acaso nos fuera muy útil examinar, de vez en cuando, el estado de nuestro amor a la cruz para poder atisbar el grado de amor de Dios que encerramos en nuestra

[1] Revista ECCLESIA, 2949(12-VI-99)13

[2] FELIX BELTRÁN: Revista ROCA VIVA, 349 (XI-97) 471

[3] SAN PABLO: Segunda carta a Timoteo, **4**: 1-5

[4] JUSTO COLLANTES, S.I.: *La Iglesia de la Palabra, 2º, 4ª,XXIV, 3, c.d.* BAC. Madrid

alma»[1] .

Algunos dicen: «**Cristo, sí; Iglesia, no**».

Pero ya dijo **San Agustín:** «No puede tener a **Cristo** por Padre quien no tiene a la Iglesia por Madre»[2].

«No se puede ser de **Cristo** sin serlo de la Iglesia, que es el **'Cuerpo Místico de Cristo'** de quien Él es la cabeza»[3].

«A **Cristo** nos incorporamos **en y por** su Iglesia; y sólo dentro de ella la vida de **Cristo** se hace de verdad vida nuestra»[4].

Por eso el Concilio Vaticano II llama a la Iglesia «sacramento universal de salvación»[5] .

El Cardenal **Newman** que era anglicano y se convirtió al catolicismo decía: «quien rechaza a la Iglesia se equivoca»[6]; y añade, «hace inútil para sí lo que Dios puso para bien nuestro»[7] .

La frase «fuera de la Iglesia no hay salvación» es de **San Cipriano** en lucha contra los movimientos de escisión que se daban en su comunidad[8]

Quien conociendo a la Iglesia la rechaza, compromete su salvación[9], dice el Concilio Vaticano II.

Hoy abunda en la Iglesia el tipo de contestatario que adopta una postura de protesta ante todo. Uno no puede evitar pensar en aquello del Evangelio: «*Ven la paja en el ojo ajeno y no ven la viga en el propio*»[10] . ¿No sería mejor que corrigieran sus defectos antes de protestar de los ajenos?

Uno de los contestatarios más famosos de nuestro tiempo es **Hans Küng. Vittorio Messori** asistió a una rueda de prensa que él ofreció para presentar uno de sus libros. **Hans Küng** dijo, entre otras cosas, que la Iglesia Católica debía aceptar los sacerdotes casados, las mujeres sacerdotes, los divorciados vueltos a casar, el aborto libre...

Un pastor protestante se levantó y le dijo:

- Todas esas reformas que pide Vd. a la Iglesia Católica las tenemos los protestantes desde hace mucho tiempo, y sin embargo nuestros templos están más vacíos que las iglesias católicas.

---

[1] FEDERICO SUÁREZ: *La Virgen Nuestra Señora, VI,1.* Ed. Rialp. Madrid. 1984. 17 edición.
[2] BERNARDO MONSEGÚ, C.P.: *La Iglesia que Cristo quiso, III,5.* Ed. Roca Viva. Madrid
[3] BERNARDO MONSEGÚ, C.P.: *La Iglesia que Cristo quiso, V, 1.* Ed. Roca Viva. Madrid
[4] BERNARDO MONSEGÚ, C.P.: *La Iglesia que Cristo quiso, IV,1.* Ed. Roca Viva. Madrid
[5] Concilio Vaticano II: *Lumen Gentium*: Constitución Dogmática sobre la Iglesia, nº 48
[6] BERNARDO MONSEGÚ, C.P.: *La Iglesia que Cristo quiso, IV, 3.* Ed. Roca Viva. Madrid
[7] BERNARDO MONSEGÚ, C.P.: *La Iglesia que Cristo quiso, VIII,1.* Ed. Roca Viva. Madrid
[8] JOSÉ ANTONIO SAYÉS: *Razones para creer, XIII, 2.* Ed. Paulinas. Madrid. 1992
[9] Concilio Vaticano II; *Lumen Gentium*: Constitución Dogmática sobre la Iglesia, nº 14
[10] Evangelio de SAN MATEO, **7**:3

Hans Küng no le contestó[1] .

Algunos reniegan de la Iglesia porque dicen que hay católicos malos.

Según eso tampoco pueden ser protestantes porque también los hay malos. Y, consiguientemente, ni budistas, ni españoles, ni franceses, ni siquiera hombres, porque también hay hombres malos. Absurdo.

Si la Iglesia Católica es la única en el mundo fundada por **Cristo-Dios**, ella será la única verdadera, aunque todos los católicos fueran malos.

Hoy es frecuente un tipo de **católico «por libre»** que vive al margen de la Iglesia, prescinde de la Institución, del Magisterio, etc.

Esto es tan absurdo como si uno dijera que él se siente español, pero ni saca carnet de identidad, ni está en el censo, ni el registro civil, ni nada.

Éste será un apátrida, pero no un español. Es verdad, que lo principal es el corazón, pero hay que institucionalizar la situación.

A veces se oye decir: «Yo soy católico, pero no practico».

Esto no es coherente. Quien pertenece a una asociación, si es coherente, cumple su reglamento. De poco sirve afirmar que se es católico de corazón, si después las obras no son de católico.

Como si uno que se las da de católico, luego se casa sólo por lo civil.

Esto es un contrasentido. Por eso la Iglesia Católica a ése le prohíbe la comunión eucarística.

Toda ideología, para que sea sincera, exige un compromiso de vida.

Las afirmaciones deben estar confirmadas por las obras. Sería ridículo decir: «yo soy escritor, pero nunca he escrito ni una línea»; o «yo soy futbolista, pero jamás he dado una patada a un balón».

Una auténtica vivencia religiosa debe contener cuatro cosas:

a) un credo: sistema de verdades;
b) una ética: valores morales;
c) unos ritos: comportamientos;
d) una respuesta social: compromiso.

Son necesarias las cuatro cosas.

Quien olvida alguna de ellas tendrá una vivencia religiosa deforme.

Monseñor Elías Yanes dijo en el Sínodo celebrado en Roma en Octubre de 1994: «Algunos mantienen una actitud hacia el Magisterio de la Iglesia como si se tratase de una amenaza de la cual defenderse. Esta actitud debilita o rompe la comunión eclesial, destruye el fervor de la fe y de la caridad, y esteriliza la acción evangelizadora. El Magisterio es un don de Dios a su Iglesia que debemos recibir con gratitud y humildad. El

[1] VITTORIO MESSORI: *Los desafíos del católico, V, 8.* Ed. Planeta+Testimonio.Barcelona. 1997.

testimonio de fidelidad al Magisterio de la Iglesia debe manifestarse con especial claridad en la catequesis, en la enseñanza de la teología, en las publicaciones y en los medios de comunicación»[1].

«Ni ha existido ni existirá nunca otro catolicismo que el preceptuado, sostenido y defendido por La Santa Sede. El acatamiento a los mandamientos del Papa es la primera señal del católico»[2].

5. Hoy se habla mucho de **libertad**. Como dijo **Juan Pablo II**, «la libertad no consiste en hacer lo que nos gusta, sino en tener el derecho de hacer lo que debemos». «La libertad está condicionada por el deber. La libertad absoluta es la absoluta anarquía»[3]. Dice **José Ortega y Gasset:** «No se puede hacer sino lo que cada cual tiene que hacer»[4].

Libertad es la facultad de poder practicar el bien sin ningún obstáculo exterior ni interior a nosotros mismos.

La facultad de poder hacer el mal, no es libertad sino depravación, libertinaje y esclavitud a las pasiones[5].

39.- El Jefe de la Iglesia Católica es Su Santidad el Papa, representante de **Cristo** en la Tierra, que lo ha puesto al frente de su Iglesia para que la guíe y cuide de su unidad.

1. El Papa es el Sumo Pontífice de Roma, sucesor de **San Pedro**[6], a quien todos estamos obligados a obedecer[7], «no sólo en las materias que pertenecen a la fe y a las costumbres, sino también en las de régimen y disciplina de la Iglesia»[8]

La Iglesia afirma que el Papa es el sucesor de **San Pedro**[9].

El mismo **Pablo VI** dijo ante millares de personas en Bombay: «¿Quién es este peregrino? El siervo y mensajero de **Jesucristo**, puesto por la Divina Providencia a la cabeza de su Iglesia como sucesor de **San Pedro**,

[1] Diario ABC de Madrid, 11-X-94, pg.68
[2] ANTONIO GARCÍA FIGAR, O.P.: *Matrimonio y familia, Prólogo.* Ed. FAX. Madrid.
[3] ALFONSO TORRES, S.I.:*JESUCRISTO, su PERSONA y su DOCTRINA,V.* Tip. Católica. Madrid.
[4] JOSÉ ORTEGA Y GASSET: *La rebelión de las masas, XI.* Ed. Espasa Calpe. Madrid.
[5] ANTONIO ROYO MARÍN, O.P.: *Jesucristo y la vida cristiana, nº146.* Ed. B.A.C. Madrid.
[6] DENZINGER: *Magisterio de la Iglesia, nº 694.* Ed. Herder. Barcelona.
[7] Concilio Vaticano II: *Lumen Gentium:* Constitución Dogmática sobre la Iglesia, nº 22
[8] DENZINGER: *Magisterio de la Iglesia, nº 1831.* Ed. Herder. Barcelona.
[9] DENZINGER: *Magisterio de la Iglesia, nº 466, 694, 1825.* Ed. Herder. Barcelona.

Príncipe de los Apóstoles»[1] .

Es Maestro Infalible, porque cuando habla como Jefe de la Iglesia Universal[2] ejerciendo **el supremo grado de su autoridad** y define como obligatorias verdades de fe y moral, no se puede equivocar[3] .

«**Infalibilidad** es la preservación del error, fruto de la asistencia divina. (...) Su fundamento es la asistencia de Dios. En Dios se encuentra toda la verdad. y Dios no miente[4] . Él ha querido dar a su Iglesia este don de permanecer en la verdad»[5] .

Si el Papa pudiera equivocarse al enseñar lo que es obligatorio creer o hacer para salvarse, nos desorientaría en el camino de la salvación; y Dios, que nos manda obedecer al Papa, sería el culpable de nuestra condenación.

Esto es absurdo. Luego se comprende que el Papa tiene que ser infalible cuando señala el camino de la salvación.

Esta asistencia espiritual la prometió **Jesucristo** cuando dijo: *«Yo estaré con vosotros hasta el final de los tiempos»*[6] . *«Las puertas infierno no prevalecerán contra ella»*[7].

«Si alguna vez la Iglesia dogmáticamente enseñara alguna herejía, (...) entonces dejaría de ser la Iglesia de **Jesús** y las puertas del infierno habrían prevalecido contra ella. Entonces no hay forma en que la Iglesia enseñe dogmas erróneos. Si lo hace, las puertas del infierno habrán prevalecido contra ella»[8].

La infalibilidad del Papa es dogma de fe.

Dice el Concilio Vaticano I: «Definimos ser dogma divinamente revelado que el Romano Pontífice cuando habla '**ex cathedra**' esto es, cuando cumpliendo su cargo de Pastor y Maestro de todos los cristianos, define con su suprema autoridad apostólica, que una doctrina sobre la fe y costumbres debe ser sostenida por la Iglesia Universal... goza de aquella infalibilidad que el Redentor Divino quiso que estuviera en su Iglesia»[9].

La infalibilidad del Papa ha sido definida como dogma de fe en 1870. Desde entonces han habido diez Papas **(Pío IX, León XIII, Pío X, Benedicto XV, Pío XI, Pío XII, Juan XXIII, Pablo VI, Juan Pablo I y Juan Pablo II)**. En todo este tiempo sólo ha sido definido como dogma la Asunción, en 1950 por **Pío XII**. Y esta verdad estaba en la fe de la Iglesia

[1] JUAN FÉLIX BELLIDO: *La Iglesia en la que creo, V, 2.* Ed. EDICEP. Valencia. 1995.

[2] **Nuevo Catecismo de la Iglesia Católica, nº 891**

[3] Nuevo Código de Derecho Canónico, nº 749, 1

[4] Números: **2 3**:19

[5] JESÚS GARCÍA MARTÍNEZ: *Hablemos de la Fe, I, 11.* Ed. Rialp. Madrid. 1992.

[6] Evangelio de SAN MATEO, **2 8**:20

[7] Evangelio de SAN MATEO: **1 6**:18

[8] **Nuevo Catecismo de la Iglesia Católica, nº 2035**

[9] DENZINGER: *Magisterio de la Iglesia, nº 1839.* DS:3073. Código de Derecho Canónico, nº 749

desde el siglo VII.

Para salvarse es necesario creer y aceptar toda la doctrina de **Jesucristo**. La auténtica doctrina de **Jesucristo**, no otra: «*Id por todo el mundo* - dijo **Jesús** a sus Apóstoles- *y predicad el Evangelio a toda criatura, enseñándoles a guardar todo lo que os he mandado. El que creyere y se bautizare, se salvará; el que no creyere, se condenará*»[1]. Esto supone garantía de que los que transmiten las enseñanzas de **Jesucristo** no se van a equivocar[8].

Si la Iglesia no fuera infalible, Dios obligaría a los hombres a aceptar el error bajo pena de condenación eterna[3]. Esto es absurdo. Si Él nos obliga a creer lo que la Iglesia nos enseña es porque se compromete a que siempre enseñará la verdad: «*Yo estaré con vosotros hasta el fin de los siglos*»[4].

Ahora bien, ¿qué garantías podemos tener nosotros a la distancia de veinte siglos y a través de tantas teorías y opiniones humanas, de que la doctrina que nos enseña hoy la Iglesia es la auténtica doctrina de **Jesucristo**?

«¿Cómo se conservará este tesoro sin guardianes autorizados? ¿Cómo guardar incontaminada esta norma de vida, destinada a todos los pueblos y a todos los tiempos? (...) Su destino a la humanidad entera hacen indispensable la fundación de un magisterio y jerarquía en la Iglesia»[5].

Jesucristo, fundador de la Iglesia, si quiso hacer efectivamente una Iglesia que llevase su mensaje a todos los tiempos y a todos los hombres, no tuvo más remedio que dotarla de un control adecuado, que impidiera absolutamente el que su doctrina fuera deformada a través de los siglos. Este control es una especial asistencia del Espíritu Santo con la que impide absolutamente el error en su Iglesia, en lo que se refiere a la determinación de la auténtica doctrina revelada.

Le dice **Jesucristo** a **Pedro**: «*Yo he rogado por ti, para que tu fe no desfallezca. Y tú, confirma a tus hermanos*»[6].

El Papa es infalible cuando determina o declara *ex cathedra* la auténtica doctrina revelada. Pero fuera de esto -por ejemplo, si predice el tiempo- el Papa se puede equivocar como otro hombre cualquiera.

Es decir, que el Papa, en su vida ordinaria, aunque sea un hombre prudentísimo y de toda confianza, no es infalible. La infalibilidad está reservada a ciertas enseñanzas hechas con una solemnidad especial, de

[1] Evangelio de SAN MATEO, **2 8**:20. Evangelio de SAN MARCOS, **1 6**:15s

[8] **Nuevo Catecismo de la Iglesia Católica, nº 2035**

[3] A. MARTÍNEZ TORNERO, S.I.: *¿Por qué soy católico?, II.* Ed Fe Católica. Madrid.

[4] Evangelio de SAN MATEO, **2 8**:20

[5] PINARD DE LA BOULLAYE, S.I.: *Jesús, viviente en la Iglesia, III, 6.* Ed. FAX. Madrid.

[6] Evangelio de SAN LUCAS, **2 2**:32

reservada a ciertas enseñanzas hechas con una solemnidad especial, de modo definitivo, que teológicamente se llama *ex cathedra*, en la que expresa su voluntad de obligar a toda la Iglesia a creer la verdad por él definida.

«Esto no significa que el Papa pueda sacarse los dogmas del bolsillo; sólo puede definir aquello que se encuentra en la Sagrada Escritura o en la Tradición»[1] . Con todo, al Papa hay que obedecerle siempre; aun en las cosas que no es infalible[2]: lo mismo que los hijos tienen que obedecer a sus padres, aunque no sean infalibles. El Magisterio de la Iglesia **hay que aceptarlo** incluso en lo no infalible, con religiosa sumisión; más que por los argumentos en que se apoya, por la autoridad que **Cristo** dio a su Iglesia para señalar el camino que nos lleva al Reino de los Cielos.

«Esta religiosa sumisión de la voluntad y del entendimiento se debe al magisterio auténtico del Romano Pontífice, de tal manera que se reconozca con reverencia su Magisterio Supremo, aunque no hable *ex cathedra;* y con sinceridad se adhiera al parecer expresado por él según el deseo que haya manifestado él mismo, como puede descubrirse, ya sea por la índole del documento, ya sea por la insistencia con que se repite una misma doctrina, ya sea también por las fórmulas empleadas»[3] .

«Un teólogo podría discrepar y seguir investigando; pero no desacreditar públicamente a la Iglesia, sino manteniendo un silencio obsequioso»[4] .

Para atacar la infalibilidad de la Iglesia se suele aducir la condenación de **Galileo**. En primer lugar, conviene tener en cuenta que todos somos hijos de nuestro tiempo:En la Edad Media se moría la gente por enfermedades de las que hoy no se muere nadie. El Derecho Romano admitía la esclavitud, y hoy se rechaza en el mundo entero. La humanidad progresa en sus conocimientos técnicos y antropológicos. Es ridículo pretender que la Iglesia de la Edad Media pensara como hoy en temas que no son dogmáticos: el geocentrismo era el modo de pensar de aquel tiempo.

Con todo, conviene advertir que la condenación de **Galileo** fue obra de una Congregación Romana, no del Papa en definición *ex cathedra*, que es la única infalible. Aparte de esto, la Iglesia, en aquel momento, juzgó a **Galileo** como los mejores astrónomos de su tiempo. Todos los que estudian los argumentos de **Galileo (1564-1642)** afirman que él no probaba su hipótesis[5]. Por eso no convenció a **Tycho-Brahe (1546-1601),** contemporáneo suyo, que siguió siendo geocentrista como

---

[1] JOSÉ ANTONIO SAYÉS: *Razones para creer, XII, 4.* Ed. Paulinas. Madrid. 1992.

[2] Concilio Vaticano II: *Lumen Gentium*: Constitución Dogmática sobre la Iglesia, nº 25

[3] Concilio Vaticano II: *Lumen Gentium*: Constitución Dogmática sobre la Iglesia, nº 25

[4] JOSÉ ANTONIO SAYÉS: *Razones para creer, XII, 4.* Ed. Paulinas. Madrid. 1992.

[5] JOSÉ MARÍA RIAZA, S.I.:*La Iglesia en la Historia de la Ciencia, 2ª, XII, 3, d.* Ed. BAC.Madrid.1999

Tolomeo[1], que, el siglo II después de **Cristo,** hizo a la Tierra el centro del universo[2]. «**Galileo** no pasó de probar la suma probabilidad del sistema de **Copérnico** sin conseguir demostrarlo con certeza»[3]. «Sus argumentos carecían de fuerza probativa, no ya ante la ciencia astronómica de aquel tiempo, sino ante la de hoy, mejor informada que entonces»[4].

«El mismo **Galileo** reconocía la debilidad de su argumentación»[5].

El **P. Antonio Romañá, S.I.,** Director del Observatorio de Astrofísica del Ebro, dice: «**Galileo** no pasó de probar la probabilidad del sistema de **Copérnico,** sin conseguir demostrarlo con certeza»[6].

Y el **P. Antonio Dúe, S.I.,** Director del Observatorio de Cartuja: «Los argumentos de **Galileo** carecían de fuerza probativa»[7].

Galileo tuvo la intuición de interpretar los textos bíblicos no literalmente como los teólogos de su tiempo, sino como hoy los interpretamos, sin saber él nada de los géneros literarios. En resumen, que como dice **Walter Brand Muller**: «Se da el paradójico resultado de que **Galileo** se equivocó en el campo de la Ciencia y los eclesiásticos en el campo de la Teología»[8].

Cien años después se aportaron más y mejores pruebas, y en 1741 el Papa **Benedicto XIV** autorizó la publicación de las obras de **Galileo** en favor de la teoría heliocéntrica, que entonces estaban prohibidas[9].

Con todo hay que advertir que **Galileo** no fue condenado por su teoría heliocéntrica, pues lo mismo dijo **Copérnico** cien años antes y la Iglesia no se metió con él[10]. Es más, su obra fundamental, *Las órbitas de los mundos celestes,* publicada en 1543, está dedicada al Papa **Pablo III**. Pero **Copérnico** presentaba sus ideas sólo como una hipótesis[11].

«**Galileo** no fue condenado **por** lo que decía, sino **como** lo decía»[12]. Si **Galileo** se hubiera limitado a exponer sus ideas de modo hipotético, no absoluto, como le pedía **Belarmino,** no hubiera tenido problemas. **Galileo** fue condenado por su insistencia en interpretar la Sagrada Escritura[13].

«Ante la insuficiencia de sus argumentaciones astronómicas, **Galileo**

---

[1] MANUEL CARREIRA, S.I.:*Metafísica de la materia,.Apéndice,III.*Universidad de Comillas.Madrid
[2] RICARDO MORENO: *Historia breve del universo, I,3.* Ed. Rialp. Madrid. 1998.
[3] ANTONIO ROMAÑA, S.I.: Revista *Arbor, 62 (1966) 25.*
[4] ANTONIO DÚE, S.I.: Revista *Pensamiento, 19 (1963) 452.*
[5] JOSÉ MARÍA RIAZA, S.I.:*La Iglesia en la Historia de la Ciencia, 2ª, XII, 3, c.* Ed. BAC.Madrid.1999
[6] Revista *ARBOR 62 (1966) 25*
[7] Revista *PENSAMIENTO, 19 (1963) 452*
[8] WALTER BRAND MULLER: *Galileo y la Iglesia, Epílogo.* Ed. Rialp. Madrid. 1987
[9] RICARDO MORENO: *Historia breve del universo, I,7.* Ed. Rialp. Madrid. 1998.
[10] JOSÉ MARÍA RIAZA, S.I.:*La Iglesia en la Historia de la Ciencia,2ª, XII, 3, c.* Ed.BAC.Madrid.1999.
[11] VITTORIO MESSORI: *Leyendas negras de la Iglesia, IV, 28.* Ed. Planeta. Barcelona. 1996.
[12] VITTORIO MESSORI: *Leyendas negras de la Iglesia, IV, 29.* Ed. Planeta. Barcelona. 1996.
[13] JOSÉ MARÍA RIAZA, S.I.:*La Iglesia en la Historia de la Ciencia, 2ª, XII, 3, c.* Ed. BAC.Madrid.1999

utilizaba también textos de la Sagrada Escritura, interpretándolos a su manera, para fundamentar su posición»[1]. **Galileo** «quería demostrar que no había contradicción entre las Sagradas Escrituras y sus descubrimientos»[2]. «Interpretaba a su manera la Sagrada Escritura»[3].

La Iglesia le dijo que se limitara a presentar sus ideas como una hipótesis científica[4], y no quiso hacer caso[5].

El error de **Galileo** fue entrar en un campo que no era el suyo. Olvidaba que el tema de la interpretación de las Sagradas Escrituras era un tema reservado a los especialistas[6]. Según el embajador de Toscana, **Pedro Guicciardini, Galileo** «se mostró irascible, áspero, altanero y terco. Con las intemperancias de su lenguaje y de su carácter se atrajo la enemistad de hombres eminentes, y se acarreó amarguras y sinsabores»[7].

Aunque la condena de la Iglesia a **Galileo** fue disciplinar y no dogmática[8], hoy se piensa que fue inoportuna. El Cardenal **Paupard**, Presidente del Consejo Pontificio de Cultura, dijo en una entrevista que le hizo **Jesús Colina,** Director de ZENIT, el Boletín informativo del Vaticano en INTERNET: «**Galileo** sufrió mucho; pero la verdad histórica es que fue condenado sólo a "formalem carcerem" –una especie de reclusión domiciliaria–, varios jueces se negaron a suscribir la sentencia, y el Papa de entonces no la firmó. **Galileo** pudo seguir trabajando en su ciencia y murió el 8 de enero de 1642 en su casa de Arcetri, cerca de Florencia. **Viviani**, que le acompañó durante su enfermedad, testimonia que murió con firmeza filosófica y cristiana, a los setenta y siete años de edad. **Galileo,** el científico, vivió y murió como un buen creyente»[9].

Y es que la Biblia nos enseña **cómo se va al cielo,** no **cómo va el cielo (Baronio).** Dios ha confiado el conocimiento de la estructura del mundo físico a las investigaciones de los hombres. La asistencia divina en la Biblia no está para resolver problemas de orden científico.

2. Infalibilidad no significa **impecabilidad**.

El Papa -como todo hombre- puede tener sus faltas. Es más, en la Historia ha habido algunos Papas indignos, que no han sido ejemplares; aunque pocos. Habrán sido pecadores, pero siempre rectos en sus

[1] MARIANO G. MORELLI: *Valor de la vida y cultura de la muerte.* Universidad Católica de Santa Fe.
[2] VALADIER. Revista *Mundo Científico, (1985) 1098s.*
[3] JOSÉ MARÍA RIAZA, S.I.: *La Iglesia en la Historia de la Ciencia, 2ª, XII, 5, e.* Ed. BAC. Madrid. 1999.
[4] VITTORIO MESSORI: *Leyendas negras de la Iglesia, IV, 28.* Ed. Planeta. Barcelona
[5] WALTER BRAND MULLER: *Galileo y la Iglesia, II, 6.* Ed. Rialp. Madrid. 1987
[6] Revista *Investigación y Ciencia 229 (1985) 1098s*
[7] JOSÉ MARÍA RIAZA, S.I.: *La Iglesia en la Historia de la Ciencia, 2ª, XII, 5, q.* Ed. BAC. Madrid. 1999
[8] WALTER BRAND MULLER: *Galileo y la Iglesia, III, 5.* Ed. Rialp. Madrid. 1987
[9] PAUL PAUPARD: Informativo del Vaticano en INTERNET: ZENIT, ZE971107-5

enseñanzas, pues siempre han sido infalibles[1].

Con todo, gracias a Dios, tenemos en la Iglesia Católica un largo historial de Papas Santos. Se veneran en los altares setenta y siete Papas santos[2] Y treinta y uno murieron mártires.

«No hay tanta grandeza humana y tanta santidad en ninguna otra dinastía del mundo. ¿Qué valor le podemos dar a los que se fijan tan sólo en los tres o cuatro Papas que no hicieron honor a su puesto?

»**Ludovico Pastor** era un pastor protestante que leyó los archivos del Vaticano para escribir la Historia de los Papas. Él escribió todo: lo bueno y lo malo. Pero lo bueno apareció tan manifiesto a sus ojos que terminó convirtiéndose al catolicismo. La verdad borró sus prejuicios»[3].

El último Papa que ha subido a los altares con la corona de los Santos ha sido **San Pío X**, muerto en 1914.

40.-El Papa está en lugar de **Jesucristo.**

1. **Jesucristo**, antes de subir al cielo, dejó a **San Pedro** al frente de su Iglesia, comunicándole todos los poderes necesarios para desempeñar su cometido. El Papa tiene autoridad de Cristo-Dios para interpretar la ley divina. **Cristo** le dijo a **San Pedro**: *«A ti te daré las llaves del Reino de los Cielos, lo que ates o desates en la Tierra será atado o desatado en el cielo»*[4]. Esto supone poder para legislar e imponer obligaciones[5].

El Papa es el sucesor de **San Pedro** y Vicario de **Cristo** en la Tierra[6].

Por eso todos los católicos debemos obedecer al Papa en todo lo que él disponga para la buena marcha de la Iglesia. **Cristo** dotó a su Iglesia de todos los medios necesarios para conseguir su fin. Por eso la hizo jerárquica[7].

La autoridad es necesaria. «No hay agrupación humana que no necesite un ordenamiento que haga posible la vida en común. (...) Donde hay una comunidad, allí hay forzosamente una institución como medio de salvar debidamente la convivencia, y conseguir eficazmente los fines que se

---

[1] JOSÉ ANTONIO LABURU, S.I.: *¿Qué es la Iglesia?, V.* Ed. EAPSA. Madrid

[2] JESÚS MARTÍNEZ GARCÍA: *Hablemos de la Fe, II, 4.* Ed. Rialp. Madrid. 1992.

[3] JUAN RIVAS, L.C.:*Por qué soy católico, VI, 3.* Ed. HOMBRE NUEVO. Los Ángeles.EE.UU.1999

[4] Evangelio de SAN MATEO, **16**:19

[5] JOSÉ Mª CIURANA: *En busca de las verdades fundamentales, V, B, e.* Ed. Bosch. Barcelona. Breve pero excelente libro que responde acertadamente a su título.

[6] **Nuevo Catecismo de la Iglesia Católica, nº 882**

[7] BERNARDO MONSEGÚ, C.P.: *La Iglesia que Cristo quiso, VIII, 1.* Ed. Roca Viva. Madrid

pretenden. Se impone la fijación de unas normas de comportamiento y el deber de sujetarse a ellas. (...) La normativa institucional es una defensa contra la anarquía»[1].

¿Qué pasaría en Madrid o Barcelona sin normas de tráfico?

La misión de la jerarquía es garantizar la autenticidad en la fe y en la vida cristiana: «para que se crea lo que Dios quiere y como Dios quiere, y para que se administren los sacramentos que **Cristo** quiso y como **Cristo** quiso»[2].

«Todos los grupos humanos: familias, asociaciones, pueblo o nación, necesitan una autoridad -del tipo que sea- para organizar, coordinar fuerzas, defender derechos, especialmente de los más débiles, y tomar responsablemente decisiones. Una sociedad sin autoridad acaba por disolverse.La autoridad justa y responsable es uno de los mejores servicios que se presta al pueblo. La autoridad es justa y razonable, cuando busca no los propios intereses, sino el bien de todos»[3].

2. **Los Obispos** son los encargados de gobernar las diócesis bajo la autoridad del Papa[4]. «Ejercitan potestad propia y son, en verdad, los jefes del pueblo que gobiernan»[5], pues los Obispos son los sucesores de los Apóstoles[6], y administradores de Dios[7].Ya en el siglo II, **San Ireneo** llama a los obispos sucesores de los Apóstoles: «Podemos contar con aquellos que han sido puestos por los Apóstoles como obispos y sucesores suyos hasta nuestros días»[8].

«La primera responsabilidad de los Obispos es combatir la herejía y guardar el depósito de la fe»[9]

«Los Obispos, cuando enseñan en comunión con el Romano Pontífice, deben ser respetados por todos como los testigos de la verdad divina y católica; los fieles, por su parte, tienen obligación de aceptar y adherirse con religiosa sumisión del espíritu al parecer de su Obispo en materias de fe y de costumbres cuando él las expone en nombre de **Cristo**»[10].

Los Concilios Ecuménicos reúnen a todos los obispos del mundo para

---

[1] BERNARDO MONSEGÚ, C.P.: *La Iglesia que Cristo quiso, VIII, 5.* Ed. Roca Viva. Madrid
[2] BERNARDO MONSEGÚ, C.P.: *La Iglesia que Cristo quiso, IX, 1.* Ed. Roca Viva. Madrid
[3] Conferencia Episcopal Española: Catecismo escolar 4º EGB, nº 15
[4] **Nuevo Catecismo de la Iglesia Católica, nº 1558ss**
[5] Concilio Vaticano II: *Lumen Gentium:* Constitución Dogmática sobre la Iglesia, nº 27
[6] Concilio Vaticano II: *Lumen Gentium*: Constitución Dogmática sobre la Iglesia, nº 20
[7] SAN PABLO: Carta a Tito, **1**:7
[8] SAN IRENEO: *Adversus Haereses, III, 3, 1.* MIGNE: *Patrología Griega. 7, 848, A*
[9] JOSÉ ANTONIO SAYÉS: *Razones para creer, XI, 4, 2.* Ed. Paulinas. Madrid. 1992
[10] Concilio Vaticano II: *Lumen Gentium:* Constitución Dogmática sobre la Iglesia, nº 25

deliberar, bajo la dirección del Papa, sobre asuntos generales de la Iglesia. Se han celebrado XXI. El primero fue el año 325 en Nicea, y el último de 1962 a 1965 en Roma. La lista de todos los Concilios Ecuménicos de la Iglesia está en **37**,11.

3. **Los sacerdotes** se consagran a Dios para colaborar con el Papa y los Obispos en el cuidado de las almas predicando la Palabra de Dios y administrando los sacramentos[1].

Son también representantes de **Jesucristo**[2], por esto merecen todo nuestro respeto.

La misión del sacerdote es presidir la Asamblea Eucarística y ayudar a los Obispos a mantener la unidad en la fe y en la caridad fraterna, y conducir a los cristianos a Dios Padre[3].

Hay que distinguir el sacerdocio ministerial, propio de los que han recibido el sacramento del orden, que les da poder para decir misa y perdonar pecados, del sacerdocio común de los fieles, propio de todos los bautizados «cuya vida debe ser un acto cultual a Dios»[4] y «deben dar testimonio de **Cristo**»[5].

Estos dos sacerdocios no sólo difieren en grado, sino esencialmente, como ha dicho el Concilio Vaticano II[6].

Por eso hay un sacramento especial para el sacerdocio ministerial.

«La Iglesia enseña, con el Concilio Lateranense IV, que sólo el sacerdote ordenado puede consagrar»[7].

«Hoy como ayer, la misión específica del sacerdote es la de comunicar el pan de la palabra; la de distribuir, como ministro del culto, el perdón, la gracia y la santidad.

»Podrán cambiar los tiempos y los métodos, según la evolución de las costumbres, pero el contenido del mensaje seguirá siendo el mismo: el apostolado será siempre la transmisión de la vida espiritual»[8].

Jesucristo dice en el Evangelio: «*No llaméis a nadie Padre*»[9].

Pero esto se lo dice a sus discípulos, pues entre ellos todos eran

---

[1] Concilio Vaticano II: *Lumen Gentium*: Constitución Dogmática sobre la Iglesia, nº 28

[2] **Nuevo Catecismo de la Iglesia Católica, nº 1563**

[3] **Nuevo Catecismo de la Iglesia Católica, nº 1562**

[4] BERNARDO MONSEGÚ, C.P.: *La Iglesia que Cristo quiso, VII, 2.* Ed. Roca Viva. Madrid

[5] Concilio Vaticano II:*Lumen Gentium*: Constitución Dogmática sobre la Iglesia, nº 10

[6] Concilio Vaticano II:*Lumen Gentium*: Constitución Dogmática sobre la Iglesia, nº 10

[7] Acta Apostolicae Sedis, 75 (1983) 1001-9

[8] PABLO VI a los sacerdotes y seminaristas españoles el 13 de octubre de 1965

[9] Evangelio de SAN MATEO, **23**:9

hermanos.

El pueblo es lógico que llame Padre a los sacerdotes por respeto a la persona que les transmite la doctrina y la gracia de Dios[1].

El mismo **San Pablo** que sabía muy bien cómo había que interpretar las palabras de **Cristo**, se hacía llamar Padre: «*No os escribo esto para avergonzaros, sino para amonestaros como a hijos míos muy queridos. Porque aunque tuvierais diez mil pedagogos en **Cristo** no por eso tenéis muchos padres, ya que el que os ha engendrado en **Cristo** por medio del Evangelio he sido yo*»[2].

Él mismo llamó «hijo» a **Timoteo** en las dos cartas que le escribe[3].

Y lo mismo a **Tito**[4].

Por lo tanto es lógico que ellos le llamaran a él «Padre».

San Juan llama «sus hijos» a los que andan en la verdad[5].

Jesús también usó la palabra «padre» en la parábola del «Hijo pródigo»[6]

4. Para ayudar a los sacerdotes «en ministerios que aunque no sacerdotales resultan necesarios para el bien de la Iglesia»[7], el Concilio Vaticano II ha permitido a las Conferencias Episcopales, con la aprobación del Sumo Pontífice, establecer **el diaconado** «para hombres de edad madura, aunque estén casados, y para jóvenes idóneos; pero para éstos debe mantenerse firme la ley del celibato»[8].

Estos diáconos «sirven al Pueblo de Dios en el ministerio de la liturgia, de la Palabra y de la caridad»[9].

Diácono significa servidor, ayudante.

En 1972 la Iglesia ha permitido que cuando hay muchos fieles y pocos sacerdotes[10], algunas personas idóneas señaladas por el sacerdote, con permiso del Obispo, pueden ayudar a dar la Sagrada Comunión, para que este acto no se prolongue demasiado. Estas personas también podrán

[1] AGUSTÍN PANERO, Redentorista: *NO a los Testigos de Jehová.* Ed. Perpetuo Socorro. Madrid Acertado folleto que refuta brevemente los errores de los Testigos de Jehová

[2] SAN PABLO: Primera Carta a los Corintios, **4**:14s

[3] SAN PABLO:Segunda Carta a Timoteo, **1**:2; **2**:1

[4] SAN PABLO: Carta a Tito,**1**:4

[5] Segunda Carta de SAN JUAN, **1**:4

[6] Evangelio de SAN LUCAS, **15**:11-32

[7] Conferencia Episcopal Española: *Ésta es nuestra fe, 2ª, I, 9, 3, d.* EDICE. Madrid 1986

[8] Concilio Vaticano II: *Lumen Gentium:* Constitución Dogmática sobre la Iglesia, nº 29

[9] Revista ECCLESIA, 1637 (7-IV-73)419

[10] ABC de Madrid, 26-VII-88, pg. 48

este acto no se prolongue demasiado. Estas personas también podrán llevar la comunión a los enfermos, si no hay sacerdote o diácono que lo haga[1]

[1] Revista ECCLESIA, 1637 (7-IV-73)419

VIDA SOBRENATURAL

Gracia santificante

41.-En la Iglesia hay una vida sobrenatural, que se llama gracia.

1. La Iglesia fundada por Jesucristo no es solamente una familia visible. En ella hay **una vida interior**, invisible, sobrenatural, divina, que comunica el mismo Jesucristo.

Dios Nuestro Señor hizo al hombre a su imagen y semejanza, dándole un alma espiritual e inmortal, capaz de conocerlo y amarlo, y alcanzar una felicidad proporcionada a su naturaleza. Pero, en su amor infinito, Dios ha querido llamarnos a más altos destinos. Quiso darnos la altísima dignidad de hijos suyos, y hacernos participantes de su misma felicidad en la gloria. Para esto nos une a Él en la persona divina de su Hijo hecho hombre, **Jesucristo**, de cuyo Cuerpo Místico somos miembros vivos.

Esta vida divina en nosotros es la gracia santificante. Por la gracia santificante participamos de la vida divina. Por ella **Cristo** vive en nosotros y nosotros vivimos en **Cristo. Cristo** es quien vivifica, por la gracia, el Cuerpo de su Iglesia. Por eso dice **San Pablo** que **Cristo** es nuestra vida[1] y que la Iglesia es el **Cuerpo Místico de Cristo**[2]. **Cristo** es la Cabeza. Todos nosotros somos sus miembros. O como Él mismo dijo

[1] SAN PABLO: Carta a los Colosenses, **3**:4
[2] SAN PABLO: Carta a los Efesios, **1**:23

con otra comparación: «*Yo soy la vid y vosotros los sarmientos*»[1] .

Como los sarmientos reciben la savia de la vid -y gracias a ella producen las uvas- así nosotros recibimos de **Jesucristo** la gracia. Es la savia que nos hace vivir una vida sobrenatural, de la misma manera que nuestra alma vivifica nuestro cuerpo y le da vida natural.

«Es algo así como cuando se hace un injerto. Estamos injertados en **Cristo.**[2]

Como dijo **Juan Pablo II** a los jóvenes en Polonia: «La Iglesia es el **Cuerpo Místico de Cristo,** porque es el cuerpo social de **Jesucristo**»[3] .

2. La doctrina del **Cuerpo Místico** tiene enorme importancia en orden a la valoración de nuestros actos.

El barrido de una calle realizado por un empleado de la Limpieza Pública que está en gracia de Dios, tienen incomparablemente más valor que la conferencia de más altura científica que sólo puede ser entendida por media docena de hombres en el mundo, pero pronunciada por un sabio que no está en gracia de Dios.

La razón es que las acciones de los hombres que no están en gracia de Dios, aunque tengan su valor, como enseña el Vaticano II[4] , no rebasan los límites de lo humano. En cambio, cuando un hombre está en gracia de Dios es miembro del **Cuerpo Místico de Cristo**, y entonces sus obras, por sencillas que sean, pertenecen a un plano sobrenatural, infinitamente superior a todo lo humano.

Si esto se conociera más, ¿quién viviría en pecado mortal?.

Cada uno de nosotros es una célula del Cuerpo Místico de Cristo. Con nuestra virtud colaboramos a su vitalidad. Con nuestros pecados, además de convertirnos en células muertas, entorpecemos la vida de las otras células, nuestros hermanos. Somos células cancerosas.

42.- La gracia santificante es un don personal sobrenatural y gratuito[5] , que nos hace verdaderos hijos de Dios[6] y

---

[1] Evangelio de SAN JUAN, **1 5**:5

[2] JESÚS MARÍA GRANERO, S.I.: *CREDO,3º, XIX.* Ed. ESCELICER. Cádiz.

[3] KAROL WOJTYLA: *Ejercicos Espirituales para jóvenes, 2ª, VI.* Ed. BAC POPULAR. Madrid.

[4] Concilio Vaticano II: *Lumen Gentium*: Constitución Dogmática sobre la Iglesia, nº 34

[5] **Nuevo Catecismo de la Iglesia Católica, nº 1998s**

[6] Primera Carta de SAN JUAN, **3**:1

herederos del cielo[1]. La recibimos en el Bautismo.

1. La gracia santificante es un don sobrenatural, interior y permanente, que Dios nos otorga, por mediación de **Jesucristo**, para nuestra salvación. Don sobrenatural: Supera la naturaleza humana. Don permanente: Mora en el alma mientras se está en gracia, sin pecado mortal. Sólo Dios da la gracia santificante. Todas las gracias son concedidas por los méritos de **Jesucristo**.

Dios nos da la gracia santificante para salvarnos[2].

La gracia santificante es una cualidad que hace subir de categoría al hombre dándole como una segunda naturaleza superior[3]. Es como una «semilla de Dios». La comparación es de **San Juan**[4]. Desarrollándose en el alma produce una vida en cierto modo divina[5], como si nos pusieran en las venas una inyección de sangre divina. La gracia santificante es la vida sobrenatural del alma[6]. Se llama también gracia de Dios.

La gracia santificante nos transforma de modo parecido al hierro candente que sin dejar de ser hierro tiene las características del fuego[7].

«Lo que Dios es por naturaleza, nos hacemos nosotros por la gracia»[8].

La gracia de Dios **es lo que más vale en este mundo**. Nos hace participantes de la naturaleza divina[9]. Esto es una maravilla incomprensible, pero verdadera. Es como un diamante oculto por el barro que lo cubre.

El siglo pasado **Van Wick** construyó con guijarros una casita en su granja de Dutoitspan (Sudáfrica). Un día, después de una fuerte tormenta, descubrió que aquellos guijarros eran diamantes: el agua caída los había limpiado del barro. Así se descubrió lo que hoy es una gran mina de diamantes[10]. La gracia es un diamante que no se ve a simple vista.

La gracia nos hace participantes de la naturaleza divina[11], pero no nos hace hombres-dioses como **Cristo** que era Dios, porque su naturaleza

---

[1] SAN PABLO: Carta a los Romanos, **8**:17

[2] CHURCH-FORUM en INTERNET: *Doctrina Cristiana:* www.churchforum.org.mx

[3] **Nuevo Catecismo de la Iglesia Católica, nº 1997**

[4] Primera Carta de SAN JUAN, **3**:9

[5] JOSÉ SÁNCHEZ COVALEDA, S.I.: *Breviario Teológico de la Salvación, 1º, VII, 1.* Salamanca.

[6] ANTONIO ROYO MARÍN, O.P.: *Somos Hijos de Dios, 1º, III, 4.* Ed. BAC. Madrid, 1977.

[7] ANTONIO ROYO MARÍN, O.P.: *Teología de la salvación, 1ª, III, nº70.* Ed. B.A.C. Madrid.

[8] M. J. SCHEEBEN: *Las maravillas de la gracia divina, VI.* Ed. Desclée. Bilbao.

[9] Segunda Carta de SAN PEDRO, **1**:4

[10] JESÚS MARTÍNEZ GARCÍA: *Hablemos de la Fe, V, 6.* Ed. Rialp. Madrid. 1992.

[11] DENZINGER: *Magisterio de la Iglesia nº 1042.* Ed. Herder. Barcelona

humana participaba de la personalidad divina, lo cual no ocurre en nosotros[1] . Dios al hacernos hijos suyos y participantes de su divinidad nos pone por encima de todas las demás criaturas que también son obra de Dios, pero no participan de su divinidad. La misma diferencia que hay entre la escultura que hace un escultor y su propio hijo, a quien comunica su naturaleza[2] . Cuando vivimos en gracia santificante somos templos vivos del Espíritu Santo[3] La gracia santificante es absolutamente necesaria a todos los hombres para conseguir la vida eterna. La gracia se pierde por el pecado grave.

En pecado mortal no se puede merecer. Es como una losa caída en el campo. Debajo de ella no crece la hierba. Para que crezca, primero hay que retirar la losa. Estando en pecado mortal no se puede merecer nada.

Quien ha perdido la gracia santificante no puede vivir tranquilo, pues está en un **peligro inminente** de condenarse.

La gracia santificante se recobra con la confesión bien hecha, o con un acto de contrición perfecta, con propósito de confesarse. (Ver números **80-84**). El perder la gracia santificante es **la mayor de las desgracias**, aunque no se vea a simple vista. Sin la gracia de Dios toda nuestra vida es inútil para el cielo[4] . Por fuera sigue igual, pero por dentro no funciona: como una bombilla sin corriente eléctrica. Dice **San Agustín** que «como el ojo no puede ver sin el auxilio de la luz, el hombre no puede obrar sobrenaturalmente sin el auxilio de la gracia divina».

En el orden sobrenatural hay **esencialmente** más diferencia entre un hombre en pecado mortal y un hombre en gracia de Dios, que entre éste y uno que está en el cielo[5] . La única diferencia en el cielo está en que la vida de la gracia -allí en toda su plenitud- produce una felicidad sobrehumana que en esta vida no podemos alcanzar.

Esta vida es el camino para la eternidad. Y la eternidad, para nosotros, será el cielo o el infierno. Sigue el camino del cielo el que vive en gracia de Dios. Sigue el camino del infierno el que vive en pecado mortal.Si queremos ir al cielo, debemos seguir el camino del cielo. Querer ir al cielo y seguir el camino del infierno, es una necedad. Sin embargo, en esta necedad incurren, desgraciadamente, muchas personas. Algún día caerán en la cuenta de su necedad, pero quizá sea ya demasiado tarde.

2. Además de la gracia santificante Dios concede otras gracias que

---

[1] ANTONIO ROYO MARÍN, O.P.: *Jesucristo y la vida cristiana, 403.* Ed. BAC. Madrid

[2] ANTONIO ROYO MARÍN, O.P.: *Teología de la salvación, 1ª, III, nº70.* Ed. B.A.C. Madrid.

[3] SAN PABLO: Primera Carta a los Corintios, **6**:19

[4] ANTONIO ROYO MARÍN, O.P.: *Somos Hijos de Dios, 1ª, III, 6.* Ed. BAC. Madrid, 1977

[5] ANTONIO ROYO MARÍN, O.P.: *Somos Hijos de Dios, 1ª, III, 7.* Ed. BAC. Madrid, 1977

llamamos **gracias actuales**[1], que son auxilios sobrenaturales transitorios, es decir, dados en cada caso, que nos son necesarios para evitar el mal y hacer el bien, en orden a la salvación[2]. Pues por nosotros mismos nada podemos. No podemos tener una fe suficiente, ni un arrepentimiento que produzca nuestra conversión.

Las gracias actuales iluminan nuestro entendimiento y mueven nuestra voluntad para obrar el bien y evitar el mal. Sin esta gracia no podemos comenzar, ni continuar, ni concluir nada en orden a la vida eterna[3]

Según **Pelagio**, monje inglés del siglo V, el hombre con sus fuerzas morales puede, hacer el bien y evitar el mal, convertirse y salvarse.

Pero la doctrina católica sostiene que el hombre **no puede cumplir** todas sus obligaciones ni hacer obras buenas para alcanzar la gloria eterna sin la ayuda de la gracia de Dios. Merecer el cielo es una cosa superior a las fuerzas de la naturaleza humana.

Pero como Dios quiere la salvación de todos los hombres, a todos les da la gracia suficiente que necesitan para alcanzar la vida eterna. Con la gracia suficiente el hombre podría obrar el bien, si quisiera.

La gracia suficiente se convierte en eficaz cuando el hombre colabora[4].

Los adultos tienen que cooperar a esta gracia de Dios. Dijo **San Agustín:** «Dios que te creó sin ti, no te salvará sin ti»[5].

«Dios ha querido darnos el cielo como recompensa a nuestras buenas obras. Sin ellas es imposible, para el adulto, conseguir la salvación eterna. Nuestra salvación eterna es un asunto absolutamente personal e intransferible. Al que hace lo que puede, Dios no le niega su gracia. Y sin la libre cooperación a la gracia es imposible la salvación del hombre adulto»[6].

Con sus inspiraciones, Dios predispone al hombre para que haga buenas obras, y según el hombre va cooperando, va Dios aumentando las gracias que le ayudan a practicar estas buenas obras con las cuales ha de alcanzar la gloria eterna. «Tan grande es la bondad de Dios con nosotros que ha querido que sean méritos nuestros lo que es don suyo»[7].

Esta gracia, que nos eleva por encima de la naturaleza caída, la mereció el sacrificio de **Nuestro Señor Jesucristo** en la cruz. La obtenemos mediante la oración y los Sacramentos (ver números **95-97**).

---

[1] **Nuevo Catecismo de la Iglesia Católica, nº 2000**

[2] DENZINGER: *Magisterio de la Iglesia nº 797s.* Ed. Herder. Barcelona

[3] DENZINGER-SCH: *Magisterio de la Iglesia nº 1546.* Ed. Herder. Barcelona

[4] ANTONIO ROYO MARÍN, O.P.: *Teología de la salvación 1ª, II, nº26.* Ed. B.A.C. Madrid.

[5] SAN AGUSTÍN: Serm.169,11. PL: 38, 923

[6] ANTONIO ROYO MARÍN,O.P.:*Teología de la salvación,1ª,I,3,nº9;nº41;1ª,II,2.*Ed. B.A.C. Madrid

[7] SAN AGUSTÍN, Epístola 144, V. 19. MIGNE: *Patrología Latina. 33, 880*

Gracia santificante

43.- Empezamos a vivir la vida de la gracia con el sacramento del bautismo.

1. Cuando nacemos a la vida natural, nacemos muertos a la vida de la gracia, porque nacemos con el **pecado original**. El pecado original se lava con el bautismo. El bautismo es como un segundo nacimiento: un nacimiento a la vida sobrenatural.

Dios creó a nuestros primeros padres en estado de gracia.

Dios en señal de su soberanía les dio un mandato para que ellos cumpliéndolo mostraran su aceptación. Ellos cediendo a la tentación del demonio desobedecieron[1].

«Puesto que el fin propio del precepto era probar la obediencia, no podemos medir la gravedad de la culpa por la acción exterior en que se manifiesta»[2]. «El hombre creado por Dios en la justicia, sin embargo, por instigación del demonio, en el mismo comienzo de la historia, abusó de su libertad, levantándose contra Dios»[3].

Este pecado de desobediencia[4] fue el pecado original, llamado así porque fue el primer pecado que se cometió en la Tierra, en los principios de la humanidad. Dice **San Pablo** que Adán introdujo el pecado en el mundo[5].

El pecado original es origen de otros muchos. El pecado original es la raíz de los demás pecados de los hombres[6].

La realidad del pecado original es **dogma de fe**[7].

Con este pecado de desobediencia nuestros primeros padres perdieron

---

[1] **Nuevo Catecismo de la Iglesia Católica, nº 397**

[2] BIRNGRUBER: *Teología Dogmática para Seglares, nº 16*. Ed. Litúrgica Española. Barcelona

[3] Concilio Vaticano II: *Gaudium et Spes*: Constitución sobre la Iglesia en el mundo actual, nº13

[4] **Nuevo Catecismo de la Iglesia Católica, nº 397**

[5] SAN PABLO: Carta a los Romanos, **5 :**12ss

[6] Conferencia Episcopal Española: Catecismo Escolar, 5º EGB, nº4

[7] DENZINGER: *Magisterio para la Iglesia, nº 787-792*. Ed. Herder. Barcelona

la gracia para ellos y para nosotros sus hijos[1] .

Lo mismo que lo pierden todo los hijos del que se arruina en el juego de la ruleta. Si un monarca concede a una familia un titulo nobiliario con la condición de que el cabeza de familia no se haga indigno de semejante gracia, ¿quién puede protestar si después de una ingratitud de este cabeza de familia, el monarca retira el título a toda la familia?

Lo mismo que cuando el embajador de una nación firma un tratado compromete a todo su país, lo mismo nos afecta a todos el pecado de Adán, que fue la cabeza del género humano.

«En su voluntad estaba incluido nuestro destino. Las aguas corren putrefactas porque la fuente está contaminada»[2] .

El Concilio de Trento «el más trascendental de toda la Historia de la Iglesia»[3] define como de fe que el pecado original se transmite por generación, por herencia[4] . Dice **Pablo VI** en el *Credo del Pueblo de Dios*: "Mantenemos, siguiendo el Concilio de Trento, que el pecado original se trasmite juntamente con la naturaleza humana, por generación"[5] .

2. Nosotros **no somos responsables** del pecado original porque no es pecado personal nuestro[6] ; pero lo heredamos al nacer[7].

«Por eso el pecado original es llamado "pecado" de manera análoga: es un pecado "contraído", no "cometido"; es un estado, no un acto»[8] .

En virtud de la ley de solidaridad de Adán con toda la humanidad, por ser su cabeza físico-jurídica[9] , nos priva de los dones extraordinarios que Dios había concedido en un principio a Adán para que los comunicara a sus descendientes[10].

«Del mismo modo que entre Adán y sus descendientes hubiera existido solidaridad si hubiera sido fiel, del mismo modo existe también solidaridad en su rebeldía»[11] . El gran desastre del pecado de Adán fue que arrastró

[1] DENZINGER: *Magisterio para la Iglesia, nº 789.* Ed. Herder. Barcelona

[2] JESÚS Mª GRANERO,S.I.: *Credo - Jesucristo, VII.* Ed. Escelicer. Cádiz. 1943

[3] Revista ROCA VIVA 315 (X-1994) 415-418

[4] DENZINGER: *Magisterio de la Iglesia, nº 790,* y DS, *1512s.* Ed. Herder. Barcelona

[5] PABLO VI: *Credo del Pueblo de Dios, nº 16*

[6] **Nuevo Catecismo de la Iglesia Católica, nº 405**

[7] **Nuevo Catecismo de la Iglesia Católica, nº 403**

[8] **Nuevo Catecismo de la Iglesia Católica, nº 404**

[9] **Nuevo Catecismo de la Iglesia Católica, nº 404**

[10] **Nuevo Catecismo de la Iglesia Católica, nº 416**

[11] EDWARD LEEN, C.S.Sp: *¿Por qué la cruz? 1ª, VIII.* Ed. Rialp. Madrid

consigo a toda la naturaleza humana[1].

De igual manera que si Adán se hubiese suicidado antes de tener hijos, hubiera privado de la vida a todo el género humano, así con su pecado nos priva de la gracia. Fue un suicidio espiritual. No debemos protestar por sufrir nosotros las consecuencias del pecado de Adán. ¿Habríamos sabido nosotros conservar estos dones?[2] ¿No son nuestros pecados personales una prueba de que también nosotros habríamos prevaricado?

El pecado original fue un **pecado de soberbia**[3].

El pecado de Adán y Eva es un pecado muy frecuente hoy día. Hombres y mujeres autosuficientes, independientes, rebeldes a toda norma, orden o mandato, aunque venga del Papa. Para ellos sólo vale lo que ellos opinan, y lo que ellos quieren. No se someten a nadie. Quieren ser ellos los que deciden lo que es bueno y lo que es malo. Quieren ser como dioses.

Ése fue el pecado de Adán y Eva.

3. Antes de pecar, el demonio dijo a nuestros primeros padres que si pecaban serían como dioses. Ellos pecaron y se dieron cuenta del engaño del demonio. Con esto el demonio logró lo que pretendía: derribar a Adán de su estado de privilegio.

El demonio es el «*padre de la mentira*»[4]. Eva fue seducida por él[5].

El que peca se entrega al espíritu de la mentira.

En la medida que somos pecadores somos «mentirosos»[6], pues el pecado es el abandono de la verdad, que es Dios, por la mentira.

El demonio también **nos engaña** a nosotros en las tentaciones[7] presentándonos el pecado muy atractivo, y luego siempre quedamos desilusionados, con el alma vacía y con ganas de más. Porque el pecado nunca sacia. Pero el demonio logra lo suyo: encadenarnos al infierno.

El demonio **nos tienta** induciéndonos al mal[8], porque nos tiene envidia[9], porque podemos alcanzar el cielo que él perdió por su culpa[10].

Todas las tentaciones del demonio se pueden vencer con la ayuda de

---

[1] MIGUEL PEINADO: *Exposición de la Fe Cristiana, 1ª, I, 7, 4.* Ed. BAC. Madrid. 1975

[2] LELLOTTE, S.I.: *La solución al problema de la vida.* Ed. Librería Religiosa. Barcelona

[3] LEO J. TRESE: *La fe explicada, 1ª, V, 3.* Ed. Rialp. Madrid 1981

[4] Evangelio de SAN JUAN, **8**:44

[5] SAN PABLO: Primera Carta a Timoteo, **2**:14

[6] SAN PABLO: Carta a los Romanos, **3**:4,7

[7] **Nuevo Catecismo de la Iglesia Católica, nº 394**

[8] **Nuevo Catecismo de la Iglesia Católica, nº 414**

[9] **Nuevo Catecismo de la Iglesia Católica, nº 391**

[10] Libro de la Sabiduría, **1**:13; **2**:24

Dios[1] . El demonio es como un perro encadenado: puede ladrar, pero sólo puede morder al que se le acerca[2].

«En el estado de pecado original el hombre carece de la gracia y amistad de Dios, y su libertad está debilitada e inclinada al mal; no podemos ser totalmente dueños de nosotros mismos y de nuestros actos»[3] .

La vida de la gracia que empieza con el bautismo necesita respirar para no ahogarse. Lo mismo que la vida del cuerpo que, si no se tiene aire para respirar, también se ahoga.

Dice **San Agustín** que la respiración de la vida del alma es la oración.

[1] **Nuevo Catecismo de la Iglesia Católica, nº 395**

[2] ANTONIO TAPIES: *Nuestra salvación, 1ª, I, 4.* Ed. Claret. Barcelona, 1987

[3] Conferencia Episcopal Española: *Ésta es nuestra fe, 2ª, I, 3.* EDICE. Madrid, 1986

44.- Orar es hablar con Dios, nuestro Padre celestial, para adorarle, alabarle, darle gracias y pedirle toda clase de bienes.

1. **Orar es hablar con Dios** para manifestarle nuestro amor, tributarle el honor que se merece, agradecerle sus beneficios, ofrecerle nuestros trabajos y sufrimientos, pedirle consejo, confiarle las personas que amamos, los asuntos que nos preocupan y desahogarnos con Él.

Habla a Dios con sencillez y naturalidad. Háblale con tus propias palabras. Se puede orar con fórmulas ya hechas, o espontáneas.

Y también repitiendo siempre la misma frase.

«La oración es conversación. Sabemos muy bien que se puede conversar de distintas maneras. Algunas veces la conversación es un simple intercambio de palabras. (...) Pero la conversación profunda se da cuando intercambiamos pensamientos, corazón y sentimientos. Cuando intercambiamos nuestro "yo"»[1] .

¿Por qué orar?

Porque creo en Dios, sé que me ama, y deseo decirle que le amo.

La oración incluye: «La adoración, que es reconocimiento de la grandeza y majestad de Dios. La alabanza a su infinita bondad y misericordia. El ofrecimiento incondicional a realizar la voluntad de tan altísimo Señor. La súplica de perdón, y reconocimiento de la pequeñez del que ora. La acción de gracias por tantas bendiciones y favores recibidos. La petición humilde de la ayuda de la gracia y del favor de Dios para tantas necesidades»[2].

Para hablar con Dios no es necesario pronunciar palabras materialmente. Se puede hablar también sólo con el corazón.

La oración no se aprende. Sale sola. Lo mismo que no se aprende a reír o a llorar. La oración sale espontáneamente del corazón que ama a Dios.

---

[1] JUAN PABLO II: *Ejercicios Espirituales para jóvenes, 2ª, I.* Ed. BAC-POPULAR. Madrid. 1982.

[2] CARLOS AMIGO: *Cien respuestas para tener fe, II,16.* Ed. Planeta+Testimonio. Barcelona.'99.

La oración debe hacerse con atención, reverencia, humildad, confianza, fervor, perseverancia y resignación con lo que Dios quiera.

Hacerla con fe muy firme de que si conviene, Dios concederá lo que pedimos; pero no podemos anteponer nuestra voluntad a la de Dios[1].

Además de irreverente y absurdo, sería completamente inútil y estéril.

Dice **San Pablo**: *Orad sin cesar* [2]. Y **San Agustín** da la solución: «Orad con el deseo. Aunque calle la lengua. Si deseas amar, ya estás amando. Tu deseo es tu oración. Si deseas siempre, tu oración es continua».

La perseverancia en la oración es fundamental. Dios ya sabe lo que deseamos, pero Él quiere que se lo pidamos; aunque a veces nos haga esperar. **Santa Mónica** tardó treinta años en conseguir la conversión de su hijo **San Agustín**[3].

Es necesario orar, y orar a menudo, porque Dios así lo manda: *«Pedid y recibiréis»*[4] y *«es necesario orar siempre y no desfallecer»*[5] ; pero además porque ordinariamente Dios no concede las gracias espirituales y materiales si no se las pedimos.

¡Ojalá te acostumbraras a tener tus ratos de charla con Nuestro Señor en el sagrario! Por lo menos, no dejes de rezar todos los días las oraciones que te pongo en los Apéndices. Pero te advierto que la oración bien hecha no es la recitación de plegarias que se repiten distraídamente sólo con los labios. La verdadera oración pone siempre en movimiento el corazón. Dice **Santa Teresa** que «orar es un trato amoroso con Dios»[6]

No pedimos para obligar a Dios que cambie sus planes, lo cual es imposible. Ni para informarle de lo que necesitamos, pues Él ya lo sabe.

Ni para convencerle para que nos ayude, pues lo desea más que nosotros mismos. Pedimos porque Él quiere que lo hagamos para colaborar con Él en lo que quiere concedernos.

«Dios ha determinado concedernos algunas cosas a condición de que se las pidamos bien, o sea, vinculándolas a nuestra oración. Pero si no las pedimos, nos quedaremos sin ellas. No se trata de que Dios cambie su voluntad, sino de que nosotros cumplamos la condición que Él ha señalado para concedernos tales gracias»[7].

La doctrina católica enseña:

a) que para salvarnos nos es necesario orar;

b) que sin orar no podemos permanecer mucho tiempo sin pecado;

---

[1] OTTO ZIMMERMANN, S.I.: *Teología Ascética, nº 30.* Seminario Metropolitano. Buenos Aires

[2] SAN PABLO: Primera Carta a los Tesalonicenses, **5** :17

[3] MADRE ANGÉLICA: *Respuestas, no promesas, IV, 9.* Ed. Planeta+Testimonio.Barcelona. 1999.

[4] Evangelio de SAN MATEO, **7** :7

[5] Evangelio de SAN LUCAS, **18**:1

[6] SANTA TERESA: *Vida, VIII,2.*

[7] ANTONIO ROYO MARÍN, O.P.: *La Virgen María, 4º, V, 4, nº 401.* Ed. BAC. Madrid

Valor de la oración

c) que, aun para muchas cosas humanas, es muy necesario o conveniente la oración;

d) que si oramos frecuentemente pidiendo a Dios nuestra salvación, nos salvaremos seguro.

Dice **San Pablo** que con la oración se pueden vencer todas las tentaciones[1]. Si pedimos bien una cosa necesaria para nuestra salvación, la eficacia es **segura**[2]. Dice **Santo Tomás**[3] que la oración es infalible si se pide bien algo necesario para la salvación eterna. Si pedimos la salvación de otro, la eficacia depende de la libre voluntad del otro; pero nuestra oración le conseguirá gracias de Dios para facilitar que él se incline hacia el bien. Pero no sólo pedir. También hay que alabar y adorar a Dios. Más vale rezar poco y bien que mucho y mal. Si por dedicarte a largos rezos vas a hacerlos de forma distraída y rutinaria, más vale que reces la mitad o la cuarta parte; pero concentrándote y pensando lo que haces.

Glorificas más a Dios y enriqueces más tu alma con un acto intenso de fervor que con mil remisos, superficiales y rutinarios[4].

Todos deberíamos dedicar algún momento del día a hacer actos internos de amor de Dios. En estos breves instantes se puede merecer más que en el resto de la jornada diaria[5]. El momento más oportuno para hacerlos es después de comulgar, y al acostarse. Hay que pedirle a Dios la gracia eficaz para hacer con mucho fervor estos actos de amor.Por otra parte, el buen hijo nunca se avergüenza de su padre, y Dios es mi Padre y Creador. Ningún padre es tan padre como el que es Padre-Creador de sus hijos. Es una ingratitud regatear a Dios las manifestaciones de amor y reverencia. Solía decir el emperador **Carlos V**: «Nunca es el hombre más grande que cuando está de rodillas delante de Dios».

Los animales nunca rezan.

2. Convendría que cada familia fijase **un mínimo** de rezo en común, el cual podría ser:

1) Leer un trozo del Evangelio, de cuando en cuando, y comentarlo entre todos.

2) Dar gracias a Dios antes de comer, por poderlo hacer, y pedirle que nunca nos falte lo necesario. En los Apéndices tienes una oración para bendecir la mesa.

3) Rezar un misterio del rosario cada día. Al menos se podrían

---

[1] SAN PABLO: Primera carta a los Corintios, **10**:13.

[2] ANTONIO ROYO MARÍN,O.P.:*Teología de la salvación, nº 101.* Ed. BAC. Madrid

[3] SANTO TOMÁS: 2a,2ae,q 83 ad 2

[4] ANTONIO ROYO MARÍN, O.P.: *Teología de la perfección cristiana, nº 262.* Ed. BAC. Madrid

[5] ANTONIO ROYO MARÍN, O.P.: *Somos Hijos de Dios, 2ª, II, 2.* Ed. BAC. Madrid, 1977

44,2

aprovechar los desplazamientos de fin de semana en rezar un rosario entero, o algún misterio suelto.

Esta buena costumbre nos ayudaría, además, a alcanzar la protección de Dios en la carretera. En los Apéndices tienes el modo de rezar el rosario.

-En tus alegrías, da gracias a Dios.
- En tus penas, ofréceselas a Dios por amor a Él.
- En tus trabajos, hazlo todo siempre con buena intención.
- En tus pecados, pide perdón.
- Y en tu trato con los demás, ten espíritu de servicio.

Con la oración Dios nos ayuda a salir airosos de las situaciones más difíciles. Cuenta **Javier Martín**[1] una antigua leyenda, de la Edad Media:

«Un hombre muy virtuoso fue injustamente acusado de haber asesinado a una mujer. En realidad, el verdadero autor era una persona muy influyente del reino, y por eso, desde el primer momento se procuró un "chivo expiatorio", para encubrir al culpable. El hombre fue llevado a juicio ya conociendo que tendría escasas o nulas esperanzas de escapar al terrible veredicto: ¡La horca! El juez, también comprado, cuidó no obstante, de dar todo el aspecto de un juicio justo, por ello dijo al acusado: "Conociendo tu fama de hombre justo y devoto del Señor, vamos a dejar en manos de Él tu destino: Vamos a escribir en dos papeles separados las palabras 'culpable' e 'inocente'. Tú escogerás, y será la mano de Dios la que decida tu destino". Por supuesto, el mal funcionario había preparado dos papeles con la misma leyenda: 'CULPABLE'. La pobre víctima, se encomendó a Dios, y se dio cuenta que el sistema propuesto era una trampa. No había escapatoria. Pero Dios le inspiró la solución. Tomó uno de los papeles doblados y se lo tragó. El juez, indignado, dijo: "Y ahora,¿cómo vamos a saber el veredicto...?" Es muy sencillo, respondió el hombre, es cuestión de leer el papel que queda, y sabremos lo que decía el que me tragué". Tuvieron que liberar al acusado y jamás volvieron a molestarlo. Por más difícil que se nos presente una situación, nunca dejemos de buscar la salida, pidiendo ayuda a Dios. "Lo que es imposible para el ser humano, es posible para Dios"».

3. «La oración es fundamental para la práctica de la religión. Tiene su punto de partida en la fe, cobra vuelo en el diálogo con Dios, y culmina en la entrega del amor. Nuestro *Maestro de Oración* es **Jesucristo.** (...) **Jesús** oraba asiduamente, reverentemente, piadosamente. (...) En la oración de

[1] Javier Martín <HABIBIE@teleline.es>

Jesús destacan, sobre todo, la actitud reverente, la confianza filial, el amor a todos los hombres, y su adhesión a la voluntad de Dios.

»**Jesús** dio a sus discípulos orientaciones y consignas en orden a la práctica de la oración. (...) Insistió en la necesidad de orar, y orar con perseverancia. (...) Atendió al espíritu que debe animar la oración. Porque la oración es un diálogo en el que Dios llama al hombre a su amistad y le ofrece la salvación»[1] . Durante el día deberíamos estar unidos a Dios como dos personas que se aman.

«En un matrimonio armónico saben hombre y mujer que viven el uno para el otro y para su familia. Lo saben incluso, cuando en el jaleo del día piensan poco de hecho el uno en el otro. La relación de amor existe de continuo y da color a todas las actividades de ambos cónyuges. La orientación a la mujer amada ayuda al hombre a hacer día tras día su trabajo, con frecuencia aburrido. Sabe al fin y al cabo para quien trabaja. La mujer lo sabe también y por ello saca fuerzas la mayor parte de las veces para atender con esmero al mantenimiento de la casa. Ambos viven en la atmósfera de la unión, aunque los momentos en que conscientemente se ocupen uno de otro sean escasos. Viven el uno para el otro, y este existir el-uno-para-el-otro forma la mayor parte del tiempo del trasfondo oculto ante el cual transcurre su vida. En un matrimonio de este estilo tienen lugar de vez en cuando "celebraciones" espontáneas, en las que todo lo que está ahí, inadvertido pero real, se expresa de manera explícita y se eleva de ese trasfondo a una vivencia de primer plano... La vivencia de lo que está en el trasfondo, y la vivencia de lo que está en primer plano no se oponen, sino que se superponen y se complementan»[2]

Esto se puede aplicar a nuestro amor a Dios.

4. **El valor de la oración** es muy grande. Con ella trabajamos más que nadie en favor del prójimo: convertimos más pecadores que los sacerdotes, curamos más enfermos que los médicos, defendemos a la Patria mejor que los mismos soldados; porque nuestras oraciones hacen que Dios ayude a los soldados, a los médicos y a los sacerdotes para que consigan lo que pretenden. Dice la **Madre Angélica:** «Podéis conseguir más con la plegaria que con mil millones de dólares»[3].

Puede ser interesante mi vídeo: *¿Cómo cambiar el mundo: el poder de la oración*[4] .

[1] MIGUEL PEINADO: *Exposición de le fe cristiana, 3ª, III, 59.* Ed. BAC. Madrid. 1975

[2] HEGGEN: *La penitencia, acontecimiento de salvación, 1ª, III, 4.* Ed. Sígueme. Salamanca

[3] MADRE ANGÉLICA: *Respuestas, no promesas, IV, 1.* Ed. Planeta+Testimonio.Barcelona.1999.

[4] Pedidos al autor: Apartado 2546. 11080-Cádiz. Tel.: (956) 222 838. FAX: (956) 229 450

No hay que confundir la oración cristiana con el **zen** o el **yoga**.

Hoy están de moda las prácticas de meditación oriental como el **zen** y el **yoga**; pero estas prácticas implican riesgos para los católicos.

Por eso el Vaticano ha publicado un documento alertando a los católicos, porque «el **zen** y el **yoga** degradan las oraciones cristianas y pueden degenerar en un culto al cuerpo»[1]. También el Papa alerta a los que se abren a las religiones orientales en técnicas de meditación y ascesis[2].

5. **Ten la costumbre** de acudir a Dios en todas tus penas y alegrías. En tus penas para encontrar consuelo y ayuda; en tus alegrías para dar gracias y pedir que se prolonguen. De suyo, la oración **se hace a Dios**; pero muchas veces tomamos a la Virgen o a los Santos como mediadores.

Lo mismo que nos valemos de los secretarios de los grandes personajes. Dios escucha a la Virgen y a los Santos mejor que a nosotros, porque ellos lo merecen más[3] .Dios conoce nuestras necesidades y las remedia muchas veces sin que se lo pidamos. Pero **de ordinario** quiere que acudamos a Él, porque con la oración practicamos muchas virtudes: adoración, amor, confianza, humildad, agradecimiento, conformidad, etc. «La eficacia de la oración y su necesidad no es por el influjo que ejerce en Dios, sino en el que ora. Dios está siempre dispuesto a colmarnos de gracias: nosotros, en cambio, no siempre estamos dispuestos a recibirlas; la oración nos hace aptos para ello»[4].

Nunca debo cansarme de pedir a Dios lo que necesito.

No es que Dios desconozca mis necesidades. Pero quiere que acuda a Él. Si no me lo concede, será porque no se lo pido bien, porque no me lo merezco o porque no me conviene. En ese caso, me dará otra cosa; pero la oración que sube al cielo nunca vuelve vacía. Como una madre que cuando un niño le pide un cuchillo con el que se puede cortar, no se lo da; pero le da un juguete. Y en caso de que en los planes de Dios esté dejarnos una cruz, nos dará fuerzas para llevarla. Dijo **San Agustín**: «Señor, dame fuerzas para lo que me pides, y pide lo que quieras»[5].

«Está bien -por eso Dios nos ha dado inteligencia- que tengamos nuestros puntos de vista; con tal de que no nos olvidemos de que también Dios tiene el suyo, y en caso de no coincidir, Dios es el que siempre tiene la

---

1 ABC de Madrid, 4-III-95,pg. 41

2 JUAN PABLO II: *Cruzando el umbral de la esperanza, XIV.* Ed. Plaza y Janés. Barcelona. 1994

3 ANTONIO ROYO MARÍN,O.P.: *Teología Moral para seglares, 2º, 2ª, I, nº346.* Ed.BAC. Madrid

4 ESTANISLAO LYONNET, S.I.: *Libertad y ley nueva, I, 2.* Ed. Sígueme. Salamanca

5 SAN AGUSTÍN: *Confesiones, 10, XXIV*

razón, porque no se equivoca jamás. Nosotros sí nos podemos equivocar»[1].

Mucha gente le pide a Dios que le toque la lotería. Suponen que eso les conviene. Pero no siempre es así. A una familia le tocó la lotería. Con ese dinero se compraron un barquito. En su primera salida naufragó y se ahogaron el padre y tres hijos[2].

En nuestras peticiones **se sobreentiende** siempre la condición de «si es bueno para la salvación eterna».

Hay una cosa que ciertamente Dios está deseando concedérnosla en cuanto se la pidamos. Es la fuerza interna necesaria para vencer las tentaciones del pecado. Sobre todo, si lo pedimos mucho y bien, Dios nos concederá la salvación eterna de nuestra alma.

Cuando se piden cosas **absolutamente buenas** para uno mismo, si se piden bien, la eficacia de la oración es infalible. Aunque a veces Dios modifica la petición en cuanto a las circunstancias, tiempo, etc.

Si es para otro, puede ser que éste rechace la gracia: conversión de un pecador. Dios nos exige un mínimo de buena voluntad.

Él lo pone «casi todo»; pero hay un «casi nada», que depende de nosotros.

6. Pero la vida de la gracia, además de respirar, necesita -lo mismo que la vida natural- alimentarse[3].

Dios también nos ha dado un alimento para la vida sobrenatural de la gracia. Ese alimento es la Sagrada Comunión, el verdadero Cuerpo del mismo **Jesucristo** bajo la apariencia de pan, que se guarda en el sagrario y es la Sagrada Eucaristía.

Es el recuerdo que **Jesucristo** nos dejó antes de subir al cielo.

Él se iba, pero al mismo tiempo quiso quedarse con nosotros, hasta el fin de los siglos, en el sagrario.

---

[1] FEDERICO SUÁREZ: *La Virgen Nuestra Señora, IV, 2.* Ed. Rialp. Madrid. 1984. 17 edición.

[2] DIARIO DE CÁDIZ del 20-XII-99, pg. 1.

[3] **Nuevo Catecismo de la Iglesia Católica, nº 1392**

EUCARISTÍA

45.- JESUCRISTO ESTÁ AHORA GLORIOSO EN EL CIELO Y EN EL SAGRARIO[1].

1. **Jesucristo** es Dios y Hombre verdadero. Como Dios está en todas partes. Como Hombre está solamente en el cielo y en el sagrario, en el Sacramento de la Eucaristía.

La eucaristía es la última prueba del amor de Dios a los hombres.

Amar es dar: Dios nos lo ha dado todo con la CREACIÓN.

Amar es comunicarse: Dios se nos ha comunicado con la REVELACIÓN.

Amar es hacerse semejante al amado: Dios se ha hecho uno de nosotros en la ENCARNACIÓN.

Amar es sacrificarse por el amado: Dios nos ha dado su vida en la REDENCIÓN.

Amar es obsequiar al amado: Dios nos da el supremo bien de la SALVACIÓN.

Amar es acompañar al amado: Dios se ha quedado, para siempre, a nuestro lado en la EUCARISTÍA.

El sagrario es lo principal de la iglesia; aunque a veces no está en el altar mayor. El sagrario es una especie de casita, con su puerta y con su llave. Allí está **Jesucristo**, y por eso, al lado hay encendida una lamparita.

Siempre que pasemos por delante, debemos poner la rodilla derecha en tierra, en señal de adoración, lo mismo si está reservado que si está expuesto[2].

2. **Las imágenes** merecen nuestra veneración y respeto[3] porque

[1] DENZINGER: *Magisterio de la Iglesia, nº 883.* Ed. Herder. Barcelona

[2] Ritual de la Exposición y Bendición Eucarística

[3] Concilio Vaticano II: *Sacrosantum Concilium:* Constitución sobre la Sagrada Liturgia, nº 111

están en lugar del Señor, de la Virgen y de los Santos, a quienes representan. Son sus retratos, sus estatuas. Pero lo que hay en el sagrario no es un retrato o estatua de **Jesucristo,** sino el mismo **Jesucristo**, vivo, pero glorioso: como está ahora en el cielo.

Las imágenes no se adoran, se veneran. Adorar es poner un ídolo en el lugar de Dios, remplazándolo. La adoración sólo es para Dios. Venerar es reconocer el valor que tiene para mí alguien o algo, por lo cual merece nuestro respeto. Yo venero a mis padres y a mi patria, pero no por eso los adoro. Adoro sólo a Dios.

A **Jesucristo**, en el sagrario, sí lo adoramos. Adoración consiste en tributar a una persona o cosa honores de Dios. Se llama culto de **latría**.

Se diferencia del culto de **dulía** que consiste en la veneración que se tributa a todo lo que no es Dios, pero se relaciona con Él (imágenes, reliquias, etc.). A los santos se les tributa culto de dulía, como de intercesores ante Dios.

La adoración sólo se tributa a Dios[1]. Por eso, en el Imperio Romano, muchos cristianos fueron mártires por no querer adorar a los ídolos.

El doblar la rodilla tiene distintos significados, según la voluntad del que lo hace: ante la Eucaristía es adoración, ante una imagen es veneración, ante los reyes es reverencia.

La veneración de las imágenes no va dirigida a la materia de la que está hecha (piedra, madera, lienzo o papel) sino a la persona a la que representa[2]. Cuando tú besas la foto de tu madre, tu beso no se dirige al papel fotográfico sino a tu madre en persona. La idolatría se dirige a la imagen misma como a un dios. Dice el Concilio II de Nicea: «el honor tributado a la imagen va dirigido a quien está representado en ella».

El Dios del Antiguo Testamento no tenía cuerpo. Era invisible. No se le podía representar por imágenes. Las imágenes de aquel tiempo eran ídolos.

Pero desde que **Cristo** se hizo *«la imagen visible del Dios invisible»*, como dice **San Pablo**[3], es lógico que lo representemos para darle culto[4].

Los textos de la Biblia que prohíben hacer imágenes[5] son para los del Antiguo Testamento, por el peligro que tenían de caer en la idolatría como los pueblos vecinos, que adoraban los ídolos como si fueran dioses.

Ese peligro no existe actualmente, por eso el mandato ya no vale hoy día[6]; como tampoco valen otras leyes del Antiguo Testamento, por ejemplo,

---

[1] CONFERENCIA EPISCOPAL ALEMANA: *Catecismo Católico para Adultos, 2ª, II, 2, 2.* Ed. BAC. Mad

[2] **Nuevo Catecismo de la Iglesia Católica nº 2132**

[3] SAN PABLO: Carta a los Colosenses, **1**:15

[4] **Nuevo Catecismo de la Iglesia Católica, 1159ss, 2129ss**

[5] Éxodo, **20**:4

[6] SAN PABLO: Carta a los Gálatas, **4**:4s; Deuteronomio, **5**:9

la circuncisión[1] , y la pena de muerte para los adúlteros[2]

El Nuevo Testamento perfecciona el Antiguo[3] .

Los textos del Nuevo Testamento[4] que hablan de los ídolos, se refieren a auténticos ídolos adorados por paganos, pero no a simples imágenes.

«Por eso el Concilio Ecuménico de Nicea del año 787, justificó el culto de las sagradas imágenes»[5] .

Las imágenes son la Biblia del pueblo. Decía **San Gregorio Magno**: «Las imágenes son útiles para que los iletrados vean en ellas lo que no son capaces de leer en los libros».

Los Testigos de Jehová, hasta el saludo a la bandera nacional lo consideran como un acto de idolatría[6] . Esto es absurdo.

3. Es muy importante que consideres a **Jesucristo** en el sagrario, no como una cosa, sino como una Persona que siente, que ama, que te está esperando.

Jesucristo está en el sagrario, deseando que vayamos a visitarle. Debemos ir con frecuencia a contarle nuestras penas y necesidades, y a pedirle consuelo y ayuda. Es muy buena costumbre entrar a saludar a **Jesucristo** al pasar por delante de una iglesia, al menos una vez al día. Aunque sea brevemente.

Por mucha prisa que tengas puedes entrar un momento y decir:

«Señor:

Yo creo que estás aquí presente en el Santísimo Sacramento de la Eucaristía.

Te adoro con todo mi corazón, como al único Dios verdadero.

Te amo sobre todas las cosas.

Te doy gracias por todos los beneficios que de Ti he recibido.

Te pido por todo por todas mis intenciones.

Te ruego que me ayudes en todo lo que necesite. Amén».

No has tardado ni un minuto.

Y si tienes tiempo, el **P. Jesús María Granero S.I.** te sugiere que digas: «Señor, lo necesito todo; pero no te pido nada. Vengo a estar

---

[1] Levítico, **1 2**:3

[2] Levítico, **2 0**:10

[3] **Nuevo Catecismo de la Iglesia Católica, nº 1984**

[4] SAN PABLO: Primera Carta a los Corintios, **1 0**:7; Primera Carta de San Juan, **5**:21

[5] **Nuevo Catecismo de la Iglesia Católica, 2131**

[6] G. HERBERT, S.I: *Los Testigos de Jehová, su historia y su doctrina, VI, 3, b.* Ed. PPC. Madrid, 1973. Éste es uno de los mejores libros para refutar con profundidad los errores de los Testigos de Jehová.

contigo»[1].

Algunas veces, se hace la exposición del Santísimo Sacramento. Los fieles se arrodillan ante Él para adorar al Señor, darle gracias por su amor, y pedirle su ayuda. Al final de la exposición, se da la bendición con el Santísimo a los fieles: entonces, es el mismo **Cristo** quien les bendice y derrama sobre ellos sus gracias.

46.- JESUCRISTO ESTÁ REAL Y VERDADERAMENTE PRESENTE EN EL SAGRARIO, AUNQUE ENCUBIERTO BAJO APARIENCIAS DE PAN, EN LA HOSTIA CONSAGRADA.

47.- JESUCRISTO TAMBIÉN ESTÁ ENCUBIERTO BAJO APARIENCIAS DE VINO EN EL CÁLIZ CONSAGRADO.

1. En la Eucaristía permanecen el olor, color y sabor del pan y del vino; pero su substancia se ha convertido en el Cuerpo y en la Sangre de **Jesucristo**[2].

Esta conversión se llama transubstanciación. Es el tránsito de una cosa a otra. Cesan las sustancias del pan y el vino porque suceden en su lugar el cuerpo y la sangre de **Cristo**.

La transubstanciación es una conversión milagrosa y singular, distinta de las conversiones naturales. Porque en ella tanto la materia como la forma del pan y del vino se convierten, en el Cuerpo y la Sangre de **Cristo**. Sólo los accidentes permanecen sin cambiar: seguimos viendo el pan y el vino pero substancialmente ya no lo son, porque en ellos está realmente el cuerpo, sangre, alma y divinidad de **Cristo.**

Substancia es aquello por lo cual algo es lo que es. Lo que hay de permanente en el ser, por lo cual subsiste. No lo que es transitorio y accidental, que no es esencial y constante, y que necesita una substancia donde residir: como son el color, el olor y el sabor[3].

Cristo está presente en el sacramento del altar por transustanciarse toda la sustancia de pan en su cuerpo, y toda la sustancia de vino en su sangre.

[1] JESÚS MARÍA GRANERO, S.I.: *Por los caminos de la vida, nº 718.* Ed. Studium. Madrid.

[2] **Nuevo Catecismo de la Iglesia Católica nº 1374ss**

[3] JOSÉ Mª CIURANA: *En busca de las verdades fundamentales, II, B, c, b'.* Ed. Bosch. Barcelona. Breve pero excelente libro que responde acertadamente a su título.

2. La Hostia, antes de la Consagración, es pan de trigo. La Hostia, después de la Consagración, es el **Cuerpo de Jesucristo**, con su Sangre, su Alma y su Divinidad. Del pan sólo quedan las apariencias, que se llaman especies sacramentales.

3. En el cáliz, antes de la Consagración, hay vino de uva. En el cáliz, después de la Consagración, está la **Sangre de Cristo**, con su Cuerpo, su Alma y su Divinidad. Del vino sólo quedan las apariencias, que se llaman especies sacramentales.

Jesucristo en razón de su única Persona está entero en cada una de las dos especies sacramentales; por eso, para recibirlo, no es necesario comulgar bajo las dos especies de pan y vino: basta cualquiera de las dos para recibirlo entero[1].

4. La palabra griega *soma* en la antropología hebrea significa «cuerpo» en su totalidad; no en contraposición con la sangre. Igualmente la palabra *aima* (sangre) significa lo que es el hombre en su totalidad. **Cristo** repite la misma idea para confirmarla, para remacharla. Es un paralelismo llamado «climático» muy frecuente en el modo de hablar hebreo[2].

5. **Cristo** en la eucaristía está vivo, resucitado. «No se trata de una venerable reliquia, como sería el cuerpo muerto de **Cristo;** sino de **Jesús** vivo -como dice **San Juan**- *pan vivo*[3]. Y por ello vivificante. Comer el cuerpo vivo y resucitado de **Jesús** nos llevará a nosotros mismos a la resurrección final gloriosa»[4]. *«El que come mi carne y bebe ni sangre tiene la vida eterna y yo lo resucitaré en el último día»*[5].

48.- EL PAN Y EL VINO SE CONVIERTEN EN EL CUERPO Y EN LA SANGRE DE **JESUCRISTO** EN LA SANTA MISA POR LAS PALABRAS QUE EL SACERDOTE PRONUNCIA EN EL MOMENTO DE

[1] DENZINGER: *Magisterio de la Iglesia, nº 885 y 934ss.* Ed. Herder. Barcelona

[2] JOHANNES BETZ: *Mysterium Salutis, IV, 2.* Ed. Cristiandad. Madrid, 1975

[3] Evangelio de SAN JUAN, **6**,51

[4] CÁNDIDO POZO, S.I.: *Resucitó de entre los muertos, II, 3.* Cuadernos BAC, nº93. Madrid. 1985

[5] Evangelio de SAN JUAN, **6**,54

LA CONSAGRACIÓN, PUNTO CENTRAL DE LA MISA[1].

1. Por eso las normas litúrgicas dicen que durante la consagración los fieles deben ponerse de rodillas, si no hay motivo razonable que lo impida.

Y así lo han recordado varios obispos[2].

En la elevación podrías decir en silencio: «Señor mío y Dios mío, que tu santa redención consiga mi salvación eterna y la de todos los que han de morir hoy. Amén».

49.- **Jesucristo** instituyó la Eucaristía para perpetuar por los siglos, hasta su vuelta, el sacrificio de la cruz, y alimentar nuestras almas para la vida eterna.

1. En su Última Cena, **Jesucristo**, instituyó el sacrificio eucarístico de su Cuerpo y de su Sangre. **Jesús** ofreció aquel día en el cenáculo el mismo sacrificio que iba a ofrecer pocas horas más tarde en el calvario: con anticipación, se entregó por todos los hombres bajo las apariencias de pan y vino. La palabra sacrificio viene del latín, *«sacrum facere»* : hacer sagrado. Ofrezco algo a Dios y lo sacralizo.

El pan y el vino son fruto del trabajo del hombre, que los saca del trigo y de la uva, y se los ofrece a Dios como símbolo de su entrega. Y Dios nos los devuelve como alimento, convertido en el Cuerpo y Sangre de **Cristo**, y así nos hacemos Cuerpo Místico de **Cristo.** Él nos hace suyos.

Sobre la fecha de la Última Cena discrepan los autores. Lo más frecuente es situarla el Jueves Santo. Pero algunos autores piensan que tuvo lugar el Martes Santo pues había dos calendarios distintos para celebrar la Cena Pascual. Situándola el Martes Santo hay más tiempo para el desarrollo de los acontecimientos que tuvieron lugar entre Getsemaní y el Calvario. «**Cristo** habría comido la Pascua el martes por la tarde, habría sido apresado el miércoles, y crucificado el viernes»[3].

Con las palabras *«haced esto en memoria mía»*[4], **Jesús** dio a los Apóstoles y a sus sucesores el poder y el mandato de repetir aquello mismo que Él había hecho: convertir el pan y el vino, en su Cuerpo y en su

[1] **Nuevo Catecismo de la Iglesia Católica nº 1413**

[2] ABC de Madrid del 7-III-94.Pg.71

[3] MAX MEINERTZ: *Teología del Nuevo Testamento, 1ª, VII,7.* Ed. FAX. Madrid. 1996.

[4] Evangelio de SAN LUCAS, 22:19

Sangre, ofrecer estos dones al Padre y darlos como manjar a los fieles.

2. **Jesucristo** está en todas las Hostias Consagradas entero en cada una de ellas[1]. Aunque sea muy pequeña[2]. También un paisaje muy grande se puede encerrar en una fotografía muchísimo más pequeña.

No es lo mismo; pero esta comparación puede ayudar a entenderlo.

La presencia de **Cristo** en la Eucaristía es inextensa, es decir, todo en cada parte. Esto no repugna filosóficamente[3]. Por eso al partir la Sagrada Forma, **Jesucristo** no se divide, sino que queda entero en cada parte, por pequeña que sea[4]. Lo mismo que cuando uno habla y le escuchan dos, aunque vengan otros dos a escuchar, también oyen toda la voz. La voz se «divide» en doble número de oídos, pero sin perder nada. Esta comparación, que es de **San Agustín**, puede ayudar a entenderlo.

Todo esto es un gran misterio, pero así lo hizo **Jesucristo** que, por ser Dios, lo puede todo. Lo mismo que, con su sola palabra hizo milagros así, con su sola palabra, convirtió el pan y el vino en su Cuerpo y en su Sangre cuando dijo: «*Esto es mi Cuerpo..., éste es el cáliz de mi Sangre...*»[5].

Los discípulos que las oyeron las entendieron de modo real, no simbólico.

Por eso dice **San Juan** que cuando le oyeron esto a **Jesús** algunos, escandalizados, le abandonaron diciendo: «esto es inaceptable». Les sonaba a antropofagia. Si lo hubieran entendido en plan simbólico no se hubieran escandalizad El mismo **San Pablo** también las entendió así. Por eso después de relatar la institución de la Eucaristía añade rotundamente: «*de manera que cualquiera que comiere este pan o bebiere este cáli indignamente, será reo del Cuerpo y de la Sangre del Señor*»[6].

Si la presencia eucarística fuera sólo simbólica, las palabras de **San Pablo** serían excesivas. No es lo mismo partir la fotografía de una persona que asesinarla. Por todo esto los católicos creemos firmemente que en la Eucaristía está el verdadero Cuerpo y la verdadera Sangre de **Jesucristo**. Las interpretaciones simbólicas y alegóricas de los no católicos son inadmisibles.

Cuando **Cristo** dice que Él es «*pan de vida*»[7] no es lo mismo que cuando dice«*Yo soy la puerta*». Evidentemente que al hablar de «puerta», habla simbólicamente, pero no así al hablar de «pan de vida», pues dice **San**

---

[1] **Nuevo Catecismo de la Iglesia Católica nº 1377**

[2] DENZINGER: *Magisterio de la Iglesia, nº885.* Ed. Herder. Barcelona.

[3] GAR-MAR, S.I.: *Sugerencias, 2ª,X.* Ed. FAX. Madrid.

[4] DENZINGER: *Magisterio de la Iglesia, nº885.* Ed. Herder. Barcelona.

[5] Evangelio de SAN MATEO, **2 6**:26ss

[6] SAN PABLO: Primera Carta a los Corintios, **1 1**:27ss

[7] Evangelio de SAN JUAN, **6**:35

Pablo que ese pan es *«comunión con el Cuerpo de Cristo»*[1]. Y el mismo **Jesús.** lo confirma cuando dijo: *«Mi carne es verdadera comida y mi sangre verdadera bebida»*[2] . Y los que oyeron estas palabras las entendieron en su auténtico sentido; por eso no pudieron contenerse y dijeron *«dura es esta doctrina»*[3] . La presencia de **Cristo** en la Eucaristía es real y substancial[4] . El sentido de las palabras de **Jesús** no puede ser más claro. Si **Jesucristo** hablara simbólicamente, habría que decir que sus palabras son engañosas.

Hay circunstancias en las que no es posible admitir un lenguaje simbólico. ¿Qué dirías de un moribundo que te promete dejarte su casa en herencia y lo que luego te dejara fuera una fotografía de ella? Si no queremos decir que **Jesucristo** nos engañó, no tenemos más remedio que admitir que sus palabras sobre la Eucaristía significan realmente lo que expresan. Las palabras de **Cristo** realizan lo que expresan. Cuando le dice al paralítico «levántate y anda», el paralítico sale andando, pues eso es lo que le dice **Jesús.** No es un modo de hablar para que levante su ánimo.

Lo mismo en la Eucaristía cuando dice «esto es mi Cuerpo». Sus palabras realizan lo que expresan.

La Biblia de los **Testigos de Jehová** traduce falsamente en el relato de la Cena: «esto significa mi Cuerpo». Sin embargo, todos los manuscritos y versiones, sin excepción, traducen *«esto es mi Cuerpo»*[5] .

No es lo mismo el verbo «ser» que el verbo «significar». La bandera significa la Patria, pero no es la Patria.

Es cierto que nosotros no podemos comprender cómo se convierten el pan y el vino en el Cuerpo y la Sangre de **Jesucristo**; pero tampoco comprendemos cómo es posible que la fruta, el pan, un huevo, un tomate o una patata se conviertan en nuestra carne y en nuestra sangre, y sin embargo esto ocurre todos los días en nosotros mismos.

Claro que la transformación que sufren los alimentos en nuestro estómago es del orden natural, en cambio la transubstanciación del pan y del vino en el Cuerpo y la Sangre de **Cristo** es de orden sobrenatural y misterioso. Este misterio se llama Santísimo Sacramento del Altar y, también, la Sagrada Eucaristía.

3. La presencia de **Cristo** en la Eucaristía está confirmada por varios

---

[1] SAN PABLO: Primera Carta a los Corintios, **10**:16

[2] Evangelio de SAN JUAN, **6**:56

[3] Evangelio de SAN JUAN, **6**:61

[4] **Nuevo Catecismo de la Iglesia Católica, nº 1374**

[5] G. HERBERT, S.I.: *Los Testigos de Jehová, su historia y su doctrina, III, 3. a.* Ed. PPC. Madrid, 1973. Éste es uno de los mejores libros para refutar con profundidad los errores de los Testigos de Jehová.

milagros eucarísticos que, ante las dudas del sacerdote celebrante u otras circunstancias, las especies sacramentales se convirtieron en carne y sangre humana, como consta por los exámenes científicos realizados en los milagros de Lanciano, Casia y otros[1].

Puede ser interesante mi vídeo: *El Santo Grial de Valencia y milagros eucarísticos*, donde presento las razones que nos permiten afirmar con fundamento que el Santo Cáliz de Valencia es el mismo que utilizó **Jesucristo** en la Última Cena.

En este vídeo relato los milagros eucarísticos de los Corporales de Daroca, La Sagrada Forma de El Escorial, El Milagro de los peces de Alboraya (Valencia) y la carne eucarística de Lanciano (Italia), analizada recientemente.por científicos[2].

50.- La Misa es el acto más importante de nuestra Santa Religión, porque es la renovación[3] y perpetuación[4] del sacrificio de **Cristo** en la cruz.

1. En la Misa se reactualiza[5] el sacrificio que de su propia vida hizo **Jesucristo** a su Eterno Padre en el calvario, para que por sus méritos infinitos nos perdone a los hombres nuestros pecados, y así podamos entrar en el cielo. En la Misa se hace presente la redención del mundo[6].

Por eso la Misa es el acto más grande, más sublime y más santo que se celebra cada día en la Tierra.

Decía **San Bernardo**: «el que oye devotamente una Misa en gracia de Dios merece más que si diera de limosna todos sus bienes». Oír una Misa en vida aprovecha más que las que digan por esa persona después de su muerte. Con cada Misa que oigas aumentas tus grados de gloria en el cielo.

La única diferencia entre el sacrificio de la Misa y el de la cruz está en el modo de ofrecerse[7]: en la cruz fue cruento (con derramamiento de sangre) y en la Misa es incruento (sin derramamiento de sangre), bajo las

---

[1] BOB-PENNY LORD: *Milagros de la Eucaristía, I, V, XV*. Librería Niño Jesús. San Jorge 357, Santurce. Puerto Rico 00912

[2] Pedidos al autor: Apartado 2546. 11080-Cádiz. Tel.: (956) 222 838. FAX: (956) 229 450

[3] **Nuevo Catecismo de la Iglesia Católica, nº 1364**

[4] Nuevo Código de Derecho Canónico, 897.

[5] Conferencia Episcopal Alemana: *Catecismo Católico para Adultos,3ª,IV,3,1.* Ed.BAC. Madrid

[6] DANIEL GAGNON *No todo el que dice Señor, Señor*. Paulinas, 2a ed., México

[7] DENZINGER: *Magisterio para la Iglesia, nº 940.* Ed. Herder. Barcelona

apariencias de pan y vino. «Los sacrificios de la Última Cena, el de la Cruz y el del altar, son idénticos»[1].

«Todos los fieles que asisten al Sacrificio Eucarístico lo ofrecen también al Padre por medio del sacerdote, quien lo realiza en nombre de todos y para todos hace la Consagración»[2].

«No hay sacrificio eucarístico posible sin sacerdote celebrante. (...) El único designado por **Cristo** para convertir el pan y el vino en el Cuerpo y Sangre del Señor, mediante la pronunciación de las palabras de la consagración, es el sacerdote»[3].

A los hombres nos gusta celebrar los grandes acontecimientos: bautizos, primeras comuniones, bodas, aniversarios, etc. Estas celebraciones suelen consistir en banquetes. La Eucaristía es un banquete para conmemorar la Última Cena. Los cristianos nos reunimos para participar, con las debidas disposiciones, en el banquete eucarístico.

2. Hay quienes dicen que no van a Misa porque no sienten nada. Están en un error. «Las personas no somos animales sentimentales, sino racionales»[4]. El cristianismo no es cuestión de emociones, sino de valores.

Los valores están por encima de las emociones y prescinden de ellas.

Una madre prescinde de si tiene o no ganas de cuidar a su hijo, pues su hijo es para ella un valor. Quien sabe lo que vale una Misa, prescinde de si tiene ganas o no. Procura no perder ninguna, y va de buena voluntad.

Para que la Misa te sirva basta con que asistas voluntariamente, aunque a veces no tengas ganas de ir. La voluntad no coincide siempre con el tener ganas. Tú vas al dentista voluntariamente, porque comprendes que tienes que ir; pero puede que no tengas ningunas ganas de ir.

Algunos dicen que no van a Misa porque para ellos eso no tiene sentido. ¿Cómo va a tener sentido si tienen una lamentable ignorancia religiosa?

A nadie puede convencerle lo que no conoce. A quien carece de cultura, tampoco le dice nada un museo. Pero una joya no pierde valor porque haya personas que no saben apreciarla. Hay que saber descubrir el valor que tienen las cosas para poder apreciarlas.

Otros dicen que no van a Misa porque no les apetece, y para ir de mala

[1] ANTONIO ROYO MARÍN, O.P.: *Teología Moral para Seglares, 2º, 2ª, III, 98.* Ed. BAC. Madrid

[2] JOSÉ LUIS DE URRUTIA, S.I.: *Nuevo Devocionario.* Ed. Sal Terrae. Santander 1973. Este devocionario ha recogido lo mejor de las oraciones tradicionales y ha incorporado lo mejor de las nuevas. Es un excelente regalo para una persona piadosa

[3] VICENTE J. SUBIRÁ: *Valores católicos permanentes, IV.* Ed. EDICEP. Valencia. 1987.

[4] JESÚS MARTÍNEZ GARCÍA: *Hablemos de la Fe, IV, 1.* Ed. Rialp. Madrid. 1992.

50,1

gana, es preferible no ir.

Si la Misa fuera una diversión, sería lógico ir sólo cuando apetece.

Pero las cosas obligatorias hay que hacerlas con ganas y sin ganas.

No todo el mundo va a clase o al trabajo porque le apetece. A veces hay que ir sin ganas, porque tenemos obligación de ir.

Que uno fume o deje de fumar, según las ganas que tenga, pase. Pero el ir a trabajar no puede depender de tener o no ganas. Lo mismo pasa con la Misa. Ojalá vayas a Misa de buena gana, porque comprendes que es maravilloso poder mostrar a Dios que le queremos, y participar del acto más sublime de la humanidad como es el sacrificio de **Cristo** por el cual redime al mundo.

Otros se excusan diciendo que el sacerdote predica muy mal. Pero a misa vamos a adorar a Dios, no a oír piezas oratorias.

A propósito de esto dice con gracia el **P. Martín Descalzo:** «Dejar la misa porque el sacerdote predica mal es como no querer tomar el autobús porque el conductor es antipático»[1] .

Pero además, la asistencia a la Misa dominical es obligatoria, pues es el acto de culto público oficial que la Iglesia ofrece a Dios. La Misa es un acto colectivo de culto a Dios. Todos tenemos obligación de dar culto a Dios.

Y no basta el culto individual que cada cual puede darle particularmente.

Todos formamos parte de una comunidad, de una colectividad, del Pueblo de Dios, y tenemos obligación de participar en el culto colectivo a Dios[2] . No basta el culto privado[3] .

El acto oficial de la Iglesia para dar culto a Dios colectivamente, es la Santa Misa. El cumplimiento de las obligaciones no se limita a cuando se tienen ganas. Lo sensato es poner buena voluntad en hacer lo que se debe.

El cristianismo es una vida, no un mero culto externo. El culto a Dios es necesario, pero no basta para ser buen cristiano.

La asistencia a Misa es sobre todo un acto de amor de un hijo que va a visitar a su Padre: por eso el motivo de la asistencia a Misa debe ser el amor[4] . Muchos cristianos **no caen en la cuenta** del valor incomparable de la Santa Misa.

Le oí decir a un sacerdote, que hablaba del valor de la Misa, que si a él le ofrecieran un millón de pesetas para que un día no celebrara la Santa Misa, él, sin dudarlo, dejaría el millón, no la Misa.

Al oír esto pensé que yo también haría lo mismo.

Unos días después al decir yo esto en unas conferencias que estaba

[1] JOSÉ LUIS MARTÍN DESCALZO: *Yo amo a la Iglesia, I, 16.* Ed. EDIBESA. Madrid. 1996.

[2] CALVO DE LAS FUENTES: *39 Cuestiones doctrinales, III, 2.* Ed. Palabra. Madrid. 1990.

[3] **Nuevo Catecismo de la Iglesia Católica, nº 2105**

[4] BERNHARD HÄRING: *SHALOM:Paz, XIII, 3.* Ed. Herder. Barcelona. 1998.

dando en Écija, el millón me pareció poco, y dije: diez, cincuenta, cien, mil millones, ni por todo el oro del mundo dejaría yo de decir una sola misa.

Repartiendo mil millones de pesetas yo podría hacer mucho bien: pues ayudo más a la humanidad diciendo una Misa; pues los mil millones de pesetas tienen un valor finito, y la Santa Misa es de valor infinito.

«Una sola Misa glorifica más a Dios que lo que le glorifican en el cielo por toda la eternidad todos los ángeles y santos juntos, incluyendo a la Santísima Virgen María, Madre de Dios»[1].

La razón es que la Virgen y los Santos son criaturas limitadas, en cambio la Misa, como es el Sacrificio de Cristo-Dios, es de valor infinito

3. Siendo la Santa Misa «reproducción incruenta del sacrificio del calvario, tiene los mismos fines y produce los mismos efectos que el sacrificio de la cruz»[2].

La Misa se celebra por **cuatro fines**[3] :

1º Para adorar a Dios dignamente. Todos los hombres estamos obligados a adorar a Dios por ser criaturas suyas. La mejor manera de adorarle es asistir debidamente al Santo Sacrificio de la Misa.

2º Para satisfacer por los pecados nuestros y de todos los cristianos vivos y difuntos[4].

3º Para dar gracias a Dios por los beneficios que nos hace: conocidos y desconocidos por nosotros.

4º Para pedir nuevos favores del alma y del cuerpo, espirituales y materiales, personales y sociales.

Para alabar a Dios, para darle gracias por un beneficio, para pedirle un nuevo favor, para expiar nuestros pecados, para aliviar a las almas del purgatorio, etc., etc., **lo mejor es oír Misa**[5]. Por lo tanto, nuestras peticiones, unidas a la Santa Misa tienen mayor eficacia. Pero la aplicación del valor infinito de la Misa depende de nuestra disposición interior.

4. La Misa se ofrece siempre **solamente a Dios**, pues sólo a Él debemos adoración, pero a veces se dice Misa en honor de la Virgen o de algún santo, para pedir la intercesión de ellos ante Dios[6].

Muchos cristianos tienen la costumbre de ofrecer Misas por sus

---

[1] ANTONIO ROYO MARÍN, O.P.: *Teología de la Perfección Cristiana nº 235.* Ed. BAC. Madrid.

[2] ANTONIO ROYO MARÍN, O.P.: *Teología Moral para Seglares, 2º, 2ª, III, nº100.* Ed. BAC. Madrid

[3] ANTONIO ROYO MARÍN, O.P.: *Teología Moral para seglares, 2º,2ª,III,nº101-104.* Ed.BAC.Madrid

[4] DENZINGER: *Magisterio de la Iglesia, nº 940 y 950.* Ed. Herder. Barcelona

[5] **Nuevo Catecismo de la Iglesia Católica, nº 1414**

[6] Concilio de Trento. DENZINGER: *Magisterio de la Iglesia, nº 942.* Ed. Herder. Barcelona

difuntos[1] . Es ésta muy buena costumbre, pues una Misa ayuda a un difunto **mucho más** que un ramo de flores sobre su tumba.

Cuando se encargan Misas se suele dar una limosna al sacerdote que la dice para ayudar a su sustento, según quería **San Pablo**[2] .

Pero de ninguna manera debe considerarse esta limosna como precio de la Misa, que por ser de valor infinito, no hay en el mundo oro suficiente para pagarla dignamente. Lo que se da al sacerdote no es el precio de lo que recibimos, sino que le damos un donativo para ayudar a su sustento **con ocasión** de la ayuda espiritual que él nos ofrece.

5. La Liturgia es la oración pública y oficial de la Iglesia.

El Concilio Vaticano II, en la Constitución sobre la Sagrada Liturgia, ha recalcado la importancia de la Liturgia en la formación de los cristianos de hoy: «la Liturgia es la cumbre a la cual tiende la actividad de la Iglesia, y al mismo tiempo la fuente de donde mana toda su fuerza»[3] .

Pero primero dice que «la Sagrada Liturgia no agota toda la actividad de la Iglesia»[4] , y después que «la participación en la Sagrada Liturgia no abarca toda la vida espiritual»[5] .

«Por eso, junto a la liturgia y con justa autonomía, han de fomentarse otras expresiones, cultuales o no, como la evangelización, la catequesis, el apostolado, los ejercicios ascéticos, la acción caritativa y social, y la vida de testimonio en el mundo»[6] .

«La Liturgia en nada se opone, sino al contrario, exige vehementemente un intenso cultivo de la vida espiritual, aun fuera de las acciones litúrgicas, con todos los medios ascéticos acostumbrados y conocidos en la tradición cristiana»[7] . Hay que tener cuidado de que «el despliegue que van alcanzando las celebraciones litúrgicas comunitarias no se produzca a base de pisar y expropiar su terreno a la piedad y oración privadas.

Porque en tal caso el auge de las celebraciones litúrgicas ya no estaría de acuerdo ni con la letra ni con el espíritu de la Constitución Conciliar sobre la Sagrada Liturgia»[8] . «Hoy padecemos una hipertrofia del sentido comunitario. Se pretende a veces que lo común sobresalga de tal modo que ahogue lo individual. Pero todos los movimientos que en la pendular historia de las ideas han pasado por un máximo excesivo, han terminado por

[1] **Nuevo Catecismo de la Iglesia Católica, nº 1371**

[2] SAN PABLO: Primera Carta a los Corintios, **9**:13s

[3] Concilio Vaticano II: *Sacrosantum Concilium:* Constitución sobre la Sagrada Liturgia, nº 10

[4] Concilio Vaticano II: *Sacrosantum Concilium*: Constitución sobre la Sagrada Liturgia, nº 9

[5] Concilio Vaticano II: *Sacrosantum Concilium:* Constitución sobre la Sagrada Liturgia, nº 12

[6] Documento de la Comisión Episcopal de Liturgia del 1-XI-1987

[7] Comisión Conciliar de la Sagrada Liturgia

[8] Revista ECCLESIA, 1256(14-VIII-65)4

reducirse a sus justos términos»[1].

El hombre «tiene un valor inalienable en sí mismo. Aunque él se salva en comunidad, se salva en virtud de su respuesta individual al llamamiento a participar en la vida de esta comunidad»[2].

51.-LA SAGRADA COMUNIÓN ES EL ACTO DE RECIBIR A JESUCRISTO, CON SU CUERPO, SU SANGRE, SU ALMA Y SU DIVINIDAD, BAJO LAS APARIENCIAS DE PAN Y VINO.

1. Hay obligación bajo pecado grave, de comulgar una vez al año[3], y en peligro de muerte.

Dice el Código de Derecho Canónico: «En peligro de muerte, cualquiera que sea la causa de donde ésta proceda, obliga a los fieles el precepto de recibir la Sagrada comunión por Viático»[4].

La obligación de comulgar una vez al año, que antes era por Pascua Florida, el Nuevo Código de Derecho Canónico, lo expresa así en el canon 920: «Todo fiel, después de la Primera Comunión, está obligado a comulgar por lo menos una vez al año. Este precepto debe cumplirse durante el Tiempo Pascual, a no ser que por causa justa se cumpla en otro tiempo dentro del año». Este Tiempo Pascual comienza en el Triduo Pascual, el Jueves Santo, y termina con el domingo de Pentecostés. En España desde 1526 el Cumplimiento Pascual puede cumplirse desde el Miércoles de Ceniza hasta el domingo de la Santísima Trinidad[5].

Es evidente que quien no haya hecho el Cumplimiento Pascual a su tiempo debe comulgar en otro momento a lo largo del año.

Para un cristiano, comulgar una vez al año **es lo mínimo**. La Iglesia desea que los cristianos comulguen más a menudo, como lo expresa en el nuevo canon 898: «Tributen los fieles la máxima veneración a la Santísima Eucaristía, tomando parte activa en la celebración del sacrificio augustísimo, recibiendo este sacramento frecuentemente».

La comunión frecuente puede ser mensual, semanal y mejor aún diaria[6]. La mejor devoción que podemos tener es la comunión diaria en la Santa

---

[1] LUIS CUBILLO: Revista RELIGIÓN Y CULTURA, nº47(VII-1967)70

[2] Pastoral Colectiva de los Obispos de los EE.UU.: Revista ECCLESIA nº 1376(3-II-68)

[3] **Nuevo Catecismo de la Iglesia Católica nº 1417**

[4] Código de Derecho Canónico, 921, 1

[5] ANTONIO ROYO MARÍN, O.P.: *Teología Moral para Seglares, 2º, 2ª, III, 134, 2.* Ed. BAC. Madrid

[6] **Nuevo Catecismo de la Iglesia Católica, nº 1389**

Misa[1] .

Comulgar **es el acto más sublime** que podemos hacer en la vida, pues es recibir a Dios en nuestro corazón. **Jesucristo**, que por ser Dios es infinitamente sabio y poderoso, no pudo dejarnos cosa mejor.

Aunque no se puede ni comparar, podemos decir que con una comunión ganamos más que si nos toca la lotería. No es exageración. Es una realidad. Y si lo dudamos, es que no tenemos fe.

Si comulgáramos más, estaríamos acumulando un capitalazo para la eternidad. Sin embargo, una pereza increíble nos hace desaprovechar lo más grande y fácil que se nos puede presentar en la vida.

Pero sobre todo, comulgando damos gusto a **Jesucristo**. Para eso se ha quedado en la Eucaristía.

A **Jesucristo** no le bastó hacerse hombre y morir por los hombres. Quiso quedarse para siempre entre nosotros en la Eucaristía, y hacerse pan para unirse a nosotros en la Sagrada Comunión.

Por amor a Él comulga lo más a menudo que puedas. Dice **Cristo** que quien comulga, vivirá eternamente[2] .

Pero además, la comunión **nos es necesaria** porque es el alimento del alma[3] que la robustece para la lucha de la vida[4] .

Quien no comulga tiene el alma débil, y fácilmente cae en el pecado.

Quien comulga a menudo fortifica el alma y encuentra más fácil la victoria contra el pecado. La comunión es el mejor medio de vencer las tentaciones porque debilita nuestras malas inclinaciones, aumenta la gracia santificante y nos preserva del pecado mortal[5] .

Si alguna vez no puedes comulgar sacramentalmente, porque no estás en condiciones, haz al menos una comunión espiritual[6] .

La fórmula de la comunión espiritual la tienes en los Apéndices.

2. Antes de comulgar, **debemos prepararnos**[7] con reverencia, pensando que el que viene a nosotros -pobres pecadores- es nada menos que **Jesucristo**, Dios, infinitamente poderoso, Creador del Universo; pero que nos ama tanto, que se ha querido quedar con nosotros en el sagrario

[1] **Nuevo Catecismo de la Iglesia Católica, nº 1389**

[2] Evangelio de SAN JUAN, 6:54

[3] DENZINGER: *Magisterio de la Iglesia, nº698.* Ed. Herder. Barcelona

[4] DENZINGER: *Magisterio de la Iglesia, nº875.* Ed. Herder. Barcelona

[5] **Nuevo Catecismo de la Iglesia Católica, nº 1395**

[6] DENZINGER: *Magisterio para la Iglesia, nº 88 1.* Ed. Herder. Barcelona

[7] **Nuevo Catecismo de la Iglesia Católica, nº 1385**

para que podamos recibirle.

Si sólo pudiéramos comulgar una vez en la vida, ¿cómo nos prepararíamos? El poder comulgar con frecuencia no debe ser causa de rutina.

Al comulgar nos empapamos de **Cristo** como una esponja se empapa de agua[1]. Es más, al comer el **Cuerpo de Cristo,** el alimento espiritual nos transforma a nosotros, y no nosotros al alimento: como cuando comemos comida material. La idea es de **Santo Tomás**[2]. «En la eucaristía, más que transformar a **Cristo** en nuestra sustancia, es Él quien nos transforma en la suya»[3].Sería un error privarse de la comunión por un sentimiento exagerado de indignidad propia. Para comulgar fructíferamente basta estar en gracia de Dios. No es necesario ser santo, sino que comulgamos frecuentemente para poder serlo.

Lo mejor es comulgar en medio de la Misa, pero si no puedes oír Misa, al menos comulga.

Los sacerdotes tienen obligación de darla a cualquier hora a todos los fieles que la pidan razonablemente[4].

Cuando vayas a comulgar, acércate al comulgatorio con los brazos cruzados en actitud respetuosa.

Cuando el sacerdote vaya a darte la Sagrada Forma, te dirá: El *Cuerpo de Cristo.* Tú le respondes: *Amén*, y levantas la cabeza, la echas un poco hacia atrás, abres suficientemente la boca y sacas un poco la lengua por encima del labio inferior para que te deposite en ella a Nuestro Señor.

Es dificilísimo dar la comunión a personas que tienen su cabeza inclinada hacia delante, la boca poco abierta y sin sacar la lengua. Hay peligro de que se caiga la Sagrada Forma. Después, retírate a tu puesto.

Para tragar con facilidad la Sagrada Forma, deja que se humedezca un poco con la saliva. Si se pega al paladar, despréndela con la lengua.

También puedes recibir la Sagrada Forma en la mano, poniendo la mano izquierda como bandeja y tomando la Sagrada Forma con la derecha.

Después de comulgar **debemos darle gracias** durante un ratito por beneficio tan grande, y pedirle por todas nuestras necesidades.

Háblale como a un amigo; pídele por tu familia, para que todos tengan salud y trabajo, y para que sean buenos y se salven; pídele por tus amigos, conocidos y compañeros de trabajo; por tu Patria, el Papa, la Iglesia y los grandes problemas de la Humanidad; y rézale las oraciones que para después de comulgar te pongo en el Apéndice.

Cuando se deshace la Sagrada Forma, **Jesucristo** ya no está

---

[1] ANTONIO ROYO MARÍN, O.P.: *Teología Moral para Seglares, 2º, 2ª, III, 137.* Ed. BAC. Madrid

[2] SANTO TOMÁS in 4 Sent. Dist. 12 q. 2, a, 1

[3] HANS URS von BALTHASAR: *Puntos Centrales de la Fe, 2ª, VIII, 2.* Ed. BAC. Madrid. 1985.

[4] Ritual de la Eucaristía, nº 14; Nuevo Código de Derecho Canónico, nº 918

corporalmente[1], pero queda en el alma la gracia santificante, que no se va hasta que se comete un pecado grave. El pecado grave destruye la gracia santificante.

52.- PARA COMULGAR ES NECESARIO ESTAR EN GRACIA DE DIOS Y HABER GUARDADO EL AYUNO EUCARÍSTICO.

1. **El ayuno eucarístico**, hoy día, se ha reducido a una hora[2] para sólidos y líquidos (incluso bebidas alcohólicas). Este mismo margen hay que dejar para las comuniones de media noche (Misa de Nochebuena). La hora se entiende aproximadamente. Si faltan cinco o diez minutos, no importa.

El agua y las medicinas no rompen el ayuno. No importa haberlas tomado incluso un momento antes de comulgar.

El ayuno eucarístico queda suprimido para los enfermos, aunque no guarden cama, para los fieles de edad avanzada, y para las personas que cuidan enfermos y ancianos o familiares de éstos que desean recibir con ellos la Sagrada Eucaristía[3]. A los enfermos se les puede llevar la comunión a cualquier hora del día o de la noche[4]. En caso de necesidad se puede recibir la comunión bajo la sola especie de vino, si les cuesta tragar[5].

Normalmente se suele recibir la comunión una vez al día.

Se puede comulgar de nuevo, **por segunda vez,** cualquier día con tal de que sea oyendo misa entera[6]. Pero para comulgar la primera vez del día, no es necesario oír misa. También pueden comulgar **por segunda vez** en el día los que acompañan al que recibe el viático[7].

Se puede comulgar sin haber guardado ayuno eucarístico, en peligro de muerte y para evitar una irreverencia al Santísimo Sacramento, por ejemplo, en un incendio, en una inundación, en una persecución religiosa, etc. En estos casos, si no hay sacerdote, podrá administrar la comunión, a otros y a sí mismo, cualquier seglar que esté en estado de gracia. Si uno no está en gracia, que haga un acto de contrición.

---

[1] **Nuevo Catecismo de la Iglesia Católica, nº1377**

[2] Nuevo Código de Derecho Canónico, nº 919,1

[3] Nuevo Código de Derecho Canónico, nº 919, 3

[4] PABLO VI: Encíclica *Eucharisticum Mysterium, 40*

[5] Nuevo Código de Derecho Canónico, nº 925.

[6] Nuevo Código de Derecho Canónico, nº 917; Acta Apostolicae Sedis, 76(7-VIII-84)746

[7] Revista ECCLESIA, 1637(7-IV-73)421

2. Además del ayuno, para comulgar hay que estar en gracia de Dios[1].

Cuando tenemos la desgracia de cometer un pecado grave, ya no estamos en gracia de Dios; por lo tanto, así no podemos comulgar[2]; y si comulgamos sabiendo que estamos en pecado grave, cometemos un pecado tremendo que se llama **sacrilegio**. Dice **San Pablo** que quien comulga indignamente «*se traga su propia condenación*»[3].

Aunque con un acto de contrición perfecta -como luego diremos- se perdonan los pecados, con todo, quien tiene conciencia de estar en pecado grave **no puede comulgar** sin antes confesarse, a no ser «por causa grave». Así lo manda la Santa Iglesia, en el Código de Derecho Canónico[4].

Causa grave es aquella necesidad moral que, si no se atiende, nos produce un grave perjuicio; como sería el que los demás adviertan que estamos en pecado mortal.

Por eso, si después de acercarte a comulgar te das cuenta que estás en pecado grave, no es necesario que retrocedas: puedes comulgar haciendo antes un acto de contrición, con propósito de confesarte después[5]. Si tienes duda de estar en gracia, puedes comulgar haciendo antes un acto de contrición[6]. Como te explico en el nº **84**, puedes hacer un acto de contrición en tres palabras: «Dios mío, perdóname».

Juan Pablo II afirmó que la confesión es imprescindible para quien tiene conciencia de pecado grave y quiere acercarse a la comunión.

El Papa dijo que la preparación penitencial del comienzo de la Santa Misa no es suficiente para que pueda comulgar el que tenga conciencia de pecado grave[7]. No es necesario confesarse cada vez que uno comulga, a no ser que se tenga sobre la conciencia algún pecado grave. Dijo **Juan Pablo II** el 30 de enero de 1981: «está y estará vigente siempre en la Iglesia la norma, establecida por **San Pablo** y por el mismo Concilio de Trento[8], por la cual a la digna recepción de la Eucaristía se debe anteponer la confesión de los pecados, cuando uno es consciente de pecado grave»[9].

Los que creen estar en gracia de Dios, pueden acercarse a comulgar sin confesarse previamente. Sin embargo, es muy recomendable hacer siempre un acto de contrición perfecta antes de acercarse a comulgar.

Sobre el acto de contrición te hablo en los núms. **80-84**.

---

[1] **Nuevo Catecismo de la Iglesia Católica nº1385**

[2] **Nuevo Catecismo de la Iglesia Católica nº1415**

[3] SAN PABLO: 1ª Carta a los Corintios, **11**:27ss

[4] Nuevo Código de Derecho Canónico, nº916

[5] ANTONIO ROYO MARÍN,O.P.: *Teología Moral para seglares, 1º, 2ª, I, nº,421,3º.* Ed. BAC.Madrid

[6] ANTONIO ROYO MARÍN, O.P.: *Teología Moral para seglares, 2º,2ª,III,nº151,2º.* Ed. BAC.Madrid

[7] Diario YA del 16-VI-83, pg.21

[8] Sesión XIII, Cap.7, Canon XI: DENZINGER: *Magisterio de la Iglesia, nº 880 y 893.* Ed.Herder.Bar.

[9] Revista ECCLESIA, 2018 (14-II-81)8

Pecado

53.- LA GRACIA DE DIOS SE RECOBRA ARREPINTIÉNDOSE DE LOS PECADOS Y CONFESÁNDOSE.

1. En el sacramento de la penitencia se perdonan todos los pecados cometidos después del bautismo[1], y obtiene la reviviscencia de los méritos contraídos por las buenas obras realizadas, que se perdieron al cometer un pecado mortal[2].

Este sacramento se llama también de la reconciliación y del perdón. Además de su sentido de reconciliación con Dios, incluye también la reconciliación con la Iglesia[3].

Hoy muchos sustituyen la confesión por el psicoanálisis.
Pero la diferencia es total:
a) En la confesión se dicen pecados.
En el psicoanálisis se cuentan problemas psíquicos.
b) En la confesión se busca el perdón.
En el psicoanálisis se busca una curación.
c) En la confesión se recupera la reconciliación con Dios.
En el psicoanálisis, a lo más, el equilibrio psíquico[4].

54.- CONFESARSE ES DECIRLE CON ARREPENTIMIENTO AL CONFESOR, TODOS LOS PECADOS COMETIDOS DESDE LA ÚLTIMA

[1] DENZINGER: *Magisterio para la Iglesia, nº 911*. Ed. Herder. Barcelona.
[2] DENZINGER: *Magisterio para la Iglesia, nº 2193*. Ed. Herder. Barcelona.
[3] Concilio Vaticano II: *Lumen Gentium:* Constitución Dogmática sobre la Iglesia, nº11
[4] ANDREAS SNOEK, S.I.: *Confesión y psicoanálisis, III, 4.* Ed. FAX. Madrid.

Perdón de los pecados

1. La confesión es una manifestación externa del arrepentimiento de nuestros pecados y de nuestra reconciliación con la Iglesia[1].

«Para un cristiano el sacramento de la penitencia es el único modo ordinario de obtener el perdón de sus pecados graves cometidos después del bautismo»[2].

55.- EL SACRAMENTO DE LA CONFESIÓN FUE INSTITUIDO POR JESUCRISTO.

1. Quizás hayas oído alguna vez de labios indocumentados: «la confesión es un invento de los curas». Esto es falso.

Se conoce el inventor de la imprenta (**Guttemberg**); del anteojo (**Galileo**); del termómetro de mercurio (**Fahrenheit**); del pararrayos (**Franklin**); de la pila eléctrica (**Volta**); del teléfono (**Bell**); del fonógrafo (**Edison**); de la radio (**Marconi**); del submarino (**Peral**); de los Rayos X (**Roentgen**); del autogiro (**La Cierva**); de la penicilina (**Fleming**); etc. etc.

Ahora bien, ¿qué «cura» inventó la confesión? No se puede saber porque no ha existido nunca. Y, desde luego, si la hubiera inventado un hombre, no la hubiera inventado gratis. Porque es inconcebible que un hombre invente una cosa tan desagradable para el sacerdote -que tiene que estar encajonado horas y horas oyendo siempre lo mismo-, tan perjudicial para la salud, tan fácil de contagiarse de enfermedades, etc., etc., y todo esto sin cobrar un céntimo. Lo normal es que quien hace un servicio lo cobre.

Aparte de que, ¿quién va a tener autoridad para obligar a la confesión al mismo Papa? Pues el Papa tiene obligación de confesarse, y de hecho se confiesa frecuentemente, como todo buen católico. Y lo mismo los cardenales, los obispos y los sacerdotes del mundo entero. Si hubiera sido invención suya, se hubieran ellos dispensado.

Algunos protestantes, para no admitir la confesión decían que ésta se estableció en el Concilio de Letrán. Pero esto no lo sostiene ninguna persona culta, ni siquiera entre los protestantes; pues está históricamente demostrado que el Concilio IV de Letrán celebrado en 1215,

[1] Concilio Vaticano II: *Lumen Gentium*: Constitución Dogmática sobre la Iglesia, nº11

[2] JUAN PABLO II: Reconciliación y Penitencia

lo que mandó fue la obligación de confesar una vez al año[1]. Ya sea por malicia o por desconocimiento de la Historia de la Iglesia, confundían la institución del sacramento de la confesión con el precepto de confesarse anualmente. Pero la confesión venía practicándose desde el principio del cristianismo, aunque con menos frecuencia. Ya en el siglo III se nos habla del sacerdote encargado de perdonar los pecados[2]. Y entre los años 140 y 150 apareció un libro titulado *El Pastor* de **Hermas** donde se recomienda la confesión[3]. **Hermas** fue hermano del Papa Pío I[4].

La confesión privada, como hoy la tenemos, existe desde el siglo VI introducida por los monjes irlandeses que reaccionaron a la durísima práctica de la penitencia de entonces. Desde el siglo II había una larga lista de pecados, muchos de los cuales excluían de la Eucaristía para toda la vida. A lo largo de la historia la confesión ha ido cambiando en el modo de practicarse, manteniendo siempre lo esencial del sacramento.

Según *El Pastor* de **Hermas** del siglo II, un presbítero romano hermano del Papa **Pío I,** en aquel tiempo sólo se confesaba una vez en la vida o en peligro de muerte[5]. Sin embargo, hoy, la Iglesia recomienda la confesión frecuente. A lo más tardar, una vez al año.

2. El sacramento de la confesión **fue instituido** por **Jesucristo**[6] cuando se apareció a sus Apóstoles reunidos en el cenáculo y les dio facultad para perdonar los pecados, diciéndoles: «*A quienes perdonéis los pecados, les serán perdonados; y a quienes se los retengáis, les serán retenidos*»[7]. Por estas palabras de **Cristo** se comunicó a los Apóstoles y a sus legítimos sucesores[8] la potestad de perdonar y retener los pecados[9]

Por eso dice **San Pablo** que el Señor *«nos confió el ministerio de la reconciliación»*[10].

Cristo instituyó los sacramentos para que la Iglesia los administrase hasta el final de los tiempos.

Como los Apóstoles iban a morir pronto, el poder de perdonar los

---

[1] Concilio IV de Letrán en 1215, Cap. XXI. DENZINGER: *Magisterio de la Iglesia, nº 437*. Ed. Herder. Barcelona

[2] SÓCRATES: *Historia Eclesiástica, 5, 19.* MIGNE: *Patrología Griega, Vol. 67, Col. 613s*

[3] HERMAS: *El Pastor, IV,3,4*

[4] ERNESTO BRAVO, S.I.: *Esto es ser cristiano, VII, 6.* Ed. Fe Católica. Madrid.

[5] GONZALO FLÓREZ: *Penitencia y Unción de enfermos, 1ª,VII, 2.* BAC. Madrid. 1996.

[6] DENZINGER: *Magisterio para la Iglesia, nº 911.* Ed. Herder. Barcelona

[7] Evangelio de SAN JUAN, **2 0**:23

[8] **Nuevo Catecismo de la Iglesia Católica, nº 1441**

[9] Concilio de Trento. DENZINGER: *Magisterio para la Iglesia, nº 894.* Ed. Herder. Barcelona

[10] SAN PABLO: Segunda Carta a los Corintios, **5**:18

pecados se transmite a sus legítimos sucesores, los sacerdotes.

«El ministro competente para el sacramento de la penitencia, es el sacerdote, que, según las leyes canónicas, tiene facultad de absolver»[1].

Es evidente que si el sacerdote debe perdonar o retener los pecados con equidad y responsabilidad, se supone que el pecador debe manifestárselos. Sólo el pecador puede informarle qué grado de consentimiento hubo en su pecado.

Es esencial la presencia real de confesor y penitente, por lo tanto es inválida la confesión por carta, teléfono, radio o televisión[2]; pues además de no existir presencia real, pone en peligro el secreto sacramental.

Por mandato de la Iglesia, quien tiene pecado grave debe confesarse al menos **una vez al año**[3], o antes si hay peligro de muerte o se ha de comulgar[4]. Pero eso es el plazo máximo. Quien quiere sinceramente salvarse y no quiere correr un serio peligro de condenarse, no puede contentarse con esto. Es necesario confesarse con más frecuencia. Con la frecuencia que sea necesaria para no vivir habitualmente en pecado grave. ¡No vivas nunca en pecado grave!

Un buen cristiano se confiesa normalmente una vez al mes.

La confesión te devuelve la gracia, si la has perdido; te la aumenta, si no la has perdido; y te da auxilios especiales para evitar nuevos pecados.Los sacerdotes deben prestarse a confesar a todos los que se lo pidan de modo razonable[5].

56.- PECADO ES TODA ACCIÓN U OMISIÓN VOLUNTARIA CONTRA LA LEY DE DIOS, que consiste en[6] decir, hacer, pensar o desear algo contra los mandamientos de la Ley de Dios o de la Iglesia, o faltar al cumplimiento del propio deber y a las obligaciones particulares.

1.«En sus juicios acerca de valores morales, el hombre no puede proceder según su personal arbitrio. En lo más profundo de su conciencia

[1] Ritual de la Penitencia, nº9, b. pg. 13. 1975

[2] ANTONIO ROYO MARÍN, O.P.: *Teología Moral para seglares, 2º, 2ª, IV, nº 193.* Ed. BAC. Madrid

[3] Nuevo Código de Derecho Canónico, nº 989

[4] DENZINGER: *Magisterio para la Iglesia, nº 918.* Ed. Herder. Barcelona

[5] **Nuevo Catecismo de la Iglesia Católica, nº 1464**

[6] **Nuevo Catecismo de la Iglesia Católica, nº1849**

descubre el hombre la existencia de una ley que él no se dicta a sí mismo, pero a la cual debe obedecer... Tiene una ley escrita por Dios en su corazón, en cuya obediencia consiste la dignidad humana y por la cual será juzgado personalmente»[1].

Puede ser interesante mi vídeo: *El pecado: la gran bajeza, la gran locura, la gran primada, la gran canallada*[2].

«El pecado es un misterio, y tiene un sentido profundamente religioso. Para conocerlo necesitamos la luz de la revelación cristiana. (...) El pecado escapa a la razón. Ni la antropología, ni la historia, ni la psicología, ni la ética, ni las ciencias sociales pueden penetrar su profundidad»[3].

Algunos dicen que Dios no es afectado por el pecado.

El pecado, efectivamente, no afecta a la naturaleza divina, que es inmutable; pero sí afecta al «Corazón del Padre» que se ve rechazado por el hijo a quien Él tanto ama[4]. Si el pecado no ofendiera a Dios sería porque Dios no nos quiere. Si Dios nos ama, es lógico que le «duela» mi falta de amor. Lo mismo que le agradaría mi amor, le desagrada mi desprecio: hablo de un modo antropológico. Pero es necesario hacerlo así, para entendernos. Si Dios se quedara insensible ante mi amor o mi desprecio, sería señal de que no me ama, que le soy indiferente.

A mí no me duele el desprecio de un desconocido; pero sí, si viene de una persona a quien amo. No es que el hombre haga daño a Dios. Pero a Dios le «duele» mi falta de amor.

El bofetón de su niñito no le hace daño a una madre, pero sí le da pena. Ella prefiere un cariñoso besín. Es cuestión de amor.

La inmutabilidad de Dios no significa indiferencia. La inmutabilidad se refiere a la esfera ontológica, pero no a la afectiva. Dios no es un peñasco: es un corazón. El Dios del Evangelio es Padre. La Filosofía no puede cambiar la Revelación. Es un misterio cómo el pecado del hombre puede afectar a Dios. Pero el hecho de que el pecado afecta a Dios es un dato bíblico[5].

La Biblia expresa la ofensa a Dios del pecado con la imagen del adulterio[6]

«El pecado es ante todo ofensa a Dios»[7]. El pecado ofende a Dios por lo que supone de rebelión. **David,** arrepentido de su pecado, exclamaba:

---

[1] Concilio Vaticano II: *Gaudium et Spes*: Constitución sobre la Iglesia en el mundo actual, nº 16

[2] Pedidos al autor: Apartado 2546. 11080-Cádiz. Tel.: (956) 222 838. FAX: (956) 229 450

[3] MIGUEL PEINADO: *Exposición de la fe cristiana, 3ª, II, 50.* Ed. BAC. Madrid. 1975.

[4] JOSÉ A. SAYÉS: *Pecado Original, VI, 1.* Folleto JRC nº 13. EDAPOR. Madrid, 1988.

[5] JOSÉ A. SAYÉS: *Jesucristo Nuestro Señor, VII, 4, 2.* Ed. EDAPOR. Madrid, 1985.

[6] Profeta ISAÍAS, **5 7**: 8

[7] **Nuevo Catecismo de la Iglesia Católica, nº 1440**

«Contra Ti pequé, Señor»[1].

«El pecado es un **no** deliberado dado al amor redentor de **Cristo,** y esta negativa lastima a **Cristo»**[2].

Hay hechos que tienen un significado importante. Por eso **Pío XI** se negó a pagar al Estado Italiano una lira al año de contribución, pues eso suponía que el Estado Vaticano no era independiente[3].

«La Iglesia ha condenado la opinión de quienes sostenían que puede darse un **pecado** puramente **filosófico,** que sería una falta contra la recta razón sin ser ofensa de Dios»[4].

«La Iglesia ha condenado la idea de que pueda existir un pecado meramente racional o filosófico, que no mereciera castigo de Dios»[5].

El pecado está en la **no aceptación** de la voluntad de Dios, más que en la transgresión material de la ley. Por eso, puede haber pecado sin transgresión material de la ley si existe el NO a Dios en la intención; mientras que puede haber transgresión de la ley sin pecado, si no se ha dado el NO a Dios voluntariamente. El pecado no es algo que nos cae inesperadamente, como un rayo en medio del campo. El pecado se va fraguando, poco a poco, dentro de nosotros mismos[6]. Las repetidas infidelidades a Dios, los apegos desordenados consentidos, el irresponsable descuido de las cautelas, van preparando la caída.

2. La moral no consiste en el **cumplimiento mecánico** de una serie de preceptos, sino en nuestra respuesta cordial a la llamada de Dios que se traduce en una actitud fundamental en el servicio de Dios.

La opción fundamental es la orientación permanente de la voluntad hacia un fin. Esta actitud «debe explicitarse en el fiel cumplimiento de los preceptos, no de modo rutinario, sino vivificado por el dinamismo que el Espíritu imprime en nuestros corazones. La opción fundamental no consiste en liberarse del cumplimiento de determinadas normas o preceptos, sino muy al contrario, en hacer una llamada a la interiorización y profundización de la vida de cada cristiano. La opción fundamental por Dios consiste en colocar a Dios en el centro de la vida. Concebirle como el Valor Supremo hacia el cual se orientan todas las tendencias, y en función del cual se jerarquizan las múltiples elecciones de cada día»[7].

---

[1] Salmo **5 1**: 4

[2] BERNHARD HÄRING: *Shalom, Paz, II, 4.* Ed. Herder. Barcelona. 1998.

[3] LAMBERTO DE ECHEVARRÍA: *Creo en el perdón de los pecados, IV.* Cuadernos BAC, nº 67.

[4] GARRIGOU-LAGARNGE: *DIOS, su existencia, I,4.* Ed. Palabra. Madrid. 1976.

[5] JUAN M. IGARTUA, S.I.: Revista REINO DE CRISTO, 342 (V-1990) 5

[6] JUAN PABLO II: *Ejercicios Espirituales para jóvenes, 1ª, IV.* Ed. BAC-POPULAR. Madrid.1982.

[7] RAFAEL CANALES, S.I.: Revista PROYECCIÓN, 62(X-68) 281-8

La opción fundamental es una decisión libre, que brota del núcleo central de la persona, una elección plena a favor o en contra de Dios, que condiciona los actos subsiguientes, y es de tal densidad que abarca la totalidad de la persona, dando sentido y orientación a su vida entera.

«Es claro que las actitudes determinan nuestro comportamiento moral de forma positiva o negativa»[1].

Las actitudes son predisposiciones estables o formas habituales de pensar, sentir y actuar en consonancia con nuestros valores. Son, por tanto, consecuencia de nuestras convicciones o creencias más firmes y razonadas de que algo «vale» y da sentido y contenido a nuestra vida. Constituyen el sistema fundamental por el que orientamos y definimos nuestras relaciones y conductas con el medio en que vivimos.

Evidentemente que en el hombre tienen más valor las actitudes que los actos. Hay «actos que expresan más bien la periferia del ser y no el ser mismo del hombre. Los actos verdaderamente valiosos son los que proceden de actitudes conscientemente arraigadas. Se ve claramente que, aunque la actitud sea lo que define auténticamente al ser moral del hombre, los actos tienen también su importancia, porque, repetidos, conscientes y libres van camino de convertirse en actitud»[2].

Incluso podemos decir que hay actos de tal trascendencia que, si se realizan responsablemente y sin atenuantes posibles, son **el exponente** de una actitud interna[3]. No hace falta que el acto se repita para que sea considerado grave[4]. Por ejemplo: un adulterio o un crimen planeado a sangre fría, con advertencia plena de la responsabilidad que se contrae, buscando el modo de superar todas las dificultades, y sin detenerse ante las consecuencias con tal de conseguir su deseo, ¿qué duda cabe que compromete la actitud moral del hombre? «La opción fundamental puede ser radicalmente modificada por actos particulares»[5].

No es sincera una opción fundamental por Dios, si después esto no se confirma con actos concretos. Los actos son la manifestación de nuestra opción[6]. «Si la opción fundamental no va acompañada de actos singulares buenos, se ha de concluir que la tal opción se reduce a buenas intenciones»[7]. «Es en las acciones particulares donde la opción fundamental de servir a Dios se puede vivir de verdad. (...) La ruptura de la

---

[1] JOSÉ ANTONIO SAYÉS: *Antropología y moral, VII, 1.* Ed. Palabra. Madrid. 1997.

[2] LUIS ELLACURÍA, S.I.: *Moral de actos y Moral de actitudes.* Estudios de Deusto, Vol XV, 30 (IV-67) 145ss

[3] RONALD LAWLER, O.F.M.: *La Doctrina de Jesucristo, XIX, 4, e.* Ed. Galduria. Jódar (Jaén).

[4] Sagrada Congregación para la Doctrina de la Fe: Declaraciones sobre cuestiones de Ética Sexual nº 10. Revista ECCLESIA, 1773 (17-I-76) 73

[5] JUAN PABLO II: *Reconciliación y Penitencia, nº 17*

[6] AURELIO FERNÁNDEZ: *Compendio de Teología Moral, 1ª, V, 3.* Ed. Palabra. Madrid. 1995.

[7] AURELIO FERNÁNDEZ: *Compendio de Teología Moral, 1ª, XI, 2,1,a.* Ed. Palabra. Madrid.1995.

opción fundamental no es sólo por apostasía»[1].

Lo que sí parece cierto es que la actitud **no cambia** en un momento.

Los cambios vitales en el hombre son algo paulatino.

El pecado mortal que separa al hombre definitivamente de Dios es la consecuencia final de una temporada de laxitud moral[2]. Por eso decimos que el pecado venial dispone para el mortal.

3. Algunos opinan que al final de la vida, Dios dará a todos la oportunidad de pedir perdón de sus pecados; pero esta posibilidad de la opción final **no tiene ningún fundamento** en la Biblia[3]. Por eso es rechazada por teólogos de categoría internacional como **Ratzinger, Rahner, Pozo, Alfaro, Ruiz de la Peña**, etc.

4. Hay, además otros pecados llamados **pecados de omisión**: «los pecados cometidos por los que no hicieron ningún mal..., más que el mal de no atreverse a hacer el bien, que estaba a su alcance»[4]. **Jesucristo** condena al infierno a los que dejaron de hacer el bien: «*Lo que con éstos no hicisteis*»[5]. A veces hay obligación de hacer el bien, y el no hacerlo es pecado de omisión.

«Se equivocan los cristianos, que pretextando que no tenemos aquí ciudad permanente, pues buscamos la futura, consideran que pueden descuidar las tareas temporales, sin darse cuenta que la propia fe es un motivo que les obliga a un más perfecto cumplimiento de todas ellas, según la vocación personal de cada uno. Pero no es menos grave el error de quienes, por el contrario, piensan que pueden entregarse totalmente a los asuntos temporales, como si éstos fueran ajenos del todo a la vida religiosa, pensando que ésta se reduce meramente a ciertos actos de culto y al cumplimiento de determinadas obligaciones morales. El divorcio entre la fe y la vida diaria de muchos debe ser considerado como uno de los más graves errores de nuestra época»[6].

«Hoy es muy usual en algunos ambientes hablar de **pecado social**. Pero el pecado, en sentido verdadero y propio, es siempre un acto de la persona. Una sociedad no es de suyo sujeto de actos morales. Lo cierto es

---

[1] AUGUSTO SARMIENTO: *39 Cuestiones doctrinales, IV, 5.* Ed. Palabra. Madrid. 1990.

[2] HEGGEN: *La Penitencia, acontecimiento de Salvación, I, 2.* Ed. Sígueme. Salamanca

[3] JOSÉ ANTONIO SAYÉS: *Más allá de la muerte, VI, 1.* Ed. San Pablo. Madrid. 1996.

[4] ORTEGA Y GAISÁN: *Valores humanos, 2º, VI, 7.* Vitoria

[5] Evangelio de SAN MATEO, **2 5**:42s

[6] Concilio Vaticano II: *Gaudium et Spes*: Constitución sobre la Iglesia en el mundo actual, nº43

que el pecado de cada uno repercute en cierta manera en los demás. Pero en el fondo de toda situación de pecado hallamos siempre personas pecadoras»[1]

Las **estructuras de pecado** se deben a los pecados de los hombres.

«Todo pecado es un ultraje a Dios. (...) En un sentido propio y verdadero tan sólo son pecado los actos que de forma consciente y voluntaria van contra la ley de Dios. (...) Por eso, precisamente, el hombre es la única creatura que puede ser pecadora entre los seres que componen la creación visible»[2] .

Aunque es cierto que pecados personales generalizados crean un ambiente de pecado, «no se puede diluir la responsabilidad personal en culpabilidades colectivas anónimas»[3]

Hay que sentirse responsables de nuestros pecados que deterioran el ambiente. **Hausherr,** Profesor del Instituto Oriental de Roma, publicó un libro titulado *Le Penthos* en el que habla del influjo de algunos pecados en el medio ambiente espiritual del Cuerpo Místico de Cristo[4] .

5. Las cosas que principalmente nos incitan y tientan a pecar son:

a) el mundo (criterios relajados, costumbres corruptoras, ambientes pervertidos) con sus atractivos, que tienen fuerza seductora para los incautos que se dejan llevar por él.

b) El demonio con sus tentaciones: engañando con apariencias de bien[5] .

c) La carne con sus inclinaciones al pecado[6].

La inclinación al pecado se llama concupiscencia. Ésta se concreta en los llamados siete **pecados capitales** que son: soberbia, avaricia, lujuria, ira, gula, envidia y pereza.

Soberbia es un apetito desordenado a la autoestimación excesiva.

Avaricia es una estima desordenada de los bienes materiales.

Lujuria es un apego desordenado a los placeres de la sexualidad.

Ira es un apetito de venganza.

Gula es un apetito desordenado de comer o beber.

Envidia es un pesar del bien ajeno o alegría de su mal.

Pereza es una negligencia en el cumplimiento de las propias obligaciones.

[1] JUAN PABLO II: *Reconciliación y Penitencia, nº 16.* Revista ECCLESIA, 2204(5-I-85)26

[2] AUGUSTO SARMIENTO: *39 Cuestiones doctrinales, IV, 6.* Ed. Palabra. Madrid. 1990.

[3] JOSÉ MARÍA IRABURU: *El matrimonio católico (Separata). Apéndices, III, 2.* Ed. Gratis Date. Pamplona. 1989.

[4] BERNHARD HÄRING: *SHALOM: Paz, XX, 7.* ed. Herder. Barcelona. 1998.

[5] JUAN ANTONIO GONZÁLEZ LOBATO: *Razones de la Fe, III, 3, e.* Ed. EMESA. Madrid. 1980.

[6] OTTO ZIMMERMANN, S.I.: *Teología ascética, nº26, II, B.* Seminario Metropolitano. Buenos Aires.

Dice el Apóstol **Santiago**: «*Cada cual es tentado por sus propias concupiscencias*»[1] . Y **San Juan**: *El que peca se hace esclavo del pecado*»[2] . «*El que peca se hace hijo de Satanás*»[3] .

A veces, los malos ambientes pervierten a muchos católicos.

Como dijo **Pablo VI**, en una solemne alocución: «Muchos cristianos de hoy, en lugar de misionar, son misionados; en lugar de convertir, son convertidos; en lugar de comunicar el Espíritu de **Jesús**, son ellos contagiados por el espíritu del mundo».

No podemos vencer las tentaciones nosotros solos; pero tenemos la ayuda de Dios, su gracia, que la tenemos a nuestra disposición si la buscamos con la oración y los sacramentos. Dice **San Pablo** que Dios no permite al demonio que nos tiente por encima de nuestras fuerzas[4] .

Muchas veces el demonio se vale de los mismos hombres para hacernos pecar. Unas veces con su mal ejemplo. Otras, también con sus palabras.

Es necesario saber luchar contra los malos ambientes, y no dejarse arrastrar al pecado por el respeto humano. El mejor medio para esto es huir de las malas compañías y juntarse con buenos amigos.

Ocurre con frecuencia que, en un grupo, los más indeseables llevan la voz cantante y dominan a una colección de individuos vulgares y endebles.

Ten mucho cuidado de que nadie atente contra la integridad y rectitud de tu personalidad. Y si alguna vez te integras en alguno de estos grupos, ten la valentía suficiente para hacer una acto de independencia y abandonar el grupo, aunque tal vez la ruptura te traiga algún contratiempo desagradable. No importa. Es decir, esto tiene menos importancia y merece la pena afrontarlo.

La mejor manera de vencer los **malos ambientes** es tomar desde el primer momento una actitud decidida, clara, inquebrantable. Si ven que contigo es inútil, te dejarán en paz. Pero si ven que vacilas, volverán una y otra vez a la carga hasta tumbarte.

6. **El respeto humano** consiste en obrar mal por vergüenza de obrar bien temiendo al «qué dirán» los demás. Y dijo **Jesucristo**: *Si alguien se avergüenza de Mí delante de los hombres, Yo lo ignoraré delante de mi Padre*[5] Es una cobardía indigna. Es vergonzoso tenerle miedo a la sonrisa maliciosa de una persona que -por su conducta- es indigna de nuestro

[1] Carta de SANTIAGO: **1**:4

[2] Evangelio de SAN JUAN, **8**:34

[3] Primera Carta de SAN JUAN, **3**:8

[4] SAN PABLO: Primera Carta a los Corintios, **10**:13

[5] Evangelio de SAN MATEO, **10**:33

aprecio. En cambio, quien cumple con su deber por encima de todo, consigue la estima de todas las personas buenas, y también el respeto de las que no lo son, que -digan lo que digan por fuera- en su interior no tienen más remedio que reconocer y admirar la superioridad de la honradez y de la virtud. En tu conducta has de ser valiente cuando otros quieran arrastrarte al mal. Pero no hay que **fanfarronear**. Si la timidez y la cobardía desprestigian la virtud, no menos la desprestigia la fanfarronería, que la hace desagradable y antipática a todo el mundo. Tu conducta ha de ser la de una persona entera, que sabe lo que es cumplir con su deber, pero que no por eso desprecia a los demás, sino que es amable con todos, y todos saben que se puede contar contigo cuando se trata de algo bueno. Si eres persona recta y amable, pronto tendrás quien te siga.

No hay nada tan atractivo como la virtud, cuando ésta es amable y valiente. La mayoría de las personas son imitadoras que siguen a las que entre ellas son capaces de dar ejemplo.

No olvides que tu conducta **ejerce influjo** en los demás.

Quizás tú no te des cuenta. Pero el buen ejemplo arrastra, a veces, todavía más que el malo. Muchos no se atreven a ser los primeros y lo están esperando para seguirlo. Los cristianos deben, con su vida ejemplar, dar testimonio de la doctrina de **Cristo**[1] .«La transmisión de la fe se verifica por el testimonio... Un cristiano da testimonio en la medida en que se entrega totalmente a Dios, a su obra... Normalmente la verdad cristiana se hace reconocer a través de la persona cristiana»[2] .

7. También te recomiendo que seas santamente alegre. Uno de los mejores apostolados es el apostolado de la alegría. Que todo el mundo vea que los que siguen a **Cristo** son los más felices y alegres. La bondad no es ñoñería. Sólo el bueno es verdaderamente alegre. La alegría del pecado es mentira, y su gusto se convierte en tormento.

La felicidad es un don de Dios, y es imposible lograrlo de espaldas a Él. Por eso, es frecuente que el pecador sea en el fondo una persona triste, aburrida, cansada, todo le fastidia, nada le ilusiona...

En cambio, después de hacer una buena confesión, ¿verdad que se siente un alivio y un consuelo especial?

En una tanda de Ejercicios Espirituales a obreros, uno me echó en el buzón un papel que decía: «es tanta la felicidad y alegría que he sentido después de confesarme, que no hay nada para mí en el mundo capaz de compararlo. Es algo fuera de lo material. Me he elevado de tal forma, que he llorado de alegría y de arrepentimiento. No soy digno de tanta felicidad».

[1] Concilio Vaticano II: *Lumen Gentium*: Constitución Dogmática sobre la Iglesia, nº 35

[2] JUAN MOUROUX: *Creo en ti, III.* Ed. Flors. Barcelona

Textualmente. Al pie de la letra. No he modificado una palabra. Todavía conservo el papel como recuerdo de aquel obrero.

También conservo otro papel que me encontré después de las confesiones de otra tanda de Ejercicios. Dice así: «Padre, estoy rebosante de alegría. Tengo a **Cristo** en mi alma. En mi vida me he sentido tan feliz como ahora. Usted ha conseguido de mí que encuentre la verdadera felicidad».

El célebre poeta mejicano **Amado Nervo** confesó en su lecho de muerte, y después le decía a sus amigos: «Me he confesado y me siento completamente feliz»[1].

Realmente que la felicidad de la **tranquilidad de conciencia** no puede compararse a la amargura que deja detrás de sí el pecado.

El placer egoísta, antes de gustarlo, atrae. Pero después desilusiona.

Y si en su satisfacción ha habido degradación, pecado, etc., el vacío que deja en el alma no tiene nada que ver con la felicidad que se siente después de hacer una buena obra donde se ha sacrificado algo.

8. El pecado es el **peor de los males**[2]. Peor que la misma muerte, que sólo es un mal si nos sorprende en pecado. La muerte en paz con Dios es el paso a una eternidad feliz. Todos los demás males se acaban con esta vida. Sólo el pecado atormenta en la otra.

Muchas personas endurecidas para lo espiritual, viven tranquilamente en el pecado, pero su sorpresa en la otra vida será terrible.

Entonces se darán cuenta de que **se equivocaron** en lo principal de su vida: salvarse eternamente.

Pero, sobre todo, el pecado es una ofensa a un Dios infinitamente bueno, a un Padre que me ama como nadie me ha amado jamás. Por eso el pecado es un mal que no tiene igual en esta vida.

«El hombre no puede renunciar a sí mismo, no puede hacerse esclavo de las cosas, de los sistemas económicos, de la producción y de sus propios productos»[3] «Hay en el hombre un afán, a veces desmedido, de poseer, de gozar, de ser independiente. Se dan en él: ambición de dinero, hipocresía, injusticias, egoísmo, soberbia, cobardía, mentira. Estos vicios repercuten en la sociedad. Producen malestar, indignación, rebeldía. **Jesús** proclamó la verdad, no pactó nunca con el pecado y la injusticia. Esta actitud de rechazo y denuncia le llevó a la muerte. **Jesús**, al condenar el pecado, quería hacer una llamada a la dignidad del hombre: el hombre, por el

[1] Revista ROCA VIVA, 299 (IV-93) 177

[2] OTTO ZIMMERMANN, S.I.: *Teología Ascética nº 22.* Seminario Metropolitano. Buenos Aires

[3] JUAN PABLO II: Encíclica *El Redentor del Hombre, nº 16*

pecado, además de rechazar a Dios se hace esclavo de las cosas que valen menos que él»[1].

Dice **San Juan Crisóstomo:**

- «Cuando te veo vivir de modo contrario a la razón, ¿cómo te llamaré,hombre o bestia?

- Cuando te veo arrebatar las cosas de los demás, ¿cómo te llamaré,hombre o lobo?

- Cuando te veo engañar a los demás, ¿cómo te llamaré, hombre o serpiente?

- Cuando te veo obrar neciamente, ¿cómo te llamaré, hombre o asno?

- Cuando te veo sumergido en la lujuria, ¿cómo te llamaré, hombre o puerco?

- Peor todavía. Porque cada bestia tiene un solo vicio: el lobo es ladrón, la serpiente mentirosa, el puerco sucio; pero el hombre puede reunir los vicios de todos los brutos»[2].

9. En la vida son necesarias normas morales.

Los que rechazan toda moral («prohibido prohibir»), son unos hipócritas, pues ellos quieren imponernos sus normas. Ya dijo **Ortega y Gasset:** «De la moral, no es posible desentenderse»[3].

Hay personas que han perdido **el sentido del pecado** y rechazan la doctrina de la Iglesia cuando señala que una cosa es pecado. Dicen: «Yo no veo que eso sea pecado; además lo hace todo el mundo». Eso no prueba nada. Las cosas no se convierten en buenas por ser frecuentes: drogas, terrorismo, violaciones, etc. Además la opinión de la mayoría no cambia la realidad observada por un entendido.

Hoy los famosos del arte, del deporte o del espectáculo se presentan como pedagogos de la sociedad. La tribuna se la facilitan los medios de comunicación: la revista, el micrófono o la cámara. Ellos hablan de todo, y de todo pontifican: sobre política, sobre religión, sobre moral, sobre la educación de los hijos, sobre las relaciones sexuales prematrimoniales, etc. Y el modelo, naturalmente, es lo que ellos hacen.

Que un experto dé su opinión sobre lo que entiende, es razonable. Pero que el famoso de turno dogmatice de lo que no sabe, es lamentable.

La moral no puede cambiar con las modas de cada época. Hoy está de moda permitir el aborto; pero siempre será una injusticia condenar a muerte a una persona inocente. Hoy está de moda la democracia; pero la verdad y el bien no dependen de lo que diga la mayoría. Son valores

[1] Conferencia Episcopal Española: *Catecismo Escolar, 4º EGB, nº 9*

[2] SAN JUAN CRISÓSTOMO: MIGNE, *Patrología Latina,LV,500*

[3] JOSÉ ORTEGA Y GASSET: *La rebelión de las masas, XV.* Ed. Espasa Calpe. Madrid.

absolutos. Una minoría de entendidos vale más que una mayoría que no lo es. Si se trata de la salud, vale más la opinión de tres médicos que el resto de un grupo mayoritario formado por una peluquera, un carpintero, una profesora de idiomas, un arquitecto, etc.

Lo mismo si se trata de pilotar un avión o de moral.

La democracia sólo es válida cuando todos los que opinan entienden del tema, por ejemplo en una consulta de médicos. Pero no basta la opinión de la mayoría, si ésta no entiende del tema.

Para saber si es verdad que la Tierra da vueltas alrededor del Sol, no lo sometes a votación en una tribu de la selva amazónica, que desconocen el tema. Aunque todo el mundo dijera que el agua de tal fuente es potable, porque no ven en ella ningún microbio, si el encargado de la Salud Pública, ayudado de su microscopio, dice que el agua está contaminada, no se puede beber, aunque la gente no vea en ella nada malo.

La democracia mal empleada puede ser funesta. En frase de **Francisco Bejarano** «los ignorantes son muchísimo más numerosos que los sabios y los votos de unos y otros valen lo mismo»[1].

La Iglesia tiene una especial asistencia de Dios para llevar los hombres a la salvación, es decir, para señalar lo que es bueno o es malo.

«Someter una cuestión ética a votación, no garantiza la bondad moral de la solución vencedora. (...) Una actuación es ética o no lo es, independientemente de las opiniones personales de los votantes»[2] .

Sobre la democracia **Ortega y Gasset** tiene estas ideas:

«Yo dudo que haya habido otras épocas de la historia en que la muchedumbre llegase a gobernar tan directamente como en nuestro tiempo. (...) Vivimos bajo el brutal imperio de las masas. (...) La soberanía del individuo no cualificado. (...) En nuestro tiempo domina el hombre-masa; es él quien decide. (...) Las masa populares buscan pan, y el medio que emplean es destruir la panaderías»[3].

«Es una falacia muy extendida hoy día, que es demagógica y falsa: "el pluralismo democrático exige el relativismo ético". Como si el respeto a la libertad de los demás se fundase en que no existe una verdad y un bien objetivos sobre las cosas y la naturaleza humana. Esto es un error. (...) Lo que nunca se puede hacer es utilizar la coacción y la violencia para imponer mi concepto de la verdad y lo bueno. Pero si no defiendo lo que yo considero que es bueno y verdadero, estaría siendo injusto con la gente que me rodea. (...) La democracia no es un mecanismo para definir lo que es verdadero o falso, bueno o malo. Creer que la votación popular es lo que define la bondad o malicia, la verdad o falsedad real de las cosas es un

---

[1] FRANCISCO BEJARANO: DIARIO DE CÁDIZ del 11-VIII-2000, pg.9

[2] MIGUEL ÁNGEL TORRES DULCE: *39 Cuestiones doctrinales, II, 1.* Ed. Palabra. Madrid. 1990.

[3] JOSÉ ORTEGA Y GASSET: *La rebelión de las masas, 1ª, I, II, V, VI.* Ed. Espasa Calpe. Madrid.

error. Convertir la democracia en el sustituto de la capacidad racional de hombre para conocer la verdad es una falacia. (...) La democracia no implica relativismo ético. El respeto a la libertad de conciencia no implica ocultar la verdad o el bien objetivo de las cosas. (...) Tenemos el derecho y la obligación de defender lo bueno y lo verdadero ante la sociedad para procurar que la verdad y el bien se reflejen en las leyes»[1] .

«No todo lo ordenado democráticamente tiene la garantía de ser justo»[2]

Hoy es frecuente un concepto peyorativo del **sentimiento de culpabilidad**. Es cierto que en algunas ocasiones puede ser algo patológico, cuando no responde a causas objetivas. Pero es perfectamente lógico que el que ha hecho algo malo tenga después remordimientos y sentimientos de culpabilidad. Lo mismo que la fiebre es consecuencia de la enfermedad, y el dolor de la herida. El que después de hacer algo malo no tiene remordimientos ni sentimientos de culpabilidad es porque tiene el alma acorchada, lo cual es gravísimo[3].

«Cada uno de nosotros está obligado a obedecer a su conciencia»[4] . «Es a la conciencia a la que le corresponde la decisión última sobre el comportamiento moral del hombre»[5] .

Conciencia «es la capacidad fundamental del hombre de determinar sus obligaciones para con Dios»[6] .

Pero esta conciencia debe estar bien formada, porque el hombre puede engañarse a sí mismo considerando bueno lo que le gusta o conviene. Por eso la Autoridad de la Iglesia, que es objetiva e independiente, señala lo que es bueno o malo. Dice el Papa **Juan Pablo II** en su encíclica *Veritatis splendor* : «Existen normas objetivas de moralidad, válidas para todos los hombres de ayer, de hoy y de mañana. Tenemos que amoldar nuestra conciencia a la enseñanza de **Cristo** y de la Iglesia».

«Es cierto que hay que seguir la conciencia, pero sin olvidar que ella no es la creadora de la norma moral, y que el Magisterio ha sido instituido para iluminar la conciencia»[7] .

La conciencia no es autónoma.

«No es una fuente autónoma y exclusiva para decidir lo que es bueno o malo.; al contrario, en ella está grabado profundamente un principio de obediencia a la norma objetiva, que fundamenta y condiciona la congruencia

[1] BENIGNO BLANCO: Revista MUNDO CRISTIANO, 396 (II-95) 47

[2] Conferencia Episcopal Española: *Moral y sociedad democrática, nº 36.* EDICE. Madrid. 1996.

[3] PEDRO MARTÍNEZ CANO, S.I.: *Espiritualidad hoy, 2ª, XX, 5, b.* Ed. FAX. Madrid. 1961.

[4] Concilio Vaticano II: *Dignitatis humanae*: Declaración sobre la libertad religiosa, nº 11

[5] GINO ROCCA: *No lo tengo claro, 1ª, I, 4.* Ed. Ciudad Nueva. Madrid.1993.

[6] BERNHARD HÄRING: *SHALOM: Paz, X, 2.* Ed. Herder. Barcelona. 1998.

[7] MARIANO ARTIGAS: *39 Cuestiones doctrinales, IV, 1.* Ed. Palabra. Madrid. 1990.

de sus decisiones con los preceptos y prohibiciones en los que se basa el comportamiento bueno»[1] .

«La conciencia es el juicio acerca de la licitud o ilicitud de una acción concreta del individuo. Es la norma subjetiva de la moralidad. Mientras que la norma objetiva suministra una información general sobre el carácter moral de las acciones humanas».[2]

Dijo **Pablo VI** el 13 de febrero de 1969: «La conciencia es intérprete de una norma superior, pero no es ella quien crea la norma».

«La función de la conciencia moral no es crear la ley, sino aplicarla a las circunstancias concretas de cada momento»[3].

Una conciencia equivocada no crea valores. «La conciencia no obliga por sí misma, sino en cuanto refleja la verdad, porque es un instrumento de la verdad. Es la verdad la que obliga a través de la conciencia. (...) La conciencia no nace de la arbitrariedad, sino de su vínculo con la verdad. (...) La verdad no es algo que se crea, sino algo que se descubre»[4].

Según **Balmes**,en *El Criterio*,«la verdad en las cosas es la realidad. La verdad en el entendimiento es conocer las cosas tales como son. La verdad en la voluntad es quererlas como es debido, conforme a las reglas de la sana moral. La verdad en la conducta es obrar por impulso de esta buena voluntad. La verdad en proponerse un fin es proponerse el fin conveniente y debido, según las circunstancias. La verdad en la elección de los medios es elegir los que son conformes a la moral y mejor conducen al fin. Hay verdades de muchas clases, porque hay realidad de muchas clases. Hay también muchas clases de conocer la verdad. No todas las cosas se han de mirar del mismo modo, sino del modo que cada una de ellas se ve mejor. Al hombre le han sido dadas muchas facultades; ninguna es inútil; ninguna intrínsecamente mala»[5] .

Hay actos que son malos porque están prohibidos (circular por una calle en sentido contrario al señalado por la flecha).

Pero también hay actos que son malos en sí mismos, porque van contra la dignidad de la persona humana (la calumnia).

Éstos se llaman **actos intrínsecamente malos**[6].

«La educación de la conciencia es indispensable a seres humanos sometidos a influencias negativas y tentados por el pecado a preferir su

---

[1] JUAN PABLO II: *Veritatis splendor, nº 60.*

[2] ANTONIO ARZA, S.I.: *Preguntas y respuestas en cristiano, pg. 72.* Ed Mensajero. Bilbao. 1982.

[3] JUAN ANTONIO GONZÁLEZ LOBATO: *Razones de la Fe, I, 6, b.* Ed. EMESA. Madrid. 1980.

[4] JOSÉ ANTONIO SAYÉS: *Antropología y moral, V,2.* Ed. Palabra. Madrid. 1997.

[5] BALMES: *El criterio, Conclusión.* Ed. BAC. Madrid

[6] JOSÉ ANTONIO SAYÉS: *Antropología y moral, V,1.* Ed. Palabra. Madrid. 1997.

propio juicio y a rechazar las enseñanzas autorizadas»[1].

Todos debemos preocuparnos de tener una conciencia bien formada. Pero algunas personas, por distintas razones, tienen una **conciencia escrupulosa.** Deben buscarse un sacerdote de su confianza, y dejarse dirigir por él. Ten en cuenta que el sacerdote es una persona preparada para estos temas, y además imparcial.

Si él ve que eres culpable, te pide arrepentimiento y te perdona.

Pero si él ve que son escrúpulos irresponsables, no los quiere fomentar.

La solución está en que te fíes de lo que te dice el sacerdote, más de lo que tú sientas.

«La **conciencia errónea** no siempre está exenta de culpabilidad»[2].

«Sólo la ignorancia invencible está exenta de culpabilidad»[3].

Sólo la conciencia equivocada por error involuntario e inadvertido está libre de culpa. Pero en cuanto se descubra el error hay que rectificar.

La conciencia no está **bien formada** si no se atiende al Magisterio de la Iglesia, como dijo **Juan Pablo II** en el Segundo Congreso Internacional de Teología Moral[4].

«La Iglesia, a través de su Magisterio ordinario y extraordinario, es la depositaria y maestra de la verdad revelada. (...) Difícilmente se podrá hablar de rectitud moral de una persona que desoiga o desprecie el Magisterio eclesiástico: *«el que a vosotros oye, a Mí me oye; y el que a vosotros desprecia, a Mí me desprecia»*[5]. Por lo tanto, para un cristiano, si no hay unión con la Jerarquía, no hay posibilidad de unión con **Cristo.** Ésta es la fe cristiana, y cualquier otra posibilidad queda al margen de la fe»[6].

«Hay cristianos que viven habitualmente en estado de condenación, (...) sin que les importe nada, incluso encontrándose a gusto en esta terrible situación. Cristianos que, cuando se confiesan, apenas sienten pena de haber ofendido a **Jesucristo,** sino que miden su amor a Dios por el miedo que experimentan ante el pensamiento del infierno. Cristianos que no saben valorar la **Pasión de Cristo**, que viven como si no les importara su complicidad con la muerte del Señor, que se quedan fríos e indiferentes ante el dolor de la **Madre Dolorosa**»[7].

«La **conciencia errónea** puede ser culpable de modo directo (cuando no se quiere saber para poder pecar libremente) o «in causa» (cuando no se ponen los medios debidos para formarla). En ambos casos esta

---

[1] **Nuevo Catecismo de la Iglesia Católica, nº 1783**

[2] **Nuevo Catecismo de la Iglesia Católica, nº 1801**

[3] **Nuevo Catecismo de la Iglesia Católica, nº 1793**

[4] Revista ECCLESIA, 2405-6(7-I-89)26

[5] Evangelio de SAN LUCAS, **10**:16

[6] PABLO CABELLOS LLORENTE: *39 Cuestiones doctrinales, IV, 4.* Ed. Palabra. Madrid. 1990.

[7] FEDERICO SUÁREZ: *La Virgen Nuestra Señora, VI*, 2. Ed. Rialp. Madrid. 1984. 17 edición.

conciencia errónea no excusa de pecado, incluso puede agravarlo»[1].

El célebre moralista **Häring** dice: «Los psiquiatras y los psicólogos de profundidades han logrado disipar completamente sentimientos de culpabilidad, explicándolos como meros restos neuróticos de ansiedades reprimidas de infancia. (...) Yo no me opongo a la psicoterapia, como tal, sino a una psicoterapia que niega absolutamente la culpa»[2].

57.- HAY DOS CLASES DE PECADOS: MORTAL Y VENIAL[3].

«El pecado es una ofensa a Dios»[4]. La imperfección no llega a pecado venial. Suele definirse como «la deliberada omisión de un bien mejor. Pudiendo hacer un bien mayor se elige un bien menor»[5].

58.- EL PECADO MORTAL SE DIFERENCIA DEL VENIAL, EN QUE EL MORTAL ES GRAVE Y EL VENIAL ES LEVE[6].

1. No es lo mismo cometer un adulterio -que siempre es grave-, que decir una mentirilla -que puede no tener importancia-. El pecado grave rompe nuestra amistad con Dios. El pecado venial, no[7]. Pero la enfría.

Algunos distinguen entre el pecado grave y el pecado mortal.

Pero ha dicho el Papa **Juan Pablo II:**

«El pecado grave se identifica prácticamente en la doctrina y en la acción pastoral de la Iglesia con el pecado mortal... La triple distinción de los pecados en veniales, graves y mortales, podría poner de relieve una gradación en los pecados graves. Pero queda siempre firme el principio de que la distinción esencial y decisiva está entre el pecado que destruye la caridad y el pecado que no mata la vida sobrenatural: entre la vida y la

[1] JUAN ANTONIO GONZÁLEZ LOBATO: *Razones de la Fe, I, 5, c.* Ed. EMESA. Madrid.1980.
[2] BERNHARD HÄRING: *Shalom, Paz, III,1.* Ed. Herder. Barcelona. 1998.
[3] **Nuevo Catecismo de la Iglesia Católica, nº 1854**
[4] **Nuevo Catecismo de la Iglesia Católica, nº 1850**
[5] JOSÉ RIVERA-IRABURU: *Síntesis de espiritualidad católica, XVI, 5.* Ed. Gratis Date. Pamplona.
[6] **Nuevo Catecismo de la Iglesia Católica, nº 1855**
[7] **Nuevo Catecismo de la Iglesia Católica, nº 1863**

muerte no existe una vida intermedia»[1]. Por eso el Nuevo Catecismo de la Iglesia Católica no hace distinción entre pecado grave y pecado mortal[2].

59.- Los efectos del pecado mortal son: perder la amistad con Dios, matar la vida sobrenatural del alma, y condenarnos al infierno, si morimos con ese pecado[3].

1. Esto limitándose a los bienes espirituales.

Pero aun en los bienes naturales, ¡cuántas enfermedades, cuántos encarcelamientos, cuántas ruinas, cuántas desgracias de familia no tienen otro origen que un pecado contra la Ley de Dios!

Una mancha de grasa en una prenda de vestir nueva es motivo suficiente para que la cambies. Si tienes la cara tiznada, te lavas inmediatamente, porque así no puedes presentarte en ninguna parte.

¿Y no te da vergüenza que tu alma sea repulsiva a Dios y a la Virgen?

Una piedrecita en el zapato no te deja en paz hasta que logras quitártela, ¿y cómo puedes tener tranquilidad con un pecado mortal en el alma?

60.- Los efectos del pecado venial son: poner enferma la vida sobrenatural del alma, y disponernos para el pecado mortal[4].

1.-El pecado venial es una transgresión voluntaria de la ley de Dios en materia leve[5]. Una tos pequeña, pero descuidada, puede llevar a la sepultura. Un punto negro en un diente no es nada, pero si no se lo enseñas al dentista, pronto todo el diente quedará dañado, y hasta puede ser necesaria la extracción. No es que el pecado leve **se convierta** en grave. Ni siquiera que muchos pecados leves hagan un pecado grave. Sino que el pecado leve dispone al pecado grave[6], pues debilita la voluntad y nos priva de gracias sobrenaturales con las cuales podríamos luchar mejor contra el pecado grave. «Pero los pecados veniales no nos excluyen del Reino de

---

[1] JUAN PABLO II: *Reconciliación y Penitencia, nº 17.* Revista ECCLESIA, 2204 (5-I-85)29s

[2] **Nuevo Catecismo de la Iglesia Católica, nº 1854**

[3] **Nuevo Catecismo de la Iglesia Católica nº 1874**

[4] **Nuevo Catecismo de la Iglesia Católica nº1863**

[5] ANTONIO ROYO MARÍN, O.P.: *Teología de la salvación, 1ª, III, nº 54.* Ed. B.A.C. Madrid.

[6] ANTONIO ROYO MARÍN, O.P.: *Teología de la salvación, 1ª, III, nº 55.* Ed. B.A.C. Madrid.

Dios»[1] . Deberíamos poner especial diligencia en evitar los pecados veniales plenamente advertidos y voluntarios.

Evitar también todos los semideliberados supone especial gracia de Dios. Este privilegio lo tuvo **María Santísima**[2] .

2. Un pecado que **de suyo** es leve, por ser la materia leve, puede ser grave:

a) si el que lo comete cree, por error, que es grave: robar una peseta.

b) si se comete con fin gravemente malo: insultar a otro para que blasfeme.

c) si se hace a otro un daño grave o se pretende hacerlo, o se es causa de grave escándalo: parejas pecando en público.

d) si al cometerlo, se expone uno al peligro próximo de pecar gravemente: entrar por curiosidad en un cabaret.

e) en algunos casos especiales, en que se acumulan las materias, como ocurre en algunos robos pequeños repetidos con cierta frecuencia.

3. Hay personas a quienes les gusta preguntar siempre el límite entre el pecado leve y grave. Pero esto a veces es tan difícil como señalar en el arco iris dónde termina un color y dónde empieza otro. Por eso, en la duda, muchos dicen al confesor: «Me arrepiento tal como esté en la presencia de Dios». «Los límites entre el pecado mortal y el venial varían de penitente a penitente, y hasta en el mismo penitente varían de una vez a otra. En efecto, el penitente no siempre presta la misma atención, ni se da la misma cuenta, de la gravedad de sus acciones frente a la santa voluntad de Dios»[3] .

61.- EL PECADO ES GRAVE CUANDO SE DAN JUNTAMENTE ESTAS TRES COSAS:

1) QUE LA MATERIA SEA GRAVEMENTE MALA (en sí o en sus circunstancias); o que yo crea que es grave aunque de suyo no lo sea.

2) QUE AL HACERLO YO SEPA QUE ES GRAVE.

3) QUE YO QUIERA HACER AQUELLO QUE SÉ QUE ES GRAVE.

[1] Ritual de la Penitencia, nº 47. 1975

[2] ANTONIO ROYO MARÍN, O.P.: *Teología de la salvación, 1ª, III, nº 57.* Ed. B.A.C. Madrid.

[3] BERNHARD HÄRING: *SHALOM: Paz, XI, 1.* Ed. Herder. Barcelona. 1998.

61,1

1. Para que haya pecado grave **deben darse** las tres cosas al mismo tiempo. Si no, no hay pecado grave[1]. Se trata, pues, de acciones que se oponen gravemente contra la voluntad de Dios, realizadas con pleno conocimiento y deliberado consentimiento. Si no hay plena advertencia y perfecto conocimiento, el pecado será venial. Por ejemplo:

1) Me tiro un farol y digo que he estado en Londres, siendo esto mentira. No puede ser pecado grave, pues aunque miento queriendo y dándome cuenta de que miento, falta la materia grave.

Esa materia es leve, pues con esa mentira no hago daño a nadie.

2) Uno no sabe que el emborracharse hasta perder la razón es grave, y para celebrar una fiesta coge voluntariamente una borrachera completa.

Aunque la materia era grave y lo ha hecho voluntariamente, no peca gravemente, porque no sabía que era materia grave.

3) Está uno un domingo en alta mar en un barco pesquero. Sabe que es domingo, pero en esas circunstancias no puede ir a Misa.

No peca, pues, aunque la materia es grave, y él se da cuenta de la obligación que tiene de ir a Misa en domingo, no puede cumplir con ese precepto en las circunstancias en que se encuentra actualmente.

Esa falta a Misa no es voluntaria, por lo tanto no hay pecado.

Materia grave es una cosa de importancia[2].

Puede ser grave en sí misma -como el blasfemar-, o en sus circunstancias -como el mentir con daño grave para el prójimo-.

La advertencia a la gravedad de la materia debe acompañar o preceder a la acción. No basta que se caiga en la cuenta después de cometerla. «Todos los moralistas están de acuerdo en que el penitente sólo tiene que confesar el pecado conforme a la idea que tenía del mismo al momento de cometerlo»[3]. «Todo pecado actual presupone el conocimiento de la ley»[4]. Debemos ser plenamente conscientes de que estamos pecando. «La ignorancia es vencible cuando es fácil salir de ella mediante una información adecuada. Por el contrario, es invencible cuando, puestas las diligencias debidas, no es posible salir de ella»[5]. La ignorancia culpable (no sé porque no he querido enterarme) no excusa de pecado[6].

El conocimiento del pecado debe ser valorativo. Debo darme cuenta que al cometer ese pecado estoy haciendo algo malo. Si al hacerlo no advierto que peco, no peco. No todos los actos del hombre son **actos humanos**, es decir, conscientes y libres. Sólo éstos son responsables moralmente.

---

[1] **Nuevo Catecismo de la Iglesia Católica nº 1857**

[2] **Nuevo Catecismo de la Iglesia Católica nº 1858**

[3] BERNHARD HÄRING: *SHALOM, Paz, VIII,4.* Ed. Herder. Barcelona. 1998.

[4] ANTONIO ROYO MARÍN, O.P.: *La fe de la Iglesia, 2ª, V, nº 136.* Ed. BAC. Madrid.

[5] AURELIO FERNÁNDEZ: *Compendio de Teología Moral, 1ª, VIII, 2, 1.* Ed. Palabra. Madrid. 1995.

[6] **Nuevo Catecismo de la Iglesia Católica nº 1859**

«Conocimiento y libertad constituyen la raíz de la moralidad»[1] .Si cometo un pecado, sin saber que es pecado, lo que hago se llama **pecado material**, en el cual no hay culpa. Sólo hay culpa en el **pecado formal**, del cual soy responsable porque hago queriendo lo que sé que es pecado.

El consentimiento de la voluntad debe ser perfecto.

Esto supone que hay libertad para hacer la cosa o no hacerla.

Quien no tiene libertad para hacer o dejar de hacer una cosa no obra por propia voluntad, y por lo tanto no peca. Quien está encerrado en la celda de una cárcel no peca si no le dejan ir a Misa.

Para que haya pecado **no hace falta** querer directamente ofender a Dios: esto sería algo diabólico. Peca todo el que hace voluntariamente lo que sabe que Dios ha prohibido[2] . Obrar contra la ley de Dios, ya es ofensa a Dios. Si uno te quita el monedero no te contentas con que te diga que no quiere ofenderte, que sólo quiere tu dinero. Al actuar contra tus derechos, ya te está ofendiendo; aunque no tenga intención de ofenderte.

«El hombre peca mortalmente no sólo cuando su acción procede de menosprecio directo del amor de Dios y del prójimo, sino también cuando libre y conscientemente elige un objeto gravemente desordenado, sea cual fuere el motivo de su elección»[3] .

Para pecar basta hacer **voluntariamente** algo que sé que es pecado, dándome cuenta de que es pecado. Si falta cualquiera de estas **tres condiciones** no hay pecado grave. Es decir: cuando la materia no es grave; o es grave, pero yo no lo sé; o lo sé pero lo hago sin querer o sin darme cuenta. En estos casos no hay pecado grave[4] .

Por lo tanto, todo lo que se hace sin querer (por ignorancia, por descuido, sin caer en la cuenta o en un arrebato inevitable), o lo que se hace sin pleno consentimiento, o sin plena advertencia no es pecado grave.

Lo que se hace por ignorancia invencible o violencia extrínseca, nunca es pecado[5] .

2. Tampoco es pecado nada de lo que se hace **en sueños** -aunque fuera pecado hacerlo despierto-, pues soñando se obra inconscientemente.

Pero sí lo sería si estando despierto se ha puesto con previsión o intencionadamente su causa, o se continúa complacidamente despierto, lo que comenzó dormido.

Para que sea pecado grave hace falta que uno se deleite en lo que está

---

[1] AURELIO FERNÁNDEZ: *Compendio de Teología Moral,1ª,VIII,1, 2, e.* Ed.Palabra.Madrid.1995.

[2] JOSÉ ANTONIO SAYÉS: *Razones para creer, II, 4.* Ed. Paulinas. Madrid. 1992.

[3] PABLO VI: *Algunas cuestiones de ética sexual, nº 10 (29-XII-75)*

[4] **Nuevo Catecismo de la Iglesia Católica nº 1862**

[5] DENZINGER: *Magisterio de la Iglesia, nº 1046, 1068, 1094, 1292.* Ed. Herder. Barcelona

61,3

prohibido, completamente despierto, y con plena voluntad y deliberación. Lo que se hace soñoliento y medio dormido, a lo más es pecado venial.

No puede llegar a pecado grave por faltar la advertencia plena y consentimiento perfecto. Por esto, en cuestiones de castidad, aunque se esté despierto, si se producen movimientos fisiológicos inevitables, prescinde: no hay pecado ninguno.

3. **Los pecados dudosos**, en los que no se sabe con certeza si ha habido plena advertencia y consentimiento perfecto, conviene decirlos como dudosos al confesor, para más tranquilidad; pero no hay obligación.

La duda puede ser también sobre si se cometió o no se cometió el pecado; si se confesó o no se confesó; si la materia del pecado fue grave o leve. En ninguno de los tres casos hay obligación de confesarlo; aunque está mejor hacerlo manifestando la duda. Pero si dudas sobre si una cosa es o no es pecado grave, y te vas a ver en la ocasión de hacerlo de nuevo, tienes obligación grave de preguntarlo antes de hacerlo, si hay razones serias para sospechar que pueda ser pecado grave.

Hay circunstancias en las que una persona puede verse en una situación en la que no sabe cómo evitar una mala acción. Para salir de esta situación se puede aplicar la doctrina moral del **mal menor, conflicto de deberes,** o la **acción de doble efecto.**

Evidentemente que si, haga lo que haga, tengo que hacer algo malo, el sentido común me dice que elija el **mal menor.**

Cuando me encuentre entre dos obligaciones que parecen contradictorias, lo lógico es escoger la obligación que me parezca más importante, según las circunstancias del momento.: es lo que se llama **conflicto de deberes.**

Otras veces hay que efectuar acciones con **doble efecto.** En estos casos la moral dice lo siguiente:

a) Que la acción no sea mala en sí misma.
b) Que el efecto bueno no se produzca mediante el efecto malo.
c) Que la intención del agente sea conseguir el efecto bueno.
d) Que haya motivos proporcionados para permitir el efecto malo[1] .

«Existe otro tipo de acciones humanas, imputables al sujeto, por ser voluntarias en la causa. Para ello se requieren tres condiciones:

a) Previsión, al menos confusa, del efecto malo que se ha de seguir.
b) Libertad para no poner la causa, o para quitarla, una vez puesta.

[1] ANTONIO ARZA, S.I.: *Preguntas y respuestas en cristiano, pg. 12.* Ed. Mensajero. Bilbao.

c) Obligación de evitar que de tal causa se siga tal efecto»[1].

4. Cuando dudes si es o no lícita una acción, puedes aplicar lo que los teólogos llaman **probabilismo**.

La ley ahora dudosa para ti, no te obliga con tal de que se trate de algo que no perjudique a nadie, ni material ni espiritualmente.

Por ejemplo, vas a comulgar y no tienes seguridad si ha pasado ya la hora del ayuno eucarístico; pues te parece que sí, pero no recuerdas la hora exacta.

En ese caso puedes salir de la duda sabiendo con certeza que puedes obrar tranquilamente pues esa ley, ahora dudosa para ti, no te obliga.

Aunque el probabilismo es lícito, las personas que tienen delicadeza de conciencia saben que lo meramente lícito no es siempre lo que más agrada a Dios; por amor a Él y por generosidad se puede superar lo que es lícito por lo que más agrada a Dios.

5. Conviene **instruirse bien** de lo que es pecado y de lo que no lo es, pues si creo que algo es pecado grave -aunque de suyo no lo sea- y a pesar de eso lo hago voluntariamente, cometo un pecado grave.

«La educación de la conciencia es indispensable»[2].

«La formación de la conciencia es una grave obligación moral: el hombre está obligado a formar una conciencia recta. En caso contrario, se hace responsable de todas sus faltas, aun las cometidas con ignorancia»[3].

«Una conciencia equivocada es culpable si se debe a despreocupación por conocer la verdad y el bien»[4].

«La conciencia es la norma subjetiva próxima del actuar. Es decir, que en la determinación última, la conciencia decide. Esto parece obvio cuando se trata de la conciencia recta, asentada en criterios verdaderos. Pero, ¿también en caso de error invencible, el hombre ha de seguir el dictamen de su conciencia? La respuesta es afirmativa. (...) Pero la conciencia errónea plantea hoy serios problemas pastorales dado que, debido a la situación doctrinal confusa, (...) no es fácil discernir cuándo alguien está en ignorancia culpable, o simplemente se debe a que ha sido instruido en tales errores»[5].

---

[1] JUAN ANTONIO GONZÁLEZ LOBATO: *Razones de la Fe, II, 2, g.* Ed. EMESA. Madrid. 1980.

[2] **Nuevo Catecismo de la Iglesia Católica, nº 1783**

[3] AURELIO FERNÁNDEZ: *Compendio de Teología Moral, 1ª, IX, 6.* Ed. Palabra. Madrid. 1995.

[4] **Nuevo Catecismo de la Iglesia Católica, nº 1791**

[5] AURELIO FERNÁNDEZ: *Compendio de Teología Moral, 1ª, IX,4,1, a.* Ed. Palabra.Madrid.1995.

6. Por lo tanto, una acción pecaminosa no será pecado, si al hacerla yo no sé que es pecado.

Una acción lícita y permitida será pecado, si al hacerla yo creo erróneamente que es pecado y la hago libremente.

El pecado será grave, si al hacerlo yo lo tenía por grave, aunque de suyo la materia no sea grave.

El pecado será leve, si al hacerlo yo lo tenía por venial, aunque después me entere que la materia fue grave.

El pecado ya cometido fue leve, pero si lo repito después de conocer su gravedad, la misma acción será ahora pecado grave.

La razón de todo esto es que Dios juzga nuestros pecados **tal como los tenemos en la conciencia**.

Lo que Dios castiga es la mala voluntad que tenemos al hacer una cosa, no las equivocaciones o errores involuntarios.

Pero debemos procurar tener bien formada la conciencia.

«Quien duda de si está en la verdad, ha de poner los medios para salir de esa situación»[1].

Evidentemente que la moralidad de un acto está condicionado por circunstancias que pueden ser agravantes, atenuantes y hasta excusantes. Pero esto no obsta para que haya normas morales objetivas.

La **moral de situación** descarta estas normas objetivas y sólo atiende, como norma de moralidad, al juicio particular de cada uno, prescindiendo del recto orden objetivo[2].

Algunos, siguiendo la doctrina de **Max Weber,** de la «ética de la intención», sostienen que la fuente de la moralidad es el fin que se proponga el agente. Pero **Juan Pablo II,** en su encíclica *Veritatis splendor* rechaza esta doctrina diciendo: «Si el objeto de la acción concreta no está en sintonía con el verdadero bien de la persona, la elección de tal acción es moralmente mala»[3].

7. Para pecar **basta tener intención** de hacer lo que es pecado, aunque después no se realice.

Soy culpable del pecado en el momento en que he decidido cometerlo.

Por ejemplo: peca gravemente quien ha tenido intención de cometer un adulterio, aunque después, por alguna dificultad que surgió, no lo haya realizado en la práctica.

El pecado realizado es más grave, pero sólo el intentarlo ya es pecado.

[1] JESÚS MARTÍNEZ GARCÍA: *Hablemos de la Fe,III, 7.* Ed. Rialp. Madrid. 1992.

[2] AUGUSTO SARMIENTO: *39 Cuestiones doctrinales, IV, 4.* Ed. Rialp. Madrid. 1990.

[3] JUAN PABLO II: Encíclica *Veritatis splendor, nº 72.*

Uno coge cierta cantidad de dinero con intención de robar, y luego se entera que robó su propio dinero: ha cometido **pecado formal** aunque no haya sido **pecado material**.

Dos palabras sobre la doctrina del **doble efecto:**

«Se puede tener en cuenta la doctrina clásica sobre las cuatro condiciones que se requieren para actuar cuando de la acción se siguen dos efectos, uno bueno y otro malo.

Son las siguientes:

a) Que la acción, en sí misma, sea buena o al menos indiferente.

b)Que el fin perseguido sea obtener el efecto bueno y, simplemente, permitir el m alo.

c) Que el efecto primero o inmediato que se ha de seguir sea el bueno y no el malo.

d) Que exista causa proporcionalmente grave para actuar»[1] .

8. El 6 de agosto de 1993 el Papa **Juan Pablo II** firmó la encíclica «*Veritatis splendor*». La encíclica ha venido a terminar con el **subjetivismo moral** que se estaba extendiendo en la Iglesia.

Muchos se creen con el derecho de decidir ellos mismos lo que es bueno y lo que es malo, según su conciencia; prescindiendo de la ley de Dios, tanto natural como positiva. El bien y el mal tienen un valor objetivo, y no dependen de las opiniones de los hombres.

Es importante la opción fundamental de orientar la vida hacia Dios. Pero, aunque no haya un rechazo explícito de Dios, se incurre en pecado mortal por una transgresión voluntaria de la ley moral en materia grave.

Monseñor **Yanes,** Presidente de la Conferencia Episcopal Española, ha dicho: «*Veritatis splendor*» es una presentación amplia de algunos aspectos fundamentales de la moral cristiana. (...). La encíclica es una invitación a la reflexión. Supone el sincero deseo de buscar y encontrar la verdad. Exige tomar en serio nuestra vida y nuestra vocación delante de Dios»[2] .

---

[1] AURELIO FERNÁNDEZ: *Compendio de Teología Moral, 1ª, VIII, 3.* Ed. Palabra. Madrid. 1995.

[2] Revista ECCLESIA, 2653-54 (9-16, X, 93) 6

Mandamientos

62.-LOS MANDAMIENTOS DE LA LEY DE DIOS SON DIEZ.

1. Los mandamientos son normas de conducta dictadas por Dios a la humanidad.

Estas normas son el camino que ha de conducir al hombre a la felicidad eterna. «*Si quieres entrar en la vida, guarda los mandamientos*»[1], dijo **Jesucristo**.

«La división y numeración de los mandamientos ha variado en el curso de la historia. La actual es de **San Agustín**. Los ortodoxos tienen una división distinta»[2].

Las leyes que Dios ha puesto en la Naturaleza podríamos dividirlas así[3]:

a) **Ley eterna**: es el plan de Dios para toda la creación.

b) **Ley natural:** es la ley eterna grabada en los seres racionales que está basada en la naturaleza del hombre, como, por ejemplo, la injusticia de la calumnia o la monstruosidad de la blasfemia.

c) **Ley positiva:** tanto divina (mandamientos) como humana (administración de los sacramentos).

d) **Ley física:** es la que dirige los seres irracionales.

Los mandamientos son preceptos de la ley natural[4] impresos por Dios en el alma de cada hombre. «Contienen una expresión privilegiada de la ley natural»[5].

Por eso obligan a todos los hombres de todos los pueblos, y son valederos para todos los tiempos, constituyendo el fundamento de toda moral individual y social[6]. «*La ley del Señor es perfecta y es descanso del alma*»[7], dice la Sagrada Escritura.

Dios ha impreso los mandamientos en el alma de tal modo que, incluso los que se las dan de ateos y dicen que no hay Dios, reconocen esta ley

---

[1] Evangelio de SAN MATEO, 19:17

[2] **Nuevo Catecismo de la Iglesia Católica, nº 2066**

[3] JUAN ANTONIO GONZÁLEZ LOBATO: *Razones de la Fe, I.* Ed. EMESA. Madrid. 1980.

[4] **Nuevo Catecismo de la Iglesia Católica, nº 1954-60**

[5] **Nuevo Catecismo de la Iglesia Católica, nº 2070**

[6] **Nuevo Catecismo de la Iglesia Católica, nº 2072**

[7] Salmo 18

impuesta por Dios al hombre, y se ofenden cuando se les llama ladrones o embusteros.

La moral católica no sólo obliga a los católicos, obliga a todos los hombres; pues se basa en la ley natural[1] . Todo hombre, católico y no católico, está obligado a no matar, no robar, no explotar al prójimo, no calumniar, etc.

Esto no excluye que haya mandamientos exclusivos para los católicos, como el ir a misa, práctica de sacramentos, etc.

La ley natural «es algo que nos pertenece intrínsecamente, que está grabado en los más íntimo de nuestro ser. (...) Su seguimiento nos realiza auténticamente como personas humanas, su olvido y desobediencia terminan por rebajar al hombre en su dignidad. Los principios de la ley natural -los primeros y más comunes- que dicen relación a los bienes humanos básicos son evidentes y no requieren demostración alguna. Estos principios constituyen el primer nivel de la ley natural. Se trata de verdades cuyo conocimiento está al alcance de todos: *"haz el bien y evita el mal"*.

»El segundo nivel lo forman aquellos preceptos que a la razón de todo hombre (...) basta un poco de reflexión para derivar dichos principios de los pertenecientes al primer nivel: *"no hurtarás, no matarás"*. (...)

»El tercer nivel lo constituyen aquellos principios (...) cuya verdad ya no es tan clara; (...) nos llega a través de hombres sabios y prudentes»[2] .

Los mandamientos de la Ley de Dios son la ley moral que Dios dio a **Moisés** en el Antiguo Testamento y que **Cristo** perfeccionó en el Nuevo[3] . Se basan en que Dios es nuestro Dueño y nuestro Señor, y nos puede mandar. Pero es tan bueno, que lo que nos manda es para bien nuestro. Con los mandamientos, Dios protege nuestros derechos y también los de nuestros prójimos.

Los mandamientos «presentan valores trascendentes que nacen de la misma dignidad de la persona humana»[4] .Los mandamientos **no son prohibiciones caprichosas** para poner trabas a la libertad del hombre. Es la ley justa y sabia con que Dios quiere gobernarnos para nuestro propio bien.

Las cosas no son malas porque Dios las prohibe, sino que Dios las prohibe porque son malas.

---

[1] ANTONIO ROYO MARÍN O.P.: *Teología de la salvación, 1ª, III, nº 84, c.* Ed. B.A.C. Madrid

[2] JOSÉ MARÍA YANGUAS: *39 Cuestiones doctrinales, IV, 2.* Ed. Mensajero. Bilbao.1990.

[3] Evangelio de SAN MATEO, **5**:17-48

[4] JOSÉ ANTONIO SAYÉS: *Antropología y moral, V.1.* Ed. Palabra. Madrid. 1997.

Todos los mandamientos son para todos: nadie puede dejar de cumplirlos, y es necesario cumplirlos todos para salvarse. No basta decir: «yo no robo ni mato».

Para salvarse hay que **guardarlos todos**. Para condenarse basta faltar a uno.

Para poder pasar por un puente es necesario que no se haya hundido ninguno de sus arcos[1]. Dice el **Apóstol Santiago el Menor** que el que guarda los demás mandamientos pero quebranta uno solo, se hace culpable de todos[2].

2. Los mandamientos de la ley de Dios constituyen el programa **más completo y más perfecto** que se ha dado en el mundo, para conseguir la paz y la tranquilidad a los individuos, a las familias, a los pueblos y a las naciones.

En la guarda de ellos está el secreto de abrirse paso dignamente en la vida.

Si quieres que todo el mundo te estime y te respete, guarda los mandamientos. Además, te aseguro que tu vida será mucho más feliz que si no los guardases.

Las mayores tragedias que vemos en esta vida ocurren frecuentemente porque no se guardan los mandamientos. Por eso están las cárceles llenas de desgraciados, por eso el hambre de muchos hijos, por eso los disgustos en tantas familias, tantas lágrimas y tantas penas.

Si se cumplieran los mandamientos de Dios desaparecerían muchos problemas de hoy: delincuencia, terrorismo, violaciones, madres solteras, adulterios, hijos extramatrimoniales, abortos, homosexualidad, drogas, SIDA, etc. Si todo el mundo cumpliera los mandamientos, la vida en la Tierra sería un cielo.

Avelino de Luis, Profesor del Seminario de Astorga, dijo en el Congreso de Pastoral Evangelizadora, celebrado en Madrid en Septiembre de 1997:

«Hemos ido robando a Dios espacio en la familia, en la escuela, en la prensa, en la radio y en la televisión. Nos hemos empeñado en echarle de la economía, de la política, de la legislación, de la cultura. Empezamos arrinconándole, y acabamos por no tener ningún sitio para Él. Y así nos van las cosas»[3].

Por no cumplir los mandamientos de la ley de Dios ocurre, como dice **Hobbes**, que *«el hombre es lobo para el hombre»*

---

[1] **Nuevo Catecismo de la Iglesia Católica nº 2079**

[2] Carta del Apóstol SANTIAGO, **2**:10

[3] AVELINO DE LUIS: *Jesucristo, la Buena Noticia, 2ª, IV, 7,c.* Ed. EDICE. Madrid. 1998.

El Papa **Juan Pablo II**, en Georgia, en el 89º viaje internacional apostólico de su Pontificado, celebró una misa multitudinaria en el Palacio de Deportes de Tbilisi. «Durante la homilía, recalcó firmemente la dimensión teologal del ser humano al indicar que "sin Dios, el hombre no puede realizarse plenamente ni encontrar su verdadera felicidad. Sin Dios, el hombre termina yendo contra sí mismo, porque no es capaz de construir un orden social adecuadamente respetuoso de los derechos fundamentales de la persona y de la convivencia civil"»[1].

No negamos que un ateo pueda ser honrado. Pero le falta motivación eficaz.

Su moral puede derrumbarse con facilidad lo mismo que un castillo de naipes. «Una ley a la cual puede uno sustraerse sin riesgo ninguno, no tiene eficacia. **Edmundo Scherer** ha dicho: «una moral no es nada si no es religiosa».

«La única moral que es razonable es la que se propone desde una óptica religiosa. Que disponga de un punto de apoyo. Si no, sería como querer colgar un cuadro en la pared sin clavar antes el clavo. Ese clavo es Dios»[2].

Por eso dijo **Dostoieski:** «Si Dios no existe, todo está permitido».

Sin Dios, sin alma y sin vida futura, la moral es un ídolo que el hombre destroza el día que cae en la cuenta de que es obra de sus manos»[3]. «Cada uno obrará según sus gustos», como dice **Benezech**[4].

«Alguno dirá que existe la **ética civil**, la moral consensuada por los grandes organismos internacionales, (...) pero son poquísimos los hombres que dejan de robar, mentir y matar porque lo diga la ONU. (...) Arrancada del interior del ser humano la conciencia religiosa, es fácil que éste se convierta en un tiburón (...) en un mundo sin Dios, en el cual la única ley que cuenta es la de que el pez grande se come al chico, y casi siempre hay un tiburón más grande que otro»[5].

Dice una sentencia catalana, *«El qui no té fe, no té fre»*: «el que no tiene fe, no tiene freno».

Una sociedad que no acepte valores auténticos va camino del suicidio.

Para muchos hoy no son valores la familia, la fidelidad matrimonial, los hijos, el respeto a la vida de seres humanos inocentes, la moralidad sexual, la honradez, la verdad, la religión, la moral... ¿A dónde vamos por este camino? ¿Qué futuro nos espera? Dice Dios en la Biblia: *«Mis mandatos son*

---

[1] Noticias Eclesiales en INTERNET del 10-XI-99.

[2] VITTORIO MESSORI: *Algunas razones para creer, VI.* Ed. Planeta+Testimonio. Barcelona. 2000

[3] H. PINARD DE LA BOULLAYE, S.I.: *Jesús, luz del mundo, I,2.* Ed. Razón y Fe. Madrid.

[4] A BENEZECH: *La critique religieuse, I, 383.*

[5] SANTIAGO MARTÍN: *¿Para qué sirve la fe?, IV, 2.* Ed. Temas de hoy. Madrid. 1995.

luz de los pueblos»[1].

«El reconocimiento de Dios no se opone en modo alguno a la dignidad humana, sino que es su fundamento. Cuando el hombre organiza el mundo sin Dios, acaba organizando una sociedad contra el hombre»[2].

«Hoy es más urgente que nunca la educación ética y religiosa. No podremos avanzar en la construcción de una convivencia social justa y libre, si las nuevas generaciones no son educadas en los valores fundamentales, y si no se ejercitan en vivir, ya desde la infancia, de acuerdo con ellos»[3].

3. El cumplimiento de los mandamientos a veces cuesta trabajo. Tenemos que frenarnos, renunciar. Pero los mandamientos nos llevan al cielo.

Son como las ruedas del carro, que pesan, pero gracias a ellas puede andar. Un carro sin ruedas no hay quien lo mueva.

«Dios hace posible por su gracia lo que manda»[4].

4. La moral católica no es represiva, como algunos dicen. No quita la libertad al hombre. La orienta para que se realice como persona humana.

Como las vías del tren que le obligan a ir por un camino, pero ayudan al tren a avanzar y a llegar. Le impiden que se despeñe.El puente me obliga a cruzar el río por ese punto concreto, pero gracias al puente puedo cruzar el río.

Algunos consideran a Dios como enemigo de la libertad humana, y piensan que el hombre será totalmente libre cuando se emancipe de Dios y de la Religión.

Sin embargo, sometiéndonos a la ley de Dios nos realizamos plenamente como personas humanas, pues nos liberamos de la esclavitud de nuestros instintos desordenados. Muchos adoran su libertad como a un ídolo. Desean hacer lo que quieren siempre y en todo. Por eso rechazan la moral católica porque les limita su libertad. Pero la vid, si no se poda, no da fruto.

«Cuando el hombre se deja podar es cuando puede madurar y dar fruto»[5]

Dice **Ortega y Gasset:** «Es falso decir que en la vida deciden las

---

[1] Profeta ISAÍAS, **5 1**:4

[2] Conferencia Episcopal Española: *Ésta es nuestra fe, 2ª, III, 2, 4, c.* EDICE. Madrid. 1986.

[3] Conferencia Episcopal Española: *Moral y sociedad democrática, nº 56.* EDICE. Madrid. 1996.

[4] **Nuevo Catecismo de la Iglesia Católica nº 2082**

[5] JOSÉ RATZINGER: *La sal de la Tierra, II,4.* Ed. Palabra. Madrid. 1997.

circunstancias. Al contrario, las circunstancias son el dilema ante el cual tenemos que decidirnos. Pero el que decide es nuestro carácter»[1].

Libertad es la capacidad para poder elegir entre dos valores auténticos. Pero elegir el mal, abandonando el bien, no es libertad sino esclavitud[2].

El hecho de que algunos prefieran ser esclavos es lamentable. Pero las joyas no pierden valor aunque haya personas que no saben apreciarlo.

La libertad con Dios, es auténtica. La libertad sin Dios es un engaño.

Dios no quita libertad para lo bueno, sino para lo malo. Con esto ayuda al hombre. Elegir lo malo es una equivocación. Quitar la libertad para lo malo es un bien. «La verdadera libertad es el derecho a no estar impedido para hacer lo que es bueno»[3].

«No hay verdadera libertad sino en el servicio del bien y de la justicia»[4]. «El ejercicio de la libertad no implica el derecho a decir y hacer cualquier cosa»[5].

El cristiano se siente libre, no porque hace lo que quiere sino porque quiere hacer lo que Dios manda. Obedece a Dios libremente, sin coacción.

«Lo que nos hace libres no es el no querer aceptar lo que sea superior a nosotros, sino el acatar de buena gana lo que está por encima de nosotros» (**Goethe**). «Yo soy libre cuando elijo lo que me perfecciona como ser humano. Si actúo sólo en virtud de mis apetencias momentáneas soy esclavo de mi tendencia a tomar lo agradable como valor supremo. Lo agradable es un valor, pero se halla en la parte más baja de la escala de valores»[6].

63.- EL PRIMER MANDAMIENTO DE LA LEY DE DIOS ES: **AMARÁS A DIOS SOBRE TODAS LAS COSAS**.

1. Amar a Dios no es, precisamente, **sentir cariño sensible** hacia Él, como lo sentimos hacia nuestros padres; porque a Dios no se le ve, y a las personas a quienes no se ve es difícil tenerles cariño. Dios no obliga a eso, pues no está en nuestra mano. Aunque hay personas que llegan a sentirlo, con la gracia de Dios.

[1] JOSÉ ORTEGA Y GASSET: *La rebelión de las masas, 1ª, V.* Ed. Espasa Calpe. Madrid. 1999.
[2] AURELIO FERNÁNDEZ: *Compendio de Teología Moral, 1ª, V, 1, 8.* Ed. Palabra. Madrid. 1995.
[3] JEAN LECERF: *Y tú, ¿por qué eres cristiano?, IV, 18.* Ed. Mensajero. Bilbao. 1996.
[4] **Nuevo Catecismo de la Iglesia Católica, nº 1733**
[5] **Nuevo Catecismo de la Iglesia Católica, nº 1740**
[6] ALFONSO LÓPEZ QUINTÁS: *El amor humano, I, 4.* EDIBESA. Madrid.

Amar a Dios sobre todas las cosas es tenerle en aprecio supremo, es decir, estar convencido de que Dios vale más que nadie, y por eso preferirle a todas las cosas. Tú puedes tener mucho más cariño al cuadro que pintó tu hija, que a cualquiera de los cuadros que se exponen en el Museo del Prado de Madrid, aunque reconozcas que estos últimos tienen mucho más valor artístico.

El amor a Dios es apreciativo.

2. Tenemos que amar a Dios porque Él nos amó primero[1] y debemos corresponderle. El amor se manifiesta en obras más que en palabras. «Obras son amores y no buenas acciones». Amar a Dios es obedecerle, cumplir su voluntad. No hacer mal a nadie[2]. Hacer bien a todo el mundo[3].

Una prueba de amor a Dios **sobre todas las cosas** es guardar sus mandamientos por encima de todo[4]. Es decir, estar dispuesto a perderlo todo antes que ofenderle. Por lo tanto preferir a Dios siempre que haya que escoger entre obedecerle o cometer un pecado grave.

Es el caso de **San Pelagio de Córdoba** y de **Antonio Molle,** de **Santa María Goretti** y **Josefina Vilaseca**, que se dejaron martirizar y apuñalar antes que cometer un pecado grave.

El adolescente **San Pelagio** murió mártir el año 925 por rechazar las proposiciones deshonestas del Califa cordobés **Abderramán III**.

Antonio Molle, joven jerezano que a los veinte años fue mutilado y martirizado el 10-VIII-1936 durante la guerra civil española. Cayó prisionero de los milicianos en el frente de Peñaflor (Sevilla), y como llevaba un escapulario quisieron hacerle blasfemar. Él siempre contestaba gritando: ¡Viva Cristo Rey!

Le cortaron las orejas y le sacaron los ojos, y al final lo acribillaron a balazos. Así lo cuenta **Rafael de las Heras,** testigo presencial[5].

Hoy su cuerpo mutilado está enterrado en la Basílica de Ntra. Sra. del Carmen Coronada de Jerez de la Frontera (Cádiz).

María Goretti, italiana, murió mártir de quince puñaladas por negarse a los deseos deshonestos de un amigo suyo, que después se convirtió y murió fraile franciscano.

Josefina Vilaseca también murió apuñalada en Diciembre de 1952 en

---

[1] Primera Carta de SAN JUAN, **4**:19

[2] SAN PABLO: Primera Carta a los Tesalonicenses, **5**:15 y 22

[3] Con vosotros está, 2º, XXXVII, 2. Madrid, 1976

[4] Evangelio de SAN JUAN, **5**:3

[5] ANGEL GARCÍA: *Un mártir de la boina roja, 2ª, IV, 2.* Apartado 31001. Barcelona.

Artés, diócesis de Vich, por negarse a perder su virginidad. Tenía doce años[1]

Con ocasión de la beatificación de unos sacerdotes, mártires, asesinados en Motril (Granada) durante la persecución religiosa que tuvo lugar en la guerra civil de 1936, dijo el Papa **Juan Pablo II:** «La vida muere, pero la fe triunfa y vive. Así es el martirio. Un acto supremo de amor y fidelidad a Cristo, que se convierte en testimonio y ejemplo, en mensaje perenne para la humanidad presente y futura»[2] .

Dice **Jesucristo:** *«el que guarda mis mandamientos, ése es el que me ama»*[3]. Y **San Juan**: *«En esto consiste el amor Dios, en guardar sus mandamientos»*[4] .

Este mandamiento también nos obliga a creer en todas las verdades de fe; a esperar en Dios, confiando que nos dará las gracias necesarias para alcanzar la vida eterna[5] ; a adorarle solamente a Él, darle el culto debido y reverenciarle con el cuerpo y con el alma. Este mandamiento nos manda adorar sólo a Dios[6] .

Este mandamiento prohibe especialmente la idolatría[7] que consiste en adorar como a Dios a otra cosa o persona[8] .

3. Peca contra este mandamiento quien trata indignamente o maltrata personas, lugares o cosas consagradas a Dios: por ejemplo, una religiosa o un cáliz. Este pecado se llama **sacrilegio**[9] .

Comete también un sacrilegio quien administra o recibe en pecado grave algún sacramento que requiere estado de gracia, lo cual es gravísimo. Por ejemplo, quien se casa en pecado grave, o quien comulga en pecado grave.

Peca, además, contra este mandamiento quien desconfía de la misericordia de Dios[10] , o confía temerariamente en su bondad,

---

[1] Revista HOGAR DE LA MADRE, 71 (VII,VIII-1996) 22

[2] ZENIT: Boletín Informativo del Vaticano en INTERNET del 8-III-99 (ZS99030804)

[3] Evangelio de SAN JUAN, 1 4:21

[4] Primera Carta de SAN JUAN, 5 :3

[5] **Nuevo Catecismo de la Iglesia Católica, nº 1817**

[6] **Nuevo Catecismo de la Iglesia Católica, nº 2096**

[7] **Nuevo Catecismo de la Iglesia Católica, nº 2110**

[8] ANTONIO ROYO MARÍN, O.P.: *Teología Moral para seglares, 1º, 2ª, I, nº360.* Ed. BAC. Madrid.

[9] **Nuevo Catecismo de la Iglesia Católica, nº 2120**

[10] **Nuevo Catecismo de la Iglesia Católica nº 2091**

permaneciendo mucho tiempo en pecado mortal, o el que peca más y más, precisamente porque Dios es misericordioso y nos ha prometido el perdón; quien tiene fe en adivinos, echadores de cartas, horóscopos[1], espiritistas y curanderos[2]; también quien cree en serio **cosas supersticiosas** (mala suerte del nº 13, cadena de oraciones, etc.); quien niega o duda voluntariamente de alguna verdad de fe, o ignora por culpa suya lo necesario de la Religión.«Ha de considerarse supersticioso creer que ciertas acciones o prácticas concedan gracias especiales de forma automática sin contar con las disposiciones del que las practica»[3].

El hombre o es religioso o es supersticioso. Muchos que no creen en las verdades de la Religión, luego creen en las mentiras y engaños de adivinos, brujos y espiritistas. Como dijo **Chesterton:** «No creer en Dios no significa no creer en nada; significa creer en todo»[4].

Dice la Biblia: *«Que nadie de vosotros practique la adivinación, ni el sortilegio, ni pretenda predecir el futuro, ni consulte adivinos, ni a los que invocan a los espíritus, ni consulte a los muertos* (sesiones espiritistas)*»*[5].

«La superstición es una forma de ignorancia»[6].

No es lo mismo **parapsicología** que superstición.

La superstición es atribuir a cosas creadas poderes que son exclusivos de Dios[7]. La parapsicología trata de hechos naturales aunque más allá de la psicología. Son fenómenos para-normales. En cambio la superstición es atribuir resultados desproporcionados a las causas empleadas. Todo resultado que supera a las causas naturales adecuadas es de origen sobrenatural.

«La superstición es una degradación de la fe. Una credulidad basada en contenidos mágicos que se atribuyen a unas palabras o a unas acciones»[8].

«Sólo Dios conoce el futuro libre, y sólo Él puede revelar el porvenir a sus profetas»[9].

4. Para que la duda sobre una verdad de la Religión sea pecado, es

---

1 **Nuevo Catecismo de la Iglesia Católica nº 2116**

2 ÓSCAR GONZÁLEZ DE QUEVEDO, S.I.: *Curanderismo, ¿un mal o un bien?*

3 AURELIO FERNÁNDEZ: *Compendio de Teología Moral, 2ª, III, 2, 1.* Ed. Palabra. Madrid. 1995.

4 ANGELO SCHOLA, *Sectas satánicas y fe cristiana,V.* Ed. Palabra. Madrid. 1998.

5 Deuteronomio, **18**:9-12

6 BERNHARD HÄRING: *SHALOM: Paz, XIII, 7.* Ed. Herder. Barcelona. 1998.

7 **Nuevo Catecismo de la Iglesia Católica nº2111**

8 CARLOS AMIGO:*Cien respuestas para tener fe, X,94.* Ed. Planeta+Testimonio.Barcelona.1999.

9 **Nuevo Catecismo de la Iglesia Católica nº 2115**

necesario que sea voluntaria[1]. No es pecado darse cuenta de que el misterio es difícil de entender, que nuestro entendimiento no lo puede comprender, etc.

Si a pesar de todo esto, se fía uno de Dios que lo ha revelado, y cree, no sólo no hay pecado, sino que hay mérito[2].«En la absoluta veracidad divina -motivo formal de la fe- no cabe el error o el engaño»[3].Lo que no se puede hacer -a pesar de la oscuridad profunda del misterio- es dudar si será eso verdad o no. Esta duda positiva, tomando como cosa incierta lo que Dios ha revelado, es pecado.

«El pecado contra la fe está en la negación o en la duda voluntaria de aquello que se sabe que Dios ha revelado»[4].

Esto no se opone a la falta de claridad que podamos tener sobre una verdad de fe, ni al deseo de esclarecerla, dentro de lo posible, sabiendo que hay misterios que superan la inteligencia humana.

El pecado será grave, si es una duda voluntaria, a sabiendas, de una verdad que la Iglesia dice que hay que creer.

Si la duda no es voluntaria, sino una mera ocurrencia de las dificultades que a nuestro entendimiento se le presentan, no hay pecado; o a lo más pecado venial, si ha habido alguna negligencia en resistir a la tentación. Si la vacilación llega a tomar por incierto lo que es dogma de fe, el pecado sería grave contra la fe.

La fe debe extenderse a todas las verdades reveladas por Dios y propuestas como tales por la Iglesia.

«Nadie pierde la fe sin culpa propia»[5]. Dijo el Concilio de Trento: «Dios no abandona a nadie, si no es Él abandonado primero»[6].

«El que no vive como piensa, terminará pensando como vive. (...) Si no ajustas tus obras a la fe, terminarás perdiendo la fe»[7].

«La manera de vivir influye decisivamente en la manera de pensar»[8].

Es un pecado grave contra la fe **la apostasía**. Es el pecado cometido por un bautizado que rechaza las verdades de la fe, total o parcialmente. «Quien muere obstinado en esta rebeldía, se condena seguro»[9].

---

[1] **Nuevo Catecismo de la Iglesia Católica nº 2088**

[2] OTTO ZIMMERMANN, S.I.: *Teología Ascética, nº 59.* Seminario Metropolitano. Buenos Aires.

[3] ANTONIO ROYO MARÍN, O.P.: *La fe de la Iglesia, 1ª, VI, 47.* Ed. BAC. Madrid. 1996.

[4] MIGUEL NICOLAU, S.I.: *Psicología y pedagogía de la fe, XI, 1.* Ed. FAX. Madrid. 1960.

[5] ANTONIO ROYO MARÍN, O.P.: *La fe de la Iglesia, 1ª, X, 79.* Ed. BAC. Madrid. 1996

[6] DENZINGER: *Magisterio de la Iglesia, nº 804.* Ed. Herder. Barcelona.

[7] FELIPE CALLE, O.S.A.: *Razona tu fe, IV.* Ed. Religión y Cultura. Madrid.

[8] H. PINARD DE LA BOULLAYE, S.I.: *Jesús, luz del mundo, II,2.* Ed. Razón y Fe. Madrid.

[9] ANTONIO ROYO MARÍN, O.P.: *La fe de la Iglesia, 1ª, X, nº 72.* Ed. BAC. Madrid. 1996

5. Ningún adulto puede salvarse si no hace **actos de fe**. «Dios no puede dar al hombre adulto responsable el don de su amistad sobrenatural, sino cuando el hombre la acepta previa y libremente»[1].

Si sabes el «Credo» de memoria, es un magnífico acto de fe. El Credo lo tienes en los Apéndices. Si no lo sabes, aquí te pongo un acto de fe muy breve; pero debe decirse con toda convicción.

«Creo que Dios existe.

Creo que Dios nos dará después de la muerte lo que merezcamos con nuestras obras en esta vida[2].

Creo que hay un solo Dios verdadero en tres Personas distintas.

Creo que estas tres Personas son: Padre, Hijo y Espíritu Santo.

Creo que Dios se hizo Hombre y murió en una cruz para salvarnos».

Y si lo quieres en dos líneas:

«Creo firmemente en todo lo que la Iglesia dice debemos creer, porque Dios lo ha revelado»[3].

Para fortificar nuestra fe, deberíamos hacer actos de fe de cuando en cuando, sobre todo en la hora de la muerte

La fe es como un sexto sentido que nos ayuda a un superior conocimiento de Dios. Quien no tiene fe, no se lo puede explicar.

Como una planta no puede explicarse la música, porque no capta nada.

6. La fe no se puede **demostrar con argumentos**, pues es un don, no una ciencia. Pero pueden darse razones de su credibilidad.

La fe supera la razón, pero no la destruye.

El motivo de creer no son las razones filosófico-científicas de las verdades reveladas, sino la autoridad de Dios que las ha revelado.

Esas razones ayudan a ver que la fe es razonable, pero no son el motivo principal de la fe (Ver nº **3**). Podemos saber que Dios nos ha hablado, y por tanto tenemos obligación de creer lo que Él nos ha dicho[4].

No es lícito negar la fe, ni de palabra, ni de obra, portándose como si se profesara otra religión no católica, ni siquiera con peligro de la vida[5].

7. Si alguna vez oyes **una dificultad contra la Religión Católica** y no sabes resolverla, no te alarmes por eso.

Es imposible que tengas a mano los conocimientos necesarios para

[1] CÁNDIDO POZO, S.I.: *La fe, VI.* EDAPOR. Madrid, 1986

[2] Carta a los Hebreos: **11:6**

[3] **Nuevo Catecismo de la Iglesia Católica nº 1842**

[4] M. GONZÁLEZ GIL, S.I.: *Cristo, misterio de Dios, 4ª, XXVI, 1.* Ed. BAC. Madrid,1976.

[5] Nuevo Código de Derecho Canónico, nº 1325

resolver todas las dificultades, y para demostrar que la tal dificultad es muchas veces un sofisma, un engaño, un falsear la verdadera realidad de las cosas. Pero no por eso debes darte por vencido. Acude a una persona que entienda de Religión y pueda resolvértela. Ten la seguridad de que todas las «pegas» contra la Religión tienen su solución, aunque tú no la conozcas. Es más, han sido solucionadas ya muchas veces; pues los enemigos de la Iglesia siempre están repitiendo las mismas cosas, y no se dan por enterados de las soluciones que ya se han dado.

Acerca de los que tienen dificultades contra la Religión hay que tener en cuenta que algunos preguntan para aprender (desean encontrar soluciones a sus dificultades), pero otros preguntan para atacar, y desearían que sus preguntas no tuvieran respuesta, para así tener una excusa al sacudirse de encima el cristianismo porque les estorba[1].

«La razón por la cual tantos han perdido la fe es porque no la conocen o la conocen mal, que es peor aún. (...) Porque toman las dificultades por argumentos»[2]

Para instruirse en Religión es muy conveniente oír conferencias religiosas y leer libros de formación religiosa. Todos debemos preocuparnos de tener una formación religiosa proporcionada a nuestro estado y a nuestra cultura humana y profesional. Al final del libro tienes una lista de libros provechosos.

«La fe hay que alimentarla y fortalecerla con lecturas, conferencias, oración, etc. Si no, puede debilitarse y hasta perderse»[3].

Cuando en un grupo **se entabla una discusión** de Religión, verás que, generalmente, los que llevan la voz cantante son los que menos saben de Religión, pero que su ignorancia los hace tremendamente audaces. A éstos es difícil convencerles, porque su amor propio rechazará los mejores argumentos. Pero si en el corro hay gente de buena voluntad, a quienes crees que tu solución puede ser provechosa y disipar errores, expón tu pensamiento con calma y con vista. Te será además útil pasar a la ofensiva, descubriendo la ignorancia religiosa del que disparata. Con todo, has de procurar no ofender a nadie, si no es necesario. Pero sé fuerte si alguno tiene positivamente mala fe y quiere propagar el mal. Ataca su error aunque se ofenda. Si alguien toma el arma del ridículo contra la Religión, tómalo tú también para defenderla. Es muy importante que consigas que los que se están riendo en el grupo se pongan de tu parte. Si no te sientes con fuerza para dominar el grupo, has de saber que,

---
[1] JUAN LÓPEZ PEDRAZ, S.I.: *Cristianos en busca de respuestas, XIII, 18.* Ed. Sal Terrae. Santander

[2] ANTONIO GARCÍA FIGAR, O.P.: *Matrimonio y familia, XIII, 8.* Ed. FAX. Madrid.

[3] RAFAEL BOHIGUES, S.I.: *Escuela de oración, V, 9.* Ed. PPC. Madrid. 1979.

después, en particular, te será mucho más fácil hacerles bien, y encontrarás razonables a muchos que en el grupo parecían fanfarrones.

8. Es también pecado grave contra este mandamiento escribir, leer, tener, prestar o vender libros y escritos contra la Religión, pertenecer a sociedades irreligiosas: masonería, espiritismo , o partidos políticos de ideología marxista, pues el marxismo es esencialmente ateo[1].

Y también el tentar a Dios[2] , poniendo a prueba, con hechos o con palabras, alguno de sus atributos, dudando de su existencia o queriéndole obligar a que intervenga extraordinariamente en algún caso[3] : por ejemplo, diciendo «si mañana llueve, es señal de que puedo vengarme de fulano y matarlo».También es tentar a Dios el exponerte sin necesidad a algún grave peligro de la vida, esperando que Dios te librará de él. Si este peligro fuera sólo leve, el pecado sería sólo venial.

Peca también contra este mandamiento el que se anima a pecar precisamente porque Dios es misericordioso. Esto es «un pecado gravísimo contra el Espíritu Santo, porque supone un grave desprecio de la gracia de Dios»[4] .

Además entra en este mandamiento el pecado de presunción, que es la temeraria confianza de obtener la salvación del alma sin poner los medios[5] . Pecan de presunción los que esperan la gloria sin hacer ellos mérito ninguno; el perdón sin preocuparse de arrepentirse; la salvación eterna, andando fuera del camino de Dios.

9. No debe pasarse el día en que no reces algo. Al menos las tres Avemarías al acostarte, que son prenda de salvación eterna.

También podrías hacer el siguiente examen:

«Señor, creo que estás aquí presente. Te ruego me ayudes a examinar mi conciencia.

1.- ¿Qué obras buenas he hecho? (PENSAR UN MINUTO)

Gracias Señor porque me has ayudado.

2.- ¿Qué faltas he cometido?(PENSAR UN MINUTO)

a. Contigo: respeto, rezos, olvidado de Ti.

b. Con los demás: rencoroso,egoísta, servicial, amable, buen ejemplo, criticón.

---

[1] Acta Apostolicae Sedis: 2-VII-49, pg. 334

[2] **Nuevo Catecismo de la Iglesia Católica nº 2119**

[3] ANTONIO ROYO MARÍN, O.P.: *Teología Moral para seglares, 1º,2ª, I, nº369.* Ed. BAC. Madrid

[4] ANTONIO ROYO MARÍN,O.P.: *Teología Moral para seglares,1º,2ª,I,nº317,2º.*Ed.BAC.Madrid

[5] ANTONIO ROYO MARÍN, O.P.: *Teología Moral para seglares, 1º, 2ª, I, nº316.* Ed. BAC. Madrid

Rezar al acostarse

c. Conmigo mismo:

a')deber: obediencia, trabajo. ¿Todo bien hecho?

b') pureza: miradas, deseos, palabras, obras.

c') genio: iracundo, chinche.

Perdóname, Señor. Me pesa haberte ofendido. Para repararte te prometo...

3.- ¿Qué cosas buenas he dejado de hacer? (PENSAR UN MINUTO).

¿Han sido mis pensamientos, palabras y obras las propias de una persona que aspira a la santidad?

Te prometo, Señor, no perder otra vez la ocasión de hacer el bien.

Señor, a pesar de todo, te quiero y te prometo ser mejor. Madre mía, ayúdame».

(Tres Avemarías)

64.- EL SEGUNDO MANDAMIENTO DE LA LEY DE DIOS ES: **NO TOMARÁS EL NOMBRE DE DIOS EN VANO.**

1. «El segundo mandamiento prohibe todo uso inconveniente del nombre de Dios»[1] .Toma el nombre de Dios **el que jura**, pues jurar es poner a Dios por testigo de la verdad de lo que se dice.

Para que el juramento sea lícito debe reunir las tres condiciones: que sea con verdad, que sea con justicia, y que haya verdadera necesidad[2] .

No es lícito **jurar con duda**. Debes estar moralmente cierto. La certeza moral excluye toda duda razonable, pero no excluye en absoluto el temor a equivocarse. Con todo, cuando se declara ante un tribunal se debe tener absoluta certeza de la cosa: como ocurre con lo que se conoce por propia experiencia, o se ha oído de personas que ofrecen total garantía. En este segundo caso hay que dejar bien claro que lo que se jura es haberlo oído a personas dignas de crédito.

El que jura con mentira peca gravemente, si advierte que jura y sabe que miente[3] . Poner a Dios por testigo de una falsedad es injuriarle gravemente[4] .

Jurar sin justicia es jurar hace r algo malo o que sea en perjuicio del prójimo. El pecado será grave o leve según que lo que se jure sea grave o sea levemente ilícito.Si lo que se ha jurado es malo, no se puede cumplir. Serían dos pecados. Uno por jurar una cosa mala, y otro por hacerla.Quien

[1] **Nuevo Catecismo de la Iglesia Católica, nº2146**

[2] **Nuevo Catecismo de la Iglesia Católica, nº 2164**

[3] **Nuevo Catecismo de la Iglesia Católica, nº 2163**

[4] ANTONIO ROYO MARÍN,O.P.: *Teología Moral para seglares, 1º, 2ª, I, nº 401,2.* Ed. BAC. Madrid

ha jurado hacer algo malo, debe dolerse de hacerlo jurado y no cumplirlo.Pero si lo que se ha prometido con juramento no es malo, hay obligación de cumplirlo bajo pecado grave[1].

Jurar sin necesidad es jurar sin tener motivo razonable para ello; como los que juran por costumbre.

El que jura con verdad pero sin necesidad, por costumbre, sin darse cuenta, no comete pecado grave; pero tiene que corregirse de su mala costumbre. Para que haya **verdadero juramento** es necesario que haya intención de jurar y fórmula juratoria. Quien finge jurar pronunciando la fórmula sin intención de jurar, peca porque esto es una injuria a Dios[2].

La verdadera fórmula juratoria debe incluir, implícita o explícitamente la invocación a Dios en testimonio de la verdad, v.gr.: «te juro por Dios que...». Expresiones como: «si nos verdad que me muera», «por la salud de mi madre», etc., deben considerarse como fórmulas juratorias que suponen poner a Dios por testigo de la verdad, y que en caso contrario Él se encargará de castigar la mentira.

Frases que a veces se usan en la conversación como «júramelo», «te lo juro», etc., no deben considerarse siempre como verdadero juramento, pues no tienen intención de jurar. Pero es una fea costumbre que debe corregirse. Muchas personas juran por simple muletilla. Esto es indecoroso. Si quieres, puedes decir «palabra de honor». Esto no es jurar; y debe bastar para reforzar tu afirmación. A quien no le baste esto, te ofende.

2. Peca, además, contra este mandamiento el que dice cosas contra la Religión, y el que dice **blasfemias**. Blasfemia es toda expresión insultante contra Dios, la Virgen, los Santos o cosas sagradas: ya sea con palabras, gestos, signos, dibujos, etc.[3]. Aunque hay que reconocer que «esas expresiones, generalmente, no son blasfemias.

Dios castiga mucho la blasfemia. A veces, también en esta vida. Otros pecados pueden hacerse por debilidad o por sacar algún provecho; por ejemplo robar. Pero el que dice blasfemias no saca nada. La blasfemia es un pecado que va directamente contra la majestad de Dios.

Por eso a Dios le duele tanto y lo castiga con gran rigor.

La blasfemia es un pecado diabólico.

Si crees en Dios, comprenderás que es un disparate insultarle.

Y si no crees, ¿a quién insultas?

[1] AURELIO FERNÁNDEZ:*Compendio de Teología Moral, 2ª, III, 3, 4.* Ed. Palabra. Madrid 1995.

[2] ANTONIO ROYO MARÍN, O.P.: *Teología Moral para seglares, 1º, 2ª, I, nº 401,1.* Ed. BAC.Madrid

[3] **Nuevo Catecismo de la Iglesia Católica nº 2162**

Lo que pasa es que a veces se dicen blasfemias sin darse cuenta del todo. Por mala costumbre.

Entonces lo que hay que hacer es proponerse muy en serio quitarse la mala costumbre, pues aunque la blasfemia que se escapa sin querer no es pecado grave, puede serlo el no poner empeño en corregirse.

Y siempre son de muy mal ejemploå. Oyéndote blasfemar, empiezan a hacerlo también los que antes no lo hacían: tus hijos, tus compañeros de trabajo, etc.

Para corregirte puede ayudarte el ponerte un pequeño castigo. Por ejemplo, estar tantos días sin fumar cuantas blasfemias se te escapen. Si te gusta el tabaco verás qué pronto te corriges. Si no te atreves a tanto, prívate de algún cigarro, haz cualquier otro pequeño sacrificio; pero no dejes la falta sin castigo. Si no fumas, prívate de otra cosa que te guste mucho. Si no se te ocurre otra cosa, podrías dar unos duros de limosna por cada falta. El ponerse castigos, es el mejor medio para corregirse de un defecto.

Si en alguna ocasión oyes alguna blasfemia y puedes corregirla, hazlo así. Y si no puedes, di: «Alabado sea Dios». Si lo dices en voz alta, mejor; y sino te atreves, al menos, dilo en voz baja.

3. No hay que confundir las blasfemias -palabras injuriosas con las que se insulta a Dios, la Virgen, etc.- con las palabras feas, que solemos llamar «palabrotas» y «tacos». Los tacos malsonantes y soeces son señal de baja educación y no deben decirse; pero no son blasfemias, ni ordinariamente pecado. Algunos Académicos de la Lengua opinan así sobre el uso de los tacos en la conversación:

Víctor García de Hoz: «Suele ser un intento de llamar la atención, un propósito de afirmar la personalidad».

Joaquín Calvo Sotelo: «Suele ser signo de pobreza de vocabulario, o simplemente de mala educación».

Carmen Conde: «Me parece de muy mal gusto»

Evaristo Acevedo: «No soy partidario de los tacos»[1].

Los tacos pueden sustituirse por palabras inofensivas: ¡negocio!, ¡narices¡ ¡joroba! ¡castañas! ¡pamplinas! ¡compadre! ¡muchacho! ¡rayos! ¡recuerno! ¡repanocha!, etc. Elige una que te guste y te resulte sonora, pero no digas palabras deshonestas.

4. También peca contra este mandamiento quien no cumple sus **votos o promesas** hechas a Dios para reforzar nuestras súplicas y manifestar

[1] Diario YA dominical del 2-IV-78, pg. 14s

nuestro agradecimiento. El voto es una promesa hecha a Dios libre y deliberadamente, con la intención de obligarse bajo pecado, de una cosa posible, buena y mejor que su contraria[1].

Hay obligación de cumplirlo bajo pecado grave o leve, según como uno se haya comprometido. Sin embargo, una cosa ligera no puede hacernos contraer una obligación grave.

No hay que confundir los votos y promesas con los ofrecimientos que se hacen a Dios sin intención de obligarse a cumplirlos bajo pecado.

Antes de hacer un voto o promesa, deberías consultar con una persona prudente: por ejemplo, con un sacerdote. Y si no has podido hacerlo antes, hazlo después por si conviene que te lo dispense o te lo conmute.

5. **Son pecados graves** contra este mandamiento la blasfemia, el no cumplir, pudiendo, los votos graves, y el jurar en falso.

65.- EL TERCER MANDAMIENTO DE LA LEY DE DIOS ES: SANTIFICARÁS LAS FIESTAS.

1. Santificar las fiestas es oír Misa entera y no trabajar sin verdadera necesidad[2]. El día más grande del año es el domingo de la Resurrección del Señor. Todos los domingos son una conmemoración de este gran día de Pascua.

En el Antiguo Testamento el día de fiesta era el sábado. Pero los Apóstoles lo trasladaron al domingo porque en este día resucitó Nuestro Señor[3]. En los Hechos de los Apóstoles se nos cuenta que los cristianos se reunían los domingos para celebrar la Eucaristía[4].

Y la *Didajé* escrita entre los años 80 y 90 de Nuestra Era afirma que los cristianos asistían a Misa el domingo[5].

Están obligados a oír Misa entera los **días de precepto** todos los bautizados que han cumplido los siete años y tienen uso de razón[6]. «Los

---

[1] **Nuevo Catecismo de la Iglesia Católica nº 2102**

[2] Nuevo Código de Derecho Canónico, nº 1248

[3] **Nuevo Catecismo de la Iglesia Católica nº 2190s**

[4] Hechos de los Apóstoles, 20:7. Véase la nota de la Biblia de Jerusalén sobre la costumbre de llamar al domingo «Día del Señor»

[5] *Didajé, XIV, 1.*

[6] ANTONIO ROYO MARÍN,O.P.: *Teología Moral para seglares, 1º, 2ª, I, nº 418.* Ed. BAC. Madrid.

Precepto dominical

que deliberadamente faltan a esta obligación cometen un pecado grave»[1]

Una falta habitual a la Santa Misa, sin causa excusante, supone un desprecio del precepto.

El precepto de oír Misa consiste en asistencia personal a la iglesia. No satisface el precepto quien la oye por televisión. Así lo recordó **Juan Pablo II** en su colosal documento *«Dies Domini»*, (El día del Señor) publicado el 31 de mayo de 1998, domingo de Pentecostés[2] .

Aunque oír Misa por televisión siempre será unan cosa laudable, pero no suple la obligación de ir a oírla personalmente, a no ser que haya una causa excusante.

Además de la presencia física es necesario estar presente también mentalmente, es decir, atendiendo.

Una distracción voluntaria puede ser pecado, si es prolongada. Las distracciones involuntarias no son pecado.

El precepto es de oír Misa entera, pero omitir una pequeña parte, al principio o al final, no es pecado grave[3] .

Lo mejor es oírla desde que sale el sacerdote hasta que se retira. Al que llega después de haber empezado el Ofertorio, esa Misa no le vale[4] .

El precepto de oír Misa **puede cumplirse** el sábado por la tarde.

Lo mismo en las vísperas de las demás fiestas de precepto[5] .

Cuando hay dos fiestas de precepto seguidas, hay que oír Misa por cada día, en las horas oportunas.

Decir que lo mismo da ir a Misa el domingo que el lunes es como decir que lo mismo da ir a felicitar a tu padre porque es su santo, el día que acude toda la familia, o tres días después porque es más cómodo para ti.

2. Quedan **excusados** de ir a Misa los que tienen algún impedimento[6] : una enfermedad que no permita salir de casa, un viaje que no te dé tiempo de oírla, el vivir lejos de la iglesia más cercana, una ocupación que no puede abandonarse, por ejemplo: los que cuidan enfermos y no tienen quien los

---

[1] **Nuevo Catecismo de la Iglesia Católica nº 2181**

[2] ZENIT: Boletín informativo del Vaticano en INTERNET del 7-VII-98. DIES DOMINI, nº54

[3] ANTONIO ROYO MARÍN,O.P.:*Teología Moral para seglares, 1º, 2ª, I, nº 419, a,b.*Ed.BAC.Madrid

[4] JESÚS MARTÍNEZ GARCÍA: *Hablemos de la Fe, IV, 6.* Ed. Rialp. Madrid. 1992.

[5] **Nuevo Catecismo de la Iglesia Católica, nº2180**

[6] **Nuevo Catecismo de la Iglesia Católica, nº 2185**

sustituya.

Para saber cuándo tenemos un motivo razonable que nos excuse de ir a Misa lo mejor es consultar con un sacerdote.

Si no tienes un sacerdote a mano, y te urge solucionar tu duda, puede ayudarte la norma siguiente:

Puedes dejar la Misa si, dadas las circunstancias en que te encuentras, dejarías también prudentemente un negocio de cierta importancia para ti[1].

Si en esas circunstancias en que te encuentras tuvieras una ocasión única de cobrar cien mil pesetas, ¿dejarías pasar esa ocasión? Pues la Misa vale más de un millón.

Tiene valor infinito.

Recuerda lo que te he dicho de la Misa en el nº **50**.

3. Los domingos y fiestas de precepto hay que abstenerse de los trabajos que impiden dar culto a Dios[2]. A no ser que sean necesarios para el Servicio Público, o no se puedan aplazar por circunstancias imprevistas o por ser urgentes[3].

Está permitido trabajar en obras de caridad y apostolado.

4. Para santificar las fiestas es necesario, lo primero, cumplir con el precepto de oír Misa y de no trabajar sin necesidad.

Pero luego hay que evitar toda diversión que suponga una ofensa de Dios.

La palabra «Domingo» significa

«Día del Señor», y muchos, con sus pecados, lo convierten en día de Satanás.

Podrías emplear las fiestas en participar más de la vida de familia, instruyéndote en Religión y en cultura, descansando con distracciones sanas y honestas, saliendo de excursión, haciendo deporte, etc.; pero no dedicándote a profanarlas con diversiones pecaminosas[4].

Es necesario que te busques el modo de pasar las fiestas distraídamente, pero sin ofender a Dios.

Las obras de misericordia, las visitas a enfermos, a necesitados, y las obras de apostolado que tengas en la parroquia, además de distraerte,

[1] ANTONIO ROYO MARÍN,O.P.: *Teología Moral para seglares, 1º, 2ª, I, nº 420.* Ed. BAC. Madrid

[2] Nuevo Código de Derecho Canónico, nº 1247

[3] ANTONIO ROYO MARÍN,O.P.: *Teología Moral para seglares, 1º, 2ª, I, nº 416.* Ed. BAC. Madrid

[4] **Nuevo Catecismo de la Iglesia Católica, nº 2194**

son un modo muy provechoso de pasar parte de las fiestas[1] .

5. **Los libros buenos** pueden ser también un provechoso descanso para los domingos y días de fiesta.

Libros que formen tu carácter, que completen tus conocimientos, tu cultura, tu formación religiosa. Pero no te aficiones a la lectura de novelas que pueden hacerte daño y, en el mejor de los casos, son una pérdida inútil de tiempo.

En el Apéndice tienes una lista de libros provechosos. Un libro bueno puede hacer mucho bien.

Pero un libro malo, mucho mal; pues con razones más o menos aparentes, con sofismas, y a veces hasta con auténticas falsedades, puede destruir los fundamentos de la fe y nuestras razones de vivir.

«Debe advertirse a los fieles la necesidad de leer y difundir la prensa católica para conseguir un criterio cristiano sobre todos los acontecimientos»[2] .

Hay que tener mucho cuidado con los libros que pervierten las ideas y costumbres.

Si alguno de éstos viene a nuestras manos, debemos destruirlo para que no haga daño a nadie.

El mejor sitio para un libro malo es el fuego.

6. **Son días de precepto**:

Todos los domingos del año.
Santa María Madre de Dios (1 de enero).
Reyes (6 de enero).
San José (19 de marzo).
Santiago (25 de julio). Propia de España.
Asunción (15 de agosto).
Todos los Santos (1 de noviembre).
Inmaculada (8 de diciembre).
Navidad (25 de diciembre).

Ésta es la lista de las fiestas de precepto comunes en España.

Pero en algunos sitios habrá que modificarla según las fiestas locales determinadas por el Obispo de la Diócesis.

---

[1] **Nuevo Catecismo de la Iglesia Católica, nº 2186**

[2] Concilio Vaticano II: *Inter mirifica*: Decreto sobre los medios de comunicación social, nº 14

66.- EL CUARTO MANDAMIENTO DE LA LEY DE DIOS ES: **HONRARÁS A TU PADRE Y A TU MADRE**.

1. Honrar a los padres es obedecer, si se vive bajo su potestad, sus mandatos; mientras no manden lo que es pecado, pues *«es preciso obedecer a Dios antes que a los hombres»*[1] .

También asistirlos en sus necesidades y venerarlos con amor.

Dice **San Pablo:** *«Hijos, obedeced a vuestros padres en todo, que eso le gusta al Señor»*[2] . Y el libro del Eclesiástico: *«El que honra a su padre repara su pecado. El que honra a su madre amontona tesoros (...) El que abandona a su padre es como un blasfemo, y maldito del Señor el que irrita a su madre»*[3] .

En algunas malas traducciones del Evangelio hay una frase que no se entiende. Ponen en boca de **Jesucristo**: *«El que no odia a sus padres no es digno de Mí»*[4] . Esto, tal como suena, es un disparate. Hay que tener en cuenta que la palabra «odiar» en hebreo no tiene el mismo sentido que en castellano. En hebreo significa «tener en menos». Por lo tanto el sentido de la frase es: *«El que antepone sus padres a Mí, no es digno de Mí»*. Esto ya se entiende.

2. **La desobediencia** a los padres es más grave cuando se trata de cosas relacionadas con el bien de nuestra alma[5] : deberes religiosos, amistades, diversiones, etc.

«Esta obediencia la deben los hijos a sus padres mientras forman con ellos la sociedad parental, cuya finalidad y compromiso, tanto por parte de los padres como por parte de los hijos, es la educación de los hijos. (...) Los hijos tienen el derecho y la obligación de ser educados por sus padres y de dejarse educar por sus padres »[6] .

«Los hijos deben estar sujetos a sus padres: deben obedecer, pero libremente, no como esclavos. Y sólo es capaz de obedecer libremente quien ama a aquellos de quienes depende y deben mandarle. (...) La obediencia, la sujeción de los hijos debe ser una consecuencia del amor a

[1] Hechos de los Apóstoles, **5**:29

[2] SAN PABLO: Carta a los Colosenses, **3**:20s

[3] Libro del Eclesiástico, **3:** 3s, 16

[4] Evangelio de SAN LUCAS, **1 4**:26

[5] ANTONIO ROYO MARÍN, O.P.: *Teología Moral para seglares, 1º, 2ª, III, nº847.* Ed. BAC. Madrid.

[6] BALTASAR PÉREZ ARGOS, S.I.: *Política básica, 1ª, III, 2.* Ed. Fe Católica. Madrid.

sus padres»[1].

«La obediencia a los padres cesa con la emancipación de los hijos, pero no el respeto que les es debido, el cual permanece para siempre»[2].

Tus padres lo son todo para ti. Aunque sean viejos y achacosos, debes conservarles el respeto y el cariño. No seas jamás un hijo desagradecido[3]. Todo lo que tienes, a ellos se lo debes. «*¿Cómo podrías pagarles lo que han hecho por ti?*»[4]. Piensa en los pobres niños abandonados que no conocen a su padre, ni saben lo que es el cariño de una madre.

A los padres no basta quererlos, hay que manifestárselo. No hay en el mundo amor más desinteresado que el de los padres: no es mucho pedir que ellos reciban alguna cálida manifestación de cariño de sus hijos, que tanto agradecen.

Hoy se habla poco de obedecer a los padres. Incluso algunos hijos se creen que desobedeciendo dan muestras de independencia y personalidad. Es decir, que consideran la desobediencia como una valor.

Esto es una equivocación.

Esos mismos jóvenes que no obedecen a sus padres que les aman, luego obedecen a los amigos, a las modas, o a sus caprichos que les tiranizan. **Cambian de obediencia**: la buena, por la mala.

Ser libre no es hacer lo que me da la gana.

Ése es esclavo de sus caprichos.

Libre es el que voluntariamente cumple con su deber.

La persona más libre fue **Jesucristo**, que era Dios. Sin embargo cumplió con la voluntad de su Padre.

Hoy día es muy fácil que los hijos se contagien del espíritu de rebeldía y libertad desenfrenada del ambiente. El **P. César Vaca, O.S.A.** escribió en el periódico *Ya* de Madrid:

«Criticar los falsos maestros, los malos educadores, los padres incomprensivos y egoístas, está bien; pero rechazar la disciplina familiar en globo, menospreciar sin compasión a cuantos ejercen la ardua tarea de la educación y la enseñanza, presentando como la mejor de las escuelas la anarquía de una libertad incontrolada, es colocarse al borde de la ruina».

«Los problemas que destacan en las páginas frontales de los periódicos de todo el mundo, son un reflejo de la falta de disposición de nuestra juventud para someterse a ningún sistema de valores que no sea la

[1] FEDERICO SUÁREZ: *La Virgen Nuestra Señora, III, 3.* Ed. Rialp. Madrid. 1984. 17 edición.

[2] **Nuevo Catecismo de la Iglesia Católica, nº 2217**

[3] **Nuevo Catecismo de la Iglesia Católica, nº 2215**

[4] Libro del Eclesiástico, 7:30

jerarquía de valores de su propio criterio. (...) Todos somos testigos de casos de adolescentes que son advertidos y aconsejados una y otra vez por padres experimentados y responsables, pero ellos prefieren "discurrir por su cuenta", para descubrir demasiado tarde lo que su padre le predecía certeramente. Por desgracia, son muchos los jóvenes que no quieren escuchar consejos. Semejante hostilidad de la gente joven hacia la autoridad paterna supone que ellos se oponen irrazonablemente a los beneficios de la experiencia»[1]

«Los hijos **deben ayudar** en la vida de familia. En todas las familias se necesita la colaboración de los hijos. Entre todos se puede conseguir una vida familiar agradable y alegre.

»En nuestra sociedad el número de personas que alcanza una edad avanzada es cada vez mayor.

»Los ancianos se encuentran con problemas que hacen más dura su ancianidad: ya no pueden trabajar, algunos están enfermos, otros solos.

»Todos los miembros de la sociedad deben sentirse responsables de la atención a los ancianos, especialmente los hijos»[2] .

3. En este mandamiento se contienen también las **obligaciones de los padres** para con sus hijos[3] , que son, además de amarlos: alimentarlos, vestirlos, instruirlos en religión y en cultura, vigilarlos, corregirlos, darles buen ejemplo[4] y «procurarles un porvenir humano proporcionado a su estado y condición social»[5] . Es decir, educarlos física, intelectual, humana, espiritual y moralmente[6] ; y protegerlos de los peligros de alma y cuerpo.

Los padres tienen el derecho y el deber de educar a sus hijos[7].

«Recuerden los padres que es deber suyo vigilar cuidadosamente para que los espectáculos, las lecturas y cosas parecidas, que puedan ofender a la fe o a las buenas costumbres no entren en el hogar, y para que sus hijos no las vean en otra parte»[8].

Dijo **Pío XII** en su discurso del 9-V-57: «La sociedad es para la familia, no la familia para la sociedad. La familia es una institución natural: es el origen de la vida humana, y el recinto de la educación. La familia es vínculo

[1] EDMUNDO J. ELBERT: *Problemas actuales de psicología, XII,1.* Ed. Sal Terrae. Santander.

[2] **Nuevo Catecismo de la Iglesia Católica, nº 2218**

[3] ANTONIO ROYO MARÍN, O.P.: *Teología Moral para seglares, 1º,2ª, III, nº837-843.* Ed.BAC.Madrid

[4] **Nuevo Catecismo de la Iglesia Católica, nº 2223**

[5] ANTONIO ROYO MARÍN, O.P.: *Teología Moral para seglares, 1º, 2ª, III, nº.837.* Ed. BAC. Madrid

[6] **Nuevo Catecismo de la Iglesia Católica, nº 2221**

[7] DENZINGER: *Magisterio de la Iglesia, nº 2207.* Ed. Herder. Barcelona

[8] Concilio Vaticano II: *Inter mirifica*: Decreto sobre los medios de comunicación social, nº 10

de transmisión normativa. Pero es necesario que la normativa moral y religiosa se dé con convicción, con motivación y con el ejemplo».

Algunos, enemigos de la educación y amigos de la libertad absoluta, defienden que se deje al niño hacer lo que espontáneamente quiera. Esto es una aberración. a los niños, desde pequeños hay que enseñarles lo que es bueno y correcto. Después, cuando sean mayores lo harán libremente, o no la harán; pero cuando son niños hay que enseñarles.

Si tu niño te dice:

- Se me ha morido mi pajarito.

Tú le dices:

- No se dice morido. Se dice muerto.

Después, de mayor, dirá «muerto» libremente.

Y si es un rebelde, dirá «morido». Si prefiere el error, es su problema.

Pero el padre es lógico que trasmita a sus hijos lo que él considera valores, ideales, la verdad, el bien, lo correcto, la virtud, la honradez, la servicialidad, la responsabilidad, etc., etc.

No para oprimir al niño, sino para ayudarle, para educarle, en su propio bien.

Por eso le ayuda a hablar con corrección, a escribir sin faltas de ortografía, a ser limpio, a comer con urbanidad y a mostrarse bien educado en todas partes.

Y, por supuesto, a ser buen católico, amando a Dios y al prójimo.

Debemos colaborar con nuestros padres al bien espiritual de la familia, manifestándoles aquellas cosas que ellos deben saber para corregirlas.

A no ser que haya otro modo más eficaz.

Pero quien oculta los malos pasos de sus hermanos, por un falso criterio de compañerismo, puede hacerse responsable ante Dios de las faltas que queden sin corregir.

El padre tiene obligación de corregir; pero para esto necesita estar informado de lo que pasa. No exagerar las cosas. Pero no quitar importancia a lo que la tiene.

«Los padres son los primeros educadores, y son ellos quienes deben decidir, y no el Estado, el tipo de educación que crean mejor para sus hijos.

»El Estado debe ayudar a todos los niños en edad escolar sin discriminaciones. Sería injusto que si los padres necesitan ayuda para la enseñanza de sus hijos, y el Estado quiere cooperar, sólo ayude a los que asisten a las escuelas estatales, y no ayude a los de las escuelas libres»[1] .

---

[1] ANTONIO TAPIES: *Nuestra salvación, 1ª, I, 23.* Ed. Claret. Barcelona, 1987

66,3

«Los padres, como primeros responsables de la educación de sus hijos, tienen el derecho de elegir para ellos una escuela que corresponda a sus propias convicciones.

»Este derecho es fundamental.

»En cuanto sea posible, los padres tienen el deber de elegir las escuelas que mejor les ayuden en su tarea de educadores cristianos.

»Los poderes públicos tienen el deber de garantizar este derecho de los padres y de asegurar las condiciones reales de su ejercicio»[1] .

La educación es de una importancia transcendental y de una gran responsabilidad para los padres.

Hay en la vida muchos hombres que lamentan su desgracia por las faltas y descuidos de sus padres.

En educación, como en todo, **se recoge lo que se siembra.**

A los niños, gradualmente, según ellos vayan siendo capaces de asimilar, hay que inculcarles la limpieza, el orden, la obediencia, el sacrificio, la lealtad, la servicialidad, la honradez, el saber renunciar, etc. etc.

«Acostumbrarlos a portarse bien en todas partes, a practicar el bien aunque sea penoso, y a huir del mal aunque sea seductor, (...) espontáneamente, y por propia iniciativa, aunque nadie le vigile ni castigue»[2] .

De mayores será muy difícil que adquieran virtudes que no se les sembraron de pequeños.

Los niños, para su buen desarrollo, necesitan caricias desde el primer momento.

Se han hecho estudios de niños atendidos perfectamente en sus necesidades vitales, en centros especializados, pero faltos de cariño, que muestran anormalidades características.

«Quien sabe amar, sabe corregir, negar, conceder y premiar. El amor que consiste sólo en dar gustos, tolerar caprichos, y dejar sin sanción las culpas, es un amor equivocado»[3].

Con ocasión de la fuga de dos adolescentes madrileñas a Portugal, con dos amigos en un coche robado, **José María Carrascal** publicó en el ABC un acertado artículo en el que entre otras cosas decía:

---

[1] **Nuevo Catecismo de la Iglesia Católica nº 2229**

[2] ANTONIO ROYO MARÍN, O.P.: *Teología Moral para seglares, 1º, 2ª, III, nº840,2º*.Ed.BAC.Madrid

[3] ÁNGEL AYALA, S.I.: *Formación de selectos, I,3, 7.* Ed. Atenas. Madrid

«Siempre se han escapado niños y niñas de casa.

»Pero antes se marchaban porque les trataban mal, y ahora se largan porque les tratan demasiado bien.

»Se aburren.

»Y les entra el cosquilleo de la aventura. (...)

»Saben, además, que cuando vuelvan no les va a pasar nada»[1]

Los hijos no se pueden tener **mimados y consentidos**.

El niño mimado y consentido se hace caprichoso y poco sociable. Esto le va a traer problemas de aceptación entre sus compañeros en su edad escolar, y esto le va a dificultar su madurez psicológica.

Está comprobado que el niño que es bien aceptado por sus compañeros, por sus cualidades personales, tiene un gran porcentaje de probabilidades de una buena maduración psicológica en el futuro.

Los hijos, ni se pueden tener mimados y consentidos, ni tampoco castigarlos sin razón.

El castigo es inevitable, pues es moralmente imposible que tus hijos no cometan alguna falta que lo requiera: «sin castigo no hay educación posible», dice uno de los más célebres pedagogos de nuestra época, **Foerster**[2] .

Pero para que el castigo sea educativo y eficaz ha de ser siempre[3] :

a) oportuno: escogiendo el momento más propicio para imponerlo pasada la ira en unos y otros;

b) justo: sin exceder los límites de lo razonable;

c) prudente: sin dejarse llevar de la ira;

d) poco frecuente, para que sea eficaz[4].

e) cariñoso en la forma, para que el niño comprenda que se le impone por su bien. «No somos eficazmente castigados sino por aquellos que nos

---

[1] JOSÉ MARÍA CARRASCAL en el ABC de Madrid del 12-VIII-97, pg. 16

[2] FOERSTER: *Temas capitales de educación, XIV, 1.* Ed. Herder. Barcelona

[3] ANTONIO ROYO MARÍN,O.P.:*Teología Moral para Seglares, 1º,2ª,III ,nº 840,3º,f.*Ed.BAC.Madrid

[4] VICTOR GARCÍA HOZ en la revista TELVA.

aman y a quienes nosotros amamos»[1].

El castigo corporal tiene sus dificultades. Puede engendrar terquedad, rencor, debilitamiento del sentimiento del honor.

Los niños nerviosos no debieran ser castigados corporalmente, pues se corre el peligro de aumentar su nerviosidad.

En las niñas el castigo corporal debilita el sentimiento de su intocabilidad corporal, tan precioso para el recato de su vida futura.

A veces puede ser más eficaz que un castigo corporal el ponerlo a comer solo en una mesita de cara a la pared, privarle de una habitual muestra de cariño, o de un dulce que le gusta, o del dinero que se le suele dar: depende de edades y circunstancias.

El castigo debe facilitar al niño el camino de la honradez, la obediencia, la aplicación, etc., para hacer de él un hombre moral.

El castigo más que para expiar la culpa cometida debe servir para la corrección. Para esto es necesario que el niño reconozca la falta, y lo justo del castigo.

El castigo tiene mucho más valor cuando el niño lo acepta voluntariamente, o se lo impone él mismo.

Después de aplicado el castigo, se deben hacer las paces con el niño lo antes posible[2].

Hay que tener tacto para corregir con eficacia.

Poco se logra con herir y humillar solamente.

Hay que alentar. Despertar el sentimiento de la propia estima.

Una corrección eficaz debe dejar siempre abierto un portillo a la esperanza de la propia superación[3].

El dejarle hacer lo que él quiera, algún día lo interpretará como falta de interés por su bien.

En cambio el contrariarle manifestando que se hace por amor e interés por él, terminará por ganarle el corazón.

Decir: «te quiero demasiado para permitirte eso», o un trato cariñoso después de un castigo, restablece la armonía.

El amor debe estar por encima de las travesuras.

Una madre después de castigar a un hijo le dijo:

«No estoy furiosa contra ti, sino contra tu travesura».

Y el hijo agradeció aquel castigo.

---

[1] J. HOFFER, S.M.: *Pedagogía Marianista, 2, III, 4.* Ed. S.M. Madrid

[2] SCHNEIDER: *Educación católica de la familia, IX.* Ed. Labor. Barcelona

[3] FOERSTER: *Temas capitales de educación, XIII, 2.* Ed. Herder. Barcelona

Valor del elogio

Si es importante saber manejar el castigo en orden a una buena educación, no lo es menos el saber utilizar el premio; por ejemplo, el elogio.

La recompensa pedagógica puede revestir muchas formas: una mirada de aprobación, un gesto cariñoso, una palabra, la concesión de un permiso deseado, un regalo, etc.

Pero tampoco se pude ser excesivo en los premios y alabanzas, pues perderían eficacia, y se correría el peligro de hacer al niño egoísta, obrando bien sólo con miras al premio y a la recompensa.

El estímulo es más eficaz que la represión.

A veces ésta será inevitable, pero su eficacia será mayor si el hijo está acostumbrado a que se le reconozca la obra bien realizada, y se le aplauda el esfuerzo realizado, aunque no siempre estos esfuerzos hayan sido coronados por el éxito.

Todo el mundo queda agradecido a quien sinceramente le anima.

Un elogio correcto, justo, oportuno, estimula y educa para el bien.

«Las personas necesitamos experimentar situaciones de éxito. (...)

»De esta manera vamos adquiriendo lo que **Harter** llama "motivación de eficacia", es decir, que la propia tarea en la que conseguimos el éxito se convierte en una fuente de satisfacción que nos motivará a seguir realizando otras tareas, con lo que aumentará nuestra probabilidad de volver a tener éxito en el futuro»[1].

«Todo el arte de la Pedagogía consiste en saber sonreír y en decir NO a los hijos en el momento preciso y de la manera exacta»[2] .

El elogio obra maravillas.

Pero conviene que se refiera a cosas concretas más que a cosas generales.

En lugar de decir: «eres muy valiente», es mejor decir: «me ha gustado verte subir a la bicicleta después de haberte caído»[3] .

«Los padres tenemos que ser portadores de referencias. (...)

» Una consecuencia de la libertad es que el hombre tiene que elegir.

»Tiene que tomar decisiones.

» Los animales no eligen, no toman decisiones, se dejan llevar por sus

---

[1] BERNABÉ TIERNO: *Valores humanos, 4º, XI, 3.* Ed. Taller de Editores. Madrid. 1998.

[2] Dr. ALFONSO ÁLVAREZ VILLAR : Diario YA del 20-IV-66

[3] JOYCE BROTHERS: Revista *Selecciones* 688 (III-98)36

instintos necesariamente.

»Pero el hombre, no.

»Cuando se deja llevar por sus instintos es porque el hombre quiere. Aunque los instintos sean fuertes, más lo es la libertad.

»Elegir es una consecuencia de la libertad.

»Cuando elegimos podemos equivocarnos.

»Y esto produce inseguridad. (...)

»Por eso es muy importante la educación de la libertad.

»Porque tenemos libertad para elegir lo que se debe hacer o lo que apetece. (...) La falta de referencias hacen al hombre inseguro. (...)

»Y la inseguridad lleva a la inmadurez. (...)

» Los padres debemos ser portadores de referencias, es decir, portadores de seguridad»[1].

Una de las cosas peores que puede hacer un padre con sus hijos es dejarlos que se hagan **caprichosos y testarudos**.

Es de la máxima importancia en la educación de los hijos la formación de la voluntad.

La voluntad se fortalece enseñándola a renunciar.

A esto hay que empezar de pequeño.

Que empiece a renunciar a gustos, caprichos, comodidades, etc., en bien del prójimo.

Por ejemplo: que reparta entre hermanos y amigos la caja de bombones que le han regalado, que se levante de la silla para echar el papel del caramelo en la papelera, que ceda el sillón a una persona mayor, que deje un juego ruidoso porque a la abuelita le duele la cabeza, etc., etc. Hay multitud de renuncias y privaciones de alto poder formativo.

La sonrisa de un hijo proporciona a los padres tanto placer que se hace durísimo contrariar al niño.

Por otra parte, hay corazones de padres que no pueden resistir el oír llorar a sus hijos.

Sin embargo, han de saber que por no querer contrariarlos hoy y darles esos caprichos, los están preparando para grandes disgustos en la vida, porque las cosas no siempre van a salir a sus deseos.

Es una equivocación decir: «Déjale hacer. Pobrecito. Ya tendrá tiempo de sufrir».

Todo lo contrario.

---

[1] JOSÉ Mª CONTRERAS: *Pequeños secretos de la vida en común, VII, 1.* Ed.Planeta+Testimonio

El niño mimado sufrirá el doble que el que se ha acostumbrado a renunciar con naturalidad.

¡En la vida hay que renunciar por fuerza tantas veces!.

Es menester acostumbrar al niño, desde pequeño, a portarse bien en todas partes, espontáneamente y por propia iniciativa, aunque nadie lo vigile ni le castigue.

Hay que saber apartarlos del mal y orientarlos al bien, de modo que ellos mismos estimen la virtud y el deber, y lo abracen voluntariamente.

Es muy importante en la educación de los niños saber proporcionarles placeres lícitos con alegría, y que sepan renunciar a lo ilícito sin angustia.

Es imposible que los niños tengan siempre lo que desean. Hay que acostumbrar a los niños a que acepten estas frustraciones con naturalidad, pues la vida está llena de frustraciones.

«El joven que se acostumbra desde niño a hacer su voluntad es un inútil para la vida.

»Porque la vida es un tejido de deberes desagradables, y el que desde niño no se acostumbra a cumplirlos severamente, sino que obra a impulsos de sus gustos, caprichos y pasiones, se hace víctima de su propia voluntad al llegar a la edad madura»[1].

Dice el gran educador **Stuart Mill**: «Quien nunca se ha privado de algo permitido, no sabrá privarse de lo prohibido»[2].

La voluntad es la facultad de la persona humana por la cual el individuo cumple lo que se ha propuesto sin dejarse llevar por lo que le gusta o disgusta.

Es muy importante para ser una persona de carácter.

Es lo que hace al hombre «más hombre».

Para lograr el dominio de la voluntad es necesario entrenarse, como en el deporte.

Hay que adquirir un hábito por la repetición de actos realizados con una motivación de superación personal. El entrenamiento debe empezar por cosas relativamente fáciles.

La constancia engendra el hábito.

---

[1] ÁNGEL AYALA , S.I.: *Formación de selectos, VIII, 6.* Ed. Atenas. Madrid.

[2] ALEJANDRO ROLDÁN, S.I.: *El carácter, VI, 2, 3, a.* Ed. Fe Católica. Madrid. 1975.

Los actos repetidos fortalecen la voluntad.

Un agota de agua que cae sobre la mano, ni se nota.

Pero si cae continuamente, termina por horadar la piedra. Ya lo dijo **Ovidio:** *Gutta cavat petram, son semel, sed saepe cadendo:* La gota de agua horada la piedra si cae, no una sola vez, sino constantemente.

Un niño mimado no es aquel por quien se hace demasiado. Nunca se hace demasiado por un niño.

Niño mimado es aquel a quien nunca se le ha exigido, aquel a quien no se le ha enseñado a devolver en proporción a lo recibido. Condescender a los caprichos del niño es hacer de él un pequeño tirano.

«No hay manera más segura de labrar la desgracia de un hijo que darle todos los caprichos»[1] .

La idea lleva al acto.

La repetición de actos crea el hábito.

El hábito se fortalece con la motivación.

La motivación hay que caldearla con los afectos, sentimientos y emociones.

Dijo **Williams James:** «Siembra una acción y recogerás un hábito.

Siembra un hábito y recogerás un carácter.

Siembra un carácter y recogerás un destino»[2] .

Dice el psico-pedagogo **Bernabé Tierno:**

«Sin los hábitos voluntarios, queridos libremente tras múltiples esfuerzos, no llegaremos a alcanzar la seguridad y la rapidez no sólo en la ejecución sino en las decisiones.

»Nuestra voluntad es poderosa gracias a los hábitos por los cuales ejecutamos, casi automáticamente, aquello que hemos querido y decidido previamente. Desarrollar la voluntad consiste en contraer hábitos de querer; pero no hay hábitos de querer, no hay voluntad, no hay éxito posible sin esfuerzo. (...)

»Ese esfuerzo inicial por algo que nos conviene, que es necesario, aunque no nos guste, constituye la fase más costosa y ardua de la formación de la voluntad, que no es otra cosa que la repetición de actos positivos sin escatimar esfuerzos. (...) Concedo una especial importancia a

[1] Dr. BERNABÉ TIERNO, Psico-pedagogo: Revista EL SEMANAL, 420, (12-XI-95) 120

[2] Citado por BERNABÉ TIERNO en *Valores humanos III. Pág.5.* Taller de editores. Madrid. 1994.

la formación de la voluntad constituyente, es decir, a una educación y entrenamiento del ser humano en el esfuerzo, en la capacidad de elegir todo aquello que le conviene, que es necesario y bueno para el desarrollo integral de su personalidad, aunque no le guste, aunque ello le suponga denodado esfuerzo y sacrificios.

»No hay otro camino»[1].

«El objeto de la educación es fortalecer la voluntad humana. (...)

»Educar es hacer que el educando quiera, libre y habitualmente, cumplir con su deber»[2].

Y esto se consigue con la acción.

Para aprender un idioma hay que practicarlo.

Para aprender a hacer zapatos hay que hacerlos: no basta leer un libro de cómo se hacen.

Educar, formar a un niño, es hacerle obedecer, ayudarle a superarse, enseñarle a amar, a querer lo que no quiere, lo que no ama, lo que no hace espontáneamente, pero que le servirá...

Se ha definido al educador como quien presta voluntad.

Dejado a sí mismo, el niño queda esclavizado a sus instintos y caprichos.

La intervención de la voluntad fuerte del educador le libera...

Ese pequeño ser tan encantador y tan débil, hacia el que nuestro amor y nuestra compasión se desbordan, es terriblemente egoísta y codicioso. Hay que enderezarlo, moldearlo, humanizarlo.

No hay rectitud moral en la vida si no se obedece a los principios, a pesar de las tentaciones y los caprichos.

«Además, no hay verdadero placer, incluso para el niño, en las cosas obtenidas sin esfuerzo.

»En todos los terrenos hay que pagar con horas de penosa ascensión la alegría de contemplar un hermoso panorama.

»La resistencia vencida produce su goce. Hay que dar al niño la experiencia y el gusto de estas ásperas y profundas alegrías que brotan de la dificultad vencida»[3].

Y desde luego, jamás permitas una desobediencia.

Antes de dar una orden, piensa si es conveniente. No mandes muchas

---

[1] BERNABÉ TIERNO: *Valores humanos, III.* ESFUERZO. Ed. Taller de ediciones. Madrid.

[2] ÁNGEL AYALA, S.I. *Formación de selectos, I, 3, 8.* Ed. Atenas . Madrid.

[3] P.J. HOFFER, S.M.: *Pedagogía marianista, 2ª, II, 2, 4.* Ed. S.M. Madrid.

cosas seguidas; y nunca, contradictorias.

El padre y la madre deben estar siempre de acuerdo en cuanto a órdenes y castigos. Nunca deben contradecirse.

Y las órdenes, que sean claras, que el niño las entienda.

Y bien descritas en sus detalles: plazo de tiempo en que debe realizarse, resultado que se pretende, etc.

Por ejemplo: «Recoge el cuarto de baño después de ducharte». Aclarar que se entiende al terminar de ducharse, no a media noche; todo limpio, no basta recoger la ropa sucia, etc.

No mandarles demasiadas cosas. Ni prohibirles tonterías.

Dijo el doctor psico-pedagogo **Luis Riesgo** en una conferencia a la que asistí en el Casino Gaditano de Cádiz, el 15 de Noviembre de 1995:

«No hacer montañas de las colinas.

»Ser transigentes en pequeñeces.

»En toda pedagogía familiar vale más ganar una batalla importante que cien escaramuzas sin importancia».

Procura no mandar cosas demasiado difíciles. Pero dada la orden, que sea ejecutada por encima de todo.

Si el niño logra imponer su voluntad una vez, no lo olvidará, y siempre intentará conseguirlo de nuevo.

«El niño debe saber que hay ocasiones en las que son inútiles los llantos y los gritos»[1].

Y tú, por tu parte, cumple también la recompensa o los castigos a que te hayas comprometido.

Son desorientadores para los niños y fatales en la educación, esos padres que mandan, amenazan y prometen muchas cosas; pero después nada de eso llega a la realidad, sin razón alguna[2]: «El castigo anunciado no debe suprimirse sin causa»[3].

Pero hay que tener cuidado de que el castigo no corresponda a nuestro mal humor, sino a la gravedad de la falta y a la responsabilidad del niño. Reconocida la culpa por el niño, y aceptado el castigo, es muy pedagógico disminuir éste con la promesa de enmienda.

---

[1] ISAMBERT: *Tu hijo crece, nº 56.* Ed. Daimón. Barcelona.

[2] ANTONIO GARCÍA FIGAR, O.P.: *Matrimonio y familia, XV, 3.* Ed. FAX. Madrid.

[3] ISAMBERT: *Tu hijo crece, nº 57.* Ed. Daimón. Barcelona

- Educar es aceptar que cada hijo tiene su modo de ser, y permitirle ser «él mismo».

- Educar es reforzar y alentar todo lo bueno que tenga el educando.

- Educar es procurar el bien del educando con autoridad y firmeza, pero sin violencia y con ternura.

- Educar es inculcar los valores que pretendemos, por medio del ejemplo[1].

«Educar es acompañar a alguien para que vaya sacando lo mejor que lleva dentro.

»Es desarrollar las facultades que están soterradas en el fondo de la personalidad, y que necesitan de la ayuda del maestro para aflorar. (...) No hay educación sin disciplina. (...)

»Ser libres es liberarse de las cargas negativas que uno tiene y potenciar las positivas»[2].

La corrección del niño debe comenzar cuando es pequeño. Las plantas tiernas son más fáciles de enderezar.

No dejes que nadie, delante de los niños pequeños, alabe lo malo y se ría de lo bueno.

Tampoco toleres que les enseñen a decir picardías.

Por lo mismo, pon mucho cuidado en que los niños pequeños no presencien nada en la casa que pueda enseñarles el mal.

Los niños son grandes imitadores: hay que tener mucho cuidado de todo lo que se dice y se hace en su presencia.

Ten también cuidado de que en tu casa no haya cuadros o calendarios deshonestos, ni libros ni revistas peligrosos.

Preocúpate de inculcarles desde pequeños el amor a la pureza, a la veracidad, honradez, servicio del prójimo, respeto a la autoridad, etc.

Nada persuade tanto a practicar el bien como el buen ejemplo.

«No se enseña ni lo que se sabe ni lo que se dice, sino lo que se hace» **(Jaurés)**.

Las palabras mueven, pero los ejemplos arrastran.

---

[1] Dr. BERNABÉ TIERNO: Revista EL SEMANAL, 13-III-94.Pg. 74

[2] Dr. ENRIQUE ROJAS: Revista BLANCO Y NEGRO, 4111 (12-IV-98) Pg.87.

Son los hechos los que cuentan, no las palabras.

Las palabras son contraproducentes cuando son desmentidas por los hechos. Los ejemplos educan más que las palabras.

El niño necesita modelos de comportamiento claros, fuertes y permanentes. Si los modelos son defectuosos, cambiantes y débiles, no sabrá lo que hay que hacer en cada momento.

«Los padres son las primeras figuras en que ponen los ojos los niños, y cualquier cosa que hagan y defiendan servirá de base para el desarrollo del sistema de valores del niño. (...)

»Es triste ver la anarquía que reina en el ámbito de los valores de muchos padres.

»La buena educación, si de veras ha de merecer este nombre, entraña instrucción de palabra y de obra, con el establecimiento de una jerarquía de valores.

»Es imposible formar la voluntad de un niño si no se forma su sentido de los valores»[1].

Para los hijos, tan malo es una autoridad dura y rigurosa, como la falta de autoridad.

El dejar que los niños hagan lo que quieran es muy cómodo para los padres, pero funesto para ellos. El niño necesita autoridad que le libere de su sentimiento de inseguridad. El adolescente necesita guía.

«Incluso se da el caso del muchacho que adopta una actitud provocativa ante su padre, actitud que en el fondo no tiene otro objeto que el de forzarle -inconscientemente por supuesto- a que ocupe su verdadero papel de jefe de familia. Busca la autoridad que tanto precisa, y que es la base de su sentimiento de seguridad»[2].

La disciplina es el adiestramiento del niño. Los estudios realizados sobre los trastornos de la conducta de la juventud han demostrado que un niño educado sin disciplina no es capaz de controlarse cuando sea mayor.

Charles Manson, asesino de familias enteras, cuando era niño hacía siempre su voluntad.

Al cabo de los años, ya hemos visto las consecuencias[3].

Hubo un tiempo que en la educación se abusó del autoritarismo y de aquello de que «la letra con sangre entra».

Pero hoy, con un movimiento pendular, se ha pasado a una inhibición de los educadores y a dejar a los niños que sean buenos espontáneamente y

---

[1] BERNHARD HÄRING: *SHALOM, Paz, XV, 2.* Ed. Herder. Barcelona. 1998.

[2] Dr. LUIS RIESGO: Diario HOY de Badajoz del 29-IV-77

[3] MARABEL MORGAN: *La mujer total, XII, 7.* Ed. Plaza. Barcelona 1976

encuentren la verdad por sí solos; lo cual es utópico.

Antes se abusó de la enseñanza memorística (recordemos la lista de los reyes godos), pero hoy se elimina la memoria de la enseñanza, lo cual es funesto, pues la memoria es una potencia humana necesaria en la vida.

Al niño hay que educarle, desde pequeño, en la autodisciplina, la responsabilidad, el cumplimiento del deber y el respeto a la autoridad.

El niño necesita que le digan lo que es bueno y lo que es malo, y que le ayuden a ir por el camino del bien.

Tener en cuenta que el niño pequeño no puede comprender la ironía. Entiende las cosas literalmente, tal como se dicen.

Una broma inocente para un adulto, puede hacer daño a un niño. Unos padres que se mofan de lo que el niño toma en serio, pueden, en su equivocación, perder la confianza en su hijo.

«Uno de los peores errores en que pueden incurrir los padres es en el de hacer comparaciones. Sólo conseguirás que tu hijo aborrezca a aquel con quien lo comparas, y te lo tome a mal»[1] .

Es necesario saber escuchar a los pequeños sus pequeñas preocupaciones.

Así se les prepara el camino de la confianza para cuando tengan que contar confidencias más importantes.

Hay que dejar a los hijos siempre un campo de autonomía. No olvidar que el niño necesita autoafirmarse.

Diez consejos para educar bien a los hijos:

1) Trata con igual cariño a todos tus hijos.
2) No les mientas nunca.
3) Contesta con claridad a todas sus preguntas.
4) Utiliza la amistad más que la autoridad.
5) No les regañes en público.
6) Atiende más a lo bueno que hace que a lo malo.
7) Si hace algo mal, no lo disimules.
8) Si hace algo bien, apruébaselo.
9) Ten paciencia si no se corrige a la primera
10) Procura enseñarle más con tu ejemplo que con tus palabras.

---

[1] MARABEL MORGAN: *La mujer total, XII, 2.* Ed. Plaza. Barcelona, 1976

4. Debes preocuparle de que tus hijos **no aprendan** de sus amigos de la calle de dónde vienen los niños.

Evidentemente que ellos procurarán enterarse. Si tú les abandonas en este punto, cuando les entre la curiosidad, irán a sus amigos que más saben de esto, que, naturalmente, serán los más golfos.

Puedes imaginarte la clase de información que tus hijos recibirán de ellos. Si tus respuestas a sus preguntas son oscuras o con evasivas, el niño se dará cuenta de que ha topado con algo misterioso y se callará; pero su curiosidad aumentará e irá a preguntar donde le ofrezcan confianza.

En materia sexual el niño tiene necesidad de saber, y por lo tanto hay obligación de informarle. Pero esta información no es conveniente que la reciba de sus amigotes que lo harán de modo chabacano, deformado, degradando la sexualidad, y envileciendo el misterio de la vida. Hay que hacerlo de una manera sana, clara, correcta, digna y adecuada.

Es indispensable que **te encargues de hacerlo tú** con discreción, prudencia, método y tacto.

A los niños «hay que iniciarlos conforme avanza su edad, en una positiva y prudente educación sexual»[1].

Puede ayudarte en este importante asunto un pequeño libro titulado *Iniciación de los niños en la vida*[2]. Este libro te dará normas acertadísimas, e incluso al discursito ya hecho para distintas edades y sexos.

Sobre este tema se hicieron famosos dos libritos de los PP. **Pereira** y **Álvarez Torres** titulados: *Díganos la verdad*[3] y *Enséñenos la verdad*[4].

Hay quien opina que es mejor esperar a que el niño pregunte.

Pero, ¿y si el niño tiene vergüenza de preguntar a sus padres?. ¿Y si el niño pregunta primero en la calle?

Además en muchos casos la calle se adelanta a informar al niño antes de que éste pregunte.

Una de las edades más peligrosas de los niños es entre nueve y once años, y hay que orientarlos.

No olvides nunca que en esta materia es preferible llegar con un mes de

---

[1] Concilio Vaticano II: *Gravissimum educationis:* Declaración sobre la educación cristiana de la juventud, nº 1

[2] ÁNGEL DEL HOGAR: *Iniciación de los niños en la vida.* Ed. Desclée. Bilbao, 1970.

[3] CLEMENTE PEREIRA, S.I.: *Díganos la verdad.* Ed. Sal Terrae. Santander.

[4] ALBERTO ÁLVAREZ TORRES, S.I.: *Enséñenos la verdad.* Ed. Sal Terrae. Santander.

anticipación que con un día de retraso[1] .

Es importante que los niños **se sientan superiores** a sus compañeros por la buena información que sus padres les han proporcionado, y porque saben les tendrán al corriente de todo lo que quieran preguntar.

Conozco un niño que cuando sus compañeros quisieron hablarle de cosas escabrosas, él les respondió: «Todo esto ya lo sé yo, porque me lo ha explicado mi padre».

Y se marchó.

Su padre está orgulloso de haberle preparado bien.

En esta materia, ante las preguntas de los niños hay tres posturas:

a) El silencio y las evasivas: lo cual es hacer que el niño vaya a preguntar a otro sitio, lo mismo que iría a satisfacer su hambre si nosotros no le diéramos pan.

Una madre a quien su hija le preguntó sobre el origen de los niños, le respondió dándole un bofetón: «una niña educada no preguntas esas cosas». Proceder lamentable.El silencio de los padres sobre el sexo es causa de que el niño crea que el sexo es algo malo[2] .

b) La segunda postura es responder con mentiras, lo cual les hará perder la confianza en vosotros cuando averigüen la verdad; y se formarán una idea equivocada del problema al ver que se trata de una cosa vergonzosa de la cual no se puede hablar en casa. Además sentirán una reacción desfavorable hacia sus padres que les engañaron y les llevaron a hacer el ridículo ante sus amigos por creerse lo de la cigüeña, niños de París, etc.

c) La tercera actitud es la acertada: responder con lealtad, con respuestas breves, claras, sencillas y naturales, enteramente verdaderas, aunque no se diga toda la verdad de una vez, sino escalonadamente, en diversas ocasiones, según las circunstancias, y grado de comprensión del niño[3] .

Esta explicación debe rodearse de un gran ambiente de elevación, dulzura, delicadeza y sobrenaturalidad[4] .

Hacer la información gradualmente, según el niño vaya preguntando, satisfaciendo siempre su curiosidad.

Si el niño tarda en preguntar, provocar con tacto la pregunta, para que de esto hable en casa antes que en la calle.

---

[1] VANDER - ODEN: *Psiquiatría y catolicismo, XXIII.* Ed. Caralt. Barcelona.

[2] EDMUNDO ELBERT: *Problemas actuales de psicología, 2ª, XI.* Ed. Sal Terrae. Santander.

[3] PILAR CRESPO DE ARILLO: *¿De dónde vienen los niños?.* Folleto PPC nº 197

[4] Sagrada Congregación Vaticana para la Educación Católica: Documento sobre la educación sexual, nº 87. Revista ECCLESIA, 2155 (24-XII-83)32

Las primeras preguntas pueden surgir a los cuatro o cinco años. «Antes de los nueve o diez años debe saber que el niño comienza a crecer en la madre por amor del padre»[1] .

Te voy a poner aquí un ejemplo de un posible diálogo de un niño con su madre, con las respuestas a las preguntas más comprometidas que los niños pueden hacer.

Las he encontrado en varios libros que he leído sobre este tema. Evidentemente que no es para que des la respuesta al pie de la letra. Es para que te orientes en las respuestas que necesites, y las acomodes a la edad, sexo, madurez, etc., del niño que pregunta.

- ¿De dónde ha venido mi hermanito?
- Se lo ha mandado Dios a papá y a mamá porque se quieren mucho.
- Entonces tía María y tío Pepe no se quieren porque Dios no les manda ningún hijo.
- Es que los hijos son un regalo de Dios, y ese regalo Dios no se lo da a todos.
- ¿Y cómo vienen?
- Dios ha puesto en la barriga de las madres un nido muy abrigadito. Y ahí está el niño durante nueve meses, porque al principio es muy pequeñito y se le podría pisar como a una hormiguita.

También yo te he llevado a ti nueve meses debajo de mi corazón y te he alimentado con mi sangre.

Por eso te quiero tanto, porque eres hijo de mi sangre. Cuando yo te llevaba dentro de mí, pensaba mucho en ti, te preparaba la cuna, los pañales, las camisitas y muchas cosas más; y rezaba mucho a Dios por ti.

Cuando ya fuiste un poco mayor entonces te di a luz.

Eso me hizo sufrir fuertes dolores, y tuve que guardar cama.

Pero estos dolores se transformaron en alegría cuando te tuve en mis brazos y pude abrazarte y besarte.

- ¿Y por qué te hice sufrir?
- Porque cuando saliste de dentro de mi cuerpo eras ya grandecito, y me costó mucho trabajo.
- ¿Y por dónde salí?
- Por una puerta que Dios ha puesto en el cuerpo de las mujeres, y que llevamos siempre tapada, porque las personas mayores nunca enseñan eso.
- ¿Dónde está esa puerta?
- Entre las piernas. Por donde se orina.

Esta puerta se estira como si fuera de goma, para que pueda salir el niño. Primero sale la cabeza, después los hombros, los brazos y por fin las

[1] Dr. RIESGO: *Hablando en familia, III, 4.* EAPSA. Madrid, 1973

piernas. Así naciste tú. ¿Puedes imaginarte la alegría que sentí cuando puede tenerte en mis brazos?

- ¿Y por qué soy también hijo de papá?

- Porque el padre es el que pone las semillas de la vida dentro del cuerpo de la madre.

- ¿Y cómo se hace eso?

- Dios ha hecho el cuerpo del hombre distinto del cuerpo de la mujer para que cuando estén casados puedan unirse de modo que el padre deje la semilla de la vida dentro del cuerpo de la madre. La puerta por donde sale el niño al nacer, fue nueve meses antes la puerta por donde entraron las semillas de la vida que el padre donó a la madre[1].

- Pues yo tengo un amigo que no tiene padre.

- Porque se habrá muerto o se habrá ido.

- Es que su madre es soltera.

- Eso quiere decir que su padre hizo mal, y no quiso casarse con su madre; pero todos los niños nacen de la unión de un padre y una madre.

- ¿Y por qué tienen hijos las solteras?

- No deben tenerlos, pues no tienen marido. Pueden tenerlos si ceden su cuerpo a un hombre.

Pero esto es un pecado en una mujer soltera. A veces ocurre sin culpa de ellas, por violencia o engaño de hombres malvados.

- Por eso en el colegio hablaban de uno que era un sinvergüenza porque había tenido un hijo de una muchacha soltera.

- Claro. Eso es un pecado enorme.

Pero en el colegio no hables de estas cosas. Todo lo que quieras saber, yo te lo explicaré. Hablaremos de todo esto siempre que quieras. Pero tú con tus amigos no debes hablar de estas cosas. A lo mejor hay algún niño a quien sus padres le han contado el cuento de la cigüeña, pensando que no podría entender esto que yo te he explicado a ti, y no está bien que dejes mal a sus padres.

Y si hay alguno que quiera hablarte de estas cosas, tú le dices que ya te he explicado yo todo.

Y a mí me preguntas todo lo que quieras, que yo te lo explicaré mejor que nadie, porque soy tu madre».

«Frecuentemente será fácil satisfacer la curiosidad del niño respecto al otro sexo mostrándole a un niño (o niña) de corta edad desnudo. Es preferible evitar las exhibiciones de adultos desnudos. Nuestra sociedad no

[1] Si la edad y madurez del niño lo permiten, se le podría decir así: «La fecundación se realiza por la unión de los órganos genitales del marido y de su esposa. El del hombre (que se llama pene), entrando en el de la mujer (que se llama vagina) deposita en su interior un liquido (que se llama semen) en el que van los microscópicos espermatozoides que fecundarán el óvulo femenino (que la mujer pone en su útero una vez la mes) dando origen a un nuevo ser: un niño

lo admite, y se puede ofender al niño»[1].

Es conveniente que la madre instruya a su hija sobre el significado y normalidad de la menstruación cuando haya cumplido los diez años[2], para que si apareciera en edad prematura no le cause impacto psicológico perjudicial. El modo de hacerlo puede ser una cosa así: «La obra más grande que puede hacer una mujer es tener un hijo. Esto ocurre cuando la mujer se casa. Pero desde pequeña, Dios va preparando el cuerpo de la mujer, y todos los meses se forma un nido para el posible hijo. Al no tener el hijo, el nido se deshace y sale por abajo un poco de sangre, pero no duele nada».

Lo mismo hay que hacer con los chicos sobre los derrames nocturnos, para que sepan que son fenómenos perfectamente normales, previstos por Dios para que el cuerpo elimine las secreciones sobrantes que no necesita para su fortalecimiento.

Si los padres explican a sus hijos adolescentes las emisiones nocturnas de semen y la menstruación, respectivamente, antes de que esto ocurra, cuando llegue ese momento, lo aceptarán con toda naturalidad.

No es lo mismo información sexual que **educación sexual**.

La información sexual es más fácil, pero no basta. Se ha comprobado que a más información sexual, más embarazos de adolescentes, enfermedades venéreas, etc.[3].

La educación sexual debe procurar la maduración afectiva del niño, hacerlo llegar a ser dueño de sí y a usar rectamente del sexo[4].

La educación lleva al hombre a practicar el bien. «La virtud no es cuestión de enseñanza solamente. Muchas veces comprobamos que el problema no es de desconocimiento de lo que hay que hacer, sino que falta el necesario esfuerzo para hacerlo. (...). Las virtudes se logran a costa del propio esfuerzo, pero es fundamental que este esfuerzo esté acompañado de una convicción intelectual»[5]. Al hombre no le basta saber lo que es verdad y lo que es bueno, necesita además una motivación que le anime a vivirlo. Y en eso consiste la educación. La experiencia cotidiana enseña que al hombre no le basta conocer el bien para practicarlo. Ya lo dijo **Ovidio**[6] hace dos mil años: «Conozco el bien y lo apruebo, pero practico el mal».

La experiencia ha demostrado que una información sexual insistente,

[1] GAUDEFROY: *Estudios de Sexología, IX, 1, B, 3.* Ed. Herder. Barcelona

[2] Revista SER PADRES, nº 2 pg. 111

[3] Revista MUNDO CRISTIANO, 375s (VII-VIII,93) 9

[4] Sagrada Congregación para la Educación Católica: Pautas de Educación Sexual, nº 70

[5] ALFONSO AGUILÓ: *Interrogantes en torno a la fe. Presentación.* Ed. Palabra. Madrid

[6] Metamorphosis, VII, 20

como la que hoy padecemos, es de efectos negativos, pues se convierte en excitación sexual.

«La enseñanza no es nunca una educación completa. Ha de ser complementada por el esfuerzo personal, por la lucha. Esto es especialmente cierto en lo relativo a la educación sexual.

»El uso cristiano de la sexualidad no se realiza sin esfuerzo; sin un esfuerzo que a veces tiene que ser heroico.

»Esto vale principalmente para la juventud, en la cual la fuerza de las tendencias sexuales y la poca madurez de la personalidad del joven, exigen una lucha mucho más rigurosa.

»Por otra parte, la juventud es también la época más adecuada para entender la vida como lucha, para despreciar la comodidad. Fortalecer en la juventud la conciencia de que una vida humana sólo se realiza a través de la lucha, es poner uno de los fundamentos más firmes para la educación en el aspecto sexual.

»En esa lucha tienen que emplearse recursos humanos y sobrenaturales, porque también en este campo lo natural y lo sobrenatural se influyen mutuamente.

»La oración y los sacramentos son como las dos direcciones del camino que une al hombre con Dios. La oración es fundamentalmente petición, camino del hombre hacia Dios; los sacramentos son las sendas por donde Dios nos envía su gracia, camino de Dios hacia el hombre. La oración y los sacramentos están en la base de la educación sexual.

»En cuanto a la Virgen, Ella es llena de Gracia, es la protagonista del amor más puro y más hondo que haya podido tener criatura alguna. Es Madre nuestra y está delante de Dios para hablar bien de nosotros, para interceder por nosotros»[1].

Las caídas en materia de sexualidad se deben, más que a la falta de información, a la debilidad de la voluntad, expuesta a toda clase de tentaciones que sólo pueden superarse con esfuerzo humano auxiliado por la gracia de Dios.

El padre **Martín Descalzo** en su libro *Razones desde la otra orilla* dice que la campaña recomendando preservativos a la juventud es un reconocimiento del fracaso de la educación sexual. Como no se ha sabido educar a los jóvenes para que controlen el instinto sexual se les da un preservativo para complacerles. Como el chupete que se da al niño que ha cogido una rabieta[2].

[1] VÍCTOR GARCÍA DE LA HOZ: *Estudios sobre sexualidad, XI ,5, 11, 13.* Toledo, 1979

[2] JOSÉ LUIS MARTÍN DESCALZO: *Razones desde la otra orilla, XXXIV.* Ed. Atenas. Madrid. 1991.

«Una educación sexual bien hecha -iniciación y educación-, es necesaria, y el hacerla con discreción y delicadeza corresponde como un derecho y un deber a los padres, que lógicamente se han de preparar y empeñar en ella. Sería un error dejar esta educación, por un silencio culpable, a agentes inadecuados que el niño encontrará, quienes inevitablemente harán su pseudoeducación.

»Nadie puede marginar a los padres de esta tarea, y nadie les suplirá como es debido con tal que ellos lo hagan bien.

»En todo caso, ha de quedar bien claro siempre, que, siendo la educación sexual una parte de la educación total de la persona, no son lícitos los experimentos perjudiciales para la integridad y el equilibrio personal, ya sea en el aspecto individual, ya sea de cara a la apertura hacia los otros.

»Es bueno también recordar que los padres, sobre todo los que dan una iniciación, acaso prematura, persuadan a sus hijos de que no hablen de ello con otros. Si se lograse hacer esto, no serían tan frecuentes las conversaciones sobre temas sexuales, ni los padres tan frecuentemente suplantados por inoportunas revelaciones.

»Una progresiva información de la realidad sexual, a nivel cultural y religiosa, se hace necesaria tan pronto como el niño va abriendo sus ojos a la vida personal y al mundo que lo rodea; pero la información sola no es suficiente. Se necesita, sobre todo, la educación de la persona en la castidad o pureza -virtud que proporciona dominio sobre la sexualidad- por medios idóneos.

»He aquí algunos: clima de ejemplaridad familiar, de diálogo y aprendizaje constante del amor evangélico y el dominio de sí mismo y, por encima de todo, de vivencia consciente de la oración y de los sacramentos.

»Por la misma razón **han de colaborar los gobernantes**, gerentes del bien común. Su colaboración no ha de invadir, sino respetar la competencia de los padres y los derechos de la comunidad cristiana.

»Un programa realista de colaboración del Estado en este asunto habría de tener muy en cuenta problemas como el de la protección a la familia, la enseñanza, las condiciones de trabajo, alojamiento, la multiforme pornografía y anarquía del erotismo público, la llamada «apertura cultural» de los medios de comunicación social y otros, algunos de los cuales son realidades muy perniciosas, verdaderos agresores injustos -con bellos nombres- de los derechos de las personas débiles que, por sí mismas, no se pueden defender.

»El poder público es corresponsable, junto con los ciudadanos, de la defensa de sus valores y, en nuestro caso, no es justo que el pansexualismo posea un nivel tan alto de monopolio de la educación de la sexualidad.

»**La escuela** -y ahora pensamos en la escuela católica- puede aportar buenos servicios a la recta educación sexual.

»Como una realidad subsidiaria ha de actuar con la anuencia y la cooperación de la familia educando integralmente al alumno y ayudándolo a integrar debidamente la sexualidad.

»Además de esta educación genérica incumbe a la escuela hacerlo también de una manera más especifica, informando científicamente sobre el tema a nivel biológico y psicológico sin omitir el moral, de acuerdo siempre con los padres y evitando con extrema delicadeza que no se susciten problemas nuevos y graves, antes de resolver los ya existentes. Esto último es muy posible y de alta responsabilidad.

»Puede presentarse el caso de que en una escuela, especialmente si no funciona en verdad como católica, se perturbe esta educación por la imprudencia de algún profesor, por presiones intencionadas de los alumnos -o por fuerzas de fuera que influyen en la misma- o por una insistencia morbosa sobre el asunto. Cuando ocurre eso, lo que tendría que ser verdadero elemento de educación, es posible se convierta en una clase de juegos preferidos, refugio de erotismo, y, en fin de cuentas, de pornografía.

»Por tanto, hay que exigir un clima de delicadeza y de respeto muy acentuado hacia las personas de los educandos de ambos sexos.

»Querríamos decir a los educadores que no se permitan iniciativas caprichosas sin contar con los padres; no es justo que éstos se encuentren, a veces, sorprendidos por hechos consumados de conferencias, cursillos y proyecciones de temas sexuales, en escuelas católicas que no han tenido en cuenta la Doctrina de la Iglesia»[1].

La Comisión Permanente del Episcopado Español ha protestado por la difusión entre los jóvenes de unos folletos distribuidos por algunas entidades socialistas de la Administración Pública Española, que pretenden ser de educación sexual y lo que hacen es incitar al libertinaje sexual, animando al ejercicio de la sexualidad solamente por la satisfacción egoísta del placer, indiferentemente de que se haga por medio del vicio solitario o con otra persona de diferente o del mismo sexo, sin ninguna relación con la moral y la integración de la sexualidad en la maduración de la persona humana, haciendo de la vida sexual un juego y pasatiempo, algo trivial y carente de pleno sentido humano.

Entre otras cosas dice:

«Estas orientaciones relativas a la conducta sexual se oponen a los valores y bienes fundamentales de la sexualidad humana y a las enseñanzas morales de la Iglesia. (...) Sentimos el deber de denunciar que tales orientaciones degradan y pervierten las conciencias de los jóvenes. (...) Con frecuencia se une esta difusión de inmoralidad en el campo sexual

[1] Documento de los Obispos catalanes: Revista ECCLESIA, 1759 (4-X-75) 19ss

con ataque a la fe cristiana»[1].

«Cuando autoridades civiles, de cualquier rango, promueven la difusión de los citados cuadernos en centros escolares cometen un verdadero abuso de autoridad. Los poderes públicos vulneran claramente los derechos de los ciudadanos en la medida que, a través de las indicadas iniciativas pedagógicas o de poderosos medios de comunicación, tratan de establecer en el conjunto de la sociedad una determinada concepción de la conducta sexual, que implica una forma definida de entender el hombre y su destino.

»No pertenece ni al Estado ni siquiera a los partidos políticos tratar de implantar en la sociedad una determinada concepción del hombre y de la moral por medios que supongan de hecho una presión indebida sobre los ciudadanos contraria a sus convicciones morales y religiosas.

»A los organismos estatales compete, en cambio, tutelar a los ciudadanos contra los desórdenes morales y toda forma de agresión sexual, especialmente el abuso de menores y, en general, contra la degradación de costumbres y la permisividad sin límites. Teniendo en cuenta el pluralismo de la sociedad moderna y la debida libertad religiosa, corresponde al Estado ayudar a las familias para que pueda darse a sus hijos en todas las escuelas una educación conforme a los principios morales y religiosos profesados por sus padres, tal como prescribe la Constitución Española.

»La propia Constitución establece las normas de protección de la moralidad de los niños y jóvenes.

»Está en juego el bien común de la sociedad: una comunidad humana que no alcance un grado suficiente de adhesión a valores morales fundamentales como son, en este caso, los relativos a la sexualidad y a la familia se autodestruye»[2].

El arzobispo de Valladolid, **José Delicado Baeza**, en una carta pastoral se lamenta de la frivolidad con la que en algunos sitios se realiza la educación sexual, estimulando al sexo más que educándolo, añadiendo: «La castidad no es la única, ni siquiera la principal virtud cristiana, pero es una virtud necesaria para vivir en gracia»[3].

«La educación sexual de hace años tuvo sus errores. Pero hoy algunos llaman educación sexual a lo que es pura pornografía.

»Algunos han olvidado que el hombre, además de cuerpo tiene espíritu, y que el comportamiento sexual del hombre no puede ser lo mismo que el de un animal. El instinto sexual del hombre debe ser dirigido por la razón y la

[1] Revista ECCLESIA, 2346(21-XI-87)8

[2] Diario YA, 13-XI- 87, pg. 25

[3] DIARIO DE CÁDIZ del 5-VI-92, pg. 40

voluntad. De esta manera se eleva, se dignifica, se espiritualiza.

»El libertinaje sexual tiene peores problemas que la represión.

»Las aberraciones sexuales se difunden alarmantemente. Y es que el hombre necesita una ética, una norma moral. Su conducta no se regula por el instinto, como en los animales que nunca comen si no lo necesitan, ni engendran fuera de los tiempos de celo»[1].

5. Es, sobre todo, importante que los padres **se preocupen** de la instrucción religiosa de sus hijos. Si ellos no saben o no pueden hacerlo, tienen que buscar quien supla esta obligación; ya en la escuela, ya en la catequesis de la parroquia. Pero dice el Nuevo Código de Derecho Canónico «a los padres corresponde en primer lugar la educación cristiana de sus hijos»[2].

Al niño pequeño hay que obligarle a ciertas cosas (urbanidad, higiene, etc.) aunque él no entienda su valor. Poco a poco irá captando su sentido y cuando sea mayor las realizará por propia convicción. Lo mismo hay que hacer en la educación religiosa.

Los domingos llévatelos de paseo o al campo; y a la vuelta haz una visita en alguna iglesia y enséñales desde pequeñitos dónde está el Señor, para que aprendan a pedirle cosas y a hablar con Él. Desde los primeros años conviene infundirles una vida de piedad. Esto es insustituible. Deberías tener la costumbre de rezar algo en común: bendecir la mesa, rezar en el automóvil en los desplazamientos dominicales, etc.

«Hogar que reza unido, hogar que permanece unido»[3].

6. Los hijos **son el encanto** de los hogares, la alegría y la ternura de los padres, los perpetuadores de su nombre, el estímulo de sus trabajos, el consuelo de sus sufrimientos y la esperanza de su vejez.

Los niños fortalecen el amor de sus padres. Las estadísticas internacionales demuestran que hay menos rompimientos en los matrimonios con hijos.

Los hijos enriquecen el amor conyugal. Hacen superar el egoísmo.

El amor del marido a la esposa puede tener un matiz egoísta por los placeres físicos que le proporciona y por los servicios que le presta.

El hijo va a aumentar sus sacrificios, y sin embargo lo ama.

---

[1] CÉSAR VACA, O.S.A.: Diario YA del 6-VI-75

[2] Nuevo Código de Derecho Canónico, nº 226

[3] JESÚS URTEAGA: *Dios y los hijos, III, 6.* Ed. Rialp. Madrid. Te encomiendo este libro que te orientará en la educación espiritual de tus hijos

Igualmente en ella, la maternidad despierta enormemente la capacidad de amor sacrificado.

Hogar donde abundan los niños es hogar feliz.

Los niños arman ruido; pero, ¡qué triste es el silencio de un hogar sin niños! ¡Qué sola es la vejez sin hijos! Los hijos son el más fuerte vínculo de unión entre los esposos. Llenan de ilusión la vida. A veces dan disgustos, pero su amor hace felices a los padres.

«El futuro de la humanidad se fragua en la familia. Por consiguiente, es indispensable y urgente que todo hombre de buena voluntad se esfuerce por salvar y promover los valores y exigencias de la familia»[1].

«La familia es la comunidad en la que, desde la infancia, se pueden aprender los valores morales, se comienza a honrar a Dios, y a usar bien de la libertad»[2].

«La misión de la familia, ante un mundo en permanente cambio, es proporcionar a los hijos sentimientos de arraigo y seguridad, elevar su autoestima y sentimiento de competencia, ofrecerles ejemplos y modelos válidos, dignos de imitar, ser una escuela de aprendizaje en el amor, la comprensión, el esfuerzo y la solidaridad, donde cada miembro sepa aceptar y acoger las diversidades de los demás, desarrollar convenientemente su singularidad e integrarse en una sociedad plural»[3].

«Los niños necesitan aprender en el seno familiar las normas elementales de convivencia, las reglas morales imprescindibles para su ulterior desenvolvimiento social.

»El miedo de ciertos padres actuales a aparecer frente a sus hijos como autoritarios les hace prescindir de cualquier inculcación de reglas, de normas de comportamiento doméstico, incluso de aquellas normas indispensables de civilidad, llamadas de urbanidad.

»Esta incapacidad de ciertos padres para hacer uso de una legítima autoridad en la trasmisión de los valores esenciales (...) constituye uno de los dramas fundamentales de la sociedad actual»[4].

«Son bien conocidos los problemas que en nuestros días asedian al matrimonio y a la institución familiar. Por eso es necesario presentar con autenticidad el ideal de la familia cristiana basado en la unidad y fidelidad del matrimonio abierto a la fecundidad y guiado por el amor. Y, ¿cómo no expresar vivo apoyo a los reiterados .pronunciamientos del episcopado español en favor de la vida y sobre la ilicitud del aborto? Exhorto a todos a

[1] JUAN PABLO II : Encíclica *Familiaris Consortio, nº 86*

[2] **Nuevo Catecismo de la Iglesia Católica, nº 2207**

[3] BERNABÉ TIERNO: *Valores humanos, III, FAMILIA.* Ed. Taller de editores. Madrid. 1994.

[4] VICENTE L. NAVARRO DE LUJÁN: *Cambio social y nuevos valores, II.* A.C. de P. Cádiz. 1998.

no desistir en la defensa de la dignidad de toda vida humana, en la indisolubilidad del matrimonio, en la fidelidad del amor conyugal, en la educación de los niños y jóvenes siguiendo los principios cristianos, frente a ideologías ciegas que niegan la trascendencia, y a las que la historia reciente ha descalificado al mostrar su verdadero rostro», así hablaba el Papa **Juan Pablo II** en Junio de 1993 en la homilía de la misa de la canonización en Madrid de **San Enrique de Ossó**.

La familia es la base de la sociedad, por eso **Pío XII** dijo el 9 de mayo de 1957: «La sociedad es para la familia, y no la familia para la sociedad».

La familia es la institución natural establecida universalmente en el tiempo y en el espacio. Donde tiene origen la vida humana, el recinto de la educación y el vínculo de la transmisión normativa.

Pero para que esta transmisión sea eficaz la normativa moral y religiosa debe hacerse con convicción, con motivación y con el ejemplo. No puede haber contradicción entre lo que se dice y lo que se hace.

Se educa más con lo que se hace que con lo que se dice. En la familia todo educa o deseduca. La familia es el clima ideal para la educación de un niño.

La familia tiene **un valor insustituible** para los hijos. Un hijo sin familia queda traumatizado. Las estadísticas de delincuentes juveniles y de anormalidades psíquicas hablan bien claro. Según **Katherin Kasun**, Presidenta de *Family campaign Fundation* de Suecia, en un país donde el Estado ha sustituido en gran parte a la familia en la educación de los hijos, de cada cuatro niños, uno necesita un psiquiatra, y el número de suicidios en menores de 16 años ha sido de 130 al año, y va en aumento[1] .

«Según un estudio financiado por el Congreso de Estados Unidos. realizado durante cuatro años, a noventa mil estudiantes, de varias universidades, publicado en la revista *American Medical Association* revela que la presencia de los padres es fundamental para garantizar el crecimiento sano de los hijos. El proyecto se lanzó para poder prevenir los problemas de salud física y mental de los jóvenes.

»La gran mayoría de los entrevistados aseguran que una relación afectiva intensa con sus padres ayuda a evitar la droga, el alcohol, la violencia, el suicidio y la vida sexual prematura. **Richard Udry,** uno de los autores del estudio afirma: «es un error creer que la influencia de los amigos sustituye a la de los padres. Los padres siguen siendo tan importantes para los adolescentes como para los recién nacidos».[2]

---

[1] Diario YA, 5-X-88, pg. 11

[2] ZENIT: Boletín Informativo del Vaticano en INTERNET del 11-IX-97 (ZE 970911)

En el Segundo Congreso Mundial sobre la Familia, celebrado en Río de Janeiro el Octubre de 1997, el Cardenal **López Trujillo,** Presidente del Pontificio Consejo para la Familia, dijo que la familia es «una comunidad de vida y amor de un hombre y una mujer, abierta a la trasmisión de la vida, en el matrimonio»[1] . También dijo:«la familia es un patrimonio sagrado de la humanidad. (...) Es una realidad natural confiada a los cónyuges. (...) Merece el apoyo de las autoridades políticas nacionales e internacionales»[2]

Y la ONU en la Declaración.Universal de los Derechos del Hombre de 1948 afirma: «la familia es la célula fundamental de la sociedad».

Una sociedad que destruye la familia **se suicida**. Dijo **Juan Pablo II** en Octubre de 1997, en Río de Janeiro, en el estadio de Maracaná, convertido en una inmensa catedral[3] : «Sin la familia la humanidad no tiene futuro.

»La familia es un elemento esencial e imprescindible del designio de Dios sobre la humanidad.

»La familia es el lugar privilegiado del desarrollo personal y social. Quien promueve la familia, promueve al hombre; quien ataca a la familia, ataca al hombre.»[4] .

En la clausura de este congreso, en opinión del portavoz del Vaticano **Joaquín Navarro-Valls,** el Papa celebró «una de las misas mayores de la historia»: asistieron más de DOS MILLONES de personas[5] .

Los valores de la familia han sido reconocidos incluso por personas ajenas a la Iglesia Católica, como el Primer Ministro francés socialista **Lionel Jospin** y el ruso **Michail Gorbachov.**

De **Jospin** son estas palabras: «La familia es un lugar privilegiado donde los niños han de encontrar sus puntos de referencia y descubrir los valores que forjarán su personalidad. (...) La educación es función insustituible de los padres. La escuela tiene una misión muy importante, pero ha de cumplirla en relación con los padres».

Y de **Gorbachov** son estas otras: «La familia es el núcleo vertebrador de la sociedad en cuanto a continuidad de la especie y transmisión de

[1] ZENIT: Boletín Informativo del Vaticano en INTERNET del 1-X-97 (ZE 971001-8)
[2] ZENIT:Boletín Informativo del Vaticano en INTERNET del 1-X-97 (ZE 971002-7)
[3] ZENIT: Boletín Informativo del Vaticano en INTERNET del 5-X-97 (ZE971005-2)
[4] ZENIT:Boletín Informativo del Vaticano en INTERNET del 8-X-97 (ZE 971008-7)
[5] ZENIT: Boletín Informativo del Vaticano en INTERNET del 5-X-97 (ZE 971005-1)

valores morales»[1] .

El mayor tesoro de una nación son los niños.

El futuro depende más de los niños que de las carreteras.

Los niños necesitan un hogar.

La guardería no puede suplir el hogar.

Los psiquiatras hablan de los traumas psíquicos de los niños que no han conocido el cariño y el calor de un hogar[2] .

La crisis de la familia se debe en gran parte a su descristianización.

Con **Cristo** la familia iría mejor.

Pero se ha quitado el crucifijo de la cabecera de la cama para poner en su lugar un paisaje, se ha sustituido el rezo del rosario en familia por la televisión, se han cambiado los libros religiosos por las revistas «del corazón» o «de actualidad», se ha arrinconado la moral católica para vivir el hedonismo que difunde la televisión, etc., etc.

Por eso la familia cruje. Sin **Cristo** se tambalea.

«El profesor genetista francés, **Jerónimo Lejeune,** narra cómo en una reunión de periodistas de París una mujer dijo: "Queremos destruir la civilización judeo-cristiana, y para ello tenemos que destruir la familia"»[3] .

«La familia es la fragua de la educación. (...) La historia de un pueblo se forja en la familia. Y en ella se forja también el santoral. (...)

»La felicidad de este mundo, si alguna existe, se ha refugiado, como paloma en su nido, en la familia. (...)

»Una sociedad donde está en crisis la familia es una sociedad próxima a derrumbarse»[4] .

Hoy, en España, la familia está en crisis.

Tenemos el índice de natalidad más bajo del mundo[5] .

La población española envejece. «Según estimaciones del Departamento Económico y Social de la ONU, España tendrá en el año 2050 la población más anciana del mundo[6] .

Los mismos datos revelan que por cada 3,6 personas de sesenta años sólo habrá una con menos de quince.

Según el Instituto Nacional de Estadística, en el 2020 siete millones y

[1] LUIS RIESGO: *Cartas al Director* en el DIARIO DE CÁDIZ del 22-V-99, pg.4.

[2] Dr. C. GÓMEZ LAVÍN: *Salvemos la familia.* Diario YA, 20-IX-87, pg. 20.

[3] ZENIT: Boletín informativo del Vaticano en INTERNET, ZS00100603.

[4] JESÚS MARÍA GRANERO, S.I.: *Credo, 1º, XIV.* Ed. ESCELICER. Cádiz.

[5] Diario ABC de Madrid, 17-IV-97, pg.8

[6] Diario ABC de Madrid, 24-IV-99, pg.41

medio de personas tendrán más de 65 años»[1].

Uno de cada tres matrimonios se rompe.

La equiparación del matrimonio a las «**parejas de hecho**», permitiendo a los homosexuales adoptar niños, es un insulto a los matrimonios legítimos y a la familia normal.

Y una injuria para esos niños que resultarán tarados psíquicamente cuando se den cuenta que sus padres son anormales, pues todos sus amigos tienen padre y madre.

Equiparar las «**parejas de hecho**» al matrimonio es una aberración.

El Papa **Juan Pablo II** le dijo a doscientos políticos europeos reunidos en Roma que es muy grave que la ley iguale los derechos de las personas que actúan según la ley natural formando un matrimonio a las personas que actúan por caprichos arbitrarios[2].

El Conejo Pontificio para la Familia publicó un documento en el que se dice que «las **uniones de hecho** son una injusticia para el matrimonio, porque la justicia exige tratar lo igual como igual, y lo diferente como diferente. Si la familia matrimonial y las uniones de hecho no son semejantes ni equivalentes en sus deberes, funciones y servicios a la sociedad, no pueden ser semejantes y equivalentes en el estatuto jurídico (nº10). Las uniones de hecho no asumen para con la sociedad las obligaciones esenciales propias del matrimonio. La equiparación privilegia a las uniones de hecho respecto a los matrimonios. El matrimonio no puede ser reducido a una condición semejante a la de una relación homosexual (nº23).

El matrimonio es una unión estable entre un hombre y una mujer con el compromiso de formar una familia con determinados derechos y deberes, que hacen a cada una de las dos personas coposeedora de la otra.

En las «parejas de hecho» se niega cualquier compromiso.

Se rechazan los deberes y derechos mutuos.

Se excluye todo vínculo para el futuro.

Es decir, se trata de algo muy distinto del matrimonio.

Por eso «tan injusto es tratar desigualmente lo idéntico, como imponer la igualdad a lo distinto»[3].

---

[1] ZENIT: Boletín informativo del Vaticano en INTERNET del 1-V-99 News Agency.

[2] ZENIT: Boletín informativo del Vaticano en INTERNET del 23-X-98 (ZS98102304)

[3] JUAN IGNACIO BAÑARES: Revista ALFA Y OMEGA, 161 (15-IV.99) 19.

Los matrimonios hacen un servicio a la sociedad dándole ciudadanos para que no se extingan, lo cual no pueden hacer las parejas de homosexuales. No pueden tener los mismos derechos.

El futuro de la humanidad pasa por la familia.

En una ocasión llegó a mis manos este cuento:

Un pintor quería pintar su obra maestra, pero no encontraba inspiración.

Se le ocurrió preguntar a los demás lo que consideraban más importante.

Preguntó a un sacerdote. Éste le contestó:LA FE.

Preguntó a una novia que venía de la boda. Ésta le contestó:EL AMOR.

Preguntó a un soldado que venía de la guerra. Éste le contestó: LA PAZ.

Al volver a su casa vio en su madre LA FE, en su mujer EL AMOR y en sus hijos LA PAZ. Ya tenía la inspiración. Pintó SU FAMILIA.

«Una de las grandes alegrías de la vida es tener una familia unida», dice el Catedrático de Psiquiatría, **Dr. Enrique Rojas**[1].

7. Una de las edades más difíciles para la educación de los hijos es **la adolescencia**.

El adolescente empieza a descubrir su propia personalidad, y siente necesidad de afirmarla. Esto le inclina a la rebeldía en todos los órdenes.

La educación, la virtud, o el buen carácter, pueden dominar este espíritu rebelde.

Pero esta rebeldía de los adolescentes no debe extrañarnos.

Lo que debemos hacer es saber cómo educarla.

Es un momento difícil.

Las personas mayores tienden a tratarlos de «críos», y esto a ellos les subleva. Ellos se sienten personas, y quieren ser respetados.

El tratarlos de modo despectivo e irónico puede ser contraproducente. Sin perder la autoridad paterna es bueno lograr la amistad del hijo, para que se someta de buena gana al verse tratado con consideración.

Las fanfarronadas del adolescente son pura fachada.

Por dentro se encuentra inseguro.

Necesita consejo.

Pero hay que dárselo sin que él se sienta disminuido, porque entonces no lo aceptará.

---

[1] ENRIQUE ROJAS: *El amor inteligente, VIII.* Ed. Temas de hoy. Madrid. 1997.

El adolescente necesita afirmar su personalidad, su independencia, quiere ser él, decidir él, ser responsable de sí mismo.

Empieza su camino hacia la adultez, y sólo si es aceptado así se reincorporará emocionalmente a la vida del hogar.

Los padres deben ayudar a que su hijo vaya madurando en su adultez. No prohibir con autoritarismo, sino por razones y siempre en bien del hijo; hacérselo ver así con amor.

No se trata de entorpecer su madurez, sino de ayudarle en su autodesarrollo. El adolescente rechaza todo lo que sea imposición que pueda poner en peligro su personalidad naciente. No acepta que se le trate como a un niño.

«Los adolescentes se muestran inseguros, les falta unidad interior, les falta el sentido de la seguridad, base fundamental de un desarrollo armonioso.

»El sentimiento de seguridad lo adquieren cuando encuentran en el hogar amor y autoridad: amor sobre todo en la madre, y autoridad en el padre. Lo que no significa que la madre no pueda ejercer autoridad, y que el padre no muestre afecto.

»**El amor materno** es indispensable para la salud física y psíquica del hijo. Las graves faltas en la personalidad del adulto provienen principalmente de la falta de amor en la infancia y en la adolescencia.

»Los criminólogos nos aseguran que los jóvenes delincuentes tienen la convicción de que nunca encontraron amor en la familia.

»La madre debe ser el corazón del hogar y mantener en él vivo el fuego del cariño.

»Desgraciadamente, en nuestros días, muchas mujeres queriendo **igualarse a los hombres**, procuran desarrollar actitudes francamente masculinas con detrimento de las maternales, lo cual luego perjudicará la educación de los hijos que necesitarán de ellas.

»También hay otro exceso: el cuidar demasiado del hijo y endiosarlo con mimos.

»Eso puede causar una fijación en la infantilidad e impedirle la necesaria emancipación.

»Los que fueron tratados como pétalos de rosa, no saben reaccionar más tarde ante las dificultades de la vida, incapaces de hacer algo sin la ayuda de los demás. Es preciso educar al niño para su propio bien, para desarrollar su propia personalidad.

»El padre es también indispensable en la educación del niño, que necesita de su dirección y autoridad.

»Muchos padres no entienden esto.

»Llegan cansados por la noche al hogar, y no prestan ninguna atención a los hijos.

»Hay que buscar tiempo para estar con ellos, dialogar, inspirarles confianza, darles ánimo, oírles con simpatía y comprensión.

»También el padre debe evitar demasiada protección y mimos a sus hijos. Pueden engendrar en ellos la pusilanimidad, el miedo ante la vida, el temor a la responsabilidad.

»**La autoridad paterna** es imprescindible para el desarrollo afectivo del hijo. Últimamente se ha hablado mucho de las consecuencias de la falta de amor materno; la carencia de la autoridad del padre no es menos funesta...

»Eduquen a los hijos con amor, comprensión y firmeza. El amor materno y la autoridad paterna son las dos grandes columnas en que descansa la educación de niños y adolescentes»[1].

La fuerza de voluntad es muy importante en la vida. Se consigue con entrenamiento, como en una competición deportiva.

Para conseguirla hace falta una gran dosis de animación.

Es necesario el premio: el estímulo, la atención y la alabanza frecuente. La vida es dura y sólo a base de coraje se logra la cima de los fuertes.

Hoy se da con relativa frecuencia lo que **Enrique Rojas** llama la filosofía de «lo que me apetece»[2].

Hago esto porque me apetece.

No hago esto porque no me apetece.

Son esclavos de lo que pide el cuerpo.

Volubles como la veleta que gira según el viento que sopla. Incapaces de objetivos concretos.

Sin embargo, una persona que tiene educada su voluntad consigue lo que quiere, si es constante.

Para tener voluntad hay que empezar por tener dominio propio. No hacer lo que me apetece, sino lo que es mejor.

Puede ser que me apetezca lo mejor, pero esto no siempre pasa.

Para educar la voluntad hace falta un aprendizaje gradual que se consigue con la repetición de actos donde uno se vence en los gustos hasta adquirir el «hábito positivo».

Esto da paz, alegría y felicidad.

Sería conveniente enseñarle a hacer pequeños sacrificios: renunciar a una golosina, retrasar el momento de saciar la sed, dejar de ver la

---

[1] MANUEL VIERA: *Vida sexual y psicología moderna, II.* Ed. Mensajero. Bilbao

[2] ABC de Madrid del 22-IX-94. Pg.42

televisión, comer lo que no le gusta, dejar hablar a los demás, no gastar en cosas superfluas, etc. Esto educa su voluntad, lo cual le va a ser muy útil el día de mañana.

Aristóteles sostenía que la auténtica manifestación de fuerza de voluntad se mide en el dominio propio. «La vía del menor esfuerzo no conduce nunca a la maduración».

Es necesario no sólo animar a que el niño se esfuerce por conseguir unas metas, sino también ir alabando con cierta continuidad lo poco o mucho que, de hecho, consiga en cada momento.

El niño, de pequeño, no tiene criterio. El bien y el mal se aprende fundamentalmente de los mayores.

Antes de que nadie lo malee, es necesario darle base moral sólida, formarle la conciencia, inculcarle el sentido del deber, corregir lo defectuoso y dejar bien claro dónde está la virtud.

Conviene indicar con claridad lo bueno y lo malo.

Es importante crear hábitos buenos.

Acostumbrarles a hacer las cosas bien, y más adelante ellos mismos comprobarán que les va bien con lo que aprendieron.

«Sólo se aprende lo que se hace». De manera que, el poner al sujeto en acción, ayudándole a reflexionar sobre ello, es el único o casi, más importante modo de andar con realismo en el terreno de los valores[1].

Hay valores absolutos y valores relativos.

La verdad y el bien son valores absolutos.

El dinero es un valor relativo. De nada sirve si no hay algo que comprar. A un viajero perdido en un desierto, de nada le sirve tener mucho dinero en el bolsillo.

Hay que educar en valores.

Hace falta un sistema de valores que sirvan de referencia en la vida.

Los valores son guías de conducta. La escala de valores marca la conducta de cada individuo.

Lo mismo que los niños aprenden a andar, leer y escribir, aprenden pautas de conducta y comportamiento moral. Si no les enseñamos a

[1] Revista PADRES Y MAESTROS: Clarificación de valores

distinguir el bien del mal, si no les corregimos ni les enseñamos normas para que sepan a qué atenerse, nunca aprenderán a comportarse como hombres, ni acertarán a dar sentido a su vida.

Pero los valores se viven, se sugieren, se comparten, no se imponen.

El niño tiene una enorme capacidad de imitación.

Aprende a ser hombre haciendo suyas las pautas y valores que ven en los demás.

Buscan modelos a los que imitar.

El ejemplo es la mejor manera de educar[1].

La disciplina y el dominio de sí son indispensables en la formación del ser humano.

Algunos padres, por temor a que los hijos contraigan complejos, les dejan hacer cuanto quieren y dejan a un lado toda autoridad.

Nunca serán hombres: serán un peso para la familia y la sociedad; unos desajustados. No se entrenaron para las dificultades inevitables de la vida. Esa fobia de complejos engendra complejos mucho más funestos.

Que las normas de disciplina sean coherentes y uniformes. Que el padre y la madre estén de acuerdo con la política a seguir en el hogar. No se desautoricen el uno al otro.

Los padres no deben discutir nunca delante de los hijos.

Si en algo no están de acuerdo, buscar la armonía cuando estén solos.

Pero apoyarse siempre mutuamente delante de los hijos.

En algunos matrimonios, basta que uno diga una cosa para que el otro diga la contraria, sin más razón que porque lo ha dicho el otro. Es una vengancilla que perjudica al hijo.

Los hijos necesitan estabilidad, un cuadro de referencia fijo, una constancia en la actitud de sus progenitores.

Lo que educa a un niño es lo que comprende afectivamente.

Los hijos desiguales necesitan trato desigual. A un tímido habrá que tratarle con cariño para darle confianza. A un irascible, con calma y paciencia; pero con firmeza. La autoridad y la obediencia no se imponen a gritos, que sólo sirven para aumentar la rebeldía.

Rara será la familia, por cristiana que sea, y por elevada que sea su educación, en la que la crisis de la independencia propia de la adolescencia

[1] BERNABÉ TIERNO: Revista EL SEMANAL del 8-V-94. Pg. 70

no haya provocado algún conflicto entre los padres y los hijos[1].

Son conflictos pasajeros que los padres deben procurar no se conviertan en divisiones profundas y duraderas.

Los padres deben tener paciencia con las «majaderías» de sus hijos adolescentes, y esperar para corregirlos a tener calma y serenidad.

Y nunca en presencia de extraños.

Y siempre reconociendo la parte de razón que en las excentricidades de sus juicios y contestaciones pueda tener el muchacho.

Hay que reconocerle su derecho a tener algún secreto (cajón cerrado con llave) y el prudente uso de su independencia, siempre que se pueda saber qué uso hace de su libertad.

Si los padres respetan su esfera privada, es fácil que el hijo se sincere con ellos, les cuente sus secretos, pida consejos, etc. Pero un registro sin su consentimiento o contra su voluntad disminuye su confianza en los padres y aumenta la distancia[2].

«Hay que ayudar a los adolescentes a desarrollar armónicamente sus condiciones físicas, morales e intelectuales a fin de que adquieran gradualmente un sentido más perfecto de la responsabilidad en el recto y continuo desarrollo de la propia vida y en la consecución de la verdadera libertad»[3].

Es muy conveniente fomentarles cuando tengan edad, alguna afición al margen de la obligación: gimnasia, atletismo, deporte, montañismo, caza, pesca, instrumento musical, pintura, habilidad manual, etc.

«El adolescente duda enormemente de sí mismo. Por eso se afirma tan brutal, tan bestialmente. Necesita un apoyo, y lo busca. Pero tiene el orgullo de no aceptar más ayuda que la que le venga de hombre a hombre, como lo que él quiere ser.Ayuda intelectual, primero. El niño, cuando no sabe pregunta. El adolescente, si ignora empieza por afirmar. Aunque penséis lo contrario, es un progreso, o mejor, una posibilidad de progreso. La afirmación perentoria de los mayores no le basta. Tiene necesidad de respuestas personales. Pasa de la pasividad al activismo, del feliz

---

[1] Para entender la crisis de la adolescencia es muy útil el libro del P. ARMENTIA, S.M.: *Adolescentes*. Ed. S.M. Madrid

[2] SCHNEIDER: *Educación católica de la familia, XIV*. Ed. Labor. Barcelona

[3] Concilio Vaticano II: *Gravissimum educationis*: Declaración sobre la educación cristiana de la juventud, nº 1

parasitismo de la infancia a la ambición varonil de la autonomía. Pero sus juicios son absolutos. No importa dónde los ha encontrado. Ha leído lo que dice, o lo ha oído decir; lo ha visto en la televisión o se lo ha repetido un amigo. Esto basta para afirmarlo frente a todos y contra todos; es decir, para afirmarse. Es inútil contradecirle. Se enoja o se encierra. Pero sobre todo, no os burléis de él. Es obstinado y no dirá ya una sola palabra, e irá a buscar fuera, en un compañero o en una joven amiga, el auditorio complaciente que le negáis vosotros.¿Qué hay que hacer? Ayudarle. Empezad por no enfrentaros a él. Os exasperáis, os morís de ganas de decirle que es un idiota, que lo que dice es tan estúpido que no merece discutirse. Callaos, tragad vuestra indignación, calmaos y escuchadle. Aprended a hablar con él en plano de igualdad. Perdéis toda influencia sobre él si le habláis como a un niño. Y en cambio, ¡necesita tanto que conservéis vuestra influencia sobre él...!El adolescente sólo escucha a quienes le tratan como hombre serio e inteligente, sobre todo si no lo merece. Es la única manera de ayudarle a serlo. Acordaos de lo que pensabais vosotros a su edad; comunicádselo y decidle cómo hicisteis para pensar de manera distinta. Matizad lo que os dice en vez de despreciarlo globalmente, y veréis cómo llegáis a descubrir una verdad aceptable.A los hijos no les gusta que se les imponga la autoridad arbitrariamente, ni que se les trate como a chiquillos. Quieren que se escuchen sus opiniones, que se comprendan sus problemas, y que se les mande como a personas mayores. Padres y madres deberían tener presente aquella máxima pedagógica: "Al niño se le impone; al muchacho se le propone; al joven se le expone"»[1] .

Los valores se proponen, no se imponen con coacción; aunque moralmente haya obligación de aceptarlos.

Cada uno elige los valores que desea. Por eso hay que motivarlos.

No bastan frases como éstas: «Aquí las cosas se hacen así, y basta»; «de esto tú no tienes ni idea».

El sabio **Pablo Chauchard** afirma: «los preceptos de la moral son necesarios para el equilibrio psicológico»[2] .

«La moral debe ser presentada de modo positivo, inculcando a la virtud y a la imitación de **Jesucristo**. El sacrificio y el dominio que supone seguir al Señor, han de ser libremente elegidos con amor»[3] .

En casi todas las esferas y niveles, la necesidad precede a la capacidad.

Se tiene necesidad de ser tratado como un hombre antes de ser capaz,

---

[1] Libro básico del creyente hoy, XXXIII, 1. Ed. PPC. Madrid, 1970

[2] PAUL CHAUCHARD: *Biología y Moral, pg. 171*

[3] MANUEL VIERA: *Vida sexual y psicología moderna, I, 2, b.* Ed. Mensajero. Bilbao.

precisamente porque sin duda es la única manera de llegar a serlo.

Vuestro hijo quiere pensar por sí mismo, cuando todavía no sabe hacerlo. Si le abandonáis por desprecio o por indignación, ¿dónde queréis que aprenda lo que le reprocháis que no sabe? ¿En el periódico? ¿Entre los compañeros? ¿En el cine? Vosotros sois quienes podéis y debéis enseñarle a pensar, pero para ello hace falta discutir despacio y con paciencia con él.

Recibiréis la recompensa el día que le oigáis defender ante sus amigos vuestras ideas preferidas, las que él ha combatido siempre en casa.

Y os parecerá que las defiende mucho mejor que lo habríais hecho vosotros mismos. Hablad con los hijos de todas las cosas, y cread un ambiente familiar de diálogo en el que padres e hijos se lo cuenten todo. El adolescente necesita que se escuchen y valoren sus puntos de vista, y sobre todo que se estime su persona y vea que se preocupen por él.

Decálogo de un adolescente:

1º.- Déjame elegir mi ropa.

2º.- Trátame como a un adulto y aprenderé a serlo.

3º.- Déjame construir mis propias convicciones.

4º.- Respeta mi privacidad.

5º.- Ayúdame en mis ideales de fe y servicio al prójimo.

6º.- Ayúdame a apreciar mis capacidades y limitaciones.

7º.- Comunícame tu experiencia y ayúdame a tener la mía.

8º.- Ayúdame a clarificar mis problemas y encontrar soluciones.

9º.- Ayúdame a usar bien el dinero.

10º.- Enséñame cómo prepararme al matrimonio[1].

Después de 45 años de coeducación, los sociólogos y pedagogos reconocen que es mejor que niños y niñas reciban educación por separado.

8. Modo de hacer de los hijos unos delincuentes:

1º Dadle desde pequeño cuanto desee: así crecerá convencido de que el mundo entero se lo debe todo.

2º Reíd si dice tonterías: así creerá que es muy gracioso.

3º No le deis ninguna formación religiosa: ya la escogerá él cuando sea mayor. Seguramente se quedará sin ninguna.

4º Nunca le digáis «esto está mal»: podría adquirir complejos de culpabilidad; y más tarde, cuando, por ejemplo, sea detenido por robar un coche, estará convencido de que es la sociedad la que le persigue sin motivo.

5º Recoged todo lo que él tire por los suelos; así creerá que todos han de estar a su servicio.

[1] De un informe publicado por la Dirección General de la Policía de Seattle (Washington)

6º Dejad que lo lea todo. Limpiad eso sí, con detergente, y desinfectad la vajilla en que come; pero dejad que su espíritu se recree en cualquier torpeza.

7º Discutid los padres delante de él: así se irá acostumbrando, y cuando la familia esté ya destrozada no se dará ni cuenta.

8º Dadle todo el dinero que quiera: no sea que sospeche que para tener dinero se debe trabajar.

9º Que todos sus deseos estén satisfechos: comer, beber, divertirse...; de otro modo resultaría un frustrado.

10º Dadle siempre la razón: son los profesores, la gente, la ley, la sociedad..., quienes la tienen tomada con el pobre muchacho: no le reprendáis, no sea que se disguste.

Y cuando tu hijo sea ya un desastre, proclamad que nunca pudisteis hacer nada con él[1] .

El pediatra norteamericano. **Dr. Benjamín Spock**, uno de los que más ha influido en la corriente tan en boga hoy día de la pedagogía permisiva, al final de su vida, en una conferencia que dio en la Universidad de Pensilvania, dijo, que tenía que reconocer que se había equivocado, y que por su culpa se había estropeado una generación. Afirmó que la educación debe regirse por normas éticas precisas.

Los hijos mimados y consentidos, a quienes se les da todo lo que quieren, a quienes nunca se les niega nada, quedan traumatizados.

Hay que proponerle objetivos concretos posibles, y no demasiado difíciles. Estudiar el plan de acción para conseguir el objetivo propuesto.

Marcarle un tiempo para las sucesivas etapas.

Ejercitarle en vencerse en cosas pequeñas.

Para educar a los adolescentes, pueden ayudar a los padres estos diez consejos:

1) Escucharle más que hablarle.
2) Exigirle sólo cosas importantes.
3) Razonar las órdenes.
4) No le pongas etiquetas peyorativas: más que decirle «eres un mentiroso», dile: «has dicho una mentira».
5) Hazle razonar sus ideas.
6) No te rías de sus ideas. Muéstrale sus equivocaciones.
7) Tus órdenes claras, concretas. Exigiendo su cumplimiento.
8) No amenaces inútilmente. Exige los castigos impuestos. No lo levantes a no ser por causa razonable.

[1] De un informe publicado por la Dirección General de la Policía de Seattle (Washington)

9) Que los castigos sean proporcionados a la falta.

10) No permitas que te falte al respeto, pero tú tampoco le grites. Háblale con calma.

El psico - pedagogo **Dr. Bernabé Tierno** da estos consejos para educar adolescentes[1] :

1) Respétalo como persona. Trátalo como si ya tuviera las cualidades que desearías de él.

2) Sé tú ejemplo de las virtudes que deseas en él.

3) Admite tus errores y él aprenderá a admitir los suyos.

4) Ejercita tu autocontrol. No pierdas tus nervios, aunque él se salga de tono.

5) Valora sus virtudes, sus esfuerzos, su progreso.

6) Razona tus órdenes. El «ordeno y mando» pone a la defensiva.

7) Ponte en su piel. Trátale como te gustaría ser tratado, si tú fueras él.

8) Fomenta su autodisciplina: no hacer lo que apetece sino lo que es conveniente.

9) Ayúdale a madurar. Las dificultades no son para abatirse sino para afrontarlas.

10) Hazle ver que puede y debe ser feliz. La felicidad está dentro de uno mismo. No depende de las circunstancias exteriores.

Pasos para ser eficaz:

1) Tener claro qué es lo que quiero conseguir.

2) Que este objetivo esté a mi alcance. No empeñarse en coger la Luna con la mano.

3) Escoger los medios adecuados al fin que se pretende.

4) No darse pronto por vencido. Tener tesón y constancia para seguir luchando.

5) Corregir los errores cometidos, y no echar la culpa a los demás o a las circunstancias.

6) Atender a todos los detalles, y no esperar que los demás, o la suerte, solucionen las cosas.

7) No menospreciar a nadie. La persona menospreciada puede sernos decisiva mañana.

8) Orar para que Dios nos ayude en todos los anteriores puntos.

La salud mental es una de las cosas más importantes de la vida. Para la higiene mental que haga posible la madurez psíquica y el equilibrio de la persona, finalidad de toda educación, es necesario:

[1] BERNABÉ TIERNO: Revista FAMILIA HOY, 2 (V-95) 68

a) Autoestima.- Aceptarse uno mismo como es.
Reconocer las propias cualidades y defectos.
No sobrestimarse, considerándose capaz de lo que no es verdad.
Pero tampoco considerarse una persona inútil.
Saber de lo que uno es capaz, y alegrarse de ello.

b) Dominio propio,- Hacer lo que es necesario, conveniente y debido; aunque nos desagrade y sea costoso. Quien rige su vida por lo que le apetece, no es dueño de sí mismo ni de sus actos. Queda al arbitrio de las circunstancias y de las personas. No es lo mismo hacer lo que me gusta, que hacer con gusto lo que debo.
Lo primero no está siempre en mi mano. Lo segundo, sí.

c) Capacidad de soportar contratiempos sin perder la paz, la esperanza y la ilusión.

d) Vivir gozosamente el presente sin angustias por el pasado ni temores del futuro. Haciendo del servicio al prójimo la superación del egoísmo y el ideal de la vida.
Todo esto no se hereda. Es fruto del trabajo, y se aprende en una buena educación[1].

9. Cuando llegue el momento de **elegir estado**, recomendadles lo que parezca más conveniente, sin quitarles la libertad.

Los padres pecan si quitan injustamente la libertad a sus hijos en la elección de estado. Pero sí deben aconsejarles en este punto lo que sea razonable.

Si hay que oponerse a unas relaciones que parecen descabelladas, ser prudentes en no hacer o decir cosas que después pueden ser un obstáculo a las buenas relaciones familiares, si ese matrimonio llega a realizarse, a pesar de la desaprobación de los padres[2].

«Los padres deben acoger y respetar, con alegría y acción de gracias, el llamamiento del Señor a uno de sus hijos para que le siga en la virginidad por el Reino, en la vida consagrada o en el ministerio sacerdotal»[3].

---

[1] Dr.BERNABÉ TIERNO, Psicólogo: Revista EL SEMANAL, 472 (10-XI-96) 100
[2] **Nuevo Catecismo de la Iglesia Católica, nº 2230**
[3] **Nuevo Catecismo de la Iglesia Católica, nº 2233**

10. También entran en este mandamiento las relaciones entre superiores y subordinados, patronos y obreros, etc.

La organización de la sociedad exige que haya quien mande y haya quien obedezca. Por eso, el poder de la autoridad viene de Dios, y también por eso la autoridad debe ejercerse según la ley de Dios. Los que mandan deben hacerlo con justicia y delicadeza; y los que obedecen, con respeto, fidelidad y sumisión.

Lo mismo que los súbditos tienen la obligación de obedecer, las Autoridades tienen la obligación de mandar según la Moral. Es decir, consagrarse a procurar el bien común, no el propio; vigilar que se cumpla la justicia y guardarla a su vez, por ejemplo, otorgando cargos a personas idóneas, y empleando bien el dinero de los ciudadanos, atendiendo a lo más urgente y necesario.

«La implantación en el mundo de la doctrina social de la Iglesia es una aspiración de todo buen cristiano (...)

»Después de la conversión del emperador romano **Constantino** se fueron convirtiendo al cristianismo los diversos pueblos del norte de Europa que culminó con la conversión del sajón **Otón** y la fundación del Sacro Imperio Romano-Germánico, columna vertebral de la Edad Media»[1].

«Durante la Edad Media el orden temporal se estructura según los principios del Evangelio. A esto se denomina **Cristiandad,** término que a partir del siglo IX, entró a integrar el vocabulario corriente»[2].

«La sociedad medieval fue una sociedad anclada en la fe. (...) Lo que creía el aldeano era lo que creía el emperador y el papa»[3].

«La generalidad de los autores coinciden en ver en el siglo XIII el siglo de oro medieval»[4].

Característico de la Edad Media fueron las **Cruzadas** y las **Órdenes Militares.**

«Las Órdenes Militares nacieron con fines no estrictamente militares o guerreros, sino más bien caritativos y benéficos: para proteger y dar morada a los peregrinos. (...) La primera de ellas, cronológicamente hablando, fue la de los Caballeros Hospitalarios de San Juan.(...) La segunda fue la de los Templarios, fundada también para la protección de los peregrinos que llegaban a Tierra Santa»[5]

---

[1] ALFREDO SÁENZ, S.I.: *La cristiandad y su cosmovisión, I, 2, 5.* Ed. Gladius. Buenos Aires.1992

[2] ALFREDO SÁENZ, S.I.: *La cristiandad y su cosmovisión, I, 2, .* Ed. Gladius. Buenos Aires.1992.

[3] ALFREDO SÁENZ, S.I.: *La cristiandad y su cosmovisión, I, 4, .* Ed. Gladius. Buenos Aires.1992.

[4] ALFREDO SÁENZ, S.I.: *La cristiandad y su cosmovisión, I, 3, .* Ed. Gladius. Buenos Aires.1992.

[5] ALFREDO SÁENZ, S.I.: *La cristiandad y su cosmovisión, IV, 3, .* Ed. Gladius. Buenos Aires.1992

Muchos peregrinos morían a manos de los musulmanes que dominaban la zona.

Digamos algo de **Las cruzadas.**

A partir de la fundación del Islam por **Mahoma**, el año 622, empezó el expansionismo de los mahometanos que llegaron hasta Austria y sitiaron a Viena.

Jerusalén fue tomada por **Omar,** que levantó su mezquita en la explanada del templo.

Los musulmanes hostigaban y hasta martirizaban a los cristianos que peregrinaban a Tierra Santa. **Pedro el Ermitaño** peregrinó a Jerusalén, y al ver la triste situación en que se encontraban los Santos Lugares, al volver, convenció al Papa **Urbano II** que era necesario reconquistar los Santos Lugares para que los cristianos pudieran peregrinar a ellos sin peligro de su vida.

El Papa **Urbano II** convocó un concilio en Clermont-Ferrand en 1095 del que surgió la Primera Cruzada.

La consigna de las cruzadas era «Dios lo quiere».

Como en todas las cosas humanas, en las cruzadas se mezclaron las luces con las sombras. Pero tomadas en conjunto fueron la manifestación del espíritu cristiano de la época, y la ocasión de innumerables actos de heroísmo.

Vittorio Messori en su libro *Leyendas negras de la Iglesia,* hablando del Profesor de Historia y Sociología de la Universidad de Bruselas **Moulin,** uno de los intelectuales más prestigiosos de Europa, cita estas palabras: «Haced caso de este viejo incrédulo, que sabe lo que dice: la obra maestra de la propaganda anticristiana es haber logrado crear en los cristianos, sobre todo en los católicos, una mala conciencia, infundiéndoles la inquietud, cuando no la vergüenza, por su propia historia. A fuerza de insistir, desde la Reforma hasta nuestros días, han conseguido convencernos de que sois los responsables de todos, o casi todos, los males del mundo. (...) Habéis permitido que todos os pasaran cuentas, a menudo falseadas, casi sin discutir. No ha habido problema, error o sufrimiento histórico que no se os haya imputado. Y vosotros, casi siempre, ignorantes de vuestro pasado, habéis acabado por creerlo. Hasta el punto de respaldarlos. En cambio, yo (agnóstico, pero también historiador que trata de ser objetivo) os digo que debéis reaccionar en nombre de la verdad. (...) Tras un balance de veinte siglos de cristianismo las luces prevalecen ampliamente sobre las tinieblas»[1].

En el clima de **cristiandad** de su tiempo se explica la **Inquisición.**

[1] VITTORIO MESSORI: *Leyendas negras de la Iglesia , Introducción.* Ed.Planeta+Testimonio.Barc.

No es justo juzgar a la Inquisición con los criterios de hoy. Hay que hacerlo con los criterios de entonces.

«En una sociedad en la que la fe constituía la base y garantía de la convivencia, el que atentaba contra la fe era el equivalente de lo que para nosotros es el terrorista. (...) Actualmente consideramos bienhechores a los que previenen epidemias físicas. Pero cuando se pone en primer lugar la salvación del espíritu, se consideran bienhechores a los que combaten las enfermedades del alma»[1].

11. **La cuestión social** se ha agravado profundamente en nuestro tiempo, por el poco caso que se ha hecho de la doctrina social de la Iglesia[2].

La solución está en que nos convenzamos de que todos somos hermanos, y por lo tanto, debemos ayudarnos mutuamente[3]. El que tiene más debe dar al que tiene menos, pues todos los hombres deben gozar suficiente - pero moderadamente- de los bienes de este mundo.

«El cristiano rico no se regocija de su condición, pues sabe que su riqueza le impone deberes; no ama la riqueza, sino a sus hermanos; y en la riqueza ve un recurso para ayudarles»[4].

Lo que pasa es que muchos que se dan el nombre de cristianos -y con sus obras demuestran que no lo son- no quieren hacer caso de lo que manda la Iglesia.

Pío XI se quejaba amargamente: «es en verdad lamentable que haya habido, y aun ahora haya, quienes llamándose católicos apenas se acuerdan de la sublime ley de la justicia y de la caridad en virtud de la cual nos está mandado no sólo dar a cada uno lo que le pertenece, sino también socorrer a nuestros hermanos necesitados como al mismo **Cristo**.

»Ésos, y esto es lo más grave, no temen oprimir a los obreros por espíritu de lucro.

»Hay, además, quienes abusan de la misma religión y se cubren con su nombre en las exacciones injustas para defenderse de las reclamaciones completamente justas de los obreros. No cesaremos nunca de condenar semejante conducta; esos hombres son la causa de que la Iglesia, inmerecidamente, haya podido tener la apariencia y ser acusada de inclinarse de parte de los ricos, sin conmoverse ante las necesidades y estrecheces de quienes se encontraban como desheredados de su parte de

---

[1] VITTORIO MESSORI: *Algunas razones para creer, XIII.* Ed. Planeta+Testimonio. Barcelona.2000

[2] Para tu formación social y para conocer lo que opina la Iglesia sobre los problemas sociales puede serte muy útil el libro de PEDRO VILACREUS, S.I.: *Orientaciones sociales*. Ed. FAX. Madrid.

[3] **Nuevo Catecismo de la Iglesia Católica, nº 1941**

[4] LECLERCQ: *El cristianismo ante el dinero, VII, 3.* Ed. Casal i Vall. Andorra

bienestar en esta vida»[1].

Jesucristo no se presentó como un nuevo **Espartaco** proclamando la libertad de los esclavos con las armas en la mano.

Jesucristo acabó con la esclavitud, pero no con la fuerza de las armas, sino con la fuerza de su doctrina.

Las injusticias no se vencen con el odio, sino haciendo a los hombres mejores. El odio cambia una injusticia por otra. Lo único que hace mejores a los hombres es el amor al prójimo.

Para hacer mejor a la humanidad, no hay otra doctrina que supere a la de **Jesucristo**:*«pórtate con los demás como quieres que los demás se porten contigo»*[2], *«amaos unos a otros como yo os he amado»*[3].

Convenzámonos que mientras todos -los de arriba y los de abajo- no obedezcamos a nuestra Santa Madre la Iglesia, el mundo no se arreglará. El odio y el egoísmo no pueden sustentar la verdadera paz.

La doctrina social de la Iglesia no es dinamita que destroza, sino levadura que transforma lentamente.

12. **Pío XII** les dijo a los católicos austríacos: «La lucha de clases nunca podrá ser el objetivo de la doctrina social católica»[4].

«Se equivoca -dice **Pío XII** a los trabajadores italianos el 1º de mayo de 1953- quien piensa que sirve a los intereses del obrero con los viejos métodos de la lucha de clases».

Hay que conseguir una colaboración de las clases, basada en la confianza y en el mutuo cumplimiento de los deberes sociales.

Salvador de Madariaga, conocido intelectual republicano, dijo que para los marxistas la lucha de clases no es un medio, sino un fin: en las situaciones en que hay bienestar y paz social, procuran acabar con esto y crear la lucha de clases[5].

Dijo **Juan Pablo II** en Brasil:

«La liberación cristiana usa medios evangélicos y no recurre a ninguna forma de violencia, ni a la dialéctica de la lucha de clases o a la praxis o análisis marxista»[6]...

«La lucha de clases no conduce al orden social porque corre el riesgo de invertir las situaciones de los contendientes, creando nuevas situaciones

---

[1] PIO XI: *Quadragessimo anno, nº 50*

[2] Evangelio de San Mateo, **7**:12

[3] Evangelio de San Juan, **1 3**:34

[4] PÍO XII en el radiomensaje al *Katolikentag* de Viena el 14-IX-52

[5] SALVADOR DE MADARIAGA: *Dios y los españoles, 2º, 4.* Ed. Planeta. Barcelona, 1975

[6] Diario YA del 7-XI-80, pg. 28

de injusticia»...

«Rechazar la lucha de clases es optar decididamente por una noble lucha en favor de la justicia social»...

«El bien común de una sociedad exige que esa sociedad sea justa. Donde falta la justicia, la sociedad está amenazada desde dentro. Eso no quiere decir que las transformaciones necesarias para llevar a una mayor justicia deban realizarse con la violencia, la revolución ni el derramamiento de sangre, porque la violencia prepara una sociedad violenta, y nosotros los cristianos no la podemos admitir. Pero hay transformaciones sociales, a veces profundas, que deben realizarse constantemente, progresivamente, con eficacia, y con realismo, por medio de reformas pacíficas»[1].

La Iglesia, en sus veinte siglos de existencia, ha tenido que vivir en medio de las estructuras sociales más diversas.

Y siempre, en todos los ambientes, ha trabajado por la implantación de la justicia social.

No por medio de una revolución sangrienta, sino por medio de su doctrina y de su influjo.

Y lo mismo que en la antigüedad abolió la esclavitud e instituyó los gremios -verdaderas familias de productores, que tan buenos frutos dieron para el equilibrio social y buena distribución de las riquezas[2] -, así en nuestra época abolirá la injusticia social, consecuencia del capitalismo liberal; y se impondrá la hermandad cristiana que armonice las relaciones entre todos los hombres.

«La igual dignidad de las personas humanas exige el esfuerzo para reducir las excesivas desigualdades sociales y económicas, e impulsa a la desaparición de las desigualdades inicuas»[3].

«La Iglesia se esfuerza por inspirar las actitudes justas en el uso de los bienes terrenos, y en las relaciones socio-económicas»[4].

El cumplimiento de la **doctrina social de la Iglesia**, por parte de todos, hará que patronos y obreros vivan en perfecta concordia y bienestar. Esta colaboración de unos y otros para la implantación de la doctrina de la Iglesia es la que ha de solucionar el problema social.

La Iglesia da las directrices; pero ella sola no puede[5].

---

[1] Diario YA del 28-XI-80, pg. 28

[2] PEDRO VILACREUS, S.I.: *Orientación Sociales, nº 46 y 536-541*. Ed. FAX. Madrid. Libro muy útil para la formación social católica

[3] **Nuevo Catecismo de la Iglesia Católica, nº 1947**

[4] **Nuevo Catecismo de la Iglesia Católica, nº 2420**

[5] **Nuevo Catecismo de la Iglesia Católica, nº 2423**

Necesita la colaboración de todos. Ella da la doctrina, pero las realizaciones dependen de los hombres[1].

La empresa moderna es muy distinta de la del siglo pasado.

Ha avanzado mucho, pero todavía no ha llegado a la meta que desea la Iglesia. Todos debemos colaborar a que siga evolucionando a mejor, hasta dar al elemento humano del trabajo la dignidad que merece.

«El reconocimiento de la dignidad de la persona humana, sujeto de derechos inalienables, se encuentra en los fundamentos de toda la enseñanza social de la Iglesia»[2].

Como dijo el Papa **Pío XI** el capitalismo, en sí, no es malo; pues es necesario para dar trabajo.

Pero «viola el recto orden de la justicia cuando esclaviza al obrero despreciando su dignidad humana»[3].

«Los responsables de las empresas están obligados a considerar el bien de las personas, y no solamente el aumento de las ganancias»[4].

13. «Las empresas económicas son comunidades de personas, es decir, de hombres libres y autónomos, creados a imagen de Dios. Por ello, teniendo en cuenta las diversas funciones de cada uno -propietarios, administradores, técnicos y trabajadores-, y quedando a salvo la necesaria unidad en la dirección, se ha de promover la activa participación de todos en la gestión de la empresa, según formas que habrá que determinar con acierto.

»Con todo, como en muchos casos no es a nivel de empresa, sino en niveles institucionales superiores, donde se toman las decisiones económicas y sociales, de las que depende el porvenir de los trabajadores y de sus hijos, deben los trabajadores participar también en semejantes decisiones por sí mismos o por medio de representantes libremente elegidos.

»Entre los derechos fundamentales de la persona humana debe contarse el derecho a **fundar libremente asociaciones** obreras que representen auténticamente al trabajador y puedan colaborar en la recta ordenación de

[1] **Nuevo Catecismo de la Iglesia Católica, nº 2442**

[2] VON GESTELL, O.P.: *La Doctrina Social de la Iglesia, VI, 9.* Ed. Herder. Barcelona. También este libro es muy útil para la formación social católica

[3] PINARD DE LA BOULLAYE, S.I.: *La persona de Jesús, III,2, nota 7.* Ed. Razón y Fe. Madrid

[4] **Nuevo Catecismo de la Iglesia Católica, nº 2432**

la vida económica, así como también el derecho de participar libremente en las actividades de las asociaciones, sin riesgo de represalias.

»Por medio de esta participación organizada, que está vinculada al progreso en la formación económica y social, crecerá más y más entre los trabajadores el sentido de la responsabilidad, que les llevará a sentirse sujetos activos, según sus medios y aptitudes propias, en la tarea total del desarrollo económico y social del logro del bien común universal.

»En caso de **conflictos económico-sociales** hay que esforzarse por encontrarles soluciones pacíficas.

»Aunque se ha de recurrir siempre primero a un sincero diálogo entre las partes, sin embargo, en la situación presente, **la huelga** puede seguir siendo medio necesario, aunque extremo, para la defensa de los derechos y el logro de las aspiraciones justas de los trabajadores.

»Búsquense, con todo, cuanto antes, caminos para negociar y reanudar el diálogo conciliatorio»[1] .

«La huelga es un método reconocido por la Doctrina Social Católica, como legítimo en las debidas condiciones y en los justos límites. En relación con esto, los trabajadores, deberían tener asegurado el derecho a la huelga sin sufrir sanciones penales personales por participar en ellas.

»Admitiendo que es un medio legítimo, se debe subrayar al mismo tiempo que la huelga sigue siendo, en cierto sentido, un medio extremo. No se puede abusar de él; especialmente en función de "los juegos políticos". Por lo demás, no se puede jamás olvidar que cuando se trata de servicios esenciales para la convivencia civil, éstos han de asegurarse en todo caso, mediante medidas legales apropiadas, si es necesario.

»El abuso de la huelga puede conducir a la paralización de toda la vida socio-económica, y esto es contrario a las exigencias del bien común de la sociedad»[2] .

La admisión de la huelga no legitima el empleo de medios injustos de presión huelguista como la calumnia, la mentira, las amenazas contra las personas, el sabotaje, y, en general, los medios llamados de acción directa.

Se requiere asimismo que la huelga no vaya más lejos de lo que sea necesario para conseguir la finalidad de reparación de la injusticia o consecución de la mejora justamente pretendida.

«La huelga resulta moralmente inaceptable cuando va acompañada de violencias, o también cuando se lleva a cabo en función de objetivos no directamente vinculados con las condiciones de trabajo, o contrarios al

[1] Concilio Vaticano II: *Gaudium et Spes*: Constitución sobre la Iglesia en el mundo actual, nº 68

[2] JUAN PABLO II: Encíclica *Laborem exercens, nº 20*

bien común. El beneficio a obtener debe ser proporcionado a los males que ocasiona»[1]

«Nadie está obligado en conciencia a tolerar la injusticia cometida contra él. Obran rectamente las personas que defienden sus propios derechos, respetando siempre los derechos de los demás.

»Frente a la injusticia cabe, pues, una legítima oposición. Esta acción en contra de la injusticia establecida es tarea propia tanto de la Autoridad Pública como de los ciudadanos.

»El Estado mantiene el orden justo principalmente mediante las leyes, la fuerza publica y la acción de los tribunales.

»Los ciudadanos disponen de dos medios extraordinarios para oponerse a la injusticia social: la huelga y, en casos extremos, la revolución»[2].

14. «Mucho más extrema que la huelga, por la complejidad de implicaciones de todo orden que lleva consigo, es **la revolución** como recurso de oposición a la injusticia, no limitado ya al campo económico, sino insertado en la línea política.

»La doctrina tradicional católica ha reconocido siempre su legitimidad, cuando se dan determinadas condiciones, como instrumento para liberarse de la injusticia padecida por un pueblo, y siempre que su puesta en marcha represente un mal menor comparado con las consecuencias desastrosas provocadas por el régimen de injusticia establecido en la sociedad»[3].

Y que se hayan agotado todos los otros recursos, haya esperanza fundada de éxito, y sea imposible prever razonablemente soluciones mejores[4].

A esta posibilidad se refería **Pablo VI** en la *Populorum Progressio* (nº 30 y 31): «Hay situaciones cuya injusticia clama al cielo. Cuando poblaciones enteras, faltas de lo necesario, viven en una tal dependencia que les impide toda iniciativa y responsabilidad, lo mismo que toda posibilidad de promoción cultural y de participación en la vida social y política, es grande la tentación de rechazar con la violencia tan graves injurias contra la dignidad humana.

»Sin embargo, como es sabido, la insurrección revolucionaria, salvo en el caso de tiranía evidente y prolongada que atentase gravemente a los derechos fundamentales de la persona y dañase peligrosamente al bien

[1] **Nuevo Catecismo de la Iglesia Católica, nº 2435**
[2] Libro básico del creyente hoy, XXXVI, 3s. Ed. PPC. Madrid, 1970
[3] Libro básico del creyente hoy, XXXVI, 4. Ed. PPC. Madrid, 1970
[4] **Nuevo Catecismo de la Iglesia Católica, nº 2243**

común del país, engendra nuevas injusticias, introduce nuevos desequilibrios y provoca nuevas ruinas. No se puede combatir un mal real al precio de un mal mayor».

Pablo VI, en la tradicional audiencia colectiva del primero de año al Cuerpo Diplomático acreditado ante la Santa Sede, les dijo en 1967, hablando de la justicia social:

«La Iglesia no puede aprobar a quienes pretenden alcanzar este objetivo tan noble y legítimo a través de la subversión violenta del derecho y del orden social. La Iglesia tiene conciencia, es cierto, de adoptar con su Doctrina, una revolución, si con este término se entiende un cambio de mentalidad, una modificación profunda de la escala de valores.

»Tampoco ignora la fuerte atracción que la idea de revolución, entendida en el sentido de un cambio brusco y violento, ejerce en todo tiempo en algunos espíritus ávidos de lo absoluto, de una solución rápida, enérgica y eficaz, como ellos piensan, del problema social, y con gusto en ella verían la única vía que conduce a la justicia.

»En realidad, la acción revolucionaria engendra ordinariamente toda una serie de injusticias y de sufrimientos, porque la violencia desencadenada es difícil de controlar y actúa tanto contra las personas como contra las estructuras. No es, por tanto, a los ojos de la Iglesia, una solución apta para remediar los males de la sociedad»[1].

«He aquí otro criterio fundamental que ha de orientar la acción de los católicos en la sociedad: la Iglesia no prohíbe, sino que recomienda a sus fieles que colaboren con todos los hombres de buena voluntad en la construcción de una sociedad más justa»[2].

«No corresponde a los pastores de la Iglesia intervenir directamente en la actividad política y en la organización de la vida social. Esta tarea forma parte de la vocación de los seglares»[3].

«La diversidad de regímenes políticos es legítima con tal que promuevan el bien de la comunidad»[4].

«La autoridad sólo se ejerce legítimamente si busca el bien común del grupo en cuestión y si, para alcanzarlo, emplea medios moralmente lícitos.

»Si los dirigentes proclamasen leyes injustas o tomasen medidas contrarias al orden moral, estas disposiciones no pueden obligar en

[1] Diario YA del 8-I-67

[2] Concilio Vaticano II: *Apostolicam Actuositatem*: Decreto sobre el Apostolado de los Seglares, n.14

[3] **Nuevo Catecismo de la Iglesia Católica nº 2442**

[4] **Nuevo Catecismo de la Iglesia Católica nº 1922**

conciencia»[1].

«El ciudadano tiene obligación, en conciencia, de no seguir las prescripciones de las autoridades civiles cuando estos preceptos son contrarios a las exigencias del orden moral, a los derechos fundamentales de las personas o a las enseñanzas del Evangelio, pues dice la Biblia[2] que *«hay que obedecer a Dios antes que a los hombres»*[3].

«El bien común comporta tres elementos esenciales: el respeto y la promoción de los derechos fundamentales de la persona; la prosperidad o el desarrollo de los bienes espirituales y temporales de la sociedad; y la paz y la seguridad del grupo y de sus miembros»[4].

«Todos los hombres gozan de una misma dignidad»[5].

Los ateos atacan al cristianismo como alienación que atrofia la iniciativa y el trabajo del hombre[6].

Piensan que el fenómeno religioso es alienante, porque creen que la afirmación de la existencia de Dios aparta al creyente del empeño por la realización del mundo y del hombre, pues lo engaña con la utopía de un paraíso futuro.

Pero no es así.

El plan de Dios y el Evangelio dicen que «el hombre es responsable de su desarrollo lo mismo que de su salvación»[7].

El cristianismo «enseña que la importancia de las tareas terrenas no es disminuida por la esperanza del más allá»[8]. «Por el contrario, obliga a los hombres aún más a realizar estas actividades»[9].

«La obra redentora de **Cristo**, aunque de suyo se refiere a la salvación de los hombres, se propone también la restauración de todo el orden temporal»[10].

«Pertenece a la misión de la Iglesia emitir un juicio moral sobre las cosas que afectan al orden político cuando lo exijan los derechos fundamentales de la persona o la salvación de las almas»[11].

---

[1] **Nuevo Catecismo de la Iglesia Católica nº 1903**
[2] Hechos de los Apóstoles, 5 :29
[3] **Nuevo Catecismo de la Iglesia Católica nº 2242**
[4] **Nuevo Catecismo de la Iglesia Católica nº 1925**
[5] **Nuevo Catecismo de la Iglesia Católica nº 1934**
[6] Concilio Vaticano II: *Gaudium et spes*: Constitución sobre la Iglesia en el mundo actual nº10
[7] PABLO VI: Encíclica *Populorum Progressio*
[8] Concilio Vaticano II: *Gaudium et spes:* Constitución sobre la Iglesia en el mundo actual, nº 20
[9] Concilio Vaticano II: *Gaudium et spes:* Constitución sobre la Iglesia en el mundo actual, nº 34
[10] Concilio Vaticano II: *Apostolicam Actuositatem:* Decreto sobre el apostolado de los seglares, nº5
[11] **Nuevo Catecismo de la Iglesia Católica, nº 2246**

66,14

«La Iglesia, como heredera de la doctrina y de la misión de **Cristo**, tiene que juzgar, desde el punto de vista moral, las actividades de los hombres. Tiene que dar a sus miembros, por medio de sus maestros, orientaciones morales para que en toda su vida, tanto privada como pública, puedan proceder conforme a la doctrina del Evangelio»[1].

Es evidente que la Iglesia, en cuanto tal, no tiene la función de **edificar el mundo temporal**[2].

Pero «se equivocan los cristianos que consideran que pueden descuidar las tareas temporales, sin darse cuenta que la propia fe es un motivo que les obliga al más perfecto cumplimiento de todas ellas, según la vocación personal de cada uno»[3].

«El plan de Dios sobre el mundo es que los hombres instauren con espíritu de concordia el orden temporal y lo perfeccionen sin cesar»[4].

«El cristiano que falta a sus obligaciones temporales, falta a sus deberes con el prójimo, falta sobre todo a sus obligaciones para con Dios y pone en peligro su eterna salvación»[5].

Los seglares no pueden limitarse a trabajar por la edificación del Pueblo de Dios o la salvación de su alma para la eternidad, sino que han de empeñarse en la instauración cristiana del orden temporal.

Por su situación en el mundo, los seglares son los responsables directos de la presencia eficaz de la Iglesia en cuanto a la organización de la sociedad en conformidad con el espíritu del Evangelio.

«Cuando la Autoridad Pública, rebasando su competencia, oprime a los ciudadanos, éstos no deben rehuir las exigencias objetivas del bien común; les es lícito defender sus derechos y los de sus conciudadanos contra el abuso de tal autoridad, guardando los límites que señala la ley natural y evangélica»[6].

La denuncia por la denuncia no vale, y menos todavía la denuncia por el sensacionalismo a estilo periodístico.

La denuncia es para la corrección del mal. La prudencia aconsejará si es o no conveniente.

Se han presentado ocasiones en que la jerarquía eclesiástica quería denunciar públicamente situaciones de opresión e injusticia, especialmente

[1] ANTONIO ARZA, S.I.:*Preguntas y respuestas en cristiano, pg.118.* Ed. Mensajero. Bilbao.1982

[2] **Nuevo Catecismo de la Iglesia Católica, nº 2245**

[3] Concilio Vaticano II: *Gaudium et spes:* Constitución sobre la Iglesia en el mundo actual, nº 43

[4] Concilio Vaticano II: *Apostolicam Actuositatem*: Decreto sobre el apostolado de los seglares, nº7

[5] Concilio Vaticano II: *Gaudium et spes:* Constitución sobre la Iglesia en el mundo actual, nº 43

[6] Concilio Vaticano II: *Gaudium et spes:* Constitución sobre la Iglesia en el mundo actual, nº 74

Pío XII y los judíos

en países comunistas, y los cristianos de estos países han pedido que no lo hicieran, porque habría represalias que crearían una situación peor.

Un caso histórico se dio cuando la persecución hitleriana a los judíos; muchos querían que el Papa protestase públicamente.

Y fue mucho más eficaz su trabajo en comisiones y delegaciones, consiguiendo la libertad de muchos judíos. Hecho que fue reconocido y agradecido públicamente por los mismos.

El historiador jesuita francés, **Pierre Blet,** que ha publicado, en doce volúmenes, los documentos de la Segunda Guerra Mundial conservados en los Archivos Vaticanos, en los que se manifiesta la gran labor humanitaria de **Pío XII** en favor de los judíos, pero guardando silencio ante el genocidio, dice: «El silencio de **Pío XII** salvó a muchos judíos de morir en el Holocausto». «**Pío XII** salvó 800.000 judíos»[1].

«Su denuncia habría impulsado a **Hitler** a agravar la suerte de los judíos»[2] .

Pío XII pensaba hacer una declaración en favor de los judíos, pero la Cruz Roja se lo desaconsejó, pues **Hitler** solía responder aumentando la represión[3].

Un lider judío italiano apoyó el silencio de **Pío XII**. Afirma:«Mis padres se salvaron al encontrar refugio en un convento». «Creo que **Pío XII** sólo podía actuar de la manera en que lo hizo. Sabía que si hubiera tomado una posición oficial contra **Hitler** las persecuciones se dirigirían también contra los católicos».

Estas han sido las declaraciones de **Massimo Caviglia,** director de la revista *«Shalom»*, el mensual más difundido y autorizado de la comunidad hebrea italiana. Según **Caviglia**, el auténtico espíritu del **Papa Pacelli (Pío XII)** está comprobado por el hecho de que, «en privado, ayudó a los hebreos, dándoles asilo en las estructuras eclesiásticas. Mis padres se salvaron al encontrar refugio en un convento»[4] .

«La relación del Papa **Pacelli** con el judaísmo se convierte cíclicamente en actualidad. Algunos sectores le acusan de haber guardado «silencio» durante el Holocausto. Por su parte, **Juan Pablo II** siempre ha defendido la labor de su predecesor, hasta el punto de que ha alentado su causa de beatificación.

Para arrojar nueva luz sobre el argumento, sale en estos momentos la edición italiana del libro de sor **Margherita Marchione** en el que se recogen testimonios de judíos salvados por la Iglesia y el pontífice en

[1] Diario ABC de Madrid del 13-IX-99, pg.34
[2] Diario ABC de Madrid del 28-III-98, pg.72
[3] Diario ABC de Madrid del 13-IX-99, pg.34
[4] Boletín informativo del Vaticano en INTERNET: Zenit,980324-3

aquellos años oscuros. **Pío XII** «hizo todo lo posible», explica la religiosa. «Basta citar al comisario de la Unión de las Comunidades Israelitas Italianas,quien en "L'Osservatore Romano" del 8 de septiembre de 1945 dice textualmente: "En primer lugar, ofrecemos un reverente homenaje de reconocimiento al Sumo Pontífice, a los religiosos y a las religiosas que, aplicando las orientaciones del Santo Padre, no han visto en los perseguidos a hebreos, sino a hermanos"».

Renzo de Felice, uno de los historiadores más rigurosos de Italia, hizo la lista de los 150 monasterios de la ciudad de Roma en la que se encontraban escondidos los judíos para defenderse de la ocupación nazi.

La autora del libro no tiene la menor duda: «ante el drama del genocidio, **Pío XII** no fue un espectador impasible». La documentación que lo atestigua es monumental. «Existen doce volúmenes de documentos del archivo vaticano en el que se ofrece la prueba de que el Santo Padre hizo todo lo que era posible y que los judíos quedaron sumamente agradecidos»[1].

El padre jesuita **Peter Gumpel**, catedrático emérito de la Universidad Gregoriana y relator de la causa de beatificación de **Pío XII,** reveló de manera muy precisa: «Al final de la guerra todas las grandes organizaciones judías del mundo, los rabinos jefes de Jerusalén, de Nueva York, de Dinamarca, de Bulgaria, de Rumanía, de Roma, y miles de judíos que sobrevivieron a la persecución manifestaron su aprecio y su gran estima por lo que había hecho por ellos **Pío XII**»[2]. Precisamente el rabino-jefe de Roma, **Israel Zolli,** que se bautizó cristiano en 1965, tomo el nombre de **Eugenio** en homenaje a **Pío XII** que se llamaba **Eugenio Pacelli**[3].

Dice el **P.Gumpel:** «Creo que no existe en el mundo una figura pública que haya recibido tantas muestras de agradecimiento y reconocimiento por parte de la comunidad judía como **Pío XII**».

La editorial Planeta-Testimonio Ha publicado un libro de **Antonio Gaspari** titulado *Los judíos, Pío XII y la leyenda negra* con la historia de los hebreos salvados del HOLOCAUSTO por la Iglesia.

Según el historiador **Peter Gumpel**, fuentes judías confirman que **Pío XII,** con su intervención, salvó a 800.000 hebreos[4].

James Bogle dice que el diplomático israelí **Pinchas Lapide** alabó al Papa **Pío XII** en su libro *The Last Three Popes and the Jews.* **Lapide** mostró que el Papa salvó más vidas judías que todas las potencias aliadas

---

[1] ZENIT. Boletín informativo del Vaticano en INTERNET: ZS99031209

[2] ZENIT. Boletín informativo del Vaticano en INTERNET: ZS99031501

[3] Diario ABC de Madrid del 13-IX-99, pg.34

[4] Diario ABC de Madrid del 14-XI-98, pg.83

juntas[1].

Existe una actitud de prudencia. Muchas veces se da el nombre de prudencia a la cobardía; eso es malo. Pero la temeridad agresiva puede tomar el nombre de valor, y también es malo.

Si queremos que la denuncia sea eficaz tenemos que hacerla primeramente con toda la verdad, es decir, que sea verdad lo que denunciamos y estar ciertos de que estamos en la verdad. En segundo lugar, con la verdad de las motivaciones, es decir, que la hagamos por amor a los perjudicados y con amor a los que perjudican.

Hoy se habla mucho de los **derechos humanos.**

Todos los aceptan.

Pero no todos los cumplen.

Los derechos humanos se basan en el dignidad de la persona humana. Y la Iglesia es la que más valora al hombre, pues para Ella es hijo de Dios[2].

La Doctrina Social Católica **ha influido mucho** en las realizaciones sociales a lo largo de la Historia.

Por citar las más modernas podríamos decir lo siguiente:

La primera ley sobre el descanso dominical, aprobada por el Parlamento francés, fue propuesta por diputados católicos.

El primer comité o consejo de empresa, fue instituido en 1885 por el empresario católico francés **León Harmel**, en su fábrica Val-des-Bois.

La primera Caja de Compensaciones de Subsidios familiares fue establecida en 1900 por el empresario católico francés **Romanet.**

La implantación obligatoria del Seguro de Enfermedad fue propuesta en 1900 en Francia por el sacerdote **Lemir**.

No es cierto, por tanto, que los católicos hayamos llegado siempre tarde[3].

«La restauración cristiana de la sociedad, como uno de los objetivos de la misión de la Iglesia en el mundo, no significa que sean los cristianos, ni los católicos los únicos capaces de respetar los derechos de la persona humana, de defender la legítima libertad de los pueblos o de instaurar un régimen de justicia. Hay hombres, incluso no creyentes, que aspiran a conseguir los mismos objetivos. El esfuerzo de la Iglesia no se contrapone, sino que se suma, a los esfuerzos de estos hombres de buena voluntad, y

[1] JAMES BOGLE London EC4. De fidelis@teleline.es

[2] AURELIO FERNÁNDEZ: *Compendio de Teología Moral, 3ª, VII,1,2,b.* Ed. Palabra. Madrid. 1995

[3] FERNANDO GUERRERO: *La Doctrina Social de la Iglesia.* Revista SILLAR, 13 (III-84) 75

los católicos comparten con ellos el afán y los proyectos para construir una ciudad secular más libre, más justa, más humanizada, más habitable para el hombre, de manera que todos contribuyan a realizar en el mundo el plan de Dios»[1] . Por esto afirma el Vaticano II: «El Concilio aprecia con el mayor respeto cuanto de verdadero, de bueno y de justo se encuentra en las variadísimas instituciones fundadas ya, o que incesantemente se fundan, en la humanidad. Declara, además, que la Iglesia quiere ayudar y fomentar tales instituciones en lo que de ella dependa, y pueda conciliarse con su misión propia. Nada desea tanto como desarrollarse libremente, en servicio de todos, bajo cualquier régimen político que reconozca los derechos fundamentales de la persona y de la familia, y los imperativos del bien común»[2].

Hagamos los hombres mejores si queremos un mundo mejor. Para cambiar el mundo no basta cambiar las estructuras.

«Es cierto que un mundo injusto dificulta gravemente el cambio de personas. Pero sería una coartada atribuir todo el mal a unas imperson estructuras que serían el chivo expiatorio de todos nuestros erro personales. **Jesús** coloca como primario y fundamental el tema de la responsabilidad personal de cada hombre en ese cambio necesario»[3].

El 30 de diciembre de 1987, **Juan Pablo II** publicó la séptima de sus encíclicas titulada *Sollicitudo rei socialis*, es decir, «preocupación por la cuestión social».

El hombre materialista ha levantado un altar a los ídolos del dinero, el sexo y el poder. En su adoración corre tras la felicidad sin conseguirla.

Como los galgos que corren tras la liebre mecánica sin alcanzarla jamás.

O como el que corre tras su sombra para alcanzarla sin poder conseguirlo. Al barrer a Dios de la vida cruje la familia, fracasa el matrimonio, la juventud se esclaviza de la lujuria, y muchos negocios se convierten en bandas de ladrones. Sólo Dios da motivación eficaz para la honradez y la virtud. La honradez sin Dios es excepcional.

Para moralizar la vida vale más el catecismo que la policía.

Después de la Primera Guerra Mundial, uno de los escritores más célebres de Italia, **Papini,** que había sido ateo, anarquista y anticatólico, se convirtió al catolicismo, y en su *Historia de Cristo* describe el mundo moderno idolatrando al dinero, la inmoralidad y el egoísmo.

---

[1] Libro básico del creyente hoy : XVI, 2. Ed. PPC. Madrid. 1970

[2] Concilio Vaticano II: *Inter mirifica*: Decreto sobre los medios de comunicación social, nº 42

[3] JOSÉ LUIS MARTÍN DESCALZO: *Vida y misterio de Jesús de Nazaret, 2º, VI, 3, d*. Ed. Sígueme. Salamanca

Sin **Cristo** los hombres se convierten en fieras que se devoran unas a otras. Al final de su libro tiene una conmovedora oración a **Cristo:**

«**Cristo**, vuelve, que te necesitamos.

- El que tiene hambre te necesita a Ti: Pan de vida eterna.
- El que tiene sed, te necesita a Ti: que das agua de vida eterna.
- El que busca lo bello te busca a Ti: Hermosura eterna.
- El que busca la verdad te busca a Ti: Verdad eterna.
- El que busca la paz te busca a Ti: el único que da la Paz verdadera.

¡Todos claman por Ti, **Cristo**! ¡Ven Señor **Jesús**! ¡Te necesitamos!

Muchos están rodeados por el cristianismo, pero éste no ha penetrado en su corazón de piedra: como el canto rodado sumergido en el arroyo, que si lo partes, por dentro está seco porque el agua no le ha calado.

15. «Todos los hombres tienen **el derecho y el deber** de trabajar. Muchos hombres desearían trabajar pero no pueden. Uno de los problemas actuales más graves es el paro, o falta de puestos de trabajo»[1] .

«El derecho al trabajo es un bien de la Humanidad que hay que compartir.

»Es necesario que los cristianos nos esforcemos para lograr que todos los hombres tengan en la sociedad un puesto de trabajo dignamente retribuido; que el trabajo sea cual fuere, no constituya para nadie una humillación; y que cada hombre, encuentre, en lo posible, el trabajo más adecuado a sus capacidades y vocación»[2] .

Muchos que exaltan su libertad como el supremo de los valores, después se quejan cuando sus derechos son arrollados por otro que en nombre de su propia libertad no le respeta a él[3] .

El trabajo del hombre debe ser humano.

Es decir, que dignifique al hombre que lo realiza, no que lo deshumanice, como puede ocurrir en algunos trabajos en los que el hombre se convierte en una pieza más de la máquina.

El trabajo humano debe dejar un margen a la inteligencia del hombre.

Y en los trabajos insalubres y peligrosos se deben tomar las medidas de seguridad e higiene adecuadas para proteger al trabajador; así como la retribución proporcionada y el descanso requerido.

16. Oigamos la doctrina de los Papas sobre **salarios**:

---

[1] **Nuevo Catecismo de la Iglesia Católica, nº 2433**

[2] Conferencia Episcopal Española: *Ésta es nuestra fe, 2ª, III, 7, 2, 2, d.* EDICE. Madrid, 1986

[3] STANLEY JAKI: *Ciencia, Fe, Cultura, VII, 5,pg. 181*

«No puede decirse que se haya satisfecho a la justicia social, si los obreros no tienen asegurado su propio sustento y el de sus familias, con un salario proporcionado a este fin; si no se les facilita la ocasión de adquirir alguna modesta fortuna, previniendo así la plaga del pauperismo universal; si no se toman precauciones en su favor, con seguros públicos y privados, para el tiempo de la vejez, de la enfermedad y de paro.

»En una palabra, para repetir lo que dijimos en nuestra encíclica *Quadragessimo anno*: "La economía social estará sólidamente constituida y alcanzará sus fines, sólo cuando a todos y a cada uno se provea de todos los bienes que las riquezas y subsidios naturales, y la técnica y la constitución social de la economía pueden producir".

»Estos bienes deben ser suficientemente abundantes para satisfacer las necesidades y honestas comodidades, y elevar a los hombres a aquella condición de vida más feliz que, administrada prudentemente, no sólo no impide la virtud, sino que la favorece en gran manera»[1].

Pío XII, en su alocución del 13 de junio de 1943 a 20.000 obreros italianos, reunidos en el Vaticano, dijo cuál debería ser el salario integral:

«Un salario que asegure la existencia de la familia, y sea tal que haga posible a los padres el cumplimiento de su deber natural de criar una prole sanamente alimentada y vestida; una habitación digna de personas humanas; la posibilidad de procurar a los hijos una suficiente instrucción y una educación conveniente; la de mirar y adoptar providencias para los tiempos de estrechez, enfermedad y vejez».

Juan XXIII, en su encíclica *Mater et Magistra*, dice: «Una profunda amargura embarga nuestro ánimo ante el espectáculo inmensamente triste de innumerables trabajadores a los cuales se les da un salario que los somete a ellos y a sus familias a condiciones de vida infrahumana»[2].

El Concilio Vaticano II haciendo suyas unas palabras de **Juan XXIII** en su encíclica *Mater et Magistra*, dice:

«La remuneración del trabajo debe ser suficiente para permitir al hombre y a su familia una vida digna en el plano material, social, cultural y espiritual, teniendo presentes el puesto de trabajo y la productividad de cada uno, así como las condiciones de la empresa y el bien común»[3].

«Aunque existen diversidades justas entre los hombres, sin embargo, la igual dignidad de la persona exige que se llegue a una situación social más humana y más justa. Resulta escandaloso el hecho de las excesivas desigualdades económicas y sociales que se dan entre los miembros o los pueblos de una misma familia humana. Son contrarias a la justicia social, a

---

[1] PIO XI: Encíclica *Divini Redemptoris, nº 52*

[2] JUAN XXIII: Encíclica *Mater et Magistra, nº 68*

[3] Concilio Vaticano II: *Gaudium et Spes*: Constitución sobre la Iglesia en el mundo actual, nº 67

la equidad, a la dignidad de la persona humana y a la paz social e internacional»[1] . Si el padre de familia tiene obligación de mantenerla, esto supone el derecho de disponer de los medios necesarios para ello[2] .

Juan Pablo II en su encíclica *Laborem exercens* dice: «Una justa remuneración por el trabajo de la persona adulta, que tiene responsabilidades de familia, es la que sea suficiente para fundar y mantener dignamente una familia y asegurar su futuro. Tal remuneración puede hacerse bien sea mediante el llamado salario familiar, es decir, un salario único dado al cabeza de familia por su trabajo y que sea suficiente para las necesidades de la familia, sin necesidad de hacer asumir a la esposa un trabajo retribuido fuera de casa, bien sea mediante otras medidas sociales, como subsidios familiares o ayudas a la madre que se dedica exclusivamente a la familia; ayudas que deben corresponder a las necesidades efectivas, es decir, al número de personas a su cargo durante todo el tiempo en que no esté en condiciones de asumir dignamente la responsabilidad de la propia vida».

El 1º de mayo de 1991, el **Papa Juan Pablo II** firmó una encíclica en el Centenario de la *Rerum Novarum* de **León XIII**. La *Rerum Novarum* tuvo notable influencia en numerosas reformas introducidas entre los últimos años del siglo XIX y los primeros del XX en los sectores de la previsión social, seguros de enfermedad y accidente, pensiones, etc..

Aunque reconoce el Papa que el logro de estas mejoras no sólo se ha debido al influjo de la Iglesia.

Ya **León XIII** en la *Rerum Novarum* después de acusar las injusticias sociales de su tiempo vio que el socialismo perjudicaba a quienes pretendía ayudar (nº 12). La experiencia de los años posteriores lo ha confirmado con el hundimiento del marxismo en países del este europeo, donde muchedumbres eran explotadas y oprimidas por el totalitarismo comunista (nº 19).

El hundimiento del marxismo empezó en Polonia y siguió por el centro y el este de Europa (1989-1990). Ha sido espectacular el fracaso económico del marxismo. La URSS después de setenta años de comunismo no ha conseguido un nivel económico para el pueblo como se ha conseguido en la Europa occidental.

En los países en que se ha dado una libertad económica, negada por el comunismo, se ha conseguido un resultado material próspero y, en algunos casos, portentoso; se ha abierto una amplia franja de clase media acomodada; se ha elevado la media de renta «per cápita»; se han podido, incluso, organizar ayudas a otros países menos desarrollados.

[1] Concilio Vaticano II: *Gaudium et Spes:* Constitución sobre la Iglesia en el mundo actual, nº 29

[2] BALTASAR PÉREZ ARGOS, S.I.: *Política básica, 1ª, III, 4.* Ed. Fe Católica. Madrid.

La Confederación Europea de Sindicatos (CES) en su VII Congreso celebrado en Luxemburgo del 13 al 17 de mayo de 1991, ha dicho de la encíclica *Centesimus annus* del Papa **Juan Pablo II** :«La CES constata que los valores fundamentales y los ideales del movimiento sindical europeo se reencuentran en la nueva encíclica».

17. En la encíclica *Laborem exercens* dice **Juan Pablo II**: «La experiencia confirma que hay que esforzarse por la **revalorización social** de las funciones maternas, de la fatiga unida a ellas y de la necesidad que tienen los hijos de cuidados, de amor y de afecto para poderse desarrollar como personas responsables, moral y religiosamente maduras, y psicológicamente equilibradas. Será un honor para la sociedad hacer posible a la madre, sin obstaculizar su libertad, sin discriminación psicológica o práctica, sin dejarle en inferioridad ante sus compañeras, dedicarse al cuidado y a la educación de los hijos, según las necesidades diferenciadas de la edad. El abandono obligado de tales tareas, por una ganancia retribuida fuera de casa, es incorrecto desde el punto de vista del bien de la sociedad y de la familia, cuando contradice o hace difícil tales cometidos primarios de la misión materna».

El Papa **Juan Pablo II**, en su discurso al Consejo Pontificio de la Familia, ha propuesto a políticos y empresarios que deben estudiar el modo de que el ama de casa tenga un sueldo para que pueda atender mejor a su labor de educación y de madre sin tener que recurrir a un trabajo fuera de casa[1] .

«Es un hecho que en muchas sociedades las mujeres trabajan en casi todos los sectores de la vida. Pero es conveniente que ellas puedan desarrollar plenamente sus funciones según su propia índole, sin discriminaciones y sin exclusión de los empleos para los que están capacitadas, pero sin perjudicar al mismo tiempo sus aspiraciones familiares y el papel específico que les compete para contribuir al bien de la sociedad junto con el hombre. La verdadera promoción de la mujer exige que el trabajo se estructure de manera que no deba pagar su promoción con el abandono del carácter específico propio y en perjuicio de la familia en la que como madre tiene un papel insustituible»[2] .

18. «La política de rentas, además de sus aspectos puramente técnicos, abarca problemas profundamente humanos que suponen la orientación de toda actividad productiva al servicio del hombre, y, además, una acción inteligente y enérgica en favor de las categorías sociales más

[1] ABC de Madrid del 26-III 94. Pg.77

[2] JUAN PABLO II: Encíclica *Laborem exercens, nº 19*

desheredadas, con el fin de que también éstas puedan tener acceso a una participación de la renta cada vez más justa, en conformidad con las aspiraciones fundadas en la dignidad y en la vocación de la persona humana»[1] . Dice **Santo Tomás**: «En toda sociedad bien organizada ha de haber la abundancia de bienes materiales que son necesarios para la práctica de la virtud»[2]

«Bajo esta luz adquieren un significado de relieve particular las numerosas propuestas hechas por expertos en la Doctrina Social Católica y también por el supremo Magisterio de la Iglesia. Son propuestas que se refieren a la copropiedad de los medios de trabajo, a la participación de los trabajadores en la gestión, y en los beneficios de la empresa, al llamado **"accionariado"** del trabajo y otras semejantes»[3] .

19. La Iglesia **exige a los propietarios** que, en virtud de la función social de los bienes económicos, den -según sus posibilidades- al que no tiene lo suficiente para vivir honestamente.

Pero también exige que el obrero trabaje con nobleza y entusiasmo, para que un aumento en la producción y una economía floreciente hagan posible una elevación material y cultural de las clases económicamente débiles. Éste es el constante anhelo de la Iglesia.

Pío XII ha repetido una y otra vez que es necesario implantar una más justa distribución de la riqueza. Ha llamado a este problema el punto fundamental de la cuestión social y ha pedido a los cristianos que, aunque sea a costa de sacrificios, hagan esfuerzos para que una más justa distribución de las riquezas lleve a la práctica la doctrina social de la Iglesia[4] . «El acceso de todos a los bienes necesarios para una vida humana -personal y familiar- digna de este nombre, es una primera exigencia de la justicia social»[5] .

«**La propiedad privada** o un cierto dominio sobre los bienes materiales aseguran a cada cual una zona absolutamente necesaria para su autonomía personal y familiar, y deben ser considerados como una prolongación de la libertad humana»[6] .

Pero «el derecho a la propiedad privada, adquirida o recibida de modo

---

[1] PABLO VI a la XXV Semana Social de España celebrada en Zaragoza en 1966

[2] SANTO TOMÁS DE AQUINO: *De regimine principum, 1, I, XV.*

[3] JUAN PABLO II: Encíclica *Laborem exercens, nº 14*

[4] **Nuevo Catecismo de la Iglesia Católica nº 2403**

[5] Sagrada Congregación Vaticana para la Doctrina de la Fe: Instrucción sobre Libertad Cristiana y Liberación, nº 88

[6] Concilio Vaticano II: *Gaudium et Spes*: Constitución sobre la Iglesia en el mundo actual , nº 71

justo no anula la donación original de la tierra al conjunto de la humanidad»[1].

Pablo VI ha dicho en su encíclica *Populorum Progressio*: «La propiedad privada no constituye para nadie un derecho incondicional y absoluto. No hay ninguna razón para reservarse en uso exclusivo lo que supera la propia necesidad, cuando a otros les falta lo necesario»[2].

«Los bienes creados deben llegar a todos en forma justa, según la regla de la justicia inseparable de la caridad. Todos los demás derechos, comprendido el de la propiedad, a ello están subordinados»[3].

También «es necesaria la solidaridad entre las naciones»[4].

Aquí entraría la llamada **Deuda Externa**, por la cual los países ricos hacen préstamos a los países pobres con unos intereses abusivos, con lo cual en lugar de resultar una ayuda para los países subdesarrollados, resulta para ellos una esclavitud económica. No les es posible salir del pozo de la pobreza.

El Papa Juan Pablo II en su encíclica *Laborem exercens* señala la posición que los cristianos tenemos ante el denominado sistema capitalista y ante el sistema colectivista:

El «rígido capitalismo» que considera la propiedad y posesión de los bienes materiales como un derecho absoluto de la persona, sin limitaciones, debe ser sometido continuamente a revisión desde la perspectiva de los derechos del hombre en la teoría y en la práctica.

El sistema colectivista considera que sólo el Estado tiene el derecho exclusivo de propiedad sobre los medios de producción, de los individuos y de la sociedad. Este sistema atenta contra la realización de la libertad de los individuos, de las familias, y grupos sociales, y debilita la capacidad creadora del hombre. Para el cristiano, pues, el derecho a poseer bienes económicos es garantía para su libertad, para organizarse como persona.

Y como todo derecho, exige el deber de reconocérselo también a todos los hombres de una manera eficaz, distribuyendo la riqueza entre todos[5].

Para que todos los hombres tengan la posibilidad de desarrollarse como persona, es necesario que todas las personas puedan disponer de los bienes materiales en grado suficiente según el nivel económico de cada nación. Por eso es necesaria la justa distribución de la riqueza[6].

«Dios ha destinado la Tierra y cuanto ella contiene para uso de todos los

[1] **Nuevo Catecismo de la Iglesia Católica nº 2403**

[2] PABLO VI: Encíclica *Populorum Progressio, nº 23*

[3] PABLO VI: Encíclica *Populorum Progressio, nº 22*

[4] **Nuevo Catecismo de la Iglesia Católica nº 2438**

[5] **Nuevo Catecismo de la Iglesia Católica nº 2404**

[6] Conferencia Episcopal Española: Catecismo Escolar, 7º EGB, XI, 5. Madrid, 1984.

hombres y pueblos. En consecuencia, los bienes creados deben llegar a todos en forma equitativa dirigida por la justicia y acompañada por la caridad... Por tanto el hombre no debe tener las cosas exteriores que legítimamente posee como exclusivamente suyas, sino también como comunes, en el sentido de que no le aproveche a él solamente, sino también a todos los demás»[1].

«Dios no quiere, dice **Pío XII**, que algunos tengan riquezas exageradas y que otros se encuentren en tal estrechez que les falte lo necesario para la vida»[2]. Es decir, que Dios no quiere el contraste ignominioso entre el lujo derrochador y la miseria. Dios no quiere que haya miseria. Dios ha creado los bienes de la Tierra para todos los hombres y quiere que todos gocen de estos dones de sus manos[3]. Por lo tanto no debe haber en el mundo nadie que, si hace lo que está de su parte, no disfrute de los bienes indispensables para sustentar su vida de una manera digna.

El problema del hambre en el mundo es problema de distribución.

Mientras en unos países el pueblo se muere de hambre, en otros se dejan perder las cosechas porque sobran alimentos.

Si hay hambre en el mundo es porque se distribuyen mal los alimentos.

«En 1798 **Thomas Robert Malthus**, en su *Ensayo sobre la población,* formuló una teoría según la cual mientras que la producción de alimentos aumentaba de forma aritmética (1,2,3,4), la población lo hacía de modo geométrico (1,2,4,8); con lo cual llegaría un día en que el número de personas sería superior al de alimentos. La Historia ha desmentido esta teoría, puesto que, aunque la población se ha duplicado seis veces en estos dos siglos, la producción de alimentos se ha acrecentado mucho más rápidamente, según datos de la FAO»[4].

En el mundo hay unos 6.000 millones de personas.

Y según un informe de la Asociación de Productores Agro-Químicos de Alemania, si se explotara, con la tecnología actual, toda la superficie cultivable de la Tierra, se podrían alimentar, a nivel europeo, 50.000 millones de seres humanos. Es decir, una humanidad diez veces superior a la actual[5].

La misma ONU ha reconocido que el aumento de la población mundial va en retroceso, según la agencia de noticias ACI del 3 de abril del 2000.

La FAO ha dicho que es factible acabar con el hambre en el mundo[6].

---

[1] Concilio Vaticano II: *Gaudium et Spes*: Constitución sobre la Iglesia en el mundo actual, nº 69.

[2] PÍO XII: Encíclica *Sertum Laetitiae, nº 14,* A.A.S., 31(1939)149

[3] Concilio Vaticano II: *Gaudium et Spes*: Constitución sobre la Iglesia en el mundo actual, nº 69.

[4] ABC de Madrid del 16-X-99, pg.48

[5] ABC de Madrid del 24-IV-94, pg.78

[6] ABC de Madrid del 16-IX-2000, pg.40

Juan Pablo II habla de la solidaridad internacional para el bien común universal[1] . Y el **Nuevo Catecismo de la Iglesia Católica** dice: «Las interdependencias humanas se intensifican. Se extienden poco a poco a la tierra entera. La unidad de la familia humana que agrupa a seres que poseen una misma dignidad natural, implica un bien común universal. Éste requiere una organización de la comunidad de naciones capaz de proveer a las diferentes necesidades de los hombres»[2] .

20. **Jesucristo** tiene en su Evangelio palabras durísimas contra los ricos que no cumplen sus obligaciones sociales:
- *«Apartaos de Mí, malditos, al fuego eterno, preparado para el diablo y sus ángeles. Porque tuve hambre, y no me disteis de comer... Estuve desnudo, y no me vestisteis...*
-¿Cuándo te vimos, Señor...?
-Lo que hicisteis con el más insignificante de mis hermanos, conmigo lo hicisteis»[3] .

Jesucristo se identifica con el necesitado. Quiere que el rico trate al necesitado como lo trataría a Él en persona.

Como ves, las obligaciones de los ricos son gravísimas. Y aunque, gracias a Dios, hay ricos buenos que escuchan la palabra de **Jesucristo** y consideran a los demás hombres como sus hermanos; pero, desgraciadamente, también hay otros muchos ricos malos, apegados a su dinero, que viven como si no conociesen el Evangelio. Por eso dice **Jesucristo** que es dificilísimo que un rico entre en el reino de los cielos.

21. **Los obreros** también tienen obligaciones muy graves: trabajar con empeño, diligencia y fidelidad, no malgastar materiales o energía, cuidar los instrumentos de trabajo, y emplear bien el dinero que ganan.

A veces se oye a un obrero **quejarse** de que no gana lo suficiente. Y, efectivamente, muchas veces tiene razón. Pero más de una vez se le podría preguntar:

- «¿Crees tú que el empeño que pones en trabajar merece más salario? Es cierto que tú debes recibir un salario justo. Pero también es cierto que para que tú puedas en justicia quedarte con un salario, es preciso que lo hayas merecido». A veces se trabaja con tanta negligencia y desgana que difícilmente se justifica la aspiración a un salario mayor. Pon de tu parte lo

[1] JUAN PABLO II: *Sollicitudo rei socialis, nº38.*
[2] **Nuevo Catecismo de la Iglesia Católica, nº 1911.**
[3] Evangelio de SAN MATEO, 2 5:41-46

que tienes obligación, y así podrás exigir con justicia lo que se te debe. El de arriba peca si no da un salario justo; pero el de abajo también peca si no trabaja lo justo.

No se trata, **de ninguna manera**, de excusar los salarios insuficientes; sino de hacer ver que es necesario trabajar con empeño y diligencia, si se quiere uno hacer acreedor a un salario digno.Es verdad que hay muchos obreros que trabajan con nobleza, pero también es verdad que hay otros que hacen lo menos posible.

Y estos últimos se hacen daño a sí mismos y a sus compañeros.

Para que se pueda elevar el nivel de vida del obrero, es necesario que haya prosperidad económica. Y para que haya prosperidad económica es necesario que el trabajo rinda. Los obreros que no rinden lo que deben tienen su parte de culpa en las crisis económicas. Y en las crisis económicas salen perdiendo ellos y sus compañeros.

Mucho se ha hecho en España últimamente para elevar el nivel del obrero; pero hay que reconocer que todavía no se ha llegado al ideal que quiere la Iglesia. Para llegar a este ideal es necesario que todos los españoles pongamos lo que esté de nuestra parte. Por un lado aumentar la producción, y por otro distribuir justamente los beneficios de esta producción. Estos dos factores son los que han de alcanzarnos un bienestar económico-social. Y los culpables de que no se pueda llegar a este bienestar son reos de un grave pecado contra la justicia social.

22. En algunos sitios el trabajo está cronometrado, y, a veces, ciertamente mal tasado, de modo que se le puede ganar muy poco dinero, o para sacar algo se requieren esfuerzos inhumanos. Los responsables de esta injusticia darán también cuenta a Dios. Pero otras veces hay obreros que alargan los trabajos sin necesidad y los hacen más caros deliberadamente.

Cada uno dará cuenta a Dios de la injusticia de la que es responsable.

23. Todo esto en cuanto a la obligación de trabajar con diligencia. Pero, además, es necesario **emplear bien** el dinero que se gana. No hay derecho a que un hombre no gane lo suficiente para vivir. Pero tampoco hay derecho a que un hombre gaste en vicios, diversiones, caprichos y superfluidades lo que necesita para dar de comer a sus hijos. No hay que crearse necesidades superfluas. Lo primero es lo primero; y antes es comer que pasarlo bien. No es que sea reprensible una diversión discreta, cuando se ha atendido a lo sustancial. Pero gastar en diversiones lo que se necesita para comer, es absurdo y criminal. Además, para diversiones

todo parece poco. El dinero se va solo. Nunca hay bastante. Y así nunca se gana lo suficiente. Por eso, ese ansia de ganar más y más. Esforzarse por ganar lo necesario para una vida digna y una diversión decorosa, es justo; pero querer ganar para poder derrochar, es cosa distinta.

La avaricia es un gusano que roe, tanto el corazón del rico como el del pobre; y mientras los hombres sólo piensen en enriquecerse más y más, por encima de todo, como si esta vida fuera la definitiva, es imposible que haya paz en el mundo.

Dios quiere que el hombre tenga lo necesario para vivir, pero no quiere que se apegue demasiado a los bienes de este mundo, que le estorbarán su salvación eterna. Por eso nos dice **Jesucristo**: «*No queráis amontonar tesoros para vosotros aquí en la tierra*»[1] , sino «*buscad primero el reino de Dios y su justicia...*»[2]

No te olvides nunca que lo principal, lo primero, es salvarte; aunque, como es natural, también debes preocuparte de solucionar tu vida en este mundo. Pero sin olvidarte de que la vida eterna es lo primero.

24. Ocupan lugar importante para todo hombre en general, y para el cristiano en particular, entre las exigencias de la justicia social, las **obligaciones tributarias**.

Los impuestos justos hay que pagarlos[3] .

El Concilio Vaticano II, en la Constitución Pastoral *Gaudium et Spes,* enuncia así la doctrina: «Entre los deberes cívicos de cada uno está el de aportar a la vida pública el concurso material y personal requerido por el bien común»[4].

El nuevo «Ritual de la Penitencia» en la segunda de las tres fórmulas que aporta para ayudar al examen de conciencia, bajo el número 5, se pregunta:

«¿He cumplido mis deberes cívicos?

»¿He pagado mis tributos?»

Reconociendo así implícitamente que se trata de una obligación en conciencia. Se sobreentiende, conforme a lo indicado: «¿He pagado mis tributos justos?». El engaño en el pago de los impuestos puede hacer a la nación impotente para atender las necesidades generales, y resolver los

[1] Evangelio de SAN MATEO, **6**:19

[2] Evangelio de SAN MATEO, **6**:33

[3] DENZINGER: *Magisterio de la Iglesia, nº 2256.* Ed. Herder. Barcelona

[4] Concilio Vaticano II: *Gaudium et Spes*: Constitución sobre la Iglesia en el mundo actual, nº 75

problemas urgentes de los más deprimidos socialmente.

Dos palabras sobre el mal llamado «**impuesto religioso**».
Digo mal llamado porque no es un impuesto adicional, sino que de lo que necesariamente hay que pagar a Hacienda, dedicar ocho pesetas de cada mil para las obras de beneficencia de la Iglesia. Conviene poner la cruz en el lugar correspondiente, pues si no se pone la cruz, ese 0'5% no va a parar a la Iglesia[1] .

25. **Pecan gravemente** contra este mandamiento los hijos que desobedecen a sus padres en cosa grave, y que ellos pueden mandarles; los que les dan disgustos graves; los que les tratan con aspereza, les injurian o desprecian gravemente; los que les insultan, golpean o les levantan la mano con deliberación y amenaza; los que les desean en serio un mal grave; los que no les socorren en sus necesidades graves, tanto corporales como espirituales: por ejemplo, si no les procuran a tiempo los sacramentos a la hora de la muerte.

Pecan también gravemente los padres que dan mal ejemplo a sus hijos (blasfemias, etc.), los maldicen, les desean en serio algún mal, o abandonan su instrucción humana y religiosa.

Los patronos pecan gravemente si, pudiendo, no dan a sus obreros el salario justo.
Pero además tienen obligación de no imponer a sus obreros trabajos superiores a sus fuerzas; protegerles, en cuanto sea posible, de los peligros del trabajo, y de respetar en ellos la dignidad de hombre y de cristiano, tratándoles con amabilidad y evitándoles los peligros de pecar.

Los obreros pecan gravemente si hacen daño grave a su patrono, ya sea malgastando materiales o energía, ya sea estropeando a propósito instrumentos de trabajo.
Si voluntariamente rinden menos de lo debido pueden también llegar a pecado grave. Las obligaciones de los patronos y de los obreros están más especificadas en el examen de conciencia que te pongo en el Apéndice.

[1] Diario ABC de Madrid del 28-I-98, pg. 44

67. - EL QUINTO MANDAMIENTO DE LA LEY DE DIOS ES: **NO MATARÁS**.

1. Este mandamiento ordena no hacer daño a la propia vida o a la de otros con palabras, obras o deseos (odio); es decir, querer bien a todos y perdonar a nuestros enemigos.

El desear la muerte a sí mismo o a otro, es pecado grave, si se hace por odio[1] o desesperación rebelde[2].

«El odio es incapaz de liberar a nadie. El odio sólo sirve para fomentar el odio, y en la historia humana nadie ha conseguido ser libre gracias al odio. El odio nunca está justificado para un cristiano»[3].

Las riñas, los insultos, las injurias, etc., pueden, a veces, llegar a ser pecado grave si se desea en serio un mal grave a otro, si se falta gravemente a la caridad, y si son la exteriorización del odio.

Pero de ordinario no lo son, ya sea por inadvertencia, ya porque no se les dé importancia, etc.

Cuando dos riñen, de ordinario cada uno tiene la mitad de la razón y la mitad de la culpa; pero cada cual mira la parte que él tiene de razón y la que el otro tiene de culpa. Por eso no se ponen de acuerdo.

Las riñas empiezan generalmente por pequeñeces, pero con el calor de la discusión se van desorbitando hasta terminar en enemistades profundas..., y, a veces, en crímenes.

Lo mejor en las riñas es cortarlas desde el principio sin permitir que adquieran grandes proporciones.

Y si uno se encuentra de mal humor, seguir el consejo de aquel inglés que contaba hasta diez antes de contestar.

Con calma y con sensatez se evitarían muchas riñas nacidas generalmente por pequeñeces.

Si estás airado, calla. Aunque tengas tú la razón.

Dirás más de lo que quisieras, y luego te pesará.

Nunca te arrepentirás de haber callado.

En cambio, ¡cuántas veces quisieras poder sujetar las palabras que lanzaste a volar! Y esto ya no es posible.

---

[1] **Nuevo Catecismo de la Iglesia Católica, nº 2303**

[2] **Nuevo Catecismo de la Iglesia Católica, nº 2302**

[3] GREELEY: *El Mito de Jesús, VII.* Ed. Cristiandad. Madrid, 1973

Un diálogo sincero es difícil.

Hay que aprender a dialogar.

Hay que saber descubrir la parte de verdad que hay en el punto de vista del otro. Ponerse en equilibrio no es buscar el término medio, sino buscar la verdad completa que puede surgir de lo que aporta cada parte.

2. **La venganza personal** no está permitida en ningún sentido. **Cristo** la prohibió[1]. Porque si fuese permitida, no se podría vivir en el mundo. Todos nos creeríamos con derecho a vengarnos de alguien.

No: hay que perdonar a los enemigos, y dejar que Dios los castigue en la otra vida, y la Autoridad Pública en este mundo. Como dice **San Pablo**, hay que saber «*vencer al mal con el bien*»[2].

«Tal vez, la afirmación más radical que hizo **Jesús** fue: *Sed misericordiosos como vuestro Padre es misericordioso*»[3].

»**Jesús** describe la misericordia de Dios no sólo para mostrarme lo que Dios siente por mí, o para perdonarme los pecados y ofrecerme una vida nueva y mucha felicidad, sino para invitarme a ser como Dios, y para que sea tan misericordioso con los demás como lo es Él conmigo»[4].

«Con frecuencia aquellos que no perdonan a sus semejantes cometen los mismos pecados que critican»[5].

Es necesario **saber perdonar** a las personas que nos hayan ofendido.

«La experiencia enseña que quien descuida la oportunidad de hacer bien a su prójimo porque ha sido anteriormente ofendido por él, suele ser también culpable»[6].

Es, desde luego, indispensable estar dispuestos a conceder el perdón si nos lo piden, quedándonos satisfechos con una moderada reparación.

Quien niega el perdón a su hermano, es inútil que espere el perdón de Dios. En el *Padrenuestro* tiene su sentencia: como él no perdona, tampoco Dios le perdonará. Lo dijo **Jesucristo**[7].

Y no seamos fáciles en echar al otro toda la culpa.

Ordinariamente la culpa hay que repartirla entre los dos.

Uno fue el que empezó, pero el otro contestó con ofensa más grave.

---

[1] **Nuevo Catecismo de la Iglesia Católica, nº 2262**

[2] SAN PABLO: Carta a los Romanos, **1 2**:21

[3] Evangelio de SAN LUCAS, **6**,36

[4] HENRI J.M. NOUWEN: *El regreso del hijo pródigo, Conclusión, 1.* Ed. PPC. Madrid. 1997.

[5] MELCHOR ESCRIVÁ, S.I.: *Medicina de la personalidad, 2ª, XLII.* Ed. Sal Terrae. Santander.

[6] BERNHARD HÄRING: *SHALOM: Paz, XIV, 6.* Ed. Herder. Barcelona. 1998.

[7] Evangelio de SAN MATEO, **6**:15; Evangelio de SAN MARCOS, **1 1**:26

Si los dos están esperando a que sea el otro el que se adelante a pedir perdón, la cosa no se arreglará nunca.

El que sea más generoso con Dios, es el que debe tomar la iniciativa.

Cristo habla de poner la otra mejilla[1]. Es una fórmula oriental hiperbólica, para dar a entender que debemos estar dispuestos al perdón; pero no es para que lo entendamos al pie de la letra.

El mismo **Cristo** al ser abofeteado[2] no puso la otra mejilla, sino que respondió con toda energía, verdad y dominio propio: «*Si he respondido mal, muestra en qué; mas si bien, ¿por qué me hieres?*»[3].

Si la culpa ha sido nuestra, tenemos obligación de pedir perdón de alguna manera. Pero incluso aunque sea claro que toda la culpa es del otro, da una muestra de virtud el que se adelanta a otorgar el perdón, por ejemplo, dirigiéndole amablemente la palabra, ofreciendo un servicio, reanudando el saludo, etc. Durante un tiempo puede manifestarse el disgusto, por ejemplo, con una actitud más seria y distanciada; pero esto no debe durar indefinidamente. Salvo en algunos casos excepcionales de ofensas gravísimas, es muy de aconsejar que al cabo de cierto tiempo se reanuden los saludos ordinarios entre gente educada. Negar el saludo no es cristiano. Si el otro no contesta allá él; pero que la cosa no quede por tu parte.

Cuando han fracasado ya varios **intentos de reconciliación**, o el otro se niega obstinadamente a devolver el saludo, o si parece cierto que nuestro esfuerzo por la reconciliación puede ahondar la mala voluntad del otro, será mejor esperar otra ocasión.

Pero no abandonar el deseo de reconciliación, ni escudarse en esta dificultad para no reconciliarse, por no desearlo.

Nuestra voluntad de reconciliación debe ser sincera.

Si el otro no quiere saludarnos o hablarnos, nosotros debemos estar dispuestos a hablarle cuando él lo desee, y saludar cuando él nos salude.

Adelantarse a reanudar el saludo es una prueba de virtud superior.

A veces puede facilitar la reconciliación la ayuda de una tercera persona.

Eso de «piensa mal y acertarás», aunque a veces dé resultado es poco cristiano. Es mucho mejor eso de «piensa bien mientras no tengas motivos para pensar mal».

«Si una persona fomenta sospechas poco caritativas, no tardará en

[1] Evangelio de SAN MATEO, **5**:39

[2] Evangelio de SAN JUAN, **18**:22s

[3] Evangelio de SAN JUAN, **18**:22s

manifestar también con palabras los pensamientos poco amables»[1].

Distingue, con todo, entre el rencor admitido, y un cierto distanciamiento para evitar el chocar de nuevo.

Y también entre el sentimiento de la ofensa y el resentimiento admitido voluntariamente. Aunque la ofensa recibida nos duela, no podemos desear mal a nadie. Esta voluntad de perdonar puede unirse a un sentimiento inevitable de la ofensa recibida.

Muchos se refieren a este sentimiento cuando dicen que no pueden perdonar. Es posible que la serenidad de espíritu, después de la ofensa, requiera un tiempo mínimo para sobreponerse al dolor.

Una prueba de esta sincera buena voluntad sería orar por el ofensor, nunca hablar mal de él, y pedir a Dios la gracia de saber perdonar[2].

Cuando tengas antipatía por una persona, pide por ella.

Y cuando tengas ganas de desearle algo malo, reza por ella un *Padrenuestro*. Dice **Jesucristo** *«rogad por los que os persiguen»*[3].

«El Señor nos pide que perdonemos, pero jamás nos ha pedido que deseemos hacerlo. (...) Si esperas que aparezca en ti el instinto natural de perdonar, esperarás mucho tiempo»[4].

A veces se oye decir: «yo perdono, pero no olvido».

El olvidar puede ser difícil. No depende de nuestra voluntad. Uno puede perdonar de corazón y no poder evitar el recuerdo. Esto no se opone al amor que **Jesucristo** manda a nuestros enemigos.

Lo que **Cristo** manda no es un amor sensible, pues esto no se puede mandar, no depende de nuestra voluntad. Se trata de un amor de benevolencia, un amor desinteresado, un amor que devuelve bien por mal, que hace el bien al que nos hace daño, independientemente de nuestros sentimientos. Un amor efectivo, no afectivo. Un amor dispuesto a hacer un servicio al que nos ofendió.

Si el que consideramos nuestro enemigo estuviera en una necesidad grave, y no pudiera salir de ella, sin nuestro especial auxilio, tenemos obligación de ayudarle, porque en estos casos hay obligación de atender al prójimo, aunque sea enemigo[5].

No es odio a una persona odiar lo que hay de malo en ella, o el mal que nos causa injustamente a nosotros o a otros[6].

El amor a nuestros enemigos que pide el Evangelio, no obliga a la amistad

---

[1] BERNHARD HÄRING: *SHALOM: Paz, XIV, 7.* Ed. Herder. Barcelona. 1998.

[2] BERNHARD. HÄRING, C.SS.R.: *La ley de Cristo, 2º, 1ª, 1ª, II, 2, d.* Ed. Herder. Barcelona.

[3] Evangelio de SAN MATEO, **5**:44

[4] MADRE ANGÉLICA: *Respuestas, no promesas, VII,3.* Ed. Planeta+Testimonio. Barcelona.1999.

[5] ANTONIO ROYO MARÍN, O.P.:*Teología Moral para seglares,1º, 2ª, III,nº 518,3ª*Ed.BAC.Madrid

[6] ANTONIO ROYO MARÍN, O.P.: *Teología Moral para seglares, 1º, 2ª, III, nº538,2º*Ed.BAC.Madrid

con ellos, sino que prohíbe el odio y la venganza, o el desearles algún mal[1]; y manda tener un deseo de reconciliación. «El ofendido está obligado siempre a perdonar al ofensor que le pide perdón, en forma directa o indirecta. Si se niega a hacerlo, comete un grave pecado contra la caridad, y regularmente no podrá ser absuelto mientras continúe en su obstinación»[2].

Por supuesto que es lícito exigir una reparación del daño recibido, pero no por odio ni por venganza, sino por deseo de justicia[3].

La buena voluntad de perdonar de corazón a los que nos han ofendido no excluye utilizar todos los medios justos para que se haga justicia.

Es verdad que hay personas que **son indignas** de nuestro perdón; pero nosotros no perdonamos porque ellas lo merezcan, sino porque lo merece **Jesucristo**, que es quien nos lo pide. Para eso nos dio Él su ejemplo. Fue mucho más ofendido que nosotros, y sin embargo perdonó. No sólo en su corazón, sino que lo manifestó exteriormente. El perdón de **Cristo** en la cruz es el modelo que debemos imitar. Las almas generosas tienen en esto un inmenso campo de perfección y santificación[4]. «El mundo de los hombres no puede hacerse cada vez más humano si no introducimos el perdón -que es esencial en el Evangelio- en las relaciones de unos con otros»[5].

3. Al prójimo **se le puede matar** en tres casos: en la guerra justa, en defensa propia y en la justa aplicación de la pena de muerte.

El mandato divino "No matarás" significa que nadie puede matar sin motivo y sin razón. Pero hay circunstancias en las que hay una justificación.

1) En la **guerra justa**.

La guerra no puede ser nunca un medio normal para la solución de conflictos. «Todo ciudadano y todo gobernante están obligados a empeñarse en evitar las guerras»[6].

Según los moralistas, para que la guerra sea justa se deben cumplir varias condiciones:

a) Imposibilidad de solución pacífica.

b) Causa justa, como sería legítima defensa, mientras no haya una

[1] ANTONIO ROYO MARÍN, O.P.: *Teología Moral para seglares, 1º, 2ª, III, nº 518, 2ª*.Ed.BAC.Madrid

[2] ANTONIO ROYO MARÍN, O.P.: *Teología Moral para seglares, 1º, 2ª, III, nº518, 4ª*.Ed.BAC.Madrid

[3] JOSÉ Mª CIURANA: *La verdad del cristianismo, III, A, c, g.* Ed. Bosch. Barcelona, 1980. Estupendo libro para demostrar que la religión Católica es la única fundada por Cristo Dios

[4] OTTO ZIMMERMANN, S.I.: *Teología ascética, nº 96.* Seminario Metropolitano. Buenos Aires

[5] JUAN PABLO II: Encíclica *Dives in misericordia*

[6] **Nuevo Catecismo de la Iglesia Católica nº 2308**

autoridad supranacional competente y eficaz.

c) Que la decisión sea tomada por la autoridad legítima a quien corresponde velar por el bien común de la nación.

d) Intención recta buscando la justicia y no la venganza.

e) Que sean superiores los bienes que se van a conseguir a los males que se pueden producir[1].

«La apreciación de estas condiciones de legitimidad moral pertenece al juicio prudente de quienes están al cargo del bien común»[2].

«Los poderes públicos tienen, en este caso, el derecho y el deber de imponer a los ciudadanos las obligaciones necesarias para la defensa nacional»[3], «pero atenderán equitativamente el caso de quienes, por motivos de conciencia, rehúsan el empleo de las armas; éstos siguen obligados a servir de otra forma a la comunidad humana»[4].

«Una cosa es utilizar la fuerza militar para defenderse con justicia, y otra muy distinta querer someter a otras naciones»[5].

Buscar la guerra es absurdo. Pero rehuirla por principio puede ser cobardía ante la injusticia.

El creyente obra con rectitud mientras luche por implantar la justicia en el mundo. La paz es el ideal del hombre: pero esta paz debe ser obra de la justicia. Un pacifismo conformista con la injusticia no es cristiano. El buen cristiano no puede desinteresarse del bien común de la sociedad.

El peligro de una tercera guerra mundial que podría destruir la humanidad por el armamento de que hoy dispone el hombre, hace deseable un desarme internacional. Pero para que esto sea eficaz tiene que ser de ambos bloques, y con posibilidades de mutua vigilancia.

Aunque la guerra sea justa, «no todo es lícito entre los contendientes»[6]. Debe respetarse la ley moral y el derecho de gentes. «Las acciones deliberadamente contrarias al derecho de gentes son crímenes»[7].

«Existe la obligación moral de desobedecer aquellas decisiones que ordenan genocidios»[8].

2) En **defensa propia**[9] se puede matar cuando alguien quiere matarnos injustamente, o hacernos un daño muy grave en nuestros bienes, equivalente a la vida; si no hay otro modo eficaz de defenderse.

---

[1] ANTONIO ROYO MARÍN, O.P.: *Teología Moral para seglares, 1º, 2ª, III, nº870-873.* Ed.BAC.Madrid

[2] **Nuevo Catecismo de la Iglesia Católica, nº 2309**

[3] **Nuevo Catecismo de la Iglesia Católica, nº 2310**

[4] Nuevo Código de Derecho Canónico, nº 2311

[5] Concilio Vaticano II: *Gaudium et Spes:* Constitución sobre la Iglesia en el mundo actual, nº 79

[6] **Nuevo Catecismo de la Iglesia Católica, nº 2312**

[7] **Nuevo Catecismo de la Iglesia Católica, nº 2328**

[8] **Nuevo Catecismo de la Iglesia Católica, nº 2313**

[9] **Nuevo Catecismo de la Iglesia Católica, nº 2264**

No es necesario esperar a que él nos ataque. Basta que nos conste que él tiene un propósito decidido de matarnos, y sólo está esperando el momento oportuno para hacerlo; y no hay otro modo de salvar la vida que adelantarse y atacar primero[1].

Esto en el terreno moral, independientemente de la ley civil.

Lo que se permite en defensa propia se autoriza igualmente en pro del prójimo injustamente atacado. La caridad fraterna puede obligar a esto, pero no a exponer la propia vida, a no ser que se trate de parientes cercanos o esté uno obligado por contrato (guardias, policías)[2].

«Éstas son las condiciones para que pueda hablarse de **legítima defensa:**

- Debe tratarse de un mal muy grave, cual es, por ejemplo, el peligro de la propia vida, la mutilación o heridas graves, la violación sexual, el riesgo de la libertad personal, la pérdida de bienes de fortuna desmedidos, etc.
- Que sea un caso de verdadera agresión física.
- Que se trate de un daño injusto. Por ejemplo no sería lícito defenderse de un policía, hasta producirle la muerte, pues el agente, normalmente, actúa en cumplimiento de su deber.
- Para defenderse no hace falta que el agresor lo haga de modo voluntario y consciente. Por eso es lícito contra un borracho o un loco.
- Que no haya otro modo eficaz de defenderse[3].

3) La Autoridad Pública puede imponer la **pena de muerte** al criminal para defender a los demás. Dice la Biblia: «*Aquel que derrame sangre de hombre, debe morir*»[4]. «*El que mata a otro voluntariamente sea castigado con la muerte*»[5].

«Es de notar que el verbo del original hebreo es *"rasach"*, que significa la muerte del inocente. Por eso habría que traducirlo: "No causarás la muerte de un hombre inocente". Para otra clase de muertes la Biblia emplea los términos *"harag"* y *"hemit"*[6].

Salvador de Madariaga, conocido intelectual que murió a los 92 años en Lugano, Suiza, escritor internacional y ministro de la República en 1934, dice: «La pena de muerte no será necesaria el día que la supriman primero los asesinos»[7].

«En un año murieron en España más de cien víctimas del terrorismo. Si

[1] JULIÁN PEREDA, S.I.: Revista ESTUDIOS DE DEUSTO, 30(IV-1967)9-34. Bilbao

[2] B. HÄRING, C.SS.R.: *La ley de Cristo, 2º, 2ª, 2ª, IV, 3.* Ed. Herder. Barcelona

[3] AURELIO FERNÁNDEZ: *Compendio de Teología Moral, 2ª, XI, 1.4.* Ed. Palabra. Madrid. 1995.

[4] Génesis, 9:6

[5] Éxodo, 21:12-14

[6] AURELIO FERNÁNDEZ: *Compendio de Teología Moral, 2ª, XI, 1.2.* Ed. Palabra. Madrid. 1995.

[7] SALVADOR DE MADARIAGA: *Dios y los españoles, V.* Ed. Planeta. Barcelona, 1975

se hubiera ejecutado al criminal al primer asesinato, no hubieran muerto todos los demás asesinados. Algún terrorista asesinó más de diez veces. No es deseable la muerte de nadie, pero si para que no mueran los inocentes es necesario ejecutar a los asesinos, puede ser esto una exigencia del bien común»[1].

En las Navidades de 1986 hubo 62 muertos en un avión Boeing 737, secuestrado por un grupo de terroristas[2].

El 19 de julio de 1987, una bomba terrorista produjo 20 muertos en un hipermercado de Barcelona[3].

No se comprende por qué los criminales **pueden aplicar** la pena de muerte a un inocente, y los jueces no puedan aplicar la misma pena a los asesinos culpables. Se supone, naturalmente, una culpabilidad claramente demostrada[4]. Lo mismo que es lícito matar a un injusto agresor en defensa propia[5], la Autoridad puede aplicar la pena de muerte para defender la vida de los inocentes.«La Autoridad tiene el deber de defender la vida de los ciudadanos inocentes»

«Los que tienen autoridad legítima, tienen también el derecho de usar las armas para rechazar a los agresores de la sociedad civil confiada a su responsabilidad».[6]

La legítima defensa propia es aceptada por todo el mundo. Con la pena de muerte la Autoridad defiende a los inocentes, siempre expuestos a caer en manos de los criminales. Se trata de casos extremos en los que le pena de muerte sea el **único modo eficaz** de defender la vida de personas inocentes de un **injusto agresor**[7].

«Por eso el 73% de los británicos son partidarios de la pena de muerte para los terroristas, según un sondeo de opinión de **Harris**»[8].

Según una encuesta del Centro de Investigaciones Sociológicas, la mitad de los españoles está a favor de la pena de muerte para los terroristas y asesinos[9]. En Estados Unidos se ha restablecido la pena de muerte en muchos Estados[10]. No es lo mismo el que mata en un arrebato pasional que el profesional del crimen. Un asesino es un peligro para las personas inocentes.

---

[1] Diario YA del 27-IX-79, pg. 4

[2] Diario YA del 27-XII-86, pg. 19

[3] Diario YA del 4-VIII-87, pg. 4

[4] **Nuevo Catecismo de la Iglesia Católica nº 2267, nuevo**

[5] **Nuevo Catecismo de la Iglesia Católica nº 2264**

[6] **Nuevo Catecismo de la Iglesia Católica nº 2265s.**

[7] **Nuevo Catecismo de la Iglesia Católica nº 2267, nuevo**

[8] Diario YA del 24-X-84, pg. 15

[9] DIARIO DE CÁDIZ, 18-I-89, pg. 14

[10] Diario YA, 30-VIII-87, pg. 13

La cadena perpetua puede no bastar, pues los asesinos se pueden fugar. A veces de modo espectacular.

En 1986 se fugó de la cárcel de *La Santé*, de París, **Michel Baugour**, en un helicóptero alquilado y pilotado por su novia **Nadine**[1].

Tres presos se fugaron de una cárcel de Marsella en un helicóptero que aterrizó en un patio de la cárcel a las cuatro y media de la tarde. Se da la circunstancia de que en ese mismo sitio se produjo una evasión similar en julio de 1992[2].

En Alemania un preso se fugó en un tanque que robaron sus amigos y entró en la cárcel derribando la puerta[3].

En Copenhague (Dinamarca) doce presos se escaparon de la cárcel al ser derribada parte del muro de la prisión por una excavadora manejada por un cómplice de los presos[4].

A primeros de mayo de 1982, se fugó de la cárcel central de Lovaina, considerada como de alta seguridad, **Freddy Horion**, a quien se le había conmutado por cadena perpetua la pena de muerte a la que había sido condenado por haber asesinado a cinco personas miembros de una familia[5]

Dos terroristas, se fugaron de la cárcel de San Sebastián, escondidos en los altavoces de un cantante que había actuado en la cárcel[6].

O que un preso que no vuelva a la cárcel después de un permiso de fin de semana, como uno que no volvió al Penal de Ocaña, donde cumplía 36 años de condena, y que al ser reconocido disparó sobre dos policías que iban a detenerle, matando a los dos[7].

Una niña de nueve años vallisoletana, fue violada y asesinada por un recluso que salió de la cárcel con permiso[8].

En un sólo día se fugaron de las cárceles españolas cinco reclusos que disfrutaban permisos de fin de semana[9].

Según los datos del gobierno, desde el 1º de enero de 1982 hasta el 1º de octubre de 1988, cinco mil setenta y cuatro presos no regresaron después de sus permisos[10].

Un recluso que cumplía condena por robo con homicidio, en un permiso carcelario asesinó a dos jóvenes[11]. Otro preso en régimen abierto asesinó

[1] Diario YA, 28-IX-86, pg. 48

[2] ABC de Madrid del 27-VI-1999, pg.72

[3] ABC de Madrid del 5-IV-1993, pg. 56

[4] DIARIO DE CÁDIZ, 29-VIII-95, pg.28

[5] Diario YA, 2-V-82, pg. 38

[6] Diario YA, 8-VII-85, pg. 3

[7] DIARIO DE CÁDIZ, 12-XI-88, pg. 1

[8] Diario YA, 29-VI-92, pg. 2

[9] Diario YA, 6-XI-88, pg. 21

[10] Diario YA, 30-XII-88, pg. 14

[11] Diario YA, 20-I-89, pg. 24

a una mujer en Madrid[1].

Otras veces los terroristas secuestran a un inocente exigiendo la liberación de sus compañeros encarcelados bajo la amenaza de asesinar al secuestrado: dos hechos próximos y contrarios son iluminadores.

En Italia, donde no hay pena de muerte, los secuestradores, seguros de que sus compañeros en prisión no perderían la vida, asesinaron a su rehén **Aldo Moro**. En cambio en Francia, donde hay pena de muerte, el industrial **Jean Eddouard Empain**, fue liberado por sus secuestradores, a los dos meses de cautiverio, al ser amenazado con la guillotina el jefe de la banda de secuestradores **Alain Caillol**, que estaba en prisión[2].

En diciembre de 1984, los secuestradores de un avión de la líneas aéreas kuwaitíes, mataron a cinco pasajeros para obligar al gobierno de Kuwait a soltar trece presos condenados por diversos actos de terrorismo[3].

Unos terroristas paquistaníes secuestraron un avión de la líneas aéreas de la India con la amenaza de matar a los ciento cincuenta y cinco pasajeros si no liberaban al jefe de la banda que estaba en una cárcel de la India. Después de una semana de negociaciones, en la que los pasajeros no salieron del avión, los terroristas lograron su objetivo[4].

«La pena de muerte sigue en vigor en la mayor parte del mundo»[5].

De los ciento sesenta estados independientes que hay en el mundo, sólo una veintena han abolido la pena de muerte de su ordenamiento jurídico[6].

Hay que advertir que la «pena de muerte no supone el derecho a matar a un inocente, sino el derecho a ejecutar a un culpable»[7]. «Debe constar con toda certeza su culpabilidad criminal, por lo irreparable de una equivocación»[8].

La conveniencia o no de la abolición de la pena de muerte es un «problema complejo y polémico, y no pueden esperarse respuestas nítidas ni definitivas»[9]. Hoy existe una corriente ideológica contraria a la pena de muerte. Por eso la Comisión Social de los Obispos franceses ha publicado un comunicado en enero del 78 en pro de la abolición de la pena de muerte en Francia. Sin embargo reconocen que no son ilícitas las «disposiciones de un código penal que impone la pena capital con el fin de proteger a la

[1] Diario ABC de Madrid, 3-IX-96, pg. 79

[2] Diario LA VANGUARDIA de Barcelona, 28-III-78, pg. 3

[3] Diario YA, 7-XII-84, pg. 5

[4] Diario LA RAZÓN, 1-I-2000, pg.33

[5] Diario YA, 30-V-86, pg. 30

[6] RAFAEL GÓMEZ PÉREZ: *Problemas morales de la existencia humana, 3º, VIII.* Ed. Magisterio Español. Madrid, 1980

[7] Con vosotros está, 2º, XXXVIII, 2. Madrid, 1976

[8] ANTONIO ROYO MARÍN,O.P.: *Teología Moral para seglares, 1º, 2ª, III, nº 560.* Ed. BAC. Madrid

[9] JAVIER GAFO, S.I.: Diario HOY de Badajoz del 9-II-78, pg. 2

sociedad».

Juan Pablo II, en la Encíclica *Evangelium vitae* dice que no se debe llegar a esta medida extrema sino en casos de absoluta necesidad , es decir, cuando la defensa de la sociedad no sea posible de otro modo.

El **Nuevo Catecismo de la Iglesia Católica** señala que esos casos «son hoy muy raros, incluso prácticamente inexistentes»[1].

«En definitiva, no deben confundirse dos planteamientos esencialmente diversos: el de la licitud moral de la pena de muerte y la cuestión práctica de su aplicación. Tanto la razón natural cuanto la doctrina revelada y magisterial admiten la licitud fundamental de dicha pena. Otra cosa es, en cambio, la opinión prudencial que puede dictaminar en alguna circunstancia histórica que debería renunciarse a su aplicación en un Estado y en un tiempo determinados. Lo que decida en cada tiempo y lugar la aplicación o la supresión de la pena de muerte ha de ser exclusivamente las exigencias del bien común»[2] . «La Iglesia no ha condenado la ejecución de un criminal, de acuerdo con la ley, y por la autoridad convenientemente constituida»[3] .

4. El respeto a la vida propia y ajena nos obliga a considerar la importancia del cumplimiento del **Código de la Circulación.**

Dice el Nuevo Catecismo de la Iglesia Católica: «Quienes en estado de embriaguez o por afición inmoderada de velocidad ponen en peligro la seguridad de los demás y la suya propia en las carreteras, en el mar o en el aire, se hacen gravemente culpables»[4] .

Infracciones, la parecer pequeñas, pueden originar accidentes graves.

Se puede pecar por ponerse en peligro de hacer daño al prójimo, y también por exponer la propia vida sin causa justificada.

Incluso se puede pecar contra la caridad al poner al prójimo en una situación difícil que le haga perder la serenidad, aunque uno tenga seguridad en sí mismo.

El pecado se comete desde el momento en que alguien se sienta al volante sin ánimo de esmerarse en el cumplimiento del Código.

Quien habitualmente comete imprudencias e incorrecciones muestra que no tiene este ánimo, o que carece de cualidades de conducir.

En este caso, debería abstenerse de coger el volante.

Es irresponsable el que corre a excesiva velocidad, el que lleva el automóvil en mal estado, y el que conduce en condiciones físicas o morales

---

[1] **Nuevo Catecismo de la Iglesia Católica, nº 2267**

[2] MIGUEL ÁNGEL FUENTES,V.E.:*Apologética católica, MORAL.* En INTERNET: http://catholic-church.org/russia-ive/apologetica/homepage.htm

[3] RONALD LAWLER, O.F.M.: *La doctrina de Jesucristo, XX, 2, c.* Ed. Galduria. Jódar (Jaén) 1986

[4] **Nuevo Catecismo de la Iglesia Católica, nº 2290**

inadecuadas.

«Nadie debe intentar conducir si está agitado emocionalmente»[1] .

Según las normas de los socorristas, hay heridos que sólo deben ser trasladados en ambulancias. Por eso no siempre es recomendable recoger a un herido. Pero siempre se debe avisar a una ambulancia.

5. Es un pecado grave contra este mandamiento **el aborto**. Se llama aborto la interrupción del embarazo cuando el feto todavía no puede sobrevivir fuera del seno materno.

Puede ser interesante mi vídeo *El aborto: asesinato de inocentes*[2] .

El Artículo 15 de la Constitución Española nos dice: «Todos tienen derecho a la vida». Cuando decimos «derecho a la vida», estamos diciendo que es un derecho a su protección.

Provocar el aborto directamente es un homicidio, porque el feto es un nuevo individuo plenamente capaz para lograr su desarrollo completo.

De la unión del óvulo con el espermatozoide nace un nuevo ser humano, una célula diferente con doble herencia: 23 cromosomas del padre y 23 de la madre. La vida de una persona comienza con la concepción, por eso el aborto provocado es un crimen. El Concilio Vaticano II lo llama: «crimen abominable»[3] .

Es un asesinato de lo más cruel y cobarde, pues el asesinado es un ser inocente e indefenso que no puede huir, ni siquiera gritar para protestar de la injusticia que se comete con él.

Las generaciones del futuro no comprenderán que en nuestro tiempo se permita a las madres que maten a sus hijos. Nos llamarán «generación asesina».

Los abortistas se molestan si se les llama asesinos; pero, ¿qué otro nombre podemos dar a los que han condenado a muerte a cuarenta millones de seres inocentes? Y añaden: «La Iglesia es cruel, porque a los que cargan con el trauma de haber abortado, les añade el trauma de la excomunión». Este razonamiento es absurdo. Sería como querer quitar la policía para no preocupar a los terroristas.

Defender a los abortistas es como defender a los terroristas que matan, y despreocuparse de las víctimas. Permitir el aborto para evitar el peligro de las mujeres que abortan clandestinamente es lo mismo que

[1] BERNHARD HÄRING. *SHALOM. Paz, XVI,4.* Ed. Herder. Barcelona.1998.

[2] Pedidos al autor: Apartado 2546. 11080-Cádiz. Tel.: (956) 222 838. FAX: (956) 229 450

[3] Concilio Vaticano II: *Gaudium et Spes*: Constitución sobre la Iglesia en el mundo actual, nº 51

permitir los asesinatos para no poner en peligro la vida de los asesinos.

El **Dr. Jerónimo Lejeune**, uno de los más brillantes investigadores franceses, Catedrático de Genética en la Universidad de la Sorbona de París, y Director del Centro Nacional de Investigación Científica, que cuenta en su haber profesional con los más importantes premios científicos[1], y es miembro de las Academias de Ciencia de Suecia, Inglaterra y Estados Unidos, dice: «Esta primera célula, resultado de la concepción, es ya un ser humano»[2]. Tiene los 46 cromosomas propios de la especie humana[3]. En otra ocasión dijo: «Aceptar que después de la concepción un nuevo ser humano ha empezado a existir, no es ya cuestión de gusto o de opinión, sino una evidencia experimental»[4].

Sigue diciendo el **Dr. Lejeune**: «Si el embrión no es desde el primer momento un miembro de nuestra especie, no llegaría a serlo nunca. Decir que no es un hombre, es lo mismo que decían los nazis: "un prisionero no es un hombre"»[5].

Lo mismo se decía en una de las conclusiones de la Conferencia Internacional sobre el Aborto, celebrada en Washington donde participaron expertos en varios campos de la Medicina[6].

Pero además el aborto es ilícito incluso en el caso de duda.

Si me dan un paquete para que lo tire al mar diciéndome que es un gato muerto, pero yo sospecho que es un niño vivo, no puedo tirarlo al mar, antes de salir de la duda. Y si lo hago sin estar seguro de que no es un niño vivo, y resulta que lo es, soy responsable de un homicidio.

Pues bien, en Teología se dice que hay un nuevo ser humano desde el primer momento de la concepción. Y los médicos confirman esta afirmación. «El zigoto es vida humana desde el principio, aunque no es vida humana individual hasta el momento en que el blastocito se diferencia y se consolida en uno o más embriones», ha dicho **Federico Mayor Zaragoza**, Director del Centro de Biología Molecular[7].

«Desde el comienzo del proceso embrionario nos encontramos con una individualidad genética distinta y diferenciada de la de los padres»[8].

El **código genético** contiene las características humanas e individuales

[1] Diario YA, 19-V-81, pg. 8

[2] RAFAEL GÓMEZ PÉREZ: *Problemas morales de la existencia humana, IV, 3.* Ed. Magisterio Español. Madrid, 1980

[3] MARIANO DELGADO: *Adán y Eva y el hombre prehistórico, VII.* Folletos Mundo Cristiano.

[4] Dr. TOMÁS MELENDO: *Fecundación «in vitro» y dignidad humana, III, 1.* Ed. Casals, Barcelona.

[5] Diario YA, 17-III-85, pg.23

[6] Diario YA, 9-VI-79, pg.6

[7] Diario YA, 15-III-87, pg. 42

[8] Revista TRIBUNA MÉDICA del 11-X-74, pg. 37

del nuevo ser. Todo lo que cada individuo humano posee de único, singular e irrepetible a lo largo de toda su historia, está ya presente en su código genético. «La persona humana está en el embrión con todas sus potencialidades, que se irán desarrollando a lo largo de su existencia»[1] .

Por eso la Asociación de Ginecólogos de Suecia ha pedido que al feto se llame niño, «para llamar a las cosas por su nombre, pues abortar un feto es matar un niño»[2].

El Profesor **Juan Ramón Lacadena**, Catedrático de Genética de la Universidad Complutense de Madrid, en el Primer Congreso Internacional de Bioética de España, dijo que «la nueva vida comienza en el momento en que el espermatozoide entra en el óvulo»[3].

El Dr. José Hernández Yago, Presidente de la Sociedad Valenciana de Bioética, ha dicho que el descubrimiento del genoma humano demuestra «inequívocamente que en el momento de la fecundación del óvulo por el espermatozoide surge un ser humano con todo el genoma completo»[4].

El **Dr. D. José Botella**, Presidente de la Real Academia de Medicina y Catedrático de Ginecología en la Universidad Complutense de Madrid, en un artículo titulado *El derecho a nacer,* publicado en el diario *YA*, dice que la individualidad humana depende del código genético, y este código genético queda constituido en el momento de la concepción, siendo propio del nuevo ser, distinto de los códigos paterno y materno.

Es decir, que el nuevo ser es un individuo desde el momento de la concepción, y por lo tanto está amparado por los derechos humanos.

Eliminarlo es eliminar a un hombre: un homicidio.

Un hombre, que además del derecho que tiene a la vida, lleva en sí el derecho a vivir de toda una cadena de otros posibles seres humanos en el futuro, entre los que puede haber genios, artistas, sabios y santos.

Stephen W. Hawking, el «Einstein» de nuestros días, a quien todos pudimos ver en televisión, paralítico en una silla de ruedas, teniendo que hablar por medio de un sintetizador sonoro, no hubiera nacido, si en 1942, algún «listo» abortista hubiera descubierto en los cromosomas de su embrión que iba a ser inválido[5] .

El 15 de febrero de 1979 el periódico *YA*, publicó un documento del Colegio Oficial de Médicos, donde dice que: «Desde el punto de vista científico la vida comienza en el momento de la concepción»[6].

El Profesor **Kastler,** Premio Nobel, dice: «La vida humana comienza en

---

[1] VÍCTOR GARCÍA DE LA HOZ: ABC Dominical del 27-II-77, pg. 19

[2] Diario ABC de Madrid del 3-II-97, pg.53

[3] ZENIT SEMANAL 11-XII-99

[4] Diario LA RAZÓN del 5-VII-2000, pg. 38.

[5] DIARIO DE CÁDIZ, 7-X-87, pg.13

[6] Diario YA, 15-II-79, pg. 36

la concepción, en el momento de la fusión del espermatozoide y el óvulo»[1].

«El hombre entero se encuentra ya en el óvulo desde el momento en que éste es fecundado: todo el hombre con todas sus potencialidades» (**Jean Rostand**, biólogo francés de primera línea)[2].

«Producir un aborto es matar a un ser humano» (**Dr. Zamorano Sanabria**. Catedrático de Embriología de la Universidad Complutense de Madrid)[3].

El **Dr. José Antonio Abrisqueta,** Jefe de la Unidad de Genética Humana del Centro de Investigaciones Biológicas del Consejo Superior de Investigaciones Científicas de Madrid, afirma: «Ningún científico dudaría en afirmar que la vida humana empieza en el momento de la concepción»[4].

«La biología contemporánea impone que el embrión humano es un individuo estrictamente determinado, con un potencial genético propio, desde el instante de la concepción»[5].

«Ningún biólogo duda hoy en día que en el momento mismo de la reunión de los gametos, se ha engendrado ya no sólo una vida nueva e independiente, sino además una individualidad inédita»[6].

El profesor **Herranz** Catedrático de Histología y Embriología General de la Universidad de Navarra, ha dicho: «El embrión humano es un ser humano, tiene vida humana. Su DNA es el mismo que tendrá toda su vida»[7].

A su vez, el **Dr. Severo Ochoa**, Premio Nobel de Medicina de 1959, afirma que el hombre es lo que su clave genética determina. Y esta clase genética se establece desde el momento que se constituye el huevo (zigoto). Desde este momento este nuevo ser tiene sus derechos personales. Jamás un anatómico o un fisiólogo considerará el feto como parte integrante de la madre, como puede serlo el apéndice o una verruga que se pueden extirpar a voluntad. La vida del feto no es la de la madre, sino la suya propia, y tiene derecho a que se respete como se debe espetar la vida de un adulto[8].

Las mujeres abortistas dicen que ellas hacen de su cuerpo lo que quieren; pero el feto no es una verruga. Es un ser humano. Y ninguna madre es la propietaria de la vida de su hijo.

El 17 de marzo de 1983 dijo la Real Academia de Ciencias Morales y Políticas:

«El concebido no es una parte del organismo materno, sino un ser

[1] LE DROIT DE NAÏTRE: 262(I-82)5

[2] Revista ARBIL,anotaciones de pensamiento y critica,nº23:INTERNET www.ctv.es/USERS/mmori

[3] Revista ARBIL,anotaciones de pensamiento y critica,nº23:INTERNET www.ctv.es/USERS/mmori

[4] Revista ECCLESIA: 2796 (6-VII-96) 11

[5] ANDRÉ LEONARD: *La moral sexual explicada a los jóvenes, IV, D, b, 2.* Ed. Palabra. Madrid. 1994

[6] Dr. BOTELLA LLUSIÁ: Diario YA del 11-V-79, pg. 7

[7] Revista TELVA, 550 (IV-87)116

[8] Diario YA , 7-I-79, pg. 44

humano perfectamente individualizado, con su propio patrimonio genético».

Hoy está de moda encubrir asesinatos con palabras bonitas: Al aborto se le llama: interrupción del embarazo. A la eutanasia se la llama: muerte digna. Y al asesinato de fetos: clonación terapéutica.

Esa nueva vida que se ha formado en el vientre de una madre, no le pertenece a ella, pertenece a la especie humana, pertenece a Dios[1].

Dios ha dispuesto que los primeros días del ser humano se desarrollen dentro del seno de la madre para proteger su vida.

Esto para algunos seres, en lugar de ser una defensa resulta un riesgo, pues madres que no se atreverían a asesinar a su hijo de dos años, se atreven a hacerlo si sólo lleva pocos meses en su seno.

Estas madres traicionan la misión que Dios les ha confiado.

Esto no lo hacen ni las fieras. Todos los animales defienden a sus crías.

El que en algunas naciones el aborto no esté penalizado por la ley, no lo convierte en moral. Las normas morales absolutas son independientes de la voluntad de los hombres. La ley de Dios prohíbe el aborto, y ninguna ley hecha por el hombre puede hacer lícita la muerte de un inocente.

La **ley universal de Dios** obliga también a los no creyentes. El no matar, el no robar, el no fornicar, el no calumniar, etc. es para todo el mundo, y no sólo para los creyentes. Aunque en una nación se legislara lícita la calumnia, no por eso la calumnia dejaría de ser una injusticia.

«Nadie pude autorizar la muerte de un inocente, sea embrión, feto, enfermo o anciano, sin cometer, por ello un crimen de extrema gravedad»[2]

Biológicamente no hay diferencia entre matar un embrión humano de veinticuatro horas o un niño de veinticuatro meses[3].

El Papa **Juan Pablo II**, dijo en Madrid el 2 de noviembre de 1982: «Nunca se puede legitimar condenar a muerte a un inocente»[4].

La Comisión Permanente del Episcopado Español, dijo el 5 de febrero de 1983: «La despenalización del aborto nos parece gravemente injusta y del todo inaceptable. Ningún católico podrá en conciencia colaborar en la realización del aborto... Lo que hoy se llama interrupción voluntaria del embarazo, no podrá escapar a la calificación moral de homicidio».

Querer despenalizar el aborto criminal porque son muchas las mujeres

---

[1] Diario YA del 14-III-76

[2] Declaración del Vaticano sobre la eutanasia. Julio de 1980

[3] Dr. BOTELLA LLUSIÁ: Diario YA del 19-II-83, pg. 33

[4] **Nuevo Catecismo de la Iglesia Católica nº 2261**

que lo practican, es una aberración.

En ese caso, habría que permitir los robos y los atracos cuando son frecuentes. **La despenalización del aborto** criminal para contentar las voces que lo reclaman, no convierte el aborto en bueno. Las cosas o se hacen buenas por ser frecuentes. En ese caso, el egoísmo, tan frecuente, sería bueno; y el heroísmo, tan excepcional, sería malo.

La despenalización del aborto lleva a que se realicen monstruosidades, como cubos de basura llenos de fetos humanos, o aquel ginecólogo que alimentaba a su perro con lo fetos que obtenía de los abortos que practicaba a las mujeres que acudían a su clínica[1].

Eso de que despenalizando el aborto se evitarían los abortos clandestinos es una utopía. En los países abortistas no han descendido los abortos clandestinos[2].

El órgano de la Asociación de Médicos de Munich, la *Münchener Artzliche Anzeigen*, ha demostrado en un informe, que en 1978 sólo se registraron 73.548 abortos de los 180.000 allí realizados.

A los dos años de despenalizarse el aborto en Francia, según el informe del Ministerio de Sanidad francés, sólo se registraron 45.000 abortos de los cientos de miles realizados, según fuentes del mismo ministerio[3].

El 23 de abril de 1978, el episcopado francés publica un documento contra el aborto, declarando que en cinco años de ley permisiva, el número de abortos ha aumentado, y que la ley abortista no ha servido para resolver las situaciones difíciles que trataba de arreglar[4].

En Francia, donde los anticonceptivos están al alcance de cualquiera, el 57% de las solteras llegan al matrimonio con dos o tres abortos[5].

En Estados Unidos donde también es muy fácil el uso de anticonceptivos, el número de abortos sigue creciendo: alrededor de un millón en 1973; en 1981 ha llegado a 1.500.000 abortos anuales[6].

Desde que hay ley abortista en Estados Unidos se han realizado 15 millones de abortos autorizados[7]. En Inglaterra hubo 543 abortos de menores de 16 años en la primera mitad de 1970[8].

Por otra parte, la despenalización del aborto para evitar los peligros de

[1] Diario YA,26-VIII-87, pg.14

[2] Diario YA, 28-XI-79, pg. 6

[3] Diario LA VERDAD de Murcia , 12-XI-77

[4] Revista ECCLESIA, 1934(19-V-79)3

[5] Radio Nacional de España: «Protagonistas Nosotros» del 29-X-79

[6] Diario YA, 30-I-82, pg. 10

[7] Diario YA, 23-I-85, pg. 31

[8] Revista ECCLESIA, 1510 (26-IX-70)39

los abortos clandestinos realizados por inexpertos, trae peores consecuencias; se crea una conciencia colectiva de que no puede ser malo moralmente lo que está autorizado, y se aumenta enormemente el número de abortos.

En Rumanía, después de despenalizarse el aborto en 1965, abortaron el 25% de las mujeres fértiles, hasta el punto de realizarse cuatro abortos por cada nacimiento. Esto hizo que el gobierno socialista de Rumanía revisase la legislación abortiva[1].

Estos asesinatos de seres humanos inocentes se ha generalizado en nuestra sociedad de un modo aterrador.

Según el informe del fiscal del Tribunal Supremo sobre la delincuencia, en España se dan al año trescientos mil abortos provocados[2].

Desde 1987 se han producido en España medio millón de abortos[3].

En Estados Unidos se realizan al año más de un millón de abortos provocados[4]. Según la Organización Mundial de la Salud, en el mundo se realizan al año cincuenta millones de abortos: ¡cincuenta millones de asesinatos autorizados![5].

El aborto mata al año más personas que el cáncer, el SIDA o los accidentes.

Decía la Madre **Teresa de Calcuta:** «El aborto es la mayor desgracia de nuestro tiempo, porque si se permite que una madre mate a su hijo, ¿cómo se va a impedir que un hombre mate a otro?

Es una hipocresía defender como política de partido las libertades democráticas de la persona humana, y luego defender el aborto, privando del derecho a la vida a una persona inocente, aprovechándose que no puede defenderse, ni siquiera protestar.

Los defensores del aborto criminal piensan mucho en los inconvenientes que tiene para la madre un hijo no deseado, pero no piensan en los derechos que ese hijo tienen a seguir viviendo.

En 1996 se bautizó en la Iglesia Católica el **Dr. Bernard Nathanson**, conocido en otro tiempo como el «rey de aborto».

Fue Director de la mayor clínica abortista de Estados Unidos: la CRANCH. Tenía a sus órdenes treinta y cinco médicos que, en diez quirófanos, practicaban ciento veinte abortos diarios. Según él mismo

[1] JOSÉ ANTONIO DE SOBRINO, S.I.: Onda Familiar, Aborto 1

[2] Diario YA, 16-IX-74, pg. 15

[3] DEFENSA DE LA VIDA en INTERNET: www.aliento.es

[4] Carta del Cardenal COOKE del 27-I-78

[5] JUAN N. LUMBRERAS,S.I.:*El cristianismo es amor y exigencia de justicia, XX,* 2. Ed. Mensajero.

manifestó en una conferencia en el Colegio de Médicos de Madrid: «bajo mis órdenes se practicaron sesenta mil abortos, y yo hice personalmente unos cinco mil»[1].

En los años 80 se convenció de que el feto era un ser humano, pues hay evidencia científica de que la vida humana empieza en la concepción, y se volvió antiabortista. Es autor del libro *Abortando en América* y de la película *El Grito Silencioso*.

La gente del Movimiento Pro-Vida le hicieron cuestionarse el ateísmo que había mamado desde pequeño. Dice: «Comencé a considerar en serio la idea de Dios. Descubrí el Dios del Nuevo Testamento en quien yo podía encontrar el perdón que durante tanto tiempo busqué desesperadamente. Convencido de que Dios me perdonaría los crímenes que había cometido. Eso me resultó sumamente consolador para mi espíritu afligido»[2].

También se ha convertido al catolicismo la mujer símbolo del derecho al aborto. **Norma McCorvey**, más conocida con el seudónimo de **Jane Roe**, fue la protagonista de una larga batalla que acabó con la legalización del aborto por parte de la Corte Suprema de Estados Unidos. El anuncio ha sido hecho público por la misma Norma, durante un servicio ecuménico en la Iglesia de la Trinidad en Waco, Texas. «Durante 25 años he sido utilizada por los abortistas. Me equivocado en todo», confiesa ahora[3].

La agencia de noticias ACI, en un comunicado del 2 de febrero del 2001, notifica un testimonio a la emisora de radio de Río de Janeiro, *Rainha da Paz,* de un médico brasileño que hizo una gran fortuna con una clínica de abortos y perdió a su hija de veintitrés años después de haberse sometido a un aborto. Le entró un enorme remordimiento de todos los niños que él había matado con los abortos que practicó. Arrepentido vendió su clínica abortiva y construyó un HOGAR DE AMPARO para acoger a las madres solteras con problemas, con el propósito de adoptar a todos los niños que vengan al mundo a través de sus manos, para que Dios le perdone los crímenes que cometió.

Algunos dicen que si la Iglesia predica tanto contra el aborto, por qué no lo hace en la misma media contra la pena de muerte. Pero son dos casos totalmente distintos. La Iglesia acepta la pena de muerte en un caso extremo, si es la única manera eficaz de defender la vida de personas inocentes, amenazadas por un injusto agresor. En cambio en el aborto se condena a muerte a una persona inocente. Y esto no se puede justificar

---

[1] Revista HOGAR DE LA MADRE: 78 (IX-X,1997) 36

[2] ALEX ROSAL: Revista HOGAR DE LA MADRE, 71 (VII,VIII-96) 35

[3] ZENIT:Boletín informativo del Vaticano en INERNET: ZE980616-6

jamás.

Es inconcebible que los mismos que quitan la pena de muerte para asesinos, que son un peligro para la sociedad, condenen a muerte a **seres inocentes** en el seno de su madre.

Es curioso que muchos que están contra la pena de muerte por el peligro de que se condene a muerte a un inocente después están a favor del aborto donde siempre se condena a muerte a seres inocentes.

¿Qué podemos esperar de una sociedad que permite asesinar a niños no nacidos, por egoísmo de los mayores?

¿Qué valores van a respetar los que no respetan el derecho a vivir de sus hijos inocentes?[1].

El Papa **Juan Pablo II** dijo en Polonia el 4 de junio de 1991: «Ningún gobierno tiene derecho a autorizar la muerte de seres humanos inocentes».

«El hombre progresa en la medida en que mejora».

«Progresar no es tener más, sino ser más y mejor. Permitir asesinar a seres humanos inocentes no nacidos, no es progresar. Es retroceder. Dar muerte voluntariamente a una **persona inocente** es siempre pecado mortal».

La Comisión Permanente del Episcopado Español ha publicado una declaración donde afirma (en el nº 6) que «el Estado no tiene autoridad para decidir que sea permisible suprimir la vida de un ser humano inocente»[2].

El 15 de octubre de 1993 Monseñor **Elías Yanes** Presidente de la Conferencia Episcopal Española, en el discurso de apertura de la Asamblea Plenaria, hablando del derecho a vivir de los seres humanos concebidos pero todavía no nacidos, expresó estas ideas:

«El derecho a vivir es un derecho fundamental que el legislador no crea sino que debe reconocer y proteger.

»Nadie, aunque no sea católico, tiene derecho a condenar a muerte a un inocente.

»El derecho a vivir de un ser humano inocente no depende de las opiniones humanas.

»El Estado no puede amparar legalmente la licitud de dar muerte a un ser humano inocente.

»Por encima de las leyes humanas está la ley natural, y ningún gobierno

---

[1] RICARDO M. CARLES, Arzobispo de Barcelona: *Fe y Cultura, XIV, 3.* Ed. Claret. Barcelona,1990

[2] Revista ECCLESIA, 2704 (1-X-94) 10

puede legislar contra la ley natural.

»Si bastaran las leyes humanas para hacer moralmente aceptable cualquier cosa, estarían justificados los crímenes de **Hitler** y **Stalin** que ellos ampararon legalmente».

El 22 de septiembre de 1998 se votó en el Parlamento Español una ley sobre la ampliación de la despenalización del aborto.

Naturalmente la Iglesia reaccionó en contra.

Esto se manifestó en la homilía de la misa de Monseñor **Elías Yanes** en la clausura del Congreso Mariano celebrado en Zaragoza diez días antes. Tuvo palabras muy fuertes contra los políticos responsables de que se aprobase esa ley inicua que daba a las madres «licencia para matar» a sus propios hijos.

Estas palabras molestaron a socialistas y comunistas, que son los que defienden el aborto, acusándole de meterse en política.

Monseñor **Yanes** contestó que si ellos le prohibían hablar del 5º mandamiento que dice «NO MATARÁS», ¿de qué asunto le iban a dejar hablar?

Evidentemente Monseñor **Yanes** encontró el apoyo de los obispos españoles. Algunos con frases muy brillantes.

El Arzobispo de Sevilla Monseñor **Amigo** dijo que es muy triste que el seno de una madre en lugar de ser un nido acogedor se convierta en un patíbulo para su hijo.

D. Antonio Montero, Arzobispo de Mérida-Badajoz, dijo a los políticos que defendían el aborto que ellos podían hacerlo hoy porque sus madres no pensaban como ellos, pues de haber sido así ellos al nacer hubieran ido al cubo de la basura.

Monseñor Juan José Asenjo, Secretario de la Conferencia Episcopal Española, en una entrevista que le publicó ABC de Madrid dijo que hablar del derecho de las madres al aborto es una monstruosidad. Sería como si los terroristas pidieran una ley que les autorizase a los coches-bomba y tiros en la nuca.

Los abortistas protestaron de que se les llame «asesinos», pues para ellos el derecho de las madres a matar a sus hijos es ser «progresistas[1]; y encima acusaron a la Iglesia de intransigente[2] por defender la vida de seres humanos inocentes e indefensos de la agresión que maquinaban contra

[1] Diario ABC de Madrid, 23-IX-98, pg.20

[2] DIARIO DE CÁDIZ, 23-IX-98, pg.42

ellos los más «fuertes» que querían asesinarlos.

Es curioso que muchos ecologistas son abortistas. Defienden a las plantas y a los pajaritos, y no les importa asesinar seres humanos.

La jurista **María Dolores Vila-Coro** ha publicado en el ABC de Madrid[1] un interesante artículo sobre el aborto en el que hace referencia a dos sentencias judiciales notablemente relacionadas:

El Juzgado de Primera Instancia e Instrucción nº 5 de Cáceres condenó al propietario de un perro por haberlo matado; y la Sala 1ª del Tribunal Supremo condenó a un médico por no haber informado a una madre que su hijo iba a nacer mongólico, privándola así de la posibilidad de abortar.

Por lo visto, para algunos, matar un perro es más delito que matar al propio hijo.

Un párroco de La Rioja fue multado por retirar de la torre de su iglesia unos huevos de cigüeña; pero no se castiga a la madre que mata a su hijo.

Y es que, como dice monseñor **Bira**, Obispo de La Rioja, «el feto humano no es especie protegida»[2] . Si se permite quitar la vida de un ser humano inocente, ¿qué otra cosa más grave se puede a prohibir?

Defender el aborto criminal como un derecho de la mujer, es como defender la libertad del asesino para matar, y olvidarse del derecho que tiene la víctima a vivir.

¿Y si se trata de un embarazo por violación?

La situación de una muchacha embarazada por **violación** es triste, pero esto no justifica el aborto. ¿Qué culpa tiene el hijo? ¿Por qué se le va a condenar a muerte a él? Si hay que castigar a alguien, es al violador. No va el hijo a pagar con su vida la culpa de su padre. La honra de la madre no justifica el derecho a matar a su hijo. Si es un hijo no deseado, que lo entregue en adopción, pero matarlo es un crimen.

Eso de que la madre puede disponer de la vida de su hijo es una monstruosidad. La madre tiene obligación de que su hijo viva, y si es culpable de su muerte, nadie le quitará ese remordimiento[3] .

El aborto puede quedar impune ante la ley, pero no ante la conciencia; el remordimiento no la dejará dormir tranquila.

Así me lo aseguraba una chica que se despertaba sobresaltada por las noches, mucho tiempo después de haber practicado el aborto, por el remordimiento de haber asesinado al hijo de sus entrañas. Me decía:

---

[1] Diario ABC de Madrid, 18-IX-98, pg.42

[2] Diario YA, 7-X-92, pg. 29

[3] JUAN PABLO II: *Mulieris Dignitatem, nº 14, 15-VIII-88*

«Padre, a veces me despierto viendo a mi hijo a quien asesiné».

Decía el **Dr. Wilke**: «Es más fácil sacar un bebé del útero de una mujer que de su conciencia»[1].

«Todo confesor experimentado sabe que el aborto es un pecado que muchas mujeres no se perdonan a sí mismas, ni siquiera después de haber sido perdonadas por Dios. Los médicos y los psiquiatras saben también hasta qué punto las mujeres que han abortado voluntariamente sufren traumas psíquicos»[2].

El doctor **D. Antonio Peco**, ginecólogo, con treinta años de profesión en la Seguridad Social y en su clínica privada, me habló del trauma psíquico que sobreviene después del aborto:

a) Remordimientos de conciencia por haber asesinado a su propio hijo.

b) Mujeres que tenían uno o dos hijos y abortaron al que venía de camino. Después perdieron uno o los dos hijos, y viven desesperadas, pues ya es tarde para encargar otro.

c) Matrimonios que no tienen valor de mirarse a la cara después de haber abortado, y terminan rompiendo definitivamente.

d) Padres que ayudan a sus hijas a abortar, y después terminan odiándose mutuamente.

Con razón los psicólogos austríacos reconocen gran cantidad de neurosis y depresiones en mujeres que han abortado voluntariamente[3].

El **Dr. Henry P. David**, profesor de Psicología de la Universidad de Maryland de Baltimore (U.S.A.) dice: «El 64% de las mujeres a las que se ha realizado el aborto fueron ingresadas en hospitales psiquiátricos»[4].

David C. Reardon, en un estudio publicado en la revista *Post Abortion Review* dice que las mujeres que han practicado el aborto presentan desórdenes mentales 41% más que las que no lo han hecho. Y son también muy numerosas las que terminan suicidándose después de haber practicado el aborto. Muchas en la fecha que abortaron o en la que debería haber nacido su hijo[5].

Tampoco es admisible el aborto ante el peligro de que el niño pueda **nacer subnormal**. ¿Es que los enfermos no tienen derecho a vivir? ¿Es que vamos matar a todos los enfermos? ¿Es que la solución de las enfermedades es matar a los enfermos? Esto sería muy cómodo y barato. Se acabarían los problemas de la Seguridad Social.

---

[1] Diario YA, 24-IV-89, pg. 15

[2] BERNHARD HÄRING: *SHALOM: Paz, XVI, 3.* Ed. Herder. Barcelona. 1998.

[3] Diario ABC de Madrid, 27-IV-80, pg. 86

[4] Revista TELVA, 550(IV-87)63

[5] Revista ARBIL de pensamiento y crítica, nº 35. En INTERNET.

Pero nada puede justificar condenar a muerte a una persona inocente. Aparte de que esas predicciones de subnormalidad en los todavía no nacidos se presta a enormes errores.

Así ocurrió cuando la nube tóxica de Seveso (Italia), que recomendaron a las madres embarazadas que abortaran ante el peligro de tener hijos subnormales, y luego resultó que las cuatrocientas madres que no quisieron abortar tuvieron hijos perfectamente sanos[1] .

Lo mismo ocurrió en España con las embarazadas enfermas del aceite de colza, a quienes se les recomendó el aborto ante el peligro de tener niños anormales.

Luego resultó, según el **Dr.Zamarriego**, Presidente del Consejo del Plan Nacional de Prevención de la Subnormalidad, que de cuatrocientos cincuenta partos de mujeres afectadas por el síndrome tóxico, ninguno de los nacidos ha presentado malformaciones[2] . Si se hubiera hecho caso a las predicciones, se habrían cometido cuatrocientos cincuenta asesinatos de niños inocentes.

El **Dr. López Ibor** denuncia el caso de una mujer a quien habían aconsejado abortar porque iba a tener un hijo deforme. Él la disuadió del aborto, y al año se le presentó ella con un niño precioso y perfecto[3] .

Una señora italiana, **Marisa Ferrante,** al cuarto mes de embarazo, el ginecólogo le recomendó que abortase pues iba a dar a luz una niña con malformaciones: un auténtico monstruo. Ella no quiso abortar, y cuando su «monstruo» cumplió veinte años, fue elegida «Miss Italia, 1995»[4] .

El descubrimiento del «genoma humano» puede provocar inquietudes innecesarias, pues «no es verdad que se verifique todo lo que está escrito en los genes», ha dicho **Bruno Dalla Piccola**, Catedrático de Genética de la Universidad de Tor Vergata (Roma)[5] .

También es inadmisible el aborto por peligro de la madre, psíquico o físico. Es posible que el niño no deseado sea un trauma psíquico para la madre; pero mucho peor es el trauma que va a tener por haber asesinado a su hijo, como se deduce de una larga experiencia.

Lo de que el niño pueda ser un peligro para la salud de la madre es algo que ya ha sido superado. Con los avances de la Medicina, esto ya no se da.

Dice el **Dr. Horno**, Jefe de Maternidad de la Seguridad Social de

---

[1] Diario YA, 13-V-83, pg. 28

[2] Diario YA, 15-III-83, pg. 25

[3] Diario YA, 10-III-87, pg. 34

[4] Diario ABC de Madrid, 8-IX-95, pg.95

[5] BRUNO DALLA PICCOLA: Boletín Informativo del Vaticano en INTERNET, ZE980202-4

Zaragoza: «En los 65.000 casos que llevo atendidos en mi Departamento nunca se ha dado una situación que haya obligado a plantear esa necesidad, puesto que hoy existen medios técnicos suficientes para dar soluciones satisfactorias, tanto para la vida de la madre como para la del hijo»[1].

Un día recibí una carta por INTERNET en la que me preguntaban sobre el peligro para la madre en casos de fetos ectópicos (fuera del útero).

Le pregunté al **Dr. Fernando Muñoz Ferrer,** conocido ginecólogo en Cádiz, que ha sido Jefe del Servicio de Obstetricia y Ginecología de la Residencia de la Seguridad de Cádiz, y me dijo lo siguiente:«El feto ectópico no es viable. Por lo tanto lo que se extrae ya está muerto. Y esta extracción no supone ningún peligro para la madre, si la operación se hace a tiempo».

Recientemente se ha difundido una **píldora abortiva**, la RU-486. de los Laboratorios Roussel-Uclaf.

La RU-486, ha producido malformaciones en el feto cuando su efecto no ha sido eficaz[2].

Las malformaciones en el embriones supervivientes motivó esta declaración del doctor **Justo Aznar**, Jefe del Departamento de Biopatología Clínica del Hospital La Fe de Valencia: «Ninguna sociedad médica aprobaría un medicamento con las contraindicaciones y los efectos secundarios que éste tiene»[3].

André Ullmann, de los Laboratorios Rousell-Uclaf, que fabrican esta píldora, dijo que una mujer que no logró abortar con ella, a los seis meses dio a luz un bebé deforme[4].

Una mujer francesa de treinta y un años de edad, que estaba tomando la píldora, falleció víctima de una accidente cardiovascular[5].

Por eso **Eddouard Sakiz,** Presidente del laboratorio Roussell que la fabrica, recomienda a quienes la toman tener a mano un equipo de

---

[1] LUIS RIESGO: *Éste es el camino, XII, 5.* Ed. San Pío X. Madrid.1990. Libro de oro sobre el noviazgo y el matrimonio, el el que el matrimonio Riesgo, los dos psicólogos, unen sus conocimientos en psicología y su experiencia de padres cristianos.

[2] Diario YA, 29-X-88, pg. 16.

[3] Semanario Alfa y Omega del 19-XII-98.

[4] S.O.S. FAMILIA: Informe sobre los peligros de la píldora abortiva RU-486. Madrid 1998.

[5] Diario NEW YORK TIMES, 10-IV-91.

tratamiento de urgencia por posibles problemas de índole cardiovascular[1].

Como se han multiplicado los accidentes y muertes mal explicadas en mujeres que la han tomado, el gobierno francés está «reexaminando» esta píldora abortiva[2]

Por eso el Tribunal Supremo norteamericano ha prohibido la píldora RU-486 en el territorio de los Estados Unidos[3], por considerarla mercancía peligrosa[4].

El Boletín Oficial del Estado francés, restringe el uso de la píldora abortiva RU-486, porque «puede suponer un daño importante para la salud pública»[5].

Pierre de Vernejoul, Presidente de la Comisión Internacional de Inquérito sobre la RU-486 declaró, a propósito de la difusión de esta píldora: «El enfoque médico y científico ha sido sacrificado ante motivos ideológicos»[6].

En Alemania a aparecido la píldora *Myfegine* más letal que la píldora abortiva RU-486.

Últimamente ha aparecido la píldora **Nortevo.**

Se la llama también la **«píldora del día siguiente»**.

Evita la fecundación del óvulo, o la implantación en el útero si el óvulo ya está fecundado.

Es decir, que puede ser una píldora abortiva[7].

Por eso el Secretario de la Conferencia Episcopal Española, **Mons. Juan José Asenjo,** en declaraciones a SERVIMEDIA ha expresado el rechazo de la Iglesia a «la píldora del día siguiente»[8].

La mal llamada **«vacuna anticonceptiva»** ni es vacuna ni es anticonceptiva.

No es vacuna, pues no previene ninguna enfermedad, sino que mata a un ser humano. Y no es anticonceptiva, pues lo que hace es impedir que siga

[1] S.O.S. FAMILIA: Informe sobre los peligros de la píldora abortiva RU-486. Madrid 1998.
[2] Diario ABC de Madrid del 10-IV-91, pg. 48.
[3] Revista PALABRA, 330s (VIII-IX, 1992) 19.
[4] Diario ABC de Madrid del 3-IV-93, pg.20.
[5] Diario ABC de Madrid del 1-I-89, pg. 14.
[6] S.O.S. FAMILIA: Informe sobre los peligros de la píldora abortiva RU-486. Madrid 1998.
[7] Diario EL PAÍS del 26-VI-99, pg. 32.
[8] Diario EL MUNDO del 27-VI-99, pg.42.

viviendo un ser humano ya concebido.

Es decir, que es abortiva.

«De igual forma en Gran Bretaña se anunció que la organización *«British Pregnancy Advisory Service»* está promoviendo la distribución de una píldora del «día después» llamada Pc4. (...) Como sucede con otros fármacos del mismo tipo se trata de provocar una especie de aborto químico que impide que el óvulo fecundado pueda anidar en el útero. (Pro-Life Infonet, 17/7/99; Avenire, 10/7/99)»[1]

El **DIU** (dispositivo intra-uterino) además de ser abortivo, pues impide la anidación del óvulo ya fecundado, es peligroso para la salud, pues puede producir infecciones y hasta perforación del útero[2].

Hay que distinguir entre el **aborto espontáneo**, que ocurre involuntariamente, y el **aborto criminal provocado** que es un pecado gravísimo.

También existe diferencia entre este último y el **aborto terapéutico**, que intenta salvar lo que puede salvarse en aquel trance.

En caso de que haya que elegir entre dos vidas, la del feto y la de la madre, se puede elegir la vida que parezca más importante.

Se trata de aplicar a este caso el principio moral de la acción de doble significación. Con este nuevo enfoque el aborto terapéutico resultaría justificable. Así razona el Padre jesuita **Marcelino Zalba**, Catedrático de Teología Moral de la Universidad Gregoriana de Roma y Consultor de la Sagrada Congregación Pontificia de la Doctrina de la Fe[3].

Si hubiera sido posible, se hubieran salvado la dos vidas. Pero jamás puede ser lícito procurar voluntariamente un aborto directo

El Dr. John Peel, ginecólogo de la Reina Isabel de Inglaterra ha calificado de «valiosísima investigación científica» la del **Dr.Wynn**, según la cual un gran porcentaje de niños anormales con malformaciones graves nacen así debido a que sus madres practicaron el aborto con anterioridad[4].

En el **aborto procurado** peca, además de la madre, quien lo realiza,

[1] ZENIT: Boletín informativo del Vaticano en INTERNET, 24-VII-99. SEMANA INTERNACIONAL.
[2] Dr. JEAN BAPTISTE JOURDAIN: Revista MUNDO CIENTÍFICO, 51 (X,85) 984
[3] MARCELINO ZALBA, S.I.: Revista ESTUDIOS ECLESIÁSTICOS, 52(1977)9-38
[4] Revista MUNDO CRISTIANO, 130(XI-73)34

quien colabora y quien lo aconseja[1] .

El Vaticano recuerda a los operadores sanitarios que tienen una obligación grave a presentar objeción de conciencia en el caso de legislaciones abortistas[2]. Quien practica el aborto queda excomulgado[3].

Dice el Código de Derecho Canónico: «Quien procura el aborto, si éste se produce, incurre en excomunión»[4] .

Lo mismo todos los que colaboren a él de modo eficaz y voluntariamente[5] .

Es decir «si el delito no se hubiera cometido sin su colaboración»[6].

La **excomunión** es la pena canónica que la Iglesia impone a ciertos pecados muy graves para que no se cometan.

Consiste en que al excomulgado se le prohíben todos los sacramentos menos el de la confesión. .

«No obstante, no caen en la excomunión cuando se dan las circunstancias que eximen de cualquier pena.

En concreto, no incurren en penas eclesiásticas los menores de dieciocho años, quienes sin culpa desconocen que infringen esa ley, o los que lo realizan por miedo grave o con el fin de evitar un grave perjuicio»[7] .

El aborto se condena en la Iglesia desde los tiempos de la *Didajé*[8], en el año 70 de nuestra era[9] .

«Desde el siglo primero la Iglesia ha afirmado la malicia moral de todo aborto provocado»[10] .

En Octubre de 1979 la Asamblea del Consejo de Europa aprobó la resolución 4.376 en la que se invita a todos los gobiernos europeos a «reconocer el derecho del niño a la vida desde el momento de su concepción, momento en el que se hallan presentes en potencia todas las propiedades biológicas y genéticas del ser humano».

---

[1] **Nuevo Catecismo de la Iglesia Católica, nº 2272**

[2] Diario ABC de Madrid del 24-X-94. Pg. 89

[3] Nuevo Código de Derecho Canónico, nº 1398

[4] Nuevo Código de Derecho Canónico, nº 1398.

[5] Nuevo Código de Derecho Canónico, nº 1398

[6] Nuevo Código de Derecho Canónico, nº 1329, 2

[7] AURELIO FERNÁNDEZ: *Compendio de Teología Moral, 2ª, X, 3, 3.* Ed. Palabra. Madrid. 1995.

[8] Didajé, II,2

[9] AYAN CALVO: *Introducción a la Didajé.* Ed. Ciudad Nueva. Madrid. 1992.

[10] **Nuevo Catecismo de la Iglesia Católica, nº 2271**

6. En marzo de 1987, la Santa Sede publicó un documento titulado *Donum vitae* sobre **Bioética**, poniendo barreras morales a la manipulación genética. La Iglesia está a favor del hombre y no acepta que se fabriquen hombres en serie para luego destruirlos cuando ya no interesen[1] .

No puede permitirse el derecho a crear una vida humana con el fin de destruirla después.

Leí en el Diario *YA*, que frente a los seiscientos niños probeta conseguidos, se han destruido veintitrés mil cuatrocientos óvulos fecundados «in vitro»,es decir, que se perdieron el 97,5% de las vidas humanas que se iniciaron[2] .

En Francia, en 1986 se consiguieron ochocientos «niños probeta», pero se habían concebido «in vitro» once mil embriones humanos.Es decir, se destruyeron diez mil doscientos seres humanos[3] .

El **Dr. Justo Aznar**, Jefe del Departamento de Biopatología Clínica del Hospital de la Fe de Valencia, dice que por cada niño «in vitro» que nace se pierden cuarenta vidas humanas[4] , pues para obtener un niño probeta se fecundan unos cincuenta óvulos.

La experimentación científica no puede legitimar esta destrucción de vidas humanas.

En Melbourne, una clínica especializada en fecundación «in vitro» ha anunciado que destruirá centenares de embriones congelados[5] .

El padre **Angelo Serra**, pionero mundial de la bioética, fundador del Instituto de Genética de la Facultad de Medicina Agostino Gemelli de Roma dice: «La genética es una gran conquista de la ciencia, una oportunidad a aprovechar, una autopista para llegar a comprender el mundo y el hombre y vencer enfermedades y sufrimientos»

Pero como genetista, le preocupa que la cada vez más extendida reacción ante los excesos cree un clima hostil hacia todo este filón de la investigación genética a la que ha dedicado su vida, trabajando en los mayores centros de vanguardia del mundo.

«La genética --afirma-- nos lleva a conocer el programa biológico de cada uno de nosotros. Cuanto más se conoce el código genético, antes se podrá dar vía libre a la geneterapia, sobre todo en la lucha contra los

---

[1] **Nuevo Catecismo de la Iglesia Católica, nº 2275**

[2] Diario YA, 7-IV-88, pg. 13

[3] JACQUES TESTART: *El embrión transparente. Anexo, 4.* Ed. Granica. Barcelona, 1988

[4] Diario YA, 14-IV-88, pg. 15

[5] Boletín informativo del Vaticano en INTERNET: Zenit,980401-2

tumores. Pienso que en el futuro, la ingeniería genética, cuando pueda comprender y gobernar las complejas interrelaciones entre los genes, podrá también ayudar a un embrión humano enfermo a no desarrollar la enfermedad que lleva en sus genes».

Sin embargo, reconoce que «la sombra oscura que pesa sobre el progreso de nuestra época» es la producción de embriones para luego descartarlos: «Para tener el 95% de probabilidades de que la fecundación tenga éxito, hace falta programar al menos treinta embriones que después serán eliminados. La cultura de hoy va en esta dirección»[1].

El **Dr. Jacques Testart**, padre del primer «niño probeta» francés, cuenta en su libro *El embrión transparente* cómo en la Clínica Clamart donde él trabaja, a veces coinciden en la misma habitación una mujer que va a abortar y otra que está sometida a tratamiento para lograr la fecundación «in vitro». ¿No sería más lógico que la segunda adoptara al niño de la primera, en lugar de que tengan que morir cincuenta niños probeta para que ella consiga uno?[2].

Hay que distinguir entre la inseminación artificial (*in vitro*) y la asistida, en la que el médico ayuda a los esposos. Ésta es lícita, pero la artificial está prohibida por la Iglesia[3].

«Las enseñanzas de la Iglesia sobre la **fecundación artificial** dejan bien claro que el método técnico utilizado no puede sustituir al acto conyugal, sino que únicamente debe ser, cuando se considere necesario médicamente, una facilitación y una ayuda para que aquél alcance su finalidad natural»[4].

«La inseminación artificial y la fecundación *in vitro* son un problema delicado. (...) Muchos católicos aprueban, sin dificultad, la condenación por la Iglesia la fecundación heteróloga, es decir, recurrir a un donante ajeno a la pareja. (...) Según la expresión cruda, pero iluminadora, de un periodista francés, "la fecundación heteróloga es el adulterio en probeta".

»Presenta, en cambio, dificultad a ciertos católicos, el juicio negativo (...) pronunciado por la Iglesia, sobre la fecundación artificial homóloga, es decir, que no recurre a ningún donante extraño. (...)

»Para enfocar bien el problema hay que ir al fondo de la cuestión. (...)

»La fecundación *in vitro* implica corrientemente la sobreproducción de

[1] ZENIT. Boletín informativo del Vaticano en INTERNET: ZS99031503

[2] JACQUES TESTART: *El embrión transparente, II, 8.* Ed. Granica. Barcelona, 1988

[3] ARTURO FERNÁNDEZ: *Compendio de Teología Moral, 2ª, X, 2.* Ed. Palabra. Madrid. 1995.

[4] ANTONIO MONTEBELLI: *Guía de los métodos naturales. Apéndice.* Ed. Ciudad Nueva. Madrid.

embriones que no serán trasplantados al cuerpo de la mujer y serán destruidos o congelados. Este hecho plantea el problema del aborto o su manipulación.(...)

»Sin embargo, aun en el caso de una fecundación homóloga "limpia técnicamente", el juicio de la Iglesia sigue siendo negativo. (...)

»El acto conyugal, por el que los esposos se entregan uno al otro, y se abren juntos al don de la vida es al mismo tiempo indisolublemente espiritual y carnal.

»Marido y mujer consuman su unión en sus cuerpos, y por sus cuerpos también en su corazón. Así pueden llegar a ser padre y madre.

»De aquí la convicción profunda de la Iglesia de que la única manera, verdaderamente humana, de dar la vida a un niño reside en un acto conyugal auténtico, en el que los esposos se donan el uno al otro tanto en la verdad de su carne como de su alma.

»El único lugar adecuado para el surgimiento de una nueva persona es un acto de amor, a la vez espiritual y físico; y no una sucesión de operaciones técnicas, separadas, objetivamente, de los gestos del amor»[1].

Por otra parte, la inseminación artificial lleva en sí un peligro de contagio; como le ocurrió a una mujer alemana que se contagió de SIDA por haber usado semen de banco.

«Según las revelaciones de un equipo médico alemán a la revista «*The Lancet*», una enfermera alemana se vio contagiada de SIDA tras una inseminación artificial»[2].

Angelo Serra, pionero mundial en el campo de la genética, ha afirmado que la fecundación asistida fracasa en el 87% de los casos y deja graves consecuencias psíquicas[3].

En la presentación del documento *Donum Vitae*, el cardenal **Ratzinger** dice:«La actividad científica está sometida a la ley ética. La Ciencia no es un absoluto a lo que se puede sacrificar todo, aun la dignidad del hombre».

Progreso que va contra la dignidad del hombre no es verdadero progreso.

Federico Mayor Zaragoza, Presidente de la UNESCO, dijo el 26 de agosto de 1998 en Rímini (Italia):«Por primera vez el hombre ha llegado al umbral de los mecanismos de la vida; por esto, la Bioética debe asegurarse que los progresos se pongan al servicio de todos»[4].

---

[1] ANDRÉ LÉONARD: *La moral sexual explicada a los jóvenes, III,6.* Ed. Palabra. Madrid. 1994.

[2] ZENIT: Boletín informativo del Vaticano en INTERNET: Zenit, 980306-5

[3] ZENIT: Boletín informativo del Vaticano en INTERNET: ZS 00103101

[4] Boletín informativo del Vaticano en INTERNET: Zenit, 980825-3

He aquí algunas ideas del documento *Donum Vitae:*

«Si el progreso tecnológico no está encauzado por la moral, puede atentar contra la dignidad de la persona humana» (Introducción nº 2). «No todo lo que es técnicamente posible es moralmente admisible»(Introducción nº 4). «La Ciencia y la técnica exigen el respeto incondicional a los criterios fundamentales de la moralidad: deben estar al servicio de la persona humana»(Introducción nº 2). «El ser humano debe ser respetado y tratado como persona desde el primer instante de su concepción»(I,1). «Es inmoral producir embriones humanos destinados a ser explotados como "material disponible". Resulta obligado denunciar la particular gravedad de la destrucción voluntaria de los embriones humanos obtenidos "in vitro" con el sólo objeto de investigar»(I, 4). «Tanto en el caso de los fetos muertos, como cuando se trata de cadáveres de personas adultas, toda práctica comercial es ilícita y debe ser prohibida»(I, 4). «Desde el punto de vista moral, sólo es verdaderamente responsable, para con quien ha de nacer, la procreación que es fruto del matrimonio... La fidelidad de los esposos, en la unidad del matrimonio, comporta el recíproco respeto de su derecho a llegar a ser padre y madre exclusivamente el uno a través del otro. El hijo tiene derecho a ser concebido, llevado en las entrañas, traído al mundo y educado dentro del matrimonio»(II, 1).

Un hijo concebido con ayuda de un gameto procedente de una tercera persona es propiamente un hijo adulterino.

Por lo mismo están prohibidos los **«vientres de alquiler»** que van contra la unidad del matrimonio, y la congelación de embriones que los expone a posibles manipulaciones contra la dignidad de la persona humana.

«Las técnicas que provocan una disociación de la paternidad por la intervención de una persona extraña a los cónyuges (donación del esperma o del óvulo, préstamo de útero), son gravemente deshonestas»[1].

El 12 de febrero del 2001 se publicó el mapa del **genoma humano.** Según el **Dr. César Benito Jiménez,** Profesor de Genética Humana en la Universidad Complutense de Madrid, ya conocemos el número exacto de los genes que poseemos. En adelante se podrá sustituir un gen defectuoso por un gen sano, y diseñar nuevos fármacos para el tratamiento de algunas enfermedades hoy incurables[2].

Pero también hay peligro de caer en la tentación de eliminar embriones humanos defectuosos, lo cual sería asesinar a personas humanas inocentes por el hecho de no ser sanas; lo cual es monstruoso.

---

[1] **Nuevo Catecismo de la Iglesia Católica, nº 2376**

[2] Diario LA RAZÓN, 12-II-2001, pg. 52

Y es que el progreso técnico, si no se somete a la moral se vuelve contra el hombre.

A propósito del **genoma humano** donde están codificadas las características de la persona, dijo **Juan Pablo II,** en la IV Asamblea General de la Academia Pontificia para la Vida: «No es lícito realizar intervenciones sobre el genoma que no estén orientados al bien de la persona»[1] .

El **P. Javier Gafo, S.I.**, Catedrático de Bioética en la Universidad de Comillas en Madrid, dice: «El desarrollo tecnológico no es un valor en sí absoluto, en nombre del cual pueda legitimarse cualquier tipo de avance. Las nuevas técnicas de reproducción humana pueden llevar a abusivas manipulaciones del embrión y a una degradación de su valor humano»[2].

Se pueden realizar verdaderas perversiones[3].

Manipulando el cromosoma de la agresividad se podrían obtener seres humanos de tendencias criminales destinados al terrorismo.

La ingeniería genética podría conseguir hombres infradotados para ponerlos al servicio de los «listos» que los han «producido»[4] .

Sería una nueva modalidad de esclavitud.

Y ningún hombre debe ser explotado por el que es más fuerte que él sea económicamente, sea culturalmente, sea físicamente, sea psíquicamente.

Todo hombre, nacido o no nacido, enfermo incurable o desbordante de salud, es hijo de Dios.

No puede ser explotado por otro hombre.

Elio Sgreccia, portavoz vaticano de Bioética, afirma:

«La Iglesia está a favor de las investigaciones científicas que estén orientadas a la prevención y tratamiento de enfermedades. La Ciencia experimental tiene que estar orientada al bien del hombre. Pero la utilización destructiva de embriones para investigar merece un juicio negativo, pues el embrión humano vivo es un ser humano que exige el respeto que merece todo hombre»[5].

El Premio Nobel **Dr.Severo Ochoa** entrevistado por la periodista **Pilar Urbano**, dijo: «Muchas veces el hallazgo científico se escapa de nuestras

---

[1] Boletín informativo del Vaticano en INTERNET: Zenit, 980224-1

[2] Diario YA, 11-III-87, pg. 5

[3] JACQUES TESTART: *El embrión transparente, IV, 4.* Ed. Granica. Barcelona, 1988.

[4] ABC de Sevilla del 9-II-94. pg. 119

[5] Diario La Razón del 15-II-2001, pg.46.

manos y se vuelve contra el hombre»[1].

Como dijo **Juan Pablo II**: «El principio de la libertad de investigación científica no puede ser separado de la responsabilidad ética»[2].

Evidentemente, **no todo lo que es técnicamente posible es moralmente aceptable**.

Los Medios de Información propagaron que dos lesbianas del país vasco habían tenido un hijo en común: una quedó embarazada con espermatozoide de banco de semen, y el óvulo fecundado fue anidado en la otra.

Esto es una monstruosidad.

Ese niño va a vivir traumatizado cuando se entere que es hijo de dos mujeres anormales.

Siempre será verdad que toda ciencia necesita de la conciencia: la ciencia sin conciencia se vuelve contra el hombre.

«Las intervenciones sobre el embrión humano sólo son lícitas si tienen como fin la mejora de sus condiciones de vida»[3].

«Los médicos del Hospital Antoine Béclère, en las proximidades de París, han logrado, con un proceso de selección genética, evitar en un bebé la trasmisión de una enfermedad hereditaria de uno e sus padres»[4].

El 24 de Febrero de 1997 todos los medios de información se hicieron eco de la **clonación** de una oveja en Escocia, quitando el núcleo con el código genético de un óvulo y poniéndole el núcleo de otra célula con su código genético. Así se engendra un nuevo ser idéntico al ser del que se ha tomado el núcleo.

Fue obra de dos científicos escoceses **Iam Vilmut** y **K.H.S. Campell** con sus colaboradores del *Roselim Institute* de Edimburgo[5]. Esto puede ser útil para mejorar la ganadería. Con esta ocasión se multiplicaron los comentarios sobre la aplicación de la clonación al ser humano. Uno de ellos fue el de **Juan Antonio Martínez**, Delegado de la Conferencia Episcopal Española, que dijo por televisión: «La Ciencia sin conciencia se vuelve contra el hombre». Efectivamente, sería una monstruosidad que unos hombres «fabricaran» a otros infradotados intelectualmente, sumisos y dóciles, pero muy fuertes físicamente, para su servicio en trabajos duros o peligrosos . Sería una nueva forma de esclavitud.

En Abril de 1997 se celebró en Oviedo un Convenio de Bioética. Representantes de veinte países firmaron un Convenio Europeo sobre Derechos Humanos y Biomedicina auspiciado por el Consejo de Europa. Este

---

[1] Revista ÉPOCA, 142 (3-XI-87) 54

[2] DIARIO DE CÁDIZ del 9-VI-97, pg.52

[3] **Nuevo Catecismo de la Iglesia Católica, nº 2275**

[4] Diario La Razón del 16-XI-2000, pg.35.

[5] Revista NATURE del 27-II-1997

documento incluye un anexo especial sobre la **clonación humana** que prohibe expresamente. Pone límites a la ingeniería genética y protege a los ciudadanos frente a los avances científicos[1] .

Después, el 12 de Enero de 1998 el Consejo de Europa firmó en París un Protocolo prohibiendo la clonación humana[2] .

La Sagrada Congregación para la Doctrina de la Fe dice que la clonación humana es contraria a la moral[3] .

El 20 de enero de 1998 vi en Televisión Española un debate sobre la clonación humana moderado por **Luis Herrero.** En él intervino el obispo de Castellón, Doctor en Moral, **D. Juan Antonio Reig.** Contestando a **Agustín Zapata** y a **Javier Sádaba** que opinaban que la clonación humana podía ser útil, expuso con gran claridad que no se puede permitir la clonación humana con fines utilitarios, como sería hombres clonados como almacén de piezas de recambio para trasplantes. Esto sería muy práctico, pero no sería ético. Y lo que distingue a los hombres de los animales es el respeto a la ética.

Resulta monstruoso que unos hombres «fabriquen» otros hombres para tener piezas de recambio y después eliminarlos.

La ciencia sin conciencia se vuelve contra el hombre. A las personas humanas no se las puede tratar como objetos. La persona humana tiene unos derechos que hay que respetar.

Cuatrocientos catedráticos de Roma han firmado una «Declaración» contra la clonación humana[4].

«El gobierno español ha ratificado oficialmente el protocolo internacional que prohíbe taxativamente la práctica de la clonación de seres humanos»[5].

Los reparos éticos que suscita la clonación de personas humanas pueden desaparecer si se logra la clonación de tejidos para trasplantes[6]. Por ejemplo, de tejido epitelial, etc.

El 19 de diciembre del año 2000, el Parlamento Británico aprobó la **clonación terapéutica.** Parece que enfermedades como el *parkinson,* la diabetes y la leucemia, se podrían curar trasplantando células de embriones con capacidad de originar **«células madre»,** llamadas **«estaminales»**, que pueden dar lugar a células iguales para generar nuevos tejidos.

Pero no se puede matar a una persona para dar a otra el órgano que

---

1 Diario ABC de Madrid del 5-IV-97, p g. 59

2 Diario ABC de Madrid del 13-I-98, pg.10

3 Donum vitae, I,6

4 ZENIT: Boletín informativo del Vaticano en INTERNET, ZS99020707,

5 Diario LA RAZÓN del 25-I-2000, pg.35.

6 Diario ABC de Madrid del 22-I-99, pg. 69.

necesita. Como ocurre cuando se mata un embrión humano para sacar «células madre» que fabriquen los órganos deseados para hacer **trasplantes.**

Fabricar seres humanos con el fin de tener órganos humanos de recambio para las personas enfermas que los necesiten, y después matarlos, además de ser una monstruosidad, es tan absurdo como fabricar un camión para utilizar sus neumáticos, y después mandarlo al desguace del chatarrero.

7. **Los Testigos de Jehová** prohíben las **transfusiones de sangre**, diciendo que están prohibidas por la Biblia; y son capaces de dejar morir a una persona antes de facilitarle esta ayuda.

En primer lugar hay que decir que esto es falso. En ningún lugar de la Biblia se habla de las transfusiones de sangre. La Biblia no puede prohibir una cosa que se desconocía en su tiempo. Lo que la Biblia prohíbe es comer sangre de animales[1], por estar relacionada con la idolatría que ellos veían en otros pueblos que sacrificaban animales a los ídolos.

También la Biblia prohíbe comer sebo[2]. Y a esto no hacen caso.

Pero además **Cristo** abolió algunas prácticas del Antiguo Testamento e instauró el Nuevo[3]. Muchas de las leyes del Antiguo Testamento no rigen en el Nuevo (circuncisión, peregrinar a Jerusalén, pena de muerte para los adúlteros, etc.).

Esta prohibición de no tomar sangre se mantuvo al principio[4] por consideración a los cristianos procedentes del judaísmo, apegados a sus costumbres, que tenían reparo en participar en comidas que habían estado prohibidas para ellos durante toda su vida, y no se les debía escandalizar.

El tránsito del Antiguo al Nuevo Testamento, necesitaba su tiempo para que aquellos judíos se desprendieran de sus viejas costumbres; pero pronto se permitió a los cristianos tomar toda clase de alimentos, como dice **San Pablo**: «*Ni porque comamos ni porque no comamos mereceremos o desmereceremos; pero si lo que yo como escandaliza a mi hermano, no comeré*»[5]. Pero después dice que se puede comer de todo[6].

El abstenerse de comer sangre fue una norma transitoria, circunstancial y disciplinar que cayó en desuso al desaparecer las

---

[1] Levítico, **3**:17

[2] Levítico, **3**:17

[3] SAN PABLO: Carta a los Gálatas, cap.**3**

[4] Hechos de los Apóstoles, **15**:20, 29

[5] SAN PABLO: Primera Carta a los Corintios, **8**:8, 13

[6] SAN PABLO: Primera Carta a los Corintios, **10**:25ss

comunidades palestinenses judeo-cristianas con la guerra del 70[1]. Por eso no vuelve a mencionarse ni en **San Pablo** ni en los Padres Apostólicos.

En cambio la prohibición de la fornicación se repite con frecuencia en **San Pablo** y en los Padres Apostólicos.

Por otra parte, ya lo dijo **San Mateo**[2]: *«Lo que mancha al hombre no es lo que entra por la boca, sino lo que sale del corazón»*.

En cambio lo que dice la Biblia con toda claridad es que debemos dar la vida por los hermanos[3], pues ésta es la mejor manera de mostrarles nuestro amor a ellos[4]. Pues, si debemos estar dispuestos a dar la vida por nuestros hermanos; ¡cuánto más un poco de sangre, que recuperamos con facilidad, y que puede salvar la vida de un hermano!

Luego, las transfusiones de sangre no sólo no están contra la Biblia, sino que están muy de acuerdo con ella, ya que nos manda sacrificarnos por nuestros hermanos. El que se oponga a las transfusiones de sangre, está muy lejos de conocer la Biblia y el mensaje de amor que ella encierra en bien de todos.

En Octubre de 1977 murió en Ortuella (Vizcaya) la niña de ocho años **María Albertina Martín González**, porque sus padres, Testigos de Jehová, se negaron a que le hicieran una trasfusión de sangre.

La indignación del pueblo fue tan grande que, en el entierro, la Guardia Civil tuvo que proteger a los padres para que no los lincharan[5].

8. Es, además, un pecado contra este mandamiento **el suicidio**, es decir, quitarse a sí mismo la vida deliberadamente y por propia iniciativa[6].

El hombre tiene obligación de conservar la propia vida[7].

Por lo mismo no es lícito exponerla temerariamente cuando no lo aconseja razón alguna del deber o caridad[8].

Tampoco es lícita la propia mutilación, a no ser que no se pueda por otra vía proveer a la salud de todo el cuerpo[9].

El suicidio es pecado grave porque la vida no nos pertenece a nosotros, sino a Dios, que nos la ha entregado en usufructo[10].

No puedo quemar la casa en que vivo porque no es mía: la tengo sólo

---

[1] SALVADOR MUÑOZ IGLESIAS: *Los problemas de los primeros tiempos, II, 3.* ADUE. Madrid

[2] Evangelio de SAN MATEO, **15**:11

[3] Primera Carta de SAN JUAN, **3**:16

[4] Evangelio de SAN JUAN, **15**:13

[5] Diario YA del 28-X-77. pg.3

[6] ANTONIO ROYO MARÍN,O.P.: *Teología Moral para seglares, 1º, 2ª, II, nº 447.* Ed. BAC. Madrid.

[7] DENZINGER: *Magisterio de la Iglesia,nº 1938c.* Ed. Herder. Barcelona.

[8] DENZINGER: *Magisterio de la Iglesia,nº 1939.* Ed. Herder. Barcelona.

[9] DENZINGER: *Magisterio de la Iglesia,nº 2246,2348.* Ed. Herder. Barcelona.

[10] **Nuevo Catecismo de la Iglesia Católica, nº 2280**

arrendada.

¿Acaso me he dado yo la vida para considerarla como mía?

Pero generalmente el suicida lo hace en un momento de arrebato o desesperación. Y esto es un atenuante.

Las situaciones difíciles se superan pidiendo a Dios que nos libre de ellas o nos dé fuerzas para sobrellevarlas. Pero el suicidio no arregla nada: lo estropea del todo y para siempre. Por eso sólo la locura o la irreligión pueden llevar al suicidio.

«El suicidio lo cometen frecuentemente personas que por enfermedad, o por otras causas, no son totalmente dueñas de sí mismas. De ordinario es difícil medir el grado de responsabilidad y de culpabilidad que contraen»[1].

«Trastornos psíquicos graves pueden disminuir la responsabilidad del suicida»[2].

«La Iglesia ora por las personas que han atentado contra su vida»[3].

Antes, La Iglesia negaba a los suicidas las ceremonias religiosas. Pero desde 1971, sólo niega los funerales religiosos a los que expresamente han manifestado su rechazo.

No es suicidarse el perder la vida en un acto de servicio o de caridad[4], como al salvar a un náufrago.

Aunque uno sepa, al tirarse al agua, que es posible pierda la vida.

Esto no es suicidarse, pues no se busca la muerte directamente, sino que se pierde la vida al querer salvar a otro.

Pero «nadie puede exponer su vida a peligros graves sin causa proporcionada que justifique la exposición al mismo»[5].

Tampoco sería suicidio ofrecer la propia vida para salvar la de un inocente, como el caso del **P. Maximiliano Kolbe**, que se ofreció a morir a cambio de un padre de familia en un campo de concentración alemán. Efectivamente, murió voluntariamente, pero nadie lo considera suicida, sino mártir.

Caso similar es el de un condenado a muerte a quien se le da el modo de quitarse él mismo la vida.

Incluso podría asimilarse el caso del espía que se quita la vida como único modo de proteger informaciones secretas que pueden poner en peligro a su patria. Este quitarse la vida no sería un suicidio moral. Así

---

[1] Conferencia Episcopal Española: *Ésta es nuestra fe, 2ª, III, 7, 2, 2, c.* EDICE. Madrid, 1986.

[2] **Nuevo Catecismo de la Iglesia Cató!ica, nº 2282**

[3] **Nuevo Catecismo de la Iglesia Católica, nº 2283**

[4] ANTONIO ROYO MARÍN, O.P.: *Teología moral para seglares, 1º, 2ª, II, nº 444, 3º*. Ed. BAC. Madrid

[5] ANTONIO ARZA, S.I.: *Preguntas y respuestas en cristiano, pg. 245.* Ed. Mensajero. Bilbao.

opina el célebre moralista **Häring**[1] .

9. No sólo está prohibido quitarse la vida, sino también acortarla directamente, como sucede con **la eutanasia**.

La eutanasia es «una acción o una omisión que por su naturaleza, o en la intención, causa la muerte, con el fin de eliminar cualquier dolor»[2].

La eutanasia eugénica, elimina a los deformes y tarados; la eutanasia económica, suprime a los viejos, inválidos y dementes.

«Anticipar la muerte, por muy cierta que sea, y por insoportable que parezca la vida, es otorgarse un derecho que sólo a Dios pertenece. Y esto aun cuando el enfermo consienta y lo solicite vivamente, porque ni siquiera él puede conferir un derecho que tampoco posee, ya que no es dueño ni propietario de su cuerpo y de su existencia»[3].

No somos propietarios de nuestra vida, pues no la hemos conquistado nosotros, sino que la hemos recibido de Dios, por medio de nuestros padres, cuando Él así lo dispuso.

El deseo de dejar de sufrir es algo muy humano. Pero hay que mitigarlo por medios lícitos. Hoy no hay sufrimientos insoportables dada la terapia antidolorosa de que hoy dispone la Medicina.

Pero, sobre todo, hay que tener motivos para sufrir. Se puede sufrir con dignidad y con optimismo. Para un cristiano el dolor tiene un valor redentor. El dolor unido a la pasión de **Cristo Redentor** lo sublima y ennoblece.

Morir con dignidad no es precisamente morir sin dolores, sino aceptando la muerte, cuando y como Dios disponga.

No hay muerte más digna ni más dichosa que la recibida en estado de gracia y en paz con Dios.

Un enfermo dijo en su lecho de muerte: «Pasé de la desesperación a la alegría gracias a la fe».

Dice **Juan Pablo II** en su Encíclica *Evangelium vitae*: «La eutanasia es una grave violación de la Ley de Dios»[4].

La eutanasia se quiere enmascarar con la etiqueta de «muerte digna», lo mismo que el aborto asesino se quiere disimular llamándole «interrupción

[1] BERNHARD HÄRING: *SHALOM:Paz, XVI, 2.* Ed. Herder. Barcelona. 1998.

[2] MIGUEL ÁNGEL MONGE: *39 Cuestiones doctrinales, IV, 8.* Ed. Palabra. Madrid. 1990.

[3] JESÚS FERRER: *Dolor y eutanasia.*, pg. 26. EUNSA. Pamplona, 1976.

[4] JUAN PABLO II: Encíclica *Evangelium vitae, nº 65.*

del embarazo»

«No confundamos "muerte digna" con "muerte provocada"»[1] .

Después del aborto vendrá la **eutanasia**. Por la misma razón que se permite matar a los niños no deseados, se permitirá matar a los enfermos y ancianos que estorben. «Que nadie se engañe. Primero fue el no nacido, ahora el anciano, y luego vendrá todo aquel que estorbe al que manda, o el que se atreva a disentir. La cultura de la muerte es imparable, aunque sus argumentos sean nulos», ha dicho **Santiago Martín**[2].

Se empieza con una etiqueta de buena apariencia: muerte digna, ayudar a morir al que no desea sufrir más. Pero luego se pasa a acciones aterradoras, como el caso de un matrimonio joven que quería eliminar a la abuela porque necesitaba su cama[3].

Muchos podrían ser convencidos que debían pedir la eutanasia por ser una carga para la familia o la sociedad.

Por los años 70, en la China comunista desaparecieron de golpe leprosos, ciegos, locos y minusválidos. Esta «purga» explica en parte el impresionante «agujero» descubierto por los demógrafos de cincuenta millones de habitantes en la población china[4] . Por la misma razón por la cual algunos defienden hoy el aborto, el día de mañana serán ellos mismos eliminados por sus hijos, que los considerarán una carga inútil.

Diego Díaz en su libro *La última edad*, recuerda unas palabras del demógrafo americano **Dr. Gallop,** de la Universidad de Manitoba (Canadá): «Una vez que hayas permitido la muerte del feto, el ciclo no se cerrará. No habrá límites de edad. Se habrá puesto en movimiento una reacción en cadena que podrá hacer de ti una víctima. Tus hijos querrán matarte, porque permitiste que fueran muertos sus hermanos y hermanas. Querrán matarte por no poder soportar tu vejez»[5] .

Incluso hay quien se ufana de haber podido comprar un coche con el dinero del seguro de vida del enfermo que dejó morir por falta de asistencia[6] .

Y como dice el **Dr. Gallop**: «Si un doctor acepta dinero para matar a un inocente en el seno materno, el mismo doctor te matará a ti con un

[1] FRANCISCO DE MIER: *Apuesta por lo eterno, II, 4,b.* Ed. San Pablo. Madrid. 1997.

[2] ABC de Madrid del 3-III-93. Pg. 73

[3] TIHAMER TOTH: *Creo en Jesucristo, el Mesías, XXV, 2.* Ed. Atenas, Madrid.

[4] Revista 30 GIORNI, 1 (VI-1987) 10

[5] Diario YA Dominical del 6-II-77.Pg. 3

[6] Diario YA, 23-VI-88. Pg. 11

inyección, cuando alguien se lo pague»[1] .

Hay que eliminar el sufrimiento humano, pero no al ser humano que sufre. Darle paliativos para aliviar su dolor, pero no matarle. Algunos piensan que es preferible matar al enfermo para que deje de sufrir. Pero en el fondo, inconscientemente, puede estar el deseo de librarse de las molestias que el enfermo le ocasiona a él. Vivir es un valor superior, que se le arrebata al darle muerte. Dejar de existir es el supremo de los males.

«El derecho a la vida es el primero de los derechos del ser humano»[2].

Eso de que el enfermo o anciano tiene derecho a pedir la muerte cuando lo desee es una falacia. Como le dijo monseñor **Ricardo Mª Carles** a **Isabel San Sebastián** en una entrevista que le hizo en el ABC de Madrid: «Si se llegara a legalizar la eutanasia voluntaria, sería muy fácil empujar a esas personas [que estorban] a pedir "voluntariamente" la muerte, sin desearla, en absoluto, en el fondo de sus corazones»[3] .

El **P. Luis de Moya,** sacerdote tetraplégico, que ha superado su situación con admirable trabajo sacerdotal ha dicho: «Una persona que se siente querida no puede desear la muerte»[4]. Amar y ser amado es lo que da ilusión a la vida.

Muchos de los que piden la muerte, lo que desean es ser mejor atendidos y tener ayuda para querer seguir viviendo.

«En opinión de muchos expertos, entre los que destaca el profesor **Richard Fenigsen**, pedir la muerte a menudo significa una petición de ayuda, de comprensión; incluso cuando alguien pide la muerte enfática y repetidamente por escrito o en presencia de testigos, no se puede excluir que esté pidiendo ayuda y atención»[5].

Ayudar a un suicidio no es compasión, es colaborar a un crimen.

La «compasión» puede enmascararse con el deseo de quitarse de encima una carga molesta, y hasta el deseo de heredarle.

Un enfermero de Indiana, en Estados Unidos, fue detenido como sospechoso de haber asesinado a un centenar de enfermos. La policía sospechó de él, pues cuando él estaba de servicio moría un enfermo al día; y cuando él faltaba moría uno al mes[6] .

Una enfermera del Hospital holandés de Vliethoven asesinó por medio de una inyección a nueve ancianos[7] .

---

[1] Diario YA , 11-XII-91, pg. 17

[2] Documento de la Conferencia Episcopal Mejicana del 25-III-2001.

[3] Diario ABC de Madrid, 18-I-98, pg. 14

[4] LUIS DE MOYA: Su página en INTERNET: http://www.unav.es/capellania/ldm/

[5] PABLO NUEVO: Revista ARBIL en INTERNET. http://www.ctv.es/USERS/mmori

[6] Diario ABC de Madrid, 31-XII-97, pg.91

[7] Diario ABC de Madrid, 15-IX-95, pg. 30

Cuatro enfermeras de Austria fueron condenadas por «liquidar a cuarenta y nueve enfermos que les resultaban molestos»[1]. Una de las enfermeras, llamada **Waltraud Wagner**, reconoce haber matado a once personas[2].

Una enfermera de Dinamarca asesinó a sesenta y cuatro ancianos, después de robarles, en una residencia geriátrica de Copenhague, dándoles una sobredosis de calmantes[3].

El mismo día se publicaron estas dos noticias:

Un médico inglés, **Harold Shipman,** ha sido condenado a cadena perpetua por haber dado muerte a 15 pacientes por medio de una inyección, en Hyde, cerca de Manchester[4].

Dos médicos belgas, **Leon Radoux** y **Claude Chevolet,** han sido acusados de asesinato por haber practicado la eutanasia activa a un paciente equivocado[5].

La aplicación de la eutanasia en Holanda, ha llevado en 1995 a acabar con la vida de 900 personas que en ningún momento habían pedido someterse a esta práctica. En pocas palabras, la ley ha provocado ya casi mil asesinatos. Hasta la fecha se han registrado 11.200 casos de interrupción o renuncia a tratamientos prolongadores de la vida, con la expresa intención de acelerar el fin de la vida del paciente[6].

Ellos no sabían que otros tomaron la decisión de que ellos no tenían que seguir viviendo[7].

Según el **Dr. Antonio Pardo,** Profesor de Bioética de la Universidad de Navarra, en 1990 se dieron en Holanda más de 25.000 casos de eutanasia, y 14.000 de ellos sin conocimiento del paciente[8].

«Desde hace tiempo uno de los argumentos contra la introducción de la eutanasia ha sido que la legalización de esas prácticas permitirá a los doctores de abusar de los derechos de los enfermos que no quieren morir.

»Ahora la evidencia de Holanda, donde la eutanasia no es ya delito desde 1994, confirma estos temores.

»Una investigación llevada a cabo en 1996, cuyos resultados han sido publicados recientemente en el *Journal of Medical Ethics*, encontró que algunos médicos no están respetando las cláusulas que supuestamente

[1] Diario YA, 11-IV-89, pg.13

[2] Diario YA, 21-IV-89, pg. 17

[3] Diario ABC de Madrid, 22-X-97, pg.81

[4] Diario LA RAZÓN, 1-II--2000, pg. 44.

[5] Diario LA RAZÓN, 1-II--2000, pg. 37.

[6] Boletín informativo del Vaticano en INTERNET: ZENIT, 980227-4

[7] Revista ECCLESIA, 2883 (7-III-98) 341

[8] Revista ALFA Y OMEGA, 253 (29-III-2001) 10

protegen a los enfermos contra la práctica no voluntaria de la eutanasia.

»Estos resultados indican que en 1995, uno de cada cinco casos de eutanasia tuvo lugar sin la petición explícita del paciente.

»Los autores de la investigación, **Dr Henk Jochensen,** del *Lindeboom Institute* y **Dr John Keown**, de *Queens' College*, Cambridge, concluyeron que en la mayor parte de los casos estaba claro que la eutanasia no viene comunicada a las autoridades y que no hay control sobre su práctica. (BBC, 16/2/99)»[1] .

«Según un estudio que el gobierno comisionó al ministro de Justicia holandés, el famoso "Informe Remmelick", en Holanda el 15% de los fallecidos morirían por eutanasia»[2].

La legalización de la eutanasia, en Holanda, en 1992 ha provocado una enorme difusión de una tarjeta donde se dice que el portador no admite le sea practicada la eutanasia; y ochenta de cada cien mayores de setenta y cinco años no quieren ni oír hablar del Hospital por miedo a ser eliminados. El miedo a que se les practique la eutanasia ha hecho que los ancianos holandeses se asocien en la NPV para defenderse de la eutanasia.

La NPV cuenta con sesenta y tres mil miembros, y en las últimas semanas se han apuntado cinco mil nuevos socios[3] .

«Holanda: la eutanasia da miedo. Más de 100.000 personas en Holanda han comenzado a llevar consigo un documento que expresa su oposición a la eutanasia. Esta curiosa medida se debe al temor de ser matados por los médicos en caso de caer enfermos»[4].

En ZENIT, Boletín informativo del Vaticano se narra el caso de un médico, que estaba optimista por la mejoría de su paciente, cuando va a verlo por la mañana no lo encuentra en su cama: habían «acabado» con el enfermo porque faltaban camas libres[5].

En ese mismo boletín se da cuenta de un caso espeluznante: el hijo pide a los médicos que «aceleren» la muerte de su padre para que el funeral pueda celebrarse antes de las vacaciones.

Conozco casos de enfermos terminales, por los que se ha hecho todo lo que es razonable hacer, y que mueren desesperados creyendo que se les tiene abandonados. Si esto ocurre en una situación en la que la eutanasia está rechazada, ¿cuántos morirían desesperados creyéndose abandonados en una situación en que la eutanasia esté legalizada?.

De hecho en Australia se ha anulado la ley que permitía la eutanasia[6] .

---

[1] ZENIT: Boletín informativo del Vaticano en INTERNET del 20-II-99.

[2] ZENIT: Boletín informativo del Vaticano en INTERNET:ZS99022410.

[3] Diario ABC de Madrid, 18-II-95, pg. 66

[4] Boletín informativo del Vaticano en INTERNET:ZENIT,31 de octubre de 1998.

[5] Boletín informativo del Vaticano en INTERNET:ZENIT, ZS00120503

[6] DIARIO DE CÁDIZ, 11-XII-96, pg. 28

No es lícito dar a un enfermo una inyección con el propósito de provocar la muerte, ya inevitable, apoyados en el piadoso deseo de que no sufra.

No es lícito provocar directamente la muerte por un medio artificial[1], ni siquiera a petición del interesado, pero el médico puede dar al enfermo algún lenitivo de los dolores, aun a sabiendas de que posiblemente con ello se acelere indirectamente la muerte[2]. Pero si la dosis empleada, aunque no produzca directamente la muerte, hace privar al enfermo del uso de la razón hasta el momento de morir no se podrá aplicar al moribundo; a no ser que esté ya preparado espiritualmente. En caso contrario sería privarle de una adecuada preparación para su salvación eterna, lo cual es mucho más importante que el alivio corporal[3].

Todos debemos poner los **medios proporcionados** para conservar o recuperar la salud. Pero no estamos obligados a los medios desproporcionados como serían medicamentos muy caros o intervenciones quirúrgicas muy dolorosas[4].

Cuando el enfermo, a juicio del médico, no tiene esperanza de curación, no es necesario prolongar indefinidamente (distanasia), por medio de medicinas o aparatos, una vida que corre irrevocablemente a su término[5].

No tiene sentido aplicar un tratamiento inútil.

No se puede matar, pero sí se puede dejar morir naturalmente, renunciando a terapias desproporcionadas, evitando un «ensañamiento terapéutico»[6]. Una existencia irreversiblemente vegetativa, que ha dejado de ser humana, puede no tener sentido el prolongarla. Aunque no se puede privar a los familiares de su derecho de emplear todos los medios a su alcance para mantener la esperanza hasta última hora.

«Dejar morir» sería «matar» si se le niegan al enfermo los medios razonablemente normales para que pueda seguir viviendo.

Lo que nunca debe faltar es el tratamiento paliativo para disminuir el dolor, y la asistencia espiritual.

En Septiembre de 1989 la Conferencia Episcopal Española ha redactado un ***Testamento Vital*** para los enfermos que se hayan en una situación terminal. Dice así:

«El que suscribe pide que si por mi enfermedad llegara a estar en situación crítica e irrecuperable, no se me mantenga en vida por medio de tratamientos desproporcionados o extraordinarios, que no se me aplique la

---

[1] **Nuevo Catecismo de la Iglesia Católica nº 2277**

[2] **Nuevo Catecismo de la Iglesia Católica nº 2279**

[3] ANTONIO ROYO MARÍN, O.P.: *Teología de la salvación, 3ª, I, nº 177, 2,a.* Ed. B.A.C. Madrid

[4] Sagrada Congregación para la Doctrina de la Fe: Revista ECCLESIA, 1990 (12-VII-80)28

[5] **Nuevo Catecismo de la Iglesia Católica nº 2278**

[6] Conferencia Episcopal Española: La eutanasia. Revista ECCLESIA, 2883 (7-III-98) 340

eutanasia activa, ni se me prolongue abusiva e irracionalmente mi proceso de muerte; pero que se me administren los tratamientos adecuados para paliar los sufrimientos. Pido igual ayuda para asumir cristiana y humanamente mi propia muerte. Deseo poder prepararme para este acontecimiento final de mi existencia en paz, con la compañía de mis seres queridos y el consuelo de mi fe cristiana»[1].

La doctrina de la Iglesia sobre la eutanasia puede resumirse en este decálogo:

1º Jamás es lícito matar a un paciente, ni siquiera para no verle sufrir o no hacerle sufrir, aunque él lo pidiera expresamente. Ni el paciente, ni los médicos, ni el personal sanitario, ni los familiares tienen la facultad de decidir o provocar la muerte de una persona.

2º No es lícita la acción que por su naturaleza provoca directa o intencionalmente la muerte de un paciente.

3º No es lícito omitir una prestación debida normalmente a un paciente, sin la cual va irremisiblemente a la muerte: por ejemplo, los cuidados vitales (alimentación por tubo y remedios terapéuticos normales) debidos a todo paciente, aunque sufra un mal incurable o esté en fase terminal o en coma irreversible.

4º No es lícito rehusar o renunciar a cuidados y tratamientos posibles y disponibles cuando se sabe que resultan eficaces, aunque sea sólo parcialmente. En concreto, no se ha de omitir el tratamiento a enfermos en coma si existe alguna posibilidad de recuperación; aunque se puede interrumpir cuando se haya constatado su total ineficacia. En todo caso, siempre se han de mantener las medidas de sostenimiento.

5º No existe la obligación de someter al paciente terminal a nuevas operaciones quirúrgicas cuando no se tiene la fundada esperanza de hacerle más llevadera su vida.

6º Es lícito suministrar narcóticos y analgésicos que alivien el dolor, aunque atenúen la consciencia y provoquen de modo secundario un acortamiento de la vida del paciente.

Siempre que el fin de la acción sea calmar el dolor, y no provocar subrepticiamente un acortamiento sustancial de la vida; en este caso, la moralidad de la acción depende de la intención con que se haga, y de que exista una debida proporción entre lo que se logra (la disminución del dolor) y el efecto negativo para la salud.

7º Es lícito dejar de aplicar tratamientos desproporcionados a un paciente en coma irreversible cuando haya perdido toda actividad cerebral. Pero no lo es cuando el cerebro del paciente conserva ciertas funciones vitales, si esta omisión provocase la muerte inmediata.

[1] Diario YA, 28-IX-89, pg. 15. Revista ECCLESIA, 2444(7-X-89)14

8º Las personas minusválidas o con malformaciones tienen los mismos derechos que las demás personas, concretamente, en lo que se refiere a recepción de tratamiento terapéutico.

En las fases prenatal y posnatal se les han de proporcionar las mismas curas que a los fetos y niños sin ninguna minusvalía.

9º El Estado no puede atribuirse el derecho de legalizar la eutanasia, pues la vida del inocente es un bien que supera el poder de disposición, tanto del individuo como del Estado.

10º La eutanasia es un crimen contra la vida humana y contra la ley divina, del que se hacen responsables todos los que intervienen en la decisión y ejecución del acto homicida[1].

La Conferencia Episcopal Española publicó, en Febrero de 1998, un documento sobre la eutanasia donde dice que el «no matarás» del Quinto Mandamiento incluye también la vida propia. Por lo tanto la eutanasia es un suicidio, y el que colabore a ella colabora a un homicidio[2].

10. Una obra de caridad muy actual es la **donación de órganos** para trasplantes. «La donación de órganos, después de la muerte, es un acto noble y meritorio, que debe ser alentado» [3].

Donar el cadáver para que otra persona pueda recibir un órgano aprovechable es una obra de caridad que deberíamos hacer todos.

Gino Concetti, en el *Osservatore Romano,* comúnmente conocido como «el periódico del Papa», 27 de Octubre de 1997, afirma: «la donación de órganos es sin duda un gesto de caridad heroica –explica el teólogo–.

»Quien lo realiza se conforma más íntimamente a Cristo, que dio su vida en rescate por todos»[4].

Sería bueno llevar junto al Documento Nacional de Identidad, un papel firmado donde se haga donación de todo órgano aprovechable después de nuestra muerte. Actualmente se puede solicitar la tarjeta de donante en las Residencias y Ambulatorios de la Seguridad Social. Esto facilita la gestión, pues el donante figura en los archivos de la Seguridad Social.

«Cuando se trata del **trasplante del corazón**, se requiere con absoluta necesidad que la persona cuyo corazón va a ser trasplantado esté realmente muerta. (...) De lo contrario, los operadores cometen un

[1] Revista ECCLESIA 2624 (20-III-93) 40: La Eutanasia, cien cuestiones y respuestas sobre la defensa de la vida humana, y la actitud de los católicos. Texto del Comité Episcopal para la Defensa de la Vida, de la Conferencia Episcopal Española. Publicado el 14 de febrero de 1993, nº 94.

[2] Conferencia Episcopal Española: La eutanasia es inmoral y antisocial, nº 11.

[3] **Nuevo Catecismo de la Iglesia Católica, nº 2301**

[4] ZENIT, Boletín informativo del Vaticano en INTERNET: ZE971027-6.

homicidio»[1]. Por eso es obligatorio legalmente, antes de extraer el órgano al donante, asegurarse de que está cerebralmente muerto, para lo cual se le hacen tres encefalogramas, espaciados por seis horas cada uno; y los tres deben estar planos.

Si la donación es en vida, deben darse algunas condiciones[2]:

a) que el donante lo otorgue libre y responsablemente, después de haber sido suficientemente informado.

b) que las garantías de éxito sean proporcionales a los inconvenientes para el donante.

c) que el órgano sea doble o regenerable: como la sangre.

«Exceptuados los casos de prescripciones médicas, de orden estrictamente terapéutico, las **amputaciones, mutilaciones o esterilizaciones** directamente voluntarias de personas inocentes son contrarias a la ley moral»[3].

11. **La Patria** debe ser para ti la cosa más grande después de Dios y de la Religión. Patria no es sólo el territorio en el que se ha nacido. Abarca también un entramado de ideas, historia, tradiciones, costumbres, religión, etc., que identifican la personalidad de un pueblo.

«Para un soldado cristiano el morir por la Patria es un acto sublime de caridad. Si mueres por la Patria en gracia de Dios, tendrás gran mérito y poco purgatorio» (**P. Vilariño, S.I.**). La Patria debe ser amada y defendida por los ciudadanos, incluso con la pérdida de la vida[4].

«Los que se dedican al servicio de la Patria en la vida militar, son servidores de la seguridad y de la libertad de los pueblos»[5].

«Los poderes públicos atenderán equitativamente el caso de quienes, por motivos de conciencia, rehusan el empleo de las armas. Éstos siguen obligados a servir de otra forma a la comunidad humana»[6].

El amor a la Patria es uno de los amores más puros y más dignos que puedes encerrar en tu pecho. «Cultiven los ciudadanos con magnanimidad y lealtad el amor a la Patria, pero sin estrechez de espíritu, de suerte que miren siempre también por el bien de toda la familia humana»[7].

Todos debemos esforzarnos por el engrandecimiento de la Patria con

[1] ANTONIO ARZA, S.I.: *Preguntas y respuestas en cristiano, pg. 235.* Ed. Mensajero. Bilbao.

[2] **Nuevo Catecismo de la Iglesia Católica, nº 2296**

[3] **Nuevo Catecismo de la Iglesia Católica, nº 2297**

[4] DENZINGER: *Magisterio de la Iglesia, nº 1936a.* Ed. Herder. Barcelona

[5] **Nuevo Catecismo de la Iglesia Católica, nº 2310**

[6] **Nuevo Catecismo de la Iglesia Católica, nº 2311**

[7] Concilio Vaticano II: *Gaudium et Spes*: Constitución sobre la Iglesia en el mundo actual, nº 75

nuestro servicio, con nuestra colaboración, con nuestro trabajo y hasta con el sacrificio de la vida, si esto es necesario para defenderla, cuando está en peligro[1].

Nuestros deberes para con la Patria son: amarla, defenderla, cumplir sus leyes y contribuir al bien común[2].

Debemos estar orgullosos de nuestra Patria. De sus cualidades y de sus virtudes. Pero también debemos darnos cuenta de los defectos de nuestra raza, y trabajar para corregirlos; contribuyendo así a su engrandecimiento.

No debemos ser fanáticos nacionalistas creyendo que lo nuestro es siempre lo mejor. Pero tampoco ingenuos admiradores del extranjero, creyéndolo siempre y en todo superior[3].

Para un español católico uno de los mayores valores de nuestra patria es su vinculación con el catolicismo.

Empezó con la conversión del rey **Recaredo,** en Toledo en el siglo VI.

Durante los siete siglos de la reconquista, lo que aglutinó a los españoles fue la lucha contra el Islam. Lo que motivó a **Isabel la Católica** a colaborar en la empresa del Nuevo Mundo fue la cristianización de aquellos infieles, como ella dejó escrito en su testamento.

España hizo un enorme esfuerzo para civilizar Hispanoamérica, mandando allí hombres excepcionales que hubieran hecho aquí una gran labor. Según **Pedro Borges,** Profesor de la Universidad Complutense de Madrid, «el nivel de alfabetización al que llegaron muchos guaraníes y aztecas fue superior al de los españoles de Castilla». Y **Julián Marías,** miembro de la Real Academia Española, y uno de los pensadores más lúcidos de la actualidad, afirma que las universidades fundadas por España en América fueron muy anteriores a las fundadas en América del Norte.

También se levantaron maravillosas catedrales en Santo Domingo, Méjico, Puebla, Oaxaca, La Habana, Quito, Lima, Arequipa, Cuzco, Santiago, Buenos Aires y muchísimas más. Pero, sobre todo, el gran exponente representativo de la conciencia cristiana de los españoles fue el mestizaje, típico de Hispanoamérica, nacido del convencimiento de que todos los hombres somos hermanos al ser hijos de Dios[4]. Gracias a España la mitad de los católicos del mundo está en Hispanoamérica.

Conocida es la actitud de los **Testigos de Jehová** hacia la Patria y la bandera. Rehúsan hacer el servicio militar porque dicen que no creen en

---

[1] Sobre deberes de los ciudadanos para con la Patria, merece leerse lo que dice el P. Royo, O.P. en su *Teología Moral para Seglares, tomo 1º, nn. 860-70*

[2] Catecismo: Texto Nacional, Tercer Grado, nº 250. Madrid

[3] EUSTAQUIO GUERRERO, S.I.: Revista RAZÓN Y FE, 163(II-61)183

[4] JULIÁN MARÍAS: *sobre el cristianismo, III, 5.* Ed. Planeta-Testimonio. Barcelona. 1997.

más Patria que la de Dios; niegan saludar a la bandera, porque, según ellos, este saludo constituiría una forma de adoración religiosa...¡Valiente barbaridad! El saludo a la bandera es un acto de contenido patriótico, que no tiene nada de religioso[1]. Para otros, la bandera no significa nada.

La bandera no es un trapo desplegado al viento: es el símbolo de nuestra historia, de nuestras tradiciones, de nuestras virtudes y de nuestros ideales.

12. **Las leyes civiles,** moralmente justas, ordenadas al bien común, obligan en conciencia. Pero no obliga la ley injusta que va contra la razón, contra la conciencia o contra Dios[2].

Algunos gobiernos de hoy, con sus leyes, más que defender la moralidad pública y estimular el comportamiento moral, lo que hacen es autorizar con las leyes los comportamientos inmorales, por ejemplo, el aborto. No se preocupan de lo que se debe hacer, sino de autorizar lo que se hace. Estamos en una sociedad permisiva. Por respeto a la libertad se permite todo, sin preocuparse de orientar la libertad al bien común[3].

«El hombre se realiza en sociedad. Es un ser sociable y social. Dios lo ha hecho así. Por eso tienen que darse normas y haber autoridades al servicio del funcionamiento de las sociedades... La autoridad es, por consiguiente, un servicio para la comunidad, no un privilegio para el que la ejerce. Y, si es legítima, viene en última instancia de Dios. Es decir, la obediencia, bien entendida, termina en la voluntad de Dios... Por supuesto, toda autoridad es limitada, tiene un determinado ámbito de actuación. Si mandase fuera de esos límites no hay lugar a la obediencia»[4].

«Dios ha querido que los hombres vivamos en sociedad. La organización social facilita el desarrollo del hombre. En toda sociedad hay autoridades que dan leyes, y hacen que estas leyes sean cumplidas. Todos los ciudadanos tienen el derecho y el deber de elegir por votación a los gobernantes que consideren más capacitados para conseguir el bien de la sociedad. El cristiano tiene el deber de elegir responsablemente a quienes le parece mejor van a servir al bien común. El bien común se realiza plenamente sólo cuando todos los ciudadanos están seguros de sus derechos. Los cristianos han de cooperar con todas sus fuerzas a promover el bien común. Es deber también de los cristianos preocuparse por la paz, la justicia y la unión entre todos los hombres, y trabajar, en la

[1] JUAN ANTONIO MONROY: *Apuntando a la torre, XIII.* Ed. Irmayol. Apartado 2001, Madrid. Este libro refuta muy bien los errores de los Testigos de Jehová, y puede servir para que ellos se den cuenta de lo disparatada que es su doctrina.

[2] **Nuevo Catecismo de la Iglesia Católica, nº 2242**

[3] Revista ROCA VIVA, 336 (VIII,IX-1996) 339

[4] BALDOMERO JIMÉNEZ DUQUE: *Volver a lo esencial, XXV, 2.* Ed. Tau. Ávila, 1985.

medida de lo posible, para lograrlo»[1].

«Los que ejercen una autoridad, deben ejercerla como un servicio»[2].

«El ejercicio de los derechos políticos está destinado al bien común de la nación y de toda la comunidad humana»[3].

«Los católicos, peritos en asuntos públicos, y firmes, como es debido, en la fe y el la doctrina cristiana, no rehúsen desempeñar cargos públicos, ya que por ellos, bien administrados, pueden procurar el bien común y preparar el camino del Evangelio»[4].

El 28 de septiembre de 1989 la Comisión Permanente del Episcopado Español publicó un documento con ocasión de las próximas elecciones titulado *Responsabilidad cristiana ante las elecciones generales*. En él se advierte el deber moral de votar para colaborar al bien común, y añadían que el voto hay que darlo con responsabilidad, apoyando al partido que mejor defienda el tipo de sociedad que esté de acuerdo con los valores de la propia conciencia.

D. Gabino Díaz Merchán, Presidente de la Conferencia Episcopal Española, en la apertura de la XLIII Asamblea Plenaria, dijo: «La libertad de opción política, no significa que el cristiano pueda comprometerse en el terreno socio-político sin tener en cuenta los criterios que dimanan de su fe»[5]. En febrero de 1977 la Comisión Permanente de la Conferencia Episcopal Española publicó una nota en la que decía que la Iglesia debe mantenerse independiente respecto a los distintos partidos políticos, pero los cristianos deben excluir su apoyo a aquellos partidos o programas que sean incompatibles con la fe. En cuanto a los sacerdotes y religiosos dice que, como cualquier ciudadano, tienen derecho a asumir sus propias opciones políticas; pero no deben asumir funciones de militancia activa ni de liderazgo en los partidos políticos.

Si en circunstancias concretas y excepcionales el bien de la comunidad exige tales compromisos, se ha de obtener previamente el consentimiento del Obispo, consultado el Consejo Presbiteral y, si el caso lo requiere, también la Conferencia Episcopal[6].

«El pensamiento religioso y el pensamiento político-económico parecen moverse en dos planos distintos.

»**Daniel Villey** ha escrito: "El Catolicismo no es una doctrina económica: es una religión. Un católico es un hombre que reza sus oraciones, que confiesa sus pecados ante un sacerdote para que éste se

[1] Conferencia Episcopal Española: *Ésta es nuestra fe, 2ª, III, 7, 2, f.* EDICE. Madrid, 1986.

[2] **Nuevo Catecismo de la Iglesia Católica, nº 2235**

[3] **Nuevo Catecismo de la Iglesia Católica, nº 2237**

[4] Concilio Vaticano II: *Apostolicam Actuositatem, nº 14.*

[5] Revista ECCLESIA, 2246(23-XI-1985)16

[6] Diario YA, 3-II-77, pg. 24

los perdone en nombre de Dios, que recibe la Eucaristía, que cree que el Espíritu Santo está presente en la Iglesia Romana, y que espera el reino de Dios. (...)

»El contenido del mensaje cristiano es la salvación de las almas, no la organización de las sociedades".

»Pero, por otra parte, (...) hace unos años un prelado francés decía: "Transmitir el mensaje evangélico al mundo actual implica que la iglesia tome partido sobre problemas temporales". (...)

»A través de la Historia, muchos eclesiásticos y pensadores cristianos han intervenido en política, y el resultado, en conjunto, ha sido bueno.

»No todas sus actuaciones han sido acertadas, se han equivocado, a veces, en estos problemas complicados y opinables, como se equivocan también en ellos los no cristianos. (...)

»Es cierto que del Evangelio se desprenden normas que han de influir en toda la conducta del hombre. La vida política, económica y social de los pueblos cristianos será distinta de la de los pueblos a los que no llegó la influencia del cristianismo»[1].

Pero lo más importante es la ideología.

Por eso **Monseñor Gea Escolano**, Obispo de Mondoñedo-El Ferrol, en una carta dirigida a sus diocesanos, con motivo de las elecciones, les decía que es natural que un católico no apoye a un partido que atenta contra la doctrina católica.

«La Iglesia recuerda que el aborto debe condicionar el voto de los católicos. (...) Aunque ningún partido político de los que concurren a las elecciones lleva un programa claro para proteger la vida humana (...), el católico debe votar a aquellos que ofrecen más posibilidades de no hacer más mal»[2].

«La fe debe iluminar con su luz la política, como actividad de los hombres; lo cual no quiere decir que la Iglesia, como comunidad de fe, deba actuar en política, sino que con su Magisterio doctrinal, a la luz de la fe, ha de iluminar las actitudes políticas y decir cuáles son o no conformes con la doctrina de la fe[3].

La Iglesia es por naturaleza **apolítica**.

Pero tanto la Iglesia como el Estado deben buscar el bien integral de los individuos. Cada cual en su esfera.

Si esto se hace correctamente, no tiene que haber conflictos.

---

[1] LUCAS BELTRÁN: *Cristianismo y economía de mercado, I.* Ed. Unión Editorial. Madrid. 1986.

[2] Diario LA RAZÓN, 4-II-2000, pg. 23.

[3] ANTONIO ARZA, S.I.: *Preguntas y respuestas en cristiano, pg. 104.* Ed. Mensajero. Bilbao.

Si el Estado no respeta los bienes espirituales de la la persona humana, la Iglesia tiene obligación de denunciarlo.

«La religión no se puede separar de la política, porque si la política es el arte de bien gobernar, la religión no puede desentenderse de ese gobierno del cual depende la prosperidad material y religiosa. (...) En este sentido, la política no es sólo un derecho, sino un deber inalienable de la Iglesia y de todos los ciudadanos, que están obligados a procurar el bien común de la sociedad»[1].

«Sólo el abandono de los deberes ciudadanos explica que pueblos eminentemente católicos estén dominados por un puñado de hombres anticatólicos»[2].

«El cristiano no debe someter su conciencia a las imposiciones del partido en que milite»[3].

«Los cristianos al ejercer el derecho del voto tienen obligación de elegir aquellos partidos y aquellas personas que ofrezcan más garantías de favorecer realmente el bien común considerado en toda su integridad...

»El bien común no puede reducirse a los aspectos materiales de la vida, con ser éstos de primera importancia. La concepción cristiana del bien común incluye también otros aspectos culturales y morales»[4].

«Es gravísimo deber de los católicos votar a los candidatos que ofrezcan mayores garantías sobre la defensa de los derechos de Dios y de la Iglesia, y cometerían fácilmente pecado mortal votando a los indignos, o absteniéndose de votar, con peligro de contribuir al triunfo de los candidatos anticatólicos»[5].

Conviene advertir que **el marxismo es esencialmente ateo.**

Así lo afirma **Gregorio R. de Yurre**, Profesor de Filosofía en la Facultad de Vitoria, conocido marxólogo, autor de varios libros sobre marxismo. Dice él que el ateísmo es tan esencial al marxismo como la divinidad de **Cristo** lo es para el cristianismo[6].

«Los fieles que profesan la doctrina marxista y anticristiana de los comunistas y, sobre todo, aquellos que la defienden y propagan, incurren, de pleno derecho, como apóstatas de la fe católica»[7].

Por eso la Comisión Permanente del Episcopado Italiano ha dicho: «No se

---

[1] ÁNGEL AYALA,S.I.: *Formación de selectos, XXIV, 1, 1º.* Ed. Atenas. Madrid.

[2] ÁNGEL AYALA, S.I.: *Formación de selectos, XXIV, 4.* Ed. Atenas. Madrid.

[3] Conferencia Episcopal Española: *Los católicos en la vida pública, nº 74.* Ed. PPC. Madrid, 1986.

[4] Conferencia Episcopal Española:*Los cristianos en la vida pública, nn. 118-120.* Ed. PPC. Madrid

[5] ANTONIO ROYO MARÍN,O.P.: *Teología Moral para seglares, 1º, 2ª, III, nº869,3º.*Ed.BAC.Madrid

[6] Revista SILLAR, 2(VI-81)104

[7] Acta Apostolicae Sedis del 2-VII-49. Pg. 334

puede ser a la vez cristiano y marxista»[1], porque «la adhesión al comunismo es una apostasía de hecho»[2].

«El comunismo no deja lugar para ninguna religión»[3].

«El comunismo no se limita a negar a Dios, lo combate. El ateísmo marxista, como ha observado el mismo

»**Lenin**, es una consecuencia directa e inevitable del materialismo dialéctico, parte esencial de la concepción comunista del mundo»[4].

El padre jesuita **Bartolomé Sorge**, doce años director de la Revista *Civiltá Cattolica*, autorizado portavoz oficioso del Vaticano, y profundo conocedor de la problemática social de nuestro tiempo, ha publicado un libro titulado *La opción política del cristiano*, donde dice: «El marxismo es esencialmente ateo. **Marx** fue un ateo absoluto.

»En sus obras ataca toda religión, considerándola como una enfermedad del espíritu alienado. A lo largo de la historia el marxismo ha sido ateo.

»Más aún, del ateísmo de **Marx**, se pasó con **Lenin** al antiteísmo, a la lucha feroz contra la religión.

»Todavía hoy, dondequiera que el marxismo está en el poder, la religión es impedida... En algunas naciones los marxistas se han atraído a los cristianos para lograr ventajas políticas y electorales, pero el marxismo sigue siendo radicalmente ateo. Por eso la Comisión Episcopal italiana dice: "No se puede ser simultáneamente cristiano y marxista"»[5].

El cardenal **Bennelli**, arzobispo de Florencia, en unas declaraciones al diario madrileño *El País*, dijo a propósito de los cristianos que votan comunista: «Lo hacen porque no conocen el marxismo o no conocen el cristianismo»[6].

Un decreto del Santo Oficio del 1º de julio de 1949, excomulga, como apóstatas de la fe católica, a los que profesan la doctrina materialista y anticristiana de los marxistas.

En mayo de 1971 **Pablo VI** dijo en su carta apostólica *Octogessima adveniens:* «Hoy día muchos cristianos se sienten atraídos por las corrientes socialistas... (pero) el cristiano que quiere vivir su fe, no puede adherirse, sin contradecirse a sí mismo, a sistemas ideológicos que se oponen radicalmente a su fe»[7].

Hasta el mismo profesor socialista **Enrique Tierno Galván**, afirmó

[1] L'Osservatore Romano del 15-XII-75

[2] L'Osservatore Romano del 29-X-75

[3] Sputnik ateísta, pg.179. Moscú. 1961.

[4] FRANCISCO SKODA: L'Osservatore Romano del 10-X-80, pg. 7

[5] BARTOLOMÉ SORGE, S.I.: *La opción política del cristiano, X.* Ed. BAC Popular, nº 3. Madrid

[6] Diario EL PAÍS del 27-X-77, pg. 7

[7] PABLO VI: *Octogessima adveniens, nº 26 y 31*

que «no es compatible ser católico y ser marxista»[1].

Recientemente ha aparecido en la Iglesia la **Teología de la Liberación** que ha sido muy bien recibida en algunos sectores por lo que tiene de cristiano «la opción por los pobres».

Pero algunos han entendido este ideal cristiano en clave marxista.

Leonardo Boff, uno de los promotores de la teología de la liberación, exhorta a la «utilización del marxismo»[2] . Por eso, otros sectores de la Iglesia Católica han presentado sus reparos a los teólogos de la liberación.

La Sagrada Congregación de la Fe publicó en 1984 una Instrucción sobre la Teología de la Liberación, titulada *Libertatis nuntius,* en la que dice que ciertas formas de ésta, recurren a conceptos marxistas que implican riesgos de desviación ruinosos para la fe y para la vida cristiana[3].

Dice el **Cardenal Ratzinger** en su obra *La sal de la Tierra* que la Teología de la Liberación no ganó a los que iba dirigida, pero les apartó de la Iglesia Católica. Eso explica la masiva emigración a las sectas «que les ofrecen un refugio religioso»[4] .

Recientemente **Frei Betto,** que durante años ha sido uno de los personajes símbolo de la Teología de la Liberación, ha dicho en el periódico italiano *Avvenire* que «la Teología de la Liberación se ha congelado»[5] .

Por otra parte, **el marxismo ha fracasado** totalmente en su doctrina social. Después de setenta años de comunismo, el pueblo ruso no ha salido de la miseria. Allí sólo vivían bien los afines al gobierno. Para sacar a su pueblo de la miseria, **Gorbachov** ha pedido ciento cincuenta mil millones de dólares a los países capitalistas[6] .

Este fracaso del marxismo ha sido un golpe mortal para la Teología de la Liberación. El Cardenal **Ratzinger** dijo en un encuentro de los Presidentes de las Comisiones Episcopales de América Latina para la Doctrina de la Fe, celebrado en Guadalajara (Méjico), que la caída del marxismo en el Este europeo fue «el ocaso de los dioses» para la Teología de la Liberación, al aparecer a los ojos del mundo el horror de los países que habían estado dominados por el marxismo.

Quizás venga bien decir aquí algo sobre la **masonería.**

«La masonería, es una sociedad secreta de corte esotérico y ocultista, condenada por la Iglesia, aunque simula lo contrario, que persigue la

[1] ENRIQUE TIERNO GALVÁN: *¿Qué es ser agnóstico?, Pg. 95.* Madrid. 1986.

[2] JOSÉ LUIS IDÍGORAS, S.I.: *Balance de la Teología de la Liberación.* Revista Teológica Limense, 23(1989)331-351

[3] Sagrada Congregación de la Doctrina de la Fe: *Libertatis nuntius, Introducción*

[4] JOSÉ RATZINGER: *La sal de la Tierra, II,2.* Ed. Palabra. Madrid.1997.

[5] ZENIT, Boletín informativo del Vaticano en INTERNET: ZE980522-1

[6] Diario YA, 17-VII-91, pg.52

destrucción de la civilización cristiana, comenzando primero con la Iglesia Católica y continuando con otras creencias cristianas; así como también de toda norma, principio o institución basados en el cristianismo, para sustituirlos por una civilización pagana y una pseudo-religión también pagana»[1].

Las Logias del Gran Oriente de España propusieron a las Cortes Constituyentes de la República Española que en la Constitución de la República se incluyesen, entre otras, las siguientes disposiciones:

- Romper las relaciones diplomáticas con el Vaticano.
- Prohibir toda manifestación de índole religiosa en la calle.
- Incautación de los bienes de la Iglesia dedicados a la beneficencia.
- Nacionalización de todos los bienes de las Órdenes Religiosas.
- Expulsar o exclaustrar a todos los religiosos de ambos sexos.
- Incapacitación legal de los sacerdotes para ejercer la enseñanza. Etc., etc.[2]

El Consejo Superior de Investigaciones Científicas de Madrid publicó una tesis doctoral, a base de documentos del Archivo de Simancas, donde se transcriben artículos que las logias masónicas de España enviaban a los periódicos durante la República (1931-1936) calumniando a la Iglesia Católica e incitando a la quema de conventos y matanza de curas y monjas[3]

El historiador republicano **Claudio Sánchez Albornoz** dice que la expulsión de los jesuitas de España por obra del gobierno de **Azaña** «consiguió evitar la disolución de las órdenes religiosas, entregando sólo a los jesuitas al paladeo de los masones»[4].

Por eso la Iglesia prohibe que los católicos se hagan masones:«La masonería es contraria a la doctrina católica, y pecan gravemente los fieles que la profesan»[5]

Según la Declaración de la Sagrada Congregación para la Doctrina de la Fe del 26-XI-83 está prohibido que un católico se inscriba en la masonería, y el que lo haga está en pecado grave y no puede acercarse a la comunión porque «es una afiliación incompatible con la fe católica»[6].

«En el editorial de la revista italiana *«La Civiltá Cattolica»* del 19 de junio pasado se examina el tema de las relaciones entre los católicos y los masones.

»El punto de partida de la reflexión es una afirmación por parte del Gran Maestro italiano de los masones, **Virgilio Gaito**, según el cual el

[1] ISABEL VIDAL: Revista ARBIL en INTERNET. http://www.ctv.es/USERS/mmori

[2] Revista ROCA VIVA:338 (XI-96) 479s

[3] JUAN ORDÓÑEZ: *La apostasía de las masas.* Consejo Superior de Investigaciones Científicas.

[4] VICENTE CÁRCEL:*La gran persecución. Historia de cómo intentaron aniquilar a la Iglesia católica en España los socialistas, comunistas y masones, X.* Ed. Planeta+Testimonio. Barcelona. 2000.

[5] L'OSSERVATORE ROMANO: del 23-II-1985, pg.1

[6] ACTA APOSTOLICAE SEDIS, 76 (1984) 300

catolicismo y la masonería, como dos esferas concéntricas, pueden coexistir en la misma persona. De esa manera un católico no tendría dificultades en conciliar dentro de sí la fe cristiana y la pertenencia a la masonería.

»En cuanto a la afirmación de **Gaito** sobre la posibilidad de que un católico, hoy en día, comparta la fe católica y la pertenencia a la masonería el editorial no está en absoluto de acuerdo.

»La *«Civiltá Cattolica»* recuerda que en 1983 la Congregación para la Doctrina de la Fe declaró que el juicio negativo sobre la masonería todavía queda en pie. La declaración afirma que los principios de la masonería son incompatibles con la doctrina de la Iglesia y que, por tanto, un católico no puede ingresar en las filas de los masones.

»El editorial afirma que un católico que entra en la masonería para promover sus intereses personales o para facilitar su carrera, comete un pecado de falsedad y oportunismo.

Sería todavía más grave, sigue el editorialista, que un católico entrara en la masonería siendo consciente de la doctrina de ellos»[1].

El Papa **León XIII** publicó la encíclica *Humanum genus* en la que dice: «La masonería tiene como intento destruir los fundamentos del orden religioso (nº9). (...) Maquinan abiertamente la ruina de la Santa Iglesia (nº 2)».

Dos palabras también sobre los **rosacruces.** Su fundador fue masón.

Dice el "Diccionario de las Religiones", dirigido por el Cardenal **Paul Paupard**[2]: «Es menos una secta religiosa que un sincretismo de origen gnóstico y alquímico, de tipo iniciático, que propone una síntesis del conocimiento de la naturaleza, del secreto de las fuerzas cósmicas, del misterio del tiempo y del espacio, o de los poderes místicos de las religiones o sabidurías de Egipto, de Babilonia, de Grecia y de Roma.

La Antigua y Mística Orden de la Rosacruz (AMORC) se inspira además en el cristianismo».

13. Peca gravemente contra el quinto mandamiento **quien se emborracha** hasta perder el uso de la razón. Lo mismo que no podemos privarnos de la vida, tampoco podemos privarnos de la razón.

Sería matar la personalidad, y esto no puede hacerse sin causa justificada, como sería anestesiar antes de una operación quirúrgica.

Cuando la borrachera no es completa, es decir, cuando no pasa de un «ponerse alegre», no es pecado grave.

---

[1] ZENIT, SEMANA INTERNACIONAL: Boletín informativo del Vaticano en INTERNET del 26-VI-99.

[2] PAUL PAUPARD: *Diccionario de las religiones.* Ed. Herder. Barcelona 1987, pp. 1546-1547

Pero hay que tener mucho cuidado, porque el que ha bebido demasiado tiene poco dominio de sí mismo y fácilmente comete pecados que sin haber bebido no cometería. Por eso hay que saber beber con moderación y cortar a tiempo. Puede ser que borracho se hagan tonterías que no se harían si se estuviera sereno.

No se es responsable de lo que se hace sin darse cuenta, pero el pecado se comete antes de emborracharse, cuando se daba uno cuenta de lo que se podía hacer borracho, y sin embargo, se emborrachó voluntariamente.

Lo mismo que el que va de noche junto a un precipicio, sin necesidad, y se despeña; el mal paso que le hizo caer lo dio sin querer, pero es responsable de su caída cuando, dándose cuenta del peligro, emprendió el camino sin necesidad. El beber con exceso no sólo ofende a Dios, sino que es también malo para la salud. El alcohol debilita la voluntad, destroza el sistema nervioso, lesiona el hígado y el cerebro, envenena la sangre, y dispone al organismo para multitud de enfermedades: tuberculosis, pulmonía, tifus, reúma, diabetes, etc. Por otra parte, es muy difícil que quien se da a la bebida lleve una vida moral, pues el alcohol atiza la lujuria.

14. Unas palabras sobre **drogas**. «El uso de las drogas, excepto por razones terapéuticas, es falta grave»[1]. Es muy triste que la juventud sea el campo abonado donde hacen su gran negocio los traficantes de drogas. Las drogas están haciendo estragos en la juventud. Esclavizan de tal modo que los adictos no pueden pasar sin la droga.

Y como cuesta mucho dinero, lo sacan de donde sea, incluso robando y matando. Y terminan destrozando su salud, y con frecuencia en la cárcel.

El hambre de drogas es insaciable; el cuerpo y el alma son sus esclavos. El drogadicto es un verdadero enfermo. No tiene más que un pensamiento, un deseo, una preocupación: la droga. Donde sea, como sea, sin freno, sin vergüenza, sin pensar. Está dispuesto a no comer, a reducirse a un mal oliente, a prostituirse, a robar, a matar, con tal de poder procurarse la droga. El precio no le importa[2].

El síndrome de abstinencia, el «mono», lleva a reacciones impensables a fin de conseguir la droga.

El «mono» es algo que crece y crece, que no se detiene, que obliga a quien lo sufre a cometer cualquier locura con tal de acabar con ese infierno, que enloquece al adicto y lo convierte en un ser radicalmente distinto, un ser al que no le importa nada ni nadie, al que no le preocupa otra cosa que conseguir más droga y «matar el mono»[3].

[1] **Nuevo Catecismo de la Iglesia Católica nº 2291**

[2] BRUNO BISIO: *Los efectos de las drogas, II.* Ed. Mensajero. Bilbao, 1969

[3] Diario YA, 31-III-84, pg. 33

En los Estados Unidos faltan plazas en los hospitales para tantos drogadictos como hay que internar. En Nueva York mueren mensualmente cien adolescentes por culpa de las drogas. Más que por todas otras causas juntas.

En España han muerto por las drogas sesenta personas en dos meses, y sólo en Barcelona, veintidós muertos por las drogas en una semana[1] . En Madrid mueren siete personas por sobredosis cada día[2] . Por eso, mucho cuidado. Jamás tomar. Ni siquiera probar. Muchos empezaron por la tontería de probar, y luego se enviciaron y terminaron esclavos de la droga.

El conocido doctor **Garrido Lestache**, dijo por Radio Nacional de España, el 20 de agosto de 1984, a las doce y cuarto del mediodía, que el que empieza fumando porros, termina con la heroína. Esta está confirmado por la experiencia, a pesar de lo que digan en contra algunos interesados en difundir el consumo de drogas.

Los traficantes a veces la regalan para que la juventud se aficione. Luego viene todo rodando. Si se empieza, se terminará haciéndose un desgraciado; quizás loco, y hasta muerto prematuramente hecho una piltrafa.

«Si la población conociera de verdad los efectos de las drogas que van deteriorando la personalidad de un modo progresivo, física y psíquicamente, si conociera de verdad la dificultad de salir del círculo de la droga-adicción, reaccionaría violentamente contra el consumo de drogas.

»Los fracasos de la terapéutica son muy numerosos; por eso los esfuerzos deben dirigirse no solamente para curar a los pacientes que ya han caído en la drogadicción, sino sobre todo en evitar que los sujetos lleguen a adquirirla»[3] .

El 12 de noviembre de 1979 oí en Radio Nacional de España en *Protagonistas nosotros*, un espacio sobre drogas a cargo del **Dr. Monegal**, especialista en problemas con drogadictos. Apunté las siguientes afirmaciones:

«El porro envenena gravemente. A veces, después, es muy difícil la desintoxicación. Los que piden la despenalización del porro, porque consideran a la marihuana inofensiva, tienen un absoluto desconocimiento científico de sus consecuencias biológicas y psíquicas. A veces se producen daños irreparables, sobre todo en el desarrollo de los adolescentes. La dependencia, es decir, la esclavitud de la droga, puede producirse con la primera dosis: depende de personas».

---

[1] Diario YA, 6-VIII-88, pg. 12

[2] Diario YA, 15-III-92, pg. 29

[3] Dr. R. ALCALÁ SANTAELLA: Diario YA Dominical, 2-IV-78, pg. 27

«Se ha descrito una serie de trastornos y estados psíquicos (manifestaciones esquizofrénicas, maníacas y orgánicas agudas), relacionadas con el uso de la marihuana»[1].

En otro programa sobre Drogas en Radio Nacional de España, a las 9 de la mañana, en Enero de 1979, dijo el **Dr.Cajal**, Catedrático de Psicopatología en la Facultad de Madrid: «Las actitudes permisivas siempre han favorecido la propagación de las drogodependencias».

Oí decir a un drogadicto que cuando empezó pensaba inyectarse una vez al día, y después necesitó inyectarse cuatro o cinco veces al día[2].

El Dr. Freixa, Catedrático de Psiquiatría de la Facultad de Medicina de Barcelona, dijo por Radio Nacional de España en el programa *Protagonistas nosotros* el 6 de Febrero de 1980: «Todos los drogadictos que han terminado esclavos de la heroína y con graves lesiones psíquicas, empezaron fumándose un porro con unos amigos».

Generalmente se empieza por curiosidad o por tirón del grupo, con el engaño de probar sensaciones nuevas, etc. y después viene la dependencia física que produce una alteración del metabolismo, que puede llevar a la muerte. Esto es muy frecuente.

El drogadicto siempre es un enfermo. La droga modifica el psiquismo.

Las drogas producen alteraciones psíquicas irreversibles aunque se cure la tendencia. El drogadicto pierde interés por todo lo que no sea la droga: ni familia, ni trabajo, ni sociedad, ni nada. Poco a poco se desmorona su personalidad y termina convirtiéndose en una piltrafa humana.

Alejandro Vallejo-Nájera, hermano del famoso psiquiatra **Juan Antonio**, que estuvo metido en el mundo de la droga, decía: «La droga es el infierno»[3].

15. Peca además contra este mandamiento el que **escandaliza** a otro, es decir, le enseña, le invita o le provoca a pecar; ya sea con palabras, con su ejemplo, o haciéndole cómplice de los propios pecados[4].

El escándalo es un pecado gravísimo, porque hace perder al prójimo la vida de la gracia, que es mucho más preciosa que la vida del cuerpo.

El que escandaliza es un asesino de almas.

«Se hacen culpables de escándalo los que manipulando la opinión pública

---

[1] Revista IBÉRICA de Actualidad Científica, 127(I-73)44

[2] Entrevista por Radio Nacional de España, 12-I-77, a las 9 de la mañana

[3] JUAN ANTONIO VALLEJO-NÁJERA: *La Puerta de la Esperanza, X.* Ed. Planeta. Barcelona

[4] **Nuevo Catecismo de la Iglesia Católica, nº 2326**

la desvían de los valores morales»[1].

Con la pública desvergüenza de algunas parejas, además de los pecados que cometen en su «trato libre», cometen también el pecado de escandalizar a muchas almas, que, al verlas, aprenden o son tentadas.

Y dijo **Jesucristo,** hablando de los que escandalizan, que más le valiera que los arrojaran al mar con una piedra de molino atada al cuello[2], pues es grande el castigo que les espera en la otra vida.

El que ha hecho daño espiritual a otro tiene obligación de reparar el daño según sus posibilidades.

Debe procurar llevarle de nuevo al buen camino. Debe exhortarle con la palabra y el buen ejemplo. Debe orar por él[3].

No se debe ser jamás **un mal amigo.**

Los que arrastran al pecado a sus compañeros hacen el oficio de Satanás.

Y tú, mucho cuidado con los malos amigos o amigas.

Huye de ellos como de la peste.

Si no, acabarán por perderte y serás un desgraciado en esta vida y en la otra: una manzana podrida pudre a las que la rodean.

Para salvar a uno que se está ahogando hace falta saber nadar muy bien; si no, los dos se ahogarán.

Para convertir a otro, hace falta tener mucho espíritu; si no, serás tú quien pierdas.

El consejo de un sacerdote experimentado te dirá lo que debes hacer.

Tenemos que transformar los ambientes. Pero para remar contra corriente hace falta tener mucha fuerza; si no, seremos arrastrados hacia abajo.

16. **Son pecado grave** contra el quinto mandamiento: el suicidio, el aborto provocado, el asesinato, el odio a muerte, las drogas, la borrachera hasta perder el uso de la razón, y el ser para otros ocasión de que comentan un pecado grave.

---

[1] **Nuevo Catecismo de la Iglesia Católica, nº 2286**

[2] Evangelio de SAN MATEO, 1 8:6

[3] ANTONIO ROYO MARÍN, O.P.: *Teología Moral para seglares, 1º, 2ª, III, nº 549.* Ed. BAC. Madrid

68.- EL SEXTO MANDAMIENTO DE LA LEY DE DIOS ES: **NO COMETERÁS ACTOS IMPUROS.**

1. El deseo desordenado del placer sexual se llama lujuria[1] .

«El sexto precepto del Decálogo protege el amor humano y señala el camino recto para que el individuo coopere libremente en el plan de la creación, usando de la facultad de engendrar que ha recibido de Dios»[2]

«Hay dos actitudes erróneas hacia el sexo. Las dos bastante comunes. Una es la del moderno hedonista, de aquel cuya máxima aspiración es la vida del placer. El hedonista ve la capacidad sexual como una posesión personal, de la que no hay que rendir cuentas a nadie. Para él (o ella), el propósito de los órganos genitales es su personal satisfacción y su gratificación física, y nada más. Esta actitud es la del soltero calavera o de la soltera de fácil «ligue» que tienen amoríos, pero jamás amor. Es también una actitud que se encuentra con facilidad entre las parejas separadas o divorciadas, siempre en busca de nuevos mundos de placer que conquistar.

»La otra actitud errónea es la del pacato, que piensa que todo lo sexual es bajo y feo, un mal necesario con que la raza humana está manchada»[3] .

La postura intermedia es la acertada: el sexo no es malo, pues lo ha hecho Dios; pero hay que usarlo según la ley de Dios.

En el sexto mandamiento se nos pide que seamos puros y castos en palabras y obras; y tratemos con respeto todo lo relacionado con la sexualidad.

Usamos la palabra sexualidad en su sentido corriente, aunque de suyo es más extensa que «genitalidad».

2. **Las conversaciones** y chistes verdes (deshonestos, inmorales, obscenos) pueden llegar a ser pecado, si se dicen con mala intención (impura, deshonesta), si contienen una aprobación del mal o una inclinación a él, o encierran un peligro de consentimiento impuro o de escándalo y daño para las almas de los otros.

---

[1] **Nuevo Catecismo de la Iglesia Católica, nº 2351**

[2] JUAN ANTONIO GONZÁLEZ LOBATO: *Razones de la fe, X.* EMESA. Madrid. 1980.

[3] LEO J. TRESE: *La fe explicada, XIX, 1.* Ed. Rialp. Madrid 1981

Conversaciones

Las conversaciones obscenas y prolongadas -sobre todo entre los jóvenes- fácilmente son pecado.

Cuando sea necesario hablar sobre asuntos relacionados con la sexualidad, hay que hacerlo con respeto y seriedad.

En las conversaciones deshonestas peca:

a) el que empieza;

b) el que no empieza, pero que sigue la corriente con alguna intervención;

c) el que no participa, pero está escuchando con gusto y buena gana.

Pero el que oye de mala gana, el que quisiera que se hablara de otra cosa, el que procura desentenderse del asunto, éste no peca.

Cuando en un grupo se empieza una conversación indecente, si puedes buenamente, procura cambiar la conversación. Si no eres el de más categoría, o no tienes cierto influjo en los demás, el pretender cortar radicalmente puede ser contraproducente.

Pero si es posible, retírate, de forma que los demás comprendan que no te gustan esas conversaciones.

Si te resulta muy violento marcharte, y no es para ti ocasión próxima de pecado, puedes quedarte, con tal de que no participes y, si puedes, des a entender de alguna manera que no te gustan esas conversaciones.

Pero, desde luego, que nadie pueda suponer que las apruebas.

En último caso, puedes desinteresarte de lo que se dice, dirigirte a otra persona del grupo para hacerle una pregunta cualquiera, etc.

El definir claramente tu postura en este punto te evitará muchos peligros, pues los demás sabrán que para eso no se puede contar contigo.

Lo mismo te digo sobre los **grabados inmorales y novelas indecentes**. Leer revistas pornográficas difícilmente dejará de ser pecado, pues no tiene justificación y puede ser un peligro de aceptación de la lujuria.

Por supuesto que es pecado leer escritos impuros y deshonestos con el fin de despertar la sexualidad.

Pero aunque no tengas esta mala intención al comenzar la lectura, interrumpe ésta, si no es necesaria, al advertir que despierta la voluptuosidad y provoca tentaciones.

Si el libro es de estudio o formativo,entonces no es necesario dejarlo; pero conviene levantar el corazón a Dios, purificar la intención y rechazar todo consentimiento.

Leer novelas obscenas y pornográficas, por el peligro de pecar que supone, casi nunca dejará de ser pecado.

Hay también una nube de novelas que, sin ser descaradamente

inmorales, fomentan la morbosidad y halagan la concupiscencia. Su lectura siempre hace daño.

Si te gusta leer, escoge algunos libros que te interesen de la numerosa colección de libros formativos.

Y si no conoces, pregunta a alguna persona competente que pueda orientarte. Al final de este libro te pongo, en el Apéndice, una lista de libros recomendables por su valor formativo.

También debes tener cuidado con las **miradas**.

A veces los ojos se van sin querer.

Cuando caigas en la cuenta de que estás mirando lo que no debes, los retiras a otra cosa y en paz.

No te preocupes. Para que una mirada sea pecado es necesario ponerse a mirar detenida y voluntariamente cosas deshonestas; pues hay obligación de evitar todo peligro de excitación carnal, a no ser que haya razón proporcionada que lo justifique.

En general, te recomiendo que cuando veas cosas inmorales sepas hacer «la vista gorda», y cuando las oigas, muestra indiferencia con «oídos sordos»..

3. Pero si es cierto que esas miradas involuntarias no deben preocuparte, aunque te causen perturbaciones orgánicas (que debes despreciar), sin embargo, otra cosa muy distinta son las excitaciones producidas por esos **abrazos**..., por esos **besos**...

Pero, ¿es pecado abrazarse? ¿Es pecado besarse?

Depende.

El beso puede ser expresión de un cariño sano y limpio.

Pero también puede ser un desahogo de pasión y lujuria.

Los interesados son los que han de distinguir, sabiendo que no se puede buscar ni admitir la satisfacción sexual fuera del matrimonio[1] .

No es lo mismo un ligero besín que un besazo lascivo que desboca la lujuria y lleva fácilmente a cosas peores[2].

¿En qué consiste la diferencia entre un beso que no es pecaminoso y un beso que se vuelve pecado u ocasión de pecado?

Sencillamente, en la pasión.

Y la pasión es un elemento muy fácil de conocer. Uno la siente enseguida, y también se percibe claramente en la otra persona.

Un beso **puede ser un peligro**. Un beso puede ser una ocasión de pecado. Y a veces, una ocasión inmediata.

---

[1] DENZINGER: *Magisterio de la Iglesia, nº 1140*. Ed. Herder Barcelona.

[2] ANTONIO ROYO MARÍN,O.P.: *Teología Moral para seglares, 1º, 2ª, III, nº601*. Ed. BAC. Madrid

La juventud es muy inflamable por naturaleza. Sea tu temperamento el que sea, te recomiendo que no te entregues a esos besos lascivos, pues con esto das entrada a la pasión. Y **Jesucristo** dice que es pecado desear lo que está prohibido hacer[1]. Y es pecado provocar voluntariamente una excitación sexual.

El beso en la boca prolongado y ardiente es especialmente excitante, pues va unido al apetito sexual. Los labios son una zona erógena. La misma policía norteamericana informa de la facilidad con que la práctica del beso pasional puede convertirse en unión genital[2].

Una cosa muy distinta es un beso breve, suave y delicado, expresión de un cariño sano y limpio. Pero ese otro beso voluptuoso y lascivo que enciende la concupiscencia es inadmisible. Ese sensual modo de besar que ha difundido el cine, no se puede permitir nada más que entre quienes han contraído matrimonio. Esos modos de besar suponen cosas que son derecho exclusivo de casados.

Por otra parte el beso en la boca, «mojado», es antihigiénico.

Dice **Ramón y Cajal**: «El beso es para el científico un simple intercambio de microbios»[3].

Por lo visto en la boca de cada persona hay unas trescientas especies de microorganismos[4], y con el «beso mojado» éstos pueden pasar de una persona a otra. «A través de un beso se puede infectar a la pareja de mononucleosis infecciosa, conocida como «la enfermedad del beso», hepatitis A y salmonelosis»[5].

El doctor **San Martín,** sexólogo, dijo por Tele-5, el 21 de Enero de 1997, que la sífilis puede contagiarse a través de un beso.

4. Para vencer las **tentaciones,** ten en cuenta estos seis consejos:

1) No perder la calma: estar seguros de que todas las tentaciones pueden vencerse con la gracia de Dios.

2) Acuérdate de que sólo la voluntad puede pecar y, por lo tanto, mantenla inflexible.

3) Encomiéndate a Dios y a la Virgen Inmaculada, que jamás abandonan a los que acuden a ellos.

---

[1] Evangelio de SAN MATEO, **5**:28

[2] LODUCHOWSKY: *La coeducación de los adolescentes, pg. 22.* Ed. Herder. Barcelona.

[3] RAMÓN Y CAJAL: *Charlas de café, XI, 83, pg. 35.* Imprenta Juan Pueyo. Luna, 29. Madrid 1920

[4] Revista ALGO, IV-85, pg. 19.

[5] Diario ABC de Sevilla, 25-II-90, pg. 88.

68,3

4) Desembarázate de la ocasión, en cuanto puedas.

Si hubo victoria, da gracias a Dios.

Si caída, arrepiéntete y aprovecha la lección para otra vez.

5) Después de cada caída, haz un acto de contrición, confiésate enseguida y además ofrece en reparación una mortificación que te cueste.

6) No vuelvas a pensar más en la tentación; ocúpate de algo[1].

Para tu tranquilidad has de saber que dice **San Pablo** que Dios jamás permitirá que seamos tentados por encima de nuestras fuerzas[2].

Dice **San Agustín**[3] y el Concilio de Trento lo repite que «Dios no pide a nadie cosas imposibles, sino que hagas lo que puedas, y pidas lo que no puedas; que Él te ayudará para que puedas»[4].

Después de una tentación pueden ocurrir tres cosas:

1) Victoria clara, porque la rechazaste totalmente en cuanto caíste en la cuenta de la tentación: dale gracias a Dios que te ha ayudado a vencer.

2) Derrota clara, porque te dejaste llevar conscientemente: arrepiéntete, humíllate ante Dios, y pídele que te ayude a vencer en otra ocasión; haz un acto de contrición y propón confesarte pronto.

3) Duda de si consentiste o no consentiste. No estás seguro si resististe completamente a la tentación. En este caso expón al confesor sencillamente tu duda, por ejemplo, diciéndole: «he tenido malos pensamientos y malos deseos contra la pureza, y no sé si los he rechazado suficientemente».

No te contentes con dejar la confesión para después de la caída. La confesión también tiene un **valor preventivo**, porque aumenta la gracia en virtud del sacramento y fortalece la voluntad.

Cuando presientas una posible caída, confiésate aunque no tengas pecados graves. Y si, además, puedes comulgar, todavía mucho mejor.

Para dominar el cuerpo es muy conveniente **la mortificación.** Es una práctica común de todos los santos. Un cuerpo mortificado es mucho más dócil.

El ser mortificado fortalece la voluntad y enriquece espiritualmente.

He aquí algunos modos de mortificarse:

- No hacer gastos inútiles.
- Ser puntual para no hacer esperar a los demás.

---

[1] OTTO ZIMMERMANN, S.I.: *Teología Ascética, nº 35*. Seminario Metropolitano, Buenos Aires.

[2] SAN PABLO: Primera Carta a los Corintios, **1 0**:13.

[3] SAN AGUSTÍN: *De natura et gratia, XLIII, 50*. ML.: 441, 271.

[4] DENZINGER: *Magisterio de la Iglesia, nº 804*. Ed. Herder. Barcelona.

- Escoger los peores sitios en las reuniones.
- Dejar hablar a los demás cuando estás deseando intervenir.
- No discutir aunque se tenga razón, si la cosa no es importante.
- No enfadarnos, si no es necesario.
- Sonreír amablemente aunque no se tengan ganas.
- Disponibilidad en los servicios comunes.
- Escoger para sí mismo lo peor, cuando esto sea posible.
- Evitar ruidos que molestan a los demás.
- Cuidar el aseo personal evitando malos olores.
- Terminar bien lo que se está haciendo aunque esté cansado.
- Etc., etc., etc.

Es necesario luchar mucho para permanecer puros. A las malas inclinaciones de nuestra pasión, se une la inmoralidad que se ve en la calle y en el cine.

5. **El cine**, en sí mismo, no es malo. Es un vehículo de cultura, un transmisor de ideas. Es un arte que, si se utiliza rectamente, puede servir para dar gloria a Dios.

Pero desgraciadamente, hasta ahora, se ha empleado más para hacer el mal que para hacer el bien.

El Episcopado italiano publicó una Declaración sobre la situación moral del cine en la que decía: «Salvo laudables excepciones, que merecen nuestra consideración y aliento, la mayor parte de la producción cinematográfica italiana ha ido constantemente hacia un progresivo y desenfrenado deterioro moral»[1].

Por eso te aconsejo que no te aficiones demasiado al cine.

El cine tiene una tremenda **fuerza persuasiva**. Anula la personalidad, arrastra, emboba, hipnotiza. Nos identifica con el protagonista y nos proyecta su psicología, su modo de ser, su ejemplo.

Es un arma psicológica fenomenal. Y cuanto más potente es un arma tanto más peligroso es su mal uso.

El cine tiene serios peligros.

El primero, aunque menos grave que el segundo, es su exhibicionismo sexual. El daño depende, naturalmente, de las circunstancias.

No es lo mismo en los fríos espectadores nórdicos que en los ardientes meridionales.

No es lo mismo el dominio de una persona culta que la reacción gamberra del populacho.

No es lo mismo la serenidad de la madurez que la excitabilidad de la

[1] Revista ECCLESIA, 1235 (13-III-65) 4.

juventud. Pero no seamos ingenuos cerrando los ojos ante este peligro real.

Peligro que no sólo existe mientras dura la proyección de la cinta. La imaginación seguirá después trabajando con las imágenes que se le quedaron grabadas, y es muy fácil que se produzcan después tentaciones desagradables. Pensemos, por ejemplo, lo frecuente que son las películas que proyectan escenas de amor en la cama (y no precisamente entre esposos).

Pero el **peor daño** del cine es por la fuerza con que transmite las ideas.

El lenguaje de la imagen tiene un gran valor emotivo que conquista de modo casi invencible y cambia poco a poco el fondo del psiquismo, aun contra la propia voluntad, que no advierte lo que sucede dentro de sí[1].

Por ejemplo: una película me presenta un marido que no se entiende con su mujer, por incompatibilidad de caracteres. En cambio se ha enamorado locamente de su secretaria que es de enormes cualidades, y le corresponde en su amor. Pero no pueden casarse porque son católicos. Instintivamente nos apena que la Iglesia se oponga a ese matrimonio. En ese momento no se advierten los males que se seguirían a la familia, en general, de permitir el divorcio. Instintivamente aprobamos el adulterio de dos personas que nos han ganado el corazón. De esta manera se nos va cambiando la mentalidad sin casi advertirlo.

El cine enfoca y resuelve muchos problemas humanos al margen de Dios, como si no existiera una Ley Divina y un destino sobrenatural del hombre.

Son películas que están hechas con un criterio que no tiene, generalmente, nada de cristiano, y a fuerza de verlas, va uno cambiando, sin darse cuenta, su modo de pensar cristiano para pensar como los del cine. Son una lima para un espíritu cristiano. Tú no lo notas, pero siempre se llevan algo.

Una conducta inmoral interpretada por una artista agradable nos inclina a la justificación. Con esto empieza a evolucionar nuestro criterio cristiano, y al fin, arrastrado por el ejemplo del cine, se termina poniendo por obra lo que tantas veces se vio en la pantalla con fuerza seductora.

Como estas ideas están expuestas de un modo agradable y simpático, las admitimos con facilidad.

Tenemos que filtrar estas ideas y rechazar todo lo que no esté de acuerdo con nuestras ideas cristianas.

«Los pueblos no mueren porque se les combata o conquiste, sino porque

[1] TADDEI, S.I.: *La predicación en la época de la imagen, II, B, b.* Ed. Desclée. Bilbao.

se les corrompe».

Pues el cine está teniendo la virtud trágica de corromper hasta la conciencia de nuestro pueblo.

Muchos españoles de hoy ya no piensan en español, ni en cristiano, sobre problemas tan capitales como son la familia y el amor.

A fuerza de ver en el cine cosas que están mal, aunque al principio nos repelen y las censuramos, poco a poco nos vamos acostumbrando, y es posible que, si se nos presenta la ocasión, hagamos también nosotros lo que antes nos hubiera horrorizado.

Conozco a un matrimonio que a los cuatro años de casados vivían inmensamente felices con un auténtico cariño mutuo y gozando de la alegría de dos hijos como dos soles. Un día la mujer, influenciada por la ligereza y frivolidad con que se ven en el cine escenas de adulterio, aprovechando un viaje de su marido, no le importó correr una aventurilla (¡qué tiene de particular!: es la frase con la que queremos justificarlo todo), y se acostó con otro hombre. Y como todo lo que se hace termina por saberse, un día su marido se enteró. Fue tal la tragedia que se armó que nunca, en su vida, aquellas dos personas pasaron días peores. El marido me decía: «Si es verdad que me quería, ¿cómo ha podido hacerme eso? Es que no me quería. Todo lo que me decía era mentira. No puedo volver a hacer el amor con ella. Se me pone delante que me está engañando. ¡No puedo seguir con ella!» Y lloraba de desesperación, de rabia y de pena. Y ella también lloraba de arrepentimiento, al ver que por un capricho frívolo había hundido la felicidad de su hogar.

En materia de amor, el cine hace daño tanto a las personas casadas como a las solteras.

El cine hace daño a los casados porque con mucha frecuencia presenta como la cosa más natural, y casi inevitable, las expansiones amorosas extramatrimoniales de casados. ¡Y esto no puede ser! Toda expansión amorosa extramatrimonial de un casado, es adúltera. Con la gracia de Dios se pueden superar todos los conflictos amorosos que se presenten al corazón.

El daño que el cine hace a las personas solteras es, entre otras cosas, por enseñar una enorme facilidad para llegar al acto sexual: derecho exclusivo de casados.

Además, porque muchísimas veces presenta como motivo suficiente para el matrimonio el atractivo corporal, ¡y eso es mentira! Este atractivo es un factor, pero él sólo no basta. Muchísimos fracasos matrimoniales se deben precisamente a que se basaron exclusivamente en el atractivo corporal, y se descuidaron otros valores de mayor importancia.

68,5

Aparte del daño que el cine hace, con sus escenas, en la emotividad de la mujer, le hace otro daño también grave en su psicología: la mujer se siente arrastrada a imitar los modales, las actitudes y conducta de las artistas que se presentan como mujeres deslumbradoras, y hacen brotar en la espectadora el natural deseo de resultar ellas mismas también atractivas.

Al principio, las cosas que chocan con la moral se rechazan, pero a fuerza de verlas en la pantalla se les va quitando importancia y acaban por asimilarse.

El cine ha hecho muchísimo daño a las chicas enseñándolas modales insinuantes y provocativos, a mirar con descaro, un modo de ser frívolo y fácil, y a ser condescendientes en aventuras amorosas. ¡Cuántas chicas adoptan en público y en privado, posturas y actitudes atrevidas, influenciadas por lo que vieron en el cine, dándose cuenta o sin darse cuenta del todo! ¡Cuántas chicas se han hecho unas frescas por lo que vieron en el cine! ¡Cuántas chicas cayeron más hondo de lo que jamás sospecharon por seguir unos primeros pasos que aprendieron en el cine!

Algunas chicas, influenciadas por el ambiente erotizado, son fáciles en llegar a todo, sin pensar en las consecuencias, pues en las películas lo ven continuamente y nunca pasa nada. Pero en la vida real, sí. La vida real no es el cine. ¡Cuántas solteras embarazadas, después se lamentan de lo que hicieron! ¡Pero ya es tarde!

«Hay películas que, de hecho, son para muchos una verdadera escuela de vicio. Al exhibir ante la juventud escenas de besos prolongados y lascivos se les incita a hacer otro tanto, haciéndoles creer que tales acciones son la señal necesaria del amor, y afianzándoles en la convicción de que eso se puede hacer, pues tantos otros lo hacen. Así se mata poco a poco en las almas el sentido del pudor y de la pureza»[1] .

Muchas películas tratan de una chica que se lía con un casado, una prostituta que seduce a un jovenzuelo, una mujer que engaña a su marido, etc., etc. Siempre a base de pecados sexuales. ¿Cuándo veremos películas que exalten las virtudes de un buen padre de familia, de una madre honrada y de una chica decente? Hacer esto es mucho más difícil. Aquello es mucho más fácil. Por eso abundan las películas a base de los bajos fondos de la vida.

Hay que combatir las películas que inculcan ideas contrarias a la moral católica.

El público es el que manda en el cine. Si una película deja la sala vacía, **no**

[1] DANTEC: *Noviazgo cristiano, 3º, III, C.* Ed. Mensajero. Bilbao.

se repetirá. Pero si una película resulta «de taquilla» se multiplicarán las películas de este tipo. Si queremos moralizar el cine, hay que hacer el vacío a las películas indeseables.

Con este método «La Legión de la Decencia» en Estados Unidos, logró imponerse a los directores de Hollywood[1].

El *boicot* de los católicos norteamericanos a las películas inmorales le costó a la industria cinematográfica inmoral más de diez millones de dólares[2]. Es el medio más eficaz.

La Liga Católica de los Derechos Civiles de Estados Unidos logró que la cadena televisiva ABC retirara una telenovela blasfema al conseguir más de un millón de firmas que se comprometían a no comprar los productos que se anunciaban en ese programa. Treinta y siete empresas retiraron sus anuncios, y la cadena ABC tuvo que suprimir la telenovela[3].

«En cuestión de espectáculos inaceptables para la conciencia cristiana, conviene adoptar con energía la consigna de no asistir a ninguno por tres fines simultáneos: evitar el peligro propio, dar buen ejemplo y exigir que no se den espectáculos indecentes por el medio humano más eficaz, tratándose de empresarios poco delicados de conciencia, que consiste en negar la cooperación económica»[4].

Pío XII en su Encíclica *Miranda Prorsus,* sobre el cine, la radio y la televisión, dice: «Los juicios morales, al indicar claramente qué películas se permiten a todos y cuáles son nocivas o positivamente malas, darán a cada uno las posibilidades de escoger los espectáculos..., harán que eviten los que podrían ser dañosos para su alma, daño que será más grave aún por hacerse responsable de favorecer las producciones malas y por el escándalo que da con su presencia».

El Concilio Vaticano II nos exhorta a seguir las indicaciones de la censura moral y a evitar los espectáculos peligrosos, entre otras cosas, para no contribuir económicamente a espectáculos que puedan hacer daño espiritual[5].

«El punto de vista estético no basta para justificar cualquier espectáculo. La curiosidad no es motivo suficiente cuando se trata de espectáculos degradantes»[6] Oigamos de nuevo a **Pío XII**: «Culpable sería, por tanto, toda suerte de indulgencia para con cintas que, aunque ostenten méritos técnicos, ofenden, sin embargo, el orden moral; o que, respetando

[1] ¿A qué película vamos? Folleto PPC, nº 18

[2] ÁNGEL AYALA, S.I.: *Formación de selectos, XXI, 3, 3º.* Ed. Atenas. Madrid

[3] ZENIT, Boletín informativo del Vaticano en INTERNET: ZE980504-7

[4] Obispo de Vich: Revista ECCLESIA, 854 (23-XI-57) 11

[5] Concilio Vaticano II: *Inter mirifica*: Decreto sobre los medios de comunicación social, nº 9

[6] RENÉ BERTHIER: *101 respuestas a un cristiano, nº 87*. Ed. Mensajero. Bilbao

aparentemente las buenas costumbres, contienen elementos contrarios a la fe católica»[1].

Es notable que muchos cristianos difíciles para dar su dinero a obras de caridad y apostolado, lo den sin escrúpulos a espectáculos que descristianizan las costumbres. Regatean su dinero para lo bueno, y lo dan alegremente para lo malo.

Pero no te contentes con no ir tú a esas películas. Procura además **convencer a otras personas** para que tampoco vayan. Si los católicos quisiéramos colaborar a la acción moralizadora de la Iglesia, **Cristo** reinaría mucho más en el mundo. Pero hay católicos que consideran a la Iglesia como una aguafiestas a quien hay que dar de lado para poder pasar la vida más divertida; y así están haciendo el juego a Satanás para que sea él quien domine en el mundo.

Es inconcebible, y da pena decirlo, pero la realidad es que, a veces, los primeros en obstaculizar la obra moralizadora de la Iglesia, son los mismos cristianos.

El cine es un estupefaciente, y si se adormece tu sensibilidad espiritual, ¿qué conciencia moral podrá protegerte? Cuando el timbre de alarma de la conciencia y del remordimiento está estropeado, el alma corre peligro.

¡Cuántas veces la voz de la conciencia ha hecho dar un frenazo ante el abismo del pecado! Y también, ¡cuántas veces la voz de Dios resonando en el alma ha levantado a una vida de perfección!

6. Hay almas a quienes Dios da el deseo de renunciar al matrimonio y consagrarse totalmente a Él. Si eres de éstas te felicito. Y te aseguro que **no hay en la vida mayor felicidad** que la de estar consagrado a Dios y sentirse colaborador con Él en su obra redentora, haciendo que fructifique en las almas la sangre que por ellas derramó. El hombre necesita vivir por algo que merezca la pena. Necesita darle sentido a su vida. Necesita un ideal. El vivir sin ideal es señal de inmadurez humana.

El ideal es un motor que nos impulsa a la acción.

El ideal es una idea motriz que se hace central en la vida de una persona, alrededor del cual hace girar todas sus acciones. Los ideales marcan el camino. Es la meta que se quiere alcanzar. Es el supremo valor de la vida[2].

Vivir consagrado a Dios es el supremo de los ideales.

[1] PIO XII: Encíclica *Miranda Prorsus*, Revista ECCLESIA, 846 (28-IX-57)

[2] BERNABÉ TIERNO: *Valores humanos, 4º, X.* Ed. Taller de Editores. Madrid. 1998.

La vida consagrada a Dios, con vocación, es una felicidad. Se vive con ilusión, con ideal. Pero sin vocación de Dios no hay quien la aguante. Y por supuesto hay que vivirla en comunidades donde haya buen espíritu, que también puede haber conventos relajados. El estado religioso es **el camino de la perfección**. Hoy hay en la Iglesia Católica un millón quinientas mil personas consagradas a Dios[1] .

Las obligaciones se concretan principalmente en los tres santos votos de pobreza voluntaria, castidad perfecta y obediencia completa.

Renunciar, por lo tanto, a las bodas terrenas y obligarse a vivir para Dios tendiendo a la perfección.

Hago mías estas palabras:

«Soy sacerdote. Nunca me he arrepentido de esta vocación que Dios me dio. Y mil veces que naciera, mil veces la seguiría de nuevo. No creas que todo me ha ido bien. No creas que todo me ha resultado fácil. Pero todo lo ha superado su llamada. Un pensamiento tengo siempre clavado, y él decidió mi vocación: hacer algo aquí abajo que valiera la pena de veras. Sé que se pueden hacer muchas cosas que valgan la pena. Pero pensé que ésta valía más que ninguna. Y no me he arrepentido»[2] .

«Todo ser dotado de inteligencia se mueve, forzosamente, por el atractivo de un ideal»[3] .

Los Santos Padres llamaron al estado religioso: la flor más bella, la perla más preciosa, el más rico ornamento de la Iglesia.

Santa María Magdalena de Pazzis dice que es la gracia más grande que Dios puede hacer a un alma.

«No debe confundirse la virginidad con la castidad.

La virginidad es un estado de vida, mientras que la castidad es una virtud que se refiere a todos los estados de vida»[4] .

Cada estado tiene su propia castidad: una es la castidad de la persona soltera y otra la castidad de la persona casada. La castidad consiste en vivir la sexualidad según las exigencias del propio estado.

El estado de virginidad **perpetua y voluntaria**, hace que las personas religiosas vivan en la Tierra como los ángeles del cielo[5] .

Ellas serán las que llevarán escrito sobre la frente el nombre de Dios, cantarán un cántico nuevo y seguirán al Cordero por donde quiera que

---

[1] Diario YA del 25-XI-92, pg. 26

[2] RAFAEL BOHÍGUES, S.I.: *El riesgo de ser joven, XIII,* Ed. Mensajero. Bilbao.

[3] H.PINARD DE LA BOULLAYE, S.I.:*Jesús, Luz del mundo, II, 2.* Ed. Razón y Fe. Madrid.

[4] GINO ROCCA: *No lo tengo claro, 2ª, III, 13.* Ed. Ciudad Nueva. Madrid. 1993.

[5] Evangelio de SAN MATEO,**22**:30

vaya, como dice el Apocalipsis[1].

Hay muchas Órdenes y Congregaciones entre las que puedes elegir aquella que más se acomode a tus inclinaciones e ideales.

El campo en el que puedes desarrollar tu vocación puede abarcar: Misiones, Hospitales, Asilos, Colegios, Obras sociales en favor de jóvenes, Casas de Ejercicios, reeducación de juventud, apostolado entre oficinistas, obreros... Si te entusiasma la vida de oración y penitencia, tienes, por ejemplo, las órdenes de Carmelitas, Franciscanos, Capuchinos, Trinitarios, etc., en las dos ramas femenina y masculina.

También puedes consagrarte en alguno de los Institutos Seculares con que hoy cuenta la Iglesia con sus múltiples formas de apostolado.

Si estás indeciso y no sabes qué escoger, quizás pueda ayudarte el libro *Orientación Vocacional* del **P. Carrascal, S.I.**[2] , donde se dan a conocer los elementos de la vocación y las características de ciento setenta Institutos Religiosos de hombres y mujeres[3] .

Si sientes la voz de Dios para consagrarle a Él tu vida, no lo comentes a la ligera con cualquiera. Consúltalo con un sacerdote piadoso y prudente que te aconsejará lo que sea mejor para ti.

En el mundo hay **un millón** de personas consagradas a Dios[4] .

Cuestionario **para estudiar** la vocación:

1.- ¿Se te ha ocurrido alguna vez consagrar tu vida por completo a Dios?

2.- Este deseo, ¿ha sido por motivos sobrenaturales, como el amor y el servicio de **Cristo**, el bien de las almas y tu propia santificación?

3.- Aunque la realización de este ideal suponga renuncias y sacrificios, ¿crees que, con la ayuda de Dios, serías capaz de ello?

4.- ¿Te ilusiona consagrar tu vida al mayor ideal que se puede vivir en este mundo?

5.- En la hora de la muerte, ¿cómo te gustaría haber vivido?

7. Las cosas grandes **no se hacen en un día**. Necesitan tiempo, preparación, etapas. La vida conyugal es una de esas cosas muy grandes. Hay que llegar a ella por sus pasos. Esta preparación comienza ya desde la adolescencia. El adolescente ha hecho el descubrimiento, aunque todavía elemental, del otro sexo. Se trata de todo un nuevo mundo, físico y espiritual, que tiene que explorar, pero sin precipitarse.

[1] Apocalipsis, 14:1-4

[2] JUAN CARRASCAL, S.I.: *Orientación Vocacional.* Ed. Terrae. Santander.

[3] En Granada funciona el CENTRO MYRIAM, de orientación vocacional. Apartado 519

[4] Diario LA RAZÓN, 3-II-2000, pg.31

Los dos extremos serían funestos: tanto el lanzarse demasiado aprisa, como el retirarse por miedo a posibles peligros.

Antes del noviazgo, conviene que los adolescentes y los jóvenes hayan tratado frecuentemente con jóvenes del otro sexo. Esto es imprescindible, no sólo para conocer al otro sexo, sino para conocerse a sí mismo, para estudiar sus propias reacciones y actitudes ante el otro sexo.

Uno de los deseos más arraigados en el corazón del hombre es encontrarse con los otros, formar grupo, colaborar juntos. La amistad es un gran valor. La soledad es una triste experiencia. La amistad es un afecto puro, desinteresado y recíproco que nace y se fortalece con el trato. Se basa en la sinceridad y en la generosidad. La simulación, el engaño, la traición, son la muerte de la amistad. La amistad es dar más que recibir. En la amistad te aceptan como eres y te valoran por lo que eres, comprendiendo y perdonando tus fallos y limitaciones. La amistad favorece la amabilidad, la jovialidad, la alegría, la bondad, la sinceridad, la generosidad, la cordialidad, el deseo de hacer el bien y la preocupación por los demás. El amigo no es acaparador y posesivo. Respeta tu libertad y no tiene celos de que compartas tu amistad con otras personas.

En esto se diferencia la amistad del amor. El amor tiene celos si una tercera persona se interpone entre los dos. La amistad, como el amor, dura toda la vida. La amistad que es pasajera, no es verdadera amistad. Lo mismo que el amor: o es eterno, o no es amor.

Quien tiene un verdadero amigo, tiene un tesoro[1] . Una evolución normal humana exige, por tanto, este trato entre muchachos y muchachas desde los diecisiete años más o menos. Normalmente, y sobre todo al principio, este contacto debe efectuarse en **grupos o pandillas**.

Es mucho más efectivo cuando estos contactos en lugar de estar meramente motivados por el encuentro y el entendimiento mutuo, tiene algún otro fin intermedio, por ejemplo: cultural, benéfico, deportivo. En estas circunstancias, los jóvenes muestran muchas facetas de su personalidad y se dan mutuamente muchos más motivos para conocerse.

Si son contactos «para ser conocido» son más superficiales, pueden estar tratando únicamente de «causar buena impresión», y, por lo mismo, camuflando elementos muy importantes de su manera de ser.

En cambio en las pandillas en las que los chicos y las chicas realizan algo juntos, inevitablemente darán a conocer innumerables aspectos de su forma de ser.

El otro sexo no está meramente en un escaparate, en una postura estudiada y para ser visto; está más en la vida real con sus pequeñas colaboraciones, responsabilidades, circunstancias y conflictos; tiene que hacer algo más que ser visto. Y es que no hay peor manera de conocer a

[1] Dr. BERNABÉ TIERNO: *Valores humanos, 1º, X.* Ed. Temas de hoy. Madrid. 1993

una persona que cuando ésta se ha puesto allí sólo para que la conozcan.

Más tarde un chico y una chica comienzan **a salir juntos**. Salir juntos no es el noviazgo, pero puede ser el preludio. De todas maneras, los que empiezan a salir juntos deben estar convencidos de que ya no se trata de una diversión o de un juego, sino de algo más serio.

Decimos que esta etapa puede ser muy formativa, pues presenta una magnífica ocasión para ejercitar mutuamente la nobleza, la sinceridad, la generosidad y la delicadeza. Dadas sus especiales circunstancias y ocasiones puede servir también de prueba de moralidad y de fuerza de voluntad. Es también una buena ocasión de **conocimiento mutuo** con vistas a una futura relación más duradera.

Hay que **saber esperar** como dijo **Gigiola Cinquetti** en la canción, con la que ganó el Festival de Eurovisión:

No tengo edad...
No tengo edad para amarte.
Y no está bien, que salgamos solos los dos...
Tal vez querrás,
tal vez querrás esperarme,
que sea mayor, y pueda darte mi amor..

No todos los chicos que se acercan a las chicas van con buenas intenciones. Algunos, por puro pasatiempo; otros, para aprovecharse de la chica. También habrá quienes lleguen con la sana intención de entablar relaciones formales.No es difícil ver el fin que pretende un chico cuando quiere salir con una chica. Hay chicas que se hacen invitar por chicos al cine, a merendar, etc., a cambio de ciertas concesiones, lo cual no deja de ser un modo de prostitución.

La chica que anhela ser una buena esposa, debe huir del «flirteo».

8. **Flirtear** es jugar al amor. Un ceder al atractivo sensible y sentimental, cultivar un trato superficial, sin hondura, sin intención alguna de casarse. Y la vida no puede quemarse en el juego de un amor por pasatiempo.

El flirteo es uno de los nombres que se le da a la falsa maniobra de jugar al amor sin comprometerse y sin aceptar sus consecuencias.

Es el comportamiento de una pareja que se entrega a maniobras sexuales de mayor o menor alcance, con el agravante de que excluyen toda intención de comprometerse definitivamente.

Los compromisos definitivos son propios de la madurez. Los que

Flirteo

cambian continuamente de capricho son los niños.

Dice el célebre moralista **Häring**: «El andar jugueteando con el sexo en este estadio del desarrollo obstaculiza el progreso hacia la madurez»[1] .

Por su misma naturaleza, el flirteo **es una mentira**. Amar para un rato no es amor. Nadie dice: «Te voy a querer una semana, pero la semana que viene querré a otra persona».

Esto se llama capricho, y no amor. El amor verdadero dice que es para siempre: «te querré siempre», «te querré hasta la muerte».

El flirteo es la negación misma del amor, y una de sus caricaturas más tristes. Y son profundos los males que acarrea a sus protagonistas. Además del mal moral que lleva consigo, el flirteo suele dejar una profunda huella psicológica de frustración, desengaño, amargura. No produce experimentados sino, más bien, decrépitos. No enseña, sino agosta. Es una mutilación del amor, y con el amor no se juega sin quedar profundamente marcado. Por algo el amor es lo más íntimo y lo más delicado del ser humano. El flirteo les destroza mucho más a ellas que a ellos. Porque para ellas el amor es algo más profundo, más total, y más definitivo. Cuando dos se quieren, no flirtean, se respetan y se cuidan mutuamente para estar enteros para la empresa de toda su vida. Cuando dos flirtean, piensan que van a pasarlo bien, pero, en realidad, se engañan mutuamente y se dañan en las fibras más delicadas del espíritu[2] . Antes de enamorarte piensa si esta persona te conviene o no. Si te enamoras, no serás capaz de juzgar objetivamente. No empieces a salir con la persona que no te conviene. Si empiezas a salir, acabarás enamorándote; y si te enamoras, te casarás aunque esa boda sea un disparate.

El flirteo puede llevar al matrimonio, pero esto es raro. A lo que lleva es a desvalorizar el sentimiento y a embotar notablemente la potencia de amar. De ahí el desengaño de muchos que, al poco tiempo de casados, se sienten defraudados, fríos, insensibles con su joven pareja.

Y es que abusaron de esa potencia de amar durante su juventud; y ahora el matrimonio no les dice nada.

Además, quien se acostumbra al flirteo, después se cansa de sujetarse a una sola persona ¿Qué va a ser de ese matrimonio?

Por eso el noviazgo **no es una diversión**, ni un placer, sino una escuela preparatoria para el matrimonio, que es una de las misiones más grandes y más serias que Dios ha confiado al hombre y a la mujer.

Un compromiso personal, responsable, maduro y libre necesita preparación. Por eso el flirteo es un juego peligroso que muchas veces termina con resbalones deshonestos, y siempre estropea el corazón dejándolo triste, desilusionado y decepcionado, quizás para siempre; o

[1] BERNHARD HÄRING: *SHALOM: Paz, XVII, 5.* Ed. Herder. Barcelona. 1998.

[2] ROBINSON: *Educación sexual y conyugal, 1º, III, 9.* Ed. Mensajero. Bilbao.

ligero, superficial y frívolo, incapacitado para amar en serio a nadie.

Dios ha puesto en el corazón humano el amor para que sea en el matrimonio el aliento de las penas, trabajos y sufrimientos.

Pero la juventud se ha lanzado a jugar al amor, ha hecho del amor un placer, y como consecuencia tenemos esos matrimonios de corazones cansados, incapaces de amar, precisamente cuando más necesitan el amor para endulzar los sacrificios del hogar. El corazón **necesita un rodaje**. Si un motor lo fuerzas antes de tiempo, tendrás un «cacharro» para toda la vida. El rodaje es la vida del motor, y también del corazón.

A los aprendices de una pastelería les dejan hartarse de pasteles todo lo que quieran al principio. Al dueño le sale más barato, porque el mal recuerdo de la primera indigestión, los inmuniza para después.

Si te indigestas de amor prematuro, luego aborrecerás el amor. El amor entre adolescentes **es una imprudencia**. Los adolescentes no están todavía maduros, y los amores prematuros pueden ser funestos.

Es como hacer pasar camiones sobre un puente de cemento antes de que éste haya acabado de fraguar. El resultado sería un montón de ruinas[1].

Para muchos, el matrimonio es como tirar una moneda al aire y esperar a ver si sale cara o cruz. Eso es una barbaridad.

El matrimonio es una cosa muy seria, y como todo lo serio debe pensarse y debe prepararse para que todo salga bien. Los que lo contraen a la ligera es lógico que después fracasen.

Hoy suele decirse que el matrimonio está en crisis. Yo creo que lo que está en crisis es el noviazgo. Muchos jóvenes toman el noviazgo como un juego, con ligereza y frivolidad, no se preocupan de formarse, sólo buscan disfrutar el uno del otro. Así se hacen unos egoístas. No tienen ni idea de lo que es el verdadero amor. Una vez casados, se encuentran egoístas e incapaces de amar. Es lógico que estos matrimonios sean un fracaso.

En una reunión de chicos dijeron que aunque a ellos les gusta flirtear, cuando encuentran una chica enérgica que rehúsa, aunque los fastidie al momento, la aprecian mucho más. A su vez las chicas dijeron: los chicos se aprovechan de las chicas que flirtean, pero no por eso las quieren más. A pesar de lo que digan, las desprecian. Al contrario, rabian con la que no se deja tocar, pero de hecho la admiran[2]. Muchas chicas, por vanidad, procuran despertar el apetito de los chicos.

En éstos brota el instinto y procuran sacar de ellas lo que ellas no habían pensado dar. La chica cree que en el chico hay amor; pero lo que hay es instinto pasajero. Cuando el chico, satisfecho, la deja, ella queda

[1] JUAN LÓPEZ PEDRAZ, S.I: *Tres trampas en el noviazgo, V.* Ed. Paulinas. Caracas, 1987.

[2] QUOIST: *Diario de Ana María, 20 enero 1962.* Ed. Herder. Barcelona. Tercera edición. Magnífico libro que explica muchos de los problemas de una adolescente, y está lleno de buenos consejos. Deberían leerlo todas las chicas a partir de los 14 años.

Flirteo

con **el corazón destrozado**.

La mujer es muy impresionable, y las huellas de un fracaso amoroso la atormentan después durante mucho tiempo. El hombre cambia más fácilmente de amor; porque en su amor hay más pasión que sentimiento, y la pasión es más voluble. Pero la mujer, cuando ama, pone todo su corazón; y si fracasa en su amor, su corazón queda destrozado.

Generalmente, el flirteo termina para la chica con muchos sufrimientos.

Ella se adhiere más, es más emotiva. Y después de haber tratado de ese modo a un chico, si éste la deja o no hace caso de ella, la muchacha experimenta el abatimiento, el desengaño, el amor defraudado y no correspondido...Se creyó interesante, se creyó amada, soñó ilusiones..., y todo vino a parar en juego. Por eso el flirteo hace tanto daño a la mujer: por su sensibilidad.

Lo que empieza siendo un juego, llega a interesar su corazón.

Cuando termina el juego, el hombre se va tan fresco, pero ella, fácilmente, **queda destrozada**. A veces incluso incapacitada para otros amores muy superiores a lo que sólo había sido una aventura.

Esto es lo que se deduce de la experiencia de la vida. Y si una chica ha tenido en la vida varias desilusiones de éstas, no correspondidas, ve agriarse su carácter, su humor se modifica y se hace triste y recelosa.

«Las chicas deben saber que hay cosas que tienen en ellas una resonancia mucho más profunda, psicológica y espiritualmente, que en ellos. Lo que para un chico puede ser un episodio sin importancia, un pasatiempo o una broma, para una chica es algo que le puede afectar profundamente»[1].

Es muy difícil que una chica que admite el flirteo **logre mantener su pureza** intachable.

No te dejes llevar enseguida de los impulsos de tu corazón.

Lo que caracteriza a la joven es la viveza de su sensibilidad y de su sentimentalismo, es la riqueza de su corazón.

Las chicas experimentan en su corazón una gran necesidad de amar, de extender a otros el afecto, y por otra parte sienten lo frágiles que son ante la vida; ávidas de ser amadas y correspondidas con cariño.

Y arrastradas por ese sentimiento no se atreven a negar, a veces, lo que su conciencia no les permite conceder. Es muy raro que una joven llegue a la entrega total de su cuerpo por deseo pasional.

Es mucho más frecuente que lo haga invadida por una ternura que le impulse a dar lo que se le pide, aunque su conciencia se lo reproche.

Si Dios dio ese corazón a las mujeres, es porque las destinaba a una misión espléndida en el hogar y fuera de él. Se trata de conservar lozano e intacto el corazón. Tu corazón es un gran tesoro; pero puede ser también,

[1] Dr. RIESGO: *Hablando en familia, III, 4.* EAPSA. Madrid 1973

si no se le vigila, la gran ruina.

Se acercarán tentadores que querrán gustar de su lozanía, que harán, tal vez, el ofrecimiento de una ternura aparente, y que pueden arrastrarte poco a poco a un amor peligroso e ilegítimo, lejos del camino del deber...

Debes **guardar el corazón**, defender ese tesoro contra los ladrones.

Unas veces será el jefe de oficina que se interesa por la joven mecanógrafa, o un industrial o abogado por su secretaria, o uno de los compañeros de trabajo. No te creas, que porque ese hombre que se interesa por ti, ya esté casado, ofrece una garantía. Al contrario.

El trabajo actual de la joven en fábricas, establecimientos, oficinas, secretarías, etc., la pone en constante contacto con hombres. La mutua atracción puede surgir en cualquier momento; y también una palabra de aprecio, más o menos significativa.

A veces ellos saben hacerse compadecer de ellas, haciéndoles confidentes de su desgraciada vida matrimonial, de su soledad...

Las palabras bonitas y la llamada a la compasión femenina son armas terribles que pueden hacer vacilar el corazón ingenuo y generoso de una muchacha; si a esto se une, además, la proximidad diaria, y cierta admiración que ella pueda sentir por las cualidades y actividades que él desarrolla, la situación puede terminar en un lío, y, después, en un desastre para la pobre muchacha ingenua que será la más perjudicada[1].

Muchacha te doy un consejo para tu seguridad: Nada de **conversaciones sentimentales**, nada de intimidades y confidencias, nada de cariño con un hombre con quien más tarde no puedas casarte.

Cuando en una chica empieza a brotar el cariño hacia un hombre con el cual no puede casarse, debe romper cuanto antes con él, aun a costa de lo que sea: perder el empleo, aparecer como una rara, etc.

Cuanto más tarde, peor. Es un engaño decirse: «¿Qué tiene de particular? No llegaremos a nada malo. ¿Por qué voy a renunciar a su amistad y al gusto de su presencia?». Con este engaño empezaron muchas chicas que más tarde no pudieron romper sus lazos amorosos y tuvieron que apartarse de la Iglesia.

Muchas chicas, en su espontaneidad o ingenuidad se han dejado robar el corazón, **o algo más**.

Un hombre la hace un cumplido..., y su vanidad siente un cosquilleo; multiplica él sus delicadezas y atenciones..., y, naturalmente, siente ella despertarse el interés y la gratitud. Le confía que su esposa no le entiende, que no es feliz en su hogar. «Me equivoqué al casarme con ella. Si te hubiera conocido antes a ti...». Si ella cede a su natural deseo de complacerle, está perdida. Siente vibrar su compasión al mismo tiempo que

[1] ROBINSON: *Educación sexual y conyugal, 1º, III, 10.* Ed. Mensajero. Bilbao.

su sentimentalismo y su vanidad. Él le hace un favor, un regalito, cualquier cosa. La chica no se atreve a rechazarlo, pues en ello no ve mal ninguno. Después una caricia furtiva para ver cómo reacciona ella. Quizás un aparente retroceso para despertar el deseo de ella. **Ya está atada**. Atada por un sentimiento femenino, respetable por otra parte, de la delicadeza y del agradecimiento. Ya está atada..., y dócil. Y no se atreve a molestar y contrariar a quien se ha mostrado tan delicado. Además, ¡es tan amable y correcto!... Y la historia continúa sin la menor variante. Pronto vendrá el primer beso, desde luego discreto y respetuoso, la caricia en el cabello, en las mejillas... Al principio la chica se sorprende, no se atreve a oponerse, después acepta, y termina por simpatizar..., y dejarse llevar por la ternura. El amor desarrolla así su **ley psicológica**: pasa de lo sentimental a lo sensible, de lo sensible a lo sensual, de lo sensual a lo sexual.

La joven imprudente no suele ceder al primer golpe. Por lo demás, ella no desea los elementos físicos del amor. Siempre había soñado permanecer en el plan sentimental y sensible.

Pero..., ante la insistencia, por no contrariarle, termina con la **entrega total**. Si no rompe a tiempo, valiente y dolorosamente, la actitud de un día se convertirá en un hábito y muy pronto en esclavitud.

Te lo repito: **no te encariñes** sino con aquel chico con el cual te puedas casar. A algunas chicas les gusta coquetear y jugar a despertar el apetito sexual de los chicos. Pero ellos después no se contentan con pequeñeces. Lo quieren todo. Y cuando llega el momento en que ellos se disponen a conseguirlo, ellas se asustan y quieren frenar (con frecuencia sin resultado) lo que ellas mismas desencadenaron tontamente.

Una mujer puede sentirse atraída por una aventura más o menos arriesgada. Puede ser vanidad, curiosidad o tontería.

Pero difícilmente en el momento de la tentación cae en la cuenta del peligro que corre y de lo mucho que arriesga. Después, cuando sea tarde, derramará lágrimas de arrepentimiento, pero la pérdida puede ser irreparable.

El 9 de febrero de 1979 oí en el programa radiofónico «Protagonistas» una carta de una madre soltera de catorce años, que lanzaba un grito de alerta a tantas chicas que juegan con una cosa tan seria como es el sexo. Ella, arrepentida de lo hecho, se lamentaba de lo ocurrido por irreflexión juvenil. En Nueva York, uno de cada tres nacidos es hijo de madre soltera[1].

[1] Diario YA del 20-VIII-84, pg. 15.

9. Sobre **el noviazgo** puede ser interesante mi vídeo: *El éxito en el noviazgo*[1].

La elección de tu pareja es cosa tuya. Pero debes hacerla con mucha cautela. No te fíes de los flechazos, que son muy bonitos para novelas y películas, pero en la vida real poco útiles para hacer ellos solos, felices a los hogares.

Tampoco te fíes sólo de tu «vista», que ya sabemos que el amor ciega. Tu madre podría hacerte en esto un excelente servicio. Ella te conoce mejor que nadie; y ella, como nadie, desea tu felicidad; y su espíritu intuitivo verá si la pareja que le presentas podrá hacerte feliz.

Si dudas del acierto de tu madre, consulta con una persona seria, competente y desinteresada. Pero no esperes para consultar al embrujo del amor, pues correrás el peligro de no hacer caso a nadie.

Cuando notes que tu corazón se interesa, examina con serenidad antes de que pierdas la lucidez.

Además de **buscar consejo**, debes pedirle mucho a Dios en la oración que te dé acierto en la elección, pues es muy importante no equivocarse en una cosa tan transcendental.

No olvides el proverbio ruso: «Antes de viajar por tierra, ora; si es por mar, ora dos veces; y si te vas a casar, ora tres. Porque en el matrimonio las tempestades y los naufragios son muy frecuentes».

«No se construye un hogar sobre la gracia de una sonrisa, sobre el atractivo de un rostro, sobre la ternura de un instante. Se construye un hogar sobre todo lo que es esencia misma del yo: los pensamientos, los deseos, los sueños, las decepciones, las penas, las esperanzas, las alegrías, las tristezas. El amor implica la puesta en común de todo eso; por ello las relaciones enderezadas a consolidar el amor y a preparar la unión indefectible, deben desarrollarse en ese plan, y exhibir ante el otro ese fondo secreto de sí mismo, cada uno de cuyos elementos favorecerá o perjudicará la futura unión»[2].

«Durante el estado de enamoramiento quedan notablemente alteradas las facultades perceptivas y deductivas en todo lo que se refiere a la persona amada. Los defectos que existan en dichas personas no se perciben, las cualidades se subliman. La mente ya no está equilibrada sino profundamente inclinada hacia el objeto del amor. El enamorado idealiza a la persona amada y la convierte en el centro de sus aspiraciones. La

[1] Pedidos al autor: Apartado 2546. 11080-Cádiz. Tel.: (956) 222 838. FAX: (956) 229 450

[2] B. CHARBONNEAU: *Noviazgo y felicidad, VII, 5.* Ed. Herder. Barcelona, 1970. Este libro interesa muchísimo para que los novios orienten bien sus relaciones en orden a un matrimonio feliz.

fascinación que ejerce en ti la persona idealizada puede ofuscarte y ocultarte la realidad. Podéis quedar totalmente ciegos para ver datos y circunstancias que desaconsejan totalmente seguir adelante.

»La fascinación **puede ser engañosa**. El amor de un hombre y una mujer es algo muy serio y tiene que construirse sobre cimientos muy sólidos.

»La fascinación es hermosa, pero pasará pronto. Lo que quedará es la vida. Y esa vida, si la construís con el corazón y con la razón, puede ser todavía mucho más hermosa»[1].

Para casarse, es indispensable amarse; para amarse, es preciso conocerse; para conocerse, tratarse; para tratarse, primero hay que encontrarse.

Muchacha, te aconsejo no **dejarte seducir** por el cumplimentador hábil, que te fijes a ti misma las condiciones que debe poseer aquél que debe hacerte su esposa. **Condiciones** sin las cuales tú no aceptarás el compromiso matrimonial.

Por orientarte te pongo algunas:

Lo que debes valorar ante todo es el **valor personal** del pretendiente.

Después vienen las demás consideraciones: facha, rango, fortuna. Estos dones no son despreciables, pero no son esenciales. Lo esencial reside en el valor humano y cristiano del chico, es decir, su personalidad.

Primero que sea cristiano; cristiano convencido, práctico. Y si es piadoso, mejor. El matrimonio con un incrédulo suscitará conflictos de conciencia. Porque después planteará a los hijos el problema de la fe y las prácticas de piedad. No basta, pues, que esté **bautizado**. Bautizados, no practicantes, llenan las cárceles, y atormentan a sus esposas.

Algunas chicas se han engañado en este aspecto esencial de su prometido y más tarde su esposo.

Conscientes éstas de la irreligiosidad de su novio, han ido al matrimonio, con la ingenua idea de **convertirlo**. En la mayoría de los casos, el resultado ha sido nulo, cuando no, fuente de disgustos profundos para esa joven esposa. Porque después, cuando esa chica pertenece como esposa al marido frío en materia religiosa, éste quiere imponer su criterio a la mujer, y vienen los impedimentos, las dificultades para que esa joven esposa cumpla sus deberes para con Dios.

En ese terreno, y durante las relaciones, se puede mostrar tolerante y no agresivo; pero después se manifestará tal cual es, con sus intolerancias, sus prohibiciones, sus repulsas...

Puede suceder que ese pretendiente que tú sabes un tanto irreligioso,

[1] ROBINSON: *Educación sexual y conyugal, 3º, II, 4.* Ed. Mensajero. Bilbao

no sea violento en sus manifestaciones anticristianas. Pero adoptará un tono insinuante, convincente y persuasivo. Y éste, no es menos peligroso: te acabará por conquistar en ese terreno. La triste experiencia nos lo está diciendo. Jóvenes piadosas y buenas, que se unieron en matrimonio con hombres poco religiosos, o nada practicantes, han terminado por ser ellas igual.

Después de esta faceta importante y esencial en el joven que admitas como futuro marido, debes tener testimonio claro de la **seriedad y sobriedad** del muchacho. Ten cuidado con los «calaveras»; lo seguirán siendo, porque no te creo tan ingenua, que pienses, que así por las buenas, y por ti, va a dejar ese hombre ciertos hábitos que ha adquirido tal vez con larga experiencia: mujeriego, trasnochador, dado a la bebida, etc. El uso de las bebidas alcohólicas es uno de los factores más influyentes en los hogares desgraciados.

A la chica le halaga el verse deseada sexualmente. Esto puede inclinarla a ser provocativa, pero debe dominarse. La chica provocativa hace daño a los hombres, pero también a sí misma.

«La belleza física es, ciertamente, un factor importante y, por eso, debes cuidarla y realzarla con esmero y naturalidad, aunque sin exageraciones, extravagancias y descaros. El atractivo sexual atrae a una parte del hombre, pero vosotras queréis como esposo al hombre entero. No olvidéis que los hombres podrán buscar cierto tipo de mujer para divertirse; pero buscan otro muy distinto para casarse»[1].

Más importante que la belleza es el encanto, la simpatía, la gracia, el estilo, la elegancia, el trato, la sonrisa, los gestos, la dulzura, la ternura, la amabilidad, la delicadeza, etc.

La belleza femenina atrae a los chicos, pero **no es indispensable para casarse**. Los hombres buscan, lo que da realce y valor a la mujer: sus encantos, su feminidad y sus virtudes.

Las muchachas deben ser elegantes en su modo de vestir y arreglarse, y ser distinguidas, alegres, discretas y dulces en todo su modo de ser. No descuides tu arreglo personal. Pero no quieras conquistar con sólo tu belleza física. Haz que se enamoren más bien de tus virtudes espirituales. De una mujer bella puede un marido cansarse; de una mujer virtuosa jamás se cansará.

Tampoco eligen los chicos a las de carácter autoritario, a las **dominantes**, a las de tono dogmatizante, a las de gesto seco y rígido. Buscan el encanto, la dulzura, la amabilidad.

«Escúchale cuando él te esté diciendo algo de sí mismo y de sus cosas.

[1] ROBINSON: *Educación sexual y conyugal, 3º, III, 5*. Ed. Mensajero, Bilbao. Precioso libro que deberían leer todos los jóvenes a partir de los 18 años. Informa admirablemente de todo lo que deben saber los jóvenes, y los esposos sobre la vida sexual

Muéstrale atención e interés. Un comentario, una pregunta tuya acertada sobre este tema que él está tratando y..., ya está sintiendo profundamente que tú le comprendes, ya te estás apoderando de su afecto, de su corazón y de todo él»[1].

A un chico recto no le gustan las **caprichosas**, las mimadas, las que tienen su cabecita llena de fantasía, cuyo humor cambia a todo viento: hoy alegres, exuberantes; mañana, deprimidas, pesimistas, tristes...

Y no te olvides nunca de tu preparación para el hogar. Tu atractivo personal sirve para **despertar** la inclinación y el amor hacia ti. Pero para que este amor sea **perdurable** hacen falta además otras cosas. El arte de ser madre es difícil y complicado. Necesita largo aprendizaje.

Todo lo que contribuya a tener a tu marido contento fortalecerá vuestro amor.

El pudor de la mujer es una de las cosas que más enamoran. Y el encanto del pudor inmuniza de otros atractivos. El pudor es un sentimiento íntimo por el cual una mujer dándose cuenta de la belleza de su cuerpo y del atractivo que ejerce, procura **reservarlo** para el día que pueda hacer don completo y total de sí misma. Por eso el pudor se refleja en el modo de vestir, en los modales y en todo. El pudor sabe encontrar el equilibrio entre el ir agradablemente vestida y elegante, y lo que resulta llamativo y provocativo. Se suele decir que una mujer inteligente enseña sin enseñar, porque si enseña demasiado, pierde interés lo que enseña.

En los modales sabe ser delicada y atractiva sin resultar excitante ni insinuante. El pudor es la gran muralla que defiende la castidad. Una chica sin pudor empieza con curiosidades malsanas, lecturas enervantes, se permite tocarse de modo impuro, se entrega a caricias, besos y abrazos con los chicos, y cuando en medio del vértigo pierde la noción de lo que hace, viene la caída fatal que llorará amargamente, y la avergonzará para toda la vida.

«Todavía se encuentran hoy bastantes muchachas que no se arrojan en brazos del primer hombre que les gusta, ni creen que deben acceder en todo a las solicitaciones de los jóvenes. Afirmémoslo sin ambages: las jóvenes deben permanecer puras hasta el matrimonio. Las que no aceptan este punto de vista tienen de la vida y del ser humano una visión parcial y limitada... Si un joven tiene el sano ideal de casarse con una muchacha virgen, seguramente no permanecerá indiferente cuando sepa que se le ha mentido»[2].

«También la mujer tiene derecho a la pureza del hombre. Es cierto que la opinión corriente es completamente diferente; pero la justicia de una

[1] ROBINSON: *Educación sexual y conyugal, 3ª, III, 5.* Ed. Mensajero. Bilbao

[2] EVA FIRKEL: *Mujer, vocación y destino, II, 2, a, c.* Ed. Herder, Barcelona

opinión sobre las cuestiones de la vida no debe medirse por el número de adeptos»[1] . Las cosas no se convierten en buenas por ser frecuentes.

Mira lo que escribía una muchacha que había guardado inmaculada su pureza: «Exigiré que mi futuro marido se haya guardado como yo misma para nuestro hogar». El mejor regalo de bodas que puede esperar una persona es la virginidad de la pareja con la que se va a casar.ç

Ahora mis consejos a los chicos.

Frente a los abusos de tantas parejas, hay que volver a la **caballerosidad respetuosa** con la mujer viendo en ella la futura madre de los hijos, digna de todo cariño, veneración y respeto, y no tratándola como un trapo viejo que se mancha y luego se tira.

Que el día que te cases no tengas que avergonzarte de nada de tu vida pasada.

Quizás oigas alguna vez de un amigote, que para excusar sus desvergüenzas te dice: «Hay que probarlo todo». ¡Absurda necedad! ¿Lo hacemos así con las enfermedades y los venenos? Al que te diga eso dale raticida para que se lo tome. A ver qué contesta. Pues tampoco se puede probar lo que está prohibido. Además, ¿te gustaría que quien te ha de pertenecer para siempre, antes de conocerte, «ya lo hubiera probado todo»? No, ¿verdad? Haces muy bien en pensar así: una mujer lujuriosa te atormentará de celos.

Acuérdate de tu madre. Tu novia ha de ser la madre de tus hijos. Acuérdate de tus hermanas y de tus futuras hijas.Trata a tu novia hoy como te gustaría que los demás las traten a ellas. No exijas de tu novia, con instintos brutales, lo que su virtud, su pudor y su conciencia no te pueden ahora conceder. Una mujer amante de su honra defiende fieramente su pureza hasta en los más mínimos detalles. No quieras tratar a tu novia como a una de esas desgraciadas que venden su cuerpo. ¿Elegirías entre éstas a la madre de tus hijos? Un hombre, como Dios manda, se avergüenza de que su novia sea una prostituta.

Y a una mujer decente la humilla y avergüenza el verse tratada como una tal. Lo que a ella le ilusiona es un amor muy superior: el que culmina en un hogar y en unos hijos. Lo que la mujer espera del hombre es admiración, estima, respeto, veneración, protección. Pero estrujarla para saciar los instintos zoológicos, no es de hombre, sino de bestia. Y lo lógico es que la mujer se enamore de un hombre, no de un animal.

Por eso algunas novias llegan a desilusionarse de su novio y hasta sentir asco por aquel hombre que decía que la quería tanto que tuvo que arrollar su pudor. En cambio sienten sincero amor para con el hombre que tuvo para ella admiración y respeto.

[1] EVA FIRKEL: *Mujer, vocación y destino, II, 2, C.* Ed. Herder. Barcelona

Respeta a tu novia como quieres que se respete a tu madre. Los sacrificios que por el bien de ella te impongas, son prueba de que tu amor es verdadero. Si quieres a tu novia de verdad, debes querer su bien antes que tu gusto. Eso es amarla. Subordinar su honra y su conciencia a tu pasión, no es amor: es egoísmo.

Hay caricias que conducen al acto sexual. Deben evitarse aquellas que ponen en marcha el aparato genital. Evidentemente que no todos tenemos el mismo temperamento, ni reaccionamos de la misma manera. Ni siquiera para nosotros mismos todos los momentos son iguales. Lo que en otro momento, o a otra persona, puede dejar indiferente, para mí, ahora, puede resultar peligroso.

Un chico que quiere a una chica, en lugar de hundirla, rebajarla, profanarla, instrumentalizarla, denigrarla, mancharla con los deseos de su instinto, procura por encima de sus apetencias elevarla, dignificarla, sublimarla. Se preocupa de que sea más piadosa, mejore su formación tanto religiosa como de carácter, voluntad, etc. Es decir, busca siempre lo que a ella la engrandece, nunca lo que la envilece.

Cuando tu novia se niegue a tus **peticiones bestiales**, no atormentes su cariño con frases como ésta: «es que no me quieres». Todo lo contrario. Porque te quiere, no quiere que manches tu almá con un pecado. Con su resistencia firme y entera te dice: «te quiero tanto y tengo tantas ganas de casarme contigo, que no quiero cometer ningún pecado, para que Dios nos bendiga y podamos llegar un día a unirnos para siempre en el altar».

Mucho cuidado con las mujeres que tratas. Si tu novia es de moralidad dudosa, aunque tú no quieras, ella te hará caer.

Que tu novia no sea para ti fuente de pecados. Tu novia debe ayudarte a ser mejor. Que su recuerdo te proteja de envilecerte moralmente. Su pureza y su virtud deben ser un estímulo para mejorarte, para hacerte digno de ella.

La desvergüenza de algunas mujeres ha llegado a tal extremo que es posible que tu actitud irreprochable en toda esta materia provoque en ellas risitas y bromas de mal gusto. Es lástima que las pobres hayan descendido tanto. Peor para ellas. Pero a ti, ¿qué más te da? «Ésas» no te sirven para nada. En cambio la rectitud de tu conducta te conseguirá la estima de las buenas, que son las únicas que te interesan para buscar entre ellas la madre de tus hijos.

Si ves que tu novia no es mala, pero es una chica frívola y ligera, que se ha dejado impresionar por el cine, y un día se pone insinuante..., dile: «No esperaba eso de ti. Me has desilusionado. Yo te tenía por una chica digna, y veo que eres como todas..., una chica de la calle». Estas palabras han hecho derramar lágrimas a una chica y cambiar radicalmente su conducta.

«La castidad es el arma que tiene el joven (o la joven) para ver si es realmente amado por su novio / a.

»Esto por varias razones:

»-Porque si realmente uno ama al otro no lo llevaría al pecado sabiendo que lo degrada ante Dios, le hace perder la gracia y lo expone a la condenación eterna.

» -Porque es la única forma que tiene un joven o una joven de demostrar verdaderamente que quiere reservarse exclusivamente para quien habrá de ser su cónyuge.

»En efecto, al no aceptar tener relaciones con su novio/a, con quien más expuesto a tentaciones está, menos probable es que lo haga con otro. En cambio, si lo hacen entre sí sabiendo que esto puede llevarlos a un matrimonio apurado o a cierta infamia social, ¿qué garantiza que no lo haga también con otros u otras con quienes no tiene compromiso alguno?

»El no consentir en las relaciones prematrimoniales es un signo de fidelidad; lo contrario puede ser indicio de infidelidad.

»-Finalmente, porque el hacer respetar la propia castidad es el arma para saberse verdaderamente amado.

»En efecto, si la novia solicitada por su novio (o al revés) se niega a tener relaciones por motivos de virtud, pueden ocurrir dos cosas: o bien que su novio respete su decisión y comparta su deseo de castidad, lo cual será la mejor garantía de que él respeta ahora su libertad y por tanto, la seguridad de que la seguirá respetando en el matrimonio; o bien que la amenace con dejarla (y que tal vez lo haga), lo cual solucionará de antemano un futuro fracaso matrimonial, porque si el novio amenaza a su novia (o viceversa) porque ella o él deciden ser virtuosos, quiere decir que el noviazgo se ha fundado sobre el placer y no sobre la virtud, y éste es el terreno sobre el que se edifican todos los matrimonios que terminan desmoronándose.

»Además, la castidad es fundamental para la educación del carácter.

»El joven o la joven que llegan al noviazgo y se encaminan al matrimonio no pueden eludir la obligación de ayudar a su futuro cónyuge a educar su carácter.

»La maduración psicológica es un trabajo de toda la vida. Consiste en forjar una voluntad capaz de aferrarse al bien a pesar de las grandes dificultades.

»Así como los padres se preocupan de ayudar a sus hijos a lograr esta maduración, también el novio debe ayudar a su novia (y viceversa), y el esposo a su esposa.

»El trabajo sobre la castidad es esencial para ello; porque es una de las principales fuentes de tentaciones para el hombre; consecuentemente es uno de los principales terrenos donde se ejercita el dominio de sí .

»Quien no trabaja en esto no sólo es un impuro sino que puede llegar a ser un hombre o una mujer despersonalizados, sin carácter . Y así como no tiene dominio sobre sí en el terreno de la castidad, tampoco lo tendrá en otros campos de la psicología humana.

»El que tiene el hábito de responder a las tentaciones contra la pureza cometiendo actos impuros, responderá a las tentaciones contra la paciencia golpeando a su esposa e hijos, responderá a las dificultades de la vida deprimiéndose, responderá a la tentación de codicia robando y faltando a la justicia, y responderá a la tentación contra la esperanza suicidándose.

»La castidad es esencial porque la verdadera felicidad está fundada sobre la virtud.

»Ahora bien, las virtudes guardan conexión entre sí. No se puede, por tanto, esperar que se vivan las demás virtudes propias del noviazgo y del matrimonio si no se vive la castidad. Si no se vive la castidad, ¿por qué habría de vivirse la fidelidad, la abnegación, el sacrificio, el compañerismo, la esperanza, la confianza, el apoyo, etc?

»La castidad no es la más difícil de las virtudes; al menos no siempre es más difícil que la humildad o la paciencia cuando la intimidad matrimonial empieza a mostrar los defectos del cónyuge que no se veían en el idilio del noviazgo. Por eso la guarda de la pureza es garantía de que se está dispuesto a adquirir las demás virtudes.

»Podemos concluir: el amor que no sabe esperar no es amor; el amor que no se sacrifica no es amor; el amor que no es virtud no es amor»[1] .

Respeta a tu novia, aunque ella no sepa hacerse respetar, ni defender, con su pudor, el tesoro de su pureza.

Es muy fácil decir: «No me importa lo que hayas sido en el pasado». Lo difícil es decirlo de verdad.

Me dijo uno: «Yo muchas veces afirmé que no me hubiera importado casarme con una cualquiera, prescindiendo de su vida pasada. Pero lo decía mintiéndome a mí mismo. Por dentro yo tenía mi ideal de mujer. Lo que pasa es que pensaba que de ésas ya no había, que era un ideal inalcanzable. Por eso, cuando he encontrado a esta chica, que es un ángel, me he ilusionado de tal manera, que me parece que he empezado otra vida».

La afirmación «no me importa lo que haya sido tu vida anterior» debe incluir esta otra: «ni me importa lo que vayas a ser en el futuro».

Pero eso es más difícil, pues a ningún hombre le hace gracia que su mujer le engañe con otro.

Es verdad que una mujer puede arrepentirse de su pasado y cambiar.

---

[1] MIGUEL ÁNGEL FUENTES,V.E.:*Apologética católica, MORAL.* En INTERNET: http://catholic-church.org/russia-ive/apologetica/homepage.htm

Santa María Magdalena fue prostituta y después llegó a santa. Pero esto es tan extraordinariamente excepcional, que confiar en una cosa así es muy arriesgado.

Si alguien dice que no le importa la infidelidad de su cónyuge, es porque ha dejado de amar. Precisamente la diferencia entre amor y amistad es que al amigo no le importa compartir con otros a su amigo; pero el amante quiere en exclusiva la persona amada.

Pues bien, si para casarte quieres **una mujer decente**, ayuda a las chicas a que sean decentes. ¿Por qué una chica que quiere ser decente tiene que luchar tanto contra los chicos que la acosan para que ella ceda? Me decía una chica: «Padre, ¡qué asco! Todos los chicos vienen a lo mismo. Y si no te dejas, no les interesas». ¡Qué triste es que las chicas tengan ese concepto de los chicos!

Demuestra tú, con tu conducta, que no eres de ésos. Que tú, porque estimas a la mujer decente, quieres ayudar a todas a que sean decentes. Si los chicos, con vuestra conducta, mostraseis que preferís las puras y decentes, ellas, sin duda, cambiarían. Pero como muchos chicos han preferido las libres, para poder abusar de ellas, las chicas se han creído que para casarse tienen que ser libres, y ahora buscáis una chica decente y os cuesta trabajo encontrarla.

Sin embargo, mientras no la encuentres, no te eches una novia.

La felicidad futura de tu hogar no depende ni de la cara, ni del tipo de tu novia; sino de su carácter, de su virtud y de su espíritu cristiano.

Del mismo modo que una belleza inexpresiva y sosa acaba por cansar, una belleza sin virtud acaba siendo aborrecida.

Busca una novia que te guste. Pero no te dejes encandilar por la «fachada», que es pasajera; y si no está sostenida por las virtudes del espíritu, pronto te cansará y perderá para ti todo su atractivo. Aprende a enamorarte del carácter y de las virtudes del alma, que son estables, y son realmente las que hacen digna de estima a una persona. Aprende a estimar más los dones del alma que los del cuerpo.

Puedes casarte con una «estrella» de la pantalla y ser un desgraciado, como tantos divorciados del cine.

En cambio, si te casas con una mujer amable, dócil, servicial, sacrificada, generosa, limpia, discreta, honrada, virtuosa, dulce, femenina, habilidosa, delicada, de buen corazón, que sepa llevar una casa y sea capaz de criar y educar los hijos y, sobre todo, muy cristiana, te profetizo un matrimonio feliz.

En cambio si es una mujer sin moral y sin conciencia, no sabes hasta dónde puede llegar. Tras un exterior muy atractivo, cara preciosa y tipo espléndido, muchas veces se encuentra un espíritu de frivolidad y coquetería, que **no es precisamente** la mejor garantía para que tu matrimonio sea feliz.

Por eso vale poco el enamorarse del cuerpo, que es amor sexual. Y en cambio hay tantas garantías de éxito en el amor del alma, que es espiritual.

Si tu novia es frívola y ligera, vivirás amargado de sospechas y celos.

No te vaya a ocurrir lo de aquel desgraciado que a los dos meses de la boda se vio abandonado por su bellísima mujer. ¡Había encontrado un partido mejor que su marido!

Cuando salgas con tu novia aprovecha todas las ocasiones para estudiar su carácter y modo de ser. ¿Has examinado si le gustan los niños, si los acaricia, si goza con ellos; o por el contrario le ponen de mal humor? ¿Es trabajadora y sacrificada, o sólo piensa en divertirse? ¿Sabe cocinar y coser? ¿Sabe llevar una casa, o lo único que sabe es bailar mucho y coquetear con el primero que se le acerca? Si no atiendes ahora a todas estas cosas, es muy posible que después de casado te lleves un gran desengaño.

Es muy importante que los novios **se conozcan muy bien** antes de casarse. Puede una chica tener un gran atractivo corporal, ser muy simpática y desenvolverse con soltura en la vida social, y sin embargo tener defectos que van a hacer sufrir mucho a su marido. Por eso las relaciones deben durar por lo menos de un año a dos. En menos tiempo es muy difícil llegar a conocerse bien y es posible que después de casados aparezcan defectos insospechados que pongan en peligro la felicidad matrimonial.

Ten en cuenta que **después de casado** apreciarás de distinta manera muchas cosas que atraen ahora tus ojos de soltero, y que entonces querrás en tu mujer virtudes que en el noviazgo no echaste de menos.

Si quieres a tu novia sólo por sensualidad, ese amor será pasajero. A los pocos años de casados ya no os amaréis; a lo más, os soportaréis. En vida de tu mujer serás un viudo del corazón.

Cuando elijas a tu novia, piensa que no la eliges sólo para la luna de miel, sino para diez, veinte, treinta años..., ¡para toda la vida! En tu novia, más que a la «mujer», busca el «ángel» que haga de tu futuro hogar un pedazo de cielo.

Conozco una pareja muy feliz que se conocieron por coincidir todas las mañanas al ir a misa. Si te enamoras de una chica sinceramente piadosa, tienes mucho adelantado. Y te digo sinceramente piadosa, porque también las hay que unen algunas prácticas de piedad a un proceder, modo de vestir, etc., impropios de la vida espiritual que parecen tener. Esas chicas de piedad superficial tampoco ofrecen garantías suficientes. Los principios cristianos y la rectitud moral deben ser algo muy firme.

Muchas veces he oído quejas de que hoy día las chicas se han echado a perder, que una chica para divertirse se encuentra fácilmente, pero que una chica capaz de hacer feliz un hogar..., de ésas no se encuentran.

¿Y quién tiene la culpa de esto? Ciertamente que muchas chicas, influenciadas por el cine, han perdido el recato y el pudor, que es su mayor atractivo. Pero, ¿no tenemos los hombres nuestra culpa en este «descenso» del pudor femenino?

Las chicas buenas también **se quejan** de que los chicos prefieren las ligeras, las frívolas, las coquetas, las frescas... Como ellas quieren gustar, si ven que las que tienen éxito fácil son las frescas, ellas se dejan ir por la cuesta abajo.Si los chicos mostraseis claramente que preferís las buenas, las piadosas, las trabajadoras y sacrificadas, las que rezuman pureza, las chicas mejorarían.

Es enorme el bien que haríais a las chicas, si ellas vieran que preferís las buenas; y es enorme el daño que las hacéis, si ellas ven que preferís las frescas.

Sería éste un **excelente apostolado**: moralizar a las chicas, mostrando más estima por las que son más virtuosas.

Por otra parte, has de saber que las chicas tienen la misma queja de vosotros. Algunos chicos, influenciados por las chicas frescas, creen que para resultar más varoniles e interesantes tienen que mostrarse atrevidos, y esto hace que las chicas buenas -las que necesitáis para el matrimonio- al veros así, no se fíen de vosotros y no se decidan.

De modo que las chicas se hacen frescas para gustar más a los chicos, y los chicos se muestran atrevidos para parecer más interesantes; y después resulta que ni a los chicos os gustan las chicas frescas, ni a las chicas buenas les gustan los chicos atrevidos. ¡Vaya un papel que estáis haciendo! ¿No sería mil veces mejor que todos reconocieseis que lo más digno de estima es la virtud, y obraseis en consecuencia?

Cuando **hayas encontrado** una chica virtuosa que pueda ser la madre de tus hijos, toma el noviazgo con toda la seriedad que Dios manda. Dios quiere que el que no siente su voz para un estado más alto y más grande, como es la vida consagrada a Dios, y va a casarse, a su tiempo -pues la fruta que se toma antes de su tiempo se indigesta- se busque una novia; pues los futuros esposos deben conocerse muy bien antes de ir al matrimonio.

Conocimiento mutuo

La psicología del chico es distinta de la de la chica. Al hombre le cautiva la belleza, la delicadeza y la ternura de la mujer. A ella la fuerza, el valor y la decisión del hombre.

En él la atracción hacia el otro sexo es más carnal; en ella es más sentimental. No es raro que un chico sienta atracción sexual sin amor, y una chica amor sin tener deseos sexuales.

Lo contrario es menos frecuente.

Las mujeres suelen preferir los hombres interesantes más que los hombres guapos.

10. El cine ha hecho que la juventud, sin cabeza, sienta idolatría por la belleza física, y así resulta que esa muchachita de «tipo estupendo», después de casada sale caprichosa, insoportable; y también aquel chico que enamoraba con locura a las niñas tontas porque se parecía a cierto artista de cine, después de casado sale con un genio insufrible.

Los dos son maravillosos para verlos en la pantalla. Pero el matrimonio no es una película de cine, sino una vida que dura muchos años, y con muchos sufrimientos, malos ratos, penas y amarguras.

También con sus ratos de felicidad. Pero desgraciadamente, no todo es felicidad.

Si la juventud se preparara para el matrimonio como Dios manda, tendríamos muchos más matrimonios felices.

El tiempo del noviazgo es para **conocerse mutuamente**, para amarse rectamente.

El noviazgo es querido por Dios, pues Dios ha hecho el matrimonio indisoluble, y esa persona a la que vas a unirte para toda la vida, debes conocerla bien antes de casarte con ella. Por lo tanto, es natural - y así lo quiere Dios- que durante cierto tiempo tengáis más confianza entre vosotros y un trato más íntimo para conoceros mejor.

Pero debéis ser muy discretos en las manifestaciones de amor, si no queréis manchar vuestras relaciones. No podéis permitirle a vuestro cariño muchas de las cosas que él os pide con fuerza. Es necesario que aprendáis a llevar vuestro noviazgo con la austeridad que exige el Evangelio. Es muy importante que os propongáis firmemente llevar vuestro noviazgo en gracia de Dios. Eso será atesorar bendiciones de Dios para el matrimonio. En cambio, si sembráis de pecados el camino del matrimonio, ¿podréis esperar con confianza que Dios os bendiga después? ¡Cuántos matrimonios lloran los pecados que cometieron de solteros!

Si el noviazgo es para un conocimiento mutuo, se impone también como

68,10

necesidad imperiosa la sinceridad. No deben existir repliegues ni restricciones mentales. Debe hablarse mucho sobre todas las cuestiones, y confiarse mutuamente los problemas para buscar juntos una solución.

Es, por desgracia, demasiado frecuente, que los novios mantengan el uno con respecto al otro, una postura totalmente falsa. Y es triste que, a veces, esa falsedad dé al traste con la íntima compenetración que debe regir el matrimonio. Los novios van al altar, muchas veces, engañados. No se conocen. El engañar siempre es malo. Los novios **deben ser francos,** transparentes el uno para el otro.

El amor necesita admiración. Para ver si sientes admiración podrías preguntarte, ¿me gustaría tener un hijo así? No se trata de con menos o más nariz, sino de ese modo de ser, cualidades, etc.

Los novios deben ayudarse a **conocerse mutuamente**, tanto en las virtudes como en los defectos. Cada uno debe esforzarse en corregirse de sus defectos y en adquirir las virtudes que el otro desea ver en él.

Deben ver si armonizan en el carácter, gustos, puntos de vista, modo de ser, educación y costumbres; si tienen las mismas ideas sobre religión, vida de piedad, frecuencia de sacramentos, etc...

Deben ponerse de acuerdo en todos los problemas fundamentales.

Si en el noviazgo hay discrepancias sobre esto, en el matrimonio habrá disgustos muy graves. Ya dijo **Sáint-Exupery**: «Amar no es mirarse uno al otro, sino mirar juntos en la misma dirección»; es decir, tener los dos los mismos ideales.

Y, desde luego, **las faltas de armonía** y defectos de carácter, es necesario compensarlos con espíritu de mortificación y tolerancia por una parte - siempre que no se trate de cosas ofensivas a Dios- y deseo eficaz de corregirse por la otra. Nadie es perfecto en este mundo; pero todos debemos tener deseos de superación. El esfuerzo mutuo de adaptación es una de las mayores alegrías de la vida conyugal.

Evidentemente que en esta armonía hay grados; pero cuanto mayor sea la armonía, más probabilidades hay para un matrimonio feliz. El ideal sería que esta armonía llegara incluso a detalles como gustos, aficiones, diversiones, hábitos de vida, educación, aseo, orden, modales, lenguaje, etc., etc.

El ideal es que los dos sean de ambientes familiares y culturales similares. No por clasismo; sino por armonía. Un notable **desnivel de educación**, higiene, costumbres, etc., con el tiempo, ocasiona roces que enfrían el amor.

Hay una porción de imponderables de educación, higiene, etc., que pueden convertirse en espinas muy desagradables y, con el tiempo, realmente insufribles. Hay personas a quienes se les hace durísimo disminuir de categoría social.

«En general las diferencias de formación y de posición social son obstáculos que impiden llegar en el matrimonio a una completa unión. La igualdad en las costumbres, resultado de haberse formado en un ambiente parecido, constituye el sólido cimiento de una buena armonía en la vida de cada día; mientras que la disconformidad de las costumbres y una gran divergencia en el grado de cultura pueden actuar como fuerzas disgregadoras.

»Cuando el estilo de vida difiere ampliamente por proceder los esposos de mundos sociales distintos se va minando poco a poco la solidez del matrimonio. No negamos que ambos esposos puedan ser felices si manda en ellos el corazón, pero con el tiempo nada tiene de extraño que llegue a ser desagradable comer en la misma mesa con una persona cuya educación es discordante con la propia. Pequeñas, pero numerosas diferencias ponen a prueba los nervios de la persona más equilibrada.

»Para que el hogar sea agradable es necesario cierto grado de educación. Pero si uno de los dos no la tiene, es mejor que tampoco la tenga el otro»[1].

«El amor vence a la muerte; pero un pequeño defecto desagradable, a la larga, puede vencer al amor»[2].

¿De qué sirve un atractivo corporal si esa persona es egoísta, interesada, soberbia, irascible, rencorosa, vengativa, agresiva, cruel, peleona, chismosa, intrigante, maquinadora, displicente, despectiva, hipócrita, falsa, cínica, astuta, posesiva, ambiciosa, dominante, absorbente, autoritaria, impositiva, mandona, insolente, protestona eterna, que se queja de todo, creída, caprichosa, testaruda, arisca, engreída, inmadura, desequilibrada, frívola, ligera, superficial, comodona, lujuriosa, alcohólica, etc. etc.?

Cualquiera de estos defectos anula una belleza corporal. Por otra parte, es fácil encontrar atractivo espiritual en una persona virtuosa.

El carácter ideal es una personalidad comunicativa y amable, un temperamento jovial, una alegría contagiosa, un modo de ser bondadoso y sincero, generoso, amable, cordial, con deseos de hacer el bien a los demás. Con una persona así la convivencia es deliciosa.

«Hay otro dato que podrá no ser decisivo ni principal, pero con el que no está mal que contéis desde los primeros días del noviazgo: que no sólo os

[1] EVA FIRKEL: *Mujer, vocación y destino, II, 2, b.* Ed. Herder. Barcelona.

[2] FOERSTER: *Temas capitales de educación, III.* Ed. Herder. Barcelona.

vais a casar vosotros dos, sino también un poco con sus padres y familiares.

Repetimos que éstos rara vez deberán suponer un motivo fundamental en vuestra decisión, pero no está mal que ya desde el noviazgo, sepáis que vais a tener que afrontar esta circunstancia.

«Cuantas menos sorpresas se lleve uno en la vida matrimonial tanto mejor»[1].

11. «Sería de desear que el **examen médico prenupcial** pasase a ser costumbre general»[2].

En muchos países ya es obligatorio, hasta el punto de que no se concede la licencia matrimonial sin la presentación del certificado médico.

«El consejo del médico es el único que puede impedir matrimonios inconvenientes para la salud de los cónyuges, de la prole y de la raza»[3].

Todos deberían llevar en su tarjeta de identidad su grupo sanguíneo y su **factor Rh**.

«Todo matrimonio debe conocer el grupo sanguíneo al que pertenece, e investigar el factor Rh correspondiente a cada uno de los contrayentes. Se calcula que más del medio millón de subnormales que hay en España proceden de la ignorancia de esta incompatibilidad por Rh, y la falta subsiguiente de tratamiento adecuado cuando se presenta el embarazo»[4].

Sólo hay problema si el padre es Rh^+ y la madre Rh–.

Suele ser el uno por mil de los casos.

Es muy importante que las chicas conozcan el factor Rh de su sangre, pues si lo tiene negativo es peligroso mezclar su sangre con un Rh positivo: puede tener los hijos subnormales o muertos.

Si el hijo sale Rh positivo, durante el embarazo la sangre de la madre destruye los glóbulos rojos de la sangre del hijo, lo cual produce una intensa anemia que puede llevarle a la subnormalidad o a la muerte.

Esto ocurre a partir del segundo hijo.

En 1960 se descubrió una globulina que ha sido una buena solución. Se trata de una inyección intramuscular de 5cc.

Hay que abstenerse de otro embarazo durante seis meses.

La inyección debe repetirse después de cada nuevo hijo que salga con Rh positivo y de cada aborto[5]

[1] ROBINSON: *Educación sexual y conyugal, 3º, II, 3.* Ed. Mensajero. Bilbao.

[2] BLESS: *Pastoral psiquiátrica, II, A, 2, 3.* Ed. FAX. Madrid.

[3] Dr. VALLEJO-NÁGERA: *Antes que te cases, 1ª, III, 14.* Ed. PLUS ULTRA. Madrid.

[4] Dr. GARRIDO-LESTACHE: Diario YA del 14-XII-73, pg. 22

[5] Dr. MIGUEL AGUILAR MERLO: *El factor Rh.* Ed. Santaolalla. Madrid, 1981.

12. Hoy hay una **corriente feminista** defensora de los derechos de la mujer. La defensa de los derechos de la mujer comenzó cuando **San Pablo** mandó a los maridos que amen a sus mujeres. Esto era algo inaudito en un mundo en que la mujer no era nada. Incluso algunos filósofos de aquel tiempo dudaban de que la mujer tuviera alma.

En la era pagana la mujer no tenía los mismos derechos que el hombre. Fue el cristianismo el que elevó la mujer de su estado de ignominia haciéndola la reina, festejada, admirada y amada; pues la misión de madre es la más gloriosa de la vida.

Bernabé Tierno reconoce que «fue el cristianismo el que de manera más directa contribuyó a devolver a la mujer toda su dignidad y derechos de igualdad con el hombre»[1].

Una cosa es la igualdad de derechos ante la ley del hombre y de la mujer, lo cual es justo; y otra que la mujer se ponga a imitar en todo al hombre, perdiendo sus características femeninas que tanto la enriquecen.

«Feminismo es aquella cualidad de la mujer por la cual ella se hace atractiva y agradable, y hace agradable y atractivo todo cuanto la rodea»[2].

Pretender hacer de la mujer otro hombre es una equivocación. La mujer tiene sus cualidades específicas que no debe perder, y deben ser para ella de gran valor.

La familia es el fundamento de la sociedad, y sin verdaderas mujeres no es posible la familia.

A propósito de la igualdad de derechos de hombres y mujeres, con frecuencia se oye añadir el femenino detrás del masculino: alumnos y alumnas, trabajadores y trabajadoras, cantores y cantoras, etc.

Esto es necesario cuando el masculino no incluye el femenino: señoras y señores, actores y actrices, poetas y poetisas, etc.

Pero generalmente es innecesario, pues en castellano el masculino incluye el femenino. «Todos» incluye «todas». «Todos los hombres» incluye también a «todas las mujeres», pues se refiere a la humanidad entera.

En cambio «todas las mujeres» no incluye a «todos los hombres».

«Los padres católicos» incluye también a las madres.

Pero cuando se habla de «las madres solteras» no se incluye a los padres.

---

[1] BERNABÉ TIERNO: *Valores humanos, III, FAMILIA.* Ed. Taller de editores. Madrid. 1994.

[2] ENRIQUE Mª HUELIN, S.I.: *María en la voz de la Iglesia, II.* Rute. 1990.

Cuando en la misa se dice que **Jesucristo** redimió a todos los hombres, no excluye a las mujeres. En cambio, cuando se habla de las mujeres que abortan, se habla de las madres abortistas, no de los médicos abortistas.

Así es el modo correcto de hablar: el masculino incluye el femenino, pero no viceversa.

El feminismo que reivindica los mismos derechos para la mujer que para el hombre ante la ley, es normal y sano, pues hombre y mujer tienen la misma dignidad como persona humana[1].

Delante de Dios no hay distinción entre hombre y mujer[2].

Pero hay otro feminismo revanchista que resulta ridículo.

Hay mujeres feministas que quieren ocupar el sitio del hombre en todo. Y algunas lesbianas hasta en el uso del sexo. Las lesbianas suelen ser feministas revanchistas.

La mujer debe ser mujer. El querer ser como el hombre es una equivocación, pues es considerarse inferior al hombre. Y la mujer no es inferior al hombre, es diferente, que no es lo mismo. El hombre y la mujer son distintos en su cuerpo y en su psicología. Dice la Biblia que Dios *«los creó hombre y mujer»*[3]. No «unisex».

La feminidad es un gran valor para la mujer.

José María García Escudero, hablando de **Lilí Álvarez,** que acababa de morir, aquella gran mujer que triunfó como deportista (tenis, motorismo, esquí, etc) y como escritora católica, defensora de los derechos de la mujer, dice de ella que fue una gran feminista, pero que combatió en «marimachismo», pues lo que engrandece a la mujer es ser muy femenina, no el masculinizarse[4].

Recientemente ha nacido un **nuevo feminismo.**

Janne Haaland Matlary, secretaria de Estado para Asuntos Exteriores de Noruega afirma que la mayoría de las mujeres son madres o desean serlo.

Tiene cuatro hijos, cuyas edades oscilan entre los 12 y los 7 años y es catedrática de la Facultad de Ciencias Políticas de la Universidad de Oslo.

En 1995, participó como miembro de la delegación de la Santa Sede en las Conferencias organizadas por las Naciones Unidas en Copenhague (sobre el desarrollo social) y en Pekín (sobre la mujer).

Ahora, **Janne** acaba de publicar un libro en Italia, *«Tiempo de florecer. Por un nuevo feminismo»* (Mondadori), que está llamado a convertirse en una especie de manifiesto del feminismo, en el que se declara que ha

---

[1] Concilio Vaticano II: *Gaudium et spes*: Constitución sobre la Iglesia en el mundo actual, nº49

[2] SAN PABLO: Carta a los Gálatas, **3** : 28.

[3] Génesis, **1** : 27.

[4] Diario ABC de Madrid del 11-VII-98. pg. 44

llegado la hora de que florezcan «las cualidades femeninas» en todos los campos de la vida personal y social y «en todo rincón de la tierra».

«El feminismo de los años setenta tendía a la negación de la maternidad y a la imitación de los hombres. Esto ha impedido, de hecho, todo desarrollo de las cualidades y de las contribuciones femeninas, así como la aplicación de políticas capaces de ayudar verdaderamente a las mujeres».

Dice **Matlary** que hay que ir a las raíces, de la cuestión, es decir, «hay que reconocer que los hombres y las mujeres son muy diferentes, tienen talentos diferentes. Además, la mayoría de las mujeres son madres o quieren serlo. El desafío consiste en crear una igualdad que tenga en cuenta estas diferencias».

Según **Matlary**, las políticas al servicio de la mujer deberían «garantizar una adecuada pausa de trabajo por maternidad, retribuida y lo suficientemente larga como para evitar el "doble trabajo". Pero, al mismo tiempo, es fundamental una pausa de trabajo para los padres. Pues aquí la mujer no es la única que está en juego, sino toda la familia. Y hay que valorar y reconocer el trabajo que se realiza dentro de toda la familia.. Por tanto, se requieren medidas de flexibilidad económica y de políticas sociales especiales. Por ejemplo, el año pasado aprobamos una ley que permite a las familias escoger entre la guardería pública y el cuidado de los niños en la propia casa. En la práctica, a las mujeres que se quieren quedar en casa se les ofrece la misma cantidad que paga el Estado a la guardería por cada niño, unos 6 mil dólares al año»[1].

La mujer debe ser femenina, y el hombre masculino. Cada uno tiene su tarea en la vida, en la reproducción humana y en el servicio de la Iglesia, etc.

La igualdad de derechos de la mujer y el hombre tiene aspectos muy razonables. No se ve por qué una mujer que realiza el mismo trabajo que el hombre y con la misma perfección, no va a tener el mismo sueldo. Afortunadamente esta discriminación se va acabando.

Pero hay cosas en que el hombre y la mujer son distintos. El mismo cuerpo humano demuestra la distinta misión específica de cada uno. El hombre tiene los hombros más anchos que la mujer, pues está hecho para la fuerza. En cambio la mujer tiene las caderas más anchas que el hombre, pues está hecha para la maternidad. La igualdad de derechos es lógica ante la ley. En teoría, todos los seres humanos, hombres y mujeres, pueden ser jueces, médicos o taxistas. Pero sólo las mujeres pueden dar a luz un hijo. Y esto por biología y por naturaleza. Porque Dios lo ha hecho así. Por eso el hombre y la mujer son distintos corporal y psicológicamente. Negar esto es un desconocimiento de la psicología humana.

Las feministas quieren ser en todo como los hombres. Esto es una

[1] ZENIT: Boletín Informativo del Vaticano en INTERNET del 19-V-99 (ZS99051909)

equivocación. Y además, con esto, demuestran su complejo de inferioridad. Por eso quieren ser como los hombres. La mujer no es inferior al hombre. Es distinta. Es evidente que hay cosas más propias del hombre, y otras para las que la mujer está más capacitada. Ignorar las diferencias entre el hombre y la mujer demuestra un desconocimiento total de psicología.

Ordinariamente, y en igualdad de circunstancias, prevalece:

EN EL HOMBRE	EL LA MUJER
La razón	El sentimiento.
La reflexión	La intuición.
La lógica	El atractivo.
El realismo	La fantasía.
La ciencia	La religión.
El estudio	La oración.
Emprendedor	Hogareña.
El descuido	El orden.
La acción	El amor.
El trabajo	La familia.
El apetito	La maternidad.
La reserva	La comunicación.
La eficacia	El detalle.
La personalidad	La belleza.
La estabilidad	La moda.
La técnica	La decoración.
La comodidad	La estética.
La sinceridad	El disimulo.
La brusquedad	La sensibilidad.
Los gritos	Las lágrimas.
La violencia	La resignación.
La fuerza	La resistencia.
La audacia	La prudencia.
El valor	El miedo.
La fuerza	La dulzura.
La fortaleza	La delicadeza.
La energía	La astucia.
La imposición	La sugerencia.
El mando	La sumisión.
La firmeza	La docilidad.
La tenacidad	La paciencia.
La intransigencia	La tolerancia.
La justicia	La indulgencia.

Valores femeninos

La protección...La servicialidad.
La galantería...La admiración.
La obsequiosidad..El cariño.
El egoísmo..La generosidad.
El flirteo..El coqueteo.
El sexo..La ternura.
La lascivia..El pudor.
La conquista...La seducción.
La iniciativa..La receptividad.

Puede haber excepciones, pero estas cuarenta diferencias son frecuentes. No de modo exclusivo, sino predominante.

La actriz **Nati Mistral** dijo en una entrevista que le hizo **Amilibia**: «Ser madre es la gloria más grande para una mujer. Hay que respetar al ama de casa más que a nadie»[1].

Me parece una equivocación el que algunas mujeres consideren el ocuparse de la casa como una esclavitud, de la que quieren liberarse. Lo que se hace por amor no se puede llamar esclavitud. Un mismo trabajo puede hacerse por un sueldo o por amor, y tendrá un valor totalmente distinto. Las cosas hechas sólo por obligación pueden resultar latosas, pero las hechas por amor son gozosas. Un enamorado recorre gozoso la distancia que le separa de la persona amada. Un kilómetro por amor resulta como cien metros, y cien metros sin amor resulta como un kilómetro. Por eso es muy buen consejo: «Si no puedes hacer lo que amas, procura amar lo que tienes que hacer».

Muchas mujeres ansían realizarse en una profesión fuera del hogar, pero nada en el mundo las puede realizar más que la maternidad. Las estadísticas dan que gran número de mujeres que evitan los hijos de jóvenes después los desean ardientemente cuando son maduras.

Hoy las edades de la mujer en que hay más maternidad es entre los treinta y cuarenta años. Son madres «añosas», como se las califica en los manuales médicos[2] . Los psiquiatras conocen un tipo de depresión propio de las madres que han dado a luz siendo ya mayores. En Estados Unidos las mujeres vuelven al hogar. Según un informe del Departamento de Trabajo, las mujeres estadounidenses no quieren trabajar fuera de casa. Abandonan su empleo remunerado por el de «ama de casa»[3] .

Dos palabras sobre **la ordenación sacerdotal de las mujeres.**

---

[1] Diario LA RAZÓN del 30-XI-99, pg.80

[2] Diario EL PAÍS, Domingo, 10-XI-89.Pg. 6

[3] Diario EL MUNDO, 1-VIII-91, pg. 19

Jesucristo sólo hizo sacerdotes a varones. No lo hizo a su madre. Por eso la Iglesia no ordena sacerdotes a las mujeres.

Dios quiso que el Redentor viniera al mundo por medio de una mujer: **María**. **María** es, después de **Cristo**, la primera persona de la humanidad.

Pero a **María** no la hizo sacerdote. Y esto no fue por estar condicionado por la mentalidad de su tiempo.

Pensar que **Cristo** se dejó influenciar por ello sería ofensivo para Él.

Además demostró su independencia del «qué dirán» en su trato con «la pecadora» y la adúltera[1]

Respecto de la mujer **Jesucristo** no se atuvo a los usos del ambiente judío. Su actitud respecto de la mujer contrasta fuertemente con la de los judíos contemporáneos, hasta el punto tal de que sus apóstoles se llenaron de maravilla y estupor[2]. Así: conversa públicamente con la samaritana[3], no toma en cuenta la impureza legal de la hemorroísa[4], deja que una pecadora se acerque en casa de Simón el fariseo[5], perdona la adultera, mostrando de este modo que no se puede ser más severo con el pecado de la mujer que con el del hombre[6], toma distancia de la ley mosaica para afirmar la igualdad de derechos y deberes del hombre y la mujer, respecto del vínculo matrimonial[7], se hace acompañar y sostener en su ministerio itinerante por mujeres[8], les encarga el primer mensaje pascual, incluso avisa a los Once su Resurrección por medio de ellas[9] .

Esta libertad de espíritu y esta toma de distancia son evidentes para mostrar que si **Jesucristo** quería la ordenación ministerial de las mujeres, los usos de su pueblo no representaban un obstáculo.

Recientemente ha surgido en el anglicanismo un movimiento a favor de la **ordenación sacerdotal de las mujeres**.

Pero, en su carta apostólica *Ordinatio sacerdotalis* del 22 de Mayo de 1994, **Juan Pablo II** ha afirmado que esto no se puede hacer, pues **Jesucristo** sólo ordenó sacerdotes a varones; y la Iglesia no puede hacer cambios importantes en los sacramentos instituidos por **Jesucristo**.

Lo mismo que en la Santa Misa hay que consagrar pan y vino, y sería inválida una Misa con patatas fritas y horchata.

Repetidas veces ha dicho **Juan Pablo II:** «La Iglesia no tiene autoridad

---

[1] SANTIAGO MARTÍN en el Diario ABC del 22-XI-95, pg.69

[2] Evangelio de SAN JUAN, **4**:27

[3] Evangelio de SAN JUAN, **4**:27

[4] Evangelio de SAN MATEO,**9:20ss**

[5] Evangelio de SAN LUCAS, **7**:37

[6] Evangelio de SAN JUAN, **8**:11

[7] Evangelio de SAN MATEO, **19**:3-9; Evangelio de SAN MARCOS,**10**:2-11

[8] Evangelio de SAN LUCAS, **8**:2s

[9] Evangelio de SAN MATEO, **28**:7-10

para aceptar el sacerdocio femenino»[1]. «No se trata de una cuestión de igualdad entre personas o de derechos dados por Dios. El sacerdocio ministerial no puede ser reivindicado por nadie como un derecho. La Iglesia, en plena fidelidad con el Nuevo Testamento y con la tradición, tanto Oriental como Occidental, enseña que sólo los varones pueden ser ordenados sacerdotes»[2].

El **P. Santiago Martín,** dijo por Televisión Española el 12 de octubre del 2000 a las 10:30 de la mañana: el sacerdocio no es un derecho, es un don. Y los dones se aceptan y agradecen, no se exigen ni reivindican.

Sin el sacerdote es *alter Christus,* otro **Cristo,** evidentemente que está representado más adecuadamente por un varón que por una mujer[3].

La Sagrada Congregación para la Doctrina de la Fe ha afirmado que esta declaración del Papa sobre la ordenación sacerdotal de las mujeres es una declaración definitiva y próxima al dogma[4].

Elizabeth Schüssler, conocida feminista alemana, profesora de universidad en Estados Unidos, que durante mucho tiempo ha defendido la ordenación sacerdotal de las mujeres, ha llegado a la conclusión de que ha sido un objetivo equivocado. La experiencia del sacerdocio femenino en la Iglesia anglicana ha dado como resultado que «no es una solución», «no es lo que buscábamos»[5].

Las mujeres tienen una gran misión en la vida de la Iglesia, como muestra la historia; pero no la de ser sacerdote. La Iglesia ha defendido siempre la dignidad de la mujer siguiendo el ejemplo de **Cristo** que en su predicación y en el trato que daba a las mujeres, fue una clara novedad respecto a las costumbres dominantes entonces, que postergaban a la mujer.

En este trato de **Cristo** a las mujeres estaba ausente la concupiscencia, de la que **Cristo** carecía.

Hoy está de moda hablar de la sexualidad de **Cristo**.

Sin embargo, dice la Biblia que **Cristo** *«se hizo en todo igual a los hombres menos en el pecado»*[6].

13. El casarse con una mujer pura tiene para el hombre una **ilusión especial**. El matrimonio después de unas relaciones puras tiene una ilusión y una felicidad especiales. Y lo mismo le pasa a la mujer. El mejor regalo de

[1] Diario ABC de Madrid, 24-X-97, pg.77
[2] ZENIT. Boletín informativo del Vaticano en INTERNET: ZE980521-1
[3] MIGUEL ANGEL FUENTES, V.E.: *El teólogo responde* en INTERNET, Apologética católica.
[4] Diario ABC de Sevilla, 19-XI-95, pg. 48
[5] JOSÉ RATZINGER: *La sal de la tierra, II, 15.* Ed. Palabra. Madrid. 1997.
[6] Hebreos, **4**:15

bodas que espera una persona es la virginidad de su pareja.

Toma este precioso lema: «Fieles hasta la muerte y puros hasta el altar». Convéncete de que mientras más pura y respetuosa sea tu conducta en el noviazgo, mayores serán las garantías que llevaréis al altar, de un matrimonio indisoluble, tranquilo y amoroso.

Dice la Biblia que **Amón** deseaba a **Tamar**, y en el mismo momento de violarla la aborreció en su corazón[1].

Algunas veces las chicas ceden ante las exigencias inmorales del hombre a quien aman; no se atreven a resistirle. Por miedo a perderle, o por no contrariarle, llegan más allá de donde su conciencia cristiana les permite. Y después resulta que todo sale mal: su conciencia manchada, Dios ofendido, y su novio desilusionado.

Conozco varios casos concretos en que unas relaciones se rompieron porque él perdió toda la ilusión con una chica que había cedido a sus solicitaciones pecaminosas. La mujer interesa al hombre mientras es encanto, ideal, ilusión; pero rebajada a ser una cosa, desilusiona

Recuerdo una ocasión en que yo quería defenderla a ella y le echaba la culpa a él. Él me respondió: «Muy bien, Padre, me reconozco culpable, pero he perdido en ella la confianza. Ya no puedo casarme con ella». Por eso no es raro que un chico pierda la ilusión e incluso abandone a una chica que ha perdido la pureza, aunque sea él el autor de la mancha. Así son las cosas.

Puede él sentirse quizás culpable. Pero también desilusionado. Y esto es superior a su voluntad. El chico te quiere pura, fragante como una flor.

Si te marchitas pierdes tu atractivo.

Mi experiencia sacerdotal me ha hecho conocer varios casos que se decidieron a elegir a una chica antes que a otra, atraídos precisamente por la intransigencia en la pureza que en ellas habían observado.

Y es que los chicos cuando buscan una **chica-plan** para divertirse y aprovecharse, la quieren fresca; pero cuando lo que buscan es una novia en serio, la quieren de una pureza intachable. A nadie le gusta comerse las sobras que otro dejó en el plato.

Por eso la pureza es uno de los mayores tesoros de una muchacha.

Un hombre, como Dios manda, se avergüenza de que su mujer **haya sido una golfa.**La chica fácil y condescendiente en terreno moral resulta vulgar. Chicas así se encuentran en todas partes. Cuando el hombre que vale se enamora, lo hace de una mujer excepcional, que se sale de lo corriente, de auténticos valores, sobre todo, espirituales y no de una cualquiera. Lo vulgar, no enamora a nadie que tenga buen gusto.

Un chico que quiere a una chica, en lugar de hundirla, rebajarla, profanarla, degradarla, instrumentalizarla, mancharla con los deseos de su instinto, procura, por encima de sus apetencias, elevarla, dignificarla,

[1] Libro Segundo de SAMUEL, 1 3:1-19

sublimarla. Se preocupa de que sea más piadosa, mejore su formación tanto religiosa como de carácter, voluntad, etc. Es decir, busca siempre lo que a ella la **engrandece**, nunca lo que la **envilece**.

¿Quieres en resumen unas cualidades femeninas que cautivan a los chicos? La sencillez, el encanto, la sonrisa, la delicadeza, la amabilidad, la servicialidad, la dulzura, el candor, unidas todas a una sólida piedad y a una pureza intachable.Es verdad que **en el momento de la tentación** están fuera de sí, y piden cosas que serenos jamás pedirían.

Pero cuando pasa el torbellino, ellos mismos se avergüenzan de haber estado así. Si negándote le defiendes de la fiera que lleva dentro, te lo agradecerá. Tu intransigencia aumenta la ilusión que siente por ti. Tus condescendencias en este punto, no lo dudes, te rebajan, te estropean, te ensucian, te manchan.

Y si de tu parte no sólo hubo condescendencia, sino que hubo culpa, quedaste a la altura de un demonio. ¡Qué horror! Piénsalo.

El chico te quiere ángel. Así le ilusionas; su cariño se eleva. Cuando dejas de ser ángel, él pierde la ilusión y lo que era cariño se convierte en otra cosa peor. ¿Creías que cediendo te iba a querer más? ¡Te equivocaste! Te quiere menos. Su verdadero cariño se ha transformado en instinto de bestia. Y al ir perdiendo por ti la ilusión y el cariño, pierde también el respeto. Quien profanó tu cuerpo no tiene dificultad en profanar tu fama: ¡Lo que hizo contigo se lo contará a sus amigos! ¿Puedes imaginarte los comentarios que harán de ti? ¡Qué vergüenza!

Esto ocurre con mucha frecuencia; créeme.

El hombre que pide libertades impropias a una mujer antes de la boda, puede hacerlo porque la desea con violencia, con pasión desenfrenada, pero ten por cierto que no la ama bastante para protegerla contra el animal que hay en la propia naturaleza masculina.

Si tu novio pretende de ti cosas que no admite tu conciencia, recházalo, y cuanto antes, mejor. No te hará feliz. Lo que tiene no es amor a ti, sino a sí mismo, a su concupiscencia y a su egoísmo.

Si te amara a ti, buscaría tu bien por encima de sus apetencias.

Y si prefiere sacrificar tu pureza, tu conciencia y tu alma a su apetito desordenado, ¿cómo vamos a creernos que te ama a ti?

Quien te ame únicamente podrá cegarse en un momento de pasión, pero al chocar con tu rectitud intransigente, reconoce su falta, te pide perdón y se siente orgulloso de tu virtud.

No lo olvides. Los pecados impuros con tu novio, te hunden a ti y le hunden a él. Por eso es mentira cuando te dice para que cedas: «es que no me quieres», «parece que no te intereso», «qué fría eres».

Ataca tus sentimientos para rendirte. Pero esto es un **truco muy viejo**; si caes en la trampa, te arrepentirás. Y si él te quiere de verdad, también se arrepentirá de haberte hecho caer, pues, te repito, los chicos no quieren casarse con las frescas.

Esto ocurre siempre entre los chicos que valen.

Y si algún chico prefiere casarse con una fresca, porque es mona o tiene buen tipo, ese chico es tonto. Creer que la belleza de su mujer le va a hacer feliz en el matrimonio por encima de otras cosas, es no tener cabeza. Y desgraciada la que se casa con un tonto. Pero en fin, tonto él y tonta ella: ¡Tal para cual!

Conozco a una chica que al pararle los pies a su novio, éste le dijo: «si no me quieres, lo mejor es que lo dejemos». Ella respondió: «si para convencerte de que te quiero necesitas eso, será que Dios quiere que lo dejemos».

A los pocos pasos él la llama: «Perdóname. No sabía lo que decía. Has hecho muy bien en ser firme. Estoy orgulloso de ti. Ahora te quiero más».

Al poco tiempo se casaron. En cambio conozco novios que después de lograr de sus novias lo que no debieron conceder, de tal manera perdieron la ilusión que nunca más volvieron a recuperarla. Aparte de que tú no sabes ahora si llegarás a casarte con éste. Si le concedes lo que no debes, ¿quién va a querer después una mujer de segunda mano? No estoy inventando. Conozco chicos que al enterarse de las intimidades de su novia en noviazgos anteriores, decidieron dejarla. No querían una mujer de segunda mano.

Si Dios pide pureza a las chicas, no es por capricho; sino porque es necesario para la felicidad de su matrimonio. Por eso, que no se extrañen las chicas que pisoteando su pudor concedieron a otro lo que no debían, si después esperan **inútilmente** que alguien las quiera.

Lo que les ocurre es consecuencia lógica de su conducta equivocada.

No me digas que cedes por amor a él. Todo lo contrario. Si le amas, **no puedes ceder**; pues pecando le haces el peor de los daños: le condenas al infierno. Si le amas, sálvale. Aunque esto exija sacrificios. Dejarle pecar no es amarle, es matarle. Con tu resistencia firme y entera le dices: «Te quiero tanto y tengo tantas ganas de casarme contigo, que no quiero cometer ningún pecado, para que Dios nos bendiga y podamos llegar algún día a unirnos para siempre en el altar».

Hay que saber mantener el instinto sexual frenado. El soltero tiene que guardar pureza. El casado también tendrá ocasiones en las que será necesaria la abstención. Y en todo caso el instinto debe servir al amor.

No se doma al potro salvaje dejándolo correr por las praderas. Hay que embridarlo y mantener bien firmes las riendas. Sólo así llegará a ser útil para el servicio. Lo mismo pasa con el instinto sexual.

El joven que durante las relaciones no ha aprendido a dominar sus impulsos, no sabemos si lo logrará después de casado. Es más, cuando ellos saben que de novios no han dominado su instinto sexual, después de casados pueden tener dudas de que el otro falte a la fidelidad en los momentos de necesaria abstención (enfermedades, viajes, etc.).

En cambio, si uno y otro han dado pruebas de saber dominarse en ese punto, les dará enorme seguridad para tranquilizarse confiando en el dominio propio del otro forzado a una abstinencia sexual.

La prueba sexual previa al amor es la negación del amor que esencialmente es entrega incondicional e irrevocable.

Quien dice «déjame que pruebe contigo para ver si me conviene amarte», es porque no ama. El lenguaje del amor es todo lo contrario: «porque te amo deseo vivir contigo tal como eres».

La delicadeza y la ternura son dos de los más importantes componentes del matrimonio. Si faltan antes del matrimonio, no es probable que aparezcan después, y sin ellas el matrimonio puede acabar en desastre.Cuando lo que hay es sólo apetito sexual, la cosa es pasajera, como un capricho. Mientras dura, parece que todo va bien. Pero con frecuencia al cabo de cierto tiempo cambian las cosas y aquello termina mal. Sobre todo, cuando se ha pisoteado la conciencia es muy frecuente que esta situación se haga insostenible.

No es lo mismo «hacer el amor» que tener «relaciones sexuales».

«Semejante error muy extendido y divulgado en los últimos tiempos, es reducir el amor al sexo. Los que vayan por ese camino lo van a tener muy difícil a la hora de establecer una pareja sólida, firme, estable, duradera»[1].

Hoy se dice mucho «hacer el amor». Esto es degradar el amor, cosificarlo. Las cosas se hacen; el amor, no. El amor se tiene. El amor brota espontáneamente de la admiración y estima por una persona. Cuando no hay amor, «hacer el amor» es lujuria.

Hoy se quiere identificar lujuria con amor, pero son dos cosas distintas. La diferencia entre amor y lujuria es que en el amor valoro a la persona por sus cualidades, y esto me lleva a sacrificarme por el bien de ella; en cambio en la lujuria busco a la persona por las gratificaciones que me proporciona. Es decir, la hago objeto de mis satisfacciones egoístas. «El erotismo arranca del egoísmo. El amor parte de la generosidad»[2].

14. El hombre sensual confunde el placer con la felicidad. Su ansia de placer acaba con el verdadero amor, y al rebajar su concepto de la mujer, ha matado la felicidad de su matrimonio[3].

---

[1] ENRIQUE ROJAS: *El amor inteligente, II.* Ed. Temas de hoy. Madrid. 1997

[2] ALFONSO LÓPEZ QUINTÁS: *El amor humano, III, 6.* EDIBESA. Madrid

[3] Dr. CARNOT: *El libro del joven, 1ª, I, 2.* Ed. Studium. Madrid

Es verdad que el amor **incluye el sexo**; pero puede haber sexo sin nada de amor: por ejemplo, el que va con una prostituta.

Ortega y Gasset en su ensayo *Estudios sobre el amor* analiza la diferencia entre amor y apetito sexual. Dice que no es lo mismo desear que amar: el drogadicto desea la droga, y al mismo tiempo la odia porque sabe que es su ruina. El deseo es egoísta. El amor es generoso. Cuando deseo, busco algo que me satisface. Cuando amo, busco satisfacer a alguien[1].

No es lo mismo deseo que amor. Al desear busco para mí, al amar quiero el bien de la persona amada.

El sediento desea agua para saciar su sed, y un hombre puede desear a una mujer para saciar su lujuria. Pero ni el sediento ama el agua, ni ese hombre ama a esa mujer. Por eso cuando el sediento deja de tener sed, pierde su interés por el agua, y cuando ese hombre encuentra otra mujer que le apetece más, cambia con facilidad de persona. El amor es estable.

A veces las películas exponen la tragedia, no rara en la vida real, de dos amores cruzados. Una persona ama a otra que no le corresponde, y al mismo tiempo es amada por otra que le deja indiferente. Si uno de estos amores es imposible por tratarse de persona casada, es claro que la solución es centrarse en el único amor posible, para ver si es también razonable. Pero si los dos amores son igualmente posibles, a veces la solución no es fácil. Es difícil acertar.

Además de la inclinación del corazón, hay que examinar otras cosas para unir el corazón con la cabeza. Hay una canción que dice que a todo el mundo le gusta cambiar de comida, de trabajo y de amor, pues toda la vida igual resulta insoportable. Pero el amor no es ni una comida, ni un trabajo.

El que necesita cambiar de amor es porque tiene la desgracia de que nunca ha amado, y por lo tanto tiene una total ignorancia de lo que es el amor. El que ama de verdad es feliz viviendo con la persona amada toda la vida. Por eso las frases de amor son: «te querré siempre», «te querré hasta la muerte». Pero quien dice: «te querré sólo una semana, pero la semana que viene querré a otra», ése no ama. Lo que tiene se llama un ligue, un capricho pasajero, o lo que sea, pero no es amor.

El amor, lo es para siempre o no es amor. «Un amor condicionado es un amor putrefacto. Un amor "a ver cómo funciona" es un brutal engaño entre los dos. Un amor sin condiciones puede fracasar, pero un amor con condiciones, no sólo es que nazca fracasado, es que no llega a nacer»[2].

El vicioso necesita continuamente cambiar a nuevas experiencias; pero el **auténtico amor** nunca encuentra rutinario lo que es sincera expresión de cariño. Y naturalmente los que hacen vida sexual sólo por apetencia, para satisfacer un deseo, donde cada uno busca el placer que el otro le

[1] JOSÉ ORTEGA Y GASSET: *Estudio sobre el amor, III, IV.* Ed. Revista de Occidente. Madrid
[2] JOSÉ LUIS MARTÍN DESCALZO: *Razones desde la otra orilla, XLVI.* Ed. Atenas. Madrid 1991

proporciona a él, eso, evidentemente tiene que terminar mal.

No es lo mismo amar que enamorarse. El enamoramiento puede deberse a motivos externos de la persona. El auténtico amor se basa siempre en los valores internos.

Amor no es el placer que sienten dos estando juntos. Esto puede ser coincidencia de egoísmos. Uno comienza a amar cuando llega a ser capaz de sacrificarse para hacer feliz a la persona amada. El egoísmo es la muerte del amor; mientras que el sacrificio es la verdadera prueba del amor. Cuando los novios se han templado en el sacrificio por el bien del otro, el matrimonio será una delicia . Pero si lo que han hecho de novios es fomentar su egoísmo, es lógico que su matrimonio sea un fracaso.

El amor nunca es egoísta.

Todo lo que sea instrumentalizar en busca de la propia satisfacción, no es amor. Y esta instrumentación puede ser simultánea por ambas partes.

Sin virtud y sin amor no puede haber matrimonio feliz. Muchos matrimonios fracasan porque su noviazgo fue una calamidad. Estos matrimonios tenían que fracasar necesariamente. Lo normal es que de un mal noviazgo salga un mal matrimonio, y que de un buen noviazgo salga un buen matrimonio. Habrá excepciones, pero son las menos. El número de matrimonios felices es proporcional al de las parejas que se casan por amor, y no por lujuria. Cuando un chico y una chica se unen en matrimonio sólo porque se apetecen sexualmente es lógico que ese matrimonio sea un fracaso. La convivencia estable de dos personas es imposible que sea agradable si entre ellas no hay verdadero amor. Muchos creen que se aman y sólo se desean.

En Estados Unidos el 50% de los matrimonio de jóvenes menores de veinte años, se divorcian antes de los dos años[1] . La experiencia de la vida demuestra que la unión sexual pasajera es mucho menos satisfactoria que la que realiza una pareja estable que se ama. La libertad sexual, la unión sexual episódica, al principio puede parecer gratificante, pero a la larga deja el alma triste. Por eso quienes van de cuerpo en cuerpo buscando ese tipo de satisfacciones es lógico que terminen hartos de todo, sin ilusión por nada, cansados de vivir, incapaces de amar y resignados a no encontrar esa felicidad duradera con la que toda persona sueña.

Las aventuras sexuales pueden durar más o menos, pero por carecer de amor, suelen terminar mal. Sólo el verdadero amor puede proporcionar una felicidad perdurable. Lo que hacen es animalizar a las personas e indisponerlas para la verdadera felicidad que está en el amor

[1] JUAN LÓPEZ PEDRAZ,S.I.:*Cristianos en busca de respuestas,XXIV,2.*Ed.Sal Terrae.Santander

espiritual. La felicidad de la persona humana no puede reducirse a satisfacciones corporales, que no superan el nivel animal.

«Es una experiencia humana que el nivel puramente sexual ni le aporta al hombre una felicidad duradera ni es capaz de satisfacer los anhelos más profundos del corazón»[1] .

Muchas personas que han pasado por diversas aventuras amorosas, después, reconocen que han perdido el tiempo, pues no han encontrado el verdadero amor, y ahora sueñan con formar una familia estable, pero ya es tarde. El amor enriquece el sexo. Por eso los novios no deben tener ningún temor a que su vida sexual no vaya a ir bien en el matrimonio. Si se aman de verdad, la vida sexual irá bien. Por eso es un error decir que los novios deben conocerse sexualmente antes del matrimonio.

Dice **Eduardo López Azpitarte**, Catedrático en Granada, que no conoce ningún matrimonio con amor que haya fracasado en su vida sexual.

Los fracasos en la vida sexual suelen ocurrir cuando hay falta de armonía en el terreno psíquico, pues esto repercute en el terreno sexual.

Algunos dicen que si un chico y una chica se quieren para vivir matrimonialmente no necesitan ningún **papeleo burocrático**. Eso es muy cómodo, pero no es serio. En la vida todas las cosas serias se formalizan con un documento. Si tú le prestas a un amigo un millón de pesetas, no te basta su palabra, por muy amigo tuyo que sea. Te quedas más tranquilo si te echa una firmita en un papelito.

Pues el matrimonio es una cosa muy seria, en la que se pone en juego la educación de unos hijos que necesitan un hogar, y eso no puede estar a merced de una pareja que no quiere comprometerse a vivir juntos, y por lo tanto en cualquier momento difícil, por los que necesariamente pasan todas las parejas, uno de los dos podría dejar al otro plantado y marcharse, a veces, precisamente en una edad en la que será muy difícil encontrar nueva pareja, y la soledad atormentará al otro todo el resto de su vida. Además, el amor busca estabilidad. La institucionalización del amor en el matrimonio es algo constante a lo largo de la historia.

Aparte de que los hijos tienen derecho a un hogar estable indispensable para su educación. Pero además, los niños pueden traumatizarse al darse cuenta del rechazo de los demás por su situación anómala.

Y si se casan después de tener el hijo, el trauma puede ser de alguno de la pareja hacia ese hijo que le ha obligado a casarse contra su voluntad.

Por eso la Iglesia no está de acuerdo con esas parejas que quieren vivir matrimonialmente, pero sin formalizar el matrimonio[2] . Un mismo acto (coito), cambia de valoración moral si cambian las circunstancias (matrimonio) que pueden conceder un derecho que antes no se tenía.

---

[1] HERMAN van der SPIJKER: *Homotropía, I,1, h.* Ed. Atenas. Madrid

[2] **Nuevo Catecismo de la Iglesia Católica, nº 2390s**

Los medios de comunicación nos invitan continuamente al sexo libre. Sin embargo «la sexualidad "desconectada" del amor y de los sentimientos rebaja y envilece a la persona, y conduce a la neurosis»[1].

La base de la felicidad matrimonial está en el **amor espiritual** entre ambos cónyuges. Éste es perdurable, el que no hastía nunca. Y cuanto más pongas de carnal en tu cariño, menos sitio dejas para lo espiritual.

Unas relaciones en las que hay concesiones a la concupiscencia, se rebajan, pierden elevación y espiritualidad, es decir, pierden fortaleza en su vínculo fundamental. En cambio, cuando el instinto es frenado por la virtud, una aureola de elevación ilumina ese cariño, y un autodominio y mutuo respeto fortalece el vínculo que va a unirlos para toda la vida.

Cuando se da este amor espiritual, el noviazgo es un tiempo de mutua educación: él se hace más puro, deja ciertos amigos, etc., por darle gusto a ella; y ella viste con más decencia, vence más su genio y sus caprichos, etc., por darle gusto a él.

Pero cuando el amor del noviazgo está basado sobre la carne y el instinto, ese amor es egoísta, busca sólo su propia satisfacción.

El egoísmo adquirirá en el matrimonio proporciones insospechadas.

«El amor no puede limitarse a una utilidad placentera que busca su propio provecho»[2].

La felicidad se lleva en el alma. **Victor Frankl,** fallecido en Viena, a los 92 años, el 2 de Septiembre de 1997, padre de la logoterapia, la «tercera escuela vienesa de psicoterapia», según la cual la motivación psicológica primaria del hombre es la búsqueda del significado de la vida[3], en su obra *El hombre en busca de sentido* dice: «La felicidad no se puede buscar nunca directamente. Sólo puede venir como consecuencia de haber entregado lo mejor de nosotros mismos por una causa noble».

Dice el **Dr. Rodríguez Delgado**, que no es lo mismo placer que felicidad. El placer está en los sentidos. La felicidad en el alma.

El amor tiene dos vertientes, el cariño, que es amor del alma, y el deseo que es amor del cuerpo. El cariño está hecho de ternura, admiración, respeto, etc. El deseo trata de poseer el cuerpo del otro, culminando en la unión sexual.

La diferencia entre amor y deseo está en que el amor se siente atraído por las virtudes de la persona, y el deseo por la belleza corporal[4].

«Hoy se habla mucho de sexo y poco de amor»[5].

A veces se dan solteros, ya mayorcetes, que han encontrado una pareja

---

[1] ENRIQUE ROJAS: *El amor inteligente, VIII.* Ed. Temas de hoy. Madrid. 1997.

[2] ENRIQUE ROJAS: *Remedios para el desamor, VII,4.* Ed. Temas de hoy. Madrid. 1991

[3] Boletín informativo del Vaticano del 11-IX-97: ZE970911.

[4] JUAN LÓPEZ PEDRAZ, S.I.: *Tres trampas en el noviazgo, II.* Ed. Paulinas. Caracas, 1989.

[5] ENRIQUE ROJAS: *Remedios para el desamor, V,5.* Ed. Temas de hoy. Madrid.1991.

con quien hacer vida sexual, y no quieren atarse con el matrimonio. Son unos egoístas que buscan sólo su propia satisfacción, incapaces de amar a nadie, y por lo tanto incapaces de hacer feliz a nadie. Sólo se quieren a sí mismos, y a la larga es inaguantable convivir con ellos.

Quienes de solteros quisieron siempre satisfacer sus caprichos, llegan al matrimonio con un alma ferozmente egoísta y un cuerpo ávido de placeres. Como es natural el matrimonio no puede darles todo lo que ellos quieren, y su falta de sentido cristiano les hace infelices incluso en esta vida. El resultado de esto son los fracasos matrimoniales que vemos por todas partes. Muchos se quejan de su matrimonio cuando ya no hay remedio, porque un vínculo indisoluble los ata para toda la vida. Pero pocos caen en la cuenta de que su fracaso matrimonial se debe a que tomaron el noviazgo como una diversión, y contrajeron el matrimonio a la ligera, con frivolidad y sensualidad.

Muchos **fracasos matrimoniales**, muchos matrimonios desgraciados se deben a haber tenido un falso concepto del amor.

El cine, las novelas, las canciones de la radio y los seriales están llenos de ideas paganas sobre el amor. Quien bebe en esas fuentes, es natural que sienta los efectos del veneno.

El matrimonio es una cosa muy seria, y como todas las cosas serias, requiere su preparación adecuada.La frivolidad, la ligereza, la pasión y el jugar al amor han matado el verdadero amor.

Los chicos y las chicas se gustan por el atractivo físico, por el instinto sexual, por la satisfacción que el otro les produce a sí mismos.

Y esto es egoísmo, no es amor. Y el egoísmo es caprichoso, voluble, pasajero. Estos amores apasionados y egoístas no pueden dar una felicidad estable. Pronto se cansan y ansían cambiar de objeto.

Los objetos no se aman. Se utilizan para uno, y luego se tiran o se arrumban. Una chica que no se hace respetar se rebaja a ser un juguete. Y los juguetes duran más o menos, pero terminan arrumbados y olvidados.

Me escribía una chica:

«Padre, es un asco. Todos los chicos vienen a lo mismo. Si no te dejas, no les interesas».

El dejarse instrumentalizar por temor al abandono es un disparate, pues quien instrumentaliza no ama, y quien no ama terminará abandonando. Para algunos chicos, las chicas son como esos objetos que llevan una etiqueta que dice: «Tírese después de usarla».

El amor es otra cosa. El amor es dar. Es enriquecer, dignificar, ennoblecer a la persona amada. Nunca gozarla para sí mismo. Eso es egoísmo[1].

Y el egoísmo es la muerte del amor, mientras que el sacrificio es la

[1] FRANCISCO DE LA VEGA, S.I: *El amor no se improvisa, II, 3.* Ed. Mensajero. Bilbao

verdadera prueba del amor. Cuando los novios se han templado en el sacrificio por el bien del otro, el matrimonio será una delicia. Pero si lo que han hecho de novios es fomentar su egoísmo, es lógico que su matrimonio sea un fracaso.

Ya dijo **Aristóteles** que «amar es buscar el bien de la persona amada»[1]

Santo Tomás de Aquino dijo: «Amar es desear el bien de alguien»[2].

Y **Sócrates** que «el amor es darse»[3].

Jean Guitton aprendió de niño estos versos que expresan la misma idea:

«Por tu felicidad, daría la mía.
Aunque nunca tuvieras que saberlo.
Con tal de oír alguna vez en la distancia
la risa de la dicha, nacida de mi sacrificio»[4].

El amor integra el respeto a la persona, o no es amor, aunque haya manifestaciones eróticas; pues el amor no consiste en la excitación de los sentidos. El auténtico amor no se dirige sólo al cuerpo, sino a toda la persona[5].

«El amor es un don en sí mismo y no es posible entregarse a medias. El amor es total, o ya no es amor»[6].

«El amor conyugal es un amor de totalidad. Siendo un amor total, tiene que ser un amor definitivo. Un amor total que tiene reservas en el tiempo, no puede ser un amor total... La totalidad del amor es indivisible... Por su propia esencia es fiel y exclusivo. Un amor total no puede ser compartido con varias personas»[7].

En el sentido más general, puede describirse el carácter activo del amor afirmando que amar es fundamentalmente dar, no recibir...

Dar es más satisfactorio, más dichoso, que recibir; amar, es más importante que ser amado. Al amar, se siente la potencia de producir amor -antes que la dependencia de recibir siendo amado-.

El amor infantil sigue el principio: «amo porque me aman».

El amor maduro obedece al principio: «me aman porque amo».

El amor inmaduro dice: «te amo porque te necesito»[8].

La concupiscencia dice: «Te amo porque eres un bien para mí».

El auténtico amor dice: «Te amo porque deseo lo que es un bien para ti».

---

[1] ARISTÓTELES: *Retórica, II*

[2] SANTO TOMÁS: *Suma Teológica 1-2, 26,4*

[3] PLATÓN: *Diálogo sobre el banquete*. Ed. Planeta. Barcelona, 1982.

[4] JEAN GUITTON: *Lo que yo creo, V*. Ed. Acervo. Barcelona, 1973.

[5] KAROL WOJTYLA, Cardenal de Cracovia, hoy Papa Juan Pablo II: *Amor y responsabilidad, II, 12s.* Ed. FAX. Madrid.

[6] PABLO TOURNIER: *La mujer soltera, 1ª, VIII*. Ed. Estela. Barcelona.

[7] JOSÉ ANTONIO SAYÉS: *Moral de la sexualidad, II, B, 2.* Ed. Tau. Ávila, 1988

[8] FROMM: *El arte de amar, II*. Ed. Paidós. Buenos Aires.

El «amor recíproco» no es el hartazgo de la concupiscencia de cada uno, que es una coincidencia de egoísmos.

«La reciprocidad verdadera no puede nacer de dos egoísmos sino que ha de suponer necesariamente el altruismo de cada uno».

«Amar es darse y darse significa limitar su libertad en provecho de otro. La limitación de la libertad podría ser en sí misma algo negativo y desagradable, pero el amor hace que por el contrario, sea positiva, alegre y creadora. La libertad está hecha para el amor... El hombre desea el amor más que la libertad: la libertad es un medio, el amor es un fin»[1].

El único amor perdurable, el que da una felicidad creciente al paso del tiempo, el único amor que da la máxima felicidad posible en este mundo, es el amor que por encima de la satisfacción propia busca el bien de la persona amada, aunque para ello tenga que renunciar a sus propias apetencias.

Amor que se busca a sí mismo, fracasa irremediablemente. El amor eleva, la pasión envilece. El amor que busca el bien de la persona amada, llegará a encontrar la verdadera dicha. La experiencia de la vida confirma la verdad de todo esto. Por eso vale tan poco enamorarse del cuerpo, que es amor sexual. Y en cambio, hay tantas garantías de éxito en el amor del alma, que es espiritual.

Si lo que buscas, en lo que llamas amor, es saciar tu sed, no amas, desengáñate. Si lo que buscas es servir, ennoblecer, perfeccionar a la persona amada, felicítate: has encontrado el camino del verdadero amor.

Y cuanto más haya de esto, más feliz te hará ese amor.

Considera despacio estas ideas:

-Si te extasías ante su belleza..., es sólo no es amor: es admiración.

-Si sientes palpitar tu corazón en su presencia..., eso sólo no es amor: es sensibilidad.

- Si ansías una caricia, un beso, un abrazo, poseer de alguna manera su cuerpo...,eso sólo no es amor: es sensualidad.

-Pero si lo que deseas es su bien, aun a costa de tu sacrificio..., enhorabuena: has encontrado el verdadero amor[2].

No es lo mismo amar a una persona para hacerla feliz a ella, que amarla para que ella, con su amor, nos haga felices a nosotros.

Esto segundo es egoísmo. Con todo hay que tener en cuenta que uno puede sacrificarse no sólo por amor, sino también por deseo.

Se pueden hacer grandes sacrificios para obtener cosas: un automóvil, una prenda de vestir, etc.; y las cosas no se aman. Sólo se desean. Y cuando se consiguen se cambian por otra cosa mejor, más buena o más

[1] KAROL WOJTYLA: Cardenal de Cracovia, hoy Papa Juan Pablo II: *Amor y responsabilidad, 2º, I, 3s; II, 15.* Ed. FAX. Madrid, 1969

[2] QUOIST: *Triunfo, III, 6.* Ed. Estela. Barcelona

moderna[1] .

«Bajo el nombre de amor circula una mercancía que es su negación y caricatura. Lo grave es que se está vilipendiando el amor verdadero por parte de todos esos falsarios de la sexualidad humana. Lo grave es que a fuerza de presentar una imagen deformada de la sexualidad, se compromete su valor como ser humano»[2] . El sexo normal ya no atrae; se está echando mano a extravagancias y perversiones. Están en venta el sadismo y el masoquismo, y, junto a ellos, la homosexualidad masculina y femenina, y todo lo demás.

Se presentan nuevas formas de cohabitación del hombre y de la mujer, como el sexo en grupo, el cambio de parejas, etc. Pero también de estas novedades se irá cansando el consumidor.

El ambiente hedonista que nos invade se ríe del amor desinteresado. Sólo le interesa buscar gratificaciones placenteras. No tiene más horizonte que saciar los instintos. No admite otro valor que lo agradable. Éste es el círculo angosto, asfixiante, del erotismo. Aunque, por fortuna, son muchos los ejemplos de un amor generoso, libre de la tiranía del egoísmo y del reduccionismo envilecedor[3] .

Una madre junto al lecho de su hijo enfermo puede no sentir nada placentero, pero evidentemente que está amando a su hijo.

«El secreto está en entregarse. Cuanto más se entrega uno, más quiere. Las cosas a las que uno se entrega, se termina queriéndolas»[4].

El hombre, por ser sensible, siente atracción hacia los estímulos gratificantes. Y esto es para él un valor. Pero como al mismo tiempo es espiritual, no puede tener como meta el disfrutar de los estímulos sensibles placenteros. Para él son superiores la verdad y el bien. Orientar su vida según una auténtica jerarquía de valores le hace madurar como persona humana y le otorga paz y felicidad[5] .

Dijo el Dr. **Enrique Rojas,** Médico-Psiquiatra, en el *Blanco y Negro* del 8 de noviembre de 1998: «La sexualidad desconectada del amor conduce a lo neurótico. (...) Hoy estamos asistiendo a una verdadera idolatría del sexo. (...)La sexualidad no es algo puramente biológico, un placer del cuerpo, sino que mira a lo más íntimo de la persona. De ahí que deba estar envuelta por el amor. (...) No tener principios es demoledor»[6].

---

[1] JUAN LÓPEZ PEDRAZ, S. I.: *Tres trampas en el noviazgo, II, 7.* Ed. Paulinas, Caracas, 1987.

[2] Revista ECCLESIA 1529 (13-II-71)15. Declaración conjunta de los Obispos Belgas.

[3] ALFONSO LÓPEZ QUINTÁS: *El amor humano, X, 8.* EDIBESA. Madrid

[4] JOSÉ Mª CONTRERAS. *Pequeños secretos de la vida en común, II,37.* Ed.Planeta+Testimonio

[5] ALFONSO LÓPEZ QUINTÁS: *El amor humano,VIII, 2.* EDIBESA. Madrid

[6] ENRIQUE ROJAS: Revista Blanco y Negro, 4141 (8-XI-98) 111

15. Hay quien dice que son convenientes **las experiencias sexuales antes del matrimonio.** Dicen que conviene entrenarse antes de la boda. Esto es falso. Las relaciones sexuales prematrimoniales están prohibidas por Dios, por lo tanto ni son necesarias, ni convenientes, ni lícitas.

Dijo el **Dr. López Ibor**: «Las relaciones sexuales prematrimoniales no son necesarias para la futura armonía matrimonial»[1].

Si estas experiencias fueran buenas, Dios no las prohibiría. Si las prohíbe es porque no son necesarias.

Se llama fornicación « la unión carnal entre un hombre y una mujer fuera del matrimonio. Es gravemente contraria a la dignidad de las personas y de la sexualidad humana, naturalmente ordenada al bien de los esposos, así como a la generación y educación de los hijos.

»Las relaciones sexuales prematrimoniales están mal en sí mismas, y, si bien, no puede negarse que los novios se amen, sí puede afirmarse que la relación sexual no es una manifestación auténtica del amor en esa etapa de sus vidas.

»¿Por qué? Fundamentalmente porque la "relación sexual" es la manifestación plena y exclusiva de la conyugalidad (la "conyugalidad" es la unión física, psíquica y espiritual entre personas de distinto sexo unidas en matrimonio indisoluble), y los novios carecen de la conyugalidad aunque se ordenen a ella y se estén preparando para ella. La relación sexual es la manifestación plena del amor conyugal, porque es en ella donde los esposos alcanzan la máxima unión física y, a través de ella, fomentan la máxima unidad afectiva y espiritual. Allí son "una sola carne" y mediante este acto también "un solo espíritu". Pero es también la manifestación exclusiva de la conyugalidad porque sólo dentro del matrimonio es lícito realizar la sexualidad.

»Ahora bien, la donación entre los esposos es total cuando incluye: todo cuanto se tiene (cuerpo, alma, afectividad, presente y futuro); y de modo exclusivo (es decir, a una sola persona con exclusión de todas las demás)»[2].

Lo normal es que los matrimonios aprendan el ejercicio de la vida sexual después de la boda. Poco a poco. No es necesario precipitarse. Ni conveniente. Nada tiene de particular que al principio no salga todo a la perfección. Es más, quien desde el primer día demuestra mucha

[1] Protagonistas nosotros: Radio Nacional de España, 13-II-81, a las 11,30 de la mañana.

[2] MIGUEL ÁNGEL FUENTES, V.E.: *Relaciones prematrimoniales.*En INTERNET:Apologética.

experiencia sexual, no puede cáusar buena impresión al otro.

Algunos dicen:
- Nos queremos y vamos a casarnos. Si no estamos ya casados, no es por culpa nuestra, sino por las circunstancias. ¿Por qué no vamos a poder hacer lo que nos pide nuestro amor?
- Porque os falta el sacramento que os da ese derecho.
Yo antes de ordenarme sacerdote también deseaba decir misa, pero no pude hacerlo hasta recibir el sacramento que me daba facultades para hacerlo. Y si lo hubiera hecho antes, hubiera sido ilícito e inválido.
Las relaciones sexuales prematrimoniales son una anticipación indebida.
Como si un seminarista se mete en un confesonario a oír confesiones antes de ser ordenado sacerdote.
«Al anticipar una experiencia sexual cuando todavía no se han obligado a una fidelidad irrevocable, se exponen a que las relaciones sexuales en la vida conyugal disten mucho de tener su verdadero sentido; pueden incluso ir levantando una barrera psicológica que les impida tener relaciones normales y sanas»[1]. Aunque lo hayan hecho con amor, eso no excluye que también haya existido egoísmo y falta de control.

La unión sexual entre un hombre y una mujer es la mayor entrega mutua que pueden darse.
Esto supone un compromiso de estabilidad que sólo se da después de la boda. Por supuesto que no se da en las efímeras uniones sexuales de la promiscuidad; pero incluso los novios todavía no han adquirido un compromiso tan serio como el que da el sacramento del matrimonio[2].

Si no es lícito el coito entre los solteros, tampoco lo son aquellos actos que lleven a él. Los solteros deben evitar todos los actos que pongan en marcha el aparato genital.
Esto es derecho exclusivo de personas casadas. Y es absurdo pretender detener una traca. Es mucho más fácil no encenderla.

El ambiente erotizado que nos ha tocado vivir, y la machacona repetición de que es necesaria la liberación sexual, ha lanzado a muchos jóvenes al libertinaje sexual de funestas consecuencias para ellos mismos.
Unos dicen que no hay que reprimirse sexualmente, dando un sentido peyorativo al dominio propio.
Sin embargo, el poder dominar los instintos es lo específico del hombre.
Cuanto más nos dominamos, más hombres; cuantos menos, más

[1] BERNHARD HÄRING: *SHALOM: Paz, XVII, 6.* Ed. Herder. Barcelona. 1998.
[2] BERNHARD HÄRING: *SHALOM: Paz, XVII, 6.* Ed. Herder. Barcelona. 1998.

animales.

Y convertir al hombre en animal es degradarle.

Hoy algunos quieren presentar **como natural** toda clase de excesos sexuales. A veces se pone la etiqueta peyorativa de «represión sexual» al dominio del sexo, diciendo que es antinatural y causa de males para la salud.

Sin embargo la verdad es todo lo contrario.

La historia confirma que la «degeneración sexual ha sido el preámbulo de una generalizada degeneración social unida a graves atentados a la libertad y a la justicia»[1].

Otros dicen que el bien y el mal dependen de la conciencia de cada uno.

Eso es falso, pues todos tenemos obligación de ajustar nuestra conciencia a la verdad objetiva.

Lo mismo en moral que en todo lo demás: valor del número π, fórmula del agua, distancia de la Tierra a la Luna, etc. No es lo que a mí me parezca. Es lo que es objetivamente. No basta ser sincero para estar en la verdad. Se puede estar sinceramente equivocado. El pensamiento subjetivo debe estar de acuerdo con la verdad objetiva.

Eso de que la **libertad sexual** hace a los jóvenes más maduros es una mentira. Los hace más animales y más esclavos de la lujuria.

Dice **Tony Anatrella**, psicoanalista y Profesor de Psicología Clínica: «Las experiencias sexuales no facilitan la madurez, al contrario, frecuentemente, la retrasan»[2].

El libertinaje sexual «es un síntoma de inmadurez personal y desequilibrio sexual»[3].

Las experiencias sexuales prematrimoniales causan frustraciones psicológicas. Un joven puede estar maduro genitalmente pero no psicológicamente.

Y el sexo necesita el complemento psicológico para el ejercicio de forma natural, en condiciones normales.

La actividad sexual prematura retrasa su madurez afectiva y esto lo marca para el futuro.

«Las experiencias sexuales precoces impiden la verdadera virilidad y feminidad falseando la conciencia sexual y el amor. Reducir el sexo y el

[1] RAFAEL GÓMEZ PÉREZ: *Problemas morales de la existencia humana, 4ª, VII, 4.* Ed. Magisterio Español. Madrid, 1981

[2] TONY ANATRELLA: *El sexo olvidado, III,5.* Ed. Sal Terrae. Santander. 1994

[3] EDMUNDO ELBERT: *Problemas actuales de psicología, 2ª, XI.* Ed. Sal Terrae. Santander

amor a la genitalidad es empobrecerlo»[1]

El gran sexólogo español **Dr. Gregorio Marañón** -el único español que ha pertenecido a cinco Reales Academias Españolas[2] - afirmaba que el mujeriego es un feminoide.

La maduración sexual masculina hace al hombre monógamo: hombre de una sola mujer.

El mujeriego es que no ha alcanzado la cumbre de la virilidad.

Y si es un *play boy*, es un «niño juguete» de las mujeres, dice el **Dr. José Botella**[3] .

Además, las relaciones sexuales prematrimoniales son inútiles. No garantizan el éxito en el matrimonio.

Porque el matrimonio es mucho más que armonía sexual.

La prueba es que la mayoría de los matrimonios fracasados que acuden al psiquiatra han tenido relaciones sexuales antes de casarse.

Así se lo oí decir a un psiquiatra por Radio Nacional de España en el programa *Protagonistas Nosotros.*

Y el 9 de marzo de 1978 a las diez y media de la mañana le oí decir en el mismo programa a **D. Carlos Soler**, del Tribunal de Causas Matrimoniales de Barcelona, que la gran mayoría de los matrimonios fracasados que acuden a los tribunales para deshacer su matrimonio (algunos antes del año de casados) habían practicado relaciones sexuales antes de casarse. Luego esto de nada les sirvió.

«Un estudio llevado a cabo por sociólogos de la Universidad de Wisconsin (EE.UU) sobre una muestra de 13.000 individuos de ambos sexos, ha puesto de manifiesto que las parejas que tuvieron relaciones sexuales antes del matrimonio fracasaron como cónyuges en un número muy superior al de las parejas que no las tuvieron»[4] .

Las relaciones sexuales prematrimoniales no son garantía de futuro.Dice gráficamente **José María Contreras,** biólogo dedicado a las relaciones humanas: «El hombre, cuando ha conseguido todo lo que quiere de una mujer, mira para otro lado»[5].

[1] MANUEL VIERA: *Vida sexual y psicología moderna, V.* Ed. Mensajero. Bilbao

[2] JOSÉ MARÍA ALIMBAU: *Vive mejor tu vida, XII,1.* Ed. Planeta+Testimonio. Barcelona. 1999.

[3] ABC de Madrid, 6-XII-92, pg. 80

[4] Diario YA, 16-VII-89, pg. 15

[5] JOSÉ Mª. CONTRERAS: *Pequeños secretos de la vida en común, I, 4.* Ed. Planeta+Testimonio.

Aunque en las películas vemos continuamente parejas que hacen el coito y no pasa nada, eso es propio de las películas; pero en la vida real, claro que pasa.

Si no quieres el embarazo no hagas el coito.

Creer que nunca va a pasar nada es una tontería.

Al que le divierte adelantar en los cambios de rasante pensando que no va a pasar nada, terminará en el cementerio.

En las películas nunca pasa nada, pero en la vida real, sí.

Además, esas experiencias sexuales prematrimoniales son totalmente inhibitorias.

El miedo al embarazo y el remordimiento es lógico que produzcan una inhibición que convierte ese acto en algo totalmente distinto de la máxima entrega realizada por amor dentro del matrimonio, con todo derecho e incluso como acto de virtud.

La alegría de la tranquilidad de conciencia sublima la felicidad de los actos humanos.

Dice el psico-pedagogo **Bernabé Tierno**: «Piensan muchas parejas que por hacer el amor de una manera más o menos satisfactoria ya están preparados para el matrimonio, lo cual es un error manifiesto. (...) Las condiciones internas y externas antes del matrimonio son muy distintas de las que se verifican dentro de él»[1].

La moral católica ha reconocido tradicionalmente el «estado de noviazgo» como una condición especial en la que se legitiman ciertos comportamientos que se considerarían desordenados fuera de una perspectiva conyugal.

En todo caso el uso genital del sexo será considerado siempre como derecho exclusivo de los esposos: es un «uso matrimonial».

El uso deliberado de la facultad generativa **está prohibido** a los solteros[2].

«El uso de la función sexual, tiene su rectitud moral sólo en el matrimonio legítimo», dijo el Concilio Vaticano II.

Dice el Nuevo Catecismo de la Iglesia Católica: «El acto sexual debe tener lugar exclusivamente en el matrimonio; fuera de éste, constituye siempre un pecado grave, y excluye de la comunión sacramental»[3].

La relación sexual es la máxima unión física, exclusiva de la conyugalidad, que sólo se da dentro del matrimonio, que supone un

[1] Diario YA, 14-IV-91, pg. 11s

[2] MARCELINO ZALBA, S.I.: *Compendio de Teología moral, pg. 761*

[3] **Nuevo Catecismo de la Iglesia Católica, nº 2390**

compromiso definitivo de donación total y exclusiva, es decir, a una sola persona con exclusión de todas las demás.

Fuera del matrimonio no se da ese compromiso total, definitivo y exclusivo[1]

El uso del aparato genital es **derecho exclusivo** de casados[2], porque sólo ellos pueden responder a las responsabilidades que su uso lleva consigo. Engendrar hijos es lo más grande que se puede hacer en la vida. Por eso convertir la sexualidad en un juego, es un crimen. Es degradar la misión más sublime del hombre.

«Puede haber atenuantes para ciertos casos o situaciones especialmente difíciles. Sin embargo, fijándonos en el Evangelio, no pueden justificarse como normales las relaciones prematrimoniales»[3] .

«Debe tenerse presente la distinción entre «gravedad objetiva» y «responsabilidad subjetiva».

Es un principio general que, para valorar la responsabilidad subjetiva de una acción es necesario tener en cuenta todas las circunstancias atenuantes con las que se encuentra el sujeto que la realiza»[4] .

Lo que llena el corazón del hombre es el amor.

¡Qué abismo tan grande entre lo que da una prostituta y lo que da la esposa amada!

La sexualidad sin amor no puede ser satisfactoria .

La experiencia de la vida demuestra que la unión sexual pasajera es mucho menos satisfactoria que la que realiza una pareja estable que se ama.

La libertad sexual, la unión sexual episódica, al principio puede ser gratificante, pero a la larga deja el alma triste.

Por eso quienes van de cuerpo en cuerpo buscando ese tipo de satisfacciones es lógico que terminen hartos de todo, sin ilusión por nada, cansados de vivir, incapaces de amar y resignados a no encontrar esa felicidad duradera con la que toda persona sueña.

¿Cómo va a ser lo mismo un amor auténtico que un «amante de quita y pon» al que se le coloca la etiqueta de «tírese después de usado»?.

---

[1] MIGUEL ÁNGEL FUENTES,V.E.:*Apologética católica, MORAL.* En INTERNET: http://catholic-church.org/russia-ive/apologetica/homepage.htm

[2] Sagrada Congregación para la Doctrina de la Fe: Declaración acerca de ciertas cuestiones de Ética sexual, nº 5.

[3] GINO ROCCA: *No lo tengo claro, 2ª, III, 11.* Ed. Ciudad Nueva. Madrid. 1993.

[4] GINO ROCCA: *No lo tengo claro, 1ª,I,6.* Ed. Ciudad Nueva. Madrid. 1993.

La continencia en el noviazgo es un **camino espléndido** de maduración.

Es absolutamente necesario para la felicidad del matrimonio que las personas se demuestren en la práctica que la necesidad de poseerse mutuamente queda subordinada a la presencia del amor.

Si porque se ama a una persona resulta imposible prescindir de la entrega corporal, existen motivos para preguntarse si el predominio pertenece al cariño o la sexo.

El que no es capaz de amar en la continencia, no hay por qué creer que podrá hacerlo en el encuentro matrimonial.

Decir, como a veces sucede, «si me amas tienes que entregarme tu cuerpo» es una forma sutil de chantaje. La solicitación sexual no es amor.

«Si una pareja quiere usar el acto sexual para saber si se aman, hay que decirles: "necesitar esta prueba de amor,significa falta de amor"»[1].

El ser humano es persona, no cosa.

El amor integra el respeto a la persona, o no es amor; aunque haya manifestaciones eróticas.

Pues el amor no consiste en la excitación de los sentidos.

El auténtico amor no se dirige sólo la cuerpo, sino a toda la persona[2].

El dejarse llevar de las energías incontroladas de las pulsiones instintivas es propio de los animales. Como dijo **Julián Marías** «muchos sexólogos se limitan a ser zoólogos»[3].

Reducir el amor al placer genital **es degradarlo**.

El amor es ante todo unión de almas y corazones. El sexo puede entrar en el amor, pero no es esencial, ni lo más importante.

«No es lo mismo avidez erótica que amor personal; satisfacer un instinto que amor de entrega a una persona.

»Desear saciar una pulsión instintiva con una persona es instrumentalizarla, no amarla»[4].

Quien se deja esclavizar del apetito sexual **se degrada**, se envilece, termina por incapacitarse para amar.

A fuerza de instrumentalizar al otro buscando sólo su egoísta satisfacción, termina por no poder amar a nadie. Ni siquiera a una persona excepcional de la cual desearía enamorarse con toda su alma; pero que ya no puede, porque se le ha secado el corazón.

[1] WALTER TROBISCH: Yo me casé contigo, pg. 108. Ed. Sígueme. Salamanca.

[2] KAROL WOJTYLA, Cardenal de Cracovia, hoy Papa Juan Pablo II: Amor y responsabilidad, II, 12s. Ed. FAX. Madrid

[3] Diario ABC de Madrid, 25-IV-96, pg.73

[4] ALFONSO LÓPEZ QUINTÁS: El amor humano, XI, 2. EDIBESA. Madrid

Las aventuras sexuales de las que ha disfrutado sin freno le han incapacitado para la mayor felicidad natural que hay en el mundo, que es el amor de un matrimonio y de unos hijos que dan a la persona ilusión para la vida.

La sed de placer sexual deja defraudado. Esta decepción va minando la psicología, produciendo un hastío de la vida, que llega a perder la ilusión por vivir.

Algunos para justificar su conducta repiten que el coito es una cosa natural, que lo hacen todas las parejas que se quieren.

Esto es mentira. Las parejas que se quieren y respetan la moral católica, no lo hacen.

Y por otra parte lo hacen muchas parejas que no se quieren, sino que lo hacen sólo por apetito y vicio.

Y la felicidad del hombre no puede reducirse a sensaciones placenteras corporales, que son de orden animal. Lo específico del hombre es lo espiritual.

Por eso el hombre goza y sufre más con lo espiritual con lo material.

Si te abofetean en mitad de la calle, te duele más lo que el bofetón tiene de humillación que el dolor que te produce en la cara.

Así, el amor espiritual hace mucho más feliz que el goce de sensaciones corporales.

No es lo mismo placer que felicidad. El **Dr. Rodríguez Delgado**, Neurobiólogo, veintidós años Profesor en la Universidad norteamericana de Yale, y desde 1972 al frente del Departamento de Investigación del Ramón y Cajal, y que dirige el Centro de Estudios Neurobiológicos, dice que no es lo mismo placer que felicidad. El placer está en los sentidos. Es algo común en los animales. La felicidad es algo muy diferente[1].

El placer es un goce sensitivo y la felicidad un goce espiritual.

El placer es goce a nivel animal. La felicidad es goce a nivel humano.

Al hombre no le basta lo animal. Se puede ser muy feliz prescindiendo de goces físicos, y se puede disfrutar de muchos goces físicos y sentir un gran vacío en el alma.

La persona humana no puede prescindir del espíritu para ser feliz.

El amor verdadero eleva al hombre.

La sexualidad sin amor lo degrada.

En eso están de acuerdo todos los que no tengan intereses en la pornografía.

Erich Fromm que ha analizado científicamente, quizás como nadie en

[1] Diario YA Dominical, 9-IV-89, pg. 8

nuestro tiempo, la problemática del sexo, afirma:

«Hechos clínicos obvios muestran que los hombres y mujeres que dedican su vida a la satisfacción sexual sin restricciones, no son felices, y a menudo sufren graves síntomas y conflictos neuróticos».

Obsesionados por la propaganda pornográfica se dan casos de auténticos **maníacos sexuales**, que en su deseo de experimentar nuevas y mayores sensaciones placenteras llegan a aberraciones tales como hacerlo entre tres simultáneamente, lo cual es una total ausencia de amor, sustituyéndolo por el goce de sensaciones epidérmicas.

El amor no está en la piel.

Es imposible que quien degrada de este modo la esencia del hombre pueda encontrarse realizado en la vida.

El hombre no se realiza degradándose.

Hay adultos lujuriosos y malvados que disfrutan pervirtiendo a adolescentes, enseñándoles y animándoles a prácticas lujuriosas.

Los que se dejan engañar, es posible que algún día lloren por verse esclavizados de un vicio que les obsesiona.

¡Cuánto más felices y tranquilos viven los que se encuentran libres de esta obsesión!

Es frecuente encontrarse jóvenes que han vivido tan aprisa que han quemado sus vidas y han llegado a viejos antes de dejar de ser jóvenes. Viven sin ilusión por nada, porque ya lo han probado todo, y todo les aburre, les cansa; viven tristes, entregados al alcohol, a las drogas, a la holgazanería. Hartos de todo se han quedado secos por falta de espíritu.

«Las experiencias sexuales precoces e ilegítimas impiden al adolescente madurar en su normal personalidad psicológica, ética y social, inficionándola a base de materialismo escéptico y hedonismo irresponsable»[1].

El mismo **Freud** reconoce que el libertinaje sexual es la muerte del amor:

«La libertad sexual ilimitada no conduce a mejores resultados.

»Nada cuesta comprobar que el valor psíquico de la necesidad sexual desciende desde el momento en que la satisfacción resulta fácil.

»Para que la libido crezca hacen falta obstáculos...

»En las épocas en que la satisfacción amorosa no ha encontrado

[1] Dr. NICOLÁS PENDE: *La anarquía sexual de los jóvenes.* Folia Humanística (XI-67)829

dificultades, el amor ha perdido todo valor, la vida se ha vuelto vacía, y han hecho falta fuertes reacciones para restablecer los valores afectivos indispensables.

»Desde este punto de vista cabe afirmar que el ascetismo cristiano ha creado para el amor todo un conjunto de valores psíquicos que la antigüedad pagana no había sabido conferirle»[1] .

Desgraciadamente el psicoanálisis no fue bien asimilado y arrastró a muchos al desenfreno sexual.

Se confundió el autodominio y la castidad con la represión. Queriendo evitar los peligros de ésta y librarse de los viejos tabúes, cayó el hombre moderno en mayor libertinaje[2] .

No te impresiones con los que confunden la virilidad con la bestialidad. El valor del hombre se mide por el carácter y la fuerza de voluntad; pero no por el instinto sexual, como los sementales de una ganadería.

El célebre doctor español, **D. Gregorio Marañón**, especialista en estas cuestiones, habla de «la necesidad de decir a los jóvenes, y de que sean los médicos y no los curas los que se lo digan, que la castidad no sólo no es perjudicial a la salud, sino un ahorro de la vitalidad futura; y que la condición de hombre no se mide por el garbo con que se ejecuta el acto sexual. Por el contrario, si hay una virtud específica de esa condición de hombre, es la virtud de la renunciación»[3] .

El autodominio, la fuerza de voluntad, el saber dominarse, es lo característico del hombre.

El no dominarse es lo característico del animal.

El animal sigue invariablemente el más fuerte de los estímulos que atraen su instinto.

El hombre puede dominar su instinto con la voluntad.

El que hace sólo lo que le apetece, obra como un animal.

El que hace lo que debe hacer, le apetezca o no, obra como un hombre.

Cuanto más hombre, más se domina. Cuanto menos se domina, más animal.

Por eso añade **Alexis Carrel**, Premio Nobel de Medicina, «los santos han sido hombres fuertemente sexuados»[4] .

Es que hace falta mucha más virilidad para vencer el instinto que para

---

[1] SIGMUND FREUD: *La vie sexuelle, pg. 63.* París 1969

[2] MANUEL VIERA: *Vida sexual y psicología moderna, I.* Ed. Mensajero. Bilbao

[3] GREGORIO MARAÑÓN: *Vocación y ética, pg. 173.* Madrid, 1936

[4] ALEXIS CARREL: *La incógnita del hombre, IV, 7.* Ed. Iberia. Barcelona, 1952

68,15

dejarse llevar de él.

Añade el doctor **Marañón** que el mujeriego es un feminoide.

Su afán de conquistar mujeres es para hacer alarde de su virilidad, por tener complejo de inferioridad varonil.

Quiere compensar su autoconciencia de deficiente masculinidad con conquistas femeninas para demostrarse a sí mismo y a los demás que es de verdad un hombre.

Por eso pierde interés por la mujer conquistada. Quiere nuevas conquistas, que supongan nuevos éxitos.

Y lo mismo le pasa a algunas mujeres que se ponen frívolas, coquetas, seductoras para autoconvencerse de que despiertan atractivo en los hombres, y cuando alguno, seducido, pretende entrar a fondo, ella le da un corte: «¿Te has creído que soy una cualquiera?, ¡Soy una mujer decente!», etc. etc. Le bastó autodemostrarse que es deseable. No pretendía llegar a más.

En ambos casos se utiliza a la otra persona para autoafirmarse uno mismo.

Es un disparate y una injuria a Dios decir que el hombre no puede dominar su pasión y que por lo tanto debe desahogarla cuando le apetezca.

Si Dios nos manda reprimir la lujuria, es porque esto es posible; si no, Dios sería cruel al mandarnos un imposible.

Dice **San Agustín**: «Dios no manda imposibles, sino que te manda que hagas lo que puedas y le pidas lo que no puedas, que Él te ayudará para que puedas»[1].

Pero además, importantes Congresos Internacionales de Medicina han manifestado que la castidad no sólo es posible, sino también muy buena para la salud.

Algunos dicen que la masturbación y la libertad sexual son buenas.

Pero esto sólo lo pueden decir aquellos para quienes el sexo es un producto de consumo, dada su concepción hedonista de la vida, totalmente al margen de la ley de Dios.

Pero Dios no puede prohibir lo que es bueno ni mandar lo que es malo.

Por eso los psicólogos, en su mayor parte, afirman que el autodominio propio, motivado por un ideal, es beneficioso para la maduración de la persona humana. Nadie se pone enfermo por ser casto.

En cambio son muchas las enfermedades producidas por la lujuria.

La prueba es que ningún médico pone en su puerta una placa que diga:

[1] SAN AGUSTÍN: *De natura et gratia. C. XLIII, nº 50.* MIGNE: Patrología Latina, 44, 271

«Especialista en enfermedades de la castidad».

En cambio muchos médicos tienen en su puerta una placa donde pone: «Especialista en enfermedades venéreas de transmisión sexual».

Y es que no existen enfermedades causadas por la castidad.

Por eso dice el **Dr. Jorge Surbled**[1], en su libro *La moral en sus relaciones con la medicina y la higiene:*

«Los males de la lujuria son conocidos, indiscutibles; mientras que los males de la castidad son supuestos e imaginarios.

»La prueba es que innumerables obras científicas y voluminosas se han consagrado a exponer los males de la lujuria; en cambio, jamás ha existido historiador para los males de la castidad»[2] .

Y el Doctor **Houssay**[3]: «No existen enfermedades ocasionadas por la castidad».

No son menos terminantes las afirmaciones del Dr. **Juan Agustín Etchepareborda**: «Considero que la castidad es posible y es asimismo inofensiva y aún beneficiosa para la salud del hombre tanto en su aspecto físico como en el síquico»[4] .

Dice el **Dr. Juan José López Ibor**, Catedrático de Psiquiatría de la Facultad de Medicina de Madrid, Académico de la Real Academia Nacional de Medicina y Presidente de la Federación Mundial de Psiquiatría: «Después de treinta años de experiencia médica, le diré que no conozco ningún caso de neurosis cuya causa sea la represión sexual»[5] .

Dice **Kraff-Ebing** en su libro *Psicopatología sexual*: «Muchos hombres, en cabal estado de salud y bien constituidos, pueden frenar sus propias pasiones sin resentirse lo más mínimo por esta continencia»[6] .

Lo que hay que hacer es aceptar la castidad voluntariamente y vivirla con naturalidad.

La castidad voluntaria aceptada por un ideal no tiene nada de represión, sino de dominio propio. Y el dominio propio es necesario para la educación de la voluntad.

[1] JORGE SURBLED: La moral en sus relaciones con la medicina y la higiene. Ed. Juan Gili. Barna.

[2] Dr. CARNOT: *El libro del joven, 1ª, I, 2.* Ed. Studium. Madrid

[3] ARMANDO DÍAZ, O.P.: *Valor de la vida y cultura de la muerte.* Universidad Católica de Santa Fe.

[4] MANUEL BELLO: *Función sexual.* Ed. Paulinas. Buenos Aires. 1970, pp. 135-6.

[5] SALVADOR PÁNIKER: *Conversaciones en Madrid, IV.* Ed. KAIROS. Barcelona, 1969

[6] EDUARDO ARCUSA, S.I.: *Eternas preguntas, IV, 6.* Ed. Balmes. Barcelona

«Mi opinión personal, fruto de larga experiencia, es que de una continencia libremente aceptada ninguna consecuencia dañosa pueden temer los jóvenes.

»El deporte y un intenso ejercicio físico son los mejores derivativos» (**Profesor A. Assamann**)[1].

En una reunión de médicos franceses celebrada en 1970, se dijo que es falso que el ejercicio de la sexualidad sea indispensable para la salud y el equilibrio[2].

Lo que hace falta es que los mecanismos psicológicos funcionen con normalidad integrando armónicamente el instinto sexual en el conjunto de la persona.

Por lo tanto, eso de que el dominio de la sexualidad produce neuróticos es un bulo fomentado por los pornócratas que hacen negocio explotando el apetito sexual de la gente.

La prueba es que miles y miles de hombres y mujeres que han consagrado a Dios su virginidad viven con inmensa paz, felicidad y salud de cuerpo y mente.

El hecho de que alguna vez se hayan dado neuróticos castos, no significa que la castidad sea causa de neurosis.

También a un hombre casto le puede atropellar un automóvil, y no vamos a decir que la causa del atropello fue la castidad.

Lo que no es bueno es estar excitando el instinto sexual con imaginaciones, deseos, tactos, etc., y después querer detener el proceso fisiológico.

Detener una traca es difícil. Es más fácil no encenderla.

Si desde el principio se ponen los medios para evitar esa tensión, el dominio del instinto sexual, puede ser una cosa natural que no presente problemas.

Por eso la moral católica quiere que se alejen los peligros de excitación sexual. Cuando hay dominio del instinto sexual sublimado por el ideal del servicio de Dios y de cumplir su voluntad en la finalidad del sexo, entonces, no sólo no hay nada perjudicial, sino un enriquecimiento de la persona humana.

La prueba está en el inmenso número de personas sanísimas física y

[1] Dr. LUIS SCREMINN: *El vicio solitario. Apéndice V.* Ed. Paulinas. Madrid

[2] Célibat et sexualité: Coloque des médecins français, pg. 129. París, 1970

psíquicamente que han guardado castidad conforme al ideal cristiano.

Una persona se realiza por el amor, pero no necesariamente por el amor sexual.

El sacrificar la vertiente sexual del amor humano no tiene por qué resultar represivo cuando se sublima con la ilusión de vivir un gran ideal.

Para realizarse como persona, no es el sexo lo más importante.

La persona humana tiene valores espirituales, ideales e ilusiones muy superiores a las satisfacciones de tipo sexual.

Los pornócratas, que hacen los grandes negocios con la pornografía, han lanzado una campaña ridiculizando la moral católica, poniendo la etiqueta peyorativa de «reprimido» a todo el que domina su apetito sexual. Pero los médicos recomiendan el dominio de la sexualidad.

En el II Congreso General de la Conferencia Internacional de Profilaxis Sanitaria, celebrada en Bruselas, los ciento dos miembros médicos especializados en esta materia, llegados de todo el mundo, votaron unánimemente la siguiente declaración:

«Debemos, sobre todo, enseñar a la juventud masculina que la castidad y la continencia no sólo no son perjudiciales, sino que estas virtudes son las más recomendables desde el punto de vista puramente médico»[1].

«Por consiguiente, hay que considerar errónea la opinión bastante difundida entre los profanos, y a veces entre los médicos, según la cual la falta de ejercicio de la actividad sexual llevaría a una gradual debilitación de la capacidad generativa.

»Aun desde el punto de vista neuropsíquico la continencia sexual no provoca daño alguno en el sujeto sano, especialmente si deriva de una orientación ideológica que se traduce en la práctica con la castidad de la vida y del pensamiento»[2].

En el hombre que guarda castidad, las hormonas de esas secreciones glandulares son reabsorbidas por el organismo, para el cual son altamente beneficiosas.

Y cuando el organismo no las necesita salen al exterior, de una manera natural y fisiológica, libre de todo pecado, en los **derrames nocturnos** de semen producidos durante sueños más o menos eróticos, pero que nunca son pecado, pues son involuntarios.

Lo que ocurre soñando nunca es pecado.

---

[1] JOSÉ BULNES, S.I.: *La Filosofía del deber, VI.* Ed. FAX. Madrid

[2] GIACOMO SANTORI: *Compendi di Sexología, 1ª, X.* Ed. FAX. Madrid

68,16

Estos derrames nocturnos periódicos no tienen nada de malo, son como una válvula de escape que aparece cuando el cuerpo lo necesita, y es normal entre los hombres que viven en continencia de modo habitual o temporal[1] .

Quien se despierta en una eyaculación nocturna, no tiene que hacer esfuerzos por reprimir lo que es un simple acto fisiológico[2] .

Lo mejor es desentenderse, en lo posible, de tal fenómeno. Si tú no aceptas voluntariamente ese deleite, no hay pecado alguno.

Los solteros no pueden engendrar hijos, pues éstos necesitan un hogar familiar para su educación. Por eso las **relaciones sexuales prematrimoniales** están prohibidas por Dios.

Dice **Armando Palacio Valdés** que cuando el corazón quiere una cosa, el entendimiento inventa una teoría.

Cuando nos apetece una cosa, es fácil encontrar razones para justificarla.

Pero frente a todas las razones de los que quieren justificar las relaciones sexuales prematrimoniales, está la palabra de Dios en la Biblia que dice:

«*El cuerpo no es para la fornicación*»[3] .

«*Huid de la fornicación*»[4] .

«*Absteneos de la fornicación*»[5] .

«*Esta es la voluntad de Dios, que os abstengáis de la fornicación*»[6] .

«*Los fornicarios no entrarán en el reino de los cielos*»[7] .

«*Dios condenará a los fornicarios y a los adúlteros*»[8] .

«*Los fornicarios se irán al infierno*»[9] .

«La fornicación es la unión carnal entre un hombre y una mujer fuera del matrimonio»[10] .

---

[1] Dr. J. DOMÍNGUEZ: *Felicidad sexual, VII, 2.* Ed. Plus Ultra. Nueva York, 1971

[2] B. HÄRING: *La ley de Cristo, 2º, 2ª, 3ª, V, 2.* Ed. Herder. Barcelona

[3] SAN PABLO: Primera Carta a los Corintios, **6**:13

[4] SAN PABLO: Primera Carta a los Corintios, **6**:18

[5] Hechos de los Apóstoles, **15**: 29

[6] SAN PABLO: Primera Carta a los Tesalonicenses, **4**:3

[7] SAN PABLO: Primera Carta a los Corintios, **6**:9s

[8] Carta a los Hebreos, **13**:4

[9] Apocalipsis, **2**:8

[10] **Nuevo Catecismo de la Iglesia Católica, nº 2353**

Ésta es la doctrina de la Biblia que enseña la Iglesia Católica. «La opinión de un autor o de cien autores -se llamen o no se llamen teólogos-, lo mismo que los modos de conducta que se observen en la vida corriente, aunque estén muy difundidos, no tienen por qué ser rectos y válidos»[1].

16. El peor **castigo de la lujuria** está en la otra vida, pero Dios ha querido que la misma naturaleza se vengue de los que abusan de ella en placeres ilícitos con las enfermedades venéreas de transmisión sexual. Estas enfermedades son gravísimas y hereditarias.

Últimamente en España han alcanzado proporciones alarmantes. El **Dr. Luis Olmos**, Presidente del E.T.S., afirma que desde 1982 las enfermedades de transmisión sexual se han duplicado en España[2].

La revista *Tribuna Médica* de Madrid, dice que «la sífilis se ha convertido en la enfermedad infecciosa más frecuente en España después del catarro común»[3].

«La prostitución constituye una lacra social»[4].

No pises jamás una casa de **mujeres públicas**, porque es ofensa de Dios y un pecado que mata tu alma y la condena al infierno.

Pero, además, porque contraerás enfermedades venéreas, que son hereditarias, que producen frecuentemente complicaciones en el sistema nervioso, afecciones agudas en el corazón, parálisis, locura, etc. Y esto no sólo para ti, sino también para tu mujer y para tus hijos.

Y es un crimen que por un placer tuyo momentáneo, hagas desgraciados para toda la vida a esos hijos tuyos a quienes vas a querer con toda tu alma.

Los hijos del sifilítico pueden nacer paralíticos, ciegos, sordomudos, imbéciles: siempre tarados. «Los sifilíticos por herencia son a menudo carne de manicomio» (**Doctor Corominas**).

«La sífilis es germen de locura para el sujeto que la contrajo; y de epilepsia idiotez y meningitis para sus hijos»[5].

En los libros de Psiquiatría hay un tipo de locura especial de los

[1] JOSÉ LUIS SORIA: *39 Cuestiones doctrinales, V, 2.* Ed. Palabra. Madrid. 1990

[2] Diario YA, 7-VI-86, pg. 40

[3] Revista TRIBUNA MÉDICA, 26-XII-75

[4] **Nuevo Catecismo de la Iglesia Católica, nº 2355**

[5] Dr. VALLEJO NÁGERA: *Antes que te cases, II, 16.* Ed. Plus Ultra. Madrid.

sifilíticos que se llama «psicosis sifilítica».

«La demencia paralítica se presenta de ordinario a los 10 ó 15 años después de la infección sifilítica... No hay demencia paralítica que no haya sido precedida por la sífilis»[1]. «La sífilis puede persistir en estado latente, es decir, sin dar manifestaciones visibles de su existencia, mientras va minando silenciosamente el organismo y produciendo destrozos que ya serán irreparables, aunque se aplique el mejor de los tratamientos, si se aplica tarde»[2]. El ilustre sifilógrafo Profesor **Fournier**, dice que la sífilis provoca lesiones desorganizadoras y destructivas de los tejidos orgánicos. Piel, huesos, ojos, laringe, pulmones, hígado, estómago, intestinos, sistema nervioso; todo órgano puede ser atacado. Y estas lesiones siempre son graves. Los estragos de la sífilis son especialmente en el cerebro y en la médula. Dolores nerviosos, parálisis, epilepsia, apoplejía, etc. son el patrimonio casi inevitable del sifilítico en su tercer período[3].

No te fíes de los que te dignan que hoy se curan las enfermedades venéreas. Es cierto que algunas veces se curan, pero no siempre.

Algunos que se creían curados se casaron, y después tuvieron que sufrir con horror las trágicas consecuencias de su enfermedad[4].

El estudio realizado por la Organización Mundial de la Salud (OMS) en Ginebra sobre la evolución de la sífilis durante los años 1950-1963 demuestra de un modo impresionante cómo ha aumentado el número de casos[5]. La sífilis, que pareció completamente aniquilada, vuelve a levantar cabeza, y en forma bastante intranquilizadora[6].

Lord Stonham, Subsecretario laborista del Ministerio de Gobernación inglés, habló en un discurso, ante la Asamblea de Médicos Británicos, del creciente aumento de las enfermedades venéreas a pesar de los adelantos de la Medicina[7]. Según recientes declaraciones del Jefe Provincial de Sanidad de Madrid, **Dr. Fernández Turégano**, las enfermedades venéreas se han disparado[8]. Estadísticas de Sanidad afirman que se dan mil casos mensuales hoy en España[9] «Cincuenta millones de norteamericanos están infectados de herpes genital, de dolor intenso y terriblemente molesto»[10].

El **Dr. Martínez Torres**, dermovenerólogo, pronunció una brillantísima

[1] BLESS: *Pastoral Psiquiátrica, V, B, II, 5.* Ed. FAX. Madrid

[2] Dr. COROMINAS: *Vida sexual, 2ª, I, 10.* Ed. Gasso. Barcelona

[3] P. HORNAERT, S.I.: *El combate de la pureza, VI, 16.* Ed. Sal Terrae. Santander, 7ª edición

[4] Dr. CARNOT: *El libro del joven, 1ª, I, 1* y todo el capítulo IV de la 4ª parte

[5] Revista IBÉRICA de Actualidad Científica, 32(II-65)76

[6] JUAN ROF CARBALLO: *El futuro del hombre, II.* Ed. BAC. Madrid

[7] Revista ROCA VIVA, 336 (VIII,IX-96) 338

[8] Diario INFORMACIONES de Madrid. Supl. semanal nº323(19-I-77) pg. 1

[9] Diario LA VERDAD de Murcia, 9-XII-77, pg. 5

[10] ABC, Cultural, 192 (7-VII-95) 53

conferencia en que citó una estadística de la Organización Mundial de la Salud referente a los Estados Unidos, en donde se registraron en 1971 dos millones de casos de enfermedades venéreas que afectaron, en la proporción de uno de cada cinco a menores de veinte años. Hubo cinco mil casos entre jóvenes menores de catorce años. Dos mil casos entre menores de nueve años. La probabilidad en que un individuo contraiga la enfermedad venérea antes de los veinticinco años alcanza actualmente el 50%[1] .En casos de duda debe hacerse el test sanguíneo de la sífilis.

Por amor a tu alma, por amor a tu cuerpo, por amor a tu futura mujer y a tus hijos, **no te dejes esclavizar** del vicio impuro.

El SIDA, llamada la peste del siglo XX por los miles de muertos que ha producido[2] , hoy no tiene remedio eficaz[3] .

El profesor **Robert Gallo,** descubridor del virus del SIDA, dijo en Frankfurt, el 1º de Octubre de 1997, en un Congreso de la Sociedad Internacional de Transfusiones de Sangre: «No hay a la vista nada definitivo que cure el SIDA»[4] .

Según la Organización Mundial de la Salud durante 1996 murieron por SIDA 1.500.000 personas[5] .

Según el mismo organismo se cifra entre cinco y diez millones de personas afectadas en el mundo por dicha enfermedad[6] . Y lo peor es que se puede ser portador del SIDA sin saberlo, pues el virus del SIDA se incuba durante un período que oscila entre los cinco y diez años.

España es el país de Europa en el que más se propaga el SIDA[7] . España tiene tres veces más enfermos de SIDA que la media de enfermos de SIDA del resto de los países de Europa[8] . España es el país de Europa con más enfermos de SIDA por habitante. El doble que Francia, que ocupa el segundo puesto. Así lo afirma **D. José Torres Ibáñez,** Presidente de la Fundación Anti-SIDA de España (FASE)[9] .El Ministerio de Sanidad afirmó que en España cada semana hay veinticinco nuevos casos de SIDA[10] .

Son ya 2.723 los muertos por el SIDA en España[11] .

Según **Francisco Parras,** Secretario del Plan Nacional sobre el SIDA, esta enfermedad es la primera causa de muerte en la población española,

---

[1] Crónica del DR. FRANCISCO MARTINO en el YA de Madrid, 27-XII-73

[2] Diario ABC de Madrid, 6-VIII-86, pg. 36

[3] Diario YA, 14-VI-86, pg. 28

[4] Diario ABC de Madrid, 2-X-97, pg. 65 y 69

[5] Diario ABC de Madrid, 27-I-97, pg. 68

[6] Diario YA, 24-VI-86, pg. 41

[7] Diario ABC de Madrid, 20-X-97, pg. 19

[8] Diario ABC de Madrid, 23-II-95, pg. 41

[9]DIARIO DE CÁDIZ, 1-VII-97, pg.28

[10] Diario EL CORREO ESPAÑOL-EL PUEBLO VASCO, 15-VII-88, pg. 53

[11] Diario YA, 22-II-90, pg. 58

de veinticinco a treinta y nueve años[1]. En España mueren por SIDA más jóvenes que en la carretera[2]. Y el 70% de los nuevos casos de SIDA en España corresponde a adolescentes[3]

Según el **Dr.Diego Dámaso López**, Jefe de Microbiología de la Clínica Puerta de Hierro, y Catedrático titular de Microbiología de la Universidad Autónoma de Madrid, en el coloquio celebrado en el Club Siglo XXI, sobre la problemática del SIDA, afirmó: «EL SIDA puede convertirse en una especie de "gripe mortal"»[4].

Según la Organización Mundial de la Salud cada año se producen en el mundo más de doscientos cincuenta millones de nuevos casos de enfermedades de transmisión sexual; lo que supone un caso por cada veinte personas[5].

Según un artículo de **Almudena Martínez,** en el ABC de Madrid del 24 de noviembre de 1999, en un informe de la Organización Mundial de la Salud (OMS), se muestra que en el mundo hay cincuenta millones de enfermos de SIDA, de los cuales dieciséis millones han muerto.

El SIDA ha matado en veinte años a veintidós millones de personas[6].

Montagnier, descubridor del SIDA en 1983, piensa que la batalla contra el SIDA está perdida, pues la velocidad de propagación del virus ha sobrepasado a la velocidad de los científicos que trabajan en la búsqueda de una solución[7].

Un equipo de investigadores de la Universidad de Frankfurt ha publicado en la revista de investigación médica *Nature*, que el SIDA es mortal para el 75% de los portadores de esta enfermedad[8].

El Dr. **Adamson** y sus colaboradores de la Universidad de Hopkins han publicado en la revista científica norteamericana *Science* que el virus del SIDA penetra en el sistema nervioso central y es causa de demencia severa en el 20% de los enfermos del SIDA[9].

Es curioso que actualmente no sólo son los sacerdotes y moralistas, sino también los médicos, los que recomiendan pureza a la juventud.

Como una de las causas principales de la transmisión del SIDA ha sido la promiscuidad sexual, el **Dr.Jonathan Mann**, Director del Programa sobre el SIDA de la O.M.S. afirma que la mejor manera de combatir el SIDA es la

---

[1] DIARIO DE CÁDIZ, 19-X-95, pg. 27
[2] Diario ABC de Madrid, 2-III-97, pg.88
[3] Diario ABC de Madrid, 28-V-99, pg.47
[4] Diario YA, 13-II-86, pg. 36
[5] DIARIO DE CÁDIZ, 26-X-94, pg.30
[6] Diario LA RAZÓN, 6-VI-2001, pg. 43
[7] Diario YA, 15-VII-91, pg. 49
[8] Diario YA, 5-XII-86, pg. 39
[9] ABC Cultural, 267 (13-XII-96) 54

abstinencia sexual[1].

En el VI Simposio de Estudios sobre el SIDA, celebrado en Puerto Rico en diciembre de 1998, uno de los científicos que están investigando la vacuna contra el SIDA, **Kraiselburd,** advirtió de la facilidad de contraer el SIDA en contactos sexuales casuales, y afirmó que la mejor manera de prevenir el SIDA es un estilo de vida moral[2].

El doctor **Justo Aznar,** Jefe del Departamento de Biopatología Clínica del Hospital de la Fe en Valencia, dice que «la única norma segura para evitar el SIDA es la pareja sana y estable: la monogamia y la fidelidad»[3].

Y el **Dr. Gómez Lavón,** médico psiquiatra: «La única prevención eficaz contra el SIDA y las demás enfermedades venéreas es la castidad en la juventud y la fidelidad conyugal»[4].

El Jefe de la Sección de Enfermedades Infecciosas del Instituto de Salud Carlos III, **Vicente Serrano,** afirma: «La única manera de asegurarse de no contraer el SIDA por vía sexual es mantener relaciones con una pareja sana y estable»[5].

El 6 de enero de 1991, dijo el **Dr. Alfonso Delgado Rubio** por Radio Nacional, a las 10:45 de la mañana, que la única manera segura de evitar el SIDA es la fidelidad de la pareja; y que el virus del SIDA puede quedar oculto durante muchos años, sin dar la cara.

Sobre esta cuestión el Centro para el Control y Prevención de las Enfermedades Infecciosas de Atlanta (CCD), el más importante organismo médico sobre transmisión de enfermedades infecciosas, afirma:

«La abstinencia y las relaciones sexuales con una pareja sana son las únicas estrategias absolutamente seguras para evitar el sida. El adecuado uso del condón en cada acto sexual puede reducir, pero no eliminar el riesgo de transmisión de enfermedades sexuales»[6].

En la campaña japonesa contra el SIDA se dice:

«¿Sabes que cada vez que te acuestas con tu amigo te estás acostando con su anterior amiga, con un amigo que ella tuvo antes, y con las amigas de ese amigo? Quizás uno de ellos tenía SIDA»[7].

Como le pasó a aquella chica -caso histórico- que un día descubrió que tenía SIDA, y después se enteró que hacía un tiempo murió de SIDA un chico que se había acostado con ella.

Harvey Finerberg, decano de la Escuela de Salud Pública de la

---

[1] Diario YA, 19-II-88, pg. 9

[2] ZENIT: Boletín informativo del Vaticano en INTERNET, ZS98122006.

[3] Diario ABC de Madrid, 4-II-93, pg. 69

[4] Diario YA, 26-XII-92, pg.16

[5] Diario ABC de Madrid, 11-XII-99, pg.50

[6] ZENIT: Boletín Informativo del Vaticano en INTERNET del 8- V-99 . News Agency.

[7] Diario YA, 11-XI-92, pg. 6

Universidad de Harvard, dice: «Cualquier persona que practique relaciones sexuales fuera del matrimonio se expone a contraer el SIDA»[1].

«El virus del SIDA corrompe los fluidos vitales transformando la sangre y el semen de fuentes de vida en instrumentos de muerte. Y durante el período de latencia que puede durar ocho años o más, el paciente se encuentra sano pero puede transmitir el virus a otra persona»[2].

Recientemente Televisión Española y Radio Nacional han estado haciendo insistentemente propaganda del uso de preservativos a los jóvenes en sus relaciones sexuales para evitar el SIDA, como si este remedio fuera seguro. Sin embargo, los sexólogos norteamericanos **Masters, Johnson y Kolodny** afirman que conocen casos de contaminación del SIDA por vía sexual a pesar de haber usado el preservativo[3].

Carlos Domat, ministro de Sanidad italiano, en una carta a veinte millones de familias, recomienda la castidad contra el SIDA, pues el preservativo no es remedio seguro para prevenir el contagio[4].

La Audiencia Nacional en una sentencia de 1993 anuló la campaña PÓNTELO, PÓNSELO porque ocultaba a la población los riesgos asociados al uso del preservativo, por el alto porcentaje de fallos en la prevención del SIDA[5].

«La prevención del SIDA mediante el preservativo es un cuento de hadas» afirma categóricamente el **Profesor Hansjürgen Raetting**, Director de la Oficina Federal Alemana de Sanidad.

El **Dr. Jerónimo Lejeune**, Catedrático de Genética Fundamental de la Universidad de París, ha afirmado que:

«Todos los responsables de la salud saben perfectamente que los preservativos no pueden parar la epidemia del SIDA»[6].

Está comprobado que en el 10% de los casos el uso del preservativo no evita el contagio del SIDA[7]. El 10% de los que se han contagiado del SIDA ha sido usando el preservativo[8] Un estudio publicado en *The New England Journal of Medicine* se indica que el fallo del preservativo para prevenir la trasmisión del SIDA pude llegar al 17%[9]. El mismo Ministerio de Sanidad reconoce en el Boletín Epidemiológico (nº 2802 de Enero de 1988) que el preservativo no elimina el riesgo de contagio del SIDA[10].

---

[1] HARVEY FINERBERG: Revista INVESTIGACIÓN Y CIENCIA, XII, (1988)122

[2] HARVEY FINERBERG: Revista INVESTIGACIÓN Y CIENCIA, XII, (1988)122

[3] Revista YA, 22-V-88, pg. 11

[4] Diario YA, 6-I-89, pg. 13

[5] Revista FAMILIA CRISTIANA 3(III-95)11

[6] DIARIO DE CÁDIZ, 4-XII-90, pg. 32

[7] Revista ECCLESIA, 2502 (17-XI-90)9

[8] Diario YA, 1-XI-88, pg. 13

[9] Diario ABC de Madrid, 4-II-93, pg. 69

[10] Diario YA, 15-IV-93, pg. 16

En la revista *Farmacéuticos* del Consejo General de los Colegios Oficiales de esta profesión dice **D. Rafael Muñoz**, Presidente del Colegio Oficial de Jaén, que el preservativo no evita el SIDA.

Por eso siendo España el país de la Comunidad Europea donde se venden más preservativos, es también el que tiene más enfermos de SIDA.

El profesor **Polaino**, Catedrático de Psicopatología de la Universidad Complutense de Madrid, ha dicho:

«Es un error combatir la difusión del SIDA mediante el uso del preservativo. Yo he tratado a muchos pacientes con SIDA que habían usado preservativos. Probablemente si no los hubieran utilizado, no habrían tenido esas relaciones sexuales, y ahora, no tendrían el SIDA»[1].

André Frossard, célebre comunista, después convertido al catolicismo, autor del libro *Dios existe, yo me lo encontré,* refiriéndose a la campaña que recomienda el preservativo para luchar contra el SIDA, dice: «¿Puede servir la mentira para luchar contra el SIDA?»[2].

Alfonso López Quintas, Catedrático de la Universidad Complutense de Madrid, dijo en el ABC: «Resulta incomprensible que se presente como remedio decisivo contra el SIDA el uso de preservativos. Los especialistas afirman que los preservativos, aunque sean de buena calidad y se usen debidamente, suelen fallar». Y termina con estas palabras: «Quisiera saber hasta cuándo va durar esta farsa de afirmar que se está contra el SIDA y se sigue promoviendo el gran negocio de los preservativos»[3].

«El preservativo protege solamente un 70%, y son erróneas por tanto las campañas oficiales que promueven el uso de estos preservativos para evitar el SIDA», dice el Presidente de la Federación de Planificación familiar de Dinamarca, **Dr. Mogens Osler**.

La Universidad de Texas ha demostrado que en el 32% de los casos el preservativo no evita el contagio del SIDA[4].

«En la goma del condón existen poros que permiten el paso del HIV (el virus del SIDA), ha demostrado, mediante microscopía electrónica, el científico **Cecil H. Fox**, del Instituto Nacional de Salud de Maryland.

El virus del SIDA es más pequeño que los poros de la goma del preservativo, según **Hopkins** en *Population report, nº 8* .

El diámetro de los poros de la goma es de 5 micras, mientras que el tamaño del letal virus del SIDA es de 0,1 micras[5], es decir, el virus es cincuenta veces más pequeño que los poros de la goma.

Por eso ninguno de los 800 sexólogos que asistían a una conferencia (la

[1] DIARIO DE CÁDIZ, 15-IX-90, pg. 27

[2] Revista PROYECCIÓN MUNDIAL, 38 (1995) 50s. México, D.F.

[3] Diario ABC de Madrid, 6-XII-94, pg. 14

[4] Diario ABC de Madrid, 15-VIII-94, pg. 56

[5] Revista MIR, 2 (IX-95) 7

National Conference on HIV, Washington DC, 15-18 de Noviembre de 1991) levantó la mano cuando se les preguntó quiénes de ellos confiarían en un preservativo durante las relaciones sexuales con alguien que ellos supieran que tuviera SIDA[1]

En el Simposio Internacional sobre el SIDA celebrado en Valencia se dijo que «el preservativo no es suficiente para evitar el SIDA».

No hubo ni una sol voz que afirmara que el preservativo es la mejor solución para prevenir el SIDA[2].

«El contagio del SIDA se debe casi siempre a relaciones sexuales. Y éstas son fomentadas por la falsa propaganda de que los preservativos dan una seguridad absoluta»[3]

Por esto la Organización Mundial de la Salud señala que «la evolución de los comportamientos sexuales es un imperativo capital»[4].

La Oficina Suiza de Información sobre el SIDA dice: «Los estudios más recientes sobre la prevención del SIDA demuestran que la suposición de que los preservativos ofrecen una protección fiable contra el SIDA es una peligrosa ilusión»[5].

El **Dr. Billings** dice: «Es poco serio enseñar que se puede confiar en el preservativo como medio para prevenir el SIDA. (...)

»Sólo existe una forma realmente efectiva para que una persona se asegure de que no adquirirá el SIDA a través del contacto sexual: castidad, fuera del matrimonio y fidelidad, en el matrimonio»[6].

Los pedagogos han comprobado experimentalmente que la enseñanza de la castidad no sólo favorece la maduración del carácter sino que disminuye el número de embarazos entre los adolescentes de modo más eficaz que la enseñanza de sistemas anticonceptivos[7]. ¿No sería mucho más eficaz educar a los jóvenes para la pureza? ¿No sería mucho más razonable decir que la verdadera solución es respetar el uso de la capacidad procreativa dentro del matrimonio, que es el uso natural del sexo?

«Ésta es la única manera digna de preservarse del SIDA».

El gobierno de los EE.UU. ha dedicado 60.000 millones de pesetas en programas de educación sexual que enseñan a los adolescentes que la mejor receta es la abstinencia sexual[8].

Mientras en Estados Unidos, la Secretaría de Educación ha difundido por los *Colleges* un documento recomendando a la juventud la continencia para

[1] In Defense of a Little Virginity, USA Today, April 14, 1992.

[2] Diario ABC de Madrid, 15-IV-93, pg. 73

[3] ALFONSO LÓPEZ QUINTÁS: *El amor humano, I, 1.* EDIBESA. Madrid. 1991

[4] DIARIO DE CÁDIZ, 30-XI-91, pg.30

[5] Diario YA, 24-I-92, pg. 20

[6] JOHN BILLINGS: *El don de la vida y del amor, II, 32.* Ed. Mundo cristiano. Madrid. 1994.

[7] Diario ABC de Madrid, 13-VI-94, pg. 96

[8] Diario ABC de Madrid, 8-IV-99, pg.12

evitar el SIDA[1], nuestro Ministerio de Educación remitió a los Centros de Bachillerato un documento aconsejando el uso de preservativos para evitar el SIDA[2]. En España el ministerio socialista de Asuntos Sociales ha regalado un millón de preservativos a los adolescentes[3]. En cambio la Administración **Clinton** de Estados Unidos ha dedicado para la educación de la castidad de los jóvenes trescientos millones de dólares[4].

Según **N. Pedrazuela,** el Centro para el Control y Prevención de enfermedades infecciosas de Atlanta (EE.UU), el más importante organismo médico del mundo sobre esta enfermedad, ha dicho: «la abstinencia y las relaciones sexuales con una pareja sana son las únicas estrategias seguras para evitar el SIDA. El adecuado uso del condón, en cada acto sexual, puede reducir, pero no eliminar el riesgo de trasmisión de enfermedades sexuales»[5].

Menos mal que la nueva campaña contra el SIDA lanzada por el Ministerio de Sanidad el 28 de Octubre de 1997 recomienda a los jóvenes que retrasen el inicio de sus relaciones sexuales y eviten la promiscuidad. Es un avance. Pero no es suficiente. La verdadera solución sería recomendarles que esperen al matrimonio[6]

La preocupación por el SIDA ha hecho que los norteamericanos sean más precavidos en sus relaciones sexuales. Hay indicios de que la fidelidad conyugal ha aumentado[7]. Las parejas valoran cada día más la fidelidad y el respeto, según un estudio publicado por el Ministerio de Asuntos Sociales[8].

Según unos estudios sociológicos de la Agencia EFE, la mayoría de los jóvenes españoles optan por el matrimonio religioso y la fidelidad matrimonial, y rechazan las relaciones sexuales extramatrimoniales[9].

«Desde hace tiempo en Estados Unidos algunas personas y grupos están promoviendo la castidad entre los jóvenes como el medio para evitar los múltiples problemas que resultan de las relaciones prematrimoniales. Esta campaña fue apoyada por el candidato presidencial republicano, **George Bush,** esta semana. Su declaración tuvo lugar durante un encuentro en una escuela en el estado de South Carolina. Allí **Bush** exhortó a los jóvenes a abstenerse de las relaciones sexuales. Según un comunicado de *«Griffen Communications»* (19/6/99), en el estado de Illinois tres participantes en un desfile de belleza declararon que promoverán la

[1] Diario YA, 10-VI-90, pg. 15

[2] Diario YA, 10-VI-90, pg. 15

[3] DIARIO 16, Crónica del siglo XX, nº 124, pg. 1483

[4] Diario ABC de Madrid, 15-VIII-94, pg.57

[5] Diario LA RAZÓN, 7-XII-2000, pg. 8.

[6] Diario ABC de Madrid, 29-X-97, pg.47

[7] Diario ABC de Madrid, 31-I-86, pg. 85

[8] DIARIO DE CÁDIZ, 14-II-94, pg. 48

[9] Diario YA, 14-II-90, pg. 54

castidad entre los jóvenes del estado. Igualmente las tres, **Erika Harold, Maggie Johnson y Tara Bollinger** informaron que son portavoces de organizaciones que promueven la castidad hasta el momento del matrimonio. **Kathleen Sullivan,** directora de *«Project Reality»*, comentó que hoy en día están emergiendo nuevos modelos para los jóvenes, que podrán ocasionar un cambio en el comportamiento sexual de los adolescentes. *«Project Reality»* es un grupo que promueve la castidad entre los jóvenes hasta el matrimonio»[1].

Conviene saber, aunque parezca lo contrario, que son más los jóvenes puros: «un reciente encuesta en seis universidades norteamericanas ha demostrado que las cuatro quintas partes de los estudiantes no han tenido relaciones sexuales»[2] . Precisamente en Estados Unidos se han puesto de moda los llamados «Club de virginidad» donde jóvenes de ambos sexos se dan apoyo moral en su compromiso de ser vírgenes hasta el matrimonio[3].

«LA CASTIDAD SE PONE DE MODA. (ZENIT).- Son ya un buen número de ídolos de quinceañeros que anuncian que quieren mantenerse vírgenes y castos antes del matrimonio.

»La revista *«US Magazine»* ha publicado una lista de jóvenes estrellas que han optado por vivir la castidad hasta el matrimonio.

»Entre los que anuncian con orgullo esta decisión se encuentra el jugador de baloncesto **A.C. Green**, uno de los hombres clave de los *Angeles Lakers*, la joven tenista rusa **Ana Kournikova**, **Leelee Sobieski,** de 17 años, protagonista de la miniserie Juana de Arco, y **Jonathan Jackson**, también de 17 años, que actúa como *«Lucky»* en la serie «General Hospital». **Enrique,** el cantante e hijo del mítico **Julio Iglesias**, se ha sumado a esta declaración.

»El anuncio de **Iglesias** hijo, con récords de ventas en todo el mundo, ha sido tal vez la mayor sorpresa. **Enrique** ha declarado lo siguiente: "Soy virgen y quiero seguir así hasta el matrimonio".

»Aunque las cifras de precocidad sexual en todo Occidente no hacían prever un movimiento contracorriente semejante, los "clubes de castidad" van incrementando sus adeptos.

»En pocos meses surgieron grupos como "Las Mejores Amigas", "Escoger", "Chicas S.A", "Siguiente Generación". En realidad estos jóvenes no han descubierto nada. La virginidad ha sido desde siempre un valor cristiano»[4].

---

[1] ZENIT, SEMANA INTERNACIONAL: Boletín informativo del Vaticano en INTERNET del 26-VI-99.

[2] BLANCA VERASTEGUI, psicóloga. Revista DIÁLOGO, 1979

[3] Diario ABC de Madrid, 7-II-94, pg. 48

[4] ZENIT, Boletín informativo del Vaticano en INTERNET del 21-II-2000: ZS00022102

Ira Matathia y **Marian Salzman** han publicado un libro en la Editorial Planeta titulado *TENDENCIAS: Estilos de vida para el nuevo milenio,* que en su capítulo *El amor y la lujuria* dice: «No deja de resultar curioso que en esta época de mensajes sexuales tan explícitos la abstinencia sexual haya empezado a ponerse de moda. (...) Hay ídolos adolescentes que promueven la abstinencia sexual antes del matrimonio como algo "guai". Entre ellos figuran la cantante norteamericana **Britney Spears,** el vocalista irlandés **Ronan Keatin,** y **Green,** la estrella de la NBA fundador de una compañía de "Atletas por la abstinencia sexual"»[1].

Una profesora de Psicología de la Universidad de Berkeley, **Gabrielle Brown**, ha escrito un libro que ha sido un «best-seller» y es un catecismo del anti-sexo, la apología de la continencia voluntaria. Se titula *Por qué abstenerse es un placer* Trata de las frustraciones y neurosis que ocasiona el libertinaje sexual.

El encargado de las escuelas públicas en Chicago, **Paul Vallas,** declaró que la ciudad debe promover la castidad como la primera opción en los programas de salud[2].

Según un análisis de **Susan Martinuk** publicado en el *"National Post"* (31/1/00) los adolescentes están optando en favor de la castidad y en contra del sexo fácil, típico de la generación de sus padres.

Muchos están esperando más tiempo antes de iniciar relaciones sexuales y además se espera que en este año el número de matrimonios aumentará[3].

También en Italia se ha puesto de moda la castidad entre la juventud[4] .

El carácter de incurabilidad del SIDA y el hecho de que medio millón de nuevos casos aparezcan cada año, ha determinado que muchos norteamericanos piensen en la conveniencia de retornar a los antiguos cánones sexuales, según los cuales la pareja deber ser monógama, y la felicidad es un valor reconocido.

Numerosas opiniones, como la del terapeuta **Dominik Riccio**, de Nueva York, subrayan este cambio en los hábitos sexuales de los norteamericanos: «Están desilusionados del sexo libre y aterrados ante el

[1] Diario LA RAZÓN, 17-II-2001, pg.39

[2] ZENIT: Boletín informativo del Vaticano en INTERNET del 28-XI-98.

[3] ZENIT: Boletín informativo del Vaticano en INTERNET. SEMANA INTERNACIONAL, 5-II- de 2000

[4] Diario YA, 14-IV-89, pg. 14

peligro de contraer herpes, y tenerlo para siempre» dice este especialista.

El herpes genital ha destruido numerosas parejas y ha causado graves problemas psicológicos sus víctimas, sumidas en muchos casos en el aislamiento y la depresión[1].

El herpes genital es una enfermedad venérea que se transmite por las relaciones sexuales, cuyo virus se aloja en el sistema nervioso y que produce en la mujer cáncer de cervix y en el recién nacido lesiones en el cerebro que condicionan gravemente su posterior desarrollo mental[2].

«Los oncólogos sospechan que la **revolución sexual** explicaría la elevada incidencia del **cáncer uterino** en la actualidad. El virus VPH es trasmitido a la mujer por su compañero sexual durante el coito»[3].

El **Dr. Rafael Comino,** Director del Segundo Curso Internacional sobre la Prevención del Cáncer Ginecológico, con la presencia de más de doscientos prestigiosos profesores españoles, franceses y americanos, afirmó que una de las principales causas de este cáncer es la liberalización de las relaciones sexuales[4].

Robert Gallo, científico americano, que ha descubierto el virus HPLV-III, agente del SIDA, manifestó que este virus puede permanecer en el cuerpo del individuo toda la vida. Además, el SIDA, según parece, degenera en cáncer

El **Dr. Juan Rey Calero**, Profesor de Medicina Preventiva de la Universidad Autónoma de Madrid, ha dicho que el hecho de que las relaciones sexuales entre adolescentes hayan aumentado entre los años 1980 y 1990, ha producido un extraordinario aumento entre ellos de las enfermedades de transmisión sexual. Un tercio de estos enfermos son adolescentes[5].

«El gobierno japonés ha aprobado un decreto según el cual se prohíbe la entrada en el Japón a los extranjeros portadores del virus del SIDA»[6].

---

[1] RICARDO GÓMEZ ALONSO, en Diario YA, 16-IX-87, pg.14

[2] Diario YA, 22-IV-85, pg. 5

[3] Revista EL SEMANAL, 684 (3-9, XII, 2000) 75.

[4] DIARIO DE CÁDIZ, 29-X-99, pg. E2

[5] Diario YA, 16-VII-92, pg. 24

[6] Diario YA, 25-II-87, pg. 42

El SIDA también puede transmitirse por relaciones sexuales entre lesbianas. Según la revista médica británica *The Lancet*, una mujer lesbiana enferma de SIDA declaró que no se drogaba ni recibió ninguna transfusión de sangre, ni tuvo relaciones sexuales con ningún hombre: sólo con lesbianas[1] .

Según el doctor inglés **John Seall** en el *British Medical Journal* esta enfermedad se puede contraer por medio de un beso, pues la saliva es un transmisor del virus del SIDA[2].

En la Conferencia Mundial sobre el SIDA celebrada en Florencia en junio de 1991, el equipo de investigadores del Instituto Oncológico de Boston (EE.UU) informó que el SIDA puede también transmitirse por la mucosa bucal.

Es decir, que el beso «mojado» puede transmitir el SIDA[3] .

Lo mismo opina **Williams Roger** responsable de los Centros de Control de Infecciones de Estados Unidos en la revista *The Lancet*. .

Por eso el Sindicato de Actores y Actrices norteamericanos, ha adoptado que los actores deben ser informados antes de aceptar un papel, a qué tipo de beso se comprometen y con quién[4] .

Muchos expertos en SIDA están convencidos de que este virus está presente en todos los líquidos biológicos, incluida la saliva[5] .

La empresa norteamericana EPITONE ha comercializado un método para diagnosticar el SIDA analizando la saliva[6]

Por otra parte la doctora **Lee-Huang** ha publicado en la revista *Proceedings* que en la saliva se encuentran unas proteínas que inhiben el virus del SIDA[7].

---

[1] Diario YA, 14-I-89, pg. 19

[2] Diario YA, 12-VII-87, pg. 16

[3] Diario LA VANGUARDIA de Barcelona, 20-VI-91, pg. 38

[4] Diario YA, 1-XI-85, pg. 38

[5] DIARIO DE CÁDIZ, 3-XII-91, pg. 56

[6] ABC cultural, 120 (18-II-94) 57; 218 (5-I-96) 56

[7] DIARIO DE CÁDIZ, 16-III-99, pg.36

17. Con frecuencia se oyen hoy ideas sobre sexualidad tendenciosas y corruptoras que pretenden «mentalizar» a la gente para llevarlas al libertinaje sexual que es el negocio de los pornócratas. El Diccionario de la Real Academia de la Lengua Española, define la pornografía como la «comercialización del sexo».

No decimos que el sexo sea pecado, si se usa correctamente; lo que no es lícito es ese consumo de sexo que han montado los pornócratas, para hacer su negocio, con revistas, libros y películas en las que se hace del sexo un vicio.

A fuerza de verlo en el cine muchos jóvenes juegan a hacer el amor, como los niños juegan a los indios. Pero la sexualidad es una cosa muy seria; no es para jugar.

Al goce desordenado del placer sexual se llama **lujuria.**

«Proclamar la absoluta libertad sexual puede parecer progresista pero de hecho se opone a los resultados de la mejor investigación contemporánea. Y el que se enfrenta a la investigación no es realista, es un iluso que pretende tal vez seducir, pero no convencer»[1], ¡y menos ayudar!

Dice **San Agustín**: «Ama y haz lo que quieras». Algunos han sacado de aquí su libertad sexual, como si lo que se hace por amor no fuera nunca pecado. «Pero lo que **San Agustín** quería decir es que el que ama verdaderamente hará el bien sin tener que consultar la ley»[2].

Los medios de comunicación presentan con frecuencia comportamientos sexuales como «normales» en el sentido de «no patológicos»; pero esto no significa que sean morales, conforme a los principios de la Iglesia.

Hoy se prodiga hacer el coito **a nivel de camaradería**. Se habla mucho de «hacer el amor», pero esta frase es falsa; el amor no se «hace», se da. Las cosas se hacen. El amor se tiene.

El amor brota de la mutua estima entre dos personas.

Por eso «estamos asistiendo a una verdadera crisis del amor».

Es notable el fracaso de las comunas de sexo libre .

Por querer disfrutar de la vida, lo que se hace es incapacitarse para el

[1] ALFONSO LÓPEZ QUINTÁS: El amor humano, XI, 11. EDIBESA. Madrid

[2] RENÉ LAURENTIN: *Creo en Dios, IV.* Ed. San Pablo. Madrid. 1996

amor, que es la única felicidad de la vida.

Las prostitutas, que viven del sexo sin amor, son un claro ejemplo de que sin amor no es posible la felicidad. Se las llama *Esclavas del siglo XX, La esclavitud de la mujer.* Son títulos de libros que tratan de la prostitución.

Las prostitutas usan del sexo a tope. Alguna recibe treinta hombres en una noche[1] . Pero eso no las hace felices.

Una ninfomaníaca escribe: «Con todos los hombres que he conocido me he prestado a acostarme con ellos. Tengo una aventura tras otra. Ésta es la historia de mi vida, y la odio con toda mi alma»[2] .

Reducir el amor a sensaciones placenteras es degradarlo. El amor tiene una vertiente espiritual que es superior a todas las técnicas de manipulación de los órganos. El amor es una fuente de ternura, mientras que el cuerpo lo más que da es el estremecimiento de un orgasmo.

Encuestas realizadas por un médico demuestran que muchos jóvenes hacen el coito para poder demostrar su masculinidad; y ellas, porque lo hacen otras. Es decir, que hoy muchos se avergüenzan de su pureza y alardean de su libertinaje sexual.

Incluso hay quienes llaman civilizada y madura a la persona que rompe moldes morales, para vivir según le apetece. Me parece una falsedad.

Es mucho más civilizada y madura la persona que tiene dominio propio, y sabe mantener su comportamiento dentro de una rectitud moral.

Llamar represión atávica a la rectitud moral es querer poner una etiqueta peyorativa a valores que no se quieren reconocer.

Pero las joyas que valen, no pierden valor porque haya personas que no saben apreciarlas.

«La madurez se muestra plenamente cuando no elegimos aquello que satisface nuestras apetencias del momento, sino que permite conseguir el ideal que hemos asumido como meta de nuestra vida»[3].

«Vivimos una sociedad erotizada. El sexo se ha convertido en un bien de consumo. Se vive el sexo sin amor. El resultado es un hastío que desemboca en un especial vacío interior»[4] .

Oswald Spengler acusa a los jóvenes que «hacen del erotismo un deporte»[5]

«La sociedad necesita la erradicación de vicios y la siembra de virtudes. Pero parece que no es así. La sexualidad desbordada es insaciable: cada

[1] DIARIO DE CÁDIZ del 22-I-99, pg. 24

[2] EDMUNDO ELBERT: *Problemas actuales de psicología, 2ª, XI,* Ed. Sal Terrae. Santander

[3] ALFONSO LÓPEZ QUINTÁS: *El amor humano, X, 14.* EDIBESA. Madrid.

[4] Dr. ENRIQUE ROJAS: *Remedios para el desamor, VII,4.* Ed. Temas de hoy. Madrid. 1991.

[5] JESÚS MARÍA GRANERO, S.I.: *Credo, 1º, IV.* Ed. ESCELICER. Cádiz.

vez quiere más, cada vez quiere experimentar cosas nuevas, hasta llegar a las aberraciones más indignantes, como podemos ver por las noticias diarias de delitos de prostitución de menores, de crímenes sádicos, de bestialidades de abusos y lesiones masoquistas, etc.

»La oleada de pornografía está convirtiendo a muchos en auténticos maníacos sexuales, ávidos de toda clase de anormalidades y perversiones sexuales.

»Afirman los sexólogos que la sexualidad sin amor llena el alma de vacío.

»A veces se busca el placer en la agresividad y en las violaciones; pues la degradación que produce el abuso lleva a la impotencia y frigidez sexual»[1] .

El ambiente erotizado que nos ha tocado vivir, hace suponer que el ejercicio del sexo es la mayor felicidad del mundo, y después resulta que no es así; pues las sensaciones de tipo físico carnal dan menos que la felicidad espiritual.

Dicen los sexólogos: «La actividad sexual no es lo más importante en la vida»[2] Por mucho sexo que viva una mujer, cuando encuentra a otra que vive el amor, siente una enorme envidia, pues echa de menos lo que el sexo solo no puede darle.

«Ha sido **V.Frankl** el que ha venido a explicar, contra lo que decía su maestro **Freud**, que la dimensión más importante del hombre no es el sexo, sino el sentido religioso, transcendente, la posibilidad de poseer un sentido último que dé razón de todo lo que hacemos. Cuando el hombre carece de este sentido que le hace capaz de vencer el dolor y de superar la muerte, enferma. Y es así como la enfermedad típica de nuestro tiempo es la angustia. Angustia que surge de la pérdida del sentido transcendente. Y es profundo lo que afirma **V. Frankl** de la felicidad: “ **La felicidad** no se puede buscar nunca directamente, sólo puede venir como consecuencia de haber dado lo mejor de nosotros mismos a una causa noble, capaz de superar la limitación, el desánimo y la muerte, a una causa transcendente”».

«**Freud** peca de reduccionismo y de simplismo al entender al hombre exclusivamente desde el sexo. En el hombre hay instintos aún más fuertes que el sexual, como es el de la conservación del individuo, por no citar la capacidad de sacrificio que ha llevado a muchos a entregar la propia vida en aras de ideales diversos. Además, la necesidad de belleza, de bondad, de justicia, y de verdad que hay en el hombre no se justifica por el sexo»[3] .

---

[1] E. CABALLERO: Revista SIEMPRE P'ALANTE,363 (1º-IV-1998) 6

[2] Dr. GAUDEFROY: *Estudios de sexología, III, 2, B, 2.* Ed. Herder. Barcelona

[3] SANTIAGO MARTÍN: *¿Para qué sirve la fe? I, 4.* Ed. Temas de hoy. Madrid. 1995.

Éste es el problema del hombre de hoy, que vive más que nunca sin raíces, sin valores que le lleven más allá de sí mismo.

Es cierto que toda acción humana tiene que tener la prerrogativa de la libertad, pero el hombre de hoy ha hecho de la libertad, que es un instrumento, un fin de sí misma; y, de este modo, está ya experimentando algo sabido desde siempre: que la libertad no libera, libera la verdad[1].

Hay quienes **en nombre de la libertad** quieren desasirse de toda clase de trabas. Para ellos es aleccionadora la inscripción debajo de un dibujo en la Abadía de Pannonhalma donde representa un barril de vino sin anillos de hierro, y el vino saliendo por las rendijas. El letrero ponía: «Se perdió por la libertad»[2] .

«La prensa nacional y extranjera viene haciéndose eco últimamente de la atmósfera de erotismo y del ambiente sexualizado que nos está obligando a respirar la moderna civilización, que presume de haber enterrado mitos, y que prometía librar al hombre de las neurosis y obsesiones de ciertas represiones ciegas y voluntaristas, que querían hacer del hombre un ser angélico.

»Pero en vez de liberar al hombre, su fragilidad ha quedado sometida al asedio omnipresente de cuanto dice relación con el sexo y se le está dejando indefenso en la lucha por integrar el instinto sexual y ponerlo al servicio de la vida y del auténtico amor. La iniciación sexual que necesitan nuestros jóvenes nada tiene que ver con la enciclopédica ilustración de todos los abusos y perversiones sexuales, con la ola de erotismo, con las escenas íntimas de alcoba, ni con los supermercados del amor»[3] .

«Bajo el hipócrita lema de la “liberación de tabúes” se está produciendo, a escala mundial, una desconcertante exaltación del nudismo, del naturalismo y de la obscenidad que lo invade todo, originando una escandalosa quiebra de la moralidad pública y privada.

»Vamos, si no se pone remedio a tiempo, hacia un pansexualismo degradante de la naturaleza humana.

»Y lo peor es que apenas si hay reacción social contra la agresiones morales que por doquier se dan contra la limpieza de costumbres, como si una general abdicación del sentido natural y cristiano de lo lícito prevaleciera incluso entre personas e instituciones que deberían velar activamente por la moral pública.

»La pasividad ante la progresión de iniciativas eróticas y pornográficas acusa una general dimisión de derechos y deberes frente a un estado de

---

[1] JOSÉ ANTONIO SAYÉS, Diario YA, 24-XI-87, pg. 17

[2] TIHAMER TOTH: *Creo en Jesucristo, el Mesías, XXVI,2, A, b.* Ed. Atenas. Madrid.

[3] Revista ECCLESIA, 1434 (29-III-69)4

cosas cada vez más deprimente»[1] .

De todo esto resultan casos como.el de aquella muchacha que se quedó embarazada, y no podía saber quién era el padre de la criatura porque aquel mes se había entregado a tres muchachos distintos. Triste situación, pero lógica consecuencia para una muchacha que no tenía «escrúpulos anticuados» y no se negaba nada de lo que le apetecía.

Estas cosas pasan cuando no se respeta la moral.

O aquel otro caso de un jovenzuelo que fue a estrenar su vida sexual con una «señora», y después se enteró que era la madre de su mejor amigo.

O aquel caso en que dos enamorados descubren que no pueden casarse porque resulta que, sin saberlo, son hermanos: el padre de él se acostó con la madre de ella.

O la de aquel muchacho que se acostaba con todas sus amigas, y el día que se enamoró de verdad recibió un enorme mazazo moral, que le dejó destrozado, al enterarse que su padre se había acostado antes con la muchacha que él amaba.

O aquel otro caso de una mujer que sedujo al novio de su hija, y al encontrarlos ésta a los dos en la cama se fue de su casa para siempre. La madre perdió para siempre a su hija y al galán.

Esto es lo que ocurre cuando el libertinaje sexual se salta las barreras de la moral católica. Si Dios manda castidad a la juventud y fidelidad a los matrimonios, no es por el gusto de molestarnos, sino porque eso es necesario para la felicidad del hogar. ¿Cómo un hombre va a ir con ilusión al matrimonio sabiendo que la que va a ser su esposa ha pertenecido antes totalmente a cuantos lo han deseado? Es lógico que esos matrimonios acaben en divorcio. ¿Cómo va un hombre a amar a sus hijos, si no puede saber si esos hijos son suyos o de cualquiera de los que han «estado» con su mujer? Ni amor de esposa, ni amor de hijos.

Es que en una sociedad en que la juventud no es casta y el matrimonio no guarda fidelidad, se ha matado el amor del hogar que es la suprema de las felicidades naturales que Dios ha puesto en esta vida

La libertad sexual de la juventud está atrofiando su sexualidad.

Tanta sexualidad está disminuyendo la capacidad de respuesta sexual y el impulso sexual cada vez necesita mayores estímulos por aumentar cada vez más **la impotencia**. Así lo afirma el **Dr. López Ibor**[2].

Por eso cada vez son más los jóvenes que acuden al médico con problemas de **impotencia sexual**, como se dijo en una entrevista en

---

[1] Revista ECCLESIA, 1506(29-VIII-70)

[2] Dr. LÓPEZ IBOR: *Libro de la vida sexual, pg. 156.* (Edición reducida)

Radio Nacional de España[1].

Y es que Dios ha hecho la sexualidad para que esté al servicio del amor en el matrimonio. Pero quienes hacen de la sexualidad un vicio, es lógico que la destrocen.

En la revista de medicina JANO, se afirma que muchas disfunciones sexuales e impotencias masculinas se deben a experiencias sexuales precoces y premaritales[2].

«Algunos reducen el amor a la "mecánica" de la genitalidad. Es una aberración. La satisfacción fisiológica de unos órganos nada tiene que ver con el amor, que es de la persona entera, incluyendo el alma espiritual. La trivialización de la sexualidad en la juventud está dando orígenes a muchos matrimonios jóvenes ya hastiados de genitalidad, precisamente cuando lo lógico es que estuvieran viviendo la cumbre de su ilusión amorosa.

»El libertinaje sexual de la juventud está dando origen a un aumento de la impotencia y de la frigidez.

»Hay "maestros" de sexología que cifran todo el éxito de la pareja en que el sexo "funcione" bien. Tienen una visión de la pareja unidimensional. Lo reducen todo a lo meramente biológico-zoológico. El hombre es mucho más que un animal. El hombre puede amar, puede comunicar ideas e ideales, puede sentir una armonía espiritual; y todo esto le lleva a una plenitud gratificante.

»La felicidad humana es mucho más que un mero placer sensitivo. Entender la sexualidad sin amor, sólo como un "instinto básico" es animalizar al hombre.

»El libertinaje sexual con el que muchos han querido superar lo que ellos llaman tabúes y represiones arcaicas, sólo ha conseguido animalizar la sexualidad humana, separándola del amor y por lo tanto, privándola de la felicidad.

»Afirman los sexólogos que la sexualidad sin amor llena el alma de vacío, y a veces necesita el placer de la agresividad (violaciones), unida a las más diversas formas de impotencia y frigidez sexuales.

Por eso, hoy, muchos sexólogos modernos opinan que hay que volver al restablecimiento de los llamados "tabúes sexuales"»[3].

El hombre debe hacer de la sexualidad un lenguaje de amor. La sexualidad sin amor es propia de los animales.

---

[1] Dr. MERELO, sexólogo: Protagonistas nosotros en Radio Nacional de España el 8 de mayo de 1978, a las 10,45 de la mañana.

[2] Revista JANO, 308 (26-I-78)28

[3] Dr. JUAN ROF CARBALLO: Sábado Gráfico 941 (14-VI-75) El Dr. Rof Carballo es uno de los principales psiquiatras que hoy tenemos en España

Hoy hay quienes **se ríen de las cautelas** de la moral sexual y presumen de ser muy «modernos» defendiendo más libertad sexual.

Las consecuencias ya están asustando a las personas conscientes.

El libertinaje sexual tiene consecuencias lamentables, como son las violaciones y las madres adolescentes.

En 1983 en Nueva York, uno de cada tres nacimientos fue extramatrimonial.

En Estados Unidos quedan embarazadas al año más de un millón de «quinceañeras»[1].

John Hamilton considerado como uno de los sociólogos más acreditados de Estados Unidos, en un estudio sobre los problemas sexuales de la juventud, dice que en 1976 quedaron embarazadas 750.000 muchachas menores de 17 años. La mayoría no sabía quién era el padre de la criatura. Muy pocas se casan después. Los matrimonios entre adolescentes casi siempre fracasan[2].

Éste es el resultado de la liberación sexual y el olvido de las normas morales de la Iglesia. El sexo es una cosa muy seria. No es para jugar. Tanto embarazo irresponsable es para pensar. Traer hijos al mundo no puede ser el resultado de un juego. Tomar «precauciones» no basta. La prueba está en tanto embarazo no deseado. La única solución es la moral de la Iglesia.

«La persona tiene derecho a recibir una información y una educación que respeten las dimensiones morales y espirituales de la vida humana»[3].

Hoy está de moda la filosofía del placer sin riesgo: sin riesgo de SIDA, sin riesgo de embarazo. Esto, además de rebajar el sexo, que no es sólo para el placer, es causa de muchísimos fracasos: como enfermos de SIDA que usaron preservativos, y embarazos no deseados, a pesar de usar anticonceptivos.

Las autoridades de Puerto Rico están alarmadas y buscan solución al número de madres adolescentes. Según las estadísticas suministradas por el Departamento de Salud, en 1986 hubo mil madres de doce a quince años, en un población de tres millones de habitantes[4].

En España quedan embarazadas 20.000 adolescentes al año[5].

En España es cada vez mayor el número de adolescentes embarazadas.

---

[1] Revista ECCLESIA, 2462(10-II-90)13

[2] DIARIO DE CÁDIZ del 18-VI-78, pg. 6

[3] **Nuevo Catecismo de la Iglesia Católica, nº 2344**

[4] Diario El DÍA de San Juan de Puerto Rico, 8-II-89, pg. 8

[5] Un mundo para ellos: TVE, 9-XI-82

Así se afirmó en el XIX Congreso Nacional de la Asociación Española de Ginecología. En los últimos diez años, en España, ha aumentado en el 500% el número de adolescentes solteras embarazadas[1].

Últimamente crece en España el número de adolescentes afectados por enfermedades venéreas de transmisión sexual[2]. Hoy en España se han duplicado las enfermedades de transmisión sexual[3]. Últimamente empieza a preocupar un cáncer de transmisión sexual llamado HPV por sus siglas en inglés[4].

Esta degradación sexual de la juventud española es debida a la campaña llevada a cabo por el gobierno socialista fomentando el libertinaje sexual para pervertir a la juventud y apartarla de la Iglesia.

«La forma de tratar el problema sexual en los medios de comunicación estatal y en ciertos escritos publicados por la Administración Socialista indica que no se intenta sólo informar sobre sexualidad, sino incitar a la práctica de relaciones eróticas»[5].

«En folletos sobre información sexual publicados por ciertas Autonomías, e incluso por el Ministerio socialista de Sanidad, se orienta a los niños y jóvenes al ejercicio de una sexualidad que tiene por fin obtener un goce sensible. Y esto se presenta como una liberación frente a generaciones anteriores reprimidas por normas morales. De estos folletos son estas frases: "no hay nada que sea anormal, si os gusta", "tienes derecho a disfrutar de tu cuerpo", "aceptar que te atraen las personas de tu mismo sexo no es delito, es un derecho de cada uno". Cuesta trabajo pensar que esto lo hagan personas que son responsables del gobierno de un pueblo»[6]

El célebre psico-pedagogo **Dr. Bernabé Tierno**, comentando la publicación del Ministerio de Asuntos Sociales socialista sobre información sexual, dice lo siguiente:

«Tras una detenida lectura del texto, la primera impresión es que lo que aparentemente se presenta como información, más bien parece una clara incitación. Por eso mi crítica va dirigida fundamentalmente a la superficialidad con que se explican una serie de técnicas y métodos que impiden las consecuencias no deseadas de unas relaciones sexuales a las que, de manera demasiado "alegre", se alienta a los jóvenes más o menos directamente. La facilidad, tranquilidad y desparpajo con que se pretende ayudar a los adolescentes al exponer las distintas advertencias, métodos y

---

[1] Diario YA, 4-XII-84, pg. 24

[2] Diario YA, 1-X-87, pg. 20

[3] Diario YA, 7-VI-86, pg. 40

[4] Revista BLANCO Y NEGRO, 20-XI-88, pg. 99

[5] ALFONSO LÓPEZ QUINTÁS: *El amor humano, I, 3.* EDIBESA. Madrid

[6] ALFONSO LÓPEZ QUINTÁS: *El amor humano, I, 4.* EDIBESA. Madrid

técnicas, constituye un arma de doble filo: el conocimiento y uso de las mismas se convertirá en un incentivo más para que las relaciones sexuales sigan incrementándose y, con ello, el número de madres adolescentes. Mi larga experiencia educativa me dice que de poco o nada sirven las técnicas extrínsecas si falta la motivación interna del individuo. (...). Mientras el placer sea el valor predominante en la sociedad y el valor subyacente en toda esta campaña informativa cuyo mensaje es "disfrutar del sexo" evitando sus peligros, creo que no podemos quejarnos de que aumenten las consecuencias negativas al incrementarse la actividad sexual de los adolescentes. (...). Los impulsos sexuales no se gobiernan con técnicas sino con la decisión de la voluntad. Así pues, toda esta avalancha informativa no va a servir de nada si no va acompañada de una formación interior, de unos valores morales, de un entrenamiento de la voluntad para que el individuo sepa dar a su sexualidad el horizonte moral que le corresponde. (...). Aquí, más que en ninguna otra área de la personalidad, es imprescindible que no separemos el aspecto informativo de la dimensión educativa. Sin este complemento educativo de la sexualidad, como valor humano que debe ponerse al servicio de valores más altos, carece de significado toda información que pretendamos dar al adolescente. Dejo en el aire una pregunta a los organizadores de esta campaña: ¿dónde está la dimensión educativa de la misma? Yo no la he encontrado por ningún sitio»[1]

Uno de los psiquiatras contemporáneos más célebres, **Víctor Frankl**, ha dicho: «Con el sexo, como con la moneda, después de la inflación viene la devaluación». «Después de la sexolatría viene el hastío y las desviaciones sexuales.

»Con el sexo no se juega.

»Este juego puede resultar catastrófico, porque el sexo puede llegar a ser incontrolable.

»Puede convertirse en un gran tirano acosando al individuo y emponzoñando todas sus relaciones humanas»[2] .

El erotismo desenfrenado es signo de civilización decadente[3] .

«Las relaciones prematrimoniales son perturbadoras y no aconsejables. (...). Cuando se dan cuenta de que el amor erótico da poco de sí, este descubrimiento provocará en ambos, primero desilusión y apatía, después aburrimiento y , tal vez, al final, ruptura. Dirán -como es frecuente hoy día- que el amor se terminó y que hay que buscar nuevos horizontes. Lo grave es que no se percatan de que el amor no existió nunca. Fue

[1] BERNABÉ TIERNO: Revista FAMILIA CRISTIANA, (XII-1992) 66

[2] Dr. SHEED: *Sociedad y sensatez, pg. 104*. Ed. Herder. Barcelona

[3] GUZMÁN CARRIQUIRY: *Algunas cuestiones de ética sexual,VII, 4*. Ed.BAC Popular, nº1. Madrid

suplantado por el mero erotismo. (...). Tendrán momentos de euforia, que pasan como una llamarada que quema pero no construye, sólo deja algunas cenizas tras de sí. (...). El amor no es como el hambre, que basta comer para saciarla. (...). La relación sexual, en cambio, no satisface la necesidad de crear una relación amorosa auténtica. Es insuficiente»[1].

«Si queremos que la juventud ordene su conducta sexual, es necesario crear un ambiente socio-cultural que haga esto posible. Una sociedad de índole permisiva que erotiza el ambiente hasta provocar una especie de fijación casi obsesiva sobre lo sexual, no puede luego sostener, sin incurrir en una contradicción manifiesta, una norma de castidad prematrimonial»[2].

«Se van difundiendo cada vez más entre los adolescentes y jóvenes ciertas manifestaciones de tipo sexual que, de suyo, disponen a la relación completa. Estas manifestaciones genitales son un desorden moral porque se dan fuera de un contexto matrimonial»[3].

En una sociedad en la que la juventud no es casta, y el matrimonio no guarda la fidelidad, se ha matado el amor del hogar que es la suprema de las felicidades naturales que Dios ha puesto en esta vida.

El hombre es algo más que un animal. A los animales les basta el instinto sexual, pero el hombre necesita además amor.

Para saciar el instinto, basta cualquiera. Por eso el perro va indistintamente con todas las perras del barrio.

Pero el amor exige exclusividad. De ahí el tormento de los celos que no pueden permitir la intromisión de un tercero. «No hay amor sin celos» dice **Proust.**

Y **Lourdes Ortiz:** «El que diga que ama y no es celoso, miente. (...) El amor y los celos son dos caras de la misma moneda. No hay amor sin celos. (...) El enamorado es celoso por naturaleza. Lo que es imperdonable y enfermizo es convertir los celos en tortura para el que se dice amar. El celoso pasa entonces a ser verdugo. Y el amado, una víctima»[4].

El doctor en Psicología, **Alfonso María Ruiz-Mateos, C.SS.R.**, en una conferencia que pronunció en Cádiz el 20 de diciembre de 1979, dijo: «Los celos no siempre son patológicos. Son sencillamente prueba de amor».

Donde hay amor hay celos. La ausencia de celos se debe a una total confianza en la otra persona, o a una total indiferencia por no amar a la otra persona.

Aunque los celos excesivos son contraproducentes, pues pueden provocar aquello que temen; porque el amor se gana, no se impone a la

[1] ALFONSO LÓPEZ QUINTÁS: *El amor humano, XI, 5.* EDIBESA. Madrid. 1991

[2] PAOLO SARDI: *Algunas cuestiones de la ética sexual, VIII, 2.* Ed. BAC Popular, nº 1. Madrid

[3] Sagrada Congregación para la Educación Católica: Pautas de Educación Sexual, nº 96

[4] LOURDES ORTIZ: Revista MH 10(19-25, JUNIO, 1999) 49

fuerza. Y la fidelidad es una exigencia del que ama, no del amado. Sin embargo, los celos demuestran que el que ama necesita poseer al amado en exclusividad.

Esta misma exclusividad del amor, hace que la persona amada sea insustituible. A una madre no se la consuela sustituyendo su hijo muerto por otro «doble» perfecto .

Incluso el «chulo» que explota a una prostituta y no le importa que ella se acueste con todos por dinero, no tolera que lo haga con otro por amor.

El enamorado quiere el amor de la otra persona en exclusiva, y para siempre. Quien cambia fácilmente de amor, lo que tiene son caprichos sentimentales y sexuales, pero no amor.

Como quien se encapricha con un juguete y luego lo deja por otro.

El amor es otra cosa. El auténtico amor quiere ser eterno: «te querré siempre», «te querré hasta la muerte».

«Muchas esposas piensan, estúpidamente, que si consiguen de vez en cuando provocar los celos de su marido serán más capaces de conservar su amor. Pero los celos producen sospechas y rompen la confianza. (...) El amor es confiado»[1].

«No hay que confundir los celos obsesivos con una fundada sospecha. En el primer caso conviene ir al médico. En el segundo aclarar lo que da fundamento a los celos.

»En el extremo opuesto a los celos está una bobalicona permisividad en coqueteos con tercera persona. Esto puede terminar muy mal.

»Si uno de los dos se deja invadir por la ilusión de estar con una tercera persona, de verla, de hablar con ella, apeteciendo continuamente su presencia, est es una grieta que puede romper un matrimonio»[2] .

18. **Para examinar** tu amor en orden a tu futuro matrimonio puede ayudarte el siguiente cuestionario:

1) ¿Crees que nunca y por nadie podrás sentir un amor más grande que el que ahora sientes?

2) ¿Crees que la firmeza del amor que ahora sientes no disminuirá con el tiempo según vayas conociendo más a la persona amada, sino que, por el contrario, aumentará cada vez más según le vayas conociendo mejor?

---

[1] ANA MOW: *El secreto del amor matrimonial, 3ª, XVI.* Ed SAL TERRAE. Santander.

[2] JOSÉ Mª CONTRERAS:*Pequeños secretos de la vida en común, II, 24.* Ed.Plaaneta+Testimonio

3) ¿Te ilusiona hacer feliz a la persona que amas, o vas al matrimonio buscando sólo tu propia felicidad?

4) ¿Crees que aunque esa persona sufra un accidente o enfermedad que la dejara afeada o lisiada, la seguirías amando como ahora?

5) ¿Te sientes con fuerza para renunciar a tus gustos para hacerla feliz?

6) Aunque la belleza no es necesaria para el amor, ¿encuentras en la persona que amas algún «encanto» que te llena de ilusión?

7) Aunque la sexualidad no sea el factor más importante en el matrimonio, ¿sientes atractivo por las manifestaciones de amor de esta persona concreta (aunque comprendas que antes del matrimonio tienes que dominarte), o lo que sientes por esta persona es verdadera repugnancia?

8) ¿Tenéis centros de interés común, o vuestros gustos son diametralmente opuestos y os aburrís mutuamente con las cosas que interesan al otro?

9) ¿Sospechas que después de casados necesitaréis de la presencia de otros amigos para no aburriros, o esperas que no necesitaréis a nadie para encontraros plenamente a gusto?

10) ¿Tienes la paciencia suficiente para sobrellevar los posibles defectos de tu futuro cónyuge?

11) ¿Puedes prever que el matrimonio con esta persona te va a proporcionar obstáculos a tu labor profesional, o de afición, que tanto te entusiasma?

12) ¿Puedes confiar que el matrimonio con esta persona no va a ser obstáculo para que vivas en gracia de Dios, que es la suprema de las aspiraciones que debes tener?

La rotundidad de tus respuestas a estas doce preguntas te puede orientar cómo será tu amor en el matrimonio con esa persona.

Examina ahora las preguntas siguientes que te orientarán sobre las probabilidades del éxito en tu matrimonio con esa persona.

68,18

¿Crees que si el matrimonio pasa por una tribulación (pobreza, enfermedad, etc.) esta persona te ayudará a llevarla con resignación cristiana?

¿Encuentras en esa persona virtudes y cualidades que te producen admiración y te animan a ser mejor?

¿Tiene enfermedades o vicios que te van a convertir en perpetua enfermera/o?

¿Bebe mucho?

¿Domina su genio?

¿Tiene espíritu de trabajo?

¿Te gusta su educación?

¿Es de tu nivel religioso?

¿Armonizáis en ideas, costumbres y gustos?

¿Tiene modales o expresiones que atacan tus nervios?

¿Simpatizas con su familia?

¿Simpatizan ellos contigo?

Cuando tienes una dificultad, ¿te apetece comunicársela o prefieres ocultársela?

¿Toleras sus faltas?

¿Las reconoce y muestra voluntad de corregirlas?

¿Acepta sus equivocaciones, o se empeña en salir siempre con la suya?

¿Está siempre al acecho de cualquier descuido tuyo para echártelo en cara?

¿Comprende los males del prójimo, o siempre saca a relucir los suyos propios?

Un muchacho escribió lo siguiente:

«Muchacha, óyeme.

No te conozco. Pero te conocen otros como yo.

Queremos que conozcas nuestra opinión.

Las chicas tenéis un enorme poder de arrastre.

Y esta influencia es independiente de vuestra voluntad.

Y puede ser para bien o para mal.

es un problema muy serio.

Muchas cosas que para vosotras no tienen importancia, nos hacen impacto.

Vuestra psicología es muy distinta de la nuestra.

Si tú quieres, yo te miraré con ojos limpios.

Dios te ha hecho lo más bello de la humanidad.

Tu belleza irradia atractivo.

Me gustas elegante, pero modesta.

Me gustas simpática, pero recatada.

Me gustas moderna, pero femenina.
Me gustas pura, y que se note.
Me gusta estar contigo, pero para ser mejor.
Tú puedes ayudarme.
¡Ayúdame!

En una encuesta realizada entre un centenar de chicas, las cualidades de «ellos» más repetidas por las chicas eran: Educado, atento, caballero, delicado, con personalidad, muy hombre, que la proteja y la domine, que no sea un pelele; pero que tampoco sea grosero y despótico. Y sobre todo que sea un buen cristiano.

Un grupo de jóvenes granadinos ha constituido el primer **Club de Castidad** del continente europeo. Es similar a otros muchos que ya existen en Estados Unidos. Los miembros de este club se comprometen a vivir en castidad, a no tener relaciones sexuales hasta el matrimonio, y a guardar fidelidad una vez casados.En palabras del presidente del club, **Marcos Gutiérrez,** «la castidad es el mejor remedio contra la trasmisión de enfermedades como el SIDA». Pero las intenciones de la asociación, que ya se ha extendido por Cádiz, Sevilla, Madrid y Barcelona, van más lejos: «Se trata de crear una alternativa a la ideología que fomenta la promiscuidad, la banalización del sexo, y la difusión del preservativo»[1] .

19. Y por supuesto, que la persona con la que te cases que sea católica.
Los matrimonios mixtos son desaconsejables[2] .

«La Iglesia Católica desaprueba los matrimonios llamados mixtos, por cuanto en infinidad de casos conducen a la tibieza y hasta a la pérdida de la fe en la parte católica y en los hijos»[3] .

Se llaman matrimonios mixtos aquellos en que los dos son de distinta religión (de persona católica con otra no católica). El ideal es que los dos sean de la misma religión. Que el católico se case con católico, el protestante con protestante, y el mahometano con mahometano, etc.

La discrepancia en una cosa tan seria como son las ideas religiosas, puede ocasionar conflictos muy graves de orden práctico.

Además, los hijos son los más perjudicados, pues, al darse cuenta de que sus padres no están de acuerdo en la fe, es fácil que adopten un frío indiferentismo religioso[4] .

Según un estudio llevado a cabo por **A. H. Clemence** sobre 13.500

---

[1] Revista FAMILIA CRISTIANA, 9 (X-94) 10

[2] ANTONIO ROYO MARÍN, O.P.: *Teología Moral para seglares, 2º, 2ª, I, nº 305.* Ed. BAC. Madrid

[3] GUILLERMO SCHMIDT: *Amor matrimonio y familia, 3ª,* I, 2. Ed. Difusión. Buenos Aires.

[4] SCHNEIDER: *Educación católica de la familia, III, 1.* Ed. Labor. Barcelona

familias y publicado en su obra *Mariage and the family,* los matrimonios mixtos fracasan el doble que los matrimonios en los que los dos cónyuges tienen los mismos ideales religiosos.

Llega a afirmar que «la religión es uno de los factores que desempeñan un papel más decisivo en la felicidad matrimonial» [1].

Los **Testigos de Jehová** se negarán a comprometerse a educar a los hijos en la religión católica, pues ésta es su norma.

Por eso no parece posible que sea lícito el matrimonio de un católico con un **Testigo de Jehová**[2].

El Islam prohíbe que una mujer musulmana se case con un hombre no musulmán[3].

Los obispos italianos desaconsejan a las católicas se se casen con musulmanes por los graves problemas a los que se verán sometidas[4].

En el caso de que el matrimonio mixto, con los permisos correspondientes, celebre matrimonio católico con presencia de un pastor no católico, está prohibido que éste realice ninguna ceremonia religiosa; pero sí puede intervenir con una exhortación, e incluso con alguna oración pidiendo a Dios por los nuevos cónyuges[5].

20. Los novios deben tratarse íntimamente. Pero en este trato íntimo y con confianza no han de permitirse ciertas «confianzas» ni «intimidades». Es más, deben ser muy discretos en permitirse ciertas **manifestaciones amorosas,** si no quieren manchar sus relaciones de pecados. No puedes permitirle a tu cariño muchas cosas que él te pide con fuerza.

Es necesario que aprendas a llevar tu noviazgo con la austeridad que exige el Evangelio. Es muy importante que te propongas firmemente llevar tu noviazgo en gracia de Dios. Eso será atesorar bendiciones del cielo para el matrimonio. En cambio, si siembras de pecados el camino del matrimonio, ¿puedes esperar con confianza que Dios os bendiga después?

Que tus relaciones sean cariñosas, **pero castas**. Que tus manifestaciones de cariño sean limpias. Todas las condescendencias que tengáis en el noviazgo con la pasión impura, han de redundar, tarde o temprano, en perjuicio de vuestra verdadera y perdurable felicidad.

Cuando unos novios viven un amor sucio, después les amarga.

En cambio, unos novios que han luchado por vencerse y mantener unas

[1] LUIS RIESGO: *Éste es el camino, VII, 1.* Ed. SAN PÍO X. Madrid. 1990.

[2] G. HERBERT, S.I.: *Los Testigos de Jehová, su historia y su doctrina, VI, 2, d.* Ed. PPC. Madrid, 1973. Éste es uno de los mejores libros para refutar con profundidad los errores de los Testigos de Jehová

[3] Revista ECCLESIA, 24-IX-94, pg. 18

[4] ZENIT. Boletín informativo del Vaticano en INTERNET del 2-II-2000: ZS00020206

[5] AUGUSTO SARMIENTO: *39 Cuestiones doctrinales,III,5.* Ed. Palabra. Madrid. 1990.

relaciones puras, tienen una ilusión, una felicidad y un amor muchísimo mayores. La experiencia de la vida confirma esto continuamente.

En el noviazgo todo se ve con luz alegre y radiante, y es necesario saber que el Sol todos los días se pone tras las montañas. La vida del matrimonio no es lo mismo que la del noviazgo, ni el noviazgo puede ser lo mismo que el matrimonio. Por eso debes tener **mucha cautela** en tus manifestaciones de amor. Los novios todavía no son esposos. Muchas cosas que entre esposos son perfectamente lícitas, entre novios son un pecado o por lo menos un peligro de pecar. Las manifestaciones de cariño deben evitar una excitación sexual. La excitación tiende a la satisfacción completa. Es muy difícil que los novios que no son prudentes en sus manifestaciones de amor, permanezcan en el límite de las intimidades lícitas.

Una caricia lleva a otra mayor; y es preferible renunciar a la lícita antes que arriesgarse a caer en la que es pecado.

Para que las caricias sean ciertamente inofensivas, conténtate con que sean breves, delicadas y tan sólo «de los hombros para arriba, bajando sólo por el brazo».

«Se debe amonestar lo más seriamente posible al cristiano acerca del peligro de jugar con la sexualidad»[1] . Los novios, como todos los demás solteros, pecan gravemente si con sus mutuas caricias se provocan voluntariamente un deleite carnal; o se ponen, voluntariamente y sin necesidad, en peligro próximo de provocarlo. Y en las excitaciones sexuales involuntarias, tienen obligación de resistirlas y no consentir en ellas.

«Es evidente que antes del matrimonio **no tendrían** que darse ciertas intimidades y confidencias sexuales (caricias íntimas, etc.), dado que por su misma naturaleza conducen a la relación completa»[2] .

El amor es insaciable; siempre pide más. A veces, las barreras morales le cortan el camino, pero él quiere saltar por encima de todo.

Por eso hace falta que la razón controle el amor para mantenerle en la línea de la moralidad. Los novios todavía no están casados.

Su amor les lleva al deseo de la entrega total, pero todavía no tienen ese derecho. Sería como dar la absolución sacramental el que todavía no ha sido ordenado de sacerdote. Dice el célebre moralista **Häring:** «Un novio no tiene más derecho al cuerpo de su prometida que al que tendría al de cualquier otra mujer. El acto sexual expresa por su misma naturaleza el vínculo irrevocable e indisoluble entre la pareja»[3].

Esto se consigue con la ayuda de **Jesucristo**. Sin la gracia de Dios es imposible. De ahí la necesidad de una vida sacramental durante el noviazgo.

Te recomiendo que estéis siempre en sitios bien visibles. Nada de sitios

[1] BERNHARD HÄRING: *SHALOM: Paz, XVII; 3.* Ed. Herder. Barcelona. 1998.

[2] GINO ROCCA: *No lo tengo claro, 2ª, III , 1.* Ed. Ciudad Nueva. Madrid. 1993.

[3] BERNHARD HÄRING: *SHALOM: Paz, VII; 6.* Ed. Herder. Barcelona. 1998.

solitarios y oscuros. La oscuridad y la soledad son peligrosas. Una de las mejores defensas morales para el comportamiento de los novios son unos ojos ajenos que los estén mirando. El comportamiento de los novios debe ser tal que en todo momento puedan ser observados por sus padres.

Por otra parte, si ella fue para él una «mujer fácil» no será raro que, después de casados, a él le atormenten los celos de que también lo pueda ser para otros. Una mujer así no ofrece garantías de fidelidad matrimonial.

Desgraciado el hombre que se casa con una mujer lujuriosa. Tendrá dudas horribles sobre si los hijos de su mujer son de él o son de otro hombre. Conozco casos dramáticos.

Además, esas caídas en el pecado seguro que os dejan asqueados.

Os sentiríais mucho más felices si vuestro amor os uniera con **Cristo** en la comunión, que no en la degradación del pecado.

Sé de novios que tuvieron una época de pasión desenfrenada, y que cuando luego orientaron su vida por un camino de rectitud y pureza, me confesaron que este segundo modo de amar les hacía mucho más felices.

Algunos chicos les dicen a las chicas que ellos prefieren a las que ya lo han probado todo. Pero eso es un truco para lograr de ellas más fácilmente lo que quieren sacar, y luego abandonarlas con la misma facilidad, de quien tira un trapo viejo. ¡Es lógico! Un chico sensato no se casa con una chica que el día de mañana puede salirle «rana».

Si no ha respetado su pureza de soltera, ¿qué garantías tiene de que no resultará adúltera después de casada?

Una vez le oí decir a un chico que a él le interesaban dos tipos de chicas: las que sólo sirven para uso sexual, y las que son dignas de amor y matrimonio. Pero, por desgracia, las segundas escasean.

Algunas chicas quieren retener a un chico haciendo concesiones ilícitas.

Pero cuando no hay amor, esto puede retrasar la ruptura, no la evita.

Y si ruptura ha de llegar, es mejor que ocurra antes de la boda.

A la mujer, ordinariamente, no le interesa el sexo si no va precedido del amor y la ternura. El hombre es más impulsivo y pasional, y puede separar el sexo del amor[1]. Que el chico tenga momentos en que pierda la cabeza y quiera lo que no debe, es natural. Pero si ella no quieres, no pasará nada.

Y en estas ocasiones ella es mucho más serena. Debes por lo tanto imponerte. Y no creas que por eso vas a perderle. Aunque él se enfade, la cosa será pasajera. Si te quiere, volverá a ti. Y si no vuelve, es que no te quería a ti, sino que quería usar de ti para saciar sus apetitos. Y quien te rebaja de esta manera, es indigno de ti. Ése, más vale que se vaya. Si te casaras con él, no serías la reina, sino la esclava. Y antes de ser esclava, más vale quedarse libre. El quedarse soltera no tiene por qué ser una desgracia; y un matrimonio fracasado, sí lo es. Y de la peor especie.

[1] JOSÉ ANTONIO SAYÉS: *Moral de la sexualidad, II. B, 2.* Ed. Tau. Ávila, 1988

Manifestaciones amorosas

La mujer soltera sólo es desgraciada cuando no sabe llenar su vida con un ideal de servicio al prójimo, que la haga sentirse realizada. La que logra hacerlo puede ser más feliz que una casada.

Oye, además, lo que severamente dice **Jesucristo**:

Si tu ojo, tu mano o tu pie, son causa de escándalo, es decir, de pecado, arrójalos lejos de ti, porque más te vale entrar con, sólo un ojo, una mano o un pie en el cielo que con los dos ojos, las dos manos o los dos pies, ser arrojada al infierno. Aplícalo a tu caso actual de relaciones: Más vale entrar sin novio en el reino de los cielos, que con novio, ser arrojada al infierno. Sé una novia digna, limpia y pura. No olvides, que tu novio, es únicamente un novio, que puede no llegar a ser tu marido. Ámalo, sí con ilusión y cariño; pero sin mancharte. Cuanto más cristiana y delicada seas en tus relaciones, más feliz serás el día de tu boda, ¡más bella aparecerás ese día ante Dios y ante él...! No transijas. ¡Pura hasta el altar!

Defiende **con entereza** tu castidad, y haz de tus amores la más bella e ilusionada historia que un día puedas ofrecerles a tus hijos, sin tener nada que ocultarles, ni nada de qué avergonzarte. Que tus hijas, al contarles tus amores, puedan decirte con orgullo y envidia: «¡Qué hermoso es el amor así! ¡Nosotras también queremos ser unas novias tan buenas y puras como tú...!» ¿Tendrás valor para decirles que sean puras, si tú no lo fuiste?Piensa en tus futuros hijos. Ellos, no es fácil que sepan cómo se desarrollaron las relaciones de sus padres, pero sí que te verán a ti, su madre, con tus defectos y virtudes. Y éstas no se improvisan.

Si fuiste una novia intachable, serás sin duda alguna una madre ejemplar.

Piensa en el consuelo inmenso que tendrás, si algún día tu hijo te dice que su mayor ilusión es encontrar una novia que sea como tú eres.

No olvides que el encanto de la mujer, le viene de ser pura, recatada cuando es joven; y de ser madre cuando es mayor.

Las dos cosas se han reunido en María. Ella, Virgen y Madre.

Ella, Inmaculada. Legiones de jóvenes, puestos sus ojos en María, han conservado íntegro el tesoro de su pureza.

Admirable y encantador el ejemplo de **Santa María Goretti**, que se deja matar antes de perder la castidad.

Y gracias a Dios las «goretis» son muchas.

Recuerda a **Josefina Vilaseca** y otras muchas en España, menos conocidas pero no menos heroicas.

68,20

21. Hoy se habla mucho de la liberación del sexo; pero de hecho estamos sufriendo una manipulación del sexo para negocio de los pornócratas que explotan el instinto sexual trivializando una de las potencialidades más serias que tiene el hombre: la procreación de un hijo.

Pornografía es la exhibición de actos sexuales.

El placer no es un fin en sí mismo... La pornografía puede convertirse en un atentado permanente contra el derecho que cada uno tiene a que se respete debidamente el pudor con que desea envolver las manifestaciones de la sexualidad.

Lejos de ser ridículo, el pudor es una cualidad que pretende comunicar al cuerpo humano la posibilidad de transparentar el espíritu que habita en su interior...

De aquí que imponer unos límites a la pornografía sea algo a todas luces razonable e incluso necesario. No como una concesión a la ñoñez, sino como un afirmación de un sentido que tenemos derecho a conservar en favor de la sexualidad humana.

«La pornografía es una falta grave. Las autoridades civiles deben impedir la producción y la distribución de material pornográfico»[1].

El Vaticano alerta sobre el aumento de sexo y violencia en los medios de comunicación. El Consejo Pontificio para las Comunicaciones Sociales ha publicado un documento donde se dice, entre otras cosas: «Los medios de comunicación social han tenido y continúan teniendo un importante papel en cada proceso de transformación individual y social» (nº1). «Si bien es cierto que estos medios -como afirma el Concilio Vaticano II- prestan grandes servicios al género humano, lo es igualmente que pueden ser utilizados contra los designios del Creador y convertirlos en instrumentos del mal» (nº4). «Uno de los fenómenos alarmantes de estos años ha sido la creciente difusión de la pornografía y la generalización de la violencia en los medios de comunicación social. Libros y revistas, cine y teatro, televisión y vídeocasetes, espacios publicitarios y las propias telecomunicaciones, muestran frecuentemente comportamientos violentos o de sexualidad permisiva que casi llegan al umbral de la pornografía, y que son moralmente inaceptables» (nº5). «Es evidente que uno de los efectos de la pornografía es el pecado. La participación voluntaria en la producción y en la difusión de estos productos nocivos ha de ser considerada como un serio mal moral. Además, esta producción y difusión, no podría tener lugar si no existiera una demanda. Así, pues, quienes hacen uso de estos

[1] **Nuevo Catecismo de la Iglesia Católica, nº 2354**

productos no sólo se perjudican a sí mismos, sino que también contribuyen a la producción de un comercio nefasto» (nº11). «También la llamada pornografía blanda puede paralizar progresivamente la sensibilidad, ahogando gradualmente el sentido moral de los individuos hasta el punto de hacerles moral y personalmente indiferentes a los derechos y a la dignidad de los demás. La pornografía, como la droga, puede crear dependencia y empujar a la búsqueda de un material cada vez más excitante y perverso. La probabilidad de adoptar comportamientos antisociales crecerá en la medida en que se vaya dando este proceso» (nº14). «Uno de los motivos básicos de la difusión de la pornografía y de la violencia sádica en el ámbito de los medios de comunicación, parece ser la propagación de una moral permisiva, basada en la búsqueda de la satisfacción individual a todo coste. Un nihilismo moral acaba haciendo del placer la sola felicidad accesible a la persona humana» (nº19). «La propagación de la pornografía y de la violencia a través de los medios de comunicación social es una ofensa a los individuos y a la sociedad, y plantea un problema urgente que exige respuestas realistas por parte de las personas y los grupos. El legítimo derecho a la libertad de expresión y al intercambio libre de información ha de ser protegido, pero al mismo tiempo hay que salvaguardar el derecho de los individuos, de las familias y de la sociedad, a la vida privada, a la decencia pública y a la protección de los valores esenciales de la vida» (nº21). «La educación a la vida familiar y a la inserción responsable en la vida social exige la formación a la castidad y a la autodisciplina. La pornografía y la violencia generalizada tienden a ofuscar la imagen divina en cada persona humana, debilitan el matrimonio y la vida familiar, y dañan gravemente a los individuos y a la sociedad» (nº29)[1] .

Los pornócratas, que hacen negocio con la explotación de la pornografía, lanzan al aire, por los medios de comunicación, que «hasta ahora no se ha interpretado científicamente la importancia del sexo, que por fin han cesado los prejuicios creados a lo largo de siglos de represión sexual, que cualquier forma de expresar el amor físicamente es válida, que esto debe considerarse normal entre personas que se aman, y que el sentimiento de culpabilidad es causado por prejuicios morales y religiosos». En todo esto hay mucha falsedad.

Es ridículo decir que hasta hoy no hemos descubierto el sexo.

La religión y la moral no reprimen el sexo, lo dominan, que no es lo mismo. Reprimir tiene un sentido peyorativo; dominar, no. El sexo hay que dominarlo. En la vida no podemos hacer todo lo que nos apetece. Hacemos lo que hay que hacer, y cuando hay que hacerlo.

Tienes que trabajar, madrugar, etc., aunque no te apetezca.

Y otras veces no puedes hacer lo que te apetece.

---

[1] Diario YA, 17-V-89, pg. 19

El apetito no es la suprema norma de conducta.

A nuestro instinto sexual le apetecen muchas cosas que no podemos hacer. El apetito hay que subordinarlo a un orden superior. No se trata de poner al apetito sexual una camisa de fuerza, sino de encauzar el apetito sexual para que cumpla la finalidad querida por Dios.

Las cosas encauzadas son útiles, desbordadas son catastróficas.

El agua encauzada sirve para el riego y la energía eléctrica.

Pero si se desborda lo arrasa todo y tenemos una catástrofe. Lo mismo el instinto sexual. Encauzado es fuente de vida y de amor, pero si se desborda esclaviza al hombre, lo animaliza y lo lleva a las perversiones sexuales más monstruosas.

«El hombre que sólo ansía sensaciones placenteras, para colmar su ansia de satisfacciones, se convierte en un obseso de acumular placeres de forma egoísta»[1]

El sexo causa adicción lo mismo que las drogas.

Así pudimos comprobarlo en el espacio de TELE-5, *La vida alrededor* el lunes 17 de octubre de 1994 entre 4 y 4:30 de la tarde:

Pablo acudió a una dinámica en Palma de Mallorca para desintoxicarse de su sexo-adicción.

También salió en pantalla **Elena** que hizo el acto sexual con más de tres mil hombres, y nunca por dinero.

La doctora **Olga Jiménez,** sexóloga, habló de la relación entre las adicciones al sexo, drogas y alcohol.

También trató de la sexo-adicción, como una enfermedad que anula la voluntad, la doctora **Elena Ochoa** en el programa *Luz Roja* el 20 de octubre de 1994 a las 11:30 de la noche.

La sexualidad desbordada **es insaciable**: cada vez quiere más, cada vez quiere experimentar cosas nuevas, hasta llegar a las aberraciones más indignantes; como aquella casa de prostitución donde hay niñas de siete años[2], a disposición de los clientes que las prefieren tiernecitas.

En Alemania Federal se cometen cada año cien mil abusos sexuales contra niños[3].

En la XVI Conferencia de Ministros de Justicia del Consejo de Europa celebrado en Lisboa en junio de 1988, se habló de los abusos sexuales con niños en "Jardines de Infancia" y que la prostitución infantil forma parte del decorado turístico de algunas ciudades como Río de Janeiro, Dakar,

[1] ALFONSO LÓPEZ QUINTÁS: *El amor humano, VII, 7.* EDIBESA. Madrid. 1991

[2] Revista INTERVÍU, 17-II-77

[3] Diario YA, 6-VII-76, pg. 17

Estambul, etc. [1]

El 6 de Marzo de 1996, a las 12:15 de la noche pudimos ver por la Primera Cadena de Televisión Española un programa sobre la prostitución infantil en Manila.

En Agosto de 1996 fue condenado en Bélgica **Marc Dutroux** como organizador de una red de prostitución infantil[2].

Y en Barcelona la policía descubrió una red de prostitución infantil[3].

No es raro que los periódicos nos hablen de niñas de nueve y diez años violadas por maníacos sexuales y luego asesinadas[4].

En Septiembre de 1996, todos los medios de comunicación informaron del Congreso de Estocolmo sobre prostitución infantil, pues ha llegado a ser un problema internacional.

Se llama **violación** la agresión sexual de otra persona.

España entera se conmocionó ante el asesinato, después de violarlas, de tres adolescentes de Alcácer (Valencia). Pero no fueron las únicas. Antes las precedieron: **Sonia** en Plasencia, **Laura** en Burgos, **Olga** en Villalón, **Ana** en Huelva, **Leticia** en Viana, **Mari Carmen** en Villalba, etc.[5]. En cinco años fueron violadas y asesinadas doce adolescentes[6].

Esto es horrible; pero es la consecuencia de la campaña de libertinaje sexual, patrocinada por el gobierno socialista, con una televisión indecente y unos folletos repartidos en las escuelas públicas enseñando a gozar del sexo.

Estamos haciendo maníacos sexuales. No nos extrañemos de sus tristes consecuencias.

Esta degradación del hombre animalizando el sexo está dando lugar a auténticos psicópatas sexuales, pensando siempre en el sexo, buscando continuamente mayores y nuevas sensaciones, dedicados a las prácticas sexuales más sofisticadas y a las perversiones sexuales más degradantes.

En la habitación 541 del hotel Miguel Ángel de Madrid, **David B. Noyes**, cortó los pechos, que tiró al W.C., a una prostituta llamada **Rufina Sanz**. Luego la rajó de la vagina al ombligo, y después tiró el cuerpo por la ventana[7].

Un auténtico «Barba Azul» se llevaba a su casa a las chicas que encontraba en bares y discotecas, y allí las violaba, asesinaba y luego

---

[1] Diario YA, 23-VI-88, pg. 14

[2] Diario ABC de Madrid, 27-VIII-96, pg. 60

[3] DIARIO DE CÁDIZ, 12-X-96, pg.28

[4] Diario YA, 20-IX-92, pg. 28

[5] Diario ABC de Madrid, 29-I-93, pg. 17

[6] DIARIO DE CÁDIZ, 29-I-93, pg. 38

[7] Diario YA, 27-III-87, pg. 44

descuartizaba. La policía encontró en su frigorífico trozos de cuerpos humanos[1] .

En seis Estados Norteamericanos se castiga a los violadores con la castración[2] .

Pero no todas las violaciones son a base de fuerza física. También se viola engañándola, prometiéndole mil cosas, y cuando queda embarazada, el otro se quita de en medio. ¿Y esto es la liberación de la mujer? ¡Todo lo contrario! Es su degradación.

Muchas chicas ceden su virginidad por amor a un chico, y después se quedan defraudadas, vacías, desilusionadas, y quizás hasta con un trauma de asco para la vida sexual.

La moral sexual católica es la que libera a la mujer de la instrumentalización del hombre y la dignifica, exigiendo para ella el máximo respeto.

La Iglesia quiere que el acto sexual vaya unido al amor no a la violencia. Por eso una mujer que está en peligro de ser violada puede, en defensa propia[3] , usar medios anticonceptivos no abortivos.

Manteniendo firme su voluntad de no consentir en el acto que se le impone violentamente.

Es la opinión generalizada entre los moralistas, y así respondieron, al ser interrogados, tres eminentes moralistas de Roma como son: **Pietro Palazzini,** entonces secretario de la Sagrada Congregación del Concilio y posteriormente cardenal, **Francesco Hürt,** profesor de Teología moral de la universidad Gregoriana, y **Ferdinando Lambruschini,** profesor de la misma materia en la universidad Lateranense[4] .

Por eso la Iglesia permitió tomar la píldora a unas monjas que estaban en peligro de ser violadas cuando la revuelta de **Lumumba** en el Zaire y cuando la desaparición de Yugoslavia.

Comentando esta licitud el Obispo de Segorbe-Castellón, **Juan Antonio Reig,** Presidente de la Comisión Familia y Vida, de la Conferencia Episcopal Española, dijo en una rueda de prensa que «esta licitud no se debe a un criterio de anticoncepción, sino que es un acto de defensa personal ante una agresión sexual»[5].

Y **Mons. Juan José Asenjo,** secretario y portavoz de la Conferencia

---

[1] Diario YA, 28-III-87, pg. 46

[2] Documentos TV del 11-III-1999 a las 22:30 horas.

[3] ANDRÉ LEONARD: *La Moral sexual explicada a los jóvenes,IV, D, a, 21.* Ed. Palabra. Madrid

[4] Revista STUDI CATTOLICI, 27(1961)63-72

[5] Diario EL PAIS, 31-I-2001, pg. 28.

Episcopal Española, declaró que en peligro inminente de violación la Iglesia Católica admite el uso de anovulatorios por cualquier mujer lo mismo que autorizó la píldora anticonceptiva a religiosas, en la misma situación, durante los conflictos bélicos de África[1].

Dos palabras a la mujer que se ha quedado soltera[2] :
La soltería en la mujer es una vocación de Dios.
No siempre porque ella lo elija, sino porque ha sido elegida para ello por Dios, pues Él ha dispuesto que nazcan muchas más mujeres que hombres. Señal de que Dios elige a muchas mujeres para la soltería.
Lo primero que debe hacer una mujer soltera es considerar su estado como una vocación de Dios, y por lo tanto no considerarse fracasada, sino aceptar su estado con naturalidad. Buscar una ocupación que sea útil a los demás para sentirse realizada en su vida.
Dios tiene una misión para ella. Hay que descubrirla y cumplirla.
Cumplir la voluntad de Dios nos hace más felices en esta vida, y además en la eterna.

Hay otro tema del que quiero decir algo.
Es frecuente la crisis de soledad en madres de treinta o cuarenta años cuando los hijos se han emancipado y a ellas les sobra mucho tiempo.
Podría ser el momento de reincorporarse al mundo del trabajo o de los estudios. Incluso buscar alguna ocupación constructiva que la haga sentirse útil. Dedicarse a obras de caridad o apostolado, etc.
Lo que sería un disparate es buscar actividades compensatorias en la ludopatía del bingo, alcohol, vídeos inconvenientes, etc.

22. Otro de los grandes peligros de pecar contra este mandamiento, es **el baile**.
La satisfacción sexual buscada directamente fuera del matrimonio, es pecado grave. Y esto es lo que buscan muchos en el abrazo del baile. Lo que quieren es tener una mujer en sus brazos. Y el baile les proporciona una ocasión estupenda de poder apretarla contra su cuerpo.

El baile moderno suelto puede ser más pasable, si se evitan los movimientos sensuales. Por eso nuestros bailes regionales, como la jota, la sardana, el zortzico, la muñeira, etc., no tienen reparo moral alguno, y sería estupendo que se generalizaran mucho más.
Pero esos bailes de parejas abrazadas, tal como se baila hoy día, en los

[1] Diario LA RAZÓN,16-II-2001, pg.34
[2] **Nuevo Catecismo de la Iglesia Católica, nº 1658**

que un chico y una chica ponen en contacto sus cuerpos de arriba-abajo, pegados como lapas, son, por lo menos, un peligro de sentir deseos voluptuosos para todo muchacho normal. Y este peligro hay que evitarlo si no hay causa proporcionada que lo justifique.

Claro que hay modos y modos de bailar. No todos bailan con igual mala intención. Pero lo mejor es no bailar apretados: «que circule aire entre los dos[1] . Bailar en sí no sería malo, pero lo hacen malo las circunstancias. ¡Cuántos pecados de pensamiento, de deseo y de obra, antes, durante y después del baile![2].

Por eso, aunque teóricamente se pueda bailar sin pecar[3] , en la práctica, este baile de parejas pegadas, tal como se baila hoy día, es un semillero de pecados. Y aunque no siempre se peque gravemente, ¿no será ponerse en peligro de pecar?

Es una ingenuidad defender el baile como si fuera una diversión angelical e inocente. Todos sabemos que lo que los hombres buscan en el baile es, sobre todo, el contacto de los cuerpos. Y esto no es el medio más seguro para conservar la pureza, a la que estamos obligados por precepto de **Jesucristo**, y que tanto trabajo cuesta por la rebeldía de la concupiscencia.

Una vez oí una cosa que me hizo gracia, y por eso la pongo aquí. Era sobre la moralidad del baile:

Depende de la intención del sujeto.
También de la intención de la sujeta.
Pero sobre todo
de lo que el sujeto sujete a la sujeta.

No seas fácil en bailar. Piensa en el modo de mantenerte firme en tu propósito de evitarlo.¿Por qué hemos de andar siempre por el límite del pecado? Andar por el borde de un precipicio es muy peligroso. Además, es un cristianismo raquítico el que sólo se detiene ante el pecado. Sepamos renunciar a aquellas cosas que nos gustarían mucho, que incluso nos serían lícitas, pero con las que damos mal ejemplo.

Es evidente que muchos pecan gravemente en el baile. No contribuyas, con tu cooperación, a que otros pequen.

El Cardenal de Madrid, **D. Vicente Enrique Tarancón** dice: «Los bailes

[1] ANTONIO ROYO MARÍN,O.P.: *Teología Moral para seglares, 1º, 2ª, III, nº 551,e.* Ed.BAC.Madrid

[2] Sobre esto es muy interesante la obra del P. COLOMA, S.I.: La Gorriona

[3] ANTONIO ROYO MARÍN, O.P.: *Teología de la caridad, nº 474.* Ed. BAC. Madrid

modernos son peligrosos por sí mismos. Llevan en sí mismos un germen de desorden y un peligro de pecado. La Teología no los puede admitir en principio. La Teología los ha de rechazar y ha de suponer su inmoralidad mientras no se demuestre lo contrario. Los distintos matices que tienen las diversas clases de estos bailes no alteran su naturaleza. Unos serán abiertamente escandalosos. Pero todos son esencialmente peligrosos... Si admitimos que estos bailes modernos son peligrosos por sí mismos, porque encierran ocasión más o menos próxima de pecado, nuestra postura ante ellos ha de ser necesariamente prohibitiva. Y en los casos concretos, se tratará tan sólo de saber si se dan las razones y las circunstancias que la moral exige para que uno pueda ponerse en peligro de pecado...Lo más grave, a mi juicio, es que al baile moderno se le ha dado carta de naturaleza y casi de obligatoriedad en nuestra sociedad que quiere llamarse cristiana... Se impone, por lo tanto, una reacción fuerte contra este criterio erróneo tan común entre católicos. El baile moderno es un mal. Para autorizarlo se habrán de pesar las razones que justifican la permisión de un mal. En principio, una sociedad cristiana, no puede aceptarlo como un medio normal de diversión. La Teología lo condena por el desorden que lleva en sí mismo»[1] .

«Son deshonestos, y por lo mismo ilícitos para todos, aquellos bailes que por la manera de abrazarse, por los contactos que permiten, y por las músicas que los acompañan, despiertan generalmente la sensualidad. Además, la persona que sabe por experiencia que ciertos bailes, le causan tentaciones y movimientos malos, tiene que evitarlos»[2] .

23. **El vicio solitario** (masturbación) consiste en abusar del propio cuerpo excitando los órganos genitales para procurarse voluntariamente el placer hasta el orgasmo.

A veces, se comienza por mera curiosidad; pero si no se corrige esta inclinación se convierte en un vicio obsesivo que esclaviza a la persona y le desinteresa por todo lo demás: como le pasa al drogadicto.

Dice **André Léonard,** Profesor de la Universidad de Lovaina: «Por su misma naturaleza, la masturbación contradice el sentido cristiano de la sexualidad, vivida como alianza de amor. (...) El ejercicio de la facultad sexual queda privado de toda referencia afectiva con una pareja, en la medida en que el sujeto se repliega sobre sí mismo, en el disfrute de sí mismo. (...) La masturbación, privada del amor, deja a menudo insatisfecho a quien se entrega a ella. Conduce al vacío y al disgusto.

---

[1] VICENTE ENRIQUE TARANCÓN: *Las diversiones a la luz de la Teología, 2, VI.* Ed.PYLSA. Mad

[2] B. HÄRING: *La ley de Cristo, 2º, 2ª, 3ª, V, 5. b.* Ed. Herder. Barcelona

»Debes tener el coraje de pensar, y también decir, que la masturbación es un mal. Escucharás con frecuencia argumentos que intentan defender que se trata de un comportamiento inofensivo, tan anodino como el beber, comer o transpirar. Es preciso desmontar esas razones. (...)

»No es ciertamente el pecado más grave que puedas cometer. Pero eso no impide que te hagas su esclavo, que te habitues a una sexualidad egoísta, y que asfixie en ti la vida espiritual»[1].

La masturbación puede llegar a ser algo obsesivo en la persona. Hace del placer sexual algo egoísta, cuando Dios lo ha hecho para ser compartido dentro del matrimonio. Conozco casos de matrimonios fracasados porque uno de los dos, esclavizado por la masturbación, se negaba a las naturales expresiones de amor dentro del matrimonio. Quien se deja esclavizar del vicio de la masturbación puede arruinar la armonía sexual de su matrimonio. Una mujer joven se quejaba en la consulta de un médico de que su marido tenía con ella muy pocas relaciones sexuales. Él reconoció, delante de ella, que prefería masturbarse[2].

Quien tiene la desgracia de **verse esclavizado** de esta mala costumbre debe poner el mayor esfuerzo en corregirse cuanto antes. Este vicio encadena fuertemente, cada vez es más difícil desligarse de él, y cuando tiene esclavizada a una persona, la envilece, la embrutece, anula su voluntad, destroza su carácter, perturba el desarrollo de su personalidad, debilita la fe[3], produce desequilibrio nervioso, hace egoístas e incapacita para amar a otra persona.

«No se puede abusar del organismo. La naturaleza pasa después la factura. El cuerpo humano tiene sus límites. No se pueden gastar las energías destinadas al desarrollo integral de la persona humana»[4].

Incluso para **Freud** «el masturbador incurre en riesgo de bloquear el desarrollo y maduración de su psicoafectividad»[5].

«La práctica habitual de la masturbación conduce a graves desequilibrios nerviosos»[6].

Todos los médicos están de acuerdo que cuando la masturbación es frecuente, conduce a la neurastenia[7]

Y cuando la masturbación es un vicio esclaviza como todos los vicios.

---

[1] ANDRÉ LÉONARD: *La moral sexual explicada a los jóvenes, III,1.* Ed. Palabra. Madrid.1994.

[2] TONY ANATRELLA: *El sexo olvidado, I,4.* Ed. Sal Terrae. Santander. 1994.

[3] Dr. LUIS RIESGO: *Hablando en familia, III, 5.* EAPSA. Madrid, 1973. Este libro es muy recomendable a los padres sobre los problemas de los hijos

[4] ENRIQUE Mª HUELIN,S.I.: *Juventud,¿hacia dónde?* Málaga. 1973

[5] Dr. HONORIO SANJUÁN: *Estudios sobre sexualidad, 3º, III.* Toledo, 1979

[6] Dr. JOSÉ TODOLÍ: *Estudios sobre sexualidad, 4º, II.* Toledo, 1978

[7] DUBOIS: *La revolución sexual, XIII, 2.* Barcelona, 1975

«Cuando la masturbación se convierte en hábito, debe ser calificada como falta de madurez. (...) Cuando la masturbación presenta síntomas de psicosis y neurosis, debe buscarse la ayuda de un profesional que la someta a un tratamiento adecuado. (...) Las fuentes que dan pábulo a la fantasía -lecturas, televisión, cine- han de considerarse como la base de muchas acciones que no deberían haber tenido lugar, si no hubiesen sido estimuladas»[1] .

Hay maníacos sexuales «que buscan el placer una y otra vez por sí mismo, y caen, como los drogadictos, en el círculo de una insaciable repetición, con el fin de superar en cada nuevo intento, las incesantes frustraciones[2] .

«La masturbación hecha costumbre da por lo general seres psíquicamente replegados sobre sí mismos, especialmente incapaces de elevarse a un auténtico amor sexual»[3] .

El vicio de la masturbación es causa de muchos fracasos en los estudios y en el deporte. Esto lo saben muy bien los estudiantes y los deportistas[4] .

«Cuando un ser humano se habitúa a satisfacer un instinto en una forma determinada, puede llegar a perder, a través de un mecanismo psicológico, el deseo o la atracción por todas las demás formas. El hábito de saciar el hambre sexual de una forma anormal y viciosa, puede llegar a provocar la repelencia por el acto natural, con lo cual el masturbador entra de lleno en el campo de la incapacidad sexual psicológica»[5].

El vicio de la masturbación lleva a la eyaculación precoz en el matrimonio, que impide acomodarse al ritmo de la mujer que es más lenta, y es causa de graves problemas en la armonía sexual matrimonial.

Los médicos americanos que habían tratado a muchachas que se masturbaban, descubrieron que después de casarse resultaban esposas frígidas[6] .

«No es inteligente considerar la masturbación como algo natural, pues causa una serie de trastornos en el adolescente. No sólo en el campo religioso, sino en el afectivo, psicológico, intelectual, etc., donde se hacen sentir sus malos efectos. (...). El que en plena adolescencia el joven sienta fuertemente el impulso sexual, tiene un profundo valor educativo. (...). Más tarde en su vida conyugal, muchas veces tendrá que dominar sus

---

[1] EDMUNDO ELBERT: *Problemas actuales de psicología, X, 3,4, 8.* Ed. Sal Terrae. Santander.

[2] Varios Autores: *Sexualidad y vida cristiana, 1º, II, 4.* Ed. Sal Terrae. Santander, 1982

[3] B. HÄRING: *La ley de Cristo, 3º, 3ª, I.* Ed. Herder. Barcelona

[4] EDUARDO ARCUSA, S.I.: *Eternas preguntas, IV, 2.* Ed. Balmes. Barcelona

[5] RAFAEL BOHÍGUES, S.I.: *El riesgo de ser joven, III, 3.* Ed. Mensajero. Bilbao

[6] RUDOLF AFFEMANN: *La sexualidad en la vida de los jóvenes, IX, 2.* Ed. Sal Terrae. Santander

inclinaciones»[1].

Estas partes del cuerpo deben respetarse con delicadeza, y sólo tocarlas por necesidad, limpieza, higiene, etc. Pero nunca tocar estos órganos sólo por gusto. Con eso no se juega.

Éste es un pecado degradante, repugnante, inconcebible en una persona delicada. Sin embargo, si después te da vergüenza confesarlo, entonces la desgracia es doble e irreparable.

Si tuviste la desgracia de la caída, no permitas la de la vergüenza de confesarlo. Acude a un sacerdote y ábrele tu conciencia para que te perdone y te ayude a salir de tan triste estado. Ten confianza. Tienes remedio. Muchos empezaron esta mala costumbre sin conocer su importancia. Bien porque lo descubrieron de un modo casual, bien porque fueron enseñados por otra persona que intencionadamente quitó importancia al asunto. Pero la masturbación es un vicio que puede esclavizar fuertemente y transformar el carácter de la persona, y hasta su ideología religiosa.

La masturbación puede llevar a perder la fe. Muchas incredulidades han empezado en la masturbación»[2]. El joven siente inclinación a masturbarse, oye que la Iglesia lo prohíbe, y siente la tentación de dejar la Iglesia que le prohíbe lo que le gusta hacer, y quizás le cuesta trabajo evitar.

«Pero, por otro lado, no podemos olvidar que la masturbación no contribuye a la superación del problema sexual o de la tensión de un momento dado. Conduce, por sí misma, a la larga, a una erotización mayor y a una obsesión creciente, de modo que a la larga el problema no se soluciona. El sexo, no lo olvidemos, (**Chauchard** no se cansa de repetirlo) está sobre todo en la cabeza. Tiene una capacidad obsesionante tal, que la solución del problema sólo se logra cuando el hombre consigue entregar su pensamiento a tareas que le ilusionen. La solución al problema del sexo, y a una obsesión excesiva, sólo se encuentra de modo indirecto, cuando el hombre consigue centrar su pensamiento en algo que le ilusiona. He sido testigo de cómo muchachos que se han entregado con ilusión a una ocupación deportiva, incluso en presencia de chicas, o a otro tipo de ocupación, no tenían problema alguno sexual; mientras éste surgía siempre que se dejaban llevar por el ocio»[3].

Es fácil que quienes han contraído el hábito de la masturbación experimenten un fuerte sentimiento de culpabilidad capaz de destruir todo estímulo de vida y de producir un permanente complejo de inferioridad.

El único tratamiento pastoralmente eficaz es el de procurar abrir

---

[1] Dr. LUIS RIESGO: *Hablando en familia, III, 5.* EAPSA. Madrid, 1973

[2] P. LÓPEZ PEDRAZ, S.I.: *Cristianos en busca de respuestas, XV, 1.* Ed. Sal Terrae. Santander

[3] JOSÉ ANTONIO SAYÉS: *Moral de la sexualidad, III, A.* Ed. Tau. Ávila, 1988. Breve y estupendo libro en el que se proponen los fundamentos de la moral sexual y se orienta sobre puntos concretos.

horizontes hacia expresiones plenas de la afectividad y hacia tareas culturales, profesionales, sociales y religiosas, que den sentido a sus vidas

La gravedad de cada acto masturbatorio no siempre es fácil determinarla pues depende de muchas circunstancias y pueden darse atenuantes de la responsabilidad[1]. Sin embargo se debe poner un serio empeño en evitarlo por el peligro de caer en la esclavitud del hábito.

Dice el célebre moralista **Häring**: «No se puede decir que la pasión destruye la imputabilidad moral de los pecados contra el sexto mandamiento, pues si así fuera sólo un pecado diabólico sería mortal»[2].

A veces las caídas en la masturbación no son por una intención lujuriosa. Son consecuencia de una depresión, una angustia, una ansiedad que no permite conciliar el sueño, etc. Casos así pueden remediarse con algún sedante inofensivo recomendado por un médico.

En una conferencia que le oí en 1976 al **Dr. D. José Mª Poveda Ariño**, Jefe del Departamento de Psiquiatría de la Universidad Autónoma de Madrid, titulada *Ciencia y Doctrina Moral Sexual*, dijo que la masturbación es un fenómeno evitable por cualquier persona normal. Y en los casos en que esta superación parezca difícil es perfectamente asequible con los productos que un médico puede recomendarle.

En enero de 1976 el Vaticano publicó un documento sobre Moral Sexual donde dice: «El uso deliberado de la facultad sexual, fuera de las relaciones conyugales normales, contradice esencialmente la finalidad de esta facultad» (nº5). También dice este documento que «la masturbación es un acto intrínseca y gravemente desordenado» (nº9)[3].

Esto significa que el acto, "en sí mismo", es siempre materia de pecado grave ("objetivamente malo"). Para determinar si el acto de una persona concreta es pecado grave también habrá que considerar si se cumplen las otras condiciones del pecado grave: que tenga uso suficiente de razón como para saber lo que está haciendo y la malicia del acto, y que consienta plenamente al mismo.

En 1983 el Vaticano ha publicado otro documento sobre la educación sexual donde dice: «La masturbación es un grave desorden moral»[4]. Y aunque sólo Dios conoce la responsabilidad moral subjetiva de cada acto, «de ningún modo se puede sostener que en el campo sexual no se cometen pecados mortales»[5].

Pero **no has de considerar pecado** todos los tocamientos en tus órganos genitales. Pueden ser pecado los tactos encaminados a excitar el

[1] **Nuevo Catecismo de la Iglesia Católica, nº 2352**

[2] BERNHARD HÄRING: *SHALOM: Paz, XVII, 4.* Ed. Herder. Barcelona. 1998.

[3] **Nuevo Catecismo de la Iglesia Católica, nº 2352**

[4] Diario YA, 2-XII-83, pg. 34

[5] Revista ECCLESIA, 1773 (17-I-76)

placer sexual; pero otros actos que se hacen por necesidad o por higiene, no son pecado alguno. Y en las conmociones orgánicas que sientas involuntariamente, reprime el consentimiento, y en paz. No has pecado contra la pureza. Aprende a distinguir entre el sentir y el consentir. Puede ser que a veces sientas movimientos contra tu voluntad en tus órganos genitales. Acostúmbrate a prescindir de esas sensaciones.

El pecado no está **en el sentir**, sino **en el consentir**. En el noveno mandamiento te expongo el modo de luchar contra estas tentaciones molestas. Pero si tuvieras la desgracia de haberte complacido voluntariamente en ese placer sexual, entonces manchaste tu pureza.

El orgasmo, que es la sacudida que experimenta el cuerpo con la satisfacción del placer sexual, es derecho exclusivo de casados. Una persona soltera no puede ni procurárselo voluntariamente ni aceptarlo si lo experimenta involuntariamente. A veces el orgasmo se produce imprevistamente. En ese caso tampoco es lícito saborearlo voluntariamente, aunque no se pueda evitar la sensación placentera. Pero cuando ocurre durmiendo no es pecado alguno.

El placer venéreo completo, el orgasmo, buscado directamente, sólo está permitido dentro del matrimonio, dentro del acto conyugal.

24. **La homosexualidad** es la atracción sexual hacia una persona del mismo sexo. Es una aberración duramente castigada en la Biblia. Es el caso de Sodoma y Gomorra[1]. Y por eso a los homosexuales se les llama sodomitas.

«Los actos homosexuales son objetivamente desordenados. Son contrarios a la ley natural. No pueden recibir aprobación en ningún caso»[2].

«La legalización jurídica de parejas homosexuales va en contra de la naturaleza humana, y revela una corrupción grave de la conciencia moral ciudadana» ha dicho **D. Elías Yanes**, Presidente de la Conferencia Episcopal Española[3].

Por eso **Mons. Juan José Asenjo,** secretario de la Conferencia Episcopal Española ha dicho que «sería el colmo de los despropósitos que se permitiera a las parejas homosexuales la posibilidad de adoptar niños»[4].

¡Menudo trauma para el niño cuando caiga en la cuenta de que sus padres son unos anormales, pues todos sus compañeros tienen padre y madre!

No hay que confundir los homosexuales auténticos, que no tienen ningún

---

[1] Carta de SAN JUDAS, Génesis,**19**,5; **1**:7

[2] **Nuevo Catecismo de la Iglesia Católica, nº 2357**

[3] Diario ABC de Madrid, 4-VII-94

[4] Diario LA RAZÓN del 20-IX-2000, pg 39

interés en corregirse, con el hombre de apariencia feminoide de lo cual no es responsable, y que puede no ser homosexual.

La homosexualidad es una anormalidad, pero no es pecado, a no ser que se ejerza . Si se ejerce y además hay corrupción de menores, constituye peligrosidad social. **No es lo mismo** el homosexual por vicio, que el que nace así, o sufrió el impacto de una desgraciada experiencia de su infancia.

El homosexual de nacimiento que **domina su tendencia** y no es corruptor del ambiente, pervertidor de menores o escandaloso público, no hay por qué considerarlo como peligro social. La peligrosidad social no depende de lo que la persona es, sino de lo que hace.

El homosexual de nacimiento[1] es tan responsable de su tendencia, como lo puede ser de su defecto el miope o el tartamudo. Por lo tanto, al homosexual que domina su inclinación no hay que considerarlo corruptor, perverso ni degradante; si domina su inclinación, puede alcanzar notable virtud. Debe poner todo su empeño en dominarse. Y que confíe en Dios que le ayudará. Él lo ve todo y es justo[2].

«Los homosexuales que lleven una vida casta pueden ser santos» dice el diario de la Santa Sede[3].

Ser comprensivo con los homosexuales, que luchan por dominarse, no es justificar su actuación homosexual. Una cosa es aceptar a la persona, y otra aprobar su comportamiento. El homosexual tiene que dominar su tendencia lo mismo que el heterosexual, que no puede irse con todas las mujeres que le apetecen. El homosexual tiene que dominar su tendencia desordenada lo mismo que el cleptómano tiene que dominar su tendencia a apropiarse de lo ajeno.

La **Madre Angélica** le dice al homosexual: «La homosexualidad es tu cruz. Y debes darte cuenta de que es una cruz. Debes soportarla como tal, y no como un estilo de vida, o como justificación para el pecado»[4].

Pero este respeto que debemos tener hacia el homosexual que no es peligro social porque no atenta contra el bien común, no significa que consideremos al homosexual como una persona normal que tiene derecho a ejercer su tendencia de acuerdo con su inclinación. Si el homosexual tiene derecho a vivir como él es, y no como debe ser, lo mismo podríamos decir del ladrón y del asesino. El hombre debe acomodar su conducta a los auténticos valores humanos. El respeto a la persona del homosexual no considerándolo perverso o peligroso mientras su conducta sea correcta, no elimina el que no se pueda considerar al homosexual como una persona normal. Es como si el jorobado quisiera que consideráramos natural el

[1] **Nuevo Catecismo de la Iglesia Católica, nº 2359**

[2] **Nuevo Catecismo de la Iglesia Católica, nº 2358s**

[3] L´Osservatore Romano del 23-IV-97

[4] MADRE ANGÉLICA: *Respuestas, no preguntas, VI, 7.* Ed. Planeta+Testimonio.Barcelona.1999.

tener joroba.

En una ocasión intervine en un debate televisivo. Intervenía un homosexual que criticaba a la Iglesia por no aprobar la homosexualidad como una cosa natural y lícita. Asistía al debate un Catedrático de la Universidad de Cádiz, **Julio Pérez Serrano,** que dijo: «En culturas primitivas, anteriores al cristianismo, ya existía hostilidad a la homosexualidad por considerarla antinatural». «Los homosexuales que declaran su homosexualidad son, casi siempre, personas que consideran su comportamiento o su estilo de vida homosexual como 'indiferente o, sin más, bueno', y por eso digno de aprobación pública»[1].

Estos normalmente usan el logan de la «discriminación sexual» como un arma política para manipular la sociedad. Y el objetivo último es lograr la aprobación de sus comportamientos homosexuales.

La razón del aparato genital es la generación. Y el ejercicio del sexo en un homosexual no tiene nada que ver con la generación.

Dice **Marc Oraison**: «No vacilo en afirmar que la realización de la pareja homosexual es de por sí imposible»[2] .

Para el **Dr. John Loraine**, de la Universidad de Edimburgo, donde está encargado de la Cátedra de Endocrinología, el homosexual es un enfermo cuyas hormonas sexuales se han desquiciado. Tras sus experimentos, **Loraine**, afirma que el homosexual es un paciente para los endocrinólogos, pues sufre una serie de trastornos fisiológicos gonadales que hoy pueden medirse a la perfección[3]

«Hay que reconocer que, fuera de algunos casos de perversión voluntaria, en la mayor parte de los homosexuales, su tendencia desviada debe ser considerada como una enfermedad. De aquí que, por una parte, se merezca todo el respeto y la ayuda que como a personas humanas les es debida; pero, por otra, la sociedad, por todos los medios adecuados, deba defenderse de su devastador contagio, tan pernicioso y destructivo para la naturaleza humana en su presente y en su futuro»[4]

Hay mujeres que tienen el vicio de saciar su apetito sexual con otras mujeres. Esto es una aberración. El afecto de dos muchachas no debe repercutir en los órganos genitales. Si es así, esa amistad es desaconsejable.

La homosexualidad en la mujer se conoce desde seiscientos años antes de **Cristo** en la isla griega de Lesbos. Por eso a la mujer homosexual se le llama **lesbiana**. Hay que distinguir entre la auténtica lesbiana que busca

---

[1] Algunas consideraciones acerca de la respuesta a ciertas propuestas de ley sobre la no discriminación de las personas homosexuales. L'Osservatore Romano, 31-VII- 1992, p. 7, nº 14.

[2] MARC ORAISON: *El problema homosexual, pg. 63.* Madrid, 1976

[3] DUBOIS: *Nuevas Técnicas sexuales, pg. 58.* Barcelona, 1976

[4] ROBINSON: *Educación sexual y conyugal, 2ª, III, 6.* Ed. Mensajero. Bilbao

otra mujer para su actividad sexual, y el afecto muy frecuente en adolescentes hacia mujeres mayores que ellas por las que llegan a sentir verdadera adoración; pero con ausencia total de actividad sexual. Esta tendencia desaparecerá en cuanto se enamoren de un hombre. La heterosexualidad es una inclinación de la misma naturaleza personal del hombre. Pero el homosexual aunque no sea un pervertido, es un invertido, que ha sufrido una desviación del instinto sexual natural. Los defensores de la homosexualidad **generalizan** esta tendencia queriéndola hacer pasar como una sexualidad distinta pero natural, y así poder actuar libremente sin restricciones a su tendencia. Para eso incluyen entre los homosexuales a todos los que han tenido alguna vez alguna experiencia homosexual. Pero esto no es serio. Con este mismo criterio podríamos considerar no homosexual a todos los homosexuales que hayan tenido un contacto heterosexual. Puede una persona, por una circunstancia casual y transitoria, haber practicado la homosexualidad, lo cual, aunque es inmoral, no la constituye en homosexual.

Lo que caracteriza al homosexual no es haber tenido más o menos contactos homosexuales, sino la tendencia hacia las personas del mismo sexo y la consiguiente repugnancia hacia la relación heterosexual. «Mientras cifras falseadas (ej. **Informe Kinsey**) pretenden, por ejemplo, que los homosexuales constituyen el 10% de la población norteamericana; los investigadores serios están de acuerdo en que es el 2,5%»[1].

Para que un homosexual cambie, lo primero, es indispensable que **quiera cambiar**, y después que quiera someterse a un tratamiento psicoterápico: «sólo la psicoterapia le podrá ayudar»[2].

«El profesor **Van den Aardweg,** licenciado en psicología en Amsterdam y notorio especialista de nivel internacional en terapia de la homosexualidad, describe numerosos casos de curación, confirmados por otros psicólogos, como **Paul C. Vitz** de la Universidad de Nueva York, y otros de todo el mundo. **Noel B. Mosen,** en una carta publicada por la revista New Zealand de junio de 1994 escribe: "Fui homosexual activo durante 21 años, hasta que me hice cristiano y me convencí de la necesidad de cambiar. Con la ayuda y la fuerza de Dios, lo conseguí. Ahora llevo seis años felizmente casado y no experimento ninguno de los deseos y tentaciones homosexuales que antes dominaban mi vida".

»Conocidos expertos en sexología, sin vinculación religiosa, como **D. J. West, M. Nicholson y L. J. Hatterer**, han descrito muchos casos de homosexuales que se convierten en heterosexuales»[3].

[1] MARIANO MORELLI: *La homosexualidad y el transexualismo.* En INTERNET, http://catholic-church.org/russia-ive/apologetica/homepage1.htm

[2] MARC ORAISON: *El problema homosexual, III.* Madrid

[3] RODOLFO L. NOLASCO Suplemento del boletín AICA Nº 2116, del 9 de julio de 1997.

El Dr. **Juan Antonio Vallejo-Nájera**, en su preciosa obra *La puerta de la esperanza,* afirma que «la educación en la castidad es sanísima y ayuda mucho a superar los problemas de la edad juvenil. En cambio, la presunta libertad sexual que se predica ahora, ésa sí que llena de pacientes la consulta del psiquiatra. Y no digamos, la moda de decir que la homosexualidad es una alternativa tan válida como cualquier otra. Mentira. El ser homosexual es complicadísimo. Deben merecer toda nuestra comprensión y cariño, pero para intentar curarlos; no para animarlos a serlo»[1].

«Se dice que la inversión sexual es constitucional, de carácter congénito biológico. Otros buscan las causas en factores de orden psíquico, como falsa educación, ambiente, experiencias que se remontan a la infancia, etc. Para otros, los factores de la homosexualidad son innatos y ambientales juntamente»[2].

Algunos terminan en homosexuales como consecuencia del alcoholismo y las drogas.

Por supuesto que la homosexualidad no tiene la misma importancia **en la edad adulta** que en la infantil. Entre niños puede ser casi un juego que puede no significar desviación enfermiza. Aunque sí puede perjudicar a su psicología.

En 1983 el Vaticano ha publicado un documento sobre la educación sexual donde dice: «No hay ninguna justificación moral a los actos homosexuales»[3] «Los actos homosexuales son intrínsecamente desordenados y no pueden recibir aprobación en ningún caso»[4].

La homosexualidad se condena en la Biblia en varios pasajes[5].

La Biblia en el Antiguo Testamento manda castigar con pena de muerte a los que realizan actos homosexuales[6]. Y **San Pablo** dice que los homosexuales no entrarán en el Reino de los Cielos[7]. Se entiende, naturalmente, a los que no se dominan y ejercen de homosexuales.

Se llaman **transexuales** los homosexuales que se cambian los órganos genitales. El cambio de los órganos genitales sólo es lícito para corregir un «error» de la naturaleza, pero no por gustos particulares. Aunque un loco se considere lombriz, no se le pueden cortar los brazos.

---

[1] JUAN ANTONIO VALLEJO-NÁJERA: *La puerta de la esperanza, III.* Ed. Planeta. Barcelona

[2] MANUEL VIERA: *Vida sexual y psicología moderna, III, 3.* Ed. Mensajero. Bilbao

[3] Diario YA, 2-XI-83, pg. 34

[4] Sagrada Congregación para la Doctrina de la Fe: Declaración sobre cuestiones de ética sexual, nº 8. SAN PABLO:Carta a los Romanos,**1**:26-32.

Nuevo Catecismo de la Iglesia Católica,nº2357

[5] Levítico, **1 8**:22; **2 0**:13. SAN PABLO: Carta a los Romanos, **1**:24-27; Primera Carta a los Corintios, **6**:9s; Primera Carta a Timoteo, **1**:9s

[6] Levítico, **2 0**:13

[7] SAN PABLO: Primera Carta a los Corintios,**6**:9

Hoy están sobre el tapete «las parejas de hecho».

Grupos políticos quieren igualar los derechos del matrimonio normal a las parejas de homosexuales y lesbianas.

El **P. José Mª Díaz Moreno, S.I.,** Profesor de Derecho Matrimonial en la Facultad de Derecho (ICADE) de la Universidad de Comillas de Madrid, en un artículo sobre este tema, resume así su pensamiento:

a) Los católicos tenemos el derecho y el deber de defender la institución matrimonial como la única válida.

b) Hay obligación moral grave de oponerse a la posibilidad de que la pareja homosexual o lesbiana pueda adoptar niños, por el daño que éstos recibirían.

c) Hay que distinguir entre lo lícito legal y lo lícito moral. Las leyes civiles no cambian la valoración moral.

d) A los familiares que hayan optado por una «unión de hecho» se les debe ayudar, con cariño, a que reestructuren su vida en conformidad con las leyes de Dios y de la Iglesia[1] .

El ABC de Madrid publicó el 10 de Julio de 1997 un estudio del Ministerio de Trabajo según el cual la equiparación del matrimonio a las «parejas de hecho» costará al Estado 30.000 millones en pensiones de viudedad[2] .

Es lógico que no queramos que nuestro dinero se dedique a financiar esas uniones.

Nos parece mejor que ese dinero se dedique a ayudar a las familias numerosas, pues en España tenemos el índice de natalidad más bajo del mundo[3]

Digamos que la **pederastia** (con niños) y de la **zoofilia** (con animales) es algo repugnante para toda persona normal.

Pero hoy hay una tendencia a presentar como normal las aberraciones más degradantes. Algunos parecen haber perdido el sentido común.

---

[1] Revista ECCLESIA, 2848 (5-VII-97) 7

[2] Diario ABC de Madrid del 10-VII-97, pg.69

[3] Diario ABC de Madrid del 17-IV-97, pg.8

25. «**La castidad** consiste en el dominio de sí, en la capacidad de orientar el instinto sexual al servicio del amor y de integrarlo en el desarrollo de la persona»[1] «La castidad cristiana supone superación del propio egoísmo, capacidad de sacrificio por el bien de los demás, nobleza y lealtad en el servicio y en el amor»[2] .

«La castidad es el gran éxito de los jóvenes antes del matrimonio. Es, además, la mejor forma de comprender y, sobre todo, de valorar el amor.

»No es una negación de la sexualidad, sino la mejor de las preparaciones para la vida conyugal.

»Porque es un entrenamiento en la generosidad, en el deber y en el dominio de sí mismo, cualidades tan importantes para el ejercicio de la sexualidad humana.

»En los jóvenes, la castidad entrena y forma la personalidad.

»Supone un esfuerzo que va dotando a la persona de solidez en la voluntad y de una sensación de posesión y dominio de sí mismo, que, a su vez, es fuente de profunda paz y alegría.

»Los jóvenes castos, normalmente, son más constantes en el trabajo y en el estudio, tienen más ilusiones, son más idealistas.

»La pureza es una virtud eminentemente positiva y constructiva que templa el carácter y lo fortalece. Produce paz, equilibrio de espíritu, armonía interior. Purifica el amor y lo eleva; es causa de alegría, de energía física y moral; de mayor rendimiento en el deporte y en el estudio, y prepara para el amor conyugal»[3] .

El Papa **Juan Pablo II** dijo a los jóvenes en Lourdes el 15 de agosto de 1983: «Los que os hablan de un amor espontáneo y fácil os engañan.

»El amor según **Cristo** es un camino difícil y exigente. El ser lo que Dios quiere, exige un paciente esfuerzo, una lucha contra nosotros mismos. Hay que llamar por su nombre al bien y al mal»[4] .

También **Juan Pablo II** dijo a los miles de jóvenes reunidos en Rímini (Italia) en agosto de 1985: «¿Quieres encerrarte en el círculo de tus instintos? En el hombre, a diferencia de los animales, el instinto no tiene

---

[1] Sagrada Congregación para la educación católica: Pautas de educación sexual, nº 18. Revista ECCLESIA, 2155 (24-XII-83)23

[2] Conferencia Episcopal Española: *Ésta es nuestra fe, 2ª, III, 7, 2, 1, b.* EDICE. Madrid, 1986.

[3] MANUEL VIERA: *Vida sexual y psicología moderna, VI, 1.* Ed. Mensajero. Bilbao.

[4] Diario YA, 16-VIII-83, pg. 15

derecho a tener la última palabra»[1] .

Paul Claudel le escribe a su hijo:
«Mi querido hijo:
»No creas a los que te dicen que la juventud ha sido hecha para divertirse. La juventud no ha sido hecha para el placer sino para el heroísmo.
»Porque un joven necesita heroísmo para resistir a las tentaciones que le rodean»[2].

«Los jóvenes reciben de la oración fuego y entusiasmo para vivir con pureza y realizar su vocación humana y cristiana con un sereno dominio de sí y con una donación generosa a los demás»[3] .

Lo que es imposible es guardar la pureza de cuerpo sin guardarla también de corazón y de pensamiento[4] .

Si no vigilas tu imaginación y tus pensamientos, es imposible que guardes castidad.
El apetito sexual es sobre todo psíquico.
Si no se arrancan las raíces de la imaginación es imposible contener las consecuencias en la carne.
Por eso es necesario saber dominar la imaginación y los deseos.
El apetito sexual aumenta según la atención que se le preste.
Como los perros que ladran cuando se les mira, y se callan si no se les hace caso.

«La sexualidad ha de ser vivida bajo el signo de la cruz y la redención. Y desde esta perspectiva había que interrogarse sobre el valor positivo de la abstinencia sexual durante el noviazgo»[5] .

La pureza **no puede guardarse** sin la mortificación de los sentidos.
Quien no quiere renunciar a los incentivos de la sensual vida moderna, que exaltan la concupiscencia, es natural que sea víctima de tentaciones perturbadoras, y que la caída sea inevitable.
La pureza no se puede guardar a medias.
Con nuestras solas fuerzas, tampoco; pero con el auxilio de Dios, sí.

---

1 Diario YA, 27-VIII-85, pg. 30
2 BERNABÉ TIERNO: *Valores humanos, 4º, III, 2.* Ed. Taller de Ediciones. Madrid. 1998.
3 Sagrada Congregación para la Educación Católica: *Orientaciones sobre el Amor Humano, 46*
4 ANTONIO ROYO MARÍN, O.P: *Teología Moral para seglares, 1º, 2ª, II, nº 492s.* Ed.BAC.Madrid.
5 R. SIMÓN: *Una educación sexual dinámica, Colofón.* Ed. FAX. Madrid.

68,25

Quien -con la ayuda de Dios- se decide a luchar con todas sus fuerzas, vence seguro.

No es que muera la inclinación, sino que será gobernada por las riendas de la razón.

«En la vida hay que entrenarse.

»Entrenarse es hacer un esfuerzo cuando no hace falta, para saber esforzarse cuando haga falta.

»El que no sabe decir **no** cuando pudiera decir **sí**, no sabrá decir **no** cuando tenga que decir **no.**

»El que no sabe privarse de lo lícito por ensayo, no sabrá privarse de lo ilícito cuando sea necesario»[1].

Muchos **quieren liberarse** de la moral católica que consideran represiva, y lo que hacen es caer en la esclavitud del pecado que degrada al hombre.

El yugo de **Cristo** es suave y ligero[2], si se lleva con amor y voluntad corredentora.

Dice el gran moralista belga **José Creusen**: «La impureza, sin ser el más grave de los pecados, es el más frecuente de los pecados graves.

»La castidad, sin ser la más perfecta de las virtudes, es una de las más necesarias. (...).

»En materia de castidad lo más fácil es el dominio completo. Andar a medias es muy peligroso»[3].

«La explotación de la sexualidad por sí misma y sobre todo, con el único fin de conseguir la satisfacción sexual, es funesta, tanto para la vida individual como colectiva»[4]

Aunque los pornócratas, **para defender su negocio**, dicen que la virginidad ha dejado de ser virtud, y nos presentan la homosexualidad y la masturbación como cosas naturales, por encima de todas las palabras de los hombres está la ley de Dios que nos señala lo que es bueno y lo que es malo.

Hoy se oyen con frecuencia palabras de **menosprecio** hacia la virginidad. Generalmente provienen de personas que la han perdido.

---

[1] EDUARDO ARCUSA, S.I.: *Eternas Preguntas, VIII, 4.* Ed. Balmes. Barcelona.

[2] Evangelio de SAN MATEO, 1 1:28ss

[3] EDUARDO ARCUSA, S.I.: *Eternas preguntas, IV, 2.* Ed. Balmes. Barcelona.

[4] Varios autores: *Sexualidad y vida cristiana, 3ª, VI.* Ed. Sal Terrae. Santander, 1982.

Como en el cuento de la zorra y las uvas, es natural menospreciar lo que uno no es capaz de conseguir.

Pero las joyas no pierden valor porque haya personas que son incapaces de apreciarlas.

«Si hubiéramos de responder ateniéndonos a duros hechos externos que definen masivamente nuestra sociedad, tal vez hubiéramos de concluir que, a juicio de muchos, la castidad, hoy, es todo lo contrario de un valor: es un antivalor que hay que arrumbar para siempre. Si fue un valor, hoy es un lastre.

»Pero si la respuesta la damos analizando la naturaleza misma de la castidad, contrastada con el concepto filosófico del valor para el hombre, entonces hay que concluir que la castidad es un valor, un valor por sí mismo, primario y absoluto por su bondad intrínseca y por la conveniencia esencial con la naturaleza humana.

»Acaso todo depende del concepto que tengamos de castidad. Si la entendemos como una represión, una mutilación, un comportamiento negativo, una actitud desnaturalizante, entonces no es ni puede ser un valor.

»¿Qué es entonces la castidad? Sencillamente, la castidad es el ordenamiento de la potencialidad sexual del hombre en consonancia con su condición específica de persona racional, inteligente y autodeterminativa...

»Ser un esclavo de los instintos en el campo sexual, le convierte en animal, lo desnaturaliza de su condición de persona libre y de su condición de sujeto autodeterminativo. Usar mal de la capacidad sexual, es una traición a la sexualidad humana. Al ser la castidad la recta ordenación de las fuerzas sexuales y de la afectividad en el hombre en consonancia con los fines específicos de la sexualidad y con la condición integral de la persona como ser inteligente y dueño de sus instintos, no cabe duda que la castidad perfecciona al hombre en su misma condición de hombre. Una perfección en lo esencial siempre es un bien. El bien, en sus múltiples formas, es un valor.

»Una joven de 16 años dice:

»Con la castidad yo pienso que aprendemos a respetarnos a nosotros mismos y a no hacernos animales.

»Los animales lo hacen todo por instinto.

»Si nosotros no tuviéramos un principio regulador, un medio para dominar nuestros instintos nos haríamos como ellos.

»Es bonito que aprendamos a valorar algo que nosotros tenemos y ellos no tienen.

»Es una satisfacción disfrutar de algo adquirido por tu propio esfuerzo,

68,25

por tu decisión, por tu voluntad.

»Con la castidad voluntaria yo me hago superior a los animales. Esto creo que tiene su belleza y su valor...

-¿Te es fácil vivir la castidad a los dieciséis años?

-En principio, me cuesta, como creo que les cuesta a los demás. Pero debo confesar que a mí me es fácil vivirla.

-¿Por qué te es fácil?

-En primer lugar, me doy cuenta de que no merece la pena perder la castidad por el placer sexual de un momento. Pero acaso me cueste poco por la educación que he recibido desde mi infancia...

-¿Encuentras valores en la castidad?

-El saber que nuestro cuerpo tiene un destino superior al de dejarlo aquí en la tierra. Los planes de Dios sobre los hombres nos hablan de una glorificación de nuestro cuerpo en la vida futura. Aparte de la glorificación corporal donada por Dios, tiene que ser también un don de este cuerpo, el haber sabido conservarlo íntegro, inmaculado, como Él nos lo

»Y una joven madre soltera contesta:

-En realidad, no ha sido la castidad mi fuerte. Para mí prácticamente no ha existido. No he sido casta. Pero hoy, que me he dado cuenta, la considero maravillosa. Para mí la castidad no ha entrado en mi vida por el hecho de haberme apartado de Dios. Hoy creo que la encontré y la veo fenomenal.

-¿Te atreverías a decirme por qué no has sido casta?

-Sí. No he sido casta por el hecho de no pensar, por vivir al margen de todo. Tal vez por comodidad, por dejadez. Te dejas llevar por cualquier impulso.

-¿Cuándo diste el cambio?

-Al mes de dar a luz tuve la oportunidad de estar sola, pensar mucho, y me di cuenta de que había algo más que todo aquello que había vivido. Y vi claro que aquel Dios que mis padres y mi colegio me habían enseñado, existía realmente y era algo verdadero... Si amo ahora la castidad es porque le amo a Él... Dios importa mucho para mi vida.

-¿Qué otros valores crees que tiene la castidad?

-Creo que hay otros valores. Antes, que no era casta, que me dejaba llevar por los impulsos, no era libre. En cambio, ahora que tiendo más a ser casta, me siento más libre, me he liberado de mis impulsos.

»Al dejar esos impulsos a un lado, el mismo cuerpo gana serenidad, dominio, salud, belleza.

»Y hasta dignidad, porque el cuerpo no debe ser sólo un instrumento del placer, sino un medio de realizarse en la vida cumpliendo una misión»[1] .

Por otra parte, la castidad **es fácil de guardar**, si se busca el auxilio de la gracia de Dios, y se fortifica el alma con los sacramentos de la confesión y la comunión.

El mejor consejo que se puede dar al que ha empezado a rodar por la pendiente del vicio es comunión frecuente y confesión con un Director Espiritual fijo.

Es un remedio seguro para corregirse y salir del pecado. No hay pecador que resista.

El sacramento de la confesión, además de ser un remedio curativo, es un remedio preventivo.

La Comunión y la Dirección Espiritual dan fuerza y luz para obrar con eficacia.

«Se puede, por tanto, hablar, y hay que hacerlo, de un imperativo de la pureza que se impone a los novios, no como una coacción penosa cuya única finalidad sería crearles molestias, sino como una fuerza interior que vivifica el amor elevándolo y manteniéndolo en un plano superior.

»Esta pureza pretende estar libre de todo desprecio hacia el cuerpo y se basa, al contrario, sobre el respeto soberano a la carne, a la que restituye su equilibrio, eliminando los elementos de defección que son un peligro para ella.

»En cuanto al amor mismo, lo consolida; y prepara así la felicidad de que gozará la pareja cuando se halle ligada por la vida común»[2] .

«El que la castidad prematrimonial sea perjudicial a la salud es ya un mito descartado hace tiempo por la ciencia médica y la psicología, y algo en que sólo tratan de creer los que buscan una excusa para no ser castos.

»Para **Freud** toda neurosis era de origen sexual. Hoy sus mismos discípulos no sostienen esta doctrina.

»**Adler** afirma: "No siendo verdad que la libido reprimida sea causa de la neurosis, el dar salida al instinto sexual no cura por sí mismo esta neurosis".

»La castidad educa la voluntad por el vencimiento que supone. Una educación que no exige esfuerzos, conduce a la anarquía, no forma adultos sino desequilibrados, sin aptitud para hacer frente a las dificultades de la vida.

»El vencimiento propio es indispensable para la formación del ser

[1] J. R. LEBRATO: *Junto al erotismo, 1ª, II.* Ed. Studium. Madrid, 1974. Breve pero interesantísimo libro en el que se exponen unas entrevistas sobre la castidad a gran variedad de personas.

[2] CHARBONNEAU: *Noviazgo y felicidad, VI, 3.* Ed. Herder. Barcelona, 1970

humano. Decir que los impulsos sexuales son irresistibles no es científico.

»La biología moderna declara que los reflejos genitales pueden dominarse con el ejercicio de la voluntad.

»El poder del espíritu sobre el cuerpo, de lo psíquico sobre lo físico es muy grande. Esto lo confirma la psicología actual»[1].

«La castidad protege vuestro futuro amor. Los jóvenes que han sabido estar a la altura de su deber son los que sabrán después estar a la altura de su amor. El amor conyugal, les va a exigir entrega, generosidad y sacrificio, y ellos ya traen un buen entrenamiento en todo esto.

»Además, el mejor regalo que podréis haceros unos esposos es el de un cuerpo y un alma íntegros.

»La castidad juvenil es un esfuerzo. Pero es un esfuerzo que lleva consigo una recompensa inmensa.

»Un esfuerzo que va reforzando y madurando tu personalidad. Es un esfuerzo que lleva consigo una profunda alegría. Un esfuerzo que comprenden y practican los que saben qué es el amor»[2].

Los jóvenes reciben de la oración «fuerza y entusiasmo para vivir con pureza y realizar su vocación humana y cristiana con un sereno dominio de sí y con una donación generosa a los demás»[3].

El mundo se ríe de la pureza y de la castidad, como si se tratara de cosas trasnochadas y pasadas de moda.

El mundo dice: «Hay que darse el máximo de satisfacciones en la vida».

Pero **Cristo** dice: «*Véncete a ti mismo, toma tu cruz, procura entrar por la puerta estrecha*»[4].

El mundo dice: «¡Hay que liberarse de viejos tabúes!».

Pero **Cristo** dijo: «*Bienaventurados los limpios de corazón*»[5].

El mundo dice: «El amor no es pecado. Lo que se hace por amor es bueno». Pero la Biblia limita las relaciones sexuales al matrimonio: «*Absteneos de la fornicación*»[6] «*Dios juzgará a los fornicarios y a los adúlteros*»[7].

---

[1] MANUEL VIERA: *Vida sexual y psicología moderna, VI, 1.* Ed. Mensajero. Bilbao

[2] ROBINSON: *Educación sexual y conyugal, 1ª, III, 12.* Ed. Mensajero. Bilbao. Precioso libro que deberían leer todos los jóvenes a partir de los 18 años. Informa admirablemente de todo lo que deben saber los jóvenes y los esposos sobre la vida sexual.

[3] Sagrada Congregación para la Educación Católica: *Orientaciones educativas sobre el amor humano, nº 46*

[4] Evangelio de SAN MATEO, **16**:24

[5] Evangelio de SAN MATEO, **5**:8

[6] SAN PABLO: Primera Carta a los Tesalonicenses, **4**:3

[7] Carta a los Hebreos, **13**:4

26. **El pudor** es un mecanismo de defensa, propio de la castidad, que protege instintivamente la intimidad sexual con la vergüenza.

Es un muro protector de la pureza.

Pudor no es miedo al cuerpo desnudo, sino respeto a él.

No es casto el que trata de ignorar lo sexual, sino el que sabe mirarlo con ojos limpios[1].

«El pudor distingue al hombre de los animales»[2].

El pudor proteje la propia intimidad.

El pudor es propio de la persona humana. Los animaales no tienen pudor.

Por so hacen en público sus funciones más íntimas.

Esta protección de la intimidad que es el pudor se expresa en tres cosas: la vivienda, el vestido y el lenguaje.

La casa es un lugar íntimo. A un amigo se le invita para compartir intimidad. Pero esto no se hace con un desconocido.

El pudor también se expresa en el vestido. Por eso se cubren las partes más íntimas, que no se compartren con cualquiera.

De ahí el celo que muestra el marido o el novio por la decencia en el vestir de su esposa o de su novia.

El tercer ámbito del pudor es el lenguaje.En su modo de expesarse no hace «de dominio público» sus estados afectivos[3].

El pudor ayuda a evitar eficazmente excesos y peligros morales de todo tipo en materia sexual.

Además, evita aquellos aspectos de vulgaridad, chabacanería y desorden que acompañan a ciertas expresiones sexuales.

«El pudor no indica gazmoñería, apego irracional a costumbres pacatas. Supone respeto a lo más personal del hombre.

»Protegerse de la mirada ajena, no indica ñoñería sino salvaguardar su sexo del uso posesivo de los demás.

»Palpar algo es, en cierta medida, un acto de posesión. Ver es como tocar a distancia.

»Ofrecer a la mirada ajena las partes íntimas del cuerpo supone dejarse poseer en lo que tiene uno de más íntimo.

---

[1] **Nuevo Catecismo de la Iglesia Católica nº2521-24**

[2] Dr. JUAN PABLO D'ORS: Diario YA, 16-I-84, pg. 5

[3] ALBERTO SÁENZ: *El hombre moderno, IX.* Ed. APC. Guadalajara. México.1999.

»Toda exhibición sugiere un acto de entrega. Hacerlo en público se asemeja a la prostitución»[1].

Dice el psicopedadogo **Bernabé Tierno**:

«La **educación del pudor** sólo es posible allí donde imperan ideas nobles y sentimientos limpios.

»El pudor sólo es sentido por quien todavía es sensible a las amenazas que sufre la virtud. En medio de un ambiente que apenas distingue la línea divisoria entre lo que es bueno y lo que es malo, hay que devolver a los jóvenes el sentido de dignidad personal, y a la opinión pública una mayor sensibilidad.

»Pero no podemos cometer el error pedagógico de atribuir a toda realidad sexual una sensación de vileza o un sentimiento de vergüenza que se identifica muchas veces con el pudor.Los educadores hemos de poner el acento, no sobre la educación sexual, sino sobre la **educación de la persona**.

»No educamos la sexualidad del muchacho; es él el verdadero artífice de su educación como persona, que, en consecuencia, se expresa también en sus comportamientos sexuales. Lo que debe ser educado, no es la sexualidad, sino la persona.

»La actitud egocéntrica de la persona hace neuróticamente compulsiva, especialmente en la adolescencia, la necesidad de autoafirmación que se manifiesta claramente en el sector de la sexualidad. La compulsión se hace tanto más fuerte cuanto más se convence el joven de su falta de valía, lo que le hace aferrarse al sexo como único medio de autoafirmación...

»Está claro que una atmósfera cargada de hedonismo sexual que se nos cuela de rondón en casa a través de la "ventana televisiva", envuelve al joven por doquier, y no contribuye lo más mínimo a una higiene mental que favorezca el dominio normal sobre los propios impulsos.

»La trivialización de la sexualidad conduce a la desvalorización de las relaciones heterosexuales, cada vez más frecuentes y precoces. En el fondo es la desvalorización misma de la persona del "otro" que queda reducida a la condición de simple instrumento al servicio del placer...

»La apología que ciertos medios de comunicación hacen de aberrantes conductas sexuales contribuye a deformar el concepto y la naturaleza de los papeles sexuales con los que deben identificarse los jóvenes»[2].

Esforcémonos por ver todo lo que tiene el vicio de repugnante y abominable. Esto nos ayudará a amar la castidad.

Todo lo que tiene ella de grande y de noble, de dominio propio y de

[1] ALFONSO LÓPEZ QUINTÁS: *El amor humano,XII, 2, a.* EDIBESA. Madrid

[2] BERNABÉ TIERNO, Fichas 58 y 59 de Aprender a Educar. YA Domingo, 17 y 24-III- 1991

respeto, lo tiene el vicio impuro de bajo y despreciable.

La persona impura es una persona sin voluntad. La razón, que debería ser la señora, se vuelve esclava de los instintos animales; el hábito vicioso se convierte en el peor de los tiranos, exige cada vez más y vuelve a la persona egoísta, con un egoísmo de la peor especie: la persona impura lo sacrifica todo para satisfacer su propia pasión. El vicio impuro quita a la persona la tranquilidad de conciencia, la alegría, la libertad, la fe, la esperanza, el verdadero amor, la honra, la fortuna, la salud y, en fin, la gloria del cielo. **No es raro** que a la persona que se deja dominar del vicio impuro le sobrevenga, antes o después, la dureza de corazón, la pérdida de la fe, y al fin la condenación eterna.

Hay que tener en cuenta que los pecados contra la pureza no son los únicos, ni los más graves. No podemos olvidarnos que el buen cristiano, además de la virtud de la pureza, debe tener la de la justicia y la caridad. Hay entre nosotros demasiada ambición, avaricia, egoísmo, soberbia, odio, envidia, ruindad de corazón y falta de honradez profesional.

Un resumen de la concepción cristiana de la sexualidad podría ser:

a) Dios estableció la institución matrimonial como principio y fundamento de la familia y de la sociedad.

b) El sexto precepto del Decálogo -no fornicar- protege el amor humano y señala el camino moral para que el individuo coopere libremente en el plan de la creación, usando la capacidad de engendrar, que ha recibido de Dios, solamente dentro del matrimonio.

c) El sexo es un don de Dios abierto a la vida, al amor y a la fecundidad. Su ámbito natural y exclusivo es el matrimonio. **Jesucristo** elevó el matrimonio a la dignidad de sacramento.

d) La generación no es el resultado de una fuerza irracional, sino de una entrega libre y responsable -es decir, humana- de acuerdo con la dignidad natural de la persona creada por Dios.

e) Como los demás mandamientos, el sexto precepto del Decálogo está impreso en la naturaleza humana, es parte de la ley natural, y, por tanto, obliga a todos los hombres.

f) La virtud de la castidad consiste esencialmente en la ordenación de la función sexual al fin que Dios le ha señalado; por eso es una virtud positiva que se ha de vivir según las características de la vocación regida por Dios: virginidad o matrimonio.

g) Con frecuencia, la corrupción de las costumbres comienza por los pecados contra la castidad; se tiende a querer justificarlos, de modos diversos, a través de la deformación del juicio de la conciencia.

h) Por tratarse de una exigencia de la ley natural, todos los hombres reciben de Dios la ayuda necesaria para cumplir este precepto del Decálogo. Por otra parte se señala la necesidad de medios sobrenaturales que Dios no niega nunca a los creyentes que los imploran por medio de la oración»[1].

27. Nada tiene de particular que **sientas fuertemente** el instinto sexual. Lo que no puedes permitir es que te domine.

Todo en este mundo tiene su tiempo y su medida.

A los animales los regula el instinto: fuera de los períodos de celo sienten frigidez absoluta. Como no tienen inteligencia, Dios ha regulado su reproducción con una ley fisiológica. Pero como el hombre es un ser racional, Dios no ha querido sujetar esta importante función a leyes puramente fisiológicas, sino que ha dejado en esto el influjo de la libertad.

La sexualidad es mucho más que una tendencia instintiva para la transmisión de la vida. La sexualidad penetra toda la persona y especifica la comunicación entre las personas.

El hombre **debe gobernar** esta tendencia con la razón y la voluntad.

Dios fiándose del hombre ha dejado en sus manos el instinto sexual, marcándole con las barreras infranqueables de su ley el único camino lícito para el ejercicio de su función reproductora: el matrimonio.

El instinto sexual es tan fuerte que necesita una ley que lo encauce.

Lo mismo que es necesario una ley que controle la energía atómica.

El sexto mandamiento es un beneficio de Dios en bien de la humanidad.

Dios ha querido que la transmisión de la vida humana se realice por la unión de los órganos sexuales de los dos esposos de modo que el marido derrame dentro del cuerpo de su mujer las semillas de la vida que han de germinar en un nuevo ser, si encuentran el organismo de ella preparado con un óvulo reciente.

Este acto sexual, realizado dentro del matrimonio, conforme a la ley de Dios, no tiene nada de malo. Todo lo contrario. Puesto según la ley de Dios **es meritorio**; pues es cumplir una ley puesta por Dios. Y el placer que Dios ofrece como aliciente al cumplimiento del fundamental deber conyugal, es lícito y bueno, y está santificado por **Jesucristo** que elevó el matrimonio a la dignidad de sacramento. Poner este acto fuera del matrimonio es pecado grave.Para que el género humano **no se acabe** es necesario que sigan naciendo niños. El acto, pues, de la generación es un acto necesario en el matrimonio, instituido por Dios para la perpetuidad de la especie humana. Esta misión perpetuadora del matrimonio, en cuanto a la crianza y educación de los hijos, lleva consigo gran esfuerzo y sacrificio. Para que el hombre no rehuyera este sacrificio y se garantizara la conservación del género humano, Dios imprimió en el hombre y en la mujer

[1] RAFAEL GÓMEZ PÉREZ: *Problemas morales de la existencia humana, 4, V, 5.* Ed. Magisterio Español. Madrid, 1981

un impulso que les moviera a amarse y unirse en matrimonio.

El placer es bueno cuando lo usamos para el fin que Dios lo estableció; pero es malo cuando, por buscarlo, nos apartamos de la voluntad de Dios.

La pureza es una virtud que **salvaguarda** este poder creador del hombre. Es una virtud positiva, que ennoblece y que requiere el valor de los héroes y de los mártires. Virtud noble que defiende este acto sagrado que Dios ha querido santificar con un sacramento: el sacramento del matrimonio, que es una fuente de gracias sobrenaturales.

Por eso el matrimonio es, en el cristianismo, un camino de santidad, de unión con Dios. Por eso es infame burlarse de la paternidad y del amor; y la pornografía es una perversidad, pues traiciona uno de los deberes más sagrados del hombre.

La pornografía, como dice **Emilio Romero,** es el recurso de anormales sexuales. Un hombre bien constituido no necesita esa excitación[1].

La transmisión de la vida es **un poder sagrado** que Dios ha dado al hombre. Es una participación del poder creador de Dios. Por eso se llama procreación de los hijos. A este acto humano colabora Dios con un acto divino, y crea un alma humana e inmortal, para que habite en el nuevo ser en el momento de su concepción.

De aquí **la responsabilidad** que supone para el hombre todo lo relacionado con el acto que engendra la vida.

Profanar este poder del hombre es traicionar uno de los deberes y responsabilidades más sagrados.

Siempre se ha dicho que **la familia es la célula de la sociedad**, el crisol donde se forja la educación de los hijos.

Hoy hay algunos que anuncian la desaparición de la familia, diciendo que es una reliquia del pasado, y que debe desaparecer en una sociedad progresista. Pero cuando no quede ni el eco de las voces que anuncian su destrucción, la familia seguirá en pie, pues siempre ha sobrevivido a todas las crisis, porque la familia es una forma permanente de la vida humana. La familia vuelve por encima de las ideologías[2].

28. **Son pecados graves** contra el sexto mandamiento todas las acciones -hechas a solas o con otra persona- que tiendan a buscar el placer sexual completo fuera del uso lícito del matrimonio.

También es pecado ponerse voluntariamente, y sin razón que los justifique, a sí mismo o a otros, en peligro próximo de cometerlas.

El condescender con pensamientos, deseos o caricias íntimas apasionadas es pecaminoso, porque este tipo de actividad sexual tiene la

[1] Diario YA, 10-VI-84, pg. 6

[2] JOSÉ LUIS PINILLOS: Académico y Catedrático, Diario YA, 15-I-89, pg. 14

finalidad natural de preparar los órganos generativos para la unión y producir el deseo de esta unión.

Por tanto, las acciones directamente venéreas, es decir, aquellas que por su naturaleza están íntimamente relacionadas con el apetito sexual y tienen por finalidad única estimular o provocar la función generadora, son siempre deshonestas para los no casados. Los actos indirectamente venéreos son lícitos con tal de que se den las circunstancias siguientes:

1) Que la intención del que los realiza no sea impura, es decir, que no se realicen con intención de excitar la propia pasión sexual.

2) Que no encierren un peligro próximo de pecado grave.

3) Que exista relativa razón suficiente, la cual no puede medirse matemáticamente sino teniendo en cuenta el carácter más o menos estimulante de la acción en cuestión, ya que cuanto más estimulante sea ésta, tanto más fuerte debe ser el motivo, porque habitualmente el peligro de pecar y la inseguridad crecen con la vehemencia de la pasión.

Teniendo en cuenta estos principios, podemos afirmar que dos personas que se aman y pretenden casarse pueden darse testimonio físico de su afecto con la seguridad razonable de dominar sus pasiones en el caso de que se exciten contra su voluntad.

Para dar una respuesta más concreta y satisfactoria hay que tener en cuenta la frecuencia de los actos, el temperamento de los interesados, sus vicios y virtudes, etc. De ahí la necesidad en este punto, como en tantos otros, de un director espiritual personal.

El adulterio es siempre pecado grave.

Se comete, no solamente cuando una persona casada tiene relaciones sexuales con quien no es su consorte, sino también con cualquier otra acción que despierte el instinto sexual hacia tercera persona, y voluntariamente se consienta en el deseo pasional, aunque no se llegue al acto sexual propiamente dicho: «*Quien mira a un mujer con intención deshonesta* - dice **Jesucristo**- *ya ha cometido adulterio en su corazón*»[1] .

Entre casados es pecado grave desear tener el acto conyugal fuera del matrimonio, o imaginarse que se hace con quien no es su consorte.

Pero muchas cosas que en los solteros son pecado grave, son lícitas a los casados, siempre que se hagan en orden al acto conyugal, o lo acompañen.

El placer venéreo completo, el orgasmo, buscado directamente, sólo está permitido dentro del matrimonio, dentro del acto conyugal o enlazado inmediatamente con el mismo, de suerte que forme parte de las relaciones matrimoniales normales.

Son lícitos a los esposos los pensamientos, imaginaciones y deseos que

[1] Evangelio de SAN MATEO, 5:28

tienen por objeto las relaciones permitidas entre casados[1] .

No es lícito en el matrimonio ni la masturbación ni la relación anal.

Podría ser pecado grave negarse al acto conyugal sin motivo cuando el propio cónyuge lo pide razonablemente[2] .

El acto conyugal está permitido en todo tiempo. Pueden elegirse los días que se quieran, aunque sean de ayuno o cuaresma. Pero el marido debe tener consideración con la esposa los días en que ésta se encuentre indispuesta. Las relaciones sexuales en el matrimonio son lícitas en todo momento, pero por razones de higiene es mejor evitarlas en los días de la menstruación[3] . Deben abstenerse, sobre todo, unas semanas después de haber dado a luz. Lo mejor es esperar alrededor de un mes. Nunca hacerlo antes de los quince días. Pero con permiso del médico quizás no sea necesario esperar un mes entero. También hay que abstenerse, por l o menos, el último mes del embarazo.

Los médicos desaconsejan el embarazo después de los cuarenta años.

Al hablar del matrimonio expongo los métodos lícitos del control de la natalidad.

En general, hay que recomendar a los casados moderación, porque la mortificación cristiana es también para los casados; y porque una sexualidad desenfrenada puede serles muy peligrosa en momentos difíciles.

Pero siempre teniendo ideas muy claras de todo lo que abarca el campo de lo lícito y dónde empieza el pecado. Si hay dudas, preguntar a un sacerdote.

Mientras no haya pecado, los esposos no deben considerar los actos de su vida matrimonial como un obstáculo para recibir la Sagrada Comunión.

Las cosas que Dios ha hecho, no tienen nada indigno del respeto debido a la Sagrada Eucaristía.

El que fue Premio Nobel de biología, **Jérôme Lejeune**, describía así los abusos de la sexualidad:

«La anticoncepción es hacer el amor sin hacer el niño.

»La fecundación 'in vitro' es hacer el niño sin hacer el amor.

»El aborto es deshacer el niño.

»Y la pornografía es deshacer el amor»[4] .

---

[1] CAMACHO: *Moral íntima de los cónyuges, I, 8.* Ed. Studium. Madrid

[2] ANTONIO ROYO MARÍN, O.P.: *Teología Moral para seglares, 2º, 2ª, VII, 613.* Ed. BAC. Madrid

[3] Dr. J. DOMÍNGUEZ: *Felicidad sexual, V, 7.* Ed. Plus Ultra. Nueva York, 1971

[4] ZENIT: Boletín informativo del Vaticano en INTERNET: ZE980724-5

69.- EL SÉPTIMO MANDAMIENTO DE LA LEY DE DIOS ES: **NO ROBARÁS.**

1. Este mandamiento prohíbe quitar, retener, estropear o destrozar lo ajeno contra la voluntad razonable de su dueño[1].

Por ejemplo: le quito a un compañero su reloj de pulsera y lo vendo a otro; o no quiero devolverlo a quien me lo ha prestado; o en un momento de enfado le doy al reloj un fuerte martillazo para vengarme de mi amigo: todo esto está incluido en la prohibición del séptimo mandamiento.

Contraer deudas sabiendo que no se podrán pagar en el plazo adecuado, es un pecado muy frecuente en nuestros tiempos, en que tanta gente vive por encima de sus posibilidades.

Este mandamiento prohíbe también **el fraude**: robar con apariencias legales, con astucia, falsificaciones, mentiras, hipocresías, pesos falsos, ficciones de marcas y procedencias, etcétera.

Algunos modos modernos de robar son la emisión de cheques sin fondo, o la firma de letras de cambio que no podrán nunca ser pagadas.

Tan ladrón es el atracador con metralleta, como el que roba con guante blanco aprovechándose de la necesidad para sacar el dinero abusivamente.

Pueden ser pecado grave los precios injustos que se ponen al abrigo de ciertas circunstancias.

Ladrones con guante blanco son también aquellos que exigen dinero por un servicio al que por su cargo estaban obligados.

Es distinto recibir un regalo hecho libremente por quien está agradecido a tu servicio.

Roban igualmente los que cobran sueldo por un puesto, cargo, destino, servicio, etc., y no lo desempeñan o lo desempeñan mal.

Puede haber robos que la justicia humana no pueda castigar, pero que no dejará Dios sin castigo. Por ejemplo, el que se niega a pagar una deuda cierta porque al acreedor se le ha extraviado el documento y no tiene testigos.

Otras clases de robo son la usura, las trampas jugando dinero y en las compraventas, etc.

---

[1] **Nuevo Catecismo de la Iglesia Católica nº 2401**

Para la justicia en las **compraventas** hay que tener en cuenta que ninguno de los contratantes quiere hacer un regalo al otro; sino que ambos aspiran a un servicio recíproco, cambiando objetos de igual valor, pero de distinta utilidad para cada uno.

En todo intercambio de bienes, cada una de las partes ha de recibir la justa y correspondiente contrapartida.

Cuando el robo ha sido con violencia personal, el pecado es más grave, y por lo tanto debe manifestarse esta circunstancia en la confesión.

Lo mismo cuando se trata de un robo sacrílego: por ejemplo, robar un cáliz consagrado.

También se falta a la justicia, y a veces gravemente, cuando por negligencia **se retrasan los salarios o pagos**, pudiendo hacerlos a tiempo.

Mientras se pueda, convendría pagar al contado, sobre todo a los que lo necesitan.

2. Las cosas perdidas tienen dueño, por lo tanto, no pueden guardarse sin más. Hay que procurar averiguar quién es el dueño y devolverlas, «pudiendo deducir los gastos que se hayan hecho (anuncios, etc.), para encontrar al dueño»[1] .

Y tanta más diligencia habrá que poner en buscar al dueño, cuanto mayor sea el valor de la cosa.

Solamente puedo quedarme con lo encontrado, cuando, después de una diligencia proporcionada al valor de la cosa, no he podido saber quién es su dueño[2] .

No podemos causar daños en bienes ajenos. Cuidar bien las cosas que usamos (autobuses, ferrocarriles, jardines, etc.) es señal de buena educación y cultura. Maltratarlas es propio de gamberros. ¡Y además queda la obligación de reparar!

3. Lo robado **hay que devolverlo**[3] . No se puede ni vender ni comprar.

Quien adquiere objetos que sabe son robados se hace cómplice del robo y está obligado a la restitución.

Quien compra a un ladrón, carga con la obligación de devolver lo robado a

[1] ANTONIO ROYO MARÍN, O.P.: *Teología Moral para seglares,1º, 2ª, III, nº 629,1º.* Ed.BAC.Madrid

[2] **Nuevo Catecismo de la Iglesia Católica nº 2409**

[3] **Nuevo Catecismo de la Iglesia Católica nº 2412**

su verdadero dueño o dar a los pobres el dinero de su valor.

Quien peca contra este mandamiento debe tener propósito de devolver lo robado y reparar los daños ocasionados, para que se le pueda perdonar el pecado.

La restitución no es siempre fácil. El confesor puede orientar sobre el modo más a propósito para hacerla.

Sobre la restitución conviene tener presente[1]:

1) Debe restituirse a las personas que han sido injustamente perjudicadas. Si éstas han muerto, a sus herederos. Y si no hay herederos, a los pobres o a obras piadosas. Pero nadie puede beneficiarse de lo que robó.

2) Si uno no puede restituir todo lo que debe, tiene que restituir, al menos, lo que pueda; y procurar llegar cuanto antes a la restitución total.

3) El que no puede restituir enseguida, debe tener el propósito firme de restituir cuando le sea posible.

4) El que no pueda hacer la restitución personalmente, o prefiere hacerla por medio de otro, puede consultar con el confesor.

5) El que pudiendo no restituye, o no repara los daños causados injustamente al prójimo, no obtiene el perdón de Dios: no puede ser absuelto[2].

«Quienes pudiendo no cumplen su deber de restituir, no tienen ni verdadera contrición del pecado cometido ni el propósito firme de enmienda, necesarios para la válida absolución sacramental. (...) Excusa del deber de restituir únicamente la imposibilidad física o moral, mientras dure. La obligación de restituir queda extinguida por la libre y válida condonación del acreedor, por la recíproca compensación, y por la legítima prescripción»[3].

No obliga la restitución si por hacerla perdemos la fama o el nivel social justamente adquirido. Y también por **prescripción**, según las leyes civiles.

Si no puedes restituir de momento, debes evitar gastos inútiles y superfluos para poder restituir todo cuanto antes.

Quien se halle en absoluta imposibilidad de restituir, que procure hacer el bien al damnificado y orar por él.

---

[1] ANTONIO ROYO MARÍN,O.P.: *Teología Moral para seglares, 1º,2ª,III,nº772-780.*Ed.BAC.Madrid

[2] ANTONIO ROYO MARÍN, O.P.: *Teología Moral para seglares, 1º, 2ª, III, nº 754.* Ed. BAC. Madrid

[3] JUAN ANTONIO GONZÁLEZ LOBATO: *Razones de la fe,XI,6s.* E.M.E.S.A. Madrid. 1980.

Caso especial es el **poseedor de buena fe.**

«Quien está convencido de que lo que posee es suyo, bien porque lo haya comprado o recibido en herencia o en donación, si llega a conocer que no le pertenece, puede encontrarse en los siguientes casos:

-Si conoce al verdadero dueño, debe devolverlo, a no ser que haya prescrito.

-Si la cosa pereció por consumo o por causas naturales, no está obligado a compensar al verdadero dueño, pues "las cosas perecen para su dueño".

- Si la posesión produjo algunos beneficios de modo espontáneo (cría de animales, réditos bancarios) éstos pertenecen la verdadero dueño, pero si se deben a esfuerzo personal (frutos industriales) pertenecen al poseedor de buena fe»[1].

Hay personas que roban cosas pequeñas por un impulso interior. Se trata de una enfermedad que recibe el nombre de **cleptomanía**.

Conviene curarla pues puede poner, al que la padece, en situaciones vergonzosas.

Pero hay otras personas que roban en Hoteles y Comercios por puro deporte, por la vanidad de presumir de ingeniosos. Esto es inmoral, vergonzoso y rebaja al que lo realiza.

Y además queda la obligación de restituir al perjudicado; y si esto no es posible dando de limosna el importe de lo robado.

4. También peca contra este mandamiento el que en alguna manera **coopera al robo**, ya sea mandando, aconsejando, alabando, ayudando, encubriendo o consintiendo, pudiendo y debiendo impedirlo[2]. Por ejemplo: Un día a las 5:10 de la tarde, aprovechando la poca concurrencia en la calle, un taxi se detiene delante de una joyería. Descienden del automóvil tres individuos enmascarados, pistola en mano. Entran en el establecimiento y se apoderan de joyas por valor de muchos miles de pesetas. Suben de nuevo al taxi y desaparecen veloces.

En este ejemplo han pecado gravemente:

1º. El jefe de la banda de atracadores, que no iba en el taxi, pero fue quien los mandó.

2º. Otro atracador, que tampoco estuvo en el robo, pero animó a los otros, algo indecisos, a hacerlo.

3º. El taxista, que libre y voluntariamente se ofreció a llevarlos con una buena participación en el «negocio».

[1] AURELIO FERNÁNDEZ: *Compendio de Teología Moral, 3ª, IX, 4, 2, a.* Ed.Palabra.Madrid.1995.

[2] ANTONIO ROYO MARÍN, O.P.:*Teología Moral para seglares,1º, 2ª,III,nº 765-771.*Ed.BAC.Madrid

4º. Desde luego los tres atracadores.

5º. El pariente de uno de los atracadores que ocultó el maletín de joyas en su casa, sabiéndolo todo de antemano.

6º. Incluso el transeúnte que les vio entrar armados en la joyería y, pudiendo fácilmente telefonear a la policía, prefirió sentarse en un banco un poco alejado, para ver cómo terminaba aquel curioso espectáculo.

Como el robo fue grave, todos éstos pecaron gravemente. Si el robo hubiera sido leve, también hubieran pecado todos ellos; pero su pecado hubiera sido venial.

La colaboración al pecado tiene diversos aspectos:

Se llama **cooperación formal** cuando se desea el hecho pecaminoso. Esto siempre es pecado.

Se llama **cooperación material** cuando no se desea el hecho pecaminoso, aunque se coopere a él.

Esta cooperación material puede ser **inmediata o mediata.**

Inmediata será si esta cooperación es necesaria para el hecho pecaminoso. Esta cooperación también es pecado.

Será mediata, si esa cooperación no es necesaria para el hecho pecaminoso. La cooperación mediata puede ser lícita con tal de que:

a) La acción del cooperante sea, en sí misma, buena o indiferente.

b) La intención del cooperante no apruebe el pecado al que coopera.

c) Haya un motivo para cooperar, pues lo que se desea es un efecto bueno.

d) El efecto bueno no sea consecuencia del efecto malo[1] .

5. El séptimo mandamiento defiende el **derecho de propiedad**. Prohíbe robar, porque no es justo quitarle a otro lo que le pertenece lícitamente.

Si el hombre tiene el deber de conservar su vida[2] , y de fundar una familia[3] , ha de tener derecho a procurarse los medios necesarios para ello.

Estos medios se los procura con su trabajo. Luego el hombre tiene derecho a reservar para sí y para los suyos lo que ha ganado con su trabajo.

Este derecho del hombre exige en los demás el deber de respetar lo que a él le pertenece: esto se llama derecho de propiedad.

[1] JESÚS MARTÍNEZ GARCÍA: *Hablemos de la Fe, III, 8.* Ed. Rialp. Madrid. 1992.

[2] DENZINGER: *Magisterio de la Iglesia, nº 1938c.* Ed. Herder . Barcelona

[3] DENZINGER: *Magisterio de la Iglesia, nº 1938a.* Ed. Herder. Barcelona.

El derecho de propiedad es conforme a la naturaleza humana[1].

«El derecho de propiedad, en sentido cristiano, no es la facultad de disponer de las riquezas según el libre antojo o capricho, atendiendo únicamente al propio placer o utilidad.

»Este concepto, que es el de la escuela liberal, está altamente reprobado por la moral católica; que si bien reconoce por uno de sus principios fundamentales el respeto a la propiedad legítima, también cuenta entre sus terminantes enseñanzas la ley de la justicia social y la de que el rico debe ser, sobre la Tierra, la providencia del pobre»[2] .

Es cierto que la justa posesión de los bienes lleva consigo la obligación del uso justo de los mismos; pero aunque el abuso en el uso sea pecado, no anula la realidad del derecho[3].

Y si los propietarios, faltando a su obligación, no hacen buen uso de su propiedad, corresponde al Estado -guardián del bien común- poner sanciones convenientes que pueden llegar, si las circunstancias lo requieren, a la expropiación y a la confiscación.

Ya se entiende que esta intervención del Estado no debe ser arbitraria, sino que siempre debe estar subordinada al bien común de la nación[4].

«La autoridad política tiene el derecho y el deber de regular en función del bien común el ejercicio legítimo del derecho de propiedad»[5] .

La propiedad privada vincula a determinados individuos los bienes de este mundo.

Estos bienes tienen de por sí un fin esencial puesto por Dios, que no puede frustrarse; por tanto, siempre la propiedad privada debe atender a este fin. De lo contrario es desordenada. Este fin consiste en que los bienes de la Tierra fueron creados para que todos y cada uno de los hombres pudiesen satisfacer sus necesidades[6].

Bien lo expresó **Pío XII**: «Dios, Supremo Proveedor de las cosas, no quiere que unos abunden en demasiadas riquezas mientras que otros vienen a dar en extrema necesidad, de manera que carezcan de lo necesario para los usos de la vida»[7].

Quien no quiere distribuir la riqueza es como el que no quiere que otros

---

[1] DENZINGER: *Magisterio de la Iglesia, nº 1851*. Ed. Herder. Barcelona.

[2] JOSÉ Mª LLOVERA: *Tratado de sociología cristiana, nº 212*. Ed. Luis Gili. Barcelona

[3] PÍO XI: Encíclica *Quadragessimo anno, nº 17*

[4] JEAN VILLAIN, S.I.: *La Enseñanza social de la Iglesia, 2ª, 1º, I, 4 y 7*. Ed. Aguilar. Madrid.

[5] **Nuevo Catecismo de la Iglesia Católica, nº 2406**

[6] **Nuevo Catecismo de la Iglesia Católica, nº 2402**

[7] PÍO XII: Carta al Episcopado Norteamericano, 1940

entren en el teatro para disfrutar él solo de lo que se ha hecho también para los demás.

La comparación es de **San Basilio.**

Los animales están al servicio del hombre[1]. Por eso «es indigno invertir en ellos sumas que deberían remediar, más bien, las miserias de los hombres»[2].

El buen uso del dinero en ricos y pobres es el punto central de la cuestión social. Pero de esto ya te he hablado en el cuarto mandamiento.

6. Digamos aquí algo del **deber de dar limosna**[3]. «*El que tuviere bienes de este mundo y viendo a su hermano pasar necesidad le cierra las entrañas, ¿cómo mora en él la caridad de Dios?*»[4].

No confundamos los deberes de caridad con los deberes de justicia[5].

Sería una equivocación querer suplir con obras de caridad los deberes de justicia[6]. Pero siempre habrá lugar para la caridad, porque siempre habrá desgracias en este mundo.

Y desde luego, mejor que dar pan hoy, es dar la posibilidad de que no tengan que pedirlo mañana: puestos de trabajo, escuelas, etc.

Siempre será verdad aquello de que:«la limosna beneficia más al que la da que al que la recibe»[7].

A la caridad están obligados **todos los hombres**. Los que tienen mucho, mucho. Los que tienen poco, poco. Cada cual, según sus posibilidades, debe cooperar a remediar las necesidades de los que tienen menos.

Dice el Concilio Vaticano II que la limosna debe darse no sólo de los bienes superfluos, sino también de los necesarios[8].

Dice el Nuevo Código de Derecho Canónico: «Todos tienen el deber de promover la justicia social, así como ayudar a los pobres con sus propios bienes»[9].

Quizás **la limosna callejera** se preste a abusos y engaños; aunque

---

[1] **Nuevo Catecismo de la Iglesia Católica, nº 2417**

[2] **Nuevo Catecismo de la Iglesia Católica, nº 2418**

[3] **Nuevo Catecismo de la Iglesia Católica, nº 2462**

[4] Primera Carta de SAN JUAN, 3:17

[5] **Nuevo Catecismo de la Iglesia Católica, nº 2446**

[6] PÍO XI: *Quadragessimo anno, nº 56* y *Divini Redemptoris, nº 49*

[7] ANTONIO ROYO MARÍN, O.P.:*Teología Moral para seglares,1º,2ª, III,nº891,b,3º.*Ed.BAC.Madrid

[8] Concilio Vaticano II: *Gaudium et Spes*: Constitución sobre la Iglesia en el mundo actual, nº 98

[9] Nuevo Código de Derecho Canónico, nº 222,2

muchas veces se presentan necesidades reales que no deberíamos desoír. Pero hoy día hay una caridad organizada que permite encauzar las limosnas hacia necesidades reales y urgentes.

«Para que este ejercicio de la caridad sea verdaderamente extraordinario y aparezca como tal, es necesario que se vea en el prójimo la imagen de Dios según la cual ha sido creado, y a **Cristo Jesús** a quien en realidad se ofrece lo que se da al necesitado; se considere con la máxima delicadeza la libertad y dignidad de la persona que recibe el auxilio; que no se manche la pureza de intención con ningún interés de la propia utilidad o por el deseo de dominar; se satisfaga ante todo a las exigencias de la justicia, y no se brinde como ofrenda de caridad lo que ya se debe por título de justicia; se quiten las causas de los males, no sólo los efectos; y se ordene el auxilio de forma que quienes lo reciben se vayan liberando poco a poco de la dependencia externa y se vayan bastando por sí mismos»[1].

«Para que la limosna sea auténticamente cristiana, debe tener ciertas cualidades.

»En primer lugar debe ser **justa,**es decir, hecha de los bienes que uno tiene y de los que legítimamente puede disponer. Nunca tendrá valor la limosna hecha con bienes de otros, como suele a veces suceder.

»La limosna tiene que ser **prudente,** es decir, que se debe distribuir entre verdaderos necesitados, y se debe dar a aquellos pobres a los que realmente no les va a hacer más daño que bien.

»La limosna tiene que ser **pronta,** es decir, se debe dar a tiempo, y no "vuelve mañana".

»La limosna debe darse con **alegría,** porque Dios quiere al que da alegremente.

»La limosna debe ser **secreta,** no proclamada a los cuatro vientos, buscando la alabanza de los que la ven hacer.

»La limosna debe ser **desinteresada,** es decir, al hacer la limosna no buscar satisfacción humana, sino solamente el cumplimiento del precepto del amor al prójimo.

»Por eso, como última cualidad, aunque debe ser la fundamental, señalemos que la limosna debe hacerse **por amor al prójimo,** y no por otros motivos más o menos humanamente legítimos, pero cristianamente no correctos»[2].

Afortunadamente el deber de dar limosna va entrando poco a poco en la

---

[1] Concilio Vaticano II: *Apostolicam actuositatem:* Decreto sobre el Apostolado de los Seglares, nº 8

[2] ANTONIO ARZA, S.I.: *Preguntas y respuestas en cristiano, pg.130.* Ed. Mensajero. Bilbao.1982

conciencia de los católicos. Aunque algunos todavía no acaban de comprender que ellos son meros administradores de los bienes que Dios ha puesto en sus manos. Y que Dios, que es el Dueño de todo, desea que esos bienes ayuden también a otros, después de haber remediado sus propias necesidades.

No es justo que la primera parcela que recibe el agua para regar la absorba toda y se encharque, impidiendo que el agua fluya a otras parcelas que también la necesitan.

Dar cifras concretas sobre la cantidad de limosna, resulta siempre algo arriesgado; pero peor es no darlas. Algo se puede orientar.

Para una orientación de lo que se puede dar, voy a poner aquí un porcentaje sacado de diversas consultas a moralistas, economistas y obreros auténticamente cristianos. No es para que se tome como norma obligatoria, sino orientadora. Las circunstancias particulares de alguno le impedirán llegar a ella; pero la generosidad de otros la superará con creces.

Según la Comunidad Económica Europea, se consideran pobres los que disponen menos del 50% de la renta *per cápita* de su país.

Como en España la renta *per cápita* es de 12.000 dólares, es decir, de 1.200.000 ptas. al año, todo el que gane menos de 60.000 ptas. al mes, puede considerarse exento de dar limosna.

Aunque la generosidad cristiana nunca debe tener cerrada la puerta.

Llamo ganancias a lo que queda después de haber liquidado a Hacienda

Ganancias inferiores al millón de pesetas anuales, dar del 1 al 5%.

Ganancias de 1.000.000 a 5.000.000 de ptas. anuales: dar del 5 al 10%.

Ganancias de 5.000.000 a 10.000.000 de ptas. anuales: dar del 10 al 20%.

Ganancias superiores a 10.000.000 de ptas. anuales: dar del 20 al 50%.

Los matrimonios que tengan hasta tres hijos pueden reducir en un 10% la cantidad que resulte de aplicar estos porcentajes.

De cuatro a siete hijos pueden reducir esta cantidad en un 25%.

Los que tengan más de ocho hijos, pueden reducirla en un 50%.

Pueden presentarse circunstancias de gastos excepcionales que requieran consulta particular. Y también **la generosidad** de cristianos ejemplares aumentará estas cantidades orientadoras.

Conozco a personas que dan hasta el 25% de sus ingresos.

Otra forma de calcular lo que se debe dar de limosna, podría ser:

Separar los gastos fijos (casa, electricidad, gas o butano, alimentación, limpieza, servicio doméstico, teléfono, coche, transporte, seguros, letras, parroquia, peluquería, asignación de los hijos, colegios y material de enseñanza).

De lo que sobre de estos gastos fijos, gastar la mitad en vestir, diversiones, etcétera; y de la otra mitad, el 50% para ahorro o gastos extraordinarios y el otro 50% para limosna.

Los españoles deberíamos dar mucha más limosna de la que damos.

Lo que cada español da de dinero, por término medio, es setenta pesetas al año; y deberíamos dar unas quince mil, dado el consumo de bienes superfluos. Reuniendo lo que damos para la Campaña del Hambre, Cáritas, Cáncer, Cruz Roja y Domund, según la Memoria de estos Organismos, se suman veinte mil millones de pesetas al año[1] ; mientras que al año gastamos en:

1.- Bebidas alcohólicas	272. 347	millones de pesetas
2.- Tabaco	455.653	" "
3.- Tragaperras	1.470.2	" "
4.- Bingo, Loterías, Quinielas, ONCE	1.493.895	" "

Estos datos de 1999 se pueden comprobar en la Contabilidad Nacional de España que publica el Instituto Nacional de Estadística.

Desde que se ha permitido en España el juego, éste se ha convertido en un vicio nacional.

El hecho de que los españoles se gasten en juegos de azar en un año[2] 4.000.000.000.000 de pesetas (¡doce ceros!) es una atrocidad.

España es el país del mundo que más gasta en juegos de azar, por persona, después de Filipinas[3] .

Hay personas que se gastan en el bingo lo que necesitan en su casa. Esto es una inmoralidad.

Y si lo que gastan es lo que les sobra, que lo den de limosna a personas que lo necesiten. Pero el dinero no es para jugárselo. A no ser que sea en pequeñas cantidades[4] .

El juego es un vicio en el que se empieza por cantidades pequeñas y a veces se termina jugándose lo inconcebible.

La ludopatía (adicción al juego) es hoy en España un problema tan grave

[1] Revista ILLUMINARE, 335 (X-95) 13

[2] Diario YA, 20-VI-90, pg. 24

[3] DIARIO DE CÁDIZ del 29-X-96, pg.27

[4] **Nuevo Catecismo de la Iglesia Católica nº 2413**

El juego es un vicio en el que se empieza por cantidades pequeñas y a veces se termina jugándose lo inconcebible.

La ludopatía (adicción al juego) es hoy en España un problema tan grave como las drogas[1].

Los juegos de azar, están convirtiendo a España en un pueblo de ludópatas. Con tanta lotería el vicio cunde hasta el punto de que el Hospital Ramón y Cajal ha puesto en marcha el ensayo de un medicamento para tratar la ludopatía[2].

Casi dos millones de españoles tienen adicción a los juegos de azar[3].

Según **Ramón Marrero**, Consejero de Trabajo y Asuntos Sociales, el 5% de la población andaluza -unas 350.000.personas- padece ludopatía.

El año 1994 gastaron en juegos de azar 500.000 millones de pesetas[4].

Un solo ludópata, **Ángel Asenjo**, de 58 años, se autodenunció de estar esclavizado por el juego. Llegó a robar del Banco donde trabajaba 243 millones de pesetas. Habitualmente jugaba 70.000 pts. diarias[5].

José Sánchez León, atracó veintidós Bancos para gastárselo todo en el juego. Él mismo afirma que se pasaba diez horas seguidas en la mesa, y se jugaba millones cada noche. El fiscal pidió para él 154 años de cárcel[6].

Elfriede Blauensteiner asesinó a dieciséis amantes, ricos y ancianos, envenenándolos, después de lograr su testamento a favor de ella, para jugarse el dinero a la ruleta en diversos casinos[7].

En el programa televisivo *Cita con la vida* de **Nieves Herrero** en Antena 3, salió **Asunción González** el miércoles, 27 de Septiembre de l995, a las once y media de la noche. Manifestó que se quedó viuda y empezó a ir al bingo por entretenimiento, pero terminó enganchada por el vicio del juego hasta el punto de arruinarse, perdiendo varios millones; y lo que es peor, perdiendo el cariño de su hija, a quien no ve desde hace ocho años.

El **Dr. Román Fernández**, Presidente de ACOJER, una asociación para la rehabilitación de jugadores empedernidos, afirma que hoy hay en España 380.000 enfermos por adicción al juego.

La ludopatía provoca problemas familiares, laborales, económicos y sociales, ya que el enfermo necesita jugarse todo el dinero que encuentra,

[1] Diario YA, 22-III-90, pg. 7
[2] Diario YA, 28-III-92, pg. 13
[3] Diario ABC de Madrid, 29-X-96, pg.73
[4] DIARIO DE CÁDIZ, 28-X-95, pg. 21
[5] DIARIO DE CÁDIZ, 29-X-96, pg. 34
[6] DIARIO DE CÁDIZ, 29-IX-95, pg. E4
[7] Diario EL PAÍS, 13-I-96, pg. 23

y por ello llega a romper con su trabajo, sus amigos y su familia.

La necesidad de dinero para jugárselo le lleva hasta a robar.

Los ludópatas experimentan una necesidad de jugar como la que tiene un heroinómano de pincharse[1].

La ludopatía es una enfermedad mental.

Es una enfermedad que esclaviza.

7. «La moral católica ha admitido tradicionalmente dos posibilidades en las que un acto aparentemente en contra de la propiedad privada no es considerado como robo: son los casos de **extrema necesidad** y de **compensación oculta**[2].

«Quien se haya en situación de necesidad extrema tiene derecho a tomar de la riqueza ajena lo necesario para sí»[3], «con tal de no poner al dueño en el mismo grado de necesidad».

Extrema necesidad es más que grave y apremiante necesidad; es una situación tal en la que no sería posible continuar viviendo si no es a costa de los bienes del prójimo «apropiados» por su propia cuenta[4].

Oculta compensación es la posibilidad mediante la cual uno mismo toma lo que en justicia se le debe, adueñándose ocultamente de los bienes propios del deudor y equivalentes a esta deuda[5].

«La deuda ha de ser clara, la voluntad de no satisfacerla también, los otros medios para recuperar lo debido han de estar agotados, y la compensación no ha de dañar a un tercero»[6].

8. Es **pecado grave**, ordinariamente hablando, el robar a una persona una cantidad igual a su salario diario[7].

Los robos pequeños pueden llegar a ser pecado grave, cuando se

[1] Diario YA, 24-VI-88, pg. 16

[2] **Nuevo Catecismo de la Iglesia Católica nº 2408**

[3] Concilio Vaticano II: *Gaudium et Spes*: Constitución sobre la Iglesia en el mundo actual, nº 69

[4] ANTONIO ROYO MARÍN, O.P.: *Teología Moral para seglares, 1º, 2ª, III, nº 751.* Ed. BAC. Madrid

[5] ANTONIO ROYO MARÍN, O.P.: *Teología Moral para seglares, 1º, 2ª, III, nº 752.* Ed. BAC. Madrid

[6] Libro básico del creyente hoy, XXXVI, 3. Ed. PPC. Madrid

[7] AURELIO FERNÁNDEZ: *Compendio de Teología Moral, 3ª, IX, 4. 5, a.* Ed.Palabra.Madrid.1995.

acumulan: bien por tener intención de robar mucho, poco a poco (uno solo o entre varios); bien por ir guardando lo robado; bien por robar en pequeño espacio de tiempo, aunque en diversas veces, una cantidad que, sumando las partes, llegue a ser grave[1].

El robo será pecado grave o leve según el perjuicio que se haga.

Hay que tener en cuenta la cantidad que se roba y la persona a quien se roba. Aunque hay una cantidad -llamada por los teólogos «absolutamente grave»- que, por ser grande, el robarla siempre es pecado grave.

70.- EL OCTAVO MANDAMIENTO DE LA LEY DE DIOS ES: **NO DIRÁS FALSO TESTIMONIO NI MENTIRÁS.**

1. Este mandamiento manda no mentir, ni contar los defectos del prójimo sin necesidad, ni calumniarlo, ni pensar mal de él sin fundamento, ni descubrir secretos sin razón suficiente que lo justifique.

2. Este mandamiento prohíbe manifestar cosas ocultas que sabemos bajo **secreto**. Hay cosas que caen bajo secreto natural.

«Investigar la **vida íntima** de una persona sin su autorización o consentimiento constituye una violación de un derecho natural de la persona humana, que tiene derecho a que se le respete su intimidad personal»[2]. «Los responsables de los medios de comunicación social tienen obligación de servir a la verdad y de no ofender a la caridad»[3].

Es lícito **revelar un secreto**[4] (aun el confiado) para evitar un daño muy grave al que lo posee, o al que lo confió, o a tercera persona inocente injustamente perjudicada por el que confió el secreto, o por necesidad del bien común[5]. Pero lo que el sacerdote sabe bajo secreto de confesión no lo puede revelar por nada del mundo, ni para salvar su vida, ni para evitar una guerra mundial (ver nº **90**).

3. **Leer cartas** no dirigidas a nosotros puede ser pecado grave[6], pues nos exponemos a enterarnos de cosas graves que no tenemos derecho a

[1] ANTONIO ROYO MARÍN,O.P.:*Teología Moral para seglares, 1º, 2ª, III, nº 750,5º.* Ed.BAC.Madrid

[2] ANTONIO ARZA, S.I.: *Preguntas y respuestas en cristiano, pg.247.*Ed. Mensajero. Bilbao.1982

[3] **Nuevo Catecismo de la Iglesia Católica, nº 2497**

[4] ANTONIO ROYO MARÍN, O.P.: *Teología Moral para seglares, 1º, 2ª, III, nº 799.* Ed. BAC. Madrid

[5] **Nuevo Catecismo de la Iglesia Católica, nº 2491**

[6] ANTONIO ROYO MARÍN, O.P.:*Teología Moral para seglares,1º,2ª,III,nº 398,4ª,c.*Ed.BAC.Madrid

conocer[1] ; a no ser que se suponga permiso del remitente o del destinatario. Pero es lícito a los padres leer las cartas de los hijos que aún están bajo su potestad[2] , aunque no deberían hacerlo sin causa justificada.

Lo mejor es que los hijos espontáneamente se las lean cuando parezca conveniente. También pueden los Superiores leer las cartas de sus súbditos cuando sospechan fundadamente que en ellas se contiene algo malo, o si la Regla les concede este derecho. Se exceptúan, sin embargo, las cartas dirigidas a los Superiores Mayores, y las destinadas a los confesores, que nunca deben ser leídas por nadie que no sea el destinatario.

4. **Murmurar** es difundir defectos del prójimo en su ausencia.

«El derecho a la buena fama es natural en el hombre.

Todo ser humano tiene derecho a su buena fama, pues nadie ha d ser tenido por malo hasta que sea evidente que lo es. Por eso la injusta difamación de una persona es un pecado contra la estricta justicia, y obliga, en conciencia, a restituir»[3]. En materia de murmuración es posible llegar a pecado grave si se quita la fama, aunque las cosas que se dicen sean verdaderas, si son graves y no son públicas; a no ser que haya causa que lo justifique, como sería evitar un daño.

Además, muchas veces, después, no se puede restituir bien la fama que se ha quitado. Pasa como cuando se derrama un cubo de agua, que nunca se puede recoger de nuevo toda el agua.

Quien con sus preguntas, interés, etc., induce eficazmente a otro para que difame injustamente al prójimo, peca, grave o levemente, contra la justicia, según la gravedad de lo que se diga.

Quien al oírlo se alegra, peca contra la caridad. Quien pudiendo impedirlo, no lo hace, peca si es un superior: por ejemplo, el padre en la familia. Un igual generalmente no tiene obligación de impedirlo, al menos obligación de pecado grave. Y si prevé que su intervención sólo ha de servir para empeorar la cosa, es mejor no decir nada; pero desde luego, tampoco puede dar muestras de aprobación a la falta. Se puede mostrar desagrado guardando silencio, no prestando atención, e incluso defendiendo o excusando al prójimo, si esto no es contraproducente.

Hay personas que tienen el mal gusto de estar siempre revolviendo los defectos de los demás: se parecen a los escarabajos peloteros. En cambio, en una ocasión oí este elogio de cierta persona: «Siempre habla bien de todo el mundo». ¿Verdad que esto segundo es mucho más bonito?

---

[1] H. NOLDIN, S.I.: *Summa Theologiae Moralis, 2º, 2ª, VII, 5. nº671*. Ed. Herder. Barcelona

[2] H. NOLDIN, S.I.: *Teología Moral, II, 672*. Ed. Herder. Barcelona

[3] JUAN ANTONIO GONZÁLEZ LOBATO: *Razones de la fe, XII, 4,a.* E.M.E.S.A. Madrid. 1980.

Siempre que puedas, elogia lo digno de elogio. A todo el mundo le gusta verse estimado. Y, además, todos tienen derecho a que se les reconozcan sus méritos. Hay que saber ver el lado bueno de las cosas.

Ante media botella, uno se entristece porque está medio vacía; pero otro se alegra porque todavía le queda media botella.

No deberíamos hablar mal de nadie. A no ser con causa justificada, como sería al aconsejar a otro, prevenirle, etc. No es falta de caridad atacar al lobo, sino caridad con las ovejas. Eso de «piensa mal y acertarás», aunque a veces dé resultado, es muy poco cristiano. Es mil veces mejor esto otro: «piensa bien de todos mientras no tengas razones claras que justifiquen el pensar mal». Aparte de que «la experiencia nos enseña que el hombre más mentiroso dice mayor número de verdades que de mentiras, y que el más malvado hace muchas más acciones buenas o indiferentes que malas»[1].

Por eso dijo **Jesucristo**: «*No juzguéis y no seréis juzgados*»[2].

Se trata naturalmente de un juicio ligero.

«No se han de juzgar sin motivo desfavorablemente las acciones de los demás o las intenciones de ellas»[3].

5. **La calumnia** es quitar la fama al prójimo atribuyéndole pecados o defectos que no tiene, o faltas que no ha cometido[4]. Hay obligación de restituir la fama o la honra que se ha quitado, y reparar los daños que se hayan seguido[5], si han sido previstos, al menos en confuso[6].

La calumnia será grave o leve según que la materia de la calumnia sea grave o leve. Pero advierten los moralistas que en esto es muy fácil llegar a la gravedad, por lo mucho que el hombre estima su propia fama. Todo el mundo da más valor a su propia honra que a un puñado de monedas.

Puedes restituir la fama hablando bien de la persona de quien antes hablaste mal, alabándola en otras cosas -si lo que dijiste era verdadero-, o diciendo que te has enterado de que aquello que contaste no es verdad -si lo que dijiste fue falso-. A no ser que parezca más prudente dejar ya todo en el olvido.

6. **La mentira** debe evitarse porque es pecado. Pero generalmente es

[1] JAIME BALMES: *El criterio, VII, 2.* Ed. BAC. Madrid.Este libro es utilísimo para la madurez mental y formación intelectual. Balmes, sacerdote catalán, fue uno de los grandes filósofos de la Europa del siglo XIX.

[2] Evangelio de SAN MATEO, 7:1

[3] MANUEL DE TUYA, O.P.: *La Biblia comentada.* Evangelio de San Mateo, VII, a. Ed. BAC. Madrid

[4] **Nuevo Catecismo de la Iglesia Católica, nº2477**

[5] **Nuevo Catecismo de la Iglesia Católica, nº2487**

[6] ANTONIO ROYO MARÍN, O.P.: *Teología Moral para seglares, 1º, 2ª, III, nº808.* Ed. BAC. Madrid.

pecado venial. La mentira será grave si hace daño grave a otros[1].

La mentira debe evitarse, además, por el daño que nos hace a nosotros mismos. Al embustero nadie le cree, aunque diga la verdad.

La confianza entre las personas es un gran valor. Sólo puede haber confianza cuando reina la verdad[2].

Una cosa es mentir y otra **ocultar la verdad**[3]. Nunca se puede mentir. Pero, a veces, hay que ocultar la verdad. Por ejemplo, si a un abogado le preguntan sobre asuntos secretos que no puede descubrir. Esta manera de ocultar la verdad se llama restricción mental[4]. Se dice que una persona habla con **restricción mental**, cuando da a sus palabras un sentido distinto del que naturalmente tienen[5]. A veces hay obligación de ocultar la verdad (sacerdotes, médicos), y otras no hay obligación de decirla: por ejemplo, a quien hace preguntas indiscretas.

«Mentir es negar la verdad a quien tiene derecho de saberla»[6].«Nadie está obligado a revelar una verdad a quien no tiene derecho de conocerla»[7]

En filosofía cristiana son posibles y aceptadas dos nociones de mentira: la de la negación de la verdad, sin más; y la de la negación de la verdad al que tiene derecho de saberla. Tanto una como otra definición se apoyan en los mismos datos ontológico-morales.

La primera admite las restricciones mentales.

En el segundo caso, cuando uno pregunta sin derecho, se le puede contestar cualquier cosa; pues a su indiscreción, en preguntar lo que no debe, se le puede oponer nuestra discreción en no responderle.

De suyo el interlocutor tiene derecho a la verdad. Es la base de las relaciones humanas. Pero hay casos en los que hay que ocultar la verdad a quien no tiene derecho de saberla.

Conviene, finalmente, advertir que no es pecado ninguno la **mentira jocosa,** que ni beneficia ni perjudica a nadie, que se dice para divertir[8], que todos pueden caer en la cuenta de que la cosa no fue así, sino que se trata de una broma que se aclara después. Por ejemplo, las inocentadas del 28 de diciembre, que todo el mundo sabe que se trata de una broma.

71.- EL NOVENO MANDAMIENTO DE LA LEY DE DIOS ES: **NO**

[1] **Nuevo Catecismo de la Iglesia Católica, nº2484**

[2] **Nuevo Catecismo de la Iglesia Católica, nº2469**

[3] **Nuevo Catecismo de la Iglesia Católica, nº2489**

[4] **Nuevo Catecismo de la Iglesia Católica, nº2491**

[5] ANTONIO ROYO MARÍN, O.P.: *Teología Moral para seglares,1º, 2ª, III, nº 794.* Ed. BAC. Madrid

[6] PHILIPPE DE LA TRINITÉ: *¿Diálogo con el marxismo?, II, D, 1.* Ed. Aldecoa. Burgos.

[7] **Nuevo Catecismo de la Iglesia Católica, nº 2489**

[8] BERNHARD HÄRING: *SHALOM: Paz, XIX,7.* Ed. Herder. Barcelona. 1998.

CONSENTIRÁS PENSAMIENTOS NI DESEOS IMPUROS.

1. Este mandamiento se refiere a los pecados internos contra la castidad: pensamientos y deseos. Completa al sexto.

Incluye los deseos deshonestos y las complacencias en malas acciones, aunque no se piensen cometer o ya se hayan cometido[1].

Dice **Jesucristo**: «*El que mira a una mujer casada deseándola, ya ha sido adúltero con ella en su corazón*»[2].

Hoy la televisión propaga las fantasías sexuales. Es un modo de difundir la inmoralidad, pues dicen los psicólogos que «la idea lleva al acto».

Por eso la moral católica manda rechazar los pensamientos y deseos deshonestos. Quien sinceramente desea evitar un acto prohibido, debe evitar también el camino que lleva a él. Se trata, naturalmente, de deseos de cosas prohibidas. Para los esposos son lícitos los deseos de todo aquello a lo que tienen derecho. Igualmente los novios pueden desear que llegue el día de su matrimonio.Es claro que para que haya pecado en este mandamiento, como en cualquier otro, es necesario desear o recrearse voluntariamente en lo que está prohibido hacer. Quien tiene malos pensamientos, imaginaciones o deseos contra su voluntad, no peca. Sentir no es consentir. El sentir no depende muchas veces de nosotros; el consentir, siempre. El pecado está en el consentir, no en el sentir. Siente el cuerpo, consiente el alma. Y quien peca es el alma, no el cuerpo.

No creas que has consentido en un mal pensamiento porque haya durado más o menos. Puede ocurrir que te presente la imaginación toda una película de cosas, que si se piensan sin querer, no son pecado ninguno. Puede un pensamiento molestarte durante mucho tiempo, incluso durante días. Como una mosca pegajosa que vuelve una y otra vez. Por muchas vueltas que te dé un mosquito, mientras tú no le dejes, no te pica. Si tú no aceptas el mal pensamiento, y haces todo lo posible por rechazarlo, no sólo no pecas, sino que mereces, y mucho, a los ojos de Dios.

Debes también distinguir entre el gusto y el consentimiento.

Es muy posible que sientas atracción por la cosa, que veas que te gusta, incluso que sufras conmoción orgánica, y sin embargo tu voluntad esté rechazando todo esto. Mientras tu voluntad no consienta en disfrutar de esa sensación, o en deleitarte en ese mal pensamiento, no hay pecado ninguno. No es lo mismo sentir una atracción que paladear un gusto. No es lo mismo experimentar una sensación, que aprovecharla[3]

---

[1] JUAN ANTONIO GONZÁLEZ LOBATO: *Razones de la Fe, V, 8, a.* Ed. EMESA. Madrid. 1980.

[2] Evangelio de SAN MATEO, 5:28

[3] ANTONIO ROYO MARÍN, O.P.: *Teología de la salvación, 1ª, III, nº 69.* Ed. BAC. Madrid.

2. Para vencer los **malos pensamientos** que importunan, lo mejor es despreciarlos y distraerse con otra cosa.

La mejor arma contra un mal pensamiento es otro pensamiento, que sea bueno. Ponte a silbar o a cantar. Lee un libro. Coge un lápiz y ponte a hacer una multiplicación de muchas cifras. Si no tienes lápiz, procura hacerla mentalmente. Piensa en algo concreto totalmente distinto. Aunque sea un absurdo; por ejemplo, en formar un equipo de fútbol con los once hombres más gordos que conozcas. Piensa que les arbitras el partido, o que eres el árbitro de un partido internacional, o que estás practicando un deporte que te entusiasma. Algo que te absorba el entendimiento, por ejemplo, recordar los nombres de las provincias de España, imaginarte las diez catedrales más bonitas que conozcas, llamar por teléfono a un amigo, etc.

Incluso podrías pensar: «¿y si me muriera ahora mismo?». Entra dentro de lo posible. El caso es ocupar la mente en algo concreto. Y si puedes emprender una ocupación que te absorba toda la atención, todavía mejor.

Quizás pueda ayudarte el que salgas a dar una vuelta para distraerte.

En fin, tú búscate alguna triquiñuela para borrar de tu imaginación ese pensamiento que te está molestando.

Pero lo primero, acudir brevemente a Dios o a la Virgen pidiéndoles la gracia de triunfar, por ejemplo, con una jaculatoria. Inmediatamente después desprecia esos pensamientos y distráete.

Es necesario adquirir la costumbre de reaccionar rápidamente contra las tentaciones: lo mismo que te sacudes automáticamente una chispa del cigarro que te cae en tu chaqueta nueva.

3. «Muchas veces circunstancias exteriores, como las malas conversaciones, las lecturas peligrosas, las diversiones y espectáculos deshonestos y la televisión, suscitan imaginaciones, pensamientos o deseos de cosas impuras.

En estos casos el primer recurso es huir de aquellas circunstancias. Quien voluntariamente se pone, sin causa justa, en circunstancias que constituyen grave peligro y ocasión próxima de consentir en pensamientos o deseos malos, comete pecado grave»[1].

4. Contra este mandamiento **son pecado grave** los malos pensamientos y deseos si se han consentido complaciéndose en ellos voluntariamente.

[1] CATECISMO: Texto Nacional. Tercer Grado. Lección 33

71,2

72.- EL DÉCIMO MANDAMIENTO DE LA LEY DE DIOS ES: **NO CODICIARÁS LOS BIENES AJENOS.**

1. Este mandamiento está contenido en el séptimo. Pero insiste en que también se puede pecar deseando tomar lo ajeno[1] . Se trata, naturalmente, de un deseo desordenado y consentido. El décimo mandamiento prohibe la codicia.

Eso no quiere decir que sea pecado el desear tener, si pudieras lícitamente, una cosa como la de tu prójimo. Este mandamiento no prohíbe un ordenado deseo de riquezas, como sería una aspiración a un mayor bienestar legítimamente conseguido. Manda conformarnos con los bienes que Dios nos ha dado y con los que honradamente podamos adquirir[2] .Pero sí sería pecado murmurar con rabia contra Dios porque no te da más; y tener envidia de los bienes ajenos[3] .

La Iglesia exalta el desprendimiento de los bienes de este mundo. Pero esto no se opone al progreso que tiende a hacer desaparecer la miseria que impide practicar la virtud de algunos sectores sociales.

2. No dejes que la amargura de corazón corroa la paz de tu alma. Aunque la vida sea dura y la queja asome a tus labios, no dejes que la amargura se apodere de tu corazón. Esfuérzate por mejorar tu situación y satisfacer tus necesidades, pero sin amargura. Dios lo quiere y la Iglesia -como madre tuya- es la primera que lo procura, enseñando a todos lo que el trabajador se merece. Recuerda lo que te he dicho en el cuarto mandamiento. Esfuérzate, sí; pero siempre por medios lícitos; no con espíritu de rebeldía, ni de odios, sino con espíritu cristiano, con fe en la Providencia de Dios, y sin olvidar que en esta vida no se puede hacer desaparecer el sufrimiento. Por otra parte, no olvides que no consiste todo en amontonar dinero. Es mucho más importante hacer buenas obras, pues el premio eterno del cielo vale más que todo el oro del mundo. Si creyéramos esto de verdad, pondríamos mucho más empeño en practicar el bien.

Codicia es la idolatría del dinero. Es un deseo de poseer sin límites que lleva a la explotación del prójimo, o a no compartir los bienes propios con

[1] **Nuevo Catecismo de la Iglesia Católica nº 2536**

[2] **Nuevo Catecismo de la Iglesia Católica nº 2537**

[3] **Nuevo Catecismo de la Iglesia Católica nº 2539**

los necesitados. El ansia de dinero puede esclavizar lo mismo al que lo tiene que al que no lo tiene.

3. Los trabajos fisiológicos de **Bert**[1] sobre el oxígeno, necesario para nuestras células, han demostrado que si están faltas de él, padecen y mueren; pero un exceso, también les es nocivo, porque les resulta convulsivo. Es decir, que nuestro organismo está hecho para una medida; y lo mismo resulta nocivo una carencia que un exceso. Lo mismo que ocurre con el oxígeno, ocurre con el azúcar, el calor o la libertad.

Tan perjudicial es una carencia como un exceso. Y también con los bienes materiales. Lo mismo que hay un mínimo económico vital, debería fijarse un máximo vital no sobrepasable para poder permanecer en el equilibrio humano.

En los países donde el progreso ha alcanzado metas altísimas, y una libertad de costumbres sin freno, han resultado hombres cansados de vivir. Por eso en ellos se multiplican tanto los suicidios.

La Iglesia tiene sus razones cuando enseña una ascética de lucha y de vencimiento propio. Esta superación del hombre sobre sí mismo, aunque exige esfuerzo y sacrificio, llena también de satisfacciones la vida. La felicidad no está en tener muchas cosas, sino en saber disfrutar de lo que se tiene. Ya lo dijo **Kathleen Sutton**: «Cuando no se puede tener lo que se quiere, hay que querer lo que se tiene»[2].

Tenía razón el que dijo: «No es rico el que tiene mucho, sino el que está contento con lo que tiene».

La felicidad brota de lo más íntimo de nuestro ser.

Quien busca la felicidad fuera de sí mismo es como un caracol en busca de casa.

La alegría es posible en todas las circunstancias de la vida.

Los que no la encuentran es porque la buscan donde no está. En lugar de buscarla en uno mismo, la buscan en cosas exteriores que dejan el corazón vacío, y después viene el tedio y la tristeza.

«La felicidad no depende de lo que nos pasa, sino de cómo lo percibimos. La felicidad está en disfrutar de lo que tenemos, y no en desear lo que no podemos tener. La persona feliz siempre encuentra algo positivo en lo negativo»[3].

---

[1] CHAUCHARD: *El humanismo y la ciencia, III, 5.* Ed. FAX. Madrid

[2] BERNABÉ TIERNO: *Valores humanos, 4º, IV.* Ed. Taller de Ediciones. Madrid. 1998.

[3] BERNABÉ TIERNO: Revista EL SEMANAL, 4-VI-95, pg. 102

72,3

73.-Además de los mandamientos de la ley de Dios, la Iglesia tiene cinco mandamientos.

1. En virtud del poder recibido de **Jesucristo**[1], la Iglesia puede imponer preceptos que obliguen gravemente a los hombres en orden a un mejor cumplimiento de la ley de Dios[2].

Los mandamientos de la Iglesia no son arbitrarios. No manda, bajo pecado grave, un acto intranscendente. «La Iglesia, con esos preceptos, intenta conseguir que los fieles se santifiquen como es debido»[3].

Los mandamientos de la Iglesia son de dos clases:

Los tres primeros mandan oír Misa, confesar y comulgar; pero de esto ya hemos tratado. (Ver números **45** al **61**)

El cuarto manda el ayuno y la abstinencia en los días determinados por la Iglesia.

2. **El ayuno** consiste en hacer una sola comida fuerte al día. Pero se puede tomar algo por la mañana y por la noche.

En el desayuno se puede tomar, por ejemplo, leche, café o té, o un poco de chocolate, con unos 60 gramos de pan, churros, tortas, etc.

En la cena se puede tomar hasta 250 gramos de alimentos.

Si te parece esto muy complicado, puedes atender a la norma práctica de algunos moralistas que dicen que quien tiene obligación de ayunar basta con que en el desayuno y en la cena tome la mitad de lo que tiene por costumbre tomar.

Y si lo que se suele tomar es poco, la cantidad que se suprima pude ser menor.

Otra norma práctica es que sumando lo que se toma en el desayuno y en la cena, no llegue a lo que se suele tomar al mediodía[4].

En la comida principal se puede tomar toda la cantidad que se quiera.

Pero durante el día no se puede tomar nada (comida o bebida) que sea alimento. Sí se pueden tomar líquidos no alimenticios como refrescos,

[1] Evangelio de SAN MATEO, **16**:19

[2] ANTONIO ROYO MARÍN, O.P.: *Teología de la salvación, 1ª, III, nº 85.* Ed. BAC, Madrid

[3] ANTONIO ARZA, S.I.: *Preguntas y respuestas en cristiano, pg. 123.* Ed. Mensajero. Bilbao.

[4] ANTONIO ROYO MARÍN, O.P.: *Teología moral para seglares, 1º, 2ª, I, nº 426,2,e.* Ed. BAC. Madrid

café, té y bebidas alcohólicas[1]; y también alguna pequeña «tapa» con que éstas suelen acompañarse; aunque sería mejor abstenerse de ella.

La abstinencia consiste en no tomar carne; pero no está prohibido el caldo de carne[2] ni la grasa animal, si es condimento.

También se pueden tomar huevos y productos lácteos.

Tienen obligación de ayunar todos los católicos que han cumplido dieciocho años y no han cumplido los cincuenta y nueve[3].

La abstinencia obliga desde los catorce años cumplidos hasta el final de la vida[4].

«No están obligados al ayuno y abstinencia los verdaderamente pobres, los enfermos y los obreros»[5].

Tampoco están obligados los que no tienen habitualmente uso de razón.

El párroco y algunos confesores pueden dispensar cuando haya motivo suficiente.

Son días de ayuno y abstinencia el Miércoles de Ceniza y el Viernes Santo.

Son días de sólo abstinencia todos los viernes del año, que no caigan en festivo.

La abstinencia de los viernes fuera de cuaresma puede ser sustituida total o parcialmente por otras formas de penitencia, piedad o caridad, como limosnas, visitas a enfermos, privarse de tabaco o espectáculos, o cualquier otro gusto[6].

La abstinencia de los viernes de cuaresma, y el ayuno y la abstinencia del Miércoles de Ceniza y Viernes Santo no pueden ser sustituidos por propia iniciativa.

No debe considerarse pecado grave cualquier violación esporádica de la ley; pero sí el dejar de cumplirla habitualmente o por menosprecio[7].

Lo importante es el espíritu de la ley. Se trata de que en esos pocos días del año te quedes con un poco de hambre para hacer un sacrificio por Nuestro Señor.

«La observancia sustancial de la disciplina eclesiástica sobre la

---

[1] ANTONIO ROYO MARÍN, O.P.: *Teología Moral para seglares, 1º, 2ª, I, nº 426,2,d.*Ed.BAC.Madrid

[2] ANTONIO ROYO MARÍN, O.P.: *Teología Moral para seglares, 1º, 2ª, I, nº 426,1,a.*Ed.BAC.Madrid

[3] Nuevo Código de Derecho Canónico, nº 1252

[4] Nuevo Código de Derecho Canónico, nº 1252

[5] Constitución Apostólica *Paenitemini, 7-II-66*

[6] ANTONIO ROYO MARÍN, O.P.: *Teología Moral para seglares, 1º, 2ª, I, nº 429,2.* Ed. BAC. Madrid

[7] ANTONIO ROYO MARÍN, O.P.: *Teología Moral para seglares, 1º, 2ª, I, nº 425,f.* Ed. BAC. Madrid

penitencia es gravemente obligatoria.

»Pero adviértase que la Iglesia no quiere precisar con medidas y pormenores los límites que determinarían en cada caso la gravedad de las faltas, porque desea que los fieles no caigan en la servidumbre y en la rutina de una observancia meramente externa, y prefiere, al contrario, que ellos mismos, sin omitir el oportuno consejo, formen deliberadamente su conciencia en cada caso según las indicaciones y el espíritu de la ley, con sentido de responsabilidad ante el Señor que ha de juzgar la sinceridad y diligencia de nuestras actitudes.

»Pero, sin duda, el desprecio y la inobservancia habitual de los preceptos de la Iglesia constituiría pecado grave.

»La Conferencia Episcopal Española espera que la presente disciplina penitencial, adaptada a España, servirá para aumentar en todos el sentido de sacrificio, la autenticidad de una vida sinceramente cristiana, y la práctica, más personal y consciente, de la mortificación y la caridad»[1].

El Secretario del Episcopado francés ha propuesto a los católicos privarse del tabaco o bebidas alcohólicas un día a la semana, como una nueva modalidad de abstinencia[2].

Hacer penitencia es obligación de todo cristiano. Cada vez que cumplimos con nuestro deber y se lo ofrecemos a Dios hacemos penitencia.

Cuando, en obsequio a Dios, nos privamos de algo que nos gusta o hacemos algo que nos desagrada, hacemos penitencia.

Cuando, por Dios, aceptamos la vida y sus dificultades, hacemos penitencia.

Cuando, también por Dios, somos justos y luchamos contra las injusticias de la vida, hacemos penitencia.

Arrepentirnos de nuestros pecados y hacernos amigos de Dios, es hacer penitencia.

La penitencia necesita de algo interior: Dios quiere el corazón, no sólo las obras externas. Si nuestra intención se detuviese en cumplir la ley, sin ofrenda a Dios, no haríamos penitencia.

La primera y obligatoria penitencia que tenemos que hacer es cumplir la ley de Dios. Si no cumplimos lo que se nos manda, no hacemos penitencia. El principal lenguaje de un hombre son las obras.

3. El quinto mandamiento de la Iglesia manda que la ayudemos en sus necesidades y en sus obras.

---

[1] Revista ECCLESIA, 1320(10-XII-66)

[2] Revista ECCLESIA, 1468(29-XI-69)29

No hay que olvidar que es deber de los fieles atender, según las posibilidades de cada uno, con su ayuda económica al culto y al decoroso sustento de los ministros de Dios.

Todos los bienes los hemos recibido de Dios. El contribuir con ellos para ayudar a la Iglesia en sus necesidades, es una manera de agradecer a Dios lo que nos ha dado, y rogarle que nos siga bendiciendo.

Los sacerdotes han consagrado su vida a trabajar exclusivamente por el bien espiritual de los hombres, por lo tanto, de ellos deben recibir lo necesario para satisfacer sus necesidades humanas, y poder seguir estudiando y estar siempre bien preparados para el desempeño de su ministerio.

Dice el Nuevo Código de Derecho Canónico: «Los fieles tienen el deber de ayudar a la Iglesia en sus necesidades, de modo que disponga de lo necesario para el culto divino, las obras apostólicas y de caridad, y el conveniente sustento de los ministros»[1].

Los buenos católicos deben también contribuir al sostenimiento del Seminario de la Diócesis, donde se están formando los futuros sacerdotes que han de atender a las almas.

«Todos hemos de sentir la Iglesia como propia. Es un deber de justicia ayudar a la Iglesia en todo lo relativo al apostolado, porque de la Iglesia recibimos el mayor bien que se puede recibir en este mundo: los medios para ir al cielo»[2].

«La Iglesia necesita aquellos recursos que hacen posible el que pueda llevar adelante su función evangelizadora. Estos recursos tienen que provenir, en su mayor parte, de la misma comunidad eclesial. Si bien es justo que se reciban otras ayudas de los organismos encargados de tutelar el bien común, en virtud (...) de la contribución que la Iglesia realiza en acciones sociales que benefician a toda la comunidad.

»Contribuir al sostenimiento de la Iglesia es una obligación moral de todos y cada uno de cuantos la componen. El cuidado de los pobres, la atención a los enfermos y ancianos, la catequesis, el culto, la acción misionera de la Iglesia necesitan unos recursos materiales. Y con presupuestos muy reducidos se hacen obras admirables por su valor religioso y social.

»Sería una actitud casi parasitaria la falta de colaboración. (...) No pueden ser unos pocos los que trabajen y aporten, y todos los que se beneficien.

»La ayuda material a la Iglesia no es un simple gesto de largueza, sino una obligación: la de compartir los bienes que se tienen para que sirvan de

[1] Nuevo Código de Derecho Canónico, nº222,1

[2] JESÚS MARTÍNEZ GARCÍA: *Hablemos de la Fe, IV, 12.* Ed. Rialp. Madrid. 1992.

ayuda para todos»[1] .

Como en otras naciones, también es España, se puede hoy ayudar a la Iglesia destinando a ella la pequeña parte asignada de lo que hay que pagar a Hacienda.

Nuestra colaboración a la Iglesia no debe limitarse a lo económico; debemos también prestar nuestra colaboración personal, en la medida que nos sea posible.

4. Además de estos mandamientos más generales, la Iglesia tienen también otros, como por ejemplo, la prohibición de asistir a escuelas ateas o a centros en los que se enseñen cosas contrarias a la doctrina católica.

«Los padres católicos que envían a sus hijos a estas escuelas, aunque sea con el pretexto de que enseñan muy bien otras materias profanas, pecan gravísimamente y son indignos de la absolución sacramental, por el grave peligro a que exponen a sus hijos»[2] .

El Concilio Vaticano II «recuerda a los padres cristianos la obligación de confiar sus hijos, en el tiempo y lugar que puedan, a las escuelas católicas, de sostenerlas con todas sus fuerzas, y de colaborar con ellas en bien de sus propios hijos»[3] .

Por eso «deben disponer, y aun exigir, todo lo necesario para que sus hijos puedan disfrutar de tales auxilios y progresar en la formación cristiana a la par que en la profana»[4] .

Dicen los Obispos Españoles: «La clase de Religión en España, carente hoy del debido rigor académico, se ve sometida a un proceso de deterioro que repercutirá negativamente en los aspectos humanos y éticos de todo el marco educativo»[5] . Leí en el ABC de Madrid, en la misma página, estos dos titulares: «El gobierno socialista margina la asignatura de Religión». «En Suecia la clase de Religión es obligatoria»[6] .

«Los padres tienen el derecho de educar a sus hijos conforme a sus convicciones morales y religiosas»[7]

Dice el **Nuevo Catecismo de la Iglesia Católica:** «Los padres tienen

---

[1] CARLOS AMIGO: *Cien respuestas para tener fe, VIII,81*.Ed.Planeta+Testimonio.Barcelona.1999.

[2] ANTONIO ROYO MARÍN, O.P.: *Teología Moral para seglares, 2º, 2ª, I, nº303*. Ed. BAC. Madrid

[3] Concilio Vaticano II: *Gravissimum educationis*: Declaración sobre la Educación Cristiana de la Juventud, nº 8. Nuevo Código de Derecho Canónico, nº 793ss

[4] Concilio Vaticano II: *Gravissimum educationis*: Declaración sobre la Educación Cristiana de la Juventud, nº 7

[5] Diario YA del domingo, 30-VI-91, pg. 12

[6] Diario ABC de Madrid, 3-VI-95, pg. 75

[7] Revista ECCLESIA,2803s(24 y 31-VIII-96)34. Orientaciones del Pontificio Consejo de la Familia.

el derecho de elegir para sus hijos una escuela que corresponda a sus propias convicciones, y los poderes públicos tienen el deber de garantizar este derecho de los padres y de asegurar las condiciones reales de su ejercicio»[1] .

Como dijo el Papa **Juan Pablo II** en su visita a España en 1982: «Los padres deben elegir para sus hijos una enseñanza en la que esté presente el pan de la fe cristiana»[2] .

Los padres tienen obligación de preocuparse de que sus hijos sean educados en la religión católica.

Si se desentienden de esto, que no se quejen después cuando sus hijos les salgan torcidos. No te contentes con solicitar la enseñanza de la Religión en el colegio de tus hijos. Comprueba lo que les enseñan; y si les dan gato por liebre, protesta enérgicamente como cualquier consumidor estafado[3] .

La Comisión Episcopal de Enseñanza recuerda que todos debemos exigir que se pueda recibir educación católica en los centros de enseñanza[4] : «La formación religiosa católica en la escuela es un deber y un derecho, cuyo servicio está regulado por las leyes, y cuya realización efectiva debe ser apoyada por toda la comunidad cristiana». Los obispos indican a los padres católicos el deber de inscribir a sus hijos en la asignatura de religión y moral católicas. El mismo texto recuerda la obligación de los profesores cristianos de «colaborar en la formación religiosa católica de los alumnos cuyos padres han elegido para ellos este tipo de formación». Por último insisten en el deber de la sociedad y de los gobernantes de respetar el derecho de los padres y de los alumnos en conformidad con los principios de la Constitución Española y de los acuerdos internacionales firmados por el Estado Español con la Santa Sede en materia de enseñanza. El Consejo Pontificio para la Familia ha publicado un documento en el que dice que los padres deben retirar a sus hijos de los centros donde se enseñe una moral sexual contraria a la doctrina de la Iglesia[5] .

Otro mandamiento de la Iglesia es no contraer matrimonio opuesto a las leyes de la Iglesia.

5. En 1917 se publica el **Código de Derecho Canónico** que sistematiza un cúmulo de leyes eclesiásticas.

---

[1] **Nuevo Catecismo de la Iglesia Católica, nº 2229**

[2] Revista PALABRA, 231(X-84)24

[3] Revista PALABRA, 248(III-86)51

[4] Diario YA, 8-IX-88, pg. 8

[5] Diario ABC de Madrid, 21-XII-95, pg. 69

74,1

En 1983 se publica un nuevo **Código de Derecho Canónico** que actualiza y perfecciona el anterior. El estudio de esta reforma ha durado veinticinco años, desde que lo inició Juan XXIII.

74.- Los mandamientos de la ley de Dios se resumen en dos: Primero: amarás a Dios sobre todas las cosas. Segundo: y al prójimo como a ti mismo[1].

1. Esto es lo que significan los siguientes magníficos consejos:
«Cumple siempre todos los mandamientos».
«Por nada del mundo cometas un pecado grave».
«Procura agradar a Dios en todas las cosas».
«No hagas tú a los otros lo que no quieras que los otros te hagan a ti».
«Pórtate tú con los demás como quieras que los demás se porten contigo».

2. Hay personas que reducen sus prácticas religiosas al servicio del prójimo. Eso está bien, pero no basta. Hay acciones humanas que ni benefician ni perjudican al prójimo, en cambio agradan o desagradan a Dios: como el asistir a Misa o el decir blasfemias.

Hoy somos muy sensibles a la justicia social. El remedio no está en cambiar las estructuras, que seguirán siendo injustas si no cambiamos a los hombres. Si cambiamos a los hombres las estructuras serán mejores y habrá más justicia. El mejor modo es la norma de **Cristo**: «*pórtate tú con los demás como quieres que los demás se porten contigo*»[2].

75.- EL AMOR A DIOS Y AL PRÓJIMO ES LA SEÑAL CARACTERÍSTICA DEL BUEN CRISTIANO[3].

---

[1] Deuteronomio, **6**:5; Levítico, **19**:18; Evangelio de SAN MATEO, **22**:37-40; de SAN LUCAS, **10**:27; de SAN MARCOS, **12**:28-31

[2] Evangelio de SAN MATEO, **7**:12

[3] Concilio Vaticano II: *Lumen Gentium:* Constitución Dogmática sobre la Iglesia, nº 42

1. El cristiano debe cumplir sus obligaciones con la misma perfección que uno que sea ateo pero «de distinta manera», es decir, con amor a los demás, como al mismo **Jesucristo**.

Es más, como **Cristo** los ama: «*Amaos los unos a los otros como Yo os he amado*»[1] .

No se puede amar a Dios si no se ama al prójimo.

Todos formamos con **Cristo** su Cuerpo Místico. Y no se puede amar la cabeza y maltratar otra parte del cuerpo.

San Agustín expresa esta idea popularmente: «¿no te quejarías si uno para besarte en la cara te da un pisotón en los pies?»[2] .

Pero no todo amor al prójimo es ya amor a Dios.

Tú puedes amar a una persona por ser hija de sus padres, a quienes amas; pero también puedes amarla por ella misma, sin que eso suponga que amas a su padre, que puede serte totalmente indiferente[3] .

Por eso la caridad cristiana es amar al prójimo porque es hijo de Dios[4] . Lo contrario puede ser un humanismo ateo que se llama **filantropía**[5] .

Hoy se habla mucho de **solidaridad** en lugar de caridad cristiana. Pero esto es rebajarla, pues todo lo que hagamos por el prójimo queda enriquecido si lo hacemos también por amor de Dios.

«Solemos citar muchas veces los textos de la carta de **San Juan** en los que se exige la caridad para con los demás de una forma enérgica: «*Si uno dijere que ama a Dios y no ama a su hermano, es un mentiroso*»[6] .

Pero se cita menos otra frase que en el pensamiento de **San Juan** no admite duda, y necesita que se recuerde hoy de una manera especial: es cierto que la caridad con Dios es cosa vana cuando no va unida al amor del prójimo, que es hijo de Dios, pues ahí está la razón profunda de nuestro deber para con él; pero el amor del prójimo que quisiera ignorar el amor de Dios, no sería verdadero: «*En esto conocemos que amamos a los hijos de Dios, si amamos a Dios*»[7] .

---

[1] Evangelio de SAN JUAN, **1 3**:34

[2] SAN AGUSTÍN: *In I Jn., tr.X, nº 7s. ML.35. col. 2059s.*

[3] JUAN LÓPEZ PEDRAZ,S.I.: *Cristianos en busca de respuestas.* Ed. Sal Terrae. Santander, 1975. Los libros del P. Pedraz están escritos con un estilo interesante y lógica convincente. Lo mismo éste que los otros dos suyos que ha publicado la Ed. Sal Terrae: «¿De veras que el cristianismo no convence?» y «Cuando se está perdiendo la fe». Los tres son dignos de leerse

[4] **Nuevo Catecismo de la Iglesia Católica nº 1822**

[5] JOSÉ RIVERA-IRABURU: *Síntesis de espiritualidad católica, XXI, 7.* Ed. Gratis Date. Pamplona

[6] Primera Carta de SAN JUAN, **4**:20

[7] Primera Carta de SAN JUAN, **5**:2

«Se oye con bastante frecuencia hoy día, que las palabras "mandato" y "ley" son palabras condenadas a estar proscritas de manera absoluta; como si hablar de cosas "permitidas" y de cosas "prohibidas" fuera una verdadera y peligrosa desnaturalización de la vida moral.

»Ante todo, es evidente que estas palabras, que se quieren proscribir, pertenecen al mismo Evangelio.

»Son auténticas palabras de Dios.

»Es difícil eliminar de la primera carta de **San Juan** la palabra y la idea de "mandato"; aparecen repetidas sin cesar y en el sentido más profundo.

»Y de una manera sistemática e inaceptable se quiere eliminar, por lo mismo, la palabra y la idea de "ley"; en la enseñanza de **San Pablo**.

»Lo que él condena es una cierta concepción de la "ley", mas para devolverle otra, a la que da expresamente ese nombre, y cuyas exigencias no deja de señalar de forma clara.

»En el fondo de la idea de ley y de mandato existe la afirmación de alguien que es el Señor y que tiene derecho a hablarnos como tal.

»Escuchemos a **Jesucristo** cuando habla del "mandato de su Padre", de la "voluntad de su Padre"; escuchemos a los santos, a los que figuran catalogados y aquellos a quienes nos encontramos en la vida. Oiremos que resuena en ellos esa alabanza, esa humildad, esa obediencia, que, lejos de inspirar repugnancia por la palabra "mandato", le dan un sabor indecible, como el salmo 119, en el que se hace un elogio de la ley divina.

»Es cierto que una moral que no tenga en la caridad su principio y su fin, no es tal moral; o en todo caso, no es la moral cristiana.

»Mas no es menos cierto que una doctrina de la caridad que quiera ignorar la moral y sus leyes, es una quimera peligrosa de la que la caridad es la primera en pagar las consecuencias»[1].

Evidentemente que el valor del cumplimiento de una ley depende del amor que en ello se ponga. El cristiano que cumple una ley tan sólo como un requisito externo revela que le falta lo más importante, que es el amor.

Las leyes son necesarias en una sociedad organizada.

Las leyes justas están siempre orientadas al bien común.

Al cumplirlas hacemos un acto de amor al prójimo, y también de amor a Dios, al aceptar el ser regidos por leyes exigidas por la naturaleza que él nos ha dado.

Cuando se ama de verdad al prójimo, la espontaneidad interior puede indicarme el camino de la rectitud.

Pero no cabe duda de que esta espontaneidad interior no basta en multitud de ocasiones, en las que es necesario acudir a normas externas a

[1] Cardenal GARRONE: *¿Qué hemos de creer?, IV, 5.* Ed. Paulinas. Bilbao

nosotros mismos que nos señalen el camino mejor a seguir.

Pero, repito, el cristiano debe siempre poner mucho amor en su comportamiento. El egoísmo es el gran pecado del hombre. Y tan egoísta es el que no cumple una ley por propia comodidad, como el que la cumple sólo por evitar la sanción. El buen cristiano cumple la ley, y la cumple con amor y por amor.

No existe moral sin caridad, que es su alma.

No hay caridad verdadera sin moral, que le da un cuerpo.

El fundamento de todo está en la aceptación de Dios.

Hay quienes no quieren más norma moral que su propia conciencia.

Sin embargo hay que advertir que su conciencia debe estar de acuerdo con la realidad objetiva, es decir, acorde con lo que dicen los entendidos, los especialistas.

Por ejemplo, si los astrónomos dicen que la distancia de la Tierra a la Luna es de 384 000 kilómetros, esto es una verdad independiente de lo que a mí me parezca.

A mí me puede parecer poco o mucho, pero lo que a mí me parezca no cambia la distancia de la Tierra a la Luna, que es la que dicen los astrónomos que la han medido.

Igualmente, si el agua de una fuente no es potable, y las autoridades sanitarias que la han analizado así lo avisan, es tonto beber de ella.

El agua no se convierte en potable por lo que a mí me parezca, sino que su potabilidad depende del análisis que han hecho los especialistas.

2. **Jesucristo** quería que en esto se nos reconozca a los cristianos: en que nos amamos los unos a los otros[1]. Hay que amar a todos en general, y no odiar a nadie en particular[2].

Debemos practicar, según las ocasiones, múltiples formas de caridad[3].

Los catecismos nos hablaban de las Obras de Misericordia: son otras tantas formas magníficas de practicar la caridad. Helas aquí:[4]

OBRAS DE MISERICORDIA CORPORALES:

Visitar y cuidar enfermos. Dar de comer al hambriento. Dar de beber al sediento. Atender a los que no tienen hogar. Procurar ropa a los necesitados. Ayudar a los encarcelados y exiliados. Acompañar a los que sufren la muerte de un ser querido.

---

[1] Evangelio de SAN JUAN, **1 5**:12,17

[2] ANTONIO ROYO MARÍN, O.P.: *Jesucristo y la vida cristiana, nº 533*. Ed. BAC. Madrid.

[3] **Nuevo Catecismo de la Iglesia Católica nº 2447ss**

[4] Conferencia Episcopal Española: *Ésta es nuestra fe, 2ª, III, 4, 5*. EDICE. Madrid,1986.

OBRAS DE MISERICORDIA ESPIRITUALES:

Enseñar al que no sabe. Dar buen consejo al que lo necesita. Corregir al que yerra. Perdonar las injurias. Consolar al triste. Sufrir con paciencia los defectos del prójimo. Rogar a Dios por vivos y difuntos.

Dice **San Pablo**: «*Ya puedo tener una fe que mueva montañas; si no tengo caridad, no soy nada*»[1].

El amor entre los hombres es la señal que **Cristo** nos dejó como distintivo de los cristianos. Si esto no existe, la Iglesia no se da a conocer en el mundo.

Y el amor no consiste solamente en no hacer daño, sino, sobre todo, en hacer el bien. **Jesucristo** ha dicho que todo lo que hagamos al prójimo por su amor, aunque sea darle un vaso de agua, nos lo premiará como hecho a Él mismo[2]. «Orientar la vida de forma generosa es la vía óptima para hacerse plenamente hombre y ser de verdad feliz»[3].

Es verdad que tampoco es cristiano practicar la caridad y olvidarse de la justicia. Pero, como ha dicho repetidas veces el Papa **Juan Pablo II**, tampoco basta la justicia. Es necesaria también la caridad: la caridad de la sonrisa, de la amabilidad, de la servicialidad, del cariño, y de la limosna.

Otro modo de practicar la caridad es dedicar parte de nuestro tiempo libre en servicio del prójimo.

«La caridad va más allá de la justicia social. Implica la justicia social, pero va más allá que ella. (...) La caridad cristiana, que implica siempre la justicia, es mucho más que justicia humana. (...) La justicia es dar a cada cual lo que le compete por derecho; la caridad es dar al otro el amor que no le corresponde, puesto que también Dios nos ha amado a nosotros con un amor que no nos corresponde»[4].

Como dice **José Román Flecha,** Decano de Teología de la Universidad Pontificia de Salamanca, y Vicerrector, además de la «caridad sincrónica» con los que convivimos en este mundo, tenemos que pensar también en la «caridad diacrónica» pensando en los seres humanos que nos van a suceder en el planeta para no dejarles una naturaleza contaminada[5].

«La única salida a esta crisis global del entero sistema es lo que **Birch** denomina "una sociedad viable", basada en criterios de solidaridad

[1] SAN PABLO: Primera Carta a los Corintios, **1 2**:2

[2] Evangelio de SAN MARCOS, **9**:41

[3] ALFONSO LÓPEZ QUINTÁS: *El amor humano, XII,3.* EDIBESA. Madrid.

[4] JOSÉ ANTONIO SAYÉS: *Antropología y moral, VIII, 2, 3.* Ed. Palabra. Madrid. 1997.

[5] JUAN LUIS RUIZ DE LA PEÑA: *Teología de la creación, 2ª, VI, 3, 2.* Ed. Sal Terrae. Santander.

sincrónica (entre la población actualmente existente) y diacrónica (entre la población presente y la futura»[1] .

Éste es el sentido de la **ecología** que hoy es de tanta actualidad.

Estamos obligados «al respeto de la integridad de la creación, que está destinada al bien común de la humanidad pasada, presente y futura»[2] .

3. **Esfuérzate por ser una persona buena y agradable con todos;** siempre con una acogedora amabilidad, una inagotable disponibilidad; tener para cada uno la palabra adecuada, la sonrisa, la broma... En fin, todo lo que constituya una discreta y sincera simpatía[3] . Es muy importante que seas amable.

El sonreír ayuda a ser amable.

«Una sonrisa cuesta muy poco, pero vale mucho.

»Una sonrisa enriquece al que la recibe y al que la da.

»Una sonrisa dura poco, pero su recuerdo puede durar toda una vida.

»No hay nadie tan rico que no la necesite ni tan pobre que no la pueda dar»[4].

Amabilidad es la cualidad por la cual una persona es digna de ser amada. Consiste en considerar, respetar, aceptar a las personas como son y alegrarse con sus éxitos.

Amabilidad es atender a cada persona según lo que necesite en ese momento.

La amabilidad es sigo de madurez y grandeza de espíritu.

Procura ser una persona educada, respetuosa, agradecida, honrada, buena y servicial con todos. Y sobre todo muy cristiana.

Así serás una persona estimada por todo el mundo. Tú mismo te sentirás satisfecho de tu proceder; y, sobre todo, Dios te lo premiará.

La vida en común es una continua ocasión de ayudarse mutuamente.

Al principio quizás tengas que esforzarte para ser una persona atenta; pero después, esto será para ti una costumbre y no te costará trabajo alguno.

Los que te rodean se sentirán influidos por tu amabilidad y recurrirán a ti espontáneamente y con frecuencia.

---

[1] JUAN LUIS RUIZ DE LA PEÑA: *Crisis y apología de la fe, 2ª, VI, 1, 2.* Ed. Sal Terrae. Santander.

[2] **Nuevo Catecismo de la Iglesia Católica, nº 2415**

[3] En el folleto PPC nº 112 «El arte de amar», tienes 95 formas de practicar la caridad con el prójimo, repletas de gran sentido humano, que te ayudarán a esa amabilidad y a esa simpatía.

[4] JOSÉ MARÍA ALIMBAU: *Vive mejor tu vida, XIII, 6.* Ed. Planeta+Testimonio. Madrid. 1999.

Ten constancia y no te canses al verte importunado por unos y otros, que será mucho el bien que puedas hacerles.

El buen cristiano está siempre en actitud del máximo servicio al prójimo, según sus posibilidades.

Preocúpate muy vivamente de tus compañeros enfermos o heridos. Ve a visitarlos, si te es posible. ¡Quién sabe si se encuentran aplanados, tristes y abandonados! Si es así, el rasgo tuyo te ganará su amistad para siempre.

Evita todo lo que pueda molestar a tus compañeros y procura disimular lo que de ellos a ti te moleste, haciendo todo lo posible por mostrarte con afabilidad y servicial con ellos.

El ser caritativo, además de ser una virtud, es señal de buena educación.

Todos tenemos faltas y defectos que molestan a los demás, y debemos tener paciencia cuando los demás nos molestan con los suyos.

Debes ser comprensivo.

«Comprender es ver todos los aspectos posibles de una realidad, un suceso, una persona. Hay quien no tiene otro punto de vista que el propio. Es conocido el cuento indostánico de los ciegos y el elefante.:

«A unos ciegos se les propuso que adivinaran lo que tenían delante, sólo tocando con las manos. Y se les puso delante de un elefante.

»Uno dijo que era una soga: había cogido la cola.

»Otro que era una serpiente: había cogido la trompa.

»Otro que era un árbol: había tocado una pata.

»Otro que era una pared: había tocado la panza.

»Y es que no se puede conocer una cosa atendiendo sólo a un aspecto.

»Es menester pensar que las cosas, y mucho más las personas, son muy complejas.

»El ejercicio de comprender comporta la total de los acontecimientos, y mucho más aún, de los seres humanos»[1].

Elogia sinceramente lo digno de elogio.

Toda persona tiene defectos y limitaciones.

Pero también tiene virtudes y cosas positivas.

El ver que los demás saben apreciar lo bueno que hay en nosotros es una de las cosas más alentadoras de la vida.

Pon siempre tu persona y tus cosas a disposición de todos, dentro de lo razonable.

No dudes nunca en hacer un favor a otros, aunque para eso tengas que fastidiarte. El sacrificarte por el prójimo llevará a tu alma una sana

[1] Dr. MELCHOR ESCRIVÁ, S.I.: *Medicina de la personalidad, 2ª, XLII.* Ed. Sal Terrae. Santander.

alegría. Además, con esto ganarás el corazón de tus compañeros y así te será más fácil hacerles el bien.

«No puede existir un hombre, humana y espiritualmente perfecto, sin una alegría cordial que ilumine a cuantos le rodeen»[1].

Procura ser alegre y optimista.

El optimismo no es miopía que no ve los males; ni estoicismo que niega el dolor.

El optimismo no niega el mal, ni el sufrimiento, ni la necesidad del esfuerzo, ni la dureza de la vida..., sino que se esfuerza en hallar en todo esto un lado bueno, un punto de vista confortador, un fin útil, un valor real, desconocido a primera vista[2]. Si sabemos iluminar con algún bien todo mal, embelleceremos nuestra vida y haremos más felices a los que nos rodean.

«Quien tiene ilusión, porque tiene ideales, y cree en los valores, se asienta y afirma sobre el sentimiento de la propia autoestima, que se nutre de la conciencia de ser estimado y valorado por los demás. (...)

»Nuestros pensamientos juegan un importante papel en nuestro estado de ánimo. (...) La persona ilusionada vive en un estado de buen humor, de simpatía, de alegría contagiosa. (...) La ilusión es señal de un funcionamiento psicológico sano»[3].

Los acontecimientos exteriores no deben alterar nuestro estado de ánimo.

Lo bueno y lo malo que nos ocurra nos puede servir para la gloria eterna.

El optimismo, la paz y la alegría depende de nosotros mismos.

El mismo Sol que ablanda la cera, endurece el barro.

La persona optimista siempre está contenta, porque «nunca se sabe...».

Un campesino tenía una yegua y un día se le escapó al monte. Y él se dijo:

-¡Qué mala suerte tenía un caballo y lo he perdido!

Pero al poco tiempo volvió la yegua con otro caballo. Entonces se dijo:

-¡Qué buena suerte, tenía un caballo y ahora tengo dos!

Pero un día el caballo le dio una coz a su hijo y le partió una pierna. Él se dijo:

- ¡Qué mala suerte, el caballo le ha roto una pierna a mi hijo!

Pero al poco tiempo estalló una guerra y su hijo se libró por cojo. Y se

[1] JOSÉ CALCERRADA, S.I.: *Forja tu acero, nº 121*. Ed. Sal Terrae. Santander. Este libro te ayudará a formar tu voluntad, tu carácter y tu modo de ser.

[2] ÁNGEL DEL HOGAR: *Felicidad en el hogar, V*. Ed. Desclée. Bilbao.

[3] BERNABÉ TIERNO: *Valores humanos, 4º, XII*. Ed. Taller de Editores. Madrid. 1998.

dijo:

- ¡Qué buena suerte mi hijo, por cojo, no irá al frente!

Y es que «nunca se sabe...»[1].

Sobre la **honradez y la honestidad,** cito dos frases antológicas **Bernabé Tierno**[2]: «La honradez es siempre digna de elogio, aunque no reporte utilidad» **(Cicerón).** «Todo está perdido cuando los malos sirven de ejemplo, y los buenos de mofa» **(Demócrito).**

José Mª Pemán, en el *Divino impaciente,* pone esta frase en boca de **San Ignacio:** «No hay virtud más eminente que el hacer sencillamente lo que tenemos que hacer».

Otra cosa muy importante es saber escuchar. En tus visitas a los enfermos hay que saber escuchar. Escuchar con interés es la mejor manera de consolar al que sufre. A todos los hombres nos gusta que nos escuchen. Pero mucho más al que sufre. Y si además tu palabra cálida le transmite paz y alegría interior, habrás hecho una gran obra. «Amar es saber escuchar y solidarizarse con el que sufre»[3] .

No es lo mismo ser bueno que ser estúpido.

Hacer el bien llena al ser humano de alegría y felicidad.

Pero no hay que confundir la bondad con el dejarse pisotear y humillar por alguna persona frustrada que para reafirmarse necesita hacer daño.

Para evitar que se salga con la suya, lo mejor es ignorarla: como si sus ofensas no nos afectaran.

Pero hay que saber defenderse sin ira y sin rabia, que nos alteran el espíritu desfavorablemente. Nos descompone y desequilibra física, psíquica y emocionalmente. Debemos hacerlo, si no con dominio propio, con sentido del humor, y mejor con ironía. Pero siempre de forma razonable[4].

No hay que confundir la soberbia y el orgullo, que son una supervaloración de sí mismo con desprecio de los demás, con una razonable autoestima.

El orgulloso es una persona engreída que descalifica al prójimo y lo trata despectivamente. «Lo normal es sentirse incómodo ante el orgulloso, que necesita percibirse dominador y por encima de los demás, minusvalorándolos. (...) Si la humildad es la virtud de los fuertes y nobles,

[1] JOSÉ MARÍA ALIMBAU: *Vive mejor tu vida,XIV,2.* Ed. Planeta+Testimonio. Barcelona. 1999.

[2] BERNABÉ TIERNO: *Valores humanos, 4º, V.* Ed. Taller de Editores. Madrid. 1998.

[3] MELCHOR ESCRIVÁ ,S.I.: *Medicina de la personalidad, 2ª, XLIV.* Ed. Sal Terrae. Santander.

[4] BERNABÉ TIERNO: Revista EL SEMANAL, 3-IV-94, pg. 61

el orgullo es el deplorable defecto de cobardes, pusilánimes y malvados.

»Recordemos con **Ruskin** que "la primera prueba de un hombre verdaderamente grande es su humildad"»[1].

La autoestima es valorarme en lo que soy y para lo que valgo. Sería ridículo creer que valgo para todo. Pero también es triste creer que no valgo para nada.

Conocer mis posibilidades y limitaciones, y valorarme en lo que soy.

El sentirme competente en algo y ser estimado por algo me da paz, alegría y confianza en mí mismo. Esto ayuda a ser feliz. Sobre todo si mi capacidad la pongo al servicio de los demás.

«Todo ser humano debe tenerse en estima, aceptarse y quererse a sí mismo como es, sea cual sea su edad y la etapa evolutiva en que se encuentre»[2].

Hay que conocerse, aceptarse y amarse. Así podremos gozar con lo que somos, y no angustiarnos por lo que no somos. Lo cual es perfectamente compatible con el procurar mejorar. No se trata de un «narcisismo, que nos creamos los mejores, y que no tenemos nada que modificar, ni necesidad de transformación alguna. (...) Por el amor que nos tenemos, reconocemos nuestras deficiencias, y nos proponemos irlas supliendo»[3].

Para conocerse es necesario examinarse, analizarse. Nadie conoce el color de sus ojos si no se mira al espejo.

«**La autoaceptación** da confianza y seguridad en uno mismo, y conducen a la madurez psíquica. Conocernos bien y saber lo que podemos hacer y lo que excede nuestras posibilidades es la clave de hacer las cosas bien y estar contentos con nosotros mismos»[4].

«Autoaceptarse no significa gustarse. Conozco mis limitaciones y procuro superarme. Siempre podemos estar aprendiendo y mejorando. Siempre podemos crecer como personas. (...) El arte del educador es descubrir la capacidad que cada persona tiene para perfeccionarse»[5].

Podemos llegar a ser lo que queremos ser. «El poder del pensamiento es incalculable. (...) Si lo centramos sobre lo bueno, lo aumenta; pero si lo centramos sobre lo malo, también lo fomenta. (...) Una buena higiene mental nos permite convertirnos en la persona que deseamos ser. (...) No

---

[1] BERNABÉ TIERNO: *Valores humanos, 4º, VIII,3.* Ed. Taller de Editores. Madrid. 1998.

[2] BERNABÉ TIERNO: *Valores humanos, 4º, IV,5.* Ed. Taller de Editores. Madrid. 1998.

[3] BERNABÉ TIERNO: *Valores humanos, 4º, XI,1.* Ed. Taller de Editores. Madrid. 1998.

[4] BERNABÉ TIERNO: *Valores humanos, 1ª, II.* Ed. Taller de Editores. Madrid. 1993

[5] BERNABÉ TIERNO: *Valores humanos, 1ª, III.* Ed. Taller de Editores. Madrid. 1993

hay límites ni jubilación para cambiar a mejor»[1].

«Cada vez que centramos nuestra atención y criticamos los aspectos peyorativos de otra persona, estamos contribuyendo a que su autoestima sea negativa. Por el contrario, siempre que resaltamos una cualidad, aspecto positivo y virtud de alguien, le ayudamos a desarrollar esas cualidades y valores. ¿Quiere esto decir que debemos ignorar la realidad de las cosas negativas de las personas con quienes convivimos? Claro que no. Pero antes de ayudarle a alguien a descubrir sus defectos, es más inteligente ayudarle a descubrir cuanto tiene de positivo.

»En la familia, en la escuela, en la empresa y en la sociedad debería ser práctica habitual en quienes se ven obligados a corregir los defectos, el comenzar siempre por reconocer y alabar todo lo positivo, digno y meritorio de la persona en cuestión»[2].

Dice un proverbio chino: «Toda gran marcha empieza con un primer paso».

La esencia del ser humano es encontrar el verdadero sentido de la vida.

La autoestima nos ayuda a vivir alegres, cordiales, felices y optimistas al apreciar que somos bien aceptados por los demás tal como somos, y servimos para algo útil, aunque para esto tengamos que esforzarnos y sacrificarnos.

Y cuando las cosas no suceden a nuestro gusto, no desesperarnos ni desalentarnos. Aceptar las cosas como vienen y seguir adelante.

Mi felicidad está dentro de mí.

Depende de mi actitud ante la vida.

En lugar de pretender cambiar las personas, las cosas y las situaciones de la vida que no están a mi alcance, puedo cambiar mi actitud ante ellas, no empeñándome en lo que me es imposible, y no perder mi paz y serenidad interior.

Lo que verdaderamente vale son las cualidades espirituales. La sencillez, la bondad, la generosidad, la honradez, la simpatía, la servicialidad, etc., están en nuestras manos.

La persona verdaderamente cristiana da prioridad en todas las cosas al punto de vista sobrenatural. Por eso vive segura, confía en Dios, y siempre tiene el ánimo alegre y optimista.

No trates a nadie con arrogancia, sino por el contrario, condesciende buenamente con todos, en lo que no se oponga a tu conciencia; y si crees

[1]BERNABÉ TIERNO: *Valores humanos, 4º, IV,6.* Ed. Taller de Editores. Madrid. 1998.

[2] BERNABÉ TIERNO: Revista EL SEMANAL, 577(15-XI-98)126

que has ofendido a alguien, no dudes en darle alguna explicación.

Cuando otra persona te dé explicaciones de las ofensas que te ha hecho, admítelas fácilmente, aunque tú creas que no son suficientemente satisfactorias.

4. Todo esto, además de ser normas de buena educación son consecuencias de la caridad cristiana, cuya manifestación en el amor y sacrificio por el prójimo fue una de las principales recomendaciones que nos dejó **Jesucristo** en su Evangelio.

La actitud de servicio es fundamental en un cristiano.

Basta con mirar el ejemplo de **Cristo** que no vino a «*ser servido, sino a servir*»[1]. Por eso dice el Concilio Vaticano II que el cristiano «no puede encontrar su propia plenitud si no es en la entrega sincera de sí mismo a los demás»[2].

No sé quién escribió:

«Vivir amando.
Amar sufriendo.
Sufrir callando
Y siempre,
sonriendo.»

Y el padre jesuita **Gar-Mar** en su libro *Sugerencias* dice: «Las espinas duelen cuando se pisan, no cuando se besan».

«El hombre se humaniza sirviendo a los demás con amor: eso es lo que hizo **Jesús**»[3].

Este pensamiento lo expone bellamente el premio Nobel de Literatura **Rabindranath Tagore**:

«Dormía y soñaba que la vida era alegría.
Me desperté, y vi que la vida era servir.

Serví, y en el servicio encontré la alegría»[4].

«El secreto de la felicidad está en el servicio a los demás»[5].

---

[1] Evangelio de SAN MARCOS, 10:45

[2] Concilio Vaticano II: *Gaudium et Spes:* Constitución sobre la Iglesia en el mundo actual, nº 24

[3] Conferencia Episcopal Española: *Luz del mundo, XII, 2.* EDICE. Madrid, 1984

[4] JOSÉ MARÍA ALIMBAU: *Vive mejor tu vida, XVIII,7.* Ed. Planeta+Testimonio. Barcelona. 1999.

[5] JOSÉ LUIS DE URRUTIA, S.I.: *Para ser mejor, II, 2.*. Secretariado Reina del Cielo. Duque de Pastrana, 5. Madrid-16. Breve folleto que contiene los consejos fundamentales para vivir en cristiano.

75,5

Lo mismo expresa este bonito pensamiento: «Quien no vive para servir, no sirve para vivir».

No recuerdo dónde leí:

«Haz de hoy un día bueno: en servicio, generosidad, alegría.

Y tendrás una vida plena: en satisfacciones, felicidad.

Mañana, repite».

La gente que no vive para un ideal se aburre soberanamente.

Para sentirse realizado en la vida hay que vivir para algo. Tener un ideal. Y uno de los ideales que más llenan es ser útil a los demás.

En una sociedad en la que los poderosos son envidiados, y se nos ofrecen continuamente caminos para adquirir poder, el cristianismo nos muestra el camino del servicio como el único que transforma realmente una sociedad; porque hace que pasemos de ser rivales, a ser hermanos; de dominar a los demás, a ayudarles.

El ser una persona comprensiva, amable y servicial con todos, en lugar de ser persona egoísta y comodona, es el secreto para ser siempre amado y estimado por todo el mundo.

En cambio, la persona orgullosa, déspota, hipócrita, viciosa, etc., además de ofender a Dios, es despreciada por todos.

«Altruismo es buscar el bien ajeno aun a costa del propio. Es una actitud de servicio. Todos los grandes logros de la humanidad se debieron a hombres que consagraron su vida a los demás, olvidando sus propios intereses.Nunca es el hombre más feliz que cuando dedica su vida a los demás.Hemos sido creados para amar, ser amados, compartir, contribuir al bien común.Prescindir en nuestra vida de la generosidad y el altruismo es matar el amor y nuestra verdadera felicidad. Sólo es posible aspirar a la verdadera felicidad contribuyendo a hacer felices a otros. La forma más perfecta de ser hombre es "pasar por el mundo haciendo el bien", como **Jesucristo**»[1] .

«Dice un proverbio sueco: "Una alegría compartida se multiplica por dos; y una una pena compartida se divide por dos".La verdadera alegría nace del corazón. No consiste en la carcajada fácil, superficial y momentánea. La verdadera alegría brota de quien siente su vida útil para los demás. Las buenas acciones generan satisfacción interior. La buena conciencia siempre produce alegría.Decía **Pascal**: "La felicidad es un artículo maravilloso. Cuanto más se da, más le queda a uno". En cambio la avaricia es al revés: cuanto más se tiene, más se desea. En lugar de llenar un vacío, éste se hace mayor.La bondad es signo inconfundible de la grandeza

[1] BERNABÉ TIERNO: *Valores humanos, 1ª, IX.* Ed. Taller de Editores. Madrid. 1993

de alma. La persona buena vive para dar, más que para recibir. La persona buena entiende que los actos bondadosos enriquecen más al que los hace que al que los recibe. Su rostro refleja agradecimiento, como diciendo: "debo agradecerte haberme permitido sentir la felicidad de ser bueno contigo"»[1] .

Procura tener **buen humor.**

Tener buen humor no es lo mismo que ser un «cuenta-chistes». o de ir de gracioso por la vida, ridiculizando a las personas o recurriendo a lo soez y desvergonzado. El buen humor es un estado anímico, una actitud ante la vida.

El buen humor es fuente de alegría. «El pájaro no canta porque está alegre, sino que está alegre porque canta»[2] .

Que todos se persuadan que tienen en ti una persona fiel, pero que no conseguirán nada cuando se trate de violentar tu conciencia.

Esto es de una importancia capital.

La experiencia demuestra que no hay nada que tanto gane la simpatía para con una persona como su rectitud de conciencia: esa entereza de carácter ante la cual se estrellan todas las insinuaciones, más o menos indirectas, que pretenden desviarle hacia el mal. Los mismos que pretendieron rebajarle, terminan por reconocer, incluso en público, la gran idea que han concebido de su virtud y carácter.

La sonrisa despectiva de algunos es la reacción del mediocre para no reconocer los valores que admira en su interior, pero no se atreve a imitar.

En una ocasión me llegó por INTERNET de la India estas INSTRUCCIONES PARA LA VIDA. Entresaco algunas:

«Dale a la gente más de lo que esperan y hazlo con gusto.

Cuando alguien te haga una pregunta que no quieras responder, sonríe y pregúntale: "¿por qué quieres saber?"

Recuerda las tres "R's": Respeto a ti mismo; Respeto a los demás; Responsabilidad por todas tus acciones.

No permitas que una pequeña disputa dañe una gran amistad.

Cuando te des cuenta que has cometido un error, toma medidas inmediatas para corregirlo.

Reza. Hay un poder inconmensurable en la oración.

Confía en Dios, pero cierra bien tu auto.

[1] BERNABÉ TIERNO: *Valores humanos, 1ª, XX.* Ed. Taller de Editores. Madrid. 1993.

[2] BERNABÉ TIERNO: *Valores humanos, 4º, IX, 1.* Ed. Taller de Editores. Madrid. 1998.

75,5

Una atmósfera amorosa en tu hogar, es importante. Haz todo lo posible para crear un hogar tranquilo y armonioso.

Si ganas mucho dinero, dispónlo para ayudar a otros mientras estés con vida. Esa es la mayor satisfacción que la fortuna te puede dar».

5. Y si tienes ascendiente entre tus compañeros, aprovéchalo para hacerles todo el bien que puedas. Lánzate a conquistar almas para **Cristo**. Con discreción, pero con entusiasmo. ¿Por qué vamos a dejar libre el camino a los propagadores del mal?

Una persona católica convencida no se contenta con vivir su religión privadamente, sino que trabaja con todas sus fuerzas para derribar el mal y restablecer el reino de Dios en los corazones de los hombres, en la sociedad y en el mundo entero.

En esta lucha tenemos un Jefe, **Jesucristo**, nuestro Rey y nuestro Capitán, que va delante de nosotros, nos ayuda con su poder de Dios, y nos promete la victoria final. Pero quiere que luchemos.

«*Dios quiere que todos los hombres se salven*»[1]. Por lo tanto, quiere la solución de todos los problemas (aun materiales) que se oponen a ello: problema social, inmoralidad, ateísmo, escasez de clero, egoísmo, hambre, etc.

Ahora bien, esta voluntad de Dios no es absoluta y sin condiciones.

En ese caso no habría fuerza creada capaz de oponerse a este plan de Dios. Esta voluntad de Dios es condicionada a la libre cooperación de los hombres.

Por lo tanto, si los hombres quieren salvarse, Dios les ayuda; si los hombres quieren cooperar a la salvación de los demás, Dios también les ayuda. **Jesucristo**, que pudo realizar la Obra de la Salvación por sí mismo, la puso en manos de los hombres[2]: *«Id por todo el mundo y predicad a todas las gentes. Quien crea se salvará; quien no crea, será condenado»*[3].

Dios ha querido que, en la Iglesia, nos ayudemos unos a otros: nadie puede bautizarse a sí mismo, y hasta el Papa tiene que buscar otro sacerdote para confesarse.

---

[1] SAN PABLO: Primera Carta a Timoteo, **2**:4

[2] P. AGACINO, S.I.: *Pastoral de la Oración, VIII.* Ed. Mensajero. Bilbao. Magnífico libro para aprender a hacer oración y dar a ésta un sentido apostólico

[3] Evangelio de SAN MARCOS, **16**:15s

«Nunca se ha predicado el Evangelio en la convicción de que él tuviera, por sí mismo, tal fuerza que los hombres al oírlo se sintieran necesitados a seguirlo. Siempre ha precedido la convicción y ha seguido la confianza de que el Espíritu Santo es la fuerza y la luz que acompañan al apóstol en la predicación, y al oyente en la recepción»[1].

El Concilio Vaticano II ha dedicado un Decreto al apostolado de los seglares. Dice que este apostolado «nunca puede faltar en la Iglesia» (nº 1), pues «es el plan de Dios sobre el mundo, que los hombres lo perfeccionen sin cesar» (nº 7) y los seglares deben «impregnar y perfeccionar todo el orden temporal con el espíritu evangélico» (nº 5).

» Deben «ejercer su apostolado en el mundo a manera de fermento» (nº 2), y aunque «la fecundidad de su apostolado depende de su unión vital con **Cristo**» (nº 4), deben formarse muy bien (nº 29) para revelar al mundo el mensaje de **Cristo** no sólo con el testimonio de la vida cristiana, sino también con la palabra (nº 6).

»Mientras que todo el ejercicio del apostolado debe proceder y recibir su fuerza de la caridad, algunas obras, por su propia naturaleza, son aptas para convertirse en expresión viva de la misma caridad, que quiso **Cristo-Señor** fuese prueba de su misión mesiánica.(...)

»Por lo cual la misericordia para con los necesitados y enfermos, y las llamadas obras de caridad y de ayuda mutua para aliviar todas las necesidades humanas son consideradas por la Iglesia como un singular honor».

El Padre **Antonio Royo, O.P.**, comentando este Decreto Conciliar sobre el apostolado de los seglares en las conferencias cuaresmales de 1966 en la Basílica de Atocha, en Madrid, dijo:

«La virtud más importante del cristiano es la caridad.

»La caridad tiene tres aspectos: Amor a Dios, amor al prójimo, amor a uno mismo. Desde cualquiera de esos ángulos brota la exigencia del apostolado para el seglar.

»Porque, ¿se puede amar a Dios y desentenderse del prójimo, hijo de Dios? ¿Se puede amar al prójimo y desentenderse de sus intereses espirituales y materiales? ¿Puede uno amarse a sí mismo de verdad y perderse esa inmensa fuente de beneficios espirituales que es ayudar a salvarse a los demás?»

Dice el Apóstol **Santiago** al final de su Carta: *«Quien convierte a un pecador, salva su alma»*[2] .

---

[1] OLEGARIO GONZÁLEZ DE CARDEDAL: *La entraña del cristianismo, 3ª,XI,3,b.Salamanca.1997*

[2] Carta de SANTIAGO, **5** : 20

El estado actual del mundo es un nuevo argumento que apremia al seglar hacia el apostolado.

La invasión del materialismo que ha caído sobre nuestra sociedad y la penuria de sacerdotes son para el seglar cristiano motivos suficientes para entregarse al apostolado.

«No pocos cristianos son del parecer que puesto que ellos no son sacerdotes no tienen que abogar en su vida pública en favor de la fe cristiana. La verdad es que por razón del bautismo y de la confirmación la tarea de conquistar el mundo para **Cristo** recae sobre todos los cristianos. En los primeros siglos del cristianismo fueron sobre todo los seglares, los simples creyentes, los que en sus diarios contactos con sus semejantes difundieron de una manera enteramente espontánea el mensaje cristiano en su medio ambiente. También hoy en día deberían todos los cristianos ser conscientes de que es la totalidad de la comunidad de los creyentes la que constituye el nuevo "pueblo de Dios" establecido por **Cristo** y de que no son los sacerdotes solamente, sino los seglares cristianos que se encuentran en el mundo los que pueden hacer que se despliegue visiblemente la eficacia de la vida divina en la familia, en la vida profesional, en los múltiples campos de la actividad social y cultural, así como en el empleo del tiempo libre. Todo adulto cristiano debería trabajar con celo apostólico y misionero por la causa de **Cristo**.Aun cuando el trabajo misional sea de hecho incumbencia sobre todo de determinadas órdenes religiosas, congregaciones y otras actividades misioneras, la responsabilidad misional recae sin embargo sobre la totalidad de la Iglesia.

»Todo cristiano, por consiguiente, de manera adecuada a su situación, tiene la obligación de apoyar el sacrificado trabajo de los misioneros, así como sus obras en sus múltiples necesidades»[1] . Todos los discípulos de **Cristo** tienen el deber de dar testimonio de **Cristo** en todo lugar, y a quien se lo pidiere han de dar también razón de la esperanza que tienen en la vida eterna»[2] .

Por el bautismo todos estamos llamados al apostolado.

«Cada bautizado debe ser un misionero. (...) Donde quiera que esté, un papel le incumbe: no sólo salvarse a sí mismo, sino también salvar y santificar a los demás. Y para esto le servirá el ejemplo, también la palabra, indudablemente la oración, pero sobre todo la cruz, el sacrificio»[3] .

Es necesario que todos los católicos hagan apostolado en el **propio ambiente**:

a). Por la oración: es lo más importante. Hablarle a Dios de él, antes que

[1] RODOLFO LIEBIG: *La otra revelación, V. 6.* Ed. Sal Terrae. Santander

[2] Concilio Vaticano II: *Lumen Gentium*: Constitución Dogmática sobre la Iglesia, nº 10

[3] RAÚL PLUS, S.I.: *Irradiar a Cristo, 3ª, II.* Ed. Librería Religiosa. Barcelona

a él de Dios.

b). Por el ejemplo: el propio testimonio es indispensable para que se acepte nuestro mensaje. El ejemplo convence mucho más que las palabras. Las palabras pueden mover, pero los ejemplos arrastran.

c). Por la palabra: es el apostolado que practicó **Jesucristo**. Y el mandato que dio a sus Apóstoles: predicar.

Todo el mundo puede tener una palabra amable, dar un buen consejo, una sencilla exhortación, un cariñoso reproche dado en un momento oportuno, o una larga conversación.

Y también la palabra escrita: regalar un buen libro. Si este libro que tienes en las manos te gusta, podrías regalárselo a alguien.

d). Por el sacrificio que da más eficacia a la palabra. Como dijo el Papa **Juan Pablo II,** el 25 de junio de 1993: «La evangelización depende, más que de técnica y métodos pastorales, de la gracia que brota de la cruz de **Cristo**; a la cual unimos nuestro dolor. La evangelización obtiene inagotables energías de la cooperación de los pacientes»[1].

e). Por la caridad: que nos gana el corazón de los demás.

Y echada la semilla dejar que Dios la haga germinar. Dios no nos pide el éxito, sino el trabajo.

El que fue Obispo de Málaga y Palencia, **D. Manuel González**, que murió con fama de santo, solía hablar de los apostolados «menudos», pequeños detalles de hacer el bien que sale al encuentro: una sonrisa, un favor, un consuelo, una palabra de ánimo. Aprovechar todo momento para dar testimonio de **Jesús**[2]. «Todos los fieles tienen el deber de trabajar para que el mensaje de salvación alcance más y más a los hombres del orbe entero»[3].

Debemos ser como la llama, que comunica a otros su luz, pero no se agota. Siempre dispuesta a seguir comunicando. «Una comunidad cristiana es eclesial **sólo si, y en la medida que** participa en la tarea evangelizadora de la Iglesia»[4] «La vocación cristiana es, por su misma naturaleza, vocación también al apostolado»[5].

«El creyente ha recibido la fe de otro y debe transmitirla a otro»[6].

«Siendo propio de los seglares vivir en medio del mundo, Dios les llama a que ejerzan su apostolado en el mundo a manera de fermento»[7].

Dijo **Pío XII** en la encíclica *Mystici Corporis:* «Misterio verdaderamente

---

[1] Revista ECCLESIA, 2646s (21-28, VIII, 93)

[2] BALDOMERO JIMÉNEZ DUQUE: *Volver a lo esencial, XXX*. Ed. Tau. Ávila. 1985

[3] Nuevo Código de Derecho Canónico, nº 211 y 225,1

[4] SANTOS SABUGAL, O.S.A.: *Credo, 2ª, II, 4,3, 2,* Ed. Monte Casino. Zamora

[5] Concilio Vaticano II: *Apostolicam Actuositatem :* Decreto sobre apostolado de los seglares, nº 2

[6] **Nuevo Catecismo de la Iglesia Católica, nº 166**

[7] **Nuevo Catecismo de la Iglesia Católica, nº 940**

tremendo el que la salvación de muchos dependa de las oraciones y mortificaciones de los miembros del Cuerpo Místico de **Jesucristo.** (...) Aunque parezca extraño **Cristo** quiere ser ayudado por ellos en su misión redentora».

«El apostolado de los seglares es la participación en la misma misión salvífica de la Iglesia»[1], participación que pueden ejercer de dos maneras:

«Primeramente hay una forma de apostolado que corresponde a la vocación propia del seglar. Ésta consiste en buscar el Reino de Dios tratando y ordenando, según Él, los asuntos temporales. Viven en el siglo, es decir, en todas y cada una de las actividades y profesiones, así como en las condiciones ordinarias de la vida familiar y social con la que su existencia está entretejida. Allí están llamados por Dios a cumplir su propio cometido, guiándose por el espíritu evangélico, de modo que, igual que la levadura, contribuyen desde dentro a la santificación del mundo y de este modo descubren a **Cristo** a los demás, brillando ante todo, con el testimonio de su vida, fe, esperanza y caridad. A ellos, muy en especial, corresponde iluminar y organizar todos los asuntos temporales a los que están estrechamente vinculados, de tal manera que se realicen continuamente según el espíritu de **Jesucristo** y se desarrollen y sean para la gloria del Creador y del Redentor»[2].

«Algunos de entre ellos, al faltar los ministros sagrados o estar impedidos éstos en caso de persecución, les suplen en determinados oficios sagrados en la medida de sus facultades»[3].

«Los Obispos españoles pedimos a todos los seglares que se entreguen con redoblado celo al apostolado de evangelización, ya de manera individual, ya dentro de asociaciones apostólicas»[4]. «Los seglares están llamados por Dios para que desempeñando su propia profesión, guiados por el espíritu evangélico, contribuyan a la santificación del mundo»[5].

Los católicos «siéntanse obligados a promover el verdadero bien común y hagan pesar de esa forma su opinión para que el poder civil se ejerza justamente y las leyes respondan a los principios morales y al bien común»[6]

Hay que tener cuidado para no caer en un «nuevo pelagianismo, que busca la salvación en la reforma de las estructuras antes que en la conversión a Dios»[7]

El compromiso cristiano nos lleva a ponernos al servicio de nuestros

---

[1] Concilio Vaticano II: *Lumen Gentium*: Constitución Dogmática sobre la Iglesia, nº 33

[2] Concilio Vaticano II: *Lumen Gentium:* Constitución Dogmática sobre la Iglesia, nº 31

[3] A. G. MARTIMORT: *Los signos de la Nueva Alianza, nº 86.* Ed. Sígueme. Salamanca

[4] Exhortación del Episcopado Español sobre Libertad Religiosa.Revista,ECCLESIA,1376(3-II-67)

[5] Concilio Vaticano II: *Lumen Gentium.* Constitución dogmática sobre la Iglesia, nº 31

[6] Concilio Vaticano II: *Apostolicam Actuositatem*: Decreto sobre el Apostolado de los seglares, 14

[7] Pastoral Colectiva de los Obispos de EE.UU.: Revista ECCLESIA, 1376 (3-II-68)

hermanos para construir un mundo de paz y justicia.

Modos de hacer apostolado:

a) Regalar las revistas buenas ya leídas o meterlas en los buzones de las porterías.

b) Regalar libros buenos, como éste que tienes en las manos.

c) Regalar prendas usadas, que estén pasables, a instituciones que las manden a países necesitados.

d) Colaborar en la catequesis de la parroquia.

e) Visitar enfermos en sus casas, hospitales, asilos, etc., aunque no sean conocidos, y hablarles de Dios, oportunamente.

f) Dar buen ejemplo y buenos consejos.

g) Dar limosnas para las obras de caridad o apostólicas.

h) Dedicar tiempo al servicio del prójimo en obras de caridad o apostolado.

6. No es lo mismo el **proselitismo de las sectas** que el **apostolado católico**. Al misionero católico lo que le preocupa es salvar al hombre, a la persona. Lo que mueve al misionero católico es el deseo de compartir el gozo de la fe. Como decía **Pablo VI** en *Ecclesiam suam* [1]: «Hemos de preocuparnos de poner en circulación el mensaje del que somos depositarios». Luz que no ilumina, no es luz. La predicación misionera no se impone con la violencia, ni embauca con sofismas. La fe se ofrece con la verdad, no con engaños. El misionero católico ofrece la fe; si el misionado no la quiere, él se lo pierde. Los católicos ofrecemos la fe sin coaccionar.

En cambio la coacción es muy frecuente en el Islam. Una mujer musulmana, convertida a la fe católica en Italia, pidió protección a la policía ante el peligro de ser condenada a muerte, en venganza, por los «integristas islámicos»[2] . En Arabia Saudita hay pena de muerte para los que abandonen el islamismo[3]. **Robert Hussein**, de 44 años, de Kuwait, fue condenado a muerte el 9-VI-96, por haber pasado de la religión musulmana a la católica[4] En Sudán cuatro cristianos árabes fueron crucificados por negarse a apostatar del catolicismo y adherirse al islam[5] . Los obispos italianos desaconsejan a las mujeres católicas casarse con musulmanes, por los graves inconvenientes para su fe que la experiencia ha

[1] PABLO VI: *Ecclesiam suam, nº 33*

[2] DIARIO DE CÁDIZ, 26-IX-95, pg.25

[3] VITTORIO MESSORI: *Los desafíos del católico, III,7.* Ed. Planeta +Testimonio. Barcelona. 1997.

[4] Revista AHORA: 23 (IX,X-96) 37

[5] Revista 30 DÍAS: 87 (1994) 30

75,6

demostrado[1]. En el Sínodo de 1999 Monseñor **Giuseppe Bernardini,** franciscano italiano y arzobispo de Esmirna (Turquía), que lleva dieciséis años entre los musulmanes, hizo en el aula del Sínodo una dura acusación contra el Islam. Llamó la atención sobre la invasión musulmana en Europa. Citó frases de un «importante personaje musulmán» durante un encuentro islamo-cristiano: «Gracias a vuestras leyes democráticas os invadiremos; gracias a nuestras leyes religiosas os dominaremos».

Monseñor **Bernardini** explica a los otros padres sinodales que los petrodólares son «usados no para crear trabajo en los países pobres de Africa del Norte o de Medio Oriente, sino para construir mezquitas y centros culturales en los países cristianos con inmigración islámica, incluida Roma. El temor que se ha extendido en el aula es el de que se esté realizando un verdadero programa de expansión y reconquista.

El tema de la expansión islámica en Europa había sido afrontado ya por el filósofo francés, **Alain Besançon**, que dio un dato impresionante: «Los entre cuatro y cinco millones de musulmanes presentes en Francia constituyen un número equiparable al de los católicos practicantes. La Iglesia corre el riesgo de pasar al islam», como ha sucedido en Magreb, Medio Oriente y los Balcanes»[2].

Según *La Vanguardia* de Barcelona, en 1999, en Cataluña, se registraron más niños con el nombre de **Mohamed** que con el nombre de **Jesús**[3].

También es frecuente la coacción en las sectas destructivas como los **Testigos de Jehová, Niños de Dios, etc.**

Algunos, para descalificar a grupos religiosos católicos que no les gustan, les ponen la etiqueta de «sectas»: por ejemplo al **Opus Dei**. Pero esto no es justo. Para poder dar el nombre de secta a un grupo, deben darse en él, conjuntamente, estas dos notas:

a) que su doctrina no concuerde con la enseñanza oficial de la Iglesia Católica;

b) que no se someta a la Autoridad de la Jerarquía Católica.

Evidentemente que el **Opus Dei** no encaja en la etiqueta de «secta»[4].

Secta viene de *secare* que significa «cortar». Son grupos que están fuera de la Iglesia Católica. «Las sectas son auténticas mafias económicas que se disfrazan de religiosidad para ser más intocables e invulnerables.

»Son auténticas entidades destructivas de la libertad individual, unas manipuladoras de mentes y creadoras de autómatas a su servicio».

Una de las sectas más difundidas durante los últimos años es la llamada **Nueva Era** *(New Age)*. Se trata de una secta de origen norteamericano,

[1] ZENIT: Boletín informativo del Vaticano en INTERNET, ZS00020206

[2] ZENIT: Boletín informativo del Vaticano en INTERNET, ZE99101402

[3] Diario LA VANGUARDIA, del 14-XII-2000.

[4] EUSEBIO GARCÍA PESQUERA: Revista HOGAR DE LA MADRE, 66 (IX,X-95) 9

sincretista y panteísta. Es decir, es una mezcla de todas las religiones del mundo, incluso del esoterismo y la brujería. Pretende acabar con el cristianismo, pues quiere ser la única religión del futuro; aunque para engañar a los católicos, a veces, usa terminología cristiana. Niega el pecado, la gracia, la divinidad de **Jesucristo** y su obra redentora[1]. Equipara **Jesucristo** a **Buda** y **Mahoma.** Defiende la reencarnación propia del hinduismo y el budismo. Niega que Dios sea PERSONA. Todo es Dios. No hay diferencia entre el Creador y la creación. Su panteísmo diviniza al hombre imitando a **Lucifer** que quiso ser como Dios. En la Nueva Era se da culto a **Lucifer** a quien se considera señor de la humanidad[2]. Se buscan contactos con el demonio en el juego de la «ouija». Nace en el seno de la masonería y el espiritismo[3]. «Trabajan activamente por la llegada del Anticristo»[4] El Papa **Juan Pablo II** dijo el 28 de mayo de 1994 que las ideas de la Nueva Era son incompatibles con la fe católica. «Según el Cardenal **Radke**, la Nueva Era es un "SIDA espiritual para el cristianismo". Monseñor **Bernard Fellay,** Obispo de Zeitskofen, nos dice: "Debemos tomar muy seriamente el tema de la Nueva Era». Monseñor **Donald W. Montrose,** Obispo de Stockton, California, advierte: "El movimiento de la Nueva Era (...) proviene de la falsa luz y de las tinieblas". Y Monseñor **Balducci,** demonólogo del Vaticano, afirma: "Lo que se esconde tras la Nueva Era es solamente el deseo de **Lucifer** de ser adorado como Dios"»[5]

Las sectas comienzan acogiendo y ayudando, pero no por ayudar, sino por contactar. Lo que les interesa es el número de adeptos.

Y a los adeptos los hacen adictos, destruyendo su personalidad con técnicas psicológicas. Son auténticos homicidios psicológicos.

El culto al demonio, como rebeldía contra Dios, ha aumentado últimamente. Prueba de ello es la proliferación de sectas satánicas. «Los posibles casos de posesión diabólica que se pueden encontrar entre quienes practican deliberadamente en actividades satánicas, son de tipo activo, es decir, son las personas quienes voluntariamente se ofrecen al demonio»[6]. «Aunque cabe preguntarnos si la persona está realmente poseída por Satanás o bien padece disociación psicológica»[7].

Puede ser interesante mi vídeo *Las sectas desenmascaradas*[8]. Pedidos al autor. Todos los sistemas.

[1] Diario ABC de Madrid del 24-X-97, pg.79

[2] M. BASILEA SCHLINK: Nueva Era. Ed.H.E. de María. Casilla 2436. Asunción. Paraguay.

[3] ISABEL VIDAL: Revista ARBIL en INTERNET. http://www.ctv.es/USERS/mmori

[4] Mons. BERNARD FELLAY. Revista MARÍA MENSAJERA, 187 (VIII-96) 24

[5] ISABEL VIDAL: *¡¡¡ALERTA, LA NUEVA ERA!!!*, *Prólogo.* Ed. Mensajeros de la Vida.Santander.

[6] GIUSEPPE FERRARI: *Sectas satánicas y fe cristiana, I.* Ed. Palabra. Madrid. 1998.

[7] EUGENIO FIZZOTTI: *Sectas satánicas y fe cristiana, III.* Ed. Palabra. Madrid. 1998.

[8] Pedidos al autor: Apartado 2546. 11080-Cádiz. Tel.: (956) 222 838. FAX: (956) 229 450

Partes de la confesión

76.- LAS COSAS NECESARIAS PARA HACER UNA BUENA CONFESIÓN SON CINCO:

EXAMEN DE CONCIENCIA,
DOLOR DE LOS PECADOS,
PROPÓSITO DE LA ENMIENDA,
DECIR LOS PECADOS AL CONFESOR
Y CUMPLIR LA PENITENCIA[1].

1. Quien ha tenido la desgracia de pecar gravemente, si quiere salvarse, **no tiene más remedio** que confesarse para que se le perdonen sus pecados, pues el sacramento de la penitencia ha sido instituido por **Cristo** para perdonar los pecados cometidos después del bautismo[2].

Es cierto que con el acto de **perfecta contrición**, puede uno recobrar la gracia, pero para esto hay que tener, además, el propósito firme de confesar «después estos pecados, aunque estén ya perdonados[3]; pues **Jesucristo** ha querido someter al sacramento de la confesión todos los pecados graves.

«Por voluntad de **Cristo**, la Iglesia posee el poder de perdonar los pecados de los bautizados, y ella lo ejerce de modo habitual en el sacramento de la penitencia por medio de los obispos y de los presbíteros»[4].

Este sacramento se llama también de la Reconciliación, pues nos reconcilia con Dios y con la Comunidad Cristiana de la cual el pecador se separa vitalmente, al perder la gracia por el pecado grave.

No vivas nunca en pecado. Si tienes la desgracia de caer, ese mismo día haz un acto de contrición perfecta, y luego confiésate cuanto antes. No lo dejes para después.

El que se confiesa a menudo no es porque tenga muchos pecados, sino para no tenerlos. El que se lava de tarde en tarde, estará más sucio que el

---

[1] ANTONIO ROYO MARÍN, O.P.: *Teología de la salvación, 1ª, III, nº 75.* Ed. BAC. Madrid.

[2] DENZINGER: *Magisterio de la Iglesia, nº 839, 911, 916.* Ed. Herder. Barcelona.

[3] DENZINGER: *Magisterio de la Iglesia, nº 898.* Ed. Herder. Barcelona.

[4] **Nuevo Catecismo de la Iglesia Católica, nº 986**

Necesidad de la confesión

que se lava a menudo.

Hoy mucha gente va al psiquiatra. Es posible que el psiquiatra cure; pero, desde luego, no perdona. Y muchos para tener paz necesitan sentirse perdonados.

Es como una herida con pus. Hay que limpiarla para que se cure.

Cuando uno se siente perdonado, tiene paz.

Arrepentirse de lo malo que hayamos hecho, y pedir perdón a Dios es lo único que nos da paz.

Y Dios perdona todo y del todo, si le pedimos perdón.

Para eso ha hecho la confesión.

«Es dogma de fe que cuando Dios perdona, perdona de veras. (...) Si pensáramos otra cosa, cometeríamos un pecado mortal»[1].

La misericordia de Dios es infinita. Dice la Biblia: «*Como el viento norte borra las nubes del cielo, así mi misericordia borra los pecados de tu alma*» .

Y en otro sitio: «*Cogeré tus pecados y los lanzaré al fondo del mar para que nunca más vuelvan a salir a flote*»[2].

Pero también su justicia es infinita, y por lo tanto no puede perdonar a quien no se arrepiente. Esto sería una monstruosidad que Dios no puede hacer[3].

Esta doctrina la expresa así el **P. Jesús María Granero, S.I.**: «Dios no olvida aquello de lo que no le has pedido perdón; pero no recuerda aquello que una vez te perdonó»[4].

2. **Pío XII** en la Encíclica *Mystici Corporis* habla de los valores de la confesión frecuente diciendo que «aumenta el recto conocimiento de uno mismo, crece la humildad cristiana, se desarraiga la maldad de las costumbres, se pone un dique a la pereza y negligencia espiritual, y se aumenta la gracia por la misma fuerza del sacramento»[5].

Y el Concilio Vaticano II habla de «la confesión sacramental frecuente que, preparada por el examen de conciencia cotidiano, tanto ayuda a la necesaria conversión del corazón»[6].

---

[1] LAMBERTO DE ECHEVARRÍA: *Creo en el perdón de los pecados, IX.* Cuadernos BAC, nº67

[2] Miqueas, **7**:19

[3] ANTONIO ROYO MARÍN, O.P.: *Teología Moral para Seglares, 2º, 2ª, IV, 178. c.* Ed. BAC. Madrid

[4] JESÚS MARÍA GRANERO, S.I.: *Por los caminos de la vida, nº 895.* Ed. Studium. Madrid.

[5] Acta Apostolicae Sedis, nº 35(1943)235

[6] Concilio Vaticano II: *Presbyterorum Ordinis, nº 18*

Al recuperar el estado de gracia por la confesión bien hecha, se recuperan también todos los méritos perdidos por el pecado mortal[1].

3. Quien vive en pecado grave **es muy fácil** que se condene por tres razones:

1) Porque después es muy posible que le falte la voluntad de confesarse, como le falta ahora.

2) Porque, aun suponiendo que no le falte esta voluntad, es posible que le sorprenda la muerte sin tiempo para confesarse.

3) Finalmente, quien descuida la confesión, y va amontonando pecados y pecados, cada vez encontrará más dificultades para romper.

Un hilo se rompe mucho mejor que una maroma.

Para arrepentirse sería entonces necesario un golpe de gracia prodigioso; y esta gracia sobreabundante Dios no suele concederla a quien se obstina en el mal.

Jesucristo se lo advierte así a los que quieren jugar con Dios: «*Me buscaréis y no me encontraréis, y moriréis en vuestro pecado*»[2].

77.- **Examen de conciencia** consiste en recordar los pecados cometidos desde la última confesión bien hecha.

1. Naturalmente, el examen se hace antes de la confesión[3] para decir después al confesor todos los pecados que se han recordado; y cuántas veces cada uno, si se trata de pecados graves.

Si sabes **el número exacto** de cada clase de pecados graves, debes decirlo con exactitud.

Pero si te es muy difícil, basta que lo digas con la mayor aproximación que puedas: por ejemplo, cuántas veces, más o menos, a la semana, al mes, etc.

Y si después de confesar resulta que recuerdas con certeza ser muchos más los pecados que habías cometido, lo dices así en la próxima confesión.

Pero no es necesario que después de confesar sigas pensando en el número de pecados cometidos, pues entonces nunca quedaríamos tranquilos.

---

[1] DENZINGER: *Magisterio de la Iglesia, nº 2193.* Ed. Herder. Barcelona

[2] Evangelio de SAN JUAN, **7**:34; **8**:21

[3] **Nuevo Catecismo de la Iglesia Católica, nº 1454**

Si hiciste el examen con diligencia, no debes preocuparte ya más: todo está perdonado.

El examen debe hacerse con diligencia, seriedad y sinceridad; pero sin angustiarse[1].

La confesión no es un suplicio ni una tortura, sino un acto de confianza y amor a Dios. No se trata de atormentar el alma, sino de dar a Dios cuenta filial. Dios es Padre[2].

78.- **El examen de conciencia** se hace procurando recordar los pecados cometidos de pensamiento, palabra y obra, o por omisión, contra los mandamientos de la ley de Dios, de la Iglesia o contra las obligaciones particulares. Todo desde la última confesión bien hecha.

1. Para ayudarte a hacer el examen, he puesto al final, en los Apéndices, un modo de hacerlo recorriendo los mandamientos.

El examen que ahí te pongo es muy largo y casi exhaustivo.

Para quien se confiesa con frecuencia, basta una mirada seria y sincera a su conciencia, con arrepentimiento y propósito de enmienda, pensando en el modo de evitar las ocasiones de pecado.

79.- **Dolor de los pecados** es arrepentirse de haber pecado y de haber ofendido a Dios.

1. **Arrepentirse** de haber hecho una cosa es querer no haberla hecho, comprender que está mal hecha, y dolerse de haberla hecho.

El arrepentimiento es un aborrecimiento del pecado cometido; un detestar el pecado[3]. No basta dolerse de haber pecado por un motivo meramente humano. Por ejemplo, en cuanto que el pecado es una falta de educación (irreverencia a los padres), o en cuanto que es una cosa mal vista (adulterio), o que puede traerme consecuencias perjudiciales para la

[1] ANTONIO ROYO MARÍN, O.P.: *Teología de la salvación, 1ª, III, nº 80*. Ed. BAC. Madrid.

[2] BERNHARD HÄRING: *SHALON, Paz, VIII,3.* Ed. Herder. Barcelona. 1998.

[3] **Nuevo Catecismo de la Iglesia Católica, nº 1451**

salud (prostitución), etc., etc.

El arrepentido aborrece la ofensa a Dios, y propone no volver a ofenderlo.

No es lo mismo el dolor de una herida -que se siente en el cuerpo- que el dolor de la muerte de una madre -que se siente en el alma-.

El arrepentimiento es «dolor del alma»[1].

Pero el dolor de corazón que se requiere para hacer una buena confesión no es necesario que sea sensible realmente, como se siente un gran disgusto.

Basta que se tenga un deseo sincero de tenerlo.

El arrepentimiento es cuestión de voluntad. Quien diga sinceramente «quisiera no haber cometido tal pecado» tiene verdadero dolor.

«Entre los actos del penitente, la contrición es considerada por los teólogos la parte más esencial e insustituible»[2].

El dolor es **lo más importante** de la confesión. Además es **indispensable**: sin dolor no hay perdón de los pecados[3].

Por eso es un disparate esperar a que los enfermos estén muy graves para llamar a un sacerdote. Si el enfermo pierde sus facultades, ¿podrá arrepentirse? Pues sin arrepentimiento, no hay perdón de los pecados, ni salvación posible.

El dolor debe tenerse -antes de recibir la absolución- de todos los pecados graves que se hayan cometido.

Si sólo hay pecados veniales es necesario dolerse al menos de uno, o confesar algún pecado de la vida pasada.

80.- Hay dos clases de arrepentimiento: contrición perfecta y atrición.

81.- Contrición perfecta es un pesar sobrenatural del pecado por amor a Dios, por ser Él tan bueno, porque es mi Padre que tanto me ama, y porque no merece que se le ofenda, sino que se le dé gusto en todo y sobre todas las cosas.

Contrición es arrepentirse de haber pecado porque el pecado es ofensa de Dios.

---

[1] DENZINGER-SCHRON: *Magisterio de la Iglesia, IV*. Ed. Herder. Barcelona

[2] GONZALO FLÓREZ: *Penitencia y Unción de enfermos, 1ª, XII, 3, 2.* Ed. BAC. Madrid. 1996.

[3] ANTONIO ROYO MARÍN, O.P.: *Teología de la salvación, 1ª, III, nº 77.* Ed. BAC. Madrid.

Siempre con propósito se enmendarse desde ahora y de confesarse cuando se pueda[1]. La contrición es dolor perfecto[2]

1. Aunque la contrición perdona, la Iglesia obliga a una confesión posterior, porque es necesario que el pecador haga una adecuada satisfacción; y ésta, es el sacerdote el que debe imponérsela, porque es el delegado por Dios para reconciliar con la Iglesia.

El acto de contrición es la manifestación de la pena que nos causa haber ofendido a Dios por lo bueno que es y por lo mucho que nos ama: lágrimas no sólo por temor al castigo, sino por la pena de haberle entristecido.

82.- Atrición es un pesar sobrenatural de haber ofendido a Dios por temor a los castigos que Dios puede enviar en esta vida y en la otra, o por la fealdad del pecado cometido, que es una ingratitud para con Dios y un acto de rebeldía.

Siempre con propósito de enmendarse y de confesarse.

La atrición es dolor imperfecto, pero basta para la confesión[3]

1. Un ejemplo: un chico jugando a la pelota en su casa rompe un jarrón de porcelana que su madre conservaba con cariño y, al ver lo que ha hecho, se arrepiente. Si lo que teme es el castigo que le espera, tiene dolor semejante a la atrición; pero si lo que le duele es el disgusto que se va a llevar su madre, tiene un dolor semejante a la contrición.

2. Es lógico que la contrición y la atrición vayan un poco unidas.

Aunque uno tenga contrición, eso no impide que también tenga miedo al infierno, como corresponde a todo el que tiene fe.

Y aunque uno se arrepienta por atrición, hay que suponer algún grado de amor para recuperar la amistad con Dios.

83.- Es mejor la contrición perfecta, pues con propósito de confesión y enmienda, perdona todos los pecados, aunque sean

[1] **Nuevo Catecismo de la Iglesia Católica, nº 1452**
[2] **Nuevo Catecismo de la Iglesia Católica, nº 1492**
[3] **Nuevo Catecismo de la Iglesia Católica, nº 1453**

graves[1] .

1. Cuando uno, en peligro de muerte, está en pecado grave y no tiene cerca un sacerdote que le perdone sus pecados, hay obligación de hacer un acto de perfecta contrición con propósito de confesarse cuando pueda.

El acto de contrición le perdona sus pecados, y si llega a morir en aquel trance, se salvará. Si se arrepiente sólo con atrición, no consigue el perdón de sus pecados graves, a menos que se confiese[2] , o reciba la unción de los enfermos. Se salvarían muchos más si se acostumbraran a hacer con frecuencia un acto de contrición bien hecho.

Deberíamos hacer un acto de contrición siempre que tengamos la desgracia de caer en un pecado grave. Así nos ponemos en gracia de Dios hasta que llegue el momento de confesarnos.

Deberíamos hacer actos de arrepentimiento cada noche, y cada vez que caemos en la cuenta de que hemos pecado. Dios está deseando perdonarnos. Pero si no le pedimos perdón, no nos puede perdonar. Sería una monstruosidad perdonar una falta a quien no quiere arrepentirse de ella. «*De Dios no se ríe nadie*»[3] . El verdadero arrepentimiento incluye el pedir perdón a Dios. «No sería sincero nuestro arrepentimiento si pretendiésemos despreciar el modo ordinario establecido por Dios para perdonarnos»[4].

84.- EL ACTO DE CONTRICIÓN SE HACE rezando de corazón el «Señor mío Jesucristo...» Lo tienes en los Apéndices.

1. Un sencillo acto de contrición puede ser:

«Dios mío, yo te amo con todo mi corazón y sobre todas las cosas. Yo me arrepiento de todos mis pecados, porque te ofenden a Ti, que eres tan bueno. Señor, perdóname y ayúdame para que nunca más vuelva a ofenderte, que yo así te lo prometo».

Y si quieres uno más breve para momentos de peligro:

«Dios mío, perdóname, que yo te amo sobre todas las cosas».

Además, este acto de contrición tan breve, te sirve también para

[1] ANTONIO ROYO MARÍN, O.P.: *Teología de la salvación, 1ª, III, nº 74.* Ed. BAC. Madrid

[2] DENZINGER: *Magisterio de la Iglesia, nº 898.* Ed. Herder. Barcelona

[3] SAN PABLO: Carta a los Gálatas, **6**:7

[4] DIEGO MUÑOZ, S.I.: *Pueblo de Dios, II, 3.* Montilla (Córdoba)

cuando vayas a confesarte si no sabes el «Señor mío Jesucristo».

Si sabes el acto de contrición largo, lo puedes hacer con devoción y consciente de lo que dices; pero si crees que no te va a salir bien, o lo vas a decir rutinariamente, más vale que repitas varias veces de corazón: «¡Dios mío, perdóname!, ¡Dios mío, perdóname!».

Pero además, este acto de contrición en tres palabras, puede servir también para que **ayudes a bien morir** a otras personas: parientes, conocidos o incluso desconocidos, si encuentras, por ejemplo, un accidente en la carretera.

Aunque parezcan muertos, el oído es lo último que se pierde.

Está demostrado que incluso enfermos en coma mantienen la audición[1].

Hay un espacio de tiempo entre la muerte aparente y la muerte real[2].

La señal más cierta de la muerte real es la putrefacción del cadáver[3].

Muchos que parecían muertos, después, cuando se recuperaron, dijeron que se habían enterado de todo lo que ocurrió, aunque ellos no podían decir una palabra ni mover un solo músculo de su cuerpo. Por eso, si alguna vez te encuentras en la carretera un accidente, no dudes en ponerte de rodillas en el suelo, aplicar tu boca a su oído y decirle por lo menos tres veces: «¡Dios mío, perdóname! , ¡Dios mío, perdóname! , ¡Dios mío, perdóname! ». Que si lo oye y lo acepta, le ayudas a que salve su alma.

Y nadie en la vida le ha hecho mayor favor que tú, que en la hora de la muerte le ayudaste a ganar el cielo.Debemos preocuparnos de ayudar a bien morir a los moribundos.

Hoy está muy paganizado el sentido de la muerte, y muchas personas ante un accidente o un moribundo, se preocupan del médico, y muy pocos se preocupan de preparar el alma para la eternidad.

Ocúpate tú si ves que nadie se acuerda de hacerlo.

Ojalá que ayudes a bien morir a muchas personas. El día que te encuentres con ellos en el cielo verás cómo te lo agradecen; y sentirás felicidad por haber colaborado a la salvación de otros. Creo que con este acto de contrición, en tres palabras, te ayudo a que puedas enfrentarte con tranquilidad a la muerte, si en ese momento trascendental no tienes al lado un sacerdote que te perdone; y además puedes ayudar a otros a bien morir, y de esta manera colaborar a su salvación eterna.

También es un acto de contrición perfecta este precioso soneto:

No me mueve, mi Dios, para quererte
el cielo que me tienes prometido;
ni me mueve el infierno tan temido
para dejar, por eso, de ofenderte.

---

[1] DIARIO DE CÁDIZ del 10-II-98, pg.34.

[2] ANTONIO ROYO MARÍN,O.P.: *¿Se salvan todos?, 2ª, VIII, 2.* Ed. BAC. Madrid. 1995

[3] ANTONIO ROYO MARÍN,O.P.: *¿Se salvan todos?, 2ª, VIII, 3.* Ed. BAC. Madrid. 1995

Tú me mueves, Señor; muéveme el verte
clavado en la cruz y escarnecido;
muéveme el ver tu cuerpo tan herido;
muévenme tus afrentas y tu muerte.
Muéveme, en fin, tu amor y en tal manera,
que aunque no hubiera cielo yo te amara,
y aunque no hubiera infierno, te temiera.
No me tienes que dar porque te quiera,
porque aunque lo que espero no esperara,
lo mismo que te quiero, te quisiera.

Este soneto, atribuido a distintos autores, según el conocido periodista **Bartolomé Mostaza**, se debe al doctor **Antonio de Rojas**, místico notorio del siglo XVII[1].

2. Para hacer un acto de contrición no es necesario usar ninguna fórmula determinada. Basta detestar de corazón todos los pecados por ser ofensa a Dios.

Cuando quieras hacer un acto de contrición perfecta también puedes hacerlo pensando en **Cristo** crucificado, y arrepintiéndote, por amor suyo, de tus pecados, ya que fueron causa de su Pasión y Muerte.

El acto de contrición es un acto de la voluntad. Puede estar bien hecho, aunque te parezca que no sientes sensiblemente lo que dices. Si quieres amar a Dios sobre todas las cosas y no volver a pecar, es lo suficiente. Pero debes querer que sea verdad lo que dices. No basta decir el acto de contrición sólo con los labios. Es necesario decirlo con todo el corazón.

Es de capital importancia el saber hacer un acto de perfecta contrición, pues es muy frecuente tenerlo que hacer: son muchos los que a la hora de la muerte no tienen a mano un sacerdote que los confiese. Además, conviene hacer el acto de contrición todas las noches, después de haber hecho un breve examen de conciencia, añadiendo siempre el propósito de enmendarse y confesarse. Son más de los que nos figuramos los que se acuestan tranquilos y despiertan en la otra vida, muertos de repente.

En la calle Capitán Arenas, de Barcelona, el 6 de marzo de 1972 a las tres de la madrugada se produjo una explosión de gas y se hundió un moderno edificio de muchas plantas. Murieron todos los vecinos.

Lo mismo ha ocurrido repetidas veces en terremotos[2].

Sobre el acto de contrición puede ser interesante mi vídeo: *Salida de*

---

[1] Diario YA, 1-II-80, pg. 8

[2] Diario YA, 7-III-72

emergencia: el perdón de los pecados sin sacerdote[1].

La hipótesis de que en la hora de la muerte la persona recibirá una iluminación sobrenatural que le permita pedir perdón y poder salvarse «queda descartada, pues de ella no hay rastro alguno en la revelación»[2].

85.- **Propósito de enmienda** es una firme resolución de no volver a pecar.

1. El propósito brota espontáneamente del dolor[3].

Si tienes arrepentimiento de verdad, harás el propósito de no volver a pecar[4]. «*Que el malvado abandone su camino, y el criminal sus planes; que regrese al Señor, y Él tendrá piedad*»[5]. Es absurdo decirse al pecar: «después me arrepentiré». Si después piensas arrepentirte de verdad, ¿para qué haces ahora lo que luego te pesará de haber hecho? Nadie se rompe voluntariamente una pierna diciendo: «después me curaré».

El propósito hay que hacerlo antes de la confesión, y es necesario que perdure (por no haberlo retractado) al recibir la absolución.

El propósito tiene que ser universal, es decir, propósito de no volver a cometer ningún pecado grave. No basta que se limite a los pecados de la confesión presente. Y debe ser «para siempre». Sería ridículo que uno que ha ofendido a otro, después de pedirle que le perdonara, le dijera:

- «Siento lo ocurrido, pero me reservo el derecho de hacerlo otra vez, si me da la gana».

Si no hay verdadero propósito de la enmienda, la confesión es inválida y sacrílega[6]. No creas que tu propósito no es sincero porque preveas que volverás a caer. El propósito es de la voluntad; el prever es de la razón.

Basta que tengas ahora una firme determinación, con la ayuda de Dios, de no volver a pecar. «No se trata de la certeza de no volver a cometer pecado, sino de la voluntad de no volver a caer»[7]. El temor de que quizás vuelvas después a caer no destruye tu voluntad actual de no querer volver a pecar.

Y esto último es lo que se requiere.

Para poder confesarse no hace falta estar ciertos de no volver a caer.

---

[1] Pedidos al autor: Apartado 2546. 11080-Cádiz. Tel.: (956) 222 838. FAX: (956) 229 450

[2] JOSÉ ANTONIO SAYÉS: *Más allá de la muerte, VI,1.* Ed. San Pablo. Madrid. 1996

[3] ANTONIO ROYO MARÍN, O.P.: *Teología de la salvación, 1ª, III, nº 76.* Ed. BAC. Madrid

[4] DENZINGER: *Magisterio de la Iglesia, nº 897.* Ed. Herder. Barcelona

[5] Profeta ISAÍAS, **5 5**:7

[6] ANTONIO ROYO MARÍN, O.P.: *Teología de la salvación, 1ª, III, nº 78.* Ed.BAC. Madrid

[7] KAROL WOJTYLA: *Ejercicios Espirituales para jóvenes, 1ª, V.* Ed. BAC POPULAR. Madrid

Esta seguridad no la tiene nadie. Basta estar ciertos de que ahora no quieres volver a caer. Lo mismo que al salir de casa no sabes si tropezarás, pero sí sabes que no quieres tropezar[1]. Lo importante, e indispensable, es que tengas deseos de corregirte, y lo intentes.

Es posible que te asuste el propósito de «nunca más». Pero basta que digas «ahora no». Y decir lo mismo la próxima vez. «Dios no rechaza a los débiles; sólo rechaza a los soberbios y a los hipócritas»[2]

«Tocante a la capacidad del hombre para evitar el pecado mortal, el Concilio de Trento cita a **San Agustín** cuando dice: "Dios no pide cosas imposibles, sino que te pide que hagas lo que puedas y le pidas lo que no puedas, que Él te ayudará para que puedas"[3]. El Concilio se hacía perfectamente cargo del contexto de esta cita»[4].

2. Pero no olvides que para que el propósito sea eficaz es necesario **apartarse seriamente de las ocasiones de pecar**, porque «*quien ama el peligro perecerá en él*»[5] y «si te metes en malas ocasiones, serás malo». Hay batallas que el modo de ganarlas es evitarlas. Combatir siempre que sea necesario, es de valientes; pero combatir sin necesidad es de estúpidos y fanfarrones. Si no quieres quemarte, no te acerques demasiado al fuego. Si no quieres cortarte, no juegues con una navaja de afeitar. Quien quiere verlo todo, oírlo todo, leerlo todo, es moralmente imposible que guarde pureza. Es necesario frenar los sentidos..., ¡y la concupiscencia! La concupiscencia es una fiera insaciable. Aunque se le dé lo que pide, siempre quiere más. Y cuanto más le des, más te pedirá y con más fuerza. La fiera de la concupiscencia hay que matarla de hambre. Si la tienes castigada, te será más fácil dominarla. En las ocasiones de pecar hay que saber cortar cuanto antes. Si tonteas, vendrá un momento en que la tentación te cegará y llegarás a cosas que después, en frío, te parecerá imposible que tú hayas podido realizar. La experiencia de la vida confirma continuamente esto que te digo. Si el propósito no se extendiese también a poner todos los medios necesarios para evitar las ocasiones próximas de pecar, no sería eficaz, mostraría una voluntad apegada al pecado, y, por lo tanto, indigna de perdón. «Nuestra decisión de evitar el pecado no sería seria si no abarcase la voluntad de evitar también todo lo que pudiera ser causa u ocasión próxima de pecado»[6]. Quien, pudiendo, no quiere dejar una

---

[1] ANTONIO ROYO MARÍN, O.P.: *Teología Moral para Seglares, 2º, 2ª, IV, 205, a.* Ed. BAC. Madrid

[2] JESÚS MARÍA GRANERO, S.I.: *Credo, 3º, XX.* Ed. ESCELICER. Cádiz.

[3] SAN AGUSTÍN: *De Natura et Gratia, XLIII.* MIGNE: *Patrología Latina, XLIV, 271.*

[4] BERNHARD HÄRING: *SHALOM: Paz, XII, 4.* Ed. Herder. Barcelona. 1998.

[5] Libro del Eclesiástico, **3**:27

[6] GINO ROCCA: *No lo tengo claro, 2ª, III, 8.* Ed. Ciudad Nueva. Madrid. 1993.

ocasión próxima de pecado grave, no puede recibir la absolución. Y si la recibe, esta absolución es inválida y sacrílega[1].

Ocasión de pecado es toda persona, cosa o circunstancia, exterior a nosotros, que nos induce a pecar, que nos da oportunidad de pecar, que nos facilita el pecado, que nos atrae hacia él y constituye un peligro de pecar. Se llama ocasión próxima si lo más probable es que nos haga pecar; pues, ya sea por la propia naturaleza, ya por las circunstancias, en tales ocasiones la mayoría de las veces se peca. Hay obligación grave de evitar, si se puede, la ocasión próxima de pecar gravemente[2].

De manera que quien se expusiera voluntaria y libremente a peligro próximo de pecado grave, aunque de hecho no cayese en el pecado, pecaría gravemente por exponerse de esa manera, sin causa que lo justifique.

La ocasión próxima de pecar se diferencia **de la ocasión remota** en que esta última es poco probable que nos arrastre al pecado.

«El concepto de ocasión d pecado es un concepto relativo. Lo que para algunos es ocasión remota de pecado resulta ser ocasión próxima para otros. Un conjunto de circunstancias o un ambiente se dice ser ocasión remota de pecado si la tentación que de ello se origina es ligera y fácil de superar por la persona en cuestión»[3].

Si la ocasión de pecado es necesaria y no se puede evitar, hay que tomar muy en serio el poner los medios para no caer. Para esto consultar con el confesor.

Éste sería el caso en el que el empleo fuera ocasión de pecado.

Sobre las ocasiones de pecar, merecen especial atención, como dice el célebre moralista **Häring,** «las ocasiones de pecado contra la fe. La fe de una persona ocupa el puesto más alto en la jerarquía de bienes. Antes que exponer la propia fe debe estar uno dispuesto a sacrificar hasta sus más íntimas amistades. Es un hecho que ciertas amistades entre un católico y un incrédulo o un acatólico hostil a la Iglesia, pueden ser sumamente peligrosas para la fe del católico. (...) Si se trata de la amistad entre un hombre y una mujer, que se puede prever un posible matrimonio en el futuro, la parte católica debe considerar, ante todo, si tal matrimonio constituirá o no un peligro para su fe»[4].

Jesucristo tiene palabras muy duras sobre la obligación de huir de las ocasiones de pecar. Llega a decir que si tu mano te es ocasión de pecado, te la cortes; y que si tu ojo es ocasión de pecado, te lo arranques; pues más vale entrar en el Reino de los Cielos manco o tuerto, que ser arrojado

[1] ANTONIO ROYO MARÍN, O.P.: *Teología Moral para Seglares, 2º, 2ª, IV, 247, 2º.* Ed. BAC.Madrid

[2] DENZINGER: *Magisterio de la Iglesia, nº 1211ss.* Ed. Herder. Barcelona.

[3] BERNHARD HÄRING: *SHALOM, Paz, VII, 2.* Ed. Herder. Barcelona. 1998.

[4] BERNHARD HÄRING: *SHALOM, Paz, VII, 4.* Ed. Herder. Barcelona. 1998.

con las dos manos o con los dos ojos en el fuego del infierno[1] . Una persona que tiene una pierna gangrenada se la corta para salvar su vida. Vale la pena sacrificar lo menos para salvar lo más. Evitar un pecado cuesta menos que desarraigar un vicio. Esto es a veces muy difícil. Es mucho más fácil no plantar una bellota que arrancar una encina.

Los actos repetidos crean hábito y pueden esclavizar.

Ya dijo **Ovidio**: *Gutta cavat petram, non semel sed saepe cadendo.* La gota de agua, a fuerza de caer, termina por horadar la piedra.

Para apartarse con energía de las ocasiones de pecar, es necesario rezar y orar: pedirlo mucho al Señor y a la Virgen, y fortificar nuestra alma comulgando a menudo.

86.- Al confesor hay que decirle voluntariamente, con humildad, y sin engaño ni mentira, todos y cada uno de los pecados graves[2] no acusados todavía en confesión individual bien hecha[3]; y en orden a obtener la absolución[4].

No tendría carácter de confesión sacramental manifestar los pecados para pedir consejo, obligarle a callar, etc.[5].

1. «Antes de empezar la confesión el sacerdote puede leer al penitente, o recordarle, algún texto o pasaje de la Sagrada Escritura en que se muestre la misericordia de Dios y la llamada del hombre a la conversión»[6].

Dijo el Papa **Juan Pablo II** el 30 de enero de 1981: «Sigue vigente y seguirá vigente para siempre, la enseñanza del Concilio Tridentino[7] en torno a la necesidad de confesión íntegra de los pecados mortales»[8].

Es indispensable manifestar los pecados con toda sinceridad y franqueza, sin intención de ocultarlos o desfigurarlos. Si confesamos con frases vagas o ambiguas con la esperanza de que el confesor no se entere de lo que estamos diciendo, nuestra confesión puede ser inválida y hasta

[1] Evangelio de SAN MATEO, 1 **8**:8s

[2] DENZINGER: *Magisterio de la Iglesia, nº 917*. Ed. Herder. Barcelona. Ritual de la Penitencia, 1975, nº 7

[3] Nuevo Código de Derecho Canónico, nº 988,1

[4] **Nuevo Catecismo de la Iglesia Católica, nº 1493**

[5] ANTONIO ROYO MARÍN, O.P.: *Teología Moral para seglares, 2º, 2ª, IV, 206.* Ed. BAC. Madrid.

[6] Conferencia Episcopal Española: *Ésta es nuestra fe, 2ª, II, 3.* EDICE. Madrid, 1986.

[7] Sesión XIV, Cap. 5, Canon, 7; DENZINGER-SCHRON: *Magisterio de la Iglesia, nº 1679-1683.* Ed. Herder. Barcelona.

[8] Revista ECCLESIA, 2018 (14-II-81)8

sacrílega.

Al confesor hay que manifestarle con claridad los pecados cometidos para que él juzgue el estado del alma según el número y gravedad de los pecados confesados. «La absolución exige, cuando se trate de pecados mortales, que el sacerdote comprenda claramente y valore la calidad y el número de los pecados»[1]. El confesor debe conocer las posibles circunstancias atenuantes o agravantes, y también las posibles responsabilidades contraídas por ese pecado. También hace falta que el penitente esté en presencia del confesor. No es lícita la confesión a un confesor ausente[2].Por lo tanto no es válida la confesión por teléfono[3].

Si queda olvidado algún pecado grave, no importa; pecado olvidado, pecado perdonado. Pero si después me acuerdo, tengo que declararlo en la confesión siguiente[4]. Mientras tanto, se puede comulgar.

Y no es necesario confesarse únicamente para decirlo, porque ya está perdonado[5]. Pero si la confesión estuvo mal hecha, es necesario confesar de nuevo todos esos pecados graves, en otra confesión bien hecha. La obligación de confesar todos los pecados graves, ciertamente cometidos y ciertamente no confesados, puede considerarse dispensada cuando el penitente tiene una imposibilidad de orden físico o de orden psíquico[6].

En alguna circunstancia excepcional se justifica el callar un pecado grave en la confesión: una vergüenza invencible de decirlo a un determinado confesor, por ejemplo, por la amistad que se tiene con él y no ser posible acudir a otro; si peligra el secreto, porque hay alguien cerca que puede enterarse, y no hay modo de evitarlo (sala de un hospital, confesonario rodeado de gente, etc.). Pero ese pecado grave, ahora lícitamente omitido, hay obligación de manifestarlo en otra confesión[7].

Hay circunstancias en las que se puede dispensar de una confesión íntegra y bastaría una manifestación de arrepentimiento general, como sería el caso de una persona moribunda o escrupulosa[8]. Si en alguna ocasión quieres confesarte y no encuentras un sacerdote que entienda el español, o tú no puedes hablar, basta que le des a entender con gestos[9] el arrepentimiento de tus pecados, por ejemplo, dándote golpes de pecho[10]. Tu gesto basta para que el sacerdote te dé la absolución. Pero estos

---

[1] JUAN PABLO II: Revista ECCLESIA, 2168(31-III-84)7

[2] DENZINGER: *Magisterio de la Iglesia, nº 1088.* Ed. Herder. Barcelona.

[3] ANTONIO ROYO MARÍN, O.P.: *Teología Moral para seglares, 2º, 2ª, 4º, II, 2,194.*Ed.BAC.Madrid

[4] DENZINGER: *Magisterio de la Iglesia, nº 1111.* Ed. Herder. Barcelona.

[5] ANTONIO ROYO MARÍN, O.P.: *Teología Moral para Seglares, 2º, 2ª, IV, nº 216.* Ed. BAC. Madrid

[6] ANTONIO ARZA, S.I.: *Preguntas y respuestas en cristiano, pg.45.* Ed. Mensajero. Bilbao. 1982.

[7] BERNHARD HÄRING, C.SS.R.: *La ley de Cristo, 1º, 1º, 5ª, 2ª, II, 5.* Ed. Herder. Barcelona.

[8] BERNHARD HÄRING: *SHALOM: Paz, XXII; 7 y XXIII.* Ed. Herder. Barcelona. 1998.

[9] DENZINGER: *Magisterio de la Iglesia, nº 147.* Ed. Herder. Barcelona.

[10] Éste es el modo de confesarse los mudos

pecados así perdonados, tienes que manifestarlos la primera vez que te confieses con un sacerdote que entienda el idioma que tú hablas.

2. Recientemente la Sagrada Congregación de la Fe ha publicado un documento en el que se dan normas sobre la manifestación individual de los pecados en la confesión, y circunstancias en las que puede darse la **absolución colectiva**: «La confesión individual y completa, seguida de la absolución, es el único modo ordinario mediante el cual los fieles pueden reconciliarse con Dios y con la Iglesia[1], a no ser que una imposibilidad física o moral les dispense de tal confesión»[2].

«Es lícito dar la absolución sacramental a muchos fieles simultáneamente, confesados sólo de un modo genérico, pero convenientemente exhortados al arrepentimiento, cuando visto el número de penitentes, no hubiera a disposición suficientes sacerdotes para escuchar convenientemente la confesión de cada uno en un tiempo razonable, y por consiguiente los penitentes se verían obligados, sin culpa suya, a quedar privados por largo tiempo de la Gracia Sacramental o de la Sagrada Comunión; pero no se considera suficiente necesidad cuando no se puede disponer de confesores a causa sólo de una gran concurrencia de penitentes, como puede suceder en una gran fiesta o peregrinación»[3].

Estas condiciones, según algunos, son necesarias para la validez del sacramento, pero los fieles que reciben la absolución colectiva siempre pueden quedar tranquilos, pues Dios suple, ya que ellos pusieron todo de su parte[4]. Hay un principio teológico que dice: «Al que hace lo que está de su parte, Dios no le niega su gracia». Es el Obispo diocesano quien debe juzgar de esta conveniencia[5]. Bien pidiéndole permiso previamente, bien comunicándoselo después, si no hubo tiempo de pedirle antes permiso[6].

El 18 de noviembre de 1988 la Conferencia Episcopal Española publicó un documento, aprobado por la Santa Sede, en el que declara que hoy en España no existen circunstancias que justifiquen la absolución sacramental general. Y el arzobispo de Oviedo, **D. Gabino Díaz Merchán**, dijo a los sacerdotes del Arciprestazgo de Avilés-Centro, que las absoluciones colectivas, sin cumplir las condiciones dadas por la Iglesia, son ilícitas e inválidas. La razón es que el ministro que confecciona el sacramento tiene que tener intención de hacer lo que quiere hacer la Iglesia, y la Iglesia no

---

[1] **Nuevo Catecismo de la Iglesia Católica, nº 1497**

[2] Nuevo Código de Derecho Canónico, nº 960

[3] Nuevo Código de Derecho Canónico, nº 961, 1,2.

[4] CARLOS JOSÉ BECKER, S.I.: Prof. de la Universidad Gregoriana Pontificia de Roma.

[5] **Nuevo Catecismo de la Iglesia Católica, nº 1483**

[6] Ritual de la Penitencia, 1975, nº 32s

quiere que se administre el sacramento de la penitencia fuera de las condiciones que ella ha puesto[1] . Quienes hayan recibido una absolución comunitaria de pecados graves deben después confesarse individualmente antes de recibir de nuevo otra absolución colectiva[2], y, en todo caso, antes del año, a no ser que, por justa causa, no les sea posible hacerlo[3] . Los fieles que quieran beneficiarse de la absolución colectiva, por estar debidamente dispuestos, deben manifestar mediante algún signo externo que quieren recibir dicha absolución, por ejemplo, arrodillándose, inclinando la cabeza, etc.[4] .

Un caso concreto de aplicación de la absolución colectiva sería en peligro de muerte colectiva e inminente, sin tiempo de oír en confesión a cada uno[5], por ejemplo, momentos antes de estrellarse un avión averiado

87.- Los pecados veniales no es necesario decirlos, pero conviene[6].

1. La fiebre, aunque sean sólo unas décimas, es señal de que algo va mal en el organismo.

El mal siempre hay que combatirlo, aunque no sea grave.

En el hospital declaras al médico no sólo las cosas graves, sino también las leves; no sea que se compliquen. Hazlo así al sacerdote para que cure tu alma.

88.- Además de los pecados graves, hay que decirle al confesor cuántas veces se han cometido, y si hay alguna circunstancia agravante que varíe la especie o malicia del pecado[7].

1. El Concilio de Trento dice que «por derecho divino es necesario para el perdón de los pecados en el Sacramento de la Penitencia confesar todos y

[1] Revista SIEMPRE P'ALANTE, 270 (16-I-94) 15

[2] Nuevo Código de Derecho Canónico, nº 963.

[3] PABLO VI: *Ordo paenitentiae, nº 18*

[4] Ritual de la Penitencia, 1975, nº 35

[5] Nuevo Código de Derecho Canónico, nº 961, 1, 1º

[6] Ritual de la Penitencia, 1975, nº 45. Nuevo Código de Derecho Canónico, nº 988,2

[7] Nuevo Código de Derecho Canónico, nº 988,1

cada uno de los pecados mortales de que se acuerde después de un diligente y debido examen, y las circunstancias agravantes que cambian la especie del pecado»[1]. Acerca del averiguar el número de pecados cometidos recuerda lo que te dije en el número **77**.

2. No es necesario que cuentes la historia del pecado, pero sí tienes que decir las circunstancias agravantes que varíen la especie o malicia del pecado.

Una circunstancia varía la especie o malicia de un pecado, si convierte en grave lo que es leve, o lo opone a distintas virtudes o mandamientos[2].

Por ejemplo: no es lo mismo asesinar a un hombre cualquiera que al propio padre. En el primer caso se peca contra el quinto mandamiento, que manda respetar la vida del prójimo. En el segundo caso se peca, además, contra el cuarto, que manda honrar a nuestros padres.

Las circunstancias pueden cambiar la moralidad de una acción[3].

Nunca las circunstancias pueden hacer buena una acción que de suyo es mala; pero pueden hacer mala una acción que era buena, o hacer peor una acción que ya era de suyo mala[4]. No cabe duda de que hay circunstancias que pueden cambiar la moralidad de un acto. Pero querer que la valoración moral de un acto se deba sólo a las circunstancias se llama «moral de situación» y fue condenada mediante una Instrucción por el Santo Oficio el 2 de febrero de 1956.

Las circunstancias agravantes de tu pecado tienes que manifestarlas, si al cometerlo advertiste su malicia especial. También hay **circunstancias atenuantes** que disminuyen la gravedad del pecado[5].

Por eso no te extrañes si el confesor te pregunta sobre tus pecados; porque debe conocer cuántos y en qué circunstancias cometiste esos pecados que él va a perdonarte. El sacerdote debe ayudarte a hacer una confesión íntegra y a que tu arrepentimiento sea sincero. Debe también darte consejos oportunos e instruirte para que lleves una vida cristiana[6].

3. **Los pecados dudosos** -como ya dijimos en el número **61**- no es obligatorio confesarlos, pero conviene hacerlo para más tranquilidad. Los pecados ciertos ,debes confesarlos como ciertos; y los dudosos, como

---

[1] DENZINGER: *Magisterio de la Iglesia,* (917) Ed. Herder. Barcelona

[2] ANTONIO ROYO MARÍN, O.P.: *Teología de la salvación, 1ª,III, nº 81, b.* Ed. BAC. Madrid

[3] **Nuevo Catecismo de la Iglesia Católica, nº 1754**

[4] **Nuevo Catecismo de la Iglesia Católica, nº 1753s**

[5] ANTONIO ROYO MARÍN, O.P.: *Teología de la salvación, 1ª, III, nº 81, b.* Ed. BAC. Madrid

[6] PABLO VI: *Ordo paenitentiae, nº 18*

dudosos. Si confesaste, de buena fe, un pecado grave como dudoso y después descubres que fue cierto, no tienes que acusarte de nuevo, pues la absolución lo perdonó tal como era en realidad[1]. Para que haya obligación de confesar un pecado grave debe constar que ciertamente se ha cometido y ciertamente no se ha confesado.

Al confesor conviene decirle también cuánto tiempo ha pasado desde la última vez que te confesaste. Esto es conveniente decirlo al empezar la confesión. En los Apéndices tienes el modo práctico de confesarte.

89.- EL QUE CALLA **VOLUNTARIAMENTE** EN LA CONFESIÓN UN PECADO GRAVE, HACE UNA MALA CONFESIÓN, NO SE LE PERDONA NINGÚN PECADO, Y, ADEMÁS, AÑADE OTRO PECADO TERRIBLE, QUE SE LLAMA SACRILEGIO[2].

1. Todas las confesiones siguientes en que se vuelva a callar este pecado voluntariamente, también **son sacrílegas**. Pero si se olvida, ese pecado queda perdonado, porque «pecado olvidado, pecado perdonado». Pero si después uno se acuerda, tiene que manifestarlo diciendo lo que pasó. Para que haya obligación de confesar un pecado olvidado, hacen falta tres cosas: estar seguro de que:

a) el pecado se cometió ciertamente.
b) que fue ciertamente grave.
c) que ciertamente no se ha confesado.

Si hay duda de alguna de estas tres cosas, no hay obligación de confesarlo. Pero estará mejor hacerlo, manifestando la duda.

90.- **QUIEN SE CALLA** VOLUNTARIAMENTE UN PECADO GRAVE EN LA CONFESIÓN, **SI QUIERE SALVARSE**, TIENE QUE REPETIR LA CONFESIÓN ENTERA Y DECIR EL PECADO QUE CALLÓ, DICIENDO QUE LO CALLÓ DÁNDOSE CUENTA DE ELLO[3].

1. Los que han tenido la desgracia de hacer una confesión sacrílega, y desde entonces vienen arrastrando su conciencia, de ninguna manera

[1] FANFANI: *Manual de Teología Moral, IV*

[2] ANTONIO ROYO MARÍN, O.P.: *Teología Moral para Seglares, 2º, 2ª, IV., 210s.* Ed. BAC. Madrid

[3] ANTONIO ROYO MARÍN, O.P.: *Teología Moral para Seglares, 2º, 2ª, IV, 215.* Ed. BAC. Madrid

pueden seguir en ese horrible estado. No desconfíen de la misericordia de Dios. Acudan a un sacerdote prudente, que les acogerá con todo cariño.

Bendecirán para siempre el día en que quitaron de su alma ese enorme peso que la atormentaba. Cuando uno tiene conciencia de haber hecho malas confesiones, debe hacer **confesión general** «de todos los pecados mortales cometidos desde su última confesión válida»[1].

Además, el confesor no se asusta de nada, porque, por el estudio y la práctica que tiene de confesar, conoce ya toda clase de pecados.

Es una tontería callar pecados graves en la confesión por vergüenza, porque el confesor no puede decir nada de lo que oye en confesión[2]. Aunque le cueste la vida callar el secreto[3]. Ha habido sacerdotes que han dado su vida antes que faltar al secreto de confesión. «Este secreto, que no admite excepción, se llama **sigilo sacramental**»[4].

Aunque el secreto de la confesión no obliga lo mismo al sacerdote que al penitente, también éste debe guardar secreto de lo que se le dice en la confesión. «Normas que serán exactas para aquella persona determinada, aireadas fuera, pueden ser interpretadas equivocadamente, o tomadas con un valor y sentido universal que no tienen; y así convertirlas en un verdadero disparate»[5]. Es pecado ponerse a escuchar confesiones ajenas.

Los que, sin querer, se han enterado de una confesión ajena no pecan; pero tienen obligación de guardar secreto[6].

Es curioso que los mismos que ponen dificultades en decir sus pecados al confesor los propagan entre sus amigos, y con frecuencia exagerando fanfarronamente. Lo que pasa es que esas cosas ante sus amigos son hazañas, pero ante el confesor son pecados; y esto es humillante. Por eso para confesarse hay que ser muy sincero. Los que no son sinceros, no se confiesan bien. Nunca calles voluntariamente un pecado grave, porque tendrás después que sufrir mucho para decirlo, y al fin lo tendrás que decir, y te costará más cuanto más tardes, y si no lo dices, te condenarás[7]. Si tienes un pecado que te da vergüenza confesarlo, te aconsejo que lo digas el primero. Este acto de vencimiento te ayudará a hacer una buena confesión.

2. El confesor será siempre **tu mejor amigo**. A él puedes acudir

---

[1] BERNHARD HÄRING: *SHALOM: Paz, XXI, 6.* Ed. Herder. Barcelona. 1998.

[2] **Nuevo Catecismo de la Iglesia Católica, nº 2490**

[3] Concilio IV de Letrán: DENZINGER: *Magisterio de la Iglesia, nº 438.* Ed. Herder. Barcelona

[4] **Nuevo Catecismo de la Iglesia Católica, nº 1467**

[5] BALDOMERO JIMÉNEZ DUQUE: *La dirección espiritual, III, A, 4.* Ed. Juan Flors. Barcelona. Excelente libro sobre lo que debe ser una correcta Dirección Espiritual.

[6] JESÚS MARTÍNEZ GARCÍA: *Hablemos de la Fe, IV, 10.* Ed. Rialp. Madrid. 1992.

[7] ANTONIO ROYO MARÍN, O.P.: *Teología de la salvación, 1ª, III, nº 80.* Ed. BAC. Madrid

siempre que lo necesites, que con toda seguridad encontrarás cariño y aprecio. Además de perdonarte los pecados, el confesor puede consolarte, orientarte, aconsejarte, etc. Pregúntale las dudas morales que tengas. Pídele los consejos que necesites. Dile todo lo que se te ocurra con confianza. Te guardará el secreto más riguroso. Los sacerdotes estamos aquí para que los hombres, por nuestro medio, encuentren su salvación en Dios. El perdón de un pecado que, desde el punto de vista sociológico, acaso no tiene gran transcendencia, es en realidad más importante que todo cuanto podamos hacer para mejorar la existencia de los hombres .

Hasta **Nietzshe**, a pesar de su violentísimo anticristianismo, pues llegó a afirmar «aborrezco al cristianismo con un odio mortal»[1] , reconocía que «el sacerdote es una víctima sacrificada en bien de la humanidad»[2] .

Dice **Juan Pablo II,** en su libro *Don y Misterio,* citando **San Pablo**[3] , que el sacerdote es administrador de los misterios de Dios: «El sacerdote recibe de **Cristo** los bienes de la salvación para distribuirlos debidamente entre las personas»[4] .

Cuenta el historiador **José de Sigüenza** hablando de **Fray Hernando de Talavera,**Primer Arzobispo de Granada, que la reina **Isabel la Católica** lo llamó para confesarse con él.

Era la primera vez que lo hacía con él.

Habían preparado dos reclinatorios, pues en aquel tiempo era costumbre que cuando los reyes se confesaban también el confesor se ponía de rodillas; pero el obispo se sentó.

Le dijo la reina:

- Ambos hemos de estar de rodillas.

Pero el confesor contestó:

- No,Señora.

Vuestra Alteza sí debe estar de rodillas, para confesar sus pecados; pero yo he de estar sentado, porque éste es el Tribunal de Dios y yo estoy aquí representándolo.

Calló la reina y se confesó de rodillas.

Después dijo:

- Éste es el confesor que yo buscaba[5] .

Hugo Wast escribió:

«Cuando se piensa que ni la Santísima Virgen puede hacer lo que hace un sacerdote;

---

[1] SANTIAGO MARTIN: *¿Para qué sirve la fe? I, 4.* Ed.Temas de hoy. Madrid. 1995.

[2] KOLB: Sin Cristo, XVI. Ed. Euramérica. Madrid.

[3] SAN PABLO: Primera Carta a los Corintios, **4** :1s

[4] JUAN PABLO II: *Don y Misterio, VIII,1.* Ed. BAC. Madrid. 1996.

[5] Revista IGLESIA-MUNDO, 268 (I-1984) 3

»Cuando se piensa que ni los ángeles pueden hacer lo que un sacerdote;

»Cuando se piensa que Nuestro Señor Jesucristo, en la Última Cena realizó un milagro más grande que la creación del universo, y que este portento puede repetirlo cada día un sacerdote;

»Cuando se piensa en el otro milagro que un sacerdote puede realizar: perdonar los pecados;

»Cuando se piensa que el mundo moriría de la peor hambre si le faltase la eucaristía;

»Cuando se piensa que esto puede ocurrir por falta de vocaciones sacerdotales;

»Cuando se piensa que un sacerdote hace más falta que un maestro y que un médico, pues él puede remplazarlos a ellos, y ellos no al sacerdote;

»Cuando se piensa todo esto uno comprende la inmensa necesidad de fomentar las vocaciones sacerdotales;

»Uno comprende el afán de muchas familias para que en su seno brotase una vocación sacerdotal;

»Uno comprende el inmenso respeto del pueblo por los sacerdotes;

»Uno comprende que el peor crimen que se puede cometer es impedir o desalentar una vocación;

»Uno comprende que ayudar a un joven a llegar al altar es contribuir a que "otro Cristo" alimente al mundo con la eucaristía».

3. **Si tienes la desgracia** de tropezar con un religioso o con un sacerdote que no vive conforme a su estado, no te alarmes por eso.

A veces, se dan caídas incluso en los que tienen más obligación de servir a Dios[1] . Pero por eso no debe vacilar tu fe. Nuestra fe no descansa en ningún hombre, sino en Dios, que nunca falla. Los hombres están sujetos a cambios. El que hoy es bueno, mañana deja de serlo; y viceversa. También entre los doce Apóstoles hubo un **Judas** traidor.

Aunque es cierto que a veces se dan casos de sacerdotes que dan mal ejemplo, es mucho mayor el número de sacerdotes ejemplares, de abnegados misioneros, de mártires heroicos y de grandes santos, que son el verdadero exponente de lo que es la Iglesia Católica. El sacerdote que no cumple bien sus obligaciones, será juzgado por Dios como se merece.

Sin embargo, la religión no deja de ser verdad aunque haya sacerdotes débiles, que no vencen sus pasiones. Lo mismo que la Medicina sigue siendo verdad, aunque hubiera médicos toxicómanos. Hay sacerdotes malos, pero en proporción muchísimo menor que en cualquier otra profesión[2] . Y por otra parte, la virtud en grado elevado se ha dado siempre en el sacerdocio

[1] **Nuevo Catecismo de la Iglesia Católica, nº 1550**

[2] KOLB: Sin Cristo, XVI. Ed. Euramérica. Madrid.

Malos sacerdotes

más que en cualquier otra profesión. Cuando un sacerdote peca, una persona culta piensa: ¡qué heroísmo el de tantos otros sacerdotes que teniendo las mismas inclinaciones y pasiones sin embargo no sucumben[1] .Es una injusticia generalizar las faltas, que excepcionalmente se dan en un caso aislado, achacándolas a todos los demás sacerdotes. Como si yo, porque conozco a dos de tu pueblo que son unos borrachos, dijera que todos los de allí sois unos borrachos. Sería injusto con vosotros.

El que haya monedas falsas no supone que todas sean falsas.

Además las faltas en un sacerdote llaman más la atención, precisamente por eso, por lo excepcionales: una mancha de tinta se ve mucho más en un pantalón claro que el «mono» grasiento de un mecánico.

Sobre las acusaciones que se oyen contra los curas te recomiendo: *Yo no creo en los curas* de **Yanes**[2] . La frase «yo no creo en los curas» no tiene sentido. En los curas no hay que creer. Basta creer en Dios. Entre los curas, como en cualquier grupo humano, los hay mediocres. Algunos se quedan muy lejos de lo que se espera de ellos. Pero es que están hechos del mismo barro que los demás hombres[3] . Lo importante es que el sacerdote me lleve a Dios. Lo que él valga es secundario. Lo importante es que el vino sea bueno, aunque el vaso sea de barro. Alejarse de Dios porque no gusta el sacerdote es como no tomar un taxi porque el conductor es feo. El mojón de la carretera me señala el camino. Que éste sea de madera, piedra o metálico, es lo de menos; si me señala bien el camino. Pero no hacer caso porque no nos gusta su forma es de necios. El sacerdote me señala el camino para ir a Dios. Si lo señala bien, eso es lo único importante. Todo lo demás es secundario.

Es una equivocación el mal concepto que muchos tienen de los sacerdotes. Ningún muchacho se hace sacerdote para pasarlo bien. Y se da cuenta de ello en los largos años de estudios sacerdotales, sometido a una disciplina dura y a unas renuncias muy fuertes: como es renunciar a una novia y renunciar a un hogar. Además, los estudios de un sacerdote son tan largos y costosos como los de un médico o los de un ingeniero, y sin embargo la mayoría de los sacerdotes en España ganan el salario mínimo interprofesional[4] .

Hoy, en España, el clero vive por lo general peor que la clase media[5] .

Sería ridículo que un muchacho pensara en ser sacerdote para pasarlo bien. Los que aspiran al sacerdocio lo hacen para ser ellos mejores y para

---

[1] M. SÁNCHEZ GIL: *Cien mil jóvenes sobre el abismo, XVII.* Ed. Studium. Madrid. Este libro deberían leerlo todos los jóvenes antes de entrar en un taller.

[2] ELÍAS YANES: *Yo no creo en los curas.* Ed. Juan Flors. Barcelona. Este libro trata con lógica, sensatez, y sinceridad multitud de temas que son corrientes en las conversaciones de la calle.

[3] JOSÉ LUIS MARTÍN DESCALZO: *Yo amo la Iglesia, 5ª, V.* Ed. EDIBESA. Madrid. 1996

[4] Diario YA, 17-XI-77, pg. 20

[5] Diario YA, 11-III-92, pg. 22

hacer el mundo mejor. Porque si no hubiera sacerdotes, los de arriba serían peores de lo que son, los de abajo tendrían menos defensores, y tú en lugar de tener este libro entre tus manos quizás tendrías otro para mal de tu alma[1]. Y si algún sacerdote no te da buen ejemplo, no te guíes por lo que hace, sino por la doctrina de **Cristo** que te predica.

Ya te avisó **Cristo**: «*Haced lo que os dicen, pero no hagáis según sus obras*»[2]. Ellos son responsables de sus obras, y darán a Dios estrecha cuenta de ellas; pero tú tendrás que dar a Dios cuenta de las tuyas. El que otro cometa pecados no justifica el que tú también los cometas.

Los dos iréis al infierno, si no pedís perdón a Dios.

4. La confesión, al perdonarnos los pecados, nos devuelve la gracia santificante (o nos la aumenta, si no la habíamos perdido por el pecado grave).

Y con la gracia también nos devuelve el derecho al cielo y nos restaura todos los méritos pasados, que habíamos perdido por el pecado grave.

5. La confesión es un **gran beneficio de Dios** que debemos saber estimar y aprovechar.

Incluso desde el punto de vista natural.

«La conocida psicóloga norteamericana **Karen Horney**, basándose en datos puramente clínicos, afirma que una confesión bien hecha tiene el mismo efecto que tres años enteros de psicoanálisis y, por cierto, ella no es católica. Y el famoso psiquiatra suizo **Paul Tournier**, calvinista, dice que hay una multitud de gente enferma que lo que anhela en el fondo es confesarse. ¿Acaso Cristo, Médico de las almas, no iba a saber más psicología que los mismos hombres? La confesión cura las heridas más profundas y subconscientes del alma, cura de odios, rencores, resentimientos, conciencias deformadas, traumas, complejos y hace lo que no puede hacer ningún terapia: nos reconcilia con Dios y nos devuelve la gracia. La psicología y la psicoterapia, en muchos casos, no son sino un subrogado de la confesión. Y, muchas veces, precisamente los que rehusan confesar sus pecados al sacerdote, son los que van con el psicólogo, que es un hombre pecador como ellos, le dicen sus "pecados", no les perdona y ¡además le pagan!»[3]

Pero sobre todo desde el punto de vista sobrenatural. ¿Qué sería de nosotros en la otra vida, si no tuviéramos en ésta un medio para alcanzar

[1] JOSÉ LUIS DE URRUTIA, S.I.: *La Iglesia y la cuestión social*. EAPSA. Madrid

[2] Evangelio de SAN MATEO, **2 3**:3

[3] JUAN RIVAS, L.C.: *Fe y Evangelio*. En INTERNET: www.hombrenuevo.org

el perdón de nuestros pecados? Por eso la Iglesia, que quiere que aseguremos la salvación, manda que nos confesemos **por lo menos una vez al año.** La confesión anual es obligatoria, si hay pecados graves[1] .

Pero deberíamos confesarnos con frecuencia. Al menos cada mes. Y esto aunque no haya pecados graves, pues la confesión es un sacramento, que nos dará gracia para ser cada vez mejores. Si no tienes pecados graves, te confiesas de algún venial, que nunca falta. Y aunque ya te dije que los pecados veniales no es obligatorio confesarlos, siempre es conveniente. Sin embargo, aunque Dios quiere que me confiese a menudo, y a mí me conviene hacerlo, ningún hombre puede forzarme. Ni mis jefes, ni mis amigos, ni mis familiares, ni un sacerdote, ni nadie. Los otros podrán aconsejarme que me confiese; pero forzarme, no. La confesión tiene que ser libre. Que me salga de dentro. Porque la estimo y quiero salvarme. Aunque me cueste. Las medicinas no siempre gustan. Si voy a la confesión forzado y sin dolor, la confesión será una comedia. Y esto es un pecado gravísimo. Para que la confesión valga, tiene que haber arrepentimiento.

Si en alguna rarísima ocasión alguien te obliga a confesarte, y tú no estás en disposición de ello, antes de hacer una mala confesión, dile al sacerdote que no vas a con intención de confesarte y que te dé la bendición: los demás no notarán nada, y tú no habrás cometido un sacrilegio. Por muchos pecados que tengas, y por grandes que sean, nunca debes desconfiar de Dios, sino que debes acudir humildemente a Él y pedir el perdón que Él está deseando darte. Dios odia el pecado, pero ama al pecador; y sólo quiere que se convierta y se salve[2] .

Todo confesor **tiene obligación** de confesar a todo aquel que se lo pida razonablemente[3] .

La absolución del sacerdote es el signo eficaz del perdón de Dios y el momento culminante de la celebración del sacramento de la penitencia. La absolución tiene lugar cuando el sacerdote pronuncia la fórmula sacramental: «Yo te absuelvo de tus pecados», al mismo tiempo que traza la señal de la cruz sobre el penitente. Las palabras esenciales de la absolución sacerdotal son: «Yo te absuelvo de tus pecados»[4] .

91.- **Cumplir la penitencia** es rezar o hacer lo que el confesor me diga[5] .

---

[1] Nuevo Código de Derecho Canónico,nº 989

[2] EZEQUIEL, **3 3**:11

[3] Ritual de la Penitencia, 1975, nº 10, b

[4] ALBERTO NIEDERMEYER: *Compendio de higiene pastoral, 2ª, II, E.* Ed. Herder. Barcelona.

[5] **Nuevo Catecismo de la Iglesia Católica nº 1460**

1. La exhortación pontificia de **Juan Pablo II** *Reconciliación y Penitencia (31,3)* dice que las obras de satisfacción deben consistir en acciones de culto, caridad, misericordia y reparación.

92.- Si no sé o no puedo cumplirla, debo decírselo al confesor para que me ponga una penitencia distinta.

1. La penitencia se llama también satisfacción, pues de algún modo quiere expresar nuestra voluntad de reparación a la Iglesia del daño que le hemos producido al pecar, convirtiéndonos en miembros cancerosos del **Cuerpo Místico de Cristo**. Cumplir la penitencia es también expresión de nuestra voluntad de conversión cristiana. La penitencia hay que cumplirla en el plazo que diga el confesor. Si el confesor no ha fijado el tiempo, lo mejor es cumplirla cuanto antes, para que no se nos olvide; pero se puede cumplir también después de comulgar; y también confesarse de nuevo antes de haberla cumplido, con tal de que haya intención de cumplirla[1].

Si la penitencia no se cumple por olvido involuntario, no hay que preocuparse; los pecados quedan perdonados. Pero si no se cumple culpablemente, aunque los pecados quedan perdonados, se comete un nuevo pecado mortal o venial, según que la penitencia fuera grave o leve. Penitencia grave es la que normalmente corresponde a pecados graves[2]

Si después de la confesión no recuerdas la penitencia que te puso el confesor, o no puedes cumplirla, lo dices así en la próxima confesión.

En caso de no acordarte qué penitencia te puso el confesor, puedes rezar o hacer lo que en otras confesiones parecidas te impusieron.

2. La penitencia es siempre **muy pequeña** comparada con nuestros pecados[3]. Pero, a pesar de ser la penitencia tan pequeña, es suficiente, porque participamos de lo que se llama la **Comunión de los Santos**: todos los que pertenecemos a la Iglesia Católica formamos como una gran familia -que se llama el Cuerpo Místico de Cristo[4] - en la cual todos los bienes espirituales son comunes[5]

---

[1] ANTONIO ROYO MARÍN, O.P.: *Teología Moral para Seglares, 2º, 2ª, IV, 232, 2º*. Ed.BAC.Madrid

[2] ANTONIO ROYO MARÍN, O.P.: *Teología Moral para Seglares, 2º, 2ª, IV, 227, 2º*. Ed.BAC.Madrid

[3] LUIS CREUS VIDAL: *Introducción a la Apologética, 2ª, 17*. Ed. La Hormiga de Oro. Barcelona

[4] Ver nº **41**

[5] FELIPE CALLE, O.S.A.: *Razona tu Fe, XXXVI, 1*. Ed. Religión y Cultura. Madrid.

3. La Iglesia hace uso de los méritos de este gran tesoro espiritual, al concedernos **las indulgencias**[1].

La Iglesia condena a quienes afirmen que la Iglesia no tenga potestad para concederlas o que éstas no sean útiles[2].

El Papa tiene potestad absoluta sobre las cosas espirituales[3], y dispone del tesoro espiritual de la Iglesia para conceder toda clase de indulgencias[4]

«El Catecismo de la Iglesia Católica afirma que: "Las indulgencias se obtienen por la Iglesia que, en virtud del poder de atar y desatar que le fue concebido por **Cristo Jesús**, interviene en favor de un cristiano y le abre el tesoro de los méritos de **Cristo** y de los santos para obtener del Padre de la misericordia la remisión de las penas temporales debidas por sus pecados." La Iglesia no hace esto solamente para ayudar al cristiano, sino también para "impulsarlo a hacer obras de piedad, de penitencia y de caridad."[5] Las indulgencias son parte de la enseñanza infalible de la Iglesia. Esto significa que ningún católico está en libertad de ignorarlas o descreer de ellas. El Concilio de Trento estableció que "sean anatema quienes dicen que las indulgencias son inútiles o que la Iglesia no tiene poder para concederlas". El anatema de Trento coloca a las indulgencias en el campo de la enseñanza infaliblemente definida»[6].

La práctica de las indulgencias se fundamenta en la doctrina del **Cuerpo Místico de Cristo**. Las indulgencias son la remisión de la pena temporal debida por los pecados ya perdonados en cuanto a la culpa[7]. Según la Teología católica, todo pecado grave da origen, en quien lo comete, a una culpa y a una pena. La culpa es la ofensa a Dios. La pena es el castigo merecido por el pecado[8]. «Toda culpa entraña necesariamente una pena»[9]. La culpa se borra con la absolución del confesor. La pena ha de ser pagada con el sufrimiento en el purgatorio o con las buenas acciones en esta vida[10]. Aquí entra la aplicación de las indulgencias con las cuales se perdona a los católicos, que cumplen ciertas condiciones, la pena temporal debida por los pecados ya perdonados en cuanto a la culpa. Es como borrar la cicatriz de la herida que el pecado ha dejado en el alma.

---

[1] **Nuevo Catecismo de la Iglesia Católica nº 1478**

[2] DENZINGER: *Magisterio de la Iglesia, nº 989.* Ed. Herder. Barcelona

[3] DENZINGER: *Magisterio de la Iglesia, nº 1323.* Ed. Herder. Barcelona

[4] DENZINGER: *Magisterio de la Iglesia, nº551.* Ed. Herder. Barcelona

[5] **Nuevo Catecismo de la Iglesia Católica nº1478**

[6] JAMES AKIN: *Las indulgencias.* En INTERNET: Apologética católica, www.aciprensa.com

[7] **Nuevo Catecismo de la Iglesia Católica nº1498,1471.**Código DerechoCanónico,992

[8] ÁNGEL Mª ROJAS, S. I.:Revista HOGAR DE LA MADRE, 91 (XI-XII,1999) 17

[9] ANTONIO ROYO MARÍN,O.P.: *Dios y su obra, Apéndice,2, B, nº 620.* Ed. BAC. Madrid

[10] **Nuevo Catecismo de la Iglesia Católica nº1472**

Con las indulgencias **podemos ayudar** a los difuntos[1] .El primero de enero de 1967, **Pablo VI** publicó una Constitución Apostólica sobre la reforma de las indulgencias[2] . Se ha suprimido el antiguo modo de hablar de «trescientos días», «siete años», etc., que se refería a los días de penitencia pública que tenían que hacer los pecadores, en los primeros siglos de la Iglesia, antes de recibir la absolución de sus pecados graves.

El nuevo documento se puede resumir en las siguientes normas:

1) Las indulgencias **se dividen** en parciales y plenarias.

2) El fiel que con corazón contrito realice una acción que tenga indulgencia parcial obtendrá además del mérito que produce esa acción, otro idéntico, por intervención de la Iglesia. Es decir, que merece el doble.

3) La indulgencia plenaria sólo se puede ganar una vez al día, salvo en caso de peligro de muerte.

4) Para adquirir la indulgencia plenaria, además de realizar la acción indulgenciada, y de que no exista por parte del fiel ningún afecto o adhesión al pecado incluso venial, hay que cumplir tres condiciones: confesión sacramental, comunión eucarística y rezo de una oración por las intenciones del Papa.

«La confesión puede hacerse varios días antes o después de cumplir la obra prescrita»[3] . La comunión puede hacerse desde la víspera a la octava.

Una sola confesión sirve para ganar varias indulgencias plenarias.

En cambio, con una sola comunión y una sola oración por las intenciones del Papa, únicamente se puede conseguir una sola indulgencia plenaria.

La oración por el Papa basta que sea un Padrenuestro con un Avemaría y Gloria. Según esta reforma de las indulgencias, las indulgencias plenarias que se pueden ganar, una al día, en las condiciones ordinarias, se han reducido a cuatro:

a) Ejercicio del Vía-Crucis.

b) Rezo del Rosario ante el sagrario o en común.

c) Media hora de adoración al Santísimo Sacramento.

d) Media hora de lectura de la Biblia[4] .

Si no se cumplen las condiciones debidas, o falta la buena disposición, la indulgencia será solamente parcial.

Aquellos fieles que, por motivos personales o de lugar, no puedan confesar ni comulgar, podrán obtener la indulgencia si se proponen cumplir lo antes posible estos dos requisitos.

Las indulgencias tanto parciales como plenarias pueden ser siempre

[1] **Nuevo Catecismo de la Iglesia Católica, nº 1479**

[2] Acta Apostolicae Sedis, 59 (1967) 1-24. Novum Enchiridium Indulgentiarum, 60 (1968) 413-19.

[3] EDUARDO FERNÁNDEZ REGATILLO, S.I.: *La reforma de las indulgencias, II, 9.* Revista CONFER, nº 20 (1967)14

[4] Revista ECCLESIA, 1419(7-XII-68)25

aplicadas a los difuntos a modo de sufragio[1].

Se puede ganar una indulgencia plenaria aplicable a los difuntos aunque no se haya logrado el desafecto al pecado antes indicado[2].

En el momento de la muerte, cualquier fiel, debidamente dispuesto espiritualmente, podrá ganar la indulgencia plenaria, aunque carezca en aquel momento de un sacerdote que pueda impartírsela, con tal que durante su vida haya rezado habitualmente alguna oración.

Es una obra de caridad para con las almas del purgatorio el ganar para ellas indulgencias plenarias. (Ver nº **1 0 1**).

Recomiendo mi vídeo: *Cómo ayudar a los difuntos*[3].

93.- EN ÚLTIMO CASO, SI UNO NO SABE LO QUE TIENE QUE HACER PARA CONFESARSE BIEN, PUEDE DECIR AL CONFESOR: «PADRE, AYÚDEME USTED».

1. Al confesor se le dicen las cosas con sinceridad, tal como uno las siente en la conciencia.

Pero, si no te atreves porque te da vergüenza, le puedes decir al confesor que tienes vergüenza, y el Padre te ayudará con todo cariño. Y si te acuerdas de algún pecado que hayas cometido, aunque el confesor no te lo pregunte, díselo tú para que te lo perdone.

Mientras el sacerdote te da la absolución y te bendice, reza el *Señor mío Jesucristo*, y si no lo sabes, date golpes de pecho diciendo varias veces con toda tu alma: «¡Dios mío, perdóname! ¡Dios mío, perdóname!...»

94.- En la confesión se perdonan todos los pecados que nosotros hemos cometido después del bautismo, por muy grandes que sean, con tal que se digan con arrepentimiento y propósito de la enmienda; pero no el pecado original.

[1] Nuevo Código de Derecho Canónico nº 994

[2] EDUARDO FERNÁNDEZ REGATILLO, S.I.: *Las indulgencias, nº 71*. Ed. Sal Terrae. Santander

[3] Pedidos al autor: Apartado 2546. 11080-Cádiz. Tel.: (956) 222 838. FAX: (956) 229 450

OTROS SACRAMENTOS

95.- El pecado original es el pecado que cometieron nuestros primeros padres, y que heredamos al nacer todos menos la Santísima Virgen.

1. La Santísima Virgen es la única que ha sido concebida sin pecado original. Esto es lo que queremos decir al invocarla con el título de «Inmaculada Concepción».

Dios le concedió este privilegio en atención a que iba a ser Madre de **Jesucristo**.

96.- El pecado original se lava con el sacramento del bautismo.

1. El sacramento del bautismo, al lavarnos el pecado original, infunde en nuestra alma la gracia santificante y nos hace miembros de la Iglesia, hijos de Dios y herederos del cielo[1] .

En el mundo hay muchos paganos sin bautizar. Por eso, los misioneros dejando familia, patria y todo, se van a lejanas tierras para instruirlos, bautizarlos y hacerlos hijos de Dios.

Jesús dijo a los apóstoles: *Seréis mis testigos hasta los confines de la tierra*[2] .

Podemos y debemos ayudar a la obra de los misioneros con nuestras oraciones, nuestros sacrificios y nuestras limosnas. Tenemos obligación de esto, pero según las posibilidades de cada uno.

Las **Obras Misionales Pontificias** mantienen en el Tercer Mundo:
Ochocientas ochenta y tres leproserías.
Cinco mil Hospitales.

[1] SAN PABLO: Carta a los Gálatas, **4**:7
[2] Hechos de los Apóstoles, **1**:8

Ocho mil Orfanatos.

Doce mil Asilos

Diecisiete mil Dispensarios y Ambulatorios.

El Vaticano ha podido distribuir, por petición del Papa, cinco millones de dólares en 1997, siete millones en 1998, y nueve millones en 1999. Estas ayudas han sido destinadas a ayudar a las poblaciones afectadas por catástrofes naturales o humanas[1].

La Iglesia Católica educa en el Tercer Mundo a un millón de universitarios, a seis millones de alumnos de Enseñanza Media y a quince millones en la Enseñanza Primaria[2] .

Sólo la Compañía de Jesús educa en Hispanoamérica más de UN MILLÓN de niños en las Escuelas Gratuitas de Promoción Popular, **Fe y Alegría.**

Su sede en España está en Barquillo, 40, 2º, dcha. 28004-Madrid.

FAX: 91 319 40 28.

Correo electrónico (e-mail):fya@eurosur.org

Para mantener todo esto hace falta mucho dinero, y muchos misioneros y misioneras.

España es el país del mundo que tiene más misioneros: 25.000[3].

Los misioneros católicos en el mundo son más de 200.000[4].

Según el CIS (Centro de Investigaciones Sociológicas), el 85% de los españoles se declaran católicos. El 7%, indiferente. El 3%, ateo. Y el 1% se declara de otra religión[5].

Según reciente estudio en España se declaran católicos el 90% de los españoles[6].

A veces se oye decir:

«Dejaos de ir a las misiones. Primero instalemos bien la Iglesia aquí».

Esto es no entender la catolicidad de la Iglesia.

La Iglesia es católica, es decir, universal.

Tiene que instalarse en la humanidad entera.

No puede limitarse a un pueblo o a una raza.

Su caridad universal se extiende a todos sin distinción.

Lo mismo a los pueblos en decadencia, que a los de brillante porvenir.

---

[1] ZENIT: Boletín informativo del Vaticano en INTERNET, ZS00012705

[2] ABC de Madrid, 21-X-95, pg.63

[3] ABC de Madrid, 21-X-95, pg.63

[4] ZENIT: Boletín informativo del Vaticano en INTERNET, ZS99102410

[5] DIARIO DE CÁDIZ, 2-IV-99, pg.XX.

[6] ZENIT: Boletín informativo del Vaticano en INTERNET, ZS99032803.

96,1

Donde haya un alma, allí está la Iglesia.
Las misiones son una actualización de la catolicidad de la Iglesia.

Dijo el Papa **Juan Pablo II**: «Al afirmar que la Iglesia es católica, queremos decir que es evangelizadora, misionera y apostólica; si no tuviera estas características no sería la verdadera Iglesia de **Jesucristo**»[1].

Julián Marías en una entrevista publicada en el diario LA RAZÓN dijo: «El que el clero se ocupe tanto de las cosas puramente temporales es un problema. (...) Hace años vi en televisión unas declaraciones de unos misioneros. Decían: "Les enseñamos a cultivar la tierra y a curar las enfermedades. No tratamos de convertir a nadie". Yo pensé: "Entonces, ¿para qué son misioneros? Para esas labores sería mejor mandar peritos agrícolas, médicos y enfermeros. Si un misionero no comunica la religión, no es misionero". Las otras cosas son muy buenas. Pero no es la labor propia de un misionero. Y desde luego, no la principal»[2].

«Suma perplejidad produce en el cristiano de a pie el escuchar (...) que las misiones no tienen razón de ser en nuestro mundo actual, donde han de prevalecer las libertades personales. Se trata de suplantar el deber de evangelizar de la Iglesia Católica por el diálogo interreligioso entre las diversas culturas y religiones. (...) Lo verdaderamente importante es la promoción humana de las gentes, sacándolas del estado de injusticia o pobreza en que se hallan. (...)

»**Juan Pablo II** sale al paso de estas opiniones en su encíclica *Ad gentes* diciendo[3]: "Esta concepción es irreconciliable con el mandato de **Cristo** a sus Apóstoles: *´Id por todo el mundo y predicad el Evangelio a toda criatura*[4]*; enseñándoles a guardar todo lo que Yo os he mandado*[5]*'* "

»Por eso dice **San Pablo:** *«Ay de mí si no evangelizo»*.[6]

»Quede bien claro que hoy como ayer y como siempre son necesarias las misiones.

»Una cosa son la misiones, y otra muy distinta el diálogo interreligioso»[7].

España, a lo largo de su historia, se ha distinguido siempre en la defensa

[1] Revista ECCLESIA, 2443 (30-IX-89)22

[2] Diario LA RAZÓN, 29-I-2000, pg.48.

[3] JUAN PABLO II: *Ad gentes, nº 7.*

[4] Evangelio de SAN MARCOS,**16**:15

[5] Evangelio de SAN MATEO,**28**:20

[6] SAN PABLO: Primera carta a los corintios, **9**:16

[7] MIGUEL RIVILLA: Revista *Altar Mayor, 56 (XI-XII,1998) 399.* Alcalá 79.Bajo . 28009-Madrid.1998.

y propagación de la fe católica. **Vittorio Messori,** ese gran luchador de nuestro tiempo en defensa de la Iglesia Católica, en el campo del periodismo, dice: «Los creyentes en **Cristo** le debemos mucho a España»[1].

Dos palabras sobre la obra de España en América: la mayor obra de evangelización de la historia.

La mitad de los católicos del mundo está en Hispanoamérica.

Es para España un honor que la mayoría de las oraciones que llegan al cielo lo hacen en lengua española.

Todo comenzó con **Isabel la Católica,** pues su esposo el rey **Fernando de Aragón** no quiso comprometer el dinero de su Corona.

El principal motivo de la reina fue la evangelización. «Confirma en su testamento que el principio inspirador de toda la conquista fue especialmente la evangelización»[2]. Escribió el 23 de Noviembre de 1504, tres días antes de morir, que su principal intención en la conquista de América no fue aumentar los territorios de su Corona, sino la conversión de los indios a la Fe Católica[3].

Su preocupación evangelizadora se evidencia en las normas que dio al gobernador **Nicolás de Ovando** en 1501: «Nos deseamos que los indios se conviertan a nuestra santa fe católica e sus ánimas se salven»[4].

Evidentemente que en una obra tan gigantesca hubo luces y sombras, como en toda obra humana. Lo mismo que en la conducta en América de ingleses, franceses y holandeses. Pero como dijo **Juan Pablo II:** «En la evangelización de América hay mucha más luz que sombras». El premio Nobel **Octavio Paz** ha dicho que la diferencia entre la colonización de España y las colonizaciones de otros países está en la preocupación de España por evangelizar. Es indiscutible la conciencia evangelizadora de España, que en multitud de ocasiones salió en defensa de los indios oprimidos[5]. Unos con ideas, como los dominicos **Bartolomé de las Casas,** a pesar de sus exageraciones, motivadas por su celo apostólico, y **Francisco de Vitoria,** desde la cátedra donde repetía que la fe no se puede imponer por la fuerza. Otros con el ejemplo de su vida, como el jesuita **San Pedro Claver,** que se hizo «esclavo de los esclavos» para llevarlos a **Jesucristo.**

Los indios americanos fueron también defendidos por la CORONA ESPAÑOLA, que promulgó unas LEYES DE INDIAS, que no tienen igual en las legislaciones de otros países de aquel tiempo.

---

[1] VITTORIO MESSOIRI: *Los desafíos del católico, Introd.* Ed. Planeta+Testimonio.Barcelona.1997

[2] ZENIT: Boletín informativo del Vaticano en INTERNET: ZE980429-1

[3] VITTORIO MESSORI: *Leyendas negras de la Iglesia, I, 4.* Ed. Planeta. Barcelona. 1996.

[4] ALFREDO SÁENZ, S.I.: *Héroes y Santos, IV, 11.* Ed. Gladius. Buenos Aires. 1994.

[5] JOSÉ LUIS MARTÍN DESCALZO: *Yo amo a la Iglesia, 2ª, IX, f.* Ed. EDIBESA. Madrid. 1961.

La misma **Isabel la Católica** escribió en su testamento: «no consientan ni den lugar que los indios y moradores de aquellas tierras reciban agravio alguno en sus personas y bienes: sean bien y justamente tratados.».

La obra colonizadora de España no se limitó a evangelizar, también elevó el nivel cultural de los indios.

Se levantaron colegios y universidades, se instalaron imprentas, se hicieron diccionarios y gramáticas que han perpetuado las lenguas indígenas, y algunos indios llegaron a hablar el latín mejor que los españoles. Incluso,en opinión de **Pedro Borges,** Profesor de la Universidad Complutense de Madrid, el nivel de alfabetización de muchos guaraníes y aztecas era superior al de los españoles de Castilla.

Pero, sobre todo, se erradicó el canibalismo y los sacrificios humanos.

2. «Los sacramentos son signos sensibles, instituidos por **Cristo,** para conferir la gracia que significan»[1] . Los sacramentos son ritos, ceremonias sagradas (que incluyen palabra y acción), instituidos por **Jesucristo**[2] , que, si se reciben con buenas disposiciones, dan vida sobrenatural al alma, es decir, nos dan la gracia santificante[3] , o nos la aumentan cuando ya estamos en gracia. Los sacramentos son los medios de salvación que **Jesucristo** dejó en su Iglesia para los hombres. Son siete: bautismo, confirmación, penitencia (confesión), eucaristía, unción de los enfermos, orden sacerdotal y matrimonio. El Concilio de Trento definió que los siete sacramentos fueron instituidos por **Jesucristo**[4] .

El Evangelio nos habla de la **institución** de cinco sacramentos: bautismo[5] , eucaristía[6] , penitencia[7] , orden sacerdotal[8] y matrimonio[9] .

De la confirmación y de la unción de los enfermos no habla el Evangelio, pero nos dice el Nuevo Testamento que existían en tiempo de los Apóstoles; por lo tanto, tuvieron que ser instituidos por **Jesucristo** como los anteriores. De la confirmación se nos habla en los Hechos de los

---

[1] **Nuevo Catecismo de la Iglesia Católica, nº 1127**

[2] **Nuevo Catecismo de la Iglesia Católica, nº 1114**

[3] **Nuevo Catecismo de la Iglesia Católica, nº 1131**

[4] DENZINGER: *Magisterio de la Iglesia, nº 989.* Ed. Herder. Barcelona.

[5] Evangelio de SAN MATEO, **2 8**:19

[6] Evangelio de SAN MATEO, **2 6**:26

[7] Evangelio de SAN JUAN, **2 0**:23

[8] DENZINGER: *Magisterio de la Iglesia, nº 938.* EMILIO SAURAS, O.P.: *Teología y Espiritualidad del Sacrificio de la Misa, V, 6.* Ed. Palabra. Madrid, 1980.

[9] Evangelio de SAN MATEO, **1 9**:6; de SAN MARCOS, **1 0**:6-9

Apóstoles[1]. Y de la extremaunción en la Epístola de Santiago[2] .

También se habla de la institución del sacerdocio en los Hechos de los Apóstoles[3] , y del matrimonio en **San Pablo**[4] .

Los sacramentos deben celebrarse según las normas litúrgicas.

Dice el Código de Derecho Canónico: «En la celebración de los sacramentos, deben observarse fielmente los libros litúrgicos aprobados por la autoridad competente; por consiguiente nadie añada, suprima o cambie nada por propia iniciativa»[5].

Para que haya sacramento se requiere:

a) Un signo sensible.

b) Instituido por Cristo.

c) Que tenga la virtud de producir la gracia.

Todo sacramento consta de cuatro elementos:

a) Materia o cosa sensible.

b) Forma o palabras que lo confieen.

c) Ministro o persona que lo ejecuta.

d) Sujeto o persona que lo recibe.

Hay tres sacramentos que **imprimen carácter**.

«Carácter» significa en griego «sello imborrable».

Estos sacramentos imprimen un sello indeleble. Es decir, ponen un sello espiritual en el alma que no se borra jamás[6] .

Por eso sólo se pueden recibir una vez[7] . No se pueden repetir. Son: bautismo, confirmación y orden sacerdotal. Es de fe que el bautismo, la confirmación y el orden sacerdotal imprimen carácter[8].

Los sacramentos son fundamentalmente acciones de **Cristo**[9] : «Cuando **Pedro** bautiza es **Cristo** quien bautiza»[10] . «La gracia sacramental no depende de la santidad del ministro, sino de **Cristo** que actúa por medio de él»[11] . Esto, técnicamente, se llama *«ex opere operato»*.

Pero el provecho espiritual del sacramento, sí depende de la disposición

[1] Hechos de los Apóstoles, **8**:17; **1 9**:6

[2] Carta de SANTIAGO, **5**:14

[3] Hechos de los Apóstoles, **14**:23

[4] SAN PABLO: Primera Carta a los Corintios,**7** :10s

[5] Código de Derecho Canónico: 846, § 1.

[6] JESÚS MARTÍNEZ GARCÍA:*Hablemos de la Fe, II,9.* Ed. Rialp. Madrid. 1992.

[7] **Nuevo Catecismo de la Iglesia Católica, nº 1121**

[8] DENZINGER: *Magisterio de la Iglesia, nº 852.* Ed. Herder. Barcelona.

[9] **Nuevo Catecismo de la Iglesia Católica, nº 1128**

[10] SAN AGUSTÍN: *Tractatus in Ioannis Evangelium, 6, 7.*MIGNE: *Patrología Latina,. 35,1428*

[11] DENZINGER: *Magisterio de la Iglesia, nº 849.* Ed.Herder. Barcelona.

del que lo recibe[1]. Esto, técnicamente, se llama *«ex opere operantis»*.

«Al celebrar un sacramento, el ministro ha de tener la intención de realizar la acción sacramental que **Cristo** confió a su Iglesia. Sin embargo, el poder santificador de los sacramentos no depende ni de la fe, ni de la santidad de los ministros, porque cuando alguien bautiza o perdona, es el mismo **Cristo** quien bautiza o perdona»[2].

Las condiciones de validez y licitud de cada sacramento compete a la Iglesia determinarlo, pues a ella confió **Cristo** esta misión[3].

Cada sacramento añade una gracia específica a la gracia ordinaria. No es una diferencia entitativa, sino moral: según los fines de cada sacramento[4]. Para la recepción válida y lícita de los sacramentos se requiere estar bautizado (menos para recibir el bautismo) y en gracia de Dios (menos para recibir la absolución)[5]. «Los sacramentos son la principal fuente de santificación que tiene la Iglesia de **Jesucristo**[6].

97.- Es obligatorio recibir el bautismo, la confesión y la comunión; pero, además, deben recibir el matrimonio los que quieran casarse, y todos la unción de los enfermos en la hora de la muerte.

1. **La confirmación** no es absolutamente obligatoria para salvarse, pero todos los que aún no la hayan recibido deben recibirla, si se les presenta la ocasión oportuna[7], pues ayuda a conseguir con mayor facilidad la salvación eterna. **El sacramento del orden** es sólo para los que quieran hacerse sacerdotes. «**El matrimonio y el orden sacerdotal** son sacramentos de estado. Lo cual significa que ambos sacramentos no se reciben tanto con vistas a la salvación individual, como para ocupar un determinado estado dentro de la Iglesia, para, dentro de él, servir a la comunidad. De modo que estos sacramentos los recibe el individuo menos para sí mismo que para los demás: los esposos deberían partir siempre del supuesto de que cada uno consigue las gracias necesarias más bien para el otro cónyuge que para sí mismo»[8].

2. **BAUTISMO**. Es un sacramento por el que lavándonos con el agua e

---

[1] PINARD DE LA BOULLAYE, S.I.: *Jesús, viviente en la Iglesia, IV,34.* Ed. FAX. Madrid.

[2] Conferencia Episcopal Española: *Ésta es nuestra fe, 2ª, II, 1.* EDICE. Madrid, 1986.

[3] RONALD LAWLER, O.F.M.: *La doctrina de Jesucristo, 3ª, XXVI, 6.* Ed. Galduria. Jódar (Jaén).

[4] ANTONIO ROYO MARÍN, O.P.: *Teología Moral para Seglares, 2º,1ª,IV,15,1ª.* Ed. BAC. Madrid.

[5] ANTONIO ROYO MARÍN, O.P.: *La fe de la Iglesia, 2ª, IX, 266.* Ed. BAC. Madrid.

[6] ANTONIO ROYO MARÍN, O.P.: *La fe de la Iglesia, 2ª, IX.* Ed. BAC. Madrid.

[7] Nuevo Código de Derecho Canónico, nº 890

[8] EUGEN WALTER: *Fuentes de santificación, VII, 6.* Ed. Herder. Barcelona

invocando a la Santísima Trinidad, se nos borra el pecado original[1].

El bautismo, además de lavar el pecado original, perdona cualquier otro pecado personal que tuviere el que se bautiza[2], si recibe el bautismo después de tener uso de razón (con tal que tenga el debido arrepentimiento), y todas las penas debidas por ellos[3]

El bautismo nos introduce en la Iglesia[4] haciéndonos cristianos, miembros de la Iglesia, hijos adoptivos de Dios y herederos del cielo[5].

Por el bautismo nacemos a una nueva vida, a la vida de la gracia, a la vida de la fe[6]. Como el bautismo es la puerta para entrar en la Iglesia, «sin haber recibido el bautismo no se puede recibir **válidamente** ningún otro sacramento»[7].

Los Testigos de Jehová imponen el bautismo de inmersión (por medio del baño) considerando inválida toda otra forma, basados en que **Cristo** lo recibió así en el Jordán. Pero desde los primeros tiempos del cristianismo, en la Iglesia se empleó también el de ablución, como lo hace hoy la Iglesia.

Si **San Pablo** bautizó en la cárcel al carcelero[8], no es probable que lo hiciera por inmersión. El mismo **San Pablo** fue bautizado por **Ananías** en una casa, y tampoco es probable que fuera por inmersión[9]. Lo mismo **San Pedro** cuando el día de Pentecostés bautizó a tres mil[10]; no es fácil fuera por inmersión. En las Enseñanzas de los Apóstoles, escritas en el año 70 del siglo I, se habla del modo de bautizar derramando agua sobre la cabeza[11]. El catecismo más antiguo que se conoce, con la Doctrina de los Apóstoles, es la *Didajé,* escrito el año 70 de nuestra era, cuando todavía vivían muchísimos discípulos de **Cristo**, dice[12]: «si no hay agua corriente, para bautizar se derrama agua tres veces en la cabeza». Es decir, desde los primeros años del cristianismo el bautismo se realizaba por infusión, derramando agua sobre la cabeza del bautizando[13]. «El bautismo se ha de administrar por inmersión o por infusión, de acuerdo con las normas de la Conferencia Episcopal»[14].

---

[1] Hechos de los Apóstoles, **2**:38

[2] **Nuevo Catecismo de la Iglesia Católica, nº 978 y 1263**

[3] DENZINGER: *Magisterio de la Iglesia, nº 792 y 696.* Ed. Herder. Barcelona

[4] **Nuevo Catecismo de la Iglesia Católica, nº 1213**

[5] **Nuevo Catecismo de la Iglesia Católica, nº 1265**

[6] Con nosotros está, 3ª, XLIV, 3. Madrid, 1976

[7] ANTONIO ROYO MARÍN, O.P.: *Somos Hijos de Dios, 1ª, VII, 1.* Ed. BAC. Madrid, 1977

[8] Hechos de los Apóstoles, **16**:33

[9] Hechos de los Apóstoles, **9**:17s

[10] Hechos de los Apóstoles, **2**:41

[11] Apologética Popular en INTERNET: http://www.dataweb.com.mx

[12] DIDAJÉ: VII, 3.

[13] CONFERENCIA EPISCOPAL ESPAÑOLA: *Libro del Profesor de 8º EGB, VIII, 1, a.* EDICE.1984

[14] Nuevo Código de Derecho Canónico nº 854

Cuando un niño nace, **debe ser bautizado enseguida**, para que se le perdone el pecado original y quede hecho cristiano.

La Comisión Vaticana para la Doctrina de la Fe afirma que «sigue en todo su vigor la obligación de bautizar, cuanto antes, a los niños nacidos de padres cristianos normales; si bien actualmente por el avance de la medicina y por haber disminuido mucho la mortalidad infantil, esa forma de "cuanto antes" puede entenderse con mayor amplitud»[1].

Pero «privar voluntariamente a los niños durante largo tiempo de este sacramento puede ser un pecado grave»[2].

El actual Código de Derecho Canónico dice que los hijos deben bautizarse en las primeras semanas[3].

«Ya desde los primeros tiempos, la Iglesia introdujo la práctica del bautismo de los niños. **Orígenes** (siglos III y IV) y **San Agustín** (siglos IV y V) ven en esta costumbre una tradición recibida de los Apóstoles[4].

No es absolutamente cierto que puedan salvarse los niños que mueren sin bautismo. Como tampoco es absolutamente cierto que no puedan salvarse. Dios puede tener para salvarlos medios extraordinarios que nosotros desconocemos. Por eso la Iglesia tiene una misa para estos niños, confiándolos a la misericordia de Dios[5]. «La misericordia de Dios nos hace confiar que haya un camino de salvación para los niños que mueren sin bautismo»[6]. Pero es claro que si en caso de enfermedad mortal se dispone de dos medicinas, una que cura y otra que no estamos seguros de que cura, todo el que tenga sentido común aplicará la primera.

La existencia de **limbo** no es dogma de fe[7]. El limbo es «el lugar o estado de los que han muerto sólo con el pecado original. No pueden entrar en el cielo; ni tampoco ir al infierno ni al purgatorio, pues no tienen pecados personales»[8]. «El limbo es un estado de felicidad natural. pero sin la visión de Dios, que es el elemento esencial del cielo»[9]. Esta carencia de Dios en el limbo no supone sufrimiento, como en el infierno, pues los del limbo carecen de razón, y nadie desea lo que desconoce. El limbo es una conclusión teológica defendida hoy por casi todos los teólogos católicos[10].

Pero no sabemos si Dios tiene modo de salvar a los niños que han muerto sin bautismo y que por lo tanto no tienen derecho al cielo.

---

[1] Revista ECCLESIA, 1770(7-II-76)7

[2] JESÚS MARTÍNEZ GARCÍA: *Hablemos de la Fe, II, 7.* Ed. Rialp. Madrid. 1992.

[3] Nuevo Código de Derecho Canónico, nº 867,1

[4] ANTONIO ARZA, S.I.: *Preguntas y respuestas en cristiano, pg.30.* Ed. Mensajero. Bilbao. 1982

[5] **Nuevo Catecismo de la Iglesia Católica, nº 1261**

[6] **Nuevo Catecismo de la Iglesia Católica, nº 1261**

[7] ANTONIO ROYO MARÍN, O.P.: *Teología de la salvación, 3ª, V, nº 265s.* Ed. BAC. Madrid.

[8] ANTONIO ROYO MARÍN,O.P.: *Teología de la salvación, 3ª, V, nº 264.* Ed. BAC. Madrid.

[9] RONALD KNOX: *El torrente oculto,XIV.* Ed. Rialp. Madrid.

[10] ANTONIO ROYO MARÍN, O.P.: *Teología de la salvación, 3ª, V, nº266.*Ed.BAC. Madrid.

Al bautizar a un niño **conviene ponerle un nombre** que no sea «ajeno al sentir cristiano»[1] .

Estos nombres son los de Jesús, de la Santísima Virgen en sus principales advocaciones y devociones, y de los santos. «El patrocinio de un santo ofrece un modelo de caridad y asegura su intercesión»[2] .

Al hijo bautizado hay que educarle cristianamente con la palabra y con el ejemplo (rezar habitualmente en casa, ir a misa los domingos y fiestas de precepto, confesar con frecuencia, vivir la justicia social, cumplir las obligaciones profesionales, respetar los bienes ajenos, ser responsable en la vida pública y social, etc.); y cuando llegue al uso de razón debe preparársele bien a la Primera Comunión[3] .

Antes de bautizar a un niño debe constar que hay garantías de que será educado cristianamente. Por eso es problemático bautizar hijos de no creyentes, o poco practicantes, o casados civilmente, etc. Hay que estudiar cada caso. Pero si hay peligro de muerte para el niño, se le puede bautizar, incluso contra el parecer de sus padres; «pues el derecho del niño a salvarse es superior a la voluntad de los padres»[4].

Para darle una buena formación cristiana conviene llevarlo a la **catequesis parroquial**, ponerlo en un colegio donde se le enseñe la Religión Católica, seguir de cerca la formación religiosa que recibe en el colegio, formarle rectamente la conciencia (descubrirle el valor del cumplimiento del deber, acostumbrarle a ayudar a los demás, hacerle ver que las cosas no son buenas o malas porque las hagan muchos o pocos, etc.). Para ayudar a la educación cristiana del bautizado se eligen **los padrinos**[5] que suplen a los padres, si éstos faltan.

Para que puedan ejercer bien su cometido, deben llevar una vida congruente con la misión que van a asumir, no estar impedidos por el derecho de la Iglesia, tener conciencia de que su misión no es un mero trámite, sino que deben estar dispuestos a cumplirla honradamente; por lo cual deben ser católicos practicantes, aceptar la doctrina del Magisterio de la Iglesia, no militar en partidos políticos que tienen una ideología opuesta al Evangelio, realizar su trabajo profesional según criterios morales y no incompatibles con la enseñanza de la Iglesia Católica, etc.

Privar a los hijos del bautismo y de la educación católica pensando que así se les deja con mayor libertad para que ellos elijan de mayores, es tan absurdo como el no enseñarles ninguna lengua, para que así, de mayores puedan ellos elegir la lengua que prefieran. Si un niño se pone enfermo, se

---

[1] Nuevo Código de Derecho Canónico, nº 855

[2] **Nuevo Catecismo de la Iglesia Católica, nº 2165**

[3] Nuevo Código de Derecho Canónico, nº 914

[4] JOSÉ ANTONIO ABAD: *39 Cuestiones doctrinales, III, 3.* Ed. Palabra. Madrid. 1990.

[5] **Nuevo Catecismo de la Iglesia Católica, nº 1255**

le pone el tratamiento que dice el médico para que recupere la salud sin pedir al niño su opinión. Lo lógico es que los padres transmitan a sus hijos todo lo que ellos consideran bueno: educación, cultura, lengua y fe. Después, de mayores, cada cual hace suyo todo esto libremente o lo rechaza responsablemente. «Llegados al uso de razón habrán de aceptar ellos personalmente el don recibido»[1] .La inhibición de los padres en este punto puede después ser censurada por sus propios hijos.

Según documento de la Sagrada Congregación para la Doctrina de la Fe, el bautismo debe administrarse en la niñez, debiendo asegurarse una verdadera educación en la fe y en la vida cristiana[2] . Si a un niño le tocara una gran herencia, los padres la aceptarían enseguida para que empiece a disfrutarla, y no esperarían a que fuera mayor. El bautismo vale más que la mayor de las herencias. Para hacer un gran favor a alguien no hay que pedirle permiso. A un niño se le vacuna sin pedirle permiso.

Pero un adulto no puede ser bautizado sin su consentimiento.

La Biblia nos cuenta que en cuatro ocasiones[3] **San Pablo** bautizó a familias enteras. Es lógico que en esas familias hubiera niños.

El encargado de bautizar es el párroco; pero, si hay peligro de que el niño muera antes de que llegue el sacerdote, debe bautizarlo cualquiera, hombre o mujer, aunque no sea católico, y aunque ni siquiera esté él mismo bautizado[4] . Basta con que tenga uso de razón y quiera hacer lo que instituyó **Cristo** bautizando en el nombre de la Santísima Trinidad[5] .

Para bautizar se derrama agua natural sobre la cabeza del niño, diciendo, con intención de bautizar: «Yo te bautizo el nombre del Padre, y del Hijo y del Espíritu Santo». No sería válido bautizar con vino, pero sí lo sería con agua de mar[6] . Las palabras se pronuncian al mismo tiempo que se derrama el agua. Ésta debe mojar la piel de la cabeza y correr por ella[7] .

A ser posible, delante de dos testigos. Con todo, si después el niño sale de peligro, hay que llevárselo al párroco, explicándole lo ocurrido, para que complete los requisitos que faltan[8]. Pero el bautismo sólo se puede recibir una vez, pues imprime carácter[9] y deja el alma sellada para siempre.

Voy a añadir aquí algunas normas sobre el **bautismo de urgencia**.

Aunque no es frecuente que tenga que realizarse, pues en las clínicas suele haber gente que tiene mucha práctica en hacerlo, me basta que por

---

[1] MIGUEL PEINADO: *Exposición de la fe cristiana, 4ª, II, 113.* Ed. BAC. Madrid

[2] Diario YA, 22-XI-80, pg. 20

[3] Hechos de los Apóstoles, **10**:48; **16**:33; **18**:8; Primera Carta a los Corintios, **1**:16

[4] **Nuevo Catecismo de la Iglesia Católica, nº 1256**

[5] ANTONIO ROYO MARÍN, O.P.: *Teología Moral para Seglares, 2º, 2ª, I, 49, 2ª.* Ed. BAC. Madrid

[6] ANTONIO ROYO MARÍN, O.P.: *La fe de la Iglesia, 2ª, IX, 228.* Ed. BAC. Madrid

[7] ANTONIO ROYO MARÍN, O.P.: *Teología Moral para seglares, 2º, 2ª, I, 44, 4ª,a.* Ed. BAC.Madrid

[8] Nuevo Código de Derecho Canónico nº 877, § 1.

[9] DENZINGER: *Magisterio de la Iglesia, nº 852.* Ed. Herder. Barcelona

darlas a conocer aquí pueda una persona más conseguir la gloria eterna.

La Iglesia desea que se bauticen los fetos abortivos. Así lo manda en el Código de Derecho Canónico. Cuando en un aborto se está cierto de que se trata de un ser humano vivo, se bautiza absolutamente según la fórmula que acabo de indicar. Pero si hay duda, se hace bajo condición: «Si eres capaz..., si vives...»[1].

Especial dificultad presentan las molas o embriones. Para bautizarlos se pueden coger con las dos manos y con los dedos rasgar la envoltura que los rodea y sumergirlos en un recipiente con agua de modo que ésta toque todo el contenido, pronunciando la fórmula la misma persona que hace esta acción. Cuando el feto presenta figura humana se bautiza la cabeza.

Si presenta señales de vida, con la fórmula ordinaria. Si se duda de que viva, se hace bajo condición. Solamente en caso de cierta y plena corrupción se ha de omitir el bautismo. Si el feto tiene forma monstruosa debe bautizarse siempre, al menos bajo condición. Y si se duda de si es uno o varios, bautizar uno absolutamente y los otros bajo condición. Si es claro que se trata de varias personas unidas entre sí, se bautiza cada uno por separado. Si por las dificultades del parto hay peligro de que el niño muera antes de salir, debe bautizarse en el seno materno; y si lo primero que sale es una mano o un pie, bautícese ahí, y después, si nace con vida, bautícese de nuevo en la cabeza, bajo condición. Y si la madre muere antes de que el niño nazca, el feto debe ser extraído, por aquellos a quienes corresponda, y bautizado, absolutamente si ciertamente vive, o bajo condición si es dudoso que viva[2]: no se olvide que el feto humano puede sobrevivir a la madre una o varias horas, según los casos[3].

El bautismo es necesario para salvarse[4]. Pero en caso de imposibilidad, puede ser suplido por el bautismo de deseo, por lo menos implícito, el cual se contiene en un acto de sincero amor a Dios[5].

Es claro que el martirio es un acto excelente de amor a Dios[6].

«Los que padecen la muerte a causa de la fe, los catecúmenos y todos los hombres que, bajo el impulso de la gracia, sin conocer la Iglesia, buscan sinceramente a Dios y se esfuerzan por cumplir su voluntad, pueden salvarse aunque no hayan recibido el bautismo»[7].

La necesidad del bautismo para salvarse está claro en el Evangelio. Le dice **Jesucristo** a **Nicodemo**: *«El que no naciere del agua y del Espíritu no*

---

[1] Nuevo Código de Derecho Canónico nº 871

[2] Nuevo Código de Derecho Canónico nº 871

[3] ANTONIO ROYO MARÍN, O.P.: *Teología Moral para Seglares, 2º, 2ª, I, 51, 4º.* Ed. BAC. Madrid

[4] **Nuevo Catecismo de la Iglesia Católica, nº 1257**

[5] ANTONIO ROYO MARÍN, O.P.: *Teología Moral para seglares, 2º, 2ª, I, 43, c.* Ed. BAC. Madrid.

[6] **Nuevo Catecismo de la Iglesia Católica, nº 1258**

[7] **Nuevo Catecismo de la Iglesia Católica, nº 1281**

puede entrar en el Reino de Dios»[1].

Pero desde los primeros siglos del cristianismo, en la Iglesia, se habla del **bautismo de deseo**; pensando no sólo en los catecúmenos que morían antes de recibir el bautismo, sino también en todo hombre que, ignorando el Evangelio de **Cristo** y su Iglesia, buscaba la verdad y hacía la voluntad de Dios según él la conocía; pues se podía suponer que semejantes personas habrían deseado explícitamente el bautismo si hubiesen conocido su necesidad[2]. El bautismo de deseo lo amplía hoy la Iglesia a todos los infieles que nunca faltaron a su conciencia y estuvieron siempre en disposición de hacer lo que Dios les pidiera. Para éstos Dios tiene que tener el modo de que puedan salvarse. Así opinaba **Santo Tomás**[3].

Los adultos que reciban el bautismo deben tener intención de recibirlo[4].

3. **CONFIRMACIÓN.** Es un sacramento por el que, con la unción del santo crisma[5], hecha en la frente con la mano del ministro, y las palabras prescritas, se concede a los bautizados[6] el Espíritu Santo para creer firmemente, ser testigos de **Cristo** en las palabras y las obras, y defender intrépidamente la fe que recibimos en el bautismo[7]. El sacramento de la confirmación nos hace madurar como cristianos, nos perfecciona como persona humana, y nos hace mejores templos del Espíritu Santo. Este sacramento, de ordinario, lo administra el Sr. Obispo; pero si él lo delega, puede administrarlo un sacerdote[8].

La gracia recibida en el bautismo debemos fortalecerla con el sacramento de la confirmación[9]. Así podremos cumplir mejor los deberes del cristiano, y vencer las dificultades que se nos presenten en el camino de nuestra salvación. La vida cristiana está en abierta oposición con la vida mundana. El cristiano vive en tensión continua: en el interior lucha contra las malas inclinaciones, y en el exterior contra el mundo y el demonio. La confirmación imprime en el alma el carácter de soldado de **Jesucristo**, y vigoriza para el combate cristiano.

La «confirmación nos vincula más perfectamente con la Iglesia. Nos enriquece con una fortaleza especial del Espíritu Santo. Es un obligarse

[1] Evangelio de SAN JUAN, **3**:5

[2] **Nuevo Catecismo de la Iglesia Católica, nº 1260**

[3] SANTO TOMÁS: *De Veritate,XIV,11, 1.*

[4] DENZINGER: *Magisterio de la Iglesia, nº 411.* Ed. Herder. Barcelona

[5] El crisma es una mezcla de aceite de oliva y de bálsamo bendecida por el Obispo el Jueves Santo. ANTONIO ROYO MARÍN: *Teología Moral para seglares,2º,2ª,II,67,a,.* Ed. BAC. Madrid

[6] **Nuevo Catecismo de la Iglesia Católica, nº 1306**

[7] DENZINGER: *Magisterio de la Iglesia, nº 697.* Ed. Herder. Barcelona

[8] **Nuevo Catecismo de la Iglesia Católica, nº 1313**

[9] **Nuevo Catecismo de la Iglesia Católica, nº 1316**

más seriamente a difundir y defender la fe de palabra y de obra»[1].

En el nº **7 5** te hablé del apostolado de los seglares.

La confirmación hay que recibirla **en estado de gracia**[2]. El que recibe la confirmación, a sabiendas, en pecado grave comete un sacrilegio. Si el confirmado **tiene uso de razón**, debe estar suficientemente instruido en la Religión Católica[3] Aunque la confirmación no es necesaria, absolutamente, para la salvación peca mortalmente quien la desprecia[4].

4. **PENITENCIA**. También suele llamarse confesión o sacramento de la reconciliación. Es un sacramento en el que por la absolución del sacerdote se le perdonan, al cristiano arrepentido que se acusa rectamente, los pecados cometidos después del bautismo. (Ver números **53-94**)

5. **EUCARISTÍA**. Es un sacramento en el que, bajo las apariencias de pan y vino, se contiene verdadera, real y substancialmente el Cuerpo y la Sangre de **Cristo**, para alimento espiritual del alma que los recibe en la Sagrada Comunión con las debidas disposiciones. (Ver números **45-52**)

6. **ORDEN SACERDOTAL**. Es un sacramento que, por la imposición de las manos del Obispo, y sus palabras, hace sacerdotes a los hombres bautizados[5], (que no tengan un impedimento que se lo prohiba[6]) y les da poder para perdonar los pecados[7] y convertir[8] el pan y el vino en el Cuerpo y en la Sangre de **Nuestro Señor Jesucristo**[9]. El sacramento del orden lo reciben aquellos que se sienten llamados por Dios a ser sacerdotes para dedicarse a la salvación eterna de sus hermanos los hombres. Esta ocupación es la más grande de la Tierra, pues los frutos de sus trabajos no acaban en este mundo, sino que son eternos.

Sobre el sacerdocio femenino te he hablado en el nº **68**,12

La vocación al sacerdocio lleva consigo **el celibato,** recomendado por el Señor[10] La obligación del celibato no es por exigencia de la naturaleza del sacerdocio, sino por ley eclesiástica[11]. En la Iglesia Católica latina, los

---

[1] Concilio Vaticano II: *Lumen Gentium*: Constitución Dogmática sobre la Iglesia, nº 11

[2] **Nuevo Catecismo de la Iglesia Católica, nº 1310**

[3] Nuevo Código de Derecho Canónico, 889, 2

[4] DENZINGER: *Magisterio de la Iglesia, nº 669*. Ed. Herder. Barcelona

[5] **Nuevo Catecismo de la Iglesia Católica, nº 1577**

[6] Nuevo Código de Derecho Canónico, 968

[7] **Nuevo Catecismo de la Iglesia Católica, nº 1461**

[8] **Nuevo Catecismo de la Iglesia Católica, nº 1566**

[9] Concilio de Trento: DENZINGER: *Magisterio de la Iglesia, nº 961*. Ed. Herder. Barcelona

[10] Evangelio de SAN MATEO, **1 9**:12

[11] Concilio Vaticano II: *Presbyterorum Ordinis*: Decreto sobre los presbíteros, nº16

sacerdotes están obligados a guardar perpetuamente el celibato[1].

La Iglesia quiere que los candidatos al sacerdocio abracen libremente el celibato por amor de Dios y servicio de los hombres[2].La Iglesia quiere a sus sacerdotes célibes para que puedan dedicarse completamente al bien de las almas, sin las limitaciones, en tiempo y preocupaciones, que supone sacar adelante una familia. El sacerdote debe estar libre para dedicarse, cien por cien, al cuidado de las almas. Aunque es verdad que en algún caso una esposa podría ayudarle, también es verdad que en otros muchos, una esposa podría absorberle su tiempo por estar enferma física o psíquicamente, o por exigir de él mayor atención, etc. La atención a la familia requiere un tiempo que el sacerdote tendría que quitarlo al dedicado al apostolado. Y por supuesto, los hijos exigirían de él, no sólo tiempo, sino destinos en los que la educación de ellos fuera más fácil, o evitar atender a enfermos contagiosos, etc.Y además necesitaría unos ingresos económicos muy superiores para atender a los gastos familiares. Es decir, el sacerdote sin familia está más libre para el apostolado; y la Iglesia, en dos mil años de experiencia, así lo ha advertido, y por eso exige el celibato a sus sacerdotes. Pero, sobre todo, el celibato sacerdotal tiene un fundamento teológico: **Cristo** fue célibe, y el sacerdote es *alter Christus,* es decir, «otro **Cristo**»[3]. El fundamento del celibato sacerdotal está en la fe y en el amor a **Jesucristo.** El amor de **Jesucristo** es universal, igual para todos; sin los exclusivismos propios del amor matrimonial. Así debe ser el amor del sacerdote. **Simón Decloux** dice: «Éste es el sentido del celibato: se trata de algo muy distinto de encerrarse en una sequedad afectiva o en un aislamiento autosuficiente. La gracia de esta llamada está esencialmente ligada en el «compañero de **Jesús**» a su participación decidida en en la misión del Señor»[4].

En *ALFA Y OMEGA,* semanario de información religiosa de ABC, «**Efstathios Kollas,** Director de la Unión Panhelénica de sacerdotes, en el diario ateniense *Kathimerini,* afirma que el número de sacerdotes casados en la Iglesia greco-ortodoxa disminuye cada vez más, y se aproxima el clero célibe, como el de los católicos.Y según el **P. Vasileios Voroudakis,** Director del Liceo Eclesiástico de Atenas,"docenas de estudiantes de nuestro seminario tienen problemas para encontrar esposa, y esto les lleva a optar por el celibato".O sea que "esto de los sacerdotes casados es una especie en peligro de extinción"»[5].

La vocación no consiste en recibir una «llamada telefónica» de Dios. La

---

[1] DENZINGER: *Magisterio de la Iglesia, nº979.* Ed. Herder. Barcelona

[2] **Nuevo Catecismo de la Iglesia Católica, nº 1599**

[3] Cardenal STICKLER: *El celibato eclesiástico.* Revista SCRIPTA THEOLOGICA, 26 (I-94) 13-78

[4] SIMÓN DECLOUX: *El camino ignaciano, IV,3.* Ed. Verbo Divino. Estella. Navarra. 1984.

[5] JOSÉ A. MIRANDA: Revista *ALFA Y OMEGA,* 205(23-III-2000)10

vocación consiste en tener cualidades y buena intención. Si un muchacho tiene buena salud (no es necesario ser un «superman»); es capaz de hacer estudios (no es necesario ser un genio); puede vivir habitualmente en gracia, con la ayuda de Dios (no hace falta ser ya un santo); tiene buena intención (no se trata de buscar el modo de «ganarse la vida»); es decir, busca su propia perfección y la salvación de las almas, debe preguntarse si Dios le llama al sacerdocio. No se trata de preguntar «¿me gustaría ser sacerdote?» sino, «¿me querrá Dios sacerdote?». En caso de duda preguntar a persona imparcial y formada.

Hay que pedirle a Dios que haya muchas vocaciones sacerdotales y religiosas, pues hacen falta muchos párrocos, muchos misioneros, predicadores, confesores, maestros, etc., y también muchas Hermanitas de los Pobres, de la Caridad, en los hospitales, en los asilos, religiosas en las escuelas, colegios etc.; y otras en los conventos de clausura que alaben a Dios y pidan por los pecadores.

Por eso es un gran apostolado ayudar económicamente a la formación de futuros apóstoles, y a los conventos de clausura.

En una sociedad en la que se mide a las personas por lo que hacen, no se entiende la vida contemplativa. Pero ésta es fundamental en la Iglesia.

En una entrevista de **Javier Mariategui** al **P. Clemente de la Serna**, Abad de Silos, le preguntó:

- ¿Qué puede aportar un monje, como Vd., a la sociedad?
- Lo que aporta una célula sana al cuerpo humano: vida y salud.
- Las órdenes contemplativas, ¿no deberían hacer más labores sociales?
- En el mundo de la especialización cada uno tiene su misión. Sería como decir que el corazón no sirve para nada porque no anda ni piensa. Sin embargo gracias a él todo el cuerpo funciona[1].

Todos debemos pedir a Dios que sean muchos los jóvenes que sigan la voz de Dios, pues hacen falta muchos y buenos sacerdotes y religiosos

«Los padres deben acoger con alegría y acción de gracias el llamamiento del Señor a uno de sus hijos»[2] .

Los padres tienen **obligación grave** de dejar en libertad a sus hijos que quieran consagrarse a Dios[3] . Pero también sería pecado -y gravísimo- el inducir a sus hijos, por motivos humanos, a abrazar, sin vocación, el estado eclesiástico. «Los padres deben cuidar de no presionar a sus hijos en la elección de una profesión y estado de vida»[4].

[1] Diario LA RAZÓN, 11-XII-99, pg.34.
[2] **Nuevo Catecismo de la Iglesia Católica, nº 2233**
[3] ANTONIO ROYO MARÍN, O.P.: *Teología Moral para seglares, 1º, 2ª, III, nº 842,c.* Ed.BAC.Madrid
[4] **Nuevo Catecismo de la Iglesia Católica, nº 2230**

7. **MATRIMONIO. a) Sacramento:** El matrimonio es un sacramento en el cual -contraído según las leyes de la Iglesia- por el mutuo consentimiento de los contrayentes[1], expresado legítimamente con libertad y sinceridad, se les concede la gracia para santificar su unión conyugal y para cumplir bien los deberes matrimoniales, como son: la armonía conyugal, la fidelidad del corazón, el control de la concupiscencia, el dominio de carácter, ayuda y consuelo mutuos, la educación de los hijos, el sostenimiento del hogar, etc.[2].

La gracia no realizará de ordinario milagros, cuando las condiciones para un amor serio y auténtico han fallado en su base; pero puede evidentemente potenciar y robustecer el amor humano para que supere sus propias debilidades y deficiencias .

El matrimonio, más que un frío contrato, es una alianza, una comunidad de vida y amor, una convivencia en la que la procreación, siendo algo muy importante, no tiene finalidad primordial. El amor y la mutua ayuda no pueden relegarse a segundo plano.

«El matrimonio constituye una íntima comunidad de vida y de amor conyugal»[3] .

«El amor entre el hombre y la mujer es algo natural. Llega un momento en que un hombre y una mujer se aman, deciden entrar en una comunión estable de vida y amor, para llegar a formar una familia. A esta comunión de vida y amor se le llama matrimonio. En el matrimonio los esposos entran libremente, pero ninguno de los dos, ni por separado ni de común acuerdo, pueden romperlo»[4] .

«El matrimonio viene a ser un convenio por el cual un hombre y una mujer, jurídicamente hábiles, se entregan legítima y mutuamente el derecho perpetuo y exclusivo sobre sus cuerpos, en orden a los actos de suyo aptos para la generación. Este acuerdo debe ser mutuo, consciente, libre y responsable. Efecto de este convenio es el vínculo conyugal; o sea la unión permanente, perpetua y exclusiva de un varón con una mujer para engendrar y educar hijos»[5] .

Por eso se ha dicho acertadamente que el matrimonio es «uno con una y para siempre».

Este vínculo conyugal dura **mientras dure** la vida de los dos cónyuges.

---

[1] **Nuevo Catecismo de la Iglesia Católica, nº 1625-29**

[2] **Nuevo Catecismo de la Iglesia Católica, nº 1608 y 1641s**

[3] Concilio Vaticano II: *Gaudium et Spes:* Constitución sobre la Iglesia en el mundo actual, nº 48

[4] Conferencia Episcopal Española: Catecismo Escolar 8º EGB, XIV, 2. EDICE. Madrid, 1983.

[5] SÁNCHEZ COVALEDA, S.I.: *Breviario Teológico de la Salvación, 3ª, VII, 1.* Salamanca, 1975

«Son propiedades esenciales del matrimonio la unidad y la indisolubilidad»[1] . «La unidad, la indisolubilidad y la apertura a la fecundidad son esenciales al matrimonio»[2] . El amor es muy importante en el matrimonio. Pero «el amor no hace el matrimonio. Puede haber amor sin matrimonio y matrimonio sin amor. El matrimonio da estabilidad a una serie de derechos y deberes contraídos libremente. (...) El matrimonio no es un refrendo del presente: "nos queremos mucho"; sino un compromiso en un proyecto de futuro»[3].

«El matrimonio es una entrega irrevocable de varón y mujer»[4] .

Los que no quieren formalizar el matrimonio es para tener las manos libres y romperlo sin compromisos cuando les apetezca.

Es decir, no hay amor.

«Para asegurar la validez del matrimonio basta con que los contrayentes no ignoren que se trata de una sociedad permanente entre el hombre y la mujer, para tener hijos: y que el consentimiento sea libre y sincero, manifestado según la fórmula eclesiástica establecida»[5].

La infidelidad matrimonial y el libertinaje han acabado con el verdadero amor. Esto es una tremenda desgracia.

Las comodidades y las diversiones no pueden suplir el amor de unos esposos y de unos hijos.

El matrimonio es **uno con una para siempre.**

El amor familiar exige unidad e indisolubilidad matrimonial.

¿Cómo se van a amar unos esposos que ni se guardan fidelidad, ni le dan importancia al adulterio?

¿Cómo va a ser posible ir al matrimonio con ilusión cuando se sabe que lo que allí se va a recibir son cuerpos ya exprimidos en aventuras amorosas con otros?

¿Cómo se van a amar unos hijos sin tener la seguridad de que sean los propios?

Es lógico que estos matrimonios sean un fracaso.

Por querer gozar de la vida han perdido el mayor goce de la vida: el amor de un hogar.

Los pensadores no tardarán en lanzar la voz de que esa libertad de costumbres es un camino equivocado, y de que si queremos recuperar la felicidad de la vida hay que volver al matrimonio uno e indisoluble de la

[1] Nuevo Código de Derecho Canónico, nº 1056

[2] **Nuevo Catecismo de la Iglesia Católica, nº 1664**

[3] JUAN IGNACIO BAÑARES: *39 Cuestiones doctrinales, V, 1.* Ed. Palabra. Madrid. 1990.

[4] Nuevo Código de Derecho Canónico, nº 1057, 2

[5] Libro básico del creyente hoy, XIX, 2. Ed. PPC. Madrid, 1970

Iglesia Católica; llegando a él por camino de una juventud pura.

Una vez más la sociedad le dará la razón a la Iglesia.

Los catastróficos resultados de una libertad de costumbres demuestran que la pureza en la juventud y la fidelidad matrimonial que manda la Iglesia, aunque exige renuncias y sacrificios, es el único camino para llegar a la felicidad de un hogar con amor.

La gracia sacramental del matrimonio es como una póliza de seguro sobrenatural para proteger los riesgos de la vida conyugal. La cuota de esta póliza es el espíritu cristiano.

Cuanto mayor sea el espíritu cristiano, más garantías de éxito tiene este seguro.

Y la prueba está en esos matrimonios innumerables de ancianos venerables que después de muchísimos años de casados todavía se aman con ilusión: él te dice que ella es una santa, y se le llenan los ojos de lágrimas; ella te asegura de mil formas que no hay hombre como él, y no acaba de contarte casos concretos para demostrarlo.

Más de cincuenta años de compenetración, de mutua ayuda, de cariño desinteresado, de sufrimiento mutuo, de sobrellevarse los defectos mutuamente y de muchísimo espíritu cristiano les han dado en este mundo la mayor felicidad que aquí pude gozarse.

En cambio, ¡qué vejez tan distinta van a tener esos matrimonios materialistas y sensuales! Y no sólo la vejez, que cuando falta el espíritu cristiano es muy fácil que se harten muy pronto el uno del otro, y el hogar se convierta en una casa de fieras.

No es lo mismo vivir en matrimonio que en pareja. Los animales viven en parejas, más o menos duraderas, pero no en matrimonio como las personas.

Hoy se da lo que se llama «**parejas de hecho**». Viven matrimonialmente, como casados, sin estarlo. Y quieren los derechos de los casados. Pero para tener derechos hay que asumir los deberes correspondientes.

«De lo contrario se corre el peligro de caer en "un egoísmo entre dos"»[1]

Dice el **Nuevo Catecismo de la Iglesia Católica:** «Hay unión libre cuando el hombre y la mujer se niegan a dar forma jurídica y pública a una unión que implica la intimidad sexual. La expresión, en sí misma, es engañosa: ¿qué puede significar una unión en la que las personas no se comprometen entre sí, y testimonian con ello una falta de confianza en el otro, en sí mismo o en el porvenir? Esta expresión abarca situaciones distintas: concubinato, rechazo del matrimonio en cuanto tal, incapacidad de unirse mediante compromisos a largo plazo. Todas estas situaciones

[1] XAVIER LACROIX; *El matrimonio, I,4.* Ed. Mensajero. Bilbao. 1996.

ofenden la dignidad del matrimonio, destruyen la idea misma de la familia, debilitan el sentido de la fidelidad. Son contrarias a la ley moral: el acto sexual debe tener lugar exclusivamente en el matrimonio. Fuera de éste constituye siempre un pecado grave y excluye de la comunión sacramental»[1].

«Todo lo que sea poner en el mismo nivel a la familia tradicional con otro tipo de uniones nos parece aberrante» ha dicho **Mons. José Sánchez,** Secretario General de la Conferencia Episcopal Española[2], a propósito de las uniones de homosexuales. No pueden tener los derechos de los matrimonios porque no lo son.

Dice el Diccionario de la Real Academia Española de la Lengua: «Matrimonio es la unión de un hombre y de una mujer concertada mediante determinados ritos o formalidades legales».

El estudio realizado por **Wirthlin Worldwide** para el Centro *Howard* de la Universidad de Brigham Young, en septiembre y octubre de 1999, en diecinueve países representativos de los cinco continentes, constata que más del 80% de la población mundial está de acuerdo en que la definición del matrimonio supone un hombre y una mujer[3].

Las leyes que rigen el matrimonio **son independientes** de la voluntad de los que lo contraen. Estos tienen que aceptarlo tal como lo instituyó **Jesucristo**. Cuando un católico **quiere casarse** es necesario santificar la unión con las bendiciones del sacerdote en el sacramento del matrimonio. La presencia del sacerdote, testigo cualificado de la Iglesia, es esencial para la validez del sacramento del matrimonio[4].

El único matrimonio válido entre católicos es el sacramento[5].

El matrimonio civil es absolutamente inválido entre católicos[6]; sólo vale para efectos jurídicos civiles: asuntos de apellidos, herencias, etc[7].

Esto lo puede garantizar el Estado reconociendo el matrimonio religioso, o bien añadiendo el matrimonio civil al matrimonio religioso.

El católico que se casa sólo por lo civil se autoexcluye de la comunión él mismo. Lo mismo que el divorciado que se vuelve a casar, que no puede comulgar mientras no arregle su situación[8]. Es doctrina de la Iglesia, que ha mantenido a través de los siglos, que un bautizado no puede separar el matrimonio del sacramento. Si no hay sacramento, no hay matrimonio. Un católico que se casa solamente por lo civil, para la Iglesia no está casado,

[1] **Nuevo Catecismo de la Iglesia Católica, nº 2390**

[2] Revista FAMILIA CRISTIANA, X,1994.

[3] ZENIT: Boletín informativo del Vaticano en INTERNET. ZS00092006

[4] Nuevo Código de Derecho Canónico, nº 1108, 1

[5] Nuevo Código de Derecho Canónico, nº 1055,2

[6] ANTONIO ROYO MARÍN, O.P.: *Teología Moral para Seglares, 2º,2ª,VII,537,5º.* Ed.BAC. Madrid.

[7] Nuevo Código de Derecho Canónico, nº 1059

[8] **Nuevo Catecismo de la Iglesia Católica, nº 1665**

es un concubinato. Por eso no lo admite a la Sagrada Comunión.

Todo matrimonio válido es indisoluble intrínsecamente, es decir, no puede ser disuelto por el mutuo y privado acuerdo de los cónyuges. Pero no todo matrimonio es indisoluble extrínsecamente; es decir, que hay casos excepcionales en los que algunos matrimonios pueden ser disueltos por la Autoridad Eclesiástica, si se trata de matrimonio-sacramento, o por la Autoridad Civil si se trata de un matrimonio solamente civil. Por eso es indiscutible que el Estado nunca tiene autoridad para romper el vínculo del matrimonio sacramental. Lo único que puede hacer el Estado es dar leyes para la nueva situación de los matrimonios rotos, pero dejando el vínculo intacto.

Al matrimonio canónico **están obligados** todos los católicos que no se hayan apartado de la Iglesia por acto formal[1] . Es decir: no mera falta de práctica religiosa; pero tampoco hace falta la adscripción a una religión no católica. Sí lo sería un rechazo de la Iglesia en un documento escrito, o declaración pública; pero como dijo el Sínodo de 1980 «la fe es necesaria para el sacramento del matrimonio»[2] . El matrimonio de una persona católica con otra que no lo es requiere especiales cautelas[3] .

«**En peligro de muerte,** si no pueden conseguirse otras pruebas, basta, a no ser que haya indicios en contra, la declaración de los contrayentes, bajo juramento según los casos, de que están bautizados y libres de todo impedimento»[4]. En circunstancias extraordinarias en las cuales durante más de un mes no habrá sacerdote que los case, los futuros esposos pueden contraer matrimonio ante dos testigos que tengan uso de razón[5] . Este matrimonio es verdadero sacramento, pues los ministros del sacramento del matrimonio son los mismos contrayentes[6]. El sacerdote es tan sólo un testigo cualificado. Y la Iglesia autoriza esta forma de contraerlo en tales circunstancias. Pero después hay que dar cuenta, para que se registre en los libros parroquiales[7] .

Este sacramento hay que recibirlo **en estado de gracia**[8] .

Quién recibe el sacramento del matrimonio, a sabiendas, en pecado grave, comete un sacrilegio[9] . Con todo, este matrimonio, aunque sea un sacrilegio, es válido y verdadero. Antes de recibir el sacramento del matrimonio es conveniente que los contrayentes hayan recibido el

[1] Nuevo Código de Derecho Canónico, nº 1117

[2] Diario YA, 23-XI-80, pg. 22

[3] **Nuevo Catecismo de la Iglesia Católica, nº 1633-37**

[4] Nuevo Código de Derecho Canónico, nº 1068

[5] Nuevo Código de Derecho Canónico, nº 1116

[6] Nuevo Código de Derecho Canónico, nº 1098

[7] Nuevo Código de Derecho Canónico, nº 1121,2º

[8] **Nuevo Catecismo de la Iglesia Católica, nº 1622**

[9] ANTONIO GARCÍA FIGAR, O.P.: *Matrimonio y familia,II, 4.* Ed. FAX. Madrid.

sacramento de la confirmación, si pueden hacerlo sin grave incomodidad[1].

Para que el matrimonio sea **lícito y válido** es necesario que los contrayentes no estén ligados con ninguno de los impedimentos que señalan las leyes de la Iglesia[2], como sería, por ejemplo, coacción[3], engaño sobre la persona[4] o cualidad importante que puede perturbar gravemente la vida conyugal[5]. O carecer de madurez humana suficiente para valorar los derechos y deberes esenciales del matrimonio. O quienes no pueden asumir las obligaciones esenciales del matrimonio por causas de naturaleza psíquica[6]. Las causas de nulidad han aumentado, hoy día, con los avances de la psicología. Sobre todo por defectos de consentimiento[7]. También es impedimento para la validez del matrimonio el no aceptar las propiedades esenciales el matrimonio (unidad e indisolubilidad)[8]: como sería querer tener derecho al divorcio[9].

«No podrán contraer lícitamente matrimonio canónico el varón y la mujer que no hayan cumplido los 18 años»[10]. Antes de los 18 años, generalmente, se engendran hijos enfermizos y débiles[11].

«Son incapaces de consentimiento los que no tienen uso de razón»[12].

Si se tratase de una persona con la cual **es imposible** la convivencia, podría estudiarse la posibilidad de declarar nulo ese matrimonio.

El matrimonio, como dice el Concilio Vaticano II, es «comunidad en vida y en amor»[13].

Si la impotencia sexual es causa de nulidad matrimonial, también puede serlo la incapacidad de poder realizar esa «comunidad de vida» por tener una personalidad desestructurada. Sería como una impotencia psicológica[14]

Hay personas neuróticas, psicopáticas, esquizofrénicas, con las cuales es imposible convivir, y que pueden justificar una declaración de nulidad matrimonial. Así lo reconoce el Nuevo Código de Derecho Canónico que dice:

---

[1] Nuevo Código de Derecho Canónico, nº 1065

[2] Nuevo Código de Derecho Canónico, nº 1073-1095

[3] Nuevo Código de Derecho Canónico, nº 1103

[4] Nuevo Código de Derecho Canónico, nº 1097

[5] Nuevo Código de Derecho Canónico, nº 1098

[6] Nuevo Código de Derecho Canónico, nº 1095

[7] JUAN EGUREN,S.I.: *Matrimonio cristiano, hoy, VII,7.* Ed. EDICEP. Valencia. 1981

[8] Nuevo Código de Derecho Canónico, nº 1101, 2

[9] ANTONIO ROYO MARÍN, O.P.: *Teología Moral para Seglares, 2º, 2ª, VII, nº 473.* Ed. BAC.Madrid

[10] Artículo 11 del Decreto General de la Conferencia Episcopal Española sobre las Normas Complementarias al Nuevo Código de Derecho Canónico. Revista ECCLESIA, nº 2183(21-VII-84)15

[11] ANTONIO ROYO MARÍN, O.P.: *Teología Moral para Seglares, 2º, 2ª, VII, 2, 530, a.* Ed. BAC.Mad.

[12] Nuevo Código de Derecho Canónico, nº 1095

[13] Concilio Vaticano II: *Gaudium et Spes*: Constitución sobre la Iglesia en el mundo actual, nº 48

[14] ANTONIO REYES CALVO: *Capacidad del sujeto en orden al matrimonio como comunidad de vida y amor.* Salamanca, 1975

«Son incapaces de contraer matrimonio quienes tienen un grave defecto de madurez de juicio sobre los deberes y derechos del matrimonio que van a contraer; y quienes no puedan asumir las obligaciones esenciales del matrimonio por causas de naturaleza psíquica»[1] , como serían las obligaciones del acto conyugal, la convivencia amorosa y la educación de los hijos.

«Puede haber matrimonios que no son válidos por diversos motivos, como son: porque los esposos tiene un impedimento al que la Iglesia, o la ley natural, o la Revelación, hacen nulo el matrimonio. O porque la forma establecida por la Iglesia no se ha observado en la celebración del mismo. O porque uno de los cónyuges no ha prestado el consentimiento matrimonial con las debidas condiciones, por ejemplo, porque se ha casado bajo el impulso de un miedo grave»[2].

Hay casos excepcionales en los cuales la Iglesia señala la ausencia del vínculo matrimonial por algunos de estos impedimentos.

Entonces declara el matrimonio nulo. No es que anule un matrimonio válido, sino que demuestra que ese matrimonio nunca existió. El eco que hacen las revistas del corazón de las anulaciones concedidas a ciertas personas célebres, puede parecer que esto se consigue a base de dinero. Es verdad que conseguir la declaración de nulidad cuesta dinero, porque hay personas cuya profesión es estudiar estos casos. Pero esto no cuesta millones, como algunos creen. Según el Vicario Judicial del Obispado de Cádiz, **Guillermo Domínguez,** en 1996 cuesta unas 80.000 pesetas. Sin embargo, si no hay dinero, pero hay razones, se puede conseguir gratis.

En 1977 se otorgaron en España 534 sentencias de nulidad[3]. De estas anulaciones, el 30% se concedieron gratuitamente, según dijo el Vicario de Madrid, Padre **Martín Patino,** el 23 de octubre de 1980, por Radio Nacional en el espacio *Estudio 15-17*[4]. Pero los medios de comunicación no se hacen eco de estas anulaciones gratuitas, sino sólo de las concedidas a personajes famosos a quienes les ha costado algún dinero.

El 18 de noviembre de 1998 le oí una conferencia, en el Hotel Atlántico de Cádiz, al Profesor **José María Díaz Moreno,S.I.,** Catedrático de Derecho Canónico en la Universidad Comillas de Madrid, sobre fracasos matrimoniales. En ella aludió a la declaración de nulidad del matrimonio de **Camilo José Cela,** Premio Nobel, a la que se dedicaron multitud de comentarios en los medios de comunicación, cuya causa él había conocido y consideraba correcta; pero ese mismo año se concedió también la nulidad gratuitamente a una limpiadora de una clínica madrileña, por los mismos

[1] Nuevo Código de Derecho Canónico, nº 1095,3º

[2] ANTONIO ARZA, S.I.: *Preguntas y respuestas en cristiano, pg.146.* Ed. Mensajero. Bilbao. 1982

[3] Diario YA, 24-X-80, pg. 8

[4] Revista ECCLESIA, 2005(8-XI-80)

motivos, y sin embargo de este segundo caso nada se dijo en la medios de comunicación.

Por otra parte «el 80% de las sentencias de la Rota Romana han sido gratuitas»[1].

b) Divorcio: El divorcio es un mal. Si fuera bueno Dios no lo prohibiría. Dios ha hecho el matrimonio indisoluble.

Pero el matrimonio hay que contraerlo con responsabilidad. Muchos matrimonios fracasan porque se han hecho a la ligera, por vanidad, por capricho, por despecho, para hacer rabiar a una tercera persona, o sencillamente, por lujuria o egoísmo. Muchos matrimonios fracasan porque nunca debieron realizarse.

El divorcio no es solución para un católico. **Cristo** dice: *«el que deja a su mujer y se casa con otra, comete adulterio»*[2], *«y el que se case con la divorciada comete adulterio»*[3] . El adulterio se castigaba con la pena de muerte entre los hebreos, es decir, era algo muy grave.

San Mateo pone una excepción[4]: «en caso de concubinato». Porque si no estaban casados, la separación no sólo es lícita: es conveniente.

A no ser que decidan casarse.

«Los autores apuntan a interpretar correctamente la expresión *porneía*, que utiliza **San Mateo.** Ésta no sería simple fornicación ni adulterio, sino propiamente el estado de concubinato. El término rabínico empleado por **Cristo** habría sido *zenut,* que designa la unión ilegítima de concubinato. (...) En tal caso, es evidente que no sólo es lícito la separación, sino obligatoria, puesto que no hay matrimonio sino unión ilegal. Esta explicación se refuerza tomando en cuenta que **San Pablo**, en su carta a los Corintios[5] , califica la unión estable incestuosa del que se había casado con su madrastra como *porneía.* A esto mismo haría referencia el Concilio de Jerusalén[6] al exigir que los fieles se abstengan de *porneía,* o sea de las uniones ilegales aunque estables. Ésta última es, tal vez, la más plausible de las interpretaciones, y la sostuvieron autores como **Cornely, Prat, Borsirven, Danieli, McKenzie;** también algunas versiones de la Biblia»[7] .

La Iglesia católica sólo permite **la separación** de los esposos si la vida

---

[1] ZENIT. Boletín informativodel Vaticano en INTERNET del 21-enero-2000: ZS00012110.

[2] Evangelio de SAN MARCOS, **10**:11

[3] Evangelio de SAN LUCAS, **16**:18

[4] Evangelio de SAN MATEO, **19**:9

[5] SAN PABLO, Primera Carta a los Corintios, **5**:1ss

[6] Hechos de los Apóstoles,**15**:20-29; **21**:25.

[7] MIGUEL ÁNGEL FUENTES,V.E.:*Apologética católica, MORAL.* En INTERNET: http://catholic-church.org/russia-ive/apologetica/homepage.htm

en común resulta insostenible[1], pero no volver a casarse mientras viva el otro cónyuge; porque el vínculo matrimonial permanece hasta la muerte de uno de los dos. Por lo tanto hay que escoger entre seguir viviendo juntos, o la soledad hasta la muerte. La separación es el comienzo de un camino que conduce a problemas mayores. Antes de separarse, los cónyuges deberían acudir a un especialista por si sus problemas tienen solución. El vivir los esposos separados, aunque no se unan a otra persona (lo cual sería un pecado de adulterio) puede ser un pecado contra la caridad para con el cónyuge y los hijos.

Algunos acusan a la Iglesia de que no admite el divorcio y, sin embargo, anula por dinero muchos matrimonios. Esto se puede responder largamente. Para hacerlo con brevedad me limitaré a dos cosas: El divorcio rompe el vínculo matrimonial y la declaración de nulidad demuestra que no hubo tal vínculo, lo cual es totalmente distinto. Por otra parte, es cierto que la declaración de nulidad cuesta dinero, pues hay personas dedicadas a ese trabajo, que viven de ello. Pero no basta el dinero para lograr de la Iglesia una declaración de nulidad matrimonial, si no hay razones para ello. El Padre **Kelleher**, que ha dedicado casi toda su vida a los tribunales eclesiásticos matrimoniales, en su libro «Divorcio y matrimonio», dice: «No he conocido ni un solo caso en el cual el dinero hay sido un factor influyente en la obtención de una declaración de nulidad». La declaración de nulidad siempre se debe a la existencia de algún impedimento: coacción, engaño substancial, etc. Ahora bien, si para lograr esta nulidad hay personas que juran en falso, sólo de ellas es la culpa. Los jueces juzgan según la declaración de los testigos. Y si alguno jura en falso, logrará arreglar los papeles, pero es inútil, porque delante de Dios todo sigue como antes.

El divorcio civil, que pretende **romper el vínculo sacramental**, es totalmente inválido ante Dios[2]. El poder civil no tiene autoridad ninguna sobre el matrimonio canónico[3]. «Pero si el divorcio civil representa la única manera posible de asegurar ciertos derechos legítimos, el cuidado de los hijos o la defensa del patrimonio, puede ser tolerado sin constituir una falta moral»[4]. Los divorciados vueltos a casar no pueden acercarse a la Sagrada Comunión[5], porque ellos mismos se autoexcluyen de la Iglesia, pues viven en situación de adulterio público y permanente[6]. «Es muy triste la situación de los divorciados vueltos a casar. Su situación moral irregular

---

[1] **Nuevo Catecismo de la Iglesia Católica nº 1649**

[2] ANTONIO ROYO MARÍN, O.P.: *Teología Moral para Seglares, 2º, 2ª, VII, nº 491, 7º*. Ed. BAC. Madrid

[3] DENZINGER: *Magisterio de la Iglesia, nº 1560.* Ed. Herder. Barcelona

[4] **Nuevo Catecismo de la Iglesia Católica nº 2383**

[5] **Nuevo Catecismo de la Iglesia Católica nº 1650**

[6] **Nuevo Catecismo de la Iglesia Católica nº 2384**

les impide recibir la Sagrada Comunión. Con todo, hay casos en los que no parece prudente romper este segundo matrimonio. En este caso podrían acercarse a comulgar, después de haberse confesado y prometido interrumpir su vida sexual; comulgando en una iglesia donde no sean conocidos, para evitar el escándalo»[1]. «Sólo podrían acercarse a comulgar si, evitado el escándalo y recibida la absolución sacramental, se comprometen a vivir en plena continencia», ha dicho la Sagrada Congregación para la Doctrina de la Fe[2]. En el discurso de **Juan Pablo II** en la clausura del Sínodo celebrado en Roma en octubre de 1980, dijo que había que mantener la práctica de la Iglesia de no admitir a la comunión eucarística a los divorciados vueltos a casar.

A no ser que cuando no puedan separarse, prometan vivir en total continencia, siempre que no sea motivo de escándalo. En todo caso, añade el Papa, deben perseverar en la oración para conseguir la gracia de la conversión y de la salvación[3]. Sin embargo esto no lleva consigo el que no puedan bautizar a sus hijos. Hay que estudiar cada caso y ver qué posibilidades ofrecen de **educar en católico** a sus hijos[4].

Se les debe animar a que participen lo más posible de la vida cristiana[5].

Y sobre la situación de los divorciados vueltos a casar dice **Juan Pablo II:** «Exhorto cordialmente a los pastores y a toda la comunidad de fieles a que ayuden a los divorciados que se han vuelto a casar. (...) Se les invitará a escuchar la Palabra de Dios, a asistir al Santo Sacrificio de la Misa, a perseverar en la oración, a aportar su contribución a las obras de caridad y a las iniciativas de la comunidad en favor de la justicia, a educar a sus hijos en la fe cristiana, y a hacer obras de penitencia, a fin de implorar, día tras día, la gracia de Dios»[6].

El divorcio es un mal. Mal para los hijos. Mal para la mujer, que fácilmente quedará abandonada, y a partir de cierta edad, sin posibilidades de rehacer su vida con otro hombre. También mal para los maridos, que aunque de momento no es raro que una chica joven se enamore de un hombre maduro, a la larga se cansará del viejo, y se buscará otro más joven y a su gusto, y el marido «engañado». Y también mal para todos, porque si el 80% de los delincuentes juveniles son hijos de divorciados, cada vez será más peligroso andar por la calle.

Algunas piensan que el divorcio las libera, pero la realidad es que el divorcio ha perjudicado a muchas mujeres abandonadas. Los estudios de

[1] JUAN EGUREN, S.I.: *Matrimonio cristiano, hoy, VII, 7*. Ed. EDICEP. Valencia.
[2] Revista ECCLESIA, 2707 (22-X-94) 37, nº4
[3] Diario YA, 26-X-80, pg. 12
[4] Diario YA, 31-III-92, pg. 25
[5] **Nuevo Catecismo de la Iglesia Católica nº 1651**
[6] JUAN PABLO II:*Las tareas de la familia cristiana, nº 84*. (1982).

Hackstaff y Deutsch señalan que las mujeres necesitan familias en las que los hombres estén comprometidos con los roles de esposo y padre[1].

Lo que algunos se preguntan es si puede considerarse como un mal menor que en ciertas circunstancias podría permitirse para evitar males mayores. Lo mismo que una operación quirúrgica es un mal, pero se acepta para evitar males mayores.

Otros opinan que la licitud del divorcio traería a la sociedad peores males que los que se siguen de su prohibición, pues aunque el divorcio pueda solucionar algún caso concreto, trae grandes perjuicios al bien común, y no es solución lo que empeora una situación, sino lo que la resuelve. Las soluciones deben atender al bien general y ser conformes a las normas morales, como dijo **Juan Pablo II** en Nueva York.

El bien común a veces exige el sacrificio de un particular.

La fácil solución del divorcio haría que se rompieran muchos matrimonios con problemas perfectamente superables, que no deberían haberse roto nunca. Por eso el divorcio hace más daño que bien. Una solución que hace más daño que el mal que remedia no es solución. No sirve una medicina para quitar las pecas pero que al mismo tiempo produce cáncer de piel. La posibilidad del divorcio lleva al malestar familiar. No hay persona sin defectos. Las decepciones irán seguramente en aumento. Es muy posible que cambiando de pareja se repitan los mismos conflictos. «Los divorciados suelen llevar sus problemas de una relación a otra», dice **Howard Markman.**

Según la revista norteamericana *Newsweek*, en Estados Unidos, seis de cada siete matrimonios de divorciados, vuelven a divorciarse de nuevo; y ocho de cada diez matrimonios divorciados dos veces, se divorcian por tercera vez[2]. Es decir, el divorcio da paso a una poligamia sucesiva.

Muchos matrimonios se salvarían del divorcio si hubieran sabido exponer con calma en común los conflictos y reconocer cada uno sus errores. «Cada uno debe admitir su responsabilidad en los conflictos. De lo contrario, no los solucionarán», dice **John Gottman.**

Algunas feministas consideran el divorcio como liberación de la mujer; sin embargo, la Iglesia al prohibir el divorcio defiende a la mujer.

Es trágica la situación de mujeres casadas abandonadas por sus maridos que han encontrado una jovencita atractiva que les ha entusiasmado, y por ella abandonan a su esposa y a sus hijos. Pero estas jovencitas también serán abandonadas cuando lleguen a mayores y sean suplantadas por otras más jóvenes y atractivas que ellas.

Según los datos del censo de los Estados Unidos, en los últimos años han aumentado en un 66% los norteamericanos que viven solos. La mayoría

[1] Diario LA RAZÓN, 30-IX-2000, pg. 45

[2] Diario YA, 7-III-81, pg. 6

son hombres que se separaron de sus esposas.

Según las mismas estadísticas, uno de cada diez hogares en que hay niños, el padre se ha ido[1].

El divorcio engendra divorcio. En Francia, Alemania, Suiza y Dinamarca, en catorce años se han duplicado los divorcios. En Inglaterra, Estados Unidos, Canadá y Suecia, los divorcios se han multiplicado por tres. Y en Holanda se han multiplicado por cuatro[2]. En Francia hay un divorcio por cada dos matrimonios[3]. En Estados Unidos más del 50% de los matrimonios se divorcian[4]. **Frank Furstenberg**, sociólogo de la Universidad de Pensylvania en EE.UU., afirma que hoy en Estados Unidos, ante las funestas consecuencias del divorcio vuelve a estar de moda el matrimonio estable y el casarse por la Iglesia.

Incluso proliferan cursos como los de la Universidad de Denver, Colorado, para superar la falta de comunicación y mutua incomprensión en el matrimonio, que es la causa principal de fracasos matrimoniales[5].

En todos los matrimonios hay altibajos y momentos de crisis. Pero estos momentos hay que superarlos con aguante y con virtud. El que vaya al matrimonio pensando que nunca tendrá nada que aguantar es un iluso. En todos los matrimonios hay algo que tolerar y no se soluciona, lo que es intrínseco a todos los matrimonios, cambiando de persona; pues no hay persona sin defectos. Y no se va a estar cambiando de persona en el matrimonio, como quien cambia de camisa. El divorcio hace que los esposos difícilmente se soporten sus defectos, y con facilidad creen que cambiando de persona va a desaparecer lo que no puede desaparecer, pues es inherente a las deficiencias del carácter humano. Una **aventura amorosa**, de momento, puede parecer maravillosa; pero a la larga es fácil que caiga en las mismas dificultades que el matrimonio estable. Las aventuras sexuales sin amor, duran más o menos; pero antes o después terminan, y generalmente, de mala manera. En cambio «el amor fiel de una pareja estable, que ha madurado en su familiaridad, es fuente de un placer mucho más profundo que lo que pueda dar de sí una aventura amorosa»[6].

Es verdad que el divorcio podría solucionar algún caso concreto, pero es malo para el bien común; y el bien particular hay que subordinarlo al bien general. Si la nación necesita autopistas, habrá que hacerlas, aunque salga perjudicado un señor que tiene un huerto por donde tiene que pasar la autopista. El divorcio, aunque solucione algún caso concreto, hace más

[1] Diario YA, 25-XI-79

[2] Diario YA, 5-XII-80, pg. 27

[3] Diario YA, 27-I-85, pg. 26

[4] Revista ECCLESIA, 1999(27-IX-80)16

[5] Diario YA, 17-IV-88, pg. 14

[6] ANDREW GREELEY: Revista SELECCIONES DEL READER'S DIGEST, XI-76, pg. 15

daño a la sociedad, porque la posibilidad del divorcio es una invitación a que se rompan matrimonios que nunca debieron romperse. Todos los matrimonios tienen sus momentos de crisis, que deben superarse con amor y virtud; pero la posibilidad del divorcio facilita que en esos matrimonios se busque la salida fácil del divorcio con perjuicio de ellos mismos. Me dijo un señor en Torrevieja: «Yo doy gracias a Dios de que la Iglesia no permita el divorcio, porque si yo hubiera podido haberme divorciado, en un momento de crisis por el que pasó mi matrimonio, lo hubiera hecho. Y hoy, superada la crisis, nos queremos muchísimo, me siento muy feliz con mi mujer y no podría vivir con sin ella. Si entonces me hubiera divorciado, se la habría llevado otro, y yo la habría perdido»

Muchos matrimonios fracasados se hubieran salvado con un poco de esfuerzo. Decía un divorciado vuelto a casar: «Mi segundo matrimonio marcha bien. Pero reconozco que si hubiera hecho los mismos esfuerzos con mi primera mujer, como los estoy haciendo con esta segunda, estoy seguro de que no nos habríamos separado, y quizás sería más feliz de lo que soy ahora. Pero entonces era incapaz de aceptar la parte de renuncia que es indispensable para que una pareja pueda tener éxito».

Aunque los medios de comunicación airean los casos de matrimonios fracasados de artistas, sin embargo, las estadísticas dan que en España los matrimonios a quienes beneficia el divorcio son solamente el 0'4%[1]. En España el 90% de las familias viven un matrimonio estable, como dijo la Directora General de la Juventud, después de una encuesta realizada por el Centro de Investigaciones Sociológicas. El 89% de los casados españoles asegura no haber sido jamás infiel a su pareja; y el 84% afirma que ni siquiera lo ha deseado[2] .

A pesar de la publicidad que se da al divorcio de personas famosas, el sociólogo de la Universidad de Chicago, **Andrew Grelley,** ha hecho un estudio según el cual en 1995 han vivido en fidelidad matrimonial el 86% de los norteamericanos, el 89% de los británicos, y el 92% de los franceses[3].

«En Estados Unidos han empezado a disminuir los divorcios»[4].

Aunque **en teoría** sólo se permita el divorcio para casos especiales, inevitablemente se va aumentando el número de casos hasta que se abra la puerta del todo; y el menor disgusto puede atolondradamente llevar a un divorcio irreparable, y fácilmente quedar abandonado el cónyuge inocente y los hijos perjudicados.

Dice **Isidoro Martín**, Catedrático de la Facultad de Derecho de la Universidad Complutense de Madrid: «Aunque las leyes del divorcio al

---

[1] Revista RAZÓN Y FE, XI-80, pg. 262

[2] DIARIO DE CÁDIZ, 12-X-95, pg.25

[3] Revista BLANCO Y NEGRO, 4032 (6-X-96) 16

[4] Diario ABC de Madrid, 19-IX-98, pg.77

principio exijan causas restringidísimas, después se amplían desorbitadamente. Esto es un hecho incontrovertible»[1].

El doctor alemán **Maximiliano Bajoc** ha realizado un estudio según el cual en Alemania se divorcian al año dieciséis mil matrimonios porque uno de los dos ronca. Es decir, que los motivos del divorcio se van ampliando desmesuradamente. Lo que teóricamente se implantó para remediar casos de matrimonios fracasados, en la práctica hará fracasar a muchos matrimonios que podían haberse salvado.

Desde luego, es doctrina común en la Iglesia Católica que el **matrimonio sacramental** es indisoluble intrínsecamente, es decir, que no se puede disolver por la voluntad libre de los contrayentes, pero algunos católicos se preguntan si es también indisoluble extrínsecamente, es decir, si no se podría disolver a juicio de una autoridad extrínseca a los contrayentes; después de ponderar las razones que se aduzcan. Sólo el matrimonio sacramental consumado es también indisoluble extrínsecamente[2].

Algunos dicen que por qué los católicos, que no admiten el divorcio, van a imponer sus ideas a todos los demás ciudadanos. Hablando de esto, el Cardenal Primado **D. Marcelo González**, dijo en una conferencia pronunciada en el Club Siglo XXI: «Eso de que los católicos non tienen derecho a imponer a los demás su concepción de la unión conyugal, es un sofisma. No se trata de imponer nada a nadie, sino de defender lo que ellos creen que es bueno, y que si se deteriora, ellos mismos serán víctimas de la nueva situación»[3]. Sin embargo, aun en naciones de mayoría católica, a veces hay una ley civil que regula el divorcio. Pero, «el cristiano debe seguir siempre los imperativos de la fe, sea cual fuere la evolución de las leyes del Estado sobre el matrimonio»[4].

Algunos dicen que el divorcio **es un derecho** de la persona humana. Esto es falso. Los derechos de la persona humana, lo mismo que las leyes de la Física, tienen valor objetivo, no dependen de lo que a cada uno le parezca. Lo que es derecho de la persona humana es el matrimonio; uno es libre para casarse o no casarse; pero si se casa debe admitir el matrimonio como es: indisoluble. Las cosas son como son, independientemente de nuestra opinión personal sobre ellas. Las cosas se imponen por su propia naturaleza. La unidad, la indisolubilidad y la fidelidad son básicas para la defensa del matrimonio y de la familia. Nadie tiene derecho a manipular el matrimonio a su capricho, como nadie puede manipular a su antojo las leyes de tráfico. Uno es libre para salir a la

[1] Diario YA, 14-XI-80, pg. 8

[2] JOSE Mª LAHIDALGA: Matrimonio civil y canónico, VI. Servicio Editorial del Arzobispado de Madrid

[3] Diario YA, 30-V-80, pg. 35

[4] Conferencia Episcopal Española: *La estabilidad del matrimonio.* Madrid, 1977

carretera o para quedarse en casa, pero si sale a la carretera, tiene que someterse a las leyes de tráfico; hechas para el bien común. Lo mismo, cada cual es libre de casarse o no, pero no para cambiar la naturaleza del matrimonio. Por lo tanto, quien libremente se casa no puede libremente romper el vínculo matrimonial. El matrimonio no es de institución humana, sino de institución divina, no pudiendo, por lo tanto, estar sujeto al capricho subjetivo y cambiante de los hombres. Decir que el matrimonio puede disolverse por mutua voluntad de los contrayentes, es inadmisible. El matrimonio no es sólo un compromiso entre un yo y un tú. Tiene una función social ineludible. Por eso la Iglesia y los políticos no renuncian a incidir en él. «Matrimonio y familia son considerados como la base de la comunidad humana: no se dejan, por lo tanto, en manos del capricho o del interés de los hombres»[1] . «El vínculo matrimonial no depende del arbitrio de los casados. Su consentimiento es irrevocable, y de éste nace una institución confirmada por la ley divina que la sociedad debe respetar»[2]. «La unión libre de un hombre y una mujer que se niegan a dar forma jurídica y pública a su intimidad sexual, constituye siempre un pecado grave, y excluyen de la comunión sacramental, pues el acto sexual debe tener lugar exclusivamente en el matrimonio»[3]. Para casarse, lo fundamental es amarse. Pero el matrimonio es una cosa muy seria, con implicaciones en la sociedad. Y cuando el hombre hace una cosa seria ante la sociedad lo formaliza con un contrato. Para un católico, vivir matrimonialmente sin haber recibido el sacramento del matrimonio es una vida de pecado continuo que no puede traer al hogar la bendición de Dios. Y esto es gravísimo. Los experimentos que se han hecho de **comunas** de amor libre, donde todos son de todos, al fin han terminado formándose parejas cerradas dentro de la comuna, o se han ido de la comuna para formar pareja con otra persona de fuera. El «todos para todos» sólo es posible cuando no hay amor y el sexo se realiza sólo por apetito. Pero en cuanto nace el amor se busca la pareja estable. Es decir, que la pareja humana estable es algo natural. Los mismos divorcistas que quieren romper unan pareja humana, es con el deseo de formar otra pareja, pensando que el cambio de persona iba a acabar con las imperfecciones inherentes a todas persona humana. La solución no está en pensar en una persona sin defectos, que no la hay, sino en amar a una persona a pesar de sus defectos, y sobrellevarlos con virtud. Los que se casan **pensando en divorciarse,** si las cosas no van bien, es que no aman; y si no se aman es seguro que fracasarán. Pues el matrimonio si no es con amor es un infierno. Nadie pone plazo a su amor. El amor quiere serlo para siempre. ⊟

[1] Conferencia Episcopal Española: *Ésta es nuestra Fe, 2ª, II, 6.* EDICE. Madrid, 1986

[2] ALBERTO BERNÁLDEZ: *El divorcio en el Concilio Vaticano II, I. A.* Ed. BAC. Madrid, 1977

[3] **Nuevo Catecismo de la Iglesia Católica nº 2390**

que piensa poner término a su amor, es que no ama. Quien admite una fidelidad quebradiza, tendrá pasión pasajera, pero eso no es verdadero amor. El amor exige exclusividad. De ahí la razón de los celos. Quien cambia fácilmente de amor, lo que tiene son caprichos sentimentales o sexuales. Como quien se encapricha con un juguete y luego lo deja por otro. El amor es otra cosa. El auténtico amor quiere ser eterno.El amor no es algo pasajero que sólo interesa mientras sirve, como si se tratara de un objeto que se abandona cuando sale un nuevo modelo en el mercado. Para muchos el matrimonio es una unión efímera que puede romperse ante cualquier dificultad para iniciar una nueva aventura cambiando de persona.

Eso de que el matrimonio monógamo **produce tedio** es sólo verdad cuando está ausente el amor. Los sacerdotes conocemos muchísimos matrimonios que se aman y son felices a los cincuenta años de casados.

Naturalmente estos matrimonios no van al psiquiatra, y por lo tanto no están reflejados en las estadísticas de los matrimonios fracasados.

En cambio, es notable el hecho de que los fracasados en el primer matrimonio, suelen fracasar en los siguientes; por eso es tan frecuente que los divorciados vuelvan a divorciarse. El Anuario Demográfico norteamericano afirma que el 70% de los divorciados reinciden[1] .

«Estadísticas puntales han demostrado que en los países donde el divorcio está a merced de cualquier contrariedad, del más fútil pretexto, se da un elevado y creciente porcentaje de jóvenes inadaptados socialmente, delincuentes, desorientados, descentrados, proclives al gamberrismo, inútiles para la vida de trabajo y convivencia, por haber estado privados de ambiente y medios familiares adecuados»[2] .

«Que el divorcio lo pagan los hijos es una verdad que pone de manifiesto el estudio realizado por **Martin Richards** que dirige el Centro de Investigación de la Familia de la Universidad de Cambridge, que ha realizado un ambicioso estudio sobre el desarrollo psico-social de diecisiete mil niños británicos. La conclusión es demoledora: a los hijos de los divorciados les va mucho peor en la vida»[3] . «Una estadística publicada por el Tribunal de Menores de Chicago afirma que el 80% de los menores que comparecen ante este Tribunal, son hijos de divorciados»[4] . Según un reportaje del semanario *Newsweek* del 11-II-80, en Estados Unidos hay doce millones de menores de dieciocho años hijos de divorciados, y según el *Uniform Crime Report* (1976) de los menores procesados por delitos comunes en Estados Unidos, el 82% son hijos de divorciados[5] . Los grandes perjudicados del

[1] Diario YA, 28-II-80, pg. 4

[2] Revista ECCLESIA, 1244(15-V-65)4

[3] Diario ABC, 12-VI-95,pg.66

[4] Diario YA, 9-VIII-80, pg. 29

[5] Diario YA, 7-III-81, pg. 6

divorcio son los hijos, que necesitan de un hogar que los ame; y nunca puede ser lo mismo el amor que reciben de sus propios padres, que el que puedan recibir de la persona que ha sustituido a su verdadera madre o a su verdadero padre. Por eso se suele decir que los hijos de los divorciados son «huérfanos de padres vivos» **(Dr. Carnot)**; y esto es lógico que produzca en ellos traumas psicológicos y afectivos que los convierten en hostiles a la sociedad y en delincuentes. Los hijos de los divorciados son más huérfanos que los verdaderos huérfanos; pues éstos, al menos, pueden vivir de un recuerdo y guardar a sus padres difuntos todo su respeto y todo su amor. Los divorciados buscan egoísticamente su libertad, pero a costa del bien de sus hijos.

Las estadísticas dicen que se ha podido comprobar perturbaciones psíquicas en casi la mitad de los hijos de los divorciados.

En el Segundo Congreso Mundial de Derecho Familiar, celebrado en San Francisco (California) en Junio del 97, la psicóloga norteamericana **Judith Wallerstein** presentó un estudio sobre las desastrosas consecuencias que tiene el divorcio para los hijos[1].

«El divorcio suele tener efectos demoledores en los hijos. Entre otros, se han descrito manifestaciones depresivas»[2].

Según **Gerald Caplan** Profesor de la universidad norteamericana de Harvard, el 40% de los hijos de padres divorciados sufre psicopatologías[3]. Entre otras cosas afirmó: «Los hijos de padres divorciados son tres veces más propensos a sufrir trastornos mentales que el resto de los niños».

Los hijos **tienen derecho** a un hogar y a unos padres que les amen y eduquen. El divorcio les priva de ese elemental derecho.

Muchísimos divorciados son responsables de que sus hijos terminen en la delincuencia, faltos de educación, de hogar, de familia y de amor.

Un gran porcentaje de delincuentes juveniles son la consecuencia del divorcio de sus padres. «El 95% de los delincuentes juveniles proceden de familias rotas»[4]

Según el «Uniform Crime Rapport USA» del 1977, el 82% de los delincuentes juveniles en Estados Unidos, son hijos de divorciados. El divorcio aumenta además el número de hijos ilegítimos, según el «Demographic Year Book» de 1969.

Para la buena educación de los hijos es fundamental que se sientan

---

[1] Diario ABC de Madrid, 4-VI-97, pg. 58

[2] ENRIQUE ROJAS: *El amor inteligente, VIII.* Ed. Temas de hoy. Madrid. 1997.

[3] Diario ABC de Madrid, 22-XII-97, pg.66

[4] LUIS RIESGO: *Éste es el camino, XIII, 2.* Ed. San Pío X. Madrid. 1990. Libro de oro sobre el noviazgo y el matrimonio. El matrimonio Riesgo, los dos psicólogos, unen en este libros sus conocimientos de psicología con su experiencia de padres cristianos.

amados. Muchos traumas se deben a la falta de amor[1].

El divorcio lleva también al suicidio y al desequilibrio mental. Según el «Demographic Year Book» de 1972, publicado por la O.N.U., de 28 países, 7 países no divorcistas ocupan los últimos puestos en la tasa de suicidios.

Los divorciados buscaron egoístamente su libertad, pero a costa del bien de sus hijos. «Estadísticas conocidas dicen que se ha podido comprobar perturbaciones psíquicas en casi la mitad de los hijos de los divorciados»[2]. Según un estudio realizado en Londres, el divorcio es malo para la salud tanto de los divorciados como de sus hijos[3]. Y el 65% de los enfermos mentales son personas divorciadas.

Según un estudio del Centro de Políticas Familiares de Londres, realizado con 17.000 niños, resulta que los hijos de padres divorciados y vueltos a casar tienen más problemas psicológicos[4]. Dice el conocido psiquiatra **Dr. Juan Cardona Pastor**: «Una familia estable es requisito indispensable para el equilibrio psíquico normal de la persona»[5].

Suele decirse que el divorcio nos pone a nivel europeo. Eso es una falacia. Si el divorcio es malo, es absurdo copiar lo que es malo. En Europa hay muchas cosas buenas que podemos imitar y que son más importantes para el desarrollo de la nación, pero imitar lo malo es de tontos. Y que la ley del divorcio lo que hace es legalizar la situación de los matrimonios ya rotos, es otra falacia. No se puede legalizar todo lo que es frecuente. Las cosas no se convierten en buenas por ser frecuentes. En ese caso habría que legalizar los atracos a los Bancos y los atentados terroristas. Esto es absurdo. Y decir que debemos admitir el divorcio porque es propio de países civilizados, es tan ridículo como decir que puesto que el terrorismo se da en países civilizados, debemos consentirlo. Cuantas más facilidades se den para disolver matrimonios rotos, más matrimonios se romperán.

c) Adulterio: El pecado de **adulterio** es uno de los más execrables. «Se comete cuando un hombre y una mujer, de los cuales, al menos uno está casado, establecen una relación sexual, aunque sea ocasional»[6].

El adulterio es ya una falta grave desde el momento mismo en que se desee deliberadamente. Ya hay adulterio cuando hay infidelidad de corazón: cuando se pone a alguien por encima del propio consorte. Tal es el sentido de las palabras de Nuestro Señor: «*Quien mira a una mujer con deseos*

---

[1] MATEO ANDRÉS, S.I.: *Matrimonio adulto, VIII, 4.* Encuentros matrimoniales. Santo Domingo. Rep. Dominicana, 1987

[2] Diario YA, 5-XII-80, pg. 27

[3] Diario YA, 19-XI-91, pg. 26

[4] Diario YA, 4-XII-91, pg. 25

[5] Diario YA, 15-III-87, pg. 40

[6] **Nuevo Catecismo de la Iglesia Católica nº 2380**

deshonestos, ya ha cometido adulterio en su corazón»[1].

Como pecado externo es uno de esos crímenes enormes que ya entre los judíos y los paganos era castigado con la pena de muerte[2].

Las personas casadas deben ser de una **prudencia extrema** en este punto, y cerrar cuidadosamente la puerta de su corazón al menor síntoma de un afecto desordenado naciente hacia tercera persona.

Los antiguos amores de la juventud, los actuales amigos de la familia, los subordinados, los superiores, los compañeros de trabajo, pueden constituir un verdadero peligro para la virtud de los esposos.

Enrique Rojas, psiquiatra, en su libro *El amor inteligente*[3], cuenta el caso de una joven esposa, de 32 años, con dos hijos, que a los seis años de casada se enamoró frívolamente, de un compañero de trabajo casado. Se encaprichó con él y dejó a su marido, excelente persona, que nunca le había negado nada, y que la tenía en un pedestal. Pero ella se cansó de él. No supo apreciar los detalles que tenía con ella, y se fue con el otro. Pero, como dice el **Dr.Enrique Rojas:**«El pronóstico de la nueva relación es incierto. El tiempo dirá». Es muy fácil que al poco tiempo ella se desilusione de su nuevo amor como se desilusionó de su marido, a quien tenía tantos motivos para amar.Enamorarse es fácil. Lo difícil es mantenerse enamorado.La mujer, con su coquetería, es una artista para seducir al hombre; pero esto no basta para un amor auténtico. «El amor debe apoyarse en valores»[4].

Hoy no se valora la fidelidad matrimonial. «La perseverancia en el amor no está considerada, en la sociedad hedonista y permisiva, pero es de capital importancia. (...) La fidelidad hace a la persona coherente, y la coherencia es una de las puertas por las que se accede a la felicidad»[5].

Hay que evitar los **celos infundados**, pero también el ser bobalicones poniendo en peligro la fidelidad del otro cónyuge.

Una aventura amorosa extramatrimonial puede hundir la felicidad de la familia, que no podrá recuperar el cariño de antes. Y esto no tiene precio.

No se llega ordinariamente al adulterio de golpe, sino después de una serie de ligerezas, de imprudencias y de concesiones. Al principio se resiste, y se ve con horror avecinarse la tragedia. Pero si se empieza a hacer concesiones pequeñas está todo perdido. Cada vez se cederá más. Siempre menos de lo que la tentación pide, pero las concesiones irán en aumento.La tragedia será casi irremediable.

Por eso deben tomarse toda clase de precauciones antes de que sea

---

[1] Evangelio de SAN MATEO, **5**:28

[2] Deuteronomio, **2 2**:22ss

[3] ENRIQUE ROJAS: *El amor inteligente, II.* Ed. Temas de hoy. Madrid. 1997

[4] ENRIQUE ROJAS: *El amor inteligente, III.* Ed. Temas de hoy. Madrid. 1997

[5] ENRIQUE ROJAS: *El amor inteligente, XI.* Ed. Temas de hoy. Madrid. 1997

demasiado tarde. Los esposos deben ayudarse en este punto evitando las ocasiones. Pero también deben evitar el no menos grave peligro de celos infundados que son la ruina de la paz conyugal[1].

Los pasos del adulterio pueden ser éstos:Un marido absorbido por su trabajo. Su mujer se siente sola.Ella se encuentra casualmente con un hombre que resulta amable y atento.Se deja llevar con la imaginación lo que sería un matrimonio con este segundo hombre.Una circunstancia ocasional y un beso furtivo con este segundo hombre.Necesidad de repetir este momento.Después, el adulterio, una familia deshecha, y, puede ser, que la condenación eterna. Es un proceso lento pero seguro, si no se corta al principio radicalmente.

El sentimentalismo suele ser una de las causas por las que una persona buena puede llegar también al adulterio:Se encuentra con otra que atraviesa una situación difícil. Su buen corazón le inclina a ayudarla, no viendo ningún peligro en ello. Nace el afecto entre los dos. Ella se siente agradecida y comprometida a complacerle en todo, etc. Si el hombre, premeditadamente, la engaña para encariñarla y aprovecharse de ella, eso es una canallada.

Hay imprudencias afectivas que comienzan por pequeñeces, pero que se van enredando y terminan con que una persona se mete en la cabeza de modo inconcebible y termina por destrozar un matrimonio[2]. El adulterio puede arruinar un matrimonio. Recuerdo que un hombre, cuya mujer había tenido una aventura amorosa con otro, me decía llorando, lleno de dolor y de rabia: «nunca más podré hacer el amor con ella. No podré evitar el pensar que ella está pensando en el otro».

En ambientes pervertidos, algunos matrimonios practican el intercambio de parejas, como un juego inofensivo: pero con esto han preparado una bomba de relojería que, antes o después, hará saltar, hecho añicos, su matrimonio.

La amante del hombre puede ser una profesional que va buscando hombres casados para vaciarles la cartera. Es una mujer de cuatro letras, que en lugar de trabajar en la calle lo hace en lugares lujosos: es una profesional del vicio.

Otras veces puede ser una mujer ingenua que insensiblemente se enreda en un amor prohibido. Aunque ingenua no deja de ser culpable pues sabe que aquel corazón ya tiene dueño.

---

[1] Mons. STRENG: *Amor y vida conyugal, VII.* Ed. Daimon. Barcelona. Cuarta edición

[2] ENRIQUE ROJAS: *El amor inteligente, XI.* Ed. Temas de hoy. Madrid. 1997

d) Armonía matrimonial: Los casados **deberían examinarse** con humildad y lealtad para ver si deben corregirse de algún defecto que obstaculice la armonía matrimonial.

Pocos matrimonios habrá en los que **alguna vez** siquiera no haya habido un disgusto serio. A veces los disgustos son frecuentes. Las causas pueden ser muchas: orgullo, egoísmo, frivolidad, obstinarse en querer tener siempre la razón, sensualidad desenfrenada, sensibilidad exagerada, palabras imprudentes, celos enfermizos, desorden negligente, etc.

Rara vez la culpa será de uno solo.

Un silencio cariñoso, el saber ceder con prudencia, el explicarse con calma, el olvidar cristianamente, etc., ayudan a pasar por encima de muchas dificultades.

Los pequeños disgustos, al prolongarse, pueden terminar en algo grave.

Lo mejor es acabar con ellos cuanto antes, con un poco de humor, espíritu de conciliación y capacidad de olvido.

Al cabo del tiempo puede que un día aparezca la decepción del cónyuge. Evitar toda palabra descalificadora: «Eres inaguantable». «No se puede vivir a tu lado». «Ya no te aguanto más». «No te soporto». «Que sea la última vez». «Tu actitud es inadmisible». Etc.,etc.

Hay palabras que nunca deberían pronunciarse: «Contigo es imposible hablar». «Siempre quieres tener la razón». «Nada de lo que te digo te parece bien». Estas generalizaciones y frases radicales ahondan más las discrepancias.

Y si a esto se añade traer una lista de antiguos agravios, sin digerir, lanzados como proyectiles, el efecto es demoledor para el amor.

Las palabras agresivas, humillantes y ofensivas hacia el cónyuge o su familia son de efecto destructivo para la armonía conyugal.

Nunca expresar a tu pareja tus sentimientos de agresividad. Para desahogarte podrías escribirle una carta manifestándole todos tus sentimientos. Pero una vez escrita, la rompes. No se la entregues. Ya te has desahogado.

Para la armonía matrimonial es importante:

- Nunca levantar la voz ni gritar al cónyuge.
- Nunca decir palabras ofensivas o hirientes.
- Siempre mantener un comportamiento correcto, delicado, educado.
- Siempre mostrar un trato afable, bondadoso, cordial[1].

«La vida conyugal, que es fuente de grandes alegrías, también puede ser

[1] JOSÉ MARÍA ALIMBAU: *Vive mejor tu vida, IX,13.* Ed. Planeta+Testimonio. Barcelona. 1999.

causa de grandes sufrimientos. Y el riesgo de fracasar es tan grande como las posibilidades de felicidad. No hay vida matrimonial sin crisis. (...) No hay vida conyugal perfecta. Muchos son víctimas del espejismo de la pareja modelo, sin fallos ni miserias. Pero crisis no es sinónimo de fracaso. Muchas parejas se imaginan, a la primera dificultad un poco seria, que su vida común ha quedado rota. Eso se debe a una concepción idílica de la vida en pareja, según la cual la vida conyugal sería como una especie de luna de miel permanente»[1].

El amor matrimonial no excluye los conflictos. Pero hay que solucionarlos. Aclarar las cosas sin herir. Más que buscar culpables, hay que buscar soluciones.

En esos momentos es muy importante la comunicación mutua. Quizás preguntarle: «¿En qué te he decepcionado?».

El amor, como las plantas, hay que regarlo para que florezca. Si no lo cuidas, terminará por secarse.

A veces puede surgir el deseo de buscar fuera del matrimonio una compensación, que puede ser desde una santa ocupación hasta el adulterio.

Ni siquiera la atención a los hijos puede justificar la desatención a la pareja. Aunque puede ser perfectamente compatible con la armonía conyugal una actividad en servicio de los demás.

Hay que procurar siempre, con prudente habilidad, que las disensiones -a veces inevitables- no se prolonguen. Si no se pone a tiempo remedio se producen heridas muy profundas.

El desacuerdo serio y continuado en el matrimonio es una de las mayores cruces de la vida terrena.

Conviene saber llevar **la cruz del matrimonio** sobrellevando mutuamente las deficiencias de carácter, defectos, etc. En el matrimonio no todo es disfrutar. Está hecho también de comprensión y renuncia: conocerse y animarse, comprenderse y perdonarse.

Conviene no olvidar que el hombre es **muy distinto** de la mujer.

El hombre y la mujer son iguales ante la ley por tener la misma dignidad personal, pero son distintos corporal y psíquicamente, para poder complementarse. Por eso la mujer que no tiene feminidad es un marimacho, y el hombre sin masculinidad, una damisela.

Las diferencias fisiológicas entre el hombre y la mujer llegan hasta el cerebro[2].

Eso de que las diferencias de modo de ser entre hombre y mujer sean

[1] XAVIER LACROIX: *El matrimonio, VI, 1s.* Ed. Mensajero. Bilbao.1996.

[2] ABC Cultural, 192(7-VII-95)49.

consecuencia de la educación recibida, no es cierto.

Es verdad que la educación influye en el modo de ser, pero hay una base en la naturaleza.

Lo mismo que fisiológicamente el hombre no puede dar a luz un hijo, psicológicamente la mujer está dotada de unas cualidades propias de la maternidad, que el hombre no tiene. La ternura femenina para con el niño es algo muy distinto de lo que el hombre es capaz de dar.

La mayoría de los hombres son capaces de tener una vida sexual sin amor; en cambio la mayor parte de las mujeres sólo son capaces de entregarse a un hombre cuando lo aman.

El hombre es más carnal, la mujer más tierna.

El hombre debe saber que ella no encuentra placer en el amor físico, sino a través del amor psíquico.

La mujer es más detallista, el hombre mira las cosas en síntesis.

Al hombre le gusta conquistar, a la mujer ser conquistada.

A la mujer no le importa ser dominada por la personalidad, el hombre prefiere ser dominado por el cariño.

La mujer ha nacido para amar y el hombre para luchar. No exclusivamente, pero sí preferentemente.

El hombre es más seco que la mujer en manifestar sus sentimientos. Los expresa más con las obras que con las palabras. Siente rechazo a expresar su intimidad. Le desagrada aparecer «sensible».

Se muestra más interesado por las cosas que por las personas.

La mujer es al revés. Le interesa más todo lo relacionado con la persona.

El hombre se entusiasma con las ideas, la política, el deporte, su coche o su ordenador..Por el contrario, la mujer goza hablando de sus intimidades, y necesita ser oída.

«El hombre se manifiesta, sobre todo, por su carácter activo, emprendedor, creativo; la mujer, más bien, por su carácter acogedor, receptivo. Hasta la constitución física, de alguna manera, está moldeada para expresar esta diversa manera de estar en el mundo»[1] .

El hombre razona, la mujer intuye. El hombre es más cerebral, la mujer más cordial, más sentimental: incluso puede dejar que los sentimientos influyan en su razón.

El hombre tiene tendencia a lo universal, la mujer a lo concreto.

El hombre se interesa más por las ideas, la mujer por los afectos.

El hombre quiere que lo valoren, la mujer que la amen.

El hombre vence por la fuerza, la mujer por la lágrimas.

La mujer se deja dominar por los sentimientos mucho más que el hombre. Mientras ella manifiesta sus sentimientos fácilmente, el hombre

[1] Con vosotros está, 2º, XXXIX, 2. Madrid, 1976

suele sentir pudor en manifestarlos: por eso es frecuente que los oculte.

La mujer ama y sufre con más intensidad que el hombre. Por eso cuando odia es temible: su maldad, su espíritu de venganza y su ingenio para hacer daño son terribles[1].

El hombre es estable, la mujer voluble. Ya lo dijo **Virgilio** en la *Eneida (IV,559)* «la mujer es variable y tornadiza».

Y también **Verdi** en su famosa ópera *Riggolletto (Acto IV,4º) : «la donna `e mobile»* : la mujer es variable.

Tan mudable que muchas veces ni ella misma se entiende. Como está hecha para la maternidad su psicología está afectada por los cambios fisiológicos del ciclo reproductor. La pérdida periódica de sangre la debilitan.

Psíquicamente busca el apoyo del hombre. La protección del hombre le da seguridad. Le gusta el hombre fuerte, varonil. No sólo físicamente, sino también espiritualmente.

«La lógica en el hombre es reflexiva, en la mujer intuitiva. El hombre que tropieza con lo imprevisto, se desorienta y tiene que estudiar de nuevo el asunto. La mujer, en un caso similar, emplea la lógica de la adaptación o mutación.

»Esta discrepancia matrimonial parece que les aleje al uno del otro.

»El hombre debe imponer su criterio razonadamente, sin humillar a su mujer; la mujer, con intuición, debe ayudar a su marido procurando aunar opiniones.

»La felicidad matrimonial se consigue no mandando ni el uno ni el otro, sino obedeciendo los dos.

»La imaginación y sensibilidad es más acusada en la mujer. En el arreglo del hogar lo demuestra. Su gran sensibilidad hace que lo nimio la haga feliz o la haga llorar. Cosas al parecer insignificantes para el hombre, a la mujer le producen gran disgusto.

»La mujer es fácilmente feliz con ilusiones pequeñitas, detalles, delicadezas, etc. El hombre generalmente le da menos importancia a todo esto, y vive más las grandes ideas de la fe, de la política, de los negocios, etc.

»La imaginación masculina es de ideas y, por lo tanto, es intelectiva; menos expuesta a error por apoyarse en la realidad y no en el sentimiento, que es lo propio de la mujer.

»Esta discrepancia a veces produce disgustos. El hombre debe comprender a la mujer y apreciar sus sentimientos.

»El juicio de la mujer es más rápido, y juzga según odie o ame; en cambio, el hombre juzga después de madura reflexión.

»Esta divergencia puede conducir a que la mujer considere al marido

---

[1] MELCHOR ESCRIVÁ, S.I.: *Medicina de la personalidad, XIV - XXIII.* Ed. Sal Terrae. Santander.

demasiado calculador, y él a su mujer ligera y alocada.

»Sin embargo, no debe el marido despreciar el juicio de su mujer, pues ella capta detalles que el hombre desprecia y pueden conducir al fracaso.

»Estas discrepancias las impone la diferenciación sexual; y el milagro del matrimonio presidido por el amor hace que se adivinen los pensamientos.

»La mujer aceptando lo que el hombre dice.

»El hombre comprendiendo lo que la mujer quiere decir.

»Ella es dichosa si el marido adivina sus deseos.

»La diplomacia con que Dios ha dotado a la mujer puede emplearla siendo el ángel tutelar de su marido, pero sin que se resienta su orgullo de varón.

»La propia estimación del hombre es lícita, pero con exageración caería en un salvaje egoísmo; cualidad ésta que usada ponderadamente hace que la mujer se sienta protegida con sensación de paz y seguridad.

»La mujer es feliz si lo son los que ella ama. El deseo de agradar es innato en la mujer. Ella va a la conquista del hombre. En esta actitud debe continuar toda su vida matrimonial. Ello será un medio para que el marido conserve su castidad.

»El amor conyugal es mixto, con tres factores: primero, amor sensible; segundo, amor espiritual y, tercero, amor sobrenatural.

»El sensible es el que acerca los dos sexos y cumple la función sexual del débito matrimonial.

»El espiritual valora las cualidades anímicas y desea para el ser amado el mayor bien, entregándose a él en cuerpo y alma.

»El sobrenatural ofrece nuestro amor para la propia santificación y hace la continuación de nuestra propia vida en nuestra descendencia con miras a la eternidad.

»La felicidad matrimonial no se logra aturdiéndose con fiestas y riquezas, sino con el hogar ordenado, el cariño de los hijos y la paz en el alma de ambos cónyuges, dejando las adversidades y alegrías en manos de Dios»[1].

Muchos matrimonios **fracasan** porque se han contraído con ligereza y frivolidad; sin conocerse y sin amarse. Por sólo apetito sexual. Y esto no basta para hacer feliz un matrimonio.

Otros fracasan por inmadurez. Se casan sin estar preparados para la unidad matrimonial, sin haberla siquiera entendido. Siguen dentro del matrimonio viviendo su individualidad, y los casados deben vivirlo todo «con y para» el otro.

Para que un matrimonio vaya bien, hace falta la colaboración de los dos; pero para hundirlo, basta con uno.

[1] Dr. FERNANDO BALLESTER: *Problemas matrimoniales, V, 8*. Hermandad de San Cosme y San Damián. Barcelona

«La convivencia es un trabajo costoso que exige comprensión y generosidad constantes»[1] .

El matrimonio **no es un contrato de servicios** sino una comunidad de vida y amor, como dice el Concilio Vaticano II[2] . La huida de todo sacrificio quita al amor el sello de su autenticidad.

Cuando vaya pasando el tiempo de tu matrimonio, encontrarás en tu cónyuge defectos de carácter que no advertiste en el noviazgo. No se los eches en cara de una manera desagradable. Eso sería contraproducente.

Tampoco los consideres como de gran importancia.

Es preferible que atiendas las virtudes que te movieron a elegir esa persona para unirte en matrimonio, y que sirven de contrapeso.

En este mundo nadie es perfecto, y hemos de resignarnos a sobrellevar los defectos de nuestros prójimos.

Procura portarte como si fuera tal como tú deseas. Esto le ayudará a que llegue, a la larga, a ser como tú deseas.

Durante el noviazgo sólo se ven las buenas cualidades de la persona a quien se ama. Con los defectos hay mucha indulgencia. En cambio de casados ocurre al contrario: hay cierta tendencia a olvidar las buenas cualidades y a aumentar los defectos.

«El mayor obstáculo para el ajuste en el matrimonio es el miedo de ser dominado. (...)

»Es éste un miedo peligroso, porque hace que ambos se pongan a la defensiva en lugar de preocuparse por el mayor bienestar del otro.

»Tan pronto como uno traslada la atención de la persona amada a uno mismo, el verdadero amor está amenazado. (...) Si una persona tiene miedo de ser dominada, la otra queda contagiada del mismo miedo, y surge un conflicto»[3] .

El orgullo desempeña un papel muy importante en las disputas matrimoniales.

El remedio es la humildad, reconocer los errores y dar explicaciones aprovechando un rato de calma.

Y si se domina el buen humor es un modo magnífico de terminar muchas disputas.

Las dificultades conyugales son menos graves de lo que parecen, y pueden superarse con buena voluntad.

---

[1] ENRIQUE ROJAS: *El amor inteligente, IV, 5.* Ed. Temas de hoy, Madrid. 1997.

[2] Concilio Vaticano II: *Gaudium et Spes:* Constitución sobre la Iglesia en el mundo actual, nº 48

[3] ANA MOW: *El secreto del amor matrimonial, 2ª, VIII.* Ed. SAL TERRAE. Santander.

«Supongamos dos esposos que después de algunos años de convivencia se encuentran en plena discordia, pero de tal modo exasperados y furiosos que quieren separarse lo antes posible y a costa de lo que sea.

»Al principio estaban muy contentos, se consideraban felices; ahora, en cambio, maldicen el día en que se casaron.

»¿Cómo ha sido eso?

»Los dos tienen defectos, pasiones, errores, pero, ¿quién no los tiene? ¡Cuántos tienen los mismos defectos que ellos, o acaso más, y sin embargo viven en paz! ¿Qué es lo que les ha conducido a la infidelidad y a la ruina?

»El esposo, algún tiempo después del matrimonio, ha comenzado a darse cuenta de las lagunas y defectos de su esposa, y esto le ha disgustado y le ha irritado.

»Bondadosamente, le ha hecho notar estas cosas, pensando que su mujer se enmendaría pronto de sus defectos. ¡Le parecía tan sencillo y tan fácil! Pero ella no se ha corregido...

»Entonces la atención del marido se ha centrado más y más sobre las faltas y errores de ella, con lo que su desagrado, y luego su mal humor, han ido en aumento.

»Parecíale que ella no tenía buena voluntad y no le amaba, pues nada cambiaba su conducta, ni su modo de hacer; lo cual cada vez le disgustaba, irritaba y hería más vivamente.

»Pero también el marido tenía lagunas, defectos, errores; y la mujer en ese mismo tiempo ha fijado su atención en ellos, y se ha desarrollado en su alma un drama igual al que se producía en el ánimo del marido.

»Pensaba que él pretendía mucho de ella y no se preocupaba de cambiar ciertas maneras suyas que la ofendían y amargaban. ¡Hubiera costado tan poco!... Y así llegaron a donde llegaron.

»Algún juez imparcial dirá inmediatamente que la conducta de los dos ha sido estúpida, y ambos han sido los autores de su desdicha.

»Si cada uno de ellos, en lugar de atender a los defectos y agravios del otro, en lugar de emperrarse en la pretensión de que el otro se corrigiera, hubiese observado sus propios defectos y se hubiera esforzado en quitar de sí lo que disgustaba al otro, habrían vivido en paz y la buena armonía se habría consolidado cada vez más.

»Ésta era la única conducta práctica razonable; era también la única cosa que cada uno podría hacer, ya que no tenía ningún poder sobre la voluntad del otro. Pero no han hecho lo que podían; han pretendido cada uno que fuese el otro el que lo hiciese, y así han llegado a ser desgraciados»[1].

[1] PABLO POVERA: *Vive tu vocación, XVII.* Ed. Herder. Barcelona

«En este proceso de mutua "domesticación" que tiene que sufrir todo matrimonio, es esencial, por una parte, la constancia y, por otra, la mutua delicadeza.

»Nada de impaciencia con los defectos del otro; mucho tacto y, sobre todo, no restregárselo con dureza, ironías o ridículos.

»Las moscas no se cazan con vinagre.

»Tampoco tratéis de rehacer el otro a vuestra imagen y semejanza.

»Por parte de cada uno de vosotros, el esfuerzo debe ser contrario: no tratar tanto de rehacer al otro, cuanto de adaptarse al otro»[1].

La mayor parte de los conflictos en el matrimonio son causados por falta de mutua adaptación.

Para que el matrimonio progrese los dos deben remar en la misma dirección.

Si cada uno rema en sentido contrario, la barca girará sobre sí misma.

Quien no esté dispuesto a adaptarse al otro, más vale que no se case.

Sin esfuerzo de mutua adaptación, el matrimonio no hay quien lo aguante.

El continuo choque de opiniones, deseos, planes, gustos, etc., convierte al matrimonio en un infierno.

Es posible que no coincidáis en gustos, planes, deseos, etc.

Pero si quieres a la persona, de buena gana aceptarás lo que ella prefiera. Cuando los dos quieren dominar, el choque es inevitable. Cuando los dos quieren adaptarse, la armonía es maravillosa[2].

El **Dr. Vallejo-Nájera** dijo por Televisión Española que la raíz de muchos matrimonios desgraciados es porque esperan demasiado del otro y quedan defraudados[3].

«Exigir del otro que se adapte, que procure mejorar su personalidad, querer que luche contra sus defectos y consolide sus cualidades, bien está.

»Pero exigir que eso se realice enseguida, y que la transformación sea inmediata, sería nefasto.

»Se obligaría entonces al cónyuge a contentarse con cambiar las apariencias, se le conduciría a adoptar unas actitudes que serían

---

[1] ROBINSON: *Educación sexual y conyugal, 4ª, III, 2.* Ed. Mensajero. Bilbao. Este magnífico libro deberían leerlo todos los chicos y chicas a partir de los 18 años. Informa admirablemente de todo lo que deben saber los jóvenes, los novios y los esposos sobre la vida sexual.

[2] MARABEL MORGAN: *La mujer total, VI.* Ed. Planeta. Barcelona. 1976. Este libro deberían leerlo todas las casadas. Si cumplieran los consejos que aquí se dan, muchos matrimonios irían mejor.

[3] Dr. VALLEJO-NÁJERA en TVE el 8-II-79 a las 4 de la tarde.

forzosamente superficiales; el resultado no tardaría en manifestarse con un retorno a las costumbres antiguas y un mutuo desengaño.

»Si hay algo que debe evitarse es eso.

»Más vale proceder gradualmente, contar con el tiempo y obtener resultados ciertos.

»Esta paciencia será sin discusión, una de las formas superiores del amor y un testimonio irrecusable de desinterés. Saber esperar a que el cónyuge logre superar sus defectos, animándole sin hostigarle, ayudándole sin desquiciarle, éste es uno de los primeros pasos en el camino del acuerdo de las personalidades.

»Este acuerdo se efectuará con tanta mayor seguridad cuanto con más calma se proceda.

»Excitarse no servirá de nada; lo más que se conseguirá es exasperarse uno mismo y exasperar al otro.

»En tal ambiente, el acuerdo, en vez de progresar, retrocedería multiplicando los roces y exacerbando los choques.

»Todo esto no quiere decir que se encierre uno en la pasividad esperando que el cónyuge se decida de una vez, a realizar un esfuerzo para adaptarse, sino que significa que al exigir de él unas manifestaciones de buena voluntad, se impondrá uno a sí mismo una paciencia a toda prueba, respetando el curso del tiempo y contando con la lentitud normal de toda evolución humana.

»Saber repetir una corrección.

»Repetirla sin dejar traslucir que está uno harto y a punto de estallar.

»Repetirla, por el contrario, con incansable afabilidad, con una pizca de buen humor, pero nunca fuera de tiempo.

»Domeñar esta impaciencia, esta precipitación, e imponerse contar con el tiempo.

»Esperar que poco a poco se efectúe la evolución requerida.

»El tiempo destruye siempre lo que se hace sin él.

»En toda observación evitar las palabras agrias; en toda crítica, evitar las palabras ultrajantes; en todo reproche, evitar la aspereza; tales son las condiciones que se requieren previamente para el acuerdo conyugal.

»Éste no puede realizarse más que en un clima en que el afán de comprensión recíproca sea evidente.

»Este ambiente se creará si de una parte y de otra se emplea la destreza necesaria para hablarse con provecho.

»La preocupación por proceder con tacto conducirá a no hablar nunca bajo el efecto de la emoción violenta que acompaña habitualmente a la primera reacción. Le sucede a nuestro espíritu lo que al agua: cuando ésta se enturbia ya no se puede ver nada en ella; hay que dejarla reposar para que recobre su limpidez»[1].

La crítica mutua en el matrimonio es buena y ayuda a mejorar.

Pero debe ser una crítica que nace del amor y se hace con amor.

No una crítica-reproche que molesta al otro. Éstas son inútiles y perjudiciales, porque deterioran la convivencia.

Una crítica que es un desahogo de la agresividad, produce agresividad en el otro. La finalidad de la crítica debe ser ayudar al otro a ser mejor.

Por eso, no pedir imposibles; ni hablar con vaguedades que no concretan lo que debe cambiar; ni en plan exigente, sino sugiriendo.

Y en el momento oportuno. Una crítica a destiempo es perjudicial, o, por lo menos, inútil.

El doctor **Enrique Rojas,** Catedrático de Psiquiatría en Madrid, en su libro *El amor inteligente*[2] , cuenta el caso de un matrimonio, con tres hijos, a punto de separarse, porque él, excelente profesional, sólo vivía para su trabajo, y su mujer se sentía abandonada. Él dice que le gusta ser responsable de lo que lleva entre manos, aunque reconoce que habla poco; pero considera que para hablar hay que tener algo que decir, que hablar por hablar es ridículo, y que para hablar de cosas insulsas prefiere estar callado. Pero ella no aguanta esa falta de comunicación. Y él se queja de que ella está siempre protestando de todo.

Total, que la falta de comunicación iba a acabar con ese matrimonio.

En el matrimonio **no basta coexistir**, hay que convivir. Y esto no es posible si no tienen nada en común. Hay que compartir gustos, ideas, valores. No basta que los cuerpos estén juntos, si las almas están separadas[3] . Para la armonía matrimonial es fundamental la comunicación.

El hablar aclara las cosas. El silencio enreda cosas que no debían haber sido problema.

Un día, una esposa ve pasar a su marido en su coche con una joven al lado. Es una compañera de trabajo, y la lleva al médico. Pero su mujer se imagina lo peor. Cuando él llega a casa, con toda naturalidad, y como siempre, va a besar a su esposa. Ella con la idea que tiene en la cabeza lo recibe displicentemente. Él se extraña, pero calla. Ella también calla. Al día siguiente él se acerca a darle el beso de costumbre, y nota en ella la misma reacción. Al tercer día, se va directamente a su habitación sin

---

[1] CHARBONNEAU: *Noviazgo y felicidad, V, 2.* Ed. Herder. Barcelona, 1970

[2] ENRIQUE ROJAS: *El amor inteligente,II.* Ed. Temas de hoy. Madrid.1997

[3] JUAN LÓPEZ PEDRAZ, S.I.: *Tres trampas en el noviazgo, XIII.* Ed. Paulinas. Caracas, 1978

besarla. Ella saca su conclusión: «no hay duda que se ha liado con la otra». Ya tenemos una tragedia que se hubiera evitado sin el silencio de los dos.

Hay mujeres que se quejan de que sus maridos no hablan; pero no caen en la cuenta de que ellas no dejan hablar, pues son interminables narrando sus cosas. Otras interrumpen continuamente lo que a ellos les parece interesante contar, con multitud de «cositas»: ¿cómo te has hecho esa mancha? ¿Está buena la sopa? ¡Ten cuidado con la ceniza!, etc.

Así dan a entender a su marido que lo que él les cuenta no tiene para ellas ningún interés, y al marido se le quitan las ganas de hablar.

Escuchar no es lo mismo que alternancia en el monólogo, donde cada uno aprovecha una pausa del otro para retomar el hilo de lo que estaba diciendo. No es lo mismo oír que escuchar.Al escuchar intentas comprender al otro. Quien se siente escuchado se siente querido. Escuchar a una persona es valorarla. Todos necesitamos ser valorados por los demás. Si a una persona no se la hace caso, no se la valora, se sentirá frustrada.

Esto la llevará a fracasar en la vida y a vivir amargada.

También es importante amar lo que el otro ama: su familia, su profesión, sus aficiones. Despreciar estas cosas enfría el afecto y distancia las personas.

La comunicación es indispensable, pero debe hacerse en el momento oportuno. Empeñarse en tenerla inoportunamente es contraproducente.

Y, desde luego, no confundir la comunicación con el reproche.

Hay personas que siempre están poniendo defectos al otro. Resultan insoportables. Para que el reproche sea eficaz debe ser oportuno.

Y, por supuesto, nunca delante de terceras personas.

Para remediar las desavenencias en el matrimonio te recomiendo este libro excelente: *Felicidad conyugal: sus obstáculos; su éxito*[1] .

Además de ser un libro provechosísimo para los casados, también lo es para los que se acercan al matrimonio; para que sepan, desde el principio, evitar todos los pasos que les aparten de la felicidad conyugal.

El matrimonio, como todas las cosas, tiene su lado negro; y es necesario soportarlo.

El sufrimiento es en esta vida inevitable, y hay que aceptarlo.

Nunca deberemos olvidar que incluso en un matrimonio en el que reine un verdadero amor, siempre habrá lugar para el sacrificio. A veces puede ser necesaria una autodisciplina, tan recomendada por la ascética cristiana, para el control sexual de los esposos. Incluso en la formación

[1] ÁNGEL DEL HOGAR: *Felicidad conyugal.* Ed. Desclée. Bilbao

integral prematrimonial, siempre deberá promocionarse el sacrificio como elemento indispensable del matrimonio cristiano.

La felicidad de un matrimonio **no se hunde** porque en alguna ocasión pueda haber un disgusto. Son consecuencia de la fragilidad humana. Pero siempre sale el sol después que pasan los nubarrones. Cuando hay amor y virtud las dificultades son más llevaderas. Es muy difícil que en un matrimonio no surjan problemas. Lo importante es que se mantenga el amor, y se sobrelleven con virtud los defectos de la otra persona.

Y no contar a terceros las desavenencias conyugales; a no ser para pedir consejo a persona amiga e imparcial.

Los esposos deben saber **apreciarse mutuamente**.

Que la mujer aprecie el trabajo de su marido, su prestigio social, su responsabilidad, sus éxitos, etc. Que el marido sepa apreciar lo que supone la consagración total de la mujer a los hijos y al hogar. Jamás decir nada que pueda suponer menosprecio del otro, aunque sea una pequeñez.

Dar siempre a entender, en el hablar, que se siente admiración por el cónyuge. «Uno de los puntos esenciales para mantenerse enamorado es seguir admirando al otro y alimentando las bases positivas que hicieron nacer ese amor. (...) El amor es como el fuego. Hay que avivarlo. si no, se apaga. Hay que nutrirlo de detalles pequeños»[1].

«A una persona se la conoce cuando sabemos qué valores tiene. Compartir sus valores es el primer pasom para el amor»[2].

No es raro el enfrentamiento entre **nuera y suegra.**

Las dos aman al mismo hombre y pueden surgir celos entre ellas.

El perjudicado es el hombre que quiere hacer feliz a su mujer, pero no puede desatender sus obligaciones de hijo. El ideal sería que las dos fueran comprensivas. La nuera comprendiendo que su marido tiene que atender a su madre. Y la suegra no entrometiéndose en el matrimonio.

Muchos matrimonios han fracasado por las intromisiones de las suegras. Los matrimonios deberían colocar el cartelito de PRIVADO sin que por eso la suegra se sienta rechazada[3].

Otra dificultad puede estar en los antiguos amigos de cada cónyuge.

A veces son de ambientes muy distintos, pero ambos deberían ser agradables con los amigos del otro.

Pero ambos, también, ser prudentes para evitar que un antiguo amigo o amiga sea un «intruso» en su matrimonio[4].

---

[1] ENRIQUE ROJAS: *El amor inteligente, IV, 3s.* Ed.Temas de hoy. Madrid. 1997.

[2] JOSÉ Mª CONTRERAS: *Pequeños secretos de la vida en común, IV, 3.* Ed.Planeta+Testimonio

[3] ANA MOW: *El secreto del amor matrimonial, 2ª, IX.* Ed. SAL TERRAE. Santander.

[4] ANA MOW: *El secreto del amor maytimonial, 2ª, X.* Ed. SAL TERRAE. Santander.

¿Cómo hacer fracasar un matrimonio?

1º Abandonar las muestras de amor al otro cónyuge.

2º Dejarse llevar del amor a tercera persona.

3º Supervalorar los defectos del otro cónyuge.

4º Contestarle mal y alzarle la voz.

5º Prolongar los pequeños enfados, mantener la mala cara y ser difíciles para perdonar y pedir perdón, cuando sea necesario.

6º Desinteresarse de las cosas del otro.

7º Despreocuparse de hacerle feliz.

8º Molestarle continuamente.

Para salir del conflicto matrimonial:

1º Tomar conciencia del problema.Nada se resuelve si no se conoce su existencia.

2º Que los dos quieran resolverlo.

3º Buscar las causas que lo han originado.

4º No echarse la culpa mutuamente.

5º Perdonar: pedir perdón; ofrecer perdón.

6º Partir de lo que los une, y apoyarse en ello.

7º Buscar posible solución.

8º Diálogo: Ponerse a hablar. Preguntarse, ¿qué nos pasa?

9º Escuchar. Aguantar. Tolerar.

10º Buscar ayuda en tercera persona (amigo, consejero, sacerdote); pero no para que nos dé la razón a nosotros.

La felicidad del hogar no puede buscarla cada uno independientemente del otro.

Ha ha de ser felicidad de los dos al mismo tiempo. El amor es un encuentro interpersonal de un «yo» con un «tú» para formar un «nosotros». «El auténtico amor no busca que la otra persona le haga feliz a uno, sino que uno busca hacer feliz a la otra persona, y en hacerla feliz encuentra su propia felicidad»[1] . La felicidad conyugal es una conquista diaria. Fuego que no se alimenta, se apaga. Lo mismo ocurre con el amor Exige a uno y otro un empeño continuo para bien de la pareja y del hogar. No siempre es fácil comprenderse. Hace falta cierto esfuerzo para salir de sí mismo y encontrar el camino de la armonía.

Amar es, ante todo, **buscar el bien del otro**.

Hay matrimonios que, después de muchos años, se quieren más que en sus primeros tiempos, precisamente por el mutuo perfeccionamiento conseguido con este continuo vencimiento para hacerse mutuamente

[1] JUAN LÓPEZ PEDRAZ, S.I.: *Cristianos en busca de respuestas,XIII,10.*Ed.Sal Terrae.Santander

felices. Si quieres evitar muchos disgustos en el matrimonio, busca complacer y hacer feliz a tu cónyuge antes que tus gustos y comodidades.

Cuando los dos esposos procuran complacerse mutuamente, por encima de los intereses y gustos particulares de cada uno, el matrimonio es mucho más suave. Extremar la delicadeza en todo momento, la higiene íntima, los modales educados. La grosería, el descuido, la indelicadeza, la suciedad, llevan al fracaso matrimonial. La mayor intimidad exige el máximo cuidado en la persona y en los actos, si no se quiere labrar la propia desgracia, destrozando afectivamente el matrimonio.

Mujer, para tu armonía matrimonial:

1. Acepta a tu marido como es.
2. Admíralo en sus valores. Un hombre se siente feliz al verse admirado por su mujer. En cambio una de las cosas que más le humilla es ver que ella le desprecia. El desprecio mata el amor.
3. Adáptate a su vida y no intentes que la cambie por ti.

Para procurar la felicidad de tu esposo, debes caer en la cuenta de que su psicología es muy distinta de la tuya.

«La clave de la psicología masculina está precisamente en el predominio de las **facultades de acción** (razón y voluntad) y en el desarrollo menor de la sensibilidad. (...)La diferenciación sexual es algo que va con la naturaleza. No todo se debe a la educación. Aunque ésta puede influir también. Si una niña de cuatro años coge el lápiz de labios para pintarse delante de un espejo, piensas: «esta niña va a ser presumidilla».Y no te preocupas. Pero si esto lo hace un niño, te preocupas de que vaya a resultar afeminado. En cambio no te preocupas si le ves jugar con coches y aviones. El hombre, tiene necesidad de trabajar, organizar, construir. Puede pasar durante el noviazgo o los primeros meses de casado, por un período en que el amor lo ocupe todo. De ordinario esto no le dura mucho tiempo. Un hombre, verdaderamente tal, que pueda vivir del amor, no existe. Una mujer no puede ser más feliz que si se entrega a seres de carne y hueso. El hombre no tiene más dicha que cuando se entrega a los negocios, a la actividad, a una obra, sin que esto excluya su dedicación a la familia.Por eso debes comprender esta necesidad de acción de tu marido. Y no debes asombrarte de que tu marido no piense tanto en ti, como tú piensas en él o en tus hijos. No acoses a tu marido exigiéndole que te dedique más tiempo. agobiarle así es contraproducente. Todo hombre se vuelve hacia la actividad exterior. Es feliz cuando construye, crea algo. La mujer no desenvuelve su verdadera naturaleza más que cuando se entrega a un gran amor, y puede sacrificarse por los seres a quienes ama»[1].

No exijas a tu marido una delicadeza y una ternura que «a él no le va». Los hombres son más fáciles a expresar su desagrado que su satisfacción.

Tú procura hacer bien todas las cosas. Pero no esperes una alabanza de tu marido por ello. Él está acostumbrado a que en su trabajo no se le suele felicitar por lo que está bien hecho. Eso suele ser lo normal. En cambio se le reprende si algo no está bien. Fácilmente él emplea la misma táctica en casa. Es lógico que a ti te gustaría que te agradezca el esmero que pones en tus cosas. Pero a él, ni se le ocurre. No lo lleves a mal. Es el modo de ser del hombre[2]. La esposa debe ayudar al marido a que vaya conociéndola cada vez mejor «descubriéndole cada vez más el alma femenina: sus anhelos íntimos, sus quejas, sus ilusiones, lo que le duele, desanima o humilla, lo que espera o desencanta de él»[3].

Tu marido quiere que necesites de su amor. Disfruta, si tú disfrutas con él. Procura conseguirlo y decírselo. Le llenará de satisfacción[4].

Puede ocurrir que tu amor no sea tan apasionado como el suyo; pero siempre puedes mostrarte cariñosa y complaciente.

No es el momento de hablarle de temas que nada tienen que ver con este asunto.

Cuando tengas que negarte, hazlo con delicadeza. Que quede bien claro que no lo rechazas a él, que estás deseando complacerle, pero en otro momento.

El hombre es consciente de su fuerza física en contraposición a su esposa. Y no es haciendo prueba de fuerza como la esposa obtendrá algo de su marido, sino tomándolo en el momento oportuno por la ternura.

La mujer es débil ante el marido cuando pretende usar la fuerza; es fuerte y omnipotente sobre él cuando obra por la ternura. Dulzura, paciencia y tiempo hacen más que fuerza y rabia[5].

Para saber interpretar diversas actitudes de tu esposo, te conviene saber que el hombre es más amigo de sus comodidades y de su bienestar, que la mujer. Es sensual en todo el sentido de la palabra.

La mujer sacrifica regularmente sus comodidades a su vanidad. Es

[1] PAULA HOESL: *Joven, si quieres ser moderna..., IV, 5.* Ed. Studium. Madrid. Excelente libro que deberían leer todas las muchachas.

[2] VICENTE LOUSA, S.I.: *Tu marido y tú.* León

[3] FRANCISCO DE LA VEGA, S.I.: *El amor no se improvisa. Apéndice IV.* Ed. Mensajero. Bilbao

[4] MARABEL MORGAN: *La mujer total, X, 5s.* Ed. Planeta. Barcelona, 1976. Excelente libro que deberían leer todas las casadas de cuando en cuando, para no olvidar sus consejos.

[5] Padres Oblatos de María Inmaculada: *Curso de preparación al matrimonio. Lección XV.* . Madrid

capaz de hacer grandes sacrificios para estar bella.

El hombre, por el contrario, sacrifica alegremente su vanidad a sus comodidades: se quita la corbata, o crea modas que la suprimen; se pone en mangas de camisa, se instala cómodamente en el mejor sillón, ronca allí. Y no se molestará en echar la ceniza dentro del cenicero.

He aquí unas normas para tu vida como esposa y madre:

Serás una celosa y prudente administradora. No permitas lujos que tu posición no te admita.

Tampoco pasarás la vida protestando porque los cortos ingresos de tu marido te impiden competir socialmente con amigas tuyas.

No le darás demasiada importancia a tu propia familia, ni le darás demasiada poca a la de tu esposo. Aunque ames a los tuyos como siempre y te encante visitarlos frecuentemente, tendrás presente que el primero y más grande amor de tu vida es **tu marido**.

No amargues la vida de tu esposo manteniendo relaciones tirantes con su familia.

A sus padres, míralos como si fueran los tuyos.

Nunca hables mal a tu marido de su familia, y menos de su madre. Instintivamente cogemos antipatía a las personas que nos hablan mal de quienes amamos.

La esposa no debe tener celos de que su marido tenga con su madre las atenciones que no pueden faltar en todo buen hijo; ni de que su suegra tenga por su hijo el interés natural en toda madre.

Embellecerás tu hogar y serás tú misma el motivo central de la decoración. Con eso lograrás que tu esposo no pierda el gusto hacia el hogar y hacia ti.

Por muy modesto que sea tu hogar, si despliegas tu ingenio y tu buen gusto, puedes convertirlo en un bello retiro lleno de luz y alegría, donde tu esposo ansíe refugiarse después de las largas jornadas de trabajo.

Que el marido esté en casa cómodo y a gusto. Los griegos decían: «Mucho hogar, esposo firme».

En el modo de arreglarte, no te olvides que debes resultar atractiva sólo para tu marido.

Ante las demás personas basta que estés presentable. Domina tu vanidad.

e) Cariño matrimonial: Cuéntale a tu mujer las cosas que creas pueden interesarle. Pídele a veces su parecer sobre asuntos en que pueda darlo. Esto aumenta la unión y la compenetración.

El hombre prefiere expresar su amor con hechos (trabaja para su esposa, le es fiel, etc.) pero no debe olvidar que a ella le gusta oír que se la quiere. Y mucho más si lo oye sin haberlo preguntado.

No debes olvidar que la mujer es mucho más sentimental y afectuosa que le hombre, y que, por consiguiente, está mucho más necesitada de muestras de cariño. Dáselas, pues, a menudo. Es notable que muchos que en el noviazgo tuvieron manifestaciones de amor incluso excesivas, después de casados, precisamente cuando estas manifestaciones eran más necesarias para reforzar la unión y el amor matrimonial, se portan con sus mujeres de una manera fría, seca y hasta desagradable.

La mujer es difícil de comprender. A veces, ni ella misma se comprende. Pero quien la ama, debe esforzarse por comprenderla. Ella no puede exigir que se la comprenda. Pero sí que él haga esfuerzos por comprenderla[1].

No olvides que durante la menopausia es cuando la mujer está más necesitada de amor, atención, aprecio y comprensión.

Has de saber que hay días del ciclo menstrual de la mujer y del embarazo en que la encontrarás más nerviosa, irritable, rara, inestable, triste, deprimida, malhumorada, caprichosa, propensa a las discusiones o lágrimas, etc. Hay que tener paciencia con ella. En estos días él debe mostrarse especialmente conciliador, comprensivo, lleno de ternura y delicadeza. Esos días ni ella misma se entiende. Hasta las caricias es posible que la molesten y cansen. Lo mejor es dejarla en paz y esperar.

El amor exige respeto, ternura, delicadeza, generosidad, fidelidad.

Muchos matrimonios fracasan, no por falta de conocimientos sexuales, sino porque marido y mujer no han llegado a valorarse y respetarse como personas. Conocer el funcionamiento del sexo es fácil. Pero esto no basta para querer al otro como persona.

El acto matrimonial no debe ser una relación mecánica cuerpo a cuerpo, sino una relación amorosa persona a persona. Debe ir saturado de amor a la persona.

Este amor es fundamental para que haya familia. «Para que haya familia tiene que haber matrimonio. Y el matrimonio queda constituido con la

[1] CHARBONNEAU: *Noviazgo y felicidad, III, 2.* Ed. Herder. Barcelona, 1970

entrega comprometida y definitiva ante Dios y ante la comunidad de dos personas que así se convierten en esposo y esposa»[1].

El marido no debe considerar su casa como una fonda a la que sólo va a dormir. Debe dedicar tiempo a su mujer y a sus hijos. Debe saber hacer sentir a su mujer que necesita de ella. El sentirse necesaria, la llenará de satisfacción.

Procura reconocer y agradecer las atenciones y delicadezas que tu mujer tenga contigo. Dile que la comida que te ha preparado está muy buena. Pero nunca le digas que tu madre lo hacía mejor, aunque sea verdad. Que no se sienta menospreciada, sino animada a hacer las cosas a tu gusto.

Y si las cosas no están a tu gusto, no hagas por ello una escena: dáselo a entender a ella, pero con cariño.

Cuando tengas que reprenderla, no lo hagas nunca en el mismo instante en que te ha molestado. Lo más probable es que en ese momento seas excesivo en tus reproches, ella se resista y la cosa empeore.

Espera un momento oportuno, y en la soledad y con cariño dile dulcemente lo que quieres.

Dale a tu mujer de buena gana el dinero suficiente para los gastos de la casa, dejándole un poco de libertad en el modo de gastarlo, y no exigiendo cuentas demasiado detalladas, aunque ella debe consultar contigo cuando haya de tomar una resolución importante.

Algunos matrimonios, para evitar conflictos en la administración del dinero, hacen, de los ingresos destinados a gastos, tres partes desiguales:

a) una cuota fija para los gastos necesarios de la casa que administra la mujer;

b) otra cuota fija para los gastos que el marido quiera hacer;

c) otra cuota fija para que la mujer la gaste en sus cosas con entera libertad.

De esta última cuota ella debe vestirse, hacer los gastos superfluos que le parezca, etc.

Llévala contigo siempre que sea posible.

Dedícale algunos ratos para que pueda hablar contigo de lo que ella quiera, y escúchale de buena gana.

Interésate frecuentemente por su salud y esmérate en atenciones cuando no se encuentre bien.

Una de las cosas que más ilusiona a una mujer es ver sus deseos

[1] PABLO LÓPEZ CASTELLOTE: *Los cristianos y la educación de los hijos, V, 12.* Ed. CEAC. Barcelona, 1981

97,7e

cumplidos, sin necesidad de exponerlos. Procura esforzarte por adivinarlos y satisfacerlos...

No le regatees alabanzas cuando se presente la ocasión. Sobre todo si es joven, no dejes de decirle alguna vez que ese vestido le sienta bien, o que con ese otro peinado te gusta más. Que no le falten tus elogios a su belleza y a sus cualidades. Es posible que los reciba de otros hombres y le falten de quien con más razón debe esperarlos.

El amor conyugal está hecho de **mil detallitos** aparentemente sin importancia, que sin embargo contribuyen mucho más de lo que se cree a la felicidad del hogar. El amor se alimenta de pequeñeces, de insignificantes detalles. Las delicadezas son el lenguaje habitual del amor.

Es mucho lo que puede contribuir a la felicidad de un hogar la ternura de un hombre para con su mujer, y los detalles de consideración y delicadeza que tenga para con ella. Hazle algún regalo por su santo, en el aniversario de la boda, etc., aunque sea una pequeñez. No es el valor material de la cosa, sino la delicadeza del recuerdo y del regado lo que llega al corazón.

Con más razón debes tener otras atenciones y delicadezas que no cuestan dinero, como son algunas muestras de cariño, reconocer sus valores y esfuerzos por atenderte, alabarla delante de otras personas, mostrarte orgulloso de ella: pocas cosas hacen más feliz a una mujer que el sentirse apreciada.

Ten cuidado de no prodigar tus alabanzas hacia otras mujeres delante de la tuya. Evita los piropos o atenciones excesivas a otras mujeres.

Y si lo que haces es complacerte comentando viejos amores del pasado, es algo que lógicamente a tu mujer ha de dolerle profundamente.

No elogies los encantos de tu secretaria o de tu vecina. Que de ninguna manera pueda ella encontrarse subestimada por ti. Por el contrario, no regatees elogios sinceros a tu esposa, y sé con ella tan amable y tan atento como cuando te enamoraste de ella.

Vuestra intimidad no debe ser origen de descuidos, desatenciones y negligencias que enfríen vuestro cariño.

Mucha delicadeza. Si vas a llegar tarde a cenar, procura avisar a tu mujer.

No manches sin necesidad, ni seas desordenado. Cosas que para ti no tienen importancia, a ella le ponen nerviosa y serán motivos de disgustos.

Cuando la mujer se enamora sueña con el hombre ideal. Por eso es fácil que se sientan molestas, descontentas, o defraudadas ante pequeños defectos de su marido que hacen derrumbarse a sus ojos el mito de «hombre ideal» que se habían formado.

Por eso no basta ser fiel, amoroso, y capaz de triunfar en la vida.

Tienen importancia sobre todo, aquellos defectos que en público pueden ponerla en ridículo: tratar mal a un camarero, dar una propina tacaña, llevar los zapatos sucios, una mancha en la corbata, petulancia en querer llevar siempre la razón, vanidad hablando siempre de sí, presunción poco varonil; contemplarse en los espejos como una mujer, etc.

También tienen importancia detalles que se relacionan con ella; ir por la calle a un paso que ella no puede seguir; seguir leyendo el periódico cuando ella te habla, sin hacerla caso, o escucharla con cara de mala gana; humillarla (y mucho menos en público) diciéndole cosas desagradables, como por ejemplo: «Tú cállate, que de esto no entiendes ni una palabra».

Hay maridos que no hablan con sus mujeres; sólo mandan.

Muchas mujeres se quejan de que su marido sólo es cariñoso con ella cuando desea relaciones sexuales.

El marido debe ser cariñoso con su esposa aunque no tenga intención de llegar al acto conyugal.

En este caso debe procurar que sus caricias íntimas no provoquen el orgasmo, pero si éste se produjese inesperadamente, no debe tener preocupación moral. Así opina el célebre moralista **Häring** que añade: «Es un deber fomentar el amor conyugal no sólo en el contexto del acto conyugal completo, sino también y especialmente, en los momentos en que los esposos no tienen intención de practicar el acto conyugal»[1].

Para procurar la felicidad de tu esposa debes caer en la cuenta de que su psicología es distinta de la tuya.

Puede ser que tu proceder impetuoso para exigir lo que tienes derecho, a ella -por naturaleza menos pasional que tú- le parezca brutal.

Debes, por lo tanto, proceder en esto con moderación, delicadeza y cariño.

La mujer es más lenta y necesita preparación.

«El marido debe darle gran importancia al juego sexual previo. Debe tratar de crear el deseo sexual de la esposa antes del coito. Tener sexo sin preparar a la esposa, sin un beso, ni un cariño, es algo que el esposo no debe nunca hacer. Por lo menos debe dedicar cinco o diez minutos antes del coito a crear un ambiente sexual. Con palabras de cariño, con besos, abrazos y las caricias que más halaguen a su esposa. Debe conquistar en cierto modo, a la esposa cada vez que le va a pedir sexo»[2].

«El hombre puede alcanzar el orgasmo en dos minutos. En cambio la mujer es frecuente que necesite de diez a quince minutos de estimulación

[1] BERNHARD HÄRING: *SHALOM: Paz, XVII; 8,8.* Ed. Herder. Barcelona. 1998.

[2] Dr. J. DOMÍNGUEZ: *Felicidad sexual, VI, 1, c, 1.* Ed. Ultra. Nueva York. 1971.

activa para llegar al mismo resultado. Es que la voluptuosidad en la mujer es más un acto psíquico que fisiológico. Es preciso saberla despertar juiciosamente, sin violencias ni brusquedades hasta que se entregue totalmente en un acto de amor»[1].

«Por eso el hombre debe evitar ser brusco, desconsiderado, impaciente. No debe exigir lo que no haya sido capaz de hacer desear a su mujer. La mujer también se apaga más lentamente después del orgasmo, por lo tanto, conviene seguir ocupándose de ella, acariciándola durante unos momentos»[2].

«Es frecuente que a ella le sobrevengan varios orgasmos sucesivos (tres o cuatro), abarcando una duración de uno a cinco minutos. Es esencial que el hombre no se separe durante este período, si quiere dar a la mujer el placer que desea.(...) La mujer debe quedarse con la impresión de que se la ama por ella misma; que no es un objeto que se abandona después de usado.

»Algunos testimonios de profundo amor en el posludio tienen una importancia capital.(...) La relación conyugal es un acto de amor. Nace en el amor y aporta a la pareja una intensificación de este amor. Pero es necesario que sea un amor de donación, un amor generoso en que la atención al «tú» predomine siempre sobre la búsqueda de la satisfacción propia»[3].

Si en lo que ocurre en el lecho conyugal no está presente la ternura, es muy probable que aquello resulte insatisfactorio.

El marido **no puede olvidarse** de los derechos de su mujer.

Si la deja insatisfecha será para ella una tortura y terminará aborreciendo el acto conyugal. El acto matrimonial debe ir saturado de ternura.

Prolongar el cariño en este momento es de los puntos más apreciados por la mujer. La ternura ennoblece la sensualidad, sin extinguirla. Cuando ésta falta, el acto conyugal queda enormemente empobrecido. La unión psíquica del amor vale mucho más que todas las satisfacciones sensitivas.

El ideal es que el orgasmo **sea simultáneo**. Por eso el hombre debe dominarse y no eyacular hasta que la mujer dé indicios de que se acerca al orgasmo.

«Tras el orgasmo, hombre y mujer deben seguir pendientes el uno del otro. La separación brusca de los cuerpos en tales momentos es un mal final, ya que traduce poca ternura. El acto sexual más completo es aquel que se prolonga tras el orgasmo, manteniendo unida a la pareja en un

[1] DR. A. WILLY: *Enigma de la sexualidad, 5,I,1.* Barcelona.

[2] EFRÉN QUINTANILLA: *La vida sexual, XVII, 4.* Ed. Everest. León, 1974. Este libro es muy útil como preparación sexual antes del matrimonio, tanto a hombres como a mujeres.

[3] GAUDEFROY: *Estudios de Sexología, XI, 4, B, c.* Ed. Herder.Barcelona. 1968

abrazo interminable»[1].

Ha dicho el Papa **Juan Pablo II**: «El marido que trata a su mujer sin amor, sino sólo como objeto de satisfacción del instinto, adultera con su propia esposa»[2].

No es raro el fenómeno de la frigidez en la mujer que no llega al orgasmo en el acto conyugal con su esposo. Eso tiene fácil solución consultando con un médico. Podría ser solución el que la mujer no se contente con estar pasivamente dejando que él lo haga todo. Si ella participa activamente en el juego sexual, puede remediar su mal.

«El primer coito es un momento delicado. El joven, casi siempre hiperexcitable, puede tener poca paciencia, ante una muchacha poco despertada sexualmente... Es excepcional que la desfloración sea realmente dolorosa. Si el esposo la realiza en el ambiente de ternura y profundo amor que es normal en los primeros días del matrimonio, la mujer no experimentará ningún trastorno. La mínima hemorragia que se produce frecuentemente al rasgar el himen, no tiene consecuencias; sin embargo, conviene dejar que se produzca la cicatrización durante tres o cuatro días absteniéndose de relaciones sexuales en este breve período. Es un verdadero sacrificio para el marido, pero será apreciado por la mujer»[3].

Hoy hay una excesiva preocupación por la técnica sexual y la mecánica del orgasmo. Esto hace que le coito pierda la espontaneidad de un acto que debe brotar del amor, y lo que resulta es de un efecto contrario a lo que se pretendía.

Dice el Dr. **May** en *Love and Will*: «No es sorprendente que las tendencias contemporáneas hacia la mecanización del sexo tengan mucho que ver con el problema de la impotencia. La característica distintiva de la máquina es que puede realizar todos los movimientos, pero nunca siente».

«Durante algunos años proliferaron abundantemente los libros sobre técnicas sexuales. Recientemente se ha dicho que más matrimonios se han visto perjudicados por estos libros que los que se han beneficiado. El énfasis en la técnica hace que se dé más importancia a la mecánica que a las propias relaciones.(...) Es un acercamiento egoísta en el que cada uno busca su propia autosatisfacción. (...) El otro es un accesorio para su placer solitario»[4].

«En la relación sexual se trata principalmente de amor y no de técnica.

---

[1] ENRIQUE ROJAS: *El amor inteligente, IX*. Ed. Temas de hoy. Madrid. 1997.

[2] Revista ECCLESIA, 2002 (18-X-80)6

[3] GAUDEFROY: *Estudios de Sexología, 2º, XII, 2, 2.* Ed. Herder. Barcelona. 1968

[4] ANA MOW: *El secreto del amor matrimonial, 2ª, IV.* Ed. SAL TERRAE. Santander .

La preocupación por la mecánica sexual puede agotar el amor y convertirlo en una caricatura desgraciada y artificiosa del mismo. En cambio, el amor y la generosidad mutua llegarán a conseguir, por sus insospechados caminos, resultados muy superiores a los "técnicos". Esta preocupación por las **técnicas sexuales** tiene su base en el concepto de que el hombre no es más que un animal desarrollado; y, por lo mismo, lo más importante en sus relaciones sexuales será la cantidad de placer físico que ellas puedan producir. Todo esto es una idea absurda y muy triste acerca de la naturaleza humana y del amor conyugal.

»De esta idea absurda proviene en algunos la obsesiva y maniática ansiedad por buscar resultados siempre más artificiosos. Ansiedad y manía que tantas veces lleva al callejón sin salida del hastío sexual o de las aberraciones sexuales.

»Se asemeja a la actitud del gastrónomo que estuviera estudiando y planeando laboriosamente cada plato, con ansiedad de conseguir siempre el máximo placer de su comida. En realidad, éste goza en comer mucho menos que la gente normal.

»Lo mismo ocurre en la vida conyugal; los "técnicos" se enredan en ansiedades y preocupaciones artificiosas, mientras que los esposos normales se aman libres de preocupaciones, sin que la ansiedad por el máximo placer físico posible pueda empeñar su espontaneidad, su alegría y su gozo al entregarse mutuamente; factores éstos mucho más importantes para la plenitud de la felicidad sexual. Volvemos a repetir que no hay mejor técnica para el ajuste sexual que el verdadero amor mutuo, la consideración hacia el otro y el deseo de cada uno de hacer feliz a su pareja.

»En el sexo se repite lo que ocurre en tantos otros aspectos de la vida: que da mucha más felicidad el dar que el recibir. Aquí tiene esto una especial significación, porque, esencialmente, el acto conyugal es un don»[1].

El amor conyugal no es una simple aventura de goce apasionado. El goce físico debe estar al servicio de la ternura. La unión sentimental debe preceder a la unión de los cuerpos: esta última se convertirá así en expresión de un amor que ya existe en los corazones[2].

El acto conyugal debe ir siempre **saturado de ternura**. Si este acto «no nace del amor va contra el recto orden»[3].

«El encuentro genital será de verdad auténtico si entre los esposos hay una constante y concreta actitud de amor mutuo, demostrada prácticamente a lo largo de las más diversas situaciones de la vida.

[1] ROBINSON: *Educación sexual y conyugal, 3ª, V, 1ss.* Ed. Mensajero. Bilbao.

[2] PABLO VI: *Humanae Vitae, nº 13*

[3] FERIN-PONTEVILLE: *Amor y fecundidad, IV, 4.* Ed. ELER. Barcelona, 1964

»Es necesario, en efecto, recordar que la unión sexual, para estar verdaderamente en consonancia con la naturaleza humana, no puede reducirse solamente a la búsqueda de sensaciones voluptuosas, sino que debe expresar sobre todo una fusión completa entre el hombre y la mujer, penetrando simultáneamente sus facultades del cuerpo y del espíritu»[1].

No es lo mismo amor que deseo. El amor es del alma y el deseo es del cuerpo. El amor matrimonial debe ser total: de alma y de cuerpo.

Decálogo de la esposa:

1.- El hogar será lo que tú hagas de él. Ésa debe ser la gran obra de tu vida.

2.- Te corresponde la administración inmediata de los bienes. Sé previsora, prudente y con gran sentido común.

3.- Que tu buen gusto y tus desvelos -más que tu dinero- hagan del hogar un refugio acogedor para cuantos constituyen tu familia.

4.- Procura seguir siendo siempre la novia de tu marido. Y que ello se note tanto en tus palabras como en tu presentación.LL

5.- Jamás olvides que antes que tus mismos hijos -y por supuesto tus padres- está tu esposo.

6.- Que tus palabras, tu alegría y tu sosiego sean alivio y descanso para cuantos constituyen tu hogar, o se acercan a él.

7.- Tu primer deber hacia tus hijos se llama ternura. Sobre ella, como base, te será fácil ir ejercitando, a una con tu marido, ese arte difícil y delicado que se llama educar.

8.- No grites, ni pierdas los estribos. Te harás obedecer mejor si dices a tus hijos las cosas con calma.

9.- Pon especial cuidado en el orden y administración del hogar: en las horas de las comidas, y en la prudente economía.

10.- Finalmente, si tienes la dicha de tener fe, busca tu apoyo en Dios, pues el Él encontrarás siempre la fuerza y la gracia que necesitas para llevar adelante tu hermosa misión en la vida.

Decálogo del esposo:

1.-Soluciona tu vida -al menos en lo fundamental- antes de constituir una familia

2.- Tu trabajo es importante, pero que no te absorba de tal modo que te robe un tiempo que debes a los tuyos.

3.-El buen humor, la permanente serenidad de espíritu, es el regalo más valioso que puedes ofrecer a tu esposa y a tus hijos.

4.- Tu esposa debe ser tu mejor amiga y compañera. Y has de tener hacia ella las mismas atenciones, al menos, que tenías cuando era sólo tu

[1] GIACOMO SANTORI: *Compendio de sexología, 1º, IX, 6.* Ed. FAX. Madrid, 1969

novia.

5.- Respeta su campo de trabajo. Pocas cosas hay tan ridículas y perjudiciales como un marido quisquilloso y entrometido en lo que es propio de su mujer.

6.- Si tu esposa está en condiciones de ejercer una profesión -salvando el cuidado del hogar- permíteselo.

7.- En relación con tus hijos, no olvides que el educar es un arte. Arte difícil y delicado, integrado por un poco de ciencia, mucho de buen sentido y, sobre todo, mucho de amor.

8.- El ejemplo es la clave de la educación. Gánate con tu proceder el respeto y la obediencia.

9.- Sé muy hombre en todo, pero ten presente que esto es perfectamente compatible con las muestras de afecto que los tuyos necesitan.

10.- Y si tienes la dicha de ser creyente, que **Cristo** sea la luz y la alegría de tu vida en el cumplimiento de tus deberes de padre y esposo.

Decálogo del matrimonio y del hogar:

1.-Antes que la profesión, incluso antes que los propios hijos -y precisamente por el bien de ellos- está vuestro amor de esposos, para el cual tenéis que saber encontrar «vuestro tiempo».

2.- Paternidad responsable,sí; pero si el Señor os da una familia numerosa, aceptadla como el mayor de los bienes.

3.- Que vuestro hogar esté siempre abierto para vuestros familiares y amigos.

4.- Que en vuestro hogar haya siempre un sitio de honor -como en vuestro corazón- para quienes os dieron la vida.

5.- Respetaos mutuamente vuestro campo de acción.

6.- Sed con vuestros hijos enérgicos en lo esencial y flexibles en lo accidental.

7.- No dramaticéis las cosas sencillas. Simplificad las cosas trágicas.

8.- La belleza, el buen gusto y el orden deben ser algo característico de vuestro hogar.

9.- Que una religiosidad sencilla y auténtica envuelva en una sana espiritualidad vuestro hogar.

10.- Aceptad vuestra situación. Como dice **Quoist**: «Si no podéis construir el castillo soñado, construid una cabaña. Pero no seréis felices en vuestra cabaña mientras sigáis soñando con el castillo»[1] .

El psicólogo **Bernabé Tierno** en la revista EL SEMANAL escribió un

[1] LUIS RIESGO Y CARMEN PABLO: *Lo que Dios ha unido.* EAPSA. Madrid. 1976

artículo titulado: *Cómo matar el amor*[1] .

Lo resumo así:

- Cada día eche en cara a su pareja todos sus fallos.
- Muéstrese habitualmente malhumorado, aunque no tenga motivo.
- No pierda la ocasión de provocar una tormenta aunque el motivo sea nimio.
- No reconozca nunca a su pareja mérito o cualidad alguna. No le alabe nunca.
- No se muestre satisfecho de los detalles que tenga con Vd. Todo es poco.
- No se le ocurra nunca mirar las cosas desde el punto de vista del otro.
- Flirtee con otra persona para provocarle celos.

Haz lo contrario de todo esto y fortalecerás tu amor.

f) Procreación de los hijos: «El Señor se ha dignado sanar el amor de los esposos, perfeccionarlo y elevarlo, por el don especial de la gracia y de la caridad. Un tal amor, asociando a la vez lo humano y lo divino, lleva a los esposos a una entrega libre y mutua de sí mismos, comprobada por sentimientos y actos de ternura, e impregna toda su vida. Supera, pues, con mucho, la inclinación puramente erótica que, cultivada con egoísmo, se malogra rápida y lamentablemente»[2] .

«Frecuentemente se ha caricaturizado la posición de la Iglesia Católica como si recomendase a los esposos tener el mayor número de hijos que sea posible concebir biológicamente en el interior del matrimonio.

»¡Y esto es falso!

»La Iglesia invita, ciertamente, a una fecundidad generosa; pero controlada, es decir, atenta a los diversos factores en juego.

»Pero es verdad que, al insistir sobre la esencial apertura del amor a la fecundidad, la Iglesia, sobre todo en nuestros días, pone en tela de juicio los ideales de la sociedad de consumo.

»Ésta inculca a muchas jóvenes parejas que, para su propia dicha, y la de los futuros hijos, deben (...) establecer sólidamente el confort doméstico, tras lo cual, podrá venir el hijo.

»Si te dejas atrapar por esta concepción materialista de la felicidad es claro que serás conducido, como tantos otros, a colocar los primeros años de tu vida conyugal bajo el signo, no de la paternidad responsable, sino de la esterilidad sistemática.

[1] BERNABÉ TIERNO: Revista El Semanal, 589 (7-II-99) 78.

[2] Concilio Vaticano II: *Gaudium et Spes*: Constitución sobre la Iglesia en el mundo actual, nº 49

»La terrible regresión demográfica que amenaza con la extinción de los viejos países de la cristiandad en Occidente, manifiesta las consecuencias mortales de esta sociedad de consumo que, en su hedonismo egoísta, acaba por vaciarse de consumidores. (...) Por un vuelco suicida de los valores se encamina hacia la muerte»[1].

Dice el Papa **Juan Pablo II**: «el cuerpo del hombre y de la mujer no son sólo para la procreación, sino que deben expresar el amor mutuo, en una donación recíproca que refleje la unión de los espíritus y la comunión íntima de las personas, imágenes de Dios»[2].

El Concilio Vaticano II, después de hablar de la paternidad responsable y de revalorizar la función del amor en el matrimonio dice que «el amor matrimonial se ve frecuentemente profanado por el egoísmo, el hedonismo y las prácticas ilícitas contra la generación»[3].

g) Planificación familiar: Los hijos son un don de Dios. A nivel humano, lo más grande que podemos hacer es transmitir la vida.

«Es también deseo de dar, de comunicar lo que nosotros hemos recibido. Deseo de fructificar, de contribuir al porvenir de la humanidad. (...) Es un acto de esperanza. Un sentimiento de que la vida es un don y de que "lo que no se da, se pierde"»[4].

Los hijos deben ser fruto del amor y de la paternidad responsable[5].

Pablo VI, en la encíclica *Humanae vitae,* dice: «En la misión de transmitir la vida, los esposos no quedan libres para proceder arbitrariamente, como si ellos pudiesen determinar de manera completamente autónoma los caminos lícitos a seguir, sino que deben conformar su conducta a la intención creadora de Dios, manifestada en la misma naturaleza del matrimonio y de sus actos, y constantemente enseñada por la Iglesia. (...)

»La Iglesia, al exigir que los hombres observen las normas de la ley natural interpretada por su constante doctrina, enseña que cualquier acto matrimonial debe quedar abierto a la transmisión de la vida»[6].

Con todo, los que por alguna razón no lleguen a este ideal «no se desanimen», dice **Pablo VI**, sino que «recurran con humilde perseverancia a la misericordia de Dios»[7].

---

[1] ANDRÉ LÉONARD: *La moral sexual explicada a los jóvenes, III, 9.* Ed. Palabra. Madrid. 1994.

[2] Diario YA, 24-VII-80, pg. 16

[3] Concilio Vaticano II: *Gaudium et Spes*: Constitución sobre la Iglesia en el mundo actual, nº 47.

[4] XAVIER LACROIX: *El matrimonio, VII, 2.* Ed. Mensajero. Bilbao.1996.

[5] **Nuevo Catecismo de la Iglesia Católica, nº 2367**

[6] PABLO VI: *Encíclica Humanae vitae, nº 10s*

[7] PABLO VI: *Encíclica Humanae vitae, nº 25*

Con ocasión de la *Humanae vitae* muchos matrimonios católicos se inquietaron. Para tranquilizarlos, los obispos franceses publicaron un documento exponiendo la doctrina tradicional de la moral católica sobre el conflicto de deberes.
Decían: «Impedir la concepción no puede ser nunca un bien. Es siempre un desorden. Pero este desorden no es siempre culpable. Puede efectivamente suceder que un matrimonio se encuentre ante un verdadero conflicto de deberes, en particular cuando la observancia de los ritmos naturales no les proporciona una base suficientemente segura para la regulación de los nacimientos.
Cuando alguien se halla ante una alternativa de deberes, porque no puede evitar un mal sea cual fuere la decisión que adopte, la prudencia tradicional aconseja que se considere delante de Dios qué obligación parece ser la más grave en tal circunstancia»[1] . A veces puede haber razones **para limitar** el número de hijos, o espaciarlos[2] No es prudente que la mujer quede embarazada a partir de los cuarenta años.

Los métodos naturales de la regulación de nacimientos son morales[3] .

La diferencia entre métodos artificiales y naturales en la planificación familiar es que en aquellos se utilizan medios físicos (el preservativo, el abortivo DIU), químicos (espermicidas), u hormonales (píldoras) para frustrar la concepción.

En cambio los métodos naturales se limitan a elegir los días infecundos, en lo cual no hay nada inmoral.

«Por este motivo todo método natural es llamado también "método de abstención periódica".

»Como tal, todo método natural es "no-conceptivo" y no "anti-conceptivo", porque no supone ningún acto positivo que tenga por objeto destruir las posibilidades naturales de una concepción»[4].

Utilizar elementos artificiales es sólo lícito cuando se trata de corregir imperfecciones (dentadura postiza); pero no cuando se trata de frustrar lo que es conforme a la naturaleza.

«Recurriendo a los días agenésicos de los ritmos de la fecundidad, los esposos no se erigen en dueños y señores del don de la vida»[5] .

Algunos dicen que los métodos naturales de regulación de la natalidad, que se someten a los «ritmos biológicos», quitan la espontaneidad de la

[1].BERNHARD HÄRING:*SHALOM:Paz, XVII,8.9.* Ed. Herder. Barcelona.1998.

[2] **Nuevo Catecismo de la Iglesia Católica, nº 2368**

[3] **Nuevo Catecismo de la Iglesia Católica, nº2370**

[4] MIGUEL ÁNGEL FUENTES,V.E.:*Regulación de la natalidad.* En INTERNET: Apologética católica.

[5] Comisión Episcopal para la Doctrina de la Fe. Revista ECCLESIA, 2620 (1993) 40-43.

vida sexual en el matrimonio. Pero «espontaneidad no significa comportarse según el impulso del instinto en cada momento. Lo que al hombre le hace ser hombre es precisamente la capacidad de integrar, de valorar y de escoger lo que es bueno para sí y para el otro en cada momento. Por lo tanto, comportarse espontáneamente a nivel sexual puede significar renunciar al acto sexual por un bien mayor (...) practicando una abstinencia periódica de las relaciones»[1].

Desde el Concilio Vaticano II «, el lenguaje de la Iglesia sobre el matrimonio ya no distingue entre el **fin primario** (la procreación) y el **fin secundario** (la ayuda mutua de los esposos). Prefiere hablar de dos dimensiones fundamentales del matrimonio»[2].

«Por la unión de los esposos se realiza el **doble fin** del matrimonio: el bien de los esposos y la transmisión de la vida. No se pueden separar estas dos significaciones o valores del matrimonio sin alterar la vida espiritual de los cónyuges ni comprometer los bienes del matrimonio y el porvenir de la familia. Así, el amor conyugal del hombre y de la mujer queda situado bajo la doble exigencia de la fidelidad y la fecundidad»[3].

«El amor sexual tiene **dos fines esenciales**: la unión de las personas y la transmisión de la vida.

»Lo que reprueba la Iglesia de **Cristo** es perseguir el primero excluyendo el segundo; no sólo a nivel de intención, sino por una manipulación sobre el vínculo estructural entre el amor y la fecundidad»[4].

Los dos fines son complementarios.

Según el Concilio Vaticano II el matrimonio es una comunidad de vida y amor orientada a la procreación. Por lo tanto la procreación no es esencial a cada uno de los actos. Puede haber motivos razonables para renunciar a la dimensión procreadora, con métodos lícitos moralmente.

«Aunque los métodos naturales han hecho progresos prometedores, son desdeñados por muchos. Para algunos es humillante que la Iglesia tuviese razón en esta materia y fuera auténticamente profética cuando se la acusaba de ser retrógrada y anticuada[5].

Y no olvidemos que en los métodos artificiales hay en juego grandes intereses económicos mientras que los métodos naturales son gratuitos.

El Dr.Germán Knaus, austríaco, y el **Dr.Yusaku Ogino**, japonés, descubrieron simultáneamente, en 1923, que la ovulación de la mujer tiene lugar trece días antes del comienzo de la menstruación, con una fluctuación de dos días antes o después, cualquiera que sea la duración del

[1] ANTONIO MONTEBELLI: *Guía de los métodos naturales, 5ª, I.* Ed. Ciudad Nueva. Madrid. 1996.
[2] JOSÉ ANTONIO SAYÉS: *Antropología y moral, VI, 1.* Ed. Palabra. Madrid. 1997.
[3] **Nuevo Catecismo de la Iglesia Católica, nº 2363**
[4] ANDRÉ LÉONARD: *La moral sexual explicada a los jóvenes, III, 9.* Ed. Palabra. Madrid. 1994.
[5] ANDRÉ LEONARD: *La moral sexual explicada a los jóvenes, IV, 4,19.* Ed. Palabra. Madrid. 1994

ciclo.

Puesto que el óvulo vive unas veinticuatro horas, una mujer puede conocer su período de fertilidad[1]. Una tecnificación de este método es averiguar el día de la ovulación haciendo una gráfica de la temperatura basal de la mujer. Los termómetros especiales para esto traen un librito explicando el modo de utilizarlos.

Como el espermatozoide permanece vivo unos dos días dentro del útero, resulta que los días fecundos se reducen a tres cada mes.

Desde hace algún tiempo se vende en farmacias un aparato llamado **OVULATOR**[2], que observando la cristalización de la saliva, indica los días fértiles y estériles del ciclo femenino.

Hoy con los trabajos de fecundación «in vitro» se ha vuelto a hablar de este procedimiento al que se da una fiabilidad del 90%[3].

En 1975 se ha publicado en España un libro del **Dr. Billings**, australiano, que ya lleva veinte ediciones en cuatro idiomas. **Billings** ha descubierto un método para regular la natalidad que es muy fácil, natural, sano y barato (sin instrumentos ni productos), moralmente lícito y, según parece, el más seguro de todos. Se basa en la observación el moco vaginal[4].

La experiencia de la Organización Mundial de la Salud, por las estadísticas realizadas en cinco países, le da al método Billings una eficacia del 99% de éxitos[5]. Hoy es practicado por cincuenta millones de matrimonios en el mundo[6].

El Método Sintotérmico, que es la combinación del Método Billings con otros parámetros, puede llegar al 99'2% de seguridad, según los resultados dados por la OMS en *Biologic of fertility control by periodic abstinence* (Informe técnico 369/67), si se enseña adecuadamente siguiendo el *Learning Package of Familiar Fertility*, OMS, 78.

El Dr. Billings, Decano de la Facultad de Medicina de la Universidad de Melbourne (Australia), estuvo en Madrid en mayo de 1984 y afirmó: «Mi método es eficaz, por lo menos, en el 99% de los casos.

Más eficaz que el abortivo DIU y el preservativo.

Y tiene la ventaja de ser un método natural, sencillo y barato. Sin los

[1] ANA MERCEDES RODRIGUEZ y Mª TERESA GUTIÉRREZ: *Regulación natural de la natalidad,I.* Ed. Ciudad Nueva. Madrid. 1992.

[2] Fabricado por ORCOSÁN, S.A., Av. Castilla nº 32, nave 27. - 28850-San Fernando de Henares.

[3] Diario ABC de Madrid, 12-X-88, pg. 54

[4] Dr. JOHN BILLINGS: *Regulación natural de la natalidad.* Ed. Sal Terrae. Santander, 1975

[5] Diario YA, 25-VI-85, pg. 33

[6] Boletín WOOMB: 14-X-1994

inconvenientes psíquicos de la ligadura de trompas y vasectomía»[1];

Además no tiene los inconvenientes de la píldora.

La píldora anticonceptiva produce cáncer de útero, afirma el *Royal College of General Practitioners*, después de 20 años de investigaciones[2].

En el número de septiembre de 1989 *The Lancet*, una de las revistas médicas más importantes del mundo, se dice que las mujeres que toman anticonceptivos presentan una probabilidad de cáncer de mama 75% superior a las mujeres que no las usan[3].

Y en la misma revista, 344(1994)1390, también se dice que la toma de anticonceptivos orales duplica el riesgo de padecer cáncer de útero.

En el telediario de varias cadenas del miércoles 25 de octubre de 1995 se dijo que la píldora anticonceptiva había ocasionado embolia a varias mujeres que la usaban. El Instituto Federal de Medicamentos de Berlín informa que la píldora anticonceptiva «Diane», de los Laboratorios Schering, puede producir cáncer de hígado. Esta píldora ha sido utilizada por millones de mujeres, también en España[4].

Un estudio del gobierno comunista chino demuestra la eficacia del sistema **Billings**.

El gobierno chino ha experimentado en la provincia de Nanchino, una de las más pobladas de la nación, el método de la ovulación, conocido comúnmente con el nombre de **«Método Billings»**.

Los resultados son categóricos: entre las 922 parejas que lo han adoptado como método de planificación familiar durante un año, tan sólo cinco mujeres han quedado embarazadas. Es decir, el 0,5%.

El grado de eficacia de este método es superior, por ejemplo, a los dispositivos de anticoncepción femeninos utilizados por la mujer.

El resultado arrojado por el estudio de las autoridades chinas sobre el método **Billings** aparecerá en el próximo número del *«Medical Journal»* de Pekín y fue adelantado el 28 de febrero por el mismo doctor **John Billings** en un congreso organizado por la Universidad Católica de Roma con motivo de la celebración de los treinta años de la publicación de la encíclica de Pablo VI *«Humanae Vitae»*[5].

«La reunión del método ogínico con el del **Dr. Billings** es el modo más

[1] Diario YA, 31-V-84, pg. 41
[2] DIARIO MONTAÑÉS, 12-VIII-89, pg. 34
[3] Diario YA, 22-III-90, pg. 15
[4] Diario ABC de Madrid del 18-VIII- 1994, pg. 60
[5] Boletín informativo del Vaticano en INTERNET: ZENIT, 980303-4

seguro de todos los conocidos»[1] .

La organización mundial que lleva la enseñanza y el control del Método Natural de ovulación **Billings** es la WOOMB, cuya sede en Madrid está en la calle JOSÉ CALVO, 23, bajo centro. Teléfono 91 450 50 11. FAX: 91 450 50 76. - 28039 Madrid.

Se puede recibir información sobre el método **Billings** en:
www.juanpabloesp.org
http://usuarios.maptel.es/loiola
y en < pfn@edunet.es>

En España se enseña en centros de diferentes ciudades, dependiendo fundamentalmente de las asociaciones Pro-Vida: información en la Secretaría General, teléfono 93 204 71 11, de Barcelona, o en centros de ADEHFA: información en el teléfono 91 241 40 83, de Madrid.

Voy a poner aquí las direcciones de los centros WOOMB de información y enseñanza en distintas capitales de provincia:

Madrid: Dra. Ana Mercedes Rodríguez. c/ José Calvo, 23, bajo centro..Tel.:91 450 50 11. FAX: 91 450 50 76. Madrid 28039. Email: woomb.imena@omc.telprof.es

Centro de Regulación. T.:915335659.

Mónica Aisa. Centro de Regulación Natural. San Francisco de Sales, 34. 20003-Madrid. T.: 915 335 659.

Isabel Valdés. Clínica Salvia. López Pozas, 40. 28036. Madrid.T.:913 507 034.

Centro Virgen de Olaz. Meléndez Valdés,36,1º,D.28015-Madrid.T..915 433 017.

José Ignacio Tubio. Clínica Moncloa. T.: 915 957 000.

Isabel López de Ceballos. T.: 915 626 015.

Albacete: Arancha Merino. Teléfono: 967 502 459.

Alcalá de Henares:Dª Mercedes Otero. T.: 91 888 66 86.

Alicante: Dª Ana Such. T.: 96 512 61 81.

- Dr. J. A. Muñoz Puller: Pl. Navarro Rodrigo,12,.Bajo. 03007-AB. T.:965 920 703

Almería: Jorge Díaz.Torrenueva,65,2ºC.04600-Huercal (Alm). T.: 950 470 957.

Asturias:Dra.Inmaculada Flores. c/ Oscar Romero, 6. Oviedo.T.:985110773

Ávila: Dª Ángeles Martín Rodríguez. c/Palencia, 15, bajo. T.: 920 220 328.

José Luis Martín. Cuesta 5. 05693-Umbría (Ávila). T.: 920 342 887.

Badajoz: Margarita Jiménez. La Cruz, 1, 3º A-B.06200-

---

[1] INGRID TROBIACH: *La alegría de ser mujer, III, 9.* Ed. Sal Terrae. Santander, 1977

97,7g

Almendralejo.T.:671566

Baleares:Dra.Candelas Cardero. Juan Maragall 37,1º,1ª. Palma.T.:971274103

Barcelona: Dª Mª José Blázquez: T.: 93 555 48 01

Dr. José Villanueva. Calle Calderón de la Barca, 34, Bajo, 1ª. 08032-Barcelona. T.: 933 581 504

Nuria Recto. Bonaplata,42-54. 08034-Barcelona.T.:932805683.FAX:932047214

Planif.Familiar.: Tel.:93 204 71 11 Tel.: 93 218 61 90

Bilbao:Concepción Rodríguez. Diputación,8,6º,1ª. 48008-Bilbao.:T.:944167212

Coro Goitia. Clínica Euskalduna. Euskalduna, 10, 1º, A. 48008-Bilbao. T.:944 103 752

Pilar Ruiz Martínez. Centro Cultural Santa Clara. c/ Casilda Iturrizar, s/n. 48920-Portugalete (Vizcaya). T.: 944 729 220.

Carmen Riega.Av.Guipuzcoa,35,1º dcha. 48260-Ermua (Vizcaya).T.:943176209

Burgos: Dra. Dña.Concepción García Tejerina. Calle San José 3-5 Bajo. 09002 Burgos. T.:947264014

Cádiz: Dª Sol Díez de Rivera. Altos del Manantial, 13. 11500-Puerto de Santa María. (Cádiz) T.: 956 480 446.

Córdoba: Mª Cristina Blanco. Centro Médico «El Camping». c/ Prof. Lucena Conde, s/n. T.: 957 279 922.14012-Córdoba.

Cuenca: Dª Mónica la Torre Cañizares. T.: 969 22 08 79

Gerona: Dra.Mila del Pozo.Centro de Orientación y Planificación. T.:972204212

Granada: Dª Mª Ángeles Martínez de Victoria. T.: 958 25 42 89

Inmaculada García Calvo. T.: 958 571 477

Isabel Rodríguez Peralta. T.: 958 273 379.

María José Sánchez. T.: 958 226 937.

Enriqueta Blanco. San antonio, 70, 7º, dcha. T.: 958 259 303.

Gloria Muñoz. Centro de Salud del Zaidín. T.: 958 813 011.

Guadalajara: Dª Concha Aparicio Altamirano. T.: 949 223 490 y 949 224 696.

Huelva: María Asunción Febrer. 21400. Ayamonte. T.: 959 321 047.

Huesca: Dña. Victoria García Caballero. c/ Alta, 1 bis, 28. 22193-Arascués (Huesca). T.: 974 22 12 27

Jaén: Centro de Salud San Felipe. Mª Dolores Chica. T.: 953 320 377.

La Coruña: Dra. Helvia Temprano. Hospital Teresa Herrera. 15006-La Coruña. T.:981 178 000, extensión 20 156 - T.: 981 28 54 00, ext. 215.

Las Palmas de Gran Canaria: Carmen Serrano Sánchez. T.: 928 418 990

Laura E. Felipe Gil. Calle Shubert, 11, 3º, pta. 11(Casablanca 1). 35016-Las Palmas. T.: 928 418 990. - Mª. Dolores Hernández. T.: 928 321 073.

León:Purificación Blanco. Cardenal Landázuri 27. 24003-León.T.:987 23 10 20

Asunción Quirós. Calle Monasterio Carracerdo, 3-11 C. 24400-Ponferrada (León). T.: 987 415 689.

Lérida: Arancha Merino Thomas. Obispo Irurita, 12. escalera, 9, 3º,1ª. 25006 - Lérida. Tel.: 973 27 35 30. Centro Médico, Av. Blondel,70, 1º: T.: 973 27 40 51

María Ferrer. Hospital Arnau Vilanova. T.: 973 248 100

Noelia Mas. Av. Blondel, 5, 2º C. 25002-Lérida. T.: 973 274 061.

Málaga: Dr. Joaquín Fernández. Pintor Sorolla,2. Málaga-29016.T.:9522243 67

Murcia: Cándida Vicente Gil. Avenida Ronda Norte, 9, 4º dcha. escalera izq. 30009 - Murcia.Tel.:968 299 606.

Mikaela Menárguez. Calle Isaac Albeniz, 10. 30009-Murcia. T.:9682833818.- Mikaela Menárguez, e-mail:mmc@fonocom.es

Orense:Hermelinda Esteve.Quintela Cañedo,11. 32001-Orense.T.:988215 758

Palma de Mallorca: Dra. Candelas Cardero. Calle Juan Maragall 37,1º,1ª. 07006-Palma.T.: 971 274 103

Pamplona: Dª Teresa Jaurrieta Galdiano. Pl. del Castillo, 44, 3º, izq. 31001.- Pamplona (Navarra). Tel.: 948 22.90 94.

José María Echevarría. San Fermín, 45, 1º, izq. 31003-Pamplona. T.:948237413

Ponferrada (León): Dª Asunción Quirós Álvarez. Monasterio de Carracedo, 3, 11C. 24400 - Ponferrada (León). Tel.: 987 41 26 89.

Reus: Carmen Paya. Calle A. Gaudí, 76, 1º, 1ª. 43203-Reus.Tel.:977 311 476

Salamanca: Pablo Pascual.La Plaza (Farmacia). La Fregeneda. T.: 923 51 50 12 Salamanca - Tel: 923 247 972

Franca Tonini. Universidad Pontificia de Salamanca. T.: 923 213 039

San Sebastián: Dª Ana Munilla. c/ M. Gardoqui, 1, 1º, izq. 20013-San Sebastián.Tel.: 943 320 645; 943-27-8193. E-mail: ix9754@xpress.es

Santa Cruz de Tenerife: Mª Luz Fariña. c/ Santiago Beyro,15. . 38007-Sta. Cruz de TenerifeT.:922 214 9 63

Segovia: Juana Alonso. Calle Velasco, 17. 40003-Segovia. T.:921 460 655.

Sevilla: Marina Cuadrado Ruiz. Av. Luis de Morales, 24, escalera 3, 3º D. 41018-Sevilla. T.:954 530 001

. Dra. Mª del Carmen de la Cuadra, Apartado 6213. T.: 95 490 50 19

Dra. Mercedes Tarancón Jiménez. Centro de Salud. 41520-Viso del

Alcor (Sevilla). T.: 95 574 12 85.

Soria: Conchita Martínez. Calle Rosell, 12. 42190-Las Casas (Soria).T.:975 224 713

Tarragona: Dr. J. M. Martínez. Calle Pau Casals, 11, 5º. 43003-Tarragona. T.: 977 218 262

Carmen Paya. c/ A.Gaudí, 76, 1º, 1ª. 43203-Reus (Tarragona). Tel.:977 311 476.

Toledo: Dª Mª Carmen Ramos Peñalver. Av.Guadarrama, 8, 5º. 45007-Toledo.Tel.: Tel: 925 232 768

Dª Concepción Gutiérrez Arias. Bargas (Toledo). Tel.: 925 493 043.-

Valencia: Ana de Andrés Pardo. Burriana, 42. -46005-Valencia.T.:963528153.

Dra.Ana Otte. T.:96 362 53 67.

Dra. Mª Argaya. C/ Salvador, 6, bajo dcha. 46003-Valencia. T.: 963 918 545

Conchita Medialdea. Porta de la Mar, 6,2º,8ª. 46006-Valencia. T.: 963 517 942.

Valladolid: Dra. Nieves González Rico. Paraíso, 3, 1º dcha. 47003-Valladolid. Tel.: 983 25 30 07; 983 47 89 87.

Centro Médico. c/ Joaquín Velasco, 5. 47014-Valladolid. T.: 983 333 032.-

Villafranca del Penedés: Elena de Miguel.Pl. Penedés,1. 08720-Barcelona. T.:938 915 401

Villanueva de la Cañada: Dª Mª Luisa González Argüello. T.: 91 815 50 33

Vitoria: Fco. Javier Castillo. c/ F. Gª Lorca, 6,7ºB. 01003-Vitoria. T.:945272518.

Zaragoza: Dra. Pilar Traver. Calle Dr. Casas, 12, 2º, dcha. 50008.-Zaragoza. Tel.: 976 233 755 y 49 91 96.

Sobre el **MÉTODO BILLINGS** hay una página en INTERNET en inglés. Está en www.woomb.org

La *Humanae vitae* ha presentado a los esposos «un ideal de ética conyugal cristiana, a cuya realización han de tender progresivamente los fieles, y que exige no pocas veces un gran esfuerzo. Tanto, que en algunos casos se podrá dudar, con fundamento, de la culpabilidad grave de los esposos en el incumplimiento de su deber en casos particulares. Puede ocurrir, dada la fragilidad humana, que los esposos, a pesar de sus buenas intenciones, no respondan siempre a la exigencia de un amor fecundo, según la norma cristiana. No por esto han de considerar todo esfuerzo inútil y apartarse de los sacramentos.

»Por el contrario, si el pecado les sorprendiese todavía, no se desanimen, sino que recurran con humilde perseverancia a la misericordia de Dios, que se concede en el sacramento de la penitencia»[1].

A los matrimonios con dudas en este punto, les dice el **Cardenal Ratzinger** «yo les aconsejaría que consultaran a su director espiritual, que pidieran consejo al sacerdote, porque estas cosas no se pueden dilucidar en abstracto»[2].

8. **UNCIÓN DE LOS ENFERMOS**. Se llama también **extremaunción** por ser el último sacramento que recibe el cristiano antes de salir de este mundo. Con él recibe un aumento de gracia para superar victoriosamente la última batalla de la vida.

Es un sacramento en el que, por la unción con óleo bendecido y la oración del sacerdote, se confiere a los fieles, que han alcanzado el uso de la razón, están gravemente enfermos y arrepentidos de sus pecados, al menos con atrición, la salud del alma[3] y la del cuerpo si les conviene[4].

En caso de necesidad se puede emplear cualquier otro óleo vegetal: de linaza, girasol, cacahuete, algodón, etc. Aunque el apropiado sea el de oliva[5]

Cuando uno está **en peligro de muerte**, hay que avisar al sacerdote para que le dé los auxilios espirituales propios de estos momentos, es decir, para que le confiese, le dé el Santo Viático y la Unción de los Enfermos[6]. No se debe esperar a que el enfermo esté demasiado grave[7] con peligro de que, cuando llegue el sacerdote, ya no tenga lucidez y calma para hacer una buena confesión. Nadie se muere por llamar a tiempo al sacerdote.

En cambio, son muchos los que mueren en pecado por haber llamado al sacerdote demasiado tarde. Cargan con **enorme responsabilidad** los que, viendo a sus parientes, amigos, vecinos, etc., en peligro de muerte, no avisan a tiempo al sacerdote para que les asista. Puede ser que muchos se condenen por un amor mal entendido de sus familiares[8].

Temen que el enfermo se asuste al recibir los auxilios espirituales, y no temen que se presente ante el juicio de Dios con el alma en pecado. Como si en el incendio de una casa no se quiere avisar a los vecinos que están

[1] PABLO VI: *Encíclica Humanae vitae, nº 25*

[2] JOSÉ RATZINGER: *La sal de la Tierra, II,12.* Ed. Palabra. Madrid.1997.

[3] **Nuevo Catecismo de la Iglesia Católica, nº 1520**

[4] Concilio de Trento: DENZINGER: *Magisterio de la Iglesia.*, nº 909. Ed. Herder. Barcelona.

[5] Acta Apostolicae Sedis 65(1973)5-9

[6] **Nuevo Catecismo de la Iglesia Católica, nº 2299**

[7] **Nuevo Catecismo de la Iglesia Católica, nº 1514**

[8] ANTONIO ROYO MARÍN, O.P.: *Teología de la salvación, 3ª, I, nº 179.* Ed. BAC. Madrid

durmiendo por temor de asustarles. ¡Vaya una caridad tan rara!

Además, en caso de que el enfermo se asuste, este susto será pasajero, y una larga experiencia enseña que los enfermos cuando se confiesan y comulgan se quedan muy tranquilos. ¡Es natural! Un católico en peligro de muerte, siempre se alegra de recibir los auxilios de un sacerdote.

Algunas personas comprometen a su familia para que les avisen con tiempo cuando llegue el momento de recibir los Últimos Sacramentos.

En cambio, ¡qué tremendo remordimiento deben tener los que se sientan culpables de haber dejado morir a un enfermo sin los auxilios espirituales!

Por el contrario, ¡qué consuelo tan grande deben sentir aquellos a quienes se deba que el enfermo hiciera una buena confesión antes de morir! Y, ¡qué agradecimiento tan grande les guardará ese alma por toda la eternidad! Pero el que se haya condenado porque las personas que le rodeaban no quisieron llamar a tiempo al sacerdote, ¿qué sentimiento guardará para con ellos?

Recuerdo una vez que fui a visitar a un enfermo que yo sabía que estaba grave. En cuanto me quedé a solas con él me dijo:

- «¡Qué alegría he sentido, Padre, al verle entrar por esa puerta! Estaba deseando llamarle, pero no me atrevía para no asustar a la familia».

Al salir me dice la familia:

- «¡Cómo le agradecemos, Padre, que haya Vd. venido. Lo estábamos deseando, pero no nos atrevíamos a decírselo al enfermo, para que no se asustara!» ¿Qué te parece?

Unos y otros deseando llamar al sacerdote; y, por un miedo absurdo de ambas partes, un enfermo iba a morir sin confesión. ¡Qué barbaridad!

En cambio, después de la confesión, ¡qué tranquilidad para todos!

Por otra parte, es sabido que **uno de los efectos** de la unción de los enfermos es dar al enfermo la salud del cuerpo si le conviene.

Si para dar la unción de los enfermos se espera a que la situación sea ya irreversible, entonces el recobrar la salud será casi un milagro, y la Unción de los Enfermos, de suyo, no hace milagros.

La Unción de los Enfermos debe recibirse cuando el enfermo está todavía en **uso de sus sentidos**.

Para recibir la unción, el enfermo debe estar grave; pero no es necesario que el peligro sea de muerte inminente[1] . Basta que la enfermedad sea tal que haya amenaza de peligro real[2] por enfermedad o vejez[3] .La Unción de los Enfermos puede administrarse otra vez si

[1] ANTONIO ROYO MARÍN, O.P.: *Teología de la salvación, 3ª, I, nº 181*. Ed. BAC. Madrid

[2] **Nuevo Catecismo de la Iglesia Católica, nº 1515**

[3] Concilio Vaticano II: *Sacrosantum Concilium:* Constitución sobre la Sagrada Liturgia, nº 73

«recobrada la salud, vuelve la gravedad»[1] . A los muy ancianos se les puede administrar la extremaunción aunque no estén enfermos, pues la vejez es ya una enfermedad incurable[2] .

Este sacramento debe recibirse en estado de gracia[3] . Por eso cuando el que va a recibir la Unción de los Enfermos está en el uso de sus sentidos, debe antes confesarse. Pero si hay peligro de que cuando llegue el sacerdote, haya perdido el sentido, tiene obligación de hacer antes un acto de contrición. El peligro de muerte debe estar dentro del cuerpo de la persona. Por eso no puede administrarse la extremaunción a un criminal antes de ser ejecutado, ni a los soldados antes de la batalla[4] .

En caso de necesidad puede administrarse la extremaunción a los **recién fallecidos**; pues la muerte es la separación del alma y del cuerpo, y es difícil señalar el momento preciso de esta separación. La muerte aparente no coincide siempre con la muerte real. «La muerte no viene de repente. Es un proceso gradual de la vida actual a la muerte aparente, y de ésta a la muerte real»[5] . Se conocen casos de vuelta a la vida después de una muerte clínica, sin intervención de milagro alguno.

La única señal de muerte real es la putrefacción del cadáver.

Cuando ésta se presenta con caracteres inequívocos, la muerte real es del todo cierta[6] . «Solamente hay una señal de la muerte absoluta: la putrefacción»[7] . Debe administrarse la Unción de los Enfermos, aunque el enfermo no haya podido confesar, pues **basta que tuviera atrición** para que con este sacramento se le perdonen sus pecados, incluso graves.

Hoy la Iglesia permite la incineración de los cadáveres[8] .

Las cenizas de los cadáveres deben guardarse con todo respeto. Mientras la legislación eclesiástica o civil no disponga otra cosa, yo sugiero que el mejor sitio de estas cenizas es el nicho de un familiar.

---

[1] **Nuevo Catecismo de la Iglesia Católica, nº 1004, 2**

[2] ANTONIO ROYO MARÍN, O.P.: *Teología Moral para seglares, 2º,2ª,V,400,4º,c.* Ed.BAC.Madrid

[3] DENZINGER: *Magisterio de la Iglesia, nº 315.* Ed. Herder. Barcelona

[4] LEO J. TRESE: *La fe explicada, 3º, XXIII.* Ed. Rialp. Madrid, 1981

[5] ANTONIO ROYO MARÍN, O.P.: *Teología de la salvación, 3ª, I, nº 188.* Ed. BAC. Madrid

[6] ANTONIO ROYO MARÍN, O.P.: *Teología de la salvación, 3ª, I, nº 190.* Ed. BAC. Madrid

[7] MICHEL: *Los misterios del más allá, II, 33.* Ed. Dinor. San Sebastián

[8] Nuevo Código de Derecho Canónico, nº 1176, 3

EL MÁS ALLÁ

98.-EL QUE PECA MORTALMENTE Y MUERE SIN ARREPENTIRSE DE SUS PECADOS MORTALES SE VA AL INFIERNO.

1. «Vive siempre como quien ha de morir», pues es certísimo que, antes o después, todos moriremos.

En la puerta de entrada al cementerio de El Puerto de Santa María se lee: *Hodie mihi, cras tibi* que significa: «Hoy me ha tocado a mí, mañana te tocará a ti». Esto es evidente.

Aunque no sabemos cómo, ni cuándo, ni dónde; pero quien se equivoca en este trance no podrá rectificar en toda la eternidad.

Por eso tiene tanta importancia el morir en gracia de Dios.

Y como la vida, así será la muerte: vida mala, muerte mala; vida buena, muerte buena.

Aunque a veces se dan conversiones a última hora, éstas son pocas; y no siempre ofrecen garantías.

Lo normal es que cada cual muera **conforme ha vivido**.

Aunque es posible que a última hora Dios ilumine al alma de un modo especial en orden a su salvación eterna, quien se apoyara en esta esperanza «para seguir quebrantando tranquilamente los mandamientos de Dios cometería una temeridad indecible y se expondría, casi con toda seguridad, a la condenación eterna»[1].

Es impresionante la muerte de **Voltaire** (Francisco Mª Arouet).

Murió la noche del 30 al 31 de mayo de 1778, a los ochenta y cuatro años de edad.

Fue un hombre impío y blasfemo.

«Vinculado a la masonería, tenía por lema: "Destruid a la Infame", es decir, a la Iglesia. Dijo: "**Jesucristo** necesitó doce apóstoles para propagar el cristianismo. Yo voy a demostrar que basta uno sólo para

[1] ANTONIO ROYO MARÍN, O.P.: *¿Se salvan todos? 2ª, VIII, 3,4.* Ed. BAC. Madrid. 1995.

destruirlo"»[1].

Pero se fue a la tumba sin conseguirlo.

En la hora de la muerte pidió un sacerdote, pero sus amigos se lo impidieron.

Murió con horribles manifestaciones de desesperación, bebiéndose sus propios excrementos, como cuenta la marquesa de **Villete,** en cuya casa murió[2] .

Es frecuente que ateos y anticlericales pidan un sacerdote en la hora de la muerte.

Azaña, que siendo Presidente de la República Española, tanto persiguió a la Iglesia, antes de morir se confesó con el obispo de Montauban, en Francia, Mons. **Theas,** quien afirmó que confesó y dio la extremaunción, que recibió con plena lucidez, y por petición suya, a **Manuel Azaña** en el *Hotel du Midi,* de Montauban, donde murió diciendo: «Dios mío, misericordia»[3].

François Mitterrant, Presidente de Francia, encarnizado anticlerical, agnóstico puro y duro, quiso morir con los sacramentos de la Iglesia[4].

«Con la muerte termina para el hombre el estado de viajero, y se llega al término que permanecerá inmutable por toda la eternidad.

»Más allá de la muerte no hay posibilidad de cambiar el destino que el hombre mereció al morir.

»Después de la muerte nadie puede merecer o desmerecer.

»Ha terminado para el alma el estado de vía y ha entrado para siempre en el estado de término»[5] .

Hay personas que se acomodan en esta vida como si ésta fuera **para siempre y definitiva**.

Esto es una equivocación.

Debemos vivir en esta vida orientados a la otra, a la eterna, que es realmente la definitiva.

Por lo tanto debemos aprovechar esta vida lo más posible para hacer el bien.

En la muerte se separa el alma del cuerpo[6].

---

[1] ALFREDO SÁENZ, S.I.: *La cristiandad y su cosmovisión, Vi, 1, 3, a.* Ed.Gladius. Buenos Aires.

[2] ANTONIO ROYO MARÍN, O.P.: *Teología de la salvación, 3ª, I, nº 192.* Ed. BAC. Madrid

[3] Revista *Vida Nueva,* 1764 (17-XI-1990) 32

[4] VITTORIO MESSORI: *Algunas razones para creer, II.* Ed Planeta+Testimonio. Barcelona. 2000.

[5] ANTONIO ROYO MARÍN, O.P.: *Teología de la salvación, 3ª, III, nº 168.* Ed. BAC. Madrid

[6] **Nuevo Catecismo de la Iglesia Católica nº1016**

El cuerpo va a la sepultura y allí se convierte en polvo.

El alma, en cambio, constitutivo esencial de la persona, sigue viviendo.

En el mismo instante de la muerte Dios nos juzga[1].

A la muerte sigue inmediatamente el juicio particular[2].

Dice la Biblia: *«Está establecido que los hombres mueran una sola vez, y después haya un juicio»*[3].

«El Nuevo Testamento habla de la retribución inmediata después de la muerte de cada uno»[4].

Es **dogma de fe**[5] que inmediatamente después de la muerte los que mueren en pecado mortal actual se van al infierno; y al cielo -después de sufrir la purificación, los que la necesiten- las almas de todos los santos[6]. *«Cada cual dará a Dios cuenta de sí»*[7]; *«Dios dará a cada uno según sus obras»*[8]. Dice **San Pablo**: *«Todos hemos de comparecer ante el tribunal de* ***Cristo*** *para recibir el pago de lo que hicimos»*[9].

Si hemos muerto en paz con Dios, sin pecado mortal, el alma es destinada a ser eternamente feliz en el cielo; pero si hemos muerto en pecado mortal, es destinada a ser eternamente desgraciada en el infierno.

Dice **San Juan**: *«Los que hayan hecho el bien resucitarán para la vida; y los que hayan hecho el mal, para la condenación»*[10].

La retribución inmediata después de la muerte se deduce de las palabras de **Cristo** al buen ladrón[11]: *«Hoy estarás conmigo en el paraíso»*[12].

«De la misma manera que el cielo comienza ya para las almas justas (si no tienen nada de qué purificarse previamente) inmediatamente después de la muerte, también el infierno empieza para el alma del impío al morir»[13].

---

1 CÁNDIDO POZO, S.I.: *Teología del más allá, 3º, VIII.* Ed. BAC. Madrid, 1980

2 DENZINGER: *Magisterio de la Iglesia, nº 530*. Ed. Herder. Barcelona

3 Carta a los Hebreos: **9**:27

4 **Nuevo Catecismo de la Iglesia Católica, nº 1021**

5 ANTONIO ROYO MARÍN,O.P.: *Teología de la salvación,3ª,II,nº205;3ª,X,nº455.* Ed. BAC. Madrid

6 DENZINGER: *Magisterio de la Iglesia, nº 530s.* Ed. Herder. Barcelona

7 SAN PABLO: Carta a los Romanos, **14**:12

8 SAN PABLO: Carta a los Romanos, **2**:6

9 SAN PABLO: Segunda Carta a los Corintios, **5**:10

10 Evangelio de SAN JUAN, **5**:29

11 JOSÉ ANTONIO SAYÉS: *Más allá de la muerte, IV.* Ed. San Pablo. Madrid. 1996.

12 Evangelio de SAN LUCAS, **23**:43

13 CÁNDIDO POZO, S.I.: *Vida más allá de la muerte, III, 5.* Cuadernos BAC nº78. Madrid.1984.

El hombre materialista es vencido por la muerte.

Sólo Dios nos da la vida eterna.

La fe y la fidelidad a Dios es el supremo modo de vivir en esta vida, y de esperar con ilusión la eternidad.

99.- EL INFIERNO ES EL TORMENTO ETERNO DE LOS QUE MUEREN SIN ARREPENTIRSE DE SUS PECADOS MORTALES.

1. El infierno es **el conjunto de todos los males** sin mezcla de bien alguno.

La existencia del infierno eterno es dogma de fe. Está definido en el Concilio IV de Letrán[1] .

«Siguiendo las enseñanzas de **Cristo**, la Iglesia advierte a los fieles de la triste y lamentable realidad de la muerte eterna, llamada también infierno»[2] .

«*Dios quiere que todos los hombres se salven*»[3].

Pero el hombre puede decir «no» al plan salvador de Dios, y elegir el infierno viviendo de espaldas a Él.

El pecado es obra del hombre, y el infierno es fruto del pecado.

El infierno es la consecuencia de que un pecador ha muerto sin pedir perdón de sus pecados[4] .

Lo mismo que el suspenso de una asignatura es la consecuencia de que el estudiante no sabe.

Jesucristo habla en el Evangelio quince veces del infierno, y catorce veces dice que en el infierno hay fuego[5] .

Y en el Nuevo Testamento se dice veintitrés veces que hay fuego.

Aunque este fuego es de características distintas del de la Tierra, pues atormenta los espíritus[6] , **Jesucristo** no ha encontrado otra palabra que exprese mejor ese tormento del infierno, y por eso la repite.

La Sagrada Congregación para la Doctrina de la Fe dijo, el 17 de mayo de

---

[1] DENZINGER: *Magisterio de la Iglesia, nº 428ss.y 531.* Ed. Herder. Barcelona

[2] **Nuevo Catecismo de la Iglesia Católica, nº 1056**

[3] SAN PABLO:Primera Carta a Timoteo, **2** :4

[4] **Nuevo Catecismo de la Iglesia Católica, nº 1033**

[5] ANTONIO ROYO MARÍN, O.P.: *Teología de la salvación, 3ª, IV, nº 230.* Ed. BAC. Madrid

[6] DENZINGER: *Magisterio de la Iglesia, nº 531.* Ed. Herder. Barcelona

1979, que «aunque la palabra "fuego" es sólo una "imagen", debe ser tratada con todo respeto»[1].

En el infierno hay otro tormento que «es el más terrible de todas las penas del infierno»[2].

Según **San Juan Crisóstomo**, es mil veces peor que el fuego[3].

San Agustín dice que no conocemos un tormento que se le pueda comparar[4]

Los teólogos lo llaman «pena de daño».

Es una angustia terrible, una especie de desesperación suprema que tortura al condenado, al ver que por su culpa perdió el cielo, no gozará de Dios y se ha condenado para siempre.

Ahora, como no entendemos bien ni el cielo ni el infierno, no comprendemos esta pena, pero entonces veremos todo su horror[5].

La Biblia pone en boca del condenado un grito terrible: «*Me he equivocado*»[6].

Como el que va volando sobre el Atlántico en un «Jumbo» 747, y al ver en la pantalla la ruta del viaje, se da cuenta de que se ha equivocado de avión, pues su deseo es ir a Australia.

Y en el viaje a la eternidad no es posible rectificar: no hay retorno.

No hay que confundir el infierno con los «infiernos» a los que fue **Cristo** después de morir.

Rezamos en el credo de los Apóstoles: «Descendió a los infiernos».

Aquí los «infiernos» se refiere al lugar de los muertos, como se dice en el Canon IV de la Misa. Se trata de los justos que esperaban la redención del Mesías prometido.

Allí fue **Cristo** a anunciarles la Redención.

A la morada de los muertos también la llamamos «el limbo de los justos»[7].

Si un condenado, después de haber probado el infierno, pudiera volver a la Tierra para hacer méritos y así librarse del infierno, ¿qué haría? ¿Cómo atesoraría méritos?

Pues nosotros podemos todavía hacerlo, sin haber probado el infierno.

---

[1] Revista ECCLESIA del 10-VIII-79

[2] ANTONIO ROYO MARÍN, O.P.: *Teología de la salvación, 3ª, IV, nº 227.* Ed. BAC. Madrid

[3] SAN JUAN CRISÓSTOMO: Homilía in Mat. XXIII, 7s. MIGNE: *Patrología griega, 47,290ss.*

[4] SAN AGUSTÍN: Ciudad de Dios, XX, 22; XXI, 9s. MIGNE: *Patrología latina, 40,285.*

[5] HERIS, O.P.: *El infierno, III, 9.* Ed. Criterio. Buenos Aires

[6] Libro de la Sabiduría, 5:6

[7] **Nuevo Catecismo de la Iglesia Católica, nº 633**

Los Testigos de Jehová niegan la existencia del infierno basados en que **Cristo**, a veces, empleó la palabra *sheol* que significa tumba.

Pero la palabra *sheol* significa infierno en el sentido teológico, pues si las almas de los justos son librados por Dios del *sheol*, éste no podemos considerarlo como domicilio común de todos los muertos[1].

«Al ser libradas del *sheol* las almas de los justos, y llevadas con Dios, el *sheol* que antes abarcaba a todos los muertos, se convierte en destino para sólo los impíos, es decir, se convierte en infierno»[2] . «*"Sheol"* es la morada de los malvados»[3] .

Pero la doctrina católica sobre la existencia del infierno no se basa en palabras metafóricas que **Cristo** pudo emplear en alguna ocasión, sino en la doctrina que desarrolló repetidas veces en sus enseñanzas, tal como se contiene en el Evangelio.

Como dice acertadamente **Arístides R. Vilanova**: «el infierno está lleno de personas que no creían en él»[4] .

2. «El infierno es la negación del amor y el fracaso de nuestra libertad»[5].

El infierno es la condenación eterna.

Es el **fracaso definitivo** del hombre.

«Aquel que, con plena conciencia de lo que hace, rechaza la palabra de **Cristo** y la salvación que le ofrece; o quien , luego de aceptarla, se comporta obstinadamente en contra de su ley; o aquel que vive en oposición con su conciencia: éstos tales no llegarán a su destino de bienaventuranza y quedarán, por desgracia suya, alejados de Dios para siempre»[6] .

Puede ser interesante mi vídeo *El infierno: fracaso definitivo*[7] .

A algunos, que no han estudiado a fondo la Religión, les parece que siendo Dios misericordioso no va a mandarnos a un **castigo eterno**.

Sin embargo, que el infierno es eterno es dogma de fe[8] .

---

[1] CÁNDIDO POZO, S.I.: *Teología del más allá, 2ª, III, 7, 2, H.* Ed. BAC. Madrid, 1980

[2] CÁNDIDO POZO, S.I.: *Vida más allá de la muerte, II, 1.* Cuadernos BAC nº78. Madrid.1984.

[3] CÁNDIDO POZO, S.I.: *La venida del Señor en la gloria, III , 3, 2.* Ed. EDICEP. Valencia. 1993.

[4] ARÍSTIDES R. VILANOVA: *Toda la verdad sobre la Sábana Santa, 2ª, XII, 3.* Fundación S.Pío X

[5] Conferencia Episcopal Española: Catecismo Escolar, 8º EGB, XVIII, 4. Edice. Madrid, 1983

[6] Secretario Pontificio para los No Cristianos:*Presentación de la fe cristiana,2ª,35.* Ed.PPC. Madrid

[7] Pedidos al autor: Apartado 2546. 11080-Cádiz. Tel.: (956) 222 838. FAX: (956) 229 450

[8] Cardenal RATZINGER: *Escatología, III, 7, 1.* Ed. Herder. Barcelona, 1980

Pero hemos de tener en cuenta que Dios no nos manda al infierno[1] ; somos nosotros los que libremente lo elegimos.

Él ve con pena que nosotros le rechazamos a Él por el pecado; pero nos ha hecho libres y no quiere privarnos de la libertad que es consecuencia de la inteligencia que nos ha dado.

Jesucristo nos enseñó clarísimamente la gran misericordia de Dios. Pero también nos dice que el infierno es eterno.

Cristo afirmó la existencia de una pena eterna: «... *donde el gusano no muere y el fuego no se apaga*»[2] . «*Dirá a los de la izquierda: apartaos de mí, malditos, al fuego eterno preparado para el diablo* »[3]. Y después añade que los malos «*irán al suplicio eterno y los justos a la vida eterna*»[4].

«Es preciso subrayar que la verdad más veces enunciada en el mensaje moral del Nuevo Testamento es la existencia de un "castigo eterno" para quienes no obran correctamente. (...) Negar que la conducta humana merece "premio" o "castigo" no sólo se opone a la fe, sino que es carecer de un mínimo de rigor intelectual en la lectura e interpretación del Nuevo Testamento»[5] .

Es **dogma de fe** que existe un infierno eterno para los pecadores que mueran sin arrepentirse. Aunque Dios es misericordioso, también es justo.

Dice la Sagrada Escritura: «*Tan grande como ha sido mi misericordia, será también mi justicia*»[6] .

Y su misericordia no puede oponerse a su justicia.

Aunque la justicia de Dios no es inexorable, sino que está dulcificada por su misericordia, y siempre inclinada a tener en cuenta todos los atenuantes[7] .

Como Dios es misericordioso, perdona siempre al que se arrepiente de su pecado; pero como es justo, no puede perdonar al que no se arrepiente. «Dios no nos perdona si no estamos arrepentidos».[8]

La justicia exige reparación del orden violado.

Por lo tanto, el que libre y voluntariamente pecó y muere sin

[1] JOSÉ ANTONIO SAYÉS: *Más allá de la muerte, VI,4.* Ed. San Pablo. Madrid. 1996

[2] Evangelio de SAN MARCOS, **9** ,48

[3] Evangelio de SAN MATEO, **2 5**:41

[4] Evangelio de SAN MATEO, **2 5**: 46

[5] AURELIO FERNÁNDEZ: *Compendio de Teología Moral, 1ª, V, 1, 9.* Ed.Palabra. Madrid.1995.

[6] Eclesiástico, **1 6**:12s

[7] ANTONIO ROYO MARÍN, O.P.: *¿Se salvan todos?, 2ª, II.* Ed. BAC. Madrid. 1995

[8] LAMBERTO DE ECHEVARRÍA: *Creo en el perdón de los pecados, VII.* Cuadernos BAC, nº67.

arrepentirse de su pecado, merece un castigo.

Y este castigo ha de durar mientras no se repare la falta por el arrepentimiento; pues las faltas morales no se pueden reparar sin arrepentimiento[1] .

Sería una monstruosidad perdonar al que no quiere arrepentirse.

Dice **Santo Tomás** que Dios no puede perdonar al pecador sin que éste se arrepienta previamente[2].

El mismo **Jesucristo** pone el arrepentimiento como condición previa al perdón[3] .

Ahora bien, como la muerte pone fin a la vida, el arrepentimiento se hace ya imposible[4] ,porque después de la muerte ya no habrá posibilidad de arrepentirse[5].

Después de la muerte no se puede rectificar. La muerte fija irrevocablemente a las almas[6] .

Después de la muerte no se puede merecer nada: con la muerte se acaba el tiempo de merecer[7].

«La muerte aparece como punto final del estado durante el cual el hombre puede hacer opciones en las que se abra o cierre a Dios»[8].

La falta del pecador que murió sin arrepentirse queda irreparada para siempre, luego **para siempre** ha de durar también el castigo[9].

En el infierno no es posible el arrepentimiento, lo mismo que en el cielo no es posible pecar[10] . Los bienaventurados del cielo se sienten tan atraídos por el amor de Dios, que el atractivo del pecado les deja indiferentes[11] .

«El hombre que disfruta de la visión del Creador, ya no puede dejarse arrastrar por un bien creado»[12].

Dios es infinitamente justo y no puede quedar indiferente ante las maldades que se hacen en este mundo.

¿Cómo van a estar lo mismo en la otra vida, el asesino, el ladrón, el egoísta y el vicioso, que el honrado y caritativo con todo el mundo?

---

[1] FELIPE CALLE, O.S.A.: *Razona tu fe, XXXVII, 4.* Ed. Religión y Cultura. Madrid

[2] SANTO TOMÁS: *Summa Theologica, III, 86, 2.* Ed. BAC. Madrid

[3] Evangelio de SAN LUCAS, **17**:3s

[4] MICHEL: *Los misterios del más allá, I, 2, 2; V, 2, 3.* Ed. Dinor. San Sebastián

[5] CÁNDIDO POZO, S.I.: *Teología del más allá, 3ª, VII, 3.* Ed. BAC. Madrid, 1980

[6] ANTONIO ROYO MARÍN, O.P.: *¿Se salvan todos?, 2ª, VIII,3,2.* Ed. BAC. Madrid. 1995

[7] DENZINGER: *Magisterio de la Iglesia, nº 778.* Ed. Herder. Barcelona

[8] CÁNDIDO POZO, S.I.: *La venida del Señor en la Gloria, VI, 4.* Ed. EDICEP. Valencia. 1993.

[9] GARRIGOU-LAGRANGE, O.P.: *La vida eterna, 3, II.*. Ed. Rialp. Madrid.

[10] ANTONIO ROYO MARÍN,O.P.: *Dios y su obra, Apéndice 3º, B, 4, nº 690.* Ed. BAC. Madrid.

[11] JOSÉ ANTONIO GALINDO: *La libertad en SAN AGUSTÍN.* Revista AGUSTINUS,35(190)308s.

[12] PAUL O'CALLAGHAN: *39 Cuestiones doctrinales, I, 9.* Ed. Palabra. Madrid. 1990.

99,2

Evidentemente tiene que haber un castigo para tanta injusticia, tanto crimen y tanta maldad como queda en este mundo sin castigo.

El temor al infierno no es **el mejor motivo** para servir a Dios.

Es mucho mejor servirle por amor, como a un Padre nuestro que es.

Pero somos tan miserables que a veces no nos bastará el amor de Dios, y conviene que tengamos en cuenta el castigo eterno, porque es una realidad. **Cristo** nos lo avisa para que nos libremos de él.

Se oye decir de labios irresponsables: «Hoy a la juventud no le interesa la religión del miedo o de las seguridades».

Depende: tener miedo a cosas irreales es de idiotas; pero cerrar los ojos a los peligros reales es de imbéciles.

Lo mismo: buscar seguridades ficticias es de idiotas; pero despreciar seguridades reales y preferir inseguridades, es de imbéciles.

«La doctrina sobre el infierno podríamos sintetizarla así:

a) El Nuevo Testamento afirma que el destino de los justos y el destino de los impíos, en el estado escatológico, son diversos.

b) El elemento más característico del estado escatológico de los justos es "estar con **Cristo**". De modo paralelo, la nota más esencial del estado escatológico que corresponde al impío es el rechazo del Señor.

c) La situación de condenación se describe como un estado de sufrimiento.

d) Se insiste en la eternidad del sufrimiento del condenado»[1].

El concepto de eternidad se opone al concepto de tiempo, que supone un antes y un después.

La eternidad supone una duración ilimitada, una permanencia interminable[2].

Una imagen que puede ayudar a entender la eternidad es un reloj pintado a las nueve en punto. Por mucho que esperemos, nunca señalará las nueve y cinco.

La idea de que al final todos se salvan por aquello de **San Pablo** «*Dios quiere que todos los hombres se salven*»[3], requiere explicación.

Hay que distinguir entre el deseo de Dios y su decisión absoluta. El verbo utilizado aquí por **San Pablo** no implica eficacia absoluta, sino una

---

[1] CÁNDIDO POZO, S.I.: *La venida del señor en la gloria, X, 4.* Ed. EDICEP. Valencia.1993.

[2] ANTONIO ROYO MARÍN: *Teología de la salvación, 2ª, III, nº 152.* Ed. BAC. Madrid.

[3] SAN PABLO: Primera Carta a Timoteo, **2 :4**

voluntad que respeta la libertad de los hombres[1] .

3. Debemos pedir a Dios **muy a menudo** que nos proteja en las necesidades de la vida. Dios tiene en su mano todos los acontecimientos de la vida y los gobierna con amorosa **Providencia**.

Debemos tener confianza de que todo lo que Dios hace o permite es en **bien nuestro**. Todo por amor a nosotros, aunque algunas veces con nuestro pequeño entendimiento no comprendamos los planes de Dios.

«La Divina Providencia consiste en las disposiciones por las que Dios conduce, con sabiduría y amor, todas las criaturas hasta su último fin»[2] .

Dios está siempre presente en nuestras vidas. Nos ayuda y protege continuamente.

Pero muchas personas sólo se acuerdan de Él cuando lo necesitan. Lo mismo pasa con el aire, que sólo nos acordamos de él cuando nos falta para respirar.

Sabemos que **Dios es bueno** y cuida de nosotros; aunque a veces no entendamos su Providencia.

Fiémonos de Él que está arriba y ve más. El que está en la cumbre señala mejor el camino de la subida que el que está abajo, que no ve que el camino que él cree mejor está cortado por un precipicio tras una peñas.

El buen padre de familia quita a su hijo de «botones» para que aprenda un oficio.

De momento deja de ganar unas pesetas; pero de «botones» sólo aprende a llevar cartas y a cerrar puertas, y cuando, por la edad, tenga que dejar el oficio, será un hombre inútil.

Aprender un oficio es a la larga mucho mejor.

Dios nos guía como un padre de familia a sus hijos.

El infierno existe, no porque lo quiera Dios, que no lo quiere; sino porque el hombre libre puede optar contra Dios.

No es necesario que sea una acción explícita. Se puede negar a Dios implícitamente, con las obras de la vida.

Si negamos la posibilidad del hombre para pecar, suprimimos la libertad del hombre.

Si el hombre no es libre para decir NO a Dios, tampoco lo sería para decirle SÍ. La posibilidad de optar por Dios incluye la posibilidad de rechazarlo[3].

---

[1] CÁNDIDO POZO, S.I.: *La venida del Señor en la gloria, X, 4.* Ed. EDICEP. Valencia. 1993.

[2] **Nuevo Catecismo de la Iglesia Católica nº 321**

[3] JOSÉ LUIS RUIZ DE LA PEÑA:*La otra dimensión:escatología cristiana,VIII,3.*Ed.Sal Terrae. Sant.

El gran misterio del infierno es que aunque Dios desea la salvación de todos los hombres, nosotros somos capaces de condenarnos.

Dios nos ha creado libres y quiere que nos comportemos como tales.

Negar la posibilidad de condenarnos es negar la libertad del hombre. Es anular al hombre.

«Sin esta posibilidad, el hombre ni siquiera sería verdaderamente hombre»[1] .

Afirmar que existe el infierno es tomar en serio la libertad del hombre.

Dios ofrece la salvación, no la impone.

El infierno es el respeto de Dios por tu última voluntad.

Si tú libremente elegiste el pecado, mientras no te retractes, Dios te respeta.

Y como con la muerte se acaba tu libertad, no cambiarás eternamente.

El hombre es libre para elegir el bien o el mal; pero, «si bien somos libres para elegir lo que se nos antoje, jamás podremos decidir las consecuencias de nuestra elección»[2].

4. Se presenta el **problema del mal**.

El mal es un misterio que supera el entendimiento humano. Nos debe bastar el saber que Dios saca bienes de los males[3] .

Por ejemplo, para que el pecador reconozca su falta y se arrepienta; para que el justo expíe sus faltas en este mundo, gane así mayor gloria en el cielo, y dé buen ejemplo al prójimo con su paciencia; para que los hombres vivan más despegados de las cosas de la Tierra, porque esta vida es tiempo de prueba y no de premio, etc.

A veces, es difícil consolar a unos padres que han perdido a su niño angelical. Pero no podemos olvidar que Dios es padre amorosísimo, y no permite nada que no sea en bien nuestro.

Dios conoce el futuro, y sabe si esa criatura angelical va a perseverar así o se va a torcer con gran daño para sí y para sus padres.

Puede ser que la muerte angelical de ahora sería muy diferente el día de mañana. Confiemos en que los planes de Dios son siempre para nuestro mayor bien.

---

[1] FRANCISCO DE MIER: *Apuesta por lo eterno, V, 4.* Ed. San Pablo. Madrid. 1997.

[2] MADRE ANGÉLICA: *Respuestas, no promesas, XI,6.* Ed. Planeta+Testimonio. Barcelona. 1999.

[3] **Nuevo Catecismo de la Iglesia Católica, nº 312**

Puede ser que en un caso concreto, no alcancemos a ver el bien que Dios saca de ese mal.

Pero ya nos dice San **Pablo** que *«para los que aman a Dios, todo coopera en su bien»*[1] .

«Dios en su infinita Sabiduría subordina un bien inferior a un bien superior, el bien material al espiritual, el físico al moral, el profano al religioso, el terreno al celestial; porque no estamos hechos para la tierra sino para el cielo, no para el tiempo sino para la eternidad»[2] .

Sin negar el problema del mal, vamos a dar **algunas ideas** aclaratorias.

Mal es la carencia de un bien debido.

Para la piedra no es un mal el no poder ver, pero sí lo sería para mí.

En cambio para mí no es mal no poder volar, pero sí lo sería para un águila.

Por eso dice **Santo Tomás** que el mal no es cualquier carencia de un bien, sino la carencia de un bien propio de una determinada criatura.

El único **mal absoluto** es el infierno:

Todos los demás males son relativos: para unos sí, y para otros no; en un sentido sí y en otro no.

Un terremoto puede ser un mal para mí, que en él he perdido mi casa y algunos seres queridos; pero no lo es para la Tierra que ha conseguido más estabilidad en su masa.

Una enfermedad es un mal para mí en el sentido de que me hace sufrir, pero puede ser un bien si con ella me santifico y merezco más para el cielo.

En el hombre el mal físico produce dolor, y el mal moral es producido por el pecado.

El mal físico es consecuencia de las leyes de la Naturaleza.

El mal moral es consecuencia del mal uso de la libertad humana.

Para evitar el mal moral, Dios tendría que quitar la libertad al hombre.

Dice el filósofo ruso **Nikolai Berdaiev:** «El problema del mal no es otra cosa que el problema de la libertad»[3].

Todo hombre libre **es capaz de pecar**.

Y un hombre sin libertad dejaría de ser hombre.

---

[1] SAN PABLO: Carta a los Romanos, **8** :28

[2] ANTONIO ROYO MARÍN, O.P.: *Dios y su obra, Apéndice, III, A, 4, nº 642.* Ed. BAC. Madrid.

[3] VITTORIO MESSORI: *Algunas razones para creer, XII.* Ed. Planeta+Testimonio.Barcelona.2000

«Si el hombre no fuera libre, no sería hombre»[1].

«Es la libertad la facultad por la que somos hombres»[2].

La libertad para ser bueno o ser malo es lo que hace meritorio ser bueno[3].

Y hacer méritos para la vida eterna, es para lo que Dios nos ha puesto en la Tierra.

Si Dios impidiera al hombre hacer el mal, violentaría su libertad.

Dios tiene sus razones para permitir el mal.

A nosotros nos basta con saber que Dios tiene Providencia, aunque desconozcamos sus caminos.

«La fe nos da la certeza de que Dios no permitiría el mal si no hiciera salir el bien del mal mismo, por caminos que nosotros sólo conoceremos plenamente en la vida eterna[4].

Dice **San Pablo**: «*Sabemos que Dios hace converger todas las cosas para el bien de aquellos que le aman* »[5].

Evidentemente que Dios pudo haber hecho un mundo con otras leyes físicas.

Pero todo mundo imaginable es perfectible.

Para no poder ser superado **hay que ser Dios**, que es el único ser Omniperfecto.

Dios ha pensado que este mundo es suficientemente bueno para que en él viva el hombre, y gane la gloria eterna que es el fin para el cual ha sido creado.

Pero, sobre todo, la respuesta al dolor es **Cristo**, que quiso pasarlo primero para animarnos a sufrir.

Como la madre que prueba primero la sopa delante del niño, que no quiere comer, para animarle.

El sufrimiento humano, individual o colectivo, a veces sólo tiene una respuesta: **Cristo** crucificado.

«Al que sufre no se le puede ir con razonamientos. Se le acompaña y se le consuela. Por eso la mejor respuesta al dolor es **Cristo** crucificado»[6].

La Redención de la humanidad se ha hecho por el dolor.

Por eso muchos santos han amado el dolor.

---

[1] JUAN ANTONIO GALINDO: *Dios no ha muerto, XV, 5,1.* Ed. San Pablo. Madrid.

[2] ANTONIO GARCÍA FIGAR, O.P.: *Matrimonio y Familia, V,6.* Ed. FAX. Madrid.

[3] **Nuevo Catecismo de la Iglesia Católica, nº 1745**

[4] **Nueva Catecismo de la Iglesia Católica nº 324**

[5] SAN PABLO: Carta a los Romanos, **8**:28

[6] JEAN DANIELOU: *Dios y nosotros, II.* Ed. Taurus. Madrid.

El calvario se ha convertido en la meta ideal, según aquello de **San Pablo** que no quería gloriarse de *«otra cosa que no fuera la cruz de Cristo»*[1] .

Y por extraña paradoja, el sufrir por amor a **Cristo** es una fuente inefable de consuelo. También lo dijo **San Pablo**: *«Sobreabundo de gozo en medio de mis tribulaciones»*[2] .

Y es que el sacrificio realizado por amor pierde toda su dureza. Incluso se convierte en alegría cuando se ama de verdad[3].

Y además, la esperanza de la gloria.

«El dolor pasará, las tribulaciones se acabarán, el sufrimiento se extinguirá para siempre. Y todo ello quedará substituido por una sublime e incomparable gloria que no terminará jamás»[4] .

Por eso dice **San Pablo**: *«¿qué tienen que ver las amarguras y tribulaciones de la tierra si las comparamos con la inmensa gloria que nos aguarda en la eternidad?»*[5] .

«El cristiano no permanece pasivo ante el dolor propio o ajeno, y procura prevenirlo con todos los medios lícitos de que dispone. (...)

»Cuando los recursos humanos se han venido abajo, cuando la ciencia y el amor se han declarado impotentes, el cristiano tiene todavía un refugio.

»Para él, el cielo no está vacío.

»En él vive un Dios bueno, sabio y omnipotente del cual dependen todos los acontecimientos de la vida y todos los fenómenos del universo. Un Dios que conoce nuestras miserias y oye nuestras voces de auxilio, y puede, si le parece bien, socorrernos y consolarnos.

»Y cuando la oración no es oída enseguida, el cristiano no se desanima.(...) Sabe aceptar con serena resignación los designios inescrutables de Dios, que es el más amoroso de los padres»[6] .

5. Todas las cosas tienen «pros» y «contras».

La electricidad nos trae muchos bienes (iluminación, telecomunicación, motores, etc.); pero también puede provocar un incendio por cortocircuito y matar por electrocución.

A pesar de los peligros que supone la electricidad no por eso dejas de

---

[1] SAN PABLO: Carta a los Gálatas, **6**:14

[2] SAN PABLO: Segunda Carta a los Corintios, **7**:14

[3] ANTONIO ROYO MARÍN, O.P.: *Dios y su obra, Apéndice, 3º B, 3, nº 680.* Ed. BAC. Madrid.

[4] ANTONIO ROYO MARÍN, O.P.: *Dios y su obra, Apéndice, 3º B, 4, nº 690.* Ed. BAC. Madrid.

[5] SAN PABLO: Segunda Carta a los Corintios, **4**:17

[6] ANTONIO ROYO MARÍN, O.P.: *Dios y su obra, Apéndice, 3º, B, 2, nº 678.* Ed. BAC. Madrid

poner en tu casa instalación eléctrica.

El mundo que Dios ha hecho tiene muchas cosas buenas, pero a veces ocurren adversidades y contratiempos. Son consecuencias de que el mundo es un ser en evolución. La dinámica de la evolución provoca contrastes y conflictos[1]. A veces ocurren cosas que no comprendemos. Pero es absurdo querer entender a Dios al modo humano. Es como si un animal quisiera entender las ideas filosóficas humanas: es imposible.

Es lógico que el hombre no entienda a veces el proceder de Dios.

A nosotros nos basta saber que Dios es Padre, y permite el sufrimiento para nuestro bien. Lo mismo que una madre le pone a su hijo una inyección que éste necesita, aunque le duela.

Dios deja actuar las leyes de la naturaleza y la libertad de los hombres, y no los mueve como el jugador de ajedrez las piezas.

Sin embargo, ha de ser **un consuelo** para nosotros saber que en igualdad de circunstancias, en el cielo gozan más, los que más han sufrido en este mundo con cristiana resignación.

Es consolador saber que «el sufrir pasa, pero el premio de haber sufrido por amor a Dios durará eternamente».

En el cielo bendeciremos a Dios por aquellos sufrimientos que nos han merecido tanta gloria eterna[2] .

No nos engañemos con el **aparente triunfo** de algunos malos. En primer lugar, porque el triunfo del malo se limita a esta vida, donde la experiencia enseña que no se da triunfo completo y libre de mal. Pero, sobre todo, porque el que peca es un fracasado para la eternidad, que es donde el fracaso es completo e irremediable.

El único que triunfa es quien se salva.

100.- EL CIELO ES LA FELICIDAD CON QUE DIOS PREMIA ETERNAMENTE A LOS QUE MUEREN EN GRACIA DE DIOS[3] .

1. El cielo es **el conjunto de todos los bienes** sin mezcla de mal alguno.La felicidad del cielo será proporcional a los méritos contraídos en esta vida; pero todos serán totalmente felices, pues no les cabrá más felicidad. Como ocurre con vasos, de distintos tamaños, llenos de agua:

[1] JUAN LÓPEZ PEDRAZ, S.I.: *Cristianos en busca de respuestas, VI, 3.* Ed. Sal Terrae. Santander

[2] ANTONIO ROYO MARÍN, O.P.: *Dios y su obra, Apéndice, 3º A, III,6, nº 664.* Ed.BAC. Madrid.

[3] DENZINGER: *Magisterio de la Iglesia, nº842.* Ed, Herder. Barcelona

unos tienen más agua que otros, pero a ninguno le cabe más.

«La Iglesia ha definido como dogma de fe la existencia y eternidad de cielo»[1]. El cielo, más que un espacio es una relación con Dios.Las almas son espirituales, y las cosas espirituales no necesitan espacio.

Hay cosas que son reales pero no ocupan espacio: el amor, el odio, la lealtad, la traición, la simpatía, la envidia, etc.

«El cielo es primordialmente un "estado". Es un modo de existir. El espacio es para las cosas materiales. Los espíritus, para existir, no necesitan de un lugar. Pero es necesario además suponer que el cielo se halla localizado en algún "lugar" aunque no sepamos decir dónde está»[2].

No hay más solución que decir, que, de uno u otro modo, el cielo es un lugar de gloria»[3].

En el cielo, los buenos viven con Dios eternamente felices. Éste es el único modo de ser del todo feliz[4]. Para **Platón** la felicidad está en amar la Belleza, y para **Aristóteles** en conocer la Verdad. Como en Dios está la Suprema Belleza y Verdad, en el disfrute de Dios está la verdadera felicidad. Y esto es el cielo[5]. Por eso dice **San Agustín**: «Nos hiciste, Señor, para Ti; y nuestro corazón está inquieto hasta que descansa en Ti»[6]

Puede ser interesante mi vídeo *El cielo: la felicidad de amar*[7].

2. Dios ha hecho al hombre para el cielo. Por eso aquí en la Tierra ningún hombre encuentra esa felicidad completa que tanto busca.

Goethe afirmaba de sí mismo: «Se me ha ensalzado como a uno de los hombres más favorecidos por la fortuna. Pero en el fondo de todo ello no merecía la pena, y puedo decir que en mis setenta y cinco años de vida no he tenido cuatro semanas de verdadera felicidad. Ha sido un eterno rodar de una piedra que siempre quería cambiar de sitio»[8].

Los ricos y los pobres, los de arriba y los de abajo, todos los hombres, en sus momentos de sinceridad, reconocen que no encuentran la felicidad que los sacie, aunque hayan tenido de todo y hayan gozado de todo.

Y es que «la aspiración fundamental del hombre no puede saciarse con la posesión de un objeto, el hombre no puede alcanzar su felicidad plena en una relación sujeto-objeto, sino en una relación yo-tú, es decir, en la

[1] ANTONIO ROYO MARÍN,O.P.: *Teología de la salvación, 3ª, VII, nº 327.* Ed. BAC. Madrid

[2] KARL RAHNER, S.I.: *Escritos de Teología, I, pgs. 243-252.* Ed. Taurus. Madrid

[3] JUAN MANUEL IGARTUA, S.I.: *La resurrección de Jesús, 3ª, IV, 1.* Ed. Mensajero. Bilbao, 1989

[4] **Nuevo Catecismo de la Iglesia Católica, nº 1035**

[5] LUIS MARÍA GONZALO: *La felicidad, III.* Ed. Palabra. Madrid, 1990

[6] SAN AGUSTÍN: *Confesiones, I, 1.*

[7] Pedidos al autor: Apartado 2546. 11080-Cádiz. Tel.: (956) 222 838. FAX: (956) 229 450

[8] STAUDINGER: *Vida eterna, II, 1.* Ed. Herder. Barcelona

relación con una persona»[1].

Incluso en este mundo la mayor felicidad está en el amor. No precisamente el amor-lujuria, sino el amor espiritual. El amor brota ante la presencia de lo bueno, de lo bello. En el cielo la posesión intuitiva del Bien infinito -Dios- nos proporcionará, por el amor, una felicidad insuperable.

Ahora, lo que conocemos de Dios, como dice **San Pablo,** es una caricatura[2] .

Pero cuando conozcamos a Dios en el cielo tal como es, lo que merece ser amado y lo que nos ama, su amor nos hará inmensamente felices.

«Sólo en Dios encontrará el hombre la verdad y la dicha que no cesa de buscar»[3] .Lo mismo que por más que te explique un cosmonauta la sensación de ingravidez que él siente en el espacio, no puedes entenderla como él, así es imposible que un pecador comprenda a **Santa Teresa** cuando habla de la felicidad del amor de Dios. La felicidad del cielo es difícil que la comprendamos con nuestra mentalidad terrena. Es como hablarle a un ciego de colores, o a un sordo de música. Decirle a un ciego que el color rojo es como un sonido de trompeta, no le aclara mucho. Ya lo dijo **San Pablo**: *«Ni ojo vio, ni oído oyó, ni ha concebido jamás el corazón humano la felicidad que Dios tiene preparada para los que le aman »*[4] .

La única felicidad completa, verdadera y definitiva está es el cielo. Por eso la salvación eterna es el problema más importante que el hombre tiene que resolver en esta vida.

Es un asunto difícil, pero a nosotros mismos nos interesa que salga bien. Si me sale mal, yo seré el que me hunda para siempre.

En el cielo conoceremos todo lo que nos interese sobre nuestra familia, amigos, etc. Incluso todas maravillas de la ciencia en todas las ramas del saber humano[5]. Y como en el cielo no se puede sufrir, los bienaventurados no sufren viendo sufrir a sus seres queridos, pues ven los bienes que se siguen de ese sufrimiento. Pero sin duda pedirán a Dios que alivie sus penas y les de fuerzas y resignación para sobrellevarlo todo[6] .

Los Testigos de Jehová dicen que sólo se salvan 144.000 porque es el número que da el Apocalipsis[7].

Pero todo el que sabe un poco de Estudios Bíblicos conoce que los números en la Biblia tienen un valor simbólico. No pretenden la exactitud.

---

[1] J. ALFARO, S.I.: *Persona y gracia*. Revista GREGORIANUM, nº 41(1960) 7s

[2] SAN PABLO: Primera Carta a los Corintios, **13**;12

[3] **Nuevo Catecismo de la Iglesia Católica, nº 27**

[4] SAN PABLO: Primera Carta a los Corintios, **2**:9

[5] ANTONIO ROYO MARÍN,O.P.: *Teología de la salvación, 3ª, VII, nº 346*. Ed. BAC. Madrid

[6] ANTONIO ROYO MARÍN, O.P.: *Teología de la salvación, 3ª, VII, nº 348*. Ed. BAC. Madrid

[7] Apocalipsis **7**:4

Predestinación

Como cuando decimos «te he llamado mil veces» lo que queremos decir es «muchas veces»; y cuando dices «llevo esperándote tres horas» quieres decir mucho rato, y no precisamente ciento ochenta minutos.

Hay números simbólicos como el 7, el 12, el 40. Setenta veces siete. Cuarenta días de ayuno. Doce apóstoles. Doce tribus de Israel.

Los 144.000 son 12.000 por cada una de las doce tribus de Israel.

Doce es símbolo de plenitud y mil de multitud.

Por eso el Apocalipsis dice unas líneas después que era *«una gran muchedumbre que nadie podía contar »*[1]. Y **San Pablo**: *«Dios quiere que todos los hombres se salven »*[2] . Y **Cristo** encargó a los Apóstoles: *«Predicad a toda criatura..., el que crea se salvará »*[3].

Esta doctrina de los **Testigos de Jehová** ha sido tan refutada que ellos mismos buscan otra interpretación del texto y van admitiendo que son muchos más los que se salvan[4].

«Incluso los que, sin culpa suya, no son cristianos pero han permanecido fieles a la voz de su recta conciencia, participarán de la felicidad eterna con el Señor, pues la acción invisible del Espíritu Santo en sus corazones, los unirá al misterio pascual de **Jesucristo**»[5] .

Dice **Santo Tomás** que el que no conoce la religión verdadera sin culpa suya, pero ha procurado vivir conforme a su conciencia haciendo el bien y evitando el mal, según sus alcances, hay que creer certísimamente que Dios buscará el modo de iluminarle antes de morir para que pueda salvarse[6]

«Es cierto que nadie ha ido nunca al infierno, ni irá, sino por su propia culpa»[7] . Dice el Concilio Vaticano II: «Los que inculpablemente desconocen el Evangelio de **Cristo** y su Iglesia, pero se esfuerzan en cumplir con su conciencia pueden conseguir la salvación eterna.

»La Divina Providencia no niega los auxilios necesarios para la salvación a los que sin culpa suya ignoran el conocimiento expreso de Dios, y se esfuerzan en llevar una vida recta»[8].

En cambio, el instruido suficientemente en la religión católica que rechace a la Iglesia Católica no podrá salvarse[9] . (Ver **39**,1)

Al decir que también los no católicos pueden salvarse hay que evitar la idea de que los católicos tenemos que subir a la cumbre de la salvación a

---

[1] Apocalipsis **7**:9

[2] SAN PABLO: Primera Carta a Timoteo, **2**:4

[3] Evangelio de SAN MARCOS, **16**:15s

[4] G. HERBERT, S.I.: *Los Testigos de Jehová, su historia y su doctrina, V, 5, B, 1ª.* Ed. PPC.Madrid

[5] Conciencia Episcopal Española: *Ésta es nuestra fe, 2º, I, 11, 2, e.* EDICE. Madrid, 1986.

[6] SANTO TOMÁS: *De veritate, 14, XI, 1.*

[7] RONALD A. KNOX: *Conferencias religiosas de Oxford, XIII.* Ed. APSA. Madrid.

[8] Concilio Vaticano II: *Lumen Gentium:* Constitución Dogmática sobre la Iglesia, nº 16

[9] Concilio Vaticano II: *Lumen Gentium.* Constitución Dogmática sobre la Iglesia, nº 14

100,4

pie, mientras que los no católicos suben en funicular[1], pues llegan al mismo sitio sin las obligaciones de los católicos.

Hay que tener en cuenta que la ley natural es la misma para todos, y los católicos tenemos la ayuda de los sacramentos. De ahí la preocupación de la Iglesia por la conversión de los infieles.

3. Para salvarse y ganar el cielo, es necesario servir a Dios y **guardar los mandamientos**. Esto cuesta trabajo, porque nuestras inclinaciones al pecado son muy fuertes, y el demonio -que nos envidia y quiere condenarnos con él- nos pone trampas de tentaciones para que caigamos.

Sin embargo, podemos vencer al demonio y a nuestras pasiones. «Todo es posible para el que ora». Si se lo pido mucho al Señor y a la Virgen, si confieso y comulgo con frecuencia, y procuro apartarme de las ocasiones de pecar, será casi cierto que me salvaré.

Tenemos en nuestra mano los medios necesarios y suficientes para alcanzar la salvación: quien los pone en práctica convenientemente se salva. Para no apartarse del camino de la salvación en muy conveniente hacer todos los años Ejercicios Espirituales. Hay además tres cosas **muy eficaces** para conseguir una buena muerte: comulgar los Primeros Viernes de mes y los Primeros Sábados, y rezar todas las noches tres Avemarías a la Santísima Virgen, que son prenda de salvación eterna.

Aunque, naturalmente, todas las devociones son inútiles si no tenemos sincero deseo de servir a Dios y hacer el bien.

Es necesario **pedir mucho** nuestra salvación eterna. Quien pide salvarse, con insistencia y de corazón, es cierto que se salvará y, por el contrario, quien no lo pide, no se salvará, ordinariamente hablando. Dice **San Alfonso María de Ligorio**: «Todo el negocio de la salvación depende de la oración; si no oráis, vuestra condenación será cierta»[2].

4. El misterio de **la predestinación** consiste en la coordinación de la Sabiduría, Bondad y Justicia de Dios, con nuestra libertad. Para nosotros la coordinación de estas cuatro cosas es un misterio. Pero comprendemos que Dios puede coordinarla. Vamos a intentar dar un poco de luz:

A veces se oye preguntar: «Si Dios es bueno, ¿por qué me crea sabiendo que me voy a condenar? Me hubiera hecho un favor no creándome». Te equivocas. No creándote no te hace ningún favor. Si no existes, no puede hacerte favores. En cambio, al crearte te da el billete de entrada para el cielo, lo cual es un bien inmenso.

[1] RONALD A. KNOX: *Conferencias religiosas de Oxford, XIII*. Ed. APSA. Madrid.

[2] SAN ALFONSO Mª DE LIGORIO: *Del gran medio de la oración, 1ª, I*. Ed.Perpetuo Socorro. Mad.

Si tú rompes esa entrada no es culpa de Dios, sino exclusivamente tuya. Él ya hizo bastante comprándote esa entrada a costa de su vida. ¿Vas a dudar de su Bondad? Si Dios no creara a los que se van a condenar, haría un perjuicio a los posibles descendientes de esos hombres, que podrían ser excelentes, salvarse y ser eternamente felices.

Todos podemos tener en nuestros ascendientes alguno que se haya condenado. Si para que él no se condene, Dios no lo crea, tampoco hubiéramos existido nosotros, y nos veríamos privados de la felicidad eterna que esperamos conseguir. Si tú quieres condenarte, no por eso va Dios a privar de la felicidad eterna a tantos seres descendientes tuyos (hablo en general) que se querrán salvar y ser eternamente felices[1].

Además, si Dios creara sólo a los que se iban a salvar, entonces los hombres, seguros de su salvación a última hora, se despreocuparían de hacer buenas obras. El riesgo de la condenación estimula a practicar el bien. Con esto se aumenta el premio eterno. Y Dios considera que esto es motivo suficiente para permitir que otros voluntariamente prefieran ir por el camino de la condenación.

Es verdad que Dios podría enviarnos la muerte aprovechando un momento en que estemos en gracia, o antes de que tengamos uso de razón, si nunca vamos a tener un buen momento. Pero Dios hace plan de dar a cada uno un tiempo de vida determinado, y no lo cambia.

Si Dios subordinara el momento de la muerte de cada uno a esperar que esté en gracia, como esto depende de la voluntad del hombre, sería el hombre el que, de alguna manera, determinaría el momento de morir. Y es impropio de Dios subordinarse a los caprichos de la criatura.

Con todo, **no es inútil** pedir a Dios la curación de un enfermo grave. Pues como Dios sabía que se iba a pedir por él, pudo, desde la eternidad, teniendo en cuenta esas oraciones, señalar el momento de morir más conveniente. «*Dios quiere que todos los hombres se salven* »[2] y a todos les da las gracias necesarias para ello[3]; si ellos no la rechazan voluntariamente[4]. Es más, si necesitas un millón, Él te da cinco millones.

Dijo **Cristo:** «*Yo he venido para que tengan vida sobrenatural, y para que la tengan en abundancia*»[5].

Es decir, que con la gracia que te da, te puedes salvar de sobra. Si no te salvas, es porque no quieres. Dios ha querido que tú pongas algo de tu parte. Si no lo quieres poner, la culpa es exclusivamente tuya. De ninguna

[1] JOSÉ SABATER: *Dios es así, XXVI*. Ed. Paulinas. Madrid. Te recomiendo la lectura de este ameno e instructivo libro para que conozcas mejor a Dios.

[2] SAN PABLO: Primera Carta a Timoteo, **2**:4

[3] ANTONIO ROYO MARÍN,O.P.: *Teología de la salvación, 1ª, V, nº 108*. Ed. BAC. Madrid

[4] ANTONIO ROYO MARÍN O.P.: *¿Se salvan todos?, 2ª, III, 3, 3ª*. Ed. BAC. Madrid. 1995

[5] Evangelio de SAN JUAN, **10**:10

manera de Dios, que con lo que te ha dado, tienes de sobra para salvarte.

¿Por qué deja Dios esto en muestras manos? Porque sin libertad no hay mérito, y sin mérito no hay salvación. El hombre es esencialmente racional.

El ser racional es necesariamente libre[1]. El ser libre implica autodeterminación en la elección del bien y del mal, por lo tanto ser responsable. Para ser responsable hay que ser libre[2].

Esto es lo que hace posible el mérito necesario para la salvación, y al mismo tiempo la culpabilidad del mal que lleva a la condenación.

Si Dios suprimiera la libertad, suprimiría al hombre. ¿Que Dios podía haber elegido otro orden de cosas en el que se condenaran menos? ¡De acuerdo! Y, ¿por qué ha elegido éste? No lo sabemos. No lo ha revelado. Es un misterio. Lo cierto es que en todo orden de hombres libres es lógico que algunos abusen de su libertad; y que en el actual orden de cosas, que nos ha tocado vivir, quien quiere sinceramente salvarse, con la ayuda de Dios, se salva. Nadie se condena sino por su propia culpa[3].

Dios llama a todos a la salvación; pero la respuesta de cada uno es personal y libre. «Lo quiere con voluntad condicionada. Es decir, la voluntad de Dios no se impone a la libertad del hombre, sino que la respeta»[4]. Dios respeta esa libertad. Vamos a poner aquí un resumen de la Doctrina de la Iglesia sobre predestinación:

1.- Dios quiere que todos los hombres se salven[5].

2.- Cristo murió por todos los hombres sin excepción[6].

3.- Dios no niega a nadie las gracias necesarias y suficientes para salvarse[7].

4.- Nadie se condena sin culpa suya[8].

5.- Todos podemos salvarnos, pues Dios no pide imposibles, sino que hagas lo que puedas y pidas lo que no puedas, que Él te ayudará para que puedas[9].

6.- La oración bien hecha y la devoción a María son prenda de salvación eterna.

Todos podemos salvarnos, pues Dios así lo quiere[10]. Para eso nos ha puesto en la vida. Esta voluntad de Dios no es absoluta, la cual no admite

---

[1] ANTONIO ROYO MARÍN, O.P.: *Teología de la salvación, 1ª, II, nº 45.* Ed. BAC. Madrid

[2] Dr. MELCHOR ESCRIVÁ, S.I.: *Medicina de la personalidad, VIII.* Ed. Sal Terrae. Santander.1985

[3] DENZINGER: *Magisterio de la Iglesia, nº 318.* Ed. Herder. Barcelona

[4] JESÚS MARÍA GRANERO, S.I.: *CREDO, 3º, XIX.* Ed. ESCELICER. Cádiz.

[5] SAN PABLO: Primera Carta a Timoteo,**2**:4

[6] SAN PABLO: Segunda Carta a los Corintios, **5**:15

[7] ANTONIO ROYO MARÍN,O.P.: *Teología de la salvación, 1ª, II, nº 19.* Ed. BAC. Madrid

[8] DENZINGER: *Magisterio de la Iglesia, nº 321.* Ed. Herder. Barcelona.

[9] DENZINGER: *Magisterio de la Iglesia, nº 804.* Ed. Herder. Barcelona.

[10] SAN PABLO: Primera Carta a Timoteo,**2**:3s; Segunda Carta a los Corintios, **5**:15; Evangelio de S.JUAN,**3**:17

excepción; sino condicionada, es decir, con la condición de que el pecador se arrepienta de sus pecados. Para que podamos salvarnos nos da los medios suficientes para ello, como son la gracia y los sacramentos.

Basta que nosotros queramos utilizarlos y cooperar con la gracia que Dios nos da, cumpliendo los mandamientos.

101.- El purgatorio es el sufrimiento de las almas que no se condenan por no haber muerto en pecado mortal, pero tienen que purificarse, de algún rastro de pecado, antes de entrar en el cielo[1].

1. La existencia del purgatorio es **dogma de fe**[2]. Esta definido en los Concilios de Lyon y Florencia[3]. También en el Concilio de Trento[4].

«Ya en el siglo II se ofrecía la eucaristía por los difuntos»[5].

En el Segundo Libro de los Macabeos (**12:** 43-46) se dice que con las limosnas en favor de los muertos éstos quedan liberados de sus pecados. Lo cual confirma la existencia del purgatorio.

Esto es tan claro que los protestantes, para negar la existencia del purgatorio se ven obligados a negar la autenticidad de este texto.

Sin embargo, la Iglesia, desde el principio, desde el Concilio III de Cartago (canon 47), ha tenido este texto como inspirado[6].

San Pablo indica que hay purificación más allá de la muerte[7]. Y supone que se puede ayudar a los muertos[8], pues pide por **Onesíforo,** ya difunto.

Como los del cielo no lo necesitan, y en el infierno esto ya no es posible[9], **San Pablo** se refiere a las almas del purgatorio.

Hablando del pecado contra el Espíritu Santo, dice **Jesucristo** que *«no se perdona ni en esta vida ni en la otra»* [10].

Esto significa que hay pecados que se perdonan en la otra, es decir, en el purgatorio[11]; pues en el cielo no es necesario y en el infierno, no es

[1] **Nuevo Catecismo de la Iglesia Católica, nº 1030**

[2] DENZINGER: *Magisterio de la Iglesia, nº693.* Ed. Herder. Barcelona

[3] DENZINGER: *Magisterio de la Iglesia, nº464 y 693.* Ed. Herder. Barcelona.

[4] DENZINGER: *Magisterio de la Iglesia, nº840.* Ed. Herder. Barcelona.

[5] FRANCISCO DE MIER. *Apuesta por lo eterno, IV, 1.* Ed. San Pablo. Madrid. 1997.

[6] SAN FRANCISCO DE SALES: *Meditaciones sobre la Iglesia, 3ª,II,5.* Ed. BAC. Madrid.1985.

[7] SAN PABLO: 1ª Carta a los Corintios, **3**: 10-15

[8] SAN PABLO: Segunda Carta a Timoteo, **1**: 16ss

[9] SAN FRANCISCO DE SALES: *Meditaciones sobre la Iglesia, 3ª,II,2.* Ed. BAC. Madrid.1985.

[10] Evangelio de SAN MATEO, **12**:32

[11] MAX MEINERTZ: *Teología del Nuevo Testamento, 1ª, III, 3.* Ed. FAX. Madrid.

101,1

posible, pues dijo **Cristo,** que el infierno es eterno[1] .

Cristo dice que daremos cuenta de cualquier palabra ociosa[2] , es decir, hasta de las faltas más pequeñas.

Pero del infierno no sale nadie[3] , y no parece adecuado un infierno eterno para las faltas pequeñas. Hay pecados que no son para la muerte[4] . Por otra parte, dice el Apocalipsis que en el cielo no entrará nada manchado[5].Luego tiene que haber un medio para purificarse de las pequeñas faltas que no merecen un infierno eterno, pero que con ellas no se puede entrar en el cielo. Eso es el purgatorio.

«Los que mueren en la gracia y la amistad de Dios, pero imperfectamente purificados, aunque están seguros de su salvación eterna, sufren una purificación después de su muerte a fin de obtener la santidad necesaria para entrar en el gozo de Dios»[6] .

El peor sufrimiento del purgatorio es ver que se retrasa el estar con Dios, que se desea con ansiedad. Pero este sufrimiento no impide el gozo de «la certeza de la salvación final, de una manera no posible en esta vida»[7]. En el purgatorio se sufre como en el infierno, pero con la esperanza de que tendrá fin y luego vendrá la gloria eterna. Este sufrimiento se va aliviando al acercarse el final[8] .

Todos debemos ser muy devotos de las almas del purgatorio. Los que están allí sufren mucho hasta que les llegue la hora de entrar en el cielo.

No pueden merecer nada para ellos mismos[9] ; pero desde este mundo podemos abreviar sus sufrimientos, ofreciendo por ellos misas, oraciones y buenas obras[10] .

Con las indulgencias (nº**92**,3) podemos ayudar a las almas del purgatorio. Debemos preocuparnos sobre todo de nuestros parientes difuntos, que quizás estén todavía en el purgatorio[11] .

Quien no socorre a las almas del purgatorio merecer ser él también abandonado cuando se muera. Si logro con misas, oraciones, etc., sacar un alma del purgatorio, tendré en el cielo para siempre un **alma agradecida**,

---

[1] Evangelio de SAN MATEO, **25**: 41
[2] Evangelio de SAN MATEO, **12**: 36
[3] Evangelio de SAN MATEO, **18**: 8; **25**: 41, 46
[4] Primera Carta de SAN JUAN, **5**: 16
[5] Apocalipsis, **21**: 27
[6] **Nuevo Catecismo de la Iglesia Católica, nº 1054**
[7] JAMES AKIN: *El Purgatorio.* En INTERNET: Apologética católica. www.aciprensa.com
[8] ANTONIO ROYO MARÍN, O.P.: *¿Se salvan todos?, 2ª, IX, 4, d.* Ed. BAC. Madrid. 1995
[9] WALTER MACKEN: *El Purgatorio.* Revista PALABRA, nº 244 (XI-85)36
[10] DENZINGER: *Magisterio de la Iglesia, nº 464, 693.* Ed. Herder. Barcelona
[11] GUSTAVO THILS: *Santidad cristiana, 3º, III, 2, 4.* Ed. Sígueme. Salamanca

«Los santos del cielo nos ayudan con su valiosa intercesión»[1] .

2. Algunas personas buenas, conscientes de lo necesitadas que están las almas del purgatorio, y de lo mucho que les podemos ayudar desde aquí ofreciéndoles sufragios[2] , hacen lo que se llama «**voto de ánimas**».

Este voto consiste en renunciar a todo el valor satisfactorio que podemos alcanzar, para ofrecerlo en beneficio de los difuntos, comprometiéndonos a pagar nosotros en el purgatorio todo lo que debamos por nuestros pecados[3] .

Este acto nos hace ganar mucho mérito delante de Dios. La Iglesia lo llama «Acto heroico de caridad» y **Jesucristo** no puede dejarlo sin premio, pues dijo: «*Bienaventurados los misericordiosos, porque alcanzarán misericordia*»[4]. Pues si con esto alcanzamos la misericordia de una buena muerte, ¿qué más queremos?

Para hacer este voto, no hay que rezar ninguna oración especial. Basta con un acto de la voluntad, una ofrenda hecha con el corazón. Pero si se quiere, puede emplearse la oración siguiente:

«Yo te ofrezco, Señor, por las almas del purgatorio, todas las obras satisfactorias de mi vida entera, y todas las que por mí se ofrezcan después de mi muerte. Te las ofrezco en unión de los méritos de **Jesús** y de **María**, y en manos de Ella las deposito para que las aplique según su voluntad. Dígnate aceptar este ofrecimiento, y ayúdame a vivir y a morir en tu santa gracia. Amén».

Es aconsejable renovar a menudo este ofrecimiento.

De suyo, aunque se llama voto, no es verdaderamente un voto, que obligue bajo pecado, y puede deshacerse en cualquier momento a voluntad del que lo hace.

La excelencia del voto de ánimas puede deducirse del gran número de personas insignes en dignidad, ciencia y santidad que lo han hecho[5].

102.- El cielo y el infierno no se acabarán porque son eternos.

1. Ni en el cielo es posible pecar, ni en el infierno es posible el

[1] MIGUEL PEINADO: *Exposición de la fe católica, 5ª, I, 145.* Ed. BAC. Madrid.
[2] FELIPE CALLE, O.S.A.: *Razona tu fe, XXXVI, 4.* Ed. Religión y Cultura. Madrid.
[3] ANTONIO ROYO MARÍN, O.P.: *Teología de la salvación, 3ª, VI, nº 312, 6º.* Ed. BAC. Madrid.
[4] Evangelio de SAN MATEO, **5**: 7
[5] EDUARDO FDEZ. REGATILLO, S.I.: *Las indulgencias, nº 420-424.* Ed. Sal Terrae. Santander.

arrepentimiento[1]. Por eso son eternos.

103.- Llegará un día en que el mundo se acabe.

1. **Jesucristo** habló del fin del mundo repetidas veces en su vida[2]. Lo que no sabemos es cuándo será ese día. Dijo **Jesucristo** que nadie sabe el día en que será el fin del mundo[3].

Jesucristo mezcla, en el capítulo 24 de **San Mateo,** el fin del mundo con la ruina de Jerusalén[4].

Algunos creen próximo el fin del mundo, pero dice la Biblia que antes se convertirán los judíos, y aunque se dan entre ellos algunas conversiones, no parece que sea inminente la conversión de todo el pueblo judío.

«Los Adventistas, de quienes depende en sus orígenes **Charles Taze Russell**, el fundador de los **Testigos de Jehová**, habían anunciado el fin del mundo para 1843, y después para 1844.- **Russell** lo anunció para 1874 y después para 1914[5]. Después para 1925 y 1975. Y en vista de sus fracasos, ahora señalan «una fecha inminente, pero no especificada»[6].

104.- Entonces vendrá la resurrección de los muertos[7] y el juicio final de todos los hombres[8]. *«Dios dará vida a nuestros cuerpos mortales»*[9].

1. La resurrección de los muertos es **dogma de fe**. Está definido en el Concilio IV de Letrán[10]. Entonces todos seremos presentados *«ante el tribunal de Cristo para recibir el premio o el castigo de lo que hayamos*

---

[1] Conferencia Episcopal Española: *Ésta es nuestra fe, 2ª, I, 11, 2, d.* EDICE. Madrid.
[2] Evangelio de SAN LUCAS, **21**:33
[3] Evangelio de SAN MATEO, **24**: 36. Evangelio de SAN MARCOS, **13**: 32
[4] ALFONSO TORRES, S.I.: *JESUCRISTO, SU PERSONA Y SU DOCTRINA, IV.* T.Católica.Madrid.
[5] INTERNET: *LA BIBLIA Y LOS TESTIGOS DE JEHOVÁ.* Apologética católica. www.aciprensa.com
[6] ZENIT, Boletín informativo del Vaticano en INTERNET: ZS99073007.
[7] **Nuevo Catecismo de la Iglesia Católica, nº 1016**
[8] **Nuevo Catecismo de la Iglesia Católica, nº 1040**
[9] SAN PABLO: Carta a los Romanos, **8**:11
[10] DENZINGER: *Magisterio de la Iglesia, nº 429.*, Ed. Herder. Barcelona

hecho en esta vida»[1] .*«Habrá resurrección de justos e injustos»* [2].

«Los que hayan hecho el bien saldrán a una resurrección de vida; y los que hayan hecho el mal, a una resurrección de condenación»[3] . *«Los de la izquierda irán al tormento eterno, mas los justos a la vida eterna»*[4].

«Todos los hombres comparecerán con sus cuerpos en el día del juicio ante el tribunal de **Cristo** para dar cuenta de sus propias acciones»[5] .

Cristo es la Cabeza del Cuerpo Místico.

La resurrección de la Cabeza, que es **Cristo**, es prenda de la resurrección de todo el Cuerpo, que somos nosotros.

Cuando llegue el fin del mundo, todos los muertos resucitarán con el mismo cuerpo[6] que tienen ahora[7] , para no volver a morir.

Los justos tendrán su cuerpo glorioso, perfecto, y sin los defectos que ahora tenemos[8]. Esto es un milagro. Aunque es difícil de comprender[9] , sabemos que sucederá así, porque es dogma de fe.

La realidad de la resurrección puede presentar dificultades a nuestro corto entendimiento. Como si se nos dijera que separáramos el serrín de la limaduras de hierro mezclados en un montón. De momento nos parece imposible, pero si nos dan un imán, se acabó el problema.

Según opinión de gran número de teólogos y de Santos Padres, resucitaremos en la plenitud de la vida, con los caracteres de la naturaleza humana en su más pujante, lozano y perfecto desarrollo[10] .

Y sin los defectos que hayamos tenido en esta vida[11] . Pero esto, aunque es opinión teológica muy razonable, no es dogma de fe[12].

Dice el Profeta **Isaías** (**35**:5s): *«Entonces el cojo saltará como un ciervo, y la lengua de los mudos cantará gozosa».*

«Resucitaremos con este cuerpo, aunque transformado»[13] .

Dice **San Pablo** que *«nuestro cuerpo miserable se transformará en cuerpo glorioso»*[14] .

---

[1] SAN PABLO: Segunda Carta a los Corintios, **5**: 10

[2] SAN LUCAS: Hechos de los Apóstoles, **24**,15

[3] Evangelio de SAN JUAN, **5**: 29

[4] Evangelio de SAN MATEO, **25**: 26

[5] **Nuevo Catecismo de la Iglesia Católica, nº 1059**

[6] MICHEL: *Los misterios del más allá, VIII, 1.* Ed. Dinor. San Sebastián.

[7] **Nuevo Catecismo de la Iglesia Católica, nº 999**

[8] SAN AGUSTÍN: *Ciudad de Dios, XX, 19ss*

[9] ANTONIO DÚE, S.I.: *El hombre ante Dios y la Ciencia, IV, 5.* Ed. ESCELICER. Cádiz.

[10] STAUDINGER: *Vida eterna, IV, 1.* Ed. Herder. Barcelona.

[11] ANTONIO ROYO MARÍN, O.P.: *Teología de l salvación, 3ª, IX, nº 447.* Ed. BAC. Madrid.

[12] ANTONIO ROYO MARÍN, O.P.: *El misterio del más allá, IV.* Ed. Rialp. Madrid.

[13] CÁNDIDO POZO, S.I.: *Vida más allá de la muerte, III, 3.* Cuadernos BAC nº78. Madrid.1984.

[14] SAN PABLO: Carta a los Filipenses, **3**:21

Resucitaremos con nuestro **propio cuerpo**, aunque no necesariamente con la misma materia, que ha cambiado repetidas veces a lo largo de toda la vida con el metabolismo. Soy el mismo, pero no lo mismo.

Identidad de la persona, no identidad de las moléculas. Soy la misma persona, pero no tengo la misma materia.

Resucitaré yo mismo; los átomos que compongan mi cuerpo es lo de menos.

«La identidad que habrá entre nuestro cuerpo resucitado y el cuerpo que ahora tenemos es la misma que la identidad que existe entre el cuerpo que ahora tenemos y el de hace unos años»[1].

«Dado el metabolismo constante del cuerpo humano, mi cuerpo actual ha renovado totalmente su materia con respecto a como se encontraba hace siete años.

»Sin embargo, lo considero, con toda razón, y es realmente, mi mismo cuerpo. Mi cuerpo puede ser el mismo aunque se componga de una materia distinta. (...) Dios puede reconstruir mi cuerpo con otra materia distinta, que se haría mía al ser informada por el principio que da continuidad consciente a mi ser personal, es decir, por mi alma; de modo análogo a como la materia que el metabolismo incorpora empieza a ser mía por la información de mi propia alma»[2].

«El momento de la resurrección no es jamás (...) el momento de la muerte, sino el final de la historia[3]: *«el que come mi carne y bebe mi sangre tiene vida eterna, y yo lo resucitaré en el último día»*[4].

Hoy la Iglesia permite la **incineración de los cadáveres**[5], por las dificultades de espacio que hay en los cementerios de las grandes ciudades. No hay para Dios ningún problema cuando llegue el momento de la resurrección.El destino de estas cenizas puede ser variado.

Mientras la Iglesia o la ley civil no digan otra cosa se puede depositar el cofre con las cenizas en un nicho familiar, o lanzarlas al mar, rajando previamente la bolsa de plástico que las contiene para que se dispersen.

Pero siempre tratándolas con todo respeto, según el deseo de la Iglesia.

2. **Los Testigos de Jehová** confunden la resurrección del juicio final con una resurrección a corto plazo.

---

[1] LUCAS F. MATEO-SECO: *39 Cuestiones doctrinales, II,2.* Ed. Palabra. Madrid. 1990.

[2] CÁNDIDO POZO, S.I.: *Vida más allá de la muerte, III, 4.* Cuadernos BAC nº78. Madrid.1984.

[3] CÁNDIDO POZO, S.I.: *Vida más allá de la muerte, III, 2.* Cuadernos BAC nº78. Madrid.1984.

[4] Evangelio de SAN JUAN, **6**:54

[5] Nuevo Código de Derecho Canónico, 1176, 3

Los Testigos de Jehová hablan de una segunda posibilidad después de la muerte. Pero **Jesucristo** nunca habló de esta segunda posibilidad, sino que siempre enseñó que la muerte fija definitivamente la suerte eterna de todos los hombres. Por eso las advertencias constantes a estar preparados: «*Velad, no sabéis ni el día ni la hora* »[1] .

3. La resurrección no tiene nada que ver con la **reencarnación** del hinduismo y del budismo. La invasión que hemos sufrido en España de predicadores de otras religiones ha ocasionado un tremendo confusionismo en muchas ideas de los católicos. Una de ellas es la reencarnación de los muertos en un animal o en otra persona. Esto es totalmente inaceptable para un católico[2] . Dice la Biblia: «*Es destino de los hombres morir una sola vez*»[3]. «No hay reencarnación después de la muerte»[4] .«El NO cristiano a la reencarnación se produce ya en el primer artículo del credo»[5] .

«Esta vida es la única oportunidad que nos ha sido dada de probar si queremos o no ser amigos de Dios.

»La Divina Revelación nos asegura que esto es así; y no hay argumento de filosofía humana que nos induzca a pensar lo contrario»[6].

El hombre es esencialmente hijo de Dios, lo cual exige el poder conocerle y amarle, y esto no sería posible si se reencarnase en una rana o en un escarabajo. Ni tampoco en otro hombre, pues cada persona es responsable de sus propias obras, y nadie puede cargar con la responsabilidad de las obras de otra persona. Cada uno de nosotros es total y exclusivamente responsable de sus propias obras. La responsabilidad de nuestra persona humana dura lo que dura nuestro uso de razón en esta vida entre el nacimiento y la muerte.

Ni estamos nosotros pagando los pecados de otros, ni nadie pagará los pecados de los que sólo nosotros somos responsables[7] .

«El ADN nos asegura que cualquier individuo es diferente de todos los demás»[8]. Cada persona humana tiene su ADN particular y distinto de todas las demás personas de la humanidad.

---

[1] Evangelio de SAN MATEO, **2 5**:13; **2 4**:42ss. Evangelio de SAN MARCOS, **1 3**:35ss; Evangelio de SAN LUCAS, **1 2**: 35-40

[2] CÁNDIDO POZO, S.I.: *Teología del más allá, Apéndice,3,8.* Ed. BAC. Madrid, 1980

[3] Carta de los Hebreos, **9**: 27

[4] **Nuevo Catecismo de la Iglesia Católica, nº 1013**

[5] JUAN L. RUIZ DE LA PEÑA: *La pascua de la creación, 2ª, V, 4, 1.* Ed. BAC. Madrid. 1996.

[6] RONALD A. KNOX: *Conferencias religiosas de Oxford, XVIII.* Ed. APSA. Madrid.

[7] CÁNDIDO POZO, S.I.: *Teología del más allá, 3ª, VII, 5.* Ed. BAC. Madrid. 1980

[8] VITTORIO MESSORI: *Algunas razones para creer, XI.* Ed. Planeta+Testimonio. Barcelona.2000.

105.- En lo dicho hasta aquí se contiene todo lo que hay que creer para salvarse.

1. El que -fiado de la palabra de Dios- cree las verdades que la Iglesia enseña como reveladas por Él, se dice que tiene fe. El católico debe creer **todo lo que Dios ha revelado** y la Iglesia nos propone par ser creído.

La Iglesia lo resume en el «Credo», llamado también «Símbolo apostólico» porque es un resumen de las enseñanzas de los apóstoles.

Las verdades de la fe debemos creerlas, porque Dios, que no puede engañarse ni quiere engañarnos, nos las enseña por medio de Nuestra Santa Madre la Iglesia, divinamente asistida por Él.

Dios no revela directamente a cada uno las verdades que debemos creer; sino que ha hecho a la Iglesia depositaria de estas verdades y la ha encargado el enseñarlas.

El cristiano sabe que **Dios no puede equivocarse** porque es la Sabiduría infinita, y que no puede engañarle, porque es la Verdad suma.

Por eso tiene fe en Dios. La fe consiste en una sumisión de la mente humana a las verdades o misterios sobrenaturales revelados por Dios.

106.-La fe es tan necesaria como las buenas obras.

1. Quien no cumple los mandamientos no puede salvarse. «*Los muertos serán juzgados conforme a sus obras* »[1]. Dijo **Cristo**: «*No todo el que dice Señor, Señor, entrará en el Reino de los Cielos; sino el que hace la voluntad de mi Padre celestial* »[2] . Y «*si quieres entrar en la vida eterna, guarda los mandamientos* »[3]. «*Si me amáis, guardaréis mis mandamientos*»[4].

San Pablo habla de los que «*hacen profesión de conocer a Dios, pero con las obras lo niegan*»[5] . **San Pablo** insiste en que el creyente será juzgado según sus obras[6]. «*La fe sin obras está muerta*»[7].

Por las obras se ve la fe. «*El hombre se justifica por las obras, y no*

---

[1] Apocalipsis, **20**: 13

[2] Evangelio de SAN MATEO, **7**: 21

[3] Evangelio de SAN MATEO, **19**: 17

[4] Evangelio de SAN JUAN, **14**: 15

[5] SAN PABLO: Carta a Tito, **1** : 16

[6] SAN PABLO: Segunda Carta a los Corintios, **5**: 10

[7] Carta de SANTIAGO, **2** : 26

solamente por la fe»[1]. Cuando **San Pablo**[2] dice que no nos salvamos por cumplir la Ley, se refiere a la ley de los judíos, a la *Torah,* que incluía muchas cosas innecesarias para un cristiano, como la circuncisión. Pero no excluía toda la ley, por ejemplo la caridad[3]

Si yo digo que la Coca-Cola no es necesaria para la salud, no excluyo el agua, principal constitutivo de la Coca-Cola.

2. Pero para salvarse también se necesita la fe. La fe es la raíz de toda justificación[4] . «Ciertamente, y según **San Pablo**, es la fe la que salva: *«el hombre es justificado por la fe»* [5] .

La fe es la puerta gratuita de la salvación. (...) Pero eso no significa que el creyente no deba obrar»[6] .Para salvarse es necesario el estado de gracia. Y sin la fe no es posible el estado de gracia: *«sin la fe no es posible agradar a Dios»*[7] . Por consiguiente sin ella no es posible salvarse[8]

Tenemos obligación de creer todas las verdades que la Iglesia manda creer[9]. **Jesucristo** dijo a los Apóstoles cuando los envió a predicar por todo el mundo: *«Id e instruid a todas las gentes, enseñándolas a observar todas las cosas que Yo os he mandado»*[10] .

«El que creyere, se salvará; y el que no creyere, será condenado»[11].

A.M.D.G.

[1] Carta de SANTIAGO, **2** : 24

[2] SAN PABLO: Carta a los Romanos, **3** :20

[3] JAMES AKIN: Las "obras de la ley" y la salvación, del sitio en INTERNET, The Nazareth Apologetics, Bible and Theology Page.Tradujo el Pbro. Marcelo Navarro, misionero del Instituto del Verbo Encarnado en Guayana

[4] Carta de SANTIAGO, **2** : 24

[5] SAN PABLO, Carta a los Romanos, **3** :28

[6] Cardenal RENARD: *La fe hoy, XV.* Ed. Palabra. Madrid.

[7] Carta a los Hebreos, **1 1**: 6

[8] ANTONIO ROYO MARÍN,O.P.: *La fe de la Iglesia, 1ª, V, 36,* Ed. BAC. Madrid. 1996.

[9] CÁNDIDO POZO, S.I.: *La fe, VI.* EDAPOR, Madrid. 1986.

[10] Evangelio de SAN MATEO, **2 8**: 19s

[11] Evangelio de SAN MARCOS, **1 6**: 16

Apéndices

Al confesarte

Oración antes del examen

Señor mío y Dios mío, que investigas los corazones y conoces las conciencias de los hombres: dame la gracia de examinar sinceramente mis pecados y de comprender su malicia. Haz que los confiese bien y me enmiende de ellos, para que merezca tu perdón y tu gracia en esta vida, y después la gloria eterna. Amén.

EXAMEN PARA LA CONFESIÓN

Nota.- Para que un pecado sea grave hace falta:

1º, que la cosa sea grave, en sí o en sus circunstancias, o yo la tenga por grave, aunque de suyo no lo sea;

2º, que al hacerla yo sepa que se grave;

3º, que quiera hacer lo que sé que es grave.

Si falta alguna de estas condiciones, el pecado no será grave.

En este examen para la confesión pondremos en negrita las preguntas que supongan materia grave. Este examen es casi exhaustivo.

PRIMER MANDAMIENTO

1. **¿Has profanado objetos religiosos o consagrados a Dios, o cometido algún otro sacrilegio?** - 2. ¿Han sido pequeñas irreverencias con cosas sagradas o en lugares sagrados? - 3. **¿Te has confesado sin arrepentimiento o sin propósito de la enmienda?** (No está arrepentido ni tiene propósito de la enmienda quien al acercarse a confesar quiere volver a cometer el pecado; pero sí lo tiene el que teme volver a caer, aunque no quiera volver a pecar). - 4. **¿Te has callado voluntariamente algún pecado grave en la confesión?** - 5. **¿No has tenido sinceridad procurando engañar al confesor en cosa importante relacionada con pecados graves?** - 6. **¿Has confesado las circunstancias agravantes de los pecados graves?** - 7. ¿Sientes tranquilidad de tu última confesión? - 8. ¿Has cumplido la penitencia? - 9. **¿Has comulgado a sabiendas en pecado grave?** - 10. **¿Has recibido el Sacramento de la Confirmación o del Matrimonio en pecado grave?** - 11. ¿Crees en supersticiones, v. gr.: BRUJAS, HORÓSCOPOS, NÚMERO 13, etc.? - 12. ¿Has consultado en serio adivinos? - 13. ¿Lees, tienes o prestas libros, revistas o escritos contra la Religión? -

14. ¿Eres decidido en destruir libros, revistas, postales, etc., contrarios a la fe o la moral? - 15. ¿Rezas de cuando en cuando? (Nadie debería acostarse sin rezar tres Avemarías a la Santísima Virgen, que son prenda de salvación eterna, y un Acto de Contrición, pidiendo perdón a Dios de todos sus pecados). - 16 ¿Te distraes voluntariamente al rezar? - 17. ¿Tu oración es una auténtica conversación -de mente y de corazón- con Dios, o es un puro rito exterior? - 18. ¿Has ofrecido a Dios tus trabajos, dolores y gozos? (En los Apéndices tienes el Ofrecimiento de Obras del Apostolado de la Oración). - 19. ¿Procuras completar tu formación religiosa con lecturas, consultas, sermones, conferencias religiosas, etc.? - 20. ¿Crees lo que enseña la Iglesia Católica, o has sostenido ideas contrarias a ella? - 21. ¿Has negado o dudado voluntariamente de alguna verdad de fe? (No es lo mismo una duda admitida deliberadamente que una ocurrencia involuntaria). - 22. ¿Lo has manifestado a otros? - 23. ¿Evitas cuanto pueda dañar tu fe? - 24. ¿Has profesado siempre, con vigor y sin temores, tu fe en Dios? - 25. ¿Has manifestado tu condición de cristiano en la vida pública y privada? - 26. ¿Es tu vida un testimonio de fe ante los hombres? - 27. ¿Te has apoyado en la misericordia de Dios para cometer más pecados? - 28. ¿Te has animado a pecar pensando que ya te confesarás después? - 29. ¿Has acudido a Dios en las tentaciones? - 30. ¿Tienes desconfianza en Dios dudando de su Amor y Providencia? - 31. ¿Te has desesperado, o sublevado a sangre fría contra la Providencia de Dios? - 32. ¿Te has quejado de Dios, no aceptando tus sufrimientos? - 33. ¿Has desconfiado de Dios? - 34. ¿Has soportado son serenidad y paciencia los dolores y contrariedades de la vida? - 35. ¿Tienes obsesión por las cosas temporales y olvidas a Dios? - 36. ¿Has tardado mucho tiempo en confesarte después de haber pecado gravemente? - 37. ¿Obras en tus cosas con recta intención? - 38. ¿Has tenido respeto humano para las cosas de la Religión? - 39. ¿Has sido valiente para defender a la Iglesia siempre que ha sido posible y prudente hacerlo? - 40. ¿Perteneces a sociedades irreligiosas que maquinan contra la Iglesia?[1] . **La masonería es contraria a la doctrina católica y pecan gravemente los fieles que la profesan[2] . Según la Declaración de la Sagrada Congregación para la Doctrina de la Fe, del 26-XI-83, está prohibido que un católico se inscriba en la masonería, y el que lo haga está en pecado grave y no puede acercarse a la comunión, porque «es un afiliación incompatible con la fe católica»[3] . «Los fieles que profesan la doctrina marxista y anticristiana de los**

[1] Nuevo Código de Derecho Canónico, nº 1374

[2] L'Osservatore Romano, 23-II-85, pg. 1

[3] Acta Apostolicae Sedis, 76(1984)300

comunistas, y, sobre todo, aquellos que la defienden y propagan, incurren de pleno derecho, como apóstatas de la fe católica»[1] . -

41.¿Has asistido a alguna sesión de espiritismo?[2] (La Iglesia prohíbe asistir a sesiones de espiritismo[3], ni siquiera por curiosidad)[4] .

SEGUNDO MANDAMIENTO

1. **¿Has jurado en falso?** - 2. ¿Has jurado con duda de la verdad de lo que jurabas? (Sobre el grado de certeza necesario en el juramento, puedes ver el nº 64) - 3. ¿Has jurado con verdad, pero sin necesidad y por costumbre? - 4. ¿Has jurado hacer algo malo, como vengarse, etc.? - 5. **¿Has blasfemado a conciencia contra Dios, la Virgen o cosas santas?** - 6. ¿Delante de otros? - 7. ¿Has dicho palabras irreverentes de Dios, la Hostia, la Virgen o los Santos? - 8. ¿Has dicho chistes irreligiosos o ridiculizando cosas de la Religión? - 9. ¿Has tenido respeto humano en mostrar tu catolicismo? - 10. ¿Has hablado mal de la Iglesia, o de cosas santas? - 11. ¿Has criticado, sin fundamento y sin razón, a los sacerdotes? - 12. ¿Has hablado o propagado algo contra la Religión? - 13. ¿Te has burlado de las personas buenas, por el hecho de ser buenas? - 14. ¿Has faltado al respeto debido en el templo? - 15. ¿Has cumplido, pudiendo, los votos y las promesas hechas a Dios? (Si tienes pendiente algo de esto, que te cuesta cumplir, díselo al confesor, por si conviene cambiarte la obligación).

TERCER MANDAMIENTO

1. **¿Has dejado de ir a Misa algún domingo o fiesta de precepto pudiendo ir?** (En el nº 65, tienes la lista de las fiestas de precepto). 2. ¿Has llegado tarde y te has quedado sin oír Misa entera sin motivo suficiente? (Cumple con el precepto de oír Misa quien llega al Credo; pero se debe llegar antes de salir el sacerdote al altar). - 3. ¿Te has distraído voluntariamente durante la Misa o cometido durante ella alguna irreverencia? - 4. **¿Has dejado el Cumplimiento Pascual?** (En el nº 51 tienes el tiempo de hacer el Cumplimiento Pascual). - 5. ¿Frecuentas la Sagrada Comunión, según tus posibilidades? - 6. ¿Has sido causa de que otros no vayan a Misa o trabajen sin necesidad? - 7. ¿Dedicas alguna parte de tu tiempo libre en bien de los demás en obras de caridad o apostolado?

[1] Acta Apostolicae Sedis, 2-VII-49, pg. 334

[2] ANTONIO ROYO MARÍN, O.P.: *Teología Moral para Seglares, nº 365.* Ed. BAC. Madrid

[3] DENZINGER: *Magisterio de la Iglesia, nº 2182.* Ed. Herder. Barcelona

[4] P. PALMÉS, S.I.: *Metapsíquica y espiritismo, XLIV.* Ed Herder. Barcelona

CUARTO MANDAMIENTO

a) Hijos. 1. ¿Has contribuido en el seno de tu familia a la alegría de los demás y al buen ambiente familiar, con tu paciencia y verdadero amor? - 2. ¿Eres culpable de que se rompa la paz y la unidad en la familia? - 3. ¿Colaboras en las necesidades comunes? - 4. ¿Eres en tu casa un tormento para los demás? - 5. ¿Has desobedecido a tus padres? - 6. ¿Te has burlado de ellos? - 7. ¿Los respetas? - 8. ¿Les has respondido con aspereza? - 9. ¿Los has entristecido con tu conducta? - 10. ¿Les has negado la palabra? - 11. ¿Los has insultado? - 12. ¿Los has despreciado? - 13. ¿Los has maltratado? - 14. ¿Los has amenazado? - 15. ¿Les has deseado algún mal? - 16. ¿Los tratas cariñosamente? - 17. ¿Les has hecho llorar? - 18. ¿Has procurado atender sus deseos razonables sobre diversiones, amistades, noviazgos, porvenir y elección de estado? (Los menores de edad tienen obligación grave de no mentir a sus padres acerca de sus lecturas, diversiones, gastos, amistades, etc., pues esto es necesario para que los padres, puedan cumplir la obligación grave que tienen de educar a sus hijos) - 19. ¿Te has avergonzado de ellos públicamente porque son pobres, ignorantes o ancianos? - 20. ¿Los has tratado con dureza o brusquedad? - 21. ¿Les das disgustos? - 22. ¿Les ayudas en todo lo que puedas? - 23. ¿Los has socorrido en sus necesidades, tanto materiales como espirituales (Uno de los mayores pecados de los hijos para con sus padres es no facilitarles a tiempo el que reciban los Últimos Sacramentos)[1] . - 24. ¿Atiendes a tus padres lo que debes con lo que ganas? - 25. Si han muerto, ¿te acuerdas de rezar por ellos y ofrecerles alguna misa? - 26. ¿Has obedecido y respetado a tus superiores? - 27. ¿Tienes indisciplina y rebeldía? - 28. ¿Cumples tus obligaciones?

b) Hermanos. 1. ¿Has tratado bien a tus hermanos? - 2. ¿Has reñido con ellos? - 3. ¿Los has maltratado? - 4. ¿Les niegas el habla prolongadamente? - 5. ¿Habéis hecho ya las paces? - 6. ¿Les tienes envidia? - 7. ¿Les das mal ejemplo? - 8. ¿Has sido causa de que aprendan a contestar a tus padres, o a desobedecer, o los has escandalizado en algo? - 9. ¿Has descubierto sus faltas graves a tus padres para que los corrijan, a no ser que haya otro medio más eficaz? - 10. ¿Ayudas materialmente a tus hermanos si ellos lo necesitan y tú puedes hacerlo?

c) Padres. 1. ¿Educas convenientemente a tus hijos en religión y en buenas costumbres? - 2. ¿Los alimentas, vistes atiendes a su salud y desarrollo físico,e instruyes en religión y cultura? - 3. ¿Corriges con cólera o injustamente a tus hijos? - 4. ¿Los corriges y castigas según merece la

[1] ANTONIO ROYO MARÍN, O.P.: *Teología Moral para seglares, 1º, 2ª, III, nº485,a.* Ed. BAC.Madrid

falta? - 5. ¿Tratas cariñosamente a tus hijos? - 6. ¿Los has maldecido o deseado algún mal? - 7. ¿Los maltratas o tienes atemorizados? - 8. ¿Los tienes mimados y consentidos, y no sabes oponerte a sus caprichos? - 9. ¿Les ríes sus faltas y desvergüenzas? - 10. ¿Sabes imponer tu autoridad rectamente respetando su personalidad? - 11. ¿Los dejas andar ociosos y vagos? - 12. ¿Sabes encontrar el equilibrio entre el ejercicio de tu autoridad y el respeto a los gustos e ideas razonables de tus hijos? - 13. ¿Eres tolerante con sus pecados? - 14. ¿Les das buen ejemplo en palabras y obras? - 15. ¿Hablas delante de tus hijos de cosas que les pueden hacer daño espiritual? - 16. ¿Les das buenos consejos para que no peligre su fe y su moral? - 17. ¿Les evitas los peligros de pecar? («Niños y niñas no deben dormir juntos a partir de los cinco años»[1]). - 18. ¿Vigilas sus diversiones, amistades, lecturas y programas de televisión? - 19 . ¿Cuidas de que en tu casa no entren revistas que puedan hacer daño espiritual a tus hijos? - 20. ¿Permites que tus hijas lleven vestidos indecentes o se entreguen a diversiones peligrosas, como bailes deshonestos, novios para pasar el rato, etc.? - 21. Si tienen novio formal, ¿tomas las debidas precauciones para que en todo se porten como Dios manda? - 22. ¿Ayudas a tus hijos para que logren un estado de vida acomodado a su condición? - 23. ¿Tienes preferencias injustificadas, o has perjudicado a tus hijos injustamente en la herencia que les corresponde? - 24. ¿Has violentado a tus hijos en la elección de estado o prohibido que se consagren a Dios?.- 25.¿Inculcas a tus hijos rectitud en el proceder, fidelidad al deber y espíritu de trabajo? - 26. ¿Tienes arreglado tu testamento de modo que si faltas inesperadamente no haya conflictos?. - 27. ¿Te has asesorado por personas competentes y honestas para que tu testamento esté de acuerdo con tus principios cristianos, y su redacción no cause problemas y conflictos a tus herederos? (El testamento debe redactarse a tiempo, con plenitud de facultades. Por ejemplo, ya. Más vale antes que tarde).

d) Esposos. 1. ¿Tratas cariñosa y amablemente a tu cónyuge? - 2. ¿Le ahorras trabajos innecesarios? - 3. ¿Le has maltratado? - 4. ¿Os insultáis, reñís, etc.? - 5. ¿Tratáis en común vuestros problemas, educación de los hijos, etc.? - 6. ¿Charláis con confianza y lucháis juntos para llevar adelante vuestro hogar? - 7. ¿Quitas la libertad a tu cónyuge para lo bueno y lo lícito? - 8. Si le tienes que corregir, ¿lo haces con cariño? - 9. ¿Tienes con tu cónyuge malos modos? - 10. ¿Le has desautorizado delante de tus hijos? - 11. ¿Le apoyas para que pueda desempeñar cristianamente sus funciones con vuestros hijos? - 12. ¿Tienes celos infundados? - 13. ¿Por despiste pones a tu cónyuge en peligro de infidelidad? - 14. ¿Le vigilas tanto que pareces un policía? - 15. ¿Le das disgustos sin motivo? - 16. Si

[1] DR. JOSÉ Mª DEXEUS: *La sexualidad en la práctica médica, 3º, II, A.* Ed. Roche. Madrid

eres marido, ¿das a tu mujer lo suficiente para los gastos de la familia? - 17. ¿Malgastas el dinero en vanidades o vicios? - 18. En el acto matrimonial, ¿te dejas llevar del egoísmo o el hedonismo? - 19. ¿ Practicas el acto conyugal con verdadero amor? - 20. ¿Tienes cuidado de no usar del matrimonio con escándalo de los hijos o de otros? (Los niños deben abandonar el dormitorio de sus padres al cumplir los dos años[1]). - 21. ¿Faltas a la fidelidad conyugal en obras o en deseos? - 22. ¿Usas rectamente del matrimonio? (Si en esto tienes dudas, consulta con un sacerdote que sea de tu confianza).

e) Señoras y amas de casa. 1. ¿Das a su tiempo el salario justo y conveniente? - 2. ¿Cumples las leyes con tus empleados? - 3. ¿Tienes asegurados convenientemente a tus empleados? - 4. ¿Tratas a tus sirvientes con caridad cristiana, como a tus hermanos? - 5. ¿Te interesas por su bienestar, salud, su familia..., en cuanto es posible? - 6. ¿Evitas cuanto puedes su perversión moral y los peligros de sus almas? - 7. Si tienes algún cargo o ejerces alguna autoridad, ¿los usas para tu utilidad personal, o para el bien de los demás en espíritu de servicio? - 8. ¿Has cumplido tus promesas y contratos? - 9. ¿Te preocupas de que tus subordinados no perviertan a otros? - 10. ¿Facilitas el ejercicio de los deberes religiosos de tus empleadas de hogar? - 11. ¿Les pones trabajos superiores a sus fuerzas? - 12. ¿Les encargas trabajos que ofenden su conciencia? - 13. ¿Procuras que tus empleadas de hogar tengan una alimentación y habitación dignas? - 14. ¿Vigilas para que tus hijos no encuentren ocasión de pecado dentro del recinto doméstico? - 15. ¿Admites a tu servicio mujeres de dudosa reputación? - 16. ¿Les haces trabajar hasta altas horas de la noche? - 17. ¿Les niegas el necesario descanso? - 18. ¿Les insultas, o maltratas? - 19. ¿Sabes mandar con amabilidad?

f) Superiores y funcionarios. 1. ¿Tratas con justicia y caridad a tus subordinados? - 2. ¿Procuras que se guarden las leyes justas? - 3. ¿Tienes asegurados convenientemente a tus obreros y empleados? - 4. ¿Has guardado justicia en la distribución de cargos, empleos, privilegios, honores y premios? - 5. ¿Has dado cargos de responsabilidad a personas que pueden hacer daño? - 6. ¿Has protegido a los pobres y desvalidos? - 7. ¿Atiendes sin razón a recomendaciones? - 8. ¿Te has dejado sobornar por dinero? (No son sobornos los regalos y las propinas que se dan por favores que no han sido contra la justicia). - 9. ¿Cumples y haces cumplir las leyes y reglamentos justos? - 10. ¿Mandas lo que debes mandar? - 11. ¿Toleras injusticias que podrías cortar? - 12. Si tienes algún cargo o ejerces alguna autoridad, ¿la usas para tu utilidad personal, o para el bien de los demás,

[1] DR. JOSÉ Mª DEXEUS: *La sexualidad en la práctica médica, 3º, II, A.* Ed. Roche. Madrid

en espíritu de servicio? - 13. ¿Evitas los escándalos y abusos de otros, o los toleras por temor a algún poderoso, por respeto humano o por provecho propio? - 14. ¿Has tomado determinaciones injustas o despachado expedientes injustos? - 15. ¿Haces todo el bien que puedes? - 16. ¿Has cumplido a conciencia tus obligaciones? - 17. ¿Das ejemplo de puntualidad y laboriosidad en tu trabajo? - 18. ¿Trabajas con honradez el tiempo debido? - 19. El esfuerzo que pones en tu trabajo, ¿responde al dinero que ganas? - 20. ¿Has perjudicado a alguien con tu descuido en el desempeño de tu cargo? - 21. Si influyes en las primas, incentivos, etc., que ganan tus subordinados, ¿das realmente a cada cual lo que merece, o favoreces a los que te son simpáticos y perjudicas a los que te son antipáticos? - 22. ¿Te has aprovechado indebidamente de tu cargo? - 23. Si hay mujeres trabajando contigo, ¿encuentran en ti un caballero, o, por el contrario, un tormento o una tentación? - 24. ¿Has cumplido a conciencia tus obligaciones? - 25. ¿Eres diligente en despachar los asuntos de otros que están esperando tu tramitación? - 26. ¿Pospones los negocios de los pobres a los de los ricos, perjudicando a aquéllos con el retraso? - 27. ¿Eres atento y amable con todos los que acuden a ti? - 28. ¿Cuidas de que tus subalternos no traten mal a los que acuden a ellos? - 29. ¿Son tus modales duros, despóticos o desagradables? - 30. ¿Repercuten en el trato con tus subordinados tus disgustos familiares o tu dolor de estómago? - 31. ¿Sabes mandar con amabilidad? - 32. Cuando haya que reprender, ¿procuras hacerlo constructivamente, sin ofender ni injuriar? - 33. ¿Felicitas a tus subordinados cuando su trabajo lo merece para que puedan ellos tener la satisfacción de sentirse útiles los demás?

g) Patronos. 1. ¿Das a su tiempo el salario justo y conveniente? - 2. ¿Hay armonía entre lo que ganan tus obreros y los beneficios que tú sacas de ese trabajo? - 3. ¿Eres culpable del hambre de tus obreros por darles salarios insuficientes? - 4. ¿Tienes bien clasificados a tus obreros pagándoles conforme a la categoría del trabajo que de hecho realizan? - 5. ¿Les pagas equitativamente las horas extraordinarias, y los trabajos especialmente duros o peligrosos? - 6. ¿Guardas con ellos las leyes? - 7. ¿Tienes asegurados convenientemente a tus obreros? - 8. ¿Has cumplido tus promesas y contratos? - 9. ¿Dotas a tus obreros del equipo suficiente para suavizar en lo posible la dureza del trabajo? - 10. ¿Las condiciones de higiene y seguridad en el trabajo son tales que tú en su lugar no pedirías más? - 11. ¿Procuras estar informado de las circunstancias en que trabajan tus obreros y las dificultades que tienen, o tu negligencia en enterarte de las cosas es causa de que ellos sufran injustamente? - 12. ¿Te esfuerzas en complacer a tus obreros en sus deseos razonables? - 13. ¿Tratas a tus obreros con caridad cristiana como a tus hermanos? - 14. ¿Te interesas por su bienestar, su salud, su familia..., en cuanto esto sea posible? - 15. ¿Evitas cuanto puedas su perversión moral y los peligros de sus almas? - 16. ¿Evitas en lo posible la promiscuidad de sexos? - 17. ¿Te preocupas de que tus jefes de taller o de oficina no perviertan al personal que tienen a sus órdenes? - 18. ¿Das buen ejemplo con una actitud irreprochable para con las mujeres que tienes a tu servicio? - 19. ¿Facilitas el ejercicio de los deberes religiosos de tu personal? - 20. ¿Les encargas trabajos que ofenden su conciencia? - 21. ¿Les impones trabajos superiores a sus fuerzas? - 22. ¿Aprecias el esfuerzo realizado y reconoces su mérito para que tus subordinados gocen de esta satisfacción? - 23. ¿Abusas de los necesitados? - 24. ¿Te procuras ganancias desproporcionadas? - 25. ¿Has perjudicado injustamente a alguna persona con tus negocios? - 26. ¿Te preocupas de la moral en los negocios y de tener rectamente formada la conciencia profesional? - 27. ¿Cumples con la justicia social y cooperas al remedio de las circunstancias difíciles para los obreros? - 28. ¿Contribuyes, según tus posibilidades, al remedio de la sociedad, empleando tu capital en forma que proporcione trabajo al obrero? - 29. ¿Das a tus obreros ejemplo de patrono católico por tu piedad, tus costumbres y tu justicia?

h) Obreros. 1. ¿Obedeces y respetas a tus superiores? - 2. ¿Cumples tus contratos justos? - 3. ¿Cuidas las cosas de tus patronos? - 4. ¿Les haces daño sin necesidad en sus bienes? - 5. ¿Malgastas sin necesidad materiales o energía? - 6. ¿Cuidas los instrumentos de trabajo como si fueran tuyos? - 7. ¿Trabajas con diligencia el tiempo debido? - 8. Si otro trabajara para ti, ¿te parecería suficiente si rindiera lo mismo que rindes tú en el trabajo? - 9. ¿Das buen ejemplo de honradez y de fidelidad? - 10. ¿Guardas los secretos de fabricación de la empresa en que trabajas o has trabajado? - 11. ¿Impides, sin derecho, que trabajen otros que lo necesitan? - 12. ¿Son lícitos los medios que empleas para defender tus derechos? - 13. ¿Das buen ejemplo a tus compañeros de trabajo? - 14. ¿Eres responsable de la perversión de los jóvenes que trabajan contigo? - 15. ¿Te esfuerzas en mejorar el ambiente como lo harías si fueran hijos tuyos? - 16. ¿Influyes con tus blasfemias, palabras soeces, conversaciones inmorales, fotografías obscenas en taquillas, etc., a la degradación de tu ambiente de trabajo? - 17. Si hay mujeres trabajando contigo, ¿las respetas como te gusta que respeten a tu mujer y a tus hijas? - 18. ¿Ayudas a tus compañeros en lo que necesiten siempre que te es posible? - 19. ¿Haces todo lo que puedes para acercarlos a Dios?

i) Todos. 1. ¿Pudiste hacer bien a otros y no lo hiciste? - 2. ¿Te portas con los demás como quieres que los demás se porten contigo? - 3. ¿Cumples a conciencia tus obligaciones profesionales? - 4. ¿Eres egoísta, olvidándote de los derechos o necesidades del prójimo, cuando entran por medio tus intereses? - 5. ¿Cumples tu obligación de cristiano de propagar y aumentar la fe de los que te rodean? - 6. ¿Recomiendas y regalas libros religiosos que te hayan hecho bien espiritual a ti y pueden hacérselo a otros? - 7. ¿Te sacrificas por los demás? - 8. ¿Procuras hacer el bien que puedes a tu alrededor? - 9. ¿Has denunciado a los malhechores para evitar que sigan haciendo daño? - 10. ¿Has cometido alguna injusticia? - 11. ¿Algún negocio sucio? - 12. ¿Obedeces las leyes justas? - 13. ¿Pagas los impuestos justos? - 14. ¿Votas a candidatos políticos que actuarán contra la Iglesia? - 15. ¿Te abstienes en las votaciones políticas dejando así que ganen los que van contra la Iglesia? - 16. ¿Has hablado de las autoridades con el respeto debido, reconociendo que el ejercicio del poder es cosa compleja y difícil, y que también los hombres honrados son capaces de error, o te has dejado llevar de críticas injustas, o simplemente inoportunas, que destruyen en lugar de construir? - 17. ¿Te portas en todo como ciudadano ejemplar, como corresponde a un buen católico? - 18. ¿Contribuyes según tus posibilidades al bien común y prosperidad de tu Patria? - 19. ¿Aceptas con humildad las reprensiones o consejos razonables que recibas? - 20. ¿Has despreciado injusta y conscientemente la autoridad de un superior legítimo?

QUINTO MANDAMIENTO.

1. **¿Has asesinado a alguien?** - 2. **Has procurado el aborto?** - 3. ¿Se ha producido? - 4. ¿Has cooperado a él? - 5. ¿Has intentado suicidarte? - 6. ¿Has incitado directamente a otros, al suicidio, al aborto, o a algún crimen? - 7. ¿Has cumplido la obligación de denunciar a los malhechores para el bien de la sociedad? - 8. ¿Has puesto en peligro tu vida sin necesidad? - 9. ¿Has puesto en peligro tu vida o la de otros faltando al código de circulación; por ejemplo: adelantando sin visibilidad, deslumbrando con los faros, yendo en bicicleta de noche y sin luz, cruzando la calle sin mirar antes si viene algún coche, etc.? - 10. ¿Has herido o golpeado a otra persona sin motivo razonable? - 11. ¿Has insultado a otros? - 12. ¿Has injuriado o maldecido? - 13. ¿Tienes odio o rencor a alguien? - 14. **¿Es odio a muerte?** - 15. ¿Niegas el saludo o el habla a alguna persona sin causa razonable o demasiado tiempo? - 16. **¿Deseas en serio males graves para otra persona?** - 17. ¿Te has vengado o deseado vengarte? - 18. ¿Te has entristecido de su prosperidad o alegrado de su desgracia? - 19. ¿Has maldecido a otros? - 20. ¿Has sido causa de riñas o enemistades? - 21. ¿Fomentas antipatías? - 22. ¿Tienes paciencia con las flaquezas del prójimo? - 23. ¿Te dejas llevar de la vanidad y de la vanagloria? - 24. ¿Te has alegrado del mal ajeno o pesado de su bien? - 25. ¿Te has negado a perdonar y a hacer las paces? - 26. Si has ofendido a alguien, ¿le has dado satisfacción explícita o tácitamente? - 27.

Si alguien te ha injuriado, ¿muestras disposición a la paz y a conceder, por el amor de Cristo, el perdón; o mantienes odios y deseos de venganza? - 28. ¿Tienes mal genio y riñes sin motivo? - 29. ¿Riñes frecuentemente con los de tu familia? - 30. ¿Tardas en reconciliarte? - 31. ¿Desprecias a los demás? - 32. ¿Dominas tu mal genio? - 33. ¿Te enfadas con facilidad? - 34. ¿Tratas al prójimo con altanería? - 35. ¿Te has burlado de otros ridiculizándolos y faltando a la caridad? - 36. **¿Has dado a alguien un disgusto grave, sin razón que lo justifique?** - 37. ¿Has despreciado a tus prójimos, sobre todo a los pobres, débiles, ancianos, extranjeros y hombres de otras razas? - 38. ¿Has impuesto tu voluntad a los demás en contra de su libertad y derechos? - 39. ¿Abusas de tus hermanos usándolos para tus fines, o portándote con ellos como no quisieras que se portasen contigo? - 40. ¿Molestas con tus burlas o bromas pesadas? - 41. ¿Eres amable y servicial? - 42. ¿Te preocupas del bien del prójimo avisándole del peligro material o espiritual como pide la caridad cristiana? - 43. ¿Haces el apostolado que puedes conforme a tu vocación cristiana? - 44. ¿Tratas a los demás con caridad cristiana? - 45. ¿Te has drogado? - 46. **¿Te has embriagado hasta perder la razón?** - 47. ¿Has bebido de manera que, por haberte alegrado demasiado, has cometido pecados que no hubieras cometido sin beber? - 48. ¿Has dado bebidas con malos fines? - 49. ¿Gastas demasiado en bebidas o manjares exquisitos? - 50. ¿Has dado mal ejemplo? - 51. ¿Ha sido en algo grave que haya inducido a otros a pecado? - 52. **¿Has escandalizado a otros enseñándoles o incitándoles a pecar gravemente?** - 53. **¿Has sido causa consciente y voluntaria de pecados graves de otros, pudiendo y debiendo haberlo evitado?** - 54. ¿Les has dado fotografías, libros, revistas, periódicos malos? - 55. ¿Has dejado de mirar por el bien ajeno, pudiendo fácilmente evitar daño? - 56. ¿Te sacrificas por el bien de los demás? - 57. ¿Eres egoísta y piensas sólo en ti? - 58. ¿Te interesas por los que te rodean? - 59. ¿Has cumplido tu obligación de denunciar a los malhechores? - 60. ¿Has dado disgustos sin causa? - 61. ¿Ayudas a los necesitados según tus posibilidades? - 62. ¿Participas en las obras de apostolado y de caridad de la Iglesia y en la vida de tu Parroquia? - 63. ¿Has orado por la unidad de la Iglesia, la evangelización de los pueblos, la realización de la paz y de la justicia? - 64. ¿Te preocupas de acercar a Dios a los demás dando consejos, recomendando libros y revistas religiosas que te han hecho bien, y sobre todo con el ejemplo de tu vida?

SEXTO Y NONO MANDAMIENTOS.

1. **¿Has cometido alguna acción gravemente deshonesta?** - 2. ¿A solas? - 3. ¿Con otra persona? - 4. ¿De qué clase: soltera, casada,

pariente, o del mismo sexo? - 5. ¿Ha sido sólo tocando o has llegado hasta lo último? - 6. En este caso, ¿la consecuencia ha sido un embarazo? (Esto trae consigo ciertas obligaciones graves que debes preguntar al confesor). - 7. ¿Te has puesto voluntariamente en peligro próximo de pecar gravemente, o no lo has evitado pudiendo y debiendo hacerlo? - 8. ¿Te has rozado con alguna cosa o persona con intención deshonesta? - 9. ¿Has bailado con intención deshonesta? - 10. ¿Has tenido tactos deshonestos por impulsos de lujuria? - 11. ¿Has besado o abrazado con deseo deshonesto? - 12. ¿Has buscado conscientemente provocarte una excitación carnal? - 13. ¿Te has puesto en peligro grave, voluntariamente y sin causa que lo justifique, de provocarte movimientos voluptuosos y de consentir en ellos? - 14. ¿Procuras rechazar desde el principio las tentaciones deshonestas? - 15. ¿Has hecho gestos deshonestos? - 16. ¿Has dicho palabras groseras y malsonantes? - 17. ¿Has tenido conversaciones obscenas, contado chistes verdes o cantado canciones deshonestas? (En el nº 68 encontrarás quienes son los que pecan en las conversaciones deshonestas). - 18. ¿Has fomentado estas conversaciones? - 19. ¿Oyes cosas gravemente deshonestas, complaciéndote voluntariamente? - 20. ¿Has leído, escrito o dibujado, por gusto, sin razón que lo justifique, cosas gravemente deshonestas? - 21. ¿Tienes libros, revistas, fotografías, grabados inmorales? - 22. ¿Los has prestado? - 23. ¿Has seguido leyendo un libro después de advertir que era un peligro para tu alma? - 24. ¿Has mirado con intención deshonesta? (No es lo mismo mirar detenida y voluntariamente, que ver sin querer, de paso y sin fijarse, o por necesidad? - 25.¿Has ido a espectáculos gravemente deshonestos? - 26. ¿Has asistido a diversiones inmorales que son para ti ocasión próxima de pecado? (En el nº 85, al final, te explico la diferencia entre ocasión próxima y remota). - 27. ¿Cooperas o encubres acciones deshonestas? - 28. ¿Tienes relaciones amorosas por pasatiempo, sin ánimo de casarte? - 29. En el noviazgo, ¿te portas con seriedad y sabes guardar la moderación debida en las manifestaciones de amor, evitando el peligro de pecar? - 30. ¿Procuras conocer el carácter, modo de ser, defectos y virtudes de tu novio (o novia), para enamorarte más del alma que del cuerpo? - 31. ¿Le engañas o impides que te conozca a ti como realmente eres? - 32. ¿Procuras corregirte de tus defectos para hacerte más digno de su amor? - 33. ¿Procuras ayudarle espiritualmente, o eres para él (o ella) un tormento y una tentación? - 34. ¿Sabes sacrificarte para atender a sus gustos razonables? - 35. ¿Le guardas la misma fidelidad que te gusta te guarte a ti? - 36. ¿En vuestras expresiones cariñosas, pierdes el control y haces lo que es derecho exclusivo de casados? (El funcionamiento voluntario del aparato genital, es sólo lícito dentro del matrimonio). - 37. ¿Tienes en cuenta los consejos razonables de tus padres sobre tu noviazgo? - 38. ¿Procuras ganarte su familia y que la tuya también le acepten?. - 39. ¿Tienes amistades que son ocasión habitual de pecado? - 40. ¿Estás en disposición de dejarlas? - 41. ¿Evitas las ocasiones de pecar? - 42. ¿Te has puesto voluntariamente en peligro de pecar? - 43. ¿Vas a sitios de perdición? - 44. ¿Llevas a otros? - 45. ¿Has tenido deseos deshonestos consentidos deliberadamente, aunque no los hayas ejecutado? - 46. ¿Era una persona casada o que por alguna circunstancia tenga gravedad especial ? (Pariente, del mismo sexo, etc.). - 47. ¿Has tenido pensamientos deshonestos deleitándote voluntariamente en ellos? (No es lo mismo sentir malos deseos y tener malos pensamientos, que consentir deleitándose voluntariamente en ellos). - 48. ¿Has codiciado deshonestamente y con deliberación a otra persona que no es tu cónyuge?

SÉPTIMO Y DÉCIMO MANDAMIENTOS.

1. ¿Te has apropiado de algo que no sea tuyo? - 2. ¿Ha sido con violencia, o a persona pobre, o en lugar sagrado, o con cualquiera otra circunstancia agravante? - 3. ¿Has intentado o deseado robar al prójimo, o hacerle daño en sus bienes, o lo has aconsejado? - 4. ¿Has cooperado al robo en alguna forma, aconsejando, ayudando, encubriendo, etc.? - 5. ¿Has devuelto lo encontrado, si sabes de quién es? - 6. Si no lo sabes, ¿has procurado averiguarlo con diligencia proporcionada a la importancia de la cosa? - 7. ¿Has devuelto las cosas prestadas? - 8. ¿Has hecho daño grave voluntariamente a otros en sus bienes? - 9. ¿Has cooperado a sabiendas al daño del prójimo? - 10. ¿Has sido cómplice o has encubierto alguna injusticia? - 11. ¿Has rehusado, por egoísmo, presentarte como testigo de la inocencia de alguien? - 12. ¿Has cumplido los legados y testamentos? - 13. ¿Has comprado a sabiendas lo robado? - 14. ¿Has restituido lo robado y reparado el daño ocasionado según tus posibilidades? - 15. Si no lo has hecho ya, ¿estás en disposición de restituir? - 16. ¿Te has aprovechado de la necesidad ajena para sacar el dinero? - 17. ¿Has hecho trampas en las compras o en las ventas? (Aunque lo que se robe cada vez sea poco, puede llegar a pecado grave por acumulación). - 18. ¿Has jugado cantidades grandes de dinero? - 19. ¿Has hecho trampas en el juego? (Tienes que devolver lo ganado con trampa, al perjudicado, o darlo de limosna. Si tienes dudas, pregunta al confesor). - 20. ¿Has pasado monedas falsas o sisado en las compras? - 21. ¿Has retenido dinero de otros, necesitándolo ellos? - 22. ¿Has prestado dinero con usura? - 23. ¿Has faltado a la justicia en tus contratos o negocios? - 24. ¿Cumples tus contratos y compromisos? - 25. ¿Te aprovechas de la ignorancia, debilidad o descuido de otros? - 26. ¿Cumples lo mejor que puedes tus obligaciones profesionales? - 27. ¿Has

reparado el daño que has hecho a otro? - 28. ¿Has dado menos salario de lo justo? - 29. ¿Has cobrado más de lo justo? - 30. ¿Exiges dinero por un servicio al que tienes obligación por tu cargo ya retribuido? (Es distinto un regalo hecho libremente por quien está agradecido a tu servicio). - 31. ¿Cobras por servicios que no has desempeñado o desempeñado mal? - 32. ¿Sacas de tu negocio ganancias desproporcionadas? - 33. ¿Cooperas, según tus posibilidades, a la implantación de la justicia social? - 34. ¿Consideras como problema personal tuyo la tragedia de tus hermanos, los padres de familia sin trabajo, y la de todos aquellos que no ganan lo suficiente para sustentar a sus hijos? - 35. ¿Das limosna de acuerdo con tus ingresos o tus gastos superfluos? (Al final del nº 69 tienes una norma orientadora para cumplir esta obligación). - 36. ¿Has derrochado en lujos y vanidades lo que a ti te sobra y otros necesitan? - 37. ¿Has cumplido con tus deberes cívicos? - 38. ¿Has pagado sin fraude los impuestos justos, razonablemente determinados por la ley, en cuanto lo permitan tus posibilidades? - 39. ¿Qué uso has hecho de tu tiempo, de tus fuerzas y de los dones que Dios te dio? - 40. ¿Los has puesto al servicio del prójimo cuando te ha sido posible? - 41. ¿Los has usado en superarte y perfeccionarte a ti mismo? - 42. ¿Has tenido pereza y ociosidad?

OCTAVO MANDAMIENTO.

1. **¿Has mentido con daño grave para el prójimo?** - 2. ¿Ha sido una mentira sin importancia? - 3. ¿Has actuado de testigo falso? - 4. **¿Has calumniado, atribuyendo a otros faltas graves falsas?** - 5. ¿Has reparado los daños ocasionados por la mentira o la calumnia? - 6. ¿Has descubierto sin justa causa faltas ocultas, aunque sean ciertas? - 7. ¿Has revelado secretos sin razón seria y proporcionada para ello? - 8. ¿Has leído cartas de otros contra la voluntad de éstos? - 9. ¿Te has puesto a escuchar cosas secretas? - 10. ¿Has criticado sin motivo? - 11. ¿Has oído con gusto murmuraciones de otros? - 12. ¿Has dado pie a esas murmuraciones? - 13. ¿Has sembrado discordia entre otros con cuentos y chismes, verdaderos o falsos? - 14. ¿Has dejado mal a tus compañeros delante de otros? - 15. ¿Has exagerado defectos ajenos? - 16. ¿Has tenido medias palabras o insinuaciones, infundiendo sospechas de otros inmerecidamente? - 17. ¿Has dejado de restituir la fama, pudiendo? - 18. ¿Has juzgado mal de otra persona sin fundamento suficiente? - 19. ¿Has comunicado a otros tus juicios temerarios? - 20. ¿Has interpretado mal la conducta del prójimo sin esforzarte por comprenderlo? - 21. ¿Has permitido la murmuración debiendo cortarla? - 22. ¿Has dejado de defender al prójimo, difamado o calumniado, pudiendo con facilidad hacerlo?

MANDAMIENTOS DE LA IGLESIA.

(Nota.- Los tres primeros se han incluido en los Mandamiento de la Ley de Dios). 1. ¿Guardas el ayuno y la abstinencia conforme lo manda la Santa Madre Iglesia y según corresponde a tu estado? (En el nº 73 tienes la explicación de cómo y a quiénes obliga el ayuno y la abstinencia). - 2. ¿Colaboras según tu posición a los gastos del culto y clero, o a obras de apostolado, y a las necesidades de la Iglesia? - 3. ¿Oras por la unidad de los cristianos, la evangelización de los pueblos, y la libertad de la Iglesia para que pueda cumplir su misión entre los hombres?

Acto de Contrición

Rézalo despacio y de corazón antes de acercarte a confesar

Señor mío Jesucristo, Dios y Hombre verdadero, Creador, Padre, y Redentor mío; por ser Tú quien eres, Bondad infinita, y porque te amo sobre todas las cosas, me pesa (golpéate el pecho) *de todo corazón de haberte ofendido; también me pesa porque puedes castigarme con las penas del infierno.*

Ayudado de tu divina gracia, propongo firmemente nunca más pecar, confesarme y cumplir la penitencia que me fuere impuesta. Amén.

Modo práctico de confesarte

Después de hecho el examen de conciencia y rezado de corazón el Acto de Contrición, te acercas al confesionario. Si hay tiempo, y tienes a mano una Biblia sería bueno que leyeses algún pasaje que te ayude al arrepentimiento.

Cuando te llegue el turno, te santiguas[1], te diriges al confesor y, de pie o de rodillas (según sea la costumbre) le saludas diciendo: *Ave María Purísima.* Él te contestará: *Sin pecado concebida.*

Enseguida dirás con humildad, sinceridad y arrepentimiento: *Hace...* (el tiempo que haya pasado poco más o menos desde la última confesión) *que no me he confesado. Cumplí* (o no cumplí) *la penitencia. No callé ningún pecado grave* (o callé a sabiendas un pecado, dos o tres, etc.). *Tampoco me olvidé de ninguno* (o me olvidé de estos pecados: díselos al confesor). *Desde entonces he cometido los pecados siguientes:*: (Dile los que recuerdes según el orden de los mandamientos, añadiendo siempre las circunstancias agravantes y cuántas veces has cometido cada pecado grave. Si no recuerdas el número exacto, puedes decirlo aproximadamente, por ejemplo, cuántas veces al día, a la semana o al mes. Si, gracias a Dios, no tienes pecados graves, al final puedes decir: *«Me acuso también y me arrepiento de todos los pecados de mi vida pasada, principalmente de los que he cometido contra la pureza, paciencia y caridad».*

[1] Ritual de Penitencia, nº 16. 1975

Es mejor que te confieses tú solo; pero si no te atreves, dile al Padre que te ayude. Y si, al terminar el confesor de preguntarte, te acuerdas de algún otro pecado grave, díselo tú mismo.

No tengas miedo de decírselo todo. El confesor no se extrañará de nada y te guardará el secreto, aunque le cueste la vida. Además, tiene obligación de recibir con cariño y misericordia -como hacía el mismo Jesucristo- a todos los pecadores arrepentidos.Si lo dices todo, te quedará una gran paz en el alma. Si no, el remordimiento no te dejará vivir tranquilo

Si no estás en disposición de confesarte con arrepentimiento de todos los pecados graves que has cometido, es preferible que no te confieses. Si te confiesas mal, no sólo no alcanzarás el perdón de ningún pecado, sino que añades otro terrible, que se llama sacrilegio.

Tienes obligación de decir -aunque el confesor no te lo pregunte- todos los pecados graves no confesados todavía o confesados mal. Si callaste algún pecado por olvido, no te preocupes: la confesión vale. Pecado olvidado es pecado perdonado. Basta con que lo digas, si fue grave, en la próxima confesión. Expón al confesor los problemas que tengas para vivir bien tu fe. Atiende a los consejos que el confesor te dé para ayudarte. Si te queda alguna duda, pregúntasela. Fíjate en la penitencia que te impone. Si no sabes o no puedes cumplirla, díselo para que te imponga otra distinta.

Mientras el Padre te da la bendición para perdonarte tus pecados, reza el *«Señor mío Jesucristo»*; y si no lo sabes, golpéate el pecho, diciendo varias veces de corazón: *«¡Dios mío, perdóname!»*

Terminada la confesión, procura cumplirla cuanto antes la penitencia. Si se te ha olvidado, pregúntasela otra vez al confesor. Y si esto ya no es posible, si quieres, puedes hacer lo que en casos semejantes te suelen poner. Pero basta que en la próxima confesión le digas al confesor lo que te ha ocurrido. Si terminaste de preparar tu confesión y tienes todavía tiempo, podrías meditar alguna de estas frases: *«Perdóname, que soy un pecador»* (Lucas, 18: 13).*«Tus pecados quedan perdonados. Tu fe te ha salvado.Vete en paz»* (Lucas,7:49).*«No vuelvas a pecar más»* (Juan, 8: 11). *«Yo soy el Buen Pastor»* (Juan, 10:11). *«Arrojaré tus pecados al fondo del mar»*(Miqueas, 7: 19) *«Perdonaré su culpa y no recordaré más sus pecados»* (Profeta Jeremías, 31:34).

Al comulgar

Oraciones para después de comulgar

Actos de fe, esperanza, caridad y adoración

Creo, Señor,* fortalece mi fe.
Espero, Señor,* asegura mi esperanza.
Te amo, Señor,* aumenta mi amor.

Creo, Señor, firmemente, *todo lo que cree y confiesa *nuestra Santa Madre la Iglesia Católica, *Apostólica *y Romana. *Lo creo *porque Tú mismo, *Verdad infalible, *que no puede engañarse *ni quiere engañarnos, *se lo ha revelado. *Y en esta fe *quiero vivir y morir. *

Espero en Ti, *Dios mío, *porque eres poderoso *y misericordioso. *Y por los méritos *de tu Vida * Pasión *y Muerte *confío *que me perdonarás mis pecados *y me darás las gracias *que necesito para salvarme. *

Te amo, *Dios mío, *porque eres bueno *sobre todas las cosas, *y has sido muy bueno *conmigo *siempre, *sin yo merecerlo. *Me pesa haberte ofendido *y quiero que me ayudes *a no volver a pecar. *

Señor, *yo te adoro *en este Sacramento, *y te reconozco *por mi Creador, *Redentor *y mi Dueño. *Confieso *que no soy digno *de que vengas a mí, *y te ruego *que me des las gracias *que más necesite, *no me abandones * en el resto de mi vida *y estés, *sobre todo, *a mi lado *en la hora de la muerte. *Amén.

Oración de San Ignacio de Loyola

Tomad, Señor, y recibid *toda mi libertad, *mi memoria, *mi entendimiento *y toda mi voluntad; *todo mi haber y mi poseer. *Vos me lo disteis, *a Vos, Señor, lo torno. *Todo es vuestro: *disponed de ello *según vuestra voluntad. *Dadme *vuestro amor y gracia, *que esto me basta.

Comunión Espiritual

Señor, *yo creo firmemente *que estás aquí presente *en el Santísimo Sacramento de la Eucaristía. *Te adoro con todo mi corazón *y te amo sobre todas las cosas. *Deseo recibirte, *pero como no puedo hacerlo ahora sacramentalmente, *te ruego *vengas a mí espiritualmente. *No permitas *que nunca me separe de Ti. *Amén.

Consagración al Sagrado Corazón de Jesús

¡Corazón Sacratísimo de Jesús! *Yo te ofrezco *por medio del Corazón Inmaculado de María *y de toda la corte celestial, *y en unión de todos los méritos *de tu Vida, Pasión y Muerte, *todos mis pensamientos, palabras y obras; *mis penas y sufrimientos, *mi cuerpo y mi alma. *Te lo ofrezco para darte, *según mis fuerzas, *el honor que Tú mereces, *en agradecimiento del amor que me tienes, *de todos los beneficios que me has concedido *y me piensas conceder, *para repararte de las blasfemias *y de tantas ofensas como recibes; *por el pronto advenimiento de tu reinado, *y en sufragio de las benditas ánimas del purgatorio. *Para mí, finalmente, *no te pido otra recompensa *que el servirte con fidelidad, *y el cumplimiento en mí *de las promesas a los consagrados *a tu Sagrado Corazón. *Perdóname los pecados que haya cometido, *ayúdame en adelante *a tener una vida de buen cristiano, *y alcánzame en la hora de la muerte *la gracia de la perseverancia final. * -Amén.

Consagración al Inmaculado Corazón de María

¡Corazón Inmaculado de María, *Madre de Dios y Señora Nuestra! *Yo te ofrezco *todos mis pensamientos, palabras y obras, *mis sufrimientos, *necesidades y molestias todas, *mis bienes interiores y exteriores, *todos mis trabajos presentes y futuros, *y todos los instantes de mi vida, *mi alma, mi corazón y mi cuerpo; *todo mi ser, *a Ti te lo ofrezco, *Madre mía, *para que Tú los presentes *ante el trono de Dios, *en unión de tus grandes e innumerables méritos *y los de Jesucristo Nuestro Señor.

Que estas pobres obras mías *sirvan para agradecer *los muchos beneficios *que de Dios he recibido, *para reparar mis pecados *y los de todos los hombres *y, finalmente, *para conseguir *la perseverancia de la gracia *y después la vida eterna*. Amén.

Novena de confianza al Sagrado Corazón.

Sagrado Corazón de Jesús que nos dijiste «pedid y recibiréis», «buscad y hallaréis», «llamad y se os abrirá», y nos aseguraste que cualquier cosa que pidamos al Padre en tu nombre nos la concederás; con María, tu Santísima Madre, acudo a Ti y a tu Padre pidiendo humildemente que mis oraciones sean oídas

Petición.

Señor, ven en mi ayuda.
Señor, apresúrate a socorrerme.
Sagrado Corazón de Jesús, en Ti confío. *(Tres veces).*

Novena de confianza a la Santísima Virgen

Madre mía Santísima, en tus manos pongo esta súplica.
Bendícela.
Después, preséntala a Jesús.
Haz valer tu amor de Madre y tu poder de Reina.
Cuento con tu ayuda.
Confío en tu poder.
Me entrego a tu voluntad.
Madre de Dios y Madre mía, ruega por mí.

Petición.

Tres Avemarías

SANTO ROSARIO

El rezo del Santo Rosario es muy agradable a la Santísima Virgen, como Ella misma lo dijo en Lourdes y Fátima.

Si no tienes tiempo de rezar el Rosario entero, o temes aburrirte y rezarlo mal, basta que reces un sólo misterio. Más vale rezar poco y bien, que mucho y mal. Otra manera interesante de rezar el Rosario es leer el pasaje bíblico de cada misterio, hacer una pausa de silencio para meditar un poco en él, y rezar un Padrenuestro, Avemaría y Gloria antes de leer el siguiente pasaje. Y si tienes a mano este libro, puedes terminar rezando las letanías.

Rezado en una iglesia o en común, tiene indulgencia plenaria.

MISTERIOS GOZOSOS (lunes y jueves)

Primer misterio: La Encarnación del Hijo de Dios. (Lc 1: 36-38)
Meditemos en el anuncio del ángel a la Virgen María, que el Hijo de Dios iba a encarnarse en sus entrañas. María acepta humildemente ser la Madre de Cristo-Jesús. Al mismo tiempo será Madre nuestra.

Segundo misterio: La Visitación de Nuestra Señora. (Lc 1: 39-56)
Ante la visita de María, Isabel exclama: Dichosa Tú María, que has creído, porque se cumplirá lo que el Señor te ha dicho.

Tercer misterio: El nacimiento del Hijo de Dios. (Lc 2: 1-20)
El Hijo de Dios nace de María virginalmente. ¿Dónde hallaremos nosotros a Dios? En los sagrarios está realmente. Y también en nuestro corazón cuando comulgamos en gracia de Dios.

Cuarto misterio: La Purificación de Nuestra Señora. (Lc 2: 22-40)
María ofrece su Hijo al Eterno Padre, como víctima por los pecadores.

Quinto misterio: El Niño perdido y hallado en el templo. (Lc 2: 41-52)
Jesús interpreta las Sagradas Escrituras ante los doctores de la Ley. Es nuestro deber enseñar a todos el Evangelio.

MISTERIOS DOLOROSOS (martes y viernes)

Primer misterio: La oración en el Huerto. (Mc 14: 32-42)
Cristo ora y acepta los tormentos de la Pasión. Vamos a ofrecer también nuestros sufrimientos por la conversión del mundo.

Segundo misterio: La Flagelación del Señor. (Mc 15: 1-15)
En este misterio Cristo, nos muestra que debemos aceptar los sufrimientos y humillaciones.

Tercer misterio: La Coronación de espinas. (Mc 15: 16-19)
A Jesús le coronan con punzantes espinas. Perdón Señor, por haberte causado este sufrimiento con nuestras culpas y pecados.

Cuarto misterio: La Cruz a cuestas. (Mc 15: 20-28)
Jesús, camina con la cruz. Nosotros debemos llevar la nuestra por amor a Él.

Quinto misterio: La Crucifixión del Señor. (Mc 15: 29-39)
Señor, perdóname por el mal que te he hecho. Dame amor y valor para confesar mis faltas y pecados.

MISTERIOS GLORIOSOS (miércoles, sábados y domingos)

Primer misterio: La resurrección del Señor. (Mt 28: 1-8)
Los cristianos debemos resucitar liberándonos del pecado y cumpliendo los mandatos de Cristo.

Segundo misterio: La Ascensión del Señor. (Hech 1: 6-11)
Cristo nos muestra que el camino del cielo pasa por la cruz.

Tercer misterio: La Venida del Espíritu Santo. (Hech 2: 1-13)
El Espíritu Santo desciende continuamente sobre la Iglesia y sobre nosotros. Cumplamos el mandato divino difundiendo el Evangelio a todos los

hombres, como un deber de apostolado.

Cuarto misterio: La Asunción de Ntra. Señora. (Apoc 12:1)

La Virgen María está en el cielo y desde allí nos ama. El Rosario practicado ahora con fervor es recibido por la Virgen María con gozo y amor.

Quinto misterio: La Coronación de Ntra. Señora. (Lc 1: 46-50)

María, es coronada como Reina del mundo. En sus manos ha depositado Dios todas las gracias para nuestra salvación.

Modo de rezar el Rosario

Por la señal...
Señor mío Jesucristo...

El Rosario tiene cinco misterios, que varían según los días. Cada misterio consta de un Padrenuestro y diez Avemarías.

Entre misterio y misterio, se dice un Gloria, añadiendo después: «Ave María Purísima: sin pecado concebida. María, Madre de gracia, Madre de misericordia, en la vida y en la muerte, ampáranos, Señora. Amén».

Al terminar el quinto misterio se dice:

Dios te salve, María, Hija de Dios Padre, llena eres de gracia...
Dios te salve, María, Madre de Dios Hijo, llena eres de gracia...
Dios te salve, María, Esposa del Espíritu Santo, llena eres de gracia...
Dios te salve, María, Templo y Sagrario de la Santísima Trinidad. Gloria al Padre y al Hijo...

Letanías a la Santísima Virgen

En latín [1]	*En español*
Kírie, eléison.	Señor, ten piedad.
Críste, eléison.	Cristo, ten piedad.
Kírie, eléison.	Señor, ten piedad.
Críste, áudi nos.	Cristo, óyenos.

[1] Se ha cambiado la ortografía del latín para facilitar la pronunciación correcta

Críste, exáudi nos.	Cristo, escúchanos.
Páter de célis, Déus: **miserére nóbis.**	Dios Padre celestial: **ten misericordia de nosotros.**
Fíli Redémtor múndi Déus: **miserére nóbis.**	Dios Hijo, Redentor del mundo: **ten misericordia de nosotros.**
Spíritus Sáncte, Déus: **miserére nóbis.**	Dios Espíritu Santo: **ten misericordia de nosotros.**
Sáncta Trínitas, Únus Déus: **miserére nóbis.**	Santa Trinidad, un solo Dios: **ten miseri cordia de nosotros**

(Se contesta: ***Óra pro nóbis)***	*(Se contesta:* ***Ruega por nosotros)***
Sáncta María	Santa María
Sáncta Déi Génitrix	Santa Madre de Dios
Sáncta Vírgo Vírginum	Santa Virgen de la Vírgenes
Máter Crísti	Madre de Cristo
Máter Eclésie	Madre de la Iglesia
Máter divíne grácie	Madre de la divina gracia
Máter purísima	Madre purísima
Máter castísima	Madre castísima
Máter invioláta	Madre y Virgen
Máter intemeráta	Madre Santa
Máter inmaculáta	Madre inmaculada
Máter amábilis	Madre amable
Máter admirábilis	Madre admirable
Máter bóni consílii	Madre del buen consejo
Máter Creatóris	Madre del Creador
Máter Salvatóris	Madre del Salvador
Vírgo prudentísima	Virgen prudentísima
Vírgo veneránda	Virgen digna de veneración
Vírgo predicánda	Virgen digna de alabanza
Vírgo pótens	Virgen poderosa
Vírgo clémens	Virgen clemente
Vírgo fidélis	Virgen fiel
Spéculum yustície	Ideal de santidad
Sédes sapiéncie	Trono de sabiduría
Cáusa nóstre letície	Causa de nuestra alegría
Vas espirituále	Vaso espiritual
Vas honorábile	Vaso honorable
Vas insígne devociónis	Vaso insigne de devoción

Rósa mística	Rosa mística
Túrris Davídica	Torre de David
Túrris ebúrnea	Torre de marfil
Dómus áurea	Casa de oro
Féderis árca	Arca de la Alianza
Yánua céli	Puerta del Cielo
Stéla matutína	Estrella de la mañana
Sálus infirmórum	Salud de los enfermos
Refúgium pecatórum	Refugio de las pecadores
Consolátrix aflictórum	Consoladora de los afligidos
Auxílium cristianórum	Auxilio de los cristianos
Regína Angelórum	Reina de los Ángeles
Regína Patriarcárum	Reina de los Patriarcas
Regína Profetárum	Reina de los Profetas
Regína Apostolórum	Reina de los apóstoles
Regína Mártirum	Reina de los mártires
Regína Confesórum	Reina de los confesores
Regína Vírginum	Reina de los vírgenes
Regína Sanctórum ómnium	Reina de todos los santos
Regína síne lábe concépta	Reina concebida sin pecado original
Regína in Célum asúmpta	Reina elevada al cielo
Regína Sacratísimi Rosárii	Reina del Santísimo Rosario
Regína Pácis	Reina de la Paz

Ágnus Déi, qui tólis pecáta múndi: **Párce nóbis Dómine.**	Cordero de Dios que quitas los pecados del mundo: **Perdónanos, Señor.**
Ágnus Déi, qui tólis pecáta múndi: **Exáudi nos, Dómine.**	Cordero de Dios que quitas los pecados del mundo: **Escúchanos, Señor.**
Ágnus Déi, qui tólis pecáta múndi: **Miserére nóbis.**	Cordero de Dios, que quitas los pecados del mundo: **Ten misericordia de nosotros.**

Bajo tu amparo nos acogemos, Santa Madre de Dios: no desoigas nuestras súplicas en las necesidades, sino líbranos siempre de todos los peligros, Virgen gloriosa y bendita.

Óra pro nóbis, Sáncta Déi Génitrix.	Ruega por nosotros Santa Madre de Dios.
Ut dígni eficiámur promisiónibus Crísti	**Para que seamos dignos de alcanzar las promesas de Jesucristo.**

Oremos. Te pedimos, Señor, que nosotros, tus siervos, gocemos siempre de salud de alma y cuerpo; y por la intercesión de Santa María, la Virgen, líbranos de las tristezas de este mundo, y concédenos las alegrías del cielo. Por Jesucristo Nuestro Señor. Amén.

Para terminar el Santo Rosario puedes rezar:

Dios mío, yo te creo, te adoro, te espero y te amo. Te pido perdón por todos los que no creen, no te adoran, no te esperan y no te aman.

Santísima Trinidad: Padre, Hijo y Espíritu Santo, te adoro profundamente y te ofrezco el preciosísimo cuerpo, sangre, alma y divinidad de Jesucristo, presente en todos los sagrarios de la Tierra, en reparación de los ultrajes, sacrilegios e indiferencias con que Él mismo es ofendido.

Y por los méritos infinitos de su Santísimo Corazón y del Inmaculado Corazón de María, te pido la conversión de todos los pecadores.

EL CREDO de los Apóstoles

Creo en Dios,* Padre Todopoderoso,* Creador del cielo y de la tierra.* Creo en Jesucristo,* su único Hijo,* Nuestro Señor,* que fue concebido por obra y gracia del Espíritu Santo,* nació de Santa Maria Virgen,* padeció bajo el poder de Poncio Pilato,* fue crucificado, muerto y sepultado,* descendió a los infiernos,* al tercer día resucitó de entre los muertos,* subió a los cielos* y está sentado a la derecha de Dios,* Padre Todopoderoso.* Desde allí* ha de venir* ha juzgar vivos y muertos.* Creo en el Espíritu Santo,* la Santa Iglesia Católica,* la Comunión de los Santos,* el perdón de los pecados,* la resurrección de la carne,* y la vida eterna.* Amén.

LA SALVE

Dios te salve; *Reina y Madre de misericordia. *vida, dulzura y esperanza nuestra; *Dios te salve*. A Ti llamamos* los desterrados hijos de Eva. *A Ti suspiramos. *gimiendo y llorando, *en este valle de lágrimas. *Ea, pues, Señora, *abogada nuestra, *vuelve a nosotros *esos tus ojos misericordiosos; *y después de este destierro *muéstranos a Jesús, *fruto bendito de tu vientre. *¡Oh clementísima, *oh piadosa, *oh dulce siempre Virgen María! *Ruega por nosotros, * Santa Madre de Dios, *para que seamos dignos *de alcanzar las promesas *de nuestro Señor Jesucristo. *Amén.

Finalmente, tres Padrenuestros, Avemarías y Glorias:
Uno, por las intenciones del Papa;
otro, a San José para que nos alcance una buena muerte;
y otro, por nuestros parientes difuntos y por todas las almas del purgatorio.
Ave María Purísima: *sin pecado concebida.*

Consagración de la casa al Corazón de Jesús

Sagrado Corazón de Jesús;
Nos hemos reunido aquí, para ofrecerte nuestra casa.
Hoy que te echan de tantos sitios, nosotros te recibimos, encantados, en nuestro hogar.

Queremos que vivas a nuestro lado;
que participes
de nuestras alegrías y de nuestras penas,
de nuestra riqueza y de nuestra pobreza,
de nuestros triunfos y de nuestros fracasos.

Queremos que nos ilumines en nuestras dudas,
que nos adviertas en nuestros peligros,
que nos ayudes en nuestras tentaciones,
que nos alientes en nuestros contratiempos,
que nos orientes en nuestras resoluciones y, sobre todo,
que nos enciendas en un gran amor por Ti,
que nos lleve a servirte, siempre, con toda fidelidad.

Concédenos, Señor, que seamos, cada día, mejores cristianos,
que nuestra vida sea un auténtico testimonio de nuestra fe,
que aprendamos a verte en los demás,
que sepamos pedir perdón sinceramente de nuestros pecados,
y, finalmente, que consigamos la gracia suprema de una santa muerte, que nos reúna contigo en la gloria, a todos los que ahora nos amamos aquí.

Señor, no somos dignos de que entres en nuestra casa;
pero si fuiste a la del centurión,
y entraste en la de Zaqueo,
y te alojaste en la de María Magdalena,
dígnate quedarte aquí, con nosotros, para siempre;
que nosotros vamos a procurar siempre en esta casa:

creer lo que Tú quieres que creamos,
pensar lo que Tú quieres que pensemos,
hablar lo que Tú quieres que hablemos,
leer lo que Tú quieres que leamos,
amar lo que Tú quieres que amemos, y
hacer lo que Tú quieres que hagamos.

Que todo en esta casa sea conforme siempre a tus deseos.

Porque confiamos en Ti como en nuestro Padre. Y no te hemos entronizado aquí para que presencies nuestras rebeldías y pecados, sino para que bendigas la buena voluntad que tenemos que servirte.

Ayúdanos con tu gracia, pues reconocemos nuestra debilidad.
Pero en Ti ponemos nuestra confianza.

Padrenuestro, Avemaría, Gloria.

Sagrado Corazón de Jesús, en Ti confío *(Tres veces)*.

(Renovar este acto todos los años en el aniversario. A ser posible confesando y comulgando toda la familia).

Bendición de la mesa

Bendícenos, Señor, nosotros y bendice estos alimentos que, dados por tu bondad, vamos a tomar. Bendice a los que los han preparado, y da pan a todo los que tienen hambre. Amén.

Vía-Crucis

El Vía-Crucis es una preciosa devoción enriquecida con una indulgencia plenaria al día.

Se hace recorriendo las estaciones y meditando en la Pasión del Señor.

Si hay mucha gente en la iglesia, no es necesario moverse de su sitio. Basta volverse hacia cada estación, si esto es posible.

En cada estación se puede rezar -pero no es necesario- un Padrenuestro, Avemaría y Gloria, después de haber considerado brevemente el Paso correspondiente a esta estación.

Después del enunciado de cada estación se puede decir:

-Te adoramos, Cristo y te bendecimos.

- Que por tu santa cruz redimiste al mundo

También puedes hacer el Vía-Crucis recorriendo las estaciones y considerando mientras tanto una cualquiera de ellas.

Empezar rezando el: *«Señor mío Jesucristo..»*

1ª ESTACIÓN: **Jesús condenado a muerte.-** Líbrame, Señor, de la condenación eterna.

2ª ESTACIÓN: **Jesús carga con la cruz.-** Señor, que te siga de cerca llevando mi cruz de cada día.

3ª ESTACIÓN: **Jesús cae por primera vez.-** No permitas, Señor, que caiga en la tentación y te ofenda.

4ª ESTACIÓN: **Jesús encuentra a su Madre.-** Señor, en la vida y en la muerte, esté siempre la Virgen junto a mí.

5ª ESTACIÓN: **Jesús es ayudado por el Cirineo.-** Quiero, Señor, ayudarte a llevar la cruz, ayudando a mis hermanos.

6ª ESTACIÓN: **La Verónica enjuga el rostro de Jesús.-** Imprime,

Señor, en mi alma la imagen de tu santísimo rostro, y dame gracia para conservarla siempre.

7ª ESTACIÓN: **Jesús cae por segunda vez.-** Líbrame, Señor, de las recaídas en el pecado.

8ª ESTACIÓN: **Jesús habla a las hijas de Jerusalén.-** Dame, Señor, lágrimas para llorar mis pecados.

9ª ESTACIÓN: **Jesús cae por tercera vez.-** Concédeme, Señor, que mi propósito de no ofenderte sea eficaz.

10ª ESTACIÓN: **Jesús es despojado de sus vestiduras.-** Despójame, Señor de cuanto me separa de Ti.

11ª ESTACIÓN: **Jesús es crucificado.-** Que cumpla, Señor, mi deber por doloroso que sea.

12ª ESTACIÓN: **Jesús muere en la cruz.-** Jesús mío, que tu cruz bendita mi tabla de salvación al expirar.

13ª ESTACIÓN: **Jesús en los brazos de su Madre.-** Sé mi amparo, Madre mía, en la hora de mi muerte.

14ª ESTACIÓN: **Jesús es sepultado.-** Jesús, descansa en mi corazón hasta mi muerte.

Reza todos los días

Persignarse Por la señal * de la santa Cruz, * de nuestros * enemigos* líbranos, Señor, * Dios nuestro. En el nombre del Padre, y del Hijo * y del Espíritu Santo. Amén.

Ofrecimiento de Obras del Apostolado de la Oración

Señor mío y Dios mío Jesucristo:*Por el Corazón Inmaculado de María* me consagro a tu Corazón; *y me ofrezco contigo al Padre*en tu Santo Sacrificio del altar, *con mi oración y mi trabajo, *sufrimientos y alegrías de hoy; *en reparación de nuestros pecados; *y para que venga a nosotros tu Reino *. Te pido en especial* por el Papa y sus intenciones*, por nuestro Obispo y sus intenciones*, y por nuestro Párroco y sus intenciones*. Amén.

Padrenuestro

Padre nuestro *que estás en el cielo, *santificado sea tu nombre, *venga a nosotros tu Reino, *hágase tu voluntad *en la Tierra como en el cielo.

Danos hoy *nuestro pan de cada día; *perdona nuestras ofensas. *como también nosotros *perdonamos a los que nos ofenden; *no nos dejes caer en la tentación *y líbranos del mal. *Amén.

Avemaría

Dios te salve, María; *llena eres de gracia; *el Señor es contigo; *bendita Tú eres; *entre todas las mujeres, *y bendito es el fruto *de tu vientre, Jesús.

Santa María, *Madre de Dios, *ruega por nosotros, *pecadores, *ahora y en la hora de nuestra muerte. *Amén.*(Rézala tres veces)*

Gloria

Gloria al Padre, *y al Hijo, *y al Espíritu Santo.

Como era en el principio, *ahora y siempre, *por los siglos de los siglos. *Amén.

Jaculatorias

Jesús, José y María, *os doy el corazón y el alma mía.
Jesús, José y María, *asistidme en mi última agonía.
Jesús, José y María, *con vosotros descanse en paz el alma mía.

Libros recomendables

De más de 1.600 libros de formación religiosa leídos y enjuiciados por mí, te pongo aquí los que creo mejores para ti. Pero los libros citados a pie de página de este libro, no todos son recomendables.

LOETSCHER, S.M.B.: **Entrando en la vida. A los jóvenes.**Ed. Studium. Madrid.

QUOIST: **Diario de Ana María.**Ed. Herder. Barcelona.

SCHILGEN, S.I.: **Él frente a ella.**Ed. Studium. Madrid.

- **Ella frente a él.**Ed. Studium. Madrid.

TIHAMER TOTH: **Energía y pureza.** Ed. Atenas. Madrid.

- **El joven creyente.**Ed. Atenas. Madrid.
- **El joven y Cristo.**Ed. Atenas. Madrid.
- **El joven de carácter.**Ed. Atenas. Madrid.

TOMÁS MORALES, S.I.: **Forja de hombres y Laicos en Marcha.**Cruzados de Santa María. Écija, 4. Madrid.

CALCERRADA, S.I.: **Forja tu acero.**Ed. Sal Terrae. Santander.

IRALA, S.I.: **Control cerebral.**Ed. Mensajero. Bilbao.

KELLY, S.I.: **Juventud de hoy y castidad.**Ed. FAX. Madrid.

DANTEC: **Noviazgo cristiano.**Ed. Mensajero. Bilbao.

VEGA, S.I.: **El amor no se improvisa.**Ed. Mensajero. Bilbao.

LEBRATO, O.P.: **Junto al erotismo.**Ed. Studium. Madrid.

SOBRINO, S.I.: **Las Drogas.**Cuadernos BAC, nº 46. Madrid.

CHARBONNEAU, S.I.: **Noviazgo y Felicidad.**Ed. Herder. Barcelona.

HORNAERT, S.I.: **El combate de la pureza.**Ed. Sal Terrae. Santander.

CARNOT: **El libro del joven.**Ed. Studium. Madrid.

JOSÉ ANTONIO SAYÉS: **Moral de la sexualidad.**Ed. Tau. Ávila.

ROBINSON: **Educación sexual y conyugal.**Ed. Mensajero. Bilbao.

CORTI, S.I.: **El negocio de todos.**Ed. Euramérica. Madrid.

HEREDIA, S.I.: **Una fuente de energía.**Ed. Herder. Barcelona.

CERRO: **En busca de Ti: Orar con jóvenes.**Ed. Tau. Ávila.

AGACINO, S.I.: **Pastoral de la Oración.**Ed. Mensajero. Bilbao.

JIMÉNEZ DUQUE: **La Dirección Espiritual.** Ed. Juan Flors. Barcelona.

DANIEL ROPS: **¿Qué es la Biblia?**Ed. Casal. Andorra.

PÁRAMO, S.I.: **Los cuatro Evangelios.**Ed. Sal Terrae. Santander.

JUAN MANUEL IGARTUA, S.I.: **Los Evangelios ante la Historia.**Ed. Acervo. Barcelona.

JUAN MANUEL IGARTUA, S.I.: **El Mesías.**Ed. Mensajero. Bilbao.

JOSÉ JULIO MARTÍNEZ: **Drama de Jesús.**Ed. Mensajero. Bilbao.

SIMÓN, S.I.: **El Hombre-Dios.**Ed. ELER. Barcelona.

VILARIÑO, S.I.: **Vida de Ntro. Señor Jesucristo.** EDIBESA. Madrid.

CARREÑO: **La señal.**Ed. Don Bosco. Madrid.

URRUTIA, S.I.: **Espiritualidad posconciliar según el Corazón de Jesús.**Ed. Sal Terrae. Santander.

VILA CREUS, S.I.: **Orientaciones sociales.**Ed. FAX. Madrid.

VAN GESTEL, O.P.: **La doctrina social de la Iglesia.**Ed. Herder.

CARDIJN: **La hora de la clase obrera.**Ed. Difusión. Buenos Aires.

BALMES: **El criterio.**Ed. BAC. MADRID.

HILLAIRE: **La religión demostrada.**Ed. L. Gili. Barcelona.

VIZMANOS, S.I.: **Teología fundamental para seglares.**B.A.C. Madrid.

ROYO MARÍN, O.P.: **Teología de la salvación.** Ed. BAC. Madrid.

Teología Moral para seglares. Ed. BAC. Madrid.

AURELIO FERNÁMDEZ: **Manual de Teología Moral.** Ed. Palabra.Madrid.

CONWAY, C.S.P.: **Buzón de preguntas.**Ed. FAX. Madrid.

SIMÓN, S.I.: **A Dios por la Ciencia.**Ed. Codesal. Sevilla.

LIEBIG: **La otra revelación.**Ed. Sal Terrae. Santander.

JUAN LÓPEZ PEDRAZ, S.I.: **¿De veras que el Cristianismo no convence?**Ed. Sal Terrae. Santander.

JUAN LÓPEZ PEDRAZ, S.I.: **Cuando se está perdiendo la fe.**

- **Cristianos en busca de respuestas.**Ed. Sal Terrae. Santander.

CIURANA: **Pruebas racionales de la existencia de Dios.**Difusora del Libro. Madrid.

- **El fin del materialismo filosófico y ateo.**Ed. Bosch..
- **La existencia de Dios ante la razón.**Ed. Bosch..
- **Los fundamentos racionales de la existencia del alma y su inmortalidad.**Ed. Bosch. Barcelona.
- **La verdad del Cristianismo.**Ed. Bosch. Barcelona.
- **¿Cual es la Religión verdadera?**Ed. Bosch. Barcelona.

SANDBOW: **Dios en un espejo.**Ed. Mateu. Barcelona.

BOYER, S.I.: **Razones de ser católicos.**Ed. Mensajero. Bilbao.

LORD, S.I.: **Cuerpo Místico.**Ed. Atenas. Madrid.

MONSEGÚ,C.P.: **La Iglesia que Cristo quiso.** Ed. Roca Viva. Madrid.

LAMPING: **Hombres que vuelven a la Iglesia.**EPESA. Madrid.

LELLOTTE, S.I.: **Convertidos del siglo XX.**Ed. Studium. Madrid.

GONZÁLEZ DE LA VEGA: **Para ti, soldado.**Ed. Acción Católica. Madrid.

CARDIJN: **Jóvenes obreros ante el matrimonio.**Ed. Bibliográfica Española.Madrid.

COROMINAS: **Vida conyugal y sexual.** Ed. Gassó. Barcelona.

GOTOR: **Regalo de boda. Manual práctico del matrimonio.** Plaza. del Pilar, 7. Zaragoza.

STRENG: **Amor y vida conyugal.** Ed. Daimon. Barcelona.

CAMACHO: **Moral íntima de los cónyuges.**Ed. Studium. Madrid.

ÁNGEL DEL HOGAR: **La felicidad conyugal. Obstáculos y éxito.** Ed. Desclée. Bilbao.

- **La iniciación de los niños en la vida.** Ed. Desclée. Bilbao.

DUHR. S.I.: **El arte de las artes: educar a un niño.** Ed. Studium. Madrid.

ARMENTIA, S.M.: **Adolescentes.**Ed. S.M. Carabanchel Alto. Madrid.

REY, S.I.: **Hogar feliz (2 tomos).**Ed. Sal Terrae. Santander.

URTEAGA: **Dios y los hijos.**Ed. Rialp. Madrid.

BUCK, S.I.: **¡Ese hijo vuestro!**Ed. Desclée. Bilbao.

MESEGUER, S.I.: **Matrimonio.**Ed. Studium. Madrid.

LECLERCQ: **El matrimonio cristiano.**Ed. Rialp. Madrid.

DR. JOHN BILLINGS: **Regulación natural de la natalidad.** Ed. Sal Terrae.

DR. LUIS RIESGO: **Hablando en familia.** Ed. Ap. de la Prensa. Madrid.

- **Pensando en los hijos.**Ed. Apostolado de la Prensa. Madrid.

- **Éste es el camino.** Ed. San Pío X. Madrid

MONELLI: **Muchacha piénsalo: la vida es bella así.**Ed. Paulinas.

LÓPEZ ARRONIZ, C. SS. R.: **Íntimas.**Ed. Perpetuo Socorro. Madrid.

MARABEL MORGAN: **La mujer total.**Ed. Plaza y Janés. Barcelona.

TROBISH: **La alegría de ser mujer**. Ed. Sal Terrae. Santander.

BERNAGE: **Los años críticos de la jovencita.**Ed. PAX. S.Sebastián.

OHEIM: **Tu vida social.**Ed. Daimon. Barcelona.

DANTEC: **Hogares radiantes.** Ed. Mensajero. Bilbao.

CLAVERO: **Antes de que te cases.** Ed. Científico-Médica. Vía Layetana, 63. Barcelona.

ÍNDICE DE MATERIAS

Se indican los números.
Se pueden buscar en el ángulo inferior izquierdo de las páginas pares.

F

I

J

L

P

T

Y

Z

ÍNDICE ONOMÁSTICO

Se indican los números. Se pueden buscar en el ángulo inferior izquierdo de las páginas pares.

Índice general

APÉNDICES

FONDO EDITORIAL
EDIBESA 2001

LIBROS

EVANGELIO Y BIBLIA

- **Evangelio 2002.** Texto evangélico de la misa diaria del 2002, calendario litúrgico, santoral. *233 ptas. 1,40 €*. (*)
- **El Evangelio.** Textos de los Cuatro Evangelios para cada día del año. *100 ptas. 0,60 €*. ¡Un millón y medio de ejemplares
- **El Evangelio**, en cartoné, con cinta separadora. *500 ptas. 3,01 €*.
- **El Evangelio. Con «oraciones y vida cristiana»**. Textos de los Cuatro Evangelios para cada día del año, *200 ptas. 1,20 €*.
- **El Evangelio. Recuerdo de la Primera Comunión.** Texto evangélico diario, oraciones y vida cristiana. *200 ptas. 1,20 €*.
- **El Evangelio. Recuerdo de la Confirmación.** Texto evangélico diario, oraciones y vida cristiana. *200 ptas. 1,20 €*.
- **Evangelio para cada día, (y Vocabulario evangélico popular).** Los Evangelios a lo largo del año, con abundantes índices y santoral. 326 págs. *950 ptas. 5,71 €*.
- **Evangelio para nuestros mayores** (3ª ed.), por José A. Martínez Puche, O.P, en letra grande, con reflexión **diaria,** tapa dura. *2.100 ptas. 12,62 €*.
- **El Evangelio en crucigramas**, por Lucía Caram, O.P.: un método ameno de conocer el evangelio y vivirlo: crucigramas, sopas de letras, test, ejercicios, etc. 614 págs. *2.500 ptas. 15,03€.*
- **Ejercicios y pasatiempos de «El Evangelio en crucigramas».** 310 págs. con todos los ejercicios. 2ª ed. *600 ptas. 3,61 €*.
- **Los Santos Evangelios,** traducción y notas de B. Martín Sánchez. 222 págs. *200 ptas. 1,20 €.*
- **El Nuevo Testamento**, traducción y notas de B. Sánchez Martín. 505 págs. *350 ptas. 2,10 €*.
- **Santa Biblia.** Edición interconfesional. ¡Dios habla hoy! 1.550 págs. *1.500 ptas. 9,02 €.*

- *AUDIOVISUAL:* **«EL EVANGELIO EN LOS MISTERIOS DEL ROSARIO». 216 diapositivas** (16 para cada Misterio), **3 casetes** explicativos, **1 folleto** con el guión. En un estuche: *7.500 ptas. 45.08 €*.

LIBROS VARIOS

- **Encarnación 2000**. (280 págs.)
- **Navidad 2000**. (224 págs.)
- **Redención 2000**. (228 págs.)

  Veinte siglos de doctrina, espiritualidad, poesía y arte sobre la Encarnación, el Nacimiento y la Redención. De la Biblia a los teólogos medievales, de los Santos Padres a los poetas de hoy, con un centenar de cuadros a todo color, edición de lujo. *3.900 ptas. 23,44 €*. cada libro.

---

* Los precios, en pesetas y en euros, incluyen el IVA.

- **Jesucristo 2000**: Los tres libros anteriores (Encarnación 2000, Navidad 2000 y Redención 2000) en bello estuche, al precio *de 7.900 ptas. 47,48 €. (no 11.700 ptas.)*
- **Nueva oración de los fieles**. Por Sor Lucía Caram, O.P. Dos tomos, encuadernados en guáflex, a dos tintas, con las «oraciones de los fieles» más actuales y acertadas, para cada día y circunstancia. Tomo I: Domingos, festivos, especiales (408 págs. *3.500 ptas. 21,04 €*.). Tomo II: Ferial (544 págs. *4.000 ptas.* 24,04 €). Los dos tomos retractilados: *6.500 ptas. 39,07 €*.
- **Los Santos Evangelios**. Íntegros. Trad. y notas del Dr. Martín Sánchez. 222 págs. *200 ptas. 1,20 €*.
- **El Nuevo Testamento.** Traducción y notas del Dr. Martín Sánchez. 506 págs. *350 ptas. 2,10 €*.
- **Evangelio para nuestros mayores, en letra grande.** 500 págs a dos colores, encuadernado. *2.100 ptas. 12,62 €*.
- **La Santa Biblia**. Edición interconfesional popular. 1.550 págs. *1.500 ptas. 9,02 €*.
- **El Evangelio para cada día. (Y Vocabulario evangélico popular).** Texto evangélico para cada del año, con abundantes índices y santoral. 326 págs. *950 ptas. 5,71 €*.
- **L'Evangeli de cada dia. Evangelio para cada día, en catalán**, con reflexión diaria. 2 tomos, *1.990 ptas. 11,96 €*.
- **El Evangelio en crucigramas**, por Lucía Caram, O.P.: un método ameno y actual de conocer el evangelio y vivirlo: crucigramas, sopas de letras, test, ejercicios, etc. 614 págs. *2.500 ptas. 15,03 €*.
- **Ejercicios y pasatiempos de «El Evangelio en crucigramas».** 310 págs. con todos los ejercicios. 2ª ed. *600 ptas. 3,61 €*
- **Vive tu fe. ¡El Catecismo en crucigramas!** (3ª edición). Un método actual y atractivo, para aprender el Catecismo. Fichas, crucigramas, sopas de letras, tests, etc. 388 págs. *2.200 ptas. 13,22 €*.
- **Los cinco minutos de Dios. (32ª edición),** por Alfonso Milagro, claretiano. Un pensamiento bíblico y una sugestiva reflexión para cada día. 404 págs. *1.300 ptas. 7,81 €*.
- **El amor humano. Su sentido y su alcance.** Por A. López Quintás. Curso de ética desde el amor. 256 págs. *1.500 ptas. 9,02 €*. En 12 casetes: libro y casetes, *7.750 ptas. 45,08 €*.
- **La Parroquia y el Camino Neocatecumenal,** (2ª edición), por Jesús Higueras, párroco de la Paloma, Madrid. 144 págs. *1.300 ptas. 7,81 €*.
- **San Martín de Porres,** por fray Salvador Velasco. 9.ª edición. 390 págs. *1.300 ptas. 7,81 €*.
- **Misal Dominicano. El Misal Romano, más lo dominicano.** Dos tomos. *7.600 ptas. 45,68 €.*
- **Liturgia de las Horas O.P. Propio de los santos O.P.** 2.156 págs. *4.900 ptas. 29,45 €*.
- **Suplemento del Misal y Liturgia de las Horas O.P**. 45 págs. *350 ptas. 2,10 €*.
- **Imitación de Cristo, por Tomás de Kempis.** La traducción española clásica de fray Luis de Granada. Bellamente encuadernado. *1.300 ptas. 7,81 €*.
- **La Cristíada,** de fray Diego de Hojeda. Edición de lujo, con 32 láminas a todo color de la vida de Cristo. Las 528 páginas, a dos colores con dibujos originales. *6.750 ptas. 40,57 €*.
- **Guía de la vida interior**. Josep Otón Catalán, un seglar escribe para seglares, sacerdotes y religiosos. *1.300 ptas. 7,81 €*.
- **Guía de la Cartujas de España,** por Luis Doeijo. Ayer y hoy de la Orden Cartujana en España, con ilustraciones en color. 248 págs. *1.400 ptas. 8,41 €*.
- **Sobre la marcha**. (4ª edición) Confesiones de un tetrapléjico que ama la vida, por Luis de Moya. 212 págs. *1.900 ptas. 11,42 €*. Grabado en 6 casetes, con libro: *4.500 ptas.* Vídeo: *1.900 ptas. 11,42 €*.
- **Para salvarte,** del P. Jorge Loring, S.J.: ¡53 ediciones con más de un millón de ejemplares! La enciclopedia católica del siglo XXI: de la eternidad de Dios y la creación a la clonación y el genoma humano. 874 págs. *2.200 ptas. 13,22 €*.
- **Legio Mariae.** Manual oficial de la Legión de María. 452 págs. *900 ptas. 5,41 €*.
- **Tesserae.** Tríptico oracional de la Legión de María. *10 ptas. 0,06 €*.
- **El Rosario meditado. (2ª edición).** Una invocación para cada una de las 150 Avemarías, por Pascual Meseguer, O.P. Ilustraciones a 4 colores. *200 ptas. 1,20 €*.

- **Tratado del Amor de Dios, obra cumbre de San Francisco de Sales.** 774 págs. *1.600 ptas. 9,62 €.*
- **Guía internet de la Iglesia Católica.** 4.000 recursos Web en lengua castellana y portuguesa. Coordinador: Juan Pedro Ortuño. 450 págs. Con CD-Rom: *2.750 ptas. 16.53 €.*
- **Jesús, siempre y más. (2ª edición).** Rafael de Andrés, S.J., ha recopilado 1.000 opiniones sobre Jesucristo, de todo tiempo y nación. 525 págs. *1.900 ptas. 11,42 €.*
- **Más que Padre. El Dios de todos los días. (2ª edición)** 500 textos sobre Dios Padre para los 365 días del año, por Rafael de Andrés, S.J. 386 págs. *1.900 ptas. 11,42 €.*
- **Jesús, cara a cara. 100 entrevistas con Cristo (2ª edición),** por Rafael de Andrés, S.J. Un camino apasionante para llegar a Cristo y saber lo que piensa. 302 págs. *1.900 ptas. 11,42 €.*
- **El otro Evangelio. Relectura de las Cartas Apostólicas,** por R. de Andrés. 372 págs. *1.900 ptas. 11,42 €.*
- **El jubileo del año 2000, Roma, Tierra Santa y Asís,** por Emérito Merino, O.F.M. Una guía espiritual, histórica, artística, todo color. 135 págs. 1.*500 ptas. 9,02 €.*
- **Contemplación de Navidad,** por Antonio López Baeza. Versos y oraciones del Enmanuel. 147 págs. *950 ptas. 5,71 €.*
- **Nos vino un Niño del cielo.** Poesía navideña latinoamericana. Antología de Miguel de Santiago y Juan Polo Laso. 368 págs. *1.900 ptas. 11,42 €.*

LIBROS «PALABRA. VIDA. ORACIÓN»

- **Padre, Hijo y Espíritu Santo**. Encíclicas de Juan Pablo II sobre Dios y «Tertio millennio adveniente», con índices, por José A. Martínez Puche. 432 págs. *850 ptas. 5,11 €.*
- **La Vida Consagrada.** Exhortación Apostólica de Juan Pablo II. 222 págs, *625 ptas. 3,76 €.*
- **El día del Señor. Carta «Dies Domini»** de Juan Pablo II, sobre el domingo. 95 págs. *450 ptas. 2,70 €.*
- **La alegría de ser cristiano,** por Pablo VI. Exhortación «Gaudete in Domino», Credo del Pueblo de Dios, y Testamento 145 págs. *850 ptas. 5,11 €.*
- **San Pablo cuenta su vida. Su persona, vida y cartas**, por Luis López de las Heras, O.P. 84 págs. *850 ptas. 5,11 €.*
- **El Credo, por Santo Tomás de Aquino.** Trad. M. Ortega . 84 págs. *850 ptas. 5,11 €.*
- **El Padrenuestro (y el Avemaría) de Santo Tomás.** Trad. Manuel Ortega. 107 págs. *850 ptas. 5,11 €.*
- **El Avemaría. Estudio bíblico, teológico y espiritual,** por Luis López de las Heras, O.P. 82 págs. *850 ptas. 5,11 €.*
- **Sedienta de Eucaristía**, por M. Teresa Mª Ortega, O.P., alma del florecimiento monástico «Madre de Dios» de Olmedo a todo el mundo (2ª edición) 96 págs. *850 ptas. 5,11 €.*
- **Orando entre llamas.** Experiencia de oración, de M. Teresa M.ª Ortega. 172 págs. *1.200 ptas. 7,21 €.*
- **Toma tu cruz y sígueme,** por R. Cuadrado Tapia, O.P. Una parte, dedicada a los enfermos; la otra, el nuevo Vía crucis con su complemento, el Vía-lucis. 145 págs. *850 ptas. 5,11 €.*
- **Quince cartas a un padre preocupado** (3ª edición) Venancio L. Agudo, periodista y padre de familia numerosa, aporta soluciones los problemas de la formación de los hijos, 150 págs. *850 ptas. 5,11 €.*
- **Escuela de Padres en casa.** (3ª edición) Nieves Martínez ofrece elementos y métodos utilísimos para la educación desde la familia y el diálogo. 212 págs. *1.200 ptas. 7,21 €.*
- **El alma de la Legión de María**. Delfín Castañón, O.P. Carisma y actualidad. 110 págs. *850 ptas. 5,11 €.*

- **Adorar con María.** Por Marie-Benoîte Angot, fundadora del Movimiento «Casas de Adoración». María es el modelo de la oración más perfecta. 145 págs. *850 ptas. 5,11 €*.
- **El Rosario, oración de un corazón en vela.** Por Emilio Cárdenas, marianista. Conversaciones con un joven que no rezaba el rosario. 130 págs. *850 ptas. 5.11 €*.
- **Los frutos de la siembra de Madre Maravillas,** por Baldomero J. Duque. Catorce carmelitas ejemplares, hijas de la B. Maravillas de Jesús,116 págs. con láminas. *850 ptas. 5,11 €*.
- **Sor Teresita del Niño Jesús, O.P.** Semblanza espiritual de todo un carácter: alegría en el sufrimiento y la entrega, por Lorenzo Galmés. 120 págs. Láminas color. *850 ptas. 5,11 €*.
- **Ignacio de Loyola.** Tras el rastro de Jesús, por William Hevett. Guía y complemento del CD y casetes musicales «Ignacio de Loyola». 223 págs. *1.300 ptas. 7,81 €*.
- **La fuerza de ser hijos de Dios,** por Ignacio Domínguez. Comentario vivo, actual y práctico del prólogo del Evangedlio de Juan. 124 págs. *750 ptas. 4,51 €*.
- **San Tarsicio, mártir de la Eucaristía,** por Ignacio Domínguez. 120 págs. *850 ptas. 5,11 €*.
- **Fides et ratio**. (2ª edición) Encíclica de Juan Pablo II sobre las relaciones entre la fe y la razón, 194 págs. *650 ptas. 3,91 €*.
- **Evangelium vitae**. Encíclica de Juan Pablo II sobre el valor y el carácter inviolable de la vida humana. Apéndice: Instrucción «Donum vitae». Con índices. 280 págs. *750 ptas. 4,51 €*.
- **Reconciliatio et paenitentia.** Exhortación apostólica de Juan Pablo II sobre la reconciliación y la penitencia. 160 págs. *500 ptas. 3,01 €*.

LIBROS «DOCUMENTOS Y TEXTOS»

Libros encuadernados en cartoné, sobrecubierta con estampaciones en oro, de excelente presentación, abundantes y detallados índices.

- **Encíclicas de Juan Pablo II**. (4ª edición). Las Encíclicas de Juan Pablo II. Con prácticos índices, preparados por José A. Martínez Puche. 1.578 páginas. *5.750 ptas. 34,56 €*.
- **Diccionario social y moral de Juan Pablo II,** por Pedro J. Lasanta. Lo que el Papa ha dicho sobre política, trabajo, familia, vida humana, valores, en 2.210 textos. 734 págs. *3.900 ptas. 23,44 €*.
- **Diccionario de teología y espiritualidad de Juan Pablo II,** por Pedro J. Lasanta. Enseñanzas sobre temas teológico-espirituales. 1.268 págs, con 5.000 textos, *5.300 ptas. 31,85 €*.
- **Encíclicas de Pablo VI. Todas las Encíclicas del Papa del Concilio**, más la Exhortación «Evangelii nuntiandi», preparado por José A. Martínez Puche. 450 págs. *3.750 ptas. 22,54 €*.
- **Diccionario de Pablo VI.** El rico magisterio del Papa del Vaticano II, recopilado por Pedro J. Lasanta. *5.300 ptas. 31,85 €*.
- **Encíclicas del Beato Juan XXIII.** Las encíclicas, los documentos en torno al Concilio, y los mensajes a España y pueblos hispanos. 648 págs. *3.500 ptas. 21,04 €*.
- **Documentos sinodales.** Las siete Exhortaciones Apostólicas, de Pablo VI y Juan Pablo II) y los textos de las Asambleas del Sínodo de los Obispos (generales y extraordinarias). Dos tomos.1.720 págs. *7.750 ptas. 46.56 €*.
- **Diccionario social de los Padres de la Iglesia.** La impresionante doctrina social de los Santos Padres, en textos inmortales, por Restituto Sierra Bravo. 420 págs. *2.900 ptas. 17,43 €*.
- **Los ejercicios espirituales** de San Ignacio de Loyola. Comentario y textos afines. Por Darío López Tejada, S.J. 1.075 págs. *4.900 ptas. 29,45 €*.
- **Cardenal Rouco. Magisterio del cardenal Antonio Mª Rouco,** en sus primeros cinco años de arzobispo de Madrid. 1.450 págs. *5.500 ptas. 33,06 €*.

LIBROS «VIDA Y MISIÓN»

- **Jubileo Año 2000. Desafío a la Iglesia**. Los grandes temas que afronta la Iglesia y el mundo al cruzar el umbral del tercer milenio, por Pedro J. Lasanta. 224 págs. *1.750 ptas. 10,52 €* .
- **Los sacramentos de la Iglesia, a tu alcance**. Lo que el católico debe saber sobre los siete sacramentos. Por Pedro J. Lasanta. 181 págs. *1.500 ptas. 9,02 €* .
- **Saludablemente bien. La homeopatía y humanización de la medicina.** Una alternativa para vivir con salud, equilibrio y sentido, por Lucía Caram, O.P. 305 págs. *1.750 ptas. 10,52 €* .
- **Jesús, el dinero y los negocios.** Un libro lleno de luz sobre un tema capital, por J. Salvador y Conde, O.P. 256 págs. *1.750 ptas. 10,52 €*.
- **Milenarismos.** El cristianismo en la encrucijada del año 2000. Por Sebastián Fuster, O.P. Los milenarismos en el umbral del tercer milenio. 244 págs. *1.900 ptas. 11,42 €* .
- **Dios Padre. Vocabulario de Juan Pablo II.** J. A. Martínez Puche presenta las enseñanzas del Papa sobre el Padre Dios, en relación con la vida del hombre. Más la «Dives in misericordia», con índices. 230 págs. *950 ptas. 5,41 €* .
- **El Espíritu que ungió a Jesús,** por Armando Bandera,O.P. La auténtica teología del Espíritu Santo. 374 págs. *2.900 ptas. 17,43 €* .
- **Espíritu Santo, Iglesia y misión.** Estudio bíblico, espiritual y pastoral. Por José Luis Irízar, director nacional de las O.M.P. 320 págs. *1.900 ptas. 9,02 €* .
- **Jesús. He aquí el Hombre. Semblanzas de Jesús,** por Maximiliano G. Cordero, O.P. Cómo era Jesús: su alma, su cuerpo, sus semblanzas espiritual y moral, su inteligencia y psicología, su actitud frente a la vida. 220 págs. *1.450 ptas. 8,71 €* .
- **Memorias de Jesús.** Francisco de Mier, C.P., pone a Jesús en diálogo con los personajes clave del Antiguo y del Nuevo Testamento: sus raíces, sus encuentros, sus memorias. 426 págs. *2.500 ptas. 15,03 €* .
- **La extraña historia de un tal Jesús.** El Evangelio en lenguaje actual, por Vicente García, S.J. 256 págs. *1.500 ptas. 9,02 €* .
- **El poema de Jesús. El Evangelio en verso**, por María Teresa Reyero, clarisa. 357 págs. con láminas en color. *1.900 ptas. 11,42 €* .
- **Saliendo al «paso» del Señor**. Comentarios bíblicos a los «pasos» de la Semana Santa y Pascua, por J.M. Alcácer, 187 págs. *1.350 ptas. 8,11 €* .
- **Con Cristo al tercer milenio,** por Rafael Palmero, obispo de Palencia.Cristo, el Espíritu Santo y las vocaciones consagradas, ante los nuevos tiempos. 221 págs. *1.500 ptas. 9,02 €* .
- **Memorias de María, memorias de Juan.** Por Samuel Valero: la vida de Jesús, contada por la Madre y el Discípulo. 252 págs. *1.900 ptas. 11,42 €* .
- **María, la Madre del Señor, en el Nuevo Testamento,** por Klemens Stock, S.J. Obra cumbre para conocer lo que la Palabra de Dios dice de María. 180 págs. *1.500 ptas. 9,02 €* .
- **La Iglesia habla de María.** 50 años de documentos marianos pontificios, de Pío XII a Juan Pablo II. Índices detallados. 500 págs. *950 ptas. 5,71 €* .
- **Despertar con Dios. Reflexiones sugestivas para la meditación y la homilía,** por Ángel Galindo, decano de Teología de Salamanca, y las monjas dominicas de Segovia. Tres tomos, para los ciclos «A» ,«B» y «C» , a *1.900 ptas. 11,42 €* cada tomo.
- **A tiempo y a destiempo. Reflexiones homiléticas para los tres ciclos litúrgicos,** por Manuel Elvira Ugarte, párroco y profesor en Pamplona. 401 págs. *2.500 ptas. 15,03 €* .
- **El vacío del posconcilio,** por J. Esparza. Experiencias de un párroco rural. 310 págs. *1.900 ptas. 11,42 €* .
- **El Misal de Pablo VI,** por P. Farnés, D. Borobio, J. Bernal, J. Aldazábal, etc. Estudios sobre la misa del posconcilio: lo que se ha avanzado y lo que falta. 316 págs. *1.900 ptas. 11,42 €* .
- **Recuperar la fiesta en la Iglesia.** Talante festivo del cristianismo: vida, Pascua, domingo. Por L. Carlos Bernal. 400 págs. *1.900 ptas. 11,42 €* .

- **La alegría del perdón.** 2000 años de doctrina sobre el Sacramento de la Penitencia. Por Julio Atienza y Pedro J. Lasanta. 290 págs. *1.900 ptas. 11,42 €*.
- **Seguidores de Jesús en el umbral del 2000**. Diagnóstico del catolicismo español, por Francisco Azcona, director de la Oficina de Estadística de la Iglesia. *1.000 ptas. 6.01 €*.
- **La Iglesia en la prensa de España.** Estudio del tratamiento que la prensa nacional da a la Iglesia y a los temas religiosos. Por José A. Marcellán. 310 págs. *1.900 ptas. 11,42 €*.
- **Amor y vida. Acerca del matrimonio cristiano**. Para vivir el sacramento. Por Florencio García Muñoz. 304 págs. *1.900 ptas. 11,42 €*.
- **Religiosos para la Nueva Evangelización,** por Pedro J. Lasanta. Religiosas y religiosos, ante el tercer milenio. 304 págs. *1.900 ptas. 11,42 €*.
- **El Padre Cadete.** Fray José Mª del Carmelo, ermitaño en un alcornoque de las Batuecas, por Dámaso de la Presentación y Matías del Niño Jesús. 240 págs. *1.750 ptas. 10,52 €*.
- **Las intransigencias de Teresa de Jesús.** Humanidad y rectitud en la pedagogía teresiana, por Julio Rouco, O.C.D. 251 págs. *1.900 ptas. 11,42 €*.
- **A la escucha del Cardenal Congar,** por Juan Bosch, O.P. Vida y mensaje del dominico que se adelantó al Vaticano II. Bibliografía completa: 290 págs. *1.900 ptas. 11,42 €*.
- **Francisco de Vitoria y su «Relección sobre los Indios».** Los derechos de los hombres y de los pueblos, según el fundador del Derecho Internacional. Por Ramón Hernández, O.P. 185 págs. *1.500 ptas. 9,02 €*.
- **Catalina de Siena, doctora de la Iglesia: vida y enseñanzas**. Por J. Salvador y Conde, O.P. Síntesis biográfica y doctrina por orden alfabético. 376 págs. *1.500 ptas. 9,02 €*.
- **Espiritualidad dominicana**, por Felicísimo Martínez. El carisma y la misión de la Orden de Predicadores. Principios y criterios. 258 págs. *1.900 ptas. 11,42 €*.
- **La devoción a María en la Orden de Predicadores,** por Alfonso D'Amato. Estudio histórico, teológico y espiritual. 242 págs. 1.*900 ptas. 11,42 €*.
- **Comunidad y comunión en la vida dominicana**, por Alfonso D'Amato. Escrito desde la experiencia dominicana, aborda temas para toda vida religiosa. *1.500 ptas. 9,02 €*.
- **Santo Domingo y su Orden,** por el P. Lacordaire. La «Vida de Santo Domingo» y otros escritos 217 págs. *1.500 ptas. 9,02 €*.
- **Historia de la Orden de Predicadores.** Por Delfín Castañón: la Orden dominicana con sus congregaciones. 220 págs. *1.900 ptas. 11.42 €*.
- **La provincia dominicana de Aragón. Siete siglos de vida y misión,** con ocho santos como Raimundo de Peñafort, Vicente Ferrer, y otros grandes personajes. *1.500 ptas. 9,02 €*.
- **Eckhart, Tauler, Seuze.** Vida y doctrina del Maestro y de sus dos mejores discípulos, por Brian Farrelly, O.P. Los tres grandes místicos dominicos alemanes. 358 págs. *1.900 ptas. 11,42 €*.
- **Dominicos que dejaron huella.** Juan Bosch (dir). 67 semblanzas de grandes dominicos, con motivo de los 700 años de la Provincia de Aragón. 252 págs. *1.900 ptas. 11,42 €*.
- **Recuerdos de África**. Memorias de un misionero en Sierra Leona, por Santiago Marcilla, agustino recoleto. (2ª edición). 270 págs. *1.500 ptas. 9,02 €*.
- **Inquietudes y vivencias de un seglar.** Antología espiritual de Emilio Pérez, abogado. Amplia experiencia en altos cargos eclesiales. 126 págs. *975 ptas. 5,86 €*.
- **Dios Padre, Iglesia y misión**. Mons. José L. Irízar Artiach, director Nacional de las O.M.P. 270 págs. *1.500 ptas. 9,02 €*.
- **Ejercicios espirituales para misioneros**. Mons. José L. Irízar, Director Nacional de las O.M.P. comenta los Ejercicios para los misioneros del Tercer Milenio. 683 págs. *2.500 ptas. 15,03 €*.
- **Mártires, testigos que nos comprometen,** por Mons. José L. Irízar. Los casi 2000 misioneros martirizados en los últimos 50 años. 491 pág. *1.900 ptas. 11,42 €*.
- **Balduino. De profesión: Rey de los Belgas,** por José Mª. Salaverri, S.M. Biografía de un rey que conmovió al mundo: excelente persona, cristiano ejemplar. Se lee como una novela. 176 págs. *1.500 ptas. 9,02 €*.

- **Hacia la Parroquia del Tercer Milenio,** por Jesús Higueras, párroco de La Paloma, Madrid. De la larga experiencia a la pastoral. 220 págs. *950 ptas. 5,71 €*.
- **Historia de las Misiones. 2000 Años de Misión**, por las Obras Misionales Pontificias de España. Colección de 4 volúmenes:, a *1.500 ptas.* (*9,02 €*.) cada uno.
  I: De la Edad Antigua a la Edad Media. 251 págs.
  II: Bajo el Patronato Regio. 264 págs.
  III. Propaganda fide *(en prensa)*
  IV. Edad contemporánea *(en preparación)*
- **Vida del Padre Maestro Juan de Ávila**, por Fray Luis de Granada, alma gemela y amigo de San Juan de Ávila. 173 págs. *950 ptas. 5,71 €*.
- **Divorcio, aborto, natalidad y educación: Cuatro batallas ¿perdidas?** por Luis Riesgo. 219 págs. *1.500 ptas. 9,02 €*.
- **Misioneros santos.** Serie de 4 libros , por Mons. José Luis Irízar, director nacional de las O.M.P. a *1.250 ptas. 7,51 €* cada uno:
  Era apostólica y martirial. Siglos I-III. 235 págs.
  Siglos IV-X. 228 págs.
  Siglos XI-XV. 282 págs.
  Siglos XVI-XX. 363 págs. *1.500 ptas. 9,02 €*.
- **Ésta es tu Iglesia**. Una exposición clara y sencilla, para que todo cristiano entienda el misterio de la Iglesia, por Jesús Álvarez Maestro, OAR. *1.500 ptas. 9,02 €*.
- **Semana de la vida. La primera Semana Santa,** La vida y la muerte se juegan este milenio cristiano, por Francisco de Mier, C.P. 392 págs. *1.900 ptas. 11,42 €*.
- **Cuando el amor es entrega.** Vida de la M. Mª Amparo del Sagrado Corazón de Jesús, fundadora y abadesa de las clarisas de Cantalapiedra (Salamanca), por Paloma Tena Revillas. 324 págs. *1.750 ptas. 10,52 €*.
- **En camino. De una pastoral parroquial al mundo obrero,** por Miguel Cisteró. 348 págs. *2.500 ptas. 15,03 €*.

OBRAS DE MANUEL LOZANO GARRIDO (LOLO)

- **Las estrellas se ven de noche:** Diario de «Lolo» (Manuel Lozano Garrido), en la plenitud de vida del periodista cristiano, inválido y ciego. 330 págs. *950 ptas. 5,71 €*.
- **El árbol desnudo,** novela autobiográfica de Manuel Lozano Garrido (Lolo), con hondo sentido cristiano. 264 págs. *950 ptas. 5,71 €*.
- **Las golondrinas nunca saben la hora.** 282 págs. *950 ptas. 5,71 €*.
- **Dios habla todos los días. Y te habla a ti.** 251 págs. *950 ptas. 5,71 €*.
- **Cuentos en «La» sostenido**. Una serie de cuentos deliciosos sobre la vida, el amor, las buenas gentes de pueblo, el dolor y las alegrías. 179 págs. *950 ptas. 5,71 €*.
- **El sillón de ruedas.** 348 págs. *950 ptas. 5.71 €*.
- **Cartas con la señal de la Cruz**. 284 págs. *950 ptas. 5,71 €*.
- **Mesa redonda con Dios.** 249 págs. *950 ptas. 5,71 €*.
- **Reportajes desde la cumbre**. 350 págs. *950 ptas. 5,71 €*.
- **Bien venido, amor. 100 pensamientos de Lolo**. 180 págs. *300 ptas. 1,80 €*.
- **La alegría vivida en el dolor.** Vida y virtudes de Lolo, por Rafael Higueras. 270 págs. *950 ptas. 5,71 €*.
- **Lolo, un cristiano.** Semblanza, por Pedro Cámara. 190 págs. *400 ptas. 2,40 €*.

COLECCIÓN «CAMINOS DE SANTIDAD»

Seis obras, para ayudar a seguir a Jesucristo, en cualquier estado de vida, a cualquier edad. Las cinco primeras son del carmelita Rafael Mª López Melús. La sexta, de Justo López Melús:

- **I. Decálogos que dirigen.** 396 págs.
- **II. Semillas que dan vida.** 366 págs.
- **III. Destellos que iluminan.** 336 págs.
- **IV. Bienaventuranzas que bendicen.** 336 págs.

- **V. Ejemplos que edifican.** 384 págs.
- **VI. El reto de la santidad: Debo, puedo, y quiero ser santo.** 264 págs.

Precio de cada tomo: *1.500 ptas. 9,02 €*. Colección completa (6): *7.500 ptas. 45,08 €*.

«GRANDES FIRMAS EDIBESA»

NUEVO AÑO CRISTIANO

A lo largo del año 2001 irán apareciendo los 12 tomos del Nuevo Año Cristiano, dirigido por José A. Martínez Puche: liturgia, santoral actualizado, jornadas eclesiales.

- **Nuevo Año Cristiano. 1. Enero**. (2ª ed.) 509 págs. *2.750 ptas. 16.53 €*.
- **Nuevo Año Cristiano. 2. Febrero**. (2ª ed.) 473 págs., *2.745 ptas. 16,50 €*.
- **Nuevo Año Cristiano. 3. Marzo**. (2ª ed.) 386 págs. *2.246 ptas. 13,50 €*.
- **Nuevo Año Cristiano. 4. Abril**. 434 págs., *2.500 ptas. 15,02 €*.
- **Nuevo Año Cristiano. 5. Mayo**. 393 págs., *2.900 ptas. 17,42 €*.
- **Nuevo Año Cristiano. 6. Junio**. 556 págs. *2.750 ptas. 16.53 €*.
- **Nuevo Año Cristiano. 7. Julio**. 629 págs., *3.328 ptas. 20,00 €*.
- **Nuevo Año Cristiano. 8. Agosto**. 725 págs., *3.785 ptas. 22,75 €*.

La colección completa (desde octubre de 2001): *24.000 ptas. 144,24 €*.

DOCE VIDAS DE JESÚS, DOCE MESES DEL 2000

Doce Vidas selectas de Cristo, a lo largo del Año 2000, que pueden adquiriese sueltas, o como colección completa. La colección: 24.000 ptas. 144,42 €.

1. **Vida de Jesucristo según el Evangelio,** del P. LAGRANGE, O.P. Obra capital entre las grandes Vidas de Jesús. XII + 545 págs. *2.900 ptas. 17,43 €*.
2. **La más antigua Vida de Jesús. Diatessaron de Taciano**. Los cuatro Evangelios, unificados en un solo relato en el siglo II. 259 págs. *1.750 ptas. 10,52 €*.
3. **Vida de Cristo,** de FRAY LUIS DE GRANADA. Profundidad, claridad, unción y la elegancia del Siglo de Oro. 370 págs. *2.200 ptas. 13,22 €*.
4. **Jesucristo,** de L. DE GRANDMAISON, S.J. Erudición, belleza literaria, intuiciones no superadas sobre el Señor y su mensaje. 638 págs. *3.500 ptas. 21.04 €*.
5. **Vida de Jesús según los Evangelios sinópticos**, de JOSÉ SALGUERO, O.P. Una obra de nuestros días, con los últimos descubrimientos bíblicos. 356 págs. *2.300 ptas. 13,82 €*.
6. **Nuestro Señor Jesucristo según los Evangelios,** de L.-CI. FILLION. Calificada como «la Vida de Jesús más completa que se ha escrito». 447 págs. *2.400 ptas. 14,42 €*.
7. **Memorias de un reportero de los tiempos de Cristo**, del P. Carlos Mª de Heredia, S. J. Fiel al Evangelio, se lee como una novela. 1.010 págs. *3.900 ptas. 23,44 €*.
8. **Vida de Nuestro Señor Jesucristo,** del P. REMIGIO VILARIÑO, S. J. La más popular en España en el siglo XX. 645 págs. *3.500 ptas. 21.04 €*.
9. **La vida de Jesús, en el país y pueblo de Israel,** de F. M. Willam. Seriedad del sabio sacerdote alemán, piedad, elegancia. 493 págs. *2.900 ptas. 17,43 €*.
10. **Vida de Jesús** de FRANÇOIS MAURIAC. Joya literaria del novelista francés, Académico y Premio Nobel. 224 págs. *1.750 ptas. 10,52 €*.
11. **Historia de Cristo,** de GIOVANNI PAPINI. Obra cumbre de Papini, escrita con el fuego del convertido, deslumbrado por Jesús. 383 págs. *2.400 ptas. 14,42 €*.
12. **Vida de Jesucristo,** de GIUSEPPE RICCIOTTI. Para conocer con claridad todo sobre la vida del Señor. 590 págs. *3.200 ptas. 19,23 €*.

- Precio especial de las 12 Vidas de Jesús: *24.000 ptas. 144,24€ (no 32.800).*

OBRAS DE JOSÉ LUIS MARTÍN DESCALZO

- **María de Nazaret (2ª edición)** Antología de comentarios, poemas y programas sobre la Virgen, en «Pueblo de Dios» (TVE). 140 págs. *1.300 ptas. 7,81 €*.
- **Yo amo a la Iglesia (2ª edición).** Lo mejor que sobre la Iglesia y sus miembros, –de los seglares los Papas–, escribió para TVE. 290 págs. *1.950 ptas. 11.72 €*.
- **Días grandes de Jesús,** (Navidad, Semana Santa. Pascua. Los Santos). 300 págs. *1.950 ptas. 11,72 €*.
- **Para mí la vida es Cristo (2ª edición).** Visión actual de la vida cristiana. 299 págs. *1.950 ptas. 11,72 €*.
- **Relatos de un cura joven, 1**. Al filo de la Palabra. Los mejores «Folletos» del joven Martín Descalzo, de tema bíblico. 196 págs. *1.500 ptas. 9,02 €*.
- **Relatos de un cura joven, 2.** Cristianos para nuestro tiempo. Los «Folletos» sobre los distintos estados de la vida cristiana. 204 págs. *1.500 ptas. 9,02 €*.

OBRAS DE JOSÉ MARÍA PEMÁN

- **ANTOLOGÍA PRIMERA**. Los siete libros siguientes, en bello estuche: sólo *9.800 ptas. 58,90 €* (en lugar de *12.450 ptas.*).
- **La Navidad de Pemán**. Poesía y deliciosa prosa ante el Portal. 130 págs. *l.200 ptas. 7,21 €*.
- **La Pasión según Pemán.** Profundidad, elegancia y fe. 147 págs. *1.200 ptas. 7,21 €*.
- **Lo que María guardaba en su corazón,** y poemas, discursos, y artículos marianos. 348 págs. 200 *ptas. 1.20 €*.
- **El Divino Impaciente**, Si me quieres o me dejas, El Gran Cardenal. Tres obras del mejor teatro. 349 págs. *2.200 ptas. 13,22 €*.
- **Las flores del bien, De la vida sencilla y otras obras poéticas.** Antología de la mejor poesía española. 317 págs. *1.950 ptas. 11.72 €*.
- **Los testigos de Jesús.** Personajes que cambiaron la Historia, vistos por Pemán: del Bautista a Stepinac, de Pedro a Pío XII, de la Magdalena a Santa Teresa. 174 págs. *1.500 ptas. 9,02 €*.
- **A la luz del misterio.** Y otros escritos sobre Dios, la Iglesia, el hombre, la vida. 374 págs. *2.200 ptas. 13,22 €*.

- **ANTOLOGÍA SEGUNDA.** Los diez libros siguientes en bello estuche al precio especial *de 15.000 ptas. 90,15 €*. (en lugar de *20.700 ptas.*).
- **El Séneca y sus puntos de vista**. Artículos de la filosofía popular sobre la actualidad. 189 págs. *1.500 ptas. 9,02 €*.
- **Mis mejores artículos**. 80 artículos que Pemán seleccionó. 325 págs. *2.200 ptas. 13,22 €*.
- **De las letras y las artes.** Los escritores y artistas de su tiempo, más otros de siglos pasados: el mundo literario y artístico, y sus protagonistas. 395 págs. 2.*500 ptas. 15,03 €*.
- **Mis almuerzos con gente importante**. Pemán habla de los más importantes personajes de este siglo: de Alfonso XIII a Juan Carlos I, de Primo de Rivera a Fraga. 228 págs. 1.*750 ptas. 10,52 €*.
- **Mis encuentros con Franco.** Un libro prohibido por Franco, que sólo pudo publicarse después de su muerte. 175 págs. *1.500 ptas. 9,02 €*.
- **El Séneca en televisión.** La serie de TVE que conmocionó a España. 224 págs. *l.750 ptas. 10,52 €*.
- **Poesía selecta**. Sus mejores poesías no editadas. 225 págs. *l.750 ptas. 10,52 €*.
- **Teatro selecto**. «Cuando las cortes de Cádiz», «La casa» «Edipo», etc. 580 págs. *3.100 ptas. 18,63 €*.

- **Andalucía.** «La eternamente vencedora», «Barrio de Santa Cruz», «Señorita del mar» y otros temas andaluces. 500 págs. *2.900 ptas. 17,43* €.
- **Apuntes autobiográficos.** La «Confesión general» y otros. 221 págs. *1.750 ptas. 10,52* €.

- **Ser cristiano en un mundo hostil,** por Vittorio Messori. El famoso periodista ante el cristianismo actual, desde la perspectiva del siglo XIX, con F. Faà de Bruno. 198 págs. *1.750 ptas. 10.52* €.
- **Unidas hasta la muerte.** José Luis Gutiérrez García traza el perfil biográfico y espiritual de las siete salesas martirizadas en 1936. 320 págs. con láminas en color. *2.300 ptas. 13,82* €.
- **Testigos del Espíritu. (2ª edición)** Los nuevos líderes católicos y sus movimientos: Kiko Argüello, Chiara Lubich, Giussani, etc. 350 págs. con láminas en color. *2.500 ptas. 15,03* €.
- **Diccionario teológico-espiritual de San Juan de Ávila.** Los mejores textos de Juan de Ávila. Preparado por Pedro J. Lasanta. 550 págs. *2.500 ptas 15,03* €.
- **La Tierra del Maestro. Guía, peregrinación y Ejercicios espirituales en los Santos Lugares,** por Francisco Mª. López-Melús. (2ª edición). Láminas color. 313 págs. *1.900 ptas. 11,42* €.
- **Religiosidad popular. Teología y pastoral.** Una obra definitiva, de Mons. Carlos Amigo, arzobispo de Sevilla, y Ángel Gómez Guillén. Hacia una religiosidad, por los cauces de la fe y la piedad cristianas. 284 págs. *1.750 ptas. 10,52* €.
- **La leyenda Mariana**, por Carlos Mª de Heredia, S.J. El autor de «Memorias de un reportero de los tiempos de Cristo» dedica el mismo estilo a la Virgen. 273 págs. *1.900 ptas. 11,42* €.
- **Si tú le dejas... Vida de la M. Maravillas de Jesús,** por las Carmelitas Descalzas del Cerro de los Ángeles y de la Aldehuela. 549 págs., con profusión de ilustraciones. *2.200 ptas. 13,22* €.
- **Beato Manuel González. El obispo de la Eucaristía,** visto por tres obispos: Carlos Amigo, Carlos Osoro y Rafael Palmero. 110 págs. *950 ptas. 5,72* €.
- **Nuestra dulcísima Madre. María en la vida y escritos de la B. Maravillas de Jesús.** 325 págs., con profusión de ilustraciones. *1.905 ptas. 11,45* €.

LIBROS «EDIBESA DE BOLSILLO»

- **El Evangelio.** 365 textos de los cuatro Evangelios por orden cronológico, para cada día del año, con el santoral selecto, 22ª edición (¡1.250.000 ejemplares!), *100 ptas. 0,60* €. En cartoné, *500 ptas. 3,01* €.
- **Evangelio 2002.** Texto del Evangelio de la Misa de cada día, calendario litúrgico y santoral. Oraciones y vida cristiana. 304 págs. *225 ptas. 1,35* €.
- **Tu Palabra me da vida. 1.000 pensamientos de la Biblia.** por Julio Sáinz Torres, CMF. Antología bíblica en mil puntos. 240 págs. *500 ptas. 3,01* €.
- **Amor y misericordia de Dios nuestro Padre.** Por Pedro J. Lasanta, según Juan Pablo II. 170 págs. *850 ptas. 5,11* €.
- **Padre mío y Padre vuestro. Doce catequesis sobre el Padre. (2ª edición)** Por Sebastián Fuster, O.P. 125 págs. *550 ptas. 3,31* €.
- **El Espíritu Santo. Doce catequesis.** Sebastián Fuster, O.P. 120 págs. *500 ptas. 3,01* €.
- **Lolo, un cristiano. Semblanza espiritual** de M.Lozano Garrido, «Lolo», por Pedro Cámara.190 págs. *400 ptas. 2,40* €.
- **Bien venido, amor.** Por Manuel Lozano Garrido, «Lolo». Inválido, ciego, periodista y escritor. Mil pensamientos profundos, sugestivos, actuales. 180 págs. *300 ptas. 1.80* €.
- **Síntesis de la moral católica. Por los dominicos de Bolonia**: siguiendo el nuevo Catecismo, con lenguaje claro y conciso. 170 págs. *750 ptas. 4,51* €.
- **Los doce mensajes del Papa a Cuba.** 63 págs. *200 ptas. 1.20* €.
- **Sugerencias sacerdotales. Para vivir el sacerdocio,** por Baldomero J. Duque. 190 págs. *850 ptas. 5,11* €.

- **Toledo, luz y poema.** Las más bellas leyendas de la ciudad imperial por Jaime Colomina. 192 págs. *750 ptas. 4,51 €* .
- **Cuatro batallas ¿perdidas?: divorcio, aborto, educación, natalidad**. Luis Riesgo habla claro. 87 págs. *500 ptas. 3,01 €* .
- **De la Eucaristía a la Trinidad.** (2ª edición) por Vincent M. Bernadot, O.P. Clásico de la espiritualidad. 227 págs. *850 ptas. 5,11 €* .
- **Eucaristía y Trinidad para el siglo XXI.** Doce catequesis, (2ª edición), por Sebastián Fuster, O.P. *600 ptas. 3,61 €* .
- **San Pedro de Alcántara.** (1499-1999). Vida y mensaje, por Baldomero J. Duque. 104 págs. *500 ptas. 3,01 €* .
- **Antología poética religiosa,** por Manuel-Jesús Núñez Ruiz. 100 piezas maestras de los mejores poetas de los siglos XIV y el XIX. 253 págs. *950 ptas. 5,71 €* .
- **Mil pensamientos para vivir mejor.** Antología de frases y citas, por Ángel Rodríguez Vilagrán. 219 págs., *850 ptas. 5,11 €* .
- **Tomás de Aquino. El santo, el maestro,** por Abelardo Lobato y José A. Martínez Puche. 147 págs. *600 ptas. 3,61 €* .

LIBROS «HORIZONTE DOS MIL»

Textos y monografías, escritos por dominicos españoles.

- **Para comprender mejor la fe.** Una introducción a la teología. Por Jesús Espeja. 178 págs. *1.500* ptas. *9,02 €* .
- **Teología Fundamental.** Dar razón de la fe cristiana. Por Felicísimo Martínez. 280 págs. *2.250 ptas. 13,52 €* .
- **Jesús, revelación del misterio del hombre.** Ensayo de antropología teológica. Por Martín Gelabert. 266 págs. *2.200 ptas. 13,22 €* .
- **Misterio trinitario.** Silencio y cercanía. Por Sebastián Fuster. 298 págs. *2.500 ptas. 15,03 €* .
- **Dignidad y aventura humana**. Por Abelardo Lobato. 274 págs. *2.200 ptas. 13,22 €* .
- **La Eucaristía del Nuevo Testamento:** «Una obra que honra a la exégesis española», por José Luis Espinel 300 pág. *2.500 ptas. 15,03 €* .
- **La belleza de María.** Ensayo de teología estética, por Miguel Iribertegui. 454 págs. *3.200 ptas. 19,23 €* .
- **Nuestro arquetipo humano.** Trazos de su razón soberana, por Eladio Chávarri 282 pág. *2.300 ptas. 13,82 €* .
- **Claves para leer los Evangelios Sinópticos.** Por Gerardo Sánchez Mielgo. 280 págs. *2.300 ptas. 13,82 €* .
- **Introducción al estudio de los Salmos.** Por Jesús G. Trapiello. 190 págs. *1.700 ptas. 10,22 €* .
- **Evangelio según San Juan.** Introducción y comentario, por José Luis Espinel . 284 págs. *2.400 ptas. 14,42 €* .
- **El Pentateuco.** Historia y sentido, por Ángel García Santos. 292 págs. *2.500 ptas. 15,03 €* .
- **La vida religiosa.** Exposición teológico-jurídica, por José J. Fernández Castaño. 181 págs. *1.800 ptas. 10,82 €* .
- **Eclesiología.** Comunión de vida y misión al mundo, por Claudio García Extremeño. 348 págs. *2.900 ptas. 17,43 €* .
- **Tras la justicia.** Introducción a una filosofía política, por Rafael Larrañeta. 236 págs. *1.950 ptas. 11.72 €* .
- **Tomás de Aquino testigo y maestro de la fe**, por Gregorio Celada. 308 págs. *2.500 ptas. 15,03 €.*
- **De la utopía a la política económica.** Necesidad y método, por Jorge Arturo Chaves. 280 págs. *2.500 ptas. 15,03 €* .

- **Pablo, predicador del Evangelio.** Anuncio de salvación y gracia, por Miguel de Burgos. 370 págs. *3.200 ptas. 19,23 €* .
- **El Vaticano II en el reto del tercer milenio**. Hermenéutica y teología, por Vicente Botella. 276 págs. *2.300 ptas. 13,82 €* .
- **El Sacramento de la Penitencia.** Teología del pecado y del perdón, por Pedro Fernández. 352 págs. *3.100 ptas. 18,63 €* .
- **El desafío ético de la información**, por Niceto Blázquez. 354 págs. *3.100 ptas. 18,63 €* .
- **Celebrar, un reto apasionante.** Bases para una comprensión de la Liturgia, por José Manuel Bernal. 456 págs. *3.900 ptas. 23,44 €* .
- **Moral de convicciones, moral de principios.** Una introducción a la ética desde las ciencias humanas, por Esteban Pérez Delgado. 291 págs. *2.500 ptas. 15,03 €* .
- **Teoría de los derechos humano**, conocer para practicar. Por Antonio Osuna. 254 págs. *2.500 ptas 15,03 €* .

CÓMICS: VIDA DE LOS SANTOS

Deliciosos cómics de Pilarín Bayés, con guión de M. Ángel Requena, O.P., al precio de *950 ptas. 5,71 €* .

- **Santo Domingo de Guzmán.**
- **Cojeando hasta el cielo** (B. Genoveva Torres).
- **San Vicente Ferrer.**
- **El santo de la escoba** (San Martín de Porres).
- **Santa Gema.**
- **Francisco y Jacinta, los pastorcitos de Fátima.**
- **El buen Papa Juan (Beato Juan XXIII).**

CASETES

CASETES DE ESPIRITUALIDAD

PARA LA ORACIÓN Y LA MEDITACIÓN

Cuando se está solo, en el coche, en casa, enfermo, en cama..., durante el trabajo manual.

- **El Rosario.** Comentario y rezo de los 15 Misterios. ¡350.000 ejemplares editados! *650 ptas. 3,91 €* .
- **Sant Rosari.** Edición catalana de «El Rosario». *650 ptas. 3,91 €* .
- **El Rosario del Papa (y Vía Crucis).** Juan Pablo II comenta y reza en castellano todo el Rosario. Breve Vía Crucis. 2 casetes, *1.300 ptas. 7,81 €* .
- **Rosario con Juan Pablo II.** Reflexiones y rezo de los 15 Misterios. *800 ptas. 4,81 €* .
- **Vía Crucis. Eminentemente bíblico,** plenamente actual. Con texto impreso. *1.000 ptas 6,01 €* .

- **Los Salmos. Los 150 Salmos,** oración de Israel y de la Iglesia, grabados en cuatro casetes y presentados en bello estuche, con folleto-guía. *2.650 ptas. 15,93 €* .
- **Las Palabras de Jesús. Todo lo que dijo el Señor,** en 4 casetes. En bello estuche: *2.650 ptas. 15,93 €* .
- **Diálogos de Pasión,** de J. L. Martín Descalzo. Jesús habla con los personajes de la Pasión, con el Padre, con María, con los Apóstoles, con Satanás. *800 ptas. 4,81 €* .
- **Rafael, monje trapense.** Todo lo que escribió el hermano Rafael Arnaiz, en 12 casetes. Presentado en bello estuche*: 6.750 ptas. 40,57 €* .
- **Hermano Rafael. Escritos selectos.** Antología, 2 casetes, con estuche: *1.600 ptas. 9,62 €* .

CHARLAS PARA RETIROS Y EJERCICIOS

- **Abba, Padre.** Por Pedro F. Reyero, O.P. El amor de Dios: 12 charlas, 12 retiros mensuales, 12 casetes. También para Ejercicios Espirituales. En bello estuche con guía: *6.500 ptas.39,07 €* .
- **Gloria al Padre al Hijo y al Espíritu Santo.** 12 charlas de Pedro F. Reyero, O.P. Trinidad y Eucaristía en 12 casetes para 12 retiros o Ejercicios. *6.500 ptas. 15,63 €* .
- **Por el camino del silencio.** 4.ª edición. Trece meditaciones para retiros, ejercicios o reflexión, por el P. Jaume Boada. Estuche con cuatro casetes y folleto: *2.650 ptas. 15,93 €*.
- **Sube al monte de Dios.** 3.ª edición. Meditaciones. Pautas para una experiencia de desierto, por el P. Jaume Boada. Estuche con cuatro casetes y folleto*: 2.650 ptas. 15,93 €* .
- **En el corazón de la Trinidad.** 3.ª edición, por Jaume Boada. Meditaciones para días de retiro: una experiencia de desierto. Estuche con 4 casetes y folleto*: 2.650 ptas. 15,93 €* .
- **El Peregrino orante.** 3.ª edición. Una escuela de oración. Catorce charlas del P. Jaume Boada, para días de retiro o reflexión. Estuche con cuatro casetes y folleto: *2.650 ptas. 15,93 €* .
- **María, siempre en tu camino.** Trece meditaciones del P. Jaume Boada, O.P. sobre la presencia de María en el camino interior. 4 casetes: *2.650 ptas. 15,93 €* .
- **Escuela de silencio.** Cuatro casetes del P. José Moratiel, -«Discípulo del silencio» (*800 ptas. 4,81 €*), «Palabras desde el silencio» (2*:1.300 ptas. 7,81 €* .) «Encuentros en el silencio» (*800 ptas. 4,81 €* . Las cuatro casetes, en estuche. *2.650 ptas. 15,93 €* .

CASETES «AUDIOLIBRO»: LIBROS PARA OÍR

Obras generalmente clásicas, grabadas en casetes por profesionales.

ESPIRITUALIDAD

- **La Biblia para escuchar, grabada en 48 casetes, en 4 estuches**. Cada estuche: *7.000 ptas. 42,07 €* . Obra completa*: 25.000 ptas. 150,25 €* .
- **Los Evangelios,** concordados de los cuatro relatos evangélicos. *800 ptas. 4,81 €* .
- **Vida de Cristo,** de Fray Luis de Granada. *800 ptas. 4,81 €* .
- **Cántico Espiritual, de San Juan de la Cruz.** 4 casetes, con estuche: *3.050 ptas. 18,33 €* .
- **Libro de la Vida, de Santa Teresa de Jesús**. Es su mejor obra. 2 casetes*: 1.500 ptas. 9,02 €* .
- **Santa Teresa.** Biografía dramatizada. *800 ptas. 4,81 €* .
- **Historia de un alma.** La autobiografía y espiritualidad de Santa Teresita. 2 casetes, *1.500 ptas. 9,02 €* .

- **San Pablo cuenta su vida**, por Luis López de las Heras. 2 casetes: *1.500 ptas. 9,02 €*.
- **Confesiones, de San Agustín**. Su obra cumbre: autobiografía, doctrina, oración. 2 casetes*: 1.500 ptas. 9,02 €*.
- **El Divino Impaciente,** obra maestra de José María Pemán sobre San Francisco Javier, en versión íntegra. 2 casetes: *1.500 ptas. 9,02 €*.
- **Poemas eucarísticos y marianos**. Selección de poesía española, por José L. Gago. *800 ptas. 4,81 €*.
- **Diario del alma. Lo mejor de la autobiografía de Juan XXIII**. Con texto impreso: *1.000 ptas. 6,01 €*.
- **Es Cristo que pasa, del Beato** Josemaría Escrivá de Balaguer. Homilías-reflexiones para el año litúrgico, en nueve casetes. Bello estuche, con libro*: 5.500 ptas. 33,06 €*. Cada casete suelto*: 800 ptas. 4,81€ (9 CD: 7.750 ptas. 46,58 €.)*
- **El día que Jesús no quería nacer.** Cuento de Navidad, de Antonio García Barbeito. Con librito: *1.000 ptas. 6.01 €*. Con el texto impreso. *1.000 ptas. 6,01 €*.
- **San Francisco de Sales, testigo de amor.** Vida y mensaje del patriarca de la Familia Salesiana. Con texto impreso: *1.000 ptas. 6,01 €*.
- **Santa Margarita María y el Corazón de Dios.** Vida y mensaje de Santa Margarita María Alacoque. 2 casetes con librito: *2.000 ptas. 12,02 €*.
- **Genoveva. Una vida de sufrimiento y amor.** Vida y mensaje de la B. Genoveva Torres, fundadora de las RR. Angélicas. Guión: P. Javier Sagüés, S.J. 2 casetes con folleto: *1.600 ptas. 9,62 €*.
- **Sor Teresita.** Semblanza de Sor Teresita del Niño Jesús Pérez de Iriarte, O.P., por Lorenzo Galmés. Con texto impreso: *1.000 ptas. 6,01 €*.
- **La Madre Maravillas.** Vida y mensaje de la Carmelita fecunda en fundación de monasterios y en doctrina espiritual. *800 ptas. 4,81 €*.
- **Sobre la marcha. Un tetrapléjico que ama la vida.** La asombrosa experiencia de Luis de Moya, contada en su libro autobiográfico y grabada en casetes. Estuche con 6 casetes y libro: *4.500 ptas. 27,05 €*.
- **Mi Cristo roto,** la joya literaria del **P. Ramón Cué, S.J**. Dos casetes*: 1.500 ptas. 9,02 €*.
- **Ojos que vieron a Cristo,** dos casetes del **P. Ramón Cué, S.J**. Dos casetes: *1.500 ptas. 9,02 €*.
- **Yo creo en la alegría,** dos casetes del **P. Ramón Cué, S.J.** Dos casetes *1.500 ptas. 9,02 €*.

LITERATURA, HISTORIA, FORMACIÓN

- **Lazarillo de Tormes. Anónimo.** Obra clásica popular. *800 ptas. 4,81 €*.
- **La vida es sueño,** de Calderón de la Barca. *850 ptas. 5,11 €*.
- **El ingenioso hidalgo don Quijote de la Mancha**, de Miguel de Cervantes, obra cumbre de la literatura universal. 4 casetes, con libro y estuche*: 3.050 ptas. 18,33 €*.
- **Cantar de Mio Cid,** en los inicios de la Lengua Castellana. *800 ptas. 4,81 €*.
- **Fuente Ovejuna,** de Lope de Vega. *800 ptas. 4,81 €*.
- **Los poemas de Pemán.** Los poemas que grabó Pemán con su voz , más una nueva antología. *1.000 ptas. 6,01 €*.
- **Isabel la Católica,** promotora del Descubrimiento de América. *800 ptas. 4,81 €*.
- **Historia de España,** de Teresa Uriburu. Magnífico compendio. 2 casetes: *1.500 ptas. 9,02 €.*
- **Historia de Madrid,**de Teresa Uriburu.La mejor síntesis. 2 casetes, *1.500 ptas. 9,02 €*. Casetes con texto impreso: *1.850 ptas. 11.12 €*. 2 Compact Disc más libro: *2.500 ptas.* Libro solo: *550 ptas. 3,31 €*.
- **El amor humano.** Por A. López Quintás.12 casetes, estuche y libro con el texto: *7.750 ptas. 46,58 €*.
- **La grandeza del amor.** Por A. López Quintás. Amor, noviazgo y matrimonio. *800 ptas. 4,81 €*.

CASETES Y CD MUSICALES

- **Al Señor del nuevo siglo**. ¡Vuelve Juan Antonio Espinosa! Canciones para nuevos horizontes. Casete: *1.400 ptas. 8,41 €*. CD: *2.200 ptas. 13,22 €*. Folleto: *500 ptas. 3,01 €*.
- **Vendremos a él. Canciones de Trinidad y Eucaristía**, por José Manuel González Durán. Casete: *1.400 ptas. 8,41 €*. D: *2.200 ptas. 13,22 €*. Folleto: *500 ptas. 3,01 €*.
- **Camino de Santiago. Canciones de marcha y encuentro,** por José Manuel González Durán y Recoletos. Casete: *1.400 ptas. 8,41 €*. CD: *2.200 ptas. 13,22 €*. Folleto con letra, música y catequesis: *750 ptas. 4,51 €*.
- **Al Dios de mi alabanza. Cantos para la Eucaristía:** alabanza, entrada, la Palabra, aleluya, ofertorio, adoración, acción de gracias... por Antonio Gutiérrez. *1.400 ptas. 8,41 €*. Folleto : *500 ptas. 3,01 €*.
- **Salmos, remanso del alma. Los mejores Salmos,** con música actual, por Antonio Gutiérrez. *1.400 ptas. 8,41 €*. Folleto: *500 ptas. 3,01 €*.
- **Al partir el pan. Doce cantos de Eucaristía,** con música del ya famoso Antonio Gutiérrez. ¡La Misa recupera el clima de fiesta comunitaria! *1.400 ptas. 8,41 €*. Folleto *500 ptas.3,01 €*.
- **Alabanza de gloria**. Nuevas canciones de Vicente Borragán. Casete: *1.400 ptas. 8,41 €*. CD: *2.200 ptas. 13,22 €*. Folleto: *500 ptas. 3,01 €*.
- **Manos de Dios**. Una revelación musical de Abelardo de Armas, alma de la Gran Vigilia de la Inmaculada. Casete: *1.400 ptas. 8,41 €*. CD: *2.200 ptas. 13,22 €*.
- **Rosa del mundo. Homenaje a Teresa de Calcuta y su mensaje a la juventud**, por Rogelio Cabado. Casete: *1.400 ptas. 8,41 €*.CD: *2.200 ptas. 13,22 €*.
- **En el nombre del Padre. Cantos para el siglo XXI** de Esteban Bastida. Canta Marycarmen Martín. Casete: *1.400 ptas. 8,41 €*. CD: *2.200 ptas. 13,22 €*. Folleto *500 ptas. 3,01 €*.
- **Misa del Tercer Milenio:** nueva melodía de las partes fijas y nuevos cantos, por Antonio Gutiérrez, O.P. Casete: *1.400 ptas. 8.41 €*. CD: *2.200 ptas. 13,22 €*. Folleto: *500 ptas. 3,01 €*.
- **Música, oración y calma, (1 y 2).** La música instrumental de «Salmos, remanso del alma» y «Al partir el pan», para crear un ambiente de serenidad. Dos casetes, *a 1.000 ptas. 6,01 €*, cada una.
- **Cantos para el siglo nuevo.** Trinidad, Eucaristía, María, Año de gracia, paz y unidad... por Vicente Muñoz, O.P. Casete: *1.400 ptas. 8,41 €*. CD *2.200 ptas. 13,22 €*. Folleto : *500 ptas. 3,01 €*.
- **Dios, Padre bueno.** Doce canciones a Dios, el Padre de amor y misericordia. Letra y música de Vicente Muñoz, O.P. *1.400 ptas. 8,41 €*. Folleto: *500 ptas. 3,01 €*.
- **ANAWIN. Los pobres de Dios.** A tiempos nuevos, ritmo nuevo juvenil, por el grupo «Fábrica de sueños», Casete: *1.400 ptas. 8,41 €*.CD: *2.200 ptas. 13,22 €*. Folleto: *600 ptas. 3,61 €*.
- **Parábola,** del grupo «Fábrica de sueños». Después del éxito de «Anawin», otra entrega de los nuevos aires de la canción religiosa. Casete: *1.400 ptas. 8,41 €*. CD: *2.200 ptas. 13,22 €*. Folleto musical: *500 ptas. 3,01 €*.
- **Seguir a Cristo.** Canciones de P. Javier Sagüés, S.J., con letra de una antología de pensamientos de la B. Genoveva Torres, fundadora de las Angélicas. 2 casetes, *2.200 ptas. 13,22 €*.
- **Vamos a Javier. Javierada musical.** Himnos y cantos a S. Fco. Javier. Casete con catequesis: *1.400 ptas. 8,41 €*. CD: *1.500 ptas. 9.02 €*. Folleto musical y catequético: *600 ptas. 3,61 €*.
- **Ignacio de Loyola. Tras el rastro de Jesús**, gran musical ignaciano, de P. Javier Sagüés, S.J. Dos casetes con libreto: *2.500 ptas. 15,03 €*. 1 CD con libreto: *2.750 ptas. 16.53 €*. Folleto musical: *500 ptas. 3,01 €*.
- **Ven, Señor Jesús.** Cantos a Jesucristo: súplica y esperanza, por Vicente Borragán, O.P. *1.400 ptas. 8,41 €*. Folleto: *500 ptas. 3,01 €*.

- **Espíritu Santo ¡ven!** Biblia y teología hechas canción para orar, por Vicente Borragán, O.P.: *1.400 ptas. 8,41 €*. Folleto: *500 ptas. 3,01 €*.
- **Cantos eucarísticos.** «Cantemos al amor de los amores», «De rodillas», y otros cantos populares y polifónicos. *1.400 ptas. 8,41 €*.
- **Salve Madre.** Los cantos marianos más populares y polifónicos. *1.400 ptas. 8,41 €*.
- **Ofrenda musical a María** (Salve Marinera, Salve popular, etc.) Casete: *1.000 ptas. 6,01 €*.
- **María, Madre del 2000.** Canciones nuevas a Santa María, por Antonio Gutiérrez. *1.400 ptas. 8,41 €*. Folleto con letra y música: *500 ptas. 3,01 €*.
- **Cantos del Rosario. Música y canto de los 15 Misterios,** por Ángel L. M. Salvat. *1.400 ptas. 8,41 €*.
- **Órgano de Covarrubias.** Piezas clásicas españolas de órgano. *800 ptas. 4,81 €*.
- **Canciones de corro. Las 18 canciones infantiles más famosas de siempre**. *1.200 ptas. 7,21 €*.
- **Domingo de Caleruega.** Cantos a Santo Domingo, a su pueblo, a su Orden, por Alberto Iglesias. *1.400 ptas. 8,41 €*.
- **Santo y vasco.** Canciones de A. Iglesias a San Valentín de Berriochoa. *1.400 ptas. 8,41 €*.
- **Euzkaldun-Deun. Versión en euskera de «Santo y vasco»** *1.400 ptas. 8,41 €*.
- **Belén, 2000 años. Villancicos para el Tercer Milenio,** de Mercedes González. *1.400 ptas. 8,41 €*.
- **A la lumbre del Portal-II.** Del grupo Tahona: lo mejor de la tradición navideña de Castilla y León. Casete: *1.400 ptas. 8,41 €. CD: 2.200 ptas. 13,22 €*.
- **Navidad con Paul Mauriat.** Con su gran orquesta: los villancicos más famosos. *1.400 ptas. 8,41 €*.
- **En el portal de Belén**. Los 16 villancicos más populares. Casete o CD: *1000 ptas. 6,01 €*.

CASETES: BIOGRAFÍAS Y NARRACIONES

Casetes con la biografía dramatizada de los «Forjadores del Nuevo Mundo», *a 800 ptas.: 4,81€.*

- **Bartolomé de las Casas** (1474-1566). Dominico andaluz.
- **Pedro de Córdoba** (1482-152 l). Dominico andaluz.
- **Toribio de Benavente,** «Motolinía». Franciscano castellano.
- **José de Anchieta** (1534-1597). Jesuita canario.
- **Pedro Claver** (1581-1654). Jesuita catalán.
- **Junípero Serra** (1713-1784). Franciscano mallorquín.
- **Historia de una escoba**. Dramatización literario-musical de la vida y milagros de San Martín de Porres, contado por la inseparable escoba. *800 ptas. 4,81 €*.
- Los mejores cuentos mejor contados: **Caperucita, Cenicienta, Pulgarcito, Blancanieves.** *1.000 ptas. 6,01 €*.

VÍDEOS

Los vídeos están en sistema PAL, para España, parte de Europa y Cono Sur de América. De algunos se ha hecho edición NTSC: para América . Se indica al final de cada título.

VÍDEOS PARA CATEQUESIS Y CLASES DE RELIGIÓN

- **La Pascua de Jesús y de su pueblo**. Celebración de la Pascua, bautismos por inmersión y catequesis. 1 hora, *3.900 ptas. 23,44 €* . (NTSC.: 40 dólares).
- **El Paso de Jesús. De la Última Cena a la Ascensión,** con bellísimas imágenes, actualidad y enseñanza. de J. L. Martín Descalzo. 75 minutos, 3*.900 ptas. 23,44 €* . (NTSC: 40 dólares).
- **Lo que María guardaba en su corazón**. El Evangelio contado por la Virgen, imágenes de Tierra Santa: Guión: J. L. Martín Descalzo. 1 hora, *3.500 ptas. 21.04 €* . (NTSC: 40 dólares).
- **Los Mandamientos. Diez caminos de libertad**. Tres vídeos, cinco horas, exposición actual: J. L. Martín Descalzo. *7.900 ptas., 47,48 €* . vídeos. (NTSC: 90 dólares).
- **Las raíces de nuestra fe. Siete** capítulos-reportajes sobre los 2.000 años de cristianismo en España. Guión: J. L. Martín Descalzo y J. A. Martínez Puche. *5.900 ptas., 35,46 €* . 2 vídeos.
- **El Credo de nuestra fe.** Dos vídeos de larga duración sobre el Credo, con testimonios. Guión: J. L. Martín Descalzo. 2 horas, *5.900 ptas., 35,46 €*. 2 vídeos. (NTSC: 60 dólares).
- **Los Papas de nuestro tiempo. De Pío XII a Juan Pablo II**. Imágenes históricas. Guión: J. L. Martín Descalzo. 2 horas, *4.900 ptas. 29,45 €*
- **El arte y la fe. A través de** «Las Edades del Hombre» (Valladolid) y «Millenum» (Barcelona). Bellísimas imágenes y poemas de J. L. Martín Descalzo. 70 minutos, 2*.900 ptas. 17,43 €* .
- **Partidos políticos y cristianismo.** Los principales partidos (PSOE, PP, IU, CIU, PNV y CC), y seis coloquios con sus dirigentes. 150 minutos, *2.900 ptas. 17,43 €* .
- **La Sábana Santa. Estudio de la Sábana Santa de Turín,** por el P. Jorge Loring, S.J. *2.900 ptas. 17,43 €* .

SERIE DE PERSONAJES DE LA BIBLIA

Con guiones de J. L. Martín Descalzo y José A. Martínez Puche, imágenes de Tierra Santa, intervención de Dolores Aleixandre (Univ. Comillas), José Román Flecha (Univ. Salamanca), Carmen de Miguel y Pedro Fernández Reyero. Además de «el Personaje» –Jesucristo, el Señor–, se ofrece el ayer y el hoy de:

María y José	**Judas**	**Jacob**
Juan Bautista	**Pablo**	**Moisés**
Pedro	**Adán y Eva**	**David**
Juan Evangelista	**Noé**	**Judit**
María Magdalena	**Abraham**	

Duración de cada vídeo: entre 22 y 30 minutos. Precio*: 1.900 ptas. 11,42 €* .

**Edición de los 7 Personajes del Nuevo Testamento en un vídeo:*

- **Los grandes Personajes de la Biblia. Nuevo Testamento.** 3 horas. *6.900 ptas. 41,47 €* .

** Edición de los 8 Personajes del Antiguo Testamento en dos vídeos:*

- **Los grandes Personajes de la Biblia. Antiguo Testamento / 1**: Los orígenes (Adán y Eva, Noé, Abraham): *4.900 ptas. 29,45 €* .
- **Los grandes Personajes de la Biblia. Antiguo Testamento / 2:** La historia de Israel. Jacob, Moisés, David, Elías y Judit. *5.900 ptas. 35,46 €* .

** El Personaje, Principio y Fin, Alfa y Omega:*

- **Jesucristo, el Señor**: Tres partes: Jesús, Dios se hace hombre; Cristo, el hombre que pasó haciendo el bien; Jesucristo, el que murió y resucitó. 75 minutos, *3.500 ptas. 21.04 €* .

** También está en tres vídeos:*

- **Jesús: Dios se hace hombre.** Nacimiento e infancia. *1.900 ptas. 11,42 €* .
- **Cristo: el hombre que pasó haciendo el bien.** Vida pública. *1.900 ptas. 11,42 €* .
- **Jesucristo: el que murió y resucitó.** *1.900 ptas. 11,42 €* .

VÍDEOS DE MARÍA Y DE LOS SANTOS

VÍDEOS MARIANOS

- **Lo que María guardaba en su corazón**. El Evangelio contado por la Virgen, imágenes de Tierra Santa. Guión: J. L. Martín Descalzo. 1 hora, *3.900 ptas. 23,44 €* . (NTSC: 40 dólares).
- **España, tierra de María. Un recorrido por los santuarios marianos** (arte, historia, devoción) de las 17 Comunidades Autónomas. 92 minutos, *3.900 ptas. 23,44 €*. (NTSC: 40 dólares).
- **Virgen de la Candelaria**. Todo en torno a la Patrona del archipiélago canario. 55 minutos, *2.900 ptas. 17,43 €* .
- **Veinte siglos de amor a María.** Teología, historia, arte y devoción mariana. Guion J. L. Martín Descalzo y J. A. Martínez Puche. 90 minutos, *2.900 ptas. 17,43 €* .
- **Fátima. Historia. Actualidad.** Mensaje de paz. Filmado el 13 de mayo en Fátima, con testimonios de los hermanos de los videntes, ofrece la auténtica dimensión del fenómeno Fátima. Guión: José A. Martínez Puche. Ediciones en español, portugués, francés, inglés e italiano. 45 minutos, *2.900 ptas. 17,43 €* . (NTSC: 30 dólares).
- **De Fátima a Medjugorje.** Un vídeo de Giulio Frascarolo (Medjugorje-Torino) que conjuga la historia del siglo XX con los mensajes de Fátima y el testimonio de los jóvenes de Medjugorje (Marija, Ivan, Vicka, Jelena y Mirjana). Una hora, *2.900 ptas. 17,43 €* .

LOS SANTOS DE AYER Y DE HOY, EN VÍDEO

Además de los 19 vídeos de Grandes Personajes de la Biblia, los siguientes:

- **Cinco grandes santos.** Un vídeo con los cinco santos que van a continuación: Domingo, Francisco, Catalina, Antonio y Teresa. Películas de Frank Brittain. 140 minutos, *5.900 ptas. 35,46 €* .
- **Domingo de Guzmán y los dominicos**. A la película de Frank Brittain se añade un reportaje de J. A. Martínez Puche. 75 minutos, *2.900 ptas. 17,43 €* . (30 dólares).
- **San Francisco de Asís.** Filmado en Asís y lugares franciscanos, con guión y dirección de Frank Brittain igual que los tres siguientes. 28 minutos, *2.900 ptas. 17,43 €* .
- **Santa Catalina de Siena.** Filmado en Siena y Roma. 27 minutos, *2.900 ptas. 17,43 €* .
- **San Antonio de Padua**. Filmado en el Portugal natal y en Padua. 29 minutos, *2.900 ptas. 17,43 €*.
- **Santa Teresa de Jesús.** Filmado en Ávila y lugares teresianos. 26 minutos, *2.900 ptas. 17,43 €* .

- **El Hermano Rafael**. Trapense beatificado, propuesto por el Papa como modelo para los jóvenes 35 minutos, *2.900 ptas. 17,43 €*.
- **Práxedes, madre de familia.** Esposa y madre ejemplar, asturiana de la cuenca minera. 48 minutos, *2.900 ptas. 17,43 €*.
- **Manuel González Obispo de la Eucaristía,** beatificado por Juan Pablo II. 25 minutos, *2.900 ptas. 17,43 €*.
- **Los santos que conocimos**. A los tres anteriores, incluidos en este vídeo, se añaden dos personajes: Montserrat Grases, joven catalana del Opus Dei, y Alberto Capellán, padre de familia, agricultor riojano. 142 minutos, *5.900 ptas. 35,46 €*.
- **Junípero Serra, padre de California,** filmado en Mallorca y en las 21 Misiones de California. Guión: José A. Martínez Puche. 62 minutos, *2.900 ptas. 17,43 €*. (NTSC: 30 dólares).
- **Sandalias de viento**. Obra de teatro musical, sobre la vida y mensaje de San Vicente de Paúl, por sor María Fernández París. 2 horas, *2.900 ptas. 17,43 €*. (NTSC: 30 dólares).
- **Luisa de Marillac,** la ternura entre los pobres. Vida de Madre de las Hijas de la Caridad: lugares, historia y escritos. 56 minutos, *2.900 ptas. 17,43 €*. (NTSC: 30 dólares).
- **Ignacio de Loyola.** «De buscador de Dios a compañero de Jesús», por José A. Martínez Puche, siguiendo la Autobiografía. 46 minutos, *3.500 ptas. 21.04 €*. (NTSC: 40 dólares).
- **San Juan de la Cruz,** por J. L. Martín Descalzo. Filmado en los lugares sanjuanistas. 66 minutos, *3.500 ptas. 21.04 €*. (NTSC: 40 dólares).
- **Pedro Poveda. El grito y el silencio.** Vida y mensaje del fundador de la Institución Teresiana, Sor Francisca Rosique. *2.900 ptas. 17,43 €*. (NTSC: 30 dólares).
- **La Madre Esperanza.** Esperanza Alhama, fundadora, propagó el mensaje del Amor misericordioso de Dios. 35 minutos, *2.900 ptas. 17,43 €*.
- **Santa Teresa del Niño Jesús.** Una mirada, una sonrisa. Por E. T. Gil de Muro. *1.900 ptas. 11,42 €.*
- **Tras los pasos de Francisco Javier.** Dos vídeos y un CD, siguiendo las huellas del Patrón de las Misiones. *4.995 ptas. 30,02 €*.

VÍDEOS: VIDA DE LA IGLESIA Y ESPIRITUALIDAD

Además de la «Pascua de Jesús» y «Los Papas de nuestro tiempo». –Ver sección: Vídeos para catequesis y clases de religión–, los siguientes:

- **Mi Cristo roto,** las inolvidables charlas televisadas del **P. Ramón Cué, S.J**. *2.900 ptas. 17,43 €*.
- **Ojos que vieron a Cristo,** original y presentación del **P. Ramón Cué, S.J.** *2.900 ptas. 17,43 €*.
- **Yo creo en la alegría,** del gran orador **P. Ramón Cué, S.J.** *2.900 ptas. 17,43 €*.
- **El mundo de las monjas.** Vida y misión de las monjas de clausura y de las congregaciones de vida apostólica, 2 horas, *2.900 ptas. 17,43 €*.
- **Familias en misión.** Ante la nueva evangelización, también las familias cristianas se hacen misioneras desde la fe vivida en el Camino Neocatecumenal. 2 horas, *4.900 ptas. 30,02 €*. (NTSC: *5.500 ptas. 33,06 €* o 45 dólares).
- **La Renovación Carismática.** Un nuevo Pentecostés sacude a la Iglesia. Con entrevista al padre Tardiff y su carisma de curación. 70 min. *2.900 ptas. 17,43 €*. (NTSC: 30 dólares).
- **Dominicos frente a conquistadores.** «Porque la fe no puede imponerse por la fuerza», Vitoria, Montesinos y Las Casas. *2.900 ptas.17.43 €*. (NTSC: 25 dólares).
- **Bartolomé de Las Casas, defensor de indios y negros**. Filmado en América y España. Las Casas, exponente de la defensa de la dignidad de los indios. 55 minutos, *2.900 ptas. 17,43 €*. (NTSC: 25 dólares).

- **Institutos seculares:** Nuevo estilo de consagración. Consagrados a Dios, en medio del mundo, fermento en la masa. *2.900 ptas. 17,43 €*. (NTSC: 30 dólares).
- **Hijas de la Caridad, 200 años de amor:** La mayor fuerza cristiana en el amor a pobres y enfermos. 60 minutos, *2.900 ptas. 17,43 €*.
- **Viudas de España, ¡uníos!** «Viudas Hispania» ofrece a las viudas un camino de esperanza. 24 minutos, *2.900 ptas. 176,43 €*.
- **José Luis Martín Descalzo.** Un cura se confiesa por última vez: con imágenes y palabras de él y testimonios. Guión: José A. Martínez Puche. 55 minutos, *2.900 ptas. 17,43 €*.
- **Viaje al fondo del hombre.** Diálogos de Jesús Quintero, el «Loco de la Colina», con el padre José F. Moratiel, en torno a los interrogantes profundos del hombre. *2.900 ptas. 17,43 €*.
- **Por el silencio a la paz.** Diálogos de Jesús Quintero con el padre José F. Moratiel, sobre la posibilidad de ser feliz y el silencio. 35 minutos, *2.900 ptas. 17,43 €*.
- **El Cardenal Tarancón.** Guión de José A. Martínez Puche, que entrevista al Cardenal, con imágenes de su vida y de la historia del siglo XX en España. 47 minutos. *2.900 ptas. 17,43 €*.
- **Sobre la marcha.** El tetrapléjico Luis de Moya, testimonio de amor y vida. *2.900 ptas. 17,43€*.
- **Vaticano:** Juan XXIII, Juan Pablo II, Concilio Vaticano II, Nacimiento de un Estado. Pack de cuatro películas de una hora, con la Vida de la Iglesia en el último siglo. *¡Sólo 5.995 ptas. 36,03 € !*
- **Juan Pablo II.** La trayectoria del Papa, vista por Paloma Gómez Borrero. 2 vídeos, *4.900 ptas. 29,45 €*.
- **Juan XXIII, el Papa bueno.** Beatificado el 3 de septiembre de 2000. *2.900 ptas. 17,43 €*.

PELÍCULAS DE TEMA RELIGIOSO

- **Los 3 Reyes Magos.** Las aventuras de los Magos hasta llegar al Portal: dibujos animados. *2.900 ptas. 17,43 €*.
- **La Biblia (8 vídeos)**. La mayor superproducción de la historia de la televisión mundial, con actores de la talla de Richard Harris, Barbara Hershey, Vittorio Gassman, Christopher Lee... Ocho películas de unos 180 minutos cada una: Génesis, Abraham, Jacob, José, Moisés, Sansón y Dalila, David y Salomón. Más de 20 horas del mejor cine, *11.900 ptas. 71.52 €*.
- **La Biblia (1 vídeo)** Ava Gardner y John Huston, en la reconstrucción de los orígenes de la humanidad, según la Biblia. *2.900 ptas. 17,43 €*.
- **Los Diez Mandamientos**. Cecil B. de Mille alcanzó su cima, con Charlton Heston y Yul Brynner. Dos vídeos: *4.900 ptas. 29,45 €*. .
- **David y Bathsheba**. Gregory Peck encarna al Rey David. Fidelidad a la Biblia y emoción. *2.900 ptas. 17,43 €*.
- **La canción de Bernadette.** El mejor film de Lourdes. *2.900 ptas. 17,43 €*.
- **La historia más grande jamás contada**. Los Evangelios, de la mano de Charlton Heston, John Wayne. *2.900 ptas. 17,43 €*.
- **Rey de Reyes**. Gran superproducción de Samuel Broston, sobre la vida y la muerte de Cristo. 2 vídeos, *2.900 ptas. 17,43 €*.
- **Ben-Hur**. Con sus 11 Oscars, Charlton Heston, en la mejor película de ficción bíblica. Tres horas y media: *2.900 ptas. 17,43 €*.
- **Quo Vadis,** con Robert Taylor y Deborah Kerr. Tres horas de espléndida representación de la vida y martirio de los primeros cristianos. *2.900 ptas. 17,43 €*.
- **La Túnica Sagrada.** Richard Burton y Víctor Mature, en el drama del Calvario. *2.900 ptas. 17,43 €*.
- **Fray Escoba.** La famosísima película sobre San Martín de Porres, protagonizada por René Muñoz. *2.900 ptas. 17,43 €*.
- **Marcelino Pan y Vino.** Pablito Calvo, su Cristo en el desván y sus franciscanos. *2.900 ptas. 17,43 €*.

- **El Señor de la Salle**. Excepcional papel de Mel Ferrer, en San Juan B. de la Salle. *2.900 ptas. 17,43 €.*
- **El Padrecito. Cantinflas**, un cura joven que se gana al pueblo. *2.900 ptas. 17,43 €.*
- **Balarrasa.** Fernando Fernán Gómez protagoniza, con María Rosa Salgado, a un misionero católico en Alaska. *2.900 ptas. 17,43 €.*
- **La Hermana San Sulpicio.** Carmen Sevilla y Jorge Mistral, bajo la dirección de Luis Lucía, en la historia de la monja enfermera. *2.900 ptas. 17,43 €.*
- **Rosa de Lima**. María Mahor protagoniza a la patrona y primera santa de América. *2.900 ptas. 17,43 €.*
- **Un hombre para la eternidad**. Tomás Moro da valientemente su sangre por defender su fee católica frente a Enrique VIII. Orson Welles, Paul Scofield. *2.900 ptas. 17,43 €.*
- **Tras los pasos de Francisco Javier.** Dos vídeos, un CD y folleto *4.995 ptas. 30,02 €.*
- **Las sandalias del pescador,** con Anthony Quinn y Laurence Olivier. *2.900 ptas. 17,43 €.*
- **El Padre Pitillo.** Clásico cine español: un auténtico cura de pueblo. Por Valeriano León y Aurora Redondo. *2.900 ptas. 17,43 €.*
- **La Misión**. Genial papel de Robert de Niro, en las misiones jesuíticas del Paraguay. *2.900 ptas. 17,43 €.*
- **Isidro el Labrador**. Javier Escrivá protagoniza al Patrón de Madrid y del campo. *2.900 ptas. 17,43 €.*
- **La caída del imperio romano,** de Samuel Broston, con Sofía Loren. *2.900 ptas. 17,43 €.*
- **El Cid,** con Charlton Heston y Sofía Loren. *2.900 ptas. 17,43 €.*
- **Agustina de Aragón,** con Aurora Bautista y Femando Rey. *2.900 ptas. 17,43 €.*
- **La Leona de Castilla ,** con Amparo Rivelles. *2.900 ptas. 17,43 €.*
- **Pequeñeces.** La obra del P. Coloma, con Aurora Bautista y Jorge Mistral. *2.900 ptas. 17,43 €.*
- **Cristo.** Mensaje espiritual para el próximo milenio. Jesús, ayer, hoy y siempre. *2.900 ptas. 17,43 €.*
- **La Sábana Santa de Turín.** Film oficial de la Archidiócesis de Turín. *2.900 ptas. 17,43 €.*
- **Juan XXIII, el Papa bueno.** Un papado que hizo cambiar la historia. *2.900 ptas. 17,43 €.*

JUEGOS: YOBEL, YOBEL JUNIOR

Se trata de un juego de mesa: tablero, fichas, dados, 200 tarjetas plastificadas con 1.000 preguntas. Los temas de las preguntas son: Biblia, Historia de la Iglesia, la Virgen María y los Santos y la doctrina cristiana. Con YOBEL se puede aprender jugando. Hay dos versiones, según el nivel de las preguntas:

- **Yobel**, para jóvenes formados y para adultos. *4.900 ptas. 29,45 €.*
- **Yobel Junior**, para chicos y chicas a partir de la Primera Comunión, para jugar toda la familia. *4.900 pesetas. 29,45 €.*